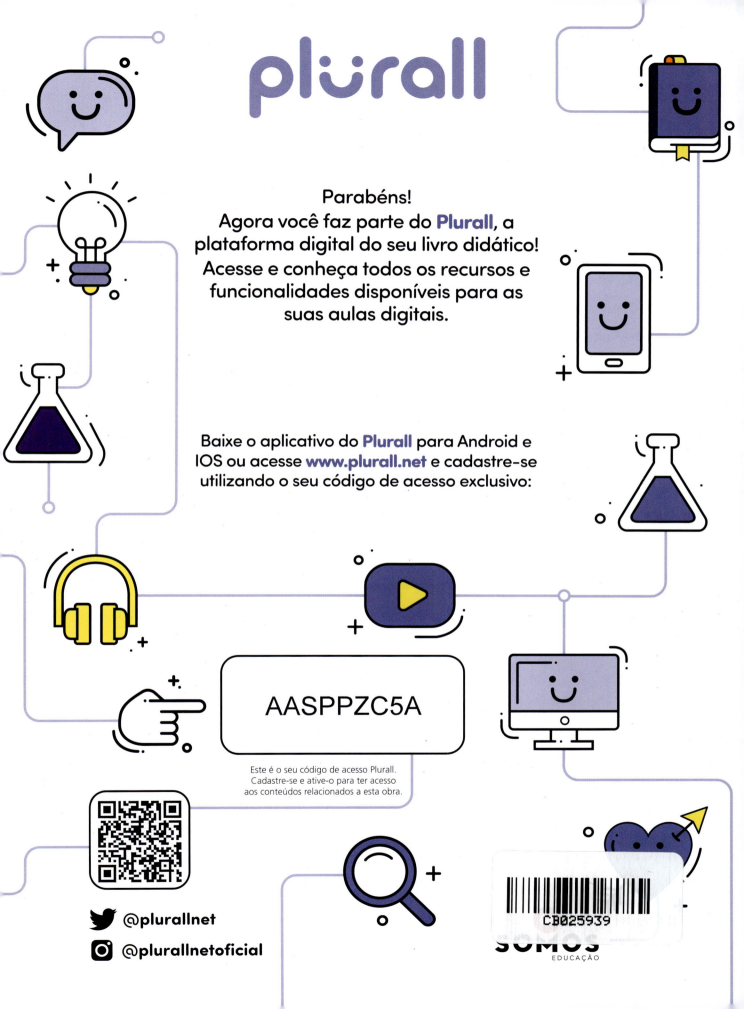

CIÊNCIAS HUMANAS E SOCIAIS APLICADAS

conecte LIVE
VOLUME ÚNICO

GILBERTO COTRIM

Bacharel em História pela Faculdade de Filosofia, Letras e Ciências Humanas da Universidade de São Paulo (FFLCH-USP).

Licenciado em História pela Faculdade de Educação da Universidade de São Paulo (FEUSP).

Mestre em Educação, Arte e História da Cultura pela Universidade Presbiteriana Mackenzie (UPM-SP).

Professor de História na rede particular de ensino de São Paulo.

Advogado inscrito na OAB São Paulo.

GIORDANA COTRIM

Bacharela em História pela Pontifícia Universidade Católica de São Paulo (PUC-SP).

Licenciada em História pela Pontifícia Universidade Católica de São Paulo (PUC-SP).

Assessora pedagógica.

PARTE I
História

Presidência: Mario Ghio Júnior
Direção de soluções educacionais: Camila Montero Vaz Cardoso
Direção editorial: Lidiane Vivaldini Olo
Gerência editorial: Viviane Carpegiani
Gestão de área: Julio Cesar Augustus de Paula Santos
Edição: Cassia Yuka de Andrade Tamura, Daniele Dionizio e Lígia Torres Figueiredo
Planejamento e controle de produção: Flávio Matuguma (ger.), Felipe Nogueira, Juliana Batista e Anny Lima
Revisão: Kátia Scaff Marques (coord.), Brenda T. M. Morais, Claudia Virgilio, Daniela Lima, Malvina Tomáz e Ricardo Miyake
Arte: André Gomes Vitale (ger.), Catherine Saori Ishihara (coord.) e Veronica Onuki (edição de arte)
Diagramação: JS Design
Iconografia e tratamento de imagem: André Gomes Vitale (ger.), Denise Kremer e Claudia Bertolazzi (coord.), Monica de Souza (pesquisa iconográfica) e Fernanda Crevin (tratamento de imagens)
Licenciamento de conteúdos de terceiros: Roberta Bento (ger.), Jenis Oh (coord.), Liliane Rodrigues, Flávia Zambon e Raísa Maris Reina (analistas de licenciamento)
Cartografia: Eric Fuzii (coord.) e Robson Rosendo da Rocha
Design: Erik Taketa (coord.) e Adilson Casarotti (proj. gráfico e capa)
Fotos de capa: Eugenio Marongiu/Shutterstock / Viacheslav Lopatin/Shutterstock / Thiago Santos/Shutterstock
Assessoria técnico-pedagógica: Gabriel Farias Rodrigues, Bacharel em Filosofia pela Unicamp

Todos os direitos reservados por Somos Sistemas de Ensino S.A.
Avenida Paulista, 901, 6º andar – Bela Vista
São Paulo – SP – CEP 01310-200
http://www.somoseducacao.com.br

Dados Internacionais de Catalogação na Publicação (CIP)

```
Cotrim, Gilberto
    Conecte live : História : volume único / Gilberto
Cotrim, Giordana Cotrim. -- 1. ed. -- São Paulo : Saraiva,
2020. (Conecte)

    ISBN 978-85-4723-728-8 (aluno)
    ISBN 978-85-4723-729-5 (professor)

    1. História (Ensino Médio) I. Título II. Cotrim, Giordana
III. Série

20-2106                                         CDD 907
```

Atualizar - Bibliotecária - CRB-8/010142

2022
Código da obra CL 801856
CAE 721914 (AL) / 721915 (PR)
ISBN 978 85 4723 728 8 (AL)
ISBN 978 85 4723 729 5 (PR)
1ª edição
7ª impressão
De acordo com a BNCC.

Impressão e acabamento: Bercrom Gráfica e Editora

Uma publicação

Apresentação

Ao estudante:

Esta obra foi escrita de forma clara e concisa tendo em vista um ensino moderno e dinâmico. A área de Ciências Humanas e Sociais Aplicadas é mobilizada por meio dos conteúdos de História em diálogo com a Filosofia, a Sociologia e a Geografia.

Elaboramos um livro profundo e cativante com o objetivo de acolhê-lo em seu percurso estudantil, levando-o a relacionar teoria e prática, construir relações de amizade e valorizar sua autonomia intelectual e seu projeto de vida.

Por meio dos estudos históricos interdisciplinares, você vai viajar no tempo e conhecer outros povos e culturas. Essa viagem é um convite à convivência democrática e à reflexão sobre outros modos de ser e viver.

Ao estudar História a partir de uma perspectiva mais abrangente, você amplia a consciência de si mesmo, dos outros e da natureza: a consciência do que fomos para transformar o que somos.

Os autores

Conheça seu livro

Conheça a seguir as partes que compõem este livro, as seções e os boxes, além do material complementar.

Este livro está distribuído em três partes (I, II e III), que podem ser utilizadas ao longo do Ensino Médio de modos variados, conforme a opção da escola e dos professores.

Abertura de unidade

A abertura de unidade apresenta texto e imagem que introduzem os temas abordados nos capítulos da unidade, além de atividades que trabalham os conhecimentos prévios e as vivências dos estudantes.

Abertura de capítulo

Um breve texto sintetiza o conteúdo que será estudado no capítulo. A abertura traz ainda uma linha do tempo com o recorte temporal dos principais fatos ocorridos no período abordado e uma lista das habilidades da BNCC mobilizadas no conteúdo do capítulo.

Investigar

O **texto principal** organiza e promove alguns conhecimentos históricos. As imagens complementam o texto principal e explicitam aspectos dele.

As atividades do box **Investigar** mobilizam os conhecimentos prévios, articulando passado e presente, e aproximam os temas históricos das vivências dos estudantes.

Observar o mapa

O boxe **Observar o mapa** apresenta atividades que trabalham a leitura dos mapas apresentados no capítulo, articulando os temas estudados.

No **Glossário**, pequenas notas explicam os significados de termos em destaque no texto.

Conexões

Por meio de textos, recursos visuais diversificados e atividades, a seção **Conexões** traz assuntos pertinentes à História, relacionando-os a outros campos de saber da área de Ciências Humanas e Sociais Aplicadas ou de outras áreas de conhecimento.

Oficina de História

Localizada ao final de cada capítulo, a **Oficina de História** reúne diferentes tipos de atividades que visam promover a autonomia e o pensamento crítico do estudante, de modo a verificar conhecimentos e avaliar habilidades de leitura e interpretação de textos e imagens.

Questões do Enem e de vestibulares

Ao final de cada parte são apresentadas questões de vestibulares de diferentes regiões do país e do Exame Nacional do Ensino Médio (Enem).

Dica

Boxe com sugestões de *sites*, textos, tecnologias digitais, entre outros recursos, que podem auxiliar você a compreender, ampliar ou aprofundar seus estudos ao longo dos capítulos.

Perspectivas

A seção **Perspectivas** ajuda você a refletir sobre seu projeto de vida por meio de leituras e atividades que abordam temas contemporâneos importantes para o convívio social e o mundo do trabalho.

Projeto

A seção **Projeto**, por meio de questões e situações-problema, oferece a oportunidade de você e os colegas colocarem em prática conhecimentos e habilidades seguindo um percurso construído coletivamente.

plurall | Este ícone indica que há conteúdo adicional no Plurall.

Caderno de Atividades

Acompanha o Livro do Estudante um **Caderno de Atividades**. Você pode utilizar esse material para continuar a desenvolver conhecimentos e habilidades abordados no livro, além de se preparar para o Enem e os principais vestibulares do Brasil.

Sumário

PARTE I

Unidade 1
Escrita e memória

Capítulo 1 – História e reflexão 11
   Projeto de vida 11
   Ciências Humanas e Sociais Aplicadas 12
   História 13
   Cultura 16
   Tempo 18
   Oficina de História 21

Capítulo 2 – Primeiros povos 22
   Origem humana 22
   África: nossas origens 24
   Conexões – Filosofia 26
   Estudos sobre a Pré-História 27
   Hipóteses migratórias 30
   Arqueologia brasileira 31
   A arte dos primeiros habitantes da América 33
   Oficina de História 34

Capítulo 3 – Mesopotâmia e Egito antigo 36
   Mesopotâmia 36
   Conexões – Sociologia 40
   Egito antigo 41
   Oficina de História 47

Unidade 2
Cultura e religião

Capítulo 4 – Grécia antiga 49
   Formação territorial e social 49
   Primeiros povoadores e a pólis 50
   Atenas 51
   Esparta 53
   Guerras Greco-Pérsicas 54
   Helenismo 55
   O legado da cultura grega 56
   Conexões – Filosofia 57
   Oficina de História 58

Capítulo 5 – Roma antiga 59
   Povoamento e periodização 59
   República 60
   Império 64
   Conexões – Geografia e Sociologia 65
   Religião 67
   Produções artísticas 68
   Direito romano e latim 69
   Oficina de História 70

Capítulo 6 – Bizâncio e o mundo islâmico 71
   Império Bizantino 71
   Mundo islâmico 76
   Oficina de História 82

Unidade 3
Cristandade e modernidade

Capítulo 7 – Europa feudal 84
   Idade Média: conceito e preconceito 84
   Os germânicos 85
   Reino Franco 87
   Feudalismo 90
   Mulheres na Idade Média 92
   Oficina de História 94

Capítulo 8 – Mundo cristão 95
   Igreja católica 95
   Heresias 96
   Cruzadas 97
   Cultura medieval 98
   Conexões – Filosofia 101
   Expansão e desenvolvimento 102
   Depressão: momentos de crise 105
   Oficina de História 106

Capítulo 9 – Renascimentos e reformas 107
   Modernidade 107
   Renascença 108
   Reforma protestante 111
   Conexões – Sociologia 113
   Contrarreforma 114
   Oficina de História 117

Perspectivas Trabalho, educação e projeto de vida 118
Questões do Enem e de vestibulares 120

PARTE II

Unidade 4
Contatos e confrontos

Capítulo 10 – Povos africanos 133
   África: um continente imenso 133
   Pan-africanismo e a história da África 136
   Reinos africanos 137
   Oficina de História 140

Capítulo 11 – Povos da América 142
   Diversidade étnica e cultural 142
   Tupis-guaranis: aldeias autônomas 143
   Maias: cidades-Estados 145
   Astecas: império mesoamericano 145
   Incas: império andino 146
   Conexões – Filosofia e Linguagens 147
   Oficina de História 148

Capítulo 12 – Expansão marítima e conquista da América 150
   Estados modernos 150
   Expansão marítima 152
   Conexões – Geografia 153
   Pioneirismo português 154
   Navegações espanholas 156
   Navegações inglesas, francesas e holandesas ... 157
   As faces da conquista 158
   Impactos da conquista na Europa 160
   Oficina de História 162
   Projeto Diversidade e tolerância religiosa 164

Unidade 5
Colonialismo e escravidão

Capítulo 13 – Colonização do Brasil 167
   Mercantilismo e colonialismo 167
   O processo de colonização 168
   Conexões – Geografia e Filosofia 169
   Capitanias hereditárias 172
   Governo-geral 174
   Padroado: o governo e a Igreja 176
   Oficina de História 177

Capítulo 14 – Sociedade açucareira 179
   Açúcar no Brasil colonial 179
   Invasões holandesas 186
   Portugal após a União Ibérica 190
   Oficina de História 191

Capítulo 15 – Expansão territorial e mineração ... 193
   A marcha do povoamento 193
   Expedições militares 194
   Bandeirismo 194
   Jesuítas: a fundação de aldeamentos 196
   Pecuária: expansão das fronteiras 197
   Tratados e fronteiras 198
   A mineração no Brasil 199
   Administração das minas 201
   A sociedade do ouro 202
   Crise da mineração 202
   Oficina de História 204

Unidade 6
Súdito e cidadão

Capítulo 16 – Antigo Regime e Iluminismo 206
   Antigo Regime 206
   Iluminismo: a liberdade da razão 209
   Conexões – Filosofia 211
   Despotismo esclarecido 212
   Oficina de História 214

Capítulo 17 – Inglaterra e Revolução Industrial ... 216
   Revolução Inglesa 216
   Revolução Industrial 217
   Impactos da Revolução Industrial 220
   Conexões – Filosofia e Sociologia 221
   Oficina de História 224

Capítulo 18 – Revolução Francesa e Era Napoleônica 225
   França às vésperas da Revolução 225
   A crise econômica e o começo da revolução 226
   Monarquia constitucional 228
   Da República ao Diretório 228
   Era Napoleônica: conquistas e tragédias 230
   Oficina de História 234
   Perspectivas Trabalho e desigualdade
   na Revolução Industrial 236

Unidade 7
Liberdade e independência

Capítulo 19 – Colonização e independência dos EUA 239
- As 13 colônias 239
- Conflitos com a Inglaterra 241
- Constituição dos Estados Unidos 243
- **Conexões** – Geografia 244
- **Oficina de História** 245

Capítulo 20 – Independências na América Latina 247
- Contexto das independências 247
- Revolução do Haiti 248
- Independências na América espanhola 249
- Desdobramentos das independências 252
- **Conexões** – Filosofia 253
- **Oficina de História** 254

Capítulo 21 – Independência do Brasil 255
- Crise da sociedade colonial 255
- Rebeliões coloniais 256
- A corte de dom João no Brasil 259
- Caminhos da independência 262
- **Oficina de História** 263
- **Projeto** A questão indígena no Brasil contemporâneo 264

Unidade 8
Império e território

Capítulo 22 – Primeiro Reinado e Regências 267
- Nasce o Brasil independente 267
- A Primeira Constituição 267
- Confederação do Equador 269
- Abdicação do trono 270
- Período regencial 271
- Revoltas provinciais 274
- **Oficina de História** 278

Capítulo 23 – Segundo Reinado 279
- Dom Pedro II 279
- Revolta Praieira 281
- Transformações na sociedade 282
- **Conexões** – Arte e Filosofia 284
- **Oficina de História** 287

Capítulo 24 – Crise do império 288
- Conflitos internacionais 288
- **Conexões** – Geografia 291
- Fim da escravidão 291
- Queda da monarquia 294
- **Oficina de História** 296
- **Perspectivas** Racismo e discriminação no mundo do trabalho 298
- **Questões do Enem e de vestibulares** 300

PARTE III

Unidade 9
Tecnologia e dominação

Capítulo 25 – Nacionalismo e imperialismo 317
- Onda de revoltas 317
- Agitações na França 318
- Unificação da Itália 320
- Unificação da Alemanha 320
- Avanço capitalista 321
- Imperialismo 322
- Partilha da África e da Ásia 322
- Impérios neocoloniais 324
- Expansão dos Estados Unidos 325
- América Latina 327
- **Oficina de História** 329

Capítulo 26 – Primeira Guerra e Revolução Russa 331
- Clima de tensão na Europa 331
- Explode a guerra 333
- Fim do conflito 335
- **Conexões** – Filosofia e Sociologia 336
- Tratado de Versalhes 337
- Novo mapa europeu 337
- Liga das Nações 338
- Revolução Russa 338
- **Oficina de História** 341

Capítulo 27 – Crise de 1929 e Segunda Guerra 342
- Estados Unidos nos anos 1920 342
- Totalitarismo 344
- O caminho para a guerra 346
- Guerra-relâmpago 347
- Breve balanço da guerra 350
- Vítimas do nazismo 350
- **Conexões** – Filosofia 351
- **Oficina de História** 352

Unidade 10
República e autoritarismo

Capítulo 28 – República oligárquica 354
- Proclamação da República 354
- **Conexões** – Filosofia 355
- As oligarquias cafeeiras no poder 358
- Vida social 362
- **Oficina de História** 366

Capítulo 29 – Revoltas na Primeira República 368
- Messianismo: religiosidade e revolta sertaneja ... 368
- Cangaço 370
- Revoltas no Rio de Janeiro 371
- Tenentismo (1922-1926) 373
- Modernismo 375
- **Oficina de História** 376

Capítulo 30 – Era Vargas 378
- A república em crise 378
- Getúlio no poder 380
- Governo Constitucional 382
- **Conexões** – Filosofia e Sociologia 384
- Governo Ditatorial 385
- Economia e trabalho 385
- **Oficina de História** 388

Unidade 11
Globalização e meio ambiente

Capítulo 31 – Guerra Fria e socialismo 390
- Nova ordem mundial 390
- Guerra Fria 392
- União Soviética 394
- China: rumo ao socialismo de mercado 396
- **Conexões** – Filosofia 397
- Cuba: socialismo na América Latina 398
- **Oficina de História** 400

Capítulo 32 – Independências na África, na Ásia e no Oriente Médio 401
- Descolonização ou retomada 401
- Independências na África 402
- Independências na Ásia 406
- **Conexões** – Sociologia 408
- **Oficina de História** 411

Capítulo 33 – Globalização e desigualdade 412
- Globalização 412
- Grandes potências 417
- **Oficina de História** 422

Projeto Mobilização ambiental #Sextapelofuturo ... 424

Unidade 12
Democracia e cidadania

Capítulo 34 – Experiência democrática 427
- Governo Dutra (1946-1950) 427
- Governo Vargas (1951-1954) 428
- Governo Juscelino (1956-1961) 429
- Conexões – Sociologia 432
- Governo Jânio (1961) 433
- Governo Goulart (1961-1964) 435
- **Oficina de História** 437

Capítulo 35 – Governos militares 439
- Autoritarismo 439
- Governo Castello Branco 440
- Governo Costa e Silva 440
- Governo Médici 441
- Governo Geisel 442
- Governo Figueiredo: transição democrática 444
- Um breve balanço 445
- **Oficina de História** 447

Capítulo 36 – Brasil contemporâneo 448
- Campanha Diretas Já 448
- Governo Sarney 449
- Governo Collor 451
- Governo Itamar 452
- Governo Fernando Henrique 452
- Governo Lula 455
- Governo Dilma 456
- Governo Michel Temer 457
- Governo Jair Bolsonaro 457
- Conquistas democráticas do país 457
- **Conexões** – Sociologia e Filosofia 458
- **Oficina de História** 459

Perspectivas O trabalho no século XXI 460

Questões do Enem e de vestibulares 462

BNCC do Ensino Médio: habilidades de Ciências Humanas e Sociais Aplicadas 475

Bibliografia 477

CIÊNCIAS HUMANAS E SOCIAIS APLICADAS

Escrita e memória

Nesta unidade, vamos refletir sobre a importância das Ciências Humanas e Sociais Aplicadas, com destaque para a História, visando compreender a sociedade em que vivemos. Conheceremos as principais atividades dos primeiros grupos humanos, como o domínio do fogo e, bem posteriormente, a produção agrícola e pastoril. Além disso, estudaremos sociedades antigas que se desenvolveram na Mesopotâmia e no Egito antigo, trabalhando os conceitos históricos e sociológicos de civilização e Estado.

UNIDADE

Camponês trabalha em Mianmar, no sul da Ásia. Ao fundo, templos budistas construídos entre os séculos X e XIV. Fotografia de 2014.

1. Observe a imagem e responda: a cena representa qual avanço tecnológico da humanidade? De que forma a tecnologia alterou o modo como o ser humano intervém no ambiente?

2. Quais tecnologias relacionadas ao trabalho, ao transporte e à comunicação são mais utilizadas na atualidade?

3. Em grupo, debatam quais tecnologias contemporâneas têm mais impacto sobre a saúde humana.

CAPÍTULO

1

Este capítulo favorece o desenvolvimento das habilidades:

EM13CHS101
EM13CHS102
EM13CHS103
EM13CHS104
EM13CHS105
EM13CHS106

História e reflexão

A história de cada época é constituída pelas vivências humanas. Para compreendê-las, precisamos situá-las no seu tempo histórico. O filósofo Kierkegaard dizia que vivemos a vida olhando para frente, mas compreendemos a vida olhando para trás. Nesse exercício, as experiências do passado servem ao presente quando analisamos o que mudou e o que permaneceu.
Como podemos conhecer melhor a sociedade à qual pertencemos e, assim, desenvolver nossa cidadania por meio de atitudes éticas?

❯ Projeto de vida

Projeto de vida é um planejamento do futuro, baseado em reflexões feitas sobre o passado e o presente. No Ensino Médio, um dos eixos fundamentais do aprendizado é a definição e a construção do seu projeto de vida.

Definir o projeto de vida pode não ser algo simples, pois ele envolve as dimensões pessoal, profissional e cidadã. Para pensar em um projeto de vida, você deve levar em consideração seus interesses, seus desejos e suas expectativas. A sua escola e os seus professores podem contribuir para indicar caminhos possíveis, mas só você será capaz de avaliar seus limites e suas possibilidades, seu "querer" e seu "poder". De um lado, não adianta se prender a sonhos distantes sem projetar caminhos para atingi-los. De outro, não podemos transformar toda dificuldade em uma impossibilidade.

É importante considerar que os projetos de vida não dizem respeito apenas à formação profissional. Eles também envolvem o autoconhecimento e a cidadania como forma de pertencimento social. Por isso, não se restringem a fórmulas prontas ou receitas de sucesso. Contudo, nesta etapa do Ensino Médio, a escolha de uma profissão é uma questão relevante, que merece nossa atenção e reflexão. A atenção consiste na consciência voltada para o mundo que nos cerca e a reflexão é a consciência de si, da nossa interioridade.

Agora, em sua juventude, você começará a enfrentar novos desafios, que podem incluir o exercício de delinear trajetórias para trilhar no futuro. Para auxiliá-lo nessa tarefa, elaboramos um livro convidando você a refletir sobre as questões mais relevantes de História e de sua relação com as demais disciplinas das Ciências Humanas.

Só pertencemos efetivamente a uma sociedade quando a conhecemos. Contribuir para isso é o objetivo deste livro.

Alunos do Ensino Médio em sala de aula em escola de São Caetano do Sul (SP), 2012. Nessa etapa da escolarização, é muito importante que os estudantes comecem a delinear o seu projeto de vida.

Ciências Humanas e Sociais Aplicadas

Os conhecimentos produzidos pelos seres humanos podem ser classificados de diversas formas. Uma dessas classificações leva em conta as áreas de Linguagens, Matemática, Ciências da Natureza e Ciências Humanas. Aqui, nos interessa tratar das **Ciências Humanas**, que abrangem os estudos históricos, geográficos, sociológicos, filosóficos, etc. Essa área estuda as sociedades no tempo e no espaço, buscando refletir sobre seus modos de ser e de viver, isto é, suas culturas.

Um dos objetivos da Educação Básica é utilizar os conhecimentos desenvolvidos historicamente para a construção de uma sociedade justa, democrática e inclusiva. Dentro desse objetivo amplo, as Ciências Humanas no Ensino Médio visam, sobretudo, levar você a elaborar hipóteses e argumentos sobre a sociedade em que está inserido e a participar da vida social com protagonismo e cidadania.

Este livro dialoga com as disciplinas das Ciências Humanas com base nos conteúdos históricos. Assim, buscamos uma formação integral (intelectual e afetiva) que, necessariamente, tem caráter **interdisciplinar**. Em outras palavras, procuramos mover fronteiras entre as disciplinas e superar a fragmentação dos saberes.

Jovens ensaiam apresentação de peça em São Paulo (SP), em 2019. Estudar a história e a formação de uma sociedade é essencial para compreendê-la nos dias de hoje, o que ocorre por meio das mais variadas metodologias e estratégias de ensino-aprendizagem.

População em São Luís (MA), em 2019. As disciplinas da área de Ciências Humanas, como História, Geografia, Sociologia e Filosofia, fornecem as ferramentas necessárias para entendermos a sociedade à qual pertencemos e refletirmos sobre ela.

Investigar

- Considerando seus desejos e suas características pessoais, você já pensou em construir um projeto de vida? Converse sobre isso com os colegas.

História

Integrando a área de Ciências Humanas, a História estuda as **vivências humanas ao longo do tempo**. Ou seja, estuda as mais diversas criações culturais, tais como as formas de lazer, os tipos de trabalho, as manifestações artísticas, as descobertas científicas, as expressões das mentalidades, os modos e as modas de cada sociedade, etc.

Cena do filme *Narradores de Javé*, de 2004, dirigido por Eliane Caffé. Nesse filme, o vilarejo de Javé pode desaparecer devido à construção de uma usina hidrelétrica. Para salvá-lo, seus moradores decidem escrever a história do local.

Quando "pensamos historicamente", percebemos que a realidade social é construída pelos seres humanos. Não se trata, portanto, de um destino que nos é imposto, de uma fatalidade imutável, de uma determinação da natureza. Percebemos, ainda, que algumas coisas persistem e outras mudam. Por isso, o estudo da História nos ajuda a adquirir consciência do que fomos e a transformar o que somos, contribuindo para construir uma sociedade mais justa, com menos desigualdade entre as pessoas, independentemente de idade, gênero, origem, cor da pele e religião.

Investigar

1. Você tem lembranças da sua infância? Quais?
2. Que experiências marcaram a sua vida até o momento? No futuro, você imagina que vai se lembrar ou se esquecer dessas experiências? Reflita sobre isso.
3. Xenofobia (do grego *xenos* = estrangeiro e *fobia* = medo) é a atitude de aversão e desconfiança ao estrangeiro. Relacione xenofobia e etnocentrismo, pesquisando exemplos no mundo contemporâneo.

> **Dica**
>
> *Narradores de Javé*. Direção: Eliane Caffé. Brasil: Bananeira Filmes, 2004. 100 min.
>
> Quando ficam sabendo que Javé pode desaparecer sob as águas devido à construção de uma hidrelétrica, os moradores do vilarejo decidem escrever sua história, mas poucos sabem ler e apenas um, o ex-carteiro, sabe escrever.

Objetivos dos estudos históricos

O historiador Marc Bloch sugere que o **espetáculo das atividades humanas ao longo do tempo** desperta curiosidade, seduz a imaginação, decepciona e encanta, o que nos estimula a querer conhecê-lo e compreendê-lo. Mas quais seriam os principais objetivos dos estudos históricos? Destacamos a seguir três deles.

- **Preservar memórias** – A preservação de memórias implica reagir contra os esquecimentos. A memória constitui um "campo de disputas" entre lembranças e esquecimentos. Dessas disputas, resulta frequentemente a predominância dos marcos que persistem em lembrar a memória dos grupos dominantes, os chamados "donos do poder". Lutar pela ampliação da memória social, abrangendo eventos relevantes para diversos grupos, é um exercício de consciência histórica.

- **Interpretar culturas** – Para interpretar culturas, é necessário conhecer diversas manifestações culturais; estabelecer semelhanças e diferenças entre modos de ser, pensar, sentir e agir das pessoas; exercitar a empatia; e valorizar nossa identidade pessoal e social. Além disso, implica combater o **etnocentrismo**, que é a tendência de uma pessoa ou um grupo de pessoas de considerar sua própria cultura como o "centro do mundo". A pessoa etnocêntrica acredita que a sua cultura é o padrão pelo qual todas as demais culturas devem ser julgadas e analisadas.

- **Promover a cidadania** – A cidadania é a nossa maneira de pertencer à sociedade. Esse pertencimento ocorre quando assumimos o protagonismo das nossas atividades sociais. Assim, cumprimos os nossos deveres como cidadãos e garantimos o direito à vida, à liberdade, à educação, ao lazer, ao trabalho, ao voto, entre outros.

Ofício dos historiadores

Os profissionais que trabalham com o ensino e a pesquisa em História são chamados de historiadores ou historiadoras. Esses profissionais estudam, por exemplo, aspectos da vida econômica, política e social, incluindo as culturas material e imaterial. Nesse processo, os estudiosos podem compreender relações entre passado e presente, que muitas vezes se misturam. Brincando com isso, o poeta gaúcho Mário Quintana disse que o passado não reconhece seu lugar, pois está sempre presente. Entre lembranças e esquecimentos, o passado vive conosco.

Estudar História é, portanto, uma maneira de adquirir consciência sobre a trajetória humana. No entanto, devemos ficar atentos aos limites ou problemas da interpretação histórica.

As historiografias – resultados do trabalho dos historiadores – não podem ser isoladas do contexto em que foram produzidas. Ao escrever sua obra, o historiador vive seu tempo histórico. O que ele produz está ligado à história que vivencia, incluindo, por exemplo, lutas, utopias, valores, visões e expectativas. Desse modo, a obra de um historiador pode ser a expressão de sua época ou também uma reação a ela.

O trabalho do historiador depende de uma série de concepções, que causam impactos em suas escolhas, desde a definição do seu objeto de estudo (tema, método e projeto da pesquisa) até a seleção das **fontes históricas** utilizadas.

Observando o trabalho dos historiadores, podemos dizer que a História, como forma de conhecimento, é uma atividade contínua de pesquisa. Em sua **etimologia**, história deriva de *historein*, que, em grego antigo, significa "procurar saber, informar-se". História significa, pois, "procurar".

> **Etimologia:** estudo da origem e da formação das palavras de uma língua.

🔍 Investigar

- Quais temas históricos despertam sua curiosidade? Para responder a essa pergunta, pense em seus filmes, livros e histórias em quadrinhos favoritos, entre outros tipos de expressões culturais e artísticas.

Fontes históricas

Os historiadores trabalham com diversas fontes em suas pesquisas. Contudo, essas fontes não são "documentos" ou "objetos" dos quais a história possa surgir, nascer ou jorrar de forma única, imparcial e cristalina. As fontes sugerem indícios, pistas sobre o tema pesquisado. Por isso, devem ser interpretadas pelo historiador.

As fontes históricas podem ser classificadas de várias maneiras: recentes ou antigas, privadas ou públicas, representativas da cultura material ou imaterial, etc. A seguir, vamos conhecer uma classificação que organiza as fontes em escritas e não escritas.

- **Fontes escritas** – Cartas, letras de canções, livros, jornais, revistas, documentos públicos ou particulares, etc.
- **Fontes não escritas** – Registros da cultura material, como vestimentas, armas, utensílios, pinturas, esculturas, construções, músicas, filmes, fotografias, depoimentos orais, etc.

Durante muito tempo, os historiadores utilizaram principalmente as fontes escritas para fundamentar as pesquisas históricas. Nos dias de hoje, devido ao desenvolvimento de novas tecnologias (principalmente com o advento da internet), os historiadores estão cada vez mais consultando e interpretando uma grande variedade de fontes não escritas (imagens, sons) e outros elementos da cultura material.

Entre as fontes não escritas, destacam-se as fontes orais, como depoimentos e entrevistas. A coleta de depoimentos tem contribuído para conservar a memória (pessoal e coletiva) e ampliar a compreensão de um passado recente ou da história que está em construção no presente. Assim, a hegemonia das fontes escritas foi relativizada.

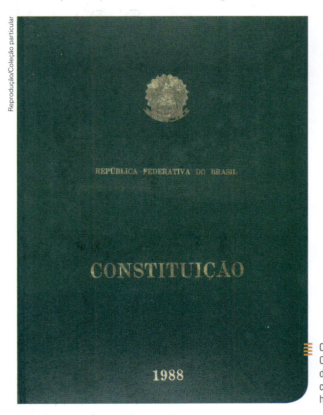

Capa da primeira edição da Constituição federal brasileira de 1988. A Constituição é considerada uma fonte histórica escrita.

Artesanato produzido pelos Karajá, sem data. Pode ser considerado um exemplo de fonte histórica não escrita.

Investigar

1. Você tem o costume de registrar sua vida em fotografias, vídeos, *blogs*, diários?
2. Na sua opinião, é importante preservar esses registros? Por quê?

Cultura

Nas Ciências Humanas e Sociais Aplicadas, o termo **cultura** é frequentemente utilizado para se referir aos modos de vida criados e transmitidos de uma geração para outra entre os membros de uma sociedade. Abrange conhecimentos, crenças, artes, costumes, normas e muitos outros elementos adquiridos socialmente pelos seres humanos.

Nesse sentido, podemos falar em cultura ocidental ou oriental (própria de um conjunto de povos ou sociedades com certas características históricas comuns), cultura italiana ou brasileira (própria de certas "lealdades comuns" conhecidas como nacionalidade), cultura cristã ou muçulmana (própria de grupos religiosos), entre outros tantos exemplos, como as culturas das famílias e as culturas juvenis, tão amplas e dinâmicas em um país com tanta diversidade como o Brasil.

Dançarinos de frevo em Recife, (PE), 2018. O frevo é uma expressão cultural brasileira registrada como Patrimônio Imaterial da Humanidade pela Organização das Nações Unidas para a Educação, a Ciência e a Cultura (Unesco).

Pessoas dançando mapiko na Tanzânia. O mapiko é uma dança tradicional moçambicana de origem maconde. Ela é praticada nos ritos de iniciação masculina, nas cerimônias de investidura e quando morre alguém do grupo ou da comunidade.

A cultura também pode ser considerada um amplo conjunto de conceitos e preceitos, símbolos e significados que modelam sociedades e organizam comportamentos. Na interpretação do antropólogo Clifford Geertz, nascemos com a possibilidade de viver milhares de vidas, mas acabamos por viver somente uma delas devido à contribuição decisiva da cultura.

A cultura envolve os padrões por meio dos quais pensamos, sentimos e agimos. Todas as sociedades, de todas as épocas, produzem cultura. E cada cultura tem seus valores e suas verdades. Em uma abordagem mais ampla, cultura é a resposta oferecida pelos grupos humanos ao desafio da existência. Essa resposta se manifesta por meio de conhecimento (*logos*), paixão (*pathos*) e comportamento (*ethos*), ou seja, em termos de razão, sentimento e ação.

Pintura feita por aborígenes australianos em casca de árvore, representando o mundo atemporal.

Em síntese, podemos dizer que as culturas são:
- adquiridas pela aprendizagem em convívio social, e não herdadas em termos genéticos;
- transmitidas de geração a geração, por meio da linguagem verbal e não verbal, nas diferentes sociedades;
- constituídas pela produção material e não material dos seres humanos;
- múltiplas e variáveis, no tempo e no espaço, de sociedade para sociedade.

Tempo

Os estudos históricos estão ligados ao tempo, que é algo sutil, difícil de ser definido. A noção de tempo é ampla, pois abrange aspectos ligados à Física, Geografia, Sociologia, Psicologia, História, etc. Entretanto, a experiência do tempo faz parte do nosso cotidiano quando, por exemplo, olhamos as horas no relógio, ouvimos relatos de pessoas mais velhas, percebemos o que mudou ou permaneceu de uma época para outra. Da mesma maneira, a experiência do tempo foi vivida pelos povos das mais diversas culturas. Eles tinham formas próprias de vivenciar o tempo e responder aos seus desafios, assim como formas de contar e de sentir a passagem do tempo.

Investigar

1. Você já teve a sensação de uma rápida passagem do tempo? Em que situações cotidianas isso ocorreu? Por que você acha que isso acontece?
2. Você convive com pessoas idosas? Escreva um texto sobre o que você já aprendeu com essas pessoas.

Cenas inspiradas na obra literária *Romeu e Julieta*, de William Shakespeare, escrita entre 1591 e 1595. A imagem acima é uma reprodução da pintura a óleo *Romeu e Julieta*, de Ford Madox Brown, de *c.* 1870. A imagem à direita mostra uma cena do filme *Romeu + Julieta*, de 1996, dirigido por Baz Luhrmann, com os atores Leonardo DiCaprio e Claire Danes. Ambas as cenas são representações das personagens de Shakespeare em diferentes momentos e contextos históricos.

Relógio e internet

Atualmente, o relógio é considerado um instrumento para a organização das rotinas diárias. Por esse motivo, encontramos o relógio no pulso das pessoas, no telefone celular, no computador, nas paredes das casas, nas ruas, etc. Assim, podemos dizer que existe, por exemplo, hora para acordar, comer, trabalhar, tomar banho, dormir. Há, inclusive, a hora do lazer e do *happy hour*.

> **Happy hour:** expressão inglesa que pode ser traduzida como "hora da confraternização"; trata-se do momento do dia, após o encerramento do trabalho, em que os colegas se reúnem em bares ou restaurantes.

Relógio da sabedoria, ilustração flamenga do século XIV, de autoria desconhecida, que mostra os primeiros relógios mecânicos na Europa ocidental.

Além do relógio, a expansão da internet e os avanços nos meios de transportes também afetaram nossa percepção do tempo. Cada vez mais, as pessoas têm suas vidas marcadas pelas comunicações instantâneas e pela rapidez dos meios de transporte.

Investigar
- Existem relógios públicos em sua cidade? Onde eles estão localizados?

Pessoas conversam por videochamada utilizando um *tablet*.

Mas essas formas de medir e sentir o tempo não dominaram todas as épocas nem todos os povos. Em muitas sociedades rurais do século XVIII, por exemplo, os trabalhadores organizavam e mediam o tempo observando as variações do clima, as épocas de plantio e de colheita, etc.

Os historiadores costumam dividir o tempo histórico em períodos e construir periodizações, como veremos a seguir.

Periodizações históricas

Periodizar significa separar ou dividir em períodos, isto é, demarcar o tempo com eventos considerados socialmente relevantes. Os historiadores elaboram periodizações históricas como forma de ordenar, compreender e avaliar os acontecimentos e os temas estudados. Como escreveu Jacques Le Goff:

> [...] não há história imóvel e [...] a história também não é pura mudança, mas sim o estudo das mudanças significativas. A periodização é o principal instrumento de **inteligibilidade** das mudanças significativas.
>
> LE GOFF, Jacques. *História e memória*. Campinas: Unicamp, 1996. p. 47.

Inteligibilidade: qualidade do que é inteligível, ou seja, claro.

É possível elaborar diversas periodizações da História, com base em diferentes critérios – econômico, político, tecnológico, ideológico-cultural, etc. Como as periodizações são concebidas pelos historiadores, elas expressam a interpretação de quem as elaborou.

Veja, por exemplo, o caso de uma periodização da História que se tornou tradicional, elaborada por historiadores europeus que davam maior importância às fontes escritas e aos fatos políticos do continente europeu. Nessa periodização, chamaram de Pré-História o período anterior à invenção da escrita e estabeleceram como marcos divisórios das "idades" acontecimentos ocorridos na Europa ou a ela relacionados. Deixaram de lado a história de sociedades em outros continentes, como América, Ásia e África.

Observe alguns dos principais marcos dessa periodização tradicional.

- **Pré-História** – Do surgimento do ser humano até o aparecimento da escrita (cerca de 4000 a.C.);
- **Idade Antiga ou Antiguidade** – Do aparecimento da escrita até a queda do Império Romano do Ocidente (476 d.C.);
- **Idade Média** – Da queda do Império Romano do Ocidente até a tomada de Constantinopla pelos turcos (1453 d.C.);
- **Idade Moderna** – Da tomada de Constantinopla até a Revolução Francesa (tomada da Bastilha, 1789 d.C.);
- **Idade Contemporânea** – Da Revolução Francesa até os dias atuais.

Críticas à periodização tradicional

O termo Pré-História costuma ser criticado, pois o ser humano, desde o seu surgimento, é um ser histórico, mesmo que não tenha utilizado a escrita. Outras expressões foram propostas para denominar os **povos sem escrita**, como povos pré-letrados ou povos ágrafos. No entanto, essas expressões não se difundiram como o termo Pré-História. Por esse motivo, podemos, eventualmente, utilizar o termo Pré-História, desde que estejamos cientes de que todo o passado humano faz parte da História, isto é, das inúmeras histórias.

Outra crítica à periodização tradicional refere-se a seu caráter **eurocêntrico**, pois ela foi elaborada com base em marcos temporais de algumas regiões da Europa, do Oriente Médio e do norte da África. Portanto, essa periodização não se aplica a todas as sociedades do mundo. Contudo, ela ainda serve de referência para muitas disciplinas históricas lecionadas em várias universidades do Brasil e do mundo.

Por fim, há um problema de toda periodização que consiste no seguinte: periodizar implica escolher certos acontecimentos como marcos de uma época, e isso pode dar a falsa impressão de que as mudanças históricas ocorrem repentinamente. A rigor, é impossível que um único fato inaugure ou encerre um período. Em geral, as mudanças históricas fazem parte de um processo longo e gradativo. Assim, à medida que um fato é eleito como símbolo de uma grande transformação, toda periodização contém algo de arbitrário ou de metafórico. Todavia, reconhecemos que as periodizações funcionam como forma de convenção social.

Oficina de História

Analisar e refletir

1 Leia as frases a seguir, identifique as incorretas e reescreva-as de forma correta no caderno.

  I. O trabalho dos historiadores consiste em investigar e interpretar as vivências humanas a fim de compreender o seu processo histórico.

  II. Em seu trabalho, o historiador pode utilizar fontes escritas ou não escritas. As fontes escritas são registros como cartas, livros, jornais, documentos públicos, etc. As fontes não escritas incluem pinturas, esculturas, vestimentas, armas, músicas, fotografias, depoimentos, etc.

  III. Ao findar seu trabalho, os historiadores chegam a conclusões absolutas e definitivas sobre o passado.

  IV. Cada sociedade tem um modo próprio de responder aos desafios do seu tempo histórico.

  V. A periodização histórica tradicional utiliza marcos relevantes que dizem respeito à história de todos os povos do mundo.

2 Por que o uso do termo "Pré-História" pode provocar polêmicas? Comente.

3 Neste capítulo, vimos que a periodização histórica tradicional tem caráter eurocêntrico. Pesquise exemplos de outras periodizações que não utilizam marcos temporais ligados à Europa, como a de alguns povos asiáticos, dos muçulmanos, dos judeus e de alguns povos indígenas.

4 Selecione uma fonte histórica que possa ser compartilhada com os colegas em sala de aula. Pode ser uma fotografia – como uma foto de família representando pessoas ou locais –, uma carta, uma vestimenta, etc. Em seguida, elabore uma interpretação dessa fonte histórica. Para isso, preste atenção em aspectos como:

  a) época em que foi produzida;
  b) referências a pessoas ou culturas;
  c) permanências e mudanças ocorridas no período;
  d) motivos que o levaram a escolher essa fonte histórica.

Interpretar texto e imagem

5 Leia, a seguir, um fragmento do livro *Sobre História*, escrito pelo historiador Eric Hobsbawm:

> Todo ser humano tem consciência do passado (definido como o período imediatamente anterior aos eventos registrados na memória de um indivíduo) em virtude de viver com pessoas mais velhas. [...] Ser membro de uma comunidade humana é situar-se em relação ao seu passado (ou da comunidade), ainda que apenas para rejeitá-lo. O passado é, portanto, uma dimensão permanente da consciência humana, um componente inevitável das instituições, valores e outros padrões da sociedade humana.
>
> HOBSBAWM, Eric. O sentido do passado. In: *Sobre História*. São Paulo: Companhia das Letras, 1998. p. 22.

  a) De acordo com o texto, de que maneira uma geração adquire consciência do passado?
  b) Para o historiador Hobsbawm, é possível haver uma sociedade sem passado? Por quê?

6 Em 1810, o artista Pieter Cornelis Wonder concluiu a obra *Tempo*. Observe, a seguir, a reprodução dessa obra e depois responda às questões.

Tempo, de Pieter Cornelis Wonder, 1810. A obra encontra-se hoje no Museu Rijks, em Amsterdã, Países Baixos.

  a) Em sua percepção, que elementos dessa obra simbolizam a questão do tempo?
  b) Em sua interpretação, o que essa imagem apresenta de "fictício" e de "realístico"? Explique.

CAPÍTULO

Primeiros povos

Desde os tempos mais antigos, os seres humanos se perguntam sobre sua origem. Alguns buscam explicações recorrendo a ensinamentos religiosos, outros, a pesquisas científicas. São muitas as questões relacionadas a esse tema tão amplo. Uma delas é sobre como os seres humanos se espalharam pelo mundo e quando chegaram à América.
Neste capítulo serão abordadas algumas respostas a essas questões.

Este capítulo favorece o desenvolvimento das habilidades:

EM13CHS101
EM13CHS102
EM13CHS103
EM13CHS104
EM13CHS105
EM13CHS106
EM13CHS203
EM13CHS204
EM13CHS206
EM13CHS404

Origem humana

Em diversas épocas e lugares, surgiram explicações sobre a origem do ser humano, por vezes antagônicas, que correspondem a variadas concepções de mundo. Vejamos agora duas dessas explicações:

- o criacionismo cristão, que nasceu a partir da interpretação de textos bíblicos;
- o evolucionismo, que nasceu a partir das teorias biológicas de Charles Darwin, no século XIX.

Criacionismo cristão

Existem diversos mitos de criação, ou seja, mitos que narram a origem do ser humano. Essas narrativas, em geral, atribuem a criação dos seres humanos aos deuses ou a outros entes sobrenaturais. Tais explicações são conhecidas como **criacionistas**.

Na tradição judaico-cristã, que é a tradição religiosa mais difundida no Brasil, a origem humana é explicada com base na interpretação do livro do Gênesis, que faz parte da Bíblia. De acordo com essa interpretação, o ser humano é uma criação especial de Deus. O texto bíblico diz que o homem e a mulher foram criados à "imagem de Deus". Isso significa que o ser humano não é apenas algo, mas alguém (um corpo dotado de uma alma espiritual).

Assim, o ser humano se diferencia das demais criaturas vivas por sua essência espiritual, que se revela no desenvolvimento de características como a racionalidade, a consciência reflexiva, a linguagem elaborada, a imaginação artística e o senso de moralidade.

De modo geral, é possível dizer que o criacionismo foi uma visão predominante nas sociedades ocidentais cristãs. Entretanto, com o avanço das investigações científicas e a consolidação de uma racionalidade laica (não religiosa), a teoria evolucionista passou a disputar a hegemonia com a visão criacionista.

LINHA DO TEMPO

1 milhão a.C.
A idade dos primeiros hominídeos é bem superior a 1 milhão de anos. Exemplos: *Australopithecus*, *Homo erectus*, *Homo habilis*.

75 mil a 45 mil a.C.
Homo neanderthalensis: morava em cavernas, era bom caçador, enterrava seus mortos.

13 mil a 10 mil a.C.
Fósseis encontrados em Lagoa Santa (MG) indicam que o local era habitado, nesse período, por indivíduos de baixa estatura e cabeça alongada, que se abrigavam em grutas e faziam pinturas rupestres.

8350-7350 a.C.
Fundação e desenvolvimento de Jericó (região da Palestina), primeira cidade murada do mundo.

4 mil a.C.
Idade dos Metais (cobre, bronze e ferro). Início da civilização: diferenças de classes sociais, formação do Estado, surgimento da escrita, da numeração e do calendário.

600 mil a 10 mil a.C.
Paleolítico (Idade da Pedra Lascada): coleta de alimentos, nomadismo, invenção dos primeiros instrumentos, utilização do fogo, pintura rupestre. Surgimento dos primeiros clãs (conjuntos de famílias).

50 mil a 40 mil a.C.
Homo sapiens: elevado desenvolvimento da consciência reflexiva, posição ereta permanente, liberação das mãos. Exemplo: homem de *Cro-Magnon*. Pesquisas da arqueóloga Niède Guidon, com base em fragmentos arqueológicos encontrados em São Raimundo Nonato (PI), indicam que, nesse período, grupos de caçadores-coletores já habitavam regiões que hoje fazem parte do Brasil.

10 mil a 4 mil a.C.
Neolítico (Idade da Pedra Polida): agricultura e criação de animais, vida sedentária, construção das primeiras cidades, arte cerâmica, invenção da roda. Povos de diferentes culturas espalharam-se pelas terras que correspondem ao atual território brasileiro, tais como os caçadores-coletores e os sambaquieiros.

6250-5400 a.C.
Desenvolvimento de Çatal Hüyük (região da atual Turquia), maior cidade da época.

Linha do tempo esquemática. O espaço entre as datas não é proporcional ao intervalo de tempo.

Evolucionismo

Em 1859, após anos de estudo, o cientista inglês Charles Darwin (1809-1882) publicou o livro *A origem das espécies*. Nele, propôs que os seres vivos evoluíram de um ancestral comum e que o mecanismo biológico pelo qual as espécies mudaram, evoluíram e se diferenciaram estaria baseado em uma seleção natural. Essa proposta foi chamada de **teoria evolucionista** ou **evolucionismo**.

Nas sociedades cristãs do século XIX, a teoria evolucionista provocou forte impacto. Darwin foi duramente criticado por religiosos e cientistas cristãos, que não aceitavam a hipótese de os seres humanos terem "parentesco" com outros animais. Muitas pessoas até hoje se assustam ou repudiam essas ideias.

Retrato de Charles Darwin.

Caricatura ridicularizando a teoria evolucionista de Charles Darwin, publicada no *The London Sketchbook*, em 1874.

Parte do problema deve-se a uma interpretação equivocada da teoria evolucionista, pois os cientistas que a defendem nunca afirmaram que descendemos de macacos. Sua hipótese é que, em algum momento da evolução das espécies, as linhagens de humanos e demais primatas (chimpanzés, gorilas, etc.) compartilharam um ancestral comum, e os descendentes desse ancestral comum teriam evoluído por caminhos diferentes.

No entanto, não se deve pensar em um caminho simples e direto, ao longo do qual nossos ancestrais "progrediram", em linha reta, em direção aos seres humanos atuais. Ao contrário do suposto caminho em linha reta, a situação assemelha-se mais a uma teia de relações ou a um palco, no qual vários atores viveram um drama longo e complexo.

Infográfico

África: nossas origens

Na África, foram encontrados os fósseis humanos mais antigos e a maior variedade de espécies de hominídeos. Isso indica que foi nesse continente que surgiram nossos ancestrais. Os primeiros grupos humanos teriam se deslocado da África para a Ásia, Europa, Oceania e América.

Hominídeos são a família biológica da qual fazem parte os seres humanos atuais e seus "parentes" ancestrais. Dentre os hominídeos, vamos destacar o gênero *Australopithecus* e algumas espécies do gênero *Homo*.

| 5 milhões de anos atrás | 4 milhões de anos atrás | 3 milhões de anos atrás | 2 milhões de anos atrás |

Australopithecus
- **Período:** 4,5 milhões a 1,4 milhão de anos atrás.
- **Região:** África.
- **Alimentação:** baseada em vegetais, mas algumas espécies podiam comer lagartos, ovos e pequenos mamíferos.
- **Características gerais:** bípede, estatura média de 1,20 metro, dentes molares relativamente resistentes, cérebro ligeiramente maior que o de um chimpanzé.

Homo habilis
- **Período:** 2 milhões a 780 mil anos atrás.
- **Região:** África.
- **Alimentação:** baseada em vegetais, mas também incluía carne.
- **Características gerais:** fabricou os primeiros instrumentos de pedra e madeira.

Homo erectus
- **Período:** 1,7 milhão a 300 mil anos atrás.
- **Região:** África, Europa e Ásia.
- **Alimentação:** onívoro, sendo que a carne passou a ser um importante alimento.
- **Características gerais:** fabricou os primeiros machados de mão, raspadores, facas. Primeira espécie a caçar de forma organizada e a utilizar o fogo.

África: principais sítios arqueológicos

- Australopithecus ramidus
- Australopithecus afarensis
- Australopithecus africanus
- Australopithecus robustus
- Homo habilis
- Homo erectus
- Homo neanderthalensis
- Homo sapiens moderno
- Área (provável) de habitação dos primeiros hominídeos

Fonte: elaborado com base em DUBY, Georges. Atlas *historique mondial*. Paris: Larousse, 2007. p. 2.

Linha do tempo esquemática. O espaço entre as datas não é proporcional ao intervalo de tempo.

Homo neanderthalensis
- **Período:** 135 mil a 34 mil anos atrás.
- **Região:** Europa, Oriente Próximo e Ásia.
- **Alimentação:** onívoro.
- **Características gerais:** desenvolveu instrumentos que exigiam controle perfeito das mãos e consciência precisa do trabalho a ser realizado. Estudos indicam que tinha linguagem falada, cuidava dos idosos e doentes da comunidade e praticava rituais de sepultamento. Provavelmente possuía corpo mais robusto do que a maioria das pessoas atuais.

Homo sapiens
- **Período:** 200 mil anos atrás aos dias atuais.
- **Região:** Primeiras evidências arqueológicas encontradas na África; se espalhou por todos os continentes do planeta.
- **Alimentação:** onívoro
- **Características gerais:** desenvolveu consciência reflexiva, linguagem falada e escrita, técnica, capacidade de expressão artística e senso de moralidade.

Conexões — FILOSOFIA

Saber reflexivo

Talvez nada caracterize melhor os *Homo sapiens* do que o desenvolvimento do saber reflexivo – nosso **modo de saber que sabemos**. Isso significa que nossa espécie é capaz de fazer sua inteligência debruçar-se sobre si. Assim, conseguimos tomar posse do próprio saber, avaliando sua consistência, seu valor e seu limite.

Desse modo, utilizando sua inteligência, o ser humano criou coisas extraordinárias, mas também destruiu de forma devastadora. Somos contraditórios e paradoxais: acumulamos conhecimentos e técnicas e, no entanto, permanecemos angustiados por dúvidas profundas. Isso nos torna criadores de grandes obras e, ao mesmo tempo, seres incompletos e inacabados.

O saber reflexivo pode ser desdobrado em duas dimensões: a **consciência de si** e a **consciência do outro**. A consciência de si consiste em uma relação do indivíduo consigo mesmo, o que lhe permite compreender e transformar sua interioridade, seus modos de pensar, agir e sentir. Já a consciência do outro diz respeito à relação do indivíduo com o mundo, o que lhe possibilita respeitar, escutar e acolher o diferente, o outro.

Para evitar o isolamento, devemos desenvolver essas duas dimensões de forma harmônica e contínua, pois o "eu" se constrói na relação com o outro. Isso nos permite fugir das dicotomias maniqueístas, que opõem indivíduo e sociedade, cultura e natureza, corpo e alma, céu e terra, etc. Uma visão complexa de nós mesmos e da realidade que nos cerca serve de alerta contra essas bipolarizações.

1 Segundo o texto, o que é saber reflexivo?

2 Explique, com suas palavras, o que é consciência de si e consciência do outro. Na sua avaliação, por que é importante desenvolvê-las de forma harmônica e contínua?

3 Em grupos, relacionem o desenvolvimento harmônico do ser humano com o desenvolvimento sustentável de uma sociedade mais livre e justa. Depois, pensem em propostas ambientais e sociais para a região onde você mora.

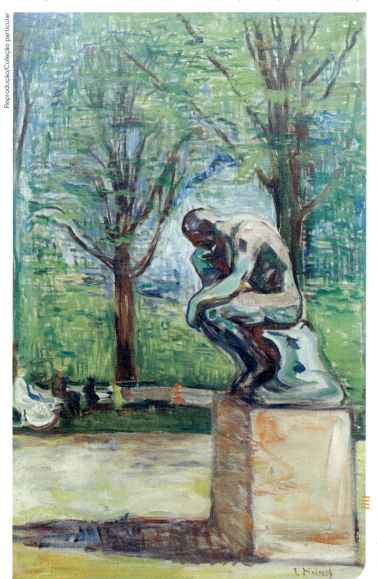

O Pensador de Rodin no jardim do Doutor Linde em Lübeck, obra do artista norueguês Edvard Munch, de 1907. A escultura de Rodin representada na obra de Munch retrata um sujeito imerso em uma intensa ação reflexiva, característica própria dos seres humanos.

Estudos sobre a Pré-História

Ao estudar a Pré-História, o inglês John Lubbock (1834-1913) desenvolveu uma periodização que adotou como critério o grau de habilidade técnica na produção de instrumentos. Essa periodização distingue pelo menos dois grandes momentos: Paleolítico e Neolítico.

Não se limitando exclusivamente às inovações tecnológicas, o australiano Gordon Childe (1892-1957) elaborou uma periodização da Pré-História levando em conta outros critérios culturais e econômicos. Segundo ele, o ser humano passou por três momentos predominantes durante esse período: de caçadores e coletores de alimentos, de produtores de alimentos (revolução agropastoril) e de construtores de cidades (revolução urbana).

Paleolítico: caçadores-coletores

O período Paleolítico abrange cerca de 99% do tempo de existência das sociedades humanas. Seu início é marcado pelo surgimento dos primeiros hominídeos e estende-se até aproximadamente 8 mil a.C.

Nesse período, os seres humanos construíram os primeiros abrigos, produziram roupas e confeccionaram instrumentos de madeira, ossos, chifres e pedras lascadas. Esses instrumentos eram utilizados, por exemplo, para caçar animais, arrancar plantas comestíveis e cortar a casca do miolo dos frutos.

No Paleolítico, os seres humanos ainda não produziam seu alimento, isto é, não cultivavam plantas nem criavam animais. Consumiam o que encontravam na natureza, caçavam e pescavam. Quando os alimentos de um local se esgotavam, os grupos humanos se mudavam (o que não significa que esses grupos perambulavam de um lugar para o outro sem parar). Por essa razão, foram denominados grupos **caçadores-coletores nômades**.

Para sobreviver, diversas sociedades de caçadores-coletores estabeleceram modos de cooperação e divisões de tarefas entre seus membros. Com isso, conseguiam, por exemplo, construir abrigos em menor tempo e desenvolver táticas de caça em conjunto.

Os principais critérios de divisão do trabalho eram o sexo, a idade, a força física e as habilidades de cada pessoa. Geralmente, entre os adultos, os homens caçavam e as mulheres faziam a maior parte da coleta de alimentos e cuidavam das crianças.

Em muitas sociedades de caçadores-coletores, os alimentos obtidos eram compartilhados pelo grupo e não havia a preocupação de estocagem. Alguns antropólogos, como Richard Leakey, consideram que "compartilhar" era central ao modo de vida caçador-coletor e "economizar" era central ao modo de vida agrícola-pastoril.

Escultura em pedra do Período Paleolítico que traz representados, à esquerda, uma ovelha e, à direita, um javali. Relevo proveniente de Roc de Sers, caverna localizada na atual França.

Controle do fogo

O controle do fogo foi certamente uma das maiores conquistas do Paleolítico, permitindo aos humanos suportar o frio, afastar animais perigosos e cozinhar alimentos. Supõe-se que os humanos, a princípio, procuravam manter aceso o fogo provocado ocasionalmente pelas forças da natureza (um raio, por exemplo). Posteriormente, aprenderam a produzi-lo pelo atrito de pedaços de madeira, lascas de pedra, etc. A partir de então, desenvolveram outros métodos. Para se ter uma ideia da importância dessa conquista, o fogo foi utilizado para iluminar ambientes até a invenção da lâmpada elétrica, no final do século XIX.

Neolítico: produção agropastoril

No período Neolítico, a pedra utilizada na produção de instrumentos começou a ser polida, e foi aprimorado o fio de seu corte. A partir de 8 mil a.C., alguns povos do Neolítico passaram a cultivar plantas (agricultura) e a criar animais (pastoreio). Começaram, assim, a produzir seus próprios alimentos.

Os tipos de plantas cultivados variavam de uma região para outra, destacando-se espécies vegetais como trigo, centeio, cevada, milho, batata, mandioca e arroz. Os animais criados foram principalmente carneiros, cabras, bois, porcos e cavalos.

À medida que essas atividades foram priorizadas, muitas comunidades agropastoris acabaram adotando um modo de vida sedentário. Isso não quer dizer, no entanto, que as comunidades desse período abandonaram a coleta de frutos, a caça e a pesca. Acredita-se que, durante um longo período, elas não tiveram a agricultura e a criação de animais como formas predominantes para a obtenção de alimentos. A adoção do sedentarismo tampouco foi definitiva ou uniforme, pois nem todas as comunidades abandonaram o nomadismo. As migrações e os deslocamentos humanos sempre existiram em todas as épocas e pelos mais variados motivos.

De qualquer forma, o novo modo de vida encontrado no Neolítico, que se caracterizou pelo desenvolvimento da agricultura, da criação de animais e das aldeias sedentárias, difundiu-se por várias regiões do planeta, mas em épocas diferentes. Existiram núcleos de "neolitização" em diversas regiões do mundo, como na África, no Oriente Médio e na América. Alguns estudiosos costumam referir-se a esse processo como **revolução agrícola**.

Dominando técnicas agrícolas e pastoris, muitas comunidades puderam produzir mais alimentos do que o necessário ao seu consumo imediato, passando, assim, a fazer estoques. Mas, todo esse processo não foi brusco nem transcorreu sem problemas. Estima-se que, em certas regiões do Oriente Médio e da América, nas fases iniciais da agricultura, o predomínio de cereais na alimentação tenha provocado uma redução no tempo médio de vida das pessoas, devido a carências nutricionais. Além disso, o sedentarismo e o agrupamento de populações mais numerosas favoreceram a propagação de epidemias, pelo maior contato entre seus membros. No entanto, vista de forma ampla, a chamada revolução agrícola e pastoril contribuiu para o aumento da população humana.

> **Investigar**
> 1. Que alimentos você costuma consumir? Você procura ter uma alimentação saudável?
> 2. Que tipos de alimentos devemos consumir para manter uma dieta balanceada?

Pintura rupestre representando o pastoreio em comunidade do período Neolítico, presente em caverna do Parque Nacional de Tassili n'Ajjer, na Argélia.

Inovações técnicas

Além do desenvolvimento de técnicas agropastoris, diversos povos do Neolítico promoveram outras inovações:

- **moradia** – construíram casas mais resistentes e duráveis, utilizando madeira, barro, pedra e folhagem seca. O interesse por habitações desse tipo relaciona-se, portanto, ao processo de sedentarização.
- **cerâmica** – desenvolveram objetos de cerâmica, dando forma à argila e aquecendo-a no fogo. Os objetos cerâmicos eram utilizados para cozinhar e armazenar alimentos, inclusive líquidos.
- **tecelagem** – começaram a fiar e a tecer, utilizando pelos de animais e fibras vegetais. Surgiram, assim, as primeiras vestimentas de linho, algodão e lã. As roupas, que até então eram feitas principalmente com peles de animais (couro), passaram a ser mais elaboradas.
- **metalurgia** – produziram os primeiros objetos de metal por volta de 4 mil a.C. A metalurgia é a utilização sistemática de metais para a fabricação de objetos. O primeiro metal a ser fundido em larga escala foi o cobre. Posteriormente, da mistura do cobre com o estanho, conseguiu-se o bronze. Por volta de 1500 a.C., alguns povos desenvolveram a metalurgia do ferro. Os instrumentos de ferro possibilitaram significativo aumento da produção agrícola e do artesanato. No entanto, objetos de pedra, como a ponta das setas e as raspadeiras, continuaram sendo amplamente utilizados.

Machado de cobre criado por volta de 2000 a.C. Faz parte do acervo do Museu Arqueológico Nacional da França.

Jarros de cerâmica criados por volta de 2500 a.C., encontrados na atual China. Pertencem ao acervo do Museu de Arte Lowe, da Universidade de Miami, nos Estados Unidos.

Ferramentas de pedra polida confeccionadas no período Neolítico. Fazem parte do acervo do Museu Arqueológico Nacional da Úmbria, na Itália.

Hipóteses migratórias

Existem várias hipóteses sobre a distribuição dos seres humanos pelo globo terrestre e como se deu a chegada dos primeiros *Homo sapiens* à América. É importante destacar que essas migrações da África não aconteceram bruscamente nem foram movidas por uma única onda migratória em massa. Vejamos algumas delas:

- **Hipótese asiática** – segundo essa hipótese, os primeiros grupos de povoadores vieram do nordeste da Ásia, pelo estreito de Bering, que separa os atuais Sibéria (Rússia) e Alasca (Estados Unidos). Isso teria ocorrido durante a última glaciação, quando o nível das águas do mar baixou e formou-se uma ponte de terra e gelo entre a Ásia e a América do Norte. Posteriormente, com o aumento da temperatura do planeta, o nível das águas do mar voltou a subir, e essa passagem teria se desfeito.
- **Hipótese malaio-polinésia** – outra hipótese é a de que os primeiros homens e mulheres teriam chegado à América navegando pelo oceano Pacífico. Essa travessia marítima teria sido possível devido à existência de diversas ilhas entre os dois continentes.
- **Hipótese da dupla origem** – esta hipótese defende a ideia de que a chegada dos *sapiens* à América se deu por migrações vindas, em diferentes momentos, por ambos os caminhos.

Quando ocorreram essas migrações? Com base na idade dos fósseis encontrados, alguns estudiosos afirmam que as primeiras migrações para a América aconteceram aproximadamente entre 12 e 20 mil anos atrás. Outros pesquisadores, como a arqueóloga brasileira Niède Guidon, defendem a tese de que as mais antigas travessias foram realizadas entre 40 e 70 mil anos atrás.

Investigar

- Você imaginava que o povoamento da América fosse tão antigo? Quando você achava que havia começado essa ocupação?

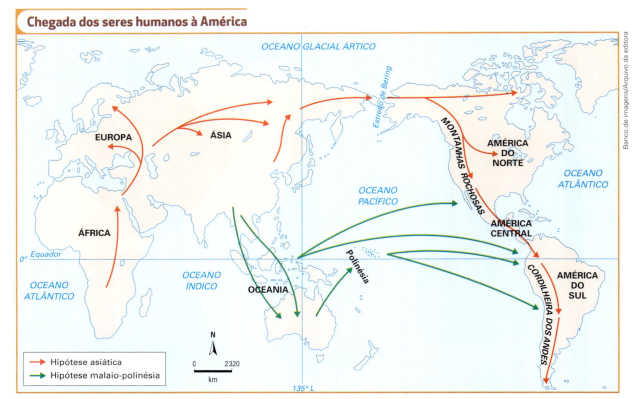

Fonte: elaborado com base em *A AURORA* da humanidade. Rio de Janeiro: Time-Life/Abril, 1993. p. 60-61. (Coleção História em revista).

Arqueologia brasileira

Até o momento, os fósseis humanos encontrados no Brasil estão entre os mais antigos da América. Em meados do século XIX, o naturalista e botânico dinamarquês Peter Wilhelm Lund (1801-1880) encontrou na Gruta de Sumidouro, em Lagoa Santa (MG), fósseis de cerca de 30 indivíduos. Esses fósseis tinham mais ou menos 12 mil anos. Pesquisas posteriores encontraram outros fósseis na região que datam de cerca de 14 mil anos. Lagoa Santa é o maior **sítio arqueológico** com material ósseo humano do interior brasileiro.

A análise desses fósseis revela que os indivíduos de Lagoa Santa tinham estatura baixa e cabeça alongada e abrigavam-se nas grutas da região. Nessas grutas, deixaram como registro pinturas rupestres (isto é, em rochas e nas paredes das cavernas), representando figuras humanas e outros animais.

Pesquisas arqueológicas mais recentes, chefiadas por Niède Guidon, em São Raimundo Nonato (PI), sugerem que desde, aproximadamente, 50 mil anos atrás havia grupos de homens e mulheres habitando as regiões que hoje fazem parte do Brasil.

Para Guidon, os grupos humanos de São Raimundo Nonato formavam comunidades de caçadores-coletores, abrigavam-se em grutas, tinham o domínio do fogo e sabiam construir instrumentos de pedra. No entanto, as informações a respeito desses primeiros povoadores do atual estado do Piauí têm gerado discussões e controvérsias entre estudiosos.

Além de Lagoa Santa e São Raimundo Nonato, o Brasil apresenta muitos outros sítios arqueológicos. Observe no mapa abaixo a localização de alguns desses sítios.

> **Sítio arqueológico:** designação dada ao lugar em que se pode pesquisar e colher material de interesse arqueológico.

A arqueóloga brasileira Niède Guidon formou-se em História Natural pela Universidade de São Paulo (USP) e especializou-se em arqueologia pré-histórica pela Universidade Sorbonne, na França. Seu trabalho foi determinante para a criação do Parque Nacional Serra da Capivara, no Piauí. Fotografia de 2016.

Brasil: alguns sítios arqueológicos

Fonte: elaborado com base em GUARINELLO, Norberto Luiz. *Os primeiros habitantes do Brasil*. São Paulo: Atual, 1994. p. 12.

Observar o mapa

- Localize os sítios arqueológicos, com os respectivos estados brasileiros atuais, nos quais:
a) foi encontrado material ósseo humano;
b) não foi encontrado material ósseo humano;
c) foram encontrados sambaquis com material ósseo humano.

> **Dica**
>
> Arqueologia brasileira - Museu Nacional UFRJ
> http://www.museunacional.ufrj.br/exposicoes/arqueologia/exposicao/arqueologia-brasileira
>
> Página com textos e imagens de objetos dos primeiros habitantes do atual território brasileiro.

Povos caçadores-coletores

Acredita-se que, entre 11 e 6 mil anos atrás, grupos humanos de diferentes culturas foram se espalhando pelas terras que correspondem ao atual território brasileiro. Entre esses grupos, destacam-se aqueles que viviam da caça, da pesca e da coleta e não praticavam a agricultura. Esses povos confeccionavam instrumentos de pedra e de ossos de animais – como pontas de lança, agulhas, facas, anzóis, raspadores – e desenvolveram armas de caça, entre elas:

- **arco e flecha** – que permitiam capturar animais rápidos, como aves e alguns mamíferos (veados, por exemplo);
- **boleadeira** – artefato que consiste em duas ou três bolas de pedra amarradas por um cordão de couro, lançado sobre as patas do animal para derrubá-lo. Até hoje, é utilizada por campeiros gaúchos.

Povos sambaquieiros

Por volta de 8 mil anos atrás, parte do atual território brasileiro (Sul e Sudeste) era habitada por povos seminômades que compartilhavam características culturais ligadas ao ambiente litorâneo. Entre os vestígios de sua presença, podemos citar esculturas, colares e **sambaquis**.

Sambaqui é uma palavra de origem tupi que significa "monte de conchas". Isso se deve ao costume de algumas comunidades de caçadores-coletores do litoral que passaram a acumular conchas de moluscos ou ossos de animais em determinados locais. Com o tempo, esse material passou a formar "morros de conchas". Alguns sambaquis atingem até 30 metros de altura e 400 metros de comprimento.

Segundo arqueólogos, os sambaquis também eram utilizados para enterrar os mortos e seus objetos pessoais (enfeites, utensílios e armas). Esses povos costumavam construir suas habitações sobre os montes de conchas.

Pesquisas sobre os sambaquis sugerem que esses povos formaram aldeias que tinham entre 100 e 150 habitantes. Viviam sobretudo da pesca. Criavam esculturas e enfeites de pedra polida. Tinham o domínio do fogo e assavam os alimentos.

A expansão territorial dos sambaquieiros durou cerca de 5 mil anos. Ela foi interrompida pela ocupação de grande parte do litoral e de parcela do interior por tribos e aldeias da etnia tupi.

Peixe feito de pedra criado por sambaquieiros. Essa peça foi encontrada no atual estado de Santa Catarina e pertencia ao acervo do Museu Nacional da Universidade Federal do Rio de Janeiro, até um incêndio de amplas proporções destruir grande parte de seu acervo em 2018.

> **Investigar**
>
> - Em sua opinião, por que devemos preservar os patrimônios arqueológicos e pré-históricos do Brasil?

Muitos sambaquis foram destruídos ao longo do tempo. Apesar disso, ainda existem muitas dessas construções no litoral brasileiro. Na fotografia de 2017, é possível observar o sambaqui Cabo de Santa Marta I, em Laguna (SC).

Povos agricultores e ceramistas

Por volta de 8 mil anos atrás, diversos povos que viviam no atual território brasileiro começaram a praticar a agricultura e a produzir cerâmica. Apesar de haver uma relação entre o desenvolvimento da agricultura e o da cerâmica, nem todo povo ceramista era agricultor. Também existiram povos caçadores-coletores que produziam cerâmicas.

Os principais produtos cultivados por esses povos eram milho, feijão, mandioca, maracujá, abóbora e açaí. Os primeiros utensílios cerâmicos – potes, vasos, panelas, tigelas – teriam sido criados por algumas populações agricultoras, por causa da necessidade de preparar e armazenar os alimentos cultivados.

Entre os povos agricultores e ceramistas, podemos destacar os habitantes das terras que correspondem à atual cidade de **Santarém** e da **ilha de Marajó**, na foz do rio Amazonas (hoje estado do Pará), bem como os que ocuparam regiões do centro do Brasil (povos aratus) e do atual Rio Grande do Sul (povos itararés).

Nos últimos 2 mil anos, povos agricultores e ceramistas de diversas culturas espalharam-se por várias partes do que é o atual território brasileiro.

Urna funerária de cerâmica produzida pelos marajoaras entre os anos de 700 e 1100. Segundo o pesquisador Norberto Guarinello, as pinturas das cerâmicas marajoaras estariam entre as mais belas do mundo. Pertence ao acervo do Museu do Forte do Castelo, em Belém (PA).

A arte dos primeiros habitantes da América

No Brasil, existe uma grande variedade de produções artísticas pré-históricas, como pinturas, esculturas, objetos de cerâmica e enfeites para adornar o corpo. Entre essas produções, destacam-se:

- **as pinturas rupestres** – o termo rupestre significa "feito em rocha". Além de revelar o senso artístico desses povos, pesquisadores supõem que as pinturas rupestres tinham função educativa. Provavelmente, eram utilizadas para ensinar os mais jovens a caçar, a pescar, a se defender de animais perigosos, etc. O Parque Nacional da Serra da Capivara, no Piauí, apresenta uma das maiores concentrações de pinturas rupestres do mundo.
- **as cerâmicas marajoara e santarena** – são uma das principais fontes de conhecimento sobre a história dos primeiros povos da Amazônia brasileira. Esses povos criaram urnas funerárias, tangas e objetos com formas rebuscadas. As cerâmicas mais antigas produzidas nas Américas foram encontradas no atual Pará e datam de 5 mil a.C.

Os povos santarenos desenvolveram cerâmicas com formas rebuscadas. Na imagem, observamos um vaso moldado pelos santarenos, que apresenta apliques zoomorfos. Pertence ao acervo do Museu Paraense Emílio Goeldi, de Belém (PA).

Pintura rupestre no Parque Nacional da Serra da Capivara, no Piauí. Foto de 2018.

Oficina de História

Analisar e refletir

1 Identifique as frases incorretas e, depois, reescreva-as de forma correta no caderno.

a) Acredita-se que o *Homo sapiens* tenha surgido há cerca de 200 mil anos, no continente africano.

b) A América era um continente vazio e despovoado até a chegada dos europeus no século XV.

c) As cerâmicas marajoaras e santarenas são importantes fontes para o estudo dos primeiros povos que viveram na região amazônica do Brasil.

d) Os sambaquis são formações naturais sobre as quais alguns povos americanos construíam suas moradias.

e) Um dos grandes marcos do Neolítico foi o desenvolvimento da agricultura e da criação de animais por volta de 8 mil a.C.

f) O evolucionismo de Charles Darwin foi amplamente aceito no século XIX, não encontrando nenhum tipo de resistência entre religiosos e cientistas.

2 O arqueólogo Gordon Childe, em seu livro *A evolução cultural do homem*, afirmou:

> O equipamento e as defesas do homem são exteriores ao seu corpo: [ele] pode colocá-los de lado ou usá-los, segundo sua vontade. Sua utilização não é herdada, mas aprendida, de forma lenta, com o grupo social a que o indivíduo pertence. A herança social do homem não é transmitida pelas células das quais ele nasce, mas por uma tradição que só começa a adquirir depois de ter saído do ventre materno.
>
> CHILDE, Gordon. *A evolução cultural do homem*. Rio de Janeiro: Zahar, 1966. p. 33.

a) De que maneira essa afirmação se relaciona com a ideia de "evolução cultural do homem"?

b) Você julga que o conceito de "evolução cultural" de Gordon Childe se diferencia da teoria darwinista? Converse com os professores de Biologia, Sociologia e Filosofia.

c) Crie uma charge ilustrando momentos que você considera decisivos nas transformações culturais humanas.

3 Ao estudar os povos neolíticos, vimos que eles adotaram um modo de vida sedentário, ou seja, passaram a se deslocar menos, permanecendo mais tempo em um mesmo local. Tendo isso em vista, responda às perguntas a seguir.

a) Atualmente, o que pode significar a expressão "pessoa sedentária"?

a) Você se considera uma pessoa sedentária? Por quê?

b) Você pratica atividades físicas? Quantas vezes por semana? Qual é a importância de se praticar atividades físicas regularmente?

4 As pesquisas realizadas nos sítios arqueológicos da Serra da Capivara, em São Raimundo Nonato (PI), provocaram certo furor nos meios acadêmicos voltados ao estudo da ocupação do continente americano. Em grupos, pesquisem as seguintes informações:

a) Qual é o nome da arqueóloga responsável pelas pesquisas realizadas no sítio da Serra da Capivara? Façam um levantamento de sua biografia básica.

b) Quais são os principais vestígios arqueológicos encontrados no sítio?

c) Que técnicas foram usadas para fazer a datação daqueles achados arqueológicos? Qual é a idade atribuída aos achados mais antigos?

d) A datação dos vestígios arqueológicos mais antigos encontrados na Serra da Capivara é compatível com as datas estimadas para a entrada dos primeiros seres humanos no continente americano? Por quê?

e) Por que a validade dos achados arqueológicos do sítio é questionada por parte dos cientistas?

Interpretar texto e imagem

5 A Gruta das Mãos está localizada na província de Santa Cruz, na Argentina. Ali se encontram pinturas rupestres criadas entre 9 mil e 13 mil anos atrás. Observe a imagem ao lado, depois responda as questões:

a) Onde essas pinturas estão localizadas? Quando elas foram criadas?

b) Em sua opinião, as mãos representadas seriam de um único indivíduo ou de diferentes pessoas? Justifique.

c) Quais são os principais temas das pinturas rupestres que você conhece? Você já tinha visto uma arte rupestre como essa da Gruta das Mãos?

6 A obra *Criação de Adão*, inspirada em textos bíblicos, foi pintada por Michelangelo no teto da Capela Sistina, no Vaticano, entre 1508 e 1512. É uma representação artística cristã do momento em que o ser humano foi criado "à imagem de Deus". Observe a imagem abaixo e responda:

A Gruta das Mãos faz parte do Patrimônio Mundial da Organização das Nações Unidas para a Educação, a Ciência e a Cultura (Unesco) desde 1999.

Detalhe do afresco *Criação de Adão*, pintado entre 1508 e 1512 no teto da Capela Sistina, no Vaticano, por Michelangelo. Afrescos são pinturas feitas em paredes, tetos ou muros, com tintas diluídas em água.

a) Quem é o autor dessa obra? Quando ela foi criada? Onde está localizada?

b) Quais semelhanças e diferenças você percebe entre as duas figuras principais da pintura? Quais características definem quem é Deus e quem é Adão?

c) Na imagem, os dedos de Adão e de Deus estão separados por uma pequena distância. Em sua opinião, o momento representado pelo artista é anterior ou posterior ao toque dos dedos? Justifique.

CAPÍTULO 3

Mesopotâmia e Egito antigo

Neste capítulo, vamos conhecer as sociedades da Mesopotâmia e do Egito antigo. Essas sociedades despertam o fascínio das pessoas até os dias atuais pelo esplendor da sua civilização.

Este capítulo favorece o desenvolvimento das habilidades:

EM13CHS101
EM13CHS103
EM13CHS104
EM13CHS105
EM13CHS106
EM13CHS203
EM13CHS204

) Mesopotâmia

Mesopotâmia (em grego = "terra entre rios") é a região situada entre os rios Tigre e Eufrates, no Oriente Médio. Atualmente, a maior parte dessa região corresponde ao Iraque.

No passado, a Mesopotâmia foi habitada por diferentes povos. Entre eles, destacam-se os sumérios, os acádios, os amoritas (ou antigos babilônios), os assírios e os caldeus (ou novos babilônios). Embora esses povos tenham línguas e culturas próprias, eles são chamados genericamente de povos mesopotâmicos.

Observar o mapa

- Compare o mapa dessa página com um mapa da divisão política atual do Oriente Médio. Depois, responda:
a) Que país atual corresponde a quase todo o território da Mesopotâmia, até o Império Babilônico?
b) Que países atuais, ou parte deles, pertenciam a territórios dominados, na Antiguidade, pelo Império Assírio?
c) Hoje, a região correspondente à antiga Mesopotâmia permanece como uma região de conflitos. Levante hipóteses para explicá-los.

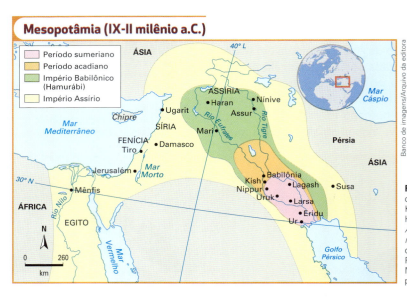

Fonte: elaborado com base em KINDER, Hermann; HILGEMAN, Werner. *Atlas histórico mundial:* de los orígenes a la Revolución Francesa. Madrid: Istmo, 1982. p. 26, 28 e 30.

Aldeias agrícolas

Na Mesopotâmia, a agricultura e a criação de animais começaram a se desenvolver em aproximadamente 8000 a.C. Ao produzirem seu próprio alimento, esses povos permaneceram mais tempo em um mesmo lugar e formaram aldeias sedentárias.

Os mesopotâmios cultivavam produtos como cevada, trigo, linho, sésamo, tâmaras e legumes. Também criavam ovelhas, cabras, porcos, bois e asnos. Aos poucos, os mesopotâmios aprenderam a lidar com as condições naturais da região (inundações nos vales e clima seco). Construíram diques para acumular água, barragens e canais de irrigação. Essas transformações ampliaram as divisões sociais do trabalho e impactaram o meio ambiente.

LINHA DO TEMPO

± 8000 a.C. A agricultura e a criação de animais começam a ser desenvolvidas na Mesopotâmia.

3000 a.C. Invenção da escrita cuneiforme na Suméria.

2700-2600 a.C. Construção das famosas pirâmides egípcias dos faraós Quéops, Quéfren e Miquerinos.

4000 a.C. Os sumérios fundam as primeiras cidades politicamente organizadas, como Ur, Uruk, Nippur, Lagash e Eridu.

± 3200 a.C. Os reinos do Alto e do Baixo Egito são unificados por Menés, o fundador da monarquia dos faraós.

1799 Soldados franceses invadem o Egito e encontram a Pedra de Roseta.

1822 Jean-François Champollion consegue decifrar os hieróglifos contidos na Pedra de Roseta.

Linha do tempo esquemática. O espaço entre as datas não é proporcional ao intervalo de tempo.

No período entre a formação das primeiras aldeias e vilas e o fim do III milênio a.C., o trabalho coletivo contou provavelmente com a cooperação entre famílias diversas. Essa situação mudou por volta do início do II milênio a.C. Muitas famílias controlavam suas próprias plantações e trocavam mercadorias. Exemplo dessas trocas: alimentos por objetos de cerâmica ou instrumentos de metal.

Ao realizarem essas trocas, alguns indivíduos e famílias acumularam mais riquezas do que outros. Os mais ricos tinham mais influência nas decisões tomadas nas aldeias e, depois, nas cidades.

Nascimento de cidades

Na Mesopotâmia, desenvolveram-se algumas das mais antigas cidades do mundo. Entre elas, podemos citar Ur, Uruk, Nippur, Kish, Lagash e Eridu, cujos vestígios datam de, aproximadamente, 4 mil anos atrás. Na época, grande parte destas cidades eram independentes entre si e, por isso, foram chamadas de **cidades-Estado**.

Em geral, as cidades tinham uma população mais numerosa e um comércio mais dinâmico do que as aldeias. Além disso, havia maior divisão do trabalho. Foi assim que surgiram funções sociais específicas, como a de tecelão, pedreiro, sacerdote, soldado, ceramista, metalúrgico, etc.

Juntamente com a formação das primeiras cidades, desenvolveram-se maneiras de organizar as atividades das pessoas, como calendários, sistemas de escrita, de numeração, de pesos e medidas.

Além disso, as cidades impulsionaram novas construções, como muralhas, templos religiosos, casas para moradia, armazéns para estocar alimentos e ruas. A vida das cidades dependia de dois grandes **centros de poder**: os templos e o palácio real.

Estátua de figura feminina produzida pelos sumérios em cerca de 3000 a.C., da antiga cidade de Nippur.

Investigar
- Quais são os centros de poder da região onde você vive?

Templos religiosos

Os povos mesopotâmicos eram **politeístas**, isto é, adoravam diversos deuses, muitos dos quais relacionados a elementos da natureza. Além disso, acreditavam que, depois da morte, o espírito das pessoas ia para um mundo inferior, sem retorno. A maioria não acreditava em vida melhor após a morte. Por isso, as pessoas queriam aproveitar ao máximo sua vida atual e consideravam a juventude a mais bela fase da vida.

Entre os deuses mesopotâmicos, podemos citar: Enlil (deus do ar e do destino); Shamash (deus do Sol e da justiça); Enki (deus das águas, da sabedoria e das técnicas); e Ishtar (deusa do amor e da fertilidade), representada na escultura de cerca de 1800 a 1750 a.C.

As cerimônias religiosas eram dirigidas por sacerdotes ou sacerdotisas, que se reuniam em corporações dedicadas ao culto de determinado deus. Geralmente, as cidades adotavam um deus protetor, para o qual se construía um templo principal.

Além das funções religiosas, os sacerdotes do templo exercem atividades econômicas. Em razão das oferendas recebidas, acumulavam grande patrimônio em terras, rebanhos, plantações e artigos artesanais. Por isso, os templos desenvolveram um comércio ativo com as regiões vizinhas. Muitos sacerdotes também exerceram influência política na Mesopotâmia.

Para controlar a contabilidade do templo (relação de produtos, recebimentos, pagamentos, empréstimos), os sacerdotes desenvolveram um sistema de escrita e numeração.

Palácio real

Há várias hipóteses que explicam a origem e o crescimento do poder real. Segundo uma delas, à medida que as cidades passaram a crescer e acumular riquezas, sua defesa tornou-se uma preocupação para os habitantes. Diante do risco de ataques externos, foram organizadas tropas militares e escolhido um comandante. Com o tempo, esse líder militar ampliou seus poderes e provavelmente deu origem à figura do rei.

Nas sociedades da Mesopotâmia, o rei exercia funções políticas, econômicas, militares e religiosas. Assim, o poder real obrigava a população a pagar tributos e impunha trabalhos obrigatórios, como a construção de palácios, templos, muralhas, canais de irrigação e diques.

Mesmo havendo uma separação entre a autoridade do rei e a dos sacerdotes, a religião sempre foi utilizada para justificar o poder real. Afinal, o soberano também exerce liderança religiosa. Pela mentalidade dominante na Mesopotâmia, o rei seria um representante dos deuses, alguém predestinado a realizar a vontade divina. Por isso ocupava um lugar especial na sociedade: de intermediário entre os deuses e os homens.

A partir do II milênio a.C., o poder do rei começou a ser transmitido a seus parentes, dando origem às **monarquias hereditárias**.

Zigurate é o formato dos templos construídos pelos sumérios. Na foto, zigurate de 2050 a.C. da cidade mesopotâmica de Ur, localizado no atual Iraque.

Escrita

Na Mesopotâmia, os sumérios desenvolveram um sistema de escrita em 3300 a.C., aproximadamente. De acordo com pesquisadores, a invenção da escrita suméria está relacionada com o desenvolvimento das cidades. O que isso significa? Que a vida urbana foi tornando-se complexa. A fala e a memorização já não eram mais suficientes para registrar os inúmeros dados gerados pelas relações sociais cotidianas.

Nesse contexto, supõe-se que os sacerdotes perceberam que não podiam confiar apenas na memória oral para registrar tantas operações realizadas nos templos: empréstimos de animais e sementes, pagamento a construtores de barcos e comerciantes, controle de produtos estocados em seus armazéns, etc. Para resolver essas questões, teriam desenvolvido um sistema de escrita e numeração, isto é, um sistema de sinais pelo qual a linguagem verbal fosse registrada, entendida e transmitida para outras pessoas.

Tablete sumério com escrita cuneiforme datado de cerca de 2500 a.C.

A partir de 3000 a.C., a escrita começou a ser utilizada não só para fazer a contabilidade dos templos, mas também para registrar ensinamentos religiosos, literários, normas jurídicas, etc. Assim, os mesopotâmicos puderam escrever histórias que até então eram transmitidas apenas de forma oral.

Um exemplo disso é a *Epopeia de Gilgamesh*, que, registrada em blocos de argila por meio da escrita cuneiforme, narra as aventuras de amor e bravura de um herói (Gilgamesh) que desejava descobrir o segredo da imortalidade. A escrita cuneiforme recebe esse nome porque os seus sinais eram impressos na argila ainda molhada com um estilete em forma de **cunha** (peça usada para entalhar pedra, madeira, barro, etc.).

Direito

Foi também na Mesopotâmia que nasceram os primeiros **códigos jurídicos escritos** de que se tem conhecimento. Entre eles, está o **Código de Hamurábi**, que reuniu, em seus 281 artigos, normas sobre diversos temas, como homicídios, lesões corporais, roubos, questões comerciais e escravidão.

Essas normas foram recolhidas, em grande parte, dos costumes jurídicos já praticados na Mesopotâmia. No entanto, ao organizá-las em um código escrito, o rei Hamurábi reafirmou sua autoridade.

No Código de Hamurábi não encontramos a definição das características gerais dos crimes. Seus artigos descrevem casos específicos que serviam como padrão a ser aplicado em questões semelhantes.

Vejamos exemplos de normas jurídicas desse código:
- Se um filho agredir o pai com as mãos, terá a sua mão cortada.
- Se um construtor edificar uma casa para um homem livre, e a casa desabar, matando o proprietário, esse construtor será morto.
- Se um homem roubar um boi, uma ovelha, um asno, um porco ou um barco, e esses bens pertencerem a um templo ou a um palácio, o ladrão terá de devolver trinta vezes o valor roubado.

Talião:
do latim *talis* = tal, igual; significa retaliação, revide.

Princípio de talião

Em muitas sociedades antigas, a pena para um criminoso transformava-se em formas de vingança contra a ofensa cometida. Essas vinganças levavam a uma guerra sem fim entre os grupos rivais.

O Código de Hamurábi estabeleceu o princípio (ou lei) de **talião**, que evitou esse ciclo de vinganças. Pela lei de talião, a pena não seria arbitrária e desmedida, mas proporcional à falta cometida ("olho por olho, dente por dente"). Assim, por exemplo, se alguém furasse o olho de outra pessoa, seu olho também seria furado. Se um indivíduo arrancasse os dentes de outro, seus dentes também seriam arrancados.

Quando analisamos hoje as penas do Código de Hamurábi, elas parecem brutais. No entanto, na época, o princípio de talião era considerado expressão da justiça. Esse Código também estabelecia a possibilidade de a pena ser paga na forma de recompensa econômica (gado, armas, moedas, etc.).

Investigar
- Em sua opinião, para diminuir a criminalidade das sociedades contemporâneas, basta punir rigorosamente o criminoso? Reflita.

Código de Hamurábi, elaborado entre 1792-1750 a.C. Trata-se de um monólito: na parte superior, pode-se ver o rei Hamurábi, em pé, diante do rei Sol, Shamasch; na parte inferior, vê-se parte das 281 normas registradas em escrita cuneiforme.

Conexões — SOCIOLOGIA

Civilização e Estado

A palavra **civilização** tem diferentes significados. No século XVIII, foi utilizada na França para expressar uma **ideia de progresso**. Havia a suposição de que toda a humanidade poderia ser classificada de acordo com etapas sucessivas de evolução, desde a Pré-História aos dias atuais. Nessas classificações, civilização se referia às "altas culturas", em oposição aos povos considerados "primitivos", "selvagens" ou "bárbaros".

Os estudiosos contemporâneos de Ciências Humanas e Sociais rejeitam essas noções de superioridade ou inferioridade entre os povos. Isso ocorre porque todos os povos têm seus modos de ser e de viver e não podem ser hierarquizados numa linha única.

Atualmente, o termo civilização se refere a uma forma própria de organização social que não é superior ou inferior a outras, mas que se caracteriza, geralmente, por alguns eventos, como o aparecimento das primeiras cidades, os sistemas de escrita, a formação do Estado e o aprofundamento das divisões do trabalho.

Já o termo **Estado** (latim *status* = estar firme) significa a permanência de uma situação de convivência humana ligada a uma sociedade política. O Estado nem sempre existiu. Diversas sociedades organizaram-se sem ele. Nas sociedades sem Estado não havia uma fronteira clara entre governantes e governados. No entanto, a partir de certo momento histórico, supõe-se que, em várias sociedades, determinadas funções administrativas e militares foram assumidas por um núcleo de governantes, que impunham normas à vida coletiva. Assim teria surgido o Estado, reunindo governo e governados em uma base territorial.

- Considerando o que você aprendeu sobre o conceito de civilização, por que ele é utilizado para definir as sociedades construídas pelos povos mesopotâmicos?

Egito antigo

O Egito antigo localizava-se no norte da África, e era habitado por povos que viviam em clãs desde 5000 a.C. Esses povos praticavam atividades agropastoris, dominavam a técnica da cerâmica e, mais tarde, desenvolveram a metalurgia. Provavelmente, a necessidade de enfrentar problemas comuns (abrir canais de irrigação, construir diques, organizar a atividade agrícola, etc.) levou parte deles a se reunir em aldeias. Posteriormente, o crescimento das aldeias e o desenvolvimento de cidades deram origem a dois reinos:

- **Baixo Egito** – situado ao norte, na região mais próxima ao mar Mediterrâneo, onde o rio Nilo forma um grande delta de terras muito férteis.
- **Alto Egito** – situado ao sul do delta, a partir da cidade de Mênfis, onde as terras férteis constituíam uma estreita faixa ao longo do rio. Nas áreas não atingidas pelas enchentes, o solo era árido.

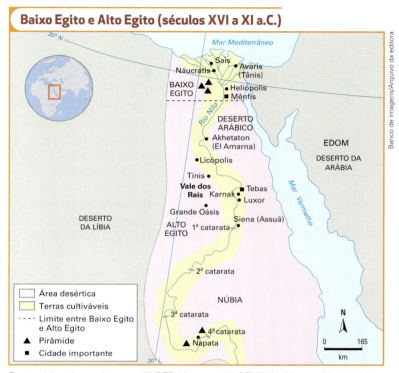

Fonte: elaborado com base em KINDER, Hermann; HILGEMANN, Werner. *Atlas histórico mundial*: de los orígenes a la Revolución Francesa. Madrid: Istmo, 1982. p. 22.

Por volta de 3100 a.C., os governantes do Alto Egito conquistaram o Baixo Egito. Os dois reinos passaram a ser comandados por um faraó. Segundo certas tradições, Menés teria fundado a primeira dinastia de faraós do Egito antigo. Os primeiros faraós usavam uma coroa dupla, simbolizando que eram reis do Alto e do Baixo Egito. A unificação tornou o faraó o senhor da grande Casa do Egito.

Observar o mapa

- Compare o mapa desta página com um mapa político atual e um mapa físico da África e, depois, responda:

a) Que países atuais situam-se na região que correspondia ao Egito antigo?

b) Que deserto cobre a maior parte da região onde estava localizado o Egito antigo?

c) Que mares limitavam o território da civilização egípcia?

Esfinge de Gizé, localizada próximo à cidade do Cairo (Egito). Construída por volta de 2500 a.C., durante o reinado do faraó egípcio Quéfren, essa escultura de calcário tem aproximadamente 70 metros de comprimento, 20 metros de largura e 20 metros de altura. Fotografia de 2018.

Periodização histórica

No decorrer dos mais de 3 mil anos dos quais temos registros históricos (de cerca de 3100 a.C. até 30 a.C.), o Egito alternou períodos de centralização e descentralização do poder político. Nesse longo período, atravessou momentos de prosperidade e fases de crise econômica, guerras internas e invasões.

Os egiptólogos costumam dividir a história do Egito antigo em diversos períodos, chamando os três principais de Antigo Império, Médio Império e Novo Império.

- **Antigo Império (cerca de 2600-2040 a.C.)** – a capital do império era Mênfis; houve forte centralização política dos faraós e a montagem de uma eficiente estrutura administrativa; foram construídas grandes pirâmides, como as dos faraós Quéops, Quéfren e Miquerinos (IV dinastia). Por volta de 2150-2040 a.C., os faraós perderam poder para os governantes das províncias. O final desse período foi marcado por descentralização do poder, distúrbios sociais e instabilidade política.
- **Médio Império (cerca de 2040-1550 a.C.)** – representantes da nobreza da cidade de Tebas conseguiram reprimir as revoltas locais dos governantes das províncias; os faraós recuperaram e centralizaram o poder. Esse período caracterizou-se por estabilidade política e prosperidade econômica. Por volta de 1750 a.C., a região norte do país foi invadida pelos hicsos (povo de origem asiática), que estabeleceram capital em Avaris. Os hicsos detinham tecnologia militar superior à dos egípcios: utilizavam o cavalo em carros de combate e armas de bronze. Permaneceram quase dois séculos no Egito.
- **Novo Império (cerca de 1550-1070 a.C.)** – a nobreza de Tebas expulsou os hicsos e restaurou a unidade política do Egito. Essa foi uma época de apogeu econômico, refinamento artístico e grande expansão militar do Egito. O final desse período foi marcado por uma série de problemas: revoltas, perdas territoriais, más colheitas e fome.

Entre natureza e cultura

A sociedade do Egito antigo desenvolveu-se às margens do rio Nilo. Segundo pesquisas arqueológicas, essa região era habitada por hominídeos desde o Paleolítico.

O rio Nilo é um dos maiores do mundo, com mais de 7 mil km de extensão. Na época das cheias, as águas do Nilo inundavam suas margens, depositando no solo grande quantidade do húmus acumulado em seu leito. Húmus é uma substância fertilizante composta de terra e matéria orgânica em decomposição. Na formação do húmus, há liberação de diversos nutrientes.

Após as cheias, quando o rio retornava ao nível normal, o solo inundado estava fertilizado pelo húmus. Isso favorecia o crescimento das plantas e, portanto, a atividade agrícola. Com as inundações periódicas do Nilo garantindo agricultura abundante, o vale onde se concentrava a população do Egito antigo foi comparado a uma espécie de oásis.

O historiador grego Heródoto, que visitou essa região no século V a.C., chamou o Egito de uma "dádiva do Nilo", isto é, um presente do Nilo. Essa célebre frase parece valorizar mais o rio Nilo (natureza) do que o trabalho dos egípcios (cultura) na construção da sociedade. No entanto, é preciso lembrar que o aproveitamento das águas do Nilo só foi possível graças ao trabalho humano. Isso significa que uma sociedade se constrói harmonizando-se natureza e cultura. Assim, uma inundação pequena era insuficiente para o cultivo agrícola, o que provocava escassez de alimentos. Já uma inundação grande causava destruições, o que levou os egípcios a erguer diques e barragens para proteger vilas e casas da violência das águas.

Foi com a construção de canais, diques e barragens que os egípcios dominaram, em certa medida, as águas do Nilo e, assim, conseguiram plantar e obter colheitas abundantes. Isso mostra que a civilização egípcia é fruto da interação do ambiente natural com o trabalho humano.

Sociedade egípcia

A sociedade egípcia era formada por diferentes grupos sociais. Entre eles podemos citar: camponeses, artesãos, comerciantes, funcionários do governo, o faraó e seus familiares. Segundo alguns historiadores, havia também um grupo relativamente pequeno de escravos.

Camponeses

A maioria da população no Egito antigo era formada por camponeses (**felás**) que realizavam diversos tipos de trabalho. Dedicavam-se, por exemplo, à agricultura do trigo (para fazer pão), da cevada (para fazer cerveja) e do linho (para fazer tecidos). Além disso, criavam animais como bois, asnos, carneiros, cabras, porcos, gansos, patos e, posteriormente, cavalos. As atividades agropastoris eram complementadas pela caça e pela pesca realizada no rio Nilo, nos pântanos e nos canais.

Os camponeses viviam em aldeias, sendo obrigados a entregar parte da colheita e do rebanho como tributo aos moradores do palácio do faraó e aos sacerdotes dos templos. Nos períodos em que diminuíam os trabalhos no campo (época das cheias), eles podiam ser convocados para trabalhar obrigatoriamente em obras como a construção de palácios, templos, pirâmides, etc.

Para alguns historiadores, esse modo de trabalho dos camponeses egípcios pode ser chamado de **servidão coletiva**. Esse tipo de servidão também foi comum na Mesopotâmia.

Detalhe de pintura da tumba de Sennedjem, que retrata o trabalho dos camponeses em plantação de trigo, de cerca de 1290 a 1180 a.C.

Artesãos

No Egito antigo, também havia numerosos artesãos, com ofícios variados: ferreiros, carpinteiros, barqueiros, tecelões, ceramistas, ourives, padeiros, etc. Alguns artesãos se especializavam em trabalhos ligados ao sepultamento dos mortos – eram os embalsamadores e os decoradores de túmulos (pintores, escultores, metalúrgicos).

Aqueles que produziam artigos de luxo trabalhavam nas oficinas urbanas, às vezes instaladas nos templos e palácios. Confeccionavam peças de **ourivesaria**, vasos de **alabastro** ou **faiança**, tecidos finos, etc. Os artesãos menos qualificados trabalhavam em oficinas rurais, produzindo tecidos rústicos, artigos de couro, vasilhas utilitárias e até alimentos como pães e cervejas.

> **Ourivesaria:** ofício ou produto do trabalho do ourives, pessoa que fabrica, conserta ou vende artigos trabalhados em ouro e prata.
> **Alabastro:** pedra clara, semelhante ao mármore, empregada em trabalhos de escultura.
> **Faiança:** louça de barro ou argila, vidrada ou esmaltada.

Escravos

Na Mesopotâmia e no Egito antigo, os escravos formavam um grupo social relativamente pequeno diante do conjunto da população. Esse grupo era constituído, em sua origem, principalmente de prisioneiros de guerra. Trabalhavam em locais variados: nas casas, nas pedreiras, nas minas, nos campos.

As condições de vida desses escravos variavam de acordo com o tipo de atividade que exerciam. Há indícios de que os escravos domésticos viviam melhor do que, por exemplo, os escravos das minas e das pedreiras.

O escravo egípcio era considerado uma pessoa, e não uma "mercadoria" desprovida da sua condição humana, como ocorreu com os escravos africanos na época da colonização da América. O escravo egípcio podia adquirir propriedades, testemunhar em tribunais e casar-se com pessoas livres. Talvez em razão dessas características, alguns egiptólogos considerem que não havia escravidão no Egito antigo, pois o escravo exercia alguns direitos e tinha certa liberdade.

Nobres, sacerdotes e escribas

No Egito antigo, havia uma poderosa elite composta daqueles que assumiam os cargos hereditários de administradores das províncias e comandantes militares dos principais postos do exército.

Dentro da nobreza egípcia podemos distinguir o **tjati**, que era o chefe da administração e da justiça, uma espécie de primeiro-ministro, encarregado de executar a vontade do faraó. Apesar de geralmente ser traduzido por "vizir", o termo tjati significava "pessoa da cortina" na língua egípcia, isto é, aquele que conhece os segredos do faraó porque foi admitido "do outro lado da cortina do poder" e guarda silêncio, "fechando a cortina".

A elite também era constituída pelos altos sacerdotes que presidiam as cerimônias religiosas e administravam o patrimônio dos templos, desfrutando da riqueza proveniente das oferendas feitas pelo povo.

Por fim, destacavam-se os escribas. Esses funcionários do governo conheciam a escrita egípcia e tinham diferentes graus de prestígio e poder. Uma de suas funções era visitar as províncias e os campos para cobrar tributos e fiscalizar os serviços de construção de canais, diques, estradas, templos e pirâmides.

Faraó

O faraó era o rei supremo do Egito, considerado um "deus vivo", responsável pela proteção e prosperidade de seu povo. Essa crença na "condição divina do rei" sofreu, no entanto, variações ao longo da história egípcia, ora sendo reforçada, ora enfraquecida.

De modo geral, o faraó detinha autoridade religiosa, administrativa, judicial e militar. Possuía a maior parte das terras do Egito e, ajudado por funcionários do governo e sacerdotes, exercia considerável controle das atividades econômicas. Além disso, podia ter diversas esposas legítimas e muitas concubinas.

Embora a maioria dos faraós egípcios fosse do sexo masculino, também houve mulheres faraós. Entre essas mulheres podemos citar Cleópatra, que governou o Egito de 51 a.C. a 30 a.C., e Hatshepsut, que reinou durante o século XV a.C. por aproximadamente duas décadas. Houve muitos outros exemplos de mulheres em altos cargos do Egito que atuaram como rainhas (em colaboração com os maridos), administradoras públicas e sacerdotisas.

Detalhe do sarcófago do faraó Tutankamon, feito de madeira e ornamentado com ouro e incrustações. Tutankamon viveu no século XIV a.C, e pertenceu à décima oitava dinastia de faraós do Egito antigo. Descoberta em 1922, a câmara funerária que guardava o corpo do faraó até então não havia sido violada.

Investigar

- Você já ouviu a expressão "obra faraônica"? Pesquise os significados desta expressão e procure relacioná-la à cultura egípcia.

Cultura

A religião era fundamental na cultura do Egito antigo, influenciando as artes e o cotidiano. Mas isso não impediu que o conhecimento egípcio se desenvolvesse em outros campos.

Religião politeísta

Os egípcios eram politeístas, como seus contemporâneos da Mesopotâmia. Adoravam diversos deuses, que simbolizavam fenômenos da natureza. Cada cidade costumava ter um deus principal, para o qual se erguia um templo.

No Antigo Império, o deus Amon-Rá (deus-Sol) era cultuado em todo o Egito. Entre a população era grande a devoção por divindades como Osíris (deus da vegetação, das forças da natureza e dos mortos), Ísis (esposa e irmã de Osíris) e Hórus (deus do céu e filho de Ísis e Osíris).

Para os antigos egípcios, crer nos deuses significava cultuá-los e oferecer-lhes tributos. Foi para louvar essas divindades que se ergueram templos, onde os sacerdotes encarregavam-se do serviço religioso. Acreditando que os deuses tinham os mesmos desejos humanos, os egípcios também lhes ofereciam bebidas, comidas e festas.

A crença na condição divina do faraó desdobrava-se em outras crenças, como a de que ele era capaz de controlar as forças da natureza em proveito de seu povo. Assim, acreditava-se que o faraó, por exemplo, podia provocar as cheias periódicas do Nilo.

Escultura em lápis-lazúli representando a tríade de Osíris. Hórus (o deus-falcão, deus do firmamento), Osíris (deus julgador dos mortos) e Ísis (mulher de Osíris). Produzida em cerca de 664 a.C.

A morte e as crenças

Os egípcios acreditavam na vida após a morte no reino de Osíris. Imaginavam que os mortos seriam julgados por esse deus e poderiam retornar ao mundo dos vivos se fossem absolvidos. Para isso, seus corpos precisariam ser conservados por técnicas de **mumificação**. Havia diferentes tipos de mumificação: desde os mais simples e baratos até os mais caros e luxuosos.

Diferentemente das crenças mesopotâmicas, a religião egípcia era mais otimista em relação à morte, que era vista como uma forma de libertação.

Detalhe de pintura em papiro (cerca de 1250 a.C.) do *Livro dos mortos*. Osíris, sentado, julga um nobre morto. À esquerda, Hórus, o deus-falcão.

Arte egípcia

A religião influenciou boa parte da arte egípcia, sobretudo a arquitetura. O culto aos deuses levou à construção de suntuosos templos (como Luxor e Karnac). A crença na vida após a morte levou à construção de grandes túmulos, como as imponentes **pirâmides**, cuja construção mobilizou mão de obra numerosa, e que serviam de sepultura para os faraós e membros de sua família.

Na pintura, as figuras humanas muitas vezes eram representadas em postura hierática, isto é, em posição rígida e respeitosa, geralmente com a cabeça e as pernas de perfil e o tronco de frente. Pintura mural do Vale das Rainhas, em Luxor, produzida aproximadamente em 1200 a.C.

Na região de Gizé estão as pirâmides dos faraós Quéops, Quéfren e Miquerinos, consideradas exemplos de beleza e solidez.

Na escultura e pintura, além dos temas religiosos, havia também muitas representações do cotidiano, como cenas de colheita, pesca, pastoreio, navegação, prática de artesanato, etc.

Escrita egípcia

Assim como os sumérios, os egípcios desenvolveram um dos primeiros sistemas de escrita conhecidos. Criaram sinais figurativos (pictogramas) para representar coisas, e sinais que sugeriam ideias (ideogramas). Posteriormente, criaram sinais (letras) que representavam sons (fonogramas).

A escrita egípcia na começou a ser decifrada somente no século XIX, quando tropas francesas, que invadiram o Egito, encontraram um pedaço de pedra negra, conhecido como Pedra de Roseta. Nela, havia três tipos de inscrições: em grego, em **hieróglifo** (escrita egípcia sagrada) e em **demótico** (escrita egípcia simplificada e mais popular).

Comparando o texto em grego com as outras inscrições, o francês Jean-François Champollion decifrou os hieróglifos em 1822. Abriu-se, então, uma enorme porta para o conhecimento do Egito antigo.

Homem observa a Pedra de Roseta, exposta no Museu Britânico, em Londres (Inglaterra). Fotografia de 2018.

Ciência aplicada

No campo da ciência, os egípcios desenvolveram conhecimentos para a solução de problemas práticos. Esses conhecimentos foram reelaborados por outros povos, como os gregos e os romanos. Vejamos alguns exemplos.

- **Química** – os conhecimentos sobre as substâncias químicas alcançaram grande desenvolvimento e deram origem à fabricação de diversos remédios. A própria palavra "química" vem do egípcio *kemi*, que significa "terra negra".
- **Matemática** – o comércio e a administração pública exigiam a padronização de pesos e medidas. Desenvolveu-se, assim, a matemática, incluindo a álgebra e a geometria, úteis também no cálculo necessário à construção de obras como templos e pirâmides.
- **Astronomia** – desenvolveram estudos para enumerar e agrupar as estrelas em constelações, elaborando mapas do céu. Tais estudos foram úteis à navegação marítima e ao cultivo agrícola.
- **Medicina** – a prática da mumificação contribuiu para o estudo do corpo humano. Alguns sábios egípcios dessa área se especializaram em diferentes partes do corpo.

Oficina de História

Analisar e refletir

1 A construção de obras hidráulicas na Mesopotâmia teve ligação direta com o processo de sedentarização das comunidades ali estabelecidas. Com base nessa informação:

a) Pesquise as principais obras hidráulicas construídas pelos povos mesopotâmicos.

b) Aponte a relação entre a construção dessas obras e os centros de poder (palácio, templo) da região.

2 Em grupo, pesquisem alguns aspectos da história da escrita. Organizem as informações e apresentem o trabalho à turma. Se possível, exemplifiquem os aspectos pesquisados por meio de imagens (desenhos, pintura, fotografias, etc.). Depois, debatam:

- Qual é a importância do livro digital na história da escrita?
- Dominar a palavra escrita é uma forma de poder?

3 Com um sistema de diques e canais, os egípcios controlaram, em grande medida, as águas do rio Nilo.

a) Em sua opinião, deveria haver algum limite social na intervenção do ser humano no meio ambiente? Justifique sua resposta.

b) Dê um exemplo de intervenção humana na natureza que, por não ter sido bem planejada, gerou alguma tragédia ambiental e social.

4 Leia o texto a seguir, que trata da alimentação no Egito antigo.

> Os camponeses alimentam-se de pão, cerveja e legumes. Às vezes, peixe e fruta podem entrar no seu cardápio. Com uma alimentação simples como essa, os camponeses e demais homens do povo mantêm-se muito magros. Aqueles que comem muito, que engordam, pertencem à classe dos ricos: nobres, sacerdotes, escribas. Só estes têm uma barriga saliente. Ter esse tipo de barriga era considerado elegante. O camponês que observa passar um barrigudo inveja-o, pois ele certamente tem uma vida agradável e próspera.
>
> KOENIG, Viviane. *Às margens do Nilo, os egípcios.* São Paulo: Augustus, 1992. p. 16-19.

Segundo o texto, para os antigos egípcios, ter barriga saliente era sinal de riqueza e prosperidade. Agora, em grupos, comparem o padrão de beleza apresentado no texto com os padrões vigentes no mundo atual. Respondam:

a) A obesidade é um fator associado a certas doenças? Pesquise.

b) As concepções de beleza dependem do momento histórico ou existe uma beleza universal? Justifiquem a resposta.

c) Quais são os padrões de beleza mais valorizados na sociedade contemporânea? Exemplifiquem.

d) Debata com os colegas a valorização excessiva de certos padrões de beleza física.

5 A escrita do Egito antigo permaneceu indecifrada por cerca de 2 mil anos. Foi apenas no século XIX que pesquisadores conseguiram desvendá-la. Responda:

a) Que artefato foi importante para a decifração da escrita egípcia? Que característica desse artefato ajudou o trabalho dos pesquisadores?

b) O que a decifração dessa escrita possibilitou?

c) Em sua opinião, que tipo de conhecimento existente na sociedade atual deveria ser lembrado pelas futuras gerações? Por quê? Que recursos você utilizaria para preservar esse conhecimento?

Interpretar texto e imagem

6 A seguir, observe uma representação artística do complexo de palácios de Ninrode, na antiga Mesopotâmia; depois, responda às questões.

Obra de Austen Henry Layard, de 1853.

a) Através da imagem de um pintor do século XIX, podemos ver a representação artística de atividades humanas desenvolvidas nas antigas cidades da Mesopotâmia. Com base no que você estudou, procure descrever algumas delas.

b) Os zigurates eram templos mesopotâmicos em forma de pirâmides terraplanadas compostos de grandes degraus (uma espécie de escada monumental). Eram construídos nesse formato com base na ideia de que reis e sacerdotes pudessem estar mais perto dos deuses e de que estes descessem até a Terra. Qual das construções dessa imagem melhor se encaixa na descrição de um zigurate?

CIÊNCIAS HUMANAS
E SOCIAIS APLICADAS

Cultura e religião

Nesta unidade, vamos conhecer aspectos culturais das civilizações grega, romana e árabe. Estudaremos o nascimento da democracia e da filosofia; a formação do cristianismo e do islamismo; a origem da Língua Portuguesa e as bases do direito.

UNIDADE

Ronaldo Silva/Futura Press/Folhapress

A democracia é uma invenção grega. Nos dias atuais, a democracia mantém certos pressupostos estabelecidos na Grécia clássica. Na imagem, alunos e professores participam de Assembleia Geral na Universidade de São Paulo (USP), em São Paulo, (SP), em 2019.

- Na sua opinião, é possível compreender o presente sem entender as relações e acontecimentos do passado?

CAPÍTULO

Grécia antiga

A civilização grega (ou helênica) desenvolveu características marcantes que a diferenciaram de seus contemporâneos. Desenvolveu, por exemplo, uma nova forma de pensar (a filosofia) e de fazer política (a democracia) e arte (a dramaturgia). Que elementos culturais dos gregos antigos podem ser encontrados em nosso cotidiano?

Este capítulo favorece o desenvolvimento das habilidades:

EM13CHS101
EM13CHS102
EM13CHS103
EM13CHS104
EM13CHS105
EM13CHS106
EM13CHS203

◗ Formação territorial e social

O território da Grécia antiga era marcado pela presença de montanhas e de terras férteis, sobretudo nas regiões dos vales. Além disso, quase nenhum ponto do interior da Grécia fica muito distante da costa, que é banhada por águas calmas e cercada por ilhas relativamente próximas umas das outras. Essas condições naturais foram aproveitadas pelos gregos antigos para a navegação e, de certo modo, influenciaram na fragmentação política helênica.

Os gregos antigos não construíram um Estado unificado. O que chamamos de Grécia antiga é um conjunto de **pólis**, isto é, cidades independentes e, muitas vezes, rivais umas das outras. O território da Grécia antiga pode ser dividido em três grandes partes:

Pólis: cidade-Estado, na Grécia antiga.

- **Grécia continental** – parte sul da península dos Bálcãs, compreendendo as regiões da Tessália, Etólia, Beócia e parte da Ática, além de cidades como Atenas e Delfos;
- **Grécia peninsular** – península do Peloponeso, região ao sul do golfo de Corinto, incluindo as regiões da Acaia e Lacônia e cidades como Esparta e Olímpia;
- **Grécia insular** – região formada pelas diversas ilhas do mar Egeu e do mar Jônico, destacando-se a ilha de Creta, a maior de todas.

Grécia antiga (século V a.C.)

Fontes: elaborado com base em DUBY, Georges. *Atlas historique*: l'histoire du monde en 317 cartes. Paris: Larousse, 1987. p. 15; KINDER, Hermann; HILGEMANN, Werner. *Atlas histórico mundial*: de los orígenes a la Revolución Francesa. Madrid: Istmo, 1982. p. 56.

LINHA DO TEMPO

- **1500 a.C.** Início da civilização grega: período Micênico.
- **800-500 a.C.** Desenvolvimento da pólis. Destaques: Esparta e Atenas.
- **750 a.C.** Início da colonização grega.
- **594 a.C.** Atenas: Sólon introduz reformas sociais.
- **490-480 a.C.** Batalha de Maratona, e Batalha Naval de Salamina, travadas entre gregos e persas. Vitória dos gregos.
- **477 a.C.** Fundação da Liga de Delos, sob a liderança de Atenas.
- **470-399 a.C.** Sócrates, fundador da filosofia humanista. Não deixa obra escrita, mas transmite suas ideias a discípulos.
- **431-404 a.C.** Guerra do Peloponeso. Atenas submete-se à hegemonia de Esparta.
- **427-347 a.C.** Platão, discípulo de Sócrates, escreve *Apologia de Sócrates*, *Críton*, *O banquete*, *Fédon*, *Fedro* e *A República*.
- **388 a.C.** Filipe da Macedônia invade a Grécia (Batalha de Queroneia).
- **384-322 a.C.** Aristóteles escreve obras sobre lógica, física, metafísica, moral, política, retórica e poética.
- **336 a.C.** Alexandre Magno assume o comando do Império Macedônio e inicia conquistas militares. O Império Macedônio torna-se o maior da Antiguidade.
- **323 a.C.** Morre Alexandre Magno; o Império Macedônio fragmenta-se.

Linha do tempo esquemática. O espaço entre datas não é proporcional ao intervalo de tempo.

Primeiros povoadores e a pólis

Por volta de 2000 a.C., diversos povos (aqueus, jônios, eólios e dórios) começaram a dominar as populações que viviam na península Balcânica, mesclando etnias e culturas. Esse processo deu origem aos povos que chamamos de helenos, isto é, o povo grego.

A partir do século VIII a.C., formaram-se na Grécia antiga várias pólis, cidades independentes que desenvolveram governos, leis, calendários e moedas próprios. Messênia, Tebas, Mégara e Erétria eram algumas delas. Entretanto, as pólis que mais se destacaram foram Atenas e Esparta, pela liderança que em certas épocas exerceram sobre as demais.

No século IV, viver numa pólis era algo tão enraizado na cultura grega que sua forma de organização social era considerada absolutamente **natural**. Essa visão etnocêntrica grega foi celebrizada pelo filósofo Aristóteles, que definiu o ser humano como um **animal político**, isso é, todos os humanos deveriam viver na pólis. Com isso, Aristóteles tomou a singularidade grega como condição universal, válida para todos os seres humanos.

Apesar das diferenças, podemos afirmar que quase todas as cidades-Estado tinham uma parte urbana e outra rural. Na área urbana, havia um centro com praças, edifícios públicos, templos, casas, oficinas, etc. onde se concentrava o poder político e religioso. Além disso, havia atividades artesanais e comerciais. Já na área rural, a população se dedicava a atividades agropastoris, como o cultivo de oliveiras, videiras, trigo e cevada e a criação de cabras, ovelhas, porcos e cavalos.

Havia conflitos e diferenças entre as pólis. No entanto, elementos culturais como a língua (apesar dos diferentes **dialetos**), a base religiosa e os Jogos Olímpicos integravam essas populações. Nesse sentido, podemos dizer que havia uma territorialidade cultural dos helenos (gregos) que os distinguia de outros povos. Esses povos que lhes eram estranhos foram chamados de **bárbaros**, pois não falavam sua língua nem tinham seus costumes.

> **Dialeto:** variação regional ou social de uma língua.

> **Observar o mapa**
> - Compare este mapa com o da Grécia antiga, no início do capítulo. Quais foram as áreas alcançadas pela colonização (séculos VIII-VI a.C.)?

Colônias gregas

Do século VIII até o século VI a.C., muitos gregos deixaram suas cidades e partiram para regiões do litoral do Mediterrâneo e dos mares Egeu e Negro. Essa expansão colonizadora foi estimulada por questões como o crescimento da população, a escassez de terras férteis e a ampliação do comércio. Assim, muitos gregos migraram em busca de terras para plantar e de melhores condições de vida. Isso gerou a fundação de colônias ou novas cidades.

Diversas colônias se transformaram em centros comerciais, pois dispunham de portos estratégicos para as rotas de navegação. Dessa forma, a colonização grega favoreceu o desenvolvimento da navegação marítima, impulsionou o comércio e a produção artesanal e contribuiu para o intercâmbio cultural dos gregos com outros povos.

Fontes: elaborado com base em KINDER, Hermann; HILGEMANN, Werner. *Atlas histórico mundial:* de los orígenes a la Revolución Francesa. Madrid: Istmo, 1982. p. 50; ALBUQUERQUE, Manoel M. et al. *Atlas histórico escolar.* 8. ed. Rio de Janeiro: FAE, 1986. p. 87.

Atenas

Atenas foi a mais célebre pólis da Grécia antiga e também é a capital da Grécia atual. Fundada pelos jônios, o centro de Atenas localizava-se em uma colina alta, a **acrópole**, tendo, assim, uma proteção natural contra ataques.

Devido à pouca fertilidade dos solos da região, os atenienses lançaram-se à navegação, tornando-se, assim, excelentes marinheiros e grandes comerciantes do mar Mediterrâneo.

> **Acrópole:** nas cidades gregas antigas, o local mais elevado; do grego *ákros* = alto e *pólis* = cidade.
>
> **Aristocracia:** classe formada por um grupo de pessoas que detêm o poder econômico ou político.

Sociedade ateniense

A sociedade ateniense costuma ser dividida em três grandes categorias: **cidadãos**, **metecos** e **escravos**.

Cidadãos eram os homens adultos (maiores de 21 anos), filhos de pai e mãe atenienses. Eram pessoas de diferentes condições econômicas: grandes e pequenos proprietários de terra, grandes e pequenos comerciantes, etc. Tinham direitos políticos e participavam do governo da cidade.

Os metecos eram gregos que viviam em Atenas, mas não haviam nascido na cidade. Não tinham direitos políticos e eram proibidos de comprar terras, mas podiam trabalhar no comércio e no artesanato. Em geral, pagavam impostos para viver na cidade e, em certas épocas, podiam ser convocados para o serviço militar.

Os escravos, geralmente prisioneiros de guerra, eram comprados de estrangeiros nos mercados de escravos, ou eram filhos de escravos que já viviam na cidade. Calcula-se que, em Atenas, viviam cerca de 400 mil escravos no final do século IV a.C. Uma família rica chegava a ter 20 escravos para os serviços domésticos. Na época, era considerada pobre uma família que não tivesse pelo menos um escravo. Os escravos urbanos estavam, geralmente, protegidos pelas leis atenienses contra abusos ou brutalidades. Apesar de a escravidão ser a forma predominante de trabalho, muitos cidadãos e metecos também trabalhavam para sobreviver.

As mulheres atenienses, além de serem excluídas da cidadania, eram menos valorizadas do que os homens. Prevalecia o ideal de que o lugar das mulheres era em casa, cuidando do marido e dos filhos. Na prática, porém, muitas atenienses se dedicavam a atividades sociais variadas fora do espaço doméstico. Foram sacerdotisas, agricultoras, comerciantes, artesãs, filósofas e poetas.

A invenção da democracia

Até meados do século VIII a.C., Atenas era governada por um rei que acumulava funções de juiz, sacerdote e chefe militar. Posteriormente, o poder do rei foi passando para as mãos de representantes da **aristocracia**.

A aristocracia ateniense havia enriquecido, sobretudo, apossando-se das terras mais produtivas e emprestando dinheiro a pequenos proprietários. Os pequenos proprietários que não saldavam suas dívidas perdiam seus bens e até mesmo sua liberdade, tornando-se escravos.

Diante dos abusos e da concentração de poder da aristocracia, os demais atenienses começaram a exigir reformas políticas e sociais. Assim, nos séculos VII e VI a.C., surgiram reformadores como: Drácon (c. 650-620 a.C.), que impôs leis escritas para acabar com as vendetas (guerra entre famílias por vingança); Sólon (638-558 a.C.), que pôs fim à escravidão por dívidas; Clístenes (565-492 a.C.), que introduziu em Atenas uma nova maneira de governar chamada democracia.

A democracia ateniense tinha como princípio básico a isonomia (em grego, *iso* = igual, e *nomia* = o que é de direito) entre os cidadãos. Ou seja, segundo esse princípio, todos os cidadãos eram iguais perante as leis. Metecos, escravos, mulheres e jovens menores de 21 anos não eram tratados segundo esse princípio. É possível dizer, portanto, que a democracia ateniense era elitista, patriarcal e escravista.

Ânfora grega em cerâmica com desenho de escravo e seu senhor (século V a.C.).

Nessa democracia, os cidadãos participavam da Assembleia do Povo (Eclésia), onde aprovavam ou rejeitavam projetos para a cidade. O órgão que elaborava esses projetos era o Conselho dos Quinhentos, formado por 500 cidadãos sorteados anualmente. Por sua vez, os projetos aprovados pela Eclésia eram executados pelos estrategos, que chefiavam o governo e comandavam os exércitos.

No século V a.C., os atenienses introduziram novas mudanças na vida democrática da cidade, sob a liderança do estratego Péricles (499-429 a.C.), ampliando a noção de quem era cidadão.

Pórtico das Cariátides, construído entre 421 a.C. e 406 a.C. na acrópole de Atenas. Feitas em mármore branco, as figuras revelam o esplendor da cidade anteriormente governada por Péricles. Fotografia de 2019.

Comparando democracias

Há várias diferenças entre as democracias atuais e a antiga democracia ateniense. Em Atenas, somente parte dos homens adultos constituía o grupo de cidadãos. Hoje, todos os membros de uma sociedade democrática (homens e mulheres) têm direito à cidadania.

Outra diferença é que, em Atenas, a democracia era direta, ou seja, todo cidadão apresentava-se pessoalmente na Eclésia (assembleia) para votar. De modo geral, atualmente, a democracia é representativa, ou seja, o cidadão elege os políticos (prefeitos, governadores, presidente, vereadores, deputados e senadores) para representá-lo nos órgãos da administração pública.

Investigar

- Segundo o IBGE, as mulheres compõem mais da metade da população brasileira. Na cidade onde você mora, a quantidade de homens e mulheres eleitos para cargos públicos corresponde a essa proporção? Por que é importante ter mais mulheres na política?

Esparta

Esparta é uma cidade localizada na península do Peloponeso, em uma região de solo apropriado para o cultivo da vinha e da oliveira. Desenvolveu-se nessa cidade uma organização social de caráter militarista e **oligárquico**. Um dos principais objetivos do governo espartano era transformar os cidadãos em soldados bem treinados, corajosos e obedientes às leis e às autoridades.

> **Oligárquico:** referente à oligarquia, tipo de governo em que um grupo reduzido de pessoas poderosas domina de acordo com os próprios interesses.

Sociedade espartana

A sociedade espartana dividia-se em três categorias principais: **esparciatas**, **periecos** e **hilotas**.

Os esparciatas eram cidadãos espartanos, homens livres que permaneciam à disposição do exército ou dos negócios públicos, podendo participar do governo. Eram proprietários das terras nos arredores da cidade; no entanto, cada área de terra (*kléros*) era considerada mais uma propriedade da família do que do indivíduo. Essas terras não podiam ser transferidas para pessoas fora do núcleo familiar.

Periecos eram pessoas livres que se dedicavam principalmente ao comércio e ao artesanato. Descendiam dos povos conquistados pelos esparciatas e não tinham direitos políticos nem participavam dos órgãos do governo, mas tinham a obrigação de pagar impostos ao Estado.

Hilotas, por sua vez, viviam presos à terra dos esparciatas. Deviam cultivá-la a vida inteira e não podiam ser expulsos de seu lugar. Desprezados socialmente, promoviam frequentes revoltas contra os grupos dominantes.

Governo oligárquico

Esparta era governada por dois reis, que tinham funções militares e religiosas. Em tempo de guerra, um deles exercia o comando dos exércitos. A administração política era exercida, também, por três órgãos:

- **Gerúsia** – conselho vitalício de anciãos, constituído por dois reis e 28 esparciatas com mais de 60 anos. Tinha funções administrativa (supervisão), legislativa (elaboração de projetos de lei) e judiciária (tribunal superior);
- **Ápela** – assembleia formada por cidadãos espartanos maiores de 30 anos. Elegia os membros da Gerúsia e aprovava ou rejeitava as leis encaminhadas por eles;
- **Conselho dos Éforos** – grupo formado por cinco membros eleitos anualmente pela Ápela. Os éforos, com mandato de um ano, eram os chefes do governo espartano, que coordenavam as reuniões da Gerúsia e da Ápela e controlavam a vida econômica e social da cidade, podendo vetar os projetos de lei e fiscalizar as atividades dos reis.

Investigar

- Na sua interpretação, ainda existem governos oligárquicos no mundo contemporâneo? Comente.

Estátua em bronze, do século VI a.C., representando um guerreiro espartano.

Guerras Greco-Pérsicas

A ascensão grega provocou disputas por rotas comerciais, mercados e matérias-primas com os persas. Sob os reinados de Dario (550-486 a.C.) e Xerxes (519-465 a.C.), os exércitos persas conquistaram cidades gregas da Ásia Menor e da Jônia e, depois, se lançaram à península Balcânica. Surgiu, então, o longo conflito conhecido como Guerras Greco-Pérsicas ou Guerras Médicas (499-449 a.C.).

As Guerras Médicas despertaram certa solidariedade entre os gregos, que reforçaram a percepção de sua identidade cultural, em oposição à dos persas.

No início, sob a liderança de atenienses e espartanos, cidadãos de outras cidades-Estado gregas uniram-se aos esforços para deter a invasão persa. Ao final dessas guerras, os gregos foram bem-sucedidos e Atenas tornou-se a pólis grega mais poderosa.

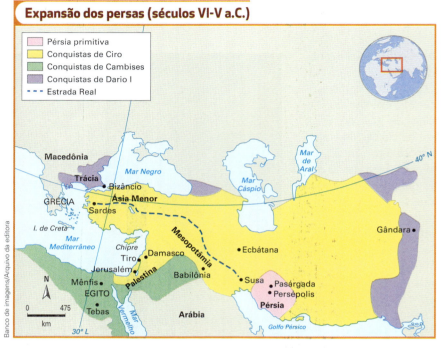

Fonte: elaborado com base em KINDER, Hermann; HILGEMAN, Werner. *Atlas histórico mundial:* de los orígenes a la Revolución Francesa. Madrid: Istmo, 1982. p. 44.

Observar o mapa

- Observe o mapa e responda:
a) Que país atual ocupa a região que correspondia à Pérsia original, antes da formação do Império Persa?
b) Que povos dominados pelos persas você pode identificar ao observar as áreas conquistadas? Para responder, consulte também os mapas dos capítulos anteriores.

Disputas pela hegemonia grega

Durante as Guerras Médicas, líderes políticos de Atenas organizaram uma aliança entre cidades gregas que ficou conhecida como Liga de Delos, pois sua sede ficava na ilha de Delos. As cidades aliadas eram independentes, mas tinham de contribuir com navios, soldados e dinheiro.

A princípio, o tesouro arrecadado ficava em Delos, mas, posteriormente, foi transferido para Atenas, cujos líderes também assumiram o comando das forças militares da aliança. Assim, a Liga transformou-se, aos poucos, em um conjunto de cidades subordinadas ao poder ateniense.

Péricles, chefe político ateniense nesse período, utilizou parte dos recursos para remodelar Atenas, construindo templos e outras obras públicas.

Com o fim da ameaça persa, algumas cidades tentaram desligar-se da Liga, mas foram impedidas pelas lideranças atenienses. Foi então que, sob o comando de Esparta, cidades rebelaram-se contra Atenas e fundaram outra aliança político-militar, conhecida como Liga do Peloponeso.

Teve início, assim, a Guerra do Peloponeso (431-404 a.C.), que durou 27 anos. Ao final desse desgastante conflito, os atenienses saíram derrotados e não mais conseguiram reconquistar sua posição de liderança política na Grécia. Os aristocratas espartanos, vitoriosos na Guerra do Peloponeso, estenderam sua influência sobre o mundo grego durante cerca de 30 anos (404-371 a.C.).

A liderança de Esparta foi interrompida por novas revoltas que foram comandadas pelos habitantes da cidade de Tebas, que, após vencer as tropas espartanas, instituíram um período de hegemonia entre os gregos, de 371 a.C. a 362 a.C.

Depois de guerras internas, as cidades gregas se enfraqueceram em vários aspectos, inclusive no campo das instituições públicas que dirigiam a vida social.

Helenismo

No século IV a.C., o rei Filipe da Macedônia (382-336 a.C.) aproveitou-se da "crise" das cidades gregas e, com seu exército, conquistou o mundo helênico. Em 336 a.C., o seu filho e sucessor, Alexandre, assumiu o trono e deu continuidade à expansão militar macedônica.

Alexandre Magno, ou Alexandre, o Grande, como ficou conhecido (356-323 a.C.), reprimiu com violência as revoltas das cidades gregas e, depois, partiu com mais de 40 mil homens em direção ao Oriente, conquistando a Ásia Menor, o Egito, a Mesopotâmia, a Pérsia e regiões da Índia, até o vale do rio Indo. Em dez anos, o Império Macedônico transformou-se em um dos maiores de toda a Antiguidade.

Alexandre não conseguiu, no entanto, montar um governo estável para administrar seu vasto império. Quando morreu, seus generais disputaram o poder entre si, cada qual defendendo os interesses da região que comandava. Desse modo, o Império Macedônico fragmentou-se.

> **Observar o mapa**
>
> - Considere o mapa e responda:
>
> a) Que Estados se mantiveram sob o domínio de Alexandre como aliados autônomos?
>
> b) Que antigos impérios já estudados neste volume foram incorporados ao Império Macedônico?
>
> c) Que característica comum se observa nas cidades fundadas por Alexandre?

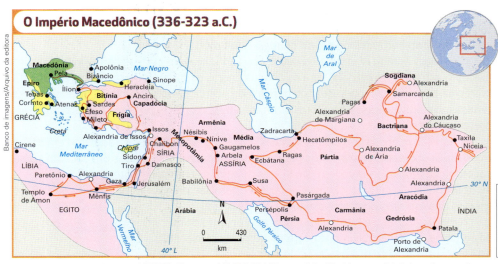

Fonte: elaborado com base em KINDER, Hermann; HILGEMAN, Werner. *Atlas histórico mundial*: de los orígenes a la Revolución Francesa. Madrid: Ediciones Istmo, 1982. p. 64; ALBUQUERQUE, Manoel Maurício de *et al. Atlas histórico escolar*. 8. ed. Rio de Janeiro: MEC/Fename, 1986. p. 78.

Cultura helenística

A expansão militar macedônica teve como uma de suas consequências a difusão da cultura grega no Oriente, que deu origem à chamada cultura helenística.

O intercâmbio entre sábios gregos e orientais impulsionou o conhecimento científico. A Geometria desenvolveu-se com Euclides (c. 300 a.C.-?); a Astronomia e a Geografia, com Hiparco (190-120 a.C.) e Eratóstenes (276-194 a.C.); e a Física, com Arquimedes (c. 287-212 a.C.).

No campo filosófico, o Período Helenístico foi dominado por um clima de incertezas, descrenças e materialismo. Entre os pensadores da época, destacaram-se Zenão (336-263 a.C.) e Epicuro (342-271 a.C.).

Na arte helenística, as obras adquiriram um caráter mais dramático, plástico e emotivo, como exemplificou a escultura *Grupo de Laocoonte* (também conhecida como *Laocoonte e seus filhos*). Criaram-se também obras caracterizadas por um estilo monumental, como o Farol de Alexandria (uma torre de mármore com 120 metros de altura) e o Colosso de Rodes (estátua em bronze, com 30 metros de altura, de Hélios, o deus Sol).

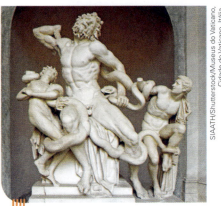

Conhecida como *Grupo de Laocoonte*, esta escultura em mármore, feita no século I a.C., representa o episódio da Guerra de Troia no qual, segundo a lenda, Poseidon envia duas serpentes para matar Laocoonte e assim impedi-lo de convencer a população de Troia sobre o perigo de levar o grande cavalo para dentro da cidade.

🔎 Investigar

- Na sua cidade, é possível encontrar expressões artísticas em espaços públicos? Pense em esculturas, edificações e apresentações de teatro e dança.

ᗞ O legado da cultura grega

A cultura grega teve grande influência no mundo ocidental. O legado grego está presente na política, na filosofia, nas ciências, nas artes, na educação e até mesmo na linguagem. Muitas palavras de línguas modernas (inglês, francês, português, espanhol, italiano, alemão) empregam radicais gregos, tais como micro, macro, cosmo, biblio, bio, neo, geo, etno, fono.

O esplendor cultural grego ocorreu especialmente na cidade de Atenas, entre os séculos V e IV a.C., durante o chamado Período Clássico. Todas as expressões artísticas (escultura, arquitetura, teatro) de Atenas eram patrocinadas pelo governo e a arte estava presente na vida cotidiana das pessoas.

Religião e mitologia

A religião foi um dos principais elementos de vínculo cultural entre os gregos. Eles cultuavam vários deuses (politeísmo) que eram representados com forma e comportamento semelhantes aos dos seres humanos (antropomorfismo, do grego *antropo* = homem; *morfismo* = referente à forma). Além dos deuses, os gregos também reverenciavam semideuses, ou heróis, filhos de um deus com um mortal.

Os gregos acreditavam que os deuses se comunicavam com os seres humanos, por exemplo, por meio do oráculo. Para os antigos gregos e romanos, o oráculo era a resposta oferecida por uma divindade quando consultada acerca do futuro ou de ocorrências misteriosas. Na prática, essas respostas eram transmitidas por sacerdotes que diziam interpretar as mensagens dos deuses.

A tradição religiosa grega não estava estabelecida em um livro sagrado, mas era transmitida pela oralidade. Havia cultos públicos às divindades, conduzidos por sacerdotes ou sacerdotisas, nos quais orações e sacrifícios de animais eram elementos importantes para se obter benefícios e proteção dos deuses. As famílias gregas também prestavam culto privado aos espíritos dos antepassados.

A mitologia grega é formada por um rico conjunto de narrativas sobre a vida dos deuses e heróis, e seu envolvimento com os humanos. Esses mitos exerceram influência na arte e no pensamento dos povos ocidentais.

Arquitetura e escultura

Os gregos construíram templos imponentes para abrigar esculturas de deuses e deusas. Seus elementos arquitetônicos básicos eram a coluna e o **capitel**, feitos, sobretudo, em estilo dórico, jônico ou coríntio. Entre os arquitetos gregos, destacaram-se Fídias (480-430 a.C.), Calícrates (c. século V a.C.) e Ictinos (c. século V a. C.), que construíram o Partenon, templo dedicado à deusa Atena, considerado uma das maiores obras arquitetônicas da humanidade.

Com relação às esculturas, grande parte da produção grega também esteve ligada à religião, mas não se restringia a ela: mesclava o divino e o humano, o espiritual e o físico. Na época Clássica, essas formas adquiriram proporções idealizadas, por meio das quais se procurava traduzir conceitos e sentimentos, como a justiça, o amor, a guerra e a paz. Destacaram-se entre os escultores gregos Míron (c. século V a.C.) e Praxíteles (330-295 a.C.).

Capitel: arremate ou escultura na parte superior de colunas ou pilastras.

1. **Coluna dórica:** simples, sóbria e sólida, é a mais antiga. Seu capitel, uma peça quadrangular no alto da coluna, fica entre o suporte circular e a estrutura do teto.

2. **Coluna jônica:** mais requintada do que a dórica, apresenta graciosas volutas e diversos elementos decorativos no capitel.

3. **Coluna coríntia:** caracterizada por acentuado decorativismo, que lhe proporciona mais suntuosidade e luxo. Predominou no período helenístico e foi muito aplicada pelos romanos em suas construções.

Teatro e literatura

Os gregos aperfeiçoaram o alfabeto dos fenícios, povo da Antiguidade que se estabeleceu na região dos atuais Síria e Israel. Hábeis navegadores e comerciantes, os fenícios desenvolveram um alfabeto para facilitar a comunicação. Os gregos inseriram vogais nesse alfabeto, e o transmitiram a diversos povos. Eles também criaram gêneros literários (lírica, epopeia e drama), dos quais derivam o romance, a novela, o ensaio, a biografia, etc.

Os principais dramaturgos gregos foram Ésquilo (c. 525-456 a.C.), Sófocles (c. 497-401 a.C.), Eurípedes (c. 480-406 a.C.) e Aristófanes (447-386 a.C.). Eles criaram textos cômicos (as comédias) e dramáticos (as tragédias). Os atenienses apreciavam os diferentes gêneros teatrais, e havia festivais e concursos entre seus autores.

História e Medicina

Na escrita histórica, destacaram-se Heródoto (484-425 a.C.), conhecido como o "pai da História", e Tucídides (460-396 a.C.). Os gregos não inventaram a História, mas, em certo sentido, "inventaram" o historiador como autor das narrativas que produzia.

Na Medicina, destacou-se Hipócrates (cerca de 460-377 a.C.), conhecido como "pai da Medicina". Entre os textos escritos por Hipócrates, um dos mais famosos é o seu juramento, pela mensagem ética transmitida até os dias atuais aos profissionais médicos.

Máscara teatral grega (século II a.C.). Os traços expressivos da máscara ressaltavam o caráter do personagem, facilitando sua assimilação pelo público.

Conexões — FILOSOFIA

O nascimento da Filosofia

A Filosofia desenvolveu-se na Grécia antiga, por volta do século VI a.C., no momento histórico em que a busca do conhecimento trilhou o caminho da razão (*logos*). Esse momento coincidiu com a formação das pólis (as cidades-Estado gregas). Essas cidades tinham de organizar racionalmente a vida social. Em outras palavras, o raciocínio bem construído, por meio de argumentos convincentes, foi tornando-se um dos modos predominantes da tomada de decisões. Nesse sentido, é comum dizer que a Filosofia é filha da cidade grega.

A palavra **filosofia** é formada por dois termos gregos (*filos* = amor e *sofia* = sabedoria). A origem da palavra demonstra que a Filosofia não é um conhecimento pronto e acabado, mas uma busca "amorosa" pelo saber.

O pensar filosófico teve início com investigações sobre a origem (*arché*) de todas as coisas. Alguns dos primeiros filósofos propuseram elementos como o princípio substancial de todas as coisas. Apontavam, por exemplo, a água, o ar, a terra, o fogo, etc. Segundo o filósofo Nietzsche (1844-1900), essas hipóteses inauguraram uma investigação que não recorria apenas aos mitos ou às lendas. Esse novo tipo de investigação racional tornou esses pensadores diferentes dos sacerdotes ou religiosos de sua época.

Entre os grandes filósofos gregos citam-se Sócrates (469-399 a.C.), Platão (427-347 a.C.) e Aristóteles (384-322 a.C.), que marcaram profundamente o pensamento ocidental.

Platão dizia que o ser humano faz filosofia porque se espanta com o mundo. Ou seja, o filósofo **não** acha tudo natural, tudo óbvio. Ele inquieta-se, questiona e problematiza a realidade. Já Aristóteles dizia que buscamos o conhecimento movidos pelo desejo de vencer a sensação incômoda da ignorância. Para escapar da ignorância, começamos a filosofar.

De início e por um longo tempo, o saber filosófico estava voltado a todos os campos do conhecimento: Matemática, Astronomia, Biologia, Política, Lógica, Ética, Física, etc. Depois, esse vasto campo do conhecimento passou a merecer estudos mais definidos e especializados. Com isso, foram surgindo os diversos ramos das ciências particulares, que se desprenderam do tronco que abrangia um conjunto mais amplo de saberes.

- Espantar-se (em grego, *thaumátzein*) corresponde a estranhar o mundo em que vivemos. Você tem o hábito de investigar as causas e buscar soluções para problemas da sua realidade? Comente.

Oficina de História

Analisar e refletir

1. Pesquise o significado das expressões a seguir, ligadas à mitologia grega. Depois, elabore uma frase com cada uma delas:
   a) calcanhar de Aquiles;
   b) carregar o mundo nas costas;
   c) agradar a gregos e troianos.

2. Interprete a frase a seguir, atribuída ao legislador ateniense Sólon, que viveu há cerca de 2 500 anos: "Leis são como teias de aranha: boas para capturar mosquitos, mas os insetos maiores rompem sua trama e escapam".
   a) Em sua opinião, a mesma metáfora poderia ser aplicada às sociedades contemporâneas, como a do Brasil? Justifique.
   b) Quais seriam as consequências para um país quando os "insetos maiores" escapam? Debata com os colegas.

3. Na Grécia antiga, havia muitos meios pelos quais os conhecimentos eram difundidos, como as assembleias políticas em Atenas e, principalmente, o teatro. Reflita sobre o tema e responda às questões.
   a) Atualmente, quais meios de difusão do conhecimento mais contribuem para a formação da cidadania?
   b) Você participa de algum meio de difusão do conhecimento, por exemplo, na internet? Comente.

4. A influência cultural grega está presente em nosso vocabulário cotidiano. Veja os seguintes exemplos:

Grego	Sentido	Exemplo de palavra
biblio	livro	biblioteca
bio	vida	biologia

Pesquise o significado etimológico dos seguintes termos de origem grega: geo, micro, grafia, grama, logia e teca. Depois, dê exemplos de palavras que são compostas desses radicais gregos.

5. Em grupos, pesquisem o significado atual da palavra democracia. Utilizem jornais, revistas, textos da internet e retirem fragmentos de textos em que essa palavra é empregada. Em seguida, analisem esses significados e façam o que se pede.
   a) Mencionem as principais características de um governo democrático na atualidade.
   b) Comparem a ideia de democracia atual à ateniense e apontem semelhanças e diferenças.

6. Os Jogos Olímpicos, ou as Olimpíadas, foram criados pelos gregos. Quais semelhanças e diferenças são possíveis observar entre os Jogos Olímpicos atuais e os da Antiguidade? O que mudou e o que permaneceu? Pesquise.

Interpretar texto e imagem

7. O historiador ateniense Tucídides (c. 460-396 a.C.) registrou um eloquente discurso de Péricles sobre a democracia. A seguir, leia um trecho desse discurso e responda:

> Vivemos sob uma forma de governo que não se baseia nas instituições de nossos vizinhos, ao contrário, servimos de modelo a alguns ao invés de imitar outros. Seu nome, como tudo depende não de poucos mas da maioria, é democracia. Nela, enquanto no tocante às leis todos são iguais para a solução de suas divergências privadas, quando se trata de escolher (se é preciso distinguir em qualquer setor), não é o fato de pertencer a uma classe, mas o mérito, que dá acesso aos postos mais honrosos.
>
> [...] Na educação, ao contrário de outros [povos] que impõem desde a adolescência exercícios penosos para estimular a coragem, nós, com nossa maneira liberal de viver, enfrentamos pelo menos tão bem quanto eles perigos comparáveis. [...]
>
> Olhamos o homem alheio às atividades públicas não como alguém que cuida apenas de seus próprios interesses, mas como um inútil.
>
> TUCÍDIDES. *História da Guerra do Peloponeso*. 4. ed. Brasília: Editora UnB, Instituto de Pesquisa de Relações Internacionais; São Paulo: Imprensa Oficial do Estado de São Paulo, 2001. Cap. 37-40. Livro II. p. 109-110.

a) Qual é o conceito de democracia explicitado no texto?
b) No segundo parágrafo, lê-se: "[...] ao contrário de outros [povos] [...]". A que povos o texto está, provavelmente, se referindo? De que forma essa referência é feita?
c) Segundo o texto, quem era considerado um cidadão inútil?
d) Nos dias de hoje, você acha que a maioria das pessoas perdeu o interesse pela vida pública? Por quê? Levante hipóteses e debata com os colegas.

CAPÍTULO 5

Roma antiga

Os antigos romanos falavam latim, língua-mãe de idiomas como português, espanhol, francês, italiano e romeno. O Direito romano tornou-se referência das instituições jurídicas ocidentais. Em muitas cidades atuais, encontramos construções inspiradas em templos, basílicas e anfiteatros romanos. Que outros aspectos da cultura romana podemos identificar nas sociedades atuais?

Este capítulo favorece o desenvolvimento das habilidades:
EM13CHS101
EM13CHS102
EM13CHS103
EM13CHS104
EM13CHS105
EM13CHS2Q3
EM13CHS404

◗ Povoamento e periodização

A história da Roma antiga remonta ao povoamento da **península Itálica**, território que se localiza na costa central do mar Mediterrâneo.

Ao longo do tempo, diversos povos instalaram-se nessa região, entre eles: os italiotas, os etruscos e os gregos. Embora existam dúvidas sobre a origem exata de Roma, historiadores apontam que os italiotas construíram essa cidade por volta do século VIII a.C.

Para estudar a Roma antiga, costuma-se utilizar uma periodização que divide mais de mil anos de história em três grandes períodos:

- **Monarquia** (753 a.C. a 509 a.C.) – Roma era uma pequena cidade sob influência etrusca.
- **República** (509 a.C. a 27 a.C.) – Roma se desenvolveu e expandiu seu território, tornando-se uma das maiores civilizações do mundo antigo.
- **Império** (27 a.C. a 476 d.C.) – Roma desfrutou de estabilidade política por cerca de dois séculos. A partir de então, ocorreu um lento declínio da civilização romana.

Neste capítulo, vamos estudar com mais detalhes os períodos da República e do Império.

📍 Observar o mapa

1. A cidade de Roma, assim como muitas pólis gregas, desenvolveu-se perto do mar. Quais mares banham a península Itálica?
2. A facilidade de acesso ao mar influenciou a formação de Roma? Levante hipóteses.

Península Itálica (séculos X-VIII a.C.)

Fonte: elaborado com base em ALBUQUERQUE, Manoel Maurício de et al. *Atlas histórico escolar*. 8. ed. Rio de Janeiro: Fename/MEC, 1991. p. 87; *ATLAS da história do mundo*. São Paulo: Folha de S.Paulo/Times Books, 1995. p. 86.

LINHA DO TEMPO

753 a.C. Data tradicionalmente apontada como a da fundação de Roma. Início do período da Monarquia em Roma.

509 a.C. Fim da monarquia e estabelecimento da República romana.

470 a.C. Após revolta da plebe, é criado o cargo de tribuno da plebe.

450 a.C. Após nova revolta da plebe, é criada a Lei das Doze Tábuas, leis escritas válidas para patrícios e plebeus.

146 a.C. Roma derrota Cartago nas Guerras Púnicas e domina as regiões ocidental e oriental do mar Mediterrâneo.

60 a.C. Júlio César assume crescentes poderes em Roma. Em 44 a.C., é assassinado por Brutus.

27 a.C. Otávio rompe, informalmente, a República romana; concentra enormes poderes. Início do império.

80 Inauguração do Coliseu de Roma.

313 O imperador romano Constantino concede liberdade de culto aos cristãos.

330 Fundação de Constantinopla.

395 Morte do imperador romano Teodósio. O Império Romano é dividido em: Império Romano do Ocidente e Império Romano do Oriente (Bizantino).

476 Queda do Império Romano do Ocidente.

Linha do tempo esquemática. O espaço entre as datas não é proporcional ao intervalo de tempo.

República

A palavra república vem do latim *res publica*, que quer dizer "coisa de todos". Denomina, portanto, uma forma de governo em que o Estado e o poder pertencem ao povo. Porém, o que se observou durante boa parte da República romana foi a instalação de uma estrutura administrativa dominada, sobretudo, pela aristocracia dos patrícios (que serão apresentados a seguir). Eles controlavam o Senado, as Assembleias e as **magistraturas**.

O Senado (do latim *senex* = velho, ancião) era responsável pela administração das províncias, controle dos gastos públicos, declaração de guerras, etc. Tratava-se da instituição mais importante e respeitada da República.

As Assembleias tinham o objetivo de eleger magistrados e votar leis. A seguir, veja os principais magistrados e algumas de suas funções:

- **cônsules** – comandavam o Exército e dirigiam negócios públicos. Os cônsules eram a autoridade máxima da República.
- **pretores** – administravam a justiça, dedicando-se, sobretudo, à aplicação das leis.
- **edis** – cuidavam da conservação, abastecimento e policiamento da cidade.
- **questores** – administravam as finanças do governo.
- **censores** – contavam o número de cidadãos e os bens deles.

> **Magistratura:** na Roma antiga, o mesmo que cargo político.

> **Investigar**
> 1. Que semelhanças e diferenças podemos estabelecer entre o Senado da Roma antiga e o Senado do Brasil atual? Pense em elementos como: as pessoas que fazem parte dessa instituição, o tempo de exercício do cargo e suas principais funções.
> 2. Você conhece os nomes dos senadores que representam atualmente o seu estado? Pesquise.

Sociedade romana

Ao estudar a história da Roma antiga (Monarquia, República e Império), podemos identificar os grupos sociais a seguir:

- **patrícios** – formavam a elite da sociedade. Em geral, eram grandes proprietários de terras, rebanhos e escravos. Durante um longo tempo, apenas os patrícios (do sexo masculino) tinham direitos políticos e podiam ocupar altos cargos no exército, na justiça ou na administração pública.
- **plebeus** – formavam a maioria da população livre. Em geral, eram pessoas pobres que se dedicavam ao comércio, ao artesanato e aos trabalhos agrícolas. Muitos plebeus integravam o exército romano como soldados. Inicialmente, não tinham o direito de participar das decisões políticas ou casar-se com patrícios.
- **clientes** – parte da população livre que se associava aos patrícios, prestando-lhes diversos serviços pessoais em troca de auxílio econômico e proteção social.
- **escravos** – até o século IV a.C., as pessoas que não conseguissem quitar suas dívidas poderiam ser escravizadas. Posteriormente, com a expansão militar, esse grupo passou a incluir prisioneiros de guerra. As pessoas escravizadas realizavam as mais diversas atividades, como serviços domésticos e trabalhos agrícolas, além de desempenharem as funções de capatazes, artesãos, etc.

As mulheres em Roma

Em Roma, as mulheres realizavam atividades variadas, de acordo com sua condição social. Dedicavam-se a trabalhos domésticos (como cozinhar, tecer e cuidar de crianças), e trabalhavam na agricultura, no comércio e no artesanato. Além disso, algumas delas se tornaram importantes sacerdotisas.

No entanto, as mulheres viviam em uma situação desfavorável, pois (mesmo sendo patrícias) elas não tinham o direito de participar das decisões do governo e, também, não desfrutavam das mesmas oportunidades de estudo que os meninos. No ambiente público, todos os cargos políticos eram ocupados por homens e, no ambiente privado, era o pai quem exercia tradicionalmente autoridade sobre a família.

> **Investigar**
> - No Brasil atual, as mulheres ainda enfrentam situações desiguais em relação aos homens? Quais? Pesquise dados relativos a essa questão e os debata com os colegas.

Conquistas da plebe

Ao tomar consciência da importância de seu papel social, os plebeus iniciaram uma luta política contra os patrícios que durou mais de um século. Assim, conseguiram fazer com que os patrícios cedessem a várias exigências. Uma delas foi a criação de um **Comício da Plebe**, presidido por um **tribuno da plebe** – pessoa que poderia vetar qualquer decisão do governo que prejudicasse os interesses de seu grupo social. Além disso, os plebeus conquistaram direitos como:

- **Lei das Doze Tábuas (450 a.C.)** – juízes especiais organizaram normas jurídicas escritas que seriam aplicadas a patrícios e plebeus. Embora o conteúdo dessas normas fosse, por vezes, favorável aos patrícios, o código escrito serviu para dar clareza às normas costumeiras.
- **Lei Canuleia (445 a.C.)** – autorizava o casamento entre patrícios e plebeus. Na prática, apenas plebeus ricos conseguiram se casar com patrícios.
- **Eleição dos magistrados plebeus (367-366 a.C.)** – os plebeus conseguiram, lentamente, ter acesso às mais diversas magistraturas romanas. Em 366 a.C., foi eleito o primeiro cônsul plebeu.
- **Lei que proibia a escravização por dívida (366 a.C.)** – proibia a escravização de romanos por dívida. Em 326 a.C., a escravidão de romanos foi definitivamente abolida.

As diversas conquistas, entretanto, não beneficiaram igualmente todos os membros da plebe. Os cargos públicos e os privilégios ficaram concentrados nas mãos dos plebeus que haviam enriquecido e que, em alguns casos, passaram a desprezar a maioria da plebe.

Expansão territorial e trocas culturais

A República romana expandiu seu território por meio de conquistas militares. Essa expansão começou com o domínio completo da península Itálica. Posteriormente, ocorreram as chamadas **Guerras Púnicas** (264 a.C. e 146 a.C.). O nome "púnico" deriva de *puni* (que significa "fenício"), termo usado pelos romanos para se referir aos habitantes da cidade de Cartago. Uma das motivações das Guerras Púnicas foi a disputa pelo controle comercial do mar Mediterrâneo. Após batalhas violentas, com perdas de ambos os lados, os romanos conseguiram derrotar Cartago em 146 a.C.

Neste detalhe da obra do pintor italiano Jacopo Ripanda, datada do século XVI, foi representado o triunfo romano em uma batalha da Primeira Guerra Púnica.

Roma eliminou a rival Cartago e abriu caminho para dominar as regiões ocidental (Gália, península Ibérica) e oriental (Macedônia, Grécia, Ásia Menor) do mar Mediterrâneo. Por isso, esse mar passou a ser chamado pelos romanos de *mare nostrum* (nosso mar). O Mediterrâneo foi um importante espaço de trocas culturais entre África, Europa e Oriente Médio. Nesse contexto, destaca-se a grande influência cultural dos gregos sobre os romanos. Nas palavras do poeta Horácio (65-8 a.C.), a "Grécia vencida conquistou seu rude vencedor".

As conquistas militares geraram enormes riquezas para Roma e ficaram concentradas nas mãos de uma elite. Os nobres romanos tornaram-se donos de latifúndios, cultivados por numerosos escravos. Muitos chefes militares abandonaram o ideal do "soldado camponês", crescendo o interesse pela profissionalização da atividade militar e pelo desfrute da vida urbana.

No entanto, muitos plebeus, obrigados a servir no exército romano, regressavam à península Itálica de tal modo empobrecidos que, para sobreviver, tinham de vender quase tudo o que possuíam. Sem terras, esses camponeses plebeus migravam para a cidade, engrossando a população de pobres e famintos.

> **Observar o mapa**
> - Consulte um mapa político atual e identifique alguns países que correspondem às regiões conquistadas pelos romanos até o século IV.

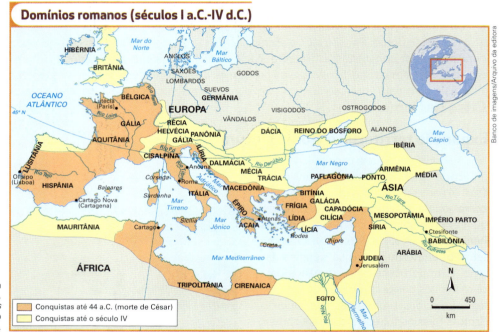

Fonte: elaborado com base em ARRUDA, José Jobson de. *Atlas histórico básico*. São Paulo: Ática, 2006. p. 11.

Lutas dos plebeus

A situação social e política em Roma tornou-se cada vez mais tensa com o aumento do número de miseráveis vivendo na cidade. Havia conflitos entre a população pobre que reivindicava urgentes reformas sociais e uma elite que não desejava mudanças, formada por nobres e plebeus enriquecidos. Diante do clima de tensão, os irmãos **Tibério** e **Caio Graco**, tribunos da plebe, tentaram promover uma reforma social com o objetivo de melhorar as condições de vida da população plebeia.

Tibério (tribuno em 133 a.C.) propôs uma lei agrária que previa limitações ao crescimento dos latifúndios e distribuição de terras entre os camponeses plebeus. A nobreza senatorial se opôs a esse projeto, e alguns nobres mandaram matar Tibério e seus adeptos mais próximos.

Dez anos depois, Caio Graco tentou fazer reformas que beneficiariam os pobres, retomando as lutas do irmão. Novamente, os nobres tramaram assassiná-lo. Para não morrer nas mãos do inimigo, Caio Graco pediu a um escravo que o matasse. Os partidários das propostas dos irmãos Graco foram mortos a mando do Senado.

Assim, foram sufocadas as reformas sociais dos irmãos Graco. No entanto, a situação da República romana permaneceu tensa e, com isso, suas instituições se deterioraram.

Lutas dos escravos

Assim como ocorreu na Grécia, o trabalho escravo foi intensamente utilizado em Roma. Isso se deu principalmente após a expansão militar da República, quando muitos prisioneiros de guerra foram escravizados. Roma tornou-se, segundo o historiador Aldo Schiavone,

> [...] uma das cinco grandes sociedades escravistas da história ocidental (juntamente com a Grécia Antiga, o Brasil, os Estados coloniais e pós-coloniais do Caribe e os Estados meridionais da América do Norte). O mar Mediterrâneo foi um mar de comércio, mas também, se não principalmente, um mar de escravidão.
>
> SCHIAVONE, Aldo. *In*: JAGUARIBE, Hélio. *Um estudo crítico da História*. São Paulo: Paz e Terra, 2001, v. 1. p. 650.

Resistindo à exploração a que eram submetidos, os escravos organizaram várias revoltas durante a República. Entre 136 e 132 a.C., saquearam a Sicília. Mais tarde, entre 73 e 71 a.C., quase 80 mil escravos, sob a liderança de **Espártaco**, organizaram um forte exército, que ameaçou o poder de Roma durante quase dois anos. Só em 71 a.C. uma unidade do Exército romano, sob o comando de Licínio Crasso, conseguiu vencer o exército de escravos liderados por Espártaco. A repressão romana aos escravos rebeldes foi extremamente dura, para servir de exemplo a todos. Mais de 6 mil seguidores de Espártaco foram presos e crucificados em diversos locais das estradas romanas.

Crise da República

Com as conquistas territoriais, os mais destacados chefes militares adquiriram prestígio em Roma e assumiram posições de liderança na vida política. Assim, os senadores romanos foram perdendo poderes.

Entre os chefes militares mais influentes da época, podemos destacar **Júlio César** (100-44 a.C.), que foi cônsul, tribuno permanente, ditador vitalício, sumo sacerdote e comandante supremo do Exército. Sob seu governo, promoveu-se uma reorganização político-administrativa em Roma: distribuíram-se terras entre os soldados, impulsionou-se a colonização das províncias (áreas conquistadas), construíram-se estradas e edifícios e reformulou-se o calendário.

Tão grandes eram os poderes de César que a aristocracia republicana temia a completa extinção das instituições da República. Acusado de pretender proclamar-se rei, em 44 a.C. César foi assassinado, vítima de uma conspiração de senadores liderada por Bruto e Cássio.

Em 43 a.C., Marco Antônio, Otávio e Lépido se uniram para combater os senadores que participaram da conspiração. Após vingar a morte de César, esses líderes e seus partidários entraram em disputas políticas. Dessas disputas, Otávio, que era sobrinho-neto de Júlio César, saiu-se vitorioso, tornando-se o principal governante de Roma e dos territórios dominados pelos romanos, incluindo o Egito.

Cena do seriado de televisão *Roma* (Estados Unidos, 2005-2007), inspirado na história da transição da República para o Império Romano. O personagem Caio Júlio César aparece ao centro, em uma biga (espécie de carro de combate movida por cavalos muito utilizada na Roma antiga).

> **Dica**
>
> YOURCENAR, Marguerite. *Memórias de Adriano.* Rio de Janeiro: Nova Fronteira, 2019.
>
> Este livro conta a história do imperador romano Adriano a partir de uma narrativa bastante interessante: uma autobiografia imaginária. Para elaborar esta obra de ficção, a autora realizou intensa pesquisa histórica sobre a Roma antiga e o imperador Adriano. Com uma importante trajetória, em 1980, a escritora Marguerite Yourcenar foi a primeira mulher a ser eleita para a Academia Francesa de Letras.

Império

A partir de 27 a.C., Otávio foi acumulando poderes e títulos, como o de **Augusto** (isto é, "divino", "majestoso") e o de **Imperador** ("comandante supremo"). Na prática, as instituições republicanas – como o Senado – passaram a existir apenas na aparência.

De acordo com historiadores, o governo de Otávio marcou o início do Império Romano. Durante seu longo governo (27 a.C.-14 d.C.), o imperador Otávio Augusto promoveu o desenvolvimento urbano e agrícola, continuou com o processo de profissionalização do Exército e preocupou-se em organizar a administração do Império.

Pax Romana

A partir das medidas adotadas por Otávio Augusto, o Império desfrutou de um longo período de paz, conhecido como *Pax Romana* (paz romana). Esse período estendeu-se, aproximadamente, até o começo do século III, abrangendo os governos de vários imperadores, que podem ser agrupados em quatro dinastias:

- **Júlio-Claudius (14-68 d.C.)** – Tibério, Calígula, Cláudio e Nero.
- **Flávios (69-96 d.C.)** – Vespasiano e Domiciano.
- **Antoninos (96-192 d.C.)** – Nerva, Trajano, Adriano, Antonino Pio, Marco Aurélio e Cômodo.
- **Severos (193-235 d.C.)** – Sétimo Severo, Caracala, Macrino, Heliogábalo e Severo Alexandre.

Economia e sociedade

Durante os dois primeiros séculos do Império, a atividade comercial desenvolveu-se intensamente, impulsionada por condições como a existência de uma moeda comum, a generalização do Direito romano e a construção de estradas. Calcula-se a existência de cerca de 80 mil quilômetros de estradas pavimentadas interligando as diversas regiões do Império.

Além disso, com a desaceleração e a interrupção das conquistas, houve uma redução do número de escravos na sociedade romana. Dessa forma, em vez de prisioneiros de guerra, esse grupo social passou a ser constituído, em sua maioria, por filhos de escravos.

Muitos senhores começaram a adotar, então, um novo sistema de trabalho. No meio rural, por exemplo, concedia-se liberdade para alguns escravos, que se transformavam em colonos ligados à terra do senhor e com uma série de obrigações a cumprir. Alguns desses ex-escravos enriqueceram e tornaram-se cidadãos romanos, mas não conquistaram todos os direitos dos nascidos livres, como o direito de candidatar-se a certos cargos públicos.

Trecho da antiga via Ápia, estrada que ligava Roma ao sul da península Itálica. O primeiro trecho dessa estrada foi construído em 312 a.C. Fotografia de 2018.

Pão e circo

No século II d.C., a população da cidade de Roma atingiu aproximadamente 1 200 000 habitantes, muitos dos quais sem ocupação e vivendo pelas ruas. Para aliviar as tensões, as autoridades romanas distribuíam alimento (pão), ainda que de forma bem insuficiente, e promoviam espetáculos públicos (circo). Eram tantas as festas e os espetáculos que o calendário romano chegou a ter mais de cem feriados por ano. Mas a elite romana nunca conseguiu garantir comida e lazer a todas as pessoas pobres.

Entre os espetáculos mais populares estavam as lutas contra animais ferozes e os combates entre gladiadores. Os gladiadores eram, geralmente, escravos ou prisioneiros de guerra treinados em escolas especiais de lutas.

Além das lutas de gladiadores, os romanos frequentavam espetáculos de circo e de teatro. Com o tempo, a expressão "pão e circo" tornou-se emblema de políticas que visam diminuir tensões escamoteando os problemas sociais.

> **Dica**
>
> *Gladiador*. Direção: Ridley Scott. Estados Unidos: Scott Free Productions/Red Wagon Entertainment, 2000. 155 min.
>
> Nesse filme, o imperador Marco Aurélio expressa seu desejo de deixar o trono para Maximus, comandante de seu exército, e não para seu filho Commodus. Sabendo disso, Commodus assassina o pai, toma o poder e passa a perseguir Maximus, que se torna gladiador.

Investigar
- Você já tinha ouvido a expressão "pão e circo"? Em que contexto?

Conexões — GEOGRAFIA E SOCIOLOGIA

Estado romano e Estado contemporâneo

O Império Romano foi um dos maiores Estados da Antiguidade, administrando um território que, no século II d.C., atingiu aproximadamente 4 milhões de quilômetros quadrados, onde viviam cerca de 70 milhões de pessoas. Estado, território e população são conceitos fundamentais da Geografia. Estado (do latim *status* = "estar firme") é a forma de organização política de uma sociedade.

No mundo contemporâneo, podemos dizer que o Estado consiste em uma associação humana (povo ou população) que reside em um determinado espaço (território) e que vive sob o comando de uma autoridade (poder). Essa autoridade não deve estar sujeita a nenhuma outra (soberania). Vejamos os elementos que caracterizam o Estado:

- **associação humana** – apresenta-se sob dois aspectos distintos, a população e o povo. População é um conceito numérico, estatístico, que se refere à quantidade de habitantes de um Estado. A população se define por critérios demográficos. Já povo é o conjunto dos cidadãos de um Estado. Cidadãos do passado e do presente, que, muitas vezes, compartilham uma tradição histórica e cultural. No Brasil, é cidadão todo brasileiro nato (nascido no país) e naturalizado (aqueles adquirem a nacionalidade segundo as normas jurídicas).
- **território** – é o espaço onde o Estado exerce seu poder político-administrativo. Esse espaço é delimitado por fronteiras. As fronteiras são construídas ao longo da história. Além da dimensão espacial, a noção de territorialidade está associada a aspectos culturais e temporais.
- **poder** – é o comando institucionalizado pelo Estado.
- **soberania** – é o poder de que está dotado o Estado para fazer valer sua autoridade dentro do seu território.

O Estado romano não tinha fronteiras tão definidas como os Estados atuais. Durante a República, Roma expandiu seu território, passando a dominar diversas populações, que, aos poucos, receberam a cidadania romana. Um grande marco na conquista da cidadania foi a publicação do edito de Caracala, em 212 d.C., quando todos os habitantes livres do Império foram considerados cidadãos romanos.

1. Com base no texto, quais seriam as principais diferenças entre o Estado romano e o Estado brasileiro atual? Considere aspectos como a demarcação de fronteiras e a concessão de cidadania.
2. Quantos Estados nacionais existem no mundo contemporâneo? Pesquise os dados da Organização das Nações Unidas (ONU).

Crise do Império e queda de Roma

A partir do século III d.C., o Império Romano entrou em um período de crise. Vejamos alguns elementos comumente apontados para explicar esse processo.

A estrutura administrativa e militar necessária para um império tão vasto e habitado por povos de origens e culturas diversas exigia elevados gastos públicos. Por isso, a carga tributária foi ampliada ao longo do tempo, tornando-se pesada diante do enfraquecimento da economia romana – prejudicada, por exemplo, pela falta de reposição da mão de obra escrava.

A crise agravou-se quando os romanos tiveram de enfrentar, em suas fronteiras, a pressão militar dos povos que eles chamavam de **bárbaros** (visigodos, ostrogodos, alamanos, hérulos, entre outros), ou seja, povos que viviam fora do território do Império e não falavam sua língua. O problema era que muitos desses bárbaros tinham sido incorporados ao exército romano como mercenários. Além disso, disputas internas entre os chefes militares romanos geravam indisciplina no exército e desestruturavam o comando central de Roma.

A crise afetava, sobretudo, a porção ocidental do Império. Percebendo isso, em 330 d.C. o imperador Constantino decidiu mudar a capital do Império para sua porção oriental. Com esse objetivo, remodelou a antiga cidade de Bizâncio e fundou Constantinopla (termo que significa "cidade de Constantino"), hoje correspondente à cidade de Istambul, na Turquia.

Em 395 d.C., com a morte do imperador romano Teodósio, o Império foi dividido entre seus dois filhos: Honório recebeu o Império Romano do Ocidente, com sede em Roma, e Arcádio, o Império Romano do Oriente, com sede em Constantinopla. Buscava-se, com essa divisão, melhorar a administração de ambas as regiões.

O Império Romano do Ocidente, no entanto, não teve forças para resistir aos saques e ataques dos povos bárbaros, que se prolongaram por quase dois séculos. Em 476 d.C., o último imperador de Roma, Rômulo Augusto, foi deposto por Odoacro, rei dos hérulos. Por sua vez, o Império Romano do Oriente – embora com transformações – sobreviveu até 1453, ano em que os turcos conquistaram Constantinopla.

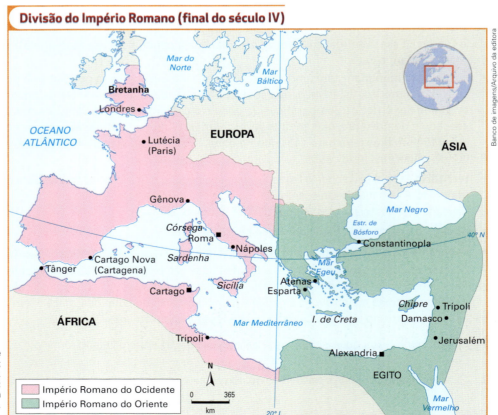

Fonte: elaborado com base em KINDER, Hermann; HILGEMANN, Werner. *Atlas histórico mundial*: de los orígenes a la Revolución Francesa. Madrid: Istmo, 1982. p. 104.

Religião

Durante a maior parte de sua história, os romanos eram politeístas e, com a conquista da Grécia, assimilaram divindades gregas, rebatizando-as com nomes latinos. Por exemplo, o deus grego Zeus foi chamado pelos romanos de Júpiter; Atena se tornou Minerva; e Afrodite virou Vênus.

A religião romana tinha um sentido prático e **utilitarista**. O culto religioso era feito para agradar aos deuses e obter sua proteção na vida cotidiana. A religião também era um dos fundamentos do Estado romano, sendo utilizada frequentemente com finalidade política.

No período imperial, começou-se a venerar a figura do imperador. Após a morte, os imperadores romanos passavam a ocupar lugar entre os deuses tradicionais em uma cerimônia que se denominava apoteose. Além da religião oficial, seguida predominantemente pelos cidadãos de posição social elevada, havia também as crenças ligadas à religiosidade popular.

> **Utilitarista:** mais preocupado com a utilidade, o proveito que pode ser extraído das coisas.

O Panteão, localizado em Roma (Itália), foi construído pelo cônsul Marco Agripa entre 27 a.C. e 14 d.C. Em 125 foi reconstruído pelo imperador Adriano. Inicialmente, era um templo dedicado a todos os deuses romanos. A partir do século VI, passou a ser um templo cristão. Fotografia de 2019.

Surgimento do cristianismo

Os romanos entraram em contato com diversos povos, absorvendo e recriando elementos de suas culturas, principalmente da grega. Por outro lado, foram responsáveis por difundir por todo o Império ideias e princípios que eles mesmos haviam incorporado, como a religião cristã. Em sua origem, o cristianismo foi influenciado pelo judaísmo, religião monoteísta desenvolvida pelos hebreus.

Segundo a tradição cristã, Jesus Cristo nasceu em Belém, na Galileia, durante o reinado do imperador Otávio. Essa região, à época, estava sob domínio romano. O nome Jesus quer dizer, em hebraico, "Deus salva", o que exprime, para os cristãos, sua identidade e sua missão no mundo. Já o nome Cristo vem da tradução grega de Messias e significa aquele que é "ungido", "consagrado" para uma missão divina.

Ao completar 30 anos de idade, Jesus teria percorrido a Judeia, pregando sua mensagem religiosa. Anunciou ser o Messias enviado pelo Deus único, criador de todo o Universo, e que todos poderiam ter acesso ao Reino de Deus e obter a salvação eterna (por meio do perdão de todos os pecados). Depois de sua morte, o cristianismo foi difundido no Império Romano por meio da pregação de seus discípulos, encontrando maior repercussão entre os pobres e os escravos.

A mensagem de Jesus foi formalizada no livro do *Novo Testamento*, constituindo a base do cristianismo, religião que marcaria a história do mundo ocidental.

Os cristãos se opunham ao politeísmo dos romanos, ao culto à pessoa do imperador e a algumas instituições, recusando-se, por exemplo, a servir no exército. Por esses motivos, durante o governo do imperador Nero (54-68 d.C.), tiveram início as primeiras perseguições aos cristãos. Estas perduraram, de forma intermitente, até o governo de Diocleciano, que promoveu a última e mais cruel delas (303-305 d.C.).

A punição e o martírio dos cristãos eram aproveitados como espetáculo trágico, de grande atração pública, que entretinha a população. Lançados em uma arena, eles eram obrigados a enfrentar, desarmados, leões e outras feras.

Triunfo da fé: mártires cristãos no tempo de Nero, óleo sobre tela de Eugene Romain Thirion representando um episódio do início do cristianismo.

Religião oficial

Apesar dos anos de perseguição, o cristianismo conseguiu sobreviver e conquistar um número crescente de adeptos. A maneira heroica com que muitos cristãos resistiam aos sofrimentos, nos martírios públicos, começou a ser interpretada como algo possível apenas devido a uma força milagrosa, vinda de Deus.

Com as crises socioeconômicas de Roma, que se intensificaram a partir do século III d.C., muitas pessoas das classes dominantes converteram-se ao cristianismo. Paralelamente, a perseguição aos cristãos tornou-se cada vez mais branda.

A partir de 313 d.C., o imperador Constantino adotou uma política de tolerância religiosa em relação aos cristãos, que puderam realizar cultos públicos. Em 380 d.C., o cristianismo passou a ser considerado a religião do Estado, quando o imperador Teodósio recebeu o batismo cristão. Cerca de uma década depois, os cultos pagãos foram proibidos, e o cristianismo tornou-se, efetivamente, a religião oficial de Roma, promovendo a organização da Igreja Católica Romana, que construiu sua hierarquia tendo como modelo a estrutura administrativa do império.

Produções artísticas

Na arte romana, a beleza estava associada à funcionalidade. A arquitetura, por exemplo, buscava a convivência do útil com o belo. Os romanos produziram uma arquitetura imponente, expressa nos mais variados tipos de construção: teatros, anfiteatros, basílicas, termas, aquedutos, templos e palácios. Nessas construções, por seu aspecto monumental, destacam-se os arcos, as abóbadas e as cúpulas.

Na escultura, destacaram-se os retratos (cabeça ou busto) e as estátuas equestres. Os escultores romanos preocupavam-se em conseguir a reprodução mais fiel possível da realidade, e não a idealização dos modelos, como faziam os gregos.

Na literatura, os escritores romanos manifestaram uma busca permanente pela beleza e pela elegância. Entre eles, destacam-se os poetas Virgílio (70-19 a.C.), autor do poema épico *Eneida* (inspirado na *Ilíada* e na *Odisseia*); o filósofo e brilhante orador Cícero (106-43 a.C.); e o historiador Tito Lívio (59-17 a.C.).

Arco de Constantino, construído entre 314 e 315 d.C., em Roma (Itália). Arcos do Triunfo são estruturas arquitetônicas geralmente utilizadas para comemorar conquistas militares. Fotografia de 2019.

Direito romano e latim

Uma das mais significativas contribuições da cultura romana está no campo do Direito. Ainda hoje, diversos preceitos do Direito romano constituem fonte de inspiração para os juristas.

Desde a Lei das Doze Tábuas (o primeiro código romano escrito), a legislação romana transformou-se, segundo nossa visão, de um conjunto de normas rígidas e severas, em conceitos jurídicos mais brandos. O Direito romano tornou-se tão abrangente que boa parte das relações sociais era regida por normas jurídicas. No entanto, em uma sociedade com tantas desigualdades, nem tudo o que o Direito estabelecia formalmente aplicava-se à vida cotidiana da maioria das pessoas.

Outra grande contribuição da cultura romana foi o latim, idioma oficial do Império. Originalmente, o latim era falado pelos habitantes do Lácio (região no centro da península Itálica). Com a expansão romana, o latim se difundiu e, aos poucos, misturou-se com as línguas faladas nas regiões conquistadas.

Apesar da crise do Império, durante a Idade Média e o Renascimento, o latim continuou sendo utilizado como língua culta, principalmente nos meios acadêmicos e **eclesiásticos**. Além disso, o latim influenciou a formação dos idiomas italiano, português, espanhol, francês e romeno, entre outros (conhecidos como línguas latinas, neolatinas ou românicas).

Estela (placa de pedra em que se realizavam inscrições) com inscrição em latim, produzida durante o período imperial, presente na cidade romana de Timgad, na atual Argélia.

> **Investigar**
> - O latim influenciou a formação da língua portuguesa. Além do latim, que outras línguas influenciaram a formação do português falado no Brasil?

> **Eclesiástico:** relativo à Igreja; palavra de origem grega, com o sentido de "assembleia", "reunião", "ajuntamento".

Oficina de História

Analisar e refletir

1. Em grupos, comparem as Guerras Médicas, entre gregos e persas, com as Guerras Púnicas, entre romanos e cartagineses. Que semelhanças e diferenças existem entre esses dois conflitos? Que interesses estavam em jogo?

2. Explique a frase do historiador Aldo Schiavone: "O mar Mediterrâneo foi um mar de comércio, mas também, se não principalmente, um mar de escravidão".

3. A proposta de reforma agrária dos irmãos Graco era uma afronta aos interesses dos patrícios? Explique.

4. Atualmente, muitos países vivem sob um regime republicano, incluindo o Brasil, cujo nome oficial é República Federativa do Brasil. Lembre-se de que a palavra *república* vem do latim *res publica* (coisa pública) e significa que o Estado e o poder dizem respeito a todos (a todo o povo), à vida pública.

    a) Em sua opinião, quais as semelhanças e/ou diferenças entre a República romana e a atual República brasileira?

    b) O que significa, nos dias de hoje, ter um comportamento político considerado republicano?

5. Na Roma antiga, o termo "bárbaro" era utilizado para designar povos que viviam fora dos domínios romanos.

    a) Além dos romanos, qual povo da Antiguidade clássica também utilizava a palavra "bárbaro"? Com que sentido eles a usavam?

    b) Retome as noções de civilização abordadas no capítulo 3. Procure relacionar essas noções aos sentidos atribuídos à palavra "bárbaro" por gregos e romanos.

    c) Quais são os sentidos da palavra "bárbaro" na língua portuguesa? Para responder, consulte um dicionário.

Interpretar texto e imagem

6. No texto a seguir, o historiador francês Jacques Le Goff faz uma comparação entre a atual dominação estadunidense sobre o mundo e a que era exercida pelo Império Romano. Leia-o e responda às questões.

    Os romanos de fato conseguiram fazer uma coisa que os americanos não alcançaram: eles transformaram os habitantes de seu império em cidadãos romanos. Há um acontecimento que considero um dos maiores da história [...], que é o Edito de Caracala (212 d.C.), que levou a cidadania romana a todos os habitantes do império. Já no primeiro século da era cristã, o próprio São Paulo, que era judeu [...], se dizia antes de tudo um cidadão romano.

    Não quero dizer que seja culpa deles, mas os americanos estão num mundo em que a americanização deve forçosamente parar num certo momento. Pode haver uma americanização dos meios [...], pois os produtos culturais seduzem muita gente. Com sua potência militar ou econômica, eles dominam muitos Estados, mas não estão numa situação que lhes permita fazer das pessoas que dominam verdadeiros americanos. Isso é ao mesmo tempo bom e ruim. É bom, porque as pessoas conservam o que se chama hoje de sua identidade. É ruim, porque isso impede que essas pessoas se tornem membros inteiros da democracia americana, que é, apesar de seus enormes defeitos, uma democracia.

    LE GOFF, Jacques. O início da História. *Folha de S.Paulo.* São Paulo, 14 abr. 2002. Disponível em: <http://www1.folha.uol.com.br/fsp/mais/fs1404200207.htm>. Acesso em: 21 nov. 2019.

    a) Quem é o autor do texto? Quando foi publicado?

    b) De acordo com o autor, que acontecimento marcou a história da Roma antiga? Por quê?

    c) Por que, na visão do autor, o processo de americanização deve parar em algum momento?

    d) Compare o processo de dominação realizado pelo Estado de Roma na Antiguidade e pelos Estados Unidos no mundo contemporâneo. Pense em aspectos culturais, políticos e econômicos.

7. Leia o texto a seguir, que traz uma citação do historiador Pedro Paulo Funari sobre o modo de vida dos romanos.

    Os romanos gostavam de escrever. Os pobres, que não tinham acesso aos livros [...] usavam estiletes e escreviam nas paredes. Aí escrevia-se de tudo, [...] de poemas a xingamentos.

    Um outro tipo de expressão pessoal popular encontra-se nos documentos religiosos descobertos nos templos romanos. Acreditava-se que, por meio de uma espécie de carta, escrita diretamente aos deuses, seria possível obter as graças das divindades.

    FUNARI, Pedro Paulo Abreu. *Roma*: vida pública e privada. São Paulo: Atual, 1993. p. 59.

    a) Cite exemplos do uso da escrita pelos romanos.

    b) Segundo o texto, por que alguns romanos escreviam cartas aos deuses?

CAPÍTULO

6

Bizâncio e o mundo islâmico

Neste capítulo, vamos estudar as sociedades bizantina e islâmica, que foram profundamente marcadas pela religiosidade. Isso provocou impacto em suas edificações, suas expressões artísticas e sua organização social e política. Atualmente, o cristianismo e o islamismo são as duas maiores religiões do mundo em número de adeptos.

Este capítulo favorece o desenvolvimento das habilidades:

EM13CHS101
EM13CHS102
EM13CHS103
EM13CHS104
EM13CHS105
EM13CHS106
EM13CHS203
EM13CHS204
EM13CHS401
EM13CHS404
EM13CHS603

Império Bizantino

Para iniciar a análise de aspectos da história bizantina, é importante saber como nasceu a capital desse Império.

Em 330, o imperador Constantino transferiu a capital do Império Romano para a cidade de Bizâncio, que fora fundada por colonos gregos em cerca de 660 a.C. Essa cidade estava situada no entroncamento das rotas comerciais que ligavam a Europa e a Ásia, o que favoreceu a economia bizantina.

Constantino reuniu arquitetos, engenheiros e artesãos para remodelar a cidade, onde foram erguidas estradas, casas, igrejas, muralhas e outras edificações. Quando as obras foram concluídas, a capital foi inaugurada com o nome de **Nova Roma**. Para a população, contudo, a cidade passou a se chamar **Constantinopla**, em homenagem ao imperador. Em 395, com a divisão do Império Romano, Constantinopla tornou-se capital **apenas** do Império Romano do Oriente.

Desde a divisão do Império Romano, os imperadores do Ocidente e os do Oriente tinham dificuldades para governar devido à ameaça das invasões bárbaras. Foi somente no século VI, durante o **governo de Justiniano** (527-565), que o Império Bizantino se estabilizou e, posteriormente, se expandiu, reconquistando territórios que já haviam pertencido ao Império Romano.

Durante o governo de Justiniano, os juristas bizantinos assimilaram muitos aspectos do Direito romano, adaptando-o às necessidades de uma nova sociedade, influenciada pelo cristianismo. Esse processo de assimilação deu origem ao *Corpus juris civilis*, uma extensa obra jurídica constituída de leis, decretos, normas e códigos, entre eles o chamado **Código de Justiniano**. Foi por meio do *Corpus*, organizado a mando de Justiniano, que muitas instituições do Direito romano chegaram aos dias atuais.

Além disso, Justiniano e seus sucessores procuraram, por meio da religião, impor sua autoridade e consolidar a unidade política do Império. Os imperadores adotaram o título de *basileus*, que, em grego, significa aquele que tem autoridade suprema. Nesse contexto, os imperadores eram considerados representantes de Deus, cabendo-lhes proteger a Igreja e dirigir o Estado. Essa junção dos poderes estatal e religioso é chamada de **cesaropapismo**, isto é, os poderes **imperial** (césar) e **religioso** (papa) concentravam-se nas mãos do imperador.

LINHA DO TEMPO

476 d.C. Queda do Império Romano do Ocidente. Início da Idade Média.

532 d.C. Revolta de Nika.

632 d.C. Morte de Maomé e início da expansão muçulmana, que pode ser dividida em três momentos entre os séculos VII e XIII.

1453 d.C. Tomada de Constantinopla pelos turcos.

395 d.C. Divisão do Império Romano em Império Romano do Ocidente e Império Romano do Oriente (Bizantino). Constantinopla torna-se capital do Império Romano do Oriente.

527-565 d.C. Governo de Justiniano e expansão do Império Bizantino.

630 d.C. Conquista de Meca por Maomé e seu exército.

1054 d.C. Grande Cisma do Oriente.

Linha do tempo esquemática. O espaço entre as datas não é proporcional ao intervalo de tempo.

Condições sociais e econômicas

A maioria da população bizantina era formada por pessoas pobres que viviam no campo. Nessa sociedade, boa parte da produção rural vinha das grandes propriedades agrícolas (os latifúndios), que pertenciam à Igreja e aos nobres.

A nobreza era constituída, geralmente, pelos chefes militares que haviam recebido terras como recompensa por serviços prestados ao imperador. Quase todo o trabalho rural era feito pelos servos, que dependiam da terra para viver.

Além da agricultura, o comércio era uma das atividades mais lucrativas de Bizâncio. Entre os principais produtos comercializados, podemos destacar os artigos de luxo asiáticos, como perfumes, tecidos de seda, porcelanas e peças de vidro. Esses produtos eram acessíveis apenas à população mais rica da Europa, do Oriente Médio e do norte da África.

O comércio contribuiu para intensificar a vida urbana no Império Bizantino. Por volta do ano 1000, Constantinopla chegou a ter cerca de 1 milhão de habitantes. Mas havia outras cidades importantes, como Tessalônica, Niceia, Edessa e Tarso.

Por meio de seus funcionários, o governo bizantino controlava as atividades artesanais e comerciais, supervisionando a qualidade e a quantidade dos produtos. A produção estava distribuída em corporações de ofícios, formadas por oficinas de um mesmo ramo, como carpintaria, tecelagem e sapataria. O objetivo dessa intervenção estatal era controlar os preços e o abastecimento das cidades.

A elite bizantina era composta, basicamente, de grandes comerciantes, donos de oficinas artesanais, membros do alto clero e destacados funcionários do governo. Essa elite ostentava uma vida de luxo, tinha em suas casas tapeçarias e vasos de porcelana e usava roupas finas de seda ou de lã muitas vezes ornamentadas com fios de ouro e prata.

Além da elite urbana, nas cidades havia grupos sociais que viviam miseravelmente. À semelhança da "velha" Roma, o governo tomou medidas para distribuir alimentos gratuitos aos famintos que perambulavam pelas ruas. Também estimulou diversões populares, como as corridas de cavalos no **hipódromo**, que era uma arena com capacidade para aproximadamente 50 mil pessoas. As diversões públicas, de certo modo, aliviavam as tensões sociais entre os mais pobres e os mais ricos.

> **Investigar**
> - Quais são as principais formas de lazer na cidade onde você vive? Elas são gratuitas? Elas são acessíveis à população de sua cidade?

Extensão máxima do Império Bizantino (século VI)

Fonte: elaborado com base em DUBY, Georges. *Atlas historique*. Paris: Larousse, 1987. p. 171-172; KINDER, Hermann; HILGEMANN, Werner; HERGT, Manfred. *Atlas histórico mundial*: de los orígenes a nuestros días. Madrid: Akal, 2007. p. 144; DUBY, Georges. *Atlas historique mondial*. Paris: Larousse, 2006. p. 58.

> **Observar o mapa**
> - Compare esse mapa histórico com um mapa atual da mesma região. Depois, responda:
> a) Em que continente se situava Constantinopla, atual Istambul?
> b) Na época de sua maior extensão, o Império Bizantino tinha territórios em quais continentes?

Revolta de Nika

Em 532, explodiu em Constantinopla uma violenta revolta, que teve como pano de fundo a insatisfação popular com a atuação dos governantes e com os elevados tributos cobrados pelo Estado.

A revolta começou, de forma inesperada, no hipódromo, um dos poucos locais públicos onde a população tinha um contato mais direto com os chefes do governo. Nesse dia, Justiniano estava no hipódromo e teve de fugir às pressas.

Como o tumulto começou? A multidão que assistia às corridas de cavalos se dividia basicamente em dois grupos rivais, os Verdes e os Azuis, que representavam diferentes facções esportivas, políticas e religiosas. Grande parte dos Verdes era formada por comerciantes e artesãos, e a maioria dos Azuis era composta de nobres.

Após uma corrida de cavalos, houve dúvidas sobre o vencedor. Os grupos rivais começaram a gritar "*nika, nika*" ("vitória", em grego), dando início a confrontos entre os grupos. Do hipódromo, a rebelião ganhou as ruas da cidade com saques, destruições e incêndios. Durante seis dias, a situação ficou fora do controle do governo. A princípio, Justiniano ficou assustado e, por algum tempo, hesitou em reagir. Contudo, foi convencido por sua esposa, Teodora (c. 497-548), a enfrentar os rebeldes. Assim, reuniu seus comandantes e ordenou que as tropas imperiais reprimissem a revolta. Cerca de 35 mil pessoas foram massacradas.

Cisma do Oriente

O relacionamento entre a Igreja Católica Romana e o Estado Bizantino não foi pacífico. Depois do reinado de Justiniano, houve uma série de conflitos teológicos e políticos entre os partidários dos imperadores bizantinos e a hierarquia católica comandada pelos papas. Esses conflitos culminaram, em 1054, com o Grande Cisma do Oriente. Assim, o mundo cristão foi dividido em duas grandes Igrejas:

- **Igreja Católica do Oriente** – conhecida como Igreja Ortodoxa, com sede em Constantinopla e chefiada pelo patriarca da cidade;
- **Igreja Católica do Ocidente** – conhecida como Igreja Católica Apostólica Romana, com sede em Roma e comandada pelo papa.

Crucifixo de ouro produzido no Império Bizantino, datado do século X, encontrado no local onde ficava o Grande Palácio de Constantinopla, na Turquia.

Detalhe de mosaico representando a Virgem Maria com Jesus no colo, na Basílica de Santa Sofia, em Istambul (Turquia). Fotografia de 2015.

Crise do Império

Desde o século VI, o Império Bizantino sofria uma série de ataques externos. Apesar disso, perdurou até 1453, **quando Constantinopla foi dominada pelos turcos otomanos**. A conquista de Constantinopla pelos turcos, é um marco tradicionalmente utilizado para assinalar o fim da Idade Média.

Depois dessa conquista, muitos intelectuais bizantinos migraram para a península Itálica, difundindo conhecimentos da cultura greco-romana.

Outra consequência importante do domínio turco sobre Constantinopla foi o aumento nos preços e nos tributos cobrados dos comerciantes europeus que compravam ali as mercadorias provenientes da Ásia. Os altos tributos estimularam europeus ocidentais – como portugueses e espanhóis – a buscar um novo caminho de comercialização com os fornecedores orientais, contribuindo para as Grandes Navegações.

Cultura bizantina

O Império Bizantino era formado por povos de diferentes origens, como egípcios, gregos, persas, eslavos e judeus. Essa variedade de povos influenciou as trocas culturais bizantinas, mesclando elementos como o idioma grego, a religião cristã, o Direito romano, a arquitetura de inspiração persa, entre outros.

Cristianismo

A religião oficial de Bizâncio era o cristianismo. O chefe da Igreja Ortodoxa era o patriarca de Constantinopla, mas, na prática, ele se subordinava ao imperador bizantino, considerado o principal representante da fé cristã. A Igreja exercia influência sobre diversos setores da sociedade: fundamentava o poder imperial, absorvia boa parcela dos recursos econômicos e estava presente no cotidiano das pessoas. Era tal o interesse pelas questões religiosas que Gregório de Nissa, um dos **padres da Igreja** do século IV, registrou que, em todos os lugares de Constantinopla, havia pessoas envolvidas em debates teológicos. Entre as mais famosas doutrinas debatidas, destacavam-se:

- **monofisismo** – afirmava que Cristo tinha somente a **natureza divina**. Portanto, negava-se que Cristo também tinha uma natureza humana, como pregava a Igreja Católica Romana;
- **iconoclastia** – repudiava a adoração popular de ícones religiosos, as imagens de santos, condenando sua utilização nos templos.

Em muitos casos, as questões religiosas estavam associadas a disputas políticas. A questão iconoclasta, por exemplo, ligava-se ao conflito entre o imperador e os sacerdotes dos mosteiros, que fabricavam imagens de santos e atribuíam a elas caráter milagroso. Pretendendo controlar o poder dos mosteiros, o imperador proibiu a adoração de imagens em 726.

> **Investigar**
> - Que assuntos instigam debates públicos em sua cidade? Onde ocorrem esses debates (em espaços públicos, na internet, etc.)? Você participa deles?

> **Padres da Igreja:** denominação dada aos primeiros pensadores e escritores da Igreja Católica, especialmente aqueles que viveram entre os séculos IV e VIII. A palavra "padre" tem aqui o sentido de "pai", pois foram eles que formularam as primeiras concepções da fé e as doutrinas da tradição católica.

Detalhe de mosaico bizantino do século VI, na Basílica de Santa Sofia, em Istambul (Turquia), que representa o imperador Constantino, o Grande.

Produção artística

A produção artística bizantina recebeu influência das artes oriental e greco-romana. Os bizantinos criaram belos mosaicos, esculturas e grandes obras arquitetônicas, os quais apresentam temas religiosos.

Os mosaicos eram feitos de peças coloridas (como vidro ou esmalte) sobre um suporte. Em geral, representavam figuras religiosas, autoridades políticas, animais e plantas. Já as esculturas podiam ser produzidas com materiais como ouro, marfim e vidro, e eram caracterizadas por cores vivas e concepções místicas. Devido ao movimento iconoclasta, boa parte das esculturas foi destruída.

Na arquitetura, a Europa abriga basílicas que refletem o estilo bizantino. Com diversos mosaicos em seu interior, a Basílica de São Vital, em Ravena (Itália), é um importante exemplo de obra arquitetônica bizantina. Essa basílica foi construída no século VI e não se sabe quem foi seu arquiteto. Outro exemplo famoso é a Basílica de Santa Sofia (que em grego significa "sagrada sabedoria"), na Turquia, em cuja construção trabalharam cerca de 10 mil pessoas, durante cinco anos (532-537). O projeto arquitetônico da basílica, especialmente sua cúpula, serviu de modelo para várias igrejas do Ocidente e do Oriente.

Depois da conquista de Constantinopla pelos turcos, no século XV, a Basílica de Santa Sofia foi transformada em mesquita (templo muçulmano). Por isso, recebeu quatro minaretes e os mosaicos bizantinos foram encobertos com uma grossa camada de cal. No século XX, Santa Sofia passou por um processo de restauração e foi transformada em museu, sendo visitado anualmente por milhares de pessoas.

Vista externa da Basílica de São Vital, em Ravena (Itália), em 2019.

Na imagem é possível observar um dos mosaicos mais famosos do interior da Basílica de São Vital e outros mosaicos ao redor. Fotografia de 2015.

Mundo islâmico

A civilização islâmica nasceu e irradiou-se a partir da península Arábica, uma região que apresenta clima quente e seco, com cerca de 80% de seu território constituído por desertos.

Peregrinos muçulmanos visitam a Caaba, na Grande Mesquita de Meca (Arábia Saudita), em 2019.

Antes do surgimento do islamismo, no século VII, os povos árabes não formavam um Estado unificado. Esses povos viviam em comunidades chefiadas por xeiques e ligavam-se uns aos outros por laços de parentesco e uma territorialidade cultural – tinham em comum o idioma (apesar das variações regionais), certos costumes alimentares e crenças religiosas politeístas.

O principal centro religioso da península Arábica era a cidade de Meca. Ali havia um templo chamado **Caaba**, onde os árabes cultuavam seus deuses, e a **Pedra Negra**, que era considerada sagrada (provavelmente um pedaço de meteorito). A existência desse templo fazia de Meca um importante centro religioso e comercial, que recebia pessoas e mercadorias de diversos locais.

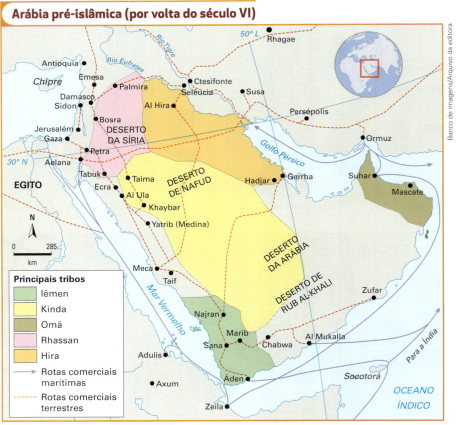

Fonte: DUBY, Georges. *Atlas historique mondial.* Paris: Larousse, 2006. p. 169.

Observar o mapa

- Compare esse mapa histórico com um mapa atual dessa região. Depois, responda:
  a) Em qual continente se situa a península Arábica?
  b) Quais águas banham essa península?
  c) Além dos laços de parentesco e alguns traços culturais, indique a atividade econômica que ligava os árabes entre si e a outros povos fora da Arábia. Como esse mapa demonstra essa ligação?

Origens do islamismo

A construção do Estado árabe iniciou-se com Maomé (570-632), um mercador da cidade de Meca. De acordo com a tradição islâmica, aos 40 anos de idade, Maomé (ou Muhammad, "o mais louvado") foi escolhido por Deus para ser o último profeta enviado à humanidade.

Maomé pregava que havia um só deus criador do Universo (monoteísmo) e dizia que os ídolos da Caaba deveriam ser destruídos. Isso desagradou os sacerdotes de Meca, porque, além de combater o politeísmo, a nova religião poderia prejudicar as peregrinações a Meca e afetar o comércio das caravanas.

Em 622, Maomé foi pressionado a deixar Meca e refugiou-se em Yatrib (posteriormente denominada Medina). Esse exílio é chamado de **Hégira** (palavra de origem árabe que significa "emigração") e marca o início do calendário muçulmano.

Em Medina, Maomé e seus discípulos difundiram a nova religião e organizaram um exército de fiéis. Em 630, o profeta e seu exército conquistaram Meca e destruíram os ídolos do templo, preservando a Caaba e a Pedra Negra. A partir daí, o islamismo expandiu-se pela Arábia, onde diversos povos foram se unificando em torno dessa religião.

Assim, por meio da identidade religiosa, criou-se uma organização política e social. Formou-se um Estado islâmico, de governo teocrático. Após a morte de Maomé, em 632, esse Estado passou a ser governado por califas, que concentravam os poderes religioso, político e militar. A palavra **califa**, de origem árabe, pode ser traduzida como "sucessor". Por isso, denominava os líderes político-religiosos que sucederam a Maomé.

Doutrina islâmica

A religião islâmica prega a submissão plena do ser humano aos preceitos de Alá, o Deus único, criador do Universo. Em árabe, a palavra **Alá** quer dizer "o Deus". É formada pelo artigo definido *al* e pelo substantivo *ilah*, que significa "Deus". A submissão a Deus é chamada de islão ou islã (do árabe *islam*, "submissão"). Aquele que tem fé em Deus é **muçulmano** (do árabe *muslim*, "aquele que se submeteu a Deus").

Os princípios básicos do islamismo encontram-se reunidos no livro sagrado dos muçulmanos, chamado **Corão** ou **Alcorão** (do árabe *al* = "a" + *corão* = "leitura", ou seja, "A leitura"). Entre esses princípios, destacam-se:

- crer em Alá, o Deus único, e em Maomé, seu profeta;
- fazer cinco orações diárias com o rosto voltado para a direção de Meca;
- ser generoso com os pobres e dar esmolas;
- cumprir o jejum religioso durante o Ramadã (mês sagrado);
- ir em peregrinação a Meca pelo menos uma vez na vida, se houver condições físicas e financeiras.

Segundo o Alcorão, Alá é essencialmente bom e justo, e os seres humanos que lhe prestam obediência serão recompensados por seus atos no dia do Juízo Final, sendo enviados ao paraíso. Aqueles que desobedecerem serão condenados ao inferno.

Além de normas religiosas, o Alcorão inclui preceitos jurídicos, morais, econômicos e políticos que orientam o cotidiano das pessoas. Proíbe, por exemplo, que os fiéis comam carne de porco, consumam bebidas alcoólicas ou pratiquem jogos de azar. O roubo é severamente punido. A poligamia masculina (casamento do homem com mais de uma mulher) é permitida.

Muçulmanos em momento de oração voltados para a Meca, em Istambul (Turquia), em 2019.

Sunitas e xiitas

Após a morte de Maomé, a religião islâmica foi interpretada de várias maneiras. Entre elas, destacam-se as interpretações de dois grupos:

- **sunitas** – defendem que o califa, chefe de Estado muçulmano, deve ter sólidas virtudes morais – como honra, respeito pelas leis e capacidade de trabalho. Além do Alcorão, aceitam os ensinamentos das **Sunas**, um conjunto de livros que narram atos e as palavras de Maomé e seus companheiros;
- **xiitas** – defendem que o Estado muçulmano deve ser chefiado por um descendente legítimo ou parente de Maomé. Acreditam que o **Alcorão é a única fonte sagrada da religião**. Afirmam que os **aiatolás**, chefes das comunidades islâmicas, são inspirados por Alá e, portanto, todos os fiéis lhes devem obediência.

Atualmente, a maioria dos seguidores do xiismo encontra-se no Irã, no Iraque e no Iêmen. Nas demais regiões do mundo islâmico, predominam os seguidores do sunismo (cerca de 90% dos atuais muçulmanos).

Expansão islâmica

Após a morte de Maomé e sob a liderança dos califas, ocorreu uma grande expansão territorial árabe. São várias as razões dessa expansão, entre elas: a busca de terras férteis; o interesse na ampliação das atividades comerciais; e as guerras santas contra os "infiéis", ou seja, a luta para difundir e preservar o islamismo.

A expansão muçulmana pode ser dividida em três grandes momentos:

- **primeiro momento (632-661)** – período dos califas eleitos que sucederam a Maomé. Conquista da Pérsia, da Síria, da Palestina e do Egito;
- **segundo momento (661-750)** – período da dinastia dos califas Omíadas. A capital foi transferida para Damasco. Conquista do noroeste da China, do norte da África e de quase toda a península Ibérica. O avanço árabe (ou **sarraceno**) ao Reino Franco foi barrado por Carlos Martel, na Batalha de Poitiers, em 732;
- **terceiro momento (750-1258)** – período da dinastia dos califas Abássidas, marcado pela ascensão dos persas rumo ao mundo islâmico. Nessa fase, a capital foi transferida para Bagdá. As conquistas muçulmanas ainda avançaram pela Europa, na parte sul da península Itálica, na Sicília e na Sardenha.

A cultura e a religião islâmicas não foram necessariamente impostas aos povos das regiões conquistadas, embora muitas pessoas tenham se convertido aos preceitos de Maomé. Historiadores apontam, por exemplo, que as comunidades cristãs e judaicas na península Ibérica mantiveram suas crenças mesmo com a presença do Império Islâmico na região.

> **Sarraceno:** denominação que os cristãos da Idade Média davam às populações muçulmanas.

Expansão árabe (632-850)

Observar o mapa

- Releia o texto do capítulo e identifique no mapa:
  a) as duas principais cidades da Arábia;
  b) as regiões conquistadas na primeira expansão islâmica;
  c) as regiões conquistadas na segunda expansão islâmica;
  d) as regiões conquistadas na terceira expansão islâmica.

Fonte: elaborado com base em KINDER, Hermann; HILGEMANN, Werner; HERGT, Manfred. *Atlas histórico mundial: de los orígenes a nuestros días.* Madrid: Akal, 2007. p. 124.

Atividades econômicas

Nas regiões conquistadas, os muçulmanos realizaram obras de irrigação que transformaram terras estéreis em produtivas. Ali desenvolveram uma agricultura variada, na qual se destacou o cultivo de trigo, algodão, arroz, linho, cana-de-açúcar, café, azeitona, laranja, pêssego, limão, tâmaras, etc. Também criavam animais como camelos, cavalos e carneiros.

Ao expandir seus territórios, dominaram rotas comerciais marítimas e terrestres que ligavam o Ocidente e o Oriente. Navegavam pelo mar Mediterrâneo, pelo oceano Índico, pelo mar Vermelho e pelo golfo Pérsico. Percorriam, em caravanas de camelos, regiões da África e da Ásia. Para facilitar os negócios, inventaram o cheque, a letra de câmbio, o recibo e as sociedades comerciais.

Além do intenso comércio, os muçulmanos desenvolveram um artesanato diversificado. Em Bagdá (no atual Iraque), por exemplo, faziam joias, vidros, cerâmicas e tecidos de seda. Em Damasco (na atual Síria), fabricavam armas e ferramentas e confeccionavam os famosos tecidos de seda e linho. Em Toledo (na atual Espanha), produziam espadas de alta qualidade, cobiçadas pelos cavaleiros medievais.

> **Investigar**
> - Os árabes criaram meios que facilitaram as transações comerciais. Atualmente, quais tecnologias facilitam as atividades econômicas?

Vendedor em loja de joias em Dubai (Emirados Árabes Unidos), em 2019. Ainda hoje o comércio de joias é um atrativo em países árabes.

Declínio do império

A partir do século VIII, o poder central nos vários territórios conquistados pelos muçulmanos enfrentou crises internas provocadas, principalmente, pelas rivalidades entre os califas. As disputas pelo poder levaram ao desmembramento do Império Islâmico e à formação de Estados muçulmanos independentes, como o de Córdoba (na atual Espanha) e o do Cairo (no atual Egito).

No plano externo, os árabes enfrentaram a reação de povos cristãos. Na península Ibérica, por exemplo, os cristãos uniram-se para expulsá-los de seus territórios. No Oriente, entre os séculos XIII e XV, vários povos invasores conquistaram os territórios dominados pelos árabes.

Mesmo com o fim do Império Árabe-Islâmico, o islamismo continuou sendo a religião preponderante em grande parte das regiões onde os muçulmanos se estabeleceram.

Cultura árabe

Durante a Idade Média, os árabes assimilaram e reinventaram produções culturais de diversos povos, criando uma cultura rica e singular.

Em muitas situações, eles difundiram aspectos econômicos e culturais do Oriente e do Ocidente. Foi, por exemplo, por intermédio dos árabes que chegaram à Europa **inventos dos povos orientais**, como a bússola, a pólvora e o papel, e também muitos textos da **filosofia grega clássica**, como as obras de Aristóteles.

Entre as contribuições árabes destacam-se as das áreas a seguir.

- **Matemática** – introduziram os algarismos hindus, que ficaram conhecidos como algarismos arábicos, e o numeral zero. Além disso, desenvolveram a álgebra e a trigonometria.
- **Medicina** – descobriram técnicas cirúrgicas e revelaram as causas de doenças contagiosas, como a varíola e o sarampo.
- **Química** – descobriram substâncias como o ácido sulfúrico, o salitre e o álcool, além de terem desenvolvido o processo de utilização de diversos elementos químicos.
- **Idioma** – a expansão islâmica levou à difusão do idioma árabe, a "língua oficial" do mundo islâmico, e hoje diversos idiomas contam com palavras de origem árabe, inclusive o português.
- **Astronomia** – os árabes construíram observatórios planetários e aperfeiçoaram o astrolábio grego.

Esta Iustração do século XVI representa astrônomos árabes trabalhando em um observatório.

Mouros: denominação empregada para populações muçulmanas principalmente do norte da África, de origens diferentes, como árabes, etíopes, afegãos e persas.

O domínio árabe impactou fortemente as culturas dos povos português e espanhol, que chamavam os árabes de **mouros** ou sarracenos. Lembremos que os muçulmanos chegaram à península Ibérica em 711 e lá ficaram quase oito séculos.

Até hoje, a arquitetura árabe destaca-se em ruas, praças e construções em Portugal e Espanha. A gastronomia, a música e as roupas também demonstram a influência árabe. Além disso, várias palavras do português e do espanhol são de origem árabe.

Pátio dos Leões, principal atração da Alhambra, em Granada (Espanha), em 2018. Esse complexo palaciano abrigou a última dinastia muçulmana na península Ibérica e hoje é um expoente da arquitetura islâmica.

Islamismo: mundo e Brasil

Atualmente, calcula-se que a religião islâmica tenha cerca de 1,6 bilhão de fiéis, distribuídos em aproximadamente 75 países. No entanto, apenas 15% dos muçulmanos vivem hoje em países árabes. A Indonésia (que não é árabe) é o país que reúne o maior número de adeptos do islamismo.

O islamismo também é praticado no Brasil, compondo nosso pluralismo religioso. O primeiro grupo de muçulmanos a viver no Brasil era constituído de africanos escravizados. A Revolta dos Malês, ocorrida na Bahia, em 1835, foi uma rebelião de africanos muçulmanos escravizados.

Entre os praticantes do islamismo no país, estão tanto imigrantes árabes (sírios, libaneses, palestinos, egípcios, etc.) como pessoas de origem não árabe que se converteram ao islã. Eles e seus descendentes contribuíram para a formação da cultura brasileira, com forte presença na gastronomia, na literatura, na arquitetura, na medicina e em diversas áreas do conhecimento.

Alguns alimentos levados à península Ibérica pelos mouros e trazidos posteriormente ao Brasil pelos portugueses foram a laranja, a berinjela, a abobrinha, o café, a amêndoa e algumas especiarias, como a canela e a pimenta. Mais tarde, africanos escravizados trouxeram do norte da África pratos como o cuscuz.

Os árabes exerceram influência na agricultura e nos hábitos alimentares dos brasileiros. Trabalhador colhendo laranjas em plantação em Bebedouro (São Paulo), em 2018.

Investigar
- Você conhece alguma contribuição árabe para a cultura brasileira? Qual?

Mesquita Omar Ibn Al-Khattab, em Foz do Iguaçu (PR), em 2019. O censo demográfico de 2010 do Instituto Brasileiro de Geografia e Estatística (IBGE) apontou que o número de seguidores do islamismo no Brasil ultrapassava 35 mil. Contudo, algumas instituições islâmicas do país estimam que esse número seja muito maior.

Oficina de História

Analisar e refletir

1. Em que consistiu o cesaropapismo? Esse acontecimento contribuiu para que os conflitos entre a Igreja católica e o Estado Bizantino resultassem no Cisma de 1054? Justifique.

2. A Basílica de Santa Sofia tem características cristãs e muçulmanas. Explique por que isso ocorre.

3. Sobre a formação e a expansão do mundo islâmico, responda:
   a) Qual era a importância econômica e religiosa da cidade de Meca antes de Maomé?
   b) Explique o papel do islamismo na unificação política dos povos árabes.
   c) Que condições levaram à grande expansão árabe durante a Idade Média?
   d) Comente algumas caraterísticas da vida econômica e cultural do Estado árabe-islâmico.

4. Explique, com suas palavras, as diferenças entre:
   a) sunitas e xiitas;
   b) árabes e islâmicos.

5. Durante quase oito séculos, os muçulmanos viveram na península Ibérica. Essa presença pode ser percebida, inclusive, nas línguas portuguesa e espanhola.
   a) Pesquise o assunto e dê exemplos de palavras de origem árabe presentes na língua portuguesa.
   b) Com base nessas palavras, explique como a presença muçulmana se reflete em outros setores da cultura brasileira (gastronomia, química, matemática, etc.).

Interpretar texto e imagem

6. Na Basílica de São Vital, na Itália, existem diversos mosaicos representando o imperador Justiniano. Observe a seguir um desses mosaicos.

Detalhe de mosaico bizantino representando o imperador Justiniano e sua comitiva, produzido entre os anos 538 e 545.

Agora, responda às questões.

a) Esse mosaico transmite uma ideia de movimento e espontaneidade? Explique.
b) Identifique no mosaico a figura de Justiniano. Quais elementos da imagem levaram você a identificar o imperador bizantino? Explique.
c) Ao observar a imagem, que relação é possível estabelecer entre religião e a figura do imperador?

7. Ao longo do tempo, o Código de Justiniano serviu de referência para a legislação de muitos países ocidentais, como França, Alemanha, Portugal e Brasil. A seguir, leia algumas normas do Código de Justiniano e trechos da Legislação brasileira atual.

FONTE 1

Ninguém é forçado a defender uma causa contra a própria vontade.

Ninguém sofrerá penalidade pelo que pensa.

Ninguém pode ser retirado à força de sua própria casa.

Nada que não se permita ao acusado deve ser permitido ao acusador. [...]

Um pai não pode ser testemunha competente contra um filho, nem um filho contra o pai.

A gravidade de uma ofensa passada não aumenta a do fato exposto.

Na aplicação de penalidades, devem ser levadas em conta a idade e a inexperiência da parte culpada.

JUSTINIANO, *Código de Leis*. Apud: SÃO PAULO (Estado). Secretaria de Educação. Coordenadoria de Estudos e Normas Pedagógicas. *Coletânea de documentos históricos para o 1º grau: 5ª a 8ª séries.* São Paulo: SE/CENP, 1979. p. 67.

FONTE 2

VIII – Ninguém será privado de direitos por motivo de crença religiosa ou de convicção filosófica ou política [...].

XI – A casa é o asilo inviolável do indivíduo, ninguém nela podendo penetrar sem o consentimento do morador [...].

LV – [...] aos acusados em geral são assegurados o contraditório e a ampla defesa [...].

Constituição da República Federativa do Brasil, art. 5º.

Agora, responda às questões.

a) Existem semelhanças entre as normas do Código de Justiniano e alguns dos atuais princípios jurídicos brasileiros? Quais?
b) Como as fontes citadas abordam as questões da liberdade individual e da propriedade?

CIÊNCIAS HUMANAS
E SOCIAIS APLICADAS

UNIDADE

Cristandade e modernidade

Nesta unidade, vamos estudar algumas características dos povos germânicos e do feudalismo na Europa. Vamos identificar a influência da Igreja católica em diversas expressões culturais e filosóficas durante a Idade Média e estudar o contexto em que ocorreram o Renascimento cultural e a Reforma protestante.

Reprodução/Galeria Uffizi, Florença, Itália.

O nascimento de Vênus, têmpera sobre tela, de 1483, de autoria de Sandro Botticelli. Essa obra apresenta temática clássica com inspiração cristã, típica das representações do Renascimento, movimento cultural que ocorreu na Europa entre meados do século XIV e o final do século XVI.

- No Renascimento, predominou a ideia de valorizar o ser humano (humanismo), a qual se opõe ao teocentrismo medieval. No entanto, o cristianismo continuou a influenciar a produção cultural da época. Como essa influência pode ser observada nesta obra de Botticelli?

CAPÍTULO 7

Europa feudal

Entre os séculos II e V, ocorreram migrações e invasões dos povos germânicos nos domínios do Império Romano. Esses processos contribuíram para a desestruturação do Império e, ao mesmo tempo, promoveram trocas culturais entre romanos e germânicos.

Neste capítulo, você vai conhecer alguns aspectos da cultura dos povos germânicos e da sociedade feudal. Tudo isso faz parte do longo caminho de formação da Europa.

Este capítulo favorece o desenvolvimento das habilidades:

EM13CHS101
EM13CHS102
EM13CHS103
EM13CHS104
EM13CHS105
EM13CHS106
EM13CHS603

Idade Média: conceito e preconceito

Considerando-se que toda periodização é fruto de uma interpretação histórica e se difunde como forma de convenção social, os marcos do início e do fim da Idade Média variam bastante.

Entre seus marcos iniciais, costuma-se apontar datas como 392 d.C. (oficialização do cristianismo) e 476 d.C. (deposição do último imperador romano). Como marcos finais, os historiadores indicam os anos de 1453 (tomada de Constantinopla pelos turcos) ou 1492 (chegada de Colombo à América).

Durante muito tempo, o período medieval foi representado como uma "Idade das Trevas": uma época de intolerância religiosa e de obscurantismo, na qual teria havido na Europa ocidental um retrocesso nas atividades intelectuais, artísticas e econômicas.

Atualmente, ainda encontramos considerável parcela de pessoas que associam o termo **medieval** às ideias de retrocesso, intolerância, obscurantismo. No entanto, essas imagens e esses valores não correspondem integralmente às pesquisas históricas, que descortinam também uma incrível variedade de produções culturais e de importantes transformações políticas e econômicas no período medieval.

Assim, historiadores apontam a necessidade de se compreender o período medieval, e não apenas julgá-lo. Ou seja, pensar historicamente implica buscar entender da melhor maneira possível a história de uma época, escapando de caricaturas sinistras, bem como das idealizações românticas.

Capacete de guerreiro em bronze, exemplo de arte anglo-saxônica do século VII.

A dança dos camponeses, óleo sobre madeira de Pieter Bruegel (1568).

LINHA DO TEMPO

IDADE MÉDIA

| Século II d.C. – Início das migrações e invasões dos povos germânicos aos territórios do Império Romano. | 476 d.C. Queda do Império Romano do Ocidente. | 768-814 d.C. Governo de Carlos Magno, rei franco. | 843 d.C. Tratado de Verdun: divisão do Império Carolíngio. | Do século X ao XIII Feudalismo na Europa. | 1453 d.C. Tomada de Constantinopla pelos turcos. | 1492 d.C. Chegada de Colombo à América. |

Linha do tempo esquemática. O espaço entre as datas não é proporcional ao intervalo de tempo.

Os germânicos

Os romanos entraram em contato com os povos germânicos por meio de migrações pacíficas e invasões violentas. De acordo com estudiosos, o período das migrações e invasões ocorreu, sobretudo, entre os séculos II e V.

Os germânicos eram povos que compartilhavam uma mesma origem linguística. Entre esses povos, podemos citar: anglos, saxões, visigodos, jutos, ostrogodos, vândalos, francos, suevos, burgúndios, lombardos alamanos.

As sociedades germânicas eram hierarquizadas e suas famílias eram patriarcais. Nessas famílias, a figura paterna exercia autoridade sobre sua esposa e seus filhos.

O Direito era consuetudinário (costumeiro), isto é, as leis não eram escritas, mas baseadas nos costumes. A religião era politeísta e as divindades eram associadas aos elementos da natureza (raio, trovão, vento, Sol, etc.). Os sacerdotes tinham, além da função religiosa, o poder de punir os criminosos e o dever de manter a ordem durante as assembleias da comunidade.

A economia dos germânicos baseava-se na caça, na criação de animais e na agricultura. Cultivavam, por exemplo, trigo, cevada, centeio e plantas cujas fibras eram usadas na tecelagem. Além disso, diversos povos germânicos desenvolveram uma metalurgia sofisticada.

Observar o mapa

• Com base no mapa, responda:

a) Qual parte do Império Romano foi mais afetada pela ocupação dos povos germânicos?

b) Qual povo germânico cruzou a região da península Ibérica e avançou até a África?

c) Quais povos germânicos ocuparam a Britânia?

Investigar

• Os vândalos foram um dos povos germânicos. Hoje, em que situações ouvimos a palavra **vândalo**? Por que isso ocorre? Levante hipóteses.

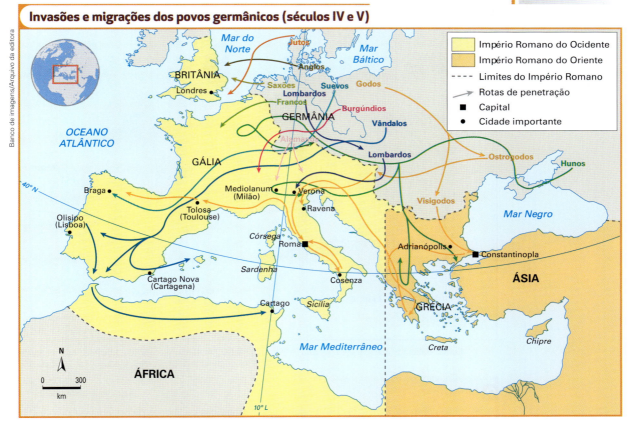

Fonte: elaborado com base em KINDER, Hermann; HILGEMANN, Werner; HERGT, Manfred. *Atlas histórico mundial*: de los orígenes a nuestros días. Madrid: Akal, 2007. p. 118.

Reinos germânicos

Nas regiões da Europa ocidental em que os povos germânicos se estabeleceram, a vida social e a cultura transformaram-se bastante, embora várias características romanas tenham se mantido. A religião cristã, por exemplo, foi adotada por boa parte dos germanos. O latim também foi preservado, principalmente na linguagem escrita. Nas áreas de maior influência romana, formaram-se as línguas neolatinas (francês, português, espanhol, italiano, entre outras). Porém, em outras regiões, predominaram as línguas de origem germânica (inglês, alemão, holandês, etc.).

Quanto à organização política, podemos apontar mudanças significativas. Os romanos viviam em um império centralizado e hierarquizado. A unidade política romana opunha-se à pluralidade das sociedades germânicas. Além disso, as cidades perderam parte de sua importância econômica para a área rural.

Por volta do século VI, os germanos já haviam organizado novos reinos nos territórios ocupados (veja o mapa desta página). Por exemplo, os visigodos ocuparam parte da península Ibérica; os ostrogodos ocuparam a península Itálica; e os vândalos, as regiões do norte da África. A maioria desses reinos, no entanto, teve vida curta. Apenas os francos conseguiram consolidar seu poder e expandir seus domínios.

Observar o mapa

- Compare os mapas *Extensão máxima do Império Bizantino (século VI)*, da página 72, e *Expansão árabe (632-850)*, da página 78. Depois, responda às questões.
a) Quais reinos germânicos foram recuperados pelo imperador Justiniano no século VI?
b) Quais reinos germânicos acabaram cedendo seus domínios à expansão árabe?
c) O que ocorreu com o Reino dos Francos entre 486 e 511?

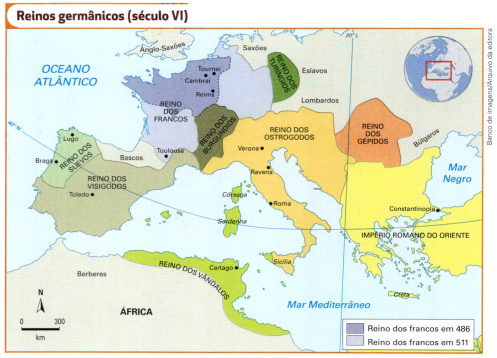

Fonte: elaborado com base em KINDER, Hermann; HILGEMANN, Werner; HERGT, Manfred. *Atlas histórico mundial:* de los orígenes a nuestros días. Madrid: Akal, 2007. p. 120.

Investigar

- Na sua opinião, é mais fácil entender línguas neolatinas ou línguas de origem germânica? Comente sua resposta.

Reino Franco

A organização política dos francos em um reino teve início no século V. Ao longo de sua história, houve uma sucessão de reis que se converteram ao cristianismo e se aliaram à Igreja católica. Essa aliança se fortaleceu com a luta dos francos contra os muçulmanos na **Batalha de Poitiers** (732) e com a doação de terras na península Itálica ao papa. Assim, formou-se o **Patrimônio de São Pedro**, que se tornou o Estado da Igreja católica.

Entre os reis francos, destacou-se **Carlos Magno**, que governou por 46 anos (768-814). Em seu governo, os francos submeteram diversos povos germânicos e conquistaram um vasto território, constituindo o Império Franco ou Império Carolíngio.

Carlos Magno adquiriu considerável poder na Europa, chegando a receber do papa Leão III o título de imperador do Novo Império Romano do Ocidente, em 800. Com isso, pretendia-se reviver a antiga unidade do mundo ocidental, sob o comando de um imperador cristão. A Igreja católica desejava a proteção de um soberano cristão que possibilitasse a expansão do cristianismo.

O Império Carolíngio não tinha uma capital fixa. Sua sede era o local onde se encontravam o imperador e sua corte. Para administrar o vasto império, Carlos Magno estabeleceu uma série de normas jurídicas, conhecidas como capitulares. Essas normas reuniam os usos e os costumes do império.

O rei contou também com o auxílio de vários funcionários e nobres, como os condes, responsáveis pelos condados, e os marqueses, responsáveis pelas marcas, isto é, territórios situados nas fronteiras do império. Muitas vezes, condes e marqueses recebiam essas terras do imperador em *beneficium*, ou seja, por um sistema em que podiam desfrutar do território doado em troca da fidelidade e da prestação de serviços ao monarca.

Esses nobres tinham, por exemplo, a função de convocar e organizar as tropas, cobrar tributos e zelar pela manutenção de estradas e pontes. Assim, passaram a exercer um grande poder local. Contudo, eles eram supervisionados pelos *missi-dominici*, os inspetores do rei.

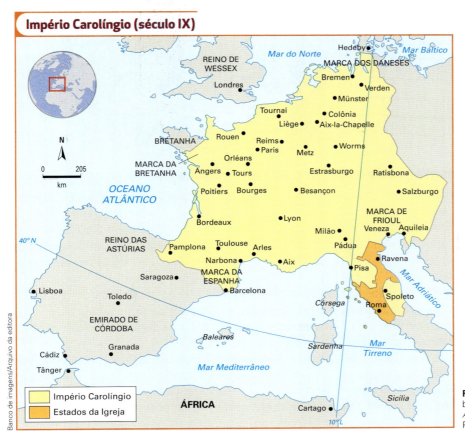

Fonte: elaborado com base em DUBY, Georges. *Atlas historique mondial*. Paris: Larousse, 2006. p. 36.

Observar o mapa

- Pesquise em um atlas geográfico a divisão política atual da Europa e compare-a com a do mapa. Quais países ocupam hoje as antigas terras do Império Carolíngio?

Renascimento carolíngio

Durante seu governo, Carlos Magno protegeu e patrocinou artistas e estudiosos que se dedicavam às artes plásticas, à literatura e à educação. Assim, houve um grande desenvolvimento cultural no Império em meados do século IX, que foi chamado de Renascimento carolíngio.

Nessa época, por exemplo, escribas das escolas e dos mosteiros copiaram e traduziram manuscritos antigos, o que contribuiu para a preservação e a transmissão da cultura da Antiguidade clássica. No entanto, a maioria da população do Império era analfabeta e não tinha acesso às obras produzidas, que só eram desfrutadas por uma elite de nobres e sacerdotes. Aliás, o próprio imperador permaneceu analfabeto até a vida adulta.

Iluminura que representa uma aula de gramática entre os séculos VII e IX, na França. Imagem extraída do manuscrito *Sobre o casamento da Filologia e Mercúrio*, de Marciano Capela.

Fragmentação do Império e novas invasões

Com a morte de Carlos Magno, em 814, seu filho Luís I assumiu o poder. Apesar de uma série de problemas políticos, como a excessiva influência do clero sobre o rei, o Império ainda se manteve unido. Com a morte de Luís I, em 840, seus três filhos (Carlos, Luís e Lotário) passaram a disputar o poder, travando um desgastante conflito interno. Pelo Tratado de Verdun, assinado em 843, eles dividiram entre si o território carolíngio.

A divisão do poder real entre os filhos de Luís I foi acompanhada de crescente independência e autonomia dos administradores locais. A partir do século IX, depois de um longo período sem invasões externas, o território da Europa começou a sofrer novos ataques nas frentes leste, norte e sul.

O leste foi invadido pelos magiares (húngaros), que se estabeleceram na região dos Cárpatos, onde fundaram um reino (Hungria) e foram cristianizados. O norte sofreu a invasão dos *vikings* (escandinavos), que realizaram ataques a diversos locais do litoral europeu. O sul foi ocupado por muçulmanos (ou sarracenos), que conquistaram parte da península Ibérica e empreenderam sucessivos ataques à península Itálica.

Tratado de Verdun (843)

Fonte: elaborado com base em DUBY, Georges. *Atlas historique mondial*. Paris: Larousse, 2006. p. 36.

A insegurança provocada pelas invasões levou muitos europeus a buscar proteção, refugiando-se no campo. Assim, entre os séculos IX e X, vários castelos foram construídos. Para os nobres, os castelos serviam de fortaleza militar, moradia e centro administrativo. Também o comércio foi prejudicado pela insegurança das invasões e pelo bloqueio das estradas. Essa situação transformou as sociedades europeias e deu origem ao feudalismo.

Investigar

- Atualmente, a preocupação com a insegurança leva as pessoas a tomar medidas de proteção em suas moradias? Explique sua resposta, dando exemplos.

Castelo de Almourol (Portugal), construído no século IX. Erguido pelos árabes em uma ilhota no rio Tejo, foi conquistado no século XI pelos cristãos. Fotografia de 2017.

Feudalismo

Na Europa ocidental, especialmente entre os séculos X e XIII, desenvolveu-se uma forma de organização social, política e econômica que historiadores, como Jacques Le Goff, chamam de feudalismo.

As sociedades feudais apresentavam elementos das culturas romana e germânica. A própria palavra **feudo** deriva do germânico *fehu* (gado), significando um "bem oferecido em troca de algo". Os feudos podiam ser não apenas uma extensão de terras, mas também um castelo, uma quantia em dinheiro ou outros direitos.

O processo de formação do feudalismo não foi o mesmo em todos os lugares da Europa. No entanto, é possível identificar algumas características comuns nas regiões que correspondem às atuais França, Alemanha, Inglaterra e parte da Itália. São elas:

- a hierarquização social entre clero, nobres e servos;
- o estabelecimento de relações de fidelidade entre nobres;
- a consolidação do poder da Igreja católica;
- o fortalecimento do poder dos senhores locais, que exercem funções administrativas, judiciais e militares em suas propriedades;
- o crescimento das atividades rurais, como a agricultura e a criação de animais, acompanhado de um relativo declínio do comércio.

Economia feudal

Na sociedade feudal predominavam as atividades agrícola e pecuária, que tinham como principal unidade produtora o senhorio (extensão de terra pertencente a um senhor feudal) e, como forma de trabalho, a servidão. O tamanho médio de um senhorio variava, dependendo da região, entre 200 e 250 hectares. Cada um tinha uma produção variada de cereais, carnes, leite, manteiga, farinha, vinho, roupas, utensílios domésticos. Alguns produtos – como o sal e os metais utilizados na confecção de armas e instrumentos – vinham de fora.

O senhorio era dividido em três grandes áreas:

- **campos abertos (terras comunais)** – bosques e pastos de uso comum, em que os servos podiam recolher madeira, coletar frutos silvestres e soltar animais, mas não podiam caçar determinadas espécies (como cervo e javali), o que era um direito exclusivo do senhor feudal;
- **reservas senhoriais** – terras exclusivas do senhor feudal, cultivadas pelos servos alguns dias por semana para cumprir a obrigação devida ao senhor (corveia). Tudo o que era produzido nessas reservas pertencia ao senhor;
- **mansos servis** – terras utilizadas pelos servos, divididas em lotes, das quais eles retiravam o próprio sustento e recursos para cumprir as obrigações devidas aos senhores feudais.

A economia feudal não era exclusivamente agrária. O comércio e o artesanato também estavam presentes. Essas atividades comerciais eram praticadas nas **feiras locais**, onde os camponeses costumavam trocar seu excedente de produção por artigos do artesanato urbano.

Sociedade feudal

A sociedade feudal era comumente dividida em três ordens (grupos) principais:

- **nobreza** – representava a ordem dos detentores de terra, que se dedicavam basicamente às atividades militares, administrativas e políticas. No topo da hierarquia dos nobres estava o rei. Depois dele, havia príncipes, duques, marqueses e condes. Em tempos de paz, as atividades favoritas da nobreza eram a caça e os torneios esportivos, que serviam de treino para a guerra;

- **clero** – representava a ordem dos membros da Igreja católica. Os dirigentes da Igreja administravam suas propriedades e tinham grande influência política e ideológica (isto é, na formação das mentalidades e das opiniões) sobre toda a sociedade. Na hierarquia católica, destacavam-se o papa (principal autoridade da Igreja) e outros dirigentes, como bispos, abades e cardeais;
- **trabalhadores** – representavam a maioria da população. Esse grupo era composto, basicamente, da população camponesa, que realizava os trabalhos necessários à subsistência da sociedade. A maior parte dos camponeses trabalhava na condição de servo, o que implicava uma série de restrições à liberdade.

Nessa sociedade, praticamente não havia mobilidade entre as ordens. Além disso, em função de seus interesses, membros do clero e da nobreza criaram discursos para preservar e justificar essas desigualdades sociais.

Suseranos e vassalos

Durante o feudalismo, o poder político foi controlado, sobretudo, pelos senhores feudais. Detentores de terras – dos feudos –, os senhores feudais governavam seus domínios exercendo autoridade administrativa, judicial e militar.

De modo geral, intitulava-se senhor (ou suserano) o nobre que concedia feudos a outro nobre, denominado vassalo. Em troca, o vassalo devia **fidelidade** e prestação de serviços (principalmente militares) ao senhor.

Os vários núcleos de poder político – principados, ducados e condados, entre outros – estavam ligados por laços estabelecidos entre membros da nobreza por meio da concessão de feudos.

A transmissão do feudo era realizada em uma cerimônia solene, constituída de dois atos principais: a homenagem (juramento de fidelidade do vassalo) e a investidura (ato de transmissão do feudo ao vassalo).

Suseranos e vassalos tinham direitos e deveres recíprocos, entre eles:

- **suserano** – devia proteger militarmente seus vassalos e dar-lhes assistência jurídica. Tinha o direito de reaver o feudo do vassalo que morresse sem deixar herdeiros, de proibir o casamento do vassalo com pessoa que lhe fosse infiel, entre outros;
- **vassalo** – devia prestar serviço militar ao suserano, libertá-lo (caso fosse aprisionado por inimigos), comparecer ao tribunal presidido pelo suserano toda vez que fosse convocado, entre outras obrigações. Recebia proteção militar do suserano.

Imagem produzida no século XII, representando cerimônia solene envolvendo um senhor e seu vassalo.

Senhores e servos

Nas sociedades medievais, os servos não tinham liberdade e, de modo geral, viviam em situações precárias. Um senhor feudal podia, por exemplo, dar ou emprestar seus servos a outro senhor ou até trocá-los. No entanto, eles não podiam ser vendidos.

Os servos não eram proprietários das terras em que trabalhavam. Eles apenas as usavam, tanto para produzir o próprio sustento como para manter as outras duas ordens (nobreza e clero).

As pessoas submetidas ao regime de servidão tinham que cumprir uma série de obrigações para com seus senhores, como as destacadas a seguir:

- **corveia** – obrigação servil de trabalhar alguns dias da semana nas reservas senhoriais. Esse trabalho podia ser realizado na agricultura, na criação de animais, na construção de casas e outros edifícios ou em benfeitorias;
- **talha** – obrigação servil de entregar parte da produção agrícola ou pecuária ao senhor feudal;
- **banalidade** – taxa devida ao senhor pela utilização de equipamentos e instalações do senhorio (celeiros, fornos, moinhos, etc.).

Durante o feudalismo, muitas vezes os senhores quiseram instituir novas obrigações aos servos. Estes, por sua vez, reivindicavam condições de vida e de trabalho mais dignas. Há relatos de grandes rebeliões, como a que ocorreu na Normandia (parte da França atual) no século X, quando grupos de servos quiseram ocupar áreas de uma reserva senhorial.

Representação, produzida no século XV, de servos trabalhando no tingimento de roupas.

Mulheres na Idade Média

Na Idade Média, as mulheres eram menos valorizadas do que os homens. Acreditava-se, por exemplo, que as mulheres eram frágeis, emotivas, instáveis e limitadas intelectualmente. Assim, as principais instituições medievais (a Igreja, o feudo e as forças militares) eram controladas por homens. Além disso, pesava sobre as mulheres uma interpretação desfavorável da Bíblia.

Em uma sociedade profundamente influenciada pela Igreja, alguns pensadores cristãos associavam as mulheres à imagem de Eva. Para eles, Eva havia cometido o pecado original, trazendo a maldade e a imperfeição ao mundo. Em oposição a essa ideia, a partir do século XI, as mulheres foram associadas à figura de Maria, "mãe de Cristo", considerada santa e redentora. As interpretações contrastantes sobre Eva e Maria caracterizaram o imaginário ocidental acerca da mulher.

Representação de camponeses trabalhando na colheita do trigo, sob a supervisão de um administrador senhorial (pessoa encarregada pelo senhor feudal), produzida no século XIV.

Apesar das dificuldades enfrentadas durante o período medieval, as mulheres não ficavam restritas apenas ao ambiente doméstico. Muitas delas trabalhavam no campo, nos mercados, nas feiras e nas oficinas artesanais. Também houve casos de mulheres que administraram feudos; geralmente eram viúvas, herdeiras de seus maridos. Na França, na região de Champagne, entre os séculos XII e XIII, 21% dos feudos eram comandados por mulheres.

Além disso, algumas mulheres se destacaram em atividades intelectuais, atuando como bibliotecárias, professoras e copistas, sobretudo em mosteiros femininos. Entre essas mulheres, podemos citar a religiosa Catarina de Siena (1347-1380) e a escritora Cristina de Pisano (c. 1364-1430). Pisano foi autora de obras literárias e filosóficas em que defendia os direitos das mulheres. Em *O Livro da Cidade de Senhoras*, a autora criou uma cidade habitada por mulheres famosas da história.

Ilustração de *O Livro da Cidade de Senhoras*, obra de Cristina de Pisano, c. 1405.

Investigar

1. Em um de seus livros, a escritora Cristina de Pisano imaginou uma cidade habitada por mulheres famosas da história. Que mulheres famosas da história você conhece? Pesquise.
2. Em romances ou filmes ambientados na Idade Média, como as personagens femininas são, geralmente, representadas? Comente sua resposta.

Oficina de História

Analisar e refletir

1. A palavra **bárbaros** foi usada para referir-se aos povos que ocuparam as regiões antes dominadas pelo Império Romano. Para os romanos, bárbaro era o estrangeiro, o estranho, o outro. Sobre esse tema, responda:

   a) Embora os romanos considerassem os povos germânicos bárbaros, esses povos contribuíram decisivamente na conformação cultural, política e econômica da Europa ocidental. Quais foram essas contribuições? Faça uma breve pesquisa sobre o tema.

   b) Debata em grupo o tema do pluralismo étnico e cultural presente na sociedade brasileira e a necessidade da convivência democrática com pessoas de diferentes origens, etnias, religiões, etc. Em que situações ainda se percebe a ausência de respeito à pluralidade nas relações sociais?

Interpretar texto e imagem

2. Em aproximadamente 98 d.C., o historiador romano Tácito escreveu o livro *Germânia*, no qual fala a respeito do costume guerreiro dos povos germânicos. Leia um trecho dessa obra.

   > [Os germanos] Não tratam de nenhum assunto, público ou privado, senão armados. Mas, como é de costume, ninguém pega em armas antes que os cidadãos reconheçam que haverão de ser capazes e daí então [...] um dos líderes ou o pai ou os parentes ornam o jovem com o escudo e a "framea"; isso, entre eles, é [...] a primeira honra da juventude.
   >
   > ANDRADE, Maria Cecilia Albernaz Lins Silva de. *A Germania de Tácito*: tradução e comentários. 2011. Dissertação (Mestrado em Letras Clássicas) – Universidade de São Paulo, São Paulo. p. 22-23.

   Agora, responda as questões.

   a) Quem é o autor do documento? Em que época ele escreveu esse texto?

   b) De acordo com o texto, quais são as primeiras honras da juventude dos povos germânicos?

3. A relação entre o clero, a nobreza e os trabalhadores na Europa feudal foi representada em diversas obras. A seguir, analise duas fontes, uma ilustração e um texto, e responda às questões.

FONTE 1

Capitular de um livro do século XIII representando as três ordens da sociedade feudal. Enquanto o clérigo e o nobre conversam, o trabalhador os observa.

FONTE 2

Texto escrito pelo bispo Aldaberon de Laon, por volta de 1025 e 1027.

> [...] o domínio da fé é uno, mas há um triplo estatuto na Ordem. A lei humana impõe duas condições: o nobre e o servo não estão submetidos ao mesmo regime. Os guerreiros são protetores das igrejas. Eles defendem os poderosos e os fracos, protegem todo mundo, inclusive a si próprios. Os servos, por sua vez, têm outra condição. Esta raça de infelizes não tem nada sem sofrimento. Fornecer a todos alimentos e vestimenta: eis a função do servo. A casa de Deus, que parece una, é portanto tripla: uns rezam, outros combatem e outros trabalham. Todos os três formam um conjunto e não se separam: a obra de uns permite o trabalho dos outros dois e cada qual por sua vez presta seu apoio aos outros.
>
> ALDABERON DE LAON. In: FRANCO JR., Hilário. *A Idade Média*: nascimento do Ocidente. São Paulo: Brasiliense, 1999. p. 72.

a) Quem são os personagens que aparecem na ilustração? Como eles foram representados?

b) Que setores sociais da época se beneficiaram com a divisão social descrita no texto?

c) Que semelhanças e diferenças podemos estabelecer entre essas fontes?

d) O bispo Adalberon de Laon justifica de modo fatalista a divisão da sociedade medieval? Explique.

CAPÍTULO

Mundo cristão

Durante a Idade Média, a Igreja católica influenciou grande parte da cultura europeia, impactando a arte, a educação, os costumes cotidianos, a filosofia, a ciência, entre outros. Nas sociedades ocidentais contemporâneas, as instituições religiosas exercem influência relevante?

Este capítulo favorece o desenvolvimento das habilidades:

- EM13CHS101
- EM13CHS102
- EM13CHS103
- EM13CHS104
- EM13CHS105
- EM13CHS106
- EM13CHS401
- EM13CHS404

Igreja católica

Na Idade Média, a Igreja católica tornou-se uma instituição poderosa em vários campos: não só no religioso, mas também no material. Muitos sacerdotes e congregações religiosas enriqueceram com as doações dos fiéis. Os membros da Igreja católica chegaram a controlar um terço das terras cultiváveis da Europa ocidental, numa época em que a terra era uma das principais bases da riqueza. Com seu poder, a Igreja articulou as sociedades medievais, conferindo-lhes certa unidade cultural por meio, por exemplo, dos **valores cristãos** e do idioma latino (utilizado pelos representantes da Igreja e pelas pessoas letradas).

Organização do clero

Os sacerdotes da Igreja dividiam-se em duas grandes categorias:

- o **clero secular** (do latim *seculum* = mundo) era formado pelos sacerdotes que não viviam dentro dos mosteiros. Para organizá-los, foi criada uma hierarquia que se estendia desde os padres responsáveis pelas diversas igrejas (párocos) até o papa, que era a autoridade máxima e ficava em Roma. Segundo a tradição católica, o papa seria "sucessor de São Pedro". Pedro foi um dos doze apóstolos de Cristo e considerado, pela Igreja católica, o primeiro papa;

- o **clero regular** (do latim *regula* = preceitos, regras) era formado por monges que viviam isolados nos mosteiros ou conventos e obedeciam a uma regra de vida estabelecida por sua ordem religiosa (como os beneditinos, franciscanos, dominicanos, carmelitas e agostinianos). Além das tarefas religiosas, os monges dedicavam seu tempo à realização de trabalhos agrícolas, pastoris e artesanais, bem como atividades intelectuais. Coube a muitos monges copiar e conservar manuscritos gregos e latinos. Preservando a cultura da Antiguidade clássica, os mosteiros transformaram-se em centros de ensino, mantendo várias escolas e bibliotecas da época medieval.

Iluminura de c. 1150 representando um monge copista.

Investigar

1. Na sua opinião, para que servem as hierarquias? Dê exemplos de instituições nas quais existem cargos hierárquicos.

2. Monge vem de uma palavra grega que significa isolamento, solidão. Quando você prefere ficar sozinho e quando considera importante estar em companhia de outras pessoas?

3. Excesso de interação social ou de isolamento pode trazer problemas para a saúde física e psíquica? Como é possível evitar esses excessos?

LINHA DO TEMPO

1096-1270 – Diversas cruzadas ao Oriente Médio são organizadas (fora as expedições populares).

1154 – Início da construção da Catedral de Chartres, na França, um marco da difusão da arquitetura gótica.

1231 – Instituição dos Tribunais da Inquisição pelo papa Gregório IX, com o objetivo de descobrir e julgar os hereges.

1320 – Dante Alighieri escreve *A divina comédia*, poema épico-religioso de destaque na literatura medieval.

1337-1453 – Guerra dos Cem Anos entre França e Inglaterra.

1347-1350 – A peste negra espalha-se pela Europa, matando cerca de um terço da população.

Linha do tempo esquemática. O espaço entre as datas não é proporcional ao intervalo de tempo.

Heresias

Apesar do poder da Igreja, nem todas as pessoas seguiam sua doutrina. Diversos grupos cristãos desenvolveram interpretações religiosas que eram diferentes dos **dogmas** da Igreja católica. Além desses grupos, outras comunidades tinham crenças populares, como a adoração de certos animais, as práticas de adivinhação (por exemplo, a cartomancia), etc.

Os grupos que se desviavam dos ensinamentos da Igreja foram perseguidos, acusados de praticar heresia. Na sua origem grega, a palavra "heresia" significava "escolha, preferência, opção discordante". Muitas vezes essas "escolhas" tinham raízes em antigas crenças orientais, romanas, gregas ou germânicas, existentes desde antes do predomínio cristão.

Analisando diferentes tipos de heresia, alguns historiadores interpretam esses movimentos como uma forma de reação de grupos religiosos populares a vários aspectos do cristianismo católico daquele período, como:

- a vida luxuosa do alto clero, mais preocupado com o acúmulo de bens materiais do que com a pregação do evangelho;
- o apoio, por parte da Igreja, de um sistema social que explorava a maioria da população.

Representação da expulsão dos cátaros de Carcassonne no século XIII. Os cátaros eram considerados hereges, pois não seguiam os dogmas da Igreja católica e, por isso, foram perseguidos durante a Idade Média. Iluminura feita pelo Mestre de Boucicaut no século XV.

Dogma: ponto fundamental de uma doutrina religiosa, apresentado como certo e indiscutível.

Tribunais da Inquisição

Os **heréticos** (acusados de praticar heresias) foram punidos tal como os antigos cristãos, que, na Roma antiga, sofreram perseguição por rejeitar o culto da imagem dos imperadores.

Para combater as heresias, o papa Gregório IX instituiu, em 1231, os Tribunais da Inquisição, cuja missão era descobrir e julgar os hereges. Os condenados pela Inquisição eram excomungados (excluídos da comunidade católica) e entregues às autoridades do Estado. As penas aplicadas a cada caso iam desde o confisco de bens até a morte na fogueira.

A ação dos Tribunais da Inquisição estendeu-se por várias regiões europeias (hoje correspondentes a países como França, Alemanha, Portugal e Espanha) e, posteriormente, a outras regiões do mundo onde o catolicismo foi implantado pelos europeus (América e Ásia).

Auto de fé presidido por Santo Domingo de Guzmán, óleo sobre madeira de Pedro Berruguete, c. 1500. A obra se refere a um tribunal instalado no século XIII para combater heresias.

Investigar

- A Constituição federal (art. 5, inciso VI) estabelece a liberdade de crença e assegura o livre exercício dos cultos religiosos. Na sua opinião, essa norma é plenamente cumprida? Existe uma autêntica tolerância religiosa na sociedade brasileira atual? Explique.

Cruzadas

As Cruzadas foram expedições militares organizadas entre os séculos XI e XIII por autoridades da Igreja católica e pelos nobres mais poderosos da Europa. Seu objetivo declarado era pôr fim ao domínio muçulmano sobre os "lugares santos do cristianismo", principalmente na cidade de Jerusalém. Nessa cidade, segundo a tradição cristã, estava o Santo Sepulcro, local em que Jesus Cristo foi crucificado, sepultado e depois ressuscitou.

Além da motivação religiosa, as Cruzadas também foram impulsionadas por outras razões, como o hábito guerreiro dos nobres feudais e interesses econômicos em conquistar cidades e rotas comerciais e obter lucros com o saque dos muçulmanos.

A Primeira Cruzada foi organizada por nobres cristãos em 1096, atendendo ao apelo do papa Urbano II, feito em 1095, no **Concílio** de Clermont. O papa conclamou os cristãos a promover uma "guerra santa" contra os muçulmanos. De 1096 a 1270, podemos destacar a organização de oito Cruzadas ao Oriente Médio. Além dessas, houve outras expedições populares.

> **Concílio:** reunião de bispos, conduzida ou aprovada pelo papa, para discutir e aprovar questões relacionadas à doutrina ou à disciplina eclesiástica.

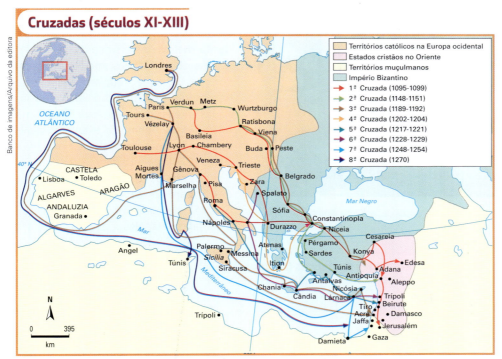

Fonte: elaborado com base em HISTÓRIA viva. Ano I, n. 2, dez. 2003. p. 20-21.

Cada Cruzada teve suas próprias características e resultados. No entanto, é possível pontuar algumas consequências gerais desse movimento:

- empobrecimento de senhores feudais, que tiveram suas economias arrasadas pelo elevado custo das guerras;
- fortalecimento do poder real, à medida que os senhores feudais perdiam força;
- "reabertura", especialmente para os comerciantes italianos, do mar Mediterrâneo e consequente desenvolvimento do intercâmbio comercial entre Europa e Oriente;
- ampliação do universo cultural europeu, promovida pelo contato com os povos orientais.

Representação, feita no século XIV, de batalha entre cristãos e muçulmanos.

Cultura medieval

Na época medieval, não havia o conceito geográfico atual de Europa e, portanto, também não existia uma identidade europeia. De modo geral, foi só a partir do século XIV que o conceito territorial e cultural de Europa começou a se firmar, substituindo, aos poucos, a noção de cristandade. Até então, este era o laço que unia os povos europeus: o sentimento de pertencer ao cristianismo católico. Os valores cristãos influenciaram várias dimensões da vida social e cultural: a moral, as normas jurídicas, o ideal das figuras heroicas, a criação artística (música, literatura, pintura, escultura, arquitetura), entre outras.

Representação de aula de Teologia na Universidade de Sorbonne (França), fundada em 1257. Detalhe de iluminura do século XV.

Primeiras universidades

Na Idade Média, a educação sistemática foi controlada, em grande parte, pelos sacerdotes católicos. Havia escolas nos mosteiros e, depois, junto às catedrais. A partir do final do século XII, a Igreja também esteve ligada ao surgimento, em várias cidades europeias, das primeiras universidades.

As universidades medievais eram corporações que reuniam mestres e estudantes para o estudo de determinadas áreas do conhecimento. Uma universidade tinha, por exemplo, faculdades nas áreas de Teologia (Filosofia), Artes (Ciências e Letras), Direito e Medicina. Entre as primeiras universidades, destacaram-se as de Bolonha, Paris, Oxford, Salerno, Cambridge, Montpellier, Salamanca, Nápoles, Coimbra e Roma.

> **Observar o mapa**
> - Identifique em que países da Europa atual se localizavam as universidades medievais apontadas no mapa.

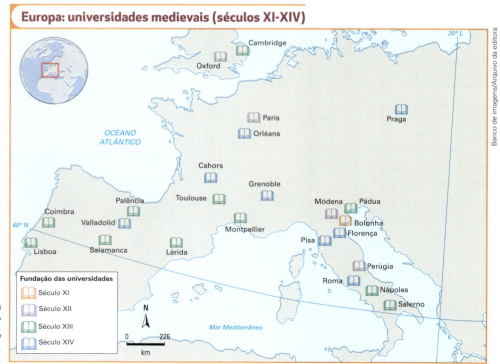

Fonte: elaborado com base em ENCICLOPÉDIA Britannica *Online*. Disponível em: <https://www.britannica.com>. Acesso em: 23 jun. 2020.

Arquitetura das catedrais

Na Idade Média surgiram as primeiras catedrais. A catedral era uma construção religiosa grandiosa, destinada a ser a principal igreja de uma diocese. Dois grandes estilos dominaram a arquitetura medieval:

- **românico** – floresceu entre os séculos XI e XIII. Caracterizava-se por traços simples e austeros: pilares grossos, tetos e arcos em forma de semicírculo, janelas estreitas e muros reforçados. Entre as obras representativas desse estilo, destacam-se a Igreja de São Miguel, em Lucca (Itália), a Catedral de Notre-Dame-la-Grande, em Poitiers (França), e a Catedral de Pisa (Itália);

Vista externa da Igreja de São Martinho (Espanha), de estilo românico. Fotografia de 2017.

- **gótico** – desenvolveu-se entre os séculos XII e XVI e predominou em países como França, Inglaterra e Alemanha. Distingue-se do românico por sua leveza, elegância e traços verticais. Nas construções góticas, as janelas, ornamentadas com vitrais coloridos, permitiam boa iluminação interior, as paredes tornaram-se mais finas e as altas e angulosas abóbadas eram apoiadas em longos pilares. A rosácea, que consistia em um grande vitral sobre a porta principal da igreja, era outro elemento característico de quase todas as catedrais góticas. As obras representativas desse estilo são as catedrais de Chartres, Reims e Paris (todas na França).

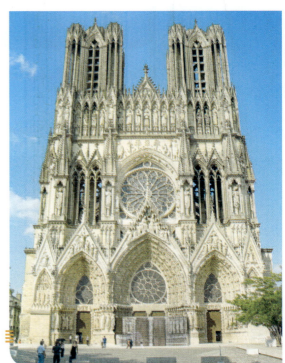

Vista externa da Catedral de Reims (França), de estilo gótico. Desde Clóvis, os reis franceses eram coroados em Reims. Observe a rosácea no centro da fachada, sobre a porta principal. Fotografia de 2018.

Música sacra e popular

A música foi muito influenciada pelo cristianismo. Na música sacra, destacou-se o canto gregoriano (introduzido pelo papa Gregório Magno), caracterizado por uma só melodia suave cantada em uníssono por várias vozes.

Uma realização importante no campo da música é atribuída ao monge beneditino Guido d'Arezzo (990-1050), que deu nome às notas da escala musical básica, aproveitando, para isso, as sílabas iniciais de um hino, em latim, a São João Batista. Foi assim que surgiram os nomes dó, ré, mi, fá, sol, lá e si.

Na música popular, destacaram-se as canções dos **trovadores** e dos **menestréis**, inspiradas em temas amorosos ou nos feitos heroicos dos cavaleiros. Surgida na França por volta do século XI, a canção trovadoresca espalhou-se pelos reinos europeus (atuais Inglaterra, Alemanha, Portugal, Espanha e Itália, entre outros).

> **Trovador:** nome dado aos compositores e poetas que criavam obras de caráter popular.
> **Menestrel:** cantor ambulante que acompanhava o trovador.

Investigar
- De qual estilo de música você mais gosta? Esse estilo é influenciado por quais culturas? Pesquise.

Apresentação de grupo de canto gregoriano da Ucrânia na cidade de Ahorntal (Alemanha). Fotografia de 2019.

Literatura épica e lírica

A poesia medieval procurou enaltecer os valores e as virtudes do cavaleiro: a justiça, o amor, a prudência e a cortesia. Na poesia épica, exaltava-se a ação corajosa dos cavaleiros em prol da cristandade. Na poesia lírica, exaltava-se o amor cortês dos cavaleiros em relação às suas damas.

Entre os grandes nomes da literatura medieval, destaca-se Dante Alighieri (1265-1321), autor de *A divina comédia*, poema épico-religioso escrito originalmente em italiano (e não em latim, como era o costume).

Ciência

A ciência medieval desenvolveu-se após o século XI e recebeu também influência das Cruzadas. Diversas obras traduzidas do árabe e do grego influenciaram os estudos da Matemática, da Astronomia, da Biologia e da Medicina. Houve também avanços na arte da navegação, com a utilização da bússola, de mapas, do astrolábio e de outros instrumentos.

Um dos grandes nomes da ciência medieval foi o monge franciscano Roger Bacon (1214-1294), que destacou a importância da investigação da natureza e da experimentação como métodos básicos do conhecimento científico. Conhecido como Doutor Admirável, Roger Bacon desenvolveu estudos em diversos campos do saber (Geografia, Filosofia, Física).

Pensamento cristão

Na filosofia cristã, podemos destacar dois grandes pensadores: Santo Agostinho e Santo Tomás de Aquino.

Aureliano Agostinho (354-430) nasceu em Tagaste, norte da África, e converteu-se ao cristianismo aos 32 anos de idade. Embora tenha vivido no final da Antiguidade, sua obra repercutiu durante a Idade Média, pois lançou as bases do pensamento cristão. Uma de suas ideias principais era a defesa da supremacia do espírito sobre o corpo (matéria). Para ele, a alma foi criada por Deus para reinar sobre o corpo, guiando-o à prática do bem. Mas o ser humano, que é pecador, utiliza seu livre-arbítrio para tornar o corpo o governante da alma. Essa inversão resulta na submissão do espírito à matéria, na subordinação da essência à aparência. Ao utilizar o livre-arbítrio para satisfazer uma vontade contaminada pelo mal, o ser humano comete pecado, que se traduz no afastamento de Deus.

Ao refletir sobre as diferenças entre a fé cristã e a razão, Santo Agostinho defendia a ideia de que a fé nos leva a crer em coisas nem sempre entendidas pela razão. Por isso, dizia ser necessário **crer para compreender**, pois a fé ilumina os caminhos da razão.

Tomás de Aquino (1226-1274) nasceu em Nápoles, sul da península Itálica, e defendeu concepções diferentes das de Agostinho. Ambos eram cristãos, mas Santo Tomás de Aquino esforçou-se em conciliar a fé e a razão. Para isso, foi buscar em Aristóteles argumentos que explicassem aspectos fundamentais da religião cristã. Assim, Santo Tomás de Aquino propôs cinco vias para provar racionalmente a existência de Deus:

1. **o primeiro motor** – todas as coisas que se movem são movidas por outro ser. Esse outro ser, para se mover, necessita também que seja movido por outro ser, e assim sucessivamente. Se não houvesse um primeiro ser movente, cairíamos num processo indefinido. Logo, é necessário chegar a um primeiro ser movente que não seja movido por nenhum outro. Esse ser é Deus;

2. **a causa eficiente** – todas as coisas que existem não possuem em si próprias a causa eficiente da sua existência. Elas são efeitos de alguma causa. É impossível remontar indefinidamente à procura das causas eficientes de todas as coisas. Logo, é necessário admitir a existência de uma primeira causa eficiente, responsável pela sucessão de efeitos. Essa causa primeira é Deus;

3. **ser necessário e ser contingente** – este argumento é uma variante do segundo. Afirma que todo ser contingente, do mesmo modo que existe, pode deixar de existir. Ora, se todas as coisas que existem podem deixar de ser, então, alguma vez, nada existiu. Mas, se assim fosse, também agora nada existiria, pois aquilo que não existe somente começa a existir em função de algo que já existiu. Então, é preciso admitir que há um ser que sempre existiu. Um ser absolutamente necessário que seja a causa da necessidade de todos os seres contingentes. Esse ser necessário é Deus;

4. **os graus de perfeição** – em relação à qualidade de todas as coisas, pode-se afirmar que existem graus diversos de perfeição. Assim, percebemos que tal coisa é melhor que outra, ou mais bela, ou mais poderosa, etc. Ora, se uma coisa possui "mais" ou "menos" determinada qualidade, isso supõe que deve existir um ser com o máximo dessa qualidade. Devemos admitir, então, que existe um ser com o máximo de bondade, de beleza, de poder, de verdade, sendo, portanto, um ser máximo e pleno. Esse ser é Deus;

5. **a finalidade do ser** – todas as coisas brutas, que não possuem inteligência própria, existem na natureza cumprindo uma função, uma finalidade, semelhante à flecha dirigida pelo arqueiro. Devemos admitir, então, que existe algum ser inteligente que dirige todas as coisas da natureza para que cumpram sua função. Esse ser é Deus.

- Santo Agostinho dizia que era preciso "crer para compreender", pois a fé ilumina a razão. Alguns cientistas contemporâneos defendem que é a razão que deve sustentar nossas crenças. Na sua opinião, é possível conciliar razão e fé?

Representação de encenação teatral do século XIV, elaborada para ilustrar o livro *Literatura inglesa para garotos e garotas*, de H. E. Marshall, publicado em 1909.

Cultura popular

Além da cultura "oficial", promovida, em grande parte, pelas autoridades da Igreja e pelos governantes feudais, havia muitas manifestações culturais populares. Enquanto a cultura oficial era austera e consagrava a divisão social dominante, a cultura popular era impregnada de humor e sátira. Segundo o crítico literário e historiador russo Mikhail Bakhtin, o riso era condenado pelo cristianismo oficial da Idade Média. O tom sério era a forma de expressão da cultura oficial, que valorizava o medo, a veneração, a docilidade, a resignação e a permanência da tradição.

Já a cultura popular, com riso, alegria e irreverência, manifestava-se por meio de festejos carnavalescos (como as Festas dos Loucos), das encenações teatrais burlescas (cômica, satírica), dos gracejos dos "bufões" e dos "bobos", das paródias literárias. **Paródia** é uma palavra originada do grego *pára*, "ao lado", e *ode*, "canto poético", significando uma imitação geralmente cômica da obra parodiada. Em várias paródias medievais foram recriados, inclusive, trechos da Bíblia (evangelhos, salmos, entre outros), das orações e dos hinos religiosos, das lendas clássicas. Nessas atividades, as pessoas viviam e representavam seu mundo e promoviam o riso, divertindo o povo e criticando os costumes.

◉ Expansão e desenvolvimento

Do século XI ao XIII, a Europa ocidental viveu um período de relativa paz. Até o século XI, a produção agrícola atendia modestamente às necessidades da população europeia. A partir desse século, no entanto, as condições gerais do mundo rural passaram por mudanças significativas.

No plano das relações de trabalho, servos de diversas regiões promoveram revoltas e conseguiram aliviar o peso de algumas obrigações, como a talha e a corveia. As relações servis começaram a se modificar, surgindo, por exemplo, arrendamentos de terra entre servos e senhores feudais.

Houve mudanças nas formas de uso da terra (sistemas rotativos). Além disso, a agricultura se expandiu com a ocupação de novas áreas e a introdução de novas culturas. Ao mesmo tempo, a produtividade aumentou com o aperfeiçoamento de novos instrumentos usados na agricultura, como:

- **charrua** – equipamento usado para revolver a terra, a fim de afofá-la para receber as sementes. Era um tipo de arado puxado por bois ou cavalos;
- **peitoral** – peça feita de madeira, bem almofadada, que permitia a utilização do cavalo para puxar a charrua;
- **ferradura** – peça fixada em cada pata do cavalo para proteger seu casco em terrenos irregulares;
- **moinho d'água** – equipamento usado para moer cereais e esmagar olivas, acionar foles, quebrar minérios, entre outras atividades.

> **Investigar**
> - Você conhece alguma paródia atual? Qual é a crítica social que ela apresenta? Pense em filmes, canções, charges. Comente.

Rotas comerciais e corporações de ofício

A atividade comercial também cresceu nesse período em nível local e entre as cidades mais distantes, o que promoveu o desenvolvimento de rotas comerciais. Dentre elas, destacam-se:

- **rota comercial do norte** – realizada pelo mar do Norte, passava por cidades como Dantzig, Lübeck, Hamburgo, Bremen, Bruges, Londres e Bordeaux. O comércio dessa rota era comandado pela Liga Hanseática, associação de comerciantes alemães constituída no século XIII. No século XV, a Liga Hanseática era uma confederação político-econômica com mais de 60 cidades, que possuía frotas, exércitos e governo próprios. Equiparava-se a uma potência europeia;
- **rota comercial do sul** – realizada principalmente pelo mar Mediterrâneo, tendo como portos mais importantes os de Barcelona, Marselha, Gênova, Veneza, Túnis, Trípoli e Constantinopla. Os comerciantes mais atuantes eram os de Gênova e Veneza, que se dedicavam principalmente à importação de especiarias (cravo, canela, noz-moscada, pimenta) e artigos de luxo (perfumes, tecidos de seda, porcelana, marfim) do Oriente.

Interligando essas rotas, havia uma extensa rede de vias terrestres. Aos poucos, nos principais cruzamentos dessas vias, foram sendo organizadas grandes feiras comerciais. Dentre elas, destacavam-se as feiras das regiões de Champagne (França) e Flandres (França e Bélgica), das cidades de Veneza e Gênova (Itália) e de Colônia e Frankfurt (Alemanha).

> **Investigar**
> 1. Você já foi a uma feira de comércio?
> 2. Que tipos de produtos são mais vendidos em sua região?
> 3. Atualmente, você acha que as pessoas compram produtos levando em conta as questões socioambientais? Comente.

Fonte: elaborado com base em DUBY, Georges. *Atlas historique mondial*. Paris: Larousse, 2006. p. 64-65.

O casamento dos Arnolfini, óleo sobre madeira, obra de Jan van Eyck datada de 1434. A pintura é célebre pelas suas inovações técnicas: tinta a óleo, perspectiva linear e preocupação com a luz, que penetra pela janela.

As profissões, iluminura atribuída a Cristoforo de Predis, produzida no século XV, que representa diversos artesãos da época.

Investigar

- Em sua opinião, as cidades brasileiras atuais proporcionam liberdade a seus habitantes? Por exemplo, liberdade de locomoção, de expressão, de crença religiosa, etc. Comente e debata o assunto com os colegas.

A expansão do comércio impulsionou o aumento da produção artesanal, e vice-versa. Então, os artesãos organizaram-se em corporações de ofício, também conhecidas como guildas ou grêmios.

As corporações de ofício tinham como objetivo defender os interesses dos artesãos, regulamentar o exercício da profissão e controlar o fornecimento de seus produtos. Além disso, elas dirigiam o ensino artesanal, que se dividia, esquematicamente, em três estágios: aprendiz, oficial e mestre. Segundo essa hierarquia e a legislação local, somente o mestre podia se estabelecer por conta própria, montando sua oficina de trabalho.

Nesse cenário de expansão, houve **crescimento demográfico** em várias regiões da Europa. Observe, na tabela seguinte, estimativas de população entre os séculos X e XIII na área que hoje compreende Itália, Alemanha, Holanda, Bélgica, Luxemburgo, Suíça, França, Inglaterra, Espanha e Portugal.

Crescimento demográfico na Europa ocidental de 1000 a 1300

Ano	Milhões de habitantes
1000	22,10
1100	25,85
1200	24,65
1300	50,35

Fonte: FRANCO JR., Hilário; ANDRADE FILHO, Ruy de Oliveira. *Atlas de História Geral*. São Paulo: Scipione, 1993. p. 23.

Cidades e burguesia

Diversas cidades medievais desenvolveram-se em virtude do comércio, já que estavam próximas de importantes rotas comerciais. Havia várias cidades cercadas por muralhas, constituindo um núcleo urbano fortificado, denominado **burgo**. Com o aumento populacional, os burgos foram ampliando seus limites para além das muralhas.

Em um esboço geral, podemos dizer que os habitantes dos burgos, basicamente comerciantes e artesãos, eram chamados de burgueses. Com a expansão do comércio e do artesanato, houve uma ascensão social da burguesia, ou seja, do grupo de negociantes que viviam nas cidades, livres dos laços feudais. É por isso que um antigo ditado alemão dizia: "O ar da cidade torna o homem livre".

A princípio, muitas cidades pagavam taxas e impostos ao senhor feudal, pois estavam localizadas em áreas de seu domínio. Em contrapartida, os burgueses exigiam direitos estabelecidos em documentos, como o direito de livre-comércio e liberdade para os cidadãos. Isso contribuiu para a **autonomia** das cidades diante do poder dos senhores feudais. Muitas vezes essa autonomia foi conquistada por meio de confrontos.

As cidades que se tornavam independentes (**comunas**) passaram a eleger seus governantes. Os burgueses mais ricos ocupavam os principais cargos. Criaram tribunais e uma polícia própria, elaboravam leis, determinavam a cobrança de impostos.

Depressão: momentos de crise

A partir do século XIV, um conjunto de fatores levou a Europa ocidental a uma crise prolongada. Entre esses fatores, estão a queda da produção agrícola, o surgimento de epidemias e guerras entre a nobreza.

Nessa época, as melhores terras já tinham sido utilizadas para o cultivo agrícola, e a ocupação de solos menos férteis resultou em queda da produtividade. Além disso, muitos nobres feudais impediram a derrubada de florestas para a ampliação de áreas agricultáveis. Para eles, as florestas eram um ambiente de caça (esporte favorito da nobreza) e fonte de produtos como mel e cera.

Em várias regiões europeias, houve também perdas de colheita provocadas, principalmente, por fatores climáticos (secas, geadas, inundações). Enfraquecida pela fome ou subnutrição, uma enorme parcela da população europeia tornou-se vítima de moléstias, como a chamada **peste negra** (1347-1350). Sabe-se, hoje, que essa peste foi causada pelo bacilo *Pasteurella pestis*. A moléstia provocava infecção bacteriana, que geralmente levava à morte. Calcula-se que um terço da população da Europa ocidental tenha morrido em razão dessa epidemia.

Ilustração produzida no século XIV, pertencente ao livro *A divina comédia*, do escritor renascentista italiano Dante Alighieri. Na imagem, Virgílio é representado deparando-se com a peste.

Guerras e crise social

No período final da Idade Média, as pessoas viveram momentos de insegurança social, devido a diversas guerras entre a nobreza senhorial. Várias aldeias e cidades foram saqueadas e inúmeras plantações, devastadas, o que provocou crises de abastecimento e alta no preço dos alimentos. A insegurança prejudicou a atividade comercial e levou vários grupos da burguesia e de camponeses a revoltarem-se contra a exploração da nobreza feudal e a incapacidade dos reis de garantir ordem e proteção.

Entre os conflitos desse período, destaca-se a **Guerra dos Cem Anos** (1337-1453), entre França e Inglaterra, cujas causas foram a sucessão dinástica na França e a disputa pela rica região de Flandres, onde se desenvolvia a manufatura de lã. A Guerra dos Cem Anos foi uma sequência de combates com diversas interrupções. Por fim, o exército francês conseguiu expulsar os ingleses de praticamente todos os territórios da França.

Essa longa guerra prejudicou a vida econômica da França e da Inglaterra, empobrecendo também parcela significativa da nobreza feudal. Após seu término, a autoridade do rei se fortaleceu, abrindo caminho para a construção de monarquias centralizadas.

> **Dica**
>
> *Joana D'Arc.* Direção: Luc Besson. França: Gaumont, 1999. 155 min.
>
> A jovem camponesa Joana D'Arc, alegando ouvir vozes vindas de Deus, lidera com sucesso o exército francês em diversas batalhas contra os ingleses durante a Guerra dos Cem Anos.

Iluminura francesa do século XV, representando a Batalha de Crécy. Esse foi o primeiro grande confronto da Guerra dos Cem Anos, em 1346.

Oficina de História

Analisar e refletir

1 Leia atentamente o texto.

> Na época feudal, com o predomínio do cristianismo, a maioria dos europeus acreditava na presença constante de Deus; os trabalhos e atividades tinham que ser abençoados pelos sacerdotes e grande parte das festas e distrações precisavam de um motivo religioso para acontecerem.
>
> MICELI, Paulo. *O feudalismo*. São Paulo: Atual, 1998. p. 21.

Agora, responda às questões.

a) Com base no texto, argumente com suas próprias palavras sobre a presença do cristianismo na época feudal.

b) Nas sociedades ocidentais da atualidade, a maior parte das atividades (trabalho, lazer, educação, etc.) é influenciada pela religião? Debata com os colegas.

2 Na sociedade medieval, houve um crescimento de cidades, do comércio e do artesanato. Nesse contexto, explique o significado deste antigo ditado alemão: "O ar da cidade torna o homem livre.".

3 A crise enfrentada pelo mundo medieval a partir do século XIV foi fortemente marcada pela fome, pelas epidemias e pelas guerras. Aponte e comente semelhanças e diferenças entre aqueles problemas e os que afligem as sociedades da atualidade.

4 O filme *O nome da rosa*, de 1986, dirigido por Jean-Jacques Annaud, baseado no romance de mesmo nome, de Umberto Eco, passa-se em 1327, em um mosteiro ao norte da Itália. O narrador conta a história vivenciada por um jovem noviço sob a responsabilidade do frade franciscano William de Baskerville. Esse frade investigava uma série de assassinatos que estavam ocorrendo no mosteiro.

Com os colegas, assista ao filme. Sob a orientação do professor, organizem um debate a respeito da obra, seguindo o roteiro a seguir.

a) A morte repentina dos monges beneditinos do mosteiro tem traços em comum. Quais deles chamaram mais a sua atenção?

b) Por meio do filme, podemos visualizar o ponto de vista do autor e do diretor a respeito de como eram os mosteiros e suas bibliotecas na Idade Média. Discuta com os colegas se as características desses lugares imaginadas por vocês são semelhantes ou diferentes daquelas apresentadas no filme.

c) No filme, é possível perceber certo conflito entre a religião e a razão na investigação dos assassinatos cometidos no mosteiro. De que maneira a crise entre fé e razão é nele abordada?

d) William de Baskerville afirma que o livro responsável pelas mortes no mosteiro era, provavelmente, o segundo livro da *Poética de Aristóteles*, o qual era totalmente voltado para o riso. Em que consistem os fragmentos da *Poética de Aristóteles*, que sobreviveram até os dias de hoje? Pesquise e, em seguida, compartilhe com os colegas.

Interpretar texto e imagem

5 Leia o trecho a seguir, em que o historiador Jacques Le Goff fala dos estudantes em cidades medievais e, em seguida, responda ao que se pede.

> Os estudantes representam nas cidades um corpo estranho e frequentemente encarado com hostilidade. [...] São, portanto, em geral, malvistos. Na verdade, a atitude das cidades com respeito aos universitários é [...] **ambivalente**. De um lado, as cidades celebram suas universidades e seus universitários porque encontram nisso prestígio e mesmo lucros, mas, de outro, não se aplaca a hostilidade que se experimenta a seu respeito. Os estudantes constituem um mundo de jovens, e os jovens da Idade Média — talvez isso não tenha mudado tanto — são agitadores.
>
> LE GOFF, Jacques. *Por amor às cidades*. São Paulo: Unesp, 1988. p. 63, 66 e 67.

> **Ambivalente:** algo que carrega valores contraditórios.

a) Em sua opinião, qual é o sentido do termo **agitadores**, utilizado pelo autor no trecho "[...] Os estudantes constituem um mundo de jovens, e os jovens da Idade Média – talvez isso não tenha mudado tanto – são agitadores"?

b) Explique a razão da ambivalência da atitude das cidades em relação aos universitários na Idade Média.

c) Como as transformações tecnológicas influenciam as ambições dos jovens atualmente? Comente o assunto.

CAPÍTULO 9

Renascimentos e reformas

A partir do século XV, um clima de inquietação intelectual e existencial pairava sobre diversas regiões da Europa. Nesse período, ocorreram dois movimentos expressivos: o Renascimento cultural e a Reforma protestante. Um renovou as artes e a ciência. O outro abalou a hegemonia da Igreja católica.

Este capítulo favorece o desenvolvimento das habilidades:

EM13CHS101
EM13CHS103
EM13CHS203
EM13CHS204
EM13CHS206
EM13CHS401
EM13CHS404

Modernidade

A modernidade foi um período de intenso desabrochar de novas ideias, seja em aspectos sociais, culturais ou científicos.

Durante boa parte da Idade Média, as pessoas tinham um *status* determinado na hierarquia das sociedades europeias. Servo ou senhor, vassalo ou suserano, mestre ou aprendiz, cada pessoa ocupava uma posição dentro de uma rígida estrutura social.

A partir do século XV, alguns laços dessa estrutura social foram se afrouxando, abrindo espaço para que o **indivíduo** pudesse manifestar suas potencialidades. Isso se contrapunha à mentalidade medieval predominante, em que as pessoas eram vistas coletivamente, inseridas no mundo cristão.

Nesse período, muitos intelectuais buscavam explicações racionais para diversas perguntas. Não se contentavam em permanecer apenas com as respostas orientadas pela fé religiosa. Essa maneira de ver a realidade diminuiu a ênfase no "mundo de Deus" (**teocentrismo**) e valorizou as questões do ser humano (**antropocentrismo**).

Uma das expressões vigorosas desse novo cenário foi a corrente intelectual denominada Humanismo.

Humanismo

O Humanismo, desenvolvido principalmente entre os séculos XV e XVI, caracteriza-se pela concepção de que o ser humano é criatura e criador do mundo em que vive. E, assim, pode ser arquiteto de si mesmo.

Um exemplo significativo da concepção humanista pode ser encontrado no livro *Discurso sobre a dignidade do homem*, do pensador italiano Giovanni Pico della Mirandola (1463-1494). Nesse livro, o autor argumenta que Deus criou o homem conferindo-lhe a liberdade de construir a si mesmo. Por isso, desde o nascimento, o ser humano não tem uma natureza definida ou um destino predeterminado, podendo transformar-se tanto em um ser virtuoso quanto em um ser maleficente.

Segundo o historiador Nicolau Sevcenko, as concepções medievais reforçavam a submissão do homem a Deus e exaltavam valores como piedade, mansidão e disciplina. Já os valores humanistas enfatizavam a curiosidade intelectual, o espírito crítico, a capacidade empreendedora, o desejo de se aventurar e explorar o mundo.

LINHA DO TEMPO

1454 — O alemão Gutenberg desenvolve a imprensa.

1499 — O escultor Michelangelo esculpe a obra-prima *Pietà*.

1517 — Martinho Lutero revolta-se contra a venda de indulgências: início da Reforma protestante.

1534 — O Parlamento inglês confirma a independência da Igreja anglicana.

1540 — O papa aprova a criação da Ordem dos Jesuítas. A Igreja católica luta contra os protestantes.

1572 — O escritor português Luís Vaz de Camões escreve *Os lusíadas*.

1473-1543 — Nicolau Copérnico expõe a teoria heliocêntrica.

1503 — Leonardo da Vinci pinta a obra-prima *Mona Lisa*.

1521 — Lutero é excomungado pelo papa Leão X.

1536 — O teólogo João Calvino publica a obra *Instituição da religião cristã*. Tem início a Reforma calvinista.

1545 — Início do Concílio de Trento. A Igreja católica reage ao avanço do protestantismo.

1596 — William Shakespeare escreve o clássico da literatura *Romeu e Julieta*.

Linha do tempo esquemática. O espaço entre as datas não é proporcional ao intervalo de tempo.

Renascença

> **Investigar**
> 1. Você admira a cultura de outros países e de outros tempos? Quais? Por quê?
> 2. Você já se imaginou vivendo em outra época? Que aspectos dessa época mudaram ou permaneceram em relação ao tempo atual? Comente.

Nesse contexto histórico e sob inspiração humanista, desenvolveu-se, entre os séculos XV e XVI, um movimento cultural urbano que ficou conhecido como Renascimento ou Renascença. Esse movimento atingiu principalmente as pessoas mais ricas e com prestígio social de cidades como Florença, Veneza e Roma, todas na península Itálica. Em contrapartida, no mundo rural, o camponês dessa época era pouco diferente do camponês medieval.

O movimento recebeu o nome de Renascimento porque muitos intelectuais do período expressaram um desejo de fazer renascer ou recuperar elementos da cultura greco-romana. Porém, apesar da admiração renascentista pelo passado clássico grego e romano, o Renascimento não foi, nem poderia ser, um simples retorno à Antiguidade. Afinal, nenhuma cultura renasce fora de seu tempo, e quase todos os grandes renascentistas estavam profundamente marcados pelo cristianismo, ainda que desejassem transformá-lo. Isso se torna claro quando observamos a influência cristã que persiste nas obras artísticas desse período.

Além disso, houve uma renovação no tratamento de várias questões culturais, com base em uma perspectiva humanista, que, em boa medida, superou as ideias medievais com novas perguntas e novas possibilidades de ação.

Imprensa e mecenato

Na época do Renascimento, houve mudanças na qualidade e na quantidade da produção cultural. Entre os fatores que influenciaram essas mudanças, destacam-se o **desenvolvimento da imprensa** e a **ação dos mecenas**.

O alemão **Johann Gutenberg** (c. 1395-1468) desenvolveu o processo de impressão com tipos móveis de metal, o que representou um grande passo para a divulgação do conhecimento em maior escala. Calcula-se que, no início do século XVI, já havia mais de cem tipografias espalhadas pela Europa, que produziram cerca de 9 milhões de exemplares de 40 mil títulos diferentes.

Além disso, algumas pessoas ricas estimularam e patrocinaram o trabalho de artistas e intelectuais renascentistas. Essas pessoas ficaram conhecidas como mecenas, expressão que deriva do nome de um rico cidadão da Roma antiga: Caio Mecenas, famoso por conceder proteção e apoio financeiro a diversos artistas e intelectuais. De seu nome também surgiu o termo "mecenato", que designa essa atividade de proteção.

Entre os mecenas, havia comerciantes, banqueiros, monarcas e papas. São exemplos de mecenas a **família Médici**, de Florença, e a **família Sforza**, de Milão.

Atelier d'imprimerie, iluminura francesa de autoria desconhecida, produzida entre 1490 e 1520. A obra ilustra uma oficina de impressão do século XV em que eram utilizados os tipos móveis de Gutenberg. O desenvolvimento dessa tecnologia ampliou o acesso a texto escritos. No entanto, a maioria dos europeus dessa época não era alfabetizada.

> **Investigar**
> 1. Você acha que a invenção de Gutenberg, que assinalou um momento histórico de difusão dos livros, tem impacto na vida das pessoas atualmente?
> 2. Você tem o hábito de ler livros? Comente.

Renascimento artístico

De acordo com os historiadores, as obras renascentistas têm algumas características comuns, sobretudo nas artes plásticas. Vejamos algumas delas.

Os artistas renascentistas inspiravam-se na **cultura greco-romana**, buscando o equilíbrio e a elegância das formas e realçando a sensação de leveza, luz, cor e movimento. Além disso, desenvolveram a **pintura a óleo**, que possibilitou a elaboração de cores vivas, em diferentes matizes.

A produção artística desvinculou-se aos poucos do monopólio cultural da Igreja e passou a explorar também temas inspirados na mitologia greco-romana e em outros aspectos da realidade social, mostrando cenas do cotidiano, de valorização do indivíduo e de paisagens naturais.

Para representar a realidade, os pintores renascentistas romperam com as pinturas bidimensionais medievais europeias e bizantinas, desenvolvendo a **técnica da perspectiva**. Ao dar uma aparência tridimensional a personagens e objetos representados, essa técnica proporcionou ao observador da obra a sensação de volume e de profundidade.

> **Pintura a óleo:** essa expressão, em artes plásticas, se refere à pintura executada com tintas em cuja preparação é utilizado óleo, frequentemente, de linhaça.

A primavera, têmpera sobre madeira de Sandro Botticelli feita em 1478. Na obra foram representadas divindades da mitologia greco-romana, como Vênus (deusa do amor e da beleza), ao centro. Utilizando a técnica da perspectiva, o artista conferiu o efeito da tridimensionalidade (profundidade) à obra e a percepção de mais de uma cena ocorrendo ao mesmo tempo.

Renascimento italiano

O Renascimento artístico teve como berço a península Itálica. Isso foi estimulado por várias condições, tais como a presença de obras de arte da Roma antiga e a difusão de textos da Antiguidade clássica. Durante a Idade Média, os italianos realizaram trocas comerciais e culturais com bizantinos e muçulmanos, por meio dos quais tiveram acesso a textos de Platão, Aristóteles e Sêneca.

Entre os principais representantes do Renascimento artístico italiano, destacam-se **Leonardo da Vinci** (1452-1519), **Rafael Sanzio** (1483-1520) e **Michelangelo** (Miguel Ângelo Buonarroti, 1475-1564). Suas obras influenciam a arte ocidental até os dias atuais.

A escultura *Pietà* – que em português significa "Piedade" –, de Michelangelo, representa Maria com Jesus morto em seus braços. Feita em mármore, no século XVI.

> **Dica**
> **Museu do Vaticano**
> http://www.museivaticani.va/content/museivaticani/en/collezioni/musei/cappella-sistina/tour-virtuale.html
>
> Neste *link* é possível fazer um passeio virtual pela Capela Sistina, no Vaticano. Basta mover o *mouse* pela página e visualizar as pinturas renascentistas nas paredes e no teto da capela.

Expansão do Renascimento

Da península Itálica, o movimento renascentista expandiu-se por várias partes da Europa. Em cada região, o Renascimento assumiu formas relativamente particulares.

Na França, por exemplo, o escritor François Rabelais (1494-1543) criticou de maneira satírica a excessiva religiosidade medieval. E o filósofo Michel de Montaigne (1533-1592) defendeu, entre outras questões, a tolerância religiosa e uma educação menos autoritária para os jovens.

Na Inglaterra, o poeta e dramaturgo William Shakespeare (1564-1616) notabilizou-se por suas peças teatrais, como *Romeu e Julieta*, *Macbeth* e *Hamlet*. Thomas Morus (1478-1535) escreveu a obra *Utopia*, na qual imaginou uma sociedade harmônica, livre dos males da guerra e da intolerância religiosa.

Na Espanha, o escritor Miguel de Cervantes (1547-1616) criou *Dom Quixote de la Mancha*, uma sátira aos ideais da cavalaria medieval. Dois personagens dominam essa grande obra: Dom Quixote, mergulhado no sonho, na fantasia e no ideal, e seu escudeiro Sancho Pança, representando a vida real, mais próximo do senso comum.

Em Portugal, o poeta Luís Vaz de Camões (1524-1580) narrou em *Os lusíadas* a história de Portugal, desde as suas origens até a epopeia dos descobrimentos marítimos, com início na viagem de Vasco da Gama. Camões também ficou conhecido por seus sonetos (poemas compostos de 14 versos).

> **Investigar**
> - A palavra "utopia", inventada por Thomas Morus, é utilizada até os dias atuais para se referir a uma ideia tão perfeita e otimista que parece impossível de ser realizada. Para você, como seria um Brasil utópico?

Ciência: experimentação e racionalismo

Ao longo dos séculos XV e XVI, a ciência europeia passou por um impulso renovador. Na época, pesquisadores que valorizavam a razão e a experimentação procuraram estudar aspectos da natureza e da sociedade sob novas perspectivas. Entretanto, a nova mentalidade científica encontrou resistência daqueles que defendiam as tradições medievais.

Uma das mais brilhantes teorias científicas dessa época, o **heliocentrismo** (segundo a qual a Terra e os demais planetas movem-se em torno do Sol), foi desenvolvida por Nicolau Copérnico (1473-1543), sacerdote católico e astrônomo.

Em sua obra *Da revolução das esferas celestes*, publicada no ano de sua morte, Copérnico refutou a **teoria geocêntrica** (que concebe a Terra como um centro fixo, em torno do qual giram os demais corpos celestes), o que provocou a reação das pessoas, especialmente de autoridades religiosas. A teoria heliocêntrica contrariava trechos da Bíblia que indicavam o movimento do Sol em volta da Terra.

Examinando, posteriormente, a teoria de Copérnico, cientistas como Johann Kepler (1571-1630) e Galileu Galilei (1564-1642) passaram a defendê-la. Galileu chegou a ser acusado de herege pela Inquisição católica e, para livrar-se da pena de morte, teve de negar suas convicções.

> **Investigar**
> 1. Por que, após encontrar resistência, a teoria heliocêntrica acabou sendo aceita? Debata.
> 2. Na sua opinião, os cientistas de hoje encontram resistência ao desenvolver novas teorias e práticas? Reflita.

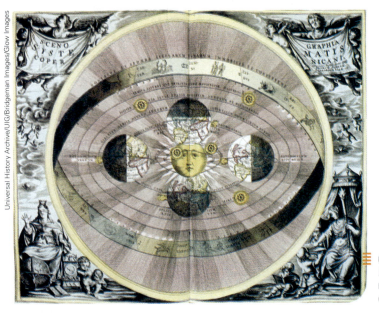

Gravura feita para o atlas estelar *Harmonia Macrocosmica*, de Andreas Cellarius, de 1708, que representa a teoria copernicana mostrando o movimento elíptico da Terra ao redor do Sol.

Reforma protestante

No século XIV, a cristandade ocidental sofreu uma grande ruptura conhecida como Reforma protestante, que levou ao surgimento de diversas igrejas cristãs, chamadas genericamente de **protestantes**, independentes da Igreja Católica Apostólica Romana. A designação "Reforma protestante" abrange, em geral, dois movimentos históricos principais: a Reforma luterana e a Reforma calvinista, mas pode incluir também a Reforma anglicana. Vejamos algumas razões que motivaram essa ruptura na cristandade.

A **difusão da imprensa** e a **tradução da Bíblia para diversas línguas** tornaram esse livro sagrado cristão acessível a um número maior de fiéis. Com novos leitores, surgiram novas leituras, sem a necessidade da intermediação de sacerdotes católicos. Assim, abriu-se espaço para interpretações do texto bíblico que se chocavam com preceitos da Igreja católica.

Ganhou força, por exemplo, uma corrente religiosa que afirmava que a salvação do ser humano era alcançada unicamente pela fé. Essa ideia se apoiava na teologia de Santo Agostinho e contrariava a interpretação dominante entre os líderes da Igreja, baseada em Santo Tomás de Aquino. Para a autoridades católicas, a fé precisava ser acompanhada de boas ações para conduzir à salvação eterna. A divergência gerou debates acalorados e muitos conflitos entre os cristãos.

A Reforma protestante também foi motivada por frequentes críticas a certas práticas do clero católico, tais como:

- **venda de relíquias sagradas** – para obter recursos econômicos, membros do alto clero iludiam milhares de cristãos por meio da simonia: comércio de relíquias sagradas, em geral falsas. Eram vendidos, por exemplo, "espinhos" que coroaram a fronte de Cristo, "palhas da manjedoura" de Jesus, objetos pessoais dos santos, entre outros;
- **venda de indulgências** – membros da Igreja também negociavam indulgências, isto é, o perdão dos pecados. Assim, os fiéis poderiam comprar a "salvação eterna" mediante determinado pagamento, destinado às obras da Igreja;
- **despreparo de parte do clero** – muitos sacerdotes, especialmente do baixo clero, desconheciam a própria doutrina católica e demonstravam falta de preparo intelectual para as funções religiosas, fragilizando ainda mais a imagem da Igreja.

Nesse contexto, também ocorreu um choque de valores, pois a Igreja católica censurava a usura, isto é, o lucro excessivo, defendendo o "preço justo" nas transações econômicas. Essa recomendação começou a incomodar a burguesia em ascensão, que se sentiria confortável se pudesse ter uma **nova ética religiosa**, mais adequada ao espírito capitalista. Esse anseio burguês foi atendido, em parte, por alguns ramos do movimento protestante.

Além das tensões com a burguesia, surgiram conflitos políticos entre a Igreja e as monarquias nacionais que se fortaleciam. De um lado, muitos monarcas viam na autoridade do papa uma barreira para o fortalecimento de seu poder e passaram a encarar a Igreja como "entidade estrangeira" que interferia em seus países. Por outro lado, o papa e outros membros do clero, insistiam em apresentar a Igreja católica como instituição universal, que unia culturalmente o mundo cristão.

Em razão dessa divergência, muitos Estados europeus procuravam afirmar sua autonomia em relação à Igreja. Buscavam fomentar o **sentimento nacionalista** em seus territórios, valorizando características locais, como idioma, costumes e tradições históricas. Isso ocorreu, sobretudo, em regiões que hoje correspondem ao norte da Alemanha, à Dinamarca, à Noruega, à Suécia, à Suíça, aos Países Baixos, à Inglaterra e à Escócia. Ali, os reformadores protestantes encontraram apoio político porque, entre outras coisas, divulgavam suas doutrinas na língua nacional de cada país, e não em latim, como fazia a Igreja católica.

Luteranismo

A Reforma protestante iniciou-se com Martinho Lutero (1483-1546). Nascido na atual Alemanha, Lutero estudou Direito e, em 1505, ingressou na Ordem dos Agostinianos (que segue as concepções de Santo Agostinho).

Entre 1511 e 1513, Lutero aprofundou-se nos estudos religiosos e amadureceu suas ideias teológicas. Por fim, concluiu que o ser humano, corrompido em razão do "pecado original", só poderia salvar-se pela fé em Deus. Assim, a fé em Deus, e não as obras humanas, seria o único instrumento de salvação, graças à misericórdia divina.

Depois de um período de tensões, em 1517 Lutero deu o passo decisivo que provocaria seu rompimento com a Igreja católica. Ele afixou na porta da Igreja de Wittenberg (cidade da atual Alemanha) um manifesto público (**as 95 teses**) em que expunha alguns elementos de sua concepção religiosa e protestava contra uma medida do papa: a concessão de indulgências para quem contribuísse financeiramente com a construção da Basílica de São Pedro.

Esse foi o início de uma longa discussão entre Lutero e as autoridades católicas, que culminou com a sua **excomunhão**, em 1521. Para demonstrar seu desprezo pela Igreja católica, Lutero queimou em praça pública a **bula** papal que o condenava.

Após a excomunhão, Lutero foi perseguido pelas autoridades católicas, que, entretanto, não conseguiram impedir a difusão de sua doutrina, que contava com o apoio de diversos membros da nobreza e da alta burguesia.

Sob a proteção de um príncipe, Lutero iniciou a tradução da Bíblia para o alemão com base nos originais gregos. A versão luterana da Bíblia foi considerada um dos principais modelos da moderna língua escrita alemã.

Entre os principais pontos da **doutrina luterana**, destacavam-se:
- o direito dos fiéis ao livre exame das Escrituras Sagradas (Bíblia);
- as Escrituras Sagradas como único caminho para a fé cristã;
- a fé cristã como único caminho para a salvação eterna.

Além disso, o luteranismo não aceitava o culto aos santos, promovido pelos católicos, a adoração de imagens religiosas e a autoridade do papa. Em vez dos **sete sacramentos** católicos, só reconhecia validade bíblica em dois deles: o batismo e a eucaristia.

> **Excomunhão:** expulsão da Igreja.
> **Bula:** escrito solene, ou carta, enviado em nome do papa com instruções, indulgências, ordens, concessão de benefícios, etc.
> **Sete sacramentos:** sacramentos reconhecidos pela Igreja católica – batismo, confirmação (crisma), eucaristia, matrimônio, penitência, ordem e unção dos enfermos.

> **Dica**
> *Lutero*.
> Direção: Eric Till, Alemanha/EUA: Metro-Goldwyn-Mayer, 2003. 120 min.
> Filme baseado na vida e na obra de Martinho Lutero, um dos principais protagonistas da Reforma protestante.

Gravura elaborada por Lucas Cranach, o velho, em cerca de 1546. Ela, de modo favorável ao luteranismo, representa a diferença entre o que o artista entendia ser a verdadeira religião de Cristo (à esquerda, onde Lutero está representado no púlpito) e o catolicismo (à direita).

Calvinismo

Nas regiões de língua francesa, o exemplo de Martinho Lutero foi seguido por João Calvino (1509-1564), que liderou o movimento conhecido como Reforma calvinista.

Calvino nasceu no norte da França e estudou Teologia e Direito. Aderindo às ideias de reformadores protestantes, como Lutero e o suíço Zwinglio (1484-1531), foi considerado herege e perseguido pelas autoridades católicas francesas. Em 1534, fugiu para a Suíça, onde o movimento reformista já se desenvolvia.

De 1541 a 1564, Calvino governou a cidade suíça de Genebra, submetendo seus moradores a um governo que mesclava política e religião e impondo à população um sistema moral considerado, por vezes, severo. Entre as condutas e as práticas censuradas pelo calvinismo, estavam os jogos de azar, o culto às imagens de santos, a dança e o uso de roupas luxuosas e joias. Quem descumprisse as normas ou se rebelasse contra a doutrina podia ser duramente punido.

Segundo a **doutrina calvinista**, o ser humano estava predestinado ao céu ou ao inferno. Algumas pessoas haviam sido eleitas por Deus para a salvação, não cabendo a ninguém interferir no plano das coisas divinas. O trabalho intenso, honesto e constante, recompensado pela prosperidade econômica, foi interpretado pelos seguidores de Calvino como um "sinal" da predestinação para a salvação. Essas ideias acabaram servindo aos interesses da burguesia, como explicaremos a seguir na seção **Conexões**.

O calvinismo espalhou-se por diversas regiões da Europa ocidental, como França, Inglaterra, Escócia e Países Baixos, dando origem a várias correntes locais, como a dos huguenotes, a dos puritanos e a dos presbiterianos.

Conexões — SOCIOLOGIA

Max Weber

O pensador alemão Max Weber (1864-1920) é considerado um dos fundadores da Sociologia moderna. Em um de seus estudos mais importantes, analisou o desenvolvimento do capitalismo.

Nesses estudos, Weber defendeu a tese de que fatores culturais, como a religião, exercem profunda influência na economia. Assim, no livro *A ética protestante e o "espírito" do capitalismo*, Weber apontou que o sistema capitalista europeu estava ligado a certas características básicas do protestantismo, especialmente na vertente calvinista.

O calvinismo, por exemplo, estimulava o trabalho árduo como um dever do cristão. Além disso, interpretava que os bons resultados econômicos indicavam a graça de Deus e podiam ser sinais da predestinação à salvação eterna.

Dessa maneira, o calvinismo não condenava a busca pela acumulação de riquezas, desde que revestida de atitudes cristãs. Ao contrário, uma pessoa rica era valorizada quando demonstrava disciplina, perseverança e austeridade para se afastar dos prazeres mundanos. "Lucrar e poupar" seria um bom lema para o cristão calvinista.

- Selecione um trecho deste capítulo que confirme ou não algumas ideias de Max Weber.

O banqueiro e sua esposa, obra do pintor renascentista Quentin Matsys, de 1514. Na pintura, a mulher se afasta da leitura da Bíblia para admirar a prosperidade material do marido.

Anglicanismo

A reforma religiosa promovida na Inglaterra nesse período, chamada de Reforma anglicana, teve características distintas das reformas luterana e calvinista. Sem motivações prioritariamente éticas ou doutrinárias, não constituiu um rompimento teológico radical com o cristianismo católico, como nas reformas mencionadas anteriormente.

O principal articulador dessa reforma, Henrique VIII (rei da Inglaterra de 1509 a 1547), era um fiel aliado do papa, tendo recebido o título de "Defensor da fé". Entretanto, uma série de questões o levou a romper com a Igreja católica e fundar uma Igreja nacional na Inglaterra: a Igreja anglicana.

Vejamos alguns dos principais motivos para essa ruptura:

- **poder político** – o clero católico exercia grande influência na Inglaterra; para fortalecer o poder da monarquia inglesa, era preciso reduzir a influência do papa dentro do país;
- **poder econômico** – a Igreja era proprietária de muitas terras e monopolizava o comércio de "relíquias sagradas". Setores da nobreza inglesa queriam apossar-se das terras e dos bens da Igreja e, por isso, apoiaram o rei;
- **anulação do casamento** – Henrique VIII teve negado pelo papa o pedido de anulação do seu casamento com Catarina de Aragão, que não gerou um herdeiro do sexo masculino para o trono. Por isso, o rei desejava romper o matrimônio e se casar com sua amante, Ana Bolena, que esperava um herdeiro. Diante da recusa do papa, o rei conseguiu que a anulação de seu casamento fosse reconhecida pelo Parlamento e pelo alto clero inglês.

Em 1534, o Parlamento inglês aprovou a criação da Igreja anglicana, chefiada por Henrique VIII. Nos governos seguintes, após a fundação dessa Igreja, ocorreram, de um lado, tentativas de implantar o calvinismo e, de outro, reações católicas.

Foi somente no reinado de Elizabeth I (1558-1603) que a Igreja anglicana se consolidou, incluindo elementos do catolicismo e do protestantismo calvinista. Do catolicismo, foram incorporadas a hierarquia eclesiástica e a liturgia da missa, que passou a ser celebrada em inglês. Como o calvinismo, a doutrina anglicana passou a defender a salvação pela fé no contexto da predestinação divina e a prática de apenas dois sacramentos (batismo e eucaristia).

Investigar

- Na época da Reforma protestante, o controle das informações e do conhecimento era uma forma importante de exercício do poder. Converse com os colegas a respeito desse tema e responda às perguntas a seguir.

a) Atualmente, o controle da informação ainda é essencial, ou seja, o dito "saber é poder" ainda é válido?

b) Em sua opinião quem são, hoje, os detentores do saber que gera poder?

c) Em um mundo abarrotado de informações, como é possível avaliar a qualidade daquelas que chegam até nós e construir conhecimento?

Contrarreforma

A Igreja católica não ficou passiva diante da Reforma protestante.

No início, uma das primeiras reações das autoridades católicas foi punir os principais líderes protestantes, como fizeram com Lutero e Calvino. Com isso, esperavam que as ideias dos reformadores fossem sufocadas e o mundo católico recuperasse a unidade perdida.

Além disso, uma parte do clero e grupos de fiéis achavam necessário acabar com os abusos praticados por muitos de seus membros e reformar a instituição. Consideravam também urgente promover um movimento de reafirmação dos princípios da doutrina católica que ampliasse o número de seus seguidores. Foi nesse contexto que se adotou um conjunto de medidas conhecido como Reforma católica ou Contrarreforma.

A reação e a reorganização católica foram lideradas pelos papas Paulo III (pontífice de 1534 a 1549), Paulo IV (de 1555 a 1559), Pio V (de 1566 a 1572) e Sisto V (de 1585 a 1590).

Expansão protestante e lutas religiosas

Conforme mencionado, a tática inicial utilizada pela Igreja católica foi punir os dissidentes, entretanto, não foram obtidos bons resultados. O protestantismo espalhou-se pelo continente, conquistando crescente número de seguidores. Em aproximadamente 50 anos, as igrejas protestantes tinham conseguido a adesão de cerca de 40% dos europeus ocidentais.

O mapa a seguir apresenta a disseminação do movimento protestante (anglicanos, luteranos, calvinistas) pelo norte europeu – pelos territórios que correspondem às atuais Inglaterra, Escócia, Alemanha, Dinamarca e Suécia. Já no sul da Europa, permaneceu o domínio católico nos atuais territórios de Portugal, Espanha e Itália. No meio dessas duas áreas, havia uma zona intermediária marcada por disputas religiosas, abrangendo os atuais Países Baixos, França, Suíça, Áustria, Hungria e Polônia.

Fonte: elaborado com base em *Atlas da história do mundo*. São Paulo: Folha de S.Paulo/Times Books, 1985. p. 179; KINDER, Hermann; HILGEMANN, Werner. *Atlas histórico mundial*: de los orígenes a la Revolución Francesa. Madrid: Istmo, 1982. p. 256.

Observar o mapa

1. Com base no mapa e em um atlas recente, identifique países atuais onde, durante o século XVI, houve difusão da Reforma protestante e países onde permaneceu o predomínio da Igreja católica.

2. Essas territorialidades religiosas firmadas no século XVI ainda permanecem, de algum modo, nos dias atuais? Pesquise.

As disputas religiosas transformavam-se, frequentemente, em guerras violentas, devido à vinculação entre Estado e religião.

Um dos mais trágicos episódios das lutas religiosas ocorreu na França, em 24 de agosto de 1572, e ficou conhecido como **Noite de São Bartolomeu**. Nesse episódio, milhares de protestantes franceses (conhecidos como huguenotes) foram massacrados em Paris por forças católicas a mando do rei Carlos IX, diretamente influenciado por sua mãe, a rainha Catarina de Médici. Nos desdobramentos desse massacre, estima-se que tenham sido mortos cerca de 20 mil huguenotes.

No Brasil atual, vivemos num **estado laico** e, por isso, a liberdade de crença religiosa é assegurada a todos pela Constituição federal. Na Europa dos séculos XV e XVI, a religião marcava profundamente a vida das pessoas e a noção que temos hoje de liberdade religiosa era quase incompatível com a paz social. Considerando que sem paz não existiria ordem pública, os soberanos pretendiam impor, em seus domínios, uma única religião para todos os súditos.

Noite de São Bartolomeu: o episódio foi assim chamado porque ocorreu, segundo o calendário religioso católico, no dia de São Bartolomeu, um dos apóstolos de Cristo.
Estado laico: aquele que não pertence a nenhuma religião e, por isso, permite a liberdade de todas as crenças religiosas.

Contrapondo-se a essa concepção, que vinculava o Estado a uma única religião, líderes religiosos como Menno Simons (1496-1561) pregavam que a fé era um dom de Deus e, por isso, não poderia ser imposta pela espada do governante. Mas vozes como essa ecoavam isoladas. Naqueles tempos, a ideia de liberdade religiosa era uma ilha perdida no oceano da intolerância.

Medidas adotadas pela Igreja

Em 1534, o religioso católico e ex-militar espanhol Inácio de Loyola fundou a Companhia de Jesus (também chamada **Ordem dos Jesuítas**). Posteriormente, em 1540, o papa Paulo III aprovou a criação dessa ordem e de seus estatutos gerais.

Inspirados na estrutura militar, os jesuítas consideravam-se "soldados da Igreja", cuja missão era, inicialmente, combater a expansão do protestantismo. A principal estratégia dos jesuítas foi investir na criação de escolas religiosas. Eles também se empenharam na catequese dos não cristãos, isto é, na conversão ao catolicismo dos povos dos continentes recém-descobertos pelos europeus.

No ano de 1545, o papa Paulo III convocou um concílio cujas primeiras reuniões foram realizadas na cidade de Trento, na península Itálica. Em 1563, ao final de anos de trabalho, os bispos reunidos no **Concílio de Trento** apresentaram um conjunto de decisões que procurava garantir a unidade da fé católica e a disciplina eclesiástica.

Foram reafirmados pontos básicos da doutrina católica, tais como:

- mantiveram-se os **sete sacramentos católicos** – batismo, crisma, eucaristia, matrimônio, penitência, ordem e unção dos enfermos;
- a concessão de **indulgências** foi legitimada. Entretanto, proibia-se a "venda de indulgências", isto é, os abusos que provocavam lucros ilícitos;
- confirmou-se que a **salvação humana** depende da fé em Deus e de boas ações. A doutrina da predestinação foi rejeitada, reiterando uma diferença fundamental em relação ao movimento protestante;
- reafirmou-se que o dogma cristão tem como fontes a Bíblia (cabendo à Igreja dar-lhe a interpretação correta) e a tradição religiosa cristã (conservada e transmitida pela Igreja);
- o papa manteve sua posição de sucessor de São Pedro, a quem Jesus Cristo teria confiado a missão de construir a sua Igreja;
- confirmou-se a **presença de Cristo** no ato da eucaristia. Essa presença real de Cristo era rejeitada pelos protestantes.

Os bispos do Concílio de Trento determinaram, ainda, a elaboração de um catecismo com os pontos fundamentais da doutrina católica, a criação de seminários para a formação de novos sacerdotes e a manutenção do celibato sacerdotal.

Eucaristia: durante a missa católica, sacramento em que o pão e o vinho passam a representar o corpo e o sangue de Jesus Cristo, respectivamente.

Volta da Inquisição

Os Tribunais da Inquisição, criados pela Igreja católica em 1231 para investigar e punir "crimes contra a fé católica", foram, com o tempo, reduzindo suas atividades em diversos países. Entretanto, com o avanço do protestantismo em meados do século XVI, a alta hierarquia da Igreja e alguns governantes católicos decidiram reativar a Inquisição.

Uma das atribuições dos inquisidores foi a organização de uma lista, ou índice, de livros proibidos aos católicos, o *Index librorum prohibitorum*. Além disso, receberam do papa autorização para utilizar até mesmo a tortura como forma de obter a confissão dos acusados.

A Contrarreforma revigorou a Igreja, que assim conseguiu recuperar, pelo menos parcialmente, seus antigos domínios. Calcula-se que, até meados do século XVI, o número de protestantes europeus tenha sido reduzido de 40% para 20%. Na França, estima-se que havia mais de 1 milhão de protestantes em 1562. Esse número caiu pela metade cem anos depois.

Investigar

- Na sua opinião, as perseguições e violências religiosas estavam também vinculadas a questões políticas e sociais? Pesquise a respeito do assunto.

Oficina de História

Analisar e refletir

1 O humanista Giovanni Pico della Mirandola afirmou: "Oh! Admirável destino do homem, a quem foi concedido ser o que escolheu para si" (MIRANDOLA, Pico della. *Discurso sobre la dignidad del hombre*. Buenos Aires: Longseller, 2003. p. 33. Traduzido pelo autor).

Reflita sobre essa afirmação e responda: Você concorda ou discorda dela? Comente.

2 O individualismo é um dos valores do Humanismo, e, segundo ele, os indivíduos deviam ser concebidos como seres pensantes, livres e responsáveis por suas ações. Com base nessa afirmação, debata com os colegas a seguinte frase: "Atualmente, o individualismo tornou-se sinônimo de egoísmo e de isolamento".

3 Elabore um quadro-resumo apresentando características do catolicismo, luteranismo, calvinismo e anglicanismo. Para cada uma dessas religiões, você pode identificar o livro sagrado, a concepção de salvação, os sacramentos, o rito e as principais áreas de influência na Europa. Em seguida, aponte semelhanças e diferenças entre essas religiões.

Interpretar texto e imagem

4 Leia o texto do historiador Lucien Febvre:

> Para os homens do século XVI, [...] a visão não era tão fundamental como em nossas sociedades. Para eles, era a audição que tinha um papel predominante. Isso pode ser observado no extremo valor atribuído à música e à palavra oral. Vejamos um exemplo do valor da audição.
>
> O século XVI era um século de vida religiosa. Era o século da Reforma e da Contrarreforma. E qual a autoridade que os religiosos invocavam? A da Palavra de Deus. Que se prestassem ouvidos à Palavra de Deus.
>
> A fé é audição. Lutero dizia textualmente: somente os ouvidos são os órgãos do cristão.
>
> Assim, o homem do século XVI tinha uma extraordinária capacidade de ouvir. Por isso, eram comuns as pregações religiosas, que duravam horas, dirigidas a uma multidão que se acotovelava para ouvi-las.
>
> FEBVRE, Lucien. O homem do século XVI. In: *Revista de História*, São Paulo, USP, n. 1, p. 11-16, 1950.

a) Como o historiador Lucien Febvre justifica sua afirmação de que a visão, no século XVI, não era tão fundamental quanto nos dias de hoje?
b) Pesquise os novos meios de comunicação que promovem a interação de palavra, música e imagens. Dê exemplos concretos.

5 Leia o texto do crítico literário e historiador russo Mikhail Bakhtin (1875-1975). Depois, responda às questões.

> O riso era condenado pelo cristianismo oficial da Idade Média. O tom sério caracterizava a cultura medieval oficial, sendo a única forma de expressar a verdade, o bem e tudo o que era importante. [...]
>
> Durante o Renascimento, o riso, na sua forma mais radical, universal e alegre, pela primeira vez, separou-se das profundezas populares e penetrou decisivamente no seio da grande literatura e da cultura "superior", contribuindo para a criação de obras de arte mundiais, como ***Decameron***, de Boccaccio, o livro de Rabelais, o romance de Cervantes, os dramas e comédias de Shakespeare etc.
>
> Mil anos de riso popular extraoficial foram, assim, incorporados na literatura do Renascimento. [...] Ele se aliava às ideias mais avançadas da época, ao saber humanista, à alta técnica literária. Na pessoa de Rabelais, a palavra e a máscara do bufão medieval, as formas dos folguedos populares carnavalescos, a ousadia do clero, que parodiava as palavras e os gestos dos saltimbancos de feira, associaram-se ao saber humanista, à ciência e à prática médica, à experiência política. Em outros termos, o riso da Idade Média, durante o Renascimento, tornou-se a **expressão da consciência nova, livre, crítica e histórica da época.**
>
> BAKHTIN, Mikhail. *A cultura popular na Idade Média e no Renascimento*: o contexto de François Rabelais. São Paulo: Hucitec; Brasília: UnB, 1987. p. 62-87.

> **Decameron:** livro de contos em que o autor, o italiano Giovanni Boccaccio (1313-1375), exalta a beleza e o amor terrenos.

a) De acordo com o texto, como o riso era visto pelo cristianismo oficial da Idade Média?
b) Quando, segundo o autor, o riso passou a integrar obras da grande literatura?
c) Segundo o texto, por que o riso na obra de Rabelais incorpora aspectos do Renascimento?
d) Há uma expressão latina que diz: *ridendo castigat mores* ("rindo criticamos os costumes"). É possível criticar os costumes sociais por meio do humor? Reflita e dê um exemplo.

Perspectivas

Trabalho, educação e projeto de vida

Durante a Idade Média e o Renascimento, a preparação de um jovem para a vida adulta poderia percorrer caminhos diferentes, dependendo das condições financeiras de sua família. Vejamos alguns exemplos:

- se fosse de família rica, poderia ser preparado para a vida pública;
- se fosse de família mais modesta, o jovem aprenderia com seus pais e familiares as técnicas de uma profissão ou, então, poderia ser aprendiz em guildas ou corporações de ofício de outras pessoas.

Os mestres, que dominavam as técnicas de sua atividade, recebiam em suas oficinas e seus estúdios jovens que desejavam aprender. Assim, enquanto ensinavam, além de propagar seu saber, obtinham ajuda a um baixo custo. Só depois de um período como aprendiz, o jovem conseguiria atuar na área escolhida.

Essa relação não se limitava às profissões mais técnicas, como as de alfaiates, sapateiros, ferreiros ou perfumistas. Ela também estava ligada às profissões artísticas, como escultores e pintores.

Em alguns casos, aprender uma nova profissão permitia que as pessoas vislumbrassem uma vida mais confortável e segura. Muitos dos grandes artistas do Renascimento começaram como aprendizes em importantes guildas. Um desses artistas foi o italiano Giotto, que desenvolveu trabalhos considerados referência na área da Arquitetura e da Pintura.

Independentemente das condições financeiras de uma família, fosse ela composta de ricos da Toscana ou de agricultores de Vespignano, preparar jovens para o futuro exigia acesso ao ensino e à aprendizagem.

Atualmente, a realização de um projeto de vida passa por um planejamento pessoal e um processo de formação específico. São inúmeros os fatores que podem facilitar ou dificultar a concretização desse projeto.

Ao projetar um futuro para si, seja como um esportista, seja com um artista, um professor, um médico ou um profissional de qualquer outra área, o jovem precisa se preparar para alcançar seus objetivos. Mas será que isso basta?

Além dos aspectos técnicos e teóricos envolvidos em sua formação, uma pessoa depende de outras questões ligadas à maneira como ela está inserida na sociedade. Além disso, é necessário analisar os aspectos éticos de sua escolha, ponderando como sua atuação profissional vai impactar as relações consigo mesmo, com os outros e com a natureza.

Obra representando uma guilda de alfaiates ingleses, produzida entre cerca de 1300-1500. Nesses locais, os jovens aprendizes tinham a oportunidade de conhecer e praticar as técnicas de uma profissão. Eles começavam realizando atividades mais simples e, aos poucos, passavam a desenvolver trabalhos mais complexos. Observe na imagem o mestre (à esquerda, agachado), tirando as medidas de um cliente, e seus aprendizes (à direita), que parecem costurar um tecido.

O desenvolvimento de jogos é uma profissão que une questões teóricas, técnicas e éticas. Ao desenvolver um jogo, é necessário considerar a dimensão antropológica, avaliando seu significado e contexto; a dimensão sociológica, analisando seus efeitos sobre os jogadores (aprendizado, agressividade, desenvolvimento cognitivo); a dimensão tecnológica, que pode ser simples e analógica ou complexa e digital; a dimensão artística, considerando estilo, perspectiva e outros pontos relacionados às artes plásticas, e a dimensão comercial, estimando a viabilidade econômica do jogo enquanto mercadoria. Alunos do Ensino Médio em aula de programação em Ponte e Lacerda (MT), em 2018.

Em ação

ETAPA 1 Leitura

A entrada dos jovens no mundo do trabalho é um aspecto importante para a nossa sociedade. Isso motivou historiadores e outros estudiosos a pesquisar como esse processo ocorria antigamente. Veja nos textos indicados como tal preparação acontecia em diferentes grupos e contextos.

Nos textos *on-line* você vai conhecer:

- como era a preparação de um jovem rico da Toscana para a vida adulta durante o Renascimento;
- como era a preparação de um jovem para se tornar artista no passado;
- como a questão de gênero influenciava a formação de muitas mulheres, fossem elas de família rica ou pobre.

ETAPA 2 Pesquisa

Pensar em um projeto de vida é pensar em sua atuação no mundo de forma ampla, sem deixar de lado suas preferências e habilidades. É importante avaliar suas escolhas e analisar como elas impactariam o seu cotidiano, a sua família, comunidade e sociedade em geral.

Esse projeto está ligado às expectativas e aos desejos que uma pessoa tem para o futuro e às suas condições de vida. Realizá-lo depende de muitas condições, mas certamente depende do acesso à formação e à informação adquirida em sua trajetória.

1. Como você se prepara para ter, no futuro, a vida que gostaria?
2. Você já pensou que acesso à formação e à informação pode impactar seu projeto de vida?
3. Entreviste um adulto para saber como foi a preparação dele para a vida profissional. Quais condições foram determinantes em suas escolhas?

ETAPA 3 Debate

Reunidos em grupos, debatam as seguintes questões:

1. Existem fatores, como etnia, gênero ou classe social, que podem influenciar as escolhas dos jovens no presente? Justifique.
2. A escola onde vocês estudam contribui para o planejamento e a realização do projeto de vida dos alunos? De que maneira?
3. Quais são os processos de formação que podem auxiliar os alunos na concepção e realização do projeto de vida de cada um?
4. Na opinião de vocês, as famílias hoje em dia são menos ambiciosas com a formação das mulheres, conforme o historiador Charles de la Roncière (texto 1) afirma sobre as famílias no período do Renascimento?

ETAPA 4 Pense nisso

1. Compare a sua resposta com as informações obtidas na entrevista solicitada anteriormente (Pesquisa, item 3). Verifique quais são as semelhanças e diferenças entre:
    a) a formação da pessoa entrevistada e a sua;
    b) os fatores que determinaram as escolhas do entrevistado e aqueles que definem suas escolhas.
    Procure identificar as rupturas e continuidades no processo de elaboração do projeto de vida de ambos.
2. Você considera que sua condição de vida atual influencia o seu acesso à educação e à realização do seu projeto de vida? De que forma?

Questões do Enem e de vestibulares

Unidade 1 – Escrita e memória

Capítulo 1: História e reflexão

1 (Enem)

É amplamente conhecida a grande diversidade gastronômica da espécie humana. Frequentemente, essa diversidade é utilizada para classificações depreciativas. Assim, no início do século, os americanos denominavam os franceses de "comedores de rãs". Os índios kaapor discriminam os timbiras chamando-os pejorativamente de "comedores de cobra". E a palavra potiguara pode significar realmente "comedores de camarão". As pessoas não se chocam apenas porque as outras comem coisas variadas, mas também pela maneira que agem à mesa. Como utilizamos garfos, surpreendemo-nos com o uso dos palitos pelos japoneses e das mãos por certos segmentos de nossa sociedade.

LARAIA, R. *Cultura:* um conceito antropológico. Rio de Janeiro: Jorge Zahar, 2001 (adaptado).

O processo de estranhamento citado, com base em um conjunto de representações que grupos ou indivíduos formam sobre outros, tem como causa o(a)

a) reconhecimento mútuo entre povos.
b) etnocentrismo recorrente entre populações.
c) comportamento hostil em zonas de conflito.
d) constatação de agressividade no estado de natureza.
e) transmutação de valores no contexto da modernidade.

2 (PUC-SP)

[...] o tempo é a minha matéria, o tempo presente, os homens presentes, a vida presente.

ANDRADE, Carlos Drummond. *Mãos dadas.* 1940.

Se o presente é o tempo do poeta, resta ao historiador somente o tempo passado? Justifique sua resposta, procurando discutir as relações que a História ou o historiador pode estabelecer entre presente e passado.

Capítulo 2: Primeiros povos

1 (Fuvest-SP) Sobre o surgimento da agricultura — e seu uso intensivo pelo homem — pode-se afirmar que:

a) foi posterior, no tempo, ao aparecimento do Estado e da escrita.
b) ocorreu no Oriente Próximo (Egito e Mesopotâmia) e daí se difundiu para a Ásia (Índia e China), Europa e, a partir desta, para a América.
c) como tantas outras invenções teve origem na China, donde se difundiu até atingir a Europa e, por último, a América.
d) ocorreu, em tempos diferentes, no Oriente Próximo (Egito e Mesopotâmia), na Ásia (Índia e China) e na América (México e Peru).
e) de todas as invenções fundamentais, como a criação de animais, a metalurgia e o comércio, foi a que menos contribuiu para o ulterior progresso material do homem.

2 (Ufscar-SP)

[...] Pré-História do Brasil compreende a existência de uma crescente variedade linguística, cultural e étnica, que acompanhou o crescimento demográfico das primeiras levas constituídas por poucas pessoas [...] que chegaram à região até alcançar muitos milhões de habitantes na época da chegada da frota de Cabral. [...] não houve apenas um processo histórico, mas numerosos, distintos entre si, com múltiplas continuidades e descontinuidades, tantas quanto as etnias que se formaram constituindo ao longo dos últimos 30, 40, 50, 60 ou 70 mil longos anos de ocupação humana das Américas.

Pedro Paulo Funari e Francisco Silva Noeli. *Pré-História do Brasil*, 2002.

Considerando o texto, é correto afirmar que:

a) as populações indígenas brasileiras são de origem histórica diversa e, da perspectiva linguística, étnica e cultural, se constituíram como sociedades distintas.
b) uma única leva imigratória humana chegou à América há 70 mil anos e dela descendem as populações indígenas brasileiras atuais.
c) a concepção dos autores em relação à Pré-História do Brasil sustenta-se na ideia da construção de uma experiência evolutiva e linear.
d) os autores descrevem o processo histórico das populações indígenas brasileiras como uma trajetória fundada na ideia de crescente progresso cultural.
e) na época de Cabral, as populações indígenas brasileiras eram numerosas e estavam em um estágio evolutivo igual ao da Pré-História europeia.

3 (Fuvest-SP) Nos últimos anos, apoiada em técnicas mais avançadas, a arqueologia tem fornecido pistas e indícios sobre a história dos primeiros habitantes do território brasileiro antes da chegada dos europeus. Sobre esse período da história, é possível afirmar que:

a) as práticas agrícolas, até a chegada dos europeus, eram desconhecidas por todas as populações nativas que, conforme os vestígios encontrados, sobreviviam apenas da coleta, caça e pesca.
b) os vestígios mais antigos de grupos humanos foram encontrados na região do Piauí e as datações sobre suas origens são bastante controvertidas, variando entre 12 mil a 40 mil anos.
c) os restos de sepulturas e pinturas encontrados em cavernas de várias regiões do país indicam que os costumes e hábitos desses primeiros habitantes eram idênticos aos dos atuais indígenas nas reservas.
d) os sambaquis, vestígios datados de 20 mil anos, comprovam o desconhecimento da cerâmica entre os indígenas da região, técnica desenvolvida apenas entre povos andinos, maias e astecas.
e) os sítios arqueológicos da ilha de Marajó são provas da existência de importantes culturas urbanas com sociedades estratificadas que mantinham relações comerciais com povos das Antilhas e América Central.

4 (Enem) Considere o papel da técnica no desenvolvimento da constituição de sociedades e três invenções tecnológicas que marcaram esse processo: invenção do arco e flecha nas civilizações primitivas, locomotiva nas civilizações do século XIX e televisão nas civilizações modernas.

A respeito dessas invenções são feitas as seguintes afirmações:

I. A primeira ampliou a capacidade de ação dos braços, provocando mudanças na forma de organização social e na utilização de fontes de alimentação.
II. A segunda tornou mais eficiente o sistema de transporte, ampliando possibilidades de locomoção e provocando mudanças na visão de espaço e de tempo.
III. A terceira possibilitou um novo tipo de lazer que, envolvendo apenas participação passiva do ser humano, não provocou mudanças na sua forma de conceber o mundo.

Está correto o que se afirma em:

a) I, apenas.
b) I e II, apenas.
c) I e III, apenas.
d) II e III, apenas.
e) I, II e III.

5 (Fuvest-SP) Considere duas hipóteses sobre a origem do homem americano, que teria ocorrido há mais de 10.000 anos. Hipóteses:

I. Migrações oriundas da Ásia, passando pelo estreito de Bering.
II. Migrações oriundas da Polinésia, via Oceano Pacífico.

Quanto a fatos geográficos que as sustentam, é correto afirmar que a hipótese:

a) I apoia-se em uma grande elevação do nível do mar, fato que também teria aumentado a navegabilidade nessa região.
b) I explica-se pela ocorrência de glaciações que, diminuindo o nível do mar, teriam unido o Alasca à Sibéria, por terra.
c) II associa-se à ocorrência de inúmeras glaciações que teriam melhorado a navegabilidade, justificando a vinda pelas ilhas do Pacífico.
d) II relaciona-se à existência de diversas ilhas no Pacífico, que teriam se ligado muitas vezes por terra, durante as glaciações.
e) II refere-se à ocorrência de correntes marinhas equatoriais e de glaciações, que teriam facilitado a navegação no Pacífico.

Capítulo 3: Mesopotâmia e Egito antigo

1 (Unesp-SP)

O palácio real constitui naturalmente, na vida da cidade mesopotâmica, um mundo à parte. Todo um grupo social o habita e dele depende, ligado ao soberano por laços que não são somente os de parente a chefe de família, ou de servidor a senhor. [...] Este grupo social é numeroso, de composição muito variada, abrangendo trabalhadores de todas as profissões, domésticos, escribas, artesãos, homens de negócios, agricultores, pastores, guardiões dos armazéns, etc., colocados sob a direção de um intendente. É que a existência de um domínio real, dotado de bens múltiplos e dispersos, faz do palácio uma espécie de vasta empresa econômica, cujos benefícios contribuem para fundamentar.

AYMARD/AUBOYER.
O Oriente e a Grécia – As civilizações imperiais.

a) Como se organizava a vida social e política na Mesopotâmia?
b) Um dos grandes legados da Mesopotâmia foi a criação do Código de Hamurábi. Quais os principais aspectos desse código?

2 (UFSM-RS) A região da Mesopotâmia ocupa lugar central na história da humanidade. Na Antiguidade, foi berço da civilização sumeriana devido ao fato de:

a) ser ponto de confluência de rotas comerciais de povos de diversas culturas.
b) ter um subsolo rico em minérios, possibilitando o salto tecnológico da idade da pedra para a idade dos metais.
c) apresentar um relevo peculiar e favorável ao isolamento necessário para o crescimento socioeconômico.
d) possuir uma área agricultável extensa, favorecida pelos rios Tigre e Eufrates.
e) abrigar um sistema hidrográfico ideal para locomoção de pessoas e apropriado para desenvolvimento comercial.

3 (Ufscar -SP) Observe as imagens de atividades e de objetos produzidos pelos antigos egípcios, entre 2000 e 1000 a.C.

a) Que atividades de trabalho desses povos podem ser identificadas nas imagens e objetos retratados?
b) Identifique e analise duas mudanças e duas permanências entre as atividades e técnicas do antigo Egito e as praticadas no Brasil contemporâneo.

4 (Enem) Ao visitar o Egito do seu tempo, o historiador grego Heródoto (484-420/30 a.C.) interessou-se por fenômenos que lhe pareceram incomuns, como as cheias regulares do rio Nilo. A propósito do assunto, escreveu o seguinte:

Eu queria saber por que o Nilo sobe no começo do verão e subindo continua durante cem dias; por que ele se retrai e a sua corrente baixa, assim que termina esse número de dias, sendo que permanece baixo o inverno inteiro, até um novo verão. Alguns gregos apresentam explicações para os fenômenos do rio Nilo. Eles afirmam que os ventos do noroeste provocam a subida do rio, ao impedir que suas águas corram para o mar. Não obstante, com certa frequência, esses ventos deixam de soprar, sem que o rio pare de subir da forma habitual. Além disso, se os ventos do noroeste produzissem esse efeito, os outros rios que correm na direção contrária aos ventos deveriam apresentar os mesmos efeitos que o Nilo, mesmo porque eles todos são pequenos, de menor corrente.

HERÓDOTO. *História*. Livro II, 19-23. 2. ed. Chicago: Encyclopaedia Britannica Inc., 1990. p. 52-53 (adaptado pela instituição).

Nessa passagem, Heródoto critica a explicação de alguns gregos para os fenômenos do rio Nilo. De acordo com o texto, julgue as afirmativas a seguir.

I. Para alguns gregos, as cheias do Nilo devem-se ao fato de que suas águas são impedidas de correr para o mar pela força dos ventos do noroeste.
II. O argumento embasado na influência dos ventos do noroeste nas cheias do Nilo sustenta-se no fato de que, quando os ventos param, o rio Nilo não sobe.
III. A explicação de alguns gregos para as cheias do Nilo baseava-se no fato de que fenômeno igual ocorria com rios de menor porte que seguiam na mesma direção dos ventos.

É correto apenas o que se afirma em:

a) I.
b) II.
c) I e II.
d) I e III.
e) II e III.

Unidade 2 – Cultura e religião

Capítulo 4: Grécia antiga

1 (Unesp -SP)

É preciso dizer que, com a superioridade excessiva que proporcionam a força, a riqueza, [...] [os muito ricos] não sabem e nem mesmo querem obedecer aos magistrados [...]. Ao contrário, aqueles que vivem em extrema penúria desses benefícios tornam-se demasiado humildes e rasteiros. Disso resulta que uns, incapazes de mandar, só sabem mostrar uma obediência servil e que outros, incapazes de se submeter a qualquer poder legítimo, só sabem exercer uma autoridade despótica.

Aristóteles. *Política*.

Segundo Aristóteles (384-322 a.C.), que viveu em Atenas e em outras cidades gregas, o bom exercício do poder político pressupõe:

a) o confronto social entre ricos e pobres.
b) a coragem e a bondade dos cidadãos.
c) uma eficiente organização militar do Estado.
d) a atenuação das desigualdades entre cidadãos.
e) um pequeno número de habitantes na cidade.

2 (Enem)

Mirem-se no exemplo
Daquelas mulheres de Atenas
Vivem pros seus maridos
Orgulho e raça de Atenas.

BUARQUE, C.; BOAL, A. "Mulheres de Atenas".
In: *Meus caros amigos*, 1976. Disponível em:
http://letras.terra.com.br. Acesso em 4 dez. 2011 (fragmento)

Os versos da composição remetem à condição das mulheres na Grécia antiga, caracterizada, naquela época, em razão de

a) sua função pedagógica, exercida junto às crianças atenienses.
b) sua importância na consolidação da democracia, pelo casamento.
c) seu rebaixamento de status social frente aos homens.
d) seu afastamento das funções domésticas em períodos de guerra.
e) sua igualdade política em relação aos homens.

3 (Unesp -SP)

Apesar de sua dispersão geográfica e de sua fragmentação política, os gregos tinham uma profunda consciência de pertencer a uma só e mesma cultura. Esse fenômeno é tão mais extraordinário, considerando-se a ausência de qualquer autoridade central política ou religiosa e o livre espírito de invenção de uma determinada comunidade para resolver os diversos problemas políticos ou culturais que se colocavam para ela.

(Moses I. Finley. *Os primeiros tempos da Grécia*, 1998. Adaptado.)

O excerto refere-se ao seguinte aspecto essencial da história grega da Antiguidade:

a) a predominância da reflexão política sobre o desenvolvimento das belas-artes.
b) a fragilidade militar de populações isoladas em pequenas unidades políticas.
c) a vinculação do nascimento da filosofia com a constituição de governos tirânicos.
d) a existência de cidades-Estados conjugada a padrões civilizatórios de unificação.
e) a igualdade social sustentada pela exploração econômica de colônias estrangeiras.

4 (Fatec -SP)

Vivemos sob uma forma de governo que não se baseia nas instituições de nossos vizinhos; ao contrário, servimos de modelo a alguns ao invés de imitar outros. Seu nome é democracia, pois a administração serve aos interesses da maioria e não de uma minoria.

(Tucídides. *História da Guerra do Peloponeso*. Texto adaptado.)

O trecho acima faz parte do discurso feito por Péricles em homenagem aos atenienses mortos na Guerra do Peloponeso. Por esse discurso é correto afirmar que:

a) a Guerra do Peloponeso foi injusta e trouxe muitas mortes tanto para os atenienses como para os espartanos, que lutavam em lados opostos pela hegemonia da Grécia.
b) Péricles se orgulhava da cidade de Atenas por ser ela uma cidade democrática, que não imitava o sistema político de outras cidades-Estado, mas era imitada por elas.
c) Atenas e Esparta possuíam o mesmo sistema político descrito por Péricles, a democracia, mas divergiam sobre como implantá-lo nas demais cidades-Estado gregas.
d) Atenas, por não partilhar do sistema político democrático de Esparta, criou a Liga de Delos e declarou guerra à Liga do Peloponeso.
e) Esparta era a única cidade-Estado democrática em toda a Grécia Antiga e desejava impor esse sistema nas cidades-Estado gregas.

Capítulo 5: Roma antiga

1 (Fuvest -SP)

"Em verdade é maravilhoso refletir sobre a grandeza que Atenas alcançou no espaço de cem anos depois de se livrar da tirania... Mas acima de tudo é ainda mais maravilhoso observar a grandeza a que Roma chegou depois de se livrar de seus reis."

(Maquiavel, "Discursos sobre a primeira década de Tito Lívio").

Nessa afirmação, o autor

a) critica a liberdade política e a participação dos cidadãos no governo.
b) celebra a democracia ateniense e a República romana.
c) condena as aristocracias ateniense e romana.
d) expressa uma concepção populista sobre a antiguidade clássica.
e) defende a pólis grega e o Império romano.

2 (Fuvest -SP) A expansão de Roma durante a República, com o consequente domínio da bacia do Mediterrâneo, provocou sensíveis transformações sociais e econômicas, dentre as quais:

a) marcado processo de industrialização, êxodo urbano, endividamento do Estado.
b) fortalecimento da classe plebeia, expansão da pequena propriedade, propagação do cristianismo.
c) crescimento da economia agropastoril, intensificação das exportações, aumento do trabalho livre.
d) enriquecimento do Estado romano, aparecimento de uma poderosa classe de comerciantes, aumento do número de escravos.
e) diminuição da produção nos latifúndios, acentuado processo inflacionário, escassez de mão de obra escrava.

3 (Enem)

Somos servos da lei para podermos ser livres.

(Cícero)

O que apraz ao príncipe tem força de lei.

(Ulpiano)

As frases acima são de dois cidadãos da Roma Clássica que viveram praticamente no mesmo século, quando ocorreu a transição da república (Cícero) para o império (Ulpiano). Tendo como base as sentenças acima, considere as afirmações:

I. A diferença nos significados da lei é apenas aparente, uma vez que os romanos não levavam em consideração as normas jurídicas.
II. Tanto na república como no império, a lei era o resultado de discussões entre os representantes escolhidos pelo povo romano.
III. A lei republicana definia que os direitos de um cidadão acabavam quando começavam os direitos de outro cidadão.
IV. Existia, na época imperial, um poder acima da legislação romana.

Estão corretas, apenas:

a) I e II.
b) I e III.
c) II e III.
d) II e IV.
e) III e IV.

4 (UEL -PR) Durante o século II, o Império Romano atingiu sua máxima extensão territorial, dominando quase toda a atual Europa, o Norte da África e partes do Oriente Médio. No final do século IV, porém, essa unidade começaria a ser desfeita com a divisão do império em duas porções: a ocidental, com a capital em Roma, e a oriental, com a capital em Bizâncio. Nos séculos IV e V, a fragmentação territorial se aprofundou ainda mais e o Império Romano do Ocidente acabou desaparecendo para dar lugar a diversos reinos germânicos.

Quanto à desagregação e queda do Império Romano do Ocidente, assinale a alternativa correta.

a) O êxodo rural causado pelos ataques dos povos germânicos resultou num crescimento desordenado das cidades, criando instabilidade e desordem política nos centros urbanos e forçando a abdicação do último imperador romano.
b) O paganismo introduzido no Império Romano pelas tribos germânicas enfraqueceu o cristianismo e causou a divisão entre cristãos católicos e ortodoxos, encerrando o apoio da Igreja ao imperador e consequentemente fazendo ruir o império.
c) A língua oficial do Império Romano, o latim, ao se fundir com os idiomas falados pelos invasores, deu origem às línguas germânicas, dificultando a administração dos territórios que se tornaram cada vez mais autônomos até se separarem de Roma.
d) A disputa entre os patrícios romanos e a plebe pelas terras férteis facilitou a invasão do império pelos "povos bárbaros", pois o exército romano foi obrigado a deixar as fronteiras desguarnecidas para defender os proprietários das terras das constantes rebeliões.

e) Com o fim das conquistas territoriais, o escravismo e a produção entraram em declínio, somados às "invasões bárbaras" e à ascensão do cristianismo, que aceleraram a fragmentação e queda de Roma.

Capítulo 6: Bizâncio e o mundo islâmico

1 (UFRGS) A afirmação que apresenta um dos resultados do entrecruzamento de culturas no Império Bizantino é:

a) As artes visuais diversificaram-se a ponto de serem eliminadas as características estéticas de inspiração greco-cristã.
b) A adoração popular a ícones religiosos gerou crises na Igreja de Bizâncio.
c) Elementos clássicos, como a retórica e a língua grega, foram superados em função da interação cultural cosmopolita.
d) A arquitetura passou a primar pela simplicidade, a fim de se adequar à doutrina religiosa ortodoxa.
e) A estrutura jurídica do Império Bizantino não sofreu a influência do Direito romano.

2 (Unesp-SP) Examine a iluminura extraída do manuscrito Al-Maqamat, de Abu Muhammed al-Kasim al-Hariri, 1237.

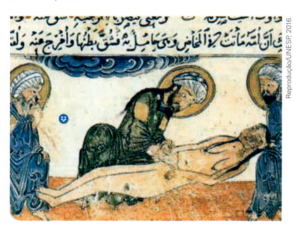

A imagem pode ser associada à tradição dos conhecimentos desenvolvidos no mundo árabe-islâmico durante a Idade Média e revela

a) a inexistência de instrumental médico nas sociedades islâmicas, que impediam qualquer tipo de corte nos corpos.
b) a preparação do cadáver feminino para a cremação, principal culto funerário desenvolvido nas sociedades islâmicas.
c) a condenação imposta pelas autoridades religiosas islâmicas às pessoas que cuidavam de doentes e mulheres grávidas.
d) o desenvolvimento da medicina nas sociedades islâmicas, o que permitiu avanços, como a descrição da varíola e o emprego de anestesia em cirurgias.
e) o repúdio, nas sociedades islâmicas, à representação do nu feminino, o que provocou sucessivas punições civis e religiosas a artistas.

3 (UFPE) Um estudo da economia bizantina no período medieval:

a) atesta um grande desnível social, com a presença da servidão, de latifundiários aristocratas e de uma Igreja de grande poder político;
b) registra a falta de prestígio dos comerciantes, que levavam uma vida urbana simples e sem ostentação;
c) mostra uma atividade comercial pouco desenvolvida e muito semelhante à do feudalismo europeu;
d) revela a força dessa economia, em razão das pequenas propriedades administradas com o apoio do poder estatal;
e) evidencia a falta de apoio do Estado na gestão dos negócios, devido à presença soberana da Igreja.

4 (Fuvest-SP)

A Idade Média europeia é inseparável da civilização islâmica já que consiste precisamente na convivência, ao mesmo tempo positiva e negativa, do cristianismo e do islamismo, sobre uma área comum impregnada pela cultura greco-romana.

GASSET, José Ortega y, 1883-1955.

O texto acima permite afirmar que, na Europa ocidental medieval:

a) formou-se uma civilização complementar à islâmica, pois ambas tiveram um mesmo ponto de partida.
b) originou-se uma civilização menos complexa que a islâmica devido à predominância da cultura germânica.
c) desenvolveu-se uma civilização que se beneficiou tanto da herança greco-romana quanto da islâmica.
d) cristalizou-se uma civilização marcada pela flexibilidade religiosa e tolerância cultural.
e) criou-se uma civilização sem dinamismo, em virtude de sua dependência de Bizâncio e do islã.

Unidade 3 – Cristandade e modernidade

Capítulo 7: Europa feudal

1 (UFC-CE)

O enorme Império de Carlos Magno foi plasmado pela conquista. Não há dúvida de que a função básica de seus predecessores, e mais ainda a do próprio Carlos, foi a de comandante de exército, vitorioso na conquista e na defesa [...] como comandante de exército Carlos Magno controlava a terra que conquistava e defendia. Como príncipe vitorioso, premiou com terras os guerreiros que lhe seguiam a liderança [...].

ELIAS, Norbert. *O processo civilizatório*. Rio de Janeiro: Zahar, 1993. vol. II. p. 25.

De acordo com seus conhecimentos e com o parágrafo anterior, é correto dizer que a feudalização deveu-se:

a) à necessidade de conceder terras a servidores, o que diminuía as possessões reais e enfraquecia a autoridade central em tempos de paz.
b) à venda de títulos nobiliários e à preservação das propriedades familiares.
c) à propagação do ideal cavalheiresco de fidelidade do vassalo ao Senhor.
d) a princípios organizacionais de sistemas ecológicos de agricultura de subsistência.
e) à teoria cristã que afirmava: "para cada homem, seu rebanho", interpretada, durante a Idade Média, como a fragmentação do poder terreno.

2 (Ufscar-SP)

A razão de ser dos carneiros é fornecer leite e lã; a dos bois é lavrar a terra; e a dos cães é defender os carneiros e os bois dos ataques dos lobos. Se cada uma destas espécies de animais cumprir a sua missão, Deus protegê-la-á. Deste modo, fez ordens, que instituiu em vista das diversas missões a realizar neste mundo. Instituiu uns — os clérigos e os monges — para que rezassem pelos outros e, cheios de doçura, como as ovelhas, sobre eles derramassem o leite da pregação e com a lã dos bons exemplos lhes inspirassem um ardente amor a Deus. Instituiu os camponeses para que eles — como fazem os bois, com o seu trabalho — assegurassem a sua própria subsistência e a dos outros. A outros, por fim — os guerreiros —, instituiu-os para que mostrassem a força na medida do necessário e para que defendessem dos inimigos, semelhantes a lobos, os que oram e os que cultivam a terra.

Eadmer de Canterbury, século XI.

a) Identifique o contexto histórico no qual as ideias defendidas pelo autor desse documento se inserem.
b) Justifique a relação do documento com o contexto histórico especificado.

3 (PUC-SP) A Idade Média é muitas vezes chamada de "era das trevas". A expressão:

a) revela análise cuidadosa da inexpressiva produção intelectual e artística do período, voltada apenas à temática religiosa.
b) permite refletir sobre a forma como a história é escrita, com os julgamentos e avaliações que um período faz do outro.
c) nasceu do esforço medieval de negar a Antiguidade oriental e valorizar a estética e a filosofia greco-romanas.
d) demonstra o desprezo do racionalismo contemporâneo pelas concepções mágicas tão em voga no período medieval.
e) descreve o único período da história ocidental em que os Estados nacionais, criados na Antiguidade e recriados no século XV, não existiram.

Capítulo 8: Mundo cristão

1 (Enem) Considere os textos abaixo.

[...] de modo particular, quero encorajar os crentes empenhados no campo da filosofia para que iluminem os diversos âmbitos da atividade humana, graças ao exercício de uma razão que se torna mais segura e perspicaz com o apoio que recebe da fé.

Papa João Paulo II. Encíclica *Fides et Ratio* aos bispos da Igreja Católica sobre as relações entre fé e razão, 1998.

As verdades da razão natural não contradizem as verdades da fé cristã.

São Tomás de Aquino, pensador medieval.

Refletindo sobre os textos, pode-se concluir que:

a) a encíclica papal está em contradição com o pensamento de São Tomás de Aquino, refletindo a diferença de épocas.
b) a encíclica papal procura complementar São Tomás de Aquino, pois este colocava a razão natural acima da fé.
c) a Igreja medieval valorizava a razão mais do que a encíclica de João Paulo II.

d) o pensamento teológico teve sua importância na Idade Média, mas, em nossos dias, não tem relação com o pensamento filosófico.
e) tanto a encíclica papal como a frase de São Tomás de Aquino procuram conciliar os pensamentos sobre fé e razão.

2 (Enem)

Tomás de Aquino, filósofo cristão que viveu no século XIII, afirma: a lei é uma regra ou um preceito relativo às nossas ações. Ora, a norma suprema dos atos humanos é a razão. Desse modo, em última análise, a lei está submetida à razão; é apenas uma formulação das exigências racionais. Porém, é mister que ela emane da comunidade, ou de uma pessoa que legitimamente a representa.

GILSON, E.; BOEHNER, P. *História da filosofia cristã*. Petrópolis: Vozes, 1991 (adaptado).

No contexto do século XIII, a visão política do filósofo mencionado retoma o

a) pensamento idealista de Platão.
b) conformismo estoico de Sêneca.
c) ensinamento místico de Pitágoras.
d) paradigma de vida feliz de Agostinho.
e) conceito de bem comum de Aristóteles.

Capítulo 9: Renascimentos e reformas

1 (Enem)

[...] Depois de longas investigações, convenci-me por fim de que o Sol é uma estrela fixa rodeada de planetas que giram em volta dela e de que ela é o centro e a chama. Que, além dos planetas principais, há outros de segunda ordem que circulam primeiro como satélites em redor dos planetas principais e com estes em redor do Sol. [...] Não duvido de que os matemáticos sejam da minha opinião, se quiserem dar-se ao trabalho de tomar conhecimento, não superficialmente mas duma maneira aprofundada, das demonstrações que darei nesta obra. Se alguns homens ligeiros e ignorantes quiserem cometer contra mim o abuso de invocar alguns passos da Escritura (sagrada), a que torçam o sentido, desprezarei os seus ataques: as verdades matemáticas não devem ser julgadas senão por matemáticos.

COPÉRNICO, Nicolau. *De Revolutionibus orbium caelestium*.

Aqueles que se entregam à prática sem ciência são como o navegador que embarca em um navio sem leme nem bússola. Sempre a prática deve fundamentar-se em boa teoria. Antes de fazer de um caso uma regra geral, experimente-o duas ou três vezes e verifique se as experiências produzem os mesmos efeitos. Nenhuma investigação humana pode se considerar verdadeira ciência se não passa por demonstrações matemáticas.

DA VINCI, Leonardo. *Carnets*.

O aspecto a ser ressaltado em ambos os textos para exemplificar o racionalismo moderno é:

a) a fé como guia das descobertas.
b) o senso crítico para se chegar a Deus.
c) a limitação da ciência pelos princípios bíblicos.
d) a importância da experiência e da observação.
e) o princípio da autoridade e da tradição.

2 (Fuvest-SP) *O Juízo Final*, pintado no teto da Capela Sistina, e a *Divina Comédia* são obras, respectivamente, de autoria de:

a) Rafael e Boccaccio
b) Michelangelo e Dante Alighiere
c) Leonardo da Vinci e Santo Tomás de Aquino
d) Ticiano e Petrarca
e) Bernini e Shakespeare

3 (UFPR -PR) A Reforma Protestante e a Contrarreforma envolveram aspectos ligados à doutrina da religião cristã e à forma como se organizava a Igreja Católica com sede em Roma. No contexto desses movimentos, considere as afirmativas a seguir:

I. Os protestantes eram contrários à autoridade do Papa e à intermediação dos padres na leitura da Bíblia.
II. Os protestantes eram contrários ao casamento dos padres e ao sacramento da confissão.
III. As ideias protestantes tiveram grande aceitação por parte dos monarcas portugueses, espanhóis e ingleses.
IV. Os jesuítas foram designados para a ação missionária nas terras da América, Ásia e África, a fim de garantir a expansão da fé católica.
V. O Concílio de Trento definiu algumas ações para reagir à expansão do protestantismo, como o fortalecimento dos sacramentos e uma melhor formação do clero para o atendimento dos fiéis.

Assinale a alternativa correta:

a) Somente as afirmativas II e III são verdadeiras.
b) Somente as afirmativas I e II são verdadeiras.
c) Somente as afirmativas I, IV e V são verdadeiras.
d) Somente a afirmativa IV é verdadeira.
e) Somente as afirmativas III e V são verdadeiras.

Gabarito

Capítulo 1: História e reflexão

1. b.
2. Não. O estudo da história não se restringe ao passado. O historiador estuda a vida humana através do tempo; ele vive seu tempo e por isso a história que ele escreve (passado) está ligada à história que ele vive (presente). Desse modo, a história estabelece uma relação entre passado e presente, na qual o conhecimento histórico alarga a compreensão das pessoas como seres que constroem seu tempo. "História é passado e presente, um e outro inseparáveis", segundo o historiador francês Fernand Braudel (1902-1985).
3. b.

Capítulo 2: Primeiros povos

1. d.
2. a.
3. b
4. b.
5. b.

Capítulo 3: Mesopotâmia e Egito antigo

1. a) As civilizações que ocuparam a antiga Mesopotâmia eram organizadas, em termos sociais, em sociedades estamentais e, politicamente, em monarquias teocráticas.
   b) Trata-se do primeiro código de leis escritas da História, atribuído ao rei babilônico Hamurábi. Baseava-se no princípio do "olho por olho, dente por dente", a chamada "Lei de talião", que estabelece penas proporcionais aos crimes cometidos.
2. d.
3. a) Agricultura, artesanato, comércio e pesca.
   b) Mudanças: o uso da terra na agricultura egípcia baseado na servidão coletiva e, no Brasil, em moldes capitalistas; o comércio baseado em trocas no Egito antigo e comércio de base monetária no Brasil. Permanências: o uso do arado com tração animal ainda persiste em muitas regiões do Brasil, apesar da modernização nas técnicas agrícolas; o comércio por meio fluvial, que marcou a sociedade egípcia antiga, também é muito comum na Amazônia brasileira.
4. a.

Capítulo 4: Grécia antiga

1. d.
2. c.
3. d.
4. b.

Capítulo 5: Roma antiga

1. b.
2. d.
3. e.
4. e.

Capítulo 6: Bizâncio e o mundo islâmico

1. b.
2. d.
3. a.
4. c.

Capítulo 7: Europa feudal

1. a.
2. a) As ideias do autor inserem-se no contexto feudal da Europa ocidental.
   b) O documento justifica a organização estamental da sociedade medieval em três ordens – os que rezam, os que lutam e os que trabalham – fundamentada no teocentrismo religioso, base do domínio ideológico e cultural exercido pela Igreja católica durante a época medieval.
3. b.

Capítulo 8: Mundo cristão

1. e.
2. e.

Capítulo 9: Renascimentos e reformas

1. d.
2. b.
3. c.

VOLUME ÚNICO

GILBERTO COTRIM

Bacharel em História pela Faculdade de Filosofia, Letras e Ciências Humanas da Universidade de São Paulo (FFLCH-USP).
Licenciado em História pela Faculdade de Educação da Universidade de São Paulo (FEUSP).
Mestre em Educação, Arte e História da Cultura pela Universidade Presbiteriana Mackenzie (UPM-SP).
Professor de História na rede particular de ensino de São Paulo.
Advogado inscrito na OAB São Paulo.

GIORDANA COTRIM

Bacharela em História pela Pontifícia Universidade Católica de São Paulo (PUC-SP).
Licenciada em História pela Pontifícia Universidade Católica de São Paulo (PUC-SP).
Assessora pedagógica.

PARTE II

História

Sumário

PARTE II

Unidade 4
Contatos e confrontos

Capítulo 10 – Povos africanos 133
- África: um continente imenso 133
- Pan-africanismo e a história da África 136
- Reinos africanos 137
- **Oficina de História** 140

Capítulo 11 – Povos da América 142
- Diversidade étnica e cultural 142
- Tupis-guaranis: aldeias autônomas 143
- Maias: cidades-Estados 145
- Astecas: império mesoamericano 145
- Incas: império andino 146
- **Conexões** – Filosofia e Linguagens 147
- **Oficina de História** 148

Capítulo 12 – Expansão marítima e conquista da América 150
- Estados modernos 150
- Expansão marítima 152
- **Conexões** – Geografia 153
- Pioneirismo português 154
- Navegações espanholas 156
- Navegações inglesas, francesas e holandesas ... 157
- As faces da conquista 158
- Impactos da conquista na Europa 160
- **Oficina de História** 162
- **Projeto** Diversidade e tolerância religiosa 164

Unidade 5
Colonialismo e escravidão

Capítulo 13 – Colonização do Brasil 167
- Mercantilismo e colonialismo 167
- O processo de colonização 168
- **Conexões** – Geografia e Filosofia 169
- Capitanias hereditárias 172
- Governo-geral 174
- Padroado: o governo e a Igreja 176
- **Oficina de História** 177

Capítulo 14 – Sociedade açucareira 179
- Açúcar no Brasil colonial 179
- Invasões holandesas 186
- Portugal após a União Ibérica 190
- **Oficina de História** 191

Capítulo 15 – Expansão territorial e mineração ... 193
- A marcha do povoamento 193
- Expedições militares 194
- Bandeirismo 194
- Jesuítas: a fundação de aldeamentos 196
- Pecuária: expansão das fronteiras 197
- Tratados e fronteiras 198
- A mineração no Brasil 199
- Administração das minas 201
- A sociedade do ouro 202
- Crise da mineração 202
- **Oficina de História** 204

Unidade 6
Súdito e cidadão

Capítulo 16 – Antigo Regime e Iluminismo 206
- Antigo Regime 206
- Iluminismo: a liberdade da razão 209
- **Conexões** – Filosofia 211
- Despotismo esclarecido 212
- **Oficina de História** 214

Capítulo 17 – Inglaterra e Revolução Industrial ... 216
- Revolução Inglesa 216
- Revolução Industrial 217
- Impactos da Revolução Industrial 220
- **Conexões** – Filosofia e Sociologia 221
- **Oficina de História** 224

Capítulo 18 – Revolução Francesa e Era Napoleônica 225
- França às vésperas da Revolução 225
- A crise econômica e o começo da revolução 226
- Monarquia constitucional 228
- Da República ao Diretório 228
- Era Napoleônica: conquistas e tragédias 230
- **Oficina de História** 234
- **Perspectivas** Trabalho e desigualdade na Revolução Industrial 236

Unidade 7
Liberdade e independência

Capítulo 19 – Colonização e independência dos EUA 239
- As 13 colônias 239
- Conflitos com a Inglaterra 241
- Constituição dos Estados Unidos 243
- **Conexões** – Geografia 244
- **Oficina de História** 245

Capítulo 20 – Independências na América Latina 247
- Contexto das independências 247
- Revolução do Haiti 248
- Independências na América espanhola 249
- Desdobramentos das independências 252
- **Conexões** – Filosofia 253
- **Oficina de História** 254

Capítulo 21 – Independência do Brasil 255
- Crise da sociedade colonial 255
- Rebeliões coloniais 256
- A corte de dom João no Brasil 259
- Caminhos da independência 262
- **Oficina de História** 263

Projeto A questão indígena no Brasil contemporâneo 264

Unidade 8
Império e território

Capítulo 22 – Primeiro Reinado e Regências 267
- Nasce o Brasil independente 267
- A Primeira Constituição 267
- Confederação do Equador 269
- Abdicação do trono 270
- Período regencial 271
- Revoltas provinciais 274
- **Oficina de História** 278

Capítulo 23 – Segundo Reinado 279
- Dom Pedro II 279
- Revolta Praieira 281
- Transformações na sociedade 282
- **Conexões** – Arte e Filosofia 284
- **Oficina de História** 287

Capítulo 24 – Crise do império 288
- Conflitos internacionais 288
- **Conexões** – Geografia 291
- Fim da escravidão 291
- Queda da monarquia 294
- **Oficina de História** 296

Perspectivas Racismo e discriminação no mundo do trabalho 298

Questões do Enem e de vestibulares 300

CIÊNCIAS HUMANAS E SOCIAIS APLICADAS

UNIDADE

Contatos e confrontos

Ao longo de séculos, grupos humanos se deslocaram pela Terra e, com isso, puderam conhecer diferentes locais e entrar em contato com vários povos. Por vezes, esses contatos foram amistosos, outras vezes foram agressivos e brutais. As dinâmicas migratórias estão na base dos contatos e confrontos entre povos até os dias atuais.

Bridgeman Images/Easypix Brasil/Coleção particular

Representação, produzida no século XVI, do imperador asteca Montezuma sendo capturado por espanhóis. Alguns historiadores afirmam que, inicialmente, o imperador teve uma relação amistosa com os colonizadores. No entanto, essa relação se tornou um conflito, do qual os europeus saíram vencedores. Entre os resultados desse confronto estão a morte de Montezuma e a destruição da cidade de Tenochtitlán, na região onde, posteriormente, foi construída a capital do México.

1 No lugar em que você vive é possível identificar "evidências" do encontro entre diferentes povos?

2 Quais impactos podem ocorrer em função do contato entre povos diferentes?

CAPÍTULO 10

Povos africanos

A África é um continente imenso com grande diversidade geográfica e cultural. Esse continente possui os mais antigos registros arqueológicos da presença do ser humano. As histórias dos povos africanos são cada vez mais pesquisadas e estão ligadas à história de todos nós.
Que elementos culturais africanos podem ser encontrados em nosso cotidiano?

Este capítulo favorece o desenvolvimento das habilidades:

EM13CHS101
EM13CHS102
EM13CHS103
EM13CHS104
EM13CHS105
EM13CHS106
EM13CHS203
EM13CHS204

⟩ África: um continente imenso

A África é um continente com mais de 30 milhões de km², aproximadamente 3,5 vezes o território brasileiro atual, e uma população superior a 1 bilhão de habitantes, distribuídos por 54 países. É o segundo continente mais populoso, superado apenas pela Ásia.

O continente africano nunca foi homogêneo. Ao contrário, sempre se caracterizou pela pluralidade de paisagens, sociedades e culturas.

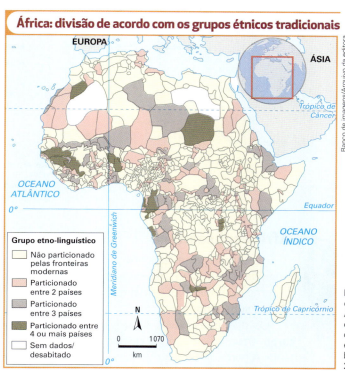

África: divisão de acordo com os grupos étnicos tradicionais

Grupo etno-linguístico:
- Não particionado pelas fronteiras modernas
- Particionado entre 2 países
- Particionado entre 3 países
- Particionado entre 4 ou mais países
- Sem dados/desabitado

Fonte: elaborado com base em AMERICAN Economic Association. Disponível em: <https://www.aeaweb.org/research/are-colonial-era-borders-holding-africa-back>. Acesso em: 20 dez. 2019.

LINHA DO TEMPO

c. 3500 a.C. a século X d.C.
Difusão gradual da agricultura e da urbanização.

Século III
Introdução do camelo no Saara possibilita o comércio transaariano e o desenvolvimento de Estados e cidades-Estado comerciais no Sahel e ao longo do rio Níger (Gana, Djenné, Tombuctu, Gaô, Tadmeka, Takkeda).

Século VII
Conquista islâmica do norte da África e início de um comércio de longa distância entre a costa do Índico e a África central.

Século XIII
Surgimento de grandes Estados na África central, ligados à introdução da metalurgia (Kongo, Matamba, Ndongo) ou ao comércio de cobre (Luba, Lunda).

Séculos XIII a XV
Expansão militar de Estados comerciais dá origem aos "impérios" da África ocidental (Mali, Songai); a escravidão começa a ser utilizada na África ocidental para a produção de mercadorias.

Século XIV
Portugueses navegam na costa ocidental africana e estabelecem-se nas ilhas atlânticas (Madeira, Cabo Verde, São Tomé e Príncipe); início de um pequeno comércio marítimo de escravos em direção à Europa.

1312-1332
Reino do Mali, na África, atinge sua máxima extensão.

Século XV
Portugueses chegam ao oceano Índico contornando a África; emprego de escravos nas ilhas portuguesas para a produção de tecidos que, por sua vez, são trocados por ouro e mais escravos na África ocidental e central.

1483
Navegadores portugueses estabelecem primeiros contatos com o Reino do Congo, na África.

Século XVI
Início do tráfico de escravos para as Américas.

Linha do tempo esquemática. O espaço entre as datas não é proporcional ao intervalo de tempo.

Para conhecer o continente africano, estudiosos costumam adotar a seguinte divisão:
- **África setentrional** – corresponde a todo o norte do continente, região quase inteiramente dominada pelo deserto do Saara. Essa região foi ocupada por sociedades como a dos antigos egípcios, dos cartagineses e dos muçulmanos;
- **África subsaariana** – corresponde ao território africano situado ao sul do deserto do Saara. Nessa região, estabeleceram-se reinos e impérios como os de Gana, Mali, Songai, Ifê, Benin, Kano, Zaria, Congo e Zimbábue.

Observar o mapa
- Escreva em seu caderno o nome de três Estados das seguintes regiões da África:
  a) norte da África;
  b) África central subsaariana;
  c) África subsaariana oriental, banhados pelo oceano Índico;
  d) África subsaariana ocidental, banhados pelo Atlântico.

Fonte: elaborado com base em CALDINI, Vera; ÍSOLA, Leda. *Atlas geográfico Saraiva*. São Paulo: Saraiva, 2013. p. 148 e 152.

África subsaariana

Já estudamos alguns povos da África setentrional no contexto da Antiguidade (como no caso dos egípcios) ou em conjunto com outros povos (como os árabes e os romanos). Agora, vamos estudar características da **África subsaariana**.

Os diferentes povos da região subsaariana cultivavam plantas como **sorgo**, arroz, inhame, trigo, cevada, banana, quiabo e diferentes tipos de pimenta. A partir do século XVI, também passaram a cultivar plantas originárias do Brasil, como mandioca, cacau, tabaco, amendoim, caju, goiaba e feijão.

Os instrumentos agrícolas mais utilizados eram a enxada, o pau de escavar e a pá. Devido à influência egípcia, o arado tornou-se muito utilizado na região da antiga Etiópia, bem antes do século XVI. Havia também sociedades que se dedicavam à criação de animais como bois, cabras, asnos, aves e ovelhas. Nas regiões próximas ao Saara houve – e ainda há – criação de camelos.

Os diferentes povos da África subsaariana desenvolveram também a **cerâmica**, a **tecelagem**, a **carpintaria**, a **marcenaria** e a **metalurgia**.

Recipiente de cerâmica criado no século X pelos igbos, que vivem no atual Camarões.

Sorgo: cereal semelhante ao milho. Está entre os cereais mais cultivados do mundo, ao lado de trigo, arroz e milho.

Investigar
1. Qual seria a importância do artesanato para as antigas sociedades da África subsaariana?
2. Existem diversas atividades artísticas e profissionais relacionadas ao artesanato. Dê exemplos.
3. Entre as pessoas que você conhece, alguém se dedica ao artesanato? Você gostaria de aprender algum tipo de artesanato utilizando novas tecnologias?

Também foram importantes para o desenvolvimento das sociedades as **trocas culturais** e comerciais realizadas entre as diferentes regiões africanas e as áreas fora do continente. Na Antiguidade, houve contatos, por exemplo, entre os cuxitas e os egípcios. Posteriormente, os povos muçulmanos do norte da África expandiram sua cultura e religião por um vasto território ao sul do Saara. E, na África oriental, foram significativos os contatos com persas, indianos e árabes. Os principais produtos desse comércio de longa distância eram sal, ouro, cobre, marfim, peixe seco, gado (bois, camelos, cabras, carneiros), sorgo, cevada, trigo, entre outros.

Visão preconceituosa

Ao longo do tempo, muitos **preconceitos** e **informações incorretas** foram criados em relação ao povos africanos, sobretudo àqueles que viviam na África subsaariana.

Dentre os preconceitos e equívocos, dizia-se que a África era um continente isolado e hostil ao desenvolvimento de civilizações. Um lugar de povos selvagens incapazes de gerar uma "cultura superior".

No entanto, as sociedades africanas nunca viveram isoladas. Elas realizavam trocas culturais e econômicas entre si e com vários povos da Europa, do Oriente Médio e da Ásia. Essas sociedades desenvolveram culturas complexas, que não podem ser hierarquizadas pelo "olhar europeu". Além disso, não é possível reduzir a imensidão e a diversidade da África a uma descrição estereotipada.

A partir de 1950, novas concepções de história se desenvolveram impulsionando pesquisas de campo sobre as sociedades subsaarianas. Esse trabalho passou a questionar a visão equivocada e preconceituosa a respeito da África. Os novos estudos contribuíram para recuperar milênios de história dos povos africanos, suas múltiplas culturas e romper com mentalidades racistas.

Investigar
- Você conhece algum filme ou livro que conte uma história ambientada no continente africano? Qual? Como os povos africanos foram representados?

Fontes históricas

Durante muito tempo os historiadores só trabalhavam com registros oficiais e escritos, pois acreditavam que apenas esses documentos eram confiáveis. Assim, os povos que não tinham um sistema de escrita, como algumas das sociedades africanas, eram considerados "sem história" e não poderiam ser estudados.

A partir do século XX, isso mudou radicalmente. Os historiadores ampliaram os objetos e objetivos da história, passando a se interessar pelos mais diversos aspectos das vivências humanas e das memórias sociais, buscando informações em outras fontes, além dos registros escritos, incorporando manifestações da cultura material e imaterial como fonte de conhecimento histórico.

Atualmente, ao pesquisar a história africana, podemos utilizar **fontes não escritas** como vestimentas, objetos de cerâmicas, músicas, pinturas, ruínas arquitetônicas, utensílios do cotidiano, obras de arte e relatos orais. Entre as narrativas orais, destacamos as histórias contadas pelos *griôs*.

Os *griôs* são pessoas que se especializam em guardar memórias e transmitir oralmente tradições para diferentes gerações. Eles sabem recitar histórias de diversos povos africanos em longas narrativas faladas ou cantadas, que podem ser acompanhadas por instrumentos de percussão. Essas memórias permitem, por exemplo, conhecer aspectos econômicos, sociais, políticos e culturais africanos.

Além disso, os historiadores levantaram um conjunto de **fontes escritas** em forma de cartas, livros, documentos públicos e particulares africanos. Todas essas fontes vêm sendo utilizadas para a construção de uma historiografia valiosa sobre a África.

Investigar
- Por que é importante democratizar e ampliar o estudo das memórias dos diversos grupos sociais? Comente.

Pan-africanismo e a história da África

Em 1900, foi organizada uma conferência que reuniu intelectuais negros visando promover, entre outros aspectos, a solidariedade e a consciência de laços comuns entre as comunidades negras. O nascimento desse movimento, que ficou conhecido como Pan-africanista, está diretamente ligado às lutas pela conquista de direitos pelas populações negras dos Estados Unidos e do Caribe que enfrentavam regimes de *apartheid*.

Esse movimento cresceu, a partir de 1919, no I Congresso Pan-Africano, realizado em Paris, que reivindicou o direito dos povos nativos africanos pela independência dos seus países, que naquele momento eram, em grande parte, colônias de diferentes países europeus.

A luta por independência e autogestão passou também pela revisão da história da África. O objetivo era recuperar a identidade dos povos africanos superando as imagens distorcidas por historiadores europeus. Para isso, era necessário estimular a produção historiográfica de autores africanos. Uma produção feita a partir da dinâmica africana, com seus próprios documentos e por sua própria gente.

Essa reinterpretação da história da África ganhou corpo e, em 1964, organizou-se um **Comitê da Unesco para a Redação da História Geral da África**, uma produção sobre a história do continente que fosse livre de preconceitos.

A obra serviria não só para rever os conteúdos e temas, que antes eram tratados pelo ponto de vista dos europeus, mas também para contribuir com um novo ensino da história da África.

Ao longo dos trinta anos seguintes, o Comitê, que contou com mais de 350 especialistas, entre historiadores, antropólogos, arqueólogos, filósofos e outros, produziu a **História geral da África**, uma coleção de oito volumes que se debruça não só sobre a história dos povos africanos, mas também sobre as comunidades de descendentes de africanos em outros continentes.

Joseph Ki-Zerbo, político e historiador africano, responsável pela organização do volume 1 da coleção *História geral da África*. Fotografia de 1978.

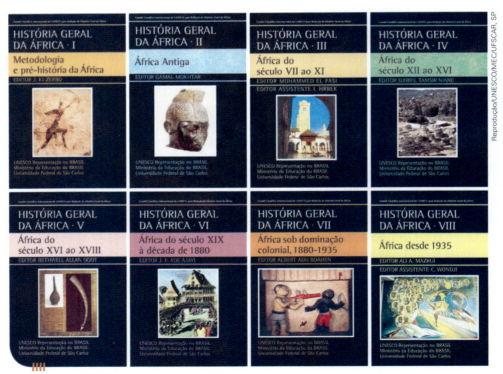

Coleção *História geral da África*, projeto iniciado pela Unesco em 1964.

Reinos africanos

Na África subsaariana existiu imensa pluralidade de organizações sociais. Alguns povos viviam em pequenas aldeias de caçadores-coletores, outros viviam da agricultura e da criação de animais. Havia também aqueles que desenvolveram estruturas sociais como cidades-Estado, reinos ou impérios, nos quais havia instituições criadas especificamente para o exercício do poder político, econômico, militar, etc.

Vejamos, a seguir, três reinos da costa ocidental do continente africano: Gana, Mali e Congo.

Reino de Gana

Na África ocidental, ao sul do deserto do Saara, formou-se o Reino de Gana. Esse reino se desenvolveu aproximadamente entre os séculos IV e XII, em decorrência da união política de diversas aldeias. Atingiu seu apogeu político e econômico do século IX a meados do século XI, sob a dinastia Tunkara.

Reinos Africanos (século XVI)

Fonte: elaborado com base em DUBY, Georges. *Atlas historique mondial*. Paris: Larousse, 2006. p. 216.

Uma das importantes fontes de poder dos reis ganenses era a grande quantidade de ouro existente na região. Estima-se que, até a conquista da América, esse reino tenha sido o principal fornecedor de ouro para regiões europeias e árabes. No comércio entre Gana e o norte da África – feito por caravanas que cruzavam o Saara –, os ganenses trocavam ouro principalmente por sal. O comércio de sal na época era bastante importante, dada a raridade desse mineral. Em algumas ocasiões, o ouro era permutado por quantidades equivalentes de sal.

Segundo o historiador Alberto da Costa e Silva, o Reino de Gana pode ser considerado um Estado. Como tal, possuía um rei (*gana*), uma corte, um exército permanente e uma população que vivia sob a influência do rei.

A sociedade ganesa estava organizada de forma hierárquica e apresentava uma divisão entre pessoas livres e pessoas escravizadas. Entre as pessoas livres, existiam subdivisões sociais geradas por diferentes motivos, entre eles a ancestralidade e as atividades laborais desempenhadas. A unidade familiar era muito importante naquele reino: regida pelo homem, caracterizava uma forma de organização **patrilinear**.

Uma das principais cidades do Reino de Gana foi Kumbi Saleh, provavelmente localizada no sudeste da atual Mauritânia. Outra localidade importante era Audagost, que ficava ao norte de Kumbi Saleh.

A partir do século XI, o Reino de Gana passou a ser invadido por tropas muçulmanas. A presença da religião muçulmana nessa região pode ser atestada por templos islâmicos e por uma grande mesquita instalada na cidade de Audagost.

A riqueza de Gana chamou a atenção de outros povos africanos. No início do século XII, guerreiros do Reino do Mali invadiram e conquistaram a cidade de Kumbi Saleh.

> **Investigar**
> • O ouro e o sal eram muito valiosos no Reino de Gana. Na sua opinião, que bens são mais valorizados no mundo contemporâneo? Comente.

> **Patrilinear:** que se baseia na linhagem paterna.

Escultura em ouro representando um leão. Foi produzida no século XIX pela civilização axânti, que vivia no território hoje pertencente a Gana, África.

Reino do Mali

A partir do século XIII, desenvolveu-se no alto Níger o Reino do Mali, alcançando áreas dos atuais Estados de Mali, Burkina Faso, Senegal e Gâmbia. A população malinesa compunha-se de várias etnias, destacando-se, entre elas, os **mandingas**, que se dividiam em diferentes clãs.

A tradição local exalta o rei (*mansa*) Sundiata Keita (c. 1217-1255) como o responsável por articular os diversos clãs mandinga para lutar contra um inimigo externo. Dessa articulação teria surgido uma relativa união política entre os clãs, dando origem ao Reino do Mali.

Sundiata teria incentivado também a agricultura naquela região, promovendo novos plantios, como de algodão e amendoim. Seus sucessores ampliaram o reino, que cresceu, atingindo o apogeu e a máxima extensão territorial no governo de *mansa* Musa, provavelmente entre 1312 e 1332.

Nesse período, as extensões do Reino do Mali iam desde o litoral do oceano Atlântico (atuais Estados africanos de Senegal, Gâmbia, Guiné-Bissau e Guiné) até as terras altas banhadas pelo rio Níger (atuais Estados africanos de Mali e Burkina Faso, entre outros). Destacavam-se, entre as cidades do reino, Tombuctu, Djenné e Gao, importantes centros comerciais.

Tal como outros soberanos de sua dinastia, o *mansa* Musa converteu-se ao islamismo e promoveu uma peregrinação à cidade de Meca (local sagrado para os muçulmanos). Assim, organizou, em 1324, uma poderosa expedição que se tornou célebre no mundo árabe e mediterrâneo: relatos da época, reunidos nas pesquisas do historiador africano Joseph Ki-Zerbo, indicam que essa expedição era formada por milhares de pessoas (entre soldados e serviçais) e reunia centenas de camelos, que transportavam cerca de duas toneladas de ouro.

Quando a expedição passou pela cidade do Cairo, no Egito, Musa exibiu sua riqueza oferecendo presentes em ouro aos vários representantes do governo egípcio, que lhe rendiam homenagens. Ao chegar a Meca, continuou distribuindo milhares de peças de ouro em suas oferendas religiosas. A quantidade de ouro distribuída foi tão grande que o preço do metal caiu.

Após regressar ao Mali, o governo do *mansa* Musa estimulou a ida de sábios para o reino. A cidade de Tombuctu transformou-se em um centro cultural islâmico na África ocidental, e, na cidade de Djenné, Musa mandou construir uma grande mesquita. Depois do reinado do *mansa* Musa, o governo passou às mãos de seu filho, Magan, e depois às de seu sobrinho, Sulaimã.

Durante o governo de Sulaimã, o Reino do Mali demonstrava organização e segurança, mas as riquezas não eram bem distribuídas entre a população. Além da exploração do ouro, os malineses exercem atividades econômicas como agricultura (arroz, feijão e algodão), pecuária (bois e cabras), pesca, artesanato, entre outras.

Com a morte de Sulaimã (1360), o Reino do Mali entrou em declínio, enfraquecido por guerras internas e ataques de povos inimigos, como os **tuaregues**. No século XV, conquistadores portugueses entraram em contato com os povos dessa região.

A mesquita de Djenné foi construída em 1280 e reconstruída em 1907, no Mali, África. É considerada a maior estrutura em adobe do mundo. O adobe é um tijolo feito de argila e matéria orgânica, como palha ou capim. Fotografia de 2017.

Reino do Congo

Na segunda metade do século XIII, **povos bantos** formaram o Reino do Congo. Nesse reino, havia um rei chamado de *mani* Congo ("senhor do Congo"), que tinha funções administrativas, jurídicas e religiosas. O rei contava com o apoio de vários funcionários de destaque como o chefe de palácio, os chefes das províncias, os coletores de impostos, um juiz supremo e um sacerdote principal.

A população do reino estava submetida ao governo central, a quem devia fidelidade e de quem, em troca, recebia proteção terrena e espiritual. A maioria da população trabalhava em atividades como artesanato, comércio, agricultura e criação de animais e era obrigada a pagar impostos ao *mani* Congo com parcela da produção.

A capital do reino era Mbanza (situada na atual Angola), uma grande cidade murada. Para se ter uma ideia de sua extensão, de acordo com historiadores, era comparável com as maiores cidades da Europa do século XVI. Além de centro político, era o principal ponto de encontro de rotas comerciais que ligavam diversas aldeias do reino.

Os bantos

A palavra "banto" refere-se aos povos africanos que ocupam amplas regiões do centro e do sul da África. Analisando seus traços culturais (língua e formas de organização, por exemplo), estudiosos supõem que os bantos tiveram origem comum e expandiram-se pela África, difundindo suas formas de ser e de viver: língua, agricultura, criação de animais (cabras, ovelhas e bois), metalurgia do ferro (produção de arpões, lanças e flechas com ponta de ferro, etc.). Dessa maneira, os povos bantos (bacongos, imbangalas, lundas, ambundos, xonas, zulus, etc.) foram dominando ou se aliando aos demais povos ao sul do Saara.

Os povos bantos possuem línguas aparentadas que, atualmente, são faladas por cerca de 300 milhões de pessoas na África. A maioria dos africanos escravizados que vieram para o Brasil pertencia aos povos bantos. Assim, algumas palavras incorporadas à língua portuguesa são de origem banto, como banguela, bagunça, caçula, carimbo, encafifar, lenga-lenga, maracutaia, moleque, quilombo, xingar e zonzo.

> **Investigar**
> - Que elementos da cultura africana influenciaram a formação do Brasil? Pesquise o assunto.

Contatos entre bantos e portugueses

Em 1483, navegadores portugueses liderados por Diogo Cão fizeram, efetivamente, os primeiros contatos com pessoas do Reino do Congo. A partir desse encontro, portugueses e congoleses estabeleceram relações amistosas e parcerias comerciais. Como parte da aproximação e aliança entre os dois povos, em 1491 o *mani* Congo converteu-se formalmente ao catolicismo. Adotou o nome de dom João I, e a capital do reino foi rebatizada de São Salvador.

O sucessor de dom João I – seu filho, Afonso I – estudou em Portugal e, durante seu reinado, procurou consolidar o cristianismo no Reino do Congo. Porém, a adesão ao cristianismo ficou restrita à família do rei e às elites que o cercavam. A maioria da população permaneceu fiel aos cultos tradicionais africanos.

A partir do século XVII, as relações amistosas entre congoleses e portugueses se degeneraram em razão de vários conflitos relacionados ao tráfico de escravos. Controlando a região de Angola, os portugueses se aliaram aos inimigos dos congoleses (*jagas*). Ao longo de sucessivos combates, saquearam as cidades do Congo e, por fim, mataram o rei congolês, em 1665.

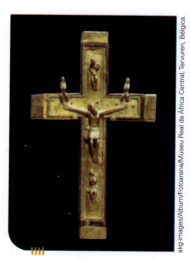

Crucifixo de metal feito por artista do Congo, por volta do século XVII. Símbolos cristãos foram trazidos por missionários católicos depois da conversão de parte da elite dos bantos ao cristianismo, no final do século XV.

Oficina de História

Analisar e refletir

1. Diversos povos africanos ao sul do Saara contavam suas histórias por meio das tradições orais e dos vários objetos da cultura material. Assim, para terem acesso a essas histórias, os pesquisadores tiveram de superar o paradigma de que a principal fonte de estudo do passado são os textos escritos. Atualmente, a concepção de que os povos sem escrita não têm propriamente história está ultrapassada. Houve uma grande ampliação do conceito de "fonte histórica", que abrange diversas formas de registros da experiência humana, como a arquitetura, a culinária, os meios de transporte, as danças, etc.

   Com base nessas informações, responda às questões a seguir.

   a) Que produções culturais os povos africanos desenvolveram ao longo do tempo? Essas produções podem ser consideradas fontes históricas? Justifique sua resposta.

   b) No seu cotidiano, o que você aprendeu através de fontes escritas (livros, revistas, *sites*, etc.)? E por meio de fontes não escritas (diálogos, músicas, filmes, etc.)?

2. Em grupo, discutam a afirmação: "Interessar-se pela história da África significa, também, interessar-se pela história do Brasil". Depois, escrevam um texto comentando aspectos da relação histórica afro-brasileira.

3. A tecelagem africana começou a se desenvolver há, provavelmente, mais de mil anos. Utilizando diversos instrumentos e matérias-primas, os povos da África produziram e ainda produzem tecidos surpreendentes, que variam conforme a cultura de cada povo. Segundo a pesquisadora Laure Meyer,

   > Em África, até há muito pouco tempo, os tecidos não eram geralmente destinados a aquecer ou a preservar das intempéries. Traduziam o desejo de agradar e o sentimento estético próprio dos africanos. Eram concebidos essencialmente para serem vistos, para servirem de adorno e manifestarem com vigor a presença daquele que os usava. [...]

   > MEYER, Laure. *Objetos africanos:* vida quotidiana, ritos, artes de corte. Lisboa: Centralivros, 2001. p. 63.

   a) De acordo com a pesquisadora Laure Meyer, qual é a importância dos tecidos entre os povos africanos?

   b) Em sua opinião, os jovens de hoje afirmam suas identidades através das roupas que usam? Como isso acontece? Debata o assunto com os colegas.

Tecido *kente* fabricado pelos axântis, que vivem no atual país de Gana. No passado, esse tipo de tecido, feito de seda e algodão, era usado apenas pelo rei. Seus desenhos podem simbolizar um conceito, um provérbio popular ou um acontecimento histórico.

Tecido *adire* produzido pelos iorubás na Nigéria, que usam uma substância impermeabilizante para fazer desenhos sobre o tecido. Quando o tecido é mergulhado na tinta, as partes desenhadas ficam protegidas e permanecem na cor original.

Interpretar texto e imagem

4 Alguns mapas produzidos na Europa a partir do século XIV registravam não só referências geográficas importantes (rios, desertos, montanhas), como ofereciam indicações dos povos que habitavam as regiões mapeadas e traziam informações sobre seus hábitos, religiões e riquezas. Os mapas, cujo principal objetivo era oferecer orientação segura aos navegantes, recebiam o nome de portulanos.

Atlas Catalão, de 1375. Nesse recorte, podemos identificar a extremidade sul da península Ibérica, o estreito de Gibraltar e a parte norte do continente africano.

Este portulano foi desenhado provavelmente pelo cartógrafo Abraão Cresques, em 1375, para os reis de Aragão. Observe-o com atenção e faça o que se pede.

a) Um pouco abaixo da costa norte da África, vemos representado um importante rio africano. Consulte um mapa hidrográfico da África e identifique o rio indicado. Lembre-se de que a representação do portulano não é precisa e pode distorcer tanto a localização quanto o contorno de rios, mares e montanhas.

b) Descreva os personagens representados no mapa. Retome as informações do capítulo e, com base nelas e nas referências geográficas oferecidas pelo mapa, identifique que povos e reinos estão sendo representados por esses personagens.

5 Em 1910, foi encontrada uma escultura perto da cidade de Ifé, na atual Nigéria. Tratava-se de uma cabeça de latão criada com tal habilidade técnica e artística que o objeto foi comparado às melhores esculturas clássicas gregas. Na época, alguns estudiosos europeus recusaram-se a acreditar que aquela obra de arte havia sido produzida por um povo africano. No entanto, a análise do objeto e a descoberta de outras cabeças semelhantes na região demonstraram que era uma produção artística africana. Observe, à direita, uma das chamadas cabeças de Ifé.

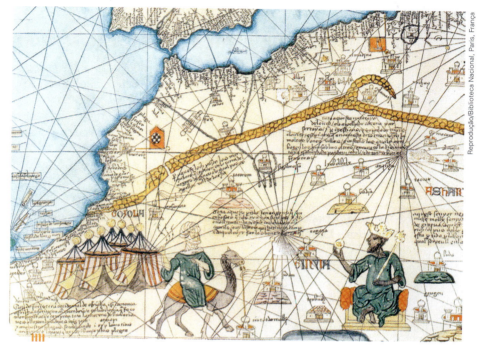

a) A atitude de alguns pesquisadores europeus em relação à cabeça de Ifé pode indicar que havia preconceitos em relação à cultura africana? Explique.
b) As esculturas iorubás podem ser utilizadas como fontes históricas? Por quê?
c) Imagine que essa descoberta tivesse ocorrido nos dias atuais. Produza uma manchete de jornal anunciando-a.

Cabeça de Ifé, produzida pelo povo iorubá por volta do século XIII ou XIV. É, provavelmente, a representação de um governante.

CAPÍTULO

11 Povos da América

O continente americano já foi habitado por diversos povos, como os Tupi, os maias, os astecas e os incas. Esses povos, também chamados de ameríndios, desenvolveram uma rica produção cultural que incluía belas expressões artísticas. Como eram as sociedades dos indígenas americanos?

Este capítulo favorece o desenvolvimento das habilidades:

EM13CHS101
EM13CHS102
EM13CHS103
EM13CHS104
EM13CHS105
EM13CHS106
EM13CHS203

◊ Diversidade étnica e cultural

Há muitas divergências entre os estudiosos sobre o tamanho da população indígena da América no início do século XVI. No entanto, há cálculos que variam de cerca de 57 a 100 milhões de pessoas que viviam no continente americano concentradas principalmente nas regiões dos atuais México, América Central e oeste da América do Sul.

No território que mais tarde formaria o Brasil, alguns cálculos indicam cerca de 2,5 milhões de indígenas, enquanto outros apontam aproximadamente 5 milhões. Nessa mesma época, portugueses e espanhóis – principais responsáveis pela conquista dos povos americanos –, juntos, não somavam 11 milhões de pessoas.

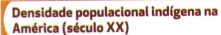

Observar o mapa

- Compare os mapas. No século XV, as populações indígenas se concentravam, principalmente, em quais regiões da América? E no século XX? Levante hipóteses para explicar a diminuição das populações indígenas em razão da colonização europeia.

Fonte: elaborados com base em COE, Michael et al. *A América antiga*: civilizações pré-colombianas. Madri: Edições Del Prado, 1996. v. 1, p. 16. (Coleção Grandes impérios e civilizações).

LINHA DO TEMPO

300 e 900 d.C. A civilização maia alcança seu apogeu.

Século XII Desenvolvimento da civilização asteca se inicia.

Século XIV Esplendor da civilização inca.

1492 Cristóvão Colombo, navegando a serviço da Espanha, descobre a América.

1500 Pedro Álvares Cabral chega ao território que, posteriormente, seria o Brasil. Toma posse da terra em nome da Coroa portuguesa.

1519 O espanhol Hernán Cortés inicia a conquista do México.

1531 Início da conquista do Império Inca sob o comando de Francisco Pizarro.

Linha do tempo esquemática. O espaço entre as datas não é proporcional ao intervalo de tempo.

Ao longo do tempo, os habitantes originários da América receberam designações variadas, tais como: povos pré-colombianos (que viviam na América antes da chegada de Cristóvão Colombo); povos nativos (que são naturais do local onde vivem); e índios (referência aos habitantes da Índia, pois Colombo pensava ter alcançado as Índias quando chegou à América). Por trás desses nomes genéricos, encontravam-se mais de 3 mil sociedades no século XV, com culturas ricas e variadas.

Apesar do termo índio remontar a um engano de Colombo, atualmente, essa palavra é utilizada pelos povos originários da América. Eles se autodeclaram **índios** ou **indígenas** e lutam por seus direitos e pela valorização de suas culturas. Neste capítulo, estudaremos alguns aspectos das sociedades tupis-guaranis, maias, incas e astecas.

Cabeças de diferentes tribos selvagens, litografia de Jean-Baptiste Debret, produzida entre 1834 e 1839.

Investigar

- Até o século XVI, os índios dominavam o continente americano. Após a conquista europeia, as populações indígenas passaram a pertencer aos setores mais pobres e explorados da sociedade que se formou. Qual é a situação dos povos indígenas no Brasil atual? Pesquise, por exemplo, as relações sociais (relacionadas a trabalho, tecnologia, etc.) que se estabeleceram entre indígenas e europeus ao longo do tempo e das gerações.

Tupis-guaranis: aldeias autônomas

No começo do século XVI, os portugueses que chegaram às terras correspondentes ao Brasil defrontaram-se com diversos povos indígenas, que hoje podem ser organizados, basicamente, em quatro famílias linguísticas: os Jê, os Aruak, os Karib e os Tupi-Guarani. O mapa ao lado apresenta uma estimativa das localizações dessas famílias linguísticas.

Observar o mapa

- Consulte um mapa político do Brasil atual. No século XVI, que família linguística indígena se localizava no estado em que você mora? Há vestígios atuais dessa antiga presença indígena? Pesquise.

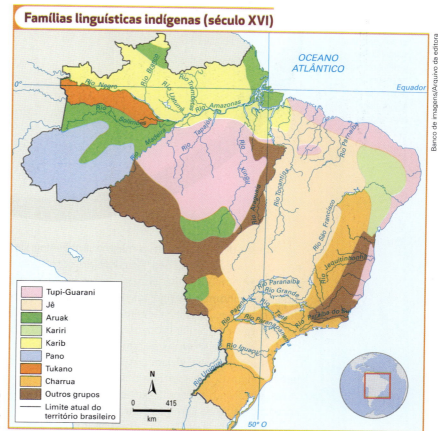

Fonte: elaborado com base em ALBUQUERQUE, Manoel M. de *et al. Atlas histórico escolar*. 8. ed. Rio de Janeiro: FAE, 1986. p. 12.

No território ocupado pelos portugueses, os Tupi-Guarani habitavam longos trechos das áreas litorâneas e partes do interior, acompanhando o curso dos rios, além de regiões dos atuais Uruguai, Paraguai e norte da Argentina.

Sobre esses povos, há uma série de dados provenientes de pesquisas arqueológicas, além de informações históricas baseadas, principalmente, em crônicas de missionários e viajantes europeus dos séculos XVI e XVII.

Os Tupi-Guarani eram pescadores habilidosos e desenvolveram embarcações, como a canoa e a jangada. Além disso, cultivavam mandioca, milho, batata-doce, feijão, amendoim, tabaco, abóbora, algodão, pimenta, abacaxi, mamão, erva-mate, guaraná, entre outros alimentos. Eles sabiam identificar e utilizar milhares de plantas. Posteriormente, muitas dessas plantas e parte desses conhecimentos se difundiram pelo mundo. Estima-se que até 70% das drogas medicinais de origem vegetal utilizadas atualmente derivam de saberes indígenas.

Na preparação do solo, usavam um sistema chamado **coivara**, no qual os homens derrubavam árvores com seus machados de pedra e limpavam o terreno com queimadas, abrindo clareiras na mata. As mulheres, por sua vez, dedicavam-se ao plantio e à colheita. Graças a suas técnicas agrícolas, os Tupi-Guarani produziam alimentos suficientes para seu consumo e estoque.

> **Investigar**
>
> 1. Na sua alimentação diária, você consome alimentos que também eram consumidos pelos Tupi-Guarani? Quais?
>
> 2. Além da alimentação, qual outra influência tupi-guarani você reconhece em seu cotidiano? Argumente a esse respeito.

Tigela de cerâmica produzida por povos tupis-guaranis.

Fabio Colombini/Acervo do fotógrafo/Museu do Santuário Nacional, Aparecida (SP).

Apesar de pertencerem à mesma família linguística, os Tupi-Guarani não formavam uma população homogênea. Ao contrário, constituíam diversos povos muitas vezes rivais, como tupinambás, tupiniquins, guaranis, caetés, potiguares, etc. Esses povos viviam em **aldeias autônomas**, compostas de cerca de 500 a 2 mil pessoas. Cada aldeia era chefiada por uma liderança política e religiosa (como o **pajé** e o **caraíba**) e podia deslocar-se para novas áreas por vários motivos, como o desgaste do solo, a diminuição de reservas de caça, as disputas internas ou a morte de um chefe.

Os Tupi-Guarani viviam em guerra contra seus adversários, fossem eles povos de sua família linguística, fossem de outras famílias, como os Jê e os Aruak. Esses conflitos, às vezes, envolviam a disputa por territórios férteis ou propícios para a caça e a pesca, bem como a captura de inimigos para serem sacrificados em **rituais de antropofagia** nos quais os Tupi-Guarani acreditavam absorver as qualidades do guerreiro sacrificado.

Maias: cidades-Estados

A civilização maia desenvolveu-se na península de Yucatán, no território que atualmente corresponde a Belize, Honduras, parte do México e da Guatemala, na América Central. Os restos mais antigos da presença maia na região datam de 7000 a.C., sendo o apogeu dessa civilização alcançado entre 300 e 900 d.C.

A economia dos maias baseava-se principalmente no cultivo de milho, feijão e batata-doce. Não conheciam o uso do ferro, da roda, do arado e do transporte por animais, mas produziam diferentes tipos de **borracha**, **cerâmica** e **arte mural**. Também eram ativos **comerciantes**.

Os maias se organizavam em **cidades-Estados** que tinham governos, leis e costumes próprios. A forma de governo predominante era a **monarquia hereditária**. Em diferentes períodos, os sacerdotes e os militares exerceram forte influência sobre o governo.

Os maias tinham conhecimentos matemáticos, o que lhes permitiu construir templos, pirâmides e observatórios astronômicos. Desenvolveram o conceito de zero e um sistema numérico **vigesimal** (de base vinte). Criaram um calendário de 365 dias e um sistema de escrita que utilizava um conjunto de glifos (sinais gráficos), gravados nos códices e em materiais como pedra e cerâmica.

Entre as **fontes históricas** para estudar os maias, destacam-se as construções arquitetônicas, os artefatos, os relatos de europeus e os códices. Os **códices** são livros de papel mesoamericano feito, principalmente, com casca de figueira sobre o qual os maias aplicavam sua escrita. Os códices que chegaram à contemporaneidade foram decifrados apenas na segunda metade do século XX.

Na época da chegada do colonizador espanhol (final do século XV), a civilização maia estava em processo de dominação pelos astecas. Calcula-se que hoje as diversas línguas maias sejam faladas por mais de 6 milhões de pessoas em países em regiões do México e da América Central.

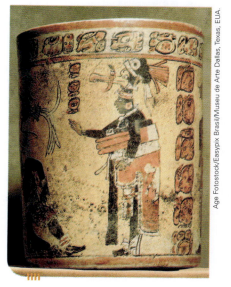

Vaso cilíndrico maia produzido entre 500 e 900, com representação de um jogador de bola com trajes típicos.

Astecas: império mesoamericano

A civilização asteca desenvolveu-se a partir do século XII, na região do atual México. Povo guerreiro, os astecas (também chamados mexicas, origem do nome México) eram governados por um rei poderoso. Estima-se que, em seu auge, o Império Asteca tenha alcançado 6 milhões de habitantes.

Eles comercializavam tecidos, peles, cerâmicas, sal, ouro e prata. Desconheciam o ferro e a roda e não usavam animais para o transporte de cargas. Entretanto, dominavam as técnicas da ourivesaria (trabalhos manuais em ouro e prata), da cerâmica, da tecelagem e da construção de ilhas artificiais (**chinampas**) destinadas ao cultivo agrícola. Plantavam milho, feijão, cacau, algodão, tomate e tabaco.

Os astecas praticavam sacrifícios humanos em rituais religiosos, invocando a proteção de deuses associados a forças da natureza. Assim como os maias, construíram grandes templos e desenvolveram seus próprios calendários, sistema numérico e forma de escrita, registrada também em códices. Seu idioma era o *nahuatl*, que é atualmente a língua indígena mais falada no México.

A história da conquista do Império Asteca pelos espanhóis teve início em fevereiro de 1519, quando Hernán Cortés decidiu atacá-lo para saquear o ouro da cidade de Tenochtitlán. Nesse ataque, Cortés e seus homens conseguiram prender o imperador asteca, Montezuma. Sobre as ruínas de Tenochtitlán foi construída a Cidade do México.

Réplica da ilustração do *Códice Mendoza*, do século XVI, representando a fundação da cidade asteca de Tenochtitlán.

Incas: império andino

A civilização inca desenvolveu-se por quase toda a região dos Andes que hoje corresponde a partes do Peru, do Equador, da Bolívia e do norte do Chile. Alcançou seu maior esplendor por volta do século XIV.

O Império Inca tinha como capital a cidade de Cuzco, localizada na cordilheira dos Andes, a 3 mil metros de altitude. Era governado por um imperador considerado um deus, o filho do Sol (o Inca). Há estimativas de que a população do império chegou a atingir 12 milhões de habitantes.

A economia dos incas baseava-se no cultivo de milho, batata e tabaco. Desenvolveram a tecelagem, a cerâmica e a metalurgia do bronze e do cobre. Também sabiam trabalhar metais preciosos, como o ouro e a prata. Utilizavam a lhama, a alpaca e a vicunha como animais de carga, pois estavam bem adaptados a grandes altitudes e a baixas temperaturas. Também fiavam e teciam a lã desses animais.

Os incas construíram palácios, templos, estradas pavimentadas, aquedutos e canais de irrigação. Desenvolveram os quipos, um sistema de notação pelo qual podiam registrar números e acontecimentos. Os quipos constituíam conjuntos de cordões, às vezes coloridos, em que se davam nós distintos a fim de comunicar diferentes mensagens.

Para interligar o vasto império, os incas construíram cerca de 30 mil quilômetros de estradas, atravessando vales, desfiladeiros e montanhas.

Uma das mais importantes línguas do império era o quíchua (ou quéchua), que atualmente é falado por cerca de 10 milhões de pessoas na América Latina.

A conquista do Império Inca deu-se a partir de 1531, sob o comando do espanhol Francisco Pizarro. Em 1533, Pizarro conseguiu invadir a capital inca, desestabilizando o império.

Quipo inca produzido entre 1430 e 1530. A posição e a quantidade de nós representam números e informações.

Ruínas da cidade inca de Machu Picchu, construída no topo de uma montanha, a 2 500 metros de altitude. Abandonada algum tempo depois da conquista espanhola, a cidade só foi oficialmente redescoberta em 1911 por um arqueólogo estadunidense. Fotografia de 2019.

Conexões — FILOSOFIA E LINGUAGENS

Choque de "humanidades"

No final do século XV, mais precisamente em 1492, Cristóvão Colombo desembarcou em uma ilha da América Central. Para o europeu, essa data assinala o descobrimento da América. Posteriormente, em 1500, uma esquadra sob o comando de Pedro Álvares Cabral desembarcou na atual cidade de Porto Seguro, na Bahia, dando início à conquista do território que se transformaria no Brasil.

O contato entre europeus e indígenas teve profundo impacto sobre ambos os grupos. De acordo com o historiador Sérgio Buarque de Holanda, a conquista da América representou o choque de duas humanidades absolutamente diversas.

Durante muito tempo, alguns historiadores transmitiram apenas uma visão heroica da expansão europeia. Essas narrativas exaltavam o "aspecto civilizador" da chegada dos europeus à África, à América, à Ásia e à Oceania. Como os europeus desconheciam a existência do continente americano, tornou-se comum o uso da expressão "descobrimento" da América.

Mais recentemente, os historiadores passaram a analisar a visão dos povos indígenas sobre o acontecimento, destacando o extermínio dessas populações e a destruição de seus modos de vida. Sob essa perspectiva, o filósofo e linguista búlgaro Todorov indica que a chegada dos europeus à América foi uma invasão e uma conquista. E, mais do que isso, segundo Todorov, a conquista da América funda a **Era Moderna**:

> Apesar de toda data que permite separar duas épocas ser arbitrária, nenhuma é mais indicada para marcar o início da era moderna do que o ano de 1492, ano em que Colombo atravessa o oceano Atlântico. [...] "O mundo é pequeno", declarará peremptoriamente o próprio Colombo [...]. Os homens descobriram a totalidade de que fazem parte. Até então, formavam uma parte sem todo.
>
> TODOROV, Tzvetan. *A conquista da América:* a questão do outro. São Paulo: Martins Fontes, 2010. p. 7.

Ainda segundo Todorov, inicialmente, o conquistador europeu interpretou os indígenas como mais um elemento da paisagem, como as árvores, os pássaros, os rios. Só depois, percebeu que esses outros (os indígenas) eram indivíduos e que deviam ser submetidos aos padrões europeus.

Após ler o texto e observar o mapa, responda às questões abaixo.

1 Por que o uso da expressão "descobrimento da América" é eurocêntrico? Explique.

2 Por que você acha que Todorov assinala o ano de 1492 como o início da Era Moderna?

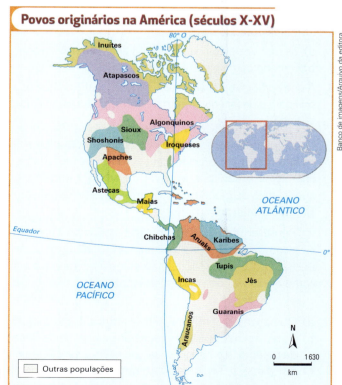

Povos originários na América (séculos X-XV)

Fonte: elaborado com base em *Atlas histórico integral*. Barcelona: Bibliograf, 1993. p. 39.

Oficina de História

Analisar e refletir

1. Construa um quadro comparando os Tupi-Guarani, os maias, os incas e os astecas. Em seu quadro, você pode levar em conta elementos como a região onde cada povo vivia, os alimentos que cultivavam, as técnicas que desenvolveram, sua organização política e social e elementos de suas culturas.

2. Observe a litografia a seguir. Para os povos indígenas brasileiros, a pintura corporal e os adornos têm como finalidade embelezar o corpo e distinguir um grupo social de outro. Que produções culturais você conhece com objetivos semelhantes?

Penteados indígenas – Toucados de plumas e continuação das cabeças de índios, detalhe de litografia de Jean-Baptiste Debret (1834-1839).

3. Eurocentrismo, basicamente, significa considerar a Europa como o centro cultural do mundo. Utilizando o que você aprendeu neste capítulo, aponte contribuições dos povos indígenas americanos que desmentem a visão eurocêntrica.

4. Em grupo, pesquisem em jornais, revistas e na internet reportagens sobre as comunidades indígenas no Brasil atual. Sintetizem em um pequeno relatório as informações que encontrarem. Depois, discutam com a turma o conteúdo das reportagens pesquisadas, analisando:
   a) os motivos pelos quais os indígenas tornam-se notícia;
   b) o modo como eles são representados.

5. A antropóloga brasileira Berta G. Ribeiro afirma que os indígenas da América contribuíram de maneira decisiva para o desenvolvimento de outras culturas. Leia um texto sobre essas contribuições e, depois, faça o que se pede.

   > [...] elementos de origem americana adquiridos pelos europeus depois da descoberta [...] revolucionaram a economia ocidental [...]. Os mais destacados foram certas plantas, como a batata (que deveria chamar-se americana ao invés de inglesa), o milho e a mandioca, rapidamente assimiladas em todos os quadrantes do globo e que vieram enriquecer substancialmente, em aminoácidos, as carências alimentícias da população mundial.
   >
   > Representam, igualmente, destacado papel na economia mundial, outras plantas importadas da América, como o cacau, o tomate; plantas estimulantes e medicinais, como [...] a quinina, a ipecacuaia, a baunilha, o mate; plantas industriais como a borracha, o algodão (já conhecido na Europa e no Oriente); frutas como o abacaxi, o caju, abacate, mamão [...].
   >
   > RIBEIRO, Berta Gleizer. *O índio na história do Brasil*. São Paulo: Global, 1983. p. 92.

   a) Que povos da América cultivavam milho e mandioca?
   b) Você sabe o que são aminoácidos e qual é sua importância na nossa alimentação? Que alimentos, além da mandioca e do milho, são ricos em aminoácidos? Pesquise.
   c) Em grupo, pesquisem sobre uma das plantas apontadas no texto. Descubram: o nome científico dessa planta, os povos que a utilizavam, qual era sua importância para esses povos antes da chegada dos europeus e qual é sua importância atualmente. Depois, elaborem uma apresentação para os colegas.

Interpretar texto e imagem

6 Os astecas subjugaram diversos povos para construir seu império. Um desses povos foram os huastecas, que viviam no litoral norte do golfo do México. Os huastecas desenvolveram cidades prósperas até serem conquistados pelos astecas, por volta de 1400. Eles não deixaram registros escritos. Analise a imagem e a legenda a seguir e responda às questões.

Escultura de figura feminina de arenito produzida pelos huastecas entre os séculos X e XVI. O corpo tem a superfície achatada e formas bastante retas. Além disso, a mulher representada segura a barriga sobressalente com as duas mãos e usa um suntuoso adorno de cabeça.

World History Archive/Alamy/Fotoarena/Museu Britânico, Londres, Inglaterra.

a) Sabe-se muito pouco sobre os significados dessa estátua para a cultura huasteca. Alguns estudiosos acreditam que é uma representação da deusa huasteca da fertilidade e da maternidade. Outros defendem que é a representação de uma pessoa da elite huasteca. Essas hipóteses se baseiam na interpretação de alguns elementos da própria estátua. Na sua opinião, quais seriam esses elementos?

b) Que hipóteses você formularia sobre os huastecas baseando-se nesse objeto?

c) Em grupo, dê exemplos de preservação da memória histórica de sua cidade ou região por meio de elementos da cultura material (edificações, utensílios, objetos artísticos, etc.).

7 Segundo o antropólogo Júlio Cezar Melatti, a classificação dos povos indígenas que vivem no Brasil é um desafio, pois pode ser realizada sob diferentes critérios (biológicos, linguísticos, etnológicos, etc.). Sobre esse assunto, leia o texto a seguir e responda:

Não é raro encontrar pessoas que acreditam que todos os índios do Brasil falam língua Tupi. [...] Na verdade muitas outras línguas são faladas pelos indígenas do Brasil. Mas a crença de que o Tupi é a única ou a mais importante língua dos índios brasileiros tem uma explicação. É que os conquistadores portugueses encontraram todo o litoral brasileiro ocupado por índios entre os quais predominava uma língua Tupi. Esta foi a primeira língua nativa que os missionários aprenderam, a ela se afeiçoando e adotando uma atitude de desdém para com as outras línguas, que não compreendiam, chamando as tribos que as falavam de povos de "língua travada". [...]

A primeira classificação das línguas indígenas do Brasil foi aquela que as distribuía em línguas Tupi e línguas Tapuya. Tal classificação se deve aos primeiros colonizadores e missionários, que adotaram os próprios preconceitos dos índios Tupi contra os demais. Assim, enquanto as línguas classificadas como Tupi se relacionavam entre si, as classificadas como Tapuya eram as mais diversas, completamente diferentes umas das outras, e que aos missionários não interessava conhecer. Essa classificação vigorou por muito tempo até que Von Martius, no século XIX, demonstrou que as línguas Tapuya não formavam um todo homogêneo. [...] Desse modo se foi pouco a pouco chegando à tão conhecida classificação das línguas dos índios do Brasil em Tupi, Jê, Karib e Aruák, sempre presente nos livros didáticos de História do Brasil. E o termo Tapuya perdeu cada vez mais sua razão de ser. [...]

A Etnologia, em seus estudos sobre o índio brasileiro, não se vale apenas das classificações linguísticas, mas também de classificações de cunho mais nitidamente etnológico, como são as divisões em áreas culturais. Uma área cultural é uma região que apresenta certa homogeneidade quanto à presença de certos costumes e de certos artefatos que a caracterizam. [...]

MELATTI, Júlio Cezar. *Índios do Brasil*. São Paulo: Hucitec; Brasília: UnB, 1993. p. 32-34 e 43.

a) De acordo com o texto, a quem se deve a classificação das línguas indígenas do Brasil em Tupi e Tapuya? Qual é o sentido histórico dessa classificação?

b) Por que, de acordo com o antropólogo Melatti, a classificação "Tupi" e "Tapuya" foi superada?

c) O que o critério etnológico leva em conta para classificar os indígenas? Na sua interpretação, esse critério pode ser utilizado para classificar outras sociedades? Argumente.

CAPÍTULO 12

Expansão marítima e conquista da América

Nos séculos XV e XVI, Portugal e Espanha tomaram a dianteira da expansão marítima e comercial. Assim, esses reinos ibéricos conquistaram a América, um continente até então desconhecido pelos europeus. Se a colonização da América foi uma façanha para conquistadores, para os povos conquistados foi uma invasão. Nos séculos XV e XVI, o que seria a América na visão dos europeus? E os europeus na visão dos ameríndios?

Este capítulo favorece o desenvolvimento das habilidades:
EM13CHS101
EM13CHS102
EM13CHS104
EM13CHS105
EM13CHS106
EM13CHS201
EM13CHS203
EM13CHS204
EM13CHS206
EM13CHS503
EM13CHS603

Estados modernos

Durante a Idade Média, formaram-se diversos reinos na Europa. Neles, o poder era **fragmentado** entre autoridades como o rei, os senhores feudais, os membros do alto clero e os administradores das cidades autônomas.

Na Idade Moderna, o poder político passou a ser **centralizado** na figura do rei. Essa centralização contribuiu para o desenvolvimento das monarquias nacionais ou Estados modernos.

A consolidação das monarquias nacionais envolveu a organização de algumas estruturas que caracterizaram o Estado moderno, dentre as quais podemos destacar:

- **burocracia administrativa** – corpo de funcionários que, cumprindo as ordens do rei, desempenhava as tarefas da administração pública;
- **força militar** – forças armadas (exército, marinha, polícia) permanentes, para assegurar a ordem pública e a autoridade do governo;
- **leis e justiça unificadas** – legislações nacionais e uma justiça pública atuante no território controlado pelo Estado;
- **sistema tributário** – cobrança de tributos (impostos e taxas) regulares e obrigatórios, para sustentar as despesas do governo e da administração pública.

A consolidação dos Estados nacionais não se deu no mesmo ritmo em toda a Europa. Em Portugal, por exemplo, ocorreu ainda no final da Idade Média. Na Espanha, na França e na Inglaterra, a centralização do poder foi progressiva desde o século XV. Já na Alemanha e na Itália a unificação nacional aconteceu somente no século XIX.

Formação de Portugal

No século XI, formou-se o reino de Portugal, em meio à luta dos cristãos para expulsar os muçulmanos que ocupavam parte da península Ibérica. Essa luta foi chamada pelos cristãos de **Reconquista**. O primeiro rei português foi dom Afonso Henriques de Borgonha (1109-1185), que, em 1139, declarou a independência da região.

Portugal foi governado durante mais de duzentos anos pelos reis da dinastia de Borgonha, entre os quais destacou-se dom Dinis (1261-1325). No reinado dele iniciado em 1279, a organização interna do reino tornou-se uma prioridade, e as fronteiras atuais do território português foram definidas.

> **Investigar**
> Os governos das monarquias nacionais organizaram algumas estruturas como burocracia administrativa, força militar, sistema tributário e leis e justiça unificadas. Esses elementos fazem parte do Estado brasileiro atual? Comente com exemplos.

Linha do tempo

1415 – Conquista de Ceuta, marco inicial da expansão portuguesa.

1488 – O navegador português Bartolomeu Dias contorna o cabo da Boa Esperança.

1492 – Cristóvão Colombo chega à América. Expulsão dos mouros de Granada.

1494 – Tratado de Tordesilhas: Espanha e Portugal dividem o Novo Mundo entre si.

1498 – O navegador português Vasco da Gama atinge Calicute, na Índia, contornando a costa africana.

1500 – Pedro Álvares Cabral chega ao Brasil e toma posse da terra em nome da Coroa portuguesa.

1519 – O espanhol Hernán Cortés inicia a conquista do Império Asteca (México).

1531 – O espanhol Francisco Pizarro inicia a conquista do Império Inca.

1550 – Criação das missões jesuíticas na América portuguesa.

Linha do tempo esquemática. O espaço entre as datas não é proporcional ao intervalo de tempo.

Comércio e navegação

Apesar das divergências religiosas entre cristãos e muçulmanos que habitavam a península Ibérica, foram muitas as trocas culturais entre esses grupos. Os portugueses foram influenciados, entre outros aspectos, pelas práticas árabes de comércio e navegação.

A princípio a economia de Portugal era predominantemente agrária. O reino produzia, sobretudo, vinho, azeite, trigo, cevada e aveia. Depois, a economia voltou-se também para atividades marítimo-comerciais, destacando-se a pesca e o comércio de sardinha, baleia, atum e bacalhau. Com o crescimento das atividades marítimo-comerciais, aumentou a importância social dos grupos burgueses, ligados ao comércio e à navegação.

Revolução de Avis

A dinastia de Borgonha chegou ao fim em 1383, com a morte de dom Fernando, que não deixou sucessor. Os problemas de sucessão dinástica que se seguiram quase levaram Portugal a ser anexado ao reino de Castela.

Comerciantes e banqueiros portugueses, interessados na expansão da atividade marítima, uniram-se em torno de dom João (irmão **bastardo** do rei falecido) em defesa da independência política do reino.

Esse movimento – que ficou conhecido como Revolução de Avis, pois dom João era mestre da Ordem de Cavalaria de Avis – saiu-se vitorioso. A Revolução de Avis, que levou ao trono dom João, preservou a independência política de Portugal. Sob a dinastia de Avis, a nobreza agrária subordinou-se aos reis, que centralizaram o poder político e favoreceram a expansão marítimo-comercial portuguesa.

> **Bastardo:** filho nascido fora do casamento oficial, sendo considerado ilegítimo e, pelas regras da monarquia portuguesa, sem direito a ocupar o trono.

Formação dos reinos ibéricos (séculos XI-XV)

Fontes: elaborado com base em ALBUQUERQUE, Manoel M. de et al. *Atlas histórico escolar*. 8. ed. Rio de Janeiro: FAE, 1986. p. 101-102; KINDER, Hermann; HILGEMANN, Werner. *Atlas histórico mundial: de los orígenes a la Revolución Francesa*. Madri: Istmo, 1982. p. 192.

Expansão marítima

> **Especiaria:** produtos utilizados principalmente em remédios, perfumes, temperos e na conservação de alimentos.
>
> **Grandes Navegações:** ciclo de viagens marítimas de longa distância realizadas pelos europeus, principalmente portugueses e espanhóis, ao longo dos séculos XV e XVI.

Desde a Idade Média, os comerciantes da península Itálica, sobretudo das cidades de Gênova e Veneza, dominavam o lucrativo comércio de **especiarias** (cravo, pimenta, noz-moscada, canela, gengibre) e de artigos de luxo (tapetes, tecidos de seda, objetos de porcelana), que vinham do Oriente (Ásia e África). As principais rotas utilizadas para esse comércio passavam pelo mar Mediterrâneo e eram controladas por genoveses e venezianos.

Impedidos de participar de tal comércio, os portugueses investiram na descoberta de um novo caminho para o Oriente pelo oceano Atlântico, tendo como base os projetos de alguns navegadores da época.

Assim tiveram início as **Grandes Navegações**, que expandiram os limites do mundo até então conhecido pelas sociedades europeias. Nesse período, os europeus desconheciam terras como a América, a Oceania e grande parte da África e da Ásia, bem como os oceanos Pacífico e Índico.

Técnicas de navegação

O projeto de expansão marítimo-comercial português foi possibilitado pelo desenvolvimento técnico-científico iniciado na Idade Média, que levou ao aperfeiçoamento da arte da navegação, permitindo viagens de longa distância. Entre as inovações técnicas do período, destacam-se:

- **caravela** – foi a principal embarcação marítima utilizada nas Grandes Navegações. Desenvolvida pelos portugueses, era um navio de estrutura leve movido pelo vento. Sua principal característica era a vela de formato triangular (latina), que podia ser ajustada em várias direções para captar a força eólica (do vento). Assim, qualquer que fosse o sentido do vento, a caravela podia navegar na direção pretendida pelo piloto;

- **cartografia** – com as viagens marítimas, a elaboração de mapas teve significativo avanço. A partir do século XV, surgiram mapas com os primeiros registros das terras descobertas na África e na América. Esses mapas eram considerados segredos de Estado, porém as informações circulavam quando o navegador de um país passava a servir a outro;

- **bússola** – instrumento de orientação espacial introduzido na navegação europeia desse período. A invenção é atribuída aos antigos chineses, mas foram os árabes que a levaram para a Europa, assim como o **astrolábio**, que é um outro instrumento de orientação.

Além desses instrumentos de navegação, houve nessa época a progressiva compreensão de que a Terra é esférica. Isso também favoreceu as Grandes Navegações.

> **Investigar**
> - De que maneira especiarias como cravo, pimenta, noz-moscada, canela e gengibre são utilizadas atualmente?

Bússola produzida no século XVI.

Bridgeman Images/Easypix Brasil/Museu Marítimo Nacional, Londres, Inglaterra.

> **Investigar**
> - No seu cotidiano, você utiliza mapas e instrumentos de orientação espacial? Quais aplicativos de navegação você mais utiliza?

Conexões — GEOGRAFIA

A arte de fazer mapas

A cartografia é o conjunto de estudos que orientam a elaboração de mapas. No mundo contemporâneo, os cartógrafos utilizam diversas fontes de informação, como fotografias aéreas e imagens de satélite. Mas nem sempre foi assim.

Durante as Grandes Navegações, vários mapas foram produzidos com base em relatos de viajantes e até mesmo em lendas. Até então, a maioria das pessoas desconhecia, por exemplo, a esfericidade da Terra e a existência da América. Atualmente, existem diferentes categorias de mapas, como:

- **físico** – representa, sobretudo, as formas do relevo do território (rios, lagos, montanhas, desertos);
- **político** – indica a divisão administrativa de países, Estados-membros, províncias, cidades;
- **temático** – apresenta, geralmente sobre uma base física ou política, informações sobre temas como vegetação, população, indústria.

Todos os tipos de mapas são considerados **representações gráficas** e, por isso, devem ser interpretados cuidadosamente. Ao interpretá-los, é necessário lembrar que qualquer mapa é feito com técnicas específicas e para atender a determinados objetivos. Na sua elaboração, são utilizados símbolos, escalas, projeções.

Os mapas são essenciais para a construção de um conhecimento acerca do espaço. Eles permitem localizar lugares e pessoas, fazer comparações a partir de características naturais e sociais neles representados.

1. No seu cotidiano, você costuma utilizar mapas físicos, políticos ou temáticos? Com qual propósito os utiliza?

2. Em grupos, selecionem e observem um mapa (digital ou impresso) de sua cidade. Identifiquem informações como os nomes das principais ruas e avenidas, a localização de mercados, lojas, farmácias, restaurantes, hospitais e a distância entre suas casas e a escola, áreas verdes ou centros culturais. Depois, apresentem para seus colegas o que descobriram a respeito da região.

Os riscos das longas viagens

Durante o século XV, muitos marinheiros tinham receio das longas viagens marítimas, especialmente quando se navegava pelo oceano Atlântico, conhecido na época como "Mar Tenebroso".

As fantasias e lendas em torno desse oceano contribuíam para o clima de insegurança entre os marinheiros. Além disso, a vida nos navios não era fácil. As acomodações eram imundas, rústicas e apertadas. Nas longas viagens, era comum que os marinheiros morressem de **escorbuto**, doença causada pela escassez de vitamina C (obtida, por exemplo, em alguns legumes e verduras) na alimentação.

Apesar dessas dificuldades, a possibilidade de enriquecimento fazia com que muitos participassem das grandes viagens. O tempo e a experiência marítima mostraram que certos medos eram reais (tempestades e naufrágios) e outros eram imaginários (monstros marinhos e abismos, por exemplo).

Caçando criaturas marinhas, gravura colorida de Jan Collaert, de cerca de 1575. A obra traduz parte do imaginário da época sobre os perigos do oceano Atlântico.

Pioneirismo português

Portugal foi o primeiro país a empreender as Grandes Navegações no século XV. Entre os motivos apontados para esse pioneirismo, é possível destacar a centralização administrativa, os interesses dos grupos sociais, a ausência de guerras no período e a própria posição geográfica do país.

A **centralização política**, concretizada durante a dinastia de Avis, permitiu que a monarquia passasse a governar em sintonia com os projetos da burguesia.

A **sintonia de interesses** de vários grupos sociais convergia para a expansão marítima. O rei desejava aumentar seus poderes e as receitas do Estado. A burguesia ambicionava fazer bons negócios e aumentar seus lucros. A nobreza podia servir ao rei e conquistar cargos na burocracia do Estado. E muitas pessoas mais pobres acreditavam que as Grandes Navegações seriam uma possibilidade para melhorar sua vida.

A **ausência de guerras** em Portugal também favoreceu a expansão. No século XV, vários reinos europeus estavam envolvidos em confrontos militares. O reino de Castela (que daria origem à Espanha), por exemplo, ainda lutava para expulsar os mouros da península Ibérica. A França e a Inglaterra estavam envolvidas na Guerra dos Cem Anos (1337-1453). Acredita-se que tais disputas tenham contribuído para atrasar a entrada desses países nas Grandes Navegações.

A **posição geográfica** de Portugal, banhado pelo Atlântico, também influenciou a expansão portuguesa por "mares nunca dantes navegados", como se referiu ao fato o poeta Luís Vaz de Camões. Contudo, é importante não confundir influência com determinismo geográfico.

Expansão portuguesa

O início da expansão marítima portuguesa foi marcado pela conquista de Ceuta, que era um rico centro de negócios dominado pelos muçulmanos no norte da África. Os portugueses invadiram a cidade em 1415, sob a coordenação do **infante** dom Henrique, filho do rei dom João I.

A partir da conquista de Ceuta, os portugueses se lançaram em uma longa jornada de tentativas e erros para contornar o continente africano pelo oceano Atlântico. Nesse percurso, chamado de **Périplo Africano**, foram estabelecendo feitorias, que serviam de entrepostos para a obtenção e o comércio de escravos e produtos do seu interesse (ouro, sal, marfim, pimenta, entre outros).

A aventura marítima, que durou quase um século, culminou com a chegada de Vasco da Gama à cidade de Calicute, em 1498. Essa viagem gerou muito entusiasmo na época. Vasco da Gama retornou, em 1499, com um carregamento que superava em 60 vezes o custo da expedição. Dessa maneira, o reino de Portugal realizava seu grande objetivo: descobriu um novo caminho para o Oriente e, com isso, passava a participar do lucrativo comércio de especiarias, até então dominado por genoveses e venezianos.

> **Investigar**
> - Qual a diferença entre condições que **influenciam** e fatores que **determinam** sua vida? Explique com exemplos.

> **Infante:** em Portugal, filho de reis, mas não herdeiro do trono.
> **Périplo:** viagem de circum-navegação, ou seja, realizada ao redor de um país ou continente.

Detalhe do *Monumento aos descobrimentos*, erguido às margens do rio Tejo, na cidade de Lisboa, Portugal. A figura mais à direita representa o infante dom Henrique, conhecido como "O Navegador". A obra tem a forma de uma caravela estilizada e mede cerca de 50 metros. Fotografia de 2019.

Chegada à América pelo Brasil

Depois do retorno da expedição de Vasco da Gama, o rei dom Manuel decidiu enviar às Índias uma poderosa esquadra, a fim de estabelecer relações comerciais com o Oriente. Essa esquadra partiu de Lisboa no dia 9 de março de 1500, tendo como destino principal a cidade de Calicute. Era composta de 13 navios e conduzia uma tripulação de aproximadamente 1500 pessoas, entre elas navegadores, padres, soldados, intérpretes e comerciantes. O comando da expedição foi entregue a Pedro Álvares Cabral, nobre português sem grande experiência marítima.

No decorrer da viagem, a esquadra de Cabral afastou-se da costa africana, dirigindo-se para oeste, até atingir as terras que hoje correspondem ao Brasil, mais especificamente ao sul da Bahia. As razões desse afastamento – se propositado ou acidental – são discutidas entre os historiadores.

A primeira aproximação ocorreu no dia 22 de abril, quando os portugueses avistaram um monte, batizado de monte Pascoal (por ser a semana da Páscoa). A terra recebeu o nome de Vera Cruz, posteriormente alterado para Terra de Santa Cruz. O nome **Brasil** passou a ser adotado em aproximadamente 1503, devido à grande quantidade de uma árvore encontrada no litoral, chamada de pau-brasil. Os comerciantes de pau-brasil ficaram conhecidos como brasileiros, termo que depois passou a identificar as pessoas nascidas no Brasil.

Após navegar 130 quilômetros para o norte costeando o continente, em 2 de maio, a esquadra de Cabral deixou a região que corresponde hoje a Porto Seguro (Bahia) e seguiu viagem em direção às Índias. Antes, porém, Cabral determinou que o navegador Gaspar de Lemos regressasse a Portugal levando notícias das novas terras. Também encarregou o escrivão **Pero Vaz de Caminha** de redigir uma carta ao rei, relatando os acontecimentos.

O mapa a seguir indica os momentos mais importantes da expansão marítima portuguesa.

Observar o mapa

- A respeito das navegações portuguesas, identifique no mapa abaixo:

a) os continentes por elas alcançados;

b) as diferenças e as semelhanças entre os caminhos percorridos por Vasco da Gama e Pedro Álvares Cabral;

c) o hemisfério da Terra para onde elas se dirigiam.

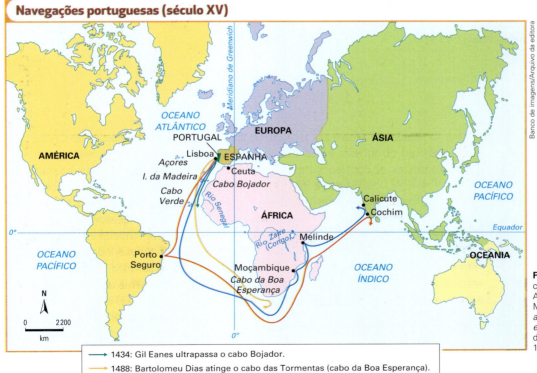

Fonte: elaborado com base em ALBUQUERQUE, Manoel M. de et al. Atlas histórico escolar. 8. ed. Rio de Janeiro: FAE, 1986. p. 112-113.

Navegações espanholas

A descoberta da América por Cristóvão Colombo, óleo sobre tela de Salvador Dalí, de 1958-1959.

O reino da Espanha se formou no final do século XV, com o casamento do rei Fernando (de Aragão) e da rainha Isabel (de Castela). Eles se uniram para expulsar os muçulmanos que ainda ocupavam a cidade de Granada, no extremo sul da península Ibérica.

Após a expulsão dos mouros, em 1492, Fernando e Isabel investiram no projeto do genovês **Cristóvão Colombo**. Baseando-se na ideia de que a Terra era esférica, Colombo pretendia atingir o Oriente dando a volta em torno do mundo, ou seja, partiria da Europa e seguiria na direção oeste.

Com três embarcações (*Santa Maria*, *Pinta* e *Niña*) cedidas pelos reis espanhóis, Colombo e sua tripulação partiram no dia 3 de agosto de 1492, do porto de Palos (localizado na cidade de Cádiz, no sul da Espanha). Em 12 de outubro, chegaram a terras que pensavam ser as Índias. Por isso, denominaram seus habitantes de índios.

Colombo comandou mais três viagens à nova terra, sempre supondo que fossem as Índias. Morreu sem saber que havia chegado a outro continente. Somente alguns anos depois, com as viagens de outros navegadores, principalmente do florentino Américo Vespúcio, o engano de Colombo foi esclarecido. Como Américo Vespúcio divulgou a "descoberta" das novas terras, elas passaram a ser chamadas de América.

Tratado de Tordesilhas

Após a chegada de Colombo à América, os reis da Espanha apressaram-se em garantir seus direitos de posse sobre as novas terras.

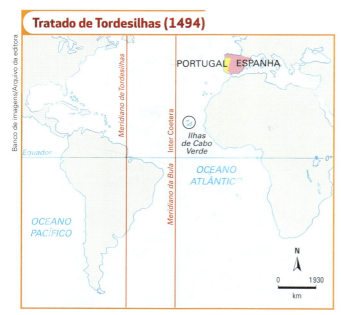

Fonte: elaborado com base em KINDER, Hermann; HILGEMANN, Werner. *Atlas histórico mundial*: de los orígenes a la Revolución Francesa. Madri: Ediciones Istmo, 1982. p. 236.

Assim, em 4 de maio de 1493, por meio de um documento chamado Bula *Inter Coetera*, o papa Alexandre IV (que era espanhol) estabeleceu que as terras americanas seriam divididas entre os reis da Espanha e os de Portugal. Um meridiano (linha imaginária) situado 100 léguas a oeste das ilhas de Cabo Verde seria a linha divisória dessas terras: tudo o que estivesse a oeste pertenceria à Espanha, e o que se encontrasse a leste pertenceria a Portugal. Com base na Bula do papa, os espanhóis teriam garantida a posse das terras americanas, descobertas ou ainda por descobrir. Restaria a Portugal a possessão dos territórios africanos.

Inconformado com a divisão estabelecida, o governo português forçou a negociação de um novo acordo direto com a Coroa espanhola, que ficou conhecido como **Tratado de Tordesilhas**, por meio do qual se deslocava a linha imaginária para 370 léguas a oeste das ilhas de Cabo Verde. Ratificado por ambas as partes, em 1494, esse tratado novamente definia que as terras a oeste dessa linha pertenciam à Espanha e as terras a leste, aos reis de Portugal.

O "mundo descoberto" foi, assim, dividido entre portugueses e espanhóis. Obviamente, outros reis, como o da França e o da Inglaterra, não concordaram com essa divisão, como veremos adiante.

Expansão espanhola

Além das quatros viagens de Colombo à América, os espanhóis patrocinaram outras expedições marítimas. Observe no mapa as trajetórias marítimas realizadas pelos espanhóis entre 1492 e 1522.

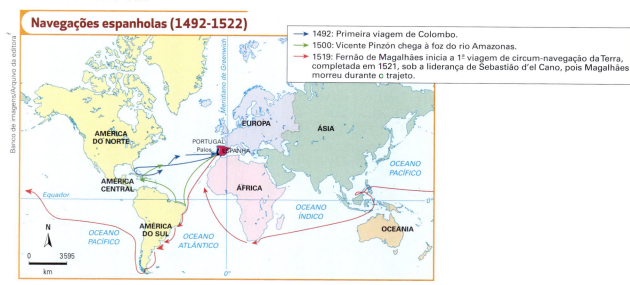

Fontes: elaborado com base em ALBUQUERQUE, Manoel Maurício de et al. *Atlas histórico escolar.* 8. ed. Rio de Janeiro: MEC/Fename, 1986. p. 54; VICENTINO, Cláudio. *Atlas histórico:* geral e Brasil. São Paulo: Scipione, 2011. p. 90.

Navegações inglesas, francesas e holandesas

Interessados também em descobrir novos caminhos para as Índias, franceses, ingleses e holandeses lançaram-se às navegações marítimas, concentrando-se no Atlântico Norte, pois espanhóis e portugueses já se dedicavam às rotas do Atlântico Sul. Esses navegadores passaram a explorar e a ocupar parte da América do Norte, além de praticar a pirataria. Veja, no mapa a seguir, as principais viagens empreendidas por ingleses, franceses e holandeses.

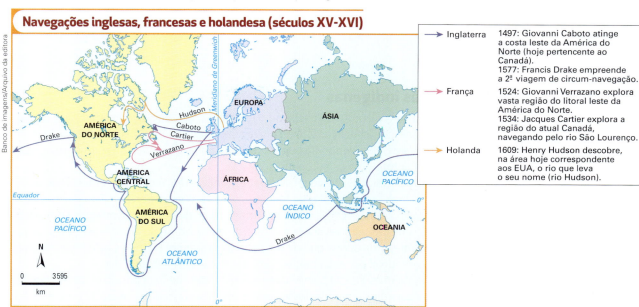

Fonte: elaborado com base em ALBUQUERQUE, Manoel Maurício de et al. *Atlas histórico escolar.* 8. ed. Rio de Janeiro: MEC/Fename, 1986. p. 100.

⦁ As faces da conquista

A conquista da América não ocorreu de maneira simultânea em todo o continente. Foi um processo lento e contínuo, que durou vários séculos, mas cujas primeiras décadas foram cruciais. Grande parcela da população da América foi dizimada em um curto período (cerca de 50 anos). Algumas estimativas revelam que metade da população teria sido exterminada. Outros cálculos se referem a dois terços.

A seguir, vamos conhecer algumas reações dos indígenas americanos ao contato com os europeus e as principais formas de violência empregadas pelos conquistadores.

Detalhe do códice *Lienzo de Tlaxcala*, de c. 1550, representando a Batalha de Michoacan, entre astecas e colonizadores espanhóis.

Concepções indígenas

O contato com o europeu despertou o imaginário dos povos indígenas. Quem eram aqueles homens que chegavam? Eram invasores, deuses, demônios, loucos? As concepções variavam dependendo da cultura de cada povo indígena e do momento em que entraram em contato com os europeus.

Registros da época descrevem que a reação inicial dos indígenas, em relação a Colombo ou a Cabral, por exemplo, foi hesitante, mas em geral pacífica e de curiosidade.

Em outras aproximações, os indígenas imaginaram que os europeus eram como deuses. Segundo uma das versões sobre a conquista do território do atual México, o imperador asteca Montezuma supôs que o conquistador espanhol Hernán Cortés era um deus que havia retornado e, por esse motivo, deu-lhe muitos presentes.

Houve também reações de hostilidade e resistência imediata por parte dos indígenas. Não demorou para que a maioria desses povos percebesse que se tratava de uma invasão. A chegada dos conquistadores representava a perda de seus territórios, deslocamentos forçados, escravidão e mortes.

Força militar

Os conquistadores europeus levavam vantagem militar nos confrontos devido, principalmente, à superioridade de suas armas em relação às dos povos da América. Essa superioridade se expressava pelo uso, por exemplo, da pólvora, do cavalo e do aço.

As **armas de fogo** (mosquete, arcabuz, canhão) foram utilizadas pelos conquistadores, o que evitava o combate corpo a corpo. Como essas armas eram desconhecidas pelos indígenas, a explosão dos tiros também provocava pavor.

O **cavalo** permitia aos conquistadores espanhóis grande mobilidade durante os combates. Os indígenas não conheciam esse animal e, por isso, o temiam. Além disso, no princípio dos combates, os indígenas supunham que cavaleiro e cavalo fossem inseparáveis.

O **aço** era utilizado para fabricar armas resistentes (espadas, lanças, punhais, escudos, <u>alabardas</u>), que davam aos conquistadores melhores recursos de luta.

Já as principais armas empregadas pelos indígenas eram arcos, flechas envenenadas, pedras, lanças, machados e atiradeiras de pedra.

Doenças contagiosas

A superioridade do armamento europeu não explica, isoladamente, a dominação dos espanhóis e dos portugueses. Afinal, os povos indígenas eram numericamente muito superiores – tanto que, em certos combates, eram cerca de 500 a mil indígenas para cada europeu.

Para compreender a conquista, é necessário considerar outro elemento significativo: as doenças contagiosas europeias, como sarampo, tifo, coqueluche, varíola e gripe. Essas doenças eram, em geral, letais para os indígenas, que não tinham resistência imunológica contra elas. As doenças se espalharam rapidamente, provocando epidemias que mataram milhares de indígenas.

Quando os indígenas eram contaminados por essas doenças, que desconheciam e não sabiam como combater, eles sofriam duplo impacto (físico e psicológico). Supunham, muitas vezes, que estavam sendo castigados por seus deuses, e acabavam se entregando a um sentimento de apatia e desolação.

Afresco de José Clemente Orozco, produzido entre 1938 e 1939, representando o extermínio sofrido pelos indígenas com a chegada dos europeus à América.

Rivalidades indígenas

Além da violência dos europeus, alguns historiadores mencionam outro aspecto importante que contribuiu para a conquista: os conflitos internos entre os povos indígenas.

Na **América espanhola**, as relações entre os diferentes povos caracterizavam-se, muitas vezes, pela opressão de um povo sobre outro. Incas, maias e astecas, por exemplo, costumavam submeter pela força os povos vizinhos, exigindo o pagamento de tributos em bens ou serviços. Alguns povos dominados parecem ter se alegrado, a princípio, com a chegada dos espanhóis, com os quais passaram a colaborar na luta contra seus opressores nativos.

Na **América portuguesa**, também havia hostilidades entre diferentes povos indígenas. Os portugueses tiraram proveito desses conflitos, estabelecendo alianças com alguns grupos.

> **Alabarda:** arma metálica formada por haste longa, extremidade pontiaguda e lâmina cortante.

Escravidão

Na América espanhola e na América portuguesa, populações indígenas inteiras foram removidas de suas regiões de origem para trabalhar compulsoriamente para os conquistadores.

Com o deslocamento forçado e a perda da liberdade, os indígenas sofreram alterações no tipo de alimentação e nas condições gerais de vida. Dessa forma, a escravidão desestruturou a organização social e produtiva das sociedades indígenas.

Imposição religiosa

De modo geral, religiosos e conquistadores associavam-se para dominar os povos nativos. A ação evangelizadora católica centrou-se na catequese, no batismo, na educação das crianças e na conversão dos líderes indígenas.

Diante da dificuldade de convencer os adultos a aceitar a nova doutrina religiosa, os padres empenharam-se na fundação de "colégios de meninos", onde eram ensinados os valores europeus e as crenças católicas para os mais jovens.

Além disso, os jesuítas criaram, a partir de 1550, os aldeamentos (também conhecidos como missões). Tratava-se de povoações que reuniam centenas de indígenas e eram dirigidas, de modo geral, pelos próprios jesuítas (chamados de missionários). Segundo eles, os aldeamentos tinham a finalidade de converter os nativos ao catolicismo e protegê-los da escravização promovida pelos colonos.

Mantelete feito por indígenas guaranis utilizando algodão, plumas de aves e sementes. Este mantelete imita a vestimenta dos padres católicos e evidencia a influência da religião europeia na cultura dos indígenas brasileiros.

Ruínas da Igreja no Sítio Arqueológico de São Miguel Arcanjo. Construída em 1735, faz parte dos Sete Povos das Missões, conjunto de sete aldeamentos (missões) fundado por jesuítas nos séculos XVII e XVIII. São Miguel das Missões (RS), em 2019.

Impactos da conquista na Europa

A notícia de que novos territórios haviam sido "descobertos" teve grande repercussão na Europa. A existência de um novo continente desconhecido pelos europeus influenciou o imaginário popular, a economia e a política europeias. Vejamos alguns desses impactos.

Visões dos europeus

Conquistadores, aventureiros, religiosos e estudiosos interessaram-se em conhecer as formas de viver dos povos da América. Mas as imagens que eles criaram para descrever o continente americano e seus habitantes eram, muitas vezes, contraditórias.

Inicialmente, inúmeras crônicas de viagem falavam de monstros e seres fantásticos, como os gigantes, as amazonas (mulheres guerreiras que viviam sobre cavalos), os acéfalos (nesse contexto, seres sem cabeça), entre outros. Aos poucos, surgiram novas indagações sobre a condição dos indígenas. Alguns deles chegaram a ser levados à Europa, onde foram exibidos de forma exótica às populações locais.

Muitos europeus acreditavam que os indígenas eram seres inferiores e que, por isso, podiam ser subjugados sem culpa. Outros europeus, no entanto, assumiam uma reflexão humanista acerca dos povos americanos, que passaram a ser idealizados em seu modo de viver. Nessa visão, os indígenas seriam "puros" e "naturais". O filósofo francês Montaigne (1533-1592), um dos representantes dessa perspectiva, escreveu em sua obra *Ensaios*:

> [...] não vejo nada de bárbaro ou selvagem no que dizem daqueles povos; e, na verdade, cada qual considera bárbaro o que não se pratica em sua terra. [...] A essa gente chamamos selvagens como denominamos selvagens os frutos que a natureza produz sem intervenção do homem. No entanto aos outros, àqueles que alteramos por processos de cultura e cujo desenvolvimento natural modificamos, é que deveríamos aplicar o **epíteto** [selvagem].
>
> MONTAIGNE, Michel. *Ensaios*. Trad. Sérgio Milliet. São Paulo: Abril Cultural, 1980. p. 101. (Coleção Pensadores).

Gravura do livro *As singularidades da França Antártica*, de André Thevet., 1558. A imagem representa as mulheres indígenas como um grupo violento, imaginário comum à época da colonização da América.

Epíteto: palavra ou expressão usada para qualificar alguém positiva ou negativamente.

Transformações europeias

A conquista e a exploração da América transformaram a vida europeia em diferentes aspectos, como:

- **político** – os governos dos países que tomaram a dianteira da expansão marítimo-comercial tornaram-se poderosos na Europa durante os séculos XV e XVI. Em um primeiro momento, destacaram-se Portugal e Espanha e, posteriormente, Inglaterra, França e Holanda. Na disputa por novos mercados, onde poderiam obter lucros e riquezas, esses Estados (representados por seus governantes e comerciantes) entraram em um período de grande concorrência;
- **econômico** – o eixo da economia europeia, que antes se concentrava no mar Mediterrâneo, deslocou-se para os portos do oceano Atlântico que mantinham comércio direto com os territórios conquistados na África e na América, como Lisboa, Sevilha e Cádiz. Além disso, os grandes comerciantes e banqueiros europeus obtiveram lucros expressivos com a conquista e a colonização do continente americano;
- **cultural** – vários setores da cultura europeia foram impulsionados com a conquista da América. Por exemplo, para as longas viagens marítimas, novos saberes e técnicas precisaram ser desenvolvidos e aperfeiçoados. Também houve na Europa um processo de difusão de conhecimentos adquiridos no contato com os povos indígenas. Veja alguns exemplos, relacionados à alimentação, na tabela a seguir.

Trocas na alimentação entre europeus e ameríndios		
	Animais	**Plantas**
Espécies originárias da América	Peru, cobaia (porquinho-da-índia).	Abacate, abacaxi, abóbora, amendoim, batata, batata-doce, baunilha, cacau, caju, feijão, girassol, goiaba, mandioca, milho, pimentas, tomate.
Espécies introduzidas na América	Carneiro, cavalo, galinha, ovelha, porco, vaca.	Alface, alho, banana, café, cana-de-açúcar, cevada, cebola, laranja, limão, maçã, pera, pêssego, repolho, trigo.

Fonte: NEVES, Eduardo G. In: SILVA, Aracy L. da; GRUPIONE, Luis Donisete B. (Org.). *A temática indígena na escola*. Brasília: MEC/Mari/Unesco, 1995. p. 197.

Investigar
- Pesquise receitas consideradas tipicamente brasileiras e verifique se elas estão relacionadas a essas trocas culturais na alimentação.

Oficina de História

Analisar e refletir

1 Quais eram os interesses da Igreja católica na conquista da América, no contexto da Reforma Protestante? Se necessário, reveja o capítulo 9 para responder.

2 As Grandes Navegações e o processo de conquista da América podem ser vistos dentro do contexto da nova mentalidade europeia que se expressou no Renascimento. A esse respeito, a historiadora Janice Theodoro da Silva escreveu:

> A suposição de que a Terra era redonda e a necessidade de comprovação dessa hipótese através de uma viagem são um projeto tipicamente renascentista. [...]
>
> Ao descobrir outras culturas, o homem do Renascimento hierarquizou-as: da civilização à barbárie. Nesse sentido, o humanista constitui-se a partir de uma vontade de domínio e poder sobre todos os povos do mundo.
>
> Desenhar um mapa, construir o império, destruir outras culturas, impor a fé cristã, assinar obras de arte eram atitudes renascentistas.
>
> A América – destruída e construída a partir do padrão europeu – transformava-se em lugar de comprovação da superioridade da cultura europeia. Era necessário construir uma igreja em cima de uma pirâmide indígena. Não podia ser ao lado. [...]
>
> A invenção da perspectiva na pintura é contemporânea às Grandes Navegações. Ao mesmo tempo em que o pintor estudava as possibilidades de criar a perfeição (reprodução) em seus desenhos, os cartógrafos procuravam mapear, com observância rigorosa, todo o globo terrestre. [...]
>
> Os *descobridores*, ao realizarem sua obra de colonização construindo igrejas e outras edificações necessárias à conquista, e os artistas, pintando ou esculpindo na Europa, consideravam a existência de um único padrão de beleza, uma única religião verdadeira, uma cultura superior a todas as outras. [...]
>
> O resultado desse grande esforço renascentista, dessa "plenitude", foi suporem possuir domínio sobre a vida e a morte das populações que consideravam bárbaras. A América conheceu a expressão mais violenta desse sonho de dominação.
>
> SILVA, Janice Theodoro da. *Descobrimentos e Renascimento*.
> São Paulo: Contexto, 1991. p. 56-58.

a) O texto estabelece relações entre algumas atitudes renascentistas e a conquista da América. Escolha uma passagem que ilustre essa conexão e a comente.

b) Segundo o texto, como o "homem do Renascimento" enxergava os povos indígenas? Compare essa visão com aquela apresentada por Montaigne no texto da página 161.

c) Em qual teoria geográfica baseava-se o plano de navegação de Colombo para atingir as Índias?

3 A fotografia ao lado mostra a Catedral Metropolitana da Cidade do México. Ela foi construída sobre as ruínas de um antigo templo asteca, chamado Templo Mayor. Com base no texto de Janice Theodoro, que você leu na questão 2, por que essa catedral foi construída sobre as ruínas de um templo?

Catedral Metropolitana da Cidade do México (México), em 2018.

Interpretar texto e imagem

4 Leia as estrofes do poema "Mar português", de Fernando Pessoa:

> Ó mar salgado, quanto do teu sal
> São lágrimas de Portugal!
> Por te cruzarmos, quantas mães choraram,
> Quantos filhos em vão rezaram!
> Quantas noivas ficaram por casar
> Para que fosses nosso, ó mar!
> Valeu a pena? Tudo vale a pena
> Se a alma não é pequena.
> Quem quer passar além do Bojador
> Tem que passar além da dor.
> Deus ao mar o perigo e o abismo deu,
> Mas nele é que espelhou o céu.

PESSOA, Fernando. *Mensagem*. Disponível em: <http://www.dominiopublico.gov.br/pesquisa/DetalheObraForm.do?select_action=&co_obra=15726>. Acesso em: 18 dez. 2019.

a) Você sabe quem foi Fernando Pessoa? Em que época e regiões viveu? Quais foram suas principais obras? Se necessário, pesquise.
b) De que maneira o sacrifício pela conquista do mar aparece no texto? Cite passagens que ilustrem esse tema.
c) O poema diz: "Quem quer passar além do Bojador/ Tem que passar além da dor". Pesquise o que é o Bojador nesse contexto e interprete os versos indicados.
d) Relacione a façanha das navegações portuguesas com os célebres versos "Valeu a pena? Tudo vale a pena / Se a alma não é pequena".

5 O trecho a seguir descreve o primeiro contato de Cristóvão Colombo com os habitantes da América.

> [...] vieram nadando até os barcos dos navios onde estávamos, trazendo papagaios e fio de algodão em novelos e lanças e muitas outras coisas, que trocamos por coisas que tínhamos conosco, como **miçangas** e **guizos**. [...] Andavam nus como a mãe lhes deu à luz; inclusive as mulheres, embora só tenha visto uma robusta **rapariga**. E todos os que vi eram jovens, nenhum com mais de trinta anos de idade: muito bem-feitos, de corpos muito bonitos e cara muito boa; os cabelos grossos, quase como o pelo do rabo de cavalos, e curtos [...]. Todos, sem exceção, são de boa estatura, e fazem gesto bonito, elegantes [...]. Devem ser bons serviçais e habilidosos, pois noto que repetem logo o que a gente diz e creio que depressa se fariam cristãos; me pareceu que não tinham nenhuma religião.

COLOMBO, Cristóvão. *Diários da descoberta da América*: as quatro viagens e o testamento. Porto Alegre: L&PM, 1999. p. 52-53.

> **Miçanga:** conta, geralmente de vidro, usada para fazer ornamentos.
> **Guizo:** pequena esfera oca, contendo bolinhas, que produz som quando agitada.
> **Rapariga:** moça jovem.

a) Como Cristóvão Colombo descreve os povos indígenas?
b) Que preocupação Colombo manifesta em relação aos indígenas? O que isso revela?
c) Debata com os colegas de que maneira a preocupação manifestada por Colombo afetou o modo de vida dos povos indígenas habitantes da América.

Projeto: Diversidade e tolerância religiosa

No decorrer das últimas unidades, foi possível constatar que a religião ocupa papel importante no desenvolvimento das sociedades como agrupamento de indivíduos que compartilham os mesmos valores, costumes e crenças. Por ser um elemento cultural, a religião também adapta-se às transformações das sociedades ao longo do tempo.

Desde a Proclamação da República (1889), o Brasil é um país laico, em que a lei garante a separação entre religião e Estado. Atualmente, o quadro religioso no país é plural, mas predominam o catolicismo e o protestantismo, ambas religiões cristãs. Além delas, existem as religiões afro-brasileiras, como o candomblé e a umbanda, o espiritismo, o judaísmo, o islamismo, o budismo, entre outras.

Em abril de 2017, foi criado o primeiro Fórum Inter-Religioso do estado de São Paulo. O objetivo desse grupo é promover a diversidade e a tolerância religiosa por meio do debate e da convivência agregadora e pacífica.

Objetivos

- Praticar a vivência coletiva e o respeito à diversidade cultural.
- Exercitar a análise fílmica.
- Identificar, interpretar e contextualizar conceitos e ideias.
- Incentivar uma postura positiva acerca do respeito à diversidade e à tolerância religiosa.
- Proporcionar à comunidade um debate sobre temas relacionados à religião e à tolerância religiosa.

Em ação!

No capítulo 6, você estudou que a religião islâmica não foi necessariamente imposta aos povos das áreas conquistadas pelo Império Islâmico e, assim, era possível a coexistência de diferentes crenças. Com isso em vista, em turma, vocês vão organizar um cineclube (espaço destinado à exibição e ao debate de filmes) e promover uma mostra de cinema sobre diversidade e tolerância religiosa.

ETAPA 1 — Organizando um cineclube

Um cineclube visa proporcionar arte, cultura e discussões construtivas tanto aos cineclubistas quanto ao público espectador. Nele, todos trabalham e decidem as atividades a serem executadas de forma democrática. A exibição e o debate devem ser abertos para a comunidade. A programação de um cineclube é organizada pelos cineclubistas e, geralmente, dividida em mostras temáticas.

Primeiramente, a turma deve organizar uma discussão sobre o significado e as atividades desenvolvidas pelos cineclubes e definir o nome dele, que deve representar a identidade e as ideias do grupo. Para conhecer melhor o tema, é possível acessar o site de alguns cineclubes brasileiros: Cine Arte Santo Amaro, disponível em: <https://cineartesantoamaro.wordpress.com/>; Uni-Escola-Cinema, disponível em: <http://unescolacinema.blogspot.com/>; Imersão Latina, disponível em: <http://www.imersaolatina.com/> (acesso em: 11 nov. 2019).

Depois, dividam-se em grupos menores e escolham uma das tarefas a seguir:
- **Tarefa 1:** Pesquisa e fichamento dos filmes; definição do local de exibição dos filmes.
- **Tarefa 2:** Organização da sala de exibição antes e depois da atividade.
- **Tarefa 3:** Elaboração dos roteiros e condução dos debates.
- **Tarefa 4:** Registro fotográfico e audiovisual das etapas do trabalho, bem como das exibições.

ETAPA 2 Preparando a mostra

Sigam as orientações do professor quanto à escolha dos filmes que serão exibidos e debatidos na mostra. Para que ocorram as sessões de filmes e debates, é preciso haver um espaço com equipamento de exibição e cadeiras. A escola pode ser uma boa opção caso tenha uma sala de vídeo. Nesse caso, consultem a coordenação pedagógica e a direção para pedir autorização de uso para realizar o projeto.

Tendo decidido o local, vocês precisam conhecer bem os filmes que vão projetar e estar preparados para os debates pós-exibição. Por isso, devem assistir a todos os filmes e fichá-los. O fichamento ajudará a entendê-los melhor. As fichas devem conter os seguintes dados: título, direção, produção, gênero, ano, duração, resumo e informações extras. É importante também que a turma discuta suas impressões sobre o filme antes do debate com o público.

ETAPA 3 Divulgação

A divulgação pode ser feita por meio de redes sociais, folhetos distribuídos e cartazes fixados em locais estratégicos, como bibliotecas, livrarias e demais escolas do bairro e é essencial para que o público conheça o cineclube e participe das sessões.

ETAPA 4 Produção

No dia anterior a cada sessão, verifiquem se os equipamentos estão funcionando bem, se o filme está disponível e organizem as cadeiras em fileiras ou em semicírculo. Elaborem um roteiro de discussão com os pontos importantes abordados no filme que será exibido. Vocês podem fazer questionamentos como: "De que maneira a religião ou a questão religiosa é abordada no filme?"; "O conflito apresentado na trama se resolve ao final do filme? Se sim, como? Se não, como poderia ser resolvido?"; "Qual a relação histórica da sociedade brasileira com a religião apresentada no filme?"; "Qual o quadro atual dessa religião no Brasil?"; "De que modo essa religião se relaciona com as demais religiões praticadas no país?"; "Os fatos são apresentados de forma cronológica?"; "Qual é a cronologia?"; "Além da legenda, são apresentados outros elementos textuais? Quais?"; "Nas cenas aparecem símbolos religiosos? Quais são eles? Por que são apresentados no filme?".

ETAPA 5 Exibição e debate

Antes de cada sessão, façam uma breve apresentação do filme ao público, fornecendo os dados do fichamento e registrem a quantidade de espectadores presentes. Ao final das sessões, abram para o debate. Para estimular o debate e instigar o público, utilizem o roteiro preparado anteriormente. Fotografem e filmem as exibições e os debates para que vocês tenham o histórico do cineclube.

Análise do projeto

Ao final da mostra, realizem uma reunião de pós-produção com o professor. Criem uma tabela inserindo a quantidade de espectadores de cada sessão, de modo que vocês tenham o público de cada uma delas e o público total da mostra. Com base nos vídeos registrados nas sessões, avaliem a qualidade dos debates e se o cineclube atingiu sua finalidade. Com base nessa avaliação, preparem-se para uma próxima mostra!

CIÊNCIAS HUMANAS E SOCIAIS APLICADAS

UNIDADE 5

Colonialismo e escravidão

Nesta unidade, estudaremos a formação do Brasil colonial, investigando temas como a exploração do pau-brasil, as relações entre Estado e Igreja, os engenhos de açúcar, a expansão territorial, a mineração e a escravidão. Trataremos também de alguns impactos da devastação ambiental no território brasileiro. Esses são temas fundamentais para compreender aspectos históricos e geográficos de nosso país.

Reprodução/Fundação Biblioteca Nacional, Rio de Janeiro, RJ.

Vendedores de capim e de leite, litografia colorida de Jean-Baptiste Debret, produzida entre 1834 e 1839. Na imagem, à esquerda, escravos carregam pesados feixes de capim-de-angola, que era muito utilizado para alimentar os cavalos no Brasil colônia. À direita, escravos transportam leite, bebida amplamente consumida com café e chá.

1 Em termos filosóficos, o trabalho é uma ação própria do ser humano inerente à sua existência e muitas vezes está associado a ter, ser e valer. Reflita: por que existem trabalhos que têm mais prestígio social do que outros? Explique as razões dessas diferenças.

2 Qual profissão você quer exercer no futuro? Explique os motivos de sua escolha.

CAPÍTULO

Colonização do Brasil

O Brasil possui uma das maiores áreas florestais do planeta, com destaque para a Floresta Amazônica. Os rios da Amazônia concentram cerca de 20% da água doce do mundo. Todavia, o país ainda apresenta práticas inadequadas que são responsáveis por danos ambientais. Quais são as raízes desse processo?

Este capítulo favorece o desenvolvimento das habilidades:

EM13CHS101
EM13CHS102
EM13CHS103
EM13CHS104
EM13CHS105
EM13CHS106

Mercantilismo e colonialismo

Durante a Idade Moderna (séculos XV-XVIII), boa parte das monarquias europeias praticou o mercantilismo, um conjunto de ideias e medidas econômicas que visava fortalecer o Estado. Entre as principais características do mercantilismo estão:

- **protecionismo** – incentivos à produção nacional e restrições a artigos estrangeiros;
- **balança comercial favorável** – quando o valor das exportações supera o valor das importações;
- **metalismo** – pretensão de aumentar a quantidade de metais preciosos estocados;
- **intervencionismo** – controle estatal da economia.

Tais práticas geraram choque de interesses e disputas por mercados consumidores entre os Estados europeus. Portugal e Espanha se destacaram por terem sido pioneiros no estabelecimento de colônias.

No colonialismo mercantilista, a economia da colônia era organizada em função das necessidades e dos interesses da metrópole, de tal maneira que a colônia deveria atender ou complementar a produção da metrópole e ser um mercado exclusivo.

Observar o mapa
- Quais impérios tinham colônias na América, na África e na Ásia? Relacione essa distribuição com o Tratado de Tordesilhas.

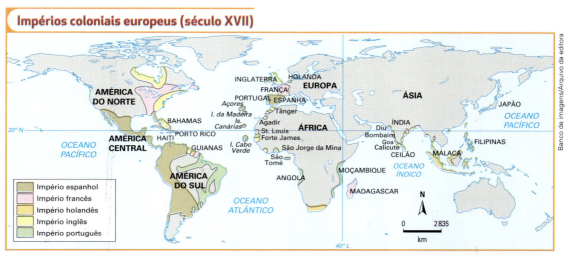

Fonte: elaborado com base em MCEVEDY, Colin. *Atlas da história moderna*. São Paulo: Verbo/Edusp, 1979. p. 53.

Linha do tempo esquemática. O espaço entre as datas não é proporcional ao intervalo de tempo.

O processo de colonização

Em 1498, navegadores de Portugal chegaram à Índia, o que permitiu o estabelecimento de um lucrativo comércio com a Ásia e a África. Logo depois, em 1500, os portugueses também chegaram às terras que mais tarde formariam o Brasil. Essas terras foram consideradas uma grande conquista para o Estado português e uma importante fonte de riquezas.

Inicialmente, os portugueses concentraram suas atenções na África e na Ásia porque o comércio com essas regiões era mais lucrativo do que a exploração da América. Naquele momento, os enviados da Coroa encontraram nas terras americanas plantas, como o pau-brasil, que tinham valor comercial na Europa. Mas não descobriram os desejados metais preciosos.

Por esses motivos, durante 30 anos (1500-1530), o governo português limitou-se a enviar para o Brasil algumas expedições marítimas destinadas principalmente ao reconhecimento da terra e à preservação de sua posse.

Extração do pau-brasil

Durante as primeiras expedições, entre 1500 e 1530, a primeira riqueza explorada pelos europeus em terras brasileiras foi o pau-brasil (*Caesalpinia echinata*) – árvore assim denominada devido à cor de brasa do interior de seu tronco. Os indígenas a chamavam ibirapitanga ou arabutã, que significa "madeira vermelha".

Por seu valor comercial, a exploração do pau-brasil passou a ser **monopólio** da Coroa, ou seja, ninguém poderia retirá-la sem permissão do governo português e sem o pagamento de tributos. No entanto, isso não foi totalmente respeitado. Comerciantes ingleses, espanhóis, franceses e mesmo portugueses contrabandeavam a madeira. As pessoas cuja ocupação era o comércio do pau-brasil eram chamadas "brasileiros" – termo que, com o tempo, passou a ser utilizado para designar os colonos nascidos no Brasil.

A extração de pau-brasil dependia do trabalho dos indígenas. Em troca desse trabalho, os indígenas recebiam uma série de objetos como tecidos, anzóis, espelhos, facas e machados. Tais objetos tinham pouco valor para os portugueses, mas eram valiosos para os indígenas, por facilitar muitas de suas tarefas cotidianas. Quando esses itens se tornaram comuns, os portugueses passaram a fornecer ferramentas mais sofisticadas, armas e cavalos. A troca de produtos entre europeus e indígenas era uma forma tradicional de comércio chamada **escambo**.

A extração de pau-brasil não deu origem a núcleos significativos de povoamento, pois, à medida que a madeira se esgotava em uma área, os exploradores se deslocavam pelas matas litorâneas, construindo **feitorias** em pontos da costa onde o pau-brasil era mais abundante.

> **Investigar**
> - Em sua opinião, a economia de um Estado só pode se desenvolver à custa de outras economias? Debata com os colegas.

> **Escambo:** câmbio de bens ou serviços sem intermediação de dinheiro.
> **Feitoria:** estabelecimento, geralmente situado próximo ao mar, utilizado como entreposto de troca entre nativos e comerciantes.

Pau-brasil em praça de Porto Seguro (BA), em 2019. Essa árvore, que tem madeira resistente e costuma medir entre 8 e 12 metros de altura, está ameaçada de extinção.

Ismar Ingber/Pulsar Imagens

Conexões — GEOGRAFIA E FILOSOFIA

Devastação ambiental

A exploração predatória dos recursos naturais durante a colonização provocou um grande impacto ambiental no território brasileiro. No século XVII, já se notava que diversas espécies de árvores começavam a escassear e diferentes espécies de animais também entraram em extinção, uma vez que seus *habitat* ficaram reduzidos.

Atualmente, é sabido que, apesar de imensos, os recursos naturais não são inesgotáveis.

Calcula-se que, em 1500, a Mata Atlântica ocupava uma faixa de 1 milhão de quilômetros quadrados (uma área um pouco maior do que a do estado do Pará, o segundo maior do Brasil). Hoje, restam apenas 8% dessa área, espalhados em matas que, em boa parte, se localizam em propriedades particulares.

Apesar da devastação, a Mata Atlântica ainda tem uma das mais ricas biodiversidades do mundo, sendo considerada Patrimônio Nacional. Lutar pela preservação desse patrimônio depende do envolvimento de pessoas, comunidades, empresas e governos e do apoio aos movimentos que lutam pelo desenvolvimento sustentável, pautado pela proteção ambiental, produção econômica e bem-estar da população.

No início do século XXI, com apoio da Organização das Nações Unidas (ONU), uma comissão internacional de estudiosos elaborou a **Carta da Terra**, documento que propõe um código ético planetário, capaz de orientar os povos do mundo na busca por esse desenvolvimento sustentável. Transcrevemos em seguida o preâmbulo dessa Carta.

> Estamos diante de um momento crítico na história da Terra, numa época em que a humanidade deve escolher o seu futuro. À medida que o mundo se torna cada vez mais interdependente e frágil, o futuro enfrenta, ao mesmo tempo, grandes perigos e grandes promessas. Para seguir adiante, devemos reconhecer que, no meio de uma magnífica diversidade de culturas e formas de vida, somos uma família humana e uma comunidade terrestre com um destino comum. Devemos somar forças para gerar uma sociedade sustentável global baseada no respeito pela natureza, nos direitos humanos universais, na justiça econômica e numa cultura da paz. Para chegar a este propósito, é imperativo que nós, os povos da Terra, declaremos nossa responsabilidade uns para com os outros, com a grande comunidade da vida, e com as futuras gerações.
>
> Carta da Terra. Disponível em: <https://www.mma.gov.br/estruturas/agenda21/_arquivos/carta_terra.pdf>. Acesso em: 24 jun. 2020.

Fonte: elaborado com base em MAPAS SOS Mata Atlântica. Disponível em: <http://mapas.sosma.org.br>. Acesso em: 7 jan. 2020.

- De que maneira você pode contribuir para preservar o meio ambiente? Pense em aspectos como: reciclagem, hábitos de consumo e economia de água e de eletricidade.

A decisão de ocupar a terra

Os governos de Portugal e Espanha dividiram as terras da América por meio do Tratado de Tordesilhas (1494), mas franceses, holandeses e ingleses não respeitavam o tratado e disputavam a posse de territórios americanos. Essa disputa se intensificou a partir da descoberta de ouro e de prata em áreas que hoje correspondem ao México e ao Peru.

Diante do risco de perder sua colônia e buscando uma alternativa para obter novos lucros comerciais, já que o comércio com o Oriente havia entrado em declínio, a Coroa portuguesa decidiu colonizar efetivamente suas terras na América.

Em 1530, o rei dom João III (1502-1557) enviou para o Brasil uma **expedição colonizadora**. Essa expedição, comandada por Martim Afonso de Souza (1500-1564), combateu estrangeiros, procurou metais preciosos, fez o reconhecimento do litoral e, em 1532, fundou São Vicente, a primeira vila da colônia. Ali, cultivaram cana-de-açúcar e instalaram um **engenho**.

> **Engenho:** complexo produtivo do açúcar.

Cultivo da cana-de-açúcar

O governo português decidiu implantar a produção açucareira em certos trechos do litoral brasileiro, uma vez que o açúcar era um artigo bastante procurado na Europa. O cultivo e o processamento da cana-de-açúcar (planta nativa da Ásia) foram os meios adotados pela Coroa para promover a ocupação efetiva da terra no momento inicial da colonização.

Ao implantar a empresa açucareira na colônia, Portugal iniciou a montagem de uma organização produtiva dentro das diretrizes do sistema colonial, tornando o extrativismo predatório (nesse caso, a exploração de pau-brasil) uma atividade secundária.

Na primeira metade do século XVI, início da instalação dos engenhos e núcleos de povoamento, a produção e o comércio do açúcar eram relativamente livres. A Coroa concedia terras a quem tivesse recursos para a instalação de engenhos.

No entanto, quando a economia açucareira apresentou crescimento expressivo, o governo de Portugal estabeleceu normas mais rígidas para a concessão de terras. Em 1571, a Coroa decretou que o comércio colonial deveria ser feito exclusivamente por navios portugueses.

Com isso, o governo pretendia implantar o **monopólio comercial** nas transações com a colônia. Dessa forma, os produtos coloniais eram comprados pelos preços mais baixos do mercado, enquanto os artigos metropolitanos eram vendidos para os colonos do Brasil pelos preços mais altos.

Fonte: elaborado com base em ALBUQUERQUE, Manoel Maurício de et al. *Atlas histórico escolar*. 8. ed. Rio de Janeiro: MEC/Fename, 1986. p. 14.

Escravização dos indígenas

O relacionamento entre os portugueses e os vários povos indígenas foi se tornando conflituoso à medida que os nativos resistiam ao processo de colonização. Para satisfazer seus interesses, os colonos usaram violência contra os indígenas e passaram a escravizá-los.

A escravização de indígenas estabeleceu-se a partir da década de 1530, principalmente quando os colonos necessitaram de mão de obra para a produção açucareira. Os portugueses e alguns aliados nativos guerreavam contra membros de outros grupos indígenas, e os prisioneiros eram distribuídos ou vendidos como escravos.

No século XVII, a escravização indígena continuou ligada à expansão açucareira pelo litoral, mas se estendeu também para as áreas dos atuais estados de São Paulo, Maranhão, Pará, entre outros. Nessas regiões, os indígenas trabalhavam em atividades como o cultivo de milho, feijão, arroz e mandioca e a extração das chamadas **drogas do sertão** (guaraná, cravo, castanha, baunilha, plantas aromáticas e medicinais).

Além disso, o indígena escravizado foi utilizado para o transporte de mercadorias. De São Paulo a Santos, por exemplo, o carregador nativo descia a Serra do Mar transportando nos ombros cargas de aproximadamente 30 quilos.

"Guerras justas"

Apesar de o governo português e os jesuítas terem defendido a liberdade indígena no início da colonização, os colonos recorreram por diversas vezes à "guerra justa" para conseguir escravos entre os nativos. Assim era chamada a guerra contra os indígenas autorizada pelo governo português ou seus representantes.

As "guerras justas" podiam ocorrer quando os indígenas não se convertiam ao cristianismo ou impediam a divulgação dessa religião, bem como quando quebravam acordos ou agiam com hostilidade em relação aos portugueses. No entanto, os colonos burlavam as normas oficiais sobre a "guerra justa", alegando, por exemplo, que eram atacados ou ameaçados pelos indígenas.

Sucessivas guerras contra povos indígenas marcaram a conquista das regiões litorâneas pelos europeus no século XVI. Foi o caso das guerras contra os indígenas caetés, tupinambás, carijós, tupiniquins, guaranis, tabajaras e potiguares.

> **Investigar**
> - Em sua opinião, alguma guerra pode ser considerada justa? Justifique sua resposta.

Gravura de Thomas Marie Hippolyte Taunay e Ferdinand-Jean Denis, datada de 1822, representando ritual dos tupinambás com feiticeiros soprando o espírito de força do povo.

Capitanias hereditárias

Como o governo português não dispunha de recursos suficientes para investir na colonização do Brasil, a solução encontrada no começo desse processo foi transferir a tarefa para particulares, geralmente pessoas da pequena nobreza lusitana.

Assim, em 1534, o rei dom João III ordenou a divisão do território da colônia em grandes porções de terra – 15 capitanias ou donatárias – e as entregou a pessoas que se habilitaram ao empreendimento, chamadas capitães ou donatários.

Nomeado pelo rei, o donatário era a autoridade máxima dentro da capitania. Com sua morte, em princípio, a administração passava para seus descendentes. Por esse motivo, as terras eram chamadas de **capitanias hereditárias**.

Direitos e deveres dos donatários

O vínculo jurídico entre o rei de Portugal e os donatários era estabelecido em dois documentos básicos:

- **Carta de Doação** – conferia ao donatário a posse hereditária da capitania. Os donatários não eram proprietários das capitanias, apenas de uma parcela das terras. A eles era transferido, entretanto, o direito de administrar toda a capitania e explorá-la economicamente;
- **Carta Foral** – estabelecia os direitos e os deveres dos donatários, relativos à exploração da terra. Vejamos alguns deles no quadro a seguir:

Alguns direitos	Alguns deveres
• Criar vilas e distribuir terras (sesmarias) a quem desejasse e pudesse cultivá-las. • Exercer plena autoridade judicial e administrativa. • Escravizar os indígenas, considerados inimigos, por meio da chamada "guerra justa", obrigando-os a trabalhar na lavoura. • Receber 5% dos lucros sobre o comércio do pau-brasil.	• Assegurar ao rei de Portugal: – 10% dos lucros sobre todos os produtos da terra; – 25% dos lucros sobre os metais e as pedras preciosas que fossem encontrados; – o monopólio da exploração do pau-brasil.

Observar o mapa

- Observe o mapa e compare-o com um mapa da atual divisão política do Brasil. Depois, identifique:
  a) a capitania mais setentrional (ao norte) e o(s) estado(s) do(s) qual(is) faz parte atualmente;
  b) a capitania mais meridional (ao sul) e o(s) estado(s) do(s) qual(is) faz parte atualmente;
  c) caso seja possível, a capitania em cujo território está situada a cidade onde você vive.

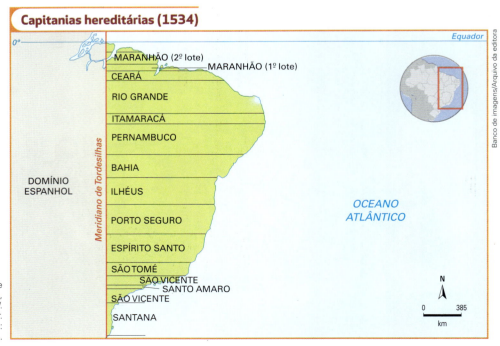

Fonte: elaborado com base em ALBUQUERQUE, Manoel Maurício de *et al. Atlas histórico escolar.* 8. ed. Rio de Janeiro: MEC/Fename, 1986. p. 14.

Dificuldades com as capitanias

A maioria das capitanias não alcançou os resultados esperados pelo governo português e pelos donatários. Entre as poucas capitanias que progrediram com a produção de açúcar, estavam a de Pernambuco, a de São Vicente e a da Bahia.

Para administrar uma capitania, os donatários tinham que enfrentar problemas como:

- **falta de recursos e de experiência** – muitos donatários perderam o interesse pelas capitanias, acreditando que o retorno financeiro não compensaria o trabalho empenhado e o capital investido na produção. Alguns nem chegaram a tomar posse de suas terras;
- **dificuldade na comunicação e nos transportes** – as capitanias ficavam isoladas umas das outras e em relação a Portugal. Por exemplo, uma viagem de navio da Bahia a Lisboa levava em média dois meses;
- **resistência dos povos indígenas** – para muitos nativos, a luta era a única forma de se defender da invasão de suas terras e da escravidão que o conquistador queria impor;
- **solo inadequado ao cultivo de cana-de-açúcar** – nos locais em que o solo não era propício para a produção de cana, restava aos donatários a exploração do pau-brasil, atividade que era menos lucrativa para eles.

Apesar dessas dificuldades, historiadores apontam que o sistema de capitanias lançou as bases da colonização da América portuguesa, estimulando a formação e o desenvolvimento dos primeiros núcleos de povoamento, como São Vicente (1532), Porto Seguro (1535), Ilhéus (1536), Olinda (1537) e Santos (1545). Contribuiu, também, em relação aos colonizadores lusos, para preservar a posse das terras e revelar as possibilidades de exploração econômica da colônia.

Fundação de São Vicente, óleo sobre tela de Benedito Calixto, de 1900. Historiador e artista, Calixto destacou-se na pintura religiosa e paisagística.

Mulheres na administração

No Brasil colônia, as mulheres brancas livres, em geral, tinham um cotidiano restrito ao ambiente doméstico, eram controladas por familiares e podiam sofrer com a violência de seus pais e maridos.

Mas, apesar das dificuldades, estima-se que nessa época quase metade das famílias nos centros urbanos era chefiada por mulheres. Algumas delas administraram mercearias, lojas e quitandas. Houve ainda casos de mulheres da elite que se tornaram donatárias de capitanias. Entre os exemplos mais destacados, podemos citar Ana Pimentel e Brites Mendes de Albuquerque, que viveram no século XVI.

Ana Pimentel assumiu a administração da **capitania de São Vicente** em 1534, quando seu marido, Martim Afonso de Souza, deixou o Brasil e foi para Portugal ocupar o cargo de capitão-mor da armada da Índia. Como donatária, Ana Pimentel organizou o cultivo de laranja, de arroz e de trigo, e introduziu a criação de gado em suas terras. Já Brites Mendes de Albuquerque assumiu o governo da **capitania de Pernambuco** em 1554, após a morte de seu marido, Duarte Coelho Pereira (c. 1485-1554). Na capitania de Pernambuco, havia dezenas de engenhos e cerca de mil colonos e mil escravos.

Investigar

- Em sua opinião, quais são os principais desafios enfrentados atualmente pelas mulheres no mercado de trabalho?

Governo-geral

Diante dos problemas enfrentados pela maioria das capitanias, a monarquia portuguesa decidiu ajudar os donatários e ampliar o controle sobre sua colônia na América. Para isso, centralizou o poder político criando um **governo-geral** no Brasil a partir de 1549, que coexistiu com o sistema das capitanias hereditárias.

Essa coexistência perdurou até 1759, quando as últimas capitanias hereditárias foram extintas e o território brasileiro passou a ser efetivamente administrado pelos representantes da Coroa portuguesa, não mais por particulares.

O governo português escolheu a capitania da Bahia como sede do governo-geral, que, então, foi retomada pela Coroa. A escolha foi motivada por interesses administrativos, pois essa capitania localizava-se em um ponto central da costa, o que facilitava a comunicação com as demais capitanias. Ali foi erguida a primeira capital do Brasil – Salvador –, cujas obras de construção tiveram início no dia 1º de maio de 1549, em um terreno elevado e de frente para o mar. Essa localização facilitava a defesa militar da cidade.

Investigar

1. Qual é a capital do estado onde você mora? Você já ouviu expressões como "capital do samba", "capital do acarajé", "capital da moda"? O que a palavra "capital" pode significar nessas expressões?

2. O que você sabe sobre a história de sua cidade (data de fundação, população atual, características da arquitetura local, opções públicas de lazer e de cultura, economia, etc.)?

Vista da cidade de Salvador do século XVI, litografia do cartógrafo escocês John Ogilby. Na imagem, pode-se observar a muralha que cercava a parte alta da capital colonial.

Primeiros governadores-gerais

Os governadores-gerais enviados para o Brasil deviam incentivar a colonização das terras. Eles exerciam funções militares, administrativas, judiciárias e eclesiásticas. Assim, foram encarregados de ajudar os donatários a defender a colônia dos ataques estrangeiros, incentivar a busca por metais preciosos, nomear funcionários da Justiça, indicar padres para as igrejas e lutar contra os indígenas que resistissem à conquista.

O primeiro governador-geral do Brasil foi Tomé de Sousa. Em seu governo (1549-1553) ocorreram: a fundação de Salvador (1549), primeira cidade e capital do Brasil; a criação do primeiro bispado brasileiro (1551); a implantação da pecuária; o incentivo ao cultivo da cana-de-açúcar; e a organização de expedições para explorar o território à procura de metais preciosos. Com Tomé de Sousa vieram seis jesuítas, chefiados pelo padre português Manuel da Nóbrega, com a missão de catequizar os indígenas. Os jesuítas serão estudados mais detalhadamente no capítulo 15.

Tomé de Sousa foi sucedido por Duarte da Costa. Em seu governo (1553-1558), mais jesuítas migraram para a colônia, destacando-se José de Anchieta. Em janeiro de 1554, Anchieta e Manuel da Nóbrega fundaram o **Colégio de São Paulo**, junto ao qual surgiu a vila que deu origem à cidade de São Paulo, no planalto de Piratininga. Foi também durante esse governo que os franceses, contando com o apoio de grupos indígenas (como os tupinambás), invadiram a baía de Guanabara, no atual Rio de Janeiro, e fundaram um povoamento que recebeu o nome de **França Antártica** (1555-1567).

Vista do Pátio do Colégio (antigo Colégio de São Paulo), ao lado do Museu Padre Anchieta. Com a edificação original datada de 1554, o local é considerado o marco da fundação da cidade de São Paulo (SP). Fotografia de 2018.

O terceiro governador-geral do Brasil foi Mem de Sá. Em seu governo (1558-1572), os franceses foram expulsos do Rio de Janeiro, com a ajuda do chefe militar Estácio de Sá (seu sobrinho). Além de expulsar os franceses (1567), esse governo reuniu forças para lutar contra os indígenas que resistiam à colonização. As ações do governo levaram à destruição de centenas de aldeias do litoral brasileiro no século XVI.

Os governadores-gerais tiveram, no entanto, problemas no cumprimento de suas funções. Por exemplo, muitas vezes o governo-geral enfrentava a oposição de poderes locais, especificamente dos "homens bons", expressão aplicada aos homens de posses, proprietários de terra, de gado e de escravos que formavam as câmaras municipais. Esses órgãos, encarregados da administração local, foram sendo estruturados paralelamente à formação das primeiras vilas. Sua atuação abrangia setores como o abastecimento, a tributação e a execução das leis. Além disso, organizavam expedições contra os indígenas, determinavam a construção de povoados e estabeleciam os preços das mercadorias.

Confederação dos Tamoios

No sudeste do Brasil, indígenas tupinambás, carijós, guayanás e parte dos tupiniquins fizeram uma aliança de guerra para combater os portugueses. Essa aliança de guerra, que contou com o apoio de franceses, foi chamada de **Confederação dos Tamoios**. Na língua tupi, tamoio significa nativo, velho, do lugar. Ou seja, era uma guerra dos ocupantes nativos da terra (os indígenas) contra os invasores (os portugueses).

Durante cinco anos (1562-1567), os tamoios lutaram contra a escravidão, a invasão de suas terras e a destruição de suas culturas. Nesse período, os indígenas conseguiram vencer algumas batalhas e alguns líderes se destacaram, como **Cunhambebe** e **Aimberê**.

No entanto, a Confederação perdeu força devido, entre outras coisas, a uma epidemia de varíola, que matou centenas de indígenas, e à expulsão dos franceses do Rio de Janeiro, que forneciam armas de fogo para seus aliados.

Ao final, os portugueses venceram a resistência indígena. Muitos nativos fugiram, outros foram mortos e outros, ainda, escravizados.

O último tamoio, óleo sobre tela de Rodolfo Amoedo, de 1883. Nessa obra, o indígena Aimberê, líder dos tamoios, aparece morto em uma praia enquanto é amparado pelo padre Anchieta. Embora os dois personagens tenham participado da Confederação dos Tamoios, essa cena nunca aconteceu.

Padroado: o governo e a Igreja

Na época da colonização, o catolicismo era a religião oficial de Portugal. Assim, os súditos portugueses deveriam ser obrigatoriamente católicos, caso contrário estariam sujeitos a perseguição.

Além disso, diversos religiosos católicos participaram do processo de colonização, em um esforço conjunto com representantes da Coroa portuguesa. Essa participação ocorreu porque o governo de Portugal e a Igreja estavam ligados pelo regime do padroado, um acordo entre o papa e o rei que estabelecia uma série de deveres e direitos da Coroa portuguesa em relação à Igreja.

Entre os principais deveres, estavam: garantir a expansão do catolicismo em todas as terras conquistadas pelos portugueses; construir igrejas e cuidar de sua conservação; e remunerar os sacerdotes por seu trabalho religioso. Já entre os principais direitos, podem ser citados: nomear bispos e criar dioceses (regiões eclesiásticas administradas pelos bispos); e recolher o dízimo (a décima parte dos ganhos) ofertado pelos fiéis à Igreja.

A Igreja e o Estado português atuavam em relativa harmonia. As autoridades políticas deveriam administrar a colônia, decidindo, por exemplo, sobre as formas de ocupação do território, de povoamento e de produção econômica. Os religiosos eram responsáveis pela tarefa de ensinar a obediência a Deus e ao rei, defendendo o trono por meio do altar.

Houve, no entanto, momentos de conflito entre sacerdotes católicos e autoridades da Coroa, sendo frequente a participação de padres em rebeliões coloniais.

Inquisição no Brasil

Nem tudo estava sob o domínio do catolicismo oficial na América portuguesa. No cotidiano, parte da população da colônia resistia ou escapava à obrigação de seguir a religião católica, praticando outras formas de religiosidade, nascidas do sincretismo de crenças e ritos provenientes de tradições culturais indígenas, africanas e europeias. Catimbós, calundus, candomblé, benzimentos e simpatias são exemplos dessas manifestações religiosas que, mesmo condenadas pela Igreja, eram praticadas na vida privada por diversos grupos sociais.

Para combater os "crimes contra as verdades da fé cristã", as autoridades da Igreja católica e da Coroa portuguesa enviaram para o Brasil representantes do **Tribunal da Inquisição** (reativado na Europa em meados do século XVI). Eram as chamadas visitações, em que o sacerdote representante da Inquisição (visitador) abria processo punitivo contra as pessoas acusadas de crime contra a fé católica. Muitos acusados foram levados para Portugal para julgamento.

Cristão-novo: judeu obrigado a se converter ao catolicismo em Portugal, em 1497. Na Espanha aconteceu um processo semelhante; ali os judeus convertidos à força ao catolicismo eram conhecidos como marranos.
Blasfêmia: palavra que ofende a divindade ou a religião cristã.

Nas visitações realizadas em Pernambuco e na Bahia (1591, 1618 e 1627), no sul da colônia (1605 e 1627) e no Pará (1763 a 1769), a Inquisição perseguiu grande número de **cristãos-novos** que tinham ido de Portugal para a colônia. Eles eram acusados de praticar, em segredo, a religião judaica. A Inquisição também perseguiu muitas outras pessoas, acusadas, por exemplo, de feitiçaria, **blasfêmia** e práticas sexuais então proibidas (prostituição e homossexualidade).

Culto de candomblé da nação Ketu, no terreiro Ilê Axé Alá Obatalandê, em Lauro Freitas (BA), em 2016. O candomblé era uma das práticas religiosas condenadas pela Igreja católica e pela Coroa portuguesa durante a colonização.

Oficina de História

Analisar e refletir

1 De acordo com o Ministério do Meio Ambiente, 472 espécies de árvores estão ameaçadas de extinção no Brasil contemporâneo. É o caso do pau-brasil, da cerejeira, da castanheira, do jacarandá, do mogno, da imbuia e da araucária. Em grupo, criem um cartaz sobre uma dessas espécies. Para isso, leiam as seguintes orientações:

   a) Escolham uma árvore.
   b) Pesquisem informações sobre essa árvore (nome científico e popular, características da espécie, biomas em que ocorre, motivos pelos quais corre risco de extinção e o que tem sido feito para preservá-la).
   c) Selecionem fotografias da árvore e escrevam legendas para as imagens.
   d) Criem um título chamativo para seu cartaz.
   e) Apresentem o cartaz para seus colegas e debatam com eles as medidas de preservação das espécies ameaçadas de extinção.

2 De acordo com o historiador Warren Dean, as facas e os machados de aço que os europeus davam aos indígenas diminuíam cerca de oito vezes o tempo para derrubar árvores ou construir canoas. Além disso, os europeus ensinaram os indígenas a utilizar anzóis de ferro, o que era bem mais eficiente na pesca. Essas novidades tecnológicas tiveram um grande impacto na cultura dos indígenas e na extração de recursos florestais.

   a) De acordo com Warren Dean, os instrumentos europeus causaram grande impacto em duas esferas. Quais são elas? Por quê?
   b) Em sua opinião, que objetos causaram maior impacto social e ambiental no mundo contemporâneo? Reflita sobre o assunto e dê exemplos.

3 Formem grupos e leiam o texto do historiador Guilherme Pereira das Neves, que mostra a importância dos jesuítas na tarefa de converter e educar os índios dentro da fé católica. Depois, façam o que se pede:

> O grande mérito dos jesuítas consistiu na percepção da humanidade dos nativos da América. Foi ela que os incentivou a desenvolver procedimentos capazes de atingir a sensibilidade dos nativos, aproximando-os da cultura cristã. [...] Essa estratégia assentava sobre três convicções básicas: a de que os índios eram tão capazes do sacramento quanto os europeus; a de que eram "livres por natureza"; e a de que tinham o caráter de um "papel em branco" em que poderia ser impressa a palavra de Deus. Com essas diretrizes, os jesuítas buscaram na catequese [...] a mudança de alguns costumes ameríndios, incompatíveis com a fé católica – como a poligamia e a antropofagia – e, para isso, fizeram largo uso da música, da dança, dos autos religiosos e das procissões.
>
> NEVES, Guilherme Pereira das. Jesuítas. In: VAINFAS, Ronaldo (org.). Dicionário do Brasil colonial. Rio de Janeiro: Objetiva, 2000. p. 327.

   a) Segundo o autor, o mérito dos jesuítas foi perceber a humanidade dos indígenas. Com isso, quais procedimentos eles desenvolveram?
   b) O que significa dizer que os jesuítas consideravam os indígenas um "papel em branco"?
   c) Quais foram os meios mais utilizados pelos jesuítas na catequese dos indígenas?
   d) Quais costumes indígenas os jesuítas queriam abolir, por serem incompatíveis com o cristianismo católico?

4 Compare o papel das câmaras municipais na época do Brasil colônia com o das câmaras municipais na atualidade. Qual é a função típica das câmaras municipais atuais? Pesquise.

5 Explique o regime que vinculava a relação entre a Igreja católica e o governo no Brasil colonial. Em sua interpretação, em que medida o poder religioso e o poder político estão associados no Brasil atual? Reflita e dê exemplos.

Interpretar texto e imagem

6 Alguns indígenas queriam saber por que portugueses e franceses, desde a chegada às suas terras, precisavam tirar tanta madeira das florestas. Leia um trecho do texto do francês Jean de Léry, que esteve no Brasil em 1558, narrando o diálogo que teve com um velho tupinambá.

Por que vindes vós outros, maírs e pêros (franceses e portugueses), buscar lenha de tão longe para vos aquecer? Não tendes madeira em vossa terra? Respondi que tínhamos muita, mas não daquela qualidade, e que não a queimávamos, como ele o supunha, mas dela extraíamos tinta para tingir, tal qual o faziam eles com os seus cordões de algodão e suas plumas. Retrucou o velho tupinambá imediatamente: e porventura precisais de muito? — Sim, respondi-lhe, pois no nosso país existem negociantes que possuem mais panos, facas, tesouras, espelhos e outras mercadorias do que podeis imaginar e um só deles compra todo o pau-brasil com que muitos navios voltam carregados. — Ah! Retrucou o selvagem, tu me contas maravilhas, acrescentando depois de bem compreender o que eu lhe dissera: Mas esse homem tão rico de que me falas não morre? — Sim, disse eu, morre como os outros.

Mas os selvagens são grandes discursadores e costumam ir em qualquer assunto até o fim, por isso perguntou-me de novo: e quando morrem para quem fica o que deixam? — Para seus filhos se os têm, respondi! — Na verdade, continuou o velho, [...] agora vejo que vós outros maírs sois grandes loucos, pois atravessais o mar e sofreis grandes incômodos, como dizeis quando aqui chegais, e trabalhais tanto para amontoar riquezas para vossos filhos ou para aqueles que vos sobrevivem! Não será a terra que vos nutriu suficiente para alimentá-los também? Temos pais, mães e filhos a quem amamos; mas estamos certos de que, depois de nossa morte, a terra que nos nutriu também os nutrirá, por isso descansamos sem maiores cuidados.

LÉRY, Jean de. *Viagem à terra do Brasil*. Belo Horizonte: Itatiaia; São Paulo: Edusp, 1980. p. 170.

a) Quem é o autor do texto? Quando ele foi escrito?
b) Por que o indígena tupinambá não entendia a necessidade de extrair tanta madeira das florestas?
c) Que diferença cultural é possível perceber entre o modo de vida europeu e o modo de vida indígena?

7 A seguir, analise duas imagens e responda às questões:

A primeira missa no Brasil, óleo sobre tela de Victor Meirelles, de 1860.

A primeira missa no Brasil, painel de Candido Portinari, de 1948.

a) Quem são os autores das obras? Quando elas foram criadas?
b) Que semelhanças e diferenças podemos notar entre as duas obras? Observe aspectos como personagens, cenários, símbolos religiosos e técnicas de pintura.
c) Como os indígenas foram representados na obra de Victor Meirelles? Na sua interpretação, essa imagem sugere que os contatos entre indígenas e portugueses foram pacíficos ou violentos? Explique sua resposta.

CAPÍTULO 14

Sociedade açucareira

A colonização da América portuguesa ganhou impulso com a implantação de engenhos de açúcar baseados no trabalho dos africanos escravizados. A produção açucareira e o tráfico de escravos africanos foram lucrativos para a Coroa portuguesa e marcaram a sociedade colonial. Como se deu esse processo? Quais foram suas consequências?

Este capítulo favorece o desenvolvimento das habilidades:
EM13CHS101
EM13CHS102
EM13CHS103
EM13CHS104
EM13CHS105
EM13CHS106

Açúcar no Brasil colonial

Membros da expedição de Martim Afonso de Souza plantaram as primeiras mudas de cana-de-açúcar e instalaram o primeiro engenho da colônia na capitania de São Vicente, entre 1532 e 1534. A partir dali, os engenhos multiplicaram-se pela costa brasileira, principalmente nas regiões dos atuais estados de Pernambuco e da Bahia. Em pouco tempo, a produção açucareira superou em importância a extração do pau-brasil, embora a exploração intensa dessa madeira tenha continuado até o início do século XVII.

Por que produzir açúcar

A implantação da produção açucareira na colônia considerou alguns motivos, como:

- **condições naturais favoráveis** ao desenvolvimento da lavoura canavieira, como o clima quente e úmido e o solo de massapê do litoral nordestino;
- **experiência portuguesa** bem-sucedida com o cultivo de cana em colônias na ilha da Madeira e no arquipélago dos Açores;
- **perspectiva de enormes lucros** que a metrópole poderia obter com a produção de açúcar, considerado um artigo de luxo no mercado europeu.

O negócio açucareiro contou também com a participação dos holandeses. Enquanto os portugueses dominaram a produção do açúcar, os holandeses controlaram sua distribuição comercial (transporte, refino e venda no mercado europeu). Comercializar o produto era mais lucrativo do que produzi-lo, por isso o negócio do açúcar acabou sendo mais lucrativo para os holandeses do que para os portugueses.

A cana-de-açúcar começou a ser cultivada em terras brasileiras há mais de 400 anos. Atualmente, o Brasil é o maior produtor mundial de cana-de-açúcar. Na imagem, colheita mecanizada de cana-de-açúcar em Jaboticabal (SP), em 2018.

LINHA DO TEMPO

- **1550** — Chega a Salvador o primeiro grupo de africanos escravizados.
- **1580** — Espanha anexa Portugal e seus domínios, dando origem à União Ibérica.
- **1581** — Independência dos Países Baixos (Holanda).
- **1621** — Fundação da Companhia Holandesa das Índias Ocidentais.
- **1624** — Holandeses invadem Salvador, capital da colônia.
- **1625** — Holandeses são expulsos da Bahia.
- **1630** — Holandeses iniciam a invasão de Pernambuco.
- **1637** — Maurício de Nassau inicia a administração de Pernambuco.
- **1640** — Dom João IV restaura o trono português, pondo fim à União Ibérica.
- **1644** — Maurício de Nassau deixa o cargo de governador das áreas conquistadas no nordeste brasileiro.
- **1648** — Vitória dos luso-brasileiros contra os holandeses na primeira Batalha dos Guararapes.
- **1654** — Holandeses rendem-se aos luso-brasileiros e são expulsos do nordeste brasileiro.
- **1661** — Holandeses reconhecem oficialmente a perda do território e assinam a Paz de Haia.

Linha do tempo esquemática. O espaço entre as datas não é proporcional ao intervalo de tempo.

Engenho: núcleo social

No Brasil colonial, a maioria da população vivia no campo, trabalhando em propriedades ligadas à produção agrícola e à pecuária. As grandes propriedades rurais tornaram-se também núcleos sociais, administrativos e culturais, como ocorreu com muitos engenhos. O senhor de engenho era o proprietário dessa unidade produtiva, mas sua autoridade e seu prestígio ultrapassavam os limites de suas terras, estendendo-se às vilas e aos povoados vizinhos.

Além dos senhores de engenho e dos escravizados, a população colonial contava com comerciantes, pescadores, ferreiros, carpinteiros, feitores, **mestres de açúcar**, **purgadores**, **agregados**, padres, alguns funcionários do rei (governadores, juízes, militares) e profissionais liberais (médicos, advogados, engenheiros).

As construções mais características dos engenhos, principalmente no nordeste, eram a casa-grande e a senzala. A **casa-grande** era a moradia do senhor de engenho e de sua família. Constituía também o centro administrativo do engenho. A **senzala** era o local onde viviam os escravizados africanos e seus descendentes, alojados de maneira precária. Além disso, o engenho tinha outras construções, como:

- **casa do engenho** – com instalações como a moenda e as fornalhas;
- **casa de purgar** – onde o açúcar, depois de resfriado e condensado, era branqueado;
- **galpões** – onde os blocos de açúcar eram quebrados em várias partes e reduzidos a pó;
- **capela** – onde a comunidade local reunia-se aos domingos e em dias festivos.

O mercado interno colonial

A economia do Brasil colonial não se reduziu às grandes propriedades agrícolas (***plantations***), que produziam para o mercado externo.

Apesar da importância do latifúndio exportador, também se desenvolveram atividades econômicas dirigidas ao **mercado interno**, que foram essenciais para a população da colônia. Um número considerável de pecuaristas e pequenos proprietários rurais produziam gêneros alimentícios para o consumo interno, tais como mandioca, milho, feijão e arroz.

O gado, além de servir de alimento, fornecia couro e era utilizado como força motriz e meio de transporte. Assim, diversas regiões especializaram-se na pecuária, como áreas dos atuais estados do Piauí, Maranhão, Bahia, Rio de Janeiro, Minas Gerais e Rio Grande do Sul.

> **Mestre de açúcar:** aquele que, no engenho, dá o ponto ao açúcar.
> **Purgador:** o encarregado de purgar (purificar) o açúcar.
> **Agregado:** morador do engenho que prestava serviços ao senhor em troca de favores.
> ***Plantation:*** palavra inglesa utilizada, nesse caso, para denominar as grandes propriedades de terras (latifúndios) que reuniam três características da produção agrícola colonial: monocultura, escravidão e produção para exportação.

Transporte da carne de corte, litografia colorida de Jean-Baptiste Debret, de 1822.

Escravidão africana

Nos engenhos, a principal mão de obra utilizada era **escrava**. A princípio, no século XVI, a maioria dos trabalhadores escravizados era indígena. Porém, a partir do século seguinte, a escravidão africana tornou-se a base das atividades econômicas da colônia.

A escravidão africana foi utilizada na produção de açúcar, na mineração, nos cultivos agrícolas do arroz, tabaco e algodão. Além disso, foi empregada na criação de animais, no transporte, no comércio e no serviço doméstico.

O predomínio de escravizados africanos em relação a indígenas no Brasil colonial costuma ser explicado por motivos como:

- **barreira cultural** – os indígenas do sexo masculino não estavam adaptados ao trabalho na lavoura, que era incumbência das mulheres indígenas;

- **epidemias** – doenças como varíola e gripe provocaram muitas mortes entre os indígenas, fazendo com que os senhores de engenho considerassem mais arriscado investir tempo e capital nessa mão de obra;

- **domínio de certas técnicas pelos africanos** – muitos africanos provinham de culturas familiarizadas com a metalurgia e a criação de gado – atividades úteis na empresa açucareira;

- **oposição à escravidão indígena** – vários setores da Igreja e da Coroa opuseram-se à escravização dos indígenas, o que não aconteceu em relação à escravização dos africanos.

Além disso, a preferência pela escravização dos africanos também foi motivada pelos elevados lucros gerados pelo **tráfico negreiro**. O mesmo não ocorria com o comércio dos indígenas capturados, pois seus ganhos ficavam dentro da colônia, com aqueles que se dedicavam a esse tipo de atividade. Já os lucros do tráfico atlântico de escravos iam para a metrópole, ou seja, para os negociantes envolvidos nesse comércio e para a Coroa, que cobrava tributos sobre a atividade.

Por tudo isso, a escravização dos africanos foi incentivada, enquanto a dos indígenas foi desestimulada e até mesmo proibida em certos lugares e períodos.

Moagem de cana na Fazenda Cachoeira, em Campinas, óleo sobre tela de Benedito Calixto, sem data. Obra elaborada com base no desenho original de Hercules Florence (1880). Esta tela representa um trapiche, que é um engenho movido por tração humana ou animal. No caso retratado, a moenda é movida por bois, mas também era comum que os africanos escravizados fizessem esse trabalho.

Tráfico negreiro

A escravidão de seres humanos é uma prática antiga e cruel. Assumiu diversas formas entre os povos que a adotaram. Mesopotâmicos, gregos, romanos, astecas e incas – entre outros povos – costumavam transformar em escravos os adversários e prisioneiros de guerra.

Os árabes já adquiriam africanos escravizados no centro-sul da África para negociá-los na região do Mediterrâneo oriental, muito antes dos europeus. Favoreciam esse comércio, por exemplo, os conflitos entre povos dessa região – certos grupos africanos costumavam prender seus rivais para depois vendê-los como escravos aos comerciantes estrangeiros.

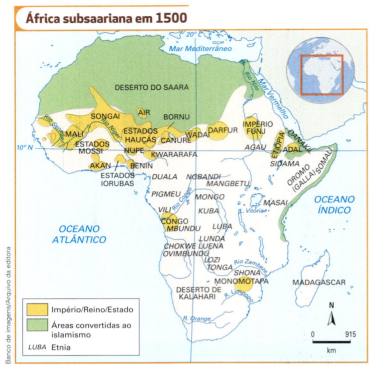

Fontes: elaborado com base em *ATLAS da história do mundo*. São Paulo: Folha de S.Paulo, 1995. p. 134-135; DUBY, Georges. *Atlas histórico mundial*. Madri: Debate, 1989. p. 253.

Na Europa, os portugueses foram os primeiros a realizar o comércio de escravos africanos através do Atlântico – seguidos por holandeses, ingleses e franceses. Isso foi possível porque, entre os séculos XV e XVI, os portugueses fundaram feitorias e estabeleceram alianças com comerciantes e soberanos locais em muitas regiões da África.

O tráfico negreiro realizado a partir do século XVI envolveu interesses dos grupos escravistas em três continentes: África, Europa e América. Os navios europeus levavam mercadorias da colônia e da metrópole para a costa africana (como tecidos, aguardente, tabaco e armas) e as trocavam por escravos. Depois, esses escravos eram vendidos para os colonos americanos.

Os africanos trazidos ao Brasil como escravos eram, em sua maioria, originários da África central (geralmente de Angola e do Congo) e da África ocidental (sobretudo do Benin, Nigéria e Guiné). Veja, no mapa ao lado, algumas sociedades do continente africano em 1500.

A viagem nos navios negreiros

Depois de aprisionados, os africanos eram acorrentados e marcados com ferro em brasa para identificação. Eram, então, vendidos aos comerciantes de escravos que se estabeleciam no litoral da África. Dali, os escravizados eram enviados para a América nos **navios negreiros**. A viagem era longa e extenuante: de Luanda (África) até o Recife (Brasil) levava por volta de 35 dias; até a Bahia, 40 dias; até o Rio de Janeiro, cerca de dois meses.

Segundo o historiador britânico Charles R. Boxer, os navios negreiros saíam da África com 600 escravos em média, embora esse número variasse de acordo com o tipo e o tamanho das embarcações. Receando possíveis revoltas durante a travessia, os traficantes acorrentavam os africanos nos porões escuros dos navios. Nesses porões, o espaço era reduzido e o calor quase insuportável. A água era suja e o alimento insuficiente para todos. Formava-se, assim, um quadro propício para o desenvolvimento de doenças e epidemias.

Antes de serem embarcados nos navios negreiros, os africanos escravizados eram amontoados em barracões, como se vê nesta gravura anônima de 1849.

SLAVE BARRACOON.

Devido a essas péssimas condições de transporte e aos maus-tratos a que eram submetidos, calcula-se que entre 5% e 25% dos africanos morriam durante a viagem. Por isso, os navios negreiros foram chamados de **tumbeiros** (em referência a tumba) ou **túmulos flutuantes**.

Os africanos que conseguiam chegar à América precisavam continuar a vida em um novo continente, e muitos deles entravam em um estado de tristeza profunda, associada à violência que sofriam com a escravidão, à separação de seus entes queridos e à saudade de sua terra natal. Esse estado de depressão ficou conhecido como **banzo** e podia provocar a apatia, a inanição e, até mesmo, a morte.

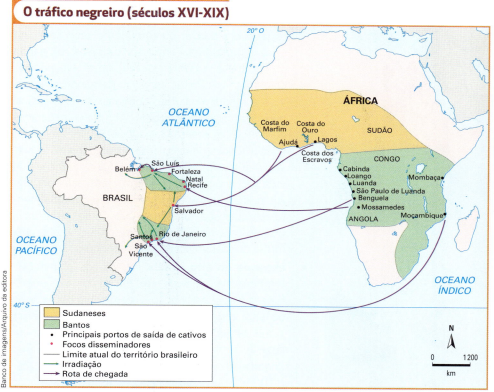

Observar o mapa
- Com base no mapa, responda:
a) Em que regiões do Brasil colonial mais se concentrava a população escrava?
b) De quais regiões da África saíam e para onde iam os escravos africanos?

Fonte: elaborado com base em ALBUQUERQUE, Manoel Maurício de et al. Atlas histórico escolar. 8. ed. Rio de Janeiro: MEC/Fename, 1986. p. 36.

Origem dos escravizados

Por meio do tráfico negreiro, chegaram ao Brasil homens e mulheres de diversas regiões da África. Entre os principais grupos africanos trazidos para o Brasil, destacaram-se:

- **os bantos –** originários da África central, geralmente de Angola e do Congo; foram levados principalmente para Pernambuco, Rio de Janeiro e Minas Gerais;

- **os sudaneses –** provinham das regiões africanas de Daomé (Benin), Nigéria e Guiné, na África ocidental; foram levados principalmente para a Bahia.

Nos séculos XVII e XVIII, os africanos de origem sudanesa eram comprados por um preço maior, pois muitos senhores no Brasil os consideravam mais fortes e inteligentes que os demais. Esses escravos também foram os líderes de muitas revoltas, especialmente nos séculos XVIII e XIX.

Devido a isso e a limitações impostas aos traficantes no século XIX, os africanos bantos passaram a ser mais procurados, pois os senhores os consideravam "mais pacíficos e adaptados ao trabalho". Essas percepções, no entanto, derivavam de preconceitos e conveniências econômicas e políticas daquele momento.

As distinções entre africanos escravizados

Chegando ao Brasil, os africanos geralmente eram vendidos em leilões no próprio porto. Depois, eram forçados a trabalhar nos engenhos de açúcar, nas plantações de algodão, na mineração, nos serviços domésticos, no artesanato ou ainda nas cidades.

Submetidos à escravidão, os africanos costumavam ser diferenciados pelos colonos de acordo com o trabalho que desempenhavam e o tempo de vida na colônia, além de critérios principalmente relacionados à origem cultural e linguística. Os compradores de pessoas escravizadas adquiriam indivíduos de diferentes grupos linguísticos, para, assim, obrigá-las a se comunicar em português. Vejamos algumas distinções:

- **escravos de ganho** – viviam nas cidades e realizavam trabalhos temporários em troca de pagamento, que era parcial ou totalmente revertido para seus proprietários. Entre os escravos de ganho predominava o comércio ambulante. No período colonial brasileiro, as escravas de ganho preparavam e vendiam nas ruas comidas, como mingaus, peixes fritos, acarajé e bolos, sobretudo em cidades como Rio de Janeiro, Salvador e Recife. Devido às possibilidades de circulação e de ganho, os escravos que viviam nas cidades tinham condições de vida um pouco melhores em relação aos demais. Ali, podiam juntar algum dinheiro e, eventualmente, comprar sua liberdade. A venda de um escravo urbano para uma fazenda era, muitas vezes, uma forma de castigo usada pelos senhores.

- **escravos do eito** – trabalhavam nas plantações, também chamadas de eito. Assim como os que lidavam com a mineração, viviam sob a fiscalização do feitor e trabalhavam até 15 horas por dia. Podiam sofrer vários tipos de castigos físicos (e psicológicos), geralmente aplicados em público, para que os demais escravizados se intimidassem – era o chamado "castigo exemplar". O excesso de trabalho, a má alimentação, as péssimas condições de higiene e os castigos deterioravam rapidamente a saúde dos escravizados. Muitos deles morriam depois de cinco a dez anos de exploração do trabalho.

- **escravos domésticos** – eram escolhidos entre aqueles que os senhores consideravam mais bonitos, dóceis e confiáveis. Muitas vezes recebiam roupas melhores, alimentação mais adequada, etc.

O trabalho dos chamados escravos de ganho deu origem ao ofício das baianas do acarajé, que foi declarado Patrimônio Imaterial do Brasil pelo Iphan. Acarajé é um bolinho de feijão-fradinho frito em azeite de dendê e, muitas vezes, recheado com vatapá, caruru e camarão seco. Essa receita foi trazida para o Brasil por africanos escravizados e está ligada ao candomblé, uma religião afro-brasileira. Na imagem, mulher caracterizada como baiana do acarajé, em Salvador (BA), em 2016.

Outro fator que distinguia os escravos era o processo de "adaptação" cultural. Tinha menor valor o chamado **boçal**, designação dada ao escravo recém-chegado da África, que desconhecia a língua portuguesa e o trabalho na colônia. Em contrapartida, era mais valorizado o chamado escravo **ladino**, que entendia a língua portuguesa e já havia aprendido a rotina do trabalho.

Investigar

- Existem vendedores de rua na cidade onde você mora? Eles comercializam comidas? Quais?

A resistência à escravidão

Os africanos trazidos para o Brasil e seus descendentes não foram passivos à escravidão que lhes era imposta. Analisando as formas de resistência empregadas pelos cativos, historiadores apontam que esses indivíduos reagiram à escravidão dentro das condições que dispunham, ora promovendo uma luta aberta contra o sistema, ora até mesmo se "adaptando" a certas condições, mas propondo formas de minimizar seus aspectos mais perversos mediante negociações com os senhores. Algumas formas de resistência empreendidas por eles foram:

- **violência contra si mesmos –** algumas mulheres, por exemplo, provocavam abortos para evitar que seus filhos também fossem escravos; outros cativos chegavam a praticar o suicídio, enforcando-se ou envenenando-se.
- **fugas individuais e coletivas –** as fugas eram constantes. Alguns escravos fugidos buscavam a proteção de negros livres que viviam nas cidades; outros, para dificultar a captura e garantir a subsistência, formavam comunidades, chamadas **quilombos**, com organização social própria e uma rede de alianças com diversos grupos da sociedade. No próximo capítulo, estudaremos com mais detalhes os quilombos, sobretudo o dos Palmares.

> **Quilombo:** palavra de origem banta que significa população, união.

- **confrontação, boicote e sabotagem –** alguns se rebelavam e confrontavam senhores e feitores; boicotavam os trabalhos, reduzindo ou paralisando as atividades; sabotavam a produção, quebrando ferramentas ou incendiando plantações. Na produção do açúcar, por exemplo, a sabotagem dos escravos era uma ameaça constante. Pedaços de madeira em brasa lançados nos canaviais provocavam incêndios; pedaços de ossos, ferro ou pedra jogados na moenda do engenho por vezes inutilizavam o maquinário, comprometendo a produção e até mesmo arruinando a safra.

Reisado do Inhanhum, comunidade remanescente quilombola, durante festejo do bumba meu boi. A comunidade localiza-se em Santa Maria da Boa Vista (PE), em 2019.

- **negociações –** as "negociações" entre senhores e escravos também faziam parte do cotidiano escravista. Segundo os historiadores João José Reis e Eduardo Silva, muitos escravos faziam acordos para cumprir as exigências de obediência e trabalho em troca de melhorias em suas condições de vida (alimentos, vestuários, saúde) e de espaço para a expressão de sua cultura, organização de festas, etc.

Impactos do tráfico na África

Devido ao tráfico negreiro, milhões de africanos foram arrancados da África e escravizados. Segundo o historiador Patrick Manning, o tráfico, somado a epidemias, secas e fome, dificultou o crescimento da população africana até o século XX, pois a quantidade de pessoas que nascia era praticamente igual ao número de mortos e de escravizados levados para fora do continente.

As estimativas sobre o total de escravos trazidos para a América, especialmente para o Brasil, variam muito. O número exato provavelmente jamais será conhecido. Para todo o continente americano, as estimativas dos diversos analistas oscilam entre 10 milhões e 20 milhões de escravos entre os séculos XVI e XIX. O impacto do tráfico negreiro tem uma dimensão muito ampla nas sociedades africanas, já que envolvia violentas dinâmicas internas no continente para a captura de pessoas a fim de fomentar o comércio negreiro. Assim, ele desestruturou muitas sociedades africanas, instalando um ambiente de insegurança no continente.

Números do tráfico no Brasil

Estima-se que cerca de 4 milhões de africanos escravizados tenham sido trazidos para o Brasil entre 1531 e 1855. Observe a progressão do tráfico na tabela abaixo.

Estimativas de desembarque de africanos no Brasil (1531-1855)

Período	Número de escravos	Observações
1531-1600	50 000	Atividade econômica precoce e predomínio da escravidão de indígenas.
1601-1700	560 000	Com a expulsão dos holandeses, os portugueses retomam o controle do negócio do açúcar e do tráfico de escravos.
1701-1800	1 680 100	Jazidas de ouro são descobertas no interior e a economia se diversifica; cresce a necessidade de mão de obra.
1801-1855	1 719 300	Intensifica-se o tráfico de escravos, utilizados principalmente na lavoura de café, em expansão no sudeste. O tráfico foi legalmente extinto no Brasil em 1850, mas houve contrabando até 1855.
Total	4 009 400	–

Fonte: KLEIN, Herbert. Tráfico de escravos. In: *Estatísticas históricas do Brasil*. Rio de Janeiro: IBGE, 1987.

Invasões holandesas

No século XVII, os holandeses invadiram áreas que correspondem aos atuais estados da Bahia e de Pernambuco, eixo central da produção açucareira da colônia. Essa invasão teve consequências importantes para a cultura, a política e a economia do Brasil colonial.

União Ibérica e suas consequências

Em 1580, o rei de Portugal, dom Henrique, morreu sem deixar herdeiros diretos, encerrando a dinastia de Avis. Nas disputas pelo trono, saiu-se vencedor Filipe II, rei da Espanha, cujos exércitos invadiram e conquistaram Portugal. Assim, teve início o domínio espanhol, que se estendeu até 1640. Esse período foi chamado de União Ibérica, pois Espanha e Portugal localizam-se na península Ibérica. Com isso o governo espanhol passou a controlar também todas as colônias portuguesas (na América, na costa da África, nas Índias e na China), ampliando ainda mais seu vasto império.

Domínios ibéricos no final do século XVI

Fonte: elaborado com base em KINDER, Hermann; HILGEMAN, Werner. *Atlas histórico mundial:* de los orígenes a la Revolución Francesa. 11. ed. Madri: Ediciones Istmo, 1982. p. 258.

Contudo, na prática a Coroa portuguesa manteve certa autonomia na gestão direta de seu povo e de suas colônias durante a União Ibérica. Assim, a administração colonial do Brasil praticamente não sofreu alterações: os funcionários do governo lusitano foram mantidos e o idioma oficial continuou sendo o português. Porém, em 1581, a Holanda se tornou independente da Espanha, o que repercutiu diretamente no Brasil.

Como represália à independência da Holanda, o rei espanhol Filipe II proibiu os produtores e comerciantes de suas colônias de negociar com os holandeses, pretendendo, assim, impor-lhes um bloqueio econômico. Tal proibição ficou conhecida como **Embargo Espanhol** e afetou as relações comerciais entre os governos de Portugal e Holanda. No Brasil, especificamente, os holandeses tiveram enormes prejuízos, pois não puderam mais participar do comércio de produtos como açúcar, pau-brasil, algodão e couro.

Ocupação da Bahia

Em reação ao Embargo Espanhol, os holandeses fundaram a Companhia das Índias Ocidentais em 1621. Essa empresa pretendia travar uma guerra militar e comercial contra a Espanha, ocupando regiões da África atlântica, da Ásia e da América, incluindo o Brasil. Conquistar o nordeste brasileiro significava, principalmente, controlar os lucrativos negócios do açúcar e dos escravos africanos.

A primeira investida holandesa no Brasil ocorreu em 8 de maio de 1624, na Bahia. Embora tenham invadido Salvador, os holandeses não conseguiram permanecer na cidade por muito tempo. As forças luso-brasileiras impediram a ocupação do território utilizando **táticas de guerrilha** e contaram com o reforço de tropas espanholas e guerreiros indígenas.

Depois de um ano de lutas, os holandeses foram expulsos da Bahia e a Companhia das Índias Ocidentais teve grande prejuízo financeiro. Porém, essas perdas foram compensadas em 1628, quando uma esquadra holandesa **assaltou uma frota de navios espanhóis** carregados de metais preciosos e artigos obtidos na América. Com o lucro do assalto, os holandeses arquitetaram novo ataque ao Brasil.

Ocupação de Pernambuco

Na segunda investida holandesa, uma poderosa esquadra foi aparelhada para conquistar Pernambuco, a capitania mais atraente da época devido à produção açucareira. A frota, que contava com 56 navios, chegou ao litoral pernambucano em 14 de fevereiro de 1630.

Sem forças suficientes para enfrentar os holandeses, as tropas lideradas por Matias de Albuquerque, governador da capitania, refugiaram-se no interior do território, onde fundaram o Arraial do Bom Jesus. O arraial tornou-se o principal foco de resistência contra os holandeses, e a tática empregada por Albuquerque foi a guerrilha.

Durante cinco anos de luta, a resistência luso-brasileira obteve alguns bons resultados, e os holandeses não conseguiram dominar totalmente a região dos engenhos de açúcar. Mas esse quadro modificou-se a partir do momento em que Domingos Fernandes Calabar, grande conhecedor da região, passou a colaborar com os holandeses.

As tropas luso-brasileiras sofreram, então, uma série de derrotas, o que levou Matias de Albuquerque a desistir do comando da resistência. Antes, porém, em 1635, conquistou Porto Calvo (no atual estado de Alagoas), cidade natal de Calabar, que também estava sob o domínio dos holandeses. Nessa cidade, Calabar acabou preso e enforcado, acusado de traição.

Dentro de certa tradição historiográfica, Calabar foi considerado um "traidor" do Brasil, mas esse julgamento tem sido questionado. Afinal, que Brasil Calabar traiu? O Brasil que, na época, estava dominado pela Espanha? Além disso, muitos outros luso-brasileiros (lavradores, senhores de engenho, etc.) auxiliaram os holandeses e não foram considerados traidores, nem foram condenados à morte.

> **Investigar**
> - Traição está relacionada à quebra de confiança e lealdade. Nas suas relações sociais, você valoriza a lealdade? Escreva sobre o assunto.

Governo de Nassau

Com o fim da luta armada em Pernambuco, a Companhia das Índias Ocidentais concentrou-se na tarefa de reorganizar a administração da região conquistada. Os anos de guerra tinham causado grande desordem na produção do açúcar e um relaxamento no controle sobre os escravos, que organizaram diversas fugas dos engenhos. O quilombo dos Palmares, por exemplo, cresceu muito nesse período, reunindo milhares de habitantes.

Por tudo isso, tanto os senhores de engenho luso-brasileiros quanto os holandeses desejavam ordem e paz para se dedicar à atividade açucareira. Com esse propósito, a Companhia das Índias Ocidentais enviou para o Brasil o conde **João Maurício de Nassau-Siegen**, nomeando-o governador-geral desse "Brasil holandês". Nassau chegou a Pernambuco em 1637, pretendendo pacificar a região e governar com a colaboração dos luso-brasileiros. Na avaliação de historiadores, a administração de Nassau apresentou as seguintes características:

- **reativação econômica** – por meio da Companhia das Índias Ocidentais, o governo de Nassau concedeu créditos aos senhores de engenho para o reaparelhamento das propriedades, a recuperação dos canaviais e a compra de escravos. O objetivo era reativar a produção açucareira;

- **tolerância religiosa** – o calvinismo, que tinha muitos seguidores na Holanda, tornou-se a religião oficial do Brasil holandês. Mas o objetivo da ocupação não era expandir essa fé religiosa. Dessa forma, tal como ocorria na Holanda, diversas religiões (catolicismo, judaísmo, protestantismo, etc.) foram, em certa medida, toleradas pelo governo de Nassau. No período, por exemplo, famílias judaicas europeias foram autorizadas a emigrar para o "Brasil holandês", fundando uma sinagoga em Recife, considerada a primeira das Américas;

- **reforma urbanística** – Nassau investiu na urbanização do Recife, com a construção de casas, pontes, obras sanitárias, calçamento das ruas, jardins e praças. Criou também a cidade de Maurícia, na ilha de Antonio Vaz, hoje um bairro da capital pernambucana. A ilha ligava-se ao continente por intermédio de uma ponte erguida sobre o rio Capibaribe;

- **estímulo à vida cultural** – patrocinado pelo governo de Nassau, Pernambuco recebeu artistas, médicos, astrônomos e naturalistas holandeses. Nas ciências, destacaram-se Georg Marcgraf, que realizou estudos da flora e da fauna do território, e Willen Piso (médico do próprio governador), que pesquisou as doenças mais frequentes na região e as plantas medicinais que os habitantes locais utilizavam. Nas artes, destacaram-se pintores como Frans Post e Albert Eckhout, que retrataram personagens e paisagens locais. As obras desses artistas são consideradas hoje fontes históricas relevantes sobre a ocupação holandesa no Brasil.

> **Sinagoga:** local de culto, "casa de oração" da religião judaica.

Investigar

1. No século XVII, artistas holandeses utilizaram pinturas para representar paisagens do Brasil. Atualmente, como as pessoas costumam registrar suas experiências?
2. Devemos preservar registros que ajudem a contar nossa história? Debata.

Fluvius Grandis, gravura de Frans Post, de cerca de 1639. O pintor viveu no nordeste brasileiro entre 1637 e 1644 e, nesta obra, retrata o primeiro contato entre holandeses e indígenas tapuias. Ao fundo, pode-se observar o Forte dos Reis Magos, em Natal (RN). Esse forte é, atualmente, Patrimônio Histórico Nacional registrado pelo Iphan.

Expulsão dos holandeses

A União Ibérica terminou em 1640, quando um duque português, com o apoio da alta nobreza e da burguesia, pôs fim ao domínio espanhol. Ao assumir o trono de Portugal, ele recebeu o título de dom João IV, iniciando a dinastia de Bragança (veja o quadro ao lado). Esse episódio da história portuguesa é conhecido como **Restauração**. Após isso, Portugal procurou realizar acordos com os holandeses a fim de recuperar o controle dos territórios brasileiros que haviam sido ocupados por eles. Os entendimentos, em princípio, foram difíceis e não tiveram êxito.

Na época em que os portugueses tentavam reaver seus territórios na América, Maurício de Nassau se desentendeu com a Companhia das Índias Ocidentais. Os líderes da Companhia chegaram a acusá-lo de usar dinheiro para satisfazer suas vaidades e quiseram limitar seus poderes. Nassau, por sua vez, acusava a direção da Companhia de não entender os problemas locais e de agir com ganância excessiva. Esses desentendimentos levaram Nassau a deixar o cargo de governador-geral em 1644.

A partir de então, a administração holandesa intensificou a busca de lucros. Os dirigentes da Companhia das Índias Ocidentais passaram a pressionar os senhores de engenho para que aumentassem a produção de açúcar, pagassem mais impostos e liquidassem as dívidas atrasadas. Ameaçavam confiscar os engenhos de seus proprietários caso as exigências não fossem cumpridas. Além disso, limitaram a tolerância religiosa, proibindo os católicos de praticar livremente sua religião.

Descontentes com a severas medidas da administração holandesa, em 1645 grupos de luso-brasileiros iniciaram um movimento conhecido como **Insurreição Pernambucana**. Diversos setores sociais da colônia – entre eles, senhores de engenho, grupos de indígenas e africanos – uniram-se momentaneamente para expulsar os holandeses do nordeste brasileiro.

Após vários conflitos, como as Batalhas dos Guararapes (1648 e 1649), os holandeses renderam-se em 1654. Entretanto, a rendição foi consolidada somente com acordos posteriores entre os governos de Portugal e da Holanda. Pelo último acordo, de 1669, Portugal, em troca do nordeste brasileiro (e de possessões na África), comprometeu-se a pagar aos holandeses uma elevada indenização em dinheiro, equivalente ao preço de 63 toneladas de ouro.

Governo da Dinastia de Bragança sobre o Brasil

Soberano	Período
Dom João IV	1640-1656
Dom Afonso VI	1656-1683
Dom Pedro II	1683-1706
Dom João V	1706-1750
Dom José I	1750-1777
Dona Maria I	1777-1816
Dom João VI	1816-1826*
Dom Pedro I	1822-1831
Dom Pedro II	1840-1889

*Após a independência.

Batalha dos Guararapes, óleo sobre tela de Victor Meirelles, de 1879. O artista brasileiro visitou o local das batalhas e pesquisou armas e roupas do século XVII. Essa obra foi encomendada pelo governo do Brasil para exaltar a vitória dos luso-brasileiros sobre os holandeses.

Portugal após a União Ibérica

Durante a União Ibérica, Portugal perdeu parte de suas colônias para holandeses, franceses e ingleses. A perda de colônias, somada às guerras e à queda dos preços do açúcar no mercado internacional, conduziu o país a uma grave crise econômica.

Tratados entre Portugal e Inglaterra

Procurando solucionar a crise econômica, o governo português recorreu à Inglaterra e assinou tratados a fim de dinamizar de imediato a economia do país. Em troca desses tratados, os soberanos de Portugal receberiam proteção político-militar. Além disso, os comerciantes portugueses poderiam comprar produtos manufaturados da Inglaterra em troca de vantagens comerciais concedidas aos ingleses.

Nesse contexto, destaca-se o **Tratado de Methuen**, de 1703 (também conhecido como Tratado dos Panos e Vinhos), pelo qual o governo de Portugal se comprometia a admitir em seu reino os tecidos de lã da Inglaterra, que, em troca, compraria os vinhos portugueses. De imediato, os efeitos desse tratado foram satisfatórios. Porém, a longo prazo, suas consequências foram desastrosas para Portugal, tendo contribuído para a estagnação da indústria portuguesa e levado ao direcionamento de parte do ouro do Brasil para a Inglaterra.

Concorrência do açúcar antilhano

Mergulhado na crise econômica, o governo português procurou explorar ao máximo as riquezas do Brasil, com destaque para o açúcar. No entanto, ao serem expulsos do país, os holandeses levaram mudas de cana-de-açúcar para as **Antilhas** e passaram a produzir açúcar nesse local, concorrendo com o açúcar da colônia portuguesa.

Entre 1650 e 1700, a concorrência antilhana provocou queda de 50% nos preços do açúcar brasileiro nos mercados internacionais. A empresa açucareira nordestina entrou, então, em declínio. Foi somente no final do século XVIII que o açúcar brasileiro recuperou parte da importância que tivera entre os séculos XVI e XVII.

Internamente, devido à queda do preço do açúcar no mercado europeu, os senhores de engenho de Olinda, principal cidade de Pernambuco na época, estavam com problemas financeiros e começaram a pedir empréstimos aos comerciantes do Recife, que cobravam juros elevados. Em pouco tempo, os senhores de engenho (em geral, luso-brasileiros) ficaram endividados e os comerciantes do Recife (em geral, portugueses) enriqueceram. Surgiram, então, hostilidades entre eles. Os comerciantes do Recife (chamados pejorativamente de **mascates** pelos olindenses) solicitaram ao rei de Portugal, dom João V, que seu povoado fosse elevado à categoria de vila e se tornasse independente de Olinda, pedido que foi atendido pelo monarca.

Contrários à decisão do rei, os senhores de engenho organizaram uma rebelião e invadiram Recife em 1710. Sem condições de resistir, os comerciantes mais ricos fugiram para não serem capturados. Esse confronto ficou conhecido como **Guerra dos Mascates**.

Em 1711, o governo português interveio na região, reprimindo duramente os revoltosos. Seus líderes foram presos e condenados ao exílio e Recife teve sua independência consolidada.

Antilhas: conjunto de ilhas caribenhas situadas ao norte da América do Sul, que foram conquistadas pelos holandeses no século XVII.

Vista da cidade histórica de Olinda (PE), em 2017. Ao fundo, é possível observar a cidade de Recife.

Oficina de História

Analisar e refletir

1 Que formas de exploração do trabalho eram utilizadas no nordeste da colônia durante os domínios português e holandês? A mudança de colonizador alterou a economia ou manteve-se a mesma estrutura? Explique.

2 Sobre a luta pela expulsão dos holandeses, por que a união entre senhores de engenho, grupos de indígenas e africanos foi considerada momentânea? Como era a relação entre esses grupos sociais antes da ocupação holandesa?

3 Após a Restauração, o rei português dom João IV afirmou que o Brasil era sua "vaca de leite". Analise essa afirmação e crie uma charge crítica inspirando-se nela.

4 Sob a orientação do professor, organizem-se em grupos. Pesquisem em livros, revistas e na internet informações sobre a produção atual de cana-de-açúcar no Brasil. Para isso, sugerimos o seguinte roteiro:

a) Onde a lavoura é cultivada? Quais são seus subprodutos? Que impactos essa produção causa no meio ambiente e na vida das populações de seu entorno?

b) Se possível, acessem os *sites* indicados:

- Agência Embrapa de Informação Tecnológica. Disponível em: <www.agencia.cnptia.embrapa.br/gestor/cana-de-acucar/Abertura.html>. Acesso em: 16 out. 2019.
- Ministério da Agricultura, Pecuária e abastecimento. Disponível em: < http://www.agricultura.gov.br/assuntos/sustentabilidade/agroenergia/producao>. Acesso em: 16 out. 2019.
- Instituto de Energia e Ambiente da Universidade de São Paulo. Disponível em: <http://gbio.webhostusp.sti.usp.br/?q=livro/atlas-de-biomassa>. Acesso em: 16 out. 2019.

c) Elaborem um relatório final com todas as informações obtidas.

5 Segundo a Empresa Brasileira de Pesquisa Agropecuária (Embrapa), cada brasileiro consome em média 55 quilogramas de açúcar por ano, enquanto a média mundial é de 21 quilogramas por ano. Além disso, a Organização Mundial da Saúde (OMS) recomenda que cada pessoa consuma de 25 a 50 gramas de açúcar por dia. Essa recomendação abrange todos os tipos de açúcar (sacarose, glicose e frutose), que provêm de alimentos como o açúcar de mesa, mel, sucos e polpa de frutas ou produtos industrializados.

a) Com base nos dados da Embrapa, calcule quanto açúcar um brasileiro consome, em média, por dia.

b) Observe as embalagens dos alimentos que você consome e verifique quais deles possuem açúcar entre seus ingredientes. Você saberia dizer se sua dieta está dentro da recomendação da OMS?

c) Pesquise doenças que podem ser provocadas pelo consumo exagerado de açúcar.

d) Em grupo, elaborem um cardápio de café da manhã, almoço, lanche e jantar que atenda à quantidade de açúcar recomendada pela OMS.

6 O Programa Nacional do Álcool (Proálcool) foi criado em 1975 a fim de oferecer o álcool como uma alternativa aos combustíveis automotivos derivados do petróleo. Isso diminuiria a importação do petróleo pelo Brasil e estimularia a produção interna de álcool.

a) Faça uma pesquisa em livros, revistas e na internet a respeito desse programa e discuta o assunto com os colegas. Para entender o funcionamento do Proálcool e do uso do álcool como combustível, consulte os professores de Química, Biologia e Geografia.

b) Após a pesquisa e a discussão em classe, escreva um texto refletindo a respeito das possíveis relações entre o atual programa do Proálcool e os conteúdos do capítulo estudado.

Interpretar texto e imagem

7 O poeta brasileiro Castro Alves (1847-1871) foi um importante abolicionista. Aos 21 anos, escreveu um de seus poemas mais conhecidos: "O navio negreiro". Esse texto denuncia a crueldade da escravidão. Para criar tais versos, Castro Alves baseou-se em relatos de escravos que conheceu quando criança. Leia um trecho do poema na página seguinte e, em seguida, observe a litografia do artista alemão Johann Moritz Rugendas.

O navio negreiro

Senhor Deus dos desgraçados!
Dizei-me vós, Senhor Deus!
Se é loucura... se é verdade
Tanto horror perante os céus?!
Ó mar, por que não apagas
Co'a esponja de tuas vagas
De teu manto este borrão?
[...]
Ontem simples, fortes, bravos.
Hoje míseros escravos,
Sem luz, sem ar, sem razão...

ALVES, Castro. Navio negreiro. Disponível em: <http://www.dominiopublico.gov.br/pesquisa/DetalheObraForm.do?select_action=&co_obra=1786>. Acesso em: 13 jan. 2020.

Negros no fundo do porão, litografia de Johann Moritz Rugendas, de 1835. Rugendas foi um pintor alemão que visitou o Brasil em duas ocasiões, entre 1822 e 1825 e, depois, entre 1845 e 1846. Inspirando-se no que vivenciou durante sua primeira visita, Rugendas publicou em 1835 a obra *Viagem pitoresca através do Brasil*, da qual a imagem acima faz parte.

As obras artísticas de Castro Alves (poema) e Johann Moritz Rugendas (pintura) podem ser utilizadas, atualmente, como fontes históricas.

a) Explique a que se referem as palavras "desgraçados" e "horror" nos primeiros versos do poema de Castro Alves.

b) De acordo com a pintura de Rugendas, que condições os africanos enfrentavam na viagem para a América? Descreva alguns elementos da obra e compare com o texto deste capítulo.

8 O artista holandês Albert Eckhout veio ao Brasil no século XVII com o conde e governador-geral Maurício de Nassau. As representações de um indígena tupi e de um indígena tapuia pintadas por Eckhout constituem alegorias de guerra, da antropofagia e da aculturação dos nativos, conforme a análise do historiador Ronald Raminelli, em seu livro *Imagens da colonização*. Observe as imagens a seguir e responda às questões.

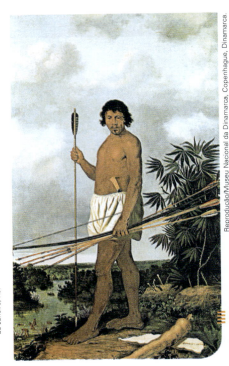

Índio tupi, óleo sobre tela de Albert Eckhout, de 1643.

Índio tapuia, óleo sobre tela de Albert Eckhout, de 1643.

a) Na imagem do indígena tupi, aculturado, ele carrega uma faca em sua cintura. O que simbolizaria a posse dessa faca?

b) Como o pintor retratou o indígena tapuia, que não estava submetido à aculturação do colonizador? Indique os elementos que simbolizam a diferença do indígena tapuia em relação à cultura que o europeu procurava implantar na colônia.

CAPÍTULO 15

Expansão territorial e mineração

A formação do território imenso que compõe o Brasil atual resultou de um processo complexo que envolveu diversos agentes sociais e foi marcado por conflitos. Parte desse processo foi a exploração do ouro que culminou na interiorização territorial e na formação de uma sociedade mineradora. Quais foram os principais motivos dessa expansão territorial? E as consequências culturais desse processo?

Este capítulo favorece o desenvolvimento das habilidades:

EM13CHS101
EM13CHS102
EM13CHS103
EM13CHS104
EM13CHS105
EM13CHS106
EM13CHS201
EM13CHS203
EM13CHS204
EM13CHS206
EM13CHS302
EM13CHS304
EM13CHS306
EM13CHS401
EM13CHS404
EM13CHS503
EM13CHS601
EM13CHS606

A marcha do povoamento

No século XVI, o Brasil colonial tinha entre 70 mil e 100 mil habitantes – incluindo os indígenas em contato com os colonos –, sendo a maioria deles localizada no litoral, espalhando-se de forma descontínua pela costa desde Natal (no atual estado do Rio Grande do Norte) até Cananeia (no atual estado de São Paulo). Frei Vicente de Salvador, em 1627, queixava-se de que os portugueses permaneciam no litoral, arranhando as costas como caranguejos. Vivendo próximos aos portos, exploravam a terra com os olhos voltados para Portugal.

Apesar dessa tendência geral, o povoamento do interior do território ganhou força no século seguinte.

Interiorização do povoamento

A partir de meados do século XVII, a ocupação territorial foi impulsionada em direção ao interior e ao litoral norte (do atual estado do Rio Grande do Norte até o atual estado do Amapá). Entre os grupos responsáveis por esse processo, destacam-se:

- **militares** – patrocinados pelo governo para expulsar estrangeiros que ocupavam partes do território;
- **bandeirantes** – percorreram o sertão aprisionando indígenas e africanos escravizados fugidos ou procurando metais preciosos;
- **jesuítas** – fundaram aldeamentos para catequizar os indígenas e explorar economicamente as riquezas naturais do sertão;
- **criadores de gado** – compelidos para o interior do território com seus rebanhos, já que o litoral era ocupado por outras atividades econômicas.

Mapa da cidade de São Luís e arredores, presente no *Livro que dá razão ao Estado do Brasil*, de João Teixeira Albernaz, de 1627. A região do Maranhão fez parte da interiorização do povoamento iniciada no século XVII.

LINHA DO TEMPO

1674 – Bandeira de Fernão Dias Pais parte em direção ao sertão de Minas Gerais.

1684 – Explode, no Maranhão, a chamada Revolta de Beckman.

1690-1695 – São encontradas as primeiras jazidas de ouro no Brasil.

1694 – O bandeirante Domingos Jorge Velho destrói o quilombo de Palmares.

1702 – É criada a Intendência das Minas.

1703 – Portugal e Inglaterra assinam o Tratado de Methuen.

1708 – Início da Guerra dos Emboabas.

1720 – São criadas as Casas de Fundição. Explode a Revolta de Vila Rica.

1729 – Inicia-se a exploração de diamantes no arraial do Tijuco, em Minas Gerais.

1763 – Capital do Brasil é transferida para o Rio de Janeiro.

1765 – Decretação da derrama.

Linha do tempo esquemática. O espaço entre as datas não é proporcional ao intervalo de tempo.

Expedições militares

Desde o início da colonização, o governo português organizou expedições militares para ocupar as áreas coloniais ameaçadas pela presença de estrangeiros, principalmente franceses e espanhóis. Essa ocupação é chamada de **expansão oficial**.

Avanço para o norte-nordeste

No final do século XVI, forças militares ergueram fortificações no litoral norte e nordeste, lutando contra estrangeiros e indígenas que resistiam à ocupação colonial.

Essa expansão deu origem a importantes cidades, inclusive algumas que se tornaram capitais, tais como Filipeia de Nossa Senhora das Neves (1584 – atual cidade de João Pessoa), Forte dos Reis Magos (1597 – atual cidade de Natal), Fortaleza de São Pedro (1613 – atual cidade de Fortaleza) e Forte do Presépio (1616 – atual cidade de Belém).

Avanço para o oeste-sudoeste

Na segunda metade do século XVIII, as expedições militares avançaram ainda mais para o interior. Navegavam pelo rio Tietê, que se tornou um caminho para a ocupação do oeste e do sudoeste, para, dessa forma, tentar deter os avanços espanhóis.

De modo geral, essas expedições não respeitaram o Tratado de Tordesilhas, que estabelecia os limites entre as possessões portuguesas e espanholas. No período da União Ibérica, as fronteiras traçadas em Tordesilhas se afrouxaram, pois Portugal estava integrado à Espanha.

> **Observar o mapa**
> - A partir do mapa, identifique quais regiões do território tiveram a ocupação impulsionada pelas principais bandeiras:
> a) de apresamento;
> b) de prospecção;
> c) de contrato.

Bandeirismo

A partir do século XVII, foram organizadas expedições particulares, chamadas **bandeiras**. Essas expedições podiam chegar a ter centenas de pessoas, em geral, brancos, mestiços e indígenas. O responsável por seu comando era chamado de armador.

Os historiadores costumam distinguir três tipos de bandeiras:
- **de apresamento** – dedicava-se à captura de indígenas para vendê-los como escravos;
- **sertanismo de contrato** – dedicava-se ao combate de rebeliões indígenas e à captura de escravos africanos fugitivos, prestando serviços aos grupos dominantes da colônia;
- **de prospecção** – dedicava-se à procura de metais preciosos.

A maioria das bandeiras de apresamento e de prospecção partiam da vila de São Paulo em direção ao interior. Por isso, São Paulo ficou conhecida como a "terra dos bandeirantes".

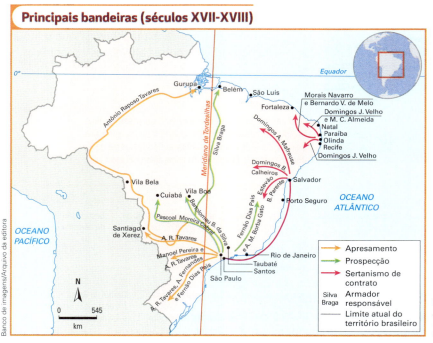

Fonte: elaborado com base em ALBUQUERQUE, Manoel Maurício de et al. Atlas histórico escolar. 8. ed. Rio de Janeiro: MEC/Fename, 1986. p. 22.

Bandeiras de apresamento

As bandeiras de apresamento tornaram-se um negócio importante durante o domínio holandês no Brasil (1637-1654). Nessa época, os holandeses conquistaram algumas colônias portuguesas na África. Com isso, desmontaram o tráfico negreiro organizado pelos portugueses e só facilitavam o comércio de escravos nas áreas sob domínio holandês. Como consequência, a mão de obra africana tornou-se mais escassa na América portuguesa.

Os "negros da terra" (expressão utilizada pelos portugueses para se referir aos indígenas na época) foram obrigados a trabalhar nas lavouras que abasteciam as vilas do litoral e também no transporte de mercadorias de uma região para outra.

A princípio, os bandeirantes capturavam indígenas em regiões próximas de São Paulo. Depois, foram avançando para o interior do continente e, em meados do século XVII, atacavam, inclusive, os aldeamentos (missões) fundados por jesuítas espanhóis. As mais conhecidas expedições de apresamento foram comandadas por Raposo Tavares e Manoel Preto.

Em reação aos ataques dos bandeirantes, os jesuítas obtiveram autorização do rei da Espanha para munir os indígenas com armas de fogo e fazê-los defender as missões. Assim, por algum tempo, as missões conseguiram resistir a esses ataques.

Sertanismo de contrato

As bandeiras que se dedicavam ao sertanismo de contrato partiam, em geral, de Salvador, Recife e Olinda. Elas ganharam importância, sobretudo, após a expulsão dos holandeses do Brasil, quando o tráfico negreiro lusitano foi reorganizado e a escravização indígena perdeu intensidade.

Nesse período, autoridades governamentais, senhores de engenho e grandes pecuaristas passaram a contratar os serviços dos bandeirantes para servir como seu "braço armado", por exemplo, na repressão de rebeliões indígenas e na captura de escravos africanos fugitivos, especialmente aqueles reunidos em **quilombos**.

O caso de Palmares

Entre os quilombos do Brasil colonial, destacou-se o quilombo dos Palmares, cujo nome fazia menção a uma extensa região de palmeiras do atual estado de Alagoas, que na época pertencia à capitania de Pernambuco. Nele, os quilombolas criavam gado e cultivavam milho, feijão, cana-de-açúcar e mandioca. Além disso, realizavam comércio com os povoados próximos.

Apesar das várias expedições militares organizadas para destruir Palmares, esse quilombo resistiu por 65 anos (1629-1694). Alguns calculam que Palmares chegou a ter, aproximadamente, 20 mil habitantes, um número talvez aumentado para justificar o fracasso das primeiras expedições contra o quilombo.

O primeiro líder a se destacar em Palmares foi Ganga Zumba (que significa "grande senhor"), que governou o quilombo de 1656 a 1678. Pressionado pelos ataques, Zumba firmou um acordo de paz com o governador de Pernambuco que previa liberdade para os negros nascidos em Palmares e devolução aos colonos dos escravos recém-chegados. Zumbi, sobrinho de Ganga Zumba, não concordou com esse acordo. Zumba foi assassinado e Zumbi passou a liderar Palmares.

Depois disso, os colonizadores contrataram Domingos Jorge Velho que, em 1692, atacou o quilombo com suas tropas, mas foram derrotados.

Em 1694, o governo enviou cerca de 6 mil homens para reforçar as tropas de Jorge Velho, o qual organizou um novo ataque aos quilombolas, que ainda resistiram por um mês. Por fim, o quilombo dos Palmares foi destruído.

Zumbi conseguiu escapar, mas foi perseguido e morto em 1695. Sua cabeça foi cortada e exposta em praça pública em Recife para servir de exemplo aos que pretendiam lutar contra a escravidão.

Bandeiras de prospecção

Na segunda metade do século XVII, o governo português enfrentou uma crise financeira, em decorrência de fatores como as invasões holandesas. Em busca de soluções para a crise, Portugal estimulou o bandeirismo de prospecção, a fim de encontrar metais preciosos na colônia. Quem descobrisse ouro poderia ser recompensado pelo governo com honrarias e até o perdão de eventuais crimes.

Animados com a busca pelo ouro, grupos de bandeirantes decidiram entrar pelo sertão. Com esse propósito, a bandeira liderada por Fernão Dias Pais – que partiu de São Paulo em 1674 – passou sete anos explorando o sertão mineiro, porém, só encontrou pedras que, na época, tinham pouco valor comercial: as turmalinas.

O caminho percorrido por Fernão Dias foi seguido por outros bandeirantes, que acabaram encontrando ouro em Minas Gerais, no final do século XVII. Entre as expedições que descobriram jazidas de ouro, destacam-se as de Antônio Rodrigo Arzão (Minas Gerais, 1693), Pascoal Moreira Cabral (Mato Grosso, 1719) e Bartolomeu Bueno da Silva (Goiás, 1725).

Jesuítas: a fundação de aldeamentos

Jesuítas são sacerdotes da Companhia de Jesus ou Ordem Jesuítica, fundada em 1534. Essa ordem pretendia que seus sacerdotes fossem "soldados de Jesus". Com essa missão católica, em 29 de março de 1549, desembarcou na Baía de Todos-os-Santos o primeiro grupo de jesuítas, chefiados pelo padre Manuel da Nóbrega.

Missões jesuíticas

Desde que chegaram ao Brasil colônia, os jesuítas dedicaram-se à catequização dos indígenas. Para isso, fundaram aldeamentos (missões) em terras concedidas pelo governo. Nesses lugares, ensinavam aos indígenas a doutrina católica, a língua portuguesa e outros aspectos da cultura europeia e combatiam costumes indígenas que se chocavam com a visão cristã – isso incluía, por exemplo, a poligamia, a nudez, a antropofagia e a crença nos rituais dos pajés.

Em geral, a rotina diária dos aldeamentos começava assim que o Sol surgia no horizonte, com a oração dos **louvores da manhã**. Depois, alguns indígenas iam trabalhar nas plantações coletivas, e outros nas atividades artesanais.

Enquanto os adultos trabalhavam, as crianças aprendiam a ler, escrever, contar e tinham lições de religião.

Além disso, nas missões localizadas nas regiões mais ao norte do território colonial, os jesuítas faziam os indígenas trabalhar na extração das chamadas "drogas do sertão", cuja venda gerava bons lucros. As missões tornaram-se o alvo de muitas das bandeiras de apresamento.

> **Observar o mapa**
>
> - Compare o mapa desta página com um mapa da atual divisão política do Brasil e faça o que se pede.
> a) Identifique os estados atuais onde se concentraram as missões jesuíticas no período colonial.
> b) As missões jesuíticas portuguesas "invadiram" o território espanhol que foi estabelecido pelo Tratado de Tordesilhas? Justifique com exemplos.

Missões jesuíticas (séculos XVI e XVII)

Legenda:
- ✝ Missões portuguesas
- Limite atual do território brasileiro
- Atual divisão política do Brasil
- ✝ Missões espanholas

Fontes: elaborado com base em ALBUQUERQUE, Manoel Maurício de et al. *Atlas histórico escolar*. 8. ed. Rio de Janeiro: MEC/Fename, 1986. p. 20 e 26; ARRUDA, J. J. de A. *Atlas histórico básico*. São Paulo: Ática, 2001. p. 37.

Revolta de Beckman

Durante o período colonial, houve muitos conflitos entre colonos e jesuítas. Vários colonos, por exemplo, queriam capturar e escravizar os indígenas para o trabalho, contrariando os jesuítas, que pretendiam educá-los dentro das missões. Um desses conflitos foi a Revolta de Beckman, ocorrida em 1686 no Maranhão. Senhores de engenho (liderados por Manuel Beckman), que tinham dificuldades financeiras para adquirir africanos escravizados na época devido a uma crise econômica na capitania, organizaram-se para acabar com a influência jesuíta, facilitando a escravização de indígenas. Destruíram armazéns da Companhia de Comércio do Maranhão (que trazia africanos escravizados para a região), invadiram os estabelecimentos dos jesuítas e os expulsaram do Maranhão.

Os rebeldes criaram um governo provisório e enviaram Tomás Beckman (irmão de Manuel Beckman) a Lisboa para encontrar o rei de Portugal e obter a autorização para escravizar indígenas. Ao saber dos acontecimentos, o rei ordenou a prisão de Tomás Beckman e enviou ao Maranhão um novo governador, Gomes Freire de Andrade, que ali chegando, em 1685, mandou enforcar Manuel Beckman e outros dois líderes do movimento. Apesar da reação severa do rei, a metrópole mudou sua política na região. Os jesuítas puderam retornar ao Maranhão, a Companhia de Comércio foi extinta e a escravização dos indígenas foi autorizada em alguns casos.

Pecuária: expansão das fronteiras

A pecuária teve papel importante na economia colonial. Além de abastecer a população de carne e couro, os animais serviam como força motriz e meio de transporte.

Ao contrário da produção de açúcar, voltada para o mercado externo, a pecuária atendia basicamente ao **mercado interno**. Assim, essa atividade escapava aos padrões da produção exportadora que predominava no sistema colonial mercantilista.

Pretendendo incentivar a produção açucareira – cujos engenhos estendiam-se pelas áreas litorâneas –, a administração portuguesa chegou a proibir, em 1701, a criação de gado em uma faixa de 80 quilômetros a partir da costa. Os pecuaristas foram, então, obrigados a instalar suas fazendas de gado no interior, em áreas que não eram apropriadas à agricultura exportadora. Dessa forma, a pecuária desenvolveu-se principalmente em duas grandes zonas: a caatinga no nordeste e as campinas do sul.

Observar o mapa
- Observe o mapa e identifique em quais dos atuais estados se concentrou a criação de gado, contribuindo para o seu povoamento durante o século XVIII.

Pecuária nordestina

As primeiras criações de gado do Brasil foram desenvolvidas no nordeste. Além de couro e carne fresca, esses pecuaristas forneciam carne-seca (carne salgada e seca ao sol), que se conservava por mais tempo, o que possibilitava sua comercialização em locais distantes.

Durante a expansão das fazendas de gado pelo interior nordestino, ocorreram conflitos entre colonos e indígenas, que resistiram à invasão de suas terras, nos quais muitos desses povos foram dizimados.

A partir do século XVIII, a pecuária no nordeste entrou em certo declínio, entre outros motivos, devido à concorrência da criação bovina em Minas Gerais, que se desenvolveu para abastecer as áreas mineradoras.

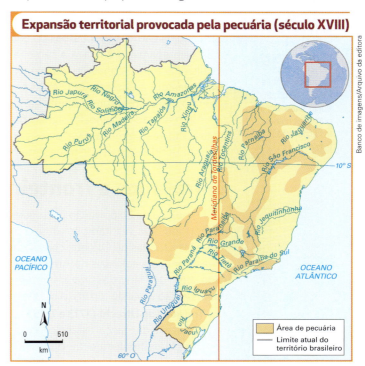

Fonte: elaborado com base em ALBUQUERQUE, Manoel Maurício de et al. *Atlas histórico escolar*. 8. ed. Rio de Janeiro: MEC/Fename, 1986. p. 32.

Pecuária sulina

Estância: no Rio Grande do Sul, grande propriedade rural, geralmente dedicada à criação de gado.
Charque: nome sulino da carne bovina salgada e seca ao sol (o mesmo que jabá ou carne-seca).

Nas campinas do atual estado do Rio Grande do Sul, a pecuária encontrou condições favoráveis a seu desenvolvimento. Em todo o período colonial, essa foi a atividade mais importante da região. Ali nasceu uma sociedade tipicamente **pastoril**. Nas **estâncias**, o trabalho era realizado pelo capataz e pelos peões (na maioria das vezes, brancos, indígenas e mestiços assalariados). Em geral, o dono da estância e sua família também participavam do trabalho pecuário, gerenciando as tarefas do dia a dia.

Até fins do século XVIII, uma das principais finalidades da criação bovina na região foi a produção de couro. A maior parte da carne do gado abatido era desperdiçada, pois não havia quem a consumisse.

Pelota, embarcação brasileira, aquarela de Jean-Baptiste Debret, 1823. A obra representa uma embarcação feita de couro de boi, chamada de pelota, que era rebocada por um nadador. Foi empregada na travessia dos rios da província do Rio Grande.

Investigar
- Você consome leite e seus derivados? Observe embalagens desses alimentos e responda: Em que cidade são produzidos? Quais são os principais nutrientes encontrados no leite?

Por esse motivo, alguns caracterizam o período como "época do couro", já que o material era empregado em diversas utilidades da vida cotidiana.

Por volta de 1780, surgiu a indústria do **charque**, que abriu novas possibilidades ao comércio da carne. As indústrias do charque constituíam-se basicamente de um galpão, onde se preparava e salgava a carne, e de secadores ao ar livre. Essa indústria cresceu impulsionada pelo consumo interno. A produção de leite era pouco desenvolvida e não rivalizava com a existente em Minas Gerais. Mas, em função das baixas temperaturas, o sul era o único produtor de manteiga.

Além do gado bovino, foi significativa no Rio Grande do Sul a criação de cavalos e de mulas (muares), que eram vendidos para a região de Minas Gerais, onde as mulas tornaram-se importante meio de transporte nos terrenos montanhosos das áreas mineradoras.

Tratados e fronteiras

Vimos que a colonização portuguesa não respeitou o Tratado de Tordesilhas. Os espanhóis, por sua vez, também descumpriram esse tratado, pois ocuparam colônias portuguesas situadas no Oriente, como as ilhas Filipinas. Foi necessário, portanto, renegociar novas fronteiras coloniais na América. Assim, a partir do século XVIII, os dois países ibéricos, além da França, assinaram tratados fronteiriços. Esses tratados ajudaram a definir a configuração atual do território brasileiro. Veja, a seguir, alguns aspectos desses tratados.

- **Tratados de Utrecht (1713 e 1715)** – o primeiro tratado, assinado entre representantes de Portugal e da França, estabelecia que o rio Oiapoque, no extremo norte da colônia, seria o limite de fronteira entre o Brasil (no atual Amapá) e a Guiana Francesa. O segundo estabelecia que a Colônia do Sacramento, fundada por Portugal (hoje cidade uruguaia), pertenceria aos portugueses. Houve, porém, resistência dos espanhóis que lá moravam.

- **Tratado de Madri (1750)** – estabelecido entre representantes da Espanha e de Portugal, determinava que a cada um desses países caberia a posse das terras que ocupava. Porém, a Colônia do Sacramento pertenceria aos espanhóis, e a região dos Sete Povos das Missões (que ocupava parte do atual estado do Rio Grande do Sul) pertenceria aos portugueses. O tratado não pôde ser cumprido, pois jesuítas e indígenas guaranis dos aldeamentos dos Sete Povos das Missões não aceitaram o controle português. Houve violenta luta (**Guerra Guaranítica**) contra a ocupação portuguesa, e, diante dessa situação, o governo de Portugal não entregou aos espanhóis a Colônia do Sacramento.

Fontes: elaborado com base em ALBUQUERQUE, Manoel Maurício de et al. *Atlas histórico escolar*. 8. ed. Rio de Janeiro: MEC/Fename, 1991. p. 30; MELLO, Neli Aparecida de; THÉRY, Hervé. *Atlas do Brasil*: disparidades e dinâmicas do território. São Paulo: Edusp, 2005. p. 33.

- **Tratado de Santo Ildefonso (1777)** – assinado por representantes de Portugal e Espanha, estabelecia que os espanhóis ficariam com a Colônia do Sacramento e a região dos Sete Povos das Missões, mas devolveriam aos portugueses terras que, nesse período, haviam ocupado no atual estado do Rio Grande do Sul. O tratado foi considerado desvantajoso pelos portugueses, pois perdiam a Colônia do Sacramento e recebiam quase nada em troca.
- **Tratado de Badajós (1801)** – estabeleceu, finalmente, que a região dos Sete Povos das Missões ficaria com os portugueses e a Colônia do Sacramento, com os espanhóis. Depois de muitas lutas, confirmavam-se as fronteiras que, basicamente, tinham sido definidas pelo Tratado de Madri.

Ouro de aluvião: ouro encontrado nos depósitos de areia, argila e cascalho que se formam nas margens dos rios ou em seu leito.

A mineração no Brasil

Ao final do domínio espanhol (1640), Portugal estava em grave crise econômica. Os preços do açúcar haviam caído, devido, sobretudo, à concorrência da produção antilhana desenvolvida pelos holandeses. Como saída para a crise, o governo português revigorou o sonho de encontrar ouro no Brasil.

Calcula-se que as descobertas iniciais do **ouro de aluvião** nos vales dos rios das Mortes e Doce, na região de Minas Gerais, ocorreram entre os anos de 1693 e 1695.

Ocupação do sertão

A notícia da descoberta de ouro espalhou-se rapidamente. Grande número de pessoas dirigiu-se à região das minas. Além da população colonial, calcula-se que muitos portugueses tenham emigrado para a colônia em busca de ouro. Contando com uma população relativamente pequena, o governo de Portugal lançou um decreto, em março de 1720, restringindo a emigração para o Brasil.

Gravura representando a extração do ouro de aluvião em Itacolomi, em Minas Gerais. Litografia a partir de um desenho original de Johann Moritz Rugendas, século XIX.

Fonte: elaborado com base em ALBUQUERQUE, Manoel Maurício de et al. Atlas histórico escolar. 8. ed. Rio de Janeiro: MEC/Fename, 1986. p. 32.

A ganância pelo ouro levou todo tipo de gente a migrar para a região das minas e gerou um rápido processo de urbanização. Em poucos anos, surgiram vilas e cidades, como Vila Rica (atual Ouro Preto), Ribeirão do Carmo (atual Mariana), São João del-Rei e Sabará. A população de Minas Gerais continuou crescendo durante todo o "século do ouro" (1701-1800). Em 1786, calcula-se que havia na região aproximadamente 394 mil habitantes, que correspondiam a cerca de 15% da população total da colônia.

Observar o mapa

- Observe este mapa e identifique:
a) os estados atuais em cujo território se desenvolveu a mineração;
b) em quais destes estados a mineração foi desenvolvida a oeste do meridiano de Tordesilhas.

Investigar

1. Considerando que a população da região das minas correspondia a 15% do total de habitantes da colônia em 1786, qual era a população do Brasil nessa época?
2. No final do século XVI, a colônia portuguesa contava com cerca de 70 mil a 100 mil habitantes. Quantas vezes a população do Brasil aumentou entre o final do século XVI e o final do século XVIII?

Guerra dos Emboabas

O caótico afluxo de milhares de pessoas para a região das minas logo gerou conflitos. Os paulistas, descobridores do ouro de Minas Gerais, sentiam-se no direito de explorá-lo com exclusividade. Entretanto, várias pessoas vindas de outros locais da colônia e os portugueses vindos da metrópole também queriam apoderar-se das jazidas. A tensão cresceu entre esses grupos, culminando, por exemplo, em uma série de conflitos violentos entre paulistas e portugueses que ficou conhecida como **Guerra dos Emboabas**.

Um dos principais líderes dos emboabas foi Manuel Nunes Viana, pecuarista e comerciante que liderou tropas contra os paulistas, vencendo-os em Sabará e Cachoeira do Campo.

O conflito teve fim em 1709, em um local que ficou conhecido como Capão da Traição, onde muitos paulistas foram mortos por tropas emboabas. Entre tantas mortes, é difícil dizer quem foi o vencedor dessa guerra.

De modo geral, destacam-se como consequência da Guerra dos Emboabas os seguintes aspectos:

- **controle da metrópole** – procurando evitar novos conflitos, o governo português interveio na região e passou a exercer firme controle administrativo e fiscal das minas;
- **elevação de São Paulo à categoria de cidade** – por determinação do rei de Portugal, dom João V, a vila de São Paulo foi elevada à categoria de cidade;
- **criação da capitania de São Paulo e Minas do Ouro** – desmembrada do Rio de Janeiro, a nova capitania, criada em 1709, seria dividida novamente, em 1720, nas capitanias de São Paulo e de Minas Gerais;
- **descoberta de ouro em Mato Grosso e Goiás** – com o fim da Guerra dos Emboabas, os paulistas passaram a procurar novas jazidas de ouro em outros lugares do Brasil. O resultado foi a descoberta do metal nas regiões dos atuais estados de Mato Grosso (1719) e Goiás (1725), territórios pertencentes na época à capitania de São Paulo.

> **Emboaba:** palavra de origem tupi que significa "aves de pernas emplumadas", ou "de penas até os pés". Muitos paulistas utilizavam o termo, pejorativamente, para se referir aos portugueses, relacionando-o às longas botas utilizadas por eles.

Administração das minas

A riqueza das minas pertencia à Coroa portuguesa, que concedia **datas** (lotes) aos mineradores para a exploração do ouro. Esse trabalho penoso era realizado por escravos, em locais denominados **lavras**. Percebendo a possibilidade de revigorar sua economia, Portugal organizou um rígido esquema administrativo para controlar essa região.

Intendência das Minas

O principal órgão dessa administração era a Intendência das Minas. Criado em 1702, esse órgão era responsável por tarefas como:
- distribuição de datas para a exploração do ouro;
- fiscalização da atividade mineradora;
- julgamento de questões referentes ao desenvolvimento dessa atividade;
- cobrança de impostos pela exploração das jazidas, principalmente.

Os mineradores deviam pagar ao governo português um tributo correspondente a um quinto (20%) de qualquer quantidade de metal extraído. Com o tempo, a expressão **quinto** passou a designar popularmente o próprio imposto.

Casas de Fundição

No início da exploração, o ouro em pó ou em pepitas circulava livremente pela região. Isso favorecia o contrabando, dificultando a coleta dos tributos. Por esse motivo, Portugal proibiu a circulação do ouro em pó e em pepitas e criou, por volta de 1720, as Casas de Fundição. Nesses locais, todo o ouro deveria ser fundido e transformado em barras. Ao recebê-lo, as Casas de Fundição já retiravam a parte correspondente ao imposto do governo. O restante recebia um selo oficial que comprovaria o pagamento do tributo (quinto), podendo ser legalmente negociado (chamado de **ouro quintado**). Quem portasse ouro em pó ou barras **não quintadas** poderia sofrer penas severas, que iam desde a perda de todos os bens até o exílio perpétuo em colônias portuguesas na África.

A criação das Casas de Fundição e outras medidas centralizadoras da Coroa causaram revolta entre os mineradores como, por exemplo, a Revolta de Vila Rica, em 1720, que reivindicava o fim das Casas de Fundição. Essa revolta foi rapidamente reprimida pelo governador e seu líder Felipe dos Santos, foi preso, enforcado e esquartejado, em julho de 1720.

Intendência dos Diamantes

A partir de 1729, foram encontradas jazidas de diamantes no Arraial do Tijuco, atual cidade de Diamantina. O governo português também se preocupou em controlar a cobrança de impostos sobre essas pedras preciosas. Assim, em 1739, a Coroa entregou a extração das pedras preciosas a particulares, somente mediante um contrato de exploração, que estabelecia a figura de um contratador, responsável tanto pela exploração dos diamantes como pelo pagamento de parte da produção à Coroa.

O sistema durou até 1771, quando a Coroa portuguesa assumiu diretamente a extração e criou a Intendência dos Diamantes. Esse órgão passou a ter amplos poderes sobre a população do Distrito Diamantino. Seus fiscais podiam, por exemplo, confiscar bens e controlar a entrada e a saída de pessoas do distrito. Mas nem assim o contrabando de diamantes se extinguiu plenamente.

Foi grande a produção de diamantes na região. Calcula-se que, apenas da capitania de Minas Gerais, foram extraídos aproximadamente 160 quilos de diamante entre 1730 e 1830.

> **Investigar**
> - Pesquise o que é assoreamento e, depois, relacione esse processo à atividade mineradora praticada no Brasil no século XVII.

Fachada de Casa de Fundição construída em 1730 na cidade de Sabará, Minas Gerais. Atualmente, é a Casa de Cultura e Academia Marianense de Letras. Fotografia de 2012.

A sociedade do ouro

Com o desenvolvimento de núcleos urbanos, a região mineira se tornou um excelente mercado comprador de alimentos, roupas, ferramentas e outros produtos, fornecidos pelos comerciantes de Portugal e da própria colônia.

No nordeste, a produção açucareira deu origem a uma sociedade rural, com o domínio dos senhores de engenho. Já em Minas Gerais, a exploração do ouro propiciou a formação de uma sociedade urbana, com pessoas de diferentes situações socioeconômicas, como mineradores, comerciantes, quituteiras, carpinteiros, ferreiros, pedreiros, padres, militares, funcionários da Coroa e advogados. Na base dessa sociedade, havia um grande número de africanos escravizados. Segundo estimativas históricas do IBGE, em 1786, esses africanos representavam quase metade da população da capitania de Minas Gerais.

Ascensão social e pobreza

Na sociedade mineira, a ascensão social esteve ligada ao enriquecimento econômico (extração do ouro, de diamantes, comércio e artesanato). No entanto, a **concentração de riqueza** foi uma das marcas dessa sociedade, pois a maior parte das lavras importantes pertencia aos ricos senhores. Analisada no conjunto, essa sociedade produziu mais pobres do que ricos.

Mesmo no auge da economia do ouro, de 1733 a 1748, grande parte da população livre de Minas Gerais era constituída de gente pobre, que desempenhava funções pouco remuneradas, como de comerciantes e artesãos.

Crise da mineração

Ao longo do século XVIII, com a intensa exploração aurífera, até mesmo as maiores jazidas da colônia foram se esgotando. Na segunda metade desse século, a produção de ouro diminuiu bruscamente. O governo, atribuindo essa redução ao contrabando, continuou aumentando a pressão sobre os mineradores, por meio, por exemplo, das seguintes medidas:

- **cota mínima anual** – em 1750, o rei determinou que a soma final do quinto deveria atingir pelo menos 100 **arrobas** de ouro por ano. Com o progressivo esgotamento das jazidas, os mineradores tiveram muita dificuldade em cobrir essa cota mínima anual. A maioria não conseguiu pagar o tributo e acumulou dívidas;
- **derrama** – em consequência do acúmulo de dívidas, em 1765 o governo português decretou a derrama, isto é, a cobrança de todos os impostos atrasados. Na execução da derrama, as autoridades não pouparam nem mesmo os mineradores empobrecidos, que acabaram perdendo os poucos bens que lhes restavam. A insatisfação contra o peso dos tributos despertaria um clima de revolta em diferentes setores da sociedade colonial mineira. Foi o caso, por exemplo, do movimento conhecido como **Conjuração Mineira**, que será visto posteriormente.

Arroba: unidade de medida de peso equivalente a cerca de 15 quilos.

Dica
Museu Virtual de Ouro Preto
http://www.museuvirtualdeouropreto.com.br/tour-virtual.html
Página com passeio virtual e informações sobre as principais igrejas coloniais de Ouro Preto.

Consequências da exploração do ouro

Entre as principais consequências da exploração do ouro no Brasil do século XVIII, podemos destacar:

- **desenvolvimento das artes** – diversas pessoas empregaram suas riquezas para incentivar as artes durante o ciclo do ouro. O primeiro movimento literário brasileiro significativo, o Arcadismo, surgiu em Minas Gerais (expresso na obra de Cláudio Manuel da Costa e Tomás Antônio Gonzaga, entre outros). Nessa capitania também surgiram no campo das artes plásticas, as primeiras grandes figuras do Barroco (como Antônio Francisco Lisboa, o Aleijadinho, e Manuel da Costa Ataíde, o Mestre Ataíde), além dos principais representantes da música colonial (como Emérico Lobo de Mesquita, Francisco Gomes da Rocha e Inácio Parreiras Neves);

- **expansão territorial e populacional** – o ouro atraiu muitas pessoas para o interior do território brasileiro, favorecendo o povoamento do sertão e uma maior integração entre as capitanias, antes isoladas entre si. Além disso, a população colonial aumentou. Durante o século do ouro, o número de colonos cresceu quase 11 vezes, passando, segundo algumas estimativas, de 300 mil habitantes (em 1700) para 3,25 milhões de habitantes (em 1800);
- **mudança da capital** – em 1763, a capital da colônia foi transferida de Salvador para o Rio de Janeiro, mudança que reflete o deslocamento do centro econômico do nordeste açucareiro para a região mineradora do sudeste. O Rio de Janeiro, com seu porto marítimo mais próximo às áreas mineradoras, favorecia o transporte do ouro. A mudança também facilitou a comunicação com a metrópole;
- **revoltas coloniais** – as questões em torno da exploração do ouro contribuíram para aguçar a oposição de interesses entre os colonos brasileiros e o governo português. Nesse período, a intensificação do controle por parte da metrópole contribuiu para que setores da classe dominante colonial se rebelassem contra Portugal e também para que diversas revoltas fossem organizadas na região das minas.

Com quem ficou o ouro brasileiro?

A produção aurífera brasileira foi relevante nos primeiros 60 anos do século XVIII. Nesse período, calcula-se que a quantidade de ouro explorada no Brasil tenha sido maior do que em toda a América espanhola em quase quatro séculos. A quantidade do metal extraída na colônia portuguesa correspondeu a cerca de 50% de toda a produção mundial entre os séculos XV e XVIII. O gráfico ao lado mostra parte do volume dessa produção.

Diante disso, é possível perguntar: com quem ficou o ouro brasileiro? Toda grande questão histórica demanda respostas complexas. Sabemos, em primeiro lugar, que toda essa riqueza não ficou na colônia nem foi utilizada para seu desenvolvimento. É inegável que a região das minas apresentou vigor econômico e cultural, como mostram as ruas, as igrejas e as construções edificadas na época. Mas isso representa uma parte pequena da produção mineira.

Sabemos também que Portugal não foi o único beneficiário do ouro extraído de sua colônia, já que não superou totalmente a crise econômica em que havia mergulhado após o domínio espanhol (1580-1640). Com os lucros do ouro brasileiro, a economia portuguesa equilibrou-se momentaneamente, mas não o suficiente para se livrar da dependência em relação aos ingleses.

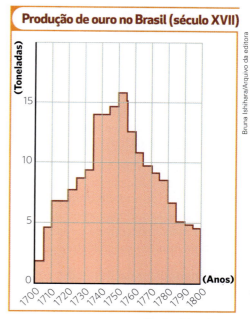

Fonte: elaborado com base em PINTO, Virgílio Noya. In: SOUZA, Laura de Mello e. *Desclassificados do ouro*: a pobreza mineira no século XVI. 4. ed. Rio de Janeiro: Graal, 2004. p. 75.

Alguns historiadores consideram que a maior parte do ouro brasileiro escoou para a Europa, servindo ao enriquecimento de outras nações. Acredita-se também que a grande beneficiária do ouro brasileiro foi a Inglaterra, que passou a dominar a economia portuguesa por meio de diversos acordos, como o Tratado de Methuen, de 1703.

Exportando produtos agrícolas para o mercado inglês e importando dos fabricantes britânicos produtos manufaturados por preços elevados, os governantes de Portugal estavam sempre em dívida com seus parceiros. Para pagar essa dívida, recorriam constantemente ao ouro do Brasil. Desse modo, o ouro brasileiro transferiu-se, em grande parte, para os capitalistas ingleses.

Podemos dizer que as condições expressas no Tratado de Methuen não foram os únicos fatores responsáveis pelas dificuldades de uma industrialização portuguesa. As causas da não industrialização de Portugal são amplas, antigas e continuam sendo estudadas por diversos historiadores.

Oficina de História

Analisar e refletir

1. A ação jesuítica contra a escravização dos indígenas não teve o mesmo caráter no que se referia aos africanos. Como essa diferença pode ser explicada? Pesquise.

2. O Brasil é, atualmente, o quinto maior país do mundo em extensão territorial. Sobre isso, o historiador Evaldo Cabral de Mello opinou:

   > Seria ótimo se tivéssemos respeitado a linha de Tordesilhas. O país hoje seria bem menor e os problemas, talvez, mais administráveis.
   >
   > *Folha de S.Paulo*, 14 jul. 1999, Brasil 1. p. 7.

   a) A fala de Evaldo Cabral tem conteúdo polêmico. Qual é sua opinião sobre essa afirmação? Debata o assunto com os colegas.

   b) Pesquise quais são os quatro países maiores que o Brasil em extensão territorial. Em seguida, elabore um quadro apresentando a extensão territorial, o número de habitantes, a densidade demográfica, o percentual de população urbana e o Índice de Desenvolvimento Humano (IDH) de cada um.

3. Pesquise em atlas ou em livros de Geografia um mapa atualizado com a distribuição da população no Brasil (densidade demográfica). Verifique a distribuição dos habitantes por km^2. A população está mais concentrada no litoral ou no interior? Como isso se explica historicamente?

4. Pesquise informações atuais sobre os seguintes metais: ouro, prata, cobre, alumínio e estanho. Construa uma tabela que apresente, em relação a cada metal, o símbolo químico, os cinco maiores países produtores e os principais usos.

5. Em grupo, elabore um guia turístico de cidades brasileiras onde floresceu a mineração do século XVIII. Nesse guia, organize mapas, fotografias e textos sobre os principais pontos turísticos. Comente sobre a preservação do patrimônio histórico dessas cidades.

Interpretar texto e imagem

6. Leia os trechos extraídos da obra do historiador Sérgio Buarque de Holanda, analise a obra de Benedito Calixto e faça o que se pede.

FONTE 1

> [...] há mais de um motivo para supor-se que, nas suas longas jornadas, os bandeirantes e cabos de tropa andassem frequentemente descalços [...]
>
> Muito alimento que pareceria repugnante a paladares europeus teve de ser acolhido desde cedo por aquela gente [bandeirantes], principalmente durante as correrias no sertão, pois a fome é companheira constante da aventura.
>
> HOLANDA, Sérgio Buarque de. *Caminhos e fronteiras*. São Paulo: Companhia das Letras, 1994. p. 26 e 56.

FONTE 2

O bandeirante Domingos Jorge Velho, em suposto retrato. Detalhe da obra de Benedito Calixto, de 1903.

a) Compare o texto da Fonte 1 com o quadro de Domingos Jorge Velho, feito pelo artista Benedito Calixto, da Fonte 2.

b) Que imagem a pintura de Benedito Calixto procurar transmitir a respeito dos bandeirantes? E que imagem o historiador Sérgio Buarque de Holanda apresenta a respeito dos bandeirantes, em seu texto?

c) Com base na descrição feita por Sérgio Buarque de Holanda, faça um desenho ou pintura reproduzindo como seria a imagem de um bandeirante.

CIÊNCIAS HUMANAS E SOCIAIS APLICADAS

UNIDADE

Súdito e cidadão

Nesta unidade, conheceremos aspectos marcantes das monarquias inglesa e francesa, alguns filósofos iluministas, revoluções que abalaram o absolutismo monárquico e a Revolução Industrial, que inaugurou novas formas de produção. Além disso, estudaremos o período em que a França foi governada por Napoleão Bonaparte.

Jose Luis Vega/Shutterstock

Big Ben, relógio localizado em uma torre do Palácio de Westminster, em Londres (Inglaterra), 2017. O palácio serviu de residência aos reis ingleses e, hoje, abriga as duas casas do Parlamento Britânico. Construído no século XI, é registrado como Patrimônio Mundial da Humanidade pela Unesco desde 1987.

- Qual é a diferença entre ser súdito e ser cidadão?

CAPÍTULO 16

Antigo Regime e Iluminismo

"O Estado sou eu", teria dito o rei francês Luís XIV. A frase tornou-se emblemática nas referências ao absolutismo monárquico, que marcou as sociedades europeias do chamado Antigo Regime. Como se desenvolveu a crítica iluminista ao Antigo Regime?

Este capítulo favorece o desenvolvimento das habilidades:

EM13CHS101
EM13CHS102
EM13CHS103
EM13CHS104
EM13CHS105
EM13CHS106
EM13CHS203
EM13CHS404
EM13CHS501
EM13CHS605

Antigo Regime

A expressão **Antigo Regime** é utilizada por historiadores para se referir a diversas sociedades europeias da Idade Moderna. Essas sociedades apresentavam características como: predomínio da população rural sobre a urbana, divisão social por estamentos e desenvolvimento do absolutismo monárquico.

População rural e urbana

Na Europa, entre os séculos XV e XVIII, houve o predomínio da população rural sobre a urbana, com cerca de 80% dos europeus vivendo no campo. Apesar disso, muitas cidades se desenvolveram nesse período e algumas delas se tornaram importantes centros comerciais, como Veneza, Gênova, Sevilha, Marselha, Lisboa, Londres, Bruges e Amsterdã.

No campo, a maioria da população trabalhava na agricultura e na criação de animais. Mas também existiam pessoas que se dedicavam ao comércio e ao artesanato (como ferreiros, carpinteiros, construtores de carroças, entre outros). Além disso, havia uma elite formada por grandes proprietários de terras e seus familiares. Em geral, eram nobres que se ocupavam com atividades administrativas, políticas e militares. Esse grupo se beneficiava da exploração do trabalho dos camponeses, que estavam submetidos a variadas formas de servidão.

Durante a modernidade, assim como atualmente, não havia uma fronteira rígida separando o campo e a cidade. As populações rurais e urbanas transitavam por esses diferentes territórios, que se relacionavam de forma interdependente.

Reprodução/Museu do Louvre, Paris, França.

A construção de uma estrada, óleo sobre tela de Joseph Vernet, de 1774. A obra retrata a estrada que servia de ligação entre as áreas rurais e as cidades.

LINHA DO TEMPO

1661 - Início do reinado de Luís XIV, o Rei Sol, auge do absolutismo monárquico francês, estendendo-se até 1715.

1687 - O físico inglês Isaac Newton (1642-1727) formula a lei da gravidade. É autor também das leis fundamentais da mecânica clássica (Física).

1689 - Revolução Gloriosa, na Inglaterra. Guilherme de Orange assina a Declaração de Direitos. Ascensão da burguesia ao controle do Estado.

1690 - O filósofo inglês John Locke publica *Ensaio acerca do entendimento humano*.

1748 - O jurista Montesquieu escreve *O espírito das leis*, defendendo a separação funcional dos poderes do Estado em Legislativo, Executivo e Judiciário.

1756-1763 - Guerra dos Sete Anos, entre Inglaterra e França. A Inglaterra sai vitoriosa.

1762 - O filósofo suíço Rousseau publica *O contrato social*.

1765 - Adam Smith, principal fundador do liberalismo econômico (*laissez-faire*), escreve *A riqueza das nações* (1765).

Linha do tempo esquemática. O espaço entre as datas não é proporcional ao intervalo de tempo.

Sociedade estamental

No Antigo Regime, as sociedades estavam organizadas em, basicamente, três grupos ou estamentos: primeiro estado (clero), segundo estado (nobreza) e terceiro estado (camponeses, comerciantes, artesãos, etc.). O estamento de alguém era definido desde seu nascimento, isto é, uma pessoa pertencia ao mesmo grupo social de seus pais ou ascendentes.

Nas sociedades estamentais, a lei não era igual para todos, porque as pessoas não eram consideradas iguais. Cada grupo social tinha um estatuto jurídico próprio que assegurava privilégios para uma minoria da população (nobreza e clero) e pesadas obrigações para a maioria dos súditos (terceiro estado).

A nobreza e o clero, por exemplo, não tinham que pagar tributos, só eram julgados por tribunais especiais e podiam ocupar os cargos mais elevados na administração do Estado. Já os membros do terceiro estado não podiam desfrutar de tais benefícios e eram excluídos das decisões políticas, mas tinham a obrigação de pagar tributos.

> **Investigar**
> - No Brasil atual, existem grupos sociais que são mais privilegiados do que outros? Comente.

Absolutismo monárquico

Como já abordado, sobretudo no início da Idade Moderna, alguns reis europeus ampliaram seu poder e fundaram monarquias nacionais. O fortalecimento dessas monarquias foi chamado de absolutismo.

A expressão **absolutismo monárquico** surgiu provavelmente entre correntes liberais do século XVIII, com o sentido de crítica ao poder dos reis, bem como aos privilégios da nobreza e do clero.

Nas monarquias absolutistas, a autoridade do rei constituía a fonte suprema dos poderes do Estado. Em nome do soberano, o poder era exercido pelos diversos setores do governo: nas finanças, na elaboração das leis, nos tribunais de justiça, no exército, nas relações exteriores, etc.

No entanto, deve-se lembrar que os reis não governavam sozinhos e, apesar do enorme poder de que dispunham, nunca puderam exercer sua vontade de forma ilimitada. Para se manter no poder, os soberanos tinham de seguir tradições, lidar com vários interesses e saber negociar com seus súditos, principalmente, com a nobreza e o clero. Além disso, o exercício do poder político dos reis passava por certas mediações parlamentares.

O regime absolutista, sob diferentes formas, ocorreu em países como Portugal, Espanha, Inglaterra e França.

Defesa do absolutismo

Vários teóricos procuraram justificar o fortalecimento do poder monárquico. Entre eles, destacam-se Thomas Hobbes e Jacques Bossuet.

Thomas Hobbes

O filósofo inglês Thomas Hobbes (1588-1679) justificava o poder absoluto dos reis como condição para garantir a paz e o progresso da sociedade.

Hobbes acreditava que o ser humano, apesar de viver em grupo, não tem o instinto natural de **sociabilidade**. Para ele, cada indivíduo vê seu semelhante como um rival a ser dominado. Assim, onde não há o domínio (poder) de um indivíduo sobre outro, existirá sempre desordem e competição até que esse domínio seja estabelecido.

Essas disputas contínuas entre humanos teriam provocado um estado de guerra permanente nas primeiras comunidades. Por isso, nas palavras de Hobbes, *o homem é o lobo do próprio homem*.

Para encerrar a brutalidade primitiva, os seres humanos inventaram a sociedade política, administrada pelo Estado. Ao criar essa sociedade política, os indivíduos convencionaram um pacto entre si (**contrato social**), no qual cada um abriria mão de parcela de seu individualismo e liberdade em favor de um governo dotado de poder para assegurar ordem, direção e segurança à vida coletiva.

Hobbes apresentou essas ideias em seu livro *Leviatã*. Nessa obra, ele compara o Estado a um monstro poderoso, feito para acabar com a desordem e a insegurança dos conflitos sociais. O nome "Leviatã" refere-se a um poderoso e indomável monstro mencionado na Bíblia.

> **Investigar**
>
> - O poder do governante absolutista foi justificado, por alguns pensadores, por sua origem divina ou pelo "contrato social". Nos dias atuais, como se justifica o poder dos governantes em nosso país?

Jacques Bossuet

O bispo francês Jacques Bossuet (1627-1704) defendia o poder absoluto do rei como **direito divino**. Bossuet dizia que o rei era predestinado por Deus para governar. Assim, seu poder, sendo de origem divina, só podia ser absoluto. Por isso, o rei estava acima de todos os súditos e não precisava justificar a ninguém suas atitudes e ordens – somente Deus poderia julgá-las. Mas era esperado que o "bom" rei utilizasse seu poder para promover a felicidade geral do povo. É de Bossuet a frase "Um rei, uma fé, uma lei", que se tornou uma espécie de lema das monarquias cristãs absolutistas.

Absolutismo francês

O reinado de Luís XIV (1651-1715) é considerado o auge do Absolutismo na França. Atribui-se a ele a frase "O Estado sou eu".

Em seu governo, foram reorganizadas as finanças do Estado e criaram-se companhias de comércio, o que ampliou o império colonial francês.

Um dos maiores símbolos da riqueza e poder de Luís XIV foi o Palácio de Versalhes. Nesse enorme palácio passaram a viver cerca de 6 mil nobres que faziam parte da corte.

Na corte de Luís XIV, os nobres seguiam severas regras de etiqueta. Essas regras determinavam formas adequadas de falar, comer, cumprimentar e se vestir. A etiqueta não servia apenas para demonstrar boa educação ou certo refinamento da nobreza. Servia, sobretudo, para afirmar uma posição na hierarquia social e demonstrar respeito pelos outros nobres.

Em festas e cerimônias oficiais, por exemplo, poltronas e cadeiras eram marcadas de acordo com a importância de cada pessoa. Por isso, poucos nobres tinham o privilégio de se sentar em poltronas próximas do rei, e a maior parte das pessoas deveria permanecer de pé. De modo semelhante, os cumprimentos entre nobres se faziam conforme a posição de cada um na sociedade.

Primeira promoção da Ordem de São Luís, óleo sobre tela pintado em 1693 por François Marot. A obra representa Luís XIV homenageando oficiais que prestaram serviços excepcionais ao Estado.

> **Investigar**
>
> 1. Durante o Absolutismo francês, a nobreza criou e seguiu regras de convívio chamadas de etiqueta. Atualmente, os grupos sociais também criam e seguem regras de conduta? Dê exemplos.
> 2. Com quais finalidades são criadas regras de convívio nos dias atuais?

Absolutismo inglês

O Absolutismo inglês teve início com o rei Henrique VII (1457-1509), fundador da dinastia dos Tudor. Os sucessores deste rei consolidaram os poderes da monarquia.

O auge do Absolutismo inglês ocorreu no reinado de Elizabeth I (1533-1603), filha de Henrique VIII e Ana Bolena. Elizabeth assumiu o trono aos 25 anos e governou a Inglaterra por quase meio século. Apesar de ser considerada uma rainha absolutista, ela teve habilidade política para manter boas relações com o Parlamento e controlar disputas religiosas entre católicos e protestantes.

Durante seu governo, teve início a expansão colonial inglesa em direção à América do Norte, o que propiciou um crescimento econômico para o reino. Além da prosperidade econômica, ocorreu um florescimento das artes. O grande destaque da época foi o escritor e dramaturgo William Shakespeare, autor de célebres obras da literatura mundial como *Romeu e Julieta* e *Hamlet*.

Ao longo de sua vida, Elizabeth recebeu diversas propostas de casamento, mas permaneceu solteira. Ela morreu em 1603 sem deixar descendentes diretos. Assim, seu primo Jaime, que era da família real da Escócia, assumiu o trono inglês.

Iluminismo: a liberdade da razão

O Iluminismo (também conhecido como Ilustração ou Esclarecimento) foi um movimento social, intelectual e filosófico que se desenvolveu, principalmente, na Inglaterra e na França entre os séculos XVII e XVIII. As ideias defendidas pelos pensadores iluministas espalharam-se para outros centros culturais da Europa e acabaram inspirando transformações políticas em várias sociedades da época, como a Revolução Francesa e revoltas das colônias americanas contra as metrópoles europeias. Embora não tenha sido um movimento coeso e uniforme, teve como uma de suas características a crítica social ao Antigo Regime.

Crítica ao Antigo Regime

Ao expressar anseios de mudanças sociais, os iluministas criticaram as estruturas do Antigo Regime, entre elas o absolutismo monárquico, os privilégios da nobreza, a interferência do Estado na vida econômica e a divisão social baseada em estamentos. Essas críticas incorporavam, em grande medida, um ideário que agradava aos burgueses.

Para o historiador Eric Hobsbawm, libertar o ser humano de certas "algemas" que o prendiam parecia ser o objetivo de muitos iluministas. Entre essas "algemas", estavam o tradicionalismo religioso, as práticas consideradas supersticiosas e o poder da magia, além da divisão social baseada em uma hierarquia de estratos determinada pelo nascimento.

Foi nesse contexto que diferentes pensadores iluministas formularam teorias em defesa: da igualdade jurídica entre as pessoas; da tolerância religiosa; da liberdade de expressão; da divisão de poderes dentro do Estado; da formação de governos representativos; e do liberalismo político e econômico. Os iluministas acreditavam que tais elementos eram essenciais para a edificação de uma sociedade mais justa e mais livre.

Razão iluminista

Desde o Renascimento, é possível dizer que o racionalismo se firmava como o modo de pensar dominante entre os intelectuais europeus. Valorizava-se cada vez mais o papel da razão, do pensamento lógico, na tarefa de explicar o mundo, as sociedades e os seres humanos. Essa atitude contribuiu para o desenvolvimento das ciências e das tecnologias.

No plano filosófico, o Iluminismo foi a expressão mais concreta da tendência racionalista. Daí vem a designação atribuída a esse movimento, pois esses filósofos pretendiam que a "luz da razão" iluminasse a mente das pessoas. Por isso, o século XVIII costuma ser denominado "Século das Luzes".

O filósofo Immanuel Kant, em 1784, escreveu que o lema do Iluminismo era: "Ouse saber! Tenha a coragem de servir-se de sua própria razão". E comparava o "esclarecimento" ao processo pelo qual o ser humano abandonaria sua "menoridade", tornando-se consciente da força e independência de sua razão. Ao assumir a liberdade da própria razão, a pessoa deixaria de ser tutelada e guiada por outros.

Para os iluministas, a razão era o instrumento legítimo para conhecer, compreender e julgar. Desse modo, usando a razão, os seres humanos seriam capazes de construir uma vida melhor.

Veja como alguns dos conceitos abordados estão presentes na filosofia dos principais teóricos iluministas.

Locke: liberalismo político

John Locke (1632-1704), filósofo inglês, é considerado o "pai do Iluminismo". Em sua principal obra, *Ensaio sobre o entendimento humano*, afirma que, quando o ser humano nasce, sua mente é como uma tábula rasa, ou seja, sem conhecimento algum. O conhecimento é adquirido primeiro por meio dos sentidos (daí, o nome empirismo, que vem do grego *empeiría*, "experiência sensorial") e, depois, desenvolvido pelo esforço da razão.

No plano político, Locke condenou o absolutismo monárquico e o poder inato (divino) dos reis. Por outro lado, defendeu o respeito à liberdade dos cidadãos, a tolerância religiosa, os direitos de propriedade privada e de livre-iniciativa econômica.

> **Dica**
> FORTES, Luiz R. Salinas. *O Iluminismo e os reis filósofos*. São Paulo: Brasiliense, 1993. Escrito por um filósofo brasileiro especialista no pensamento de Jean-Jacques Rousseau, o livro analisa os significados e o alcance do Iluminismo, bem como sua influência na política no século XVIII.

> **Investigar**
> • Em nossos dias, as pessoas têm "a coragem de servir-se de sua própria razão"? Debata o assunto com seus colegas.

Voltaire: liberdade de pensamento

O filósofo e dramaturgo francês François-Marie Arouet, que usava o pseudônimo Voltaire (1694-1778), foi um dos mais conhecidos pensadores do Iluminismo. Destacou-se pelas críticas que fez ao clero católico, à intolerância religiosa e à prepotência dos poderosos. Foi autor de obras como *Cândido ou o otimismo*, *Cartas inglesas* e *Ensaio sobre os costumes*.

Não era propriamente um democrata, ou seja, não defendia a participação da maioria do povo no poder, mas considerava que a monarquia deveria respeitar as liberdades individuais. Segundo ele, o soberano tinha de ser "esclarecido" – isto é, seguir as ideias defendidas pelo Iluminismo – e atuar com a assessoria de pensadores iluministas.

Entre os grandes pilares da construção social imaginada por Voltaire estavam as liberdades individuais e as garantias para a propriedade privada.

Montesquieu: separação de poderes

O jurista francês Charles-Louis de Secondat, o barão de Montesquieu (1689-1755), é autor de *O espírito das leis*. Nessa obra defendeu a separação dos poderes do Estado em: Legislativo, Executivo e Judiciário. Dessa forma, a liberdade individual estaria mais protegida dos abusos dos governantes. Vale lembrar que, no Antigo Regime, os poderes do Estado estavam concentrados na figura do rei.

Montesquieu, entretanto, não defendia um governo burguês. Suas simpatias políticas inclinavam-se para um liberalismo aristocrático, uma monarquia moderada, inspirada na Inglaterra de seu tempo.

> **Investigar**
>
> 1. Você costuma consultar enciclopédias? Que assuntos você pesquisa com mais frequência?
> 2. Para você, as informações disponíveis nas enciclopédias atuais são confiáveis? Por quê?

Diderot e D'Alembert: a *Enciclopédia*

Os franceses Denis Diderot (1713-1784) e Jean Le Rond D'Alembert (1717-1783) foram os principais organizadores de uma enciclopédia de vários volumes, elaborada com o objetivo de reunir os principais conhecimentos da época nos campos artístico, científico e filosófico. A *Enciclopédia* contou com a colaboração de numerosos autores, entre os quais se destacaram Buffon, Montesquieu, Turgot, Condorcet, Voltaire, Holbach, Quesnay e Rousseau.

Essa obra exerceu grande influência sobre o pensamento político burguês. Em linhas gerais, defendia o racionalismo (em oposição à fé religiosa), a independência do Estado em relação à Igreja e a confiança no progresso humano por meio das realizações científicas.

A leitora. Óleo sobre tela de Jean-Honoré Fragonard de aproximadamente 1776. O artista francês notabilizou-se por suas pinturas de gênero, que reproduzem o cotidiano e cenas da intimidade.

Rousseau: contrato social e o "bom selvagem"

Jean-Jacques Rousseau (1712-1778) nasceu em Genebra, na Suíça, e, em 1742, mudou-se para a França. É autor de *O contrato social*, obra na qual afirma que o soberano deveria conduzir o Estado de acordo com a vontade de seu povo. Segundo ele, somente um Estado com bases democráticas teria condições de oferecer igualdade jurídica a todos os cidadãos.

Em outra de suas obras, *Discurso sobre a origem e os fundamentos da desigualdade entre os homens*, Rousseau enaltece os valores da vida na natureza, elogiando a liberdade e a pureza do selvagem em seu estado natural, em contraste com a falsidade e o artificialismo do mundo civilizado. Assim surgiu o mito do bom selvagem.

Rousseau destacou-se como defensor da pequena burguesia – pequenos comerciantes, artesãos, etc. – e inspirador dos ideais que estariam presentes na Revolução Francesa.

Adam Smith: liberalismo econômico

Os representantes da burguesia criticavam a nobreza e o alto clero, estamentos que, pare eles, nada produziam e viviam à custa do Estado absolutista. Criticavam, também, a política econômica do Estado mercantilista. É possível dizer que as ideias burguesas tinham as seguintes premissas:

- o Estado é verdadeiramente poderoso se for rico;
- para enriquecer, o Estado precisa expandir as atividades econômicas capitalistas;
- para expandir as atividades capitalistas, o Estado precisa dar liberdade econômica e política para os grupos particulares.

O conjunto dessas ideias ficou conhecido como **liberalismo econômico**. Seu principal representante foi o economista escocês Adam Smith (1723-1790), autor da obra *A riqueza das nações*. Nela, Smith criticou a política mercantilista, por meio da qual o Estado interferia na vida econômica. Para ele, a economia deveria ser dirigida pelo livre jogo da oferta e da procura. Segundo Smith, o trabalho era a verdadeira fonte de riqueza para as nações e deveria ser conduzido pela livre-iniciativa particular.

Pessoas caminham em frente à Bolsa de Valores de Nova York (Estados Unidos), em 2019. Em uma bolsa de valores, são negociados ações e títulos financeiros, cujos preços podem variar de acordo com o jogo da oferta e da procura de mercado.

Natureza e condição humana

O início da modernidade foi um período fecundo em correntes filosóficas. A seguir, será abordado um aspecto do pensamento do inglês Thomas Hobbes e do francês Jean-Jacques Rousseau. Esses filósofos têm concepções antagônicas sobre o ser humano, embora compartilhem alguns pressupostos. Ambos defendem que a sociedade política nasce a partir de um contrato social. Também defendem que o ser humano possui uma essência estruturante.

Hobbes e Rousseau tinham como pressuposto que o ser humano trazia consigo uma **natureza**, ou seja, uma essência intrínseca que se revelava ao longo da vida. Para Hobbes, as pessoas são egoístas e competitivas por natureza, preocupadas somente com a própria sobrevivência e a felicidade individual. Na visão desse filósofo, para conter as vontades individuais e garantir a paz social, deve existir um Estado absoluto, um Leviatã todo-poderoso, capaz de aplacar os impulsos individualistas do "cada um por si".

Para Rousseau, os seres humanos seriam bons, ativos e livres por natureza, mas essa natureza é corrompida pela falsidade, hipocrisia e distorções da vida civilizada. De acordo com esse filósofo, o Estado só é legítimo quando instituído por meio de um pacto social baseado na vontade geral, ou seja, no "bem comum" dos cidadãos e não no "bem de alguns", nos interesses particulares.

Ao contrário de Rosseau e Hobbes, vários pensadores contemporâneos, como André Malraux (1901-1976) e Hannah Arendt (1906-1975), deixaram de lado a preocupação em desvendar essa "natureza fixa" do ser humano. Eles preferem se referir à **condição humana**. Ao falar em condição, eles salientam que os seres humanos pertencem a dois mundos: o natural e o cultural. Daí a ideia de que não se nasce pronto, mas tem-se a capacidade singular de **nascer sem parar**.

- Com qual das concepções sobre o ser humano você mais concorda? Por quê? Debata o assunto com seus colegas.

Despotismo esclarecido

Durante a segunda metade do século XVIII, monarcas absolutistas e seus ministros tentaram de alguma forma pôr em prática certos princípios da Ilustração, sem abrir mão, é claro, do próprio absolutismo.

Essa experiência política foi posteriormente chamada pelos historiadores de **despotismo esclarecido** – ou absolutismo ilustrado. O despotismo esclarecido, ao associar absolutismo e ilustração, modificou a concepção de poder monárquico no período.

No despotismo esclarecido, o governante apresenta-se como "o primeiro servidor do Estado", em contraste com a ideia expressa na frase "O Estado sou eu", atribuída a Luís XIV. Segundo essa nova concepção, o Estado existe para atender aos interesses dos súditos, promover a felicidade pública e o bem-estar geral.

Os chamados déspotas esclarecidos promoveram uma série de reformas públicas, como o incentivo à educação pública – por meio da construção de escolas, do apoio a academias literárias e científicas e da divulgação de textos eruditos – e o aperfeiçoamento do sistema de arrecadação tributária, procurando tornar menos opressiva a carga de tributos cobrados das classes populares.

> **Investigar**
> - Atualmente, além da escola, que espaços e situações contribuem para a construção do conhecimento?

Principais déspotas esclarecidos

Entre os déspotas esclarecidos europeus, é possível destacar:

- Frederico II, da Prússia (1712-1786) – aboliu a tortura aos suspeitos de ações criminosas, construiu diversas escolas de ensino elementar e estimulou o desenvolvimento da indústria e da agricultura. Manteve amizade com influentes pensadores iluministas, como Voltaire;
- Catarina II, da Rússia (1729-1796) – mantendo intensa correspondência com Diderot, Voltaire e D'Alembert, mandou construir escolas e hospitais, modernizou a cidade de São Petersburgo e a administração pública e tomou bens e terras da Igreja Ortodoxa Russa (embora as tenha distribuído a seus protegidos);
- José I, de Portugal (1714-1777) – seu principal ministro, Marquês de Pombal (1699-1782), exerceu a administração do reino como se fosse o monarca, reformando o ensino, modernizando o funcionamento das receitas do Estado, estimulando o comércio e favorecendo a formação de uma burguesia comercial e manufatureira.

Apesar das reformas que realizaram, os déspotas esclarecidos não abandonaram suas posições conservadoras, mantendo como estava a ordem social e política. As reformas inspiradas no Iluminismo tiveram o propósito de fortalecer o tipo de Estado que governavam. Ainda assim, mexeram de algum modo nas estruturas do Antigo Regime, liberando forças que se revelariam incontroláveis.

A mesa redonda com Frederico II e Voltaire, óleo sobre tela de Adolph Menzel, de 1850.

Marquês de Pombal: o mercantilismo ilustrado

O ano de 1750 assinala o fim, em Portugal, do reinado absolutista de dom João V e, consequentemente, a transição modernizadora do Estado português. Portugal era um país enfraquecido devido a fatores como a dependência política e econômica em relação à Inglaterra, a burocracia administrativa e o domínio da mentalidade católica conservadora, entre outros.

O novo rei, dom José I (que reinou de 1750 a 1777), convidou Sebastião José de Carvalho e Melo, futuro Marquês de Pombal, para promover reformas no Estado. Durante 27 anos, Pombal foi o principal ministro e homem forte do governo português. Em sua obra reformista, combinou mercantilismo e Iluminismo, atuando às vezes como déspota esclarecido e, outras, apenas como déspota. Por isso, costuma ser lembrado em Portugal como o homem que levou para o país os "ares da ilustração europeia", enquanto no Brasil a imagem que ficou dele é a de um governante despótico que acirrou a opressão colonial, na forma de um mercantilismo ilustrado.

Entre as principais medidas tomadas pelo Marquês de Pombal, estavam:

- o estímulo às exportações portuguesas (vinho) e à produção manufatureira (tecidos), visando diminuir a influência inglesa;
- o reforço do monopólio comercial em relação ao Brasil, visando explorar ao máximo as riquezas coloniais, como ouro, açúcar, fumo, entre outras;
- a ampliação dos tributos da mineração (para 100 arrobas anuais) e combate ao contrabando, além da transferência da capital do Brasil para o Rio de Janeiro, em 1763, para melhor controlar a saída de ouro e diamantes;
- a expulsão dos jesuítas de Portugal e do Brasil, visando acabar com a influência que exerciam no setor educacional e nas diversas comunidades indígenas. Com a expulsão deles, em 1759, o Estado português apropriou-se da imensa riqueza acumulada pelos jesuítas (fazendas, imóveis urbanos, armazéns de especiarias, etc.). Grande parte desses bens foi transferida para os amigos da Coroa: funcionários leais ao governo e alguns fazendeiros e comerciantes bem relacionados.

O Marquês de Pombal expulsando os jesuítas, óleo sobre tela do pintor belga Louis-Michel van Loo, de 1766. O Marquês de Pombal, então Conde de Oeiras, foi representado indicando o embarque dos jesuítas no porto de Lisboa. Nos papéis, desenhos referentes à reconstrução da capital portuguesa, destruída por um terremoto em 1755.

Analisar e refletir

1 Leia o trecho do artigo 5 do capítulo IV da atual Constituição Federal do Brasil:

> Todos são iguais perante a lei, sem distinção de qualquer natureza, garantindo-se aos brasileiros e estrangeiros residentes no País a inviolabilidade do direito à vida, à liberdade, à segurança, à propriedade [...].
>
> Constituição da República Federativa do Brasil. Disponível em: <http://www.planalto.gov.br/ccivil_03/constituicao/ConstituicaoCompilado.htm>. Acesso em: 8 jan. 2020.

Comente a diferença entre as concepções jurídicas das sociedades estamentais do Antigo Regime e esse trecho da Constituição Federal.

2 Crie uma charge, inspirado em uma das seguintes frases:

"O Estado sou eu."

"Um rei, uma fé, uma lei."

"O homem é o lobo do próprio homem."

3 Há uma frase atribuída a Voltaire que se tornou símbolo da liberdade de expressão: "Posso não concordar com nenhuma das palavras que você diz, mas defenderei até a morte o seu direito de dizê-las".

a) Relacione essa afirmação à postura da Igreja católica até a Idade Moderna.

b) Relacione essa frase à postura dos meios de comunicação de massa ou das religiões nos dias atuais. Em seguida, elabore um texto criativo sobre o tema liberdade de expressão.

Interpretar texto e imagem

4 Leia o texto extraído do livro *Segundo tratado sobre o governo* (1690), no qual Locke expõe suas ideias liberais no campo político. Depois, responda às questões:

> A liberdade natural do homem consiste em estar livre de qualquer poder superior na Terra [...], tendo somente a lei da natureza como regra. [...]
>
> Sendo os homens, [...] por natureza, todos livres, iguais e independentes, ninguém pode ser expulso de sua propriedade e submetido ao poder político de outrem sem dar consentimento. [...]
>
> Se o homem no estado de natureza é tão livre, conforme dissemos, se é senhor absoluto de sua própria pessoa e posses, [...] por que abrirá ele mão dessa liberdade [...] e sujeitar-se-á ao domínio e controle de qualquer outro poder? Ao que é óbvio responder que, embora no estado de natureza tenha tal direito, a fruição do mesmo é muito incerta e está constantemente exposta à invasão de terceiros [...]; e não é sem razão que procura de boa vontade juntar-se em sociedade com outros [...] para mútua conservação da vida, da liberdade e dos bens a que chamo de "propriedades".
>
> LOCKE, John. Segundo tratado sobre o governo. In: *Locke*. São Paulo: Abril, 1978. p. 43, 71, 82.

a) Como seria o ser humano em estado de natureza?

b) A que problemas o ser humano estaria exposto em estado de natureza?

c) Como se justificam a origem e a instituição das sociedades?

5 Leia um trecho da obra *Discurso sobre a origem e os fundamentos da desigualdade entre os homens*, em que Rousseau exalta as virtudes da vida natural e ataca a corrupção, a avareza e os vícios da sociedade "civilizada".

> O verdadeiro fundador da sociedade civil foi o primeiro que, tendo cercado um terreno, disse "isto é meu" e encontrou pessoas suficientemente simples para respeitá-lo. Quantos crimes, guerras, assassinatos, misérias e horrores teria evitado à humanidade aquele que, arrancando as estacas desta cerca [...], tivesse gritado: Não escutem esse impostor pois os frutos são de todos e a terra é de ninguém.
>
> ROUSSEAU, Jean-Jacques. Discurso sobre a origem e os fundamentos da desigualdade entre os homens. In: *Rousseau*. São Paulo: Abril, 1978. p. 259.

a) Como Rousseau explica a fundação da sociedade civil?
b) Que instituição social acompanha essa fundação e recebe as críticas do autor?

6 Leia um trecho do livro *A riqueza das nações*, de Adam Smith.

> Todo homem, desde que não viole a justiça, deve ser livre para que seus produtos possam competir com quaisquer outros. Nesse sistema de liberdade econômica, o Estado só tem três obrigações: proteger a sociedade contra a violência ou invasão de outros países; proteger a sociedade da injustiça e da opressão internas; manter e construir obras que sejam do interesse geral, mas que não interessem aos particulares.
>
> SMITH, Adam. A riqueza das nações. *In*: LOZÓN, Ignacio et al. História. Madri: Esla, 1992. p. 182. Traduzido pelos autores.

a) Segundo o texto de Adam Smith, a que deveria se reduzir o papel do Estado?
b) De acordo com Adam Smith, qual é a relação entre as obrigações do Estado e a ideia de liberdade econômica?

7 Analise o retrato do rei Luís XIV e leia um texto sobre a construção de sua imagem oficial.

> Havia incômodas discrepâncias entre a imagem oficial do rei e a realidade cotidiana tal como percebida por seus contemporâneos [...]. Essas discrepâncias [...] complicavam a tarefa de artistas, escritores e outros envolvidos com o que se poderia chamar de a "administração" da imagem real.
>
> Por exemplo, Luís não era um homem alto. Media apenas cerca de 1,60 metro. Esta discrepância entre sua altura real e o que poderíamos chamar de sua "altura social" tinha de ser camuflada de vários modos. [...] A peruca e os saltos altos [...] ajudavam a tornar Luís mais imponente. A peruca disfarçava também o fato de que o rei perdera boa parte do cabelo durante uma doença em 1659. Seus retratos tendiam a melhorar sua aparência, embora o próprio Luís tenha permitido que o retratassem envelhecendo, e até sem dentes.
>
> BURKE, Peter. *A fabricação do rei*. Rio de Janeiro: Zahar, 1994. p. 137.

a) Que objetos representados na pintura simbolizam o poder real?
b) Relacione os elementos apontados no texto com o retrato de Luís XIV.
c) Em sua opinião, as autoridades políticas de hoje se preocupam com a construção de sua imagem? Debata.

Luís XIV, óleo sobre tela do pintor Hyacinthe Rigaud, 1701.

CAPÍTULO 17

Inglaterra e Revolução Industrial

Na Inglaterra, após o fim do absolutismo, teve início um conjunto de transformações que ficou conhecido como Revolução Industrial. A partir desse processo, foram desenvolvidas máquinas e tecnologias que marcariam o mundo contemporâneo. Quais foram os impactos dessa revolução? Você imagina como seria o nosso cotidiano sem automóveis, eletrodomésticos, telefones e computadores?

Este capítulo favorece o desenvolvimento das habilidades:

EM13CHS101
EM13CHS102
EM13CHS103
EM13CHS104
EM13CHS105
EM13CHS106
EM13CHS201
EM13CHS204
EM13CHS206

Revolução Inglesa

Durante o século XVII, a Inglaterra foi palco de mudanças políticas que levaram ao fim do absolutismo monárquico. Essas mudanças fazem parte do longo processo chamado de **Revolução Inglesa** (1642-1689).

Depois do reinado de Elizabeth I, já na dinastia dos Stuart, vários setores da sociedade inglesa (comerciantes, donos de manufaturas e parte dos proprietários rurais) se uniram em torno do Parlamento, tendo por objetivo frear os avanços do absolutismo monárquico. Seguiram-se longos conflitos entre os aliados do rei e as forças do Parlamento. De um lado, o rei lutava pelo reconhecimento de seu poder absoluto. De outro, o Parlamento lutava pela limitação jurídica do poder real.

Os conflitos terminaram quando Guilherme de Orange assumiu o trono britânico e teve de assinar a Declaração de Direitos (*Bill of Rights*), em 1689. Esse episódio é conhecido como **Revolução Gloriosa**.

A Declaração de Direitos limitava os poderes monárquicos. A partir de então, o rei não poderia, por exemplo, suspender lei alguma, nem aumentar tributos sem a aprovação do Parlamento. Estabelecia-se, assim, a superioridade da lei sobre a vontade pessoal do rei. Esse passo decisivo significou o fim do absolutismo na Inglaterra. A monarquia continuou a existir, mas com poderes limitados por normas jurídicas fundamentais.

Reino Unido contemporâneo (2013)

O surgimento do Reino Unido tem suas raízes em meados do século XVII, durante o processo da Revolução Inglesa. Essa união política formou-se com Inglaterra, Escócia e País de Gales. Posteriormente, a Irlanda passou a integrar o Reino Unido. Hoje, após desdobramentos políticos, apenas a atual Irlanda do Norte faz parte desse Estado.

Fonte: elaborado com base em CALDINI, Vera; ÍSOLA, Leda. *Atlas geográfico Saraiva*. 4. ed. São Paulo: Saraiva, 2013. p. 112.

LINHA DO TEMPO

1642-1648
Início da Revolução Inglesa: guerra civil. A Revolução se estende até 1689.

1688-1689
Revolução Gloriosa: Guilherme de Orange assina a Declaração de Direitos. Ascensão da burguesia ao controle do Estado.

1760-1860
Primeira etapa da Revolução Industrial, predominantemente na Inglaterra.

1769
James Watt aperfeiçoa a máquina a vapor.

1785
Desenvolvimento do tear mecânico por Richard Arkwright.

1837-1901
Reinado da rainha Vitória, na Inglaterra. Época do triunfo do capitalismo industrial inglês.

1860-1900
Segunda etapa da Revolução Industrial.

Linha do tempo esquemática. O espaço entre as datas não é proporcional ao intervalo de tempo.

Desdobramentos na vida social

Após a Revolução Gloriosa, instalou-se uma **monarquia parlamentar** na Inglaterra, que vigora até a atualidade. Para caracterizar a nova condição do monarca inglês, tornou-se costume dizer, jocosamente, que "o rei reina, mas não governa".

De modo geral, o governo inglês é exercido por um primeiro-ministro, normalmente o líder do partido que possui o maior número de parlamentares na Câmara dos Comuns. Porém, o monarca continua desempenhando funções importantes, como a chefia:

- do Estado, representando-o perante outros países;
- das Forças Armadas;
- da Igreja anglicana, que congrega cerca de 43% da população do Reino Unido atualmente.

A Revolução Gloriosa foi acompanhada de grandes mudanças na vida econômica. O sistema feudal foi extinto na Inglaterra, abrindo espaço para a modernização da propriedade agrária, das relações de trabalho no campo e das técnicas de produção.

A burguesia das cidades e a nobreza rural melhoraram sua convivência política e econômica. A Inglaterra tornou-se a maior potência comercial da época e lançou as bases para o desenvolvimento do capitalismo industrial.

Além disso, historiadores costumam destacar outras consequências da Revolução Gloriosa, como:

- **tolerância religiosa** – os ingleses passaram a desfrutar de mais liberdade religiosa do que outros europeus. O anglicanismo predominava no país, mas era permitido aos católicos e protestantes celebrar publicamente seus cultos religiosos. Na mesma época, em boa parte dos reinos e principados europeus, predominava a prática de uma única religião, de acordo com o princípio expresso pelo bispo Bossuet: "Um rei, uma fé, uma lei";
- **liberdade de expressão política e filosófica** – a monarquia parlamentar proporcionou maior liberdade de expressão política e filosófica, fazendo com que o regime inglês fosse admirado, no século XVIII, por intelectuais liberais de várias regiões da Europa, a exemplo do filósofo francês Voltaire.

Rainha Elisabeth II (ao centro) em cerimônia na Câmara dos Lordes, em 2019. Seu reinado foi iniciado em 1952 e dura até hoje. É o mais longo da história do Reino Unido, que permanece na atualidade como monarquia parlamentar.

Revolução Industrial

Na Europa, entre os séculos XVIII e XIX, desenvolveu-se uma nova forma de produção de bens, realizada por trabalhadores assalariados e com o uso predominante de máquinas. Esse processo foi chamado de **Revolução Industrial**.

De acordo com historiadores, a Revolução Industrial começou na Inglaterra em meados do século XVIII e se espalhou por outros países a partir do século seguinte. No entanto, tais transformações não ocorreram ao mesmo tempo em todos os lugares, tampouco obedeceram aos mesmos padrões.

Antes da Revolução Industrial, as formas dominantes de produção de mercadorias eram o artesanato e a manufatura, cujas principais características são:

- **artesanato** – produção realizada de forma manual, com o auxílio de ferramentas e em pequena escala. O produtor (artesão) trabalhava em sua casa ou oficina e controlava as diversas fases da produção artesanal. O economista Adam Smith ilustrou esse tipo de produção da seguinte maneira: um artesão que fizesse alfinetes precisaria conhecer e executar várias tarefas. Ele devia endireitar um arame, cortá-lo, afiar uma ponta, colocar a cabeça na outra extremidade e dar o polimento final. Além de dominar as fases do processo produtivo, o artesão também era geralmente o dono das matérias-primas e dos instrumentos de produção (a oficina, as ferramentas, etc.).

Gravura de George Walker, publicada no livro *O vestuário em Yorkshire*, de 1814, representando artesãs em produção de tecidos de lã. Trabalhando em sua própria casa ou oficina, o artesão produzia na medida de sua necessidade, disposição e ritmo de trabalho.

- **manufatura** – em alguns países, como Inglaterra e França, a transformação de matérias-primas em mercadorias também se organizou em manufaturas, que eram **grandes oficinas** onde vários artesãos executavam as tarefas manualmente usando ferramentas. Nessas oficinas, foram implantados a produção em série e um sistema de divisão do trabalho, pelo qual cada artesão passou a cumprir uma tarefa específica dentro da fabricação de uma mesma mercadoria. Esse processo daria origem às linhas de produção e montagem que se tornaram típicas da era industrial. Assim, voltando ao exemplo de Adam Smith, a produção de alfinetes em uma manufatura contava com artesãos que executavam apenas uma parte do trabalho. Um artesão puxava o arame, outro o endireitava, um terceiro o cortava, um quarto afiava uma extremidade, um quinto esmerilhava a outra ponta para a colocação da cabeça, um sexto colocava a cabeça e um sétimo dava o polimento final. Com isso, aumentava-se a velocidade de produção, pois cada trabalhador se especializava em fazer a mesma tarefa, tornando-se ágil em sua realização. Além disso, tinha o compromisso em dar sequência ao trabalho de seus companheiros.

A forma de produção característica da Revolução Industrial foi a **maquinofatura**. Trata-se da produção mecanizada que se desenvolveu quando os avanços tecnológicos, aliados ao aperfeiçoamento dos métodos de produção, propiciaram a criação das máquinas industriais e a fabricação de produtos em série. Ao longo do tempo, as novas máquinas foram substituindo várias ferramentas e, muitas vezes, o próprio trabalhador. Nas fábricas, o operário recebia salários para executar tarefas específicas sob as ordens de um gerente de produção.

A maquinofatura e a sociedade industrial trouxeram mudanças relevantes na relação do trabalhador com o produto do seu trabalho.

A função do operário, por exemplo, foi **subdividida em múltiplas tarefas**, o que gerou uma especialização que conduziu à perda da noção de conjunto do processo produtivo. A fragmentação do trabalho representava uma fragmentação do saber e do fazer.

Além disso, a produção em série e em larga escala colaborou para massificar o gosto das pessoas que compravam produtos do mesmo **tipo industrial**.

Tipo industrial: padrão ou modelo utilizado para produzir objetos iguais ou semelhantes.

Investigar

1. No Brasil atual, há uma massificação no gosto das pessoas? Explique e dê exemplos.
2. Por que é importante respeitar diferentes gostos? Reflita.

Litografia colorida de François Bonhommé, produzida em cerca de 1860. Nela, operárias e operários trabalham na separação de carvão, em Blanzy, na França. Na época era comum a presença de crianças nesses locais de trabalho.

Ao considerar os países envolvidos e as inovações técnicas, os historiadores costumam identificar grandes momentos da industrialização:

- **primeiro momento (entre os séculos XVIII e XIX)** – o processo de industrialização concentrou-se no Reino Unido. O maior destaque foi o desenvolvimento da indústria de tecidos de algodão, com a utilização do tear mecânico. Além disso, o aperfeiçoamento e a utilização de máquinas a vapor tiveram importância notável para o desenvolvimento das fábricas. Essa fase costuma ser chamada de **Primeira Revolução Industrial**;

- **segundo momento (entre os séculos XIX e XX)** – a industrialização espalhou-se por algumas áreas da Europa, atingindo países como Bélgica, França, Alemanha, Itália e Rússia. Alcançou também outros continentes, ganhando espaço nos Estados Unidos e no Japão. Nesse período, o progresso tecnológico foi de tal modo significativo que costuma ser caracterizado como **Segunda Revolução Industrial**. As principais inovações técnicas foram a utilização do aço, o aproveitamento da energia elétrica e dos combustíveis petrolíferos, a invenção do motor a explosão e o desenvolvimento de produtos químicos. Além disso, desenvolveram-se meios de transporte e de comunicação, como o automóvel, o avião, o telefone, o rádio e o cinema;

- **terceiro momento (desde meados do século XX)** – os grandes avanços tecnológicos do mundo contemporâneo levaram alguns historiadores a considerar a existência de uma **Terceira Revolução Industrial**. Nesse período, foram desenvolvidas novas tecnologias como o microcomputador, a microeletrônica, a robótica, a engenharia genética, a telemática (uso combinado do computador e das telecomunicações, como fax, celular, internet, televisão), etc. Tal como ocorreu no primeiro momento da Revolução Industrial, entre as principais consequências dessa "Terceira Revolução Industrial" está o aumento da produtividade, com a necessidade de um número cada vez menor de trabalhadores para a execução de determinados trabalhos.

Investigar

1. Em sua opinião, no futuro, todo trabalho será realizado por máquinas (e inteligência artificial) ou existem atividades que somente os humanos serão capazes de executar? Reflita.
2. Na atualidade, quais são as fontes de energia consideradas alternativas aos combustíveis fósseis?

Impactos da Revolução Industrial

A difusão da Revolução Industrial provocou diversas transformações nas condições de vida das pessoas, nas relações de trabalho, no crescimento das populações e das cidades.

Condições de trabalho

> **! Dica**
> DECCA, Edgar de; MENEGUELLO, Cristina. *Fábricas e homens*: a Revolução Industrial e o cotidiano dos trabalhadores. São Paulo: Atual, 2006.
> O livro apresenta documentos raros sobre o cotidiano de trabalhadores na época da Revolução Industrial.

Para aumentar os lucros e expandir suas empresas, os industriais empenharam-se em obter liberdade econômica, mercados consumidores e mão de obra barata.

Assim, a maioria dos operários recebia salários baixos. Os salários eram tão reduzidos que, com frequência, toda a família era obrigada a trabalhar nas fábricas para sobreviver, inclusive mulheres e crianças.

Era comum, em diversas indústrias, que os operários trabalhassem mais de 15 horas por dia. Para se ter uma ideia do que isso significa, por volta de 1780, um operário na Inglaterra vivia, em média, 55 anos e trabalhava 125 mil horas ao longo da vida. Atualmente, nos países desenvolvidos, um operário vive cerca de 78 anos e trabalha 69 mil horas ao longo da vida.

Além disso, as precárias instalações das fábricas prejudicavam a saúde dos trabalhadores. Em muitas delas, o ambiente era sujo, poeirento e mal ventilado. Apesar dos avanços da medicina, propagavam-se várias doenças ligadas às péssimas condições de trabalho e de moradia dos operários desse período.

Trabalho feminino e infantil

Na fotografia, adultos supervisionam crianças trabalhando em fábrica de fiação, por volta de 1890. Na época, as crianças eram consideradas aptas a trabalhar, mas recebiam salários menores (assim como as mulheres) do que os homens adultos.

O trabalho feminino e infantil não surgiu durante a Revolução Industrial. Em outros tempos e sociedades, mulheres e crianças trabalhavam na agricultura, na criação de animais e no artesanato. A diferença é que, a partir do século XVIII, a mão de obra feminina e infantil passou a ser utilizada em lugares distantes das casas, cumprindo a disciplina das fábricas, com horários controlados de forma rígida, como acontecia com os operários do sexo masculino. Em contraste com a maioria dos homens, as mulheres que trabalhavam nas fábricas também costumavam trabalhar em casa, cuidando das tarefas domésticas e dos filhos.

Resistências operárias

> **🔍 Investigar**
> • Na sua casa, as tarefas domésticas são distribuídas igualmente entre homens e mulheres?

As péssimas condições de trabalho provocaram conflitos entre operários e empresários, não só na Inglaterra como em outras sociedades onde se desenvolveu o sistema fabril.

Nesses conflitos, houve casos em que grupos de operários invadiram fábricas e destruíram máquinas. Para eles, as máquinas representavam o desemprego, a miséria, os salários baixos e a opressão. Posteriormente, boa parte dos trabalhadores percebeu que a luta operária não deveria ser dirigida propriamente contra as máquinas, mas sim contra o sistema que as utilizava provocando exploração humana. Surgiram, então, na Inglaterra, no final do século XVIII, organizações operárias que iniciaram a luta por melhores salários e condições de vida para o trabalhador, dando origem aos primeiros sindicatos. Esses grupos lutavam contra as injustiças do capitalismo industrial.

Conexões — FILOSOFIA E SOCIOLOGIA

Trabalho alienado: ontem e hoje

O termo alienação (do latim, *alienare* = tornar algo alheio a alguém) é utilizado nos campos do Direito, da Psicologia, etc. Em Filosofia e Sociologia, a alienação é o processo pelo qual os atos de uma pessoa são controlados por outra pessoa ou instituição. Quem age de forma alienada perde a consciência plena de sua ação. Age automaticamente, como um ser pertencente a um rebanho.

Nas sociedades contemporâneas, essa alienação atinge milhões de pessoas que trabalham em diferentes atividades econômicas. Isso acontece porque quase tudo que se produz visa atingir objetivos alheios ao trabalhador. Ocorre, então, uma inversão. A princípio, a produção econômica tinha como objetivo servir a quem produz. Atualmente, os seres humanos têm como objetivo atender à produção econômica, e os objetivos da produção são estabelecidos pelas empresas e suas diretorias.

Com a globalização, uma empresa pode convocar seus funcionários para ampliar sua meta de produção simplesmente porque a empresa concorrente anunciou planos de expansão. Desse modo, a produção e a tecnologia se desenvolvem para enfrentar a concorrência e aumentar irracionalmente a produtividade em busca de mais consumidores.

Esse processo se intensificou no século XIX, quando o trabalho nas indústrias se tornou cada vez mais rotineiro e automatizado, com a subdivisão das tarefas especializadas do trabalhador.

Foi o engenheiro Frederick Taylor (1856-1915) que aperfeiçoou essas linhas de operação e montagem industrial. O método das linhas de montagens (**taylorismo**) teve como consequência a fragmentação do trabalho que conduziu à **fragmentação do saber**, pois o trabalhador perdeu a noção de conjunto do processo produtivo. O desgaste psicológico dessa rotina taylorista comprometeu o envolvimento afetivo do trabalhador com seu trabalho. A relação de trabalho tornou-se monótona e apática. Em sua época, o filósofo Karl Marx percebeu essa situação de alienação e a descreveu da forma seguinte:

> Primeiramente, o trabalho alienado se apresenta como algo externo ao trabalhador, algo que não faz parte de sua personalidade. Assim, o trabalhador não se realiza em seu trabalho, mas nega-se a si mesmo. Permanece no local de trabalho com uma sensação de sofrimento em vez de bem-estar, com um sentimento de bloqueio de suas energias físicas e mentais que provoca cansaço físico e depressão. Nessa situação, o trabalhador só se sente feliz em seus dias de folga enquanto no trabalho permanece aborrecido. [...]
>
> O caráter alienado desse trabalho é facilmente atestado pelo fato de ser evitado como uma praga; só é realizado à base de imposição. [...] É um trabalho que não pertence ao trabalhador mas sim à outra pessoa que dirige a produção.
>
> MARX, Karl. Manuscritos econômicos e filosóficos. In: FROMM, Erich. *Conceito marxista do homem*. Rio de Janeiro: Zahar, 1975. p. 93.

Trabalhadoras em linha de montagem em fábrica de sapatos, em Northampton, Inglaterra. Fotografia de cerca de 1896.

A alienação por vezes faz com que cada um perca o contato com seu eu genuíno, sua identidade. Um dos princípios que orientam as relações alienadas é "não se envolva com a vida de ninguém". Esse não envolvimento pode chegar a situações extremas de **ausência de solidariedade**.

1 Explique, com suas palavras, o que é trabalho alienado.

2 As novas tecnologias da informação podem ajudar a combater formas de alienação no trabalho? Como? Debata o assunto com seus colegas.

População e cidades

No contexto das revoluções industriais e dos avanços científicos, houve o desenvolvimento da teoria atômica, da teoria da divisão celular, das primeiras leis da genética, da anestesia com éter, bem como a descoberta do bacilo da tuberculose, da necessidade de assepsia nos procedimentos médicos, etc. Tudo isso contribuiu para melhorar os padrões de saúde pública e reduzir as taxas de mortalidade provocadas por doenças como varíola, cólera, tifo, difteria e tuberculose.

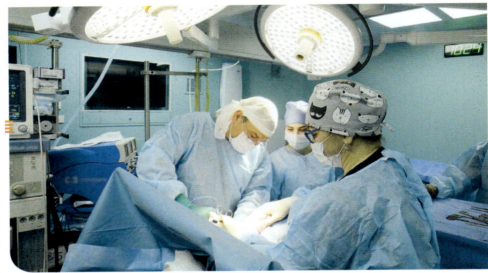

Cirurgia oncológica realizada em Rostov do Don (Rússia), em 2020. As cirurgias estão entre os procedimentos médicos que ajudam a aumentar a média da expectativa de vida da população e que foram aprimorados no contexto dos avanços científicos da Revolução Industrial.

Estimativas de crescimento da população mundial

População	Ano
0,5 bilhão	1
0,8 bilhão	1750
1 bilhão	1801
2 bilhões	1927
3 bilhões	1960
4 bilhões	1974
5 bilhões	1987
6 bilhões	2000
7 bilhões	2011
8 bilhões	2026
9 bilhões	2050
11 bilhões	2100

Fontes: DURAND, J. D. *Historical Estimates of World Population*: an Evaluation. Universidade da Pensilvânia: Filadélfia, 1974; NAÇÕES UNIDAS. The Determinants and Consequences of Population Trends. v. 1; ONU: Nova York, 1973; idem. World Population Prospects as Assessed in 1963. ONU: Nova York, 1966; idem. World Population Prospects: The 1998 Revision. ONU: Nova York, 1998; idem. World Population Prospects: The 2015 Revision, Key Findings and Advance Tables. ONU: Nova York, 2015.

Pesquisadores apontam que, a partir de meados do século XVIII, ocorreu profunda mudança no ritmo de crescimento da população mundial. De acordo com os cálculos do renomado demógrafo **J. Durand**, a população mundial no ano 1 do calendário cristão era de 500 milhões de pessoas. Em 1750, essa população foi estimada em quase 800 milhões de pessoas. A partir desse período, houve um crescimento impressionante da taxa populacional.

De 1750 a 1800, a população mundial atingiu cerca de 1 bilhão de pessoas. Em 1927, saltou para 2 bilhões. Em 1960, atingiu 3 bilhões de pessoas. Em 2000, dobrou para 6 bilhões de pessoas. Veja na tabela ao lado esse aumento e as estimativas de crescimento para o futuro próximo.

O aumento demográfico teve efeito imediato no crescimento das cidades. Um rápido balanço do que aconteceu na Europa mostra que, em 1801, existiam apenas 23 cidades europeias com mais de 100 mil habitantes. Já em 1900, esse número ampliou-se para 135 cidades.

Como fenômeno mundial, o crescimento das cidades desdobrou-se em várias dimensões da vida social: ritmos de trabalho, formas de lazer, moradias, alimentação, transporte, comunicação, educação, etc. Para o historiador René Rémond, poucos fenômenos do mundo contemporâneo tiveram um caráter tão global e abrangente quanto a urbanização.

A urbanização alcançou sociedades de vários continentes. Atualmente, cerca de 54% da população mundial vive em cidades. Há mais de 200 cidades no mundo com população superior a 1 milhão de habitantes. E há várias cidades cuja população ultrapassa 10 milhões. Novos termos foram criados para denominar essas gigantescas aglomerações humanas, como metrópoles, megalópoles e megacidades.

Principais aglomerações urbanas no mundo (2014) (em milhões de habitantes)

	Cidade	País	População
1	Tóquio	Japão	37,8
2	Nova Délhi	Índia	24,9
3	Shangai	China	23,0
4	Cidade do México	México	20,8
5	Grande São Paulo	Brasil	20,8
6	Mumbai	Índia	20,7
7	Osaka	Japão	20,1
8	Beijing	China	19,5
9	Nova York-Newark	Estados Unidos	18,5
10	Cairo	Egito	18,4

Principais aglomerações urbanas no mundo (estimativas para 2030) (em milhões de habitantes)

	Cidade	País	População
1	Tóquio	Japão	37,1
2	Nova Délhi	Índia	36,0
3	Shangai	China	30,7
4	Mumbai	Índia	27,8
5	Beijing	China	27,7
6	Dacca	Bangladesh	27,3
7	Karachi	Paquistão	24,8
8	Cairo	Egito	24,5
9	Lagos	Nigéria	24,2
10	Cidade do México	México	23,8

Fonte: NAÇÕES UNIDAS, Department of Economic and Social Affairs, Population Division (2015). Disponível em: <http://esa.un.org/unpd/wpp/>. Acesso em: 11 maio 2020.

Industrialização e meio ambiente

Durante a Revolução Industrial, ocorreram profundas transformações nas formas de produção, nos hábitos de consumo e nas relações de trabalho e com o meio ambiente. Enquanto surgiam invenções tecnológicas impressionantes, recursos naturais eram explorados numa escala jamais vista até então.

Nesse período, a utilização do carvão mineral (a partir de 1760) e dos derivados de petróleo (a partir do século XIX), por exemplo, foi fundamental para o desenvolvimento das fábricas e o aumento da produção. No entanto, a queima desses combustíveis libera substâncias tóxicas que contaminam o ar, o solo e as águas, o que prejudicou e ainda prejudica a saúde de populações inteiras.

Até meados do século XX, a maioria das pessoas não tinha consciência de que os recursos naturais eram limitados e de que os graves danos provocados ao meio ambiente poderiam ameaçar a própria manutenção da vida no planeta Terra.

Atualmente, a preservação do meio ambiente é um dos principais temas debatidos no mundo contemporâneo. Assim, cada vez mais, cidadãos e instituições vêm demonstrando preocupações com ecologia e desenvolvimento sustentável. Multiplicam-se iniciativas que visam reduzir a produção de lixo, incentivar a reciclagem, economizar água e outros recursos naturais.

Investigar

- Que iniciativas você toma para preservar o meio ambiente? Dê exemplos e troque experiências com seus colegas.

Oficina de História

Analisar e refletir

1 Quais foram os principais impactos da Revolução Industrial?

2 A expansão da produção industrial acabou com o artesanato nos dias atuais? Em sua casa existem mais objetos produzidos industrial ou artesanalmente? Selecione e apresente para seus colegas um objeto produzido artesanalmente. Se possível, explique onde o objeto foi produzido, de que material é feito, para que serve, etc.

3 Sobre a urbanização decorrente da industrialização, responda:
  a) Em que continente estão as maiores aglomerações urbanas?
  b) Quais são as cidades mais populosas do Brasil atual? Para responder, consulte um atlas geográfico.
  c) Com base nas suas experiências pessoais, reflita: quais seriam as vantagens e as desvantagens de se viver em cidades? Responda em grupo.

4 Leia o texto sobre a vida nas comunidades rurais antes da industrialização:

> [...] eram comuns as festas religiosas e as festas do trabalho que aconteciam ao final da colheita da safra agrícola. Nesse período ainda não existia uma separação rígida entre tempo de trabalho e tempo de lazer ou descanso. Muitas atividades do trabalho rural eram exercidas ao som de canções, que também serviam para dar ritmo à execução das tarefas. [...]
>
> Antes do sistema fabril, as pessoas trabalhavam artesanalmente e em pequenos grupos, geralmente uma família e seus dependentes, que se especializavam na confecção de determinado produto. O artesão era independente, dono da oficina e das ferramentas nela utilizadas, e auxiliado por aprendizes aos quais ensinava aos poucos as etapas do serviço, até que se tornassem oficiais; esses grupos de trabalho se reuniam em associações, corporações de ofício (pois todos aprendiam o mesmo ofício) ou ainda guildas, que tinham uma produção predeterminada.

DECCA, Edgar de; MENEGUELLO, Cristina. Fábricas e homens: a Revolução Industrial e o cotidiano dos trabalhadores. São Paulo: Atual, 1999. p. 29-30.

Que relações você pode estabelecer entre o modo de trabalho descrito e o que se verifica na atualidade? Aponte transformações e continuidades.

Interpretar texto e imagem

5 Leia um trecho adaptado da Declaração de Direitos (*Bill of Rights*), de 1689.

> Art. 1º O pretenso poder de suspender as leis pela autoridade real, sem consentimento do Parlamento, é ilegal.
>
> Art. 4º O direito de cobrar impostos para uso da Coroa, sem autorização do Parlamento, é ilegal.
>
> Art. 5º É direito dos súditos apresentar pedidos judiciais (petições) ao rei.
>
> Art. 8º As eleições dos deputados ao Parlamento serão livres.
>
> Art. 9º A liberdade de expressão nos debates parlamentares não será questionada em nenhuma outra Corte a não ser no próprio Parlamento.
>
> Art. 12º Para corrigir, fortalecer e preservar as leis é necessário que o Parlamento se reúna com frequência.

Cf. Declaração de Direitos, de 1689. In: Coletânea de documentos históricos para o primeiro grau. São Paulo: Cenp, 1978. p. 84.

  a) O texto apresenta limitações ao poder do rei? Justifique sua resposta com exemplos.
  b) Quais são os trechos em que o Parlamento garante para si o exercício de determinados poderes?

6 Em grupos, assistam ao filme *Tempos Modernos* (Estados Unidos, 1936), dirigido e estrelado por Charlie Chaplin. Em seguida, respondam às questões:
  a) Como podemos relacionar a narrativa do filme ao que foi estudado no capítulo?
  b) Podemos afirmar que Chaplin tece críticas à vida moderna por meio do humor? Responda com base na leitura do capítulo e nas cenas do filme, citando exemplos.
  c) Compare a história vivida pelo operário (Charlie Chaplin) com a da jovem órfã (Paulette Goddard). Quais são as semelhanças e as diferenças entre essas histórias?
  d) Como são representados os movimentos operários no filme? As cenas fazem alguma crítica com relação a esse assunto?
  e) Em sua opinião, o final do filme é otimista? Argumente.

CAPÍTULO 18

Revolução Francesa e Era Napoleônica

Liberdade, igualdade e fraternidade foram princípios da Revolução Francesa, que se difundiram pelo mundo como bandeira de vários movimentos sociais. Será que esses princípios tornaram-se direitos conquistados ou permanecem como objetivos a serem atingidos?

Este capítulo favorece o desenvolvimento das habilidades:

EM13CHS101
EM13CHS102
EM13CHS103
EM13CHS104
EM13CHS105
EM13CHS106
EM13CHS201
EM13CHS203
EM13CHS204
EM13CHS503
EM13CHS601
EM13CHS603

◗ França às vésperas da Revolução

A Revolução Francesa foi um movimento complexo, do qual participaram vários grupos da burguesia, das populações pobres das cidades e dos camponeses explorados pela servidão. Como resultado, destruiu as estruturas do Antigo Regime e extinguiu os privilégios da nobreza.

Por sua repercussão no Ocidente, a Revolução Francesa foi considerada um marco da Idade Contemporânea. Para entendê-la, vamos conhecer as características da França no final do século XVIII.

Por volta de 1789, a França era o país mais populoso da Europa ocidental, com aproximadamente 25 milhões de habitantes. Governada por um rei absolutista, Luís XVI, a sociedade francesa tinha desigualdades profundas. Havia três "estados": o clero, a nobreza e o restante da população, incluindo a burguesia. Cada um desses "estados" dividia-se internamente em outros grupos, muitas vezes rivais. Veja como era essa divisão:

- **Primeiro estado (clero)** – composto de aproximadamente 120 mil pessoas, subdivididas em alto e baixo clero. O alto clero reunia bispos, abades e cônegos, oriundos de famílias da nobreza. Sua fortuna provinha de dízimos e dos imóveis de propriedade da Igreja. O baixo clero era composto de sacerdotes pobres, que geralmente cuidavam das paróquias mais carentes.
- **Segundo estado (nobreza)** – composto de aproximadamente 350 mil pessoas, subdivididas em nobreza cortesã, provincial e togada. A nobreza cortesã vivia no palácio de Versalhes, em torno do rei, recebendo pensões do Estado. A nobreza provincial vivia nas províncias (interior) à custa de taxas cobradas dos camponeses. A nobreza de toga era formada por burgueses ricos que compravam títulos de nobreza.
- **Terceiro estado** – constituído pela grande maioria da população, reunia mais de 24 milhões de pessoas em diversos grupos sociais, como camponeses, **sans-culottes** e burgueses. Os camponeses eram trabalhadores rurais submetidos a diferentes formas de trabalho (livres, semilivres e servos presos às obrigações feudais). Já os *sans-culottes* formavam a camada social urbana, de aproximadamente 200 mil pessoas, concentrada em Paris e composta de aprendizes de ofícios, assalariados e desempregados. A burguesia reunia desde pequenos comerciantes e profissionais liberais (pequena e média burguesia) até banqueiros e grandes empresários (alta burguesia).

Sans-culotte: refere-se às calças largas usadas pela população francesa mais pobre. Essa vestimenta contrastava com um tipo de calça justa (culotes) usada pela nobreza.

Linha do tempo esquemática. O espaço entre as datas não é proporcional ao intervalo de tempo.

A crise econômica e o começo da revolução

Desde meados do século XVIII, a economia francesa apresentava sinais de crise. Nessa época, cerca de 80% da população do país trabalhava no campo, mas a produção de alimentos era insuficiente, muitos franceses viviam em situação de miséria e fome. Problemas climáticos, como secas e inundações, agravavam essa situação desde 1784. Além disso, a burguesia também estava insatisfeita com a quantidade de impostos que era obrigada a pagar aos governantes.

Por fim, o governo francês atravessava uma longa crise financeira. As despesas do Estado eram muito superiores às receitas do tesouro público. Essa situação foi agravada pelas guerras em que o país se envolveu na Europa (Guerra dos Sete Anos) e na América (Guerra de Independência dos Estados Unidos). O governo precisava fazer uma reforma tributária para arrecadar recursos. Para resolver essa crise, o rei convocou a Assembleia dos Estados Gerais, uma instituição parlamentar que não se reunia havia 175 anos.

Participavam dos Estados Gerais representantes dos três estados. No seu sistema de votação tradicional, cada estado tinha direito a um voto. Desse modo, clero e nobreza, unidos, teriam sempre dois votos contra um do terceiro estado.

As eleições para a escolha dos deputados à Assembleia dos Estados Gerais transcorreram em meio a grande agitação popular. Nesse momento, a burguesia aproveitou para fazer propaganda do seu programa de reformas. E as massas camponesas e urbanas também tiveram espaço para demonstrar seu descontentamento político. As consequências da convocação dos Estados Gerais foram devastadoras para a nobreza, o clero e o regime absolutista.

Assembleia Nacional Constituinte

Quando a Assembleia dos Estados Gerais se reuniu no palácio de Versalhes, iniciou-se o conflito entre as ordens privilegiadas (nobreza e clero) e o terceiro estado. A nobreza e o clero queriam continuar a votar os projetos pelo sistema tradicional, isto é, um voto por ordem, independentemente do número de representantes. Mas o terceiro estado, que tinha mais deputados que a nobreza e o clero, exigiu a votação individual, isto é, um voto para cada representante (votação por cabeça).

Apoiados pelo rei, os deputados da nobreza e do clero recusaram a proposta do terceiro estado. Houve um impasse que paralisou os trabalhos. Revoltados, os representantes do terceiro estado reagiram: transferiram-se para um salão de jogos do palácio e proclamaram-se em Assembleia Nacional Constituinte. O objetivo era elaborar uma Constituição para a França limitando o poder absoluto do rei. Esse episódio ficou conhecido como o Juramento do Jogo da **Pela**.

> **Pela:** bola usada em antigo jogo que utilizava uma espécie de raquete para golpeá-la; provável ancestral do jogo de tênis e esportes afins.

Investigar

1. De acordo com o artigo 14 da Constituição federal brasileira, o voto de cada cidadão é universal, direto, secreto e tem igual valor entre todos os eleitores. Você já tem título de eleitor? E as pessoas com quem você convive?
2. Como você escolhe seus candidatos? Após as eleições, você costuma acompanhar as atitudes dos eleitos?

Juramento do Jogo da Pela, obra de Jacques-Louis David de 1791, representando o dia em que os deputados do terceiro estado se reuniram no salão do Jogo da Pela, em Paris, em 20 de junho de 1789.

Tomada da Bastilha

A situação política fugiu do controle do governo. O rei Luís XVI tentou dominar a revolta organizando tropas para combater os revoltosos do terceiro estado. No entanto, a rebelião popular tomou conta das ruas de Paris. Um dos principais lemas repetidos pelos revolucionários era "**liberdade, igualdade e fraternidade**".

No dia 14 de julho de 1789, uma multidão invadiu a antiga prisão da Bastilha, símbolo do poder absoluto do rei, onde ficavam presos os inimigos da monarquia francesa. Libertaram os presos e apoderaram-se das armas ali estocadas. De Paris, a revolta popular espalhou-se pela França. Sem força para dominar a rebelião, o rei Luís XVI foi obrigado a reconhecer a legitimidade da Assembleia Nacional Constituinte.

> **Investigar**
> - Que significados o lema "liberdade, igualdade e fraternidade" tem para você? Reflita a partir de suas vivências.

Declaração dos Direitos do Homem e do Cidadão

Na noite de 4 de agosto de 1789, a Assembleia Constituinte decretou o fim do regime feudal na França e aboliu os direitos senhoriais sobre os camponeses. Aboliu também os privilégios tributários do clero e da nobreza. Todos os grupos sociais deveriam pagar impostos. Além disso, no dia 26 de agosto, a Assembleia proclamou a **Declaração dos Direitos do Homem e do Cidadão**, que estabelecia direitos como:

- o respeito pela dignidade das pessoas;
- a liberdade de pensamento e de opinião;
- a igualdade dos cidadãos perante a lei;
- o direito à propriedade individual;
- o direito de resistência à opressão política.

Em termos políticos, a Declaração dos Direitos do Homem e do Cidadão sinalizou a transição da condição de **súditos** (Antigo Regime) para a de **cidadãos** (Estados contemporâneos). Durante o Antigo Regime, os súditos eram educados para obedecer fielmente ao soberano absolutista. Agora, os líderes da Revolução Francesa enfatizavam a formação de cidadãos que deveriam pertencer à sociedade política, tendo o direito de participar da vida pública e influenciar as decisões do governo.

No ano seguinte, em 1790, a Assembleia Constituinte confiscou diversas terras da Igreja católica e subordinou os sacerdotes à autoridade do Estado por meio de um decreto chamado Constituição Civil do Clero.

O papa não aceitou as determinações da Assembleia Constituinte. Os religiosos descontentes e vários membros da nobreza refugiaram-se no exterior e decidiram organizar um exército para reagir à revolução. No entanto, vários padres acataram as novas leis francesas e permaneceram no país.

Declaração dos Direitos do Homem e do Cidadão, óleo sobre tela de Jean-Jacques-François Le Barbier, de 1789, representando a carta iluminista. A obra toma emprestada a imagem dos Dez Mandamentos.

Monarquia constitucional

Em setembro de 1791, a Assembleia estabeleceu a Constituição da França. Com ela, a nação francesa tornava-se uma monarquia constitucional, na qual o rei perdia os poderes absolutos. Os principais pontos da Constituição eram:

- **Organização social** – igualdade jurídica entre todos os indivíduos, colocando-se um fim nos privilégios do clero e da nobreza. No entanto, a escravidão africana foi mantida nas colônias.
- **Economia** – liberdade de produção e de comércio, afastamento da interferência do Estado e proibição das greves dos trabalhadores.
- **Religião** – liberdade de crença, separação entre Estado e Igreja e nacionalização dos bens da Igreja.
- **Organização política** – criação de três poderes (Legislativo, Executivo e Judiciário) e estabelecimento do voto eleitoral. No entanto, somente os cidadãos da burguesia, com renda elevada, podiam votar e ser votados. Mais de 80% da população pobre ficou excluída do direito ao voto: mulheres, camponeses, pequenos comerciantes e artesãos. O rei seria o chefe do poder Executivo, mas tinha de governar respeitando as regras da Constituição.

O rei Luís XVI, inconformado com a perda de poder, aliou-se a nobres franceses que estavam no exterior e com os monarcas da Áustria e da Prússia. Pretendiam organizar um exército para invadir a França e restabelecer a monarquia absolutista. Aliás, pouco antes da promulgação da nova Constituição, em julho de 1791, Luís XVI tentou fugir do país para se unir às forças contrárias à Revolução. Mas, durante a fuga, foi reconhecido e preso, sendo reconduzido à capital francesa e mantido sob vigilância.

O exército austro-prussiano invadiu a França, contando com o apoio secreto da família real francesa, que transmitia segredos militares às tropas estrangeiras. Para defender o país, líderes revolucionários, como Danton e Marat, apelavam aos cidadãos para que lutassem em defesa da pátria. Em 20 de setembro de 1792, o exército invasor foi derrotado pelas tropas francesas na Batalha de Valmy.

Da República ao Diretório

Após vitória contra os exércitos estrangeiros, os líderes franceses decidiram, então, proclamar a **República**, o que ocorreu em 1792. O rei Luís XVI foi preso e acusado de traição à pátria.

Com a República, foi criada a Convenção Nacional cuja missão era elaborar uma nova Constituição Republicana para o país. Nessa época, surgiram os termos **direita**, **centro** e **esquerda** que ainda hoje são utilizados para se referir a grupos de diferentes concepções políticas.

Na Convenção, as forças políticas mais importantes eram:

- Os **girondinos** – representantes da alta burguesia (comerciantes, industriais, banqueiros, etc.). Defendiam o voto censitário (por renda), o respeito à propriedade privada, a preservação da ordem contra os avanços populares na conquista do poder. Na sala de reunião, sentavam-se **à direita** da Presidência.
- Os **jacobinos** – representantes da pequena e média burguesia (profissionais liberais, lojistas, funcionários) e do proletariado de Paris. Defendiam o voto universal e dedicavam maior atenção aos interesses populares. Sentavam-se **à esquerda** da mesa da Presidência.
- A **planície** – representantes de uma burguesia considerada oportunista, isto é, mudavam de posição conforme suas conveniências imediatas. De modo geral, apoiavam os girondinos. Sentavam-se **ao centro** da sala de reunião.

O rei Luís XVI foi levado a julgamento por traição à pátria. Os girondinos defenderam o rei, enquanto os jacobinos, liderados por Robespierre e Saint-Just, pregavam sua condenação à morte. Venceu a corrente jacobina, e o rei foi sentenciado à pena de morte. Foi decapitado na **guilhotina** em janeiro de 1793. Alguns meses depois, a rainha Maria Antonieta foi também condenada à morte.

Guilhotina: instrumento de decapitação utilizado na Europa desde a Idade Média. Foi aperfeiçoado pelo dr. Guillotin (1738--1814), que sugeriu sua utilização para decapitar os condenados à morte durante a Revolução Francesa.

Ditadura jacobina

A execução do rei provocou a revolta interna dos girondinos, que defendiam o monarca. No exterior, houve uma reorganização das forças estrangeiras que defendiam o absolutismo.

Para enfrentar o iminente ataque externo, os jacobinos assumiram o poder e criaram órgãos em defesa da revolução, entre eles o Comitê de Salvação Pública, responsável pelo controle do exército e da administração do país, e o Tribunal Revolucionário, encarregado de vigiar, prender e punir os traidores da causa revolucionária. Esse Tribunal foi responsável pela morte de milhares de pessoas consideradas inimigas da revolução. Alguns historiadores calculam que o Tribunal condenou à morte entre 40 mil e 50 mil pessoas.

Nessa fase, conhecida como **Terror**, instalou-se uma ditadura dos jacobinos, sob a liderança de **Robespierre**. Nesse período radical da Revolução, o governo tabelou preços de alimentos, criou impostos sobre os mais ricos, distribuiu terras dos nobres, abriu escolas públicas tornando obrigatório o ensino primário, instituiu o divórcio, aboliu a escravidão nas colônias francesas, etc. As medidas que agradavam a maioria da população pobre provocavam descontentamento profundo entre os ricos, representados pelos girondinos.

Durante o governo de Robespierre, entrou em vigor a nova **Constituição da República** (1793), que assegurava o voto universal masculino, o direito de rebelião, de trabalho e de subsistência. Continha também a declaração oficial de que o bem comum – a felicidade de todos – era a finalidade do governo.

Aliviadas as tensões decorrentes da ameaça estrangeira, os girondinos e o grupo da planície uniram-se contra o governo de Robespierre. Sem o necessário apoio político, esse líder revolucionário não teve condições de reagir a seus opositores, sendo preso em 1794. Logo depois, sem julgamento, foi condenado à morte por meio da guilhotina.

Governo do Diretório

Depois que Robespierre foi afastado do poder, a Convenção Nacional foi controlada pelos girondinos. Com nova orientação política, essa convenção elaborou outra Constituição para a França.

Concluída em 1795, a nova Constituição estabeleceu a continuidade do regime republicano, que seria controlado pelo Diretório, um órgão composto de cinco membros eleitos pelo Poder Legislativo.

Com o Diretório (1795 a 1799) o poder político foi controlado pela alta burguesia. Paralelamente, o território francês voltou a ser ameaçado pelas forças absolutistas vizinhas. Mas, nesse período, o jovem general Napoleão Bonaparte ganhou prestígio militar por lutar em defesa do governo francês.

Em 9 de novembro de 1799 (18 Brumário, pelo calendário da Revolução), Napoleão Bonaparte, com apoio do Exército e da burguesia, dissolveu o Diretório e criou um novo governo, denominado Consulado. Esse episódio ficou conhecido como Golpe de **18 Brumário**. O novo governo encerrou o ciclo revolucionário, que durou cerca de 10 anos.

> **Dica**
> Danton: o processo da Revolução. Direção: Andrzej Wajda. França/Polônia: Gaumont; Les Films du Losange, 1982. 130 min.
>
> O filme retrata o período mais radical da Revolução Francesa, no qual os líderes jacobinos puniam as pessoas consideradas inimigas da Revolução.

18 Brumário:
O 18 de brumário do ano 7 do calendário da Revolução Francesa corresponde a 9 de novembro do calendário cristão. A palavra "brumário" deriva do francês *brumeux* que significa "bruma" ou "névoa". A data marca o início da Era Napoleônica.

Bonaparte no Conselho dos 500, em 10 de novembro de 1799, óleo sobre tela de François Bouchot, de 1840, representando o golpe de Estado do 18 Brumário que colocou Napoleão Bonaparte no poder (século XIX).

Era Napoleônica: conquistas e tragédias

Napoleão Bonaparte conquistou o poder na França e governou o país por aproximadamente 15 anos, que podem ser divididos em três momentos principais: Consulado (1799-1804); Império (1804-1814); e Governo dos Cem Dias (1815). Sua carreira militar e política foi marcada por uma ascensão vertiginosa: comandou a conquista de boa parte da Europa pelas forças francesas, e seu governo impactou o exército, a educação, o direito e outras áreas da vida pública francesa. Mas a figura de Napoleão também se associa à tragédia: aproximadamente 1,8 milhão de franceses morreram devido às guerras napoleônicas.

Consulado

O Consulado foi um governo republicano controlado por militares. Três cônsules, entre os quais Napoleão, chefiavam o Poder Executivo. Entretanto, quem efetivamente governava era Napoleão, eleito primeiro-cônsul da República. Nesse período, entre as realizações do governo napoleônico, podemos citar:

- **Economia** – criação do Banco da França (1800), que começou a controlar a emissão de moedas, diminuindo a inflação; adoção de tarifas protecionistas (cobrança de impostos elevados para produtos importados) e estímulo à produção e ao consumo interno, que fortaleceram o comércio e a indústria.
- **Educação** – reorganização do ensino, que passou a ter como principal objetivo o desenvolvimento do cidadão francês e o fim do analfabetismo; a educação pública tornou-se importante meio para a formação nacional do povo.
- **Direito** – elaboração do Código Civil, também conhecido como Código Napoleônico (concluído em 1804), que estabeleceu a igualdade de todos perante a lei, o respeito à propriedade privada, o direito à liberdade individual e ao matrimônio civil separado do religioso. O conteúdo desse Código serviu, em grande parte, aos interesses da burguesia e do campesinato, a quem se facilitou o acesso à propriedade da terra.

Império

Napoleão foi uma pessoa contraditória. De um lado, defendia certos valores libertários da Revolução Francesa. De outro, assumiu um perfil ditatorial. Em 1802, foi proclamado cônsul vitalício, obtendo o direito de indicar seu sucessor. Na prática, isso significou a volta da monarquia, o que efetivamente só ocorreu em 1804, mediante um plebiscito, no qual quase 60% dos votantes confirmaram o restabelecimento do regime monárquico. Napoleão foi indicado para ocupar o trono francês com o título de imperador.

A ambiguidade da figura de Napoleão pode ser ilustrada pelas reações que provocou no grande compositor Beethoven (1770-1827). Em 1803, Beethoven, entusiasmado com a Revolução Francesa e seus desdobramentos, dedicou a 3ª Sinfonia (Heroica), uma de suas obras-primas, a Napoleão, a quem considerava um herói republicano. No entanto, conta-se que, quando Napoleão declarou-se imperador, Beethoven rasgou sua dedicatória ao perceber a imensa ambição de poder de Napoleão Bonaparte.

Em 2 de dezembro de 1804, uma festa solene formalizou a coroação de Napoleão I na catedral de Notre-Dame. Formou-se então uma corte para o Império com os membros da elite militar, da alta burguesia e da antiga nobreza. Monumentos marcantes, como o Arco do Triunfo, foram construídos como símbolo do poder de Napoleão.

A coroação de Napoleão, óleo sobre tela de Jacques-Louis David produzido entre 1805 e 1807. Mestre do neoclassicismo, David foi o pintor oficial da corte napoleônica.

Guerras e expansão

Como imperador e comandante das Forças Armadas, Napoleão liderou uma série de guerras para expandir o domínio da França. Por volta de 1812, o Império Francês (ou Napoleônico) atingiu sua máxima extensão, dominando quase toda a Europa ocidental e boa parte da oriental. Compreendia uma população de, aproximadamente, 50 milhões de habitantes – quase um terço da população europeia da época.

Porém, também nesse período, governantes e sociedades reagiram ao expansionismo francês formando coligações para lutar contra as ambições napoleônicas. Entre as nações que participaram dessas coligações estavam Inglaterra, Áustria, Prússia e Rússia. Houve confrontos armados entre França e Inglaterra, como o ocorrido em outubro de 1805, quando a marinha francesa tentou invadir a Inglaterra, mas foi derrotada na Batalha de Trafalgar.

Nos anos seguintes, entretanto, as tropas de Napoleão conseguiram sucessivas vitórias terrestres sobre seus inimigos. Uma das mais destacadas foi a Batalha de Austerlitz, na Áustria (1805), além de vitórias na Prússia (1806) e na Rússia (1807).

Bloqueio Continental

O governo de Napoleão não se conformou com a derrota naval para os ingleses e procurou outros meios para enfraquecer a Inglaterra. Então, foi decretado, em 1806, o Bloqueio Continental, pelo qual os países europeus, submetidos à pressão francesa, teriam de bloquear seus portos ao comércio inglês. O objetivo era sufocar a economia inglesa.

O governo português não aderiu ao Bloqueio Continental, e Portugal foi invadido por tropas francesas. Sem condições de enfrentar essas tropas, o príncipe regente dom João decidiu transferir a Corte portuguesa para o Brasil, em 1808. Alguns historiadores consideram essa decisão uma estratégia política para garantir o poder da família real e o controle do Brasil.

Reações e declínio

A partir de 1810, as guerras constantes de Napoleão foram contestadas por diversos setores da sociedade francesa. Milhares de pessoas lamentavam a morte de familiares nos campos de batalha, além do enorme custo das guerras. Fora da França, as invasões napoleônicas despertavam a reação nacionalista dos povos conquistados.

O Bloqueio Continental à Inglaterra não surtiu todo o efeito esperado pelo governo napoleônico. A maior parte dos países sob a influência da França tinha uma economia predominantemente agrícola e dependente dos produtos industrializados ingleses. Por isso, alguns governos optaram por romper o bloqueio. Foi o caso do governo da Rússia que, sendo um país essencialmente agrícola, teve de negociar seus grandes estoques de cereais com os ingleses, abandonando o bloqueio em dezembro de 1810.

Fontes: elaborado com base em CHALIAND, Gérard; RAGEAU, Jean-Pierre. *Atlas dos impérios*. Lisboa: Teorema, 1995. p. 73; ALBUQUERQUE, Manoel M. de et al. *Atlas histórico escolar*. 8. ed. Rio de Janeiro: FAE, 1986. p. 128.

Observar o mapa

- Observando o mapa, destaque:
a) algumas das nações aliadas à França;
b) algumas das nações que não estavam sob influência francesa;
c) dois países atuais aos quais correspondem os territórios conquistados pelo exército de Napoleão.

Império Napoleônico (1812)

> **Czar:** título dado aos imperadores da Rússia (e também aos antigos soberanos sérvios e búlgaros). O termo czar tem origem na palavra latina *Caesar = César*.

Invasão da Rússia

Em represália à decisão do **czar** Alexandre I de abandonar o bloqueio, o governo francês invadiu a Rússia, em 1812. Para isso, preparou um exército poderoso do qual faziam parte aproximadamente 600 mil homens e 180 mil cavalos.

Sob o comando de Napoleão, o exército francês avançou até Moscou, chegando a ocupar o Kremlin, o palácio do czar russo. Mas o frio intenso e a reação do exército russo castigaram duramente os franceses.

Diante das adversidades, Napoleão viu-se obrigado a ordenar ao exército francês uma dramática retirada. A maioria dos soldados franceses, porém, morreu na viagem de volta, em face do rigoroso inverno (com temperaturas médias de –30 °C) e muitas dificuldades (como a falta de abastecimento). De acordo com cálculos de historiadores, dos 600 mil soldados que partiram, apenas cerca de 40 mil regressaram para a capital francesa.

A desastrosa campanha militar na Rússia estimulou outros países europeus a reagirem contra o governo de Napoleão. Por fim, um exército formado por ingleses, austríacos, russos e prussianos invadiu Paris, em 1814.

Napoleão foi derrubado do poder e enviado para a ilha de Elba, no mar Mediterrâneo, recebendo o título de "príncipe de Elba". O trono francês foi entregue a Luís XVIII, irmão do último rei absolutista, Luís XVI.

Napoleão I na Rússia, óleo sobre tela de Vasily Vereshchagin, de 1897, retratando Napoleão Bonaparte durante a Batalha de Borodino.

Governo dos Cem Dias

Em março de 1815, Napoleão Bonaparte fugiu de Elba e regressou à França, prometendo reformas democráticas. O rei Luís XVIII era impopular, e as tropas enviadas para prender Napoleão acabaram unindo-se a ele.

Napoleão foi recebido em Paris como herói, sob gritos de "Viva o imperador!" e instalou-se no poder, obrigando a família real a fugir. Mas a permanência de Napoleão Bonaparte no governo durou apenas cem dias. A coligação militar internacional rapidamente se reorganizou e marchou contra a França. Napoleão e suas tropas foram definitivamente derrotados na **Batalha de Waterloo**, em 18 de junho de 1815. Preso pelos ingleses, Napoleão foi exilado na ilha de Santa Helena, no Atlântico Sul, onde permaneceu até a morte, em 1821.

Congresso de Viena: a reação conservadora

As conquistas napoleônicas haviam modificado a divisão política em quase toda a Europa ocidental e central. Em setembro de 1814, após a saída de Napoleão, os dirigentes dos países vencedores organizaram o Congresso de Viena (1814-1815), cujo objetivo básico era restabelecer a antiga divisão política do continente europeu. Os principais países que participaram do Congresso foram a Áustria, a Inglaterra, a Rússia, a Prússia e a própria França.

O governo francês teve de se submeter a uma série de imposições, entre elas o pagamento de uma indenização de 700 milhões de francos aos países vencedores, em razão dos prejuízos causados pela guerra.

A política de solidariedade esboçada no Congresso de Viena foi posta em prática com a criação da **Santa Aliança**, que uniu os monarcas da Áustria, da Rússia, da Prússia e de outras nações europeias com o objetivo de se defenderem mutuamente. Esses monarcas assumiram o direito de intervir em qualquer lugar onde surgisse algum processo revolucionário inspirado no liberalismo e no nacionalismo democrático.

Embora tenha participado do Congresso de Viena, o governo inglês negou-se a participar da Santa Aliança, porque apoiava os movimentos de independência na América Latina. Nessa época, a Inglaterra empenhava-se em ampliar os mercados consumidores de seus produtos industriais. Em consequência, os ingleses eram defensores do liberalismo e contrários às intervenções militares propostas pelos governos conservadores da Santa Aliança.

A partir de 1825, a Santa Aliança e o sistema que ela representava começaram a enfraquecer. Revoluções liberais e nacionalistas irromperam em várias regiões da Europa, e as grandes potências conservadoras passaram a enfrentar divergências entre si.

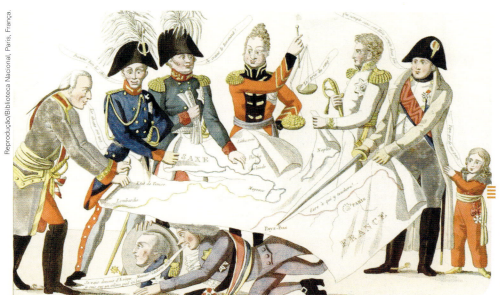

O bolo dos reis no Congresso de Viena, charge de G. E. Optiz que ilustra líderes dos países que venceram o Império Napoleônico disputando a partilha do mundo. À direita, está representado Napoleão.

Europa após o Congresso de Viena (1815)

Territórios anexados
- ao Império Russo
- ao Império Austríaco
- ao Reino da Sardenha-Piemonte
- ao Reino da Dinamarca
- ao Reino da Prússia
- Pequenos Estados
- Fronteira da Confederação Germânica

Observar o mapa

- Compare este mapa com o do Império Napoleônico (página 231). Baseando-se na divisão política estabelecida pelo Congresso de Viena, identifique o que aconteceu com os territórios do Império Napoleônico, do Império Austríaco, do Reino da Prússia e do Império Russo. Quem ganhou e quem perdeu territórios?

Fontes: elaborado com base em KINDER, Hermann; HILGEMANN, Werner. *Atlas histórico mundial: de los Orígenes a la Revolución Francesa*. Madri: Istmo, 1982. p. 40; ALBUQUERQUE, Manoel M. de et al. *Atlas histórico escolar*. 8. ed. Rio de Janeiro: FAE, 1986. p. 130 e *Atlas historique Larousse*. Paris: Larousse, 1987. p. 71.

Oficina de História

Analisar e refletir

1 Leia os trechos escritos por líderes da Revolução Francesa sobre o tema da igualdade entre os homens:

> A igualdade entre os homens não é tanto um problema de igualdade de riquezas, mas uma questão de igualdade de direitos.
>
> VERGNIAUD, Pierre. *Discursos*, 1793.

> Não basta que a República se fundamente sobre a igualdade. É preciso que as leis e os costumes contribuam para que desapareçam as desigualdades econômicas.
>
> LEPELETIER, Louis-Michel. *Discursos*, 1793.

a) Identifique qual desses textos expressa ideias jacobinas e qual expressa ideias girondinas.
b) Dê a sua opinião sobre a seguinte questão: "a igualdade jurídica garante, por si mesma, que a sociedade seja justa ou é necessário também promover outras igualdades, como a econômica?". Debata-a com seus colegas.

2 Napoleão é frequentemente citado como líder político e militar. Líderes são pessoas que inspiram outras a tomarem atitudes ou as conduzem por determinada direção política, religiosa, comportamental, etc. Há líderes na política, nas equipes de futebol, nas empresas e nas escolas, por exemplo.

Em grupo, reflita sobre o tema: a história política de uma sociedade pode ser modificada pela atuação de um único indivíduo?

3 Observe a imagem e reflita:

Charge do artista Angeli produzida em 1998.

a) Qual é a crítica explicitada na imagem do cartunista Angeli? De que maneira ela pode se relacionar com o conteúdo deste capítulo?
b) Em grupos, sob a orientação do professor, busquem o texto integral da Declaração de Direitos do Homem e do Cidadão de 1789. Em seguida, escolham um de seus artigos. Criem uma charge elaborando uma interpretação para o conteúdo do artigo escolhido.
c) Ao final da atividade, exponham os trabalhos para todos os colegas da sala e reflitam a respeito dos motivos encontrados por cada grupo a fim de desenvolver as charges.

4 Como em todas as ditaduras, Napoleão impôs severa censura à imprensa durante seu governo. Inclusive, atribui-se a ele a seguinte frase: "Tenho mais medo de três jornais do que de cem baionetas".

  a) Por que a liberdade de imprensa é importante para a democracia?
  b) Quando os meios de comunicação podem ser prejudiciais à democracia? Explique.

Interpretar texto e imagem

5 Observe e analise a gravura ao lado, de 1789, representando os três estados do Antigo Regime (clero, nobreza e trabalhadores). Depois, responda às questões:

  a) Descreva as três personagens representadas na gravura. Qual delas representa o clero, a nobreza e os trabalhadores?
  b) A gravura apresenta uma crítica ao Antigo Regime? Justifique sua resposta com base no título e na maneira como as personagens foram representadas.
  c) Cite alguns acontecimentos que marcaram a França no ano em que essa gravura foi produzida.

Isso não vai durar para sempre, gravura popular francesa, de 1789, ilustrando as três ordens ou estados.

6 Em 1804, Napoleão Bonaparte encomendou ao pintor Jean-Auguste Dominique Ingres uma pintura que o retratasse em trajes cerimoniais. Observe a pintura ao lado e responda às questões.

  a) Que evento político marcou a história francesa no ano em que essa pintura foi encomendada por Napoleão?
  b) Qual é a mensagem transmitida por essa representação? De que forma Napoleão foi retratado pelo artista?

Napoleão I em seu trono imperial, óleo sobre tela de Jean-Auguste Dominique Ingres, de 1806.

Perspectivas

Grupo de mulheres que trabalhava na superfície de uma mina na cidade de Wigan, no norte da Inglaterra. Elas empurravam os vagões e estocavam o carvão em pilhas; este era o principal combustível para as fábricas no início da Revolução Industrial. Crianças e adolescentes também exerciam os mais diversos trabalhos durante a Revolução Industrial, submetidas a condições de trabalho precárias, insalubres e a carga horária exaustiva. Fotografia de 1895.

Trabalho e desigualdade na Revolução Industrial

A Revolução Industrial, que se iniciou na Inglaterra no século XVIII e se espalhou para outros países, transformou as relações de trabalho da época.

As corporações de ofício e guildas, baseadas em atividades artesanais, deram lugar às fábricas e à produção em grande escala. Os aprendizes, que ficavam anos se especializando em uma profissão, foram gradualmente substituídos pelos operários que manejavam máquinas.

Em um primeiro momento, as pessoas que chegavam para trabalhar nas fábricas não precisavam de muitas habilidades prévias. Porém, com o desenvolvimento de máquinas sofisticadas, tornou-se necessária uma aprendizagem técnica das profissões industriais.

Um jovem que vivia na Inglaterra durante a Revolução Industrial poderia trilhar vários caminhos, a depender, sobretudo, de suas origens sociais: se ele pertencia a uma família burguesa ou a uma família camponesa, bem como seu nível de riqueza.

Pessoas que não contassem com uma família abastada geralmente começavam sua vida profissional muito cedo, ainda quando crianças. Era comum que fossem trabalhar nas fábricas. Nesses casos, crianças e jovens não frequentavam a escola e, portanto, não tinham acesso à educação formal.

Atualmente, muitos jovens também não têm a oportunidade de escolher uma profissão ou de planejar seu projeto de vida. Eles começam a trabalhar enquanto ainda estão na escola, para ajudar no sustento da família, e acabam desistindo de investir naquilo que realmente gostariam de fazer.

Pensar em um projeto de vida implica planejar os caminhos que se pretende percorrer e os objetivos que se quer alcançar. Isso porque, geralmente, é preciso certo grau de especialização para exercer uma atividade profissional. Depois de completar o Ensino Médio, ingressar em uma universidade costuma ser um dos caminhos para continuidade dos estudos visando uma profissão. Também existe a possibilidade de cursar o Ensino Técnico em vez do Ensino Médio regular.

Estudante integrante do Programa Jovem Aprendiz atuando em biblioteca em São Paulo (SP), em 2014. No Brasil, existem diversos projetos que estimulam a inserção de jovens entre 14 a 24 anos no mercado de trabalho, proporcionando a possibilidade de aprendizagem e de uma oportunidade profissional.

Em ação

ETAPA 1 Leitura

A mão de obra de jovens e crianças foi empregada em diversos momentos da história. Exercer uma atividade profissional fazia parte da preparação do jovem e isso era considerado uma forma de transição para a idade adulta. Tal processo, que ocorria tradicionalmente no meio familiar e nas oficinas, passou a se realizar de forma sistemática nas fábricas.

Nos textos *on-line* você vai conhecer:

- como era o cotidiano de jovens em uma fábrica na Inglaterra durante a Revolução Industrial;
- como o pertencimento a uma classe social determinava as atividades exercidas por crianças e jovens e interferia em seu futuro;
- o Estatuto da Criança e do Adolescente, que trata sobre o trabalho de jovens no Brasil atual.

ETAPA 2 Pesquisa

Para elaborar um projeto de vida, é preciso planejar o caminho que se pretende seguir, considerando as facilidades e os obstáculos a serem superados. Ao delinear esse plano com antecedência, suas chances de prever possíveis dificuldades aumentam.

1. Você já pensou que profissão gostaria de escolher? Explique.
2. Faça uma pesquisa e busque informações sobre a profissão selecionada. Procure por cursos, atividades que podem ser desenvolvidas, possibilidades de estágio e de emprego, etc.

Com base nesses dados, identifique os desafios que devem ser superados para concretizar essa etapa do seu projeto de vida.

3. Entreviste alguém que trabalha desde a adolescência e pergunte: com que idade ingressou na vida profissional? Que motivos o levaram a trabalhar? Que atividade exercia (ou exerce)? Como eram (ou são) as condições de trabalho? Ele estuda ou estudou (qual seu grau de formação)? Quais foram (ou são) os problemas enfrentados por entrar cedo no mercado de trabalho?

Anote esses dados em seu caderno ou em uma folha avulsa.

ETAPA 3 Debate

Reunidos em grupos, debatam as seguintes questões:

1. Com base na leitura do texto 1 e na entrevista, responda: o que mudou e o que continua parecido ao analisarmos o trabalho de crianças e jovens no período da Revolução Industrial e nos dias de hoje?
2. Como a legislação brasileira trata da questão do trabalho de jovens e crianças? Você acha que, na prática, os mesmos direitos são garantidos a todos? Justifique sua resposta.
3. Na sua opinião, de que maneira a educação e o trabalho se relacionam para a construção de um projeto de vida?

ETAPA 4 Pense nisso

1. Compare as informações levantadas por você sobre a profissão que deseja seguir com as de outros colegas, verificando as semelhanças e diferenças entre:

   a) as facilidades mencionadas por seus colegas e as apontadas por você;
   b) as dificuldades registradas por seus colegas e as que você relacionou.

2. Releia a entrevista e analise se existem pontos em comum entre o levantamento que você fez e as respostas dadas pelo entrevistado.
3. Você considera que as habilidades desenvolvidas na escola auxiliam nas suas escolhas e preparação para o mercado profissional? Justifique sua resposta.

CIÊNCIAS HUMANAS E SOCIAIS APLICADAS

UNIDADE

Liberdade e independência

Nesta unidade, estudaremos os processos de independência dos Estados Unidos e de países da América Latina, com destaque para o Brasil. Abordaremos elementos da colonização das Américas anglo-saxônica, espanhola e portuguesa. Também vamos refletir sobre diferentes concepções de liberdade, no plano individual e social a partir de um viés filosófico.

Reprodução/Museu Nacional do Exército, Londres, Inglaterra.

A Batalha de Lexington. Óleo sobre tela de William B. Wollen, 1910. A obra representa o primeiro confronto entre o exército inglês e os colonos americanos, que almejavam a independência, ocorrido em 19 de abril de 1775.

1 Você sabe quais liberdades são garantidas na Constituição brasileira atual? Relacione algumas delas.

2 Em que situações as desigualdades sociais e os preconceitos podem restringir a liberdade das pessoas? Reflita sobre o assunto a partir de suas vivências.

3 Vivemos em um país de vasto território e diversidade regional. Na sua cidade existem comemorações que celebram o dia da independência do Brasil?

CAPÍTULO

Colonização e independência dos EUA

Nos dias atuais, os Estados Unidos são considerados um dos países mais poderosos do planeta. Eles detêm o maior PIB entre todas as nações, controlam o maior arsenal bélico mundial e difundem seu estilo de vida por meio da presença internacional do idioma inglês e de expressões culturais, como o cinema e a música. Neste capítulo, serão abordados os eventos históricos que marcaram a formação dos Estados Unidos.

Este capítulo favorece o desenvolvimento das habilidades:

EM13CHS101
EM13CHS102
EM13CHS103
EM13CHS104
EM13CHS105
EM13CHS106
EM13CHS201
EM13CHS203
EM13CHS204
EM13CHS206
EM13CHS603

As 13 colônias

A colonização da América do Norte começou efetivamente a partir do século XVII. Nesse período, muitos ingleses começaram a **emigrar** da Europa para a América, devido a perseguições religiosas, a dificuldades econômicas e à esperança de poder construir uma nova vida em outro lugar. Em 1607, formou-se uma primeira colônia, chamada Virgínia. Na época, o governo inglês havia concedido o monopólio sobre a exploração dessa colônia a uma empresa privada.

Nas décadas de 1620 e de 1630, ingleses adeptos do protestantismo criaram a colônia de Massachusetts. Esses primeiros colonos ficaram conhecidos como "pais peregrinos". No entanto, eles seriam os "pais" de apenas uma parte da população, conhecida pela sigla WASP (em inglês, *white anglo-saxon protestant*, ou seja, a população branca de origem anglo-saxã e protestante). Além dos ingleses, migraram também alemães, franceses, entre outros grupos.

Durante a conquista da América do Norte, os ingleses se estabeleceram em diferentes áreas da costa leste, onde construíram novas colônias. Até o século XVIII, foram fundadas 13 colônias independentes entre si, mas subordinadas à metrópole inglesa.

Uma das intenções de parte desses colonos era construir sociedades autônomas e erguer um "novo lar". Com a colonização, esse projeto ganhou vigor, principalmente nas colônias da região centro-norte, onde foram criados sistemas de **autogoverno** (assembleias locais dos colonos, com poderes para elaborar leis e fixar tributos).

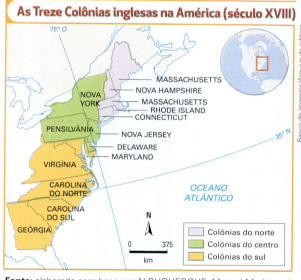

Fonte: elaborado com base em ALBUQUERQUE, Manuel M. de *et al. Atlas histórico escolar.* 8. ed. Rio de Janeiro: FAE, 1986. p. 62.

Emigrar: deixar um país, comumente o país de origem, com o intuito de estabelecer-se em outro.

Investigar

1. O que leva as pessoas a migrarem de uma região para outra? Levante hipóteses.
2. Você deseja viver em outra cidade ou país? Comente sua resposta.

LINHA DO TEMPO

1607 — Fundação da Virgínia, colônia inglesa, na América do Norte.

1756-1763 — Guerra dos Sete Anos, entre Inglaterra e França. A Inglaterra sai vitoriosa.

1773 — Representantes das 13 colônias americanas realizam o Primeiro Congresso da Filadélfia e elaboram um documento em protesto às leis impostas pelo governo inglês.

1775 — Início da Guerra de Independência Americana.

1776 — Publicação da Declaração de Independência dos Estados Unidos.

1787 — Proclamação da Constituição dos Estados Unidos.

1789 — George Washington é eleito o primeiro presidente estadunidense.

Linha do tempo esquemática. O espaço entre as datas não é proporcional ao intervalo de tempo.

Colonos e indígenas

Durante a conquista da América do Norte, colonos ingleses guerrearam com diversos povos indígenas, tais como os Powatans, os Cheyenes e os Cheroquis, que habitavam, há milhares de anos, o território norte-americano. Outras vezes, fizeram alianças com esses grupos.

Os colonos que chegaram à América em 1620 enfrentaram dificuldades para sobreviver. Muitos morreram em função da fome, do frio e de doenças. Nesse contexto, grupos indígenas, como os Wampanoags ensinaram os colonos a caçar, a pescar e a cultivar plantas nativas como o milho e a abóbora. Assim, as colheitas tornaram-se abundantes.

As trocas culturais entre colonos e indígenas americanos deixaram marcas na cultura e se tornaram tradições nos EUA. Conta-se que, em agradecimento aos ensinamentos indígenas, os colonos convidaram os Wampanoags para uma farta refeição em 1621. Essa celebração teria sido o primeiro dia de **Ação de Graças**. Atualmente, o dia de Ação de Graças é feriado nacional nos Estados Unidos, comemorado todos os anos na última quinta-feira do mês de novembro.

Apesar dos períodos em que ingleses e indígenas viveram relativamente em paz, o avanço da colonização atraiu novos colonos, e as invasões às terras indígenas se tornaram mais comuns.

Entre guerras abertas, alianças rompidas e breves períodos de paz, milhares de indígenas foram dizimados e outros tantos foram obrigados a fugir para o interior do território.

The First Thanksgiving, 1621 (A primeira ceia de Ação de Graças, 1621), gravura de Jean Leon Gerome Ferris, publicada em cerca de 1932. A obra retrata a celebração entre colonos e indígenas que originou o feriado estadunidense.

Colônias do norte, do centro e do sul

Nas colônias inglesas do norte e do centro, foi implantada uma produção agrícola diversificada (**policultura**), voltada para o mercado interno, baseada na pequena e na média propriedade rural.

Nelas, havia trabalho escravo, mas predominavam o trabalho livre e formas de servidão (no caso do imigrante, até que ele pagasse, por exemplo, suas despesas da viagem para a América).

Nessas colônias eram cultivadas plantas como trigo, cevada e centeio e criavam-se animais como bois, cabras e porcos. Havia exportação de madeira, peles e peixe seco, e importação de açúcar e vinho, entre outros produtos. Além disso, foram desenvolvidas manufaturas, e formou-se um dinâmico comércio marítimo entre as colônias do norte, as Antilhas e algumas regiões da África.

Fonte: elaborado com base em MELATTI, Júlio Cesar. *Áreas etnográficas da América Indígena*. Costa Oriental. Brasília, 2016. Disponível em: <http://www.juliomelatti.pro.br/areas/l1oriental.pdf>. Acesso em: 6 nov. 2019.

Investigar

1. Você acha importante escolher datas para comemorar a história de um país? E de uma pessoa? Explique.
2. Você conhece a história de algum feriado nacional brasileiro? Qual?

Já nas colônias inglesas do sul, foi implantada uma produção agrícola mais voltada para o mercado externo, com exportação de tabaco e de algodão, baseada em grandes propriedades rurais e na utilização do trabalho escravo africano. Esse modelo de produção ficou conhecido como **plantation**. No século XVIII, os escravos compunham quase 40% da população das colônias sulistas.

Os colonos do sul eram mais dependentes dos laços com a metrópole inglesa. Havia entre eles certo receio de que um rompimento com a Inglaterra poderia acabar com a produção econômica colonial, da qual eles se beneficiavam.

No entanto, quando o processo de independência teve início, muitos colonos sulistas acabaram mudando de posição

Plantação de algodão em Arkansas, na região do sul dos Estados Unidos, em 2017. Em 2016, os EUA eram o terceiro maior produtor de algodão do mundo, seguidos pelo Paquistão e pelo Brasil.

e participaram do movimento, na perspectiva de continuar exportando seus produtos (principalmente o algodão), com a vantagem de não pagar impostos ao governo inglês.

Apesar das diferenças, de modo geral, as trezes colônias eram relativamente autônomas e não sofreram uma exploração colonial tão intensa quanto a que ocorreu nas Américas portuguesa e espanhola.

Conflitos com a Inglaterra

Apesar do controle colonial, o governo inglês costumava não interferir nos assuntos internos das Treze Colônias, respeitando suas tradições de autogoverno (*self-government*). Esse cenário mudou no século XVIII, quando a Inglaterra começou a fazer imposições às colônias, proibindo, por exemplo, a implantação de fábricas que concorressem com a indústria inglesa.

Os conflitos entre colonos americanos e autoridades britânicas acirraram-se após a Guerra dos Sete Anos, entre Inglaterra e França (1756-1763). Entre outras disputas, esses dois países lutavam pela posse de áreas na América do Norte.

Embora os ingleses tenham saído vitoriosos da Guerra dos Sete Anos, suas finanças públicas ficaram abaladas pelas grandes despesas militares. Para recuperá-las, o governo inglês adotou medidas que aumentavam a arrecadação fiscal e restringiam a autonomia das 13 colônias norte-americanas. Entre as leis decretadas, historiadores costumam destacar as seguintes:

- **Lei do Açúcar (1764)** – cobrava taxas sobre a importação de açúcar (melaço) que não viesse das Antilhas britânicas e aumentava as taxas sobre outros produtos, como café e vinho;
- **Lei do Selo (1765)** – cobrava uma taxa sobre diferentes documentos comerciais como jornais, livros e anúncios, que deveriam receber um selo do governo inglês;
- **Lei dos Alojamentos (1765)** – obrigava os colonos a fornecer alojamento e alimentação às tropas inglesas que estivessem em território americano;
- **Lei do Chá (1773)** – concedia o monopólio de venda de chá nas colônias à **Companhia Inglesa das Índias Orientais**, com objetivo de combater o contrabando do produto realizado pelos comerciantes das colônias;
- **Leis Intoleráveis (1774)** – conjunto de duras medidas decretadas para conter o clima de revolta nas colônias, que autorizavam o governo colonial a julgar e punir severamente os colonos envolvidos em distúrbios políticos contrários às autoridades inglesas.

> **Companhia Inglesa das Índias Orientais:** empresa controlada por comerciantes de Londres, criada em 1600 para efetuar a comercialização dos produtos coloniais, em consequência da expansão ultramarina.

Protesto das 13 colônias

Essas leis provocaram a reação das elites coloniais americanas, que temiam perder sua relativa autonomia local. Surgiram revoltas, principalmente nas colônias do norte, como em 1773, quando comerciantes americanos destruíram carregamentos de chá de navios ingleses (episódio que ficou conhecido como Festa do Chá de Boston). Contudo, esse e outros protestos foram ignorados pelos ingleses.

Guerra pela independência

> **Dica**
> *O patriota*. Direção: Roland Emmerich. Estados Unidos, 2000. 164 min.
>
> Um fazendeiro entra para a Guerra de Independência dos EUA após ter sua propriedade destruída pelo exército britânico e um filho assassinado.

A guerra pela independência das 13 colônias teve início com a Batalha de Lexington, em 19 de abril de 1775. Nessa data, tropas inglesas tentaram destruir um depósito de armas controlado pelos colonos e enfrentaram grande resistência. Quase um mês depois, em maio de 1775, os colonos que desejavam a independência realizaram o Segundo Congresso de Filadélfia, que conclamou os cidadãos às armas e nomeou **George Washington** (1732-1799) comandante das tropas coloniais.

No dia 4 de julho de 1776, tornou-se pública a **Declaração de Independência** das 13 colônias (definidas como "Treze Estados Unidos da América"). A partir de então, a nova nação passou a ser designada Estados Unidos da América.

A Declaração de Independência dos Estados Unidos, influenciada por ideais iluministas, defendia a liberdade individual do cidadão e criticava a tirania dos governantes. Leia, a seguir, um trecho desse documento.

> Todos os homens são criados iguais e são dotados por Deus de certos direitos fundamentais, como o direito à vida, à liberdade e à busca da felicidade.
>
> Para garantir esses direitos são instituídos governos entre os homens. O justo poder desses governos provém do consentimento dos governados. Todas as vezes que qualquer forma de governo destruir esses objetivos, o povo tem o direito de alterá-la ou aboli-la e estabelecer um novo governo em nome de sua própria segurança e felicidade.
>
> Declaração de Independência dos Estados Unidos, 1776 (fragmentos). *In*: TUSELL, Javier et al. *Historia del mundo contemporáneo*. Madri: Ediciones SM, 1997. p. 31. (Tradução do autor)

Representação do dia da desocupação das 13 colônias e da entrada triunfal de George Washington e de seus oficiais em Nova York, em 25 de novembro de 1783. Litografia de Edmund P. Restein e Ludwig Restein, de 1879.

A Inglaterra não aceitou a declaração de independência de suas colônias, e a guerra prolongou-se até 1781, levando à morte cerca de 70 mil combatentes. Nesses conflitos, é possível identificar dois momentos principais:

- **primeiro momento (1775-1778)** – as tropas dos EUA lutaram praticamente sozinhas contra as forças inglesas;
- **segundo momento (1778-1781)** – as tropas dos EUA contaram com a ajuda financeira e militar dos governos da França, da Espanha e das Províncias Unidas (atual Holanda). A participação das tropas francesas, sobretudo, foi decisiva para garantir a vitória das tropas coloniais.

No dia 19 de outubro de 1781, o último exército inglês foi derrotado em Yorktown. Mesmo após o fim da guerra, o governo inglês só reconheceu a independência das 13 colônias americanas em 1783.

Constituição dos Estados Unidos

Os Estados Unidos foram o primeiro país no continente americano a conquistar a independência. Eles também foram pioneiros ao criar uma república baseada em instituições democráticas. A Constituição dos Estados Unidos, promulgada em 17 de setembro de 1787, tem os seguintes pontos fundamentais:

- **tipo de Estado** – estabelece que os Estados Unidos são uma República Federativa presidencialista, ou seja, formada por estados-membros associados em uma União política (Federação) chefiada por um presidente;
- **cidadania** – assegura o exercício de direitos políticos e civis, como a liberdade de expressão, de imprensa, de crença religiosa e de reunião; a inviolabilidade do domicílio e o direito a julgamento (ou seja, ninguém pode ser preso e condenado sem o devido processo judicial), entre outros;
- **tripartição dos poderes** – determina que os poderes do Estado sejam repartidos em Executivo (administração), Legislativo (elaboração das leis) e Judiciário (aplicação da justiça).

A Constituição dos EUA define que o Poder Executivo é encabeçado pelo presidente da República, com mandato de quatro anos. O presidente também é o comandante das Forças Armadas e responsável pelo equilíbrio entre os estados-membros da Federação e pela política exterior. O primeiro presidente dos Estados Unidos foi George Washington.

Já o Poder Legislativo é exercido pelo Congresso, que se divide em Câmara dos Representantes e Senado, ambos compostos de parlamentares eleitos pelo voto popular, com mandatos de, respectivamente, dois e seis anos.

Por último, o Poder Judiciário tem como órgão máximo a Suprema Corte, cuja função essencial é garantir o cumprimento da Constituição.

A luta por direitos nos EUA

Embora a Declaração de Independência dos Estados Unidos afirme, em seu início, que "todos os homens são criados iguais e são dotados por Deus de certos direitos fundamentais", tal proclamação não se aplicou a todos de imediato. Vários grupos sociais tiveram de lutar durante mais de dois séculos – alguns ainda lutam – por essa igualdade e pela garantia de seus direitos.

A escravidão africana, por exemplo, foi mantida nos Estados Unidos até a Guerra de Secessão (1861-1865). Os líderes da independência dos Estados Unidos não reivindicaram a liberdade de mais de meio milhão de negros que viviam em regime de trabalho escravo. Thomas Jefferson, um dos principais autores da Declaração de Independência dos EUA, por exemplo, era um grande proprietário de escravos, embora se afirmasse antiescravista e abolicionista.

Os indígenas da América do Norte também não tiveram os mesmos direitos à vida, à liberdade e à busca da felicidade, garantidos aos brancos. Depois da independência, muitos povos continuaram sendo massacrados, expulsos de suas terras ou tiveram sua cultura marginalizada.

Manifestantes protestam contra o movimento supremacista branco, em Washington (Estados Unidos), em 2018. O supremacismo constitui uma forma de racismo baseada na falsa crença de superioridade dos brancos sobre os negros.

> **Investigar**
> - Atualmente em nossa sociedade as mulheres ainda são consideradas "seres frágeis"? Debata o assunto com os colegas.

Outro exemplo de grupos que tiveram seus direitos negligenciados é o das mulheres estadunidenses, que não tinham os mesmos direitos civis que os homens (como o direito de voto, só reconhecido quase 140 anos depois). À época da independência estadunidense, a mulher era considerada um "ser frágil", devendo por isso subordinar-se ao poder masculino.

Quem, então, exercia plenamente os direitos de cidadão, assegurados na Constituição dos Estados Unidos de 1787? Basicamente, a cidadania na sua forma plena foi exercida pelos homens adultos e brancos pertencentes à elite econômica, composta, principalmente, pelas burguesias industrial e comercial e pelos proprietários de fazendas e escravos.

Conexões — GEOGRAFIA

O continente americano

A Terra é dividida em seis continentes. Essa divisão política do espaço foi convencionada pelos especialistas no tema, considerando aspectos naturais e culturais. Cada continente tem, portanto, características específicas. Aqui, nosso foco é o continente americano.

A América é o segundo maior continente do mundo em extensão, atrás apenas da Ásia. É formada por 35 países, onde vive quase 1 bilhão de pessoas. Entre os dez maiores países do planeta, quatro são americanos (Canadá, Estados Unidos, Brasil e Argentina).

Calcula-se que, em 2019, as riquezas produzidas no continente americano somavam cerca de 33 trilhões de dólares. Porém, mais de 70% dessas riquezas ficaram concentradas nos Estados Unidos e no Canadá. Isso faz da América um continente de grandes desigualdades sociais.

Além dos aspectos econômicos, o continente americano apresenta paisagens singulares.

Na **América do Norte**, situa-se a maior ilha do mundo, a Groelândia, que, politicamente, pertence à Dinamarca, mas geograficamente localiza-se na América. A região também conserva cerca de 70% de suas florestas originais. Já a **América Central**, banhada pelo belíssimo mar do Caribe, apresenta um relevo montanhoso, onde existem vários vulcões ativos. Na **América do Sul**, localiza-se a maior floresta tropical do planeta, a Amazônia. Além disso, é nela que está situado o ponto mais alto do hemisfério ocidental: o Pico do Aconcágua, com 6 960 metros de altura, localizado na Cordilheira dos Andes, na Argentina.

Parte dos patrimônios naturais americanos é conservada por meio da criação de parques nacionais e de reservas ecológicas, como o Parque Nacional do Grand Canyon (Estados Unidos), o Parque Nacional da Serra da Capivara (Brasil), o Parque Nacional dos Glaciares (Argentina) e a Reserva do Rio Plátano (Honduras).

- Elabore uma tabela comparando, pelo menos, três países da América. Para isso, pesquise dados como população, taxa de analfabetismo, IDH, PIB e renda *per capita*.

Parque Nacional da Serra da Capivara, no Piauí, em 2018. Nessa reserva ecológica se encontra o maior e mais antigo conjunto de sítios pré-históricos do continente americano.

Oficina de História

Analisar e refletir

1 Que diferenças e semelhanças você pode estabelecer entre a colonização inglesa na América do Norte e a colonização portuguesa na América do Sul?

2 Com relação à Declaração de Independência dos Estados Unidos e à Constituição estadunidense, que contradições se revelaram entre os ideais defendidos, os direitos estabelecidos por esses documentos e sua prática? Faça uma pesquisa em jornais e na internet e justifique sua resposta com exemplos.

Interpretar texto e imagem

3 A Estátua da Liberdade foi criada em estilo neoclássico pelos franceses Fréderic-Auguste Bartholdi e Gustave Eiffel, projetista da famosa torre de Paris. A estátua foi presente do governo da França em homenagem ao centenário de independência dos Estados Unidos. Foi inaugurada em 1886 na cidade de Nova York e logo tornou-se símbolo do país. Em uma das mãos, a estátua carrega uma tábua com a inscrição "4 de julho de 1776" (data da Declaração de Independência). Na outra mão, porta uma tocha folheada a ouro que representaria um princípio: "iluminar" o mundo. Observe a imagem e responda à questão:

Estátua da Liberdade em Nova York (Estados Unidos), 2019.

- Como a Liberdade foi representada pelos artistas franceses? Como você representaria a Liberdade?

4 Durante o século XX, milhares de negros norte-americanos lutaram por seus direitos e pelo fim do preconceito. Um deles foi **Martin Luther King** (1929-1968), ativista político que organizou marchas e campanhas pelo fim do racismo e pela defesa dos direitos civis da população negra, entre os quais se destaca o direito ao voto. Alguns desses direitos foram alcançados com a aprovação da Lei de Direitos Civis, em 1964, e da Lei de Direitos Eleitorais, em 1965.

Leia um trecho de um dos discursos mais conhecidos de Martin Luther King, proferido em Washington, capital dos Estados Unidos, no ano de 1963:

> [...] Digo a vocês hoje, meus amigos, que, apesar das dificuldades de hoje e de amanhã, ainda tenho um sonho. É um sonho profundamente enraizado no sonho americano. Tenho um sonho de que um dia esta nação se erguerá e corresponderá em realidade o verdadeiro significado de seu credo:

"Consideramos essas verdades manifestas: que todos os homens são criados iguais". Tenho um sonho de que um dia, nas colinas vermelhas da Geórgia, os filhos de ex-escravos e os filhos de ex-donos de escravos poderão sentar-se juntos à mesa da irmandade. [...] Tenho um sonho de que meus quatro filhos viverão um dia em uma nação onde não serão julgados pela cor de sua pele, mas pelo teor de seu caráter. [...] E quando isso acontecer, quando deixarmos a liberdade ecoar, quando a deixarmos ressoar em cada vila e vilarejo, em cada Estado e cada cidade, poderemos trazer para mais perto o dia que todos os filhos de Deus, negros e brancos, judeus e gentios, protestante e católicos, poderão se dar as mãos e cantar, nas palavras da velha canção negra, "Livres, enfim! Livres, enfim! Louvado seja Deus Todo-Poderoso. Estamos livres, enfim!"

PREVIELLI, Amanda. Veja na íntegra o histórico discurso de Martin Luther King. *Exame*, 12 set. 2013. Disponível em: <https://exame.abril.com.br/mundo/veja-na-integra-o-historico-discurso-de-martin-luther-king/>. Acesso em: 14 nov. 2019.

Qual era sonho de Martin Luther King? Na sua opinião, esse sonho foi realizado? Explique.

5 A seguir, leia um texto sobre a história do Dia de Ação de Graças. Depois, responda às questões:

A amigável celebração da colheita de 1621 foi seguida por uma relação longa e dolorosa entre nativos americanos e colonos europeus. Muitos nativos americanos nos Estados Unidos veem o dia de Ação de Graças como um "dia de luto nacional".

No entanto, outros desfrutam de uma refeição tradicional de Ação de Graças em casa ou em grandes reuniões comunitárias com a família e amigos. A história e a cultura dos nativos americanos são frequentemente discutidas em escolas [...] durante o mês de novembro, designado como Mês Nacional da Herança dos Índios Americanos e dos Nativos do Alasca.

Departamento de Estado dos EUA/Embaixada dos Estados Unidos. *Dia de Ação de Graças*. Publicado em novembro de 2011. Disponível em: <http://photos.state.gov/libraries/amgov/133183/portuguese/P_US_Holidays_Thanksgiving_Day_Portuguese.pdf>. Acesso em: 14 nov. 2019.

a) Como foram os primeiros contatos entre os colonos ingleses e os povos indígenas como os Wampanoags?
b) Por que, atualmente, o dia de Ação de Graças passou a ser visto por muitos nativos americanos como o "dia de luto nacional"?

6 Assista ao filme *O patriota* (direção: Roland Emmerich. Estados Unidos, 2000. 164 min). Essa obra ficcional foi ambientada na Carolina do Sul no ano de 1776, no contexto da luta pela independência dos Estados Unidos. Em seguida, em grupo, respondam às questões.

Cena do filme *O patriota*, protagonizado pelo ator Mel Gibson, que aparece na imagem.

a) Como as batalhas foram representadas no filme? Procurem analisar cenários, uniformes, atitudes das personagens, etc.
b) Quais personagens foram representados como heróis? E como vilões? Que valores eles expressam?
c) Relacionem aspectos mostrados no filme com os temas abordados neste capítulo.
d) Vocês contariam a história representada no filme de outra maneira?

CAPÍTULO

20 Independências na América Latina

A expressão "América Latina" refere-se à parte do continente americano colonizada predominantemente por europeus que falavam línguas latinas: portugueses, espanhóis e franceses. Neste capítulo, vamos estudar aspectos da independência das colônias espanholas na América e também do Haiti, que foi uma colônia francesa. Quais são as semelhanças e as diferenças entre os processos de independência dos países latino-americanos?

Este capítulo favorece o desenvolvimento das habilidades:

EM13CHS101
EM13CHS102
EM13CHS103
EM13CHS104
EM13CHS105
EM13CHS106
EM13CHS201
EM13CHS202
EM13CHS203
EM13CHS204
EM13CHS603

Contexto das independências

No início do século XIX, várias colônias latino-americanas se libertaram de suas metrópoles. De modo geral, as independências foram motivadas por alguns fatores como: a difusão de ideias liberais, a formação de elites locais nas colônias e as mudanças capitalistas advindas da Revolução Industrial. Esses fatores contribuíram para agravar a **crise do sistema colonial**.

Parte da crise tinha raízes nas contradições internas do próprio sistema colonial. O governo metropolitano incentivava certo desenvolvimento da colônia para explorar suas riquezas. Ao mesmo tempo, as metrópoles impunham alta tributação às colônias e reservavam os principais cargos públicos para os europeus. A excessiva interferência das metrópoles na economia e política coloniais causaram incômodo nas elites latino-americanas. Sob a inspiração de ideais iluministas e em defesa de seus interesses, representantes dessas elites lideraram diversas revoltas que puseram fim aos regimes coloniais na América Latina.

Além das elites locais, as camadas populares também participaram da luta contra a dominação metropolitana, integrando os exércitos coloniais. Essa população era composta, sobretudo, de indígenas, negros e mestiços, que lutavam por melhores condições de vida, direitos iguais, acesso à terra e fim da escravidão. Quase sempre, suas reivindicações não foram atendidas, e as rebeliões populares foram violentamente sufocadas.

Mexico Uprising (Revolução Mexicana), litografia de 1810 que retrata a batalha de Monte de las Cruces, importante na Guerra de Independência do México. Autoria desconhecida.

LINHA DO TEMPO

1781 — É executado Tupac Amaru, que liderou um enorme movimento popular, principalmente indígena, contra a dominação colonial na região do Peru.

1791 — Eclode a Revolução do Haiti.

1794 — É abolida a escravidão na Ilha de São Domingos.

1804 — É proclamada a independência do Haiti, sendo a primeira da América Latina.

1807 — França invade a Espanha e José Bonaparte assume o trono espanhol. O controle administrativo sobre as colônias enfraquece.

1810-1815 — Miguel Hidalgo e José Morelos lideram revoltas camponesas em busca da independência no México.

1821 — General Agostinho Itúrbide declara a independência do México.

1822 — Itúrbide se autoproclama imperador do México.

1823 — México: instalação da República. América Central: formação da República Federativa das Províncias Unidas Centro-Americanas, que posteriormente fragmenta-se em vários países.

Linha do tempo esquemática. O espaço entre as datas não é proporcional ao intervalo de tempo.

Industrialismo e mercantilismo

O fim do regime colonial na América Latina era apoiado, principalmente, pela Inglaterra, país que havia passado por um processo recente de industrialização e tinha interesse em expandir a venda de seus produtos para os mercados latino-americanos. Por isso, defendiam o livre-comércio e o trabalho assalariado. O colonialismo mercantilista contrapunha-se a esses preceitos do capitalismo industrial na medida em que se baseava no **monopólio comercial** e, em grande parte, no trabalho escravo.

O monopólio comercial era imposto por países como Espanha e Portugal às suas colônias na América Latina, e, no caso das colônias espanholas, significava que o comércio era exclusividade da Coroa da Espanha e controlado por um órgão governamental conhecido como Casa de Contratação, criado em 1503. Qualquer mercadoria vinda de outro país deveria ser adquirida por comerciantes autorizados pelo governo espanhol, taxada e só então embarcada para as colônias espanholas na América.

Além disso, o capitalismo industrial, aliado ao pensamento liberal do Iluminismo, impulsionou críticas à escravidão. No entanto, para além das razões humanitárias, estava em jogo o fato de que o escravo, que não recebia salário por seu trabalho, não podia participar do mercado consumidor que os industriais queriam obter na América. Ao mesmo tempo, o dinheiro gasto pelos senhores na compra de escravos deixava de ser utilizado no consumo de produtos manufaturados das indústrias.

Revolução do Haiti

O Haiti foi a primeira nação latino-americana a declarar sua independência e o único país das Américas no qual esse processo foi liderado majoritariamente pela população negra escravizada.

Retrato de Toussaint Louverture, um dos líderes da revolução haitiana. Gravura de 1802.

Situada no mar do Caribe, a ilha de São Domingos (que corresponde atualmente ao Haiti e à República Dominicana) foi colonizada por espanhóis a partir do século XVI. Eles escravizaram e dizimaram praticamente toda a população indígena da ilha. A partir de 1697, a parte oeste de São Domingos foi ocupada por franceses, que ali implantaram latifúndios de cana-de-açúcar, café, cacau, entre outros gêneros agrícolas voltados para exportação.

A colônia francesa era considerada uma das mais produtivas da América. Sua produção tinha como base a intensa exploração do trabalho escravo de origem africana. Calcula-se que, no final do século XVIII, os negros escravizados representavam quase 90% da população colonial.

Havia uma tensão social crescente entre brancos, mestiços e negros escravizados. Com a Revolução Francesa, a tensão se converteu em luta contra o domínio colonial em 1791 e teve como liderança, a princípio, **Toussaint Louverture** (1743--1803) e, depois, **Jean-Jacques Dessalines** (1758-1806). Em 1794, foi abolida a escravidão na ilha de São Domingos.

Os senhores de terra e as tropas francesas mantiveram-se em luta contra os escravos durante vários anos. Em 1802, durante o governo de Napoleão Bonaparte, Louverture foi preso, morrendo na prisão no ano seguinte. Mas o movimento de independência continuou, sob a liderança de Dessalines e outros negros, até a derrota e expulsão final dos franceses, em 1803. Em 1804, proclamou-se a independência do país – que foi rebatizado com o nome indígena de Haiti (que significa "terra alta, lugar montanhoso").

Ao final das lutas, a economia haitiana ficou arrasada, pois a maior parte da estrutura produtiva do país foi destruída. O exemplo da revolução haitiana, marcada pela abolição da escravidão e pelos massacres contra brancos, tornou-se um fantasma que apavorou os senhores escravistas da América.

Independências na América espanhola

Até o início do século XIX, a monarquia espanhola mantinha domínio colonial sobre vasta área do continente americano. A região estava dividida administrativamente em:

- **quatro vice-reinos** – Nova Espanha (criado em 1535), Peru (em 1543), Nova Granada (em 1717) e Rio da Prata (em 1776);
- **quatro capitanias** – Cuba, Guatemala, Venezuela e Chile.

As lutas pela independência dessas regiões coloniais ocorreram durante as três primeiras décadas do século XIX. E não se tratou de um movimento único, mas de vários processos emancipatórios, com características específicas ligadas à história de cada região. Veja o mapa ao lado, que representa a divisão da América espanhola no fim do período colonial e as independências na América.

Independências na América (séculos XIX-XX)

Fontes: elaborado com base em ALBUQUERQUE, Manoel Maurício de et al. *Atlas histórico escolar*. 8. ed. Rio de Janeiro: MEC/Fename, 1986. p. 66-69; DUBY, G. *Atlas histórico mundial*. Madri: Debate, 1992. p. 285.

Condições internas e externas

As elites da América espanhola eram formadas, basicamente, por dois grupos: os *chapetones* (colonizadores nascidos na Espanha) e os *criollos* (filhos de espanhóis nascidos na América). Esse último grupo era composto por latifundiários (produtores de gêneros de exportação, como cacau e açúcar), comerciantes urbanos, proprietários de minas, etc. Porém, *criollos* e *chapetones* não tinham os mesmos direitos.

A Espanha dificultava o acesso dos *criollos* aos altos cargos públicos, religiosos e militares das colônias, que eram ocupados majoritariamente por *chapetones*. Os *criollos* exerciam um poder político local, por meio das câmaras municipais (*cabildos*). Por isso, quando a Coroa espanhola reduziu o poder dos *cabildos*, no século XVIII, gerou-se um descontentamento entre os *criollos*. Além disso, essas elites locais também se sentiam prejudicadas pela cobrança de elevados tributos sobre produtos de exportação (por exemplo, couro e seus subprodutos) e pelas restrições ao desenvolvimento de produtos manufaturados que concorressem com a produção metropolitana.

A insatisfação dos *criollos* com a excessiva interferência da Coroa espanhola na vida econômica e política das colônias americanas era crescente, já que ambicionavam ampliar seus poderes e conquistar o direito ao livre-comércio. Eles encontraram terreno favorável para concretizar suas ambições quando a França invadiu a Espanha, em 1807. Durante essa invasão, o trono espanhol foi ocupado por José Bonaparte, irmão de Napoleão. As autoridades espanholas, então, concentraram quase todas as suas forças na luta contra os franceses, o que gerou um enfraquecimento do controle administrativo sobre as colônias na América. Sem aceitar a autoridade do irmão de Napoleão e aproveitando o momento de enfraquecimento da metrópole, os *criollos* criaram **juntas de governo**, dando início às lutas por independência.

Entre 1810 e 1828, eclodiram várias revoltas emancipacionistas na América espanhola. Tais lutas culminaram na conquista da independência e originaram muitos dos "heróis nacionais" dos países latino-americanos. Veja a seguir um panorama dessas conquistas.

México e América Central

Calcula-se que cerca 600 mil pessoas morreram nas lutas pela independência do México. Inicialmente, essas lutas tinham um caráter popular, mas logo foram controladas pelas elites coloniais.

Entre 1810 e 1815, os padres Miguel Hidalgo e José Morelos lideraram tropas formadas por camponeses pobres (indígenas, brancos e mestiços). Eles lutaram por independência política e também por mudanças sociais como o fim da escravidão e a distribuição de terras para os pobres. No entanto, as tropas espanholas, apoiadas pela elite local, derrotaram esses grupos populares, pondo fim às rebeliões. Hidalgo e Morelos foram fuzilados.

> **Investigar**
> - O que significa ser um "herói"? Quais características costumam ser atribuídas a esses personagens?

Hidalgo, afresco de José Clemente Orozco, de 1937, representando o padre Miguel Hidalgo, líder da revolução popular a favor da independência do México. Na obra, predominam cores quentes que remetem à violência dessas lutas. O povo, formado por mestiços, indígenas e brancos, foi representado na base da imagem, em clima de revolta.

Posteriormente, o general Agostinho Itúrbide liderou movimentos pela independência. Depois de fazer carreira militar combatendo rebeliões populares contra a dominação colonial, Itúrbide rompeu com o governo espanhol e declarou a independência do México em 1821. No ano seguinte, o general se autoproclamou imperador do país. Pouco depois, foi derrubado do poder por republicanos.

A independência do México e a instalação da República (em 1823) possibilitaram que os *criollos* ampliassem seus direitos políticos. Porém, nem a libertação dos laços coloniais e tampouco a nova forma de governo alteraram de forma significativa a miséria enfrentada pela maior parte da população mexicana.

A emancipação do México influenciou lutas por independência na América Central. Em 1823, formou-se a República Federativa das Províncias Unidas Centro-Americanas, com capital na Cidade da Guatemala e, depois, em San Salvador. Após um período de guerras civis (1838-1839), as Províncias Unidas fragmentaram-se em países, constituindo os atuais Estados da Guatemala, de Honduras, da Costa Rica, de El Salvador e da Nicarágua.

América do Sul

Nas independências da América do Sul, destacaram-se figuras como José San Martín, Simón Bolívar e José Gabriel Condorcanqui, mais conhecido como Tupac Amaru.

Tupac Amaru, descendente dos antigos chefes incas, comandou um dos maiores movimentos populares contra a dominação colonial, que na época impunha duras condições de trabalho aos indígenas no sul do Peru. Para lutar contra as tropas espanholas, Amaru organizou um exército com cerca de 50 mil pessoas, em sua maioria indígenas. Em 1781, o líder foi preso e executado. A revolta iniciada por ele se espalhou pelo Peru e pela Bolívia, até ser completamente derrotada em 1783. Lutas como a de Tupac Amaru, mesmo quando frustradas, mostram que havia um desejo de construir uma ordem social mais justa e solidária.

Já San Martín (1778-1850) e Simón Bolívar (1783-1830) faziam parte da elite *criolla*. San Martín nasceu no Vice-Reinado do Rio da Prata, e Bolívar nasceu na Capitania Geral da Venezuela. Ambos estudaram na Europa, onde entraram em contato com ideias iluministas. Ao regressarem à América, rebelaram-se contra a dominação metropolitana. San Martín liderou exércitos locais que conquistaram a independência na Argentina, no Chile e no Peru. Bolívar comandou tropas que libertaram a Venezuela, a Colômbia, o Equador, a Bolívia e o Peru (junto com San Martín).

Após a independência, o projeto político de Simón Bolívar era construir na América um grande país, unificando politicamente as ex-colônias espanholas. Esse plano fracassou devido às muitas divergências entre as elites locais, que preferiram garantir seus poderes nas regiões onde já atuavam.

> **Dica**
>
> *San Martín: el cruce de los Andes.* Direção: Leandro Ipiña. Argentina: Instituto Nacional de Cinema e Artes Visuais; Televisión Pública Argentina, 2011. 123 min.
> Manuel Corvalán, aos 15 anos de idade, decide se unir ao recém-formado Exército dos Andes, sob o comando do general José de San Martín.

Mural em Cuzco, no Peru, em homenagem a Tupac Amaru. O líder indígena se tornou um símbolo da luta contra a conquista espanhola.

Desdobramentos das independências

Praticamente nenhum governo europeu colaborou com os movimentos pela independência da América espanhola (nem do Haiti).

Ao contrário, os monarcas dos países que compunham a Santa Aliança pensaram em enviar tropas para ajudar os espanhóis a esmagar esses movimentos. Como visto anteriormente, apenas o governo da Inglaterra, interessado em conquistar mercados latino-americanos, foi favorável à emancipação das nações da região, pois a independência convinha à industrialização inglesa.

Com relação aos Estados Unidos, os sucessivos governos desse país, no início do século XIX, já manifestavam suas pretensões de exercer influência política e econômica sobre o continente americano. Em 1823, o presidente norte-americano James Monroe anunciou a disposição do governo de impedir que qualquer país europeu estabelecesse colônias na América ou interferisse em suas questões internas. Essa intenção do presidente americano ficou conhecida como **Doutrina Monroe**, cujo lema era: "A América para os americanos". Porém, com o passar dos anos, ficou mais claro que esse lema poderia ser interpretado também como "A América para os Estados Unidos".

Charge de Bernard Gillam, de 1889. Nela, o leão, com a cabeça do Tio Sam, representaria o governo dos EUA. Ele usa uma flâmula com a inscrição "Doutrina Monroe" e fica no caminho dos europeus para a construção do Canal do Panamá. No século XIX, franceses haviam tentado, sem sucesso, construir um canal ligando o oceano Atlântico ao Pacífico.

Investigar
- Em sua opinião, os jovens brasileiros têm contato com expressões culturais latino-americanas? Por que você acha que isso acontece? Levante hipóteses e debata o assunto com seus colegas.

Fragmentação territorial

Nas independências americanas, tanto o Brasil quanto os Estados Unidos preservaram sua unidade territorial e ainda conseguiram expandir seus territórios. Já na América espanhola, ocorreu grande fragmentação política e territorial.

Na visão de muitos historiadores, essa fragmentação decorreu tanto de fatores internos quanto externos. No plano interno, a unificação não era vantajosa para as elites locais, que desejavam garantir o poder político e econômico que já tinham consolidado nas suas regiões de origem. No plano externo, convinha aos governos da Inglaterra e dos Estados Unidos manter uma América Latina fragmentada e, consequentemente, mais suscetível aos seus interesses políticos e econômicos.

Autoritarismo e caudilhismo

Desde o século XIX, o autoritarismo perpassa a história da América Latina, apesar de grande parte dos líderes do processo de independência das colônias hispânicas na América Latina ter adotado um discurso político inspirado nos ideais do liberalismo.

Tais líderes pregavam a formação de países com base em alguns ideais liberais, como governos representativos do povo e igualdade jurídica. Além disso, ninguém seria privado de direitos por motivo de crença religiosa ou de convicção filosófica ou política.

Esses ideais liberais, entretanto, não se concretizaram quando da formação dos Estados latino-americanos. O governo republicano formado pela elite *criolla* não governava em sintonia com a maioria do povo, e a maior parte da população permanecia excluída da política.

De acordo com a historiadora Maria Ligia Prado,

> A construção dos Estados nacionais na América Latina se faz de forma autoritária, com as elites colocando contínuos obstáculos à participação política popular. Os conflitos sociais foram, em geral, resolvidos com o apelo a regimes fortes que deveriam manter a ordem.
>
> PRADO, Maria Ligia Coelho. 3 questões sobre democracia. *Folha de S.Paulo*. São Paulo, 11 jun. 2000. Disponível em: <https://www1.folha.uol.com.br/fsp/mais/fs1106200002.htm>. Acesso em: 29 nov. 2019.

Esses regimes autoritários foram, muitas vezes, comandados por caudilhos, expressão de origem latina (*caput* = cabeça) que designava o líder político dos governos latino-americanos, principalmente no período pós-independência. Diversos caudilhos foram líderes populares que assumiram o governo pelo voto ou pela força e governaram de forma autoritária.

Em certos casos, tais regimes mantinham uma aparência de democracia (os cidadãos votavam e elegiam seus representantes), mas o poder político era controlado, efetivamente, pelos representantes das elites.

Liberdade, liberdade

A busca pela liberdade inspirou pessoas e povos de vários lugares do mundo. Também esteve presente nas lutas pela independência nas Américas. Porém, nem todos aqueles que lutavam por liberdade entendiam essa ideia da mesma maneira. Para muitos escravos, por exemplo, liberdade significava acabar com a escravidão. Já para os colonos, liberdade poderia significar conquistar autonomia administrava e emancipar-se das metrópoles.

No plano pessoal, liberdade significa ser capaz de deliberar por si mesmo os caminhos a percorrer pela vida. Nesse sentido, a liberdade implica que a sociedade reconheça vários direitos individuais, como o direito à livre locomoção, manifestação do pensamento, escolha profissional, expressão artística e intelectual. Nas democracias contemporâneas, por exemplo, uma pessoa só é obrigada, teoricamente, a fazer ou deixar de fazer alguma coisa em virtude de lei, pois esta a todos obriga igualmente.

No plano social, a liberdade significa a ausência de submissão a um poder público externo. Sem liberdade, os povos não poderiam lutar pela construção de sua história e pela produção de suas culturas, que representam a diversidade dos modos de ser e de viver dos seres humanos.

Para o filósofo Kant (1724-1804), a liberdade das pessoas e dos povos tinha como base o desenvolvimento da autonomia intelectual que nos levaria a sair da "menoridade", isto é, a incapacidade de fazer uso da própria inteligência sem o comando de outros.

Segundo Kant, somente exercendo nossa própria inteligência seremos capazes de tomar atitudes livres e escapar da dominação dos poderosos. Para que isso ocorresse, Kant dizia que não bastava desenvolver apenas a inteligência mas também a **coragem** (ética). Por isso, proclamava: "Ousai saber!" (do latim, *sapere aude*) e "tenha coragem de usar seu próprio entendimento!".

- O que você precisa fazer para conquistar sua liberdade e independência? Comente.

Oficina de História

Analisar e refletir

1. Existe uma contradição entre o desenvolvimento interno das colônias ibéricas na América e a manutenção do sistema colonial? Explique.

2. O monopólio comercial e o trabalho escravo eram obstáculos para a expansão do capitalismo industrial? Comente.

3. Que acontecimento do cenário europeu favoreceu diretamente a eclosão das lutas pela independência na América?

4. Aponte as especificidades do processo de independência do Haiti, comparando-o com o de outras colônias da América Latina.

5. Quais foram os papéis desempenhados pelas elites dominantes e pelos movimentos populares nos processos de independência da América espanhola? Explique sua resposta.

6. Explique por que os movimentos de independência ocorridos na América espanhola não contaram com a colaboração dos governos europeus, exceto o da Inglaterra.

Interpretar texto e imagem

7. Leia um trecho da chamada "Carta de Jamaica", escrita por Simón Bolívar em 1815. Depois, com base no texto, responda às questões.

> Os acontecimentos de terra firme nos provaram que as instituições perfeitamente representativas não são adequadas ao nosso caráter, costumes e luzes atuais. Em Caracas, o espírito de partido tomou sua origem nas sociedades, assembleias e eleições populares, e estes partidos nos levaram à escravidão. E, assim como a Venezuela tem sido a República americana que mais se adiantou em suas instituições políticas, também tem sido o mais claro exemplo da ineficácia da forma democrata e federal para nossos nascentes Estados. [...] Enquanto nossos compatriotas não adquirirem os talentos e as virtudes políticas que distinguem aos nossos irmãos do Norte, os sistemas inteiramente populares, longe de ser-nos favoráveis, temo muito que venham a ser nossa ruína. Desgraçadamente estas qualidades parecem estar muito distantes de nós no grau que se requer; e, pelo contrário, estamos dominados pelos vícios que se contraem sob a direção de uma nação como a espanhola, que só se sobressaiu em ferocidade, ambição, vingança e cobiça.
>
> BOLÍVAR, Simón. Carta de Jamaica. In: e-book Amazon, n.p.

a) Bolívar era favorável à implantação de sistemas inteiramente populares na América Espanhola? Como Bolívar justifica sua posição?

b) A quem Bolívar se refere como "irmãos do norte"?

8. No texto abaixo, a historiadora Maria Ligia Prado analisa as diferentes concepções de liberdade dos diversos agentes que participaram das independências:

> Liberdade [...] não é um conceito entendido de forma única; tem significados diversos, apropriados também de formas particulares pelos diversos segmentos da sociedade. Para um representante da classe dominante venezuelana, Simón Bolívar, liberdade era sinônimo de rompimento com a Espanha, para a criação de fulgurantes nações livres que seriam exemplos para o resto do universo. Mas, principalmente, nações livres para comerciar com todos os países, livres para produzir, única possibilidade, segundo essa visão, do desabrochar do Novo Mundo.
>
> Já para Dessalines, o líder da revolução escrava do Haiti [...], a liberdade, antes de tudo, queria dizer o fim da escravidão, mas também carregava um conteúdo radical de ódio aos opressores franceses. [...]
>
> Para outros dominados e oprimidos, como os índios mexicanos, a liberdade passava distante da Espanha e muito próxima da questão da terra. Na década de 1810, os líderes da rebelião camponesa mexicana [...] clamavam por terra para os deserdados. Seus exércitos [...] lutaram para que a terra, inclusive a da Igreja, fosse dividida entre os pobres.
>
> PRADO, Maria Ligia. A formação das nações latino-americanas. São Paulo: Atual; Campinas: Editora da Unicamp, 1987. p. 13-14.

De acordo com o texto, qual era o significado de "liberdade" para Simón Bolívar? E para Dessalines? E para os indígenas mexicanos? Compare as diversas concepções e indique as semelhanças e as diferenças entre elas.

CAPÍTULO 21

Independência do Brasil

Os dias 21 de abril e 7 de setembro são feriados nacionais que lembram dois momentos da história da independência política do Brasil. Quais foram os alcances e os limites dessa independência?

Este capítulo favorece o desenvolvimento das habilidades:

- EM13CHS101
- EM13CHS102
- EM13CHS103
- EM13CHS104
- EM13CHS105
- EM13CHS106
- EM13CHS201
- EM13CHS302
- EM13CHS304
- EM13CHS306
- EM13CHS401
- EM13CHS404
- EM13CHS503
- EM13CHS601
- EM13CHS606

❯ Crise da sociedade colonial

No final do século XVIII, a população do Brasil colonial era de aproximadamente 3,25 milhões de pessoas. Apesar da formação de núcleos urbanos no interior, decorrentes, por exemplo, da exploração de ouro e diamantes em Minas Gerais, a maior parte da população concentrava-se na faixa litorânea.

Calcula-se que a população colonial ocupava apenas a vigésima parte (cerca de 324 mil km²) do território estabelecido pelo Tratado de Madri – acordo firmado em 1750 entre Portugal e Espanha que definia as fronteiras entre suas colônias na América. De acordo com historiadores, as capitanias mais povoadas eram Pernambuco, Bahia, Rio de Janeiro, Pará, Maranhão, São Paulo e Minas Gerais.

Grupos socioeconômicos

Com base nas relações políticas, econômicas e sociais estabelecidas entre a colônia (Brasil) e a metrópole (Portugal), é possível distinguir três grupos principais na população colonial:

- **colonizadores (ou reinóis)** – constituíam o grupo que representava, mais diretamente, os interesses do governo português e sua política colonial. Faziam parte desse grupo, por exemplo, comerciantes de produtos importados e do tráfico negreiro atlântico; governadores das capitanias; magistrados (juízes, desembargadores); militares de alta patente; bispos e arcebispos. Ocupavam a maior parte dos cargos administrativos na colônia, dominavam o comércio com a metrópole e defendiam a permanência da relação colonial;
- **colonizados** – constituíam mais de 80% da população colonial e eram os mais oprimidos socialmente. Esse grupo era composto, por exemplo, de africanos escravizados, indígenas e brancos livres e pobres, que desempenhavam os mais diversos trabalhos na lavoura, nas minas, nas oficinas artesanais, no comércio urbano, etc.;
- **colonos** – constituíam parte do grupo dominante da colônia, só que menos vinculados aos interesses do governo metropolitano. Compunham esse grupo, por exemplo, senhores de engenho, fazendeiros de algodão e tabaco, pecuaristas, donos de **charqueadas**, proprietários de minas de ouro e diamantes, comerciantes de escravos, etc.

> **Reinol:** nascido no reino (no caso, Portugal). Essa denominação era frequentemente atribuída aos colonizadores.
> **Charqueada:** estabelecimento onde se salga a carne em mantas para, depois, expô-la ao sol, na preparação do charque (também chamado de carne-seca, carne do ceará, etc.).

Linha do tempo esquemática. O espaço entre as datas não é proporcional ao intervalo de tempo.

Insatisfação dos colonos

O sistema colonial pressupunha uma contradição: para continuar explorando a colônia, a metrópole precisava desenvolvê-la. O problema é que o desenvolvimento econômico das colônias gerava conflitos de interesses entre as elites coloniais e a metrópole já que, ao fazê-lo, os colonos fortaleciam-se para lutar contra a exploração sofrida. Então, a metrópole adotava medidas restritivas para contê-los e reforçar a exploração, o que criava dificuldades à expansão econômica colonial.

Para impedir o desenvolvimento da colônia, o governo de Portugal impunha uma série de restrições. Elas tinham, entre seus objetivos, concentrar a mão de obra da colônia essencialmente em duas atividades: a agricultura exportadora e a extração de minérios. Dessa maneira, os colonos eram obrigados a importar da Europa ferramentas e outros utensílios manufaturados.

Por essas e outras medidas, havia descontentamento na colônia, provocando, ao longo do tempo, o acúmulo de tensões entre colonos e colonizadores. Estas tensões se traduziram em diversas revoltas durante o período colonial.

Principais conflitos no período colonial

- Limites internos em 1821
- Revolta de Beckman (1684)
- Guerra dos Mascates (1710) e Revolução Pernambucana (1817)
- Guerra contra Palmares (séc. XVII)
- Conjuração Baiana (1798)
- Revolta de Vila Rica (1720) e Conjuração Mineira (1789)
- Guerra dos Emboabas (1708)

Fonte: elaborado com base em ALBUQUERQUE, Manoel M. de *et al. Atlas histórico escolar*. 3. ed. Rio de Janeiro: FAE, 1986. p. 23.

⊃ Rebeliões coloniais

No final do século XVIII e início do século XIX, aconteceram revoltas que tinham, entre seus objetivos, o propósito de romper com a dominação por parte da metrópole e estabelecer a independência política das regiões rebeladas. As rebeliões eram, portanto, expressões do esgotamento do sistema colonial.

📍 Observar o mapa

- Em qual região do Brasil ocorreu a maioria dos conflitos coloniais representados no mapa? Comente a resposta com os colegas.

Conjuração Mineira (1789)

> **Inconfidência:** originalmente, tinha o sentido de infidelidade e traição ao rei de Portugal e seu governo. Com o tempo, o termo foi perdendo esse significado negativo, sendo utilizado pelos historiadores com o sentido de movimento conspiratório de oposição ao domínio colonial.
> **Conjuração:** rebelião ou conspiração contra autoridades ou governantes estabelecidos.

Em Minas Gerais, grande parte da população colonial mineradora vivia na pobreza havia muito tempo. Essa situação agravou-se com o declínio da exploração do ouro, a partir da segunda metade do século XVIII.

Indiferente ao que acontecia com a população daquela região, o governo português continuou cobrando dos mineradores pesados impostos, pois atribuía ao contrabando de ouro a queda na arrecadação.

Um clima de tensão e revolta tomou conta dos proprietários das minas de ouro quando o governador da capitania, o visconde de Barbacena, anunciou que haveria uma nova **derrama** – a cobrança forçada dos impostos atrasados.

Membros da elite colonial começaram a se reunir e a planejar um movimento contra as autoridades portuguesas e a cobrança da derrama. Esse movimento ficou conhecido pelo nome de **Inconfidência** Mineira ou **Conjuração** Mineira.

Quem eram os inconfidentes

Entre os principais inconfidentes estavam Cláudio Manuel da Costa (fazendeiro e poeta, formado em Portugal, na Universidade de Coimbra), Inácio de Alvarenga Peixoto (minerador e latifundiário), Tomás Antônio Gonzaga (poeta e jurista), Toledo e Melo (padre e minerador), Abreu Vieira e Oliveira Lopes (coronéis). Um dos poucos participantes da Inconfidência que não fazia parte da elite econômica mineira era Joaquim José da Silva Xavier, apelidado de Tiradentes porque exercia, entre outros, o ofício de dentista.

Boa parte dos líderes intelectuais desse movimento conhecia aspectos do pensamento de filósofos iluministas europeus (como Rousseau, Montesquieu, Voltaire e Diderot) e inspirava-se em alguns ideais que impulsionaram a independência dos Estados Unidos (1776) e a Revolução Francesa (1789).

Planos dos inconfidentes

São poucas as fontes de que os historiadores dispõem para analisar os planos e os objetivos dos inconfidentes mineiros. A maior parte dos dados provém do depoimento dos réus e das testemunhas no processo judicial movido pelo governo português, reunidos nos chamados "Autos da devassa da Inconfidência Mineira". Assim, esse é um tema sobre o qual há poucas certezas.

Acredita-se, porém, que os projetos incluíam: separar a região de Portugal, criando uma república com capital em São João del Rei; adotar uma bandeira, que teria um triângulo no centro com a frase latina *Libertas quae sera tamem* ("Liberdade ainda que tardia"); implantar indústrias na região; criar uma universidade em Vila Rica para as elites preocupadas com uma educação de nível superior; criar um tipo de serviço militar obrigatório; incentivar a natalidade (para favorecer o povoamento), oferecendo pensões às mães com muitos filhos.

> **Bode expiatório:** pessoa a quem se atribui uma culpa que não pertence somente a ela.

Eram muitos planos, mas havia pouca organização para realizá-los. Os inconfidentes não tinham tropas nem armas para conquistar o poder. Também não contavam com a participação popular, pois o movimento não tinha propostas para melhorar as condições de vida da população em geral. A Inconfidência visava basicamente ao fim da opressão tributária que prejudicava a elite mineira. Não havia o propósito, entre os líderes, de acabar de uma vez com a escravidão africana, que atingia a maioria da população. Parece que pretendiam no máximo, libertar os escravos nascidos no Brasil.

Repressão ao movimento

O movimento dos inconfidentes foi denunciado ao governador de Minas Gerais. Entre os traidores estava o coronel Joaquim Silvério dos Reis que, por sua delação, obteve o perdão de suas dívidas com a Fazenda Real. O governador decidiu, então, suspender a derrama e rapidamente organizou tropas para prender os revoltosos.

Os participantes da Conjuração Mineira foram presos, julgados e condenados. Onze deles receberam sentença de morte, mas a rainha de Portugal, dona Maria I, modificou a pena para degredo perpétuo em colônias portuguesas da África. Somente Tiradentes teve sua pena de morte mantida. Foi executado no dia 21 de abril de 1792, no Rio de Janeiro.

Segundo o historiador Kenneth Maxwell, a dignidade e tranquilidade com que Tiradentes enfrentou a morte foi heroica. Quase todos os envolvidos negaram sua participação na Inconfidência e suplicaram o perdão da Rainha. Ao ser interrogado, Tiradentes confirmou seus ideais por uma região livre e republicana. Talvez por isso foi escolhido como **bode expiatório** a ser sacrificado.

Painel intitulado *Tiradentes*, de 1949, de autoria de Candido Portinari. Esse painel apresenta vários episódios do julgamento e da execução de Tiradentes. Por esse trabalho, Portinari recebeu a medalha de ouro concedida pelo júri do Prêmio Internacional da Paz, reunido em Varsóvia, Polônia, em 1950.

As faces da Inconfidência Mineira

A Inconfidência Mineira teve diversas interpretações ao longo do tempo, assim como aconteceu com a figura de Tiradentes, que se tornou um dos personagens principais do movimento.

Sobre as diferentes maneiras de analisar a Inconfidência, entre o final do século XVIII e a independência do Brasil, a versão dos colonizadores prevaleceu, pois o próprio nome "inconfidência" quer dizer falta de fidelidade, traição, desobediência ao soberano, e foi dado pelas autoridades que reprimiram o movimento.

Durante o período imperial, esse episódio continuou sendo incômodo aos governantes que eram descendentes dos reis portugueses que mandaram reprimir a Inconfidência e punir seus líderes.

Somente ao longo do período republicano os governantes mudaram a imagem que tinham da Inconfidência. Ela foi considerada como o primeiro movimento relevante a lutar pela independência. Tiradentes tornou-se "herói nacional", e o dia 21 de abril (data em que Tiradentes foi executado) passou a ser feriado no país.

Anos depois, em 1936, o governo republicano tomou medidas para conferir à Inconfidência uma memória oficial. Em 1965, Tiradentes foi considerado, por lei, o "patrono cívico da nação brasileira".

Durante a Devassa, esse imóvel, localizado em Ouro Preto (MG), serviu de abrigo às tropas do Vice-Rei e, também, de prisão especial para os inconfidentes. Foi nesse local que o poeta Cláudio Manoel da Costa foi encontrado morto em sua cela. Atualmente, o imóvel abriga o Museu Casa dos Contos. Fotografia de 2015.

Conjuração Baiana (1798)

Quase dez anos após a Inconfidência Mineira, ocorreu na Bahia um novo movimento revolucionário. Inicialmente, alguns homens ricos e letrados participaram do movimento. Porém, eles se afastaram quando perceberam seu alcance popular.

Em contraste com a Inconfidência Mineira, a Conjuração Baiana foi promovida por gente do povo, sobretudo por negros livres e escravizados, soldados e trabalhadores, como pedreiros, sapateiros e alfaiates, motivo pelo qual o movimento também ficou conhecido pelo nome de **Revolta dos Alfaiates**.

Planos dos revoltosos

Os planos dos revoltosos baianos incluíam: o fim da dominação portuguesa; a proclamação de uma república; a abolição da escravidão; o aumento do salário dos soldados; a abertura dos portos brasileiros a navios de todas as nações; a melhoria das condições de vida da população.

Inspirados nas ideias de liberdade, igualdade e fraternidade da Revolução Francesa, por meio de panfletos distribuídos nas portas das igrejas e cartazes colados em muros da cidade, os revoltosos convidavam o povo a participar do movimento. Um dos cartazes dizia: "Está para chegar o tempo feliz da nossa liberdade. O tempo em que todos seremos irmãos. O tempo em que todos seremos iguais".

Violenta repressão

O governador da Bahia naquela época, Fernando José de Portugal e Castro, descobriu quem eram os autores dos cartazes e panfletos que promoviam a revolta.

Não faltaram informantes que denunciassem os revoltosos. Mais de 30 participantes da Revolta dos Alfaiates foram presos e processados. Ao final, as penas mais severas recaíram sobre os líderes mais pobres. Em novembro de 1799, quatro líderes mulatos foram enforcados e esquartejados: os alfaiates João de Deus e Manuel Faustino e os soldados Lucas Dantas e Luís Gonzaga, este último apontado pelas autoridades do governo como provável autor dos panfletos.

A violência da repressão tinha como objetivo espalhar pânico entre possíveis opositores ao governo colonial.

Investigar

- Debata com os colegas a afirmação: "A Conjuração Mineira foi liderada por uma elite, enquanto a Conjuração Baiana foi um movimento popular". Tracem um paralelo entre essas duas rebeliões.

A corte de dom João no Brasil

No início do século XIX os exércitos de Napoleão Bonaparte, imperador da França, dominavam diversos países europeus. A única força capaz de resistir aos franceses foi a poderosa marinha de guerra inglesa.

Não podendo conquistar a Inglaterra pela força militar, Bonaparte tentou vencê-la pela força econômica. Para isso, decretou em 1806 o **Bloqueio Continental**, como foi visto no capítulo 18.

Nessa época, Portugal era governado pelo príncipe regente dom João, pois sua mãe, a rainha Maria I, sofria de transtornos mentais. Dom João não pretendia cumprir as ordens de Napoleão porque os comerciantes de Portugal mantinham importantes relações com os ingleses. Além disso, havia o temor de uma reação da marinha inglesa, que poderia atacar as colônias portuguesas. Assim, dom João se manteve neutro no conflito entre franceses e ingleses.

O governo francês não aceitou essa **indefinição** e determinou a invasão de Portugal. Sem condições de resistir às tropas napoleônicas, dom João e a corte portuguesa embarcaram para o Brasil, sob proteção de uma esquadra inglesa. Chegaram à Bahia em 22 de janeiro de 1808.

> **! Dica**
>
> *Carlota Joaquina: princesa do Brasil.* Direção: Carla Camurati. Brasil, 1994. 100 min.
>
> A princesa espanhola Carlota Joaquina casa-se com dom João VI, herdeiro do trono de Portugal. Insatisfeita com seu relacionamento, contesta várias atitudes do príncipe, como a vinda da família real para o Brasil em 1808.

Governo de dom João no Brasil

Em 8 de março de 1808, a corte portuguesa instalou-se no Rio de Janeiro, onde dom João organizou a estrutura administrativa da monarquia portuguesa: nomeou ministros de Estado, colocou em funcionamento diversos órgãos públicos, instalou órgãos de Justiça e criou o Banco do Brasil. Entre as medidas tomadas pelo monarca, estavam o fim do monopólio comercial e o início da liberdade industrial e da autonomia administrativa do país.

Fim do monopólio comercial

O governo inglês, sem perda de tempo, procurou tirar o máximo proveito da proteção militar que deu à corte portuguesa. Interessados na expansão do mercado para suas indústrias, os ingleses pressionaram dom João a acabar com o monopólio comercial sobre a colônia.

Assim, seis dias após seu desembarque na Bahia, dom João decretou a **abertura dos portos brasileiros às "nações amigas"**. Com essa medida, extinguiu-se o monopólio colonial, exceto para alguns produtos, como o sal e o pau-brasil. Os comerciantes da colônia ganharam liberdade de comércio, e o Brasil começou a se emancipar de Portugal.

Em tese, a abertura dos portos às "nações amigas" se aplicava a todo país que desejasse comercializar com o Brasil. Por esse motivo, o governo inglês procurou obter privilégios para seus produtos. Isso foi conseguido com a assinatura do Tratado de Comércio e Navegação de 1810, que reduzia para 15% a taxa alfandegária sobre produtos ingleses vendidos ao Brasil. Em comparação, os demais países deveriam pagar uma taxa de 24%; até mesmo a taxa dos artigos portugueses era superior, de 16%.

Nessa época, manufaturados ingleses inundaram o mercado do Brasil: sapatos, tecidos, guarda-chuvas, talheres, ferramentas, charutos e até caixões. Dessa maneira, os ingleses conquistaram o mercado brasileiro e foram os grandes beneficiários da abertura dos portos.

Chegada de dom João à igreja do Rosário, pintura de Armando Martins Vianna.

Liberdade industrial

Em 1808, foi decretada a liberação da atividade industrial no Brasil, isto é, estava autorizada a instalação de fábricas na colônia. Essa medida não foi, porém, suficiente para promover a industrialização no país, pois a abertura dos portos e a assinatura do Tratado de 1810 com a Inglaterra dificultavam esse processo.

Havia também problemas como falta de capital para investir em máquinas, de mão de obra especializada e de tecnologia industrial. Além disso, produtores e comerciantes ingleses empenharam-se em impedir a expansão industrial local, pois não queriam perder o mercado interno brasileiro.

Elevação do Brasil a Reino Unido

Em 1815, o Brasil foi elevado à categoria de Reino Unido a Portugal e **Algarves**. Com isso, o Brasil adquiria **autonomia administrativa** e deixava de ser colônia de Portugal.

Consumava-se, então, uma situação incomum para os portugueses: a antiga colônia tornava-se a sede do Reino Unido. Essa inversão foi crescentemente questionada em Portugal, sendo um dos fatores que impulsionaram o movimento recolonizador português.

> **Algarves:** região sul de Portugal, última a ser conquistada aos mouros, em 1249. Também se diz Algarve.

Cultura

O governo de dom João VI foi responsável pela implantação no Brasil de diversas academias e instituições culturais, como: a Academia Militar e da Marinha e o Hospital Militar; as primeiras escolas de Ensino Superior (com a fundação de dois cursos de Medicina); o Jardim Botânico; a Biblioteca Real, que deu origem à atual Biblioteca Nacional, no Rio de Janeiro; a Imprensa Régia, que iniciou a publicação do jornal *Gazeta do Rio de Janeiro*; a Academia Imperial de Belas Artes.

Também foram contratados artistas e professores estrangeiros, que chegaram ao Brasil em 1816. Era a chamada Missão Francesa, chefiada por Joachim Lebreton, que trazia, por exemplo, o pintor Jean-Baptiste Debret, o escultor Auguste Taunay, o arquiteto Grandjean de Montigny e o músico Sigismund Neukomm.

As realizações culturais de dom João VI, durante os 13 anos de sua permanência no Brasil, foram grandes e variadas. Mas não expressavam uma preocupação do governante em beneficiar a maioria da população que vivia no Brasil. Seu propósito foi fundamentalmente o de satisfazer os anseios das elites coloniais e da corte que migrara para a colônia.

> **Investigar**
> 1. Você frequenta espaços culturais como bibliotecas, teatros, museus, cinemas? Que atividades costuma realizar nesses lugares?
> 2. Na sua avaliação, esses espaços são importantes para a construção da cidadania? Por quê?

Fachada do Museu Nacional de Belas Artes, na cidade do Rio de Janeiro, em 2017. Até 1976, esse prédio abrigou a Escola Nacional de Belas Artes, herdeira da Academia Imperial de Belas Artes que havia sido implantada por dom João VI.

Revolução Pernambucana (1817)

Quase duas décadas depois da Conjuração Baiana, no governo de dom João VI, ocorreu a Revolução Pernambucana. Muitos pernambucanos estavam desgostosos com o crescente aumento dos impostos, que serviam para sustentar a corte portuguesa instalada no Rio de Janeiro.

Além dessa insatisfação, outros dois problemas afetavam os habitantes da região:

- **a grande seca de 1816** – que havia causado graves prejuízos à agricultura e provocado fome no nordeste;
- **a queda dos preços do açúcar e do algodão** – cujo comércio era importante para a economia de Pernambuco. Os preços desses itens estavam caindo no mercado internacional devido à concorrência do açúcar antilhano e do algodão estadunidense.

Os diversos grupos sociais envolvidos na revolta contra o governo de dom João VI tinham objetivos diferentes. Entretanto, a maioria das lideranças pretendia proclamar uma república, que seria organizada conforme os ideais de igualdade, liberdade e fraternidade que inspiraram a Revolução Francesa.

Conquista do poder

Ao tomar conhecimento da revolta, o governador de Pernambuco, Caetano Pinto de Miranda Montenegro, deu ordens às suas tropas para entrar em ação. Mas os revoltosos conseguiram resistir à prisão e mataram os militares que tentaram dominá-los. O governador, apavorado com a resistência, fugiu do palácio, mas foi preso pelos rebeldes.

O movimento conseguiu, enfim, **tomar o poder em Pernambuco e constituir um governo provisório**. Os revoltosos decidiram, então, extinguir alguns impostos, elaborar uma Constituição, decretar a liberdade religiosa, a liberdade de imprensa e a igualdade para todos, exceto para os escravizados. Para evitar se indispor com os senhores de engenho da região, os rebeldes diziam que pretendiam abolir a escravidão de modo "lento, gradual e legal".

Reação governamental

Ao tomar conhecimento da Revolução Pernambucana, dom João VI enviou para a região tropas, armas e navios. Os rebeldes foram duramente atacados e, depois de muita luta, tiveram de se render. Os líderes do movimento – entre eles, Teotônio Jorge, padre Pedro de Sousa Tenório, Antônio Henriques e José de Barros Lima – foram condenados à morte.

A Revolução Pernambucana é apontada por historiadores como, praticamente, a única rebelião anterior à independência política do Brasil que ultrapassou a fase da mera conspiração. Os rebeldes tomaram o poder e permaneceram no governo por 75 dias, de 6 de março a 19 de maio de 1817.

> **Investigar**
> - No Brasil atual, a Constituição estabelece que todos os cidadãos têm direito à informação e à liberdade de expressão. Como você se informa a respeito de acontecimentos atuais? Converse com seus colegas sobre o assunto.

Parte dos painéis de Corbiniano Lins, representando a Revolução Pernambucana de 1817. Esses painéis foram inaugurados na década de 1960 e estão localizados na região central de Recife (PE). Fotografia de 2018.

Caminhos da independência

Em agosto de 1820, comerciantes da cidade portuguesa do Porto lideraram uma revolta conhecida como **Revolução Liberal do Porto**. Vitoriosos, os revoltosos conquistaram o poder em Portugal e decidiram elaborar uma Constituição, limitando os poderes de dom João VI. Pretendiam também **recolonizar o Brasil** e exigiam o retorno de dom João a Portugal.

Tropas portuguesas instaladas no Rio de Janeiro obrigaram o rei a voltar para Portugal no dia 26 de abril de 1821. Percebendo o processo de autonomia política que ocorria no Brasil, dom João VI deixou seu filho, Pedro, como príncipe regente do país. O monarca português acreditava que, com isso, a unidade da monarquia portuguesa seria, posteriormente, restabelecida.

Essa "solução", no entanto, não agradou os membros das Cortes de Lisboa – a assembleia de deputados que passou a controlar o governo de Portugal após a Revolução Liberal do Porto.

Com o propósito de recolonizar o Brasil, as Cortes adotaram medidas que restringiam a autonomia do governo brasileiro, enfraquecendo a autoridade de dom Pedro. Depois, passaram a exigir a volta do príncipe regente a Portugal.

Dia do Fico

Os latifundiários e os grandes comerciantes do Brasil perceberam as intenções dos deputados das Cortes de Lisboa. As elites brasileiras prefeririam, obviamente, manter a liberdade de comércio e a autonomia administrativa. Para isso, organizaram-se em torno de dom Pedro, dando-lhe apoio para resistir e desobedecer às ordens que chegavam de Lisboa.

Criou-se, então, o Partido Brasileiro, que reunia homens de diferentes posições políticas – como José Bonifácio, Cipriano Barata e Gonçalves Ledo –, mas que se uniram para enfrentar as Cortes e seu projeto de recolonizar o Brasil.

O Partido Brasileiro elaborou um documento, que reuniu cerca de 8 mil assinaturas, pedindo a dom Pedro que não voltasse para Portugal. Ao receber esse documento, no dia 9 de janeiro de 1822, dom Pedro declarou: "Como é para o bem de todos e felicidade geral da nação, estou pronto: diga ao povo que fico". Esse episódio ficou conhecido como o **Dia do Fico**.

Dom Pedro permaneceu no Brasil e, meses depois, decretou que as ordens vindas das Cortes só seriam cumpridas mediante sua autorização.

A independência do Brasil

Os membros das Cortes de Lisboa continuaram tomando uma série de medidas com o objetivo de limitar a autoridade de dom Pedro. O confronto chegou a tal ponto que obrigou o rompimento político com Portugal.

No dia 7 de setembro de 1822, dom Pedro proclamou a Independência do Brasil, na cidade de São Paulo. Ao regressar ao Rio de Janeiro, o príncipe foi aclamado imperador, sendo coroado com o título de dom Pedro I, em 1º de dezembro de 1822.

A independência brasileira foi um processo liderado, em grande parte, por aqueles que pretendiam romper os laços coloniais. Entre eles, estavam os grandes proprietários de terra, os grandes comerciantes e os profissionais liberais.

A proclamação da Independência marcou o nascimento do **Estado nacional brasileiro**. A monarquia foi adotada por dom Pedro como a nova forma do governo independente. Isso diferenciava o Brasil da maioria dos países latino-americanos que, após a independência, se tornaram repúblicas.

A independência do Brasil não alterou bruscamente a situação socioeconômica do país. A escravidão foi mantida e a economia continuou a ser dominada pelos grandes latifúndios exportadores.

Aos poucos, a situação social foi se transformando com a participação de outros agentes históricos, como os médios produtores rurais, os lojistas e os pequenos comerciantes. No entanto, a primeira Constituição do Brasil, outorgada em 1824, separava rigidamente os cidadãos dos escravos, mantendo a divisão social do período colonial.

O Império durou 67 anos e somente um ano antes da proclamação da República, em 1888, a escravidão foi abolida.

Oficina de História

Analisar e refletir

1. Em grupo, debata com seus colegas: a independência do Brasil trouxe ou não mudanças significativas para a história do país?

2. Escreva um texto comparando o processo de independência do Brasil àqueles realizados em outros países da América Latina.

3. O governo de dom João, no Brasil, implantou uma série de medidas econômicas, administrativas e culturais. Explique as razões pelas quais as medidas que "emancipavam" o Brasil, em contrapartida, "sufocavam" Portugal.

4. Nas conjurações Mineira e Baiana, as punições mais rigorosas foram aplicadas somente a alguns participantes. Você acredita que a punição dos mais pobres e a impunidade dos mais ricos persistem na sociedade atual? Debata o tema em grupo e escreva um texto expressando suas conclusões.

5. Os versos populares a seguir, do período em que a corte portuguesa instalou-se no Rio de Janeiro, fazem referência à corrupção das elites da época.

   Quem furta pouco é ladrão
   Quem furta muito é barão
   Quem mais furta e esconde
   Passa de barão a visconde.

   a) De que forma os brasileiros têm reagido à corrupção no decorrer da história do país?
   b) Pesquise denúncias de corrupção na história recente do Brasil e crie, em forma de panfleto, *blog*, vídeo, etc., uma campanha de combate à corrupção.

Interpretar texto e imagem

6. Leia o texto da historiadora Iara Lis Carvalho Souza. Em seguida, observe o quadro *Independência ou morte* e responda à questão:

   A representação mais consagrada e difundida da independência surge no quadro *Independência ou morte*, de Pedro Américo. Apresentado pela primeira vez em 1888, ele se transformou na versão oficial do gesto que funda o país. [...] De acordo com esse quadro, o brasileiro passa ao largo da ação, pois negligentemente contorna a colina do Ipiranga com seu carro de boi, sem perceber a magnitude do evento.

Independência ou morte, óleo sobre tela de Pedro Américo, 1888. A obra foi encomendada por dom Pedro II no fim do império.

SOUZA, Iara Lis. *A independência do Brasil*. Rio de Janeiro: Zahar, 2000. p. 7-8.

   a) Descreva a imagem e identifique nela o brasileiro mencionado no texto.
   b) Interprete a postura do brasileiro na cena representada.
   c) Em comparação ao processo de independência, você percebe, atualmente, uma maior participação dos brasileiros nas questões políticas do país?

7. A composição ao lado, de Aldemir Martins, é bem diferente da consagrada obra *Independência ou morte*, reproduzida acima. Compare as duas pinturas, identificando semelhanças e diferenças entre elas.

Independência, óleo sobre tela de Aldemir Martins, 1969.

Projeto: A questão indígena no Brasil contemporâneo

Como foi visto nesta Unidade, a relação entre povos indígenas e colonizadores envolveu contatos e confrontos, marcados, por exemplo, pelo escambo, a exploração da mão de obra, a escravização e catequização dos indígenas, as chamadas "guerras justas", as missões jesuíticas e a aculturação.

No entanto, diversos povos indígenas resistiram bravamente contra a violência e a usurpação de suas terras. Atualmente, a historiografia reconhece que, mesmo diante de processos de acomodação e de cooptação, muitos indígenas conseguiram defender não apenas suas terras, mas também preservar suas identidades culturais.

Objetivos

- Entender a permanência da questão indígena ao longo da História do Brasil.
- Relacionar a questão indígena aos processos econômicos e políticos ocorridos no Brasil ao longo dos séculos.
- Reconhecer a presença e a resistência indígena no decorrer da História do Brasil.
- Identificar e valorizar a diversidade das culturas indígenas.
- Construir pensamento crítico e positivo com relação à questão indígena, revendo possíveis posicionamentos de estigma e de preconceito.
- Desenvolver conceitos e teorias por meio de diferentes tipos de linguagem e compartilhar os resultados com a comunidade local.

Em ação!

Para executar este projeto, você e seus colegas formarão grupos de trabalho e, juntos, desenvolverão uma exposição coletiva sobre a questão indígena no Brasil contemporâneo. A apresentação dos resultados deverá ser aberta à comunidade escolar.

ETAPA 1 O que é uma exposição?

Exposição é uma apresentação organizada sobre determinado tema. Pode ser realizada por meio da oralidade, da exibição de objetos, imagens e textos, estando disponível ao público em espaço físico ou até mesmo em ambiente virtual.

A exposição sobre a presença indígena no Brasil contemporâneo proporcionará ao público o entendimento de que os grupos indígenas que vivem no território atual do Brasil são diversos e possuem culturas complexas, que devem ser valorizadas.

Família Tupinambá de Olivença, em aldeia na região sul da Bahia, em 2004. Os Tupinambá de Olivença foram aldeados no século XVII e passaram por um forte processo de aculturação. Desde então, o grupo se mantém na região do aldeamento jesuíta, em uma área de Mata Atlântica no Sul da Bahia. Embora fossem vistos pelos não indígenas como "civilizados" ou "caboclos", os Tupinambá de Olivença preservaram muitos costumes e práticas tradicionais. Recentemente o grupo reivindicou a identidade indígena e, após um extenso estudo, constatou-se que essa população pertencia, de fato, a uma linhagem Tupi. A área em que o grupo vive foi demarcada, e o trabalho no resgate de suas tradições foi intensificado.

ETAPA 2 Organizando os grupos de trabalho

Cada grupo deve escolher um dos temas a seguir:
- **Tema 1:** Arte indígena;
- **Tema 2:** Territórios indígenas;
- **Tema 3:** Mitos e línguas indígenas;
- **Tema 4:** Plantas medicinais e alimentícias;
- **Tema 5:** Representações dos indígenas.

ETAPA 3 Pesquisa

Os grupos devem pesquisar informações sobre cada tema escolhido. Para isso, devem seguir as orientações a seguir.

O grupo "Arte indígena" pesquisará exemplos de cerâmicas, pinturas, tecelagem, plumagem, músicas e vídeos. É importante identificar o nome do povo que criou essas produções e, se possível, sua data e significado cultural.

O grupo "Territórios indígenas" vai localizar territórios ocupados pelos indígenas no Brasil. É importante identificar o número de pessoas que vivem nesses territórios, quais dessas áreas já foram demarcadas e quais povos lutam por esse reconhecimento jurídico.

O grupo "Mitos e línguas indígenas" pesquisará palavras e mitos de origem indígena. Entre as palavras pesquisadas, é importante identificar nomes de lugares, comidas, plantas, animais, objetos, etc. Ao selecionar o mito, não se esqueçam de apresentar o povo que o criou, relatando a história desse povo.

O grupo "Plantas medicinais e alimentícias" vai pesquisar informações sobre plantas que eram cultivadas pelos indígenas e que, posteriormente, passaram a integrar a dieta de diversos povos do mundo. É interessante apresentar o nome científico dessas plantas, seus valores nutricionais e receitas que as utilizam como ingrediente.

O grupo "Representações dos indígenas" pesquisará pinturas, músicas, livros e filmes nos quais indígenas foram representados. O objetivo é analisar e comparar as características que foram atribuídas à figura do indígena. Não se esqueçam de identificar a autoria dessas obras e sua data de produção.

Cada grupo deverá escolher os recursos que julgar mais adequados (áudios, vídeos, imagens, textos, objetos) para expor o resultado de suas pesquisas.

ETAPA 4 Exposição

A exposição deverá ser organizada reunindo os materiais pesquisados pelos grupos. Com o auxílio do professor, os grupos devem escolher um local para realizar a exposição e definir uma ordem de apresentação.

Em paralelo à montagem da exposição, deve ocorrer a divulgação do evento. É importante planejar as melhores estratégias de sensibilização e de adesão do público. A divulgação pode ser feita nas redes sociais, por meio da distribuição de folhetos e da colagem de cartazes em locais estratégicos, como a biblioteca, o pátio ou a cantina. Caso optem por divulgar em redes sociais, desenvolvam um convite virtual.

Na chegada do público ao evento, proponham um percurso para a exposição. É possível registrar o evento por meio de fotos, vídeos e textos. Se acharem interessante, publiquem notícias sobre a exposição enquanto ela ocorre, observando sua repercussão.

Análise do projeto

A análise do resultado da exposição é tão importante quanto as etapas de organização e de realização. Coletivamente, combinem com o professor uma data para que vocês possam conversar sobre a realização deste projeto.

Antes da conversa, reflitam sobre algumas questões, como: "Durante o estudo desta Unidade, a questão indígena chamou a atenção de vocês?"; "Quais eram as suas expectativas sobre a exposição?"; "O desenvolvimento deste trabalho mudou suas opiniões sobre a questão indígena?"; "Vocês acreditam que a exposição tenha influenciado positivamente o modo como outras pessoas compreendem a questão indígena no Brasil contemporâneo?".

Após a conversa, registrem os pontos positivos e os pontos a serem melhorados para a realização do próximo projeto.

UNIDADE

Império e território

Nesta unidade, será abordado o período imperial brasileiro, durante o qual ocorreram a consolidação da unidade territorial do país; a elaboração da primeira Constituição; intensos conflitos (como a Farroupilha e a Balaiada); a ascensão do café na economia; e a Guerra do Paraguai. Além disso, também será investigado o contexto da luta pelo fim da escravidão no Brasil.

José Lucena/Futura Press

Sede do antigo Paço Imperial, no Rio de Janeiro (RJ), em 2017. O imóvel, construído no século XVIII, serviu de residência do rei dom João VI e dos imperadores do Brasil. Atualmente abriga um centro cultural.

- Que marcas o período imperial deixou no Brasil contemporâneo? Reflita.

CAPÍTULO 22

Primeiro Reinado e Regências

O Primeiro Reinado teve início logo após a proclamação da independência. Dom Pedro I governou o país por nove anos e, depois, abdicou o trono em favor de seu filho que, na época, tinha apenas 5 anos de idade. O Brasil foi governado por regentes até que Pedro de Alcântara atingisse a maioridade. Nesse período, foi elaborada uma Constituição do Brasil que vigorou por 65 anos. Você conhece as principais características dessa Constituição?

Este capítulo favorece o desenvolvimento das habilidades:
EM13CHS101
EM13CHS102
EM13CHS103
EM13CHS104
EM13CHS105
EM13CHS106
EM13CHS404
EM13CHS503
EM13CHS601
EM13CHS603
EM13CHS606

Nasce o Brasil independente

A notícia da independência demorou cerca de três meses para chegar em todas as províncias. De modo geral, o novo governo de dom Pedro I foi recebido sem resistências. Porém, em certas regiões, como Maranhão, Bahia, Pará, Piauí e Província Cisplatina (atual Uruguai, anexada ao Brasil na época) houve lutas contra a independência lideradas por militares e comerciantes portugueses. Em meados de 1823, todo o território estava sob o comando de dom Pedro I.

Reconhecimento internacional

O governo dos Estados Unidos foi o primeiro a reconhecer a independência do Brasil, em 1824. Seus líderes eram contrários ao colonialismo europeu e tinham interesse em estender sua influência sobre o continente americano. Já os governos dos países latino-americanos hesitaram, inicialmente, em admitir a independência brasileira.

Apenas em 1825 Portugal reconheceu a independência brasileira em troca de uma indenização de 2 milhões de libras esterlinas (moeda inglesa) e da concessão a dom João VI do título de imperador honorário do Brasil. Para pagar essa indenização, o governo brasileiro contraiu um empréstimo com a Inglaterra, que lucrou com a transação.

Depois de Portugal, os demais países europeus também reconheceram a independência brasileira, quase sempre visando vantagens econômicas. A maioria dos produtos industrializados consumidos no país eram importados.

Investigar

- Analisando a embalagem de produtos industrializados de sua casa, verifique em quais países eles foram fabricados. Pesquise a situação da indústria brasileira atual.

A Primeira Constituição

Após a proclamação da independência, houve um "arranjo político" entre as elites da ex-colônia, que passaram a apoiar o governo de dom Pedro I. No entanto, a maioria da população continuou afastada das decisões políticas.

LINHA DO TEMPO

1822	Em 7 de setembro, dom Pedro proclama a Independência do Brasil.
1824	É outorgada, por decreto imperial, a primeira Constituição brasileira.
1825	Os revolucionários cisplatinos assumem o controle militar da província Cisplatina.
1826	Morre dom João VI. Dom Pedro torna-se legítimo sucessor, porém abdica seu direito em favor da filha dona Maria da Glória.
1827	Instalação das primeiras escolas de Direito no Brasil, em Olinda e em São Paulo.
1828	Acordo de paz entre Brasil e Argentina: ambos os países aceitavam a fundação da República Oriental do Uruguai.
1831	Dom Pedro abdica do trono brasileiro em favor de seu filho Pedro de Alcântara.
1832	Criação das faculdades nacionais de Medicina do Rio de Janeiro e da Bahia.
1834	Dom Pedro morre em Portugal. É aprovado o Ato Adicional, introduzindo modificações na Constituição do Império.
1835	No Pará, explode a Cabanagem; no sul do país, a Farroupilha.
1837	Na Bahia, explode a Sabinada.
1838	No Maranhão, explode a Balaiada.
1840	Termina o período regencial, com a decretação da maioridade de dom Pedro II. Início do Segundo Reinado.

Linha do tempo esquemática. O espaço entre as datas não é proporcional ao intervalo de tempo.

Projeto de Constituição de 1823

Em junho de 1822, foram convocadas eleições para a Assembleia que elaboraria a primeira Constituição do Brasil. A maioria dos membros representava e defendia os interesses dos grandes proprietários rurais e pretendia limitar os poderes do imperador.

O projeto de Constituição ficou pronto em 1823 e estabelecia, por exemplo, que o imperador não tinha poder para dissolver o Parlamento. As Forças Armadas deviam submeter-se às ordens do Legislativo, e não somente ao comando do imperador.

Dom Pedro I recusou o projeto e, com o apoio das tropas imperiais, dissolveu a Assembleia, em 12 de novembro de 1823. Os deputados que reagiram ao decreto foram presos ou expulsos do país.

Constituição de 1824

O fechamento da Assembleia Constituinte foi considerado autoritário. Para acalmar os ânimos, o imperador nomeou uma nova comissão para elaborar um novo projeto de Constituição. Assim, em 25 de março de 1824, dom Pedro I outorgou à nação a sua primeira Constituição, que estabelecia a existência de quatro poderes:

- **Judiciário** – composto de juízes e tribunais. O órgão máximo desse poder era o Supremo Tribunal de Justiça, com magistrados nomeados diretamente pelo imperador.
- **Legislativo** – composto de senadores e deputados, encarregados de elaborar as leis do império. O mandato de senador era **vitalício** (para toda a vida) e o de deputado durava três anos. Os senadores eram escolhidos pelo imperador a partir de uma lista dos três candidatos mais votados nas províncias.
- **Executivo** – exercido pelo imperador (chefe do Executivo) e seus ministros de Estado, era o poder encarregado da administração pública e de garantir o cumprimento das leis.
- **Moderador** – exclusivo do imperador, estava acima dos demais poderes. O imperador tinha autoridade para nomear ministros, senadores e juízes, nomear e demitir presidentes das províncias, dissolver a Câmara, vetar atos do Legislativo, entre outros. Dessa forma, dom Pedro I tinha o direito de intervir nos demais poderes, devendo para isso consultar o Conselho de Estado – órgão composto de conselheiros vitalícios, nomeados pelo próprio imperador.

Alegoria às Constituições do Brasil (1824) e de Portugal (1826), litografia sobre papel de Domingos António de Sequeira, do século XIX. Ao lado de dom Pedro I, sua primogênita, dona Maria da Glória, tornada rainha de Portugal em 1826, quando seu pai abdicou do trono.

Sistema eleitoral e religião oficial

A Constituição outorgada excluiu a maioria da população da vida política do país. O voto era **censitário**, isto é, o direito eleitoral dependia de uma renda anual de, pelo menos, 100 mil-réis. Esses votantes escolhiam os eleitores da província (que deveriam ter renda mínima anual de 200 mil-réis), os quais elegiam os deputados e pretendentes ao Senado (uma vez que o imperador era quem escolhia o senador). Para ser candidato a deputado, a renda mínima anual deveria ser de 400 mil-réis; para senador, de 800 mil-réis.

Com o estabelecimento da renda em dinheiro, os grandes comerciantes garantiram sua participação na vida pública, igualando-se em direitos aos grandes proprietários rurais. A Constituição estabelecia a liberdade e a igualdade de todos perante a lei, porém grande parte da população era escravizada. Estava garantido o direito de propriedade, mas a maioria da população trabalhava e morava nas fazendas.

Na Constituição de 1824, o catolicismo foi declarado religião oficial do Brasil e manteve o regime do padroado. Os sacerdotes católicos recebiam remuneração do governo, sendo considerados uma espécie de funcionários públicos religiosos. Quem não fosse católico só poderia praticar sua religião por meio de "culto particular", pois a lei proibia a organização de um templo público que não pertencesse à Igreja católica.

Confederação do Equador

O imperador tinha poderes para intervir em todas as esferas do Estado, o que provocou insatisfação em várias províncias. A revolta mais vigorosa ao governo de dom Pedro I ocorreu em Pernambuco, em junho de 1824, e deu origem à **Confederação do Equador**.

Naquela época, uma crise econômica se espalhava pelo nordeste. Além dos altos impostos cobrados pelo governo, a queda no preço das exportações preocupava os produtores de açúcar. Pequenos comerciantes, militares de baixa patente, mestiços, negros livres e escravizados, por sua vez, sofriam com os altos preços dos alimentos, das roupas e dos aluguéis das casas. Essas circunstâncias fizeram com que grupos distintos se unissem contra o autoritarismo monárquico. Líderes liberais, como Cipriano Barata e Frei Caneca, propunham a instalação de um regime republicano e federalista, defendendo mais autonomia para as províncias.

Joaquim da Silva Rabelo, mais conhecido como Frei Caneca (1779-1825), defendia, em seu jornal, *Typhis Pernambucano*, que o Brasil tinha todas as condições para instituir uma verdadeira federação: a grandeza do território, a diversidade da população e as riquezas econômicas. Era contrário ao mandato vitalício dos senadores e condenava a opressão imposta pelo Poder Moderador.

Deflagração da revolta

A revolta eclodiu quando dom Pedro I nomeou um novo presidente para a província de Pernambuco, contrariando as forças políticas locais. Liderados por Manuel Pais de Andrade (antigo presidente da província), os revoltosos formaram a Confederação do Equador, um Estado independente que reuniria as províncias do nordeste sob o regime republicano e federalista.

Os revoltosos pretendiam expandir o movimento para o Ceará, Rio Grande do Norte, Paraíba, Alagoas e, provavelmente, Piauí e Sergipe. No entanto, nem todos partilhavam das mesmas ideias: alguns, por exemplo, eram a favor do fim da escravidão; outros, como os grandes fazendeiros, não desejavam esse tipo de mudança.

Repressão imperial

O governo do império reagiu violentamente à revolta. Com dinheiro emprestado de banqueiros britânicos, dom Pedro I contratou uma esquadra liderada por lorde Cochrane e enviou uma força terrestre comandada pelo brigadeiro Francisco de Lima e Silva.

Atacados por terra e por mar, os revoltosos foram derrotados. Diversos líderes do movimento foram presos e condenados à morte, como Frei Caneca. Outros conseguiram fugir, como Manuel Pais de Andrade.

Frei Caneca foi condenado à morte por enforcamento, porém, nenhum carrasco em Pernambuco queria executar aquele homem tão respeitado. Diante desta situação, as autoridades mudaram a pena para fuzilamento, cabendo aos soldados do governo realizar a execução.

> **Observar o mapa**
> - Com base no mapa, identifique:
> a) a região do Brasil atual que correspondia à Confederação do Equador;
> b) os principais focos de resistência dos confederados e a que estados atuais eles correspondem;
> c) as rotas seguidas pelas forças de repressão.

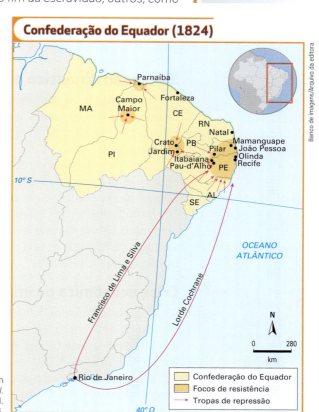

Confederação do Equador (1824)

Fonte: elaborado com base em ALBUQUERQUE, Manoel Maurício de et al. *Atlas histórico escolar*. 8. ed. Rio de Janeiro: MEC/Fename, 1986. p. 36.

Abdicação do trono

O fechamento da Assembleia Constituinte, a imposição da Constituição de 1824 e a violência utilizada contra os rebeldes da Confederação do Equador fortaleceram a oposição ao imperador. A partir de 1825, novos acontecimentos agravaram a crise política vivida pelo governo imperial, que culminaria com a **abdicação** de dom Pedro I.

Guerra da Cisplatina (1825-1828)

A Guerra da Cisplatina foi um conflito entre Brasil e Argentina, que disputavam o território da antiga Colônia do Sacramento (atual Uruguai). Esse território havia sido anexado ao Brasil por dom João VI como Província Cisplatina. Porém, a maioria dos cisplatinos não aceitou a anexação, pois tinha idioma e costumes diferentes.

Em 1825, os cisplatinos, com o apoio dos argentinos, iniciaram uma guerra para se libertar do Brasil. O conflito terminou em 1828, com a derrota do império brasileiro e a formação de um país independente: a República do Uruguai.

No plano interno, a Guerra da Cisplatina e seu desfecho desfavorável contribuíram para desgastar o governo de dom Pedro I. Além das perdas humanas, o dinheiro gasto para sustentar a guerra desequilibrou as finanças do império, já prejudicadas pelas vantagens concedidas a outros países em troca do reconhecimento da independência.

A Batalha de Quilmes durante a Guerra da Cisplatina (1825-1828) entre Uruguai e Brasil, óleo sobre tela criado por J. Raison no século XIX.

Sucessão dinástica em Portugal

Após a morte de dom João VI, em março de 1826, dom Pedro I tornou-se o legítimo herdeiro do trono português. Isso provocou a oposição de políticos liberais brasileiros, que não aceitavam a ideia de que dom Pedro fosse imperador do Brasil e, ao mesmo tempo, rei de Portugal.

Dom Pedro I renunciou ao trono português, em favor de sua filha Maria da Glória, à época menor de idade. Assim, o trono ficou sob a regência do irmão de dom Pedro I, dom Miguel, que se proclamou rei de Portugal.

Inconformado, dom Pedro I passou então a elaborar planos militares para reconquistar o trono. Os liberais brasileiros diziam que dom Pedro estava mais preocupado com os assuntos de Portugal do que com os problemas do Brasil, aumentando os descontentamentos contra o imperador.

Crise econômica do império

Durante o Primeiro Reinado, a balança comercial brasileira foi acumulando *deficits* sucessivos em consequência do aumento dos gastos com as importações e da queda dos preços das exportações de produtos como algodão, açúcar e couro. A falência do Banco do Brasil, em 1829, revelou a gravidade da crise econômica do império.

Nessa crise, o aumento do custo de vida foi o que mais afetou o cotidiano da população. Os comerciantes portugueses – que dominavam o comércio a varejo – foram responsabilizados pela elevação dos preços. Esses comerciantes tornaram-se alvo da rejeição popular.

> **Investigar**
> - Quais gastos compõem o seu custo de vida? Entre esses gastos, quais você considera prioritários? Por quê?

Agravamento da crise política

As relações entre os diversos grupos políticos e o imperador foram se complicando. O estilo autoritário de dom Pedro I, criticado pelos liberais, desagradava também os políticos considerados moderados.

Desde a época de dom João VI, a imprensa desempenhava um papel muito significativo no cenário político. Diferentes segmentos da sociedade defendiam, em seus jornais, propostas para o país e criticavam duramente os adversários. Nesse contexto, em novembro de 1830, o jornalista **Líbero Badaró**, um dos líderes da imprensa de oposição ao governo, foi assassinado, em São Paulo. Logo surgiram notícias de que a morte do jornalista teria sido patrocinada pelos simpatizantes do imperador.

Para acalmar as tensões políticas, o imperador viajou para Minas Gerais, onde foi recebido sob protestos. Em resposta, o Partido Português organizou uma festa de recepção ao monarca, em seu retorno ao Rio de Janeiro, para o dia 13 de março de 1831. Isso provocou um choque violento entre brasileiros e portugueses, que ficou conhecido como a **Noite das Garrafadas**.

Na tentativa de impedir o agravamento das tensões, o imperador organizou um ministério composto de brasileiros, mas o descontentamento continuou. No dia 5 de abril, o imperador demitiu todos os integrantes do Ministério dos Brasileiros, que não obedeciam totalmente às suas ordens, e nomeou outro, composto só de portugueses conservadores: o chamado Ministério dos Marqueses.

Abdicação de Pedro I

A nomeação desse ministério foi o estopim de uma revolta: os grandes proprietários rurais, os políticos liberais e até mesmo a tropa imperial uniram-se contra o imperador. Mais de 2 mil pessoas juntaram-se para protestar contra dom Pedro I e exigir a volta do Ministério dos Brasileiros.

Em 7 de abril de 1831, percebendo a difícil situação em que se encontrava, o monarca abdicou do trono em favor de seu filho Pedro de Alcântara, um menino de apenas 5 anos de idade. Depois, dom Pedro partiu para a Europa com o objetivo de reconquistar o trono português.

De acordo com algumas interpretações, a oposição a dom Pedro I foi dirigida, com astúcia, pelos setores mais privilegiados da sociedade, que utilizaram as classes populares como "massa de manobra". De fato, muita gente saiu às ruas para protestar e exigir a abdicação do imperador, mas assim que dom Pedro I deixou o país, as elites afastaram as classes populares das decisões públicas.

Para Teófilo Ottoni (1807-1869), líder liberal mineiro, o 7 de abril foi uma verdadeira "jornada dos tolos", o dia dos enganados. Afinal, o imperador não era o único obstáculo para o estabelecimento de uma ordem social mais justa.

> **Investigar**
> - Na sua opinião, atualmente quais são os principais obstáculos para o estabelecimento de uma ordem social mais justa? Reflita sobre o assunto.

Período regencial

A Constituição do império de 1824 estabelecia que o Brasil deveria ser governado por um conselho de três regentes, até que o jovem imperador completasse 18 anos. Foi o que ocorreu durante nove anos (1831-1840), período chamado de regencial.

O período regencial costuma ser dividido em três momentos principais:

- **Regência Trina Provisória** – de 7 de abril a 7 de junho de 1831;
- **Regência Trina Permanente** – de 1831 a 1835;
- **Regências Unas** – de 1835 a 1837, regência do padre Diogo Antônio Feijó; e de 1837 a 1840, regência de Araújo Lima.

Nessa época, várias questões dominavam o debate público sobre o que seria melhor para o Brasil: fortalecimento do governo central ou autonomia para as províncias? Escravismo ou abolicionismo? Monarquia ou república? Diante de questões como essas, muitas pessoas lutaram e por vezes morreram reivindicando seus ideais.

Cenário político

No início do período regencial, havia três grupos políticos principais que atuavam no Brasil: os restauradores, os liberais exaltados e os liberais moderados. Em 1834, dom Pedro I morreu em Portugal, fazendo com que não houvesse mais motivo para a existência do grupo que desejava reconduzi-lo ao poder – os restauradores.

Panorama da Baía do Rio de Janeiro da Ilha de Villegagnon, Praia da Lapa e Morro de Santa Teresa, óleo sobre tela criado pelo artista chinês Sunqua por volta de 1830. A cidade do Rio de Janeiro foi sede do governo colonial a partir de 1763 e capital do Brasil de 1822 a 1960.

Por volta de 1837, o grupo dos liberais moderados passou a dominar a cena política brasileira e a disputar o poder. Esse grupo dividiu-se então em duas alas:

- **progressistas** – defendiam um governo forte e centralizado no Rio de Janeiro, mas estavam dispostos a fazer concessões aos liberais exaltados, como delegar maior autonomia administrativa às províncias – medida tomada por meio do **Ato Adicional de 1834** (que será abordado adiante).
- **regressistas** – não estavam dispostos a fazer concessões aos liberais exaltados. Eram favoráveis ao fortalecimento do Poder Legislativo, centralizado no Rio de Janeiro, e contrários à liberdade administrativa das províncias. Lutavam pela manutenção da ordem pública e eram favoráveis à centralização administrativa.

O quadro a seguir traz uma síntese das características dos grupos restauradores, liberais exaltados e liberais moderados.

Grupo partidário	Objetivos	Setores sociais que representava	Figuras de destaque	Jornais e associações
Restauradores Apelido: • caramurus	• lutavam pela volta de dom Pedro I ao poder • defendiam um regime absolutista e centralizador	• comerciantes portugueses ligados ao antigo comércio colonial • militares conservadores de alta patente • altos funcionários públicos	• José Bonifácio de Andrada e Silva	Jornal: • O Caramuru Associação: • Sociedade Conservadora e, depois, Sociedade Militar
Liberais exaltados Apelidos: • farroupilhas • jurujubas	• lutavam pela descentralização do poder, pela autonomia das províncias e pelo sistema federalista • muitos defendiam o fim da monarquia	• profissionais liberais • pequenos comerciantes • funcionários públicos modestos • militares de baixa patente • padres • pessoas que viviam e trabalhavam nas cidades	• Cipriano Barata • Borges da Fonseca • Miguel Frias • Rangel de Vasconcelos • Augusto May	Jornais: • A República • A Malagueta • A Sentinela da Liberdade Associação: • Sociedade Federalista
Liberais moderados Apelido: • chimangos	• lutavam pela preservação da unidade territorial do país • defendiam a monarquia, mas sem absolutismo • queriam manter a escravidão e a ordem social • muitos desejavam ampliar o poder dos governantes das províncias	• grandes proprietários rurais de São Paulo, Rio de Janeiro, Minas Gerais e do nordeste	• Padre Diogo Antônio Feijó • Evaristo da Veiga • Bernardo Pereira de Vasconcelos	Jornal: • A Aurora Fluminense Associação: • Sociedade Defensora da Liberdade e Independência Nacional

Regências Trinas

Dom Pedro I abdicou do trono brasileiro durante o recesso da Assembleia Geral Legislativa. Assim, um grupo de parlamentares que se encontrava no Rio de Janeiro elegeu três regentes para governar **provisoriamente** o país, por aproximadamente três meses.

A Regência Trina Provisória tomou medidas que refletiam um certo avanço liberal. Entre elas destacaram-se:

- a readmissão do Ministério dos Brasileiros;
- a anistia aos presos políticos;
- a suspensão temporária do uso do Poder Moderador pelos regentes.

Quando a Assembleia Geral reuniu-se novamente, os parlamentares elegeram, em 17 de junho de 1831, novos deputados para compor a Regência Trina Permanente. De modo geral, essa regência representou os interesses e as propostas do grupo dos liberais moderados. A esse governo se opuseram os liberais exaltados e os restauradores.

Juramento da Regência Trina Permanente, óleo sobre tela de Manuel de Araújo Porto-Alegre, s.d. Na obra, o texto constitucional de 1824 está representado sobre o pequeno móvel.

Guarda Nacional

Uma das figuras de destaque do período da Regência Trina Permanente foi o padre Diogo Antônio Feijó, que exercia à época o cargo de ministro da Justiça. Sua principal preocupação era garantir a ordem pública que tanto interessava aos moderados, buscando acabar com as agitações populares e as revoltas que se opunham ao governo central.

Feijó foi um dos responsáveis pela criação da Guarda Nacional (1831), uma espécie de polícia de confiança das autoridades e dos proprietários rurais. O maior posto de comando da Guarda Nacional era o de coronel (que não deve ser confundido com o de coronel do exército). Esse cargo foi concedido apenas a grandes fazendeiros, que formavam tropas com recursos próprios.

A Guarda Nacional atuou na repressão das revoltas populares e das agitações contrárias à ordem social, além de ter sido empregada na defesa das propriedades rurais. Durante sua existência (de 1831 a 1922), contribuiu para o fortalecimento do poder dos fazendeiros-coronéis.

Ato Adicional

Em 1834, o governo promulgou um Ato Adicional à Constituição do império com o objetivo de acalmar as agitações sociais. Algumas determinações desse Ato Adicional foram:

- a regência deixava de ser trina para tornar-se una, com mandato de quatro anos;
- suspendia-se o Conselho de Estado, órgão impopular, constituído pelos políticos mais conservadores do império;
- criavam-se as Assembleias Legislativas provinciais, com poderes para fazer leis referentes às questões locais.

Apesar de os presidentes das províncias continuarem sendo nomeados pelo governo central, o Ato Adicional foi considerado como um avanço liberal. Alguns conservadores opuseram-se ao Ato, chamando-o de "código da anarquia", em referência à maior autonomia administrativa concedida às províncias.

> **Investigar**
> 1. Por que alguns conservadores consideravam o Ato Adicional de 1834 um "código da anarquia"?
> 2. Você conhece o significado da palavra anarquia? Escreva um breve texto sobre esse assunto.

Regência Una de Feijó e de Araújo Lima

Em 1835, realizaram-se eleições para a escolha do regente único. O vencedor foi o progressista padre Diogo Antônio Feijó, ex-ministro da Justiça.

Durante o seu governo aconteceram diversas rebeliões como a **Cabanagem**, no Pará, e a **Farroupilha**, no Rio Grande do Sul. A oposição regressista acusava Feijó de não conseguir impor ordem no país. Sem recursos materiais e apoio parlamentar, Feijó renunciou ao cargo.

Para substituí-lo, foi eleito Pedro de Araújo Lima, senador pernambucano ligado ao grupo dos regressistas. Araújo Lima montou um ministério composto de políticos conservadores, conhecido como Ministério das Capacidades.

Os grupos representados por essa regência pretendiam acabar com as rebeliões porque temiam a fragmentação do território nacional. Além disso, os latifundiários se preocupavam com a perda de suas riquezas, baseadas na grande propriedade rural e na exploração do trabalho escravo. Assim, o governo aprovou a **Lei Interpretativa do Ato Adicional**, reforçando o poder central, diminuindo a autonomia das províncias e reagindo violentamente contra as revoltas provinciais.

Antecipação da maioridade

Procurando uma alternativa para tirar Araújo Lima do poder, os progressistas passaram a defender a **antecipação da maioridade** do príncipe Pedro de Alcântara. O **Clube da Maioridade** pregava que a figura do imperador seria essencial para pôr fim às revoltas provinciais, restabelecer a ordem social e manter a unidade do império.

A proposta recebeu o apoio dos grupos de proprietários rurais e de grandes comerciantes, unindo políticos progressistas e parte dos regressistas. Em 1840, a Assembleia Geral aprovou a tese da maioridade, episódio que ficou conhecido como **Golpe da Maioridade**. Pedro de Alcântara, com menos de 15 anos, prestou juramento como imperador. Tinha início o Segundo Reinado.

> **Investigar**
> - De acordo com a legislação brasileira atual, com que idade os jovens atingem a maioridade civil? O que muda a partir dessa idade, em termos de direitos e deveres?

Revoltas provinciais

O período regencial foi uma época conturbada, na qual eclodiram diversas revoltas nas províncias brasileiras. As revoltas estavam vinculadas à crise do império em três esferas: econômica, social e política.

Crise social e econômica

Desde o Primeiro Reinado, o império vivia uma crise econômica ligada ao desequilíbrio na balança comercial, ao aumento da dívida externa e à queda do preço dos produtos brasileiros voltados para exportação.

O açúcar de cana concorria com o antilhano e com o açúcar de beterraba produzido na Europa. O algodão, o fumo, o mate e o couro enfrentavam a forte concorrência de outras áreas produtoras internacionais, e as reservas de ouro estavam praticamente esgotadas.

Além disso, outros fatores agravaram a crise econômica, como:
- indenização de 2 milhões de libras que o governo do Brasil pagou a Portugal em troca do reconhecimento da independência;
- despesas militares para conter as rebeliões internas.

O *deficit* brasileiro foi provisoriamente contornado com empréstimos tomados de bancos estrangeiros. No entanto, a situação complicou-se ainda mais, pois esses empréstimos implicavam pagamentos acrescidos de juros, amortizações, etc.

Crise social e política

Durante o período regencial, a maioria da população vivia em condições de pobreza, e a riqueza econômica e o poder político continuaram concentrados, principalmente, nas mãos dos grandes fazendeiros e comerciantes. Além disso, a relação política entre o governo central e as províncias foi permeada por tensões.

Vários grupos sociais das províncias queriam mais autonomia. A tensão agravou-se quando as camadas populares e as classes médias urbanas passaram a reivindicar o direito de votar. Na época, vigorava o voto censitário, pelo qual o direito eleitoral estava condicionado a certos níveis de renda, que a maioria da população não tinha.

Foi nesse contexto que explodiram diversas revoltas provinciais, como a Cabanagem, a Revolução Farroupilha, a Revolta dos Malês, a Sabinada e a Balaiada.

> **Observar o mapa**
> - Identifique no mapa a província onde ocorreu cada uma das revoltas regenciais.

Fonte: elaborado com base em ALBUQUERQUE, Manoel Maurício de et al. Atlas histórico escolar. 8. ed. Rio de Janeiro: MEC/Fename, 1986. p. 40-41.

Cabanagem (1835-1840)

A Cabanagem foi uma grande revolta popular que aconteceu de 1835 a 1840, no Pará (província do Grão-Pará, na época). Ficou conhecida por esse nome porque dela participou uma multidão de cabanos – como eram chamados homens e mulheres pobres, negros, indígenas e mestiços que trabalhavam principalmente na extração de produtos da floresta e viviam em casas semelhantes a **cabanas**, à beira dos rios.

Os cabanos, rebelando-se contra a situação de miséria e exploração em que viviam, tentaram tomar o poder da província. A princípio, os revoltosos foram apoiados por alguns líderes fazendeiros do Pará descontentes com a falta de autonomia da província. Esses líderes logo se afastaram do movimento, pois não pretendiam abrir mão de seus privilégios, tampouco acabar com a escravidão ou distribuir suas terras.

Em janeiro de 1835, tropas de cabanos conquistaram Belém, a capital provincial, porém enfrentaram muitas dificuldades para governar. Depois de mais de um ano no poder e outros quatro anos de resistência no interior da província, o movimento foi dominado em 1840, com a rendição do último grupo rebelde. Cerca de 30 mil revoltosos morreram, o que correspondia a 30% da população da província. Os que sobreviveram acabaram presos.

Revolução Farroupilha (1835-1845)

A Revolução Farroupilha, também chamada de Guerra dos **Farrapos**, ocorreu no Rio Grande do Sul e foi a mais longa revolta da história do Brasil. Entre suas principais causas estavam os problemas econômicos dos produtores rurais gaúchos.

A economia do Rio Grande do Sul se baseava na criação de gado e produção do charque (carne-seca). A pecuária do sul atendia o mercado interno brasileiro, diferenciando-se da economia agroexportadora predominante no país naquela época.

> **Farrapos:** também chamados farroupilhas. O termo significa "pessoa malvestida" e foi utilizado para designar as tropas de revoltosos do Rio Grande do Sul, em alusão às suas vestes maltrapilhas.

Os fazendeiros gaúchos reclamavam da concorrência de produtores do Uruguai e da Argentina, pois o charque importado desses países chegava a custar menos que o produzido no Rio Grande do Sul. Esses fazendeiros também almejavam mais liberdade administrativa para sua província.

Entre os principais líderes dos farroupilhas destacaram-se os gaúchos Bento Gonçalves e Davi Canabarro e o italiano Giuseppe Garibaldi, que também lutou pela unificação da Itália.

Em setembro de 1835, as tropas farroupilhas dominaram Porto Alegre, capital da província. O movimento expandiu-se e, em 1836, os farroupilhas fundaram a República Rio-Grandense, também chamada de **República de Piratini**. Em 1839, o movimento ampliou-se com a conquista de Santa Catarina e a fundação da **República Juliana.**

Repressão e alcances

A partir de 1842, a Revolução foi contida por Luís Alves de Lima e Silva, futuro **Duque de Caxias**. Em 1º de março de 1845, foi celebrado o acordo de paz entre governo federal e revoltosos. Esse acordo assegurava, por exemplo:

- não punição dos revoltosos;
- incorporação de militares farroupilhas ao exército imperial;
- liberdade aos escravizados que lutaram ao lado dos farroupilhas;
- elevação do imposto de importação dos produtos uruguaios e argentinos.

Embora muitos escravos e homens livres e pobres tenham participado do movimento, a Farroupilha não foi uma revolta com objetivos populares. Diversos estudiosos concordam que não existia, entre seus líderes, uma proposta concreta para acabar com a escravidão ou melhorar a vida da maioria dos camponeses.

Revolta dos Malês (1835)

Em janeiro de 1835, ocorreu em Salvador, Bahia, a Revolta dos Malês, uma das mais importantes rebeliões de escravizados do século XIX. O nome malê era a designação dada aos africanos de origem ou formação **muçulmana**, que em geral sabiam ler e escrever em árabe. Entre os malês destacavam-se alguns líderes como Pacífico Licutã, Manuel Calafate, Luis Sanim, Aprígio e Pai Inácio.

Os malês conseguiram armas (facas, facões e machados) e elaboraram um plano de luta para conquistar a liberdade. Calcula-se que, em sua fase de conspiração, tenha envolvido entre 600 e 1500 negros africanos. Porém, uma denúncia antecipou o início do levante, que estava programado para dia 25 de janeiro de 1835.

Na noite de 24 de janeiro, porém, a polícia recebeu avisos e cercou a casa de Manuel Calafate, onde estavam alguns rebeldes. Os revoltosos não se entregaram e houve confrontos nas ruas de Salvador.

Apesar de lutarem bravamente, os rebeldes foram derrotados. Cerca de 200 pessoas foram presas e algumas delas foram condenadas a açoite público e fuzilamento. Após a revolta, cresceu o temor dos senhores de escravos de que acontecesse uma rebelião semelhante à do Haiti.

> **! Dica**
> **Mil histórias em uma só**
> http://lemad.fflch.usp.br/sites/lemad.fflch.usp.br/files/2018-04/mil_historias_numa_so_males.pdf
> Material paradidático sobre a Revolta dos Malês desenvolvido por estudantes do curso de História da Universidade de São Paulo (USP).

Trecho do Alcorão (livro sagrado islâmico) pertencente a um membro da Revolta dos Malês. Era comum que os malês carregassem consigo amuletos protetores, que consistiam em pequenas caixas ou bolsas que continham papéis com fragmentos do alcorão.

Sabinada (1837-1838)

Em 1837, após a renúncia do regente Feijó, iniciou-se na Bahia uma rebelião conhecida como Sabinada, liderada pelo médico Francisco Sabino Álvares da Rocha Vieira. Seu objetivo era instituir uma república na província enquanto o príncipe herdeiro fosse menor de idade. Com o apoio de parte do exército baiano, os sabinos tomaram o poder em Salvador, em 7 de novembro de 1837.

Muitos fazendeiros, que no início haviam mostrado apoio ao levante, não concordaram com as declarações de que os escravizados que lutassem ao lado dos rebeldes seriam libertados. Esses fazendeiros passaram então a ajudar as forças imperiais enviadas para combater os revoltosos.

Durante os combates, inúmeras casas de Salvador foram incendiadas, e mais de mil pessoas morreram. Em março de 1838, a rebelião estava totalmente dominada.

Balaiada (1838-1841)

Em 1838, teve início na província do Maranhão uma revolta popular conhecida como Balaiada. Na época, a economia agrária do Maranhão estava em crise, devido à queda do preço do algodão, que enfrentava forte concorrência da produção dos Estados Unidos.

Quem mais sofria com a crise era a população pobre da província, formada por vaqueiros, sertanejos e escravizados. Esses trabalhadores uniram-se na para lutar contra a miséria, a fome, a escravidão e os maus-tratos a que estavam submetidos.

Havia também muita insatisfação entre os profissionais urbanos, que formavam o chamado grupo dos "bem-te-vis", designação dada aos liberais exaltados na região. Foram os "bem-te-vis" que incitaram a revolta contra os grandes fazendeiros, conseguindo a adesão dos sertanejos pobres.

Os principais líderes populares da Balaiada eram Manuel Francisco dos Anjos Ferreira (fabricante de **balaios**), Cosme Bento das Chagas (chefe de um quilombo que reunia aproximadamente três mil escravizados fugitivos) e Raimundo Gomes (vaqueiro).

> **Balaio:** tipo de cesto grande de palha, junco, bambu ou cipó.

Apesar de não constituir um movimento único e harmônico, os rebeldes conseguiram conquistar a cidade de Caxias, uma das mais importantes do Maranhão, em 1839.

Os líderes populares entregaram o poder da cidade para os "bem-te-vis", que, assustados com o desenrolar dos acontecimentos, já estavam mais preocupados em conter a rebelião do que em apoiá-la.

Para combater a revolta dos balaios, o governo imperial enviou tropas comandadas pelo coronel Luís Alves de Lima e Silva. Nessa altura, os "bem-te-vis" haviam abandonado os sertanejos e apoiavam as tropas governamentais. O combate foi árduo e violento. A perseguição só terminou em 1841, quando já haviam morrido cerca de 12 mil sertanejos e escravizados.

Balaios cargueiro confeccionados em talos de carnaúba, originários de Barra do Corda (MA).

Oficina de História

Analisar e refletir

1. Reflita sobre a seguinte questão: as estruturas do poder político e econômico do período colonial foram mantidas no Primeiro Reinado? Como isso se expressou nas eleições e na participação política?

2. Leia atentamente o texto, de autoria de Frei Caneca:

> O poder Moderador [...] é a chave-mestra da opressão da nação brasileira e o garrote mais forte da liberdade dos povos. Por ele, o imperador pode dissolver a Câmara de Deputados, que é a representante do povo, ficando sempre no gozo de seus direitos o Senado, que é o representante dos apaniguados do imperador. Esta monstruosa desigualdade das duas Câmaras, [...] dá ao imperador, que já tem de sua parte o Senado, o poder de mudar a seu bel-prazer os deputados, que ele entender, que se opõem aos seus interesses pessoais, [...] ficando o povo indefeso nos atentados do imperador contra seus direitos, e realmente escravo, debaixo porém das formas da lei, que é o cúmulo da desgraça [...].
>
> CANECA, Frei. *In*: MELLO, Evaldo Cabral de (org. e intr.). *Frei Joaquim do Amor Divino Caneca*. São Paulo: Editora 34, 2001. p. 561.

a) Qual é a crítica feita por Frei Caneca contra o imperador? Retome os textos do capítulo e explique o objeto de sua crítica com mais detalhes.

b) Escreva, em um parágrafo, um comentário relacionando esse texto ao que você aprendeu neste capítulo a respeito de Frei Caneca e da Confederação do Equador.

Interpretar texto e imagem

3. Neste texto, em publicação organizada pelos historiadores István Jancsó e Iris Kantor, é discutida a relação entre festas populares e revoltas no século XIX, em especial a Revolta dos Malês.

> O levante dos malês, em janeiro de 1835, aconteceu num final de semana do ciclo de festas do Bonfim. A data coincidiu com a celebração muçulmana que encerrava o Ramadã. Festa e revolta deram as mãos. Logo após o levante, num momento de grande tensão na província, as festas públicas, que facilitavam a reunião de negros, tornaram-se motivo de alarme. O medo coletivo colaborava para a circulação de rumores, nem sempre fundamentados. [...]
>
> Em 1835, qualquer batuque era confundido com atentado contra a escravidão. [...] Parte da imprensa baiana refletiu e fortaleceu esse medo, promovendo a ideia do caráter sempre revolucionário da festa negra. O jornal *Correio Mercantil* cumpriu bem este papel. Em 1838, por exemplo, divulgou longo artigo a respeito de um "estrepidoso batuque" nos arredores de Salvador, que teria levado "o susto e o terror a imensas famílias daquelas circunvizinhanças" (*Correio Mercantil*, 4.7.1838). O jornal decerto recebera denúncias de moradores, cujo sono teria sido invadido pelo som de tambores que sugeriam imagens de africanos se preparando para um levante.
>
> JANCSÓ, István; KANTOR, Iris (org.). *Festa – cultura e sociabilidade na América Portuguesa*. v. I. São Paulo: Hucitec/Edusp/Fapesp/Imprensa Oficial, 2001. p. 348-349.

O texto nos relata uma certa percepção das festas negras pelos brancos no século XIX. Qual seria essa percepção? Qual seria a relação entre essa percepção e a Revolta dos Malês?

4. Observe, na imagem, o Memorial da Cabanagem, monumento criado por Oscar Niemeyer em Belém (PA), em 1985, nas comemorações dos 150 anos da revolta:

Memorial da Cabanagem, localizado em Belém (PA), em 2019.

O monumento, de concreto, apresenta uma rampa em direção ao infinito com uma parte fragmentada. Reflita sobre a forma desse monumento. Com base no que você aprendeu a respeito da Cabanagem, elabore um texto breve com a sua interpretação deste Memorial.

CAPÍTULO 23

Segundo Reinado

O novo imperador, dom Pedro II, tornou-se símbolo de um Estado que, na visão dos grupos dirigentes, tinha como tarefas principais preservar a unidade do país e garantir a ordem política e social.
Como esse longo reinado deu conta dessas tarefas?

Este capítulo favorece o desenvolvimento das habilidades:

EM13CHS101
EM13CHS102
EM13CHS103
EM13CHS104
EM13CHS105
EM13CHS106
EM13CHS201
EM13CHS302

Dom Pedro II

Diante das rebeliões e do medo de perder privilégios, políticos liberais iniciaram uma campanha a favor da antecipação da maioridade de dom Pedro. A ideia ganhou a adesão de outros políticos e grande apoio popular.

Em 23 de julho de 1840, Pedro de Alcântara assumiu o comando do império com apenas 14 anos de idade, governando o Brasil de 1840 até 1889. Ao longo de sua vida, Pedro recebeu uma educação de excelência, voltada para a formação de um chefe de Estado. Além disso, tornou-se profundamente culto, aprendendo música, geografia, literatura, ciências naturais, astronomia e vários idiomas.

Em 1889, com a proclamação da República, dom Pedro II foi deposto do governo e banido do Brasil, indo morar na França, onde morreu aos 66 anos. No começo do século XX, os restos mortais de dom Pedro II e de sua esposa, dona Teresa Cristina, foram trazidos para o Brasil para ser sepultados na catedral de Petrópolis, no Rio de Janeiro.

Devido ao seu longo governo e às intensas mudanças que ocorreram no período, dom Pedro II pode ser considerado um dos chefes de Estado mais importantes da história do país.

Disputas políticas

Ao assumir o trono, dom Pedro II montou um ministério (Poder Executivo), formado por políticos do Partido Liberal (nova denominação dos progressistas) que haviam lutado pela antecipação de sua maioridade. Essa escolha não agradou adversários políticos que formavam o Partido Conservador (nova denominação dos regressistas).

Em 13 de outubro de 1840, foi realizada a primeira eleição para a Câmara dos Deputados (Poder Legislativo). Nessa disputa, liberais e conservadores utilizaram as mesmas estratégias para vencer, como conceder favores a amigos, ameaçar ou praticar atos violentos contra adversários e fraudar o resultado das urnas. Por conta dessas práticas, a eleição de 1840 ficou conhecida como **eleições do cacete**.

Ao final, os liberais venceram essa eleição, o que foi contestado pelos conservadores. Em meio a pressões, dom Pedro nomeou um novo ministério de maioria conservadora e convocou novas eleições para a Câmara.

Reagindo a essa decisão, os políticos do Partido Liberal de São Paulo e de Minas Gerais, liderados por Diogo Antônio Feijó (em São Paulo) e Teófilo Ottoni (em Minas Gerais), promoveram a **Revolta Liberal de 1842**, contra o centralismo do governo. Os líderes revoltosos esperavam a adesão de outras províncias, o que não ocorreu.

As tropas do império, comandadas por Luís Alves de Lima e Silva, dominaram o levante e prenderam seus líderes, anistiados em 1844.

LINHA DO TEMPO

1840 - Início do Segundo Reinado.

1842 - Revolta dos liberais em São Paulo e Minas Gerais.

1847 - É criado o cargo de presidente do Conselho de Ministros no Brasil. Chegada dos primeiros imigrantes europeus no Brasil, na fazenda de café Ibicaba, em São Paulo.

1848 - Explode a Revolução Praieira, a última grande revolta liberal do Império.

1850 - É extinto o tráfico transatlântico de escravos para o Brasil.

Linha do tempo esquemática. O espaço entre as datas não é proporcional ao intervalo de tempo.

Liberais e conservadores

Durante o Segundo Reinado, os partidos Liberal e Conservador dominaram o cenário político brasileiro. Em geral, os conservadores defendiam um governo imperial forte e centralizado, enquanto os liberais eram favoráveis à descentralização, concedendo mais autonomia às províncias.

No governo, liberais e conservadores não apresentavam atitudes muito diferentes. Os dois partidos tinham interesse na manutenção da unidade territorial, dos privilégios e das desigualdades sociais. Em meados do século XIX, era comum dizer-se que "não havia nada mais parecido com um saquarema (conservador) do que um luzia (liberal) no poder". Não era difícil, por exemplo, os políticos mudarem de um partido para outro, movidos por interesses de poder.

Houve também um período em que liberais e conservadores governaram em coalizão (aliança partidária), por meio de acordos para a ocupação de cargos. Foi o chamado **período da conciliação** (1853-1861). No entanto, as grandes teses de origem liberal (extinção do Poder Moderador, fim do Conselho de Estado, fim da vitaliciedade no Senado, autonomia para as províncias) não foram "conciliadas". Em linhas gerais, o governo seguiu sob o viés conservador.

A política desse período não era feita em função de programas e objetivos ideológicos definidos. A principal preocupação da maioria dos políticos era manter-se no poder.

> **Investigar**
> - Reflita sobre as semelhanças e as diferenças entre os partidos políticos da atualidade e os do Segundo Reinado.

Instituição do parlamentarismo

O **parlamentarismo** foi implantado no Brasil em 1847, permanecendo em vigor até 1889. Nesse sistema, o imperador nomeava o presidente do Conselho de Ministros, que seria o **primeiro-ministro**. Este, por sua vez, deveria escolher os demais ministros que formariam o gabinete de governo.

O gabinete ou ministério era apresentado à Câmara para obter um voto de confiança (aprovação pela maioria dos parlamentares). Se o ministério fosse aprovado pela Câmara, ele começava a governar o país. Caso não fosse aprovado, cabia ao imperador demiti-lo ou dissolver a Câmara, convocando novas eleições.

Dom Pedro II tinha essa prerrogativa em razão do Poder Moderador. Tal força do imperador contrariava os princípios do parlamentarismo típico, em que o Poder Legislativo controla a formação dos governos, e o monarca reina, mas não governa. Por isso, historiadores consideram que a experiência parlamentarista no Brasil foi um "parlamentarismo às avessas".

Família imperial, óleo sobre madeira de François-René Moreau, 1857. Da esquerda para a direita estão as princesas dona Isabel e dona Leopoldina; o imperador dom Pedro II e a imperatriz dona Teresa Cristina.

Revolta Praieira

Em meados do século XIX, a produção de açúcar era uma das mais importantes atividades econômicas pernambucanas. No entanto, a maioria dos engenhos de açúcar da região pertencia a poucas famílias. O comércio, segunda fonte de riqueza da província, estava concentrado principalmente nas mãos de portugueses. Assim, considerável parte da população urbana (profissionais liberais, pequenos mercadores, artesãos, padres, militares, entre outros) vivia com dificuldades econômicas e insatisfeita com a dominação política local.

Em 1842, dissidentes do Partido Liberal pernambucano formaram o **Partido da Praia**. Seus líderes eram ricos proprietários rurais, que, por não pertencerem à aristocracia fundiária tradicional, ficavam de fora dos acordos políticos entre liberais e conservadores para ocupar os principais cargos da província. Insatisfeitos com essa exclusão do jogo do poder, uniram-se a liberais exaltados, que defendiam propostas mais radicais, como o combate à desigualdade social na província.

Em 1844, com a nomeação de um gabinete liberal, Antônio Pinto Chichorro da Gama, aliado dos praieiros, foi designado presidente de Pernambuco. Durante seu mandato (1845--1848), os liberais praieiros conseguiram chegar ao poder. Em 1848, porém, um novo gabinete conservador assumiu o governo do império e demitiu Chichorro da Gama. Não aceitando a indicação feita pelos conservadores para a presidência da província, os praieiros iniciaram o movimento que ficou conhecido como **Revolta Praieira** ou **Revolução Praieira**.

Liderados por Pedro Ivo (comandante militar) e Antônio Borges da Fonseca (jornalista), os praieiros divulgaram seus planos em um documento intitulado *Manifesto ao Mundo*. As principais propostas eram liberais, mas o manifesto não tocava na questão da escravidão. Algumas delas consistiam em:

- voto livre e universal para o povo brasileiro (fim do voto censitário);
- plena liberdade de imprensa;
- garantia de trabalho para o cidadão brasileiro;
- extinção do Poder Moderador;
- exercício do comércio a varejo só para brasileiros (os portugueses seriam proibidos de exercer essa atividade);
- garantia dos direitos individuais do cidadão;
- estabelecimento da federação.

A luta armada entre os revoltosos praieiros e as tropas imperiais durou menos de um ano. Os praieiros tinham poucos recursos militares, apenas 2 mil homens, e não resistiram à repressão imperial.

Os principais líderes da Revolta (Borges da Fonseca, José Inácio Abreu e Lima e Jerônimo Vilela, por exemplo) foram condenados à prisão perpétua em Fernando de Noronha, mas, em 1851, foram anistiados. Pedro Ivo foi preso e enviado para o Rio de Janeiro, de onde conseguiu fugir para a Europa, mas morreu na viagem.

Com a derrota dos praieiros, chegava ao fim um conjunto de revoltas que acompanharam e sucederam o movimento de independência do Brasil. Sufocadas as tendências separatistas, as elites sociais e políticas, em conjunto com o governo imperial, consolidaram a construção de um Estado centralizado. Apesar de preservada a unidade territorial do país, a maioria da população continuou afastada da participação no poder político.

> **Partido da Praia:** as ideias dos membros do Partido da Praia, chamados de praieiros, eram expressas por meio do jornal *Diário Novo*, cuja sede ficava na rua da Praia, na cidade de Recife (daí o nome do partido).

Investigar

- Em sua opinião, ainda existem em nosso país oligarquias locais que comandam a política e os meios de comunicação de determinada região? Isso ocorre em sua cidade ou estado?

Antônio Borges da Fonseca, jornalista e um dos líderes da Revolução Praieira, em cerca de 1860.

Transformações na sociedade

Na segunda metade do século XIX, o Brasil passou por diversas transformações econômicas, políticas, sociais e culturais. Entre elas podemos citar:

- o café tornou-se o principal produto de exportação do país;
- o tráfico internacional de escravos foi abolido;
- a imigração de povos europeus para o Brasil aumentou;
- a Lei de Terras foi promulgada;
- a industrialização ganhou vigor, e as cidades cresceram e se modernizaram.

Foi nesse período que nas cidades mais influentes, como Rio de Janeiro, Salvador, Recife, Belém e São Paulo, surgiram novos serviços públicos de iluminação das ruas, bondes, ferrovias, bancos, teatros, entre outros.

Café: a nova riqueza

A produção de café no Brasil teve início provavelmente em 1727. A princípio, era uma mercadoria sem muito valor comercial, utilizada como bebida e destinada apenas para o consumo local. A partir do início do século XIX, o hábito de beber café alcançou grande popularidade na Europa e nos Estados Unidos, fazendo crescer o consumo internacional do produto.

O clima e o tipo de solo de muitas áreas do sudeste brasileiro favoreciam o desenvolvimento da lavoura cafeeira. Com aumento da produção, houve deslocamento parcial da mão de obra escravizada para a cafeicultura, a fim de atender à demanda externa. Com um cenário internacional favorável e disponibilidade de recursos, o Brasil tornou-se em pouco tempo o principal produtor mundial de café, condição que se manteve de 1830 até o final do século XIX.

Considerando a riqueza que a mercadoria gerava, o escritor paulista Monteiro Lobato (1882-1948) comparou os pés de café a uma árvore que "dá ouro em bagos vermelhos". Os cafeicultores tornaram-se o grupo mais rico e influente da sociedade brasileira na época. Assim, o centro do poder político e econômico do país transferiu-se do nordeste para o sudeste.

Inicialmente, o café era cultivado na Baixada Fluminense e no Vale do Paraíba (que abrangia áreas das províncias de Minas Gerais, Rio de Janeiro e São Paulo). A partir de 1870, as fazendas de café expandiram-se para o oeste da província de São Paulo, onde se encontrava um tipo de solo extremamente favorável ao seu desenvolvimento: a terra roxa. Considerando essa "marcha para o oeste", é possível dizer que a lavoura cafeeira está diretamente vinculada à história de várias cidades paulistas, como Campinas, Ribeirão Preto, Araraquara e São José do Rio Preto.

Café, óleo sobre tela de Clóvis Graciano, produzido na década de 1970. Graciano foi pintor, desenhista, gravador, figurinista e ilustrador. Em suas obras destacavam-se temas sociais.

Os lucros gerados pela exportação do café possibilitaram a recuperação da economia, cujas finanças estavam abaladas desde o período da independência. A tabela a seguir mostra os principais produtos agrícolas brasileiros exportados entre os anos de 1831 e 1900. Além do café, o açúcar, o algodão, o tabaco e o cacau ocupavam posições significativas nas exportações do período.

Principais produtos agrícolas brasileiros para exportação (em porcentagem sobre o valor global) (1831-1900)

Período	Café	Açúcar	Algodão	Tabaco	Cacau	Outros
1831-1840	43,8	24,0	10,8	1,9	0,6	18,9
1841-1850	41,4	26,7	7,5	1,8	1,0	21,6
1851-1860	48,8	21,2	6,2	2,6	1,0	20,2
1861-1870	45,5	12,3	18,3	3,0	0,9	20
1871-1880	56,6	11,8	9,5	3,4	1,2	17,5
1881-1890	61,5	9,9	4,2	2,7	1,6	20,1
1891-1900	64,5	6,0	2,7	2,2	1,5	23,1

Fonte: *Anuário Estatístico do Brasil*, 1939.

> **Investigar**
> 1. Quais são os hábitos alimentares que você destacaria na sociedade brasileira atual?
> 2. Como são os seus hábitos alimentares? Comente.

Fim do tráfico negreiro internacional

Desde a independência, o império brasileiro era pressionado pelo governo inglês para que pusesse fim ao tráfico negreiro. Em 1831, foi criada uma lei que estabelecia que os escravizados trazidos para o Brasil dessa data em diante seriam considerados livres; no entanto, a lei não foi cumprida.

A partir de 1845, a pressão inglesa transformou-se em ameaça militar, com a promulgação do Bill Aberdeen, ato que declarava o direito inglês de aprisionar navios negreiros (mesmo se estivessem em águas territoriais brasileiras) e de julgar seus comandantes. Tal medida gerou uma crise nas relações entre Brasil e Inglaterra.

Em 4 de setembro de 1850, a Inglaterra finalmente conseguiu que o governo de dom Pedro II promulgasse a **Lei Eusébio de Queirós**, que proibia a entrada de africanos traficados no Brasil e autorizava a expulsão dos traficantes. A partir de então, o comércio de escravizados traficados foi duramente reprimido pelas autoridades brasileiras.

Entre as consequências da Lei Eusébio de Queirós, podem ser destacadas:
- **a liberação de capitais para outras atividades** – grandes somas de dinheiro, aplicadas na importação de escravizados, passaram a ser destinadas a outros setores da economia.
- **o crescimento do tráfico interno** – escravizados de regiões como o nordeste do país (produtoras de cana-de-açúcar) passaram a ser vendidos para regiões do centro-sul em expansão econômica.

Negras depois do trabalho, fotografia colorizada feita pelo francês Victor Frond, durante visita ao Brasil. Foi tirada em 1861, após a promulgação da Lei Eusébio de Queirós.

Desembarque de escravos no Brasil (1836-1855)

Período	Total de escravos traficados
1836-1840	240 600
1841-1845	120 000
1846-1850	257 500
1851-1855	6 100

Fonte: KLEIN, Herbert. In: *Estatísticas históricas do Brasil*. Rio de Janeiro: IBGE, 1987.

Conexões — ARTE E FILOSOFIA

Romantismo e imaginário da nação

O Romantismo foi um movimento cultural que repercutiu nas artes e na filosofia desde o final do século XVII até a primeira metade do século XIX. Espalhou-se por vários países da Europa e da América, incluindo o Brasil.

Esse movimento reagiu precocemente contra o racionalismo e a mecanização difundidos pela sociedade industrial nascente. Para os adeptos do Romantismo, a industrialização desconsiderava a expressão legítima das emoções humanas.

De modo geral, podemos dizer que o Romantismo valorizava:

- **os sentimentos e as emoções:** afirmava que a intuição e as emoções não podiam ser reduzidas pela frieza da razão;
- **a subjetividade do indivíduo e a sensibilidade pessoal:** o indivíduo, suas liberdades e suas paixões eram o centro da visão romântica do mundo;
- **o nacionalismo:** que se desdobrava no amor à pátria, à língua e às tradições nacionais;
- **a natureza:** que, abrigando a diversidade da vida, resistia à racionalização tecnológica do mundo urbano industrial em marcha.

Entre os grandes nomes europeus do Romantismo destacam-se os escritores Friedrich Schiller e Johann Goethe. No Brasil, são de grande importância escritores e poetas como José de Alencar, Castro Alves, Gonçalves Dias, Bernardo Guimarães e Joaquim Manoel de Macedo. Na música europeia destacam-se os compositores Ludwig van Beethoven, Robert Schumann, Johannes Brahms, Frédéric Chopin e Franz Schubert. Na música romântica brasileira, o grande destaque foi Carlos Gomes.

O Romantismo no Brasil contribuiu para construir uma identidade e um imaginário nacional. A literatura romântica do país exaltava a exuberância da natureza e, também, adotou os indígenas como símbolos da nação. Na prática, a imagem simbólica do indígena acabou gerando estereótipos e preconceitos que repercutem até os dias atuais.

Iracema, óleo sobre tela de José Maria de Medeiros, 1881. Nessa representação, baseada no romance homônimo de José de Alencar, é possível perceber a visão romântica sobre o indígena brasileiro.

Na filosofia, o Romantismo pode ser identificado em alguns teóricos, como Rousseau, que demonstrava reserva em relação ao progresso tecnológico e concebeu a figura do **bom selvagem**, expressão das virtudes da natureza. O Romantismo também marcou aspectos do idealismo alemão, como o nacionalismo, o amor à pátria e a valorização do Estado nacional.

- Em sua interpretação, é possível afirmar que o Romantismo está presente na mentalidade e nas artes contemporâneas? Comente.

Primeiros imigrantes

Com a proibição do tráfico negreiro, em 1850, e a necessidade de conseguir mão de obra para a lavoura, os cafeicultores recorreram ao trabalho de imigrantes europeus, como italianos, espanhóis e alemães.

Nessa época, alguns médicos, como Raimundo Nina Rodrigues (1862-1906), defendiam que a vinda de imigrantes europeus iria contribuir para o "branqueamento" da sociedade brasileira. Essa teoria era defendida por grupos que tinham uma aversão racista à grande presença de negros na população do país.

O senador paulista Nicolau de Campos Vergueiro foi o primeiro fazendeiro a contratar imigrantes europeus para trabalhar na cafeicultura. Entre os anos de 1847 e 1857, levou para sua fazenda de Ibicaba, no interior de São Paulo, os primeiros grupos de alemães, suíços e belgas.

Inicialmente, os imigrantes eram contratados pelo **sistema de parceria** e já chegavam às fazendas com dívidas. Primeiro, eles deviam os custos da viagem (a passagem de navio da Europa ao Brasil e a passagem de trem até as fazendas). Depois, acumulavam despesas com alimentação e ferramentas de trabalho, além de pagar aluguel das casas onde moravam. Essa política de imigração representava um tipo de "escravidão por dívidas". Como eram bastante explorados pelos fazendeiros, os imigrantes frequentemente se revoltavam. Assim, o sistema de parceria logo fracassou.

A partir da década de 1870, os imigrantes passaram a trabalhar pelo **sistema de colonato**. As famílias dos colonos viviam em casas que pertenciam ao fazendeiro e deviam cuidar de certo número de pés de café. O colono recebia um salário fixo para cuidar do plantio e outra remuneração que variava conforme a colheita. Para se manter, o colono podia plantar legumes e verduras e vender o excedente. Com o novo sistema, a imigração ganhou força. Ao longo do século XIX, chegaram mais de 400 mil imigrantes ao Brasil. Eram grupos de portugueses, italianos, espanhóis e alemães, entre outras nacionalidades.

Lei de Terras (1850)

No mesmo ano em que, pela Lei Eusébio de Queirós, foi extinto o comércio de escravos africanos para o Brasil, também foi aprovada a Lei de Terras. Essa lei estabelecia que a aquisição da propriedade da terra deveria ser feita pela compra e não mais pela posse (ocupação) da área.

A Lei de Terras foi implementada durante a fase de transição do trabalho escravo para o trabalho livre, quando as populações, ao conquistar a liberdade, necessitavam de terras para se instalar e para trabalhar, a fim de conseguir seu sustento.

Sobre a nova lei, comentou o antropólogo Darcy Ribeiro (1922-1997):

> Se alguém pretendia ser proprietário, tinha de comprar suas terras do Estado ou do particular que as tivesse por título hábil. É certo que a lei estabelecia uma exceção: a chamada usucapião. Se alguém pudesse provar, diante de autoridade competente, que ocupou continuamente, por 10 ou 20 anos, um pedaço de terra, talvez conseguisse que o cartório o registrasse como sua propriedade. Mas [...] quase ninguém do povo adquiria propriedade por essa via. Em consequência, as boas terras do país permaneceram concentradas nas mãos dos antigos proprietários, que puderam fazer de seus filhos e netos outros tantos fazendeiros latifundiários.
>
> RIBEIRO, Darcy. Sobre o óbvio. In: Revista Civilização Brasileira, n. 1, jul. 1978. p. 15-16.

Em outras palavras, a Lei de Terras contribuiu para preservar o domínio patrimonial dos velhos fazendeiros, os únicos que, de modo geral, tinham recursos financeiros e poder para satisfazer à nova legislação, podendo, portanto, manter e aumentar seus latifúndios. Essa lei também dificultou a desconcentração da propriedade da terra em nosso país, questão que persiste até os dias atuais.

Investigar

1. Você conhece pessoas que imigraram para o Brasil ou seus descendentes? De onde eles vieram? O que motivou sua decisão de vir para o país?

2. Debata a seguinte frase com seus colegas: "o Brasil é um país de imigrantes".

Dica

Memorial do Imigrante – Exposições virtuais

http://museudaimigracao.org.br/exposicoes/virtuais/

Página de acesso às exposições virtuais do Memorial do Imigrante. Essa instituição, localizada em São Paulo, visa preservar a história de pessoas que chegaram ao Brasil a partir do século XIX.

Industrialização e tarifa Alves Branco

No Brasil, a industrialização e a modernização de algumas cidades foram impulsionadas por investimentos do setor cafeeiro e por capitais antes destinados ao tráfico internacional de escravizados. Além disso, o governo brasileiro começou a incentivar a industrialização no país com o aumento das taxas de importação.

Em 1844, o ministro da Fazenda, Manuel Alves Branco, decretou a cobrança de uma nova tarifa alfandegária sobre os produtos importados, a tarifa **Alves Branco**. O imposto sobre importação, que era de 15%, passou a ser de 30%. Caso produtos semelhantes fossem fabricados no Brasil, a tarifa chegava a 60%. O aumento do preço levou o consumidor brasileiro a procurar produtos nacionais similares.

> **Investigar**
> - Você consome produtos importados? Quais? Por quê?

Navios sendo carregados com contêineres no porto de Santos (SP), em 2019. Atualmente, esse é o principal porto do Brasil e um dos mais movimentados do mundo. Por ele passam, todos os dias, diversos produtos importados e exportados.

O investimento na criação de indústrias, bancos, empresas de navegação, ferrovias, companhias de seguros e mineradoras nacionais tornou-se mais vantajoso. Na última década do Império (1880-1889), o Brasil já contava com 600 indústrias, que empregavam quase 55 mil operários nos setores têxtil, alimentício, madeireiro, metalúrgico e de vestuário.

Após a instituição da tarifa Alves Branco, os ingleses endureceram suas relações com o governo brasileiro, o que gerou conflitos diplomáticos. Eles não aceitaram perder privilégios alfandegários no Brasil.

Barão de Mauá: um empresário no império

> **Dica**
> *Mauá: o imperador e o rei.* Direção: Sérgio Rezende. Brasil: Buena Vista Internacional; Ministério da Cultura, 1999. 132 min.
> Biografia do empresário Irineu Evangelista de Sousa, o barão de Mauá, um dos primeiros empreendedores industriais do Brasil.

Irineu Evangelista de Sousa, barão e, depois, visconde de Mauá (1813-1889), foi um dos principais responsáveis por grandes empreendimentos econômicos no Segundo Reinado. Mauá fundou empresas de construção de navios a vapor, fundição de ferro, construiu a primeira ferrovia brasileira (ligando o Rio de Janeiro a Petrópolis) e a primeira linha de bondes do Rio de Janeiro. Foi responsável pela instalação da iluminação a gás nessa cidade, pela construção de linhas de telégrafo no país e de um cabo submarino intercontinental, conectando a Europa e o Brasil.

Há várias interpretações sobre o sucesso e, depois, o fracasso de Mauá. Uma delas diz que o sucesso de Mauá durou até suas empresas serem abaladas pela concorrência dos produtos importados (principalmente ingleses) e passarem a sofrer diversos atentados e sabotagens.

Alcances e limites das transformações

Todas essas transformações repercutiram no desenvolvimento urbano e econômico do Brasil, propiciando a expansão dos setores de serviços, comércio e indústria. Com a expansão do café, houve crescimento e industrialização de algumas cidades, principalmente no Sudeste.

Por outro lado, o crescimento dos setores industrial e de serviços não foi suficiente para renovar a economia mais ampla do país, que se baseava no latifúndio e na agricultura de exportação. Apesar dos avanços, a Lei de Terras acabou contribuindo para a concentração fundiária e a exclusão da maioria da população na aquisição de propriedades.

Oficina de História

Analisar e refletir

1. A disputa entre conservadores e liberais no reinado de dom Pedro II pode ser comparada às divergências entre o Partido Português e o Partido Brasileiro no Primeiro Reinado? Aponte semelhanças e diferenças entre os grupos mencionados e suas propostas políticas.

2. Crie uma charge inspirando-se na trova popular que surgiu no início do reinado de dom Pedro II:

   > Por subir Pedrinho ao trono,
   > Não fique o povo contente.
   > Não pode ser boa coisa,
   > Servindo pra mesma gente.

   In: SCHWARCZ, Lilia K. *As barbas do imperador*: D. Pedro II, um monarca nos trópicos. São Paulo: Companhia das Letras, 1998. p. 74.

3. Em grupo, pesquise quais são os principais produtos exportados atualmente pelo Brasil. O que mudou em relação aos produtos exportados pelo país no século XIX?

4. Com base na tabela a seguir, reflita com seus colegas sobre a concentração de terras no Brasil.

Imóveis rurais

Área (ha)	Número (mil)	Número (%)	Área (ha) (milhões)	Área (ha) (%)
Total	2 924	100,0	309,0	100,0
Até 10	908	31,1	4,4	1,4
De 10 a 100	1601	54,7	51,9	16,8
De 100 a 1000	374	12,8	100,1	32,4
1000 e mais	41	1,4	152,6	49,4

Fonte: Incra. Estatísticas Consolidadas do Recadastramento. Disponível em: <http://www.incra.gov.br/index.php/reforma-agraria-2/analise-balanco-e-diagnosticos/file/59-analise-da-estrutura-fundiaria-brasileira>. Acesso em: 12 nov. 2012.

Interpretar texto e imagem

5. Até a extinção do tráfico negreiro, o número de escravos existentes em todo o país correspondia a cerca de 33% da população. No Rio de Janeiro, entretanto, os cativos representavam de 40% a 50% do total de habitantes durante o século XIX. Leia, a seguir, a interpretação do historiador brasileiro Luiz Felipe de Alencastro sobre essa situação.

   > Considerando que a população do município praticamente dobrou nos anos 1821-1849, a corte agregava nessa última data, em números absolutos, a maior concentração urbana de escravos existentes no mundo desde o final do Império Romano: 110 mil escravos para 266 mil habitantes. No entanto, ao contrário do que sucedia na Antiguidade, o escravismo moderno, e particularmente o brasileiro, baseava-se na pilhagem de indivíduos de uma só região [...]. Em outras palavras, no moderno escravismo do continente americano a oposição senhor/escravo desdobra-se numa tensão racial que impregna toda a sociedade.
   >
   > Tamanho volume de escravos dá à corte as características de uma cidade [...] meio africana. [...]
   >
   > Entranhado no Estado centralizado, difundido em todo o território, na corte e nas províncias mais prósperas como nas mais remotas, o escravismo brasileiro ameaçava a estabilidade da monarquia e fazia o país perigar. E a elite imperial sabia disso: [...] o Brasil será – até 1850 – o único país independente a praticar o tráfico negreiro, assimilado à pirataria e proibido pelos tratados internacionais e pelas próprias leis nacionais.

   ALENCASTRO, Luiz Felipe de. Vida privada e ordem privada no império. In: NOVAIS, Fernando A. (Org.). *História da vida privada no Brasil*. São Paulo: Companhia das Letras, 1997. v. 2. p. 24-25, 28-29.

   a) Como Luiz Felipe de Alencastro caracteriza o escravismo brasileiro em comparação com o escravismo antigo (grego, romano, etc.)?
   b) Por que, para o autor, o escravismo brasileiro "ameaçava a estabilidade da monarquia e fazia o país perigar"?

6. Em grupo, assista ao filme *Mauá: o imperador e o rei* (direção: Sérgio Rezende, Brasil, 1999. 135 min.) e responda às questões:

   a) "Acabar com os escravos é acabar com o império", afirma o personagem Visconde de Feitosa. Como a escravidão foi retratada no filme?
   b) Como o Barão de Mauá tornou-se um dos homens mais ricos do império? E o que levou à sua falência?
   c) Qual era a importância da maçonaria?

Crise do império

A partir da década de 1870, o reinado de Pedro II passou por uma série de crises, que culminaram com o fim da monarquia no Brasil. Quais as condições históricas desse processo?

Este capítulo favorece o desenvolvimento das habilidades:

EM13CHS101
EM13CHS102
EM13CHS103
EM13CHS104
EM13CHS105
EM13CHS106
EM13CHS201
EM13CHS203
EM13CHS204
EM13CHS206
EM13CHS302
EM13CHS304
EM13CHS306
EM13CHS404
EM13CHS601
EM13CHS606

Conflitos internacionais

Durante o Segundo Reinado, o Brasil se envolveu em conflitos internacionais como a Questão Christie e a Guerra do Paraguai, que serão estudados a seguir.

Questão Christie

Na segunda metade do século XIX, as relações entre a Inglaterra e o Brasil estavam abaladas porque, entre outras coisas, os ingleses queriam o fim da escravidão africana e não aceitavam a cobrança de impostos prevista na tarifa Alves Branco. Neste contexto, ocorreram dois incidentes que levaram ao rompimento das relações diplomáticas entre os países:

- o furto não esclarecido da carga do navio inglês Príncipe de Gales, que havia naufragado próximo à costa do Rio Grande do Sul em 1861. Provavelmente, pessoas que viviam próximo à praia, onde parte da carga apareceu, se apropriaram das mercadorias;
- a prisão, em 1862, de três oficiais da marinha inglesa, que, embriagados e andando em trajes civis, provocavam desordem pelas ruas do Rio de Janeiro.

Indignado com os acontecimentos, o embaixador inglês William Christie exigiu do governo brasileiro uma elevada indenização (3200 libras) pela carga do navio e a punição dos policiais que haviam prendido os oficiais ingleses. Como suas exigências não foram atendidas, a marinha inglesa recebeu ordens para aprisionar navios mercantes brasileiros. A atitude do governo inglês revoltou parte da população do Rio de Janeiro. Alguns grupos populares ameaçaram invadir a casa do embaixador e, também, estabelecimentos comerciais de ingleses que viviam no Brasil. Essa crise foi chamada de **Questão Christie** (1863-1865).

Diante do agravamento dos conflitos, o rei da Bélgica, Leopoldo I, foi chamado para ser o **árbitro** desse caso. Antecipadamente, dom Pedro II aceitou pagar a indenização referente à carga do navio inglês.

A arbitragem do rei belga foi favorável ao Brasil, cabendo à Inglaterra desculpar-se, oficialmente, por violar o território brasileiro. O governo inglês recusou-se a fazê-lo, levando dom Pedro II a romper relações diplomáticas com a Inglaterra, em 1863. As relações foram reatadas em 1865, quando o governo inglês apresentou desculpas oficiais a dom Pedro II.

O desfecho da Questão Christie reafirmou a soberania nacional brasileira, reconhecida formalmente pela Inglaterra, uma das principais potências mundiais da época.

Investigar
- Em termos jurídicos, há uma diferença entre o cargo de juiz e o de árbitro. Pesquise a diferença.

LINHA DO TEMPO

- **1863** Início da Questão Christie.
- **1864** Início da Guerra do Paraguai.
- **1865** Fim da Questão Christie.
- **1870** Fim da Guerra do Paraguai; publicação do Manifesto Republicano, no Rio de Janeiro.
- **1873** Fundação do Partido Republicano Paulista, na Convenção de Itu, em São Paulo.
- **1876** Graham Bell transmite mensagem utilizando o telefone por ele inventado; instalação do primeiro aparelho telefônico no Brasil, na residência do imperador.
- **1888** Promulgação da Lei Áurea, declarando extinta a escravidão no Brasil.
- **1889** Fim do império e proclamação da República, instalando-se um governo provisório.

Linha do tempo esquemática. O espaço entre as datas não é proporcional ao intervalo de tempo.

Guerra do Paraguai

A Guerra do Paraguai, um dos conflitos mais sangrentos da história sul-americana, envolveu Brasil, Argentina, Uruguai e Paraguai.

As razões da guerra relacionam-se às disputas pelo controle de terras e de rios da região platina. O estopim do conflito ocorreu em 1864, quando o governo paraguaio aprisionou o navio brasileiro Marquês de Olinda.

Na ocasião, o navio brasileiro navegava pelo rio Paraguai com destino à província de Mato Grosso e foi aprisionado sob as ordens do presidente paraguaio Solano Lopez. Era uma represália à invasão brasileira ao Uruguai, que teve como consequência a deposição do presidente Aguirre, aliado de Lopez.

Depois desse incidente, os governos de Brasil e Paraguai romperam relações diplomáticas e tiveram início as hostilidades militares entre os dois países. Nessa guerra, Argentina e Uruguai ficaram ao lado do Brasil, formando a Tríplice Aliança para lutar contra o Paraguai.

Observe na linha do tempo e no mapa as principais batalhas dessa guerra.

> **! Dica**
>
> TORAL, André. *Adeus, chamigo brasileiro*: uma história da Guerra do Paraguai. São Paulo: Companhia das Letras, 1999.
>
> Romance em quadrinhos sobre a Guerra do Paraguai produzido por um historiador brasileiro.

PRINCIPAIS BATALHAS DA GUERRA DO PARAGUAI

1864	1865	1866	1867	1868	1868	1870
Forte Coimbra	São Borja Uruguaiana Corumbá Riachuelo	Tuiuti Curupaiti	Tuiuti Curupaiti Miranda	Humaitá Angostura Lomas Valentinas Itororó Avaí	Assunção	Cerro Corá

Motivos da Guerra

Na década de 1960, historiadores, como o argentino León Pomer, explicavam que a Guerra do Paraguai tinha ocorrido, sobretudo, por causa do imperialismo inglês na América do Sul. De acordo com Pomer, o modelo socioeconômico adotado pelo Paraguai contrariava os interesses gerais dos capitalistas britânicos. No século XIX, o governo paraguaio buscava um desenvolvimento mais autônomo, não tão dependente do mercado externo. Os ingleses, por sua vez, preferiam que os países sul-americanos exportassem matérias-primas e importassem produtos industrializados britânicos. Por isso, segundo essa interpretação, os ingleses estimularam o Brasil e a Argentina a entrar em conflito com o Paraguai.

Batalhas da Guerra do Paraguai (1865-1870)

Fonte: elaborado com base em CAMPOS, Flávio; DOLHNIKOFF, Miriam. *Atlas História do Brasil*. São Paulo: Scipione, 1993. p. 30.

> **? Observar o mapa**
>
> - Com base no mapa, identifique:
>   a) as principais vias de navegação utilizadas pelas forças brasileiras (e aliadas) para acessar as áreas de conflito no Paraguai;
>   b) o significado das setas verde e magenta;
>   c) as localidades das principais batalhas.

Atualmente, historiadores, como Francisco Doratioto e Ricardo Salles, consideram incorreto atribuir tanta importância aos interesses ingleses para desencadear esse conflito. Tais pesquisadores argumentam que, apesar da influência do capitalismo inglês, sobressaíram, entre as causas da guerra, uma série de motivações geopolíticas dos próprios países sul-americanos. A Guerra do Paraguai aconteceu no momento em que Brasil, Argentina, Uruguai e Paraguai lutavam pela consolidação de seus Estados nacionais e por uma posição de liderança na região.

No caso do governo brasileiro, por exemplo, havia o interesse geopolítico de preservar a livre navegação pelo rio Paraguai, garantindo a comunicação marítimo-fluvial entre a província de Mato Grosso e outras áreas do Brasil. Já o governo paraguaio buscava garantir uma via de acesso para o mar que lhe permitisse participar do comércio internacional.

Consequências da guerra

A Guerra do Paraguai terminou com a derrota do Paraguai e a morte de Solano López na batalha de Cerro Corá, em 1870. Ao final do conflito, a economia paraguaia estava destruída. Além disso, a população paraguaia estava arrasada com o elevado número de mortes.

Estimativas apontam que, do lado brasileiro, foram enviados para a guerra cerca de 139 mil homens, dos quais morreram, aproximadamente, 50 mil. Do lado paraguaio, muito mais vidas foram sacrificadas. A população do Paraguai teria sofrido uma redução de, aproximadamente, 60% com o conflito, o que representaria cerca de 270 mil mortes. Alguns historiadores, no entanto, consideram essas cifras exageradas.

No Brasil, essa guerra desagradou diversos setores da sociedade e contribuiu para a crise do Segundo Reinado. Entre as consequências, é possível destacar:

- **anexação de territórios** – áreas pertencentes ao Paraguai foram anexadas ao território brasileiro, o que garantiu a navegação fluvial para o Mato Grosso;
- **aumento da dívida externa brasileira** – as finanças do país foram fortemente abaladas em razão dos gastos com a guerra. O governo do Brasil passou a depender cada vez mais dos empréstimos obtidos com banqueiros ingleses, aumentando sua dívida externa;
- **fortalecimento do exército como instituição** – o exército passou a desempenhar papel político, demonstrando simpatia pela causa republicana e posicionando-se contra a escravidão no Brasil. Isso se explica, de certa forma, porque a maior parte das tropas brasileiras era composta de negros escravizados e homens livres e pobres.

> **Investigar**
> - Quais as consequências mais previsíveis de uma guerra? De modo geral, quem é mais diretamente prejudicado?

Soldados paraguaios feridos, prisioneiros da batalha de Yatay, óleo sobre tela de Candido López, produzida em 1892.

Bacia Platina

O Brasil possui uma extensa rede de rios que fazem parte das chamadas bacias hidrográficas. Entre as principais bacias podemos citar: a bacia do rio Amazonas (ou Amazônica), bacia do rio Tocantins, bacia do rio da Prata (ou Platina) e bacias costeiras ou secundárias.

Originalmente, a bacia Platina era um território habitado pelos povos indígenas guaranis. No entanto, com o avanço da colonização, essa região foi alvo de disputas entre portugueses e espanhóis.

Posteriormente, no contexto da formação dos estados nacionais na América do Sul, essa região voltou a ser palco de muitos conflitos, como a Guerra do Paraguai, onde se definiram questões de fronteiras e de soberania entre Argentina, Brasil, Uruguai e Paraguai.

Além da importância geopolítica, os rios são recursos naturais que garantem a sobrevivência da vida no planeta. Há muito tempo as pessoas têm utilizado suas águas para saciar a sede, irrigar áreas agrícolas, pescar, navegar, manter a higiene pessoal e se divertir.

Atualmente, os rios também são utilizados para produzir energia elétrica e para incentivar o turismo. Na região da bacia do rio da Prata, por exemplo, foi construída uma das maiores usinas hidrelétricas do mundo, a Usina de Itaipu, e um dos mais importantes centros turísticos do Brasil, o Parque Nacional do Iguaçu.

Diante do aumento da poluição e do consumo de água, pesquisadores e organizações internacionais vêm alertando sobre a necessidade de economizar água potável, diminuir a poluição e preservar as áreas próximas dos rios, o que inclui as áreas de várzea e as nascentes. Essa necessidade ocorre porque os recursos hídricos do planeta são finitos e existe o risco de grande parte da população mundial deixar de ter acesso a água potável.

- Em que situações você utiliza água? Como a falta da água afeta o dia a dia das pessoas? Que medidas podem ser tomadas para se combater o desperdício de água? Elabore um texto organizando essas respostas.

Fim da escravidão

Durante o século XIX, a escravidão africana atingiu seu ponto máximo no Brasil. De 1801 até 1850 (data da Lei Eusébio de Queirós), estima-se que o tráfico de escravos tenha trazido para o país cerca de 1,7 milhão de africanos. Esse número corresponde a, aproximadamente, 42% de todos os africanos forçados a vir para o Brasil desde o início do comércio negreiro, no século XVI.

Nesse período, os africanos escravizados trabalhavam em vários setores da vida social e econômica. Sua mão de obra era utilizada em fazendas que produziam para o mercado interno (gado, charque, cereais), lavouras de exportação (açúcar, algodão e, principalmente, café) e serviços urbanos (transporte de pessoas e cargas, comércio, serviços domésticos, entre outros).

As populações escravizadas nunca se conformaram com a exploração que sofriam. Esses grupos utilizaram diversos meios para lutar contra a escravidão ou, pelo menos, reduzir seus efeitos mais perversos. Os africanos e seus descendentes participaram de rebeliões e da formação de quilombos em diferentes regiões do país, como Bahia, Pernambuco, Rio de Janeiro, São Paulo, Minas Gerais e Espírito Santo.

Campanha abolicionista

A campanha abolicionista (1870-1888) foi um movimento social que lutou pela libertação dos escravizados. Essa campanha somou-se à **resistência negra** que já existia no Brasil. Os abolicionistas conquistaram o apoio de diferentes setores da sociedade brasileira, como parlamentares, imprensa, militares, artistas e intelectuais.

São considerados abolicionistas importantes Joaquim Nabuco, José do Patrocínio, Raul Pompeia, Luiz Gama, Chiquinha Gonzaga, André Rebouças e Castro Alves. Pela primeira vez na história do Brasil, ocorreram manifestações populares favoráveis à causa da abolição.

André Rebouças (1838-1898) era especialista em engenharia ferroviária e hidráulica e realizou diversas obras no Rio de Janeiro. Participou da Confederação Abolicionista e criou a Sociedade Brasileira Contra a Escravidão. Óleo sobre tela de Túlio Mugnaini, século XX.

Chiquinha Gonzaga (1847-1935) foi pianista, regente e compositora. Organizou e participou de festivais artísticos com o objetivo de arrecadar fundos para a Confederação Libertadora, que comprava liberdade para os escravos.

Para alguns historiadores, a conjuntura econômica internacional também favoreceu a luta pela libertação dos escravizados no Brasil. O fim da escravidão atendia aos interesses dos industriais europeus, sobretudo dos ingleses, pois possibilitava a ampliação do mercado consumidor de seus produtos.

Leis abolicionistas

O governo brasileiro promulgou, ao longo da campanha abolicionista, duas leis que emanciparam parcelas da população escrava do país:

- **Lei do Ventre Livre (1871)** – declarava livres todos os nascidos de mãe escrava a partir da data da promulgação. Na prática, essa lei teve efeitos perversos, pois os donos de escravos não tinham mais a obrigação de alimentar os filhos de mulheres escravizadas. Supõe-se que isso tenha agravado a situação dessas crianças, refletindo no aumento da mortalidade entre elas. A lei permitia ainda que os escravizados, conseguindo dinheiro suficiente, comprassem a própria liberdade (alforria);
- **Lei dos Sexagenários (1885)** – declarava livres os escravos com mais de 65 anos. Na prática, essa lei teve pouco alcance, devido ao pequeno número de escravizados que conseguiam chegar a essa idade. No fundo, a lei acabou beneficiando os donos de escravos, que se viram liberados da obrigação de sustentá-los.

 Investigar
- Quais são as reivindicações mais recorrentes dos movimentos sociais da atualidade?

Foi somente em 13 de maio de 1888 que a escravidão foi extinta no Brasil, com a promulgação da **Lei Áurea** pela princesa Isabel. Ela era a regente do império na época, substituindo seu pai, dom Pedro II, que estava na Europa em tratamento de saúde. Mais de 700 mil escravizados foram libertados com a Lei Áurea.

Luiz Gama: o advogado contra a escravidão

Luiz Gama (1830-1882) era filho de um fidalgo português e de Luíza Mahin, ex-escravizada que teria participado da Sabinada e da Revolta dos Malês.

Aos 10 anos, Gama foi vendido ilegalmente como escravo por seu próprio pai. Somente aos 18 anos conseguiu conquistar sua liberdade. Em 1850, Gama tentou cursar Direito na Faculdade de Direito do Largo São Francisco, em São Paulo, onde foi hostilizado por alunos e professores. Mesmo sem diploma formal de advogado, ele atuou como jornalista e defendeu a causa da abolição na Justiça, ajudando a libertar mais de 500 pessoas escravizadas.

Luiz Gama morreu em 1882, poucos anos antes da abolição. Conta-se que cerca de 3 mil pessoas participaram de seu enterro em São Paulo. Na época, o escritor Raul Pompeia, amigo de Gama, redigiu um artigo intitulado "Última página da vida de um grande homem". Leia, a seguir, um trecho desse artigo.

> [...] não sei que grandeza admirava naquele advogado, a receber constantemente em casa um mundo de gente faminta de liberdade, uns escravos humildes, esfarrapados, implorando libertação, como quem pede esmola; outros mostrando as mãos inflamadas e sangrentas das pancadas que lhes dera um bárbaro senhor [...]. E Luiz Gama os recebia a todos com a sua aspereza afável e atraente; e a todos satisfazia, praticando as mais angélicas ações [...].
>
> E Luiz Gama fazia tudo: libertava, consolava, dava conselhos, demandava, sacrificava-se, lutava, exauria-se no próprio ardor, como uma candeia iluminando à custa da própria vida as trevas do desespero daquele povo de infelizes, sem auferir uma sombra de lucro [...]. E, por esta filosofia, empenhava-se de corpo e alma, fazia-se matar pelo bem [...].
>
> Pobre, muito pobre, deixava para os outros tudo o que lhe vinha das mãos de algum cliente mais abastado [...].
>
> POMPEIA, Raul. Última página da vida de um grande homem. In: *Gazeta de Notícias*. Edição 252. 10/09/1882. Rio de Janeiro. Disponível em: <http://bndigital.bn.br/hemeroteca-digital/>. Acesso em: 11 jan. 2020.

Retrato de Luiz Gama feito no final do século XIX.

Em 2015, a Ordem dos Advogados do Brasil (OAB) homenageou Luiz Gama, concedendo-lhe o registro profissional honorário de advogado.

Escravidão: legados e conquistas

Após a abolição, a situação social dos afrodescendentes continuou extremamente difícil. Poucos conseguiam trabalhar por conta própria ou obter um bom emprego. Sem qualquer ajuda do governo, muitos deles continuaram nas fazendas onde haviam sido escravizados. Na prática, veio a abolição, mas eles não eram tratados como cidadãos livres.

Mais de um século depois da Lei Áurea, ainda pesa sobre os afrodescendentes a herança de mais de trezentos anos de escravidão. Estatísticas recentes mostram que, apesar das conquistas, são eles os mais atingidos pela pobreza e pela falta de acesso à moradia, à educação e à saúde.

No Brasil contemporâneo, a população afrodescendente enfrenta discriminação e preconceito racial, o que tem levado as comunidades negras a organizarem uma série de movimentos reivindicatórios.

Em decorrência dessa mobilização, no início do século XXI foram aprovadas leis que estabelecem a obrigatoriedade do ensino de história da África e de cultura afro-brasileira nas escolas. Essas leis são bem-vindas, pois fortalecem a escola como um espaço para a superação de preconceitos e para a formação de cidadãos. Dados estatísticos indicam uma pequena melhora no acesso ao ensino para os afrodescendentes. Em 2005 apenas 5,5% dos jovens negros cursavam o ensino superior, em 2015 esse índice passou para 12,8%.

Escultura de Zumbi dos Palmares, localizada na Praça da Sé, no centro histórico de Salvador (BA), em 2016. Zumbi foi líder do Quilombo dos Palmares e até hoje é lembrado como um símbolo da resistência negra à escravidão.

Queda da monarquia

A partir de 1870, teve início o período mais crítico do Segundo Reinado. O império já não conseguia atender aos interesses de diversos setores da sociedade, muitas vezes em conflito entre si. No entanto, as distintas insatisfações foram convergindo para uma mesma solução: o fim do regime monárquico. Contribuíram para a crise do império, entre outros fatores, o movimento republicano, os conflitos do governo imperial com a Igreja e o exército e, principalmente, o processo abolicionista.

Questão da escravidão

As relações políticas entre o governo monárquico e os proprietários de terras foram abaladas, pois esses proprietários não queriam a abolição da escravatura. Inconformados com a nova realidade jurídica, acabaram por retirar seu apoio ao governo.

A insatisfação dos proprietários com o governo já se manifestava, pelo menos, desde 1871, quando o governo imperial aprovou a Lei do Ventre Livre. Os grandes proprietários rurais escravistas não aceitavam a intromissão do Estado nas relações entre senhores e escravos. Para eles, o projeto da Coroa minava a autoridade dos proprietários, dando às pessoas escravizadas o apoio legal para aspirarem à liberdade, uma vez que a legislação previa o direito de alforria àqueles que pudessem pagar seu preço.

Apesar de não ter melhorado significativamente a vida das pessoas escravizadas, a lei de 1871 desgastou o relacionamento entre o governo monárquico e os proprietários de escravos. Em 1888, com a abolição da escravidão, houve o rompimento definitivo entre os escravistas e o governo imperial. A partir de então, muitos grupos escravistas passaram a apoiar a causa republicana.

Movimento republicano

As ideias republicanas já faziam parte de diversos movimentos, como a Inconfidência Mineira, a Conjuração Baiana, a Revolução Pernambucana e a Confederação do Equador, mas foi a partir de 1870, com o fim da Guerra do Paraguai, que o movimento republicano estruturou-se concretamente.

Nesse ano, líderes republicanos do Rio de Janeiro lançaram o Manifesto Republicano, em que declaravam: "Somos da América e queremos ser americanos", uma referência ao fato de o Brasil ser o único país que mantinha o regime monárquico no continente americano.

Em 1873 foi fundado o Partido Republicano Paulista, na Convenção de Itu, em São Paulo, que passou a ser apoiado por importantes fazendeiros de café de São Paulo, do Rio de Janeiro, de Minas Gerais e do Rio Grande do Sul.

Fachada do edifício em que ocorreu a Convenção de Itu. Atualmente, o prédio abriga o Museu Republicano Convenção de Itu, em Itu (SP), em 2019.

Conflito com a Igreja

Desde o período colonial, a Igreja católica estava submetida ao Estado pelo regime do padroado. Dessa forma, nenhuma ordem do papa vigorava no Brasil sem aprovação prévia do imperador.

Em 1872, dom Vidal e dom Macedo, bispos de Olinda e de Belém, seguindo ordens do papa Pio IX, puniram religiosos ligados à **maçonaria**. Dom Pedro II, atendendo a pedidos de grupos maçônicos, solicitou a suspensão das punições. Recusando-se a obedecer ao imperador, os bispos foram condenados a quatro anos de prisão, o que gerou uma revolta entre os católicos. Em 1875, os bispos receberam o perdão imperial e foram libertados, mas o episódio abalou definitivamente as relações entre a Igreja e o imperador.

> **Maçonaria:** sociedade antiga e parcialmente secreta que, utilizando-se de conhecimentos dos antigos construtores de templos (os maçons), teria como objetivo principal incentivar a fraternidade e a filantropia entre as pessoas.

Conflito com o exército

Depois da Guerra do Paraguai, o exército foi adquirindo maior força e expressão política na sociedade brasileira. No entanto, o governo monárquico não reconhecia nem valorizava o exército. Naquela época, para se manter no poder, os governantes contavam com o apoio da Guarda Nacional, criada em 1831.

Vários oficiais do exército estavam insatisfeitos com esse tratamento subalterno e pretendiam influir mais ativamente na vida pública, acreditando no patriotismo militar como meio para conseguir a "salvação nacional". Eles reivindicavam aparelhamento dos quartéis, melhores soldos para a tropa, etc. Porém, os políticos tradicionais do império não davam ouvidos aos militares do exército. Tinham, inclusive, uma postura de descaso pela instituição e eram favoráveis à punição até mesmo de importantes oficiais que faziam denúncias públicas contra a corrupção do governo ou censuras à escravidão.

Nesse contexto, em 1884, altos chefes do exército (como o marechal Deodoro da Fonseca) tomaram partido da instituição a que pertenciam e revoltaram-se contra as punições dos oficiais que expressavam publicamente os abusos do governo.

Proclamação da República

A oposição de tantos setores da sociedade levou a monarquia a uma crise sem precedentes. Diante dessa situação, o gabinete imperial apresentou à Câmara dos Deputados, em meados de 1889, um programa de reformas políticas de cunho republicano, que incluía liberdade religiosa e de ensino, autonomia para as províncias e mandato temporário para os senadores.

Apesar das reformas, o caminho para a instauração da república já estava traçado. Em 15 de novembro de 1889, o marechal Deodoro da Fonseca assumiu o comando das tropas revoltosas contra o governo monárquico e ocupou o quartel-general do Rio de Janeiro. O gabinete imperial foi deposto; o ministro da Justiça e o chefe de gabinete foram presos. Naquela noite, constituiu-se o Governo Provisório da República dos Estados Unidos do Brasil.

Dom Pedro II, que estava em Petrópolis, recebeu, no dia seguinte, um documento do novo governo solicitando que se retirasse do país. Em 18 de dezembro de 1889, o imperador deposto embarcou com a família para a Europa. Tinha início a história republicana do Brasil.

Proclamação da República, óleo sobre tela de Oscar Pereira da Silva, de cerca de 1889.

Oficina de História

Analisar e refletir

1 O que foi a Questão Christie? Como esse conflito foi resolvido?

2 Leia a afirmação e debata em grupo: "Mais de um século depois da abolição da escravatura no Brasil, ainda pesa sobre os negros e seus descendentes uma série de problemas e discriminações sociais".

a) Você concorda ou discorda da afirmação? Ou, em sua opinião, os brasileiros vivem em uma "democracia racial"?

b) Pesquise a situação social dos negros brasileiros na atualidade. Apresente suas observações aos colegas.

3 O escritor Machado de Assis, um dos grandes nomes da literatura brasileira, foi testemunha de uma época em que a escravidão impregnava a vida social do Rio de Janeiro. Leia o trecho extraído de seu romance *Memórias póstumas de Brás Cubas*:

> Desde os cinco anos merecera eu a alcunha de "menino diabo"; e verdadeiramente não era outra cousa; fui dos mais malignos do meu tempo, arguto, indiscreto, traquinas e voluntarioso. Por exemplo, um dia quebrei a cabeça de uma escrava, porque me negara uma colher do doce de coco que estava fazendo, e, não contente com o malefício, deitei um punhado de cinza ao tacho, e, não satisfeito da travessura, fui dizer à minha mãe que a escrava é que estragara o doce "por pirraça"; e eu tinha apenas seis anos. Prudêncio, um moleque de casa, era o meu cavalo de todos os dias; punha as mãos no chão, recebia um cordel nos queixos, à guisa de freio, eu trepava-lhe ao dorso, com uma varinha na mão, fustigava-o, dava mil voltas a um e outro lado, e ele obedecia – algumas vezes gemendo –, mas obedecia sem dizer palavra, ou quando muito, um – "ai, nhonhô!" –, ao que eu retorquia: – "Cala a boca, besta!".
>
> ASSIS, Machado de. *Memórias póstumas de Brás Cubas*. Rio de Janeiro: Nova Aguilar, 2006. v. I. p. 526 e 527. (Obra completa.).

Faça uma pequena pesquisa sobre Machado de Assis. Considerando o texto literário que você acabou de ler, debata em grupo o tema: "As relações perversas, propiciadas pelo regime escravista, vão muito além do campo estrito das relações de trabalho". Pesquise o assunto. Depois, elabore um texto sobre o tema.

Interpretar texto e imagem

4 Leia trechos de um poema de Castro Alves (1847-1871) e responda às questões:

A canção do africano

Lá na úmida senzala,
Sentado na estreita sala,
Junto ao braseiro, no chão,
Entoa o escravo o seu canto,
E ao cantar correm-lhe em pranto
Saudades de seu torrão...
De um lado, uma negra escrava
Os olhos no filho crava,
Que tem no colo a embalar...
E a meia voz lá responde
Ao canto, e o filhinho esconde,
Talvez p'ra não o escutar!
"Minha terra é lá bem longe,
Das bandas de onde o sol vem;
Esta terra é mais bonita,
Mas à outra eu quero bem!"

[...]

"Lá todos vivem felizes,
Todos dançam no terreiro;
A gente lá não se vende
Como aqui, só por dinheiro".
O escravo calou a fala,
Porque na úmida sala
O fogo estava a apagar;
E a escrava acabou seu canto,
P'ra não acordar com o pranto
O seu filhinho a sonhar!
O escravo então foi deitar-se.
Pois tinha de levantar-se
Bem antes do sol nascer,
E se tardasse, coitado,
Teria de ser surrado,
Pois bastava escravo ser.
E a cativa desgraçada
Deita seu filho, calada,
E põe-se triste a beijá-lo,
Talvez temendo que o dono
Não viesse, em meio do sono,
De seus braços arrancá-lo!

ALVES, Castro. In: *Poesias completas*. São Paulo: Companhia Editora Nacional, 1966. p. 136.

a) Faça uma pesquisa sobre Castro Alves.

b) O autor contrapõe a vida dos negros no continente africano e no Brasil. Comente as características do modo de vida em cada um desses lugares.
c) Em sua interpretação, qual é a imagem da escravidão apresentada nesse poema?

5 Leia o texto, retirado da obra *O abolicionismo* (1883), de Joaquim Nabuco, um dos mais destacados abolicionistas brasileiros:

> [...] [O abolicionismo] não reduz a sua missão a promover e conseguir – no mais breve prazo possível – o resgate dos escravos e dos ingênuos. Essa obra – de reparação, vergonha ou arrependimento, como a queiram chamar – da emancipação dos atuais escravos e seus filhos é apenas a tarefa imediata do abolicionismo. [...]
>
> [...] Depois que os últimos escravos houverem sido arrancados ao poder sinistro que representa para a raça negra a maldição da cor, será ainda preciso desbastar, por meio de uma educação viril e séria, a lenta estratificação de trezentos anos de cativeiro, isto é, de despotismo, superstição e ignorância. O processo natural pelo qual a escravidão fossilizou nos seus moldes a exuberante vitalidade do nosso povo, durou todo o período do crescimento, e enquanto a nação não tiver consciência de que lhe é indispensável adaptar à liberdade cada um dos aparelhos do seu organismo de que a escravidão se apropriou, a obra desta irá por diante, mesmo quando não haja mais escravos.
>
> NABUCO, Joaquim. *O abolicionismo*. Rio de Janeiro: Nova Fronteira; São Paulo: Publifolha, 2000. p. 3. (Adaptado.)

a) Segundo o texto, o que viria a ser o abolicionismo?
b) É possível encontrar nesse trecho algum projeto de inclusão social dos negros? Justifique sua resposta.

6 Veja outros desdobramentos internos da Guerra do Paraguai, segundo a análise do historiador inglês Leslie Bethell.

> O custo da guerra deixou uma grande nódoa nas finanças públicas do Brasil. Mas essa mesma guerra também estimulou a indústria brasileira – sem chegar a mencionar as fábricas de produtos têxteis (para uniforme do exército) e o arsenal do Rio – e, de alguma maneira, modernizou a infraestrutura do país.
>
> O recrutamento, o treinamento, o fornecimento de vestuários, de armamentos e o transporte para um exército tão grande tinham desenvolvido a organização ainda rudimentar do Estado brasileiro. A guerra também aguçou as tensões sociais, mas, no saldo final, estimulou a causa da reforma social. Em maio de 1867, D. Pedro II anunciou que, após a guerra, seriam tomadas medidas para emancipar os escravos brasileiros. [...]
>
> A guerra também estimulou a discussão sobre a reforma política no Brasil. Não foi por acaso que o último ano da guerra presenciou o nascimento do Partido Republicano (1870). Finalmente, a guerra produziu, pela primeira vez no Brasil, um Exército moderno e profissional, interessado em desempenhar um papel político.
>
> BETHELL, Leslie. *In*: MARQUES, Maria Eduarda C. M. (Org.). *A Guerra do Paraguai*: 130 anos depois. Rio de Janeiro: Relume-Dumará, 1995. p. 22.

Destaque os desdobramentos da participação brasileira na Guerra do Paraguai, segundo a análise de Leslie Bethell.

7 O exército brasileiro que lutou na Guerra do Paraguai era formado, em grande parte, por escravos negros e homens livres pobres. Por isso, o fim da guerra e a volta dos soldados para o Brasil acirrou as disputas pela abolição da escravidão no país. Observe, abaixo, uma charge sobre esse assunto, criada por Angelo Agostini em 1870.

"Cheio de glória, coberto de louros, depois de ter derramado seu sangue em defesa da pátria [...], o voluntário volta ao seu país natal para ver sua mãe amarrada a um tronco! Horrível realidade!... ". Gravura publicada em *Vida Fluminense*, nº 12, em 11 de junho de 1870.

a) Que cena foi representada nessa charge?
b) Qual é a reação do soldado ao voltar "ao seu país natal"?
c) Na sua interpretação, qual é a crítica que o autor procurou fazer ao Segundo Reinado?

Perspectivas

Racismo e discriminação no mundo do trabalho

No final do século XIX, durante a crise do império e o início da república no Brasil – quando ocorreu a abolição da escravidão no país – exigências racistas e discriminatórias eram usuais em anúncios de emprego. Essas exigências estabeleciam como critérios para a contratação de um trabalhador ou trabalhadora uma certa origem étnica, nacionalidade, aparência ou até mesmo um comportamento específico.

Com frequência, a população negra encontrava obstáculos para conseguir trabalhos remunerados, pois havia uma preferência pela mão de obra de origem europeia, especialmente em cidades como Rio de Janeiro e São Paulo. Essa preferência estava relacionada ao cientificismo eugenista, que influenciava a sociedade brasileira na época.

Afinal, a abolição da escravidão extinguiu também as práticas discriminatórias contra os negros? Quais eram as condições e requisitos para se conseguir um emprego naquela época?

Anúncio publicado no *Correio Paulistano*, no qual se lê: "Precisa-se de uma criada branca para cozinhar e mais arranjos de casa de pequena família [...]". São Paulo. 28 set. 1890. Na época, era comum a oferta de empregos por meio de anúncios de jornal. Contudo, muitos desses anúncios estabeleciam requisitos e exigências racistas para a contratação.

Anúncio publicado no *Jornal do Commercio*, no qual se lê: "Precisa-se de um bom chefe de cozinha, e só se aceita um com bastante pratica prefere-se allemão ou francez [...]". Rio de Janeiro. 3 jan. 1888.

Anúncio publicado no *Jornal do Commercio*, no qual se lê: "Precisa-se de um moço para servir de interprete em uma agencia commercial; deve ter boa apparencia e conhecer completamente as linguas portugueza e inglesa: prefere-se um brazileiro [...]". Rio de Janeiro. 6 maio 1891.

No final do século XIX, ainda que o regime escravista tivesse sido abolido, não existia nenhum tipo de legislação ou sanção contra as práticas discriminatórias e racistas que continuaram a ocorrer na sociedade brasileira. Diversas oportunidades de trabalho eram oferecidas a uma parcela bastante específica da sociedade: os imigrantes recém-chegados, especialmente os de origem europeia. Enquanto isso, poucos trabalhos remunerados eram oferecidos aos negros livres ou recém-libertos, que compunham grande parcela da população.

A discriminação e o racismo no mercado de trabalho não ficaram limitados aos anos imediatamente posteriores à abolição da escravidão. Décadas depois, ainda era bastante habitual deparar-se tanto com ofertas de trabalho com requisitos racistas quanto com ofertas que apresentavam exigências de caráter subjetivo, atualmente consideradas ilícitas, como as de "boa aparência", "boa apresentação" ou, ainda, "bons costumes", que abriam ampla margem para a discriminação.

Em ação

ETAPA 1 Leitura

Os requisitos exigidos em processos de seleção de empregos, analisados sob o ponto de vista histórico, podem sugerir reflexões sobre a organização do mundo do trabalho em uma perspectiva mais ampla e crítica, contribuindo para a compreensão da dimensão histórica dos obstáculos e transformações nas relações de trabalho ao longo do tempo.

Nas imagens e textos *on-line* você vai conhecer:

- como eram os anúncios de emprego publicados nos jornais, nos anos seguintes à abolição da escravidão no Brasil;
- como a mão de obra recém-liberta foi preterida em relação à de trabalhadores imigrantes de origem europeia no final do século XIX;
- como pressupostos racistas das teorias eugenistas do século XIX influenciaram as condições de acesso ao trabalho formal no Brasil.

ETAPA 2 Pesquisa

Para desenvolver um projeto de vida, deve-se exercitar a liberdade, a cidadania e a autonomia, tendo em vista as garantias legais contra o racismo e o preconceito.

1. Faça uma pesquisa e selecione alguns anúncios de emprego atuais. Quais são os requisitos exigidos? Atente-se ao fato de que, nos dias atuais, a discriminação de sexo, idade, cor e situação familiar é ilegal.
2. Você considera que os requisitos expressos nos anúncios selecionados são fundamentais para o exercício da atividade a ser desempenhada? Por quê?
3. Que outros critérios você acredita que deveriam ser valorizados no mundo do trabalho? Por qual motivo?

ETAPA 3 Debate

Reunidos em grupos debatam as seguintes questões:

1. Quais as principais diferenças encontradas nos anúncios de emprego publicados entre o final do século XIX e o início do século XX e os anúncios de emprego atuais que vocês selecionaram?
2. Existem fatores (como raça, gênero ou classe social) que podem influenciar o acesso às oportunidades de emprego ainda hoje?
3. De que maneira é possível impedir que existam discriminações para o acesso ao mundo do trabalho?

ETAPA 4 Pense nisso

1. Faça um levantamento dos requisitos encontrados nos anúncios de emprego atuais e produza um gráfico classificando a recorrência deles no material pesquisado.
2. Você considera que essas condições impactam o planejamento, o estabelecimento e a plena realização de seu projeto de vida?

Questões do Enem e de vestibulares

Unidade 4 – Contatos e confrontos

Capítulo 10: Povos africanos

1 (Enem)

A África também já serviu como ponto de partida para comédias bem vulgares, mas de muito sucesso, como *Um príncipe em Nova York* e *Ace Ventura: um maluco na África*; em ambas, a África parece um lugar cheio de tribos doidas e rituais de desenho animado. A animação O rei Leão, da Disney, o mais bem-sucedido filme americano ambientado na África, não chegava a contar com elenco de seres humanos.

LEIBOWITZ, E. Filmes de Hollywood sobre África ficam no clichê. Disponível em: http://notícias.uol.com.br. Acesso em: 17 abr. 2010.

A produção cinematográfica referida no texto contribui para a constituição de uma memória sobre a África e seus habitantes. Essa memória enfatiza e negligencia, respectivamente, os seguintes aspectos do continente africano:

a) A história e a natureza.
b) O exotismo e as culturas.
c) A sociedade e a economia.
d) O comércio e o ambiente.
e) A diversidade e a política.

2 (Enem)

Torna-se claro que quem descobriu a África no Brasil, muito antes dos europeus, foram os próprios africanos trazidos como escravos. E esta descoberta não se restringia apenas ao reino linguístico, estendia-se também a outras áreas culturais, inclusive à da religião. Há razões para pensar que os africanos, quando misturados e transportados ao Brasil, não demoraram em perceber a existência entre si de elos culturais mais profundos.

SLENES, R. Malungu, ngoma vem! África coberta e descoberta do Brasil. *Revista USP*, n. 12, dez./jan./fev. 1991-92 (adaptado).

Com base no texto, ao favorecer o contato de indivíduos de diferentes partes da África, a experiência da escravidão no Brasil tornou possível a

a) formação de uma identidade cultural afro-brasileira.
b) superação de aspectos culturais africanos por antigas tradições europeias.
c) reprodução de conflitos entre grupos étnicos africanos.
d) manutenção das características culturais específicas de cada etnia.
e) resistência à incorporação de elementos culturais indígenas.

3 (Enem)

A identidade negra não surge da tomada de consciência de uma diferença de pigmentação ou de uma diferença biológica entre populações negras e brancas e(ou) negras e amarelas. Ela resulta de um longo processo histórico que começa com o descobrimento, no século XV, do continente africano e de seus habitantes pelos navegadores portugueses, descobrimento esse que abriu o caminho às relações mercantilistas com a África, ao tráfico negreiro, à escravidão e, enfim, à colonização do continente africano e de seus povos.

K. Munanga. Algumas considerações sobre a diversidade e a identidade negra no Brasil. In: *Diversidade na educação*: reflexões e experiências. Brasília: SEMTEC/MEC, 2003, p. 37.

Com relação ao assunto tratado no texto acima, é correto afirmar que

a) a colonização da África pelos europeus foi simultânea ao descobrimento desse continente.
b) a existência de lucrativo comércio na África levou os portugueses a desenvolverem esse continente.
c) o surgimento do tráfico negreiro foi posterior ao início da escravidão no Brasil.
d) a exploração da África decorreu do movimento de expansão europeia do início da Idade Moderna.
e) a colonização da África antecedeu as relações comerciais entre esse continente e a Europa.

Capítulo 11: Povos da América

1 (Enem)

Na verdade, o que se chama genericamente de índios é um grupo de mais de trezentos povos que, juntos, falam mais de 180 línguas diferentes. Cada um desses povos possui diferentes histórias, lendas, tradições, conceitos e olhares sobre a vida, sobre a liberdade, sobre o tempo e sobre a natureza. Em comum, tais comunidades apresentam a profunda comunhão com o ambiente em que vivem, o respeito em relação aos indivíduos mais velhos, a preocupação com as futuras gerações, e o senso de que a felicidade individual depende do êxito do grupo. Para eles, o sucesso é resultado de uma construção coletiva. Estas ideias, partilhadas pelos povos indígenas, são indispensáveis para construir qualquer noção moderna de civilização. Os verdadeiros representantes do atraso no nosso país não são os índios, mas aqueles que se pautam por visões preconceituosas e ultrapassadas de "progresso".

AZZI, R. As razões de ser guarani-kaiowá. Disponível em: <www.outraspalavras.net>. Acesso em: 7 dez. 2012.

Considerando-se as informações abordadas no texto, ao iniciá-lo com a expressão "Na verdade", o autor tem como objetivo principal

a) expor as características comuns entre os povos indígenas no Brasil e suas ideias modernas e civilizadas.
b) trazer uma abordagem inédita sobre os povos indígenas no Brasil e, assim, ser reconhecido como especialista no assunto.
c) mostrar os povos indígenas vivendo em comunhão com a natureza, e, por isso, sugerir que se deve respeitar o meio ambiente e esses povos.
d) usar a conhecida oposição entre moderno e antigo como uma forma de respeitar a maneira ultrapassada como vivem os povos indígenas em diferentes regiões do Brasil.
e) apresentar informações pouco divulgadas a respeito dos indígenas no Brasil, para defender o caráter desses povos como civilizações, em contraposição a visões preconcebidas.

2 (Enem)

Os pesquisadores que trabalham com sociedades indígenas centram sua atenção em documentos do tipo jurídico-administrativo (visitas, testamentos, processos) ou em relações e informes e têm deixado em segundo plano as crônicas. Quando as utilizam, dão maior importância àquelas que foram escritas primeiro e que têm caráter menos teórico e intelectualizado, por acharem que estas podem oferecer informações menos deformadas. Contrariamos esse posicionamento, pois as crônicas são importantes fontes etnográficas, independentemente de serem contemporâneas ao momento da conquista ou de terem sido redigidas em período posterior. O fato de seus autores serem verdadeiros humanistas ou pouco letrados não desvaloriza o conteúdo dessas crônicas.

PORTUGAL, A. R. O ayllu andino nas crônicas quinhentistas: um polígrafo na literatura brasileira do século XIX (1885-1897). São Paulo: Cultura Acadêmica, 2009.

As fontes valorizadas no texto são relevantes para a reconstrução da história das sociedades pré-colombianas porque

a) sintetizam os ensinamentos da catequese.
b) enfatizam os esforços de colonização.
c) tipificam os sítios arqueológicos.
d) relativizam os registros oficiais.
e) substituem as narrativas orais.

3 (Ufes)

"Quando as embarcações de Colombo aportaram na América, de fato não a descobriram, pois muita gente já vivia em nosso continente. O que de fato ocorreu foi a integração da América ao continente europeu, ou, mais exatamente, à sociedade mercantil. Há quem pense que essa integração foi um favor que os europeus civilizados prestaram aos indígenas bárbaros. Isto não é verdade. As sociedades nativas eram socialmente muito complexas e desenvolvidas e sua incorporação teve custos humanos imensos, graças a massacres cruéis perpetrados pelos cristãos civilizados da Europa."

(PINSKY, J. et al. "História da América através de textos". São Paulo: Contexto, 1991, p. 11)

Acerca das "Altas Culturas" pré-colombianas, NÃO é correto afirmar que

a) os maias e os astecas situavam-se na região denominada Mesoamérica (México e América Central), ao passo que os incas ocupavam a Zona Andina.
b) a economia era basicamente agrária, com destaque para a produção do milho, e se utilizavam técnicas elaboradas de irrigação, a exemplo dos chinampas astecas e dos canais incas.
c) a utilização da escrita pelos governantes representou um notável impulso à centralização do poder, como comprovam as listas reais incaicas, grafadas no dialeto andino "quipu", e os tratados políticos maias e astecas.
d) a estrutura social era de tipo classista, com a existência de uma elite composta por militares, sacerdotes e altos funcionários, que tributava as comunidades aldeãs, sob a forma de trabalho compulsório ou de produtos.
e) a política e a religião se encontravam intimamente unidas, razão pela qual a monarquia se revestia de um caráter sagrado, a exemplo da eleição do Tlatoani asteca, realizada sob inspiração divina, e do título de Filho do Sol, atribuído ao soberano inca.

Capítulo 12: Expansão marítima e conquista da América

1 (Simulado Inep/MEC)

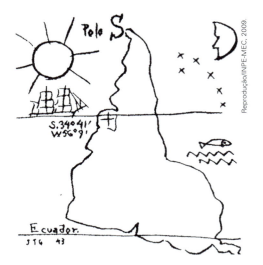

América invertida, de Joaquín Torres-Garcia. Obra de 1943.

O desenho do artista uruguaio Joaquín Torres-García trabalha com uma representação diferente da usual da América Latina. Em artigo publicado em 1941, em que apresenta a imagem e trata do assunto, Joaquín afirma:

> Quem e com que interesse dita o que é o norte e o sul? Defendo a chamada Escola do Sul porque na realidade, nosso norte é o sul. Não deve haver norte, senão em oposição ao nosso sul.
>
> Por isso colocamos o mapa ao revés, desde já, e então teremos a justa ideia de nossa posição, e não como querem no resto do mundo. A ponta da América assinala insistentemente o sul, nosso norte.

TORRES-GARCÍA, J. *Universalismo constructivo*. Buenos Aires: Poseidón, 1941. (Adaptado pela instituição.)

O referido autor, no texto e na imagem:

a) privilegiou a visão dos colonizadores da América.
b) questionou as noções eurocêntricas sobre o mundo.
c) resgatou a imagem da América como centro do mundo.
d) defendeu a Doutrina Monroe expressa no lema "América para os americanos".
e) propôs que o sul fosse chamado de norte e vice-versa.

2 (Enem)

O processamento da mandioca era uma atividade já realizada pelos nativos que viviam no Brasil antes da chegada de portugueses e africanos. Entretanto, ao longo do processo de colonização portuguesa, a produção de farinha foi aperfeiçoada e ampliada, tornando-se lugar-comum em todo o território da colônia portuguesa na América. Com a consolidação do comércio atlântico em suas diferentes conexões, a farinha atravessou os mares e chegou aos mercados africanos.

BEZERRA, N. R. *Escravidão, farinha e tráfico atlântico*: um novo olhar sobre as relações entre o Rio de Janeiro e Benguela (1790-1830). Disponível em: www.bn.br. Acesso em: 20 ago. 2014 (adaptado).

Considerando a formação do espaço atlântico, esse produto exemplifica historicamente a

a) difusão de hábitos alimentares.
b) disseminação de rituais festivos.
c) ampliação dos saberes autóctones.
d) apropriação de costumes guerreiros.
e) diversificação de oferendas religiosas.

3 (Fuvest-SP)

> Os cosmógrafos e navegadores de Portugal e Espanha procuram situar estas costas e ilhas da maneira mais conveniente aos seus propósitos. Os espanhóis situam-nas mais para o Oriente, de forma a parecer que pertencem ao Imperador (Carlos V); os portugueses, por sua vez, situam-nas mais para o Ocidente, pois deste modo entrariam em sua jurisdição.

Carta de Robert Thorne, comerciante inglês, ao rei Henrique VIII, em 1527.

O texto remete diretamente:

a) à competição entre os países europeus retardatários na corrida pelos descobrimentos.
b) aos esforços dos cartógrafos para mapear com precisão as novas descobertas.
c) ao duplo papel da marinha da Inglaterra, ao mesmo tempo mercantil e corsária.
d) às disputas entre países europeus, decorrentes do Tratado de Tordesilhas.
e) à aliança das duas Coroas ibéricas na exploração marítima.

Unidade 5 – Colonialismo e escravidão

Capítulo 13: Colonização do Brasil

1 (Fuvest-SP)

> O ouro e a prata que os reis incas tiveram em grande quantidade não eram avaliados [por eles] como tesouro porque, como se sabe, não ven-

diam nem compravam coisa alguma por prata nem por ouro, nem por eles pagavam os soldados, nem os gastavam com alguma necessidade que lhes aparecesse; tinham-nos como supérfluos, porque não eram de comer. Somente os estimavam por sua formosura e esplendor e para ornamento [das casas reais e ofícios religiosos].

Garcilaso de la Vega. Comentários reais, 1609.

Com base no texto, aponte:

a) As principais diferenças entre o conjunto das ideias expostas no texto e a visão dos conquistadores espanhóis sobre a importância dos metais preciosos na colonização.

b) Os princípios básicos do mercantilismo.

2 (UPM-SP) Entre as funções desempenhadas pela Igreja Católica no Período Colonial, destaca-se:

a) o incentivo à escravização dos nativos, pelos colonos, por meio da qualificação de todos os índios como criaturas sem alma;

b) a tentativa de restringir a utilização de mão de obra escrava indígena apenas aos serviços agrícolas nas áreas de extração do ouro e da prata;

c) a orientação da educação indígena, no sentido de estimular a formação, na colônia, de uma elite intelectual católica;

d) a imposição dos princípios cristãos por meio da catequese, favorecendo o avanço do processo colonizador.

3 (UFRJ)

A primeira coisa que os moradores desta costa do Brasil pretendem são índios escravizados para trabalharem nas suas fazendas, pois sem eles não se podem sustentar na terra.

GANDAVO, Pero Magalhães. Tratado descritivo da terra do Brasil. São Paulo: Itatiaia/Edusp, 1982. p. 42 [1576] (adaptado pela instituição).

Nesse trecho percebe-se a adesão do cronista ao ideário dos colonos lusos no Brasil de fins do século XVI.

Com base no texto, e considerando que em Portugal prevalecia uma hierarquia social aristocrática e católica, explique por que, ao desembarcarem na América portuguesa da época, os colonos imediatamente procuravam lançar mão do trabalho escravo.

Capítulo 14: Sociedade açucareira

1 (Unicamp -SP) O escravo no Brasil é geralmente representado como dócil, dominado pela força e submisso ao senhor. Porém, muitos historiadores mostram a importância da resistência dos escravos aos senhores e o medo que os senhores sentiram diante dos quilombos, insurreições, revoltas, atentados e fugas de escravos.

a) Descreva o que eram os quilombos.

b) Por que a metrópole portuguesa e os senhores combateram os quilombos, as revoltas, os atentados e as fugas de escravos no período colonial brasileiro?

2 (UFMG) O interesse dos holandeses em ocupar áreas no Brasil está relacionado com:

a) a conquista territorial de pontos estratégicos visando quebrar o monopólio da rota da prata.

b) as barreiras impostas pela Espanha à participação flamenga no comércio açucareiro.

c) os contratos comerciais preferenciais firmados entre Portugal e Inglaterra.

d) as solicitações dos senhores de engenho, insatisfeitos com o supermonopólio metropolitano.

e) a instalação de técnicas mais avançadas, visando à elevação da produtividade.

3 (Enem)

O açúcar e suas técnicas de produção foram levados à Europa pelos árabes no século VIII, durante a Idade Média, mas foi principalmente a partir das Cruzadas (séculos XI e XIII) que a sua procura foi aumentando. Nessa época passou a ser importado do Oriente Médio e produzido em pequena escala no sul da Itália, mas continuou a ser um produto de luxo, extremamente caro, chegando a figurar nos dotes de princesas casadoiras.

CAMPOS, R. Grandeza do Brasil no tempo de Antonil (1681-1716). São Paulo: Atual, 1996.

Considerando o conceito do Antigo Sistema Colonial, o açúcar foi o produto escolhido por Portugal para dar início à colonização brasileira, em virtude de:

a) o lucro obtido com o seu comércio ser muito vantajoso.

b) os árabes serem aliados históricos dos portugueses.

c) a mão de obra necessária para o cultivo ser insuficiente.

d) as feitorias africanas facilitarem a comercialização desse produto.

e) os nativos da América dominarem uma técnica de cultivo semelhante.

Capítulo 15: Expansão territorial e mineração

1 (Enem) O mapa abaixo apresenta parte do contorno da América do Sul, destacando a bacia amazônica. Os pontos assinalados representam fortificações militares instaladas no século XVIII pelos portugueses. A linha indica o [meridiano do] Tratado de Tordesilhas, revogado pelo Tratado de Madri apenas em 1750.

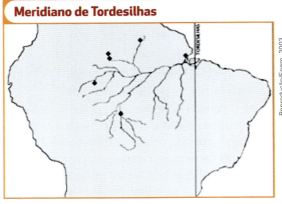

Adaptado de Carlos de Meira Mattos. *Geopolítica e teoria de fronteiras*.

Pode-se afirmar que a construção dos fortes pelos portugueses visava, principalmente, dominar:

a) militarmente a bacia hidrográfica do Amazonas.
b) economicamente as grandes rotas comerciais.
c) as fronteiras entre nações indígenas.
d) o escoamento da produção agrícola.
e) o potencial de pesca da região.

2 (Enem)

Os tropeiros foram figuras decisivas na formação de vilarejos e cidades do Brasil colonial. A palavra tropeiro vem de "tropa", que, no passado, se referia ao conjunto de homens que transportava gado e mercadoria. Por volta do século XVIII, muita coisa era levada de um lugar a outro no lombo de mulas. O tropeirismo acabou associado à atividade mineradora, cujo auge foi a exploração de ouro em Minas Gerais e, mais tarde, em Goiás. A extração de pedras preciosas também atraiu grandes contingentes populacionais para as novas áreas e, por isso, era cada vez mais necessário dispor de alimentos e produtos básicos. A alimentação dos tropeiros era constituída por toucinho, feijão-preto, farinha, pimenta-do-reino, café, fubá e coité (um molho de vinagre com fruto cáustico espremido).

Nos pousos, os tropeiros comiam feijão quase sem molho com pedaços de carne de sol e toucinho, que era servido com farofa e couve picada. O feijão-tropeiro é um dos pratos típicos da cozinha mineira e recebe esse nome porque era preparado pelos cozinheiros das tropas que conduziam o gado.

Disponível em: <http://www.tribunadoplanalto.com.br>.
Acesso em: 27 nov. 2008.

A criação do feijão-tropeiro na culinária brasileira está relacionada à:

a) atividade comercial exercida pelos homens que trabalhavam nas minas.
b) atividade culinária exercida pelos moradores cozinheiros que viviam nas regiões das minas.
c) atividade mercantil exercida pelos homens que transportavam gado e mercadoria.
d) atividade agropecuária exercida pelos tropeiros que necessitavam dispor de alimentos.

Unidade 6 – Súdito e cidadão

Capítulo 16: Antigo Regime e Iluminismo

1 (Enem)

Esclarecimento é a saída do homem de sua menoridade, da qual ele próprio é culpado. A menoridade é a incapacidade de fazer uso de seu entendimento sem a direção de outro indivíduo. O homem é o próprio culpado dessa menoridade se a causa dela não se encontra na falta de entendimento, mas na falta de decisão e coragem de servir-se de si mesmo sem a direção de outrem. Tem coragem de fazer uso de teu próprio entendimento, tal é o lema do esclarecimento. A preguiça e a covardia são as causas pelas quais uma tão grande parte dos homens, depois que a natureza de há muito os libertou de uma condição estranha, continuem, no entanto, de bom grado menores durante toda a vida.

KANT, I. *Resposta à pergunta*: o que é esclarecimento? Petrópolis: Vozes, 1985 (adaptado)

Kant destaca no texto o conceito de Esclarecimento, fundamental para a compreensão do contexto filosófico da Modernidade. Esclarecimento, no sentido empregado por Kant, representa

a) a reivindicação de autonomia da capacidade racional como expressão da maioridade.
b) o exercício da racionalidade como pressuposto menor diante das verdades eternas.
c) a imposição de verdades matemáticas, com caráter objetivo, de forma heterônoma.
d) a compreensão de verdades religiosas que libertam o homem da falta de entendimento.
e) a emancipação da subjetividade humana de ideologias produzidas pela própria razão.

2 (PUC-MG) O Iluminismo representa a visão de mundo da intelectualidade do século XVIII, NÃO podendo ser apontado como parte do seu ideário:

a) combate às injustiças sociais e aos privilégios aristocráticos.
b) fortalecimento do Estado e o cerceamento das liberdades.
c) o anticolonialismo e o repúdio declarado à escravidão.
d) o triunfo da razão sobre a ignorância e a superstição.
e) o anticlericalismo e a oposição à intolerância religiosa.

3 (UFG -GO) Leia e compare os documentos.

O trono real não é o trono de um homem, mas o trono do próprio Deus. Três razões fazem ver que a monarquia hereditária é o melhor governo. A primeira é que é o mais natural e se perpetua por si próprio. A segunda razão é que esse governo é o que interessa mais na conservação do Estado e dos poderes que o constituem: o príncipe, que trabalha para o seu Estado, trabalha para seus filhos. A terceira razão retira-se da dignidade das casas reais.

BOSSUET, Jacques-Bénigne. A política inspirada na Sagrada Escritura. In: FREITAS, Gustavo de. *900 textos e documentos de História*. Lisboa: Plátano, 1977 (adaptado pela instituição).

Nenhum homem recebeu da natureza o direito de comandar os outros. A liberdade é um presente do céu, e cada indivíduo da mesma espécie tem o direito de gozar dela logo que goze da razão. Toda autoridade (que não a paterna) vem duma outra origem, que não é a da natureza. Examinando-a bem, sempre se fará remontar a uma dessas duas fontes: ou a força e violência daquele que dela se apoderou; ou o consentimento daqueles que lhe são submetidos, por um contrato celebrado ou suposto entre eles e a quem deferiram a autoridade.

DIDEROT, Denis. Autoridade política. In: FREITAS, Gustavo de. *900 textos e documentos de História*. Lisboa: Plátano, 1977.

O primeiro documento data de 1708, ao passo que o segundo faz parte da Enciclopédia, cujos volumes foram publicados entre 1751 e 1780. Ambos os escritos tratam do poder político e da relação entre governantes e governados, expressando perspectivas distintas. Nesse sentido, identifique e explique os princípios presentes em cada um dos documentos, que definiram a relação entre governantes e governados.

Capítulo 17: Inglaterra e Revolução Industrial

1 (Unicamp -SP)

Na Europa, até o século XVIII, o passado era o modelo para o presente e para o futuro. O velho representava a sabedoria, não apenas em termos de uma longa experiência, mas também da memória de como eram as coisas, como eram feitas e, portanto, de como deveriam ser feitas. Atualmente, a experiência acumulada não é mais considerada tão relevante. Desde o início da Revolução Industrial, a novidade trazida por cada geração é muito mais marcante do que sua semelhança com o que havia antes.

HOBSBAWM, Eric. O que a história tem a dizer-nos sobre a sociedade contemporânea? In: *Sobre História*. São Paulo: Companhia das Letras, 1998. p. 37-38 (adaptado pela instituição).

a) Segundo o texto, como a Revolução Industrial transformou nossa atitude em relação ao passado?
b) De que maneiras a Revolução Industrial dos séculos XVIII e XIX alterou o sistema de produção?

2 (Enem)

Dominar a luz implica tanto um avanço tecnológico quanto uma certa liberação dos ritmos cíclicos da natureza, com a passagem das estações e as alternâncias de dia e noite. Com a iluminação noturna, a escuridão vai cedendo lugar à claridade, e a percepção temporal começa a se pautar pela marcação do relógio. Se a luz invade a noite, perde sentido a separação tradicional entre trabalho e descanso — todas as partes do dia podem ser aproveitadas produtivamente.

SILVA FILHO, A. L. M. *Fortaleza*: imagens da cidade. Fortaleza: Museu do Ceará; Secult-CE, 2001 (adaptado).

Em relação ao mundo do trabalho, a transformação apontada no texto teve como consequência a
a) melhoria da qualidade da produção industrial.
b) redução da oferta de emprego nas zonas rurais.
c) permissão ao trabalhador para controlar seus próprios horários.
d) diminuição das exigências de esforço no trabalho com máquinas.
e) ampliação do período disponível para a jornada de trabalho.

Capítulo 18: Revolução Francesa e Era Napoleônica

1 (Enem)

Em nosso país queremos substituir o egoísmo pela moral, a honra pela probidade, os usos pelos princípios, as conveniências pelos deveres, a tirania da moda pelo império da razão, o desprezo à desgraça pelo desprezo ao vício, a insolência pelo orgulho, a vaidade pela grandeza de alma, o amor ao dinheiro pelo amor à glória, a boa companhia pelas boas pessoas, a intriga pelo mérito, o espirituoso pelo gênio, o brilho pela verdade, o tédio da volúpia pelo encanto da felicidade, a mesquinharia dos grandes pela grandeza do homem.

HUNT, L. Revolução Francesa e Vida Privada. In: PERROT, M. (Org.) *História da Vida Privada*: da Revolução Francesa à Primeira Guerra. Vol. 4. São Paulo: Companhia das Letras, 1991 (adaptado).

O discurso de Robespierre, de 5 de fevereiro de 1794, do qual o trecho transcrito é parte, relaciona-se a qual dos grupos político-sociais envolvidos na Revolução Francesa?

a) À alta burguesia, que desejava participar do poder legislativo francês como força política dominante.

b) Ao clero francês, que desejava justiça social e era ligado à alta burguesia.

c) A militares oriundos da pequena e média burguesia, que derrotaram as potências rivais e queriam reorganizar a França internamente.

d) À nobreza esclarecida, que, em função do seu contato, com os intelectuais iluministas, desejava extinguir o absolutismo francês.

e) Aos representantes da pequena e média burguesia e das camadas populares, que desejavam justiça social e direitos políticos.

2 (UFPA) Luis XVI, no momento da tomada da Bastilha, proferiu estas palavras: "Não quero me separar do 'meu clero' e da 'minha nobreza'", que refletem a sociedade francesa do Antigo Regime. Essa sociedade era

a) dividida em classes sociais, com uma nobreza parasitária que detinha todos os privilégios, inclusive em cobrar o dízimo das comunidades camponesas, especialmente daquelas consideradas revolucionárias.

b) formada de moradores de castelos medievais, pertencentes a uma notável nobreza de sangue, que detinha todos os privilégios, inclusive o de escolher os padres que atuavam nas paróquias.

c) dividida em Ordens ou Estados, sendo a nobreza e o clero, isto é, o primeiro e o segundo Estados, detentores da maioria dos privilégios e muito ricos em terras e rendas.

d) constituída de uma nobreza togada, muito rica e proprietária de terras que extrapolavam as fronteiras da França e que se sustentava de impostos pagos pelos camponeses, como a talha e a corveia.

e) composta de duas Ordens - clero e nobreza - sendo o clero a mais rica, embora dependesse das rendas advindas dos tributos que a nobreza togada era obrigada a pagar à Igreja e dos impostos pagos pelos comerciantes.

3 (UEG -GO) A Revolução Francesa elaborou um conjunto de valores e princípios que exerceu uma forte influência mundial. Apesar das sucessivas reorientações que experimentaram e da reação contrarrevolucionária de outras potências europeias, essas ideias universalizaram-se de tal forma que muitas delas foram incorporadas à recente tradição democrática das sociedades contemporâneas.

a) Identifique dois princípios consagrados pela Revolução Francesa.

b) Caracterize a reação das potências europeias contrárias aos ideais da Revolução Francesa.

⊃ Unidade 7 – Liberdade e independência

Capítulo 19: Colonização e independência dos EUA

1 (Enem)

Em 4 de julho de 1776, as treze colônias que vieram inicialmente a constituir os Estados Unidos da América (EUA) declaravam sua independência e justificavam a ruptura do Pacto Colonial. Em palavras profundamente subversivas para a época, afirmavam a igualdade dos homens e apregoavam como seus direitos inalienáveis: o direito à vida, à liberdade e à busca da felicidade. Afirmavam que o poder dos governantes, aos quais cabia a defesa daqueles direitos, derivava dos governados. Esses conceitos revolucionários que ecoavam o Iluminismo foram retomados com maior vigor e amplitude treze anos mais tarde, em 1789, na França.

COSTA, Emília Viotti da. In: POMAR, Wladimir. *Revolução Chinesa*. São Paulo: Unesp, 2003 (com adaptações feitas pelo Enem).

Considerando o texto acerca da independência dos EUA e da Revolução Francesa, é correto afirmar:

a) A independência dos EUA e a Revolução Francesa integravam o mesmo contexto histórico, mas se baseavam em princípios e ideais opostos.

b) O processo revolucionário francês identificou-se com o movimento de independência norte-americana no apoio ao absolutismo esclarecido.

c) Tanto nos EUA quanto na França, as teses iluministas sustentavam a luta pelo reconhecimento dos direitos considerados essenciais à dignidade humana.

d) Por ter sido pioneira, a Revolução Francesa exerceu forte influência no desencadeamento da independência norte-americana.

e) Ao romper o Pacto Colonial, a Revolução Francesa abriu o caminho para as independências das colônias ibéricas situadas na América.

2 (Uerj)

Que os tiranos de todos os países, que todos os opressores políticos ou sagrados saibam que existe um lugar no mundo onde se pode escapar aos seus grilhões, onde a humanidade desonrada reergueu a cabeça; [...]; onde as leis não fazem mais que garantir a felicidade; onde [...] a consciência deixou de ser escrava [...].

RAYNAL. *A Revolução da América*. Rio de Janeiro: Arquivo Nacional, 1993.

A posição apresentada pelo abade Raynal sintetiza alguns aspectos da ilustração política.

a) A partir do texto, indique, com suas próprias palavras, dois princípios do pensamento iluminista.

b) Para o autor do texto, a independência das treze colônias inglesas foi um processo revolucionário, razão pela qual denomina-a de Revolução Americana. Cite e explique um fator que contribuiu para essa Revolução.

3 (UFMA) Sobre a colonização inglesa, é correto afirmar que:

a) os colonos ingleses que vieram para a América pretendiam criar uma sociedade socialista de base religiosa.

b) a Inglaterra implantou um rígido sistema de controle econômico sobre suas colônias, baseado no monopólio comercial.

c) as colônias do Norte desenvolveram-se com base na grande propriedade, no trabalho escravo e na agricultura de exportação.

d) as treze colônias na América do Norte podem ser divididas em dois grupos: colônias de exploração e colônias de povoamento.

e) nas treze colônias foi usado o trabalho escravo de ingleses expulsos do campo pelo cercamento das terras.

Capítulo 20: Independências na América Latina

1 (UFJF-MG) A respeito do processo de independência na América espanhola, é **incorreto** afirmar que:

a) a invasão da Espanha pelas tropas napoleônicas levou à reorganização do comércio das colônias, favorecendo a desarticulação do pacto colonial e a implantação de práticas comerciais mais livres.

b) a Inglaterra ofereceu apoio à independência das colônias espanholas, pois via na região uma possibilidade de ampliação dos mercados para seus produtos industrializados.

c) os índios lutaram contra a independência e para a manutenção do trabalho forçado, pois viam no sistema colonial a única maneira de preservação de suas atividades econômicas.

d) os *criollos* pretendiam romper o exclusivo colonial, mas não pretendiam encaminhar uma alteração na estrutura social das colônias.

e) a emergência de uma revolução liberal na Espanha dificultou o envio de tropas para as colônias, favorecendo o processo de independência.

2 (Ufscar -SP) A independência das colônias espanholas da América deveu-se a diversos fatores.

Assinale a opção na qual todos os fatores relacionados contribuíram para essa independência.

a) Política mercantilista da Espanha; influência da independência brasileira; interesse dos Estados Unidos no comércio das colônias espanholas.

b) Monopólio comercial em benefício da metrópole; desigualdade de direitos entre os criollos, nascidos nas colônias, e os chapetones, nascidos na Espanha; enfraquecimento da Espanha pelas guerras napoleônicas.

c) Influência das ideias políticas de Maquiavel; auxílio militar brasileiro à independência dos territórios vizinhos; exemplo da independência dos Estados Unidos.

d) Liberalismo político e econômico, adotado pelas cortes espanholas; enfraquecimento do governo espanhol por causa da intervenção militar francesa; política do Congresso de Viena favorável à independência das colônias.

e) Interesse econômico da Inglaterra na independência das colônias; política de suspensão das restrições de importações, seguida pelo governo de José Bonaparte; aliança entre chapetones, colonos nascidos na Espanha, e criollos, nascidos nas colônias para promover a independência.

Capítulo 21: Independência do Brasil

1 (Enem)

É hoje a nossa festa nacional. O Brasil inteiro, da capital do Império a mais remota e insignificante de suas aldeolas, congrega-se unânime para comemorar o dia que o tirou dentre as nações dependentes para colocá-lo entre as nações soberanas, e entregou-lhe os seus destinos, que até então haviam ficado a cargo de um povo estranho.

Gazeta de Notícias, 7 set. 1883.

As festividades em torno da Independência do Brasil marcam o nosso calendário desde os anos imediatamente posteriores ao de setembro de 1822. Essa comemoração está diretamente relacionada com:

a) a construção e manutenção de símbolos para a formação de uma identidade nacional.
b) o domínio da elite brasileira sobre os principais cargos políticos, que se efetivou logo após 1822.
c) os interesses de senhores de terras que, após a Independência, exigiram a abolição da escravidão.
d) o apoio popular às medidas tomadas pelo governo imperial para a expulsão de estrangeiros do país.
e) a consciência da população sobre os seus direitos adquiridos posteriormente à transferência da Corte para o Rio de Janeiro.

2 (Enem)

Entre os combatentes estava a mais famosa heroína da Independência. Nascida em Feira de Santana, filha de lavradores pobres, Maria Quitéria de Jesus tinha trinta anos quando a Bahia começou a pegar em armas contra os portugueses. Apesar da proibição de mulheres nos batalhões de voluntários, decidiu se alistar às escondidas. Cortou os cabelos, amarrou os seios, vestiu-se de homem e incorporou-se às fileiras brasileiras com o nome de Soldado Medeiros.

GOMES, L. *1822*. Rio de Janeiro: Nova Fronteira, 2010.

No processo de Independência do Brasil, o caso mencionado é emblemático porque evidencia

a) rigidez hierárquica da estrutura social.
b) inserção feminina nos ofícios militares.
c) adesão pública dos imigrantes portugueses.
d) flexibilidade administrativa do governo imperial.
e) receptividade metropolitana aos ideais emancipatórios.

Unidade 8 – Império e território

Capítulo 22: Primeiro Reinado e Regências

1 (Enem) Constituição de 1824:

Art. 98 – O poder Moderador é a chave de toda a organização política, e é delegado privativamente ao imperador [...] para que incessantemente vele sobre a manutenção da independência, equilíbrio e harmonia dos demais poderes políticos [...] dissolvendo a Câmara dos Deputados nos casos em que o exigir a salvação do Estado.

Frei Caneca:

O poder Moderador da nova invenção maquiavélica é a chave-mestra da opressão da nação brasileira e o garrote mais forte da liberdade dos povos. Por ele, o imperador pode dissolver a Câmara dos Deputados, que é a representante do povo, ficando sempre no gozo de seus direitos o Senado, que é o representante dos apaniguados do imperador. (Voto sobre o juramento do projeto de Constituição)

Para frei Caneca, o poder Moderador definido pela Constituição outorgada pelo imperador em 1824 era:

a) adequado ao funcionamento de uma monarquia constitucional, pois os senadores eram escolhidos pelo imperador.
b) eficaz e responsável pela liberdade dos povos, porque garantia a representação da sociedade nas duas esferas do poder Legislativo.
c) arbitrário, porque permitia ao imperador dissolver a Câmara dos Deputados, o poder representativo da sociedade.
d) neutro e fraco, especialmente nos momentos de crise, pois era incapaz de controlar os deputados representantes da nação.
e) capaz de responder às exigências políticas da nação, pois supria as deficiências da representação política.

2 (Enem)

Após o retorno de uma viagem a Minas Gerais, onde Pedro I fora recebido com grande frieza, seus partidários prepararam uma série de manifestações a favor do imperador no Rio de Janeiro, armando fogueiras e luminárias na cidade. Contudo, na noite de 11 de março, tiveram início os conflitos que ficaram conhecidos como a Noite das Garrafadas, durante os quais os "brasileiros" apagavam as fogueiras "portuguesas" e atacavam as casas iluminadas, sendo respondidos com cacos de garrafas jogadas das janelas.

VAINFAS, R. (Org.). *Dicionário do Brasil Imperial*. Rio de Janeiro: Objetiva, 2008 (adaptado).

Os anos finais do I Reinado (1822-1831) se caracterizaram pelo aumento da tensão política. Nesse sentido, a análise dos episódios descritos em Minas Gerais e no Rio de Janeiro revela:

a) estímulos ao racismo.
b) apoio ao xenofobismo.
c) críticas ao federalismo.
d) repúdio ao republicanismo.
e) questionamentos ao autoritarismo.

3 (Fatec-SP) O período da História do Brasil, entre 1831 e 1840, conhecido como período regencial e cujas datas correspondem respectivamente à abdicação e à maioridade de D. Pedro II, tem como um de seus traços marcantes:

a) a constante luta das correntes liberais contra o sistema escravista e a monarquia.
b) a perda da influência da economia inglesa sobre o Brasil, devido à crise da produção algodoeira no Egito e na Índia.
c) o aumento do comércio de produtos primários de exportação, superando a crise do Primeiro Reinado.
d) o rompimento definitivo dos laços com Portugal, em virtude da ascensão dos liberais ao poder.
e) a instabilidade política e social, decorrente de numerosos movimentos revolucionários.

Capítulo 23: Segundo Reinado

1 (Unesp-SP) A expansão da economia do café para o Oeste Paulista, na segunda metade do século XIX, e a grande imigração para a lavoura de café trouxeram modificações na história do Brasil, como:

a) o fortalecimento da economia de subsistência e a manutenção da escravidão.
b) a diversificação econômica e o avanço do processo de urbanização.
c) a divisão dos latifúndios no Vale do Paraíba e a crise da economia paulista.
d) o fim da república oligárquica e o crescimento do movimento camponês.
e) a adoção do sufrágio universal nas eleições federais e a centralização do poder.

2 (Enem)

Lei n. 601, de 18 de setembro de 1850. D. Pedro II, por Graça de Deus e Unânime Aclamação dos Povos, Imperador Constitucional e Defensor Perpétuo do Brasil: Fazemos saber, a todos os nossos súditos, que a Assembleia Geral decretou, e nós queremos a Lei seguinte:

Art. 1º Ficam proibidas as aquisições de terras devolutas por outro título que não seja o de compra.

Disponível em: www.planalto.gov.br. Acesso em: 8 ago. 2014 (adaptado).

Considerando a conjuntura histórica, o ordenamento jurídico abordado resultou na

a) mercantilização do trabalho livre.
b) retração das fronteiras agrícolas.
c) demarcação dos territórios indígenas.
d) concentração da propriedade fundiária.
e) expropriação das comunidades quilombolas.

3 (Enem)

Antonio Rocco. *Os emigrantes*, 1910. Pinacoteca do Estado de São Paulo.

Um dia, os imigrantes aglomerados na amurada da proa chegavam à fedentina quente de um porto, num silêncio de mato e de febre amarela. Santos. — É aqui! Buenos Aires é aqui! — Tinham trocado o rótulo das bagagens, desciam em fila. Faziam suas necessidades nos trens dos animais onde iam. Jogavam-nos num pavilhão comum em São Paulo. — Buenos Aires é aqui! — Amontoados com trouxas, sanfonas e baús, num carro de bois, que pretos guiavam através do mato por estradas esburacadas, chegavam uma tarde nas senzalas donde acabava de sair o braço escravo. Formavam militarmente nas madrugadas do terreiro homens e mulheres, ante feitores de espingarda ao ombro.

ANDRADE, Oswald de. *Marco zero II*: chão. Rio de Janeiro: Globo, 1991.

Levando-se em consideração o texto de Oswald de Andrade e a pintura de Antonio Rocco reproduzida acima, relativos à imigração europeia para o Brasil, é correto afirmar que:

a) a visão da imigração presente na pintura é trágica e, no texto, otimista.
b) a pintura confirma a visão do texto quanto à imigração de argentinos para o Brasil.
c) os dois autores retratam dificuldades dos imigrantes na chegada ao Brasil.
d) Antonio Rocco retrata de forma otimista a imigração, destacando o pioneirismo do imigrante.
e) Oswald de Andrade mostra que a condição de vida do imigrante era melhor que a dos ex-escravos.

Capítulo 24: Crise do império

1 (Enem) O abolicionista Joaquim Nabuco fez um resumo dos fatores que levaram à abolição da escravatura com as seguintes palavras:

> Cinco ações ou concursos diferentes cooperaram para o resultado final: 1º) o espírito daqueles que criavam a opinião pela ideia, pela palavra, pelo sentimento, e que a faziam valer por meio do Parlamento, dos meetings [reuniões públicas], da imprensa, do ensino superior, do púlpito, dos tribunais; 2º) a ação coercitiva dos que se propunham a destruir materialmente o formidável aparelho da escravidão, arrebatando os escravos ao poder dos senhores; 3º) a ação complementar dos próprios proprietários, que, à medida que o movimento se precipitava, iam libertando em massa as suas "fábricas"; 4º) a ação política dos estadistas, representando as concessões do governo; 5º) a ação da família imperial.
>
> NABUCO, Joaquim. *Minha formação*. São Paulo: Martin Claret, 2005. p. 144. (Com adaptações feitas pelo Enem.)

Nesse texto, Joaquim Nabuco afirma que a abolição da escravatura foi o resultado de uma luta:

a) de ideias, associada a ações contra a organização escravista, com o auxílio de proprietários que libertavam seus escravos, de estadistas e da ação da família imperial.
b) de classes, associada a ações contra a organização escravista, que foi seguida pela ajuda de proprietários que substituíam os escravos por assalariados, o que provocou a adesão de estadistas e, posteriormente, ações republicanas.
c) partidária, associada a ações contra a organização escravista, com o auxílio de proprietários que mudavam seu foco de investimento e da ação da família imperial.
d) política, associada a ações contra a organização escravista, sabotada por proprietários que buscavam manter o escravismo, por estadistas e pela ação republicana contra a realeza.
e) religiosa, associada a ações contra a organização escravista, que fora apoiada por proprietários que haviam substituído os seus escravos por imigrantes, o que resultou na adesão de estadistas republicanos na luta contra a realeza.

2 (Enem)

TEXTO I

Em todo o país a lei de 13 de maio de 1888 libertou poucos negros em relação à população de cor. A maioria já havia conquistado a alforria antes de 1888, por meio de estratégias possíveis. No entanto, a importância histórica da lei de 1888 não pode ser mensurada apenas em termos numéricos. O impacto que a extinção da escravidão causou numa sociedade constituída a partir da legitimidade da propriedade sobre a pessoa não cabe em cifras.

ALBUQUERQUE, W. *O jogo da dissimulação*: Abolição e cidadania negra no Brasil. São Paulo: Companhia das Letras, 2009 (adaptado).

TEXTO II

Nos anos imediatamente anteriores à Abolição, a população livre do Rio de Janeiro se tornou mais numerosa e diversificada. Os escravos, bem menos numerosos que antes, e com os africanos mais aculturados, certamente não se distinguiam muito facilmente dos libertos e dos pretos e pardos livres habitantes da cidade. Também já não é razoável presumir que uma pessoa de cor seja provavelmente cativa, pois os negros libertos e livres poderiam ser encontrados em toda parte.

CHALHOUB, S. *Visões da liberdade*: uma história das últimas décadas da escravidão na Corte. São Paulo: Companhia das Letras, 1990 (adaptado).

Sobre o fim da escravidão no Brasil, o elemento destacado no Texto I que complementa os argumentos apresentados no Texto II é o(a):

a) variedade das estratégias de resistência dos cativos.
b) controle jurídico exercido pelos proprietários.
c) inovação social representada pela lei.
d) ineficácia prática da libertação.
e) significado político da Abolição.

Capítulo 11: Povos da América
1. e.
2. d.
3. c.

Capítulo 12: Expansão marítima e conquista da América
1. b.
2. a.
3. d.

Capítulo 13: Colonização do Brasil
1. a) Para os incas, o ouro não era visto como tesouro, era utilizado apenas para a confecção de adornos. Os espanhóis, por sua vez, de acordo com as ideias mercantilistas, tinham interesse no acúmulo de metais preciosos para o Estado.
    b) Entre as principais características do mercantilismo, destacam-se: balança comercial favorável, metalismo, protecionismo, intervencionismo estatal, sistema colonial.
2. d.
3. O ideal aristocrático prevalecente em sua sociedade de origem levava os colonos a viver à custa do trabalho alheio como traço de distinção social. O ideal aristocrático a que se refere a questão é uma herança do feudalismo medieval, em que o trabalho era visto como algo incompatível com as funções da nobreza e destinado às populações sem linhagem, no caso os servos.

Capítulo 14: Sociedade açucareira
1. a) Os quilombos eram comunidades formadas principalmente por escravos fugitivos, mas também por indígenas ameaçados pelo avanço europeu, soldados desertores, pessoas perseguidas pela justiça ou simples aventureiros e comerciantes.
    b) Os quilombos, as revoltas, os atentados e as fugas de escravos foram duramente combatidos pela metrópole portuguesa e pelos senhores porque essas formas de resistência comprometiam sua autoridade política e ameaçavam seus negócios. A escravidão era um negócio muito lucrativo para a metrópole portuguesa, que obtinha altos ganhos com o tráfico negreiro e o uso da mão de obra africana em suas colônias.
2. b.
3. a.

Capítulo 15: Expansão territorial e mineração
1. a.
2. c.

Capítulo 16: Antigo Regime e Iluminismo
1. a.
2. b.
3. O princípio que orienta o primeiro documento é o do direito divino dos reis; já no segundo, o princípio orientador é a razão iluminista. Para os defensores do absolutismo, como Jacques Bossuet (1627-1704), o poder político dos reis emanava de Deus, sendo, portanto, um "poder divino" e determinado pelo nascimento (a hereditariedade sustentava a sucessão dinástica). Isso significa que a legitimidade dos monarcas é indiscutível e natural, constituindo uma relação entre governante e governados na qual o primeiro tem autoridade e os segundos devem-lhe obediência e fidelidade, na categoria de súditos. Para os iluministas, em geral, e para Diderot (1713-1784), em particular, tal como se pode deduzir da leitura do fragmento, o poder político não é algo natural ou tomado como uma herança divina, uma vez que os homens, amparados pela razão, devem gozar de sua liberdade. Por isso, a relação entre governante e governados depende de fonte distinta: a força (o uso da violência) e o consentimento (o contrato).

Capítulo 17: Inglaterra e Revolução Industrial
1. a) De acordo com o texto, antes da Revolução Industrial, "o passado era o modelo para o presente e para o futuro", assim, o velho representava a sabedoria, a experiência e a memória. Depois da Revolução Industrial, a novidade surgida a cada geração ganhou mais importância.

- a perda de autonomia dos colonos constituiu-se em um empecilho para a continuação do desenvolvimento das elites das colônias;
- as ideias de liberdade oriundas do pensamento da Ilustração – essas ideias levaram os colonos a questionar a aplicação do pacto colonial;
- insatisfação dos colonos em relação à Linha da Proclamação Régia – por meio dela, a Coroa inglesa estabelecia o monopólio sobre as terras obtidas em decorrência do Tratado de Paris.

3. d.

Capítulo 20: Independências na América Latina

1. c.
2. b.

Capítulo 21: Independência do Brasil

1. a.
2. a.

Capítulo 22: Primeiro Reinado e Regências

1. c.
2. e.
3. e.

Capítulo 23: Segundo Reinado

1. b.
2. d.
3. c.

Capítulo 24: Crise do império

1. a.
2. e.

CONECTE LIVE

VOLUME ÚNICO

GILBERTO COTRIM

Bacharel em História pela Faculdade de Filosofia, Letras e Ciências Humanas da Universidade de São Paulo (FFLCH-USP).

Licenciado em História pela Faculdade de Educação da Universidade de São Paulo (FEUSP).

Mestre em Educação, Arte e História da Cultura pela Universidade Presbiteriana Mackenzie (UPM-SP).

Professor de História na rede particular de ensino de São Paulo.

Advogado inscrito na OAB São Paulo.

GIORDANA COTRIM

Bacharela em História pela Pontifícia Universidade Católica de São Paulo (PUC-SP).

Licenciada em História pela Pontifícia Universidade Católica de São Paulo (PUC-SP).

Assessora pedagógica.

PARTE III

História

Sumário

PARTE III

Unidade 9
Tecnologia e dominação

Capítulo 25 – Nacionalismo e imperialismo 317
- Onda de revoltas 317
- Agitações na França 318
- Unificação da Itália 320
- Unificação da Alemanha 320
- Avanço capitalista 321
- Imperialismo 322
- Partilha da África e da Ásia 322
- Impérios neocoloniais 324
- Expansão dos Estados Unidos 325
- América Latina 327
- **Oficina de História** 329

Capítulo 26 – Primeira Guerra e Revolução Russa 331
- Clima de tensão na Europa 331
- Explode a guerra 333
- Fim do conflito 335
- **Conexões** – Filosofia e Sociologia 336
- Tratado de Versalhes 337
- Novo mapa europeu 337
- Liga das Nações 338
- Revolução Russa 338
- **Oficina de História** 341

Capítulo 27 – Crise de 1929 e Segunda Guerra 342
- Estados Unidos nos anos 1920 342
- Totalitarismo 344
- O caminho para a guerra 346
- Guerra-relâmpago 347
- Breve balanço da guerra 350
- Vítimas do nazismo 350
- **Conexões** – Filosofia 351
- **Oficina de História** 352

Unidade 10
República e autoritarismo

Capítulo 28 – República oligárquica 354
- Proclamação da República 354
- **Conexões** – Filosofia 355
- As oligarquias cafeeiras no poder 358
- Vida social 362
- **Oficina de História** 366

Capítulo 29 – Revoltas na Primeira República 368
- Messianismo: religiosidade e revolta sertaneja 368
- Cangaço 370
- Revoltas no Rio de Janeiro 371
- Tenentismo (1922-1926) 373
- Modernismo 375
- **Oficina de História** 376

Capítulo 30 – Era Vargas 378
- A república em crise 378
- Getúlio no poder 380
- Governo Constitucional 382
- **Conexões** – Filosofia e Sociologia 384
- Governo Ditatorial 385
- Economia e trabalho 385
- **Oficina de História** 388

Unidade 11
Globalização e meio ambiente

Capítulo 31 – Guerra Fria e socialismo 390
- Nova ordem mundial 390
- Guerra Fria 392
- União Soviética 394
- China: rumo ao socialismo de mercado 396
- **Conexões** – Filosofia 397
- Cuba: socialismo na América Latina 398
- **Oficina de História** 400

Capítulo 32 – Independências na África, na Ásia e no Oriente Médio 401
- Descolonização ou retomada 401
- Independências na África 402
- Independências na Ásia 406
- **Conexões** – Sociologia 408
- **Oficina de História** 411

Capítulo 33 – Globalização e desigualdade 412
- Globalização 412
- Grandes potências 417
- **Oficina de História** 422

Projeto Mobilização ambiental #Sextapelofuturo 424

Unidade 12
Democracia e cidadania

Capítulo 34 – Experiência democrática 427
- Governo Dutra (1946-1950) 427
- Governo Vargas (1951-1954) 428
- Governo Juscelino (1956-1961) 429
- **Conexões** – Sociologia 432
- Governo Jânio (1961) 433
- Governo Goulart (1961-1964) 435
- **Oficina de História** 437

Capítulo 35 – Governos militares 439
- Autoritarismo 439
- Governo Castello Branco 440
- Governo Costa e Silva 440
- Governo Médici 441
- Governo Geisel 442
- Governo Figueiredo: transição democrática 444
- Um breve balanço 445
- **Oficina de História** 447

Capítulo 36 – Brasil contemporâneo 448
- Campanha Diretas Já 448
- Governo Sarney 449
- Governo Collor 451
- Governo Itamar 452
- Governo Fernando Henrique 452
- Governo Lula 455
- Governo Dilma 456
- Governo Michel Temer 457
- Governo Jair Bolsonaro 457
- Conquistas democráticas do país 457
- **Conexões** – Sociologia e Filosofia 458
- **Oficina de História** 459
- **Perspectivas** O trabalho no século XXI 460
- **Questões do Enem e de vestibulares** 462
- **BNCC do Ensino Médio: habilidades de Ciências Humanas e Sociais Aplicadas** 475
- **Bibliografia** 477

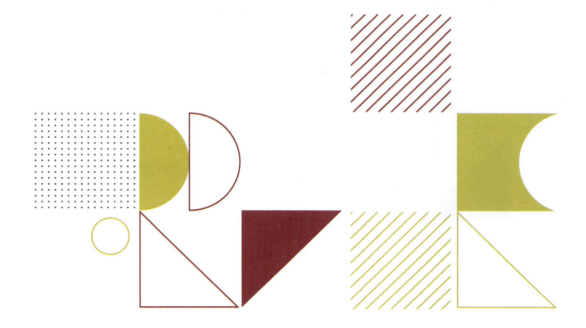

CIÊNCIAS HUMANAS E SOCIAIS APLICADAS

UNIDADE

Tecnologia e dominação

Nesta unidade, estudaremos o imperialismo europeu na África e na Ásia, a ascensão dos Estados Unidos, as duas guerras mundiais, os totalitarismos e a Revolução Russa. Alguns desses eventos provocaram grandes tragédias e reflexões filosóficas sobre a condição humana.
De acordo com o historiador Eric Hobsbawm, foram mortas cerca de 187 milhões de pessoas ao longo do século XX.

Granger/Glow Images

Construção do canal do Panamá, que liga os oceanos Atlântico e Pacífico. Inaugurado em 1914, o canal tem grande importância para o comércio marítimo, principalmente para os Estados Unidos.

- Em grupo, reflitam sobre o tema: "as tecnologias libertam, mas dominam". Em que situações do cotidiano vocês percebem essa contradição filosófica?

CAPÍTULO 25

Nacionalismo e imperialismo

Durante o século XIX, na Europa, surgiram correntes liberais, nacionalistas e socialistas e ocorreram as unificações da Itália e da Alemanha. Além disso, Inglaterra e França lideraram a disputa colonialista da África e da Ásia. No mesmo período, na América, acontecia a expansão territorial dos Estados Unidos, a Guerra de Secessão e a dominação de países latino-americanos.

Este capítulo favorece o desenvolvimento das habilidades:

EM13CHS101
EM13CHS102
EM13CHS103
EM13CHS104
EM13CHS105
EM13CHS106
EM13CHS201
EM13CHS202
EM13CHS203
EM13CHS204
EM13CHS206
EM13CHS302
EM13CHS304
EM13CHS306
EM13CHS401
EM13CHS404
EM13CHS503
EM13CHS602
EM13CHS603

Onda de revoltas

O Congresso de Viena e a Santa Aliança promoveram a **restauração das monarquias absolutistas** em países europeus ocidentais, unindo forças tradicionais da nobreza e do clero. No entanto, essas monarquias absolutistas não conseguiam enfrentar os problemas sociais que afligiam grande parte da população. O operariado vivia na miséria; os trabalhadores não tinham direitos fundamentais que regulassem as relações trabalhistas; a liberdade de expressão era limitada. Nesse contexto, surgiram movimentos revolucionários inspirados em correntes do liberalismo, nacionalismo, anarquismo e socialismo.

Liberalismo

O **liberalismo político** defendia a ideia de um governante com poderes limitados por uma Constituição que garantisse os direitos e deveres dos cidadãos. Isso significava, por exemplo, que cada cidadão teria liberdade de expressão, associação e crença religiosa. A Constituição também estabeleceria a separação dos poderes em Executivo, Legislativo e Judiciário.

Já o **liberalismo econômico** defendia a propriedade privada, o livre-comércio, a livre concorrência e o livre trabalho, além combater a intervenção do Estado na economia, abrindo espaço para a iniciativa privada.

Nacionalismo

O nacionalismo baseava-se na ideia de que uma **nação** é formada por uma comunidade de pessoas unidas por vínculos étnicos, linguísticos e históricos. Expressava ideais como o da **independência nacional** (direito dos povos de lutar por sua independência) e o da **autodeterminação** (direito dos povos de escolher seu sistema político, sua forma de governo, dentro de um território unificado).

Os ideais nacionalistas tiveram grande importância nos movimentos pela unificação da Itália e da Alemanha. Contribuíram para a criação do imaginário nacional de muitos países, como foi o caso do Brasil. No entanto, nacionalismos exacerbados podem muitas vezes conduzir à xenofobia, isto é, a ódio ou aversão a estrangeiros.

Investigar

- Identifique alguns vínculos culturais que existem entre os cidadãos brasileiros.

LINHA DO TEMPO

1830 — Eclodem revoluções nacionalistas na Europa.

1848 — Os pensadores alemães Marx e Engels escrevem o *Manifesto comunista*.

1852 — Início do governo francês de Luís Bonaparte, que se estende até 1871.

1858 — Início da construção do canal de Suez, cujas obras se prolongam até 1869.

1861 — Unificação da Itália. O rei Vitor Emanuel II governa o país de 1862 a 1878.

1861 — Guerra de Secessão. Conflito entre o norte e o sul dos Estados Unidos da América

Linha do tempo esquemática. O espaço entre as datas não é proporcional ao intervalo de tempo.

Anarquismo

O anarquismo defendia a ausência de governo ou de autoridade. Entre os representantes dessa corrente destacaram-se **Pierre-Joseph Proudhon** (1809-1865) e **Mikhail Alexandrovich Bakunin** (1814-1876). Eles criticavam a exploração dos trabalhadores e a concentração de riqueza nas mãos de uma elite. Defendiam igualdade e liberdade para todas as pessoas. Tudo deveria pertencer à coletividade, formada por pessoas livres, que produziriam o necessário para a sobrevivência de seus membros.

Socialismo

O socialismo, de modo geral, defendia a ideia de que os interesses coletivos devem prevalecer sobre os interesses individuais. No entanto, há uma grande variedade de correntes socialistas. Dentre os criadores dessas primeiras correntes, destacaram-se o teórico francês **Saint-Simon** (1760-1825) e o britânico **Robert Owen** (1771-1858).

Saint-Simon criticou o liberalismo econômico e a exploração dos trabalhadores pelos capitalistas (proprietários dos meios de produção). Defendia a extinção das diferenças de classe e a construção de uma sociedade em que cada um ganhasse de acordo com o real valor de seu trabalho. Robert Owen propunha a organização de comunidades cooperativas (*trade unions*), compostas de operários, que receberiam de acordo com as suas horas de trabalho.

Posteriormente, os pensadores alemães **Karl Marx** (1818-1883) e **Friedrich Engels** (1820-1895), autores de obras como *Manifesto comunista* (1848), desenvolveram a corrente socialista conhecida como **marxismo**, que desperta debates até os dias atuais.

Marx e Engels afirmavam que a história de todas as sociedades é a história das lutas de classes (homens livres e escravos; patrícios e plebeus, senhores e servos), isto é, a luta entre opressores e oprimidos. Nas sociedades industriais, essas lutas se expressam pela oposição entre burguesia e proletariado. Os burgueses dominam os meios de produção, enquanto os proletários vendem seu trabalho à burguesia em troca de salário. Nesse sistema ocorrem grandes injustiças sociais, pois os trabalhadores vivem na miséria e são explorados em seu trabalho. Assim, os proletários deveriam se unir para lutar contra essas injustiças e promover uma revolução social rumo ao comunismo.

Greve em Saint-Ouen, óleo sobre tela de Paul Louis Delance, de 1908. Situada ao norte de Paris, Saint-Ouen era um importante centro metalúrgico. As manifestações dos trabalhadores, repletas de bandeiras vermelhas (associadas aos movimentos revolucionários), foram duramente reprimidas pelo empresariado e pela polícia, o que resultou em diversas mortes.

Investigar
- O que define o "valor" de um trabalho? Pense em aspectos artísticos, políticos, econômicos, entre outros.

Agitações na França

Várias ondas revolucionárias agitaram os países europeus no século XIX. Essas revoluções pretendiam romper com as monarquias absolutistas, reagindo contra as propostas do Congresso de Viena e da Santa Aliança.

A primeira onda de rebeliões começou em 1820 e envolveu países do sul europeu, como Grécia e Espanha. Depois, uma nova onda, em 1830, atingiu a França e destituiu a antiga dinastia dos Bourbon. Ali foi estabelecida uma Constituição que garantia liberdades fundamentais. A terceira onda também começou na França, em 1848, e culminou na proclamação da República. Essa terceira onda se espalhou por vários países europeus, ficando conhecida como "primavera dos povos".

As principais reivindicações desses movimentos foram o estabelecimento de governos constitucionais, a separação entre Igreja e Estado e a realização de eleições para os cargos políticos.

Em sua maioria, os movimentos revolucionários foram sufocados. Porém, houve algumas conquistas, como: sufrágio universal masculino na França; extinção do regime feudal em todo continente (exceto na Rússia); e a aquisição de direitos sociais para os trabalhadores.

República na França

Em fevereiro de 1848, o rei da França foi deposto e a república foi proclamada. O governo provisório republicano promoveu a liberdade de imprensa, **aboliu a escravidão** nas colônias francesas e estabeleceu o **sufrágio universal masculino**, isto é, o direito de voto para todos os cidadãos homens.

Em 23 de abril de 1848, ocorreram eleições parlamentares no país. Foi eleita, então, uma Assembleia Nacional Constituinte, composta, em sua maioria, de parlamentares de tendência liberal-burguesa. Derrotados nas eleições, os socialistas passaram a comandar várias lutas de trabalhadores contra as decisões da Assembleia Constituinte. No mesmo ano, numerosas rebeliões operárias eclodiram em Paris e em outras cidades francesas de grande concentração industrial.

Em junho de 1848, tropas do governo reprimiram os levantes, provocando a morte de mais de 10 mil pessoas. Os líderes socialistas foram mortos ou tiveram de fugir da França. Esse momento marcou a ruptura efetiva entre os projetos da burguesia e dos socialistas.

Luís Bonaparte e a volta da monarquia

Em dezembro de 1848, foram realizadas eleições para a presidência da República. Luís Bonaparte, sobrinho de Napoleão Bonaparte, elegeu-se prometendo devolver os "tempos de glória" do Império Napoleônico. Na época, Luís tinha o apoio de setores do exército e da população que temiam revoltas sociais.

Próximo do fim de seu mandato, em 2 de dezembro de 1851, ele promoveu um golpe de Estado para continuar no poder. Utilizando-se de intensa propaganda, conseguiu apoio popular para realizar um plebiscito, que decidiu pelo restabelecimento do Império na França.

Luís Bonaparte foi proclamado imperador, com o título de Napoleão III, permanecendo no poder por cerca de 18 anos. Seu governo restabeleceu a ordem política interna e desenvolveu os transportes, a indústria e o comércio.

Na política externa, adotou **atitudes imperialistas,** sobretudo na África. Em 1870, Napoleão III declarou guerra à Prússia, que lutava pela unificação alemã. Foi derrotado e preso pelos exércitos prussianos.

Comuna de Paris

Com a derrota na guerra contra a Prússia e a prisão de Napoleão III, instalou-se novamente a República na França (Terceira República). A presidência da República foi assumida então por Louis Adolphe Thiers (1797-1877), que governou de 1871 a 1873.

Durante o governo de Thiers, milhares de trabalhadores franceses sofriam com a fome, a miséria e a humilhação. Reagindo a isso, eles se rebelaram e tomaram a cidade de Paris em março de 1871. Nessa data, instauraram um governo popular denominado **Comuna de Paris**, que durou apenas dois meses.

Em maio de 1871, Paris foi cercada pelas forças governamentais. Teve início uma semana de sangrentas batalhas, que resultaram no massacre de mais de 20 mil combatentes da Comuna e na prisão e no exílio de outras 40 mil pessoas. A Comuna de Paris foi considerada a primeira tentativa de criação de um governo popular de inspiração socialista.

> **Investigar**
> - A atual Constituição federal brasileira prevê a participação direta da população no processo democrático por meio de três instrumentos: o plebiscito, o referendo e a lei de iniciativa popular. Pesquise as diferenças entre esses instrumentos.

Península Itálica em 1815

Legenda:
- Reino do Piemonte-Sardenha
- Ex-domínio do Império Austríaco
- Territórios cedidos à França (1860)
- Ex-domínio da dinastia francesa dos Bourbon
- Ex-domínio do papa
- Territórios pretendidos pela Itália e só anexados em 1919

Fonte: elaborado com base em KINDER, Hermann; HILGEMAN, Werner. *Atlas histórico mundial: de la Revolución Francesa a nuestros días.* 10. ed. Madri: Ediciones Istmo, 1982. p. 76.

Unificação da Itália

A Itália não era um país unificado até meados do século XIX. A região era dividida em várias unidades políticas independentes.

Após o Congresso de Viena, a península Itálica passou a ser dominada por austríacos, franceses e pela Igreja católica. O reino do Piemonte-Sardenha foi o único que se manteve autônomo, adotando uma constituição liberal. Foi nessa região que teve início o processo de unificação da Itália.

Com o apoio da França, o reino do Piemonte-Sardenha entrou em guerra contra os austríacos em 1859. Alcançando expressivas vitórias, o reino sardo-piemontês anexou as regiões da Lombardia, da Toscana, de Parma, de Módena e de Romagna. No sul da península, Giuseppe Garibaldi (1807-1882) liderou um exército de voluntários, os camisas vermelhas, e ocupou o Reino das Duas Sicílias, em prol da unificação italiana.

No final de 1860, a unificação estava praticamente concluída. Vítor Emanuel II, que dominava quase todo o território italiano, foi proclamado rei da Itália em março de 1861. Veneza e Roma resistiram por algum tempo, sendo anexadas, respectivamente, em 1866 e em 1870.

Questão Romana

Em 1870, quando Roma foi anexada à Itália unificada, o papa Pio IX não aceitou a perda dos territórios da Igreja católica e se declarou um prisioneiro no Palácio do Vaticano. Surgiu, assim, a chamada **Questão Romana**, que foi resolvida somente em 1929 com a assinatura do Tratado de Latrão, negociado entre o papa e o Estado italiano. Esse tratado resultou na criação do Estado do Vaticano, que é hoje o menor país do mundo, com uma área de 0,44 km². Nele fica a sede da Igreja católica e a residência oficial do papa.

Unificação da Alemanha

Da mesma forma que a Itália, a Alemanha não existia como Estado unificado até a primeira metade do século XIX. A região era formada por 39 Estados independentes: uns pobres e outros ricos; uns católicos e outros protestantes; uns predominantemente agrícolas e outros predominantemente industrializados. Desde 1815, pelas determinações do Congresso de Viena, esses Estados estavam reunidos na Confederação Germânica, da qual participavam a Áustria e a Prússia.

Zollverein: o início da unificação

Em 1834, sob a influência de grupos de industriais, sobretudo da Prússia, estabeleceu-se o *Zollverein*, uma **união aduaneira** com o objetivo de eliminar os impostos alfandegários entre os diferentes Estados da Confederação Germânica. Até 1853, quase todos os Estados germânicos faziam parte do *Zollverein*, exceto a Áustria, então rival da Prússia.

O *Zollverein* contribuiu para o desenvolvimento da economia da região. Multiplicaram-se as indústrias, expandiram-se as cidades, foram construídas ferrovias, incentivou-se a exploração de carvão e ferro, etc.

Liderança de Bismarck

Nos diversos Estados da Confederação Germânica, ganharam vigor as ideias nacionalistas que pregavam a união étnica e cultural dos germânicos sob a tutela de um só Estado. A primeira tentativa de unificação foi empreendida pela Prússia em 1850 e fracassou devido à interferência da Áustria.

Em 1862, o rei prussiano Guilherme I nomeou como seu primeiro-ministro Otto von Bismarck (1815-1898), conhecido como o Chanceler de Ferro. Bismarck acreditava que a unificação alemã só se concretizaria com uso da força militar. Por isso, fortaleceu o exército e liderou as tropas da Prússia em guerras contra a Dinamarca (1864), a Áustria (1866) e a França (1870).

Ao final dessas lutas, em 18 de janeiro de 1871, Guilherme I foi proclamado imperador da Alemanha, em cerimônia realizada em Versalhes. Isso representou uma humilhação às forças francesas derrotadas. Essa data marca a **unificação da Alemanha**. Com a unificação, acelerou-se o processo de industrialização no país, que se tornou uma das fortes economias ocidentais. O crescimento industrial exigia a ampliação dos mercados consumidores e, para isso, o governo da Alemanha se empenhou na conquista de colônias.

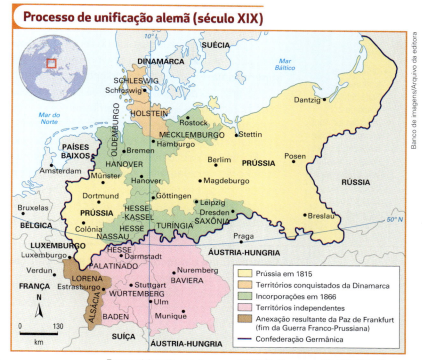

Fonte: elaborado com base em KINDER, Hermann; HILGEMAN, Werner. *Atlas histórico mundial*: de la Revolución Francesa a nuestros días. 11. ed. Madri: Ediciones Istmo, 1982. p. 78.

Avanço capitalista

A partir de 1850, com os avanços científicos e tecnológicos, instalou-se uma nova fase da economia capitalista, marcada pela forte concentração da produção e do capital nas mãos de grandes empresas.

Nessa fase, os bancos se associaram às indústrias mais poderosas. Assim, ocorreu uma fusão do capital bancário com o capital industrial, dando origem ao capitalismo monopolista.

Dominando a produção de alguns setores, as grandes empresas adotaram práticas monopolistas como **cartel**, **holding** e **truste**. Na época, empresários de alguns poucos países industrializados (como Inglaterra, França, Alemanha e Estados Unidos) concentravam cerca de 80% do capital mundial.

Essas práticas monopolistas ocorrem até hoje, embora muitos governos procurem controlá-las ou combatê-las, em razão de seu efeito negativo sobre a economia: elas podem gerar aumento de preços, inflação e desemprego.

> **Cartel:** união de grandes empresas que estabelecem acordo para controlar a produção, os preços ou o mercado de determinado setor.
> **Holding:** empresa que detém o controle acionário de outras empresas, embora elas mantenham certa autonomia.
> **Truste:** fusão de diversas empresas do mesmo ramo.

Investigar

- No Brasil atual, a legislação proíbe a formação de cartéis e trustes. Pesquise notícias que denunciam essas práticas e apresente-as aos colegas.

Imperialismo

Investigar
- Reflita sobre a afirmação: "Toda dominação acaba gerando resistências". Você concorda com ela ou discorda dela? Debata o assunto com os colegas e dê exemplos com base em suas experiências.

A partir da segunda metade do século XIX, governantes e empresários de países industrializados promoveram uma nova corrida colonial, conhecida como **neocolonialismo** ou **imperialismo**. Os alvos do neocolonialismo foram nações da Ásia, da África e da Oceania.

As grandes potências capitalistas invadiram esses territórios e lhes impuseram uma dominação econômica, cultural e territorial. Essas potências visavam, sobretudo: ter acesso a novas fontes de matérias-primas; ampliar a exportação de produtos industrializados; investir o capital acumulado com a industrialização; e ampliar o poder político, econômico e cultural.

Durante o neocolonialismo, difundiu-se uma **ideia falsa** de que os europeus seriam "superiores" aos demais povos em função de supostas características biológicas da "raça branca", de sua fé religiosa (cristianismo) e de seu desenvolvimento técnico e científico (industrialização). Essas ideias etnocêntricas foram utilizadas para justificar ações imperialistas, em nome de uma "missão civilizadora" europeia.

Colonialismo e neocolonialismo: semelhanças e diferenças

	Colonialismo europeu do século XVI	Neocolonialismo do século XIX
Principal área de dominação	América	África, Ásia e Oceania
Fase do capitalismo	Capitalismo mercantilista (comercial)	Capitalismo financeiro, monopolista (industrial)
Patrocinadores	Burguesia comercial e Estados metropolitanos europeus	Burguesia comercial e financeiro-industrial e Estados industriais desenvolvidos
Objetivos econômicos	Garantia de mercado consumidor para a produção econômica europeia. Garantia de exploração de produtos coloniais, como artigos tropicais e metais preciosos	Reserva de mercado para a produção industrial. Garantia de fornecimento de matérias-primas, como carvão, ferro, petróleo e metais não ferrosos. Controle dos mercados externos para investimento de capitais excedentes
Justificativa ideológica	Expansão da fé cristã	Missão civilizadora cristã e disseminação do progresso técnico-científico pelo mundo

Partilha da África e da Ásia

Com base em ideias preconceituosas de superioridade racial e cultural, os grupos imperialistas europeus dividiram entre si os territórios invadidos e exploraram milhares de povos. Essa divisão ficou conhecida como Partilha da África e Partilha da Ásia.

Os maiores impérios coloniais foram estabelecidos pela Inglaterra e França. Governos como o de Portugal, Bélgica, Espanha, Alemanha, Itália, Holanda e Japão também desenvolveram políticas voltadas à conquista colonial. Portugal e Espanha já tinham colônias em decorrência do antigo colonialismo mercantilista.

Essas conquistas desencadearam uma série de rebeliões anticolonialistas organizadas por grupos locais. Sufocadas pelo poderio militar e econômico dos países dominadores, a resistência de grupos africanos e asiáticos nunca cessou.

Charge satírica publicada na revista *A mosca vermelha*, de Barcelona (Espanha), em 1882. A charge compara as tentativas de conquistar o mundo dos britânicos e dos jesuítas. Enquanto o canhão do soldado britânico representa o uso predominante da força, o livro no bolso do clérigo simboliza a dominação cultural.

Dominação na África

Mais de 90% do território africano foi dominado por nações europeias entre a segunda metade do século XIX e as primeiras décadas do século XX. A divisão da região resultou de um processo iniciado na Conferência de Berlim que, reunindo representantes dos Estados Unidos, da Rússia e de quatorze países europeus, definiu os critérios para a ocupação dos territórios da África ainda não dominados.

Observar o mapa

- Com base no mapa, identifique:
a) os maiores impérios neocoloniais na África;
b) pelo menos uma colônia africana para cada metrópole europeia (em caso de mudança de nome do país, pesquise na internet ou em um atlas sua designação atual).

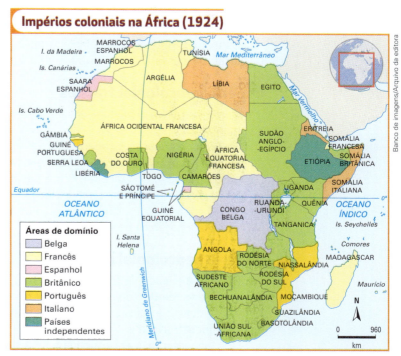

Fontes: elaborado com base em ALBUQUERQUE, Manoel M. de et al. Atlas histórico escolar. 8. ed. Rio de Janeiro: FAE, 1986. p. 138-139; KINDER, Hermann; HILGEMANN, Werner. Atlas histórico mundial: de los orígenes a la Revolución Francesa. Madrid: Istmo, 1982. p. 120; Atlas da história do mundo. São Paulo: Folha de S.Paulo/Times Books, 1985. p. 236.

Dominação na Ásia

Na Ásia, a expansão econômica europeia enfrentou resistência principalmente da China e do Japão que, contudo, tiveram sua oposição muitas vezes sufocada pelo poderio dos europeus. Apesar disso, a partir de 1867, a economia e a sociedade japonesas entraram em rápida modernização, caminhando no sentido de tornar o próprio Japão uma potência imperialista na Ásia.

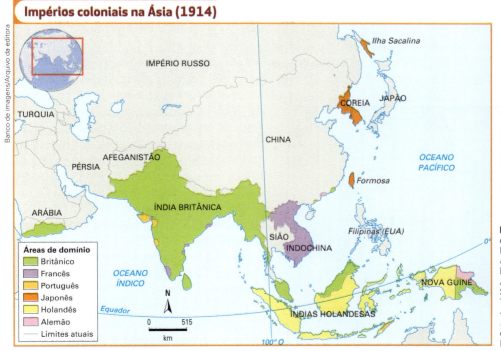

Observar o mapa

- Com base no mapa, identifique:
a) o maior império neocolonial na Ásia;
b) a principal colônia asiática de cada metrópole (em caso de mudança de nome do país, busque sua designação atual).

Fontes: elaborado com base em ALBUQUERQUE, Manoel M. de et al. Atlas histórico escolar. 8. ed. Rio de Janeiro: FAE, 1986. p. 138-139; Atlas da história do mundo. São Paulo: Folha de S.Paulo/Times Books, 1985. p. 240-241; NÉRÉ, Jacques. História contemporânea. 2. ed. São Paulo/Rio de Janeiro: Difel, 1981. p. 332.

Impérios neocoloniais

Os maiores impérios neocoloniais, na África e na Ásia, foram os estabelecidos por franceses e ingleses.

Império neocolonial francês

O império neocolonial francês foi o segundo no mundo em extensão, menor apenas que o britânico.

Na África, os franceses conquistaram a Argélia em 1832. Posteriormente, com a conquista de Senegal, Guiné, Costa do Marfim e Marrocos criaram-se as regiões conhecidas como África Ocidental Francesa e África Equatorial Francesa.

Na Ásia, as forças da França conquistaram a Indochina (que atualmente corresponde ao Vietnã), o Camboja e o Laos. Nessas áreas, foram exploradas plantações de seringueiras para a fabricação de borracha.

Império neocolonial britânico

Durante o reinado de Vitória (1837-1901), o império neocolonial britânico dominou um quinto da superfície do planeta. Nesse período, chamado de era vitoriana, a Inglaterra foi considerada a "oficina do mundo", abastecendo os mercados mundiais com seus produtos industrializados.

No plano interno, a era vitoriana foi marcada pela prosperidade industrial e comercial, pelo puritanismo moral e pela estabilidade política. Entretanto, a prosperidade econômica inglesa não beneficiou todos os setores da sociedade.

Na África, os britânicos conquistaram uma vasta região, que incluía África do Sul, Rodésia, Nigéria, Tanganica, Quênia, Uganda e Sudão, além de manterem influência sobre o Egito. A descoberta e a extração de diamantes e de ouro na região do rio Orange (África do Sul) provocaram lutas entre ingleses e africanos de origem holandesa (bôeres). Esses confrontos, conhecidos como a **Guerra dos Bôeres** (1899-1902), foram vencidos pelas tropas britânicas.

Na Ásia, os britânicos dominaram a China e a Índia, o que teve início no século XVIII com a Companhia das Índias Orientais.

Em 1857, grupos de indianos organizaram uma luta contra a exploração britânica: a **Revolta dos Cipaios** (1857-1858). A revolta foi brutalmente reprimida e consolidou a dominação do governo britânico sobre os indianos. A rainha Vitória recebeu o título, em 1877, de imperatriz da Índia.

Na China, os comerciantes britânicos compravam a preços bem altos produtos como seda, porcelana e chá. Os chineses, porém, não se interessavam pelos produtos manufaturados ingleses. Na década de 1820, isso mudou com o início da venda ilegal de ópio para os chineses. O ópio, substância viciante e alucinógena, era produzido na Índia, então colônia inglesa. Por volta de 1840, as autoridades chinesas decidiram reprimir o comércio ilegal do ópio. Os ingleses então declararam guerra à China. O confronto, que ficou conhecido como **Guerra do Ópio** (1840-1842), terminou com a vitória dos britânicos. Derrotados, os chineses foram obrigados a assinar o **Tratado de Nanquim**, que dava uma série de vantagens econômicas ao governo britânico – como o domínio sobre a cidade portuária de Hong Kong, devolvida ao governo chinês em 1997.

Federação imperial, litografia colorida de Walter Crane, baseada nas informações estatísticas de J. C. R. Colomb, de 1886. O mapa-múndi apresenta os territórios do Império Britânico realçados em vermelho.

Expansão dos Estados Unidos

Após a promulgação de sua Constituição, em 1787, os Estados Unidos elegeram George Washington para a presidência da federação. Durante dois mandatos (1789-1797), o governo Washington promoveu um programa econômico para desenvolver a indústria, o comércio e as finanças do país. Com isso, a economia estadunidense cresceu rapidamente.

No início do século XIX, a população estadunidense ocupava principalmente a região da costa atlântica, parte leste do território. Com o contínuo aumento da população, as autoridades passaram a incentivar a expansão territorial em direção ao oceano Pacífico, que ficou conhecida como **Conquista do Oeste**. O objetivo era ampliar o território da costa leste (Atlântico) à costa oeste (Pacífico).

A expansão territorial se acelerou com a chegada de imigrantes europeus. O governo dos Estados Unidos passou a oferecer terras a preços mínimos aos colonos que se estabelecessem nas novas áreas, que eram, na realidade, habitadas pelos povos indígenas.

Destino manifesto

Nessa época, os governantes dos Estados Unidos divulgavam a ideologia do "destino manifesto". Segundo ela, brancos, anglo-saxões e protestantes tinham a missão de construir uma sociedade próspera no território que ia do oceano Atlântico ao oceano Pacífico. O "destino manifesto" baseava-se na noção de superioridade racial desses grupos sobre os indígenas pagãos e os ibéricos católicos.

A expansão dos conquistadores brancos em direção ao oeste deu origem a conflitos sangrentos com os povos indígenas que habitavam a região: apaches, iroqueses, cheroquis, cheyennes, entre outros.

Progresso americano, óleo sobre tela de John Gast, de 1872. A liberdade divinizada divide a obra em duas partes: à direita, em tons claros e iluminados, foram representadas cidades e estradas de ferro; à esquerda, o oeste selvagem parece atrair desbravadores e colonos.

Os indígenas lutaram pela defesa de seus territórios, culturas e liberdades, mas foram derrotados, sobretudo, devido à superioridade das armas dos conquistadores e às doenças epidêmicas transmitidas por eles.

Calcula-se que, antes da chegada dos conquistadores, havia mais de 1 milhão de indígenas no território dos atuais Estados Unidos. Em 1860, restavam menos de 300 mil. Aqueles que sobreviveram foram **confinados em reservas federais**, que muitas vezes não eram apropriadas para as atividades produtivas, como agricultura, pesca, caça, entre outras.

Expansão do território e da população

Além de ocupar terras indígenas, o governo dos Estados Unidos (século XIX) anexou territórios que estavam sob domínio de países europeus. Essa anexação ocorreu principalmente de três formas:

- **compra** – foram anexados a Louisiana (1803), que pertencia à França; parte da Flórida (1819), que era da Espanha; o Alasca (1867), que pertencia à Rússia.
- **diplomacia** – foi incorporado o Óregon (1846), cedido pela Inglaterra.
- **guerra** – após confronto com o México (1846-1848), houve a anexação de aproximadamente 2 milhões de quilômetros quadrados. Esses territórios correspondem aos atuais estados do Texas, da Califórnia, de Nevada, do Arizona, de Utah, do Novo México e de parte do Colorado.

Os Estados Unidos passaram a ter um vasto território, que se estendia do oceano Atlântico ao Pacífico. Entre 1820 e 1860, o número de estados do país subiu de 23 para 33, e a população aumentou mais de três vezes, passando de 9,6 milhões para 31,3 milhões de habitantes. Contribuiu para esse crescimento populacional a imigração de aproximadamente 4,6 milhões de europeus, principalmente irlandeses, alemães e ingleses.

> **Observar o mapa**
>
> • O mapa representa o atual território dos Estados Unidos e as áreas incorporadas ao longo do século XIX. Observe-o e responda:
> a) Quais estados atuais já faziam parte do território dos Estados Unidos antes da expansão?
> b) Que estados atuais pertenciam ao México?
> c) Que estado atual pertencia à Rússia?
> d) Quais são as fronteiras do atual território estadunidense?

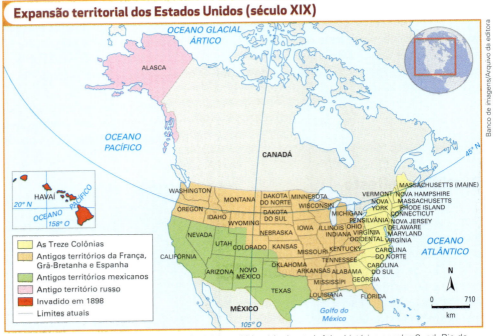

Fonte: elaborado com base em ALBUQUERQUE, Manoel Maurício de et al. Atlas histórico escolar. 8. ed. Rio de Janeiro: Fename/MEC, 1986. p. 70; Atlas Hachette: histoire de l'humanité. Paris: Hachette, 1987. p. 221.

Guerra de Secessão

Na segunda metade do século XIX, o mercado interno dos Estados Unidos havia crescido em consequência do aumento populacional, do desenvolvimento dos meios de transporte e da entrada de capitais estrangeiros e de mão de obra qualificada.

Apesar desse desenvolvimento, não havia **sintonia econômica** e de **projetos políticos** entre duas regiões do país. Na região norte, havia uma rica burguesia industrial e uma classe operária forte e bem organizada. Já na região sul, havia uma elite rural tradicionalista e uma população de escravizados.

Os líderes políticos e industriais da região norte sabiam que para acelerar o desenvolvimento dos Estados Unidos precisavam superar essa falta de sintonia e integração com os estados do sul. Começaram, então, a pressionar os estados do sul a abolir a escravidão e a aderir a uma nova política alfandegária. Foi nesse contexto que estourou a guerra civil conhecida como **Guerra de Secessão** (1861-1865).

Embates entre norte e sul

Um conjunto de estados do sul dos Estados Unidos, sentindo-se ameaçado em seus interesses, decidiu separar-se da União. Em fevereiro de 1861, seus representantes fundaram os **Estados Confederados da América**. Entre esses Estados estavam Carolina do Sul, Carolina do Norte, Alabama, Arkansas, Flórida, Geórgia, Lousiana, Mississípi, Tenessee, Texas e Virgínia.

O presidente dos Estados Unidos, Abraham Lincoln, não reconheceu o novo país e declarou guerra aos confederados. No princípio da Guerra de Secessão, os exércitos dos estados do sul obtiveram vitórias, mas ao longo do conflito as forças do norte foram impondo sua superioridade militar.

> **Investigar**
>
> • Atualmente, há alguma guerra civil ocorrendo no mundo? Já houve guerra civil no Brasil? Pesquise.

> **Dica**
>
> *12 anos de escravidão.* Direção: Steven McQueen. Estados Unidos: Summit Entertainment, 2014. 134 min.
>
> Inspirado em fatos reais, narra a história de um escravo liberto que vive no norte dos Estados Unidos com sua família e é enganado, sequestrado e vendido como escravo no sul, onde enfrenta humilhações físicas e emocionais.

Em 1863, o presidente Abraham Lincoln proclamou a **abolição da escravidão**. Nesse ano, as tropas confederadas foram derrotadas na decisiva Batalha de Gettysburg. A guerra terminou em 1865, após a rendição completa do exército sulista.

Os ressentimentos entre os habitantes do norte e os do sul permaneceram por longo tempo. Os mais radicais fundaram associações de terrorismo racistas, como a **Ku Klux Klan**, que torturou e matou muitos negros e, ainda nos nossos dias, promove algumas manifestações públicas.

> **Investigar**
> - Com a abolição da escravidão nos Estados Unidos, o preconceito racial deixou de existir naquele país?

América Latina

A América Latina seguiu uma trajetória marcada por um baixo desenvolvimento econômico e pela fragilidade de sua autonomia. Atualmente, é constituída por mais de trinta países, o que impossibilita uma visão única e generalizada da região. Ainda assim, podemos identificar alguns fatores e processos comuns à maioria dos países latino-americanos em seu período de formação. Em geral, esses países foram submetidos, por mais de três séculos, à exploração colonial europeia; tornaram-se politicamente independentes no início do século XIX; e estiveram, no período pós-independência, sob influência da Inglaterra (século XIX) e, posteriormente, dos Estados Unidos.

Economia e dependência

A América Latina não teve um processo de industrialização vigoroso. Durante o século XIX, a economia da região ainda se baseava na exportação de produtos primários (minerais, agrícolas e pastoris).

A partir de 1840, a participação dos países latino-americanos no comércio internacional se configurou em três vertentes:

- exportadoras de produtos agrícolas e pecuários (carne, lã e cereais, como trigo e milho), como a Argentina e o Uruguai;
- exportadoras de produtos agrícolas tropicais (açúcar, fumo, café, cacau, banana), como Colômbia, Equador, países da América Central e do Caribe, e certas regiões do México e da Venezuela;
- exportadoras de produtos minerais (cobre, prata, ouro, estanho), como México, Chile, Peru, Bolívia. A partir de 1920, Venezuela passa a exportar petróleo.

Na época, os países latino-americanos e os centros industriais europeus estabeleceram relações comerciais que remetiam ao passado de exploração colonial. Por isso, essas relações ficaram conhecidas como "novo pacto colonial". Na prática, os países da América Latina continuaram exportando matérias-primas e alimentos e importando produtos industrializados europeus.

Nesse contexto, alguns países, como Argentina e Brasil, conseguiram alcançar certo grau de desenvolvimento. Isso se traduziu, por exemplo, em crescimento urbano, incentivo à imigração, modernização dos meios de comunicação e transporte e crescimento industrial.

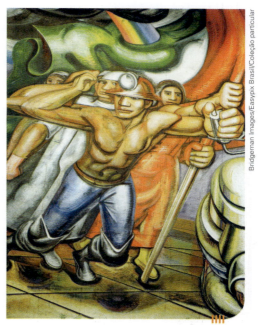

Procissão de trabalhadores e mineiros, afresco de José Clemente Orozco, do século XX. A obra representa os trabalhadores mexicanos que atuavam no campo e na mineração.

Imperialismo na América Latina

No final do século XIX, os Estados Unidos já eram uma das maiores potências industriais do mundo. O imperialismo estadunidense tinha sua justificativa na **doutrina Monroe** (cujo lema era "A América para os americanos"), lançada em 1823 pelo presidente James Monroe. Era uma advertência direta aos governantes europeus para que não interferissem no continente americano. Mas essa doutrina também expressava o desejo do governo e da elite dos Estados Unidos de ampliar seu controle sobre a América Latina.

O imperialismo dos Estados Unidos ficou claro em 1898, quando o governo declarou guerra à Espanha, sob o pretexto de libertar Cuba e Porto Rico do domínio colonial. Os espanhóis foram derrotados e as colônias foram declaradas independentes. Porto Rico foi transformado em protetorado dos Estados Unidos. Os cubanos, por sua vez, foram obrigados a incluir uma emenda em sua Constituição (a Emenda Platt), aceitando a intervenção militar estadunidense em seu país sempre que o governo dos Estados Unidos julgasse necessário.

Na mesma época, as Filipinas (território colonial espanhol na Ásia) e o Havaí (arquipélago localizado no Pacífico) também foram incorporados aos Estados Unidos.

Política do *Big Stick*

A política estadunidense de intervenção externa tornou-se mais explícita quando Theodore Roosevelt (1858-1919) defendeu o direito dos Estados Unidos de intervir militarmente nos países da América Latina. Seus críticos afirmavam que, em política externa, sua frase preferida era: "Fale suave, mas tenha nas mãos um grande porrete". Essa política foi apelidada por seus opositores de *Big Stick* ("grande porrete").

Com base nessa política, os Estados Unidos apoiaram a independência do Panamá, que era parte do território colombiano. Em troca, o governo estadunidense adquiriu o direito de construir e controlar um canal que ligaria os oceanos Atlântico e Pacífico.

Grande obra de engenharia, o canal do Panamá foi inaugurado em 1914 e representou um ótimo negócio para a economia estadunidense, reduzindo a distância do percurso marítimo entre as costas leste e oeste dos Estados Unidos. Antes, as mercadorias tinham de ser transportadas em longas viagens de navio, contornando toda a América do Sul, ou de trem, cruzando o território dos Estados Unidos de uma costa à outra.

A administração do canal do Panamá ficou nas mãos dos estadunidenses até 31 de dezembro de 1999, quando foi assumida pelo Estado panamenho.

> **Observar o mapa**
> - Identifique no mapa:
> a) a localização do canal do Panamá (país e subcontinente);
> b) os países que fazem fronteira com o Panamá;
> c) os oceanos que foram ligados pelo canal do Panamá.

Canal do Panamá

Fonte: elaborado com base em *Atlas geográfico escolar*. 4. ed. Rio de Janeiro: IBGE, 2007. p. 39.

Oficina de História

Analisar e refletir

1 Considerando os tempos atuais, procure situações sociais concretas que remetam às ideias liberais, nacionalistas e socialistas do século XIX.

2 A chamada "missão civilizadora", que justificava ideologicamente o neocolonialismo e o imperialismo, desapareceu plenamente? Existiram novas formas de dominação? Debata essa questão com os colegas e escreva suas conclusões.

3 A expansão imperialista pela África e Ásia teve consequências profundas, que afetaram as economias, as instituições políticas e as culturas dessas sociedades. Em grupo, pesquise as consequências dessa expansão imperialista. Escreva um texto sobre o assunto.

4 Consulte um mapa geopolítico atual do continente africano. Escolha um dos países africanos e, em seguida, faça o que se pede.

   a) Pesquise se a região do país escolhido foi uma colônia entre os séculos XIX e XX. Que país europeu a colonizava?

   b) Pesquise informações atuais sobre o país africano escolhido, como população, idiomas oficiais, produções culturais, Produto Interno Bruto (PIB) e Índice de Desenvolvimento Humano (IDH).

   c) Com base nas informações pesquisadas, produza uma reportagem sobre o país escolhido. Procure utilizar gráficos, mapas e fotografias em sua reportagem.

Interpretar texto e imagem

5 A seguir, leia o texto do historiador africano Joseph Ki-Zerbo sobre o neocolonialismo na África entre os séculos XIX e XX.

> [...] Os colonizadores prepararam um assalto à nossa história. O "pacto colonial" queria que os países africanos produzissem apenas produtos em bruto [...], para a indústria europeia. A própria África foi aprisionada, dividida, esquartejada, sendo-lhe imposto esse papel: fornecer matérias-primas. Esse pacto colonial dura até hoje. Se analisarmos a balança comercial dos países africanos, veremos que 60% a 80% do valor das suas exportações são matérias-primas. Para alguns deles, é o cobre, para outros é a bauxita, o urânio ou o algodão [...].
>
> KI-ZERBO, Joseph. *Para quando a África?* Entrevista com René Holenstein. Rio de Janeiro: Pallas, 2006. p. 25.

   a) Segundo o autor, qual era o principal objetivo econômico da colonização europeia da África?

   b) De acordo com o historiador Ki-Zerbo, esse "pacto colonial" dura até os dias de hoje. Como ele demonstra isso?

6 Nos países ricos do século XIX, grandes empresários defendiam seus interesses influenciando os rumos da política. Essa influência foi criticada em uma charge de Joseph Keppler.

   a) Na sua interpretação, por que os trustes foram representados de forma robusta e os políticos, em tamanho menor?

   b) Na parte superior da imagem, à esquerda, há uma pequena porta trancada com os dizeres: *"People's entrance – Closed"* (Entrada do povo – Fechada). O que essa porta representa? Compare-a com o local pelo qual entram os trustes, representado do lado direito da charge.

Os chefes do senado, charge de Joseph Keppler, publicada na revista *Puck* em 1889. Nela, os grandes monopólios foram representados por indivíduos de barriga saliente, identificados como trustes, abaixo deles, foram representados os senadores dos Estados Unidos.

7 Em 1854, o cacique Seattle (líder das tribos suquamish e duwamish) enviou uma carta ao presidente dos Estados Unidos, Franklin Pierce, em resposta à proposta do governo de comprar uma imensa faixa de terra de seu povo. As versões dessa resposta tornaram-se famosas pelo seu conteúdo de amor e respeito pela natureza. Leia, a seguir, alguns trechos dessa carta.

A terra é sagrada

Como é que se pode comprar ou vender o céu, o calor da terra? Essa ideia nos parece estranha. Se não possuímos o frescor do ar e o brilho da água, como é possível comprá-los? Cada pedaço desta terra é sagrado para o meu povo. Cada ramo brilhante de um pinheiro, cada punhado de areia das praias, a penumbra da floresta densa, cada clareira e inseto a zumbir são sagrados na memória e experiência do meu povo. [...]

Portanto quando o grande chefe em Washington manda dizer que deseja comprar nossa terra, pede muito de nós. O Grande chefe diz que nos reservará um lugar onde possamos viver satisfeitos. Ele será nosso pai e nós seremos seus filhos. Portanto, nós vamos considerar a sua oferta de comprar a nossa terra. Mas isso não será fácil. Essa terra é sagrada para nós.

O homem branco devora a natureza

Sabemos que o homem branco não compreende nossos costumes. Uma porção da terra para ele, tem o mesmo significado que qualquer outra, pois é um forasteiro que vem à noite e extrai da terra aquilo que necessita. A terra não é sua irmã, mas sua inimiga, e quando ele a conquista, prossegue o seu caminho.

Deixa para trás os túmulos de seus antepassados e não se incomoda.

Rapta da terra aquilo que seria de seus filhos e não se importa. A sepultura de seu pai e os direitos de seus filhos são esquecidos. Trata sua mãe terra, e seu irmão, o céu, como coisas que possam ser compradas, saqueadas, vendidas como carneiros ou enfeites coloridos. Seu apetite devorará a terra, deixando somente um deserto.

UNISINOS. Carta do Cacique Seattle. Disponível em: <http://www.unisinos.br/ensino-propulsor/carta-do-cacique-seattle/>. Acesso em: 18 fev. 2020.

Cacique Seattle, fotografado em 1864, quando estava com aproximadamente 78 anos. Seu nome foi dado à capital do estado de Washington.

a) Explique por que, de acordo com a carta do cacique Seattle, a terra é sagrada para os indígenas.
b) Selecione trechos da carta que ilustram o contraste entre a visão do indígena e a do "homem branco" na relação do ser humano com a natureza.

8 Entre os séculos XIX e XX, foram produzidas diversas charges criticando a política do *Big Stick*. Observe, ao lado, uma dessas charges.

Na sua interpretação, qual é a ironia presente nessa caricatura?

O policial do mundo, caricatura do século XX representando o presidente Roosevelt como um policial internacional segurando um porrete com a frase: "a nova diplomacia".

CAPÍTULO 26

Primeira Guerra e Revolução Russa

No início do século XX, dois acontecimentos impactaram profundamente vários países do mundo: a Primeira Guerra Mundial e a Revolução Russa. A Primeira Guerra foi um confronto generalizado e catastrófico vivenciado por milhões de pessoas. A Revolução Russa instituiu o primeiro Estado socialista da história e influencia os debates políticos até os dias atuais.

Este capítulo favorece o desenvolvimento das habilidades:

EM13CHS101
EM13CHS102
EM13CHS103
EM13CHS104
EM13CHS105
EM13CHS106
EM13CHS201
EM13CHS204
EM13CHS206
EM13CHS401
EM13CHS403
EM13CHS404
EM13CHS503
EM13CHS504
EM13CHS603
EM13CHS604
EM13CHS605

Clima de tensão na Europa

No início do século XX, as relações entre os povos e governos europeus estavam afetadas por disputas imperialistas, rivalidades nacionais e ressentimentos políticos. Esse clima de tensão culminou em um conflito sem precedentes, a **Primeira Guerra Mundial** (1914-1918).

Após quatro anos de guerra, milhões de pessoas morreram, e a Europa ficou semidestruída.

Disputas imperialistas

Desde 1850, as grandes potências europeias disputavam mercados e territórios na África e na Ásia (imperialismo). Cada grande potência procurava dificultar a expansão econômica e colonial dos países rivais.

Pessoas visitam ala da Primeira Guerra Mundial do Museu Imperial da Guerra, em Londres (Inglaterra), em 2014.

No início do século XX, essas disputas envolveram, sobretudo, a Inglaterra, a França e a Alemanha. Os governos da França e da Alemanha, por exemplo, quase entraram em confronto direto em razão da disputa pelo território do Marrocos. Para resolver essa questão, em 1906, foi convocada uma conferência internacional que estabeleceu que os franceses teriam supremacia sobre o Marrocos e que aos alemães caberia uma pequena faixa de terras no sudoeste africano.

O governo alemão não concordou com essa decisão que lhe era desfavorável e, em 1911, surgiram novos conflitos com a França pela disputa de territórios na África. Para evitar a guerra, o governo francês acabou concedendo parte do Congo à Alemanha.

LINHA DO TEMPO

1914 — Início da Primeira Guerra Mundial, que se prolongaria até 1918.

1915 — Itália passa a integrar o lado da Tríplice Entente na Guerra.

1917 — Eclode a Revolução Russa. Estados Unidos ingressam na Primeira Guerra Mundial, declarando guerra à Alemanha.

1918 — Alemanha assina o armistício, encerrando a Primeira Guerra Mundial.

1919 — É assinado o Tratado de Versalhes, que oficializa o fim da guerra e impõe duras condições à Alemanha. É criada a Liga das Nações.

1921 — Governo bolchevique cria a Nova Política Econômica (NEP).

1922 — Criação da União das Repúblicas Socialistas Soviéticas (URSS).

Linha do tempo esquemática. O espaço entre as datas não é proporcional ao intervalo de tempo.

Movimentos nacionalistas europeus

Além das disputas por colônias, alguns movimentos nacionalistas extremados na Europa catalisaram antigas rivalidades e ressentimentos. Esses movimentos pretendiam agrupar, sob um mesmo Estado, povos de matrizes étnico-culturais semelhantes, o que implicava um desejo de expansão territorial. Era o caso, por exemplo, de movimentos como:

- **pan-eslavismo** – buscava a união dos povos eslavos da Europa oriental e era liderado, principalmente, pelo governo russo;
- **pangermanismo** – lutava, por exemplo, pela anexação à Alemanha (Império Alemão) dos territórios da Europa central onde viviam povos de origem germânica.

Panfleto de festival de ginástica organizado pelo movimento tcheco *Sokol* em Praga, na antiga Tchecoslováquia, em 1948.

Capa do jornal parisiense *Le Petit Journal*, de março de 1913. Abaixo da ilustração, estão os dizeres "A França é pacífica, mas determinada a ser respeitada".

Um dos principais focos de atrito nacionalista ocorreu na península Balcânica, onde se chocaram interesses da Sérvia, apoiada pela Rússia, e da Áustria-Hungria, aliada da Alemanha.

Em 1908, o governo da Áustria-Hungria anexou a Bósnia-Herzegovina a seus territórios. Isso contrariava os interesses da Sérvia, que pretendia incorporar aquela região, habitada por eslavos, e criar a Grande Sérvia. Em consequência, os movimentos nacionalistas sérvios passaram a agir violentamente, manifestando toda a sua contrariedade.

Já na França, o sentimento nacionalista se fortaleceu após a derrota na Guerra Franco-Prussiana, em 1870. Nesse conflito, os franceses foram obrigados a entregar aos alemães os territórios da Alsácia-Lorena, região rica em minério de ferro e carvão. Isso gerou um grande ressentimento conhecido como **revanchismo francês**, que defendia a recuperação desses territórios.

Investigar

- O que as pessoas e os governos podem fazer para que diferentes culturas consigam conviver e ser respeitadas? Debata o tema com os colegas.

Corrida armamentista e política de alianças

Diante do risco de guerra, as principais potências da Europa iniciaram uma corrida armamentista para fortalecer seus exércitos e, ao mesmo tempo, evitar que uma debilidade militar precipitasse um ataque inimigo.

Os governos daquelas potências também firmaram tratados de aliança entre si com o objetivo de somar forças para enfrentar os rivais. Depois de negociações e tratados, a Europa, em 1907, ficou dividida em dois grandes blocos:

- **Tríplice Aliança** – formada inicialmente por Alemanha, Áustria-Hungria (ou Império Austro-Húngaro) e Itália;
- **Tríplice Entente** – formada inicialmente por Inglaterra, França e Rússia.

Posteriormente, ao longo da Primeira Guerra Mundial, essas alianças sofreram alterações. Conforme seus interesses, algumas forças acabaram mudando de lado. Foi o caso do governo da Itália, que em 1915 passou para o lado da Entente por ter recebido a promessa de compensações territoriais.

Entente: do francês *entente*, "entendimento, acordo".

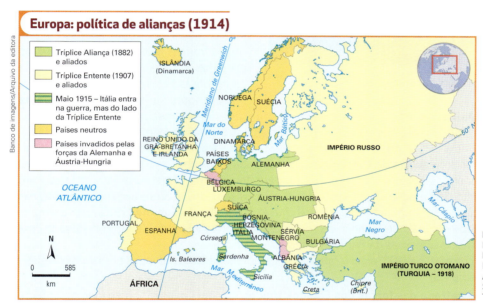

Europa: política de alianças (1914)

Fontes: elaborado com base em DUBY, Georges. *Atlas historique*: l'histoire du monde en 317 cartes. Paris: Larousse, 1987. p. 84; ATLAS da história do mundo. São Paulo: Folha de S.Paulo/Times Books, 1985. p. 249.

Explode a guerra

O estopim da Primeira Guerra Mundial foi o assassinato do arquiduque Francisco Ferdinando, herdeiro do trono austro-húngaro, e de sua esposa na cidade de Sarajevo, na Bósnia, em 28 de junho de 1914. O autor do crime foi o estudante Gavrilo Princip, que pertencia à organização secreta nacionalista **Unidade ou Morte**, também conhecida como **Mão Negra**, que tinha o apoio do governo sérvio.

O assassinato de Francisco Ferdinando provocou a reação militar da Áustria-Hungria contra a Sérvia. Em razão da política de alianças, outras nações entraram no conflito.

Fascínio com a guerra

A notícia de declaração de guerra foi celebrada por multidões reunidas em praças públicas. Lealdade à pátria e dever nacionalista eram expressões repetidas com entusiasmo. Grande parte das populações foi arrastada por um clima de fascínio pela guerra. Naquele momento parecia não haver espaço para demonstrações de angústias ou hesitações. O historiador italiano Mario Isnenghi descreve o fascínio que a guerra, em um primeiro momento, exerceu sobre grande parcela da população. De acordo com ele, romances, fotografias e canções registravam esse clima de excitação coletiva, com multidões agitando bandeiras em praças e aplaudindo os soldados que partiam nas estações de trem.

Observar o mapa
- Com base no mapa, identifique os países europeus que:
  a) pertenciam à Tríplice Aliança ou eram aliados dela;
  b) pertenciam à Tríplice Entente ou eram aliados dela;
  c) foram invadidos pela Áustria-Hungria e pela Alemanha durante o conflito;
  d) permaneceram neutros.

Tanque de guerra na região da cidade de Reims (França), em 1917.

Em muitos lugares, as pessoas que se declaravam contrárias à guerra eram apontadas como traidoras da pátria. Poucos pareciam ter consciência do poder de destruição dos novos armamentos da época, como metralhadoras, tanques (veículos blindados e armados), projéteis explosivos e aviões militares.

Momentos decisivos

É possível dividir os conflitos da Primeira Guerra Mundial em três grandes momentos.

Entre 1914 e 1915, a guerra foi marcada pela intensa movimentação das forças beligerantes. Depois de uma rápida ofensiva das tropas alemãs em território francês, em setembro de 1914, os exércitos da França organizaram uma contraofensiva, detendo o avanço germânico sobre Paris na chamada **Batalha do Marne**. A partir desse momento, nenhum dos lados conseguiu vitórias significativas, o que manteve um equilíbrio de forças nas frentes de combate.

Entre 1915 e 1917, a intensa movimentação de tropas da fase anterior foi substituída por uma **guerra de trincheiras**, em que cada lado procurava garantir suas posições, evitando o avanço do inimigo. Foi um período extremamente duro para as tropas em conflito. Sob ataque intermitente do inimigo, os soldados guarneciam suas posições nas trincheiras, enfrentando frio, fome e chuva. A **Batalha do Somme** (1916), por exemplo, resultou em mais de 1 milhão de combatentes mortos e feridos, sendo considerada uma das mais sangrentas da Primeira Guerra.

Entre 1917 e 1918, alguns fatos provocaram mudanças profundas nos rumos da guerra, entre elas:

- **a entrada das forças dos Estados Unidos** no conflito, aderindo ao lado da Entente (6 de abril de 1917);
- **a saída dos exércitos da Rússia**, devido à Revolução Russa, iniciada em 1917, e à assinatura de um tratado de paz com a Alemanha (3 de março de 1918).

O governo do Brasil declarou guerra à Alemanha em 1917 e foi o único país da América do Sul a entrar efetivamente na Primeira Guerra. Cooperando com os ingleses, patrulhou o Atlântico Sul e enviou médicos e aviadores à Europa.

Destruição e miséria

O uso de novas armas, com grande poder de destruição, provocou um elevado número de mortos e feridos. Pela primeira vez, o avião e o submarino foram empregados como recursos militares, ampliando as possibilidades de ataque e devastação.

Fora das frentes de combate, a guerra também trouxe consequências e transformações para a vida dos europeus. Quase todos os segmentos sociais foram envolvidos, de alguma forma, pelo "estado de guerra". A destruição de fábricas, plantações, estradas e portos levou à escassez de alimentos e, consequentemente, ao aumento de preço deles. Na Alemanha, produtos como batata, leite, ovos, manteiga e carne tornaram-se artigos de luxo, consumidos sobretudo pelos mais ricos.

Tentando contornar a falta de alimentos, os governos impuseram medidas de racionamento, e o exército distribuiu sopa para a população civil.

> **! Dica**
>
> *Feliz natal*. Direção: Christian Carion. França/Alemanha/ Reino Unido/Bélgica/ Romênia/Noruega/ Japão: Sony Pictures, 2005. 116 min.
>
> No início da Primeira Guerra Mundial, soldados escoceses, franceses e alemães realizam um cessar--fogo para celebrar o Natal de 1914.

Conquistas femininas

Os países envolvidos na guerra ampliaram a fabricação de artigos militares, como armas, munições, veículos de transporte e uniformes para as tropas. Como grande parte dos homens foi recrutada para os combates, uma considerável parcela de mulheres ingressou no mercado de trabalho, especialmente na Inglaterra, na França, na Itália e na Alemanha.

As mulheres passaram a desempenhar funções que lhes eram incomuns, como motoristas de ônibus e caminhões, operadoras de máquinas e muitas outras atividades na indústria e no comércio. Terminada a guerra, as mulheres ampliaram suas lutas por direitos. O direito de voto, por exemplo, foi conquistado na Grã-Bretanha, Alemanha e Áustria em 1918; e nos Estados Unidos, em 1920.

Mulher trabalhando como mecânica de automóveis na Inglaterra, em 1917.

Fim do conflito

A partir de 1917, os recursos da Tríplice Entente, em virtude do apoio do governo dos Estados Unidos, tornaram-se muito superiores aos da Tríplice Aliança. Esse apoio financeiro e material foi decisivo para a vitória da Entente.

No início de 1918, as forças lideradas pela Alemanha estavam isoladas e sem condições de sustentar os combates. Em 11 de novembro daquele ano, o governo alemão assinou um **armistício**, com condições desvantajosas para a Alemanha. O governo alemão teve de aceitar, por exemplo, a retirada de suas tropas de todos os territórios ocupados durante a guerra, o pagamento de indenizações e a entrega aos adversários de seu material bélico, como canhões e metralhadoras.

Com o fim da guerra, nos diversos locais onde foram travados combates, havia destruição de plantações, casas, edifícios e pontes. Alguns historiadores calculam que, na guerra, cerca de 9 milhões de soldados morreram e 20 milhões de pessoas ficaram feridas. Por fim, uma grave crise socioeconômica assolou os países europeus, já abalados pela guerra.

O sentimento de patriotismo eufórico, que em muitos países havia marcado o início da Guerra (quase sempre estimulado pela propaganda governamental), transformou-se, em 1918, em um clima de desolação e desesperança, seja pela derrota, seja pelo saldo de mortos e feridos. Questionava-se o sentido de tanta violência e brutalidade e o que significava "vencer" numa situação como aquela.

> **Investigar**
> - No Brasil atual, as funções de comando e liderança são desempenhadas predominantemente por homens ou por mulheres? Quais são os caminhos para que todas as pessoas, independentemente do gênero, tenham as mesmas oportunidades e condições de trabalho?

Armistício: acordo que suspende as atividades de uma guerra.

The Menin Road (A estrada de Menin), óleo sobre tela de Paul Nash, de 1918. Essa pintura representa um campo de batalha destruído após a guerra.

> **Investigar**
> - Se as guerras ocorrem devido a decisões humanas, seria possível evitar que elas aconteçam? Reflita.

Dica

Primeira Guerra Mundial – 100 anos

https://infograficos.estadao.com.br/especiais/100-anos-primeira-guerra-mundial/

Página especial sobre o centenário da Primeira Guerra Mundial, apresentando vídeos, fotografias, infográficos, textos informativos e linhas do tempo.

Conexões — FILOSOFIA E SOCIOLOGIA

Ciência e ética

A Primeira Guerra Mundial abalou a confiança na ciência que havia se fortalecido desde o Iluminismo. Essa confiança sustentava-se na crença de que a razão emanciparia a humanidade das superstições, dos fanatismos religiosos, da servidão aos poderosos. O filósofo alemão Immanuel Kant (1724-1804) defendia que, pelo conhecimento racional, o ser humano deixaria a "menoridade", desenvolvendo autonomia intelectual.

A crença no poder emancipatório da razão foi nutrida, em geral, pelos avanços científicos e tecnológicos advindos da Revolução Industrial, iniciada no século XVIII e intensificada no século XIX. Tudo isso se traduziu, de certa maneira, em um grande crescimento populacional. Calcula-se que, em 1750, a população mundial era de cerca de 800 milhões de pessoas. Nas primeiras décadas do século XX, ela já atingia quase 2 bilhões de pessoas.

No século XIX, vozes do romantismo desconfiavam dessa euforia do mundo tecnológico e industrial, que desprezava a dimensão emocional dos seres humanos. Por outro lado, o positivismo, fundado por Auguste Comte (1798-1857), exaltava a ciência, chegando mesmo a sacralizá-la.

Comte, que criou a palavra **sociologia**, unindo o termo latino *socio* = sociedade e o termo grego *logia* = estudo, acreditava que a evolução cultural da humanidade teria sido marcada por três grandes estágios, expostos a seguir.

- **Teológico ou fictício** – representaria o ponto de partida da inteligência humana, no qual os fenômenos da realidade são explicados em razão de seres sobrenaturais. Nesse estágio, ele distinguiu politeísmo e, posteriormente, o monoteísmo.
- **Metafísico ou abstrato** – momento em que a influência dos seres sobrenaturais foi substituída pela ação de forças abstratas consideradas expressões da realidade.
- **Científico ou positivo** – estágio considerado definitivo na evolução racional da humanidade, no qual, combinando raciocínio e observação, o ser humano passou a compreender os fenômenos do mundo.

No entanto, todas essas crenças na ascensão humana, impulsionada pela racionalidade científica, desmoronaram no alvorecer do século XX, com a violência da Primeira Guerra Mundial e a da Revolução Russa. Milhões de pessoas morreram com o uso de tecnologias inovadoras, tais como o avião, o submarino, a metralhadora, o lança-chamas, as granadas, os campos minados.

Foi então que filósofos desenvolveram uma mentalidade menos confiante nos benefícios exclusivos de uma racionalidade técnica e científica. Desprovida de valores éticos, de sensibilidade estética, de preocupação com o meio ambiente, toda tecnologia, em vez de emancipar o ser humano, pode servir à dominação de pessoas e à degradação da natureza.

- Atualmente, é cada vez mais comum o uso intenso de produtos relacionados a avanços científicos, como os celulares e os *videogames*. Considerando esse cenário e as discussões ao longo da História acerca do avanço da ciência, seria possível afirmar que hoje, ao invés de a tecnologia servir às pessoas, as pessoas é que servem à tecnologia? Debata o assunto com os colegas.

Litografia representando Augusto Comte, de autoria anônima, século XIX.

Tratado de Versalhes

Após a rendição da Alemanha e de seus aliados, realizou-se no palácio de Versalhes, na França, entre janeiro de 1919 e janeiro de 1920, uma série de conferências. Com a participação das 27 nações "vencedoras" do conflito, lideradas por Estados Unidos, Inglaterra e França, essas reuniões ficaram conhecidas como Conferência de Paz de Versalhes.

O **Tratado de Versalhes**, concluído em 28 de junho de 1919, definiu os termos finais da paz com a Alemanha, oficializando o fim da Primeira Guerra Mundial.

Uma de suas cláusulas determinou que a Alemanha era a principal responsável pelo conflito e, portanto, receberia duras imposições. Pelo Tratado de Versalhes, a Alemanha deveria, por exemplo:

- restituir a região da Alsácia-Lorena à França;
- ceder outras regiões à Bélgica, à Dinamarca e à Polônia;
- entregar quase todos os seus navios mercantes à França, à Inglaterra e à Bélgica;
- pagar uma enorme indenização aos países vencedores;
- reduzir o poderio militar de seus exércitos, sendo proibida de constituir aviação militar.

Na Alemanha, a derrota no conflito foi acompanhada pela abdicação do **cáiser** Guilherme II e a instauração da República de Weimar. Weimar é a cidade alemã onde foi redigida a Constituição de 1919, que deu origem ao regime republicano e pôs fim ao Segundo **Reich**, período que teve início com a unificação alemã (1871) e terminou com o final da Primeira Guerra Mundial (1918).

O conjunto de decisões impostas aos alemães provocou, em pouco tempo, uma intensa reação das forças políticas no país. Muitos alemães consideravam as condições do Tratado de Versalhes injustas, vingativas e humilhantes. Anos mais tarde, o ressentimento e o desejo de mudar essas condições motivariam o ressurgimento do nacionalismo alemão.

Cáiser: do alemão *Kaiser*, título dos imperadores alemães.
Reich: do alemão *Reich*, império.

Novo mapa europeu

O pós-guerra caracterizou-se, em parte, pelas mudanças territoriais que redesenharam o mapa político da Europa. Dentre essas mudanças é possível destacar:

- **o desmembramento de impérios:** os impérios Alemão, Austro-Húngaro, Russo e Turco-Otomano deixaram de existir, pois tiveram suas fronteiras modificadas. Alguns países ganharam territórios e outros perderam;
- **a criação de novos países:** como Hungria, Polônia, Áustria, Letônia, Lituânia e Estônia, além de Tchecoslováquia (hoje desmembrada em dois países: República Tcheca e Eslováquia) e Iugoslávia (hoje desmembrada em várias repúblicas: Bósnia-Herzegovina, Croácia, Eslovênia, Macedônia, Montenegro, Sérvia e Kosovo).

Europa: divisão política (1921)

Fonte: elaborado com base em DUBY, Georges. *Atlas historique*: l'histoire du monde en 317 cartes. Paris: Larousse, 1987. p. 92-93.

Liga das Nações

Em 28 de abril de 1919, os membros da Conferência de Paz de Versalhes aprovaram a criação da Liga das Nações, com a proposta de preservar a paz mundial, atuando como mediadora nos conflitos internacionais.

O Senado dos Estados Unidos, no entanto, vetou a participação de seu país na Liga das Nações, pois discordava da posição fiscalizadora dessa entidade em relação à execução dos tratados internacionais firmados no pós-guerra. Adotando uma **política internacional isolacionista**, o governo estadunidense preferiu concentrar suas atenções na América Latina e na Ásia.

Essa instituição existiu até 1946, quando foi dissolvida e substituída pela Organização das Nações Unidas (ONU).

Revolução Russa

Em 1914, a Rússia envolveu-se na Primeira Guerra Mundial, combatendo alemães e austro-húngaros. O país, porém, retirou-se do confronto devido à Revolução Russa, que levou à fundação do primeiro Estado socialista da história e fez emergir ideias que impactaram vários países do mundo.

Antecedentes

No começo do século XX, a Rússia era um dos maiores impérios do mundo em extensão territorial e em população, com cerca de 22,4 milhões de km² e mais de 175 milhões de pessoas. Sua economia era predominantemente rural, e o governo era liderado por um **czar** absolutista.

> **Czar:** título do imperador russo, que remetia a "césar".

A industrialização do Império Russo teve início no governo do czar Nicolau II (1894-1917), sendo posterior à da maioria dos países da Europa ocidental. Os investimentos industriais concentraram-se em centros urbanos populosos, como Moscou, São Petersburgo, Odessa e Kiev.

Nessas cidades, formou-se um operariado de aproximadamente 3 milhões de pessoas, que recebiam salários miseráveis e eram submetidas a longas jornadas de trabalho. Diante dessa exploração, operários criaram entidades inspiradas por ideias socialistas e revolucionárias.

As dificuldades econômicas da população agravaram-se com a derrota da Rússia em um conflito contra o Japão por territórios da China (1904) e com a participação do país na Primeira Guerra Mundial (1914-1917). Calcula-se que cerca de **1,7 milhão** de soldados russos morreram na Primeira Guerra. Grande parte dos meios de transporte e da produção agrícola foi destruída. Os preços dos alimentos subiram de forma estrondosa, e a maioria da população começou a passar fome.

Insatisfeitos, setores da população russa organizaram greves e protestos contra o regime czarista e a ordem social vigente. Receberam o apoio de uma parcela do Exército, que se recusava a reprimir os grevistas, em desobediência ao governo.

Soldados russos em trincheira na região das colinas dos Cárpatos, durante tentativa de atravessar a Hungria, por volta de 1916.

Processo revolucionário

O processo revolucionário russo costuma ser dividido em três fases: Revolução Liberal (março de 1917), Revolução Comunista (novembro de 1917) e Guerra Civil (1918-1920).

Durante a Revolução Liberal, as forças políticas de oposição (socialistas e liberais burgueses) depuseram o czar Nicolau II e tomaram o poder. O novo governo, liderado pelo socialista moderado Alexander Kerensky, reduziu a jornada de trabalho, anistiou os presos políticos e garantiu alguns direitos fundamentais do cidadão (como a liberdade de expressão e de associação). Entretanto, os graves problemas sociais que afligiam os operários e camponeses, como a falta de terras e alimentos não foram solucionados, e a Rússia permaneceu na Primeira Guerra Mundial.

Os **bolcheviques**, liderados por **Lenin** e **Trotsky**, fizeram forte oposição ao governo e, em novembro de 1917, tomaram o poder. Esse processo foi chamado de Revolução Comunista. A principal autoridade do governo era o Conselho dos Comissários do Povo, que, presidido por Lenin, tomou as seguintes medidas:

- **pedido de paz imediata** – o governo da Rússia declarou unilateralmente sua retirada da Primeira Guerra Mundial;
- **confisco de propriedade privada** – muitas propriedades, cerca de 150 milhões de hectares, foram confiscadas dos nobres e da Igreja ortodoxa (sem pagamento de indenizações) e distribuídas entre os camponeses;
- **estatização da economia** – o novo governo passou a intervir na vida econômica do país, nacionalizando diversas empresas, como bancos e fábricas.

> **Bolchevique:** termo que significa "maioria", constituía um grupo político que defendia a formação de uma ditadura do proletariado, isto é, uma forma de governo em que os poderes político, social e econômico estariam centrados nas mãos dos trabalhadores (operários e camponeses).

Guerra Civil

Em 1918, os bolcheviques tiveram de enfrentar forças políticas ligadas à monarquia russa em uma guerra civil. Essas forças contavam com auxílio econômico e militar de países como Inglaterra, França e Japão, que temiam a repercussão das ideias socialistas.

Durante a Guerra Civil, o governo adotou medidas radicais, entre elas: a execução do czar e de sua família; o confisco da produção econômica (industrial, agrícola e comercial); a abolição da liberdade de imprensa; julgamentos sumários de opositores políticos, inclusive de socialistas que não seguiam estritamente os preceitos bolcheviques.

Após conflitos violentos, os bolcheviques conseguiram manter-se no poder graças à resistência militar do Exército Vermelho comandado por Trotsky. Com a vitória bolchevique, os governos dos países capitalistas ocidentais procuraram isolar a Rússia socialista do cenário internacional. O objetivo dessa estratégia era impedir a expansão do socialismo.

Cartaz de 1920 de M. Tcheremnikh conclamando as pessoas a aderirem à Revolução, em que se lê "Quem é contra a fome, quem é a favor de montes de pão, que pegue o martelo, alegre e disposto...".

Investigar

- Na sua intepretação, por que as ideias socialistas provocam reações tão diferentes, e muitas vezes opostas, nas pessoas? Debata.

Consolidação do socialismo

Depois de tantos conflitos, o grande desafio do governo era vencer a fome, recompor o ânimo popular e estimular o crescimento da economia. Em março de 1921, o governo bolchevique adotou a **Nova Política Econômica** (conhecida como NEP).

De certo modo, a NEP promoveu um retorno a práticas capitalistas: permitiram-se, por exemplo, a liberdade de comércio interno e de salários, a criação de empresas privadas e o empréstimo de capitais estrangeiros. Ao Estado cabia a supervisão geral da economia e o controle de setores vitais, como comércio exterior, sistema bancário e indústrias de base. A partir de 1925, a economia russa começou a crescer.

No plano político, o governo soviético reagiu duramente contra as oposições internas e externas. Quem discordasse das orientações do Partido Comunista era considerado inimigo da revolução e traidor da pátria. Em 1921, foram proibidas as oposições políticas e houve a unificação de todos os sindicatos dos trabalhadores sob o comando dos comunistas. O Partido Comunista tornou-se o único partido autorizado a funcionar no país.

Fundação da URSS

Em dezembro de 1922, durante o Congresso Panrusso dos Sovietes, foi fundada a **União das Repúblicas Socialistas Soviéticas (URSS)**, a chamada União Soviética.

No início, a União Soviética era formada pelas repúblicas da Rússia, Ucrânia, Bielorrússia (ou Rússia Branca) e Transcaucásia. Posteriormente, foram incorporadas as repúblicas do Usbequistão e Turcomenistão, em 1924, e do Tadjiquistão, em 1929.

Controlada por membros das diversas repúblicas, o órgão máximo do governo era o Soviete Supremo (Legislativo), ao qual competia eleger um comitê executivo (*Presidium* ou comitê central), dirigido por um presidente com a função de chefe de Estado.

Entre as principais obrigações do governo da União Soviética estavam o controle da economia, a defesa militar e a definição da política internacional. Lenin, considerado o fundador do Estado socialista soviético, afastou-se do governo em 1922, por questões de saúde. Após a morte de Lenin (1924), houve uma disputa pelo poder da qual se saiu vitorioso **Josepf Stalin,** que por 31 anos (1922-1953) exerceu cargos de liderança na União Soviética.

Fonte: elaborado com base em ALBUQUERQUE, Manoel M. de *et al*. *Atlas histórico escolar*. 8. ed. Rio de Janeiro: FAE, 1986. p. 131.

Oficina de História

Analisar e refletir

1 Com a Primeira Guerra Mundial, a Europa tornou-se palco de uma das mais sangrentas lutas de sua história. Os historiadores procuram refletir sobre as principais características desse imenso conflito:

> Três elementos alteraram completamente o rosto da guerra. O primeiro é a utilização de armas desconhecidas até então: canhões de longo alcance, metralhadoras, granadas de mão, tanques, gases asfixiantes, aviões de caça e bombardeiros, submarinos. [...]
>
> A segunda grande mudança diz respeito à base populacional de apoio à frente de combate. [...] as populações veem-se implicadas no esforço da guerra como nunca anteriormente tinha sucedido. Para que as indústrias bélicas continuem a produzir, as mulheres devem substituir os homens nas fábricas e noutros locais. [...] A época dos conflitos limitados a alguns campos de batalha está ultrapassada. Nascera a guerra total.
>
> Finalmente, a propaganda de guerra faz uma entrada estridente: cartazes, panfletos, postais veiculam, em cada campo, uma imagem positiva da pátria e muito negativa do inimigo. Todos os meios são bons para reforçar a vontade de vencer.

DELOUCHE, Frederic (org.). *História da Europa*. Coimbra: Livraria Minerva, 1992. p. 325 e 326.

Segundo o texto, por que o "rosto da guerra" foi alterado com a Primeira Guerra Mundial?

2 O físico Albert Einstein (1879-1955) propôs inscrever na fachada da sede da Liga das Nações, em Genebra, as seguintes palavras:

> Apoio os fortes e reduzo os frágeis ao silêncio sem derramamento de sangue...

In: FERRO, Marc. A Liga das Nações está morta, viva a ONU. *Le Monde Diplomatique*, abril 2003.

A que se refere a frase de Einstein? No seu entender, a crítica que ela expressa em relação à Liga das Nações poderia ser aplicada à ONU, organização que a substituiu? Por quê?

3 Identifique as frases incorretas. Depois, reescreva-as de forma correta em seu caderno.

a) A Primeira Guerra recebeu essa denominação porque foi a primeira vez que um conflito envolveu, ao menos, um país de cada continente.

b) Antes da Primeira Guerra, diversos países europeus estavam em conflito devido a disputas imperialistas, rivalidades nacionais e ressentimentos políticos.

c) No início, a declaração de guerra despertou certo fascínio entre populações europeias.

d) Na Rússia, o Partido Comunista sempre defendeu a resolução de problemas por vias democráticas.

Interpretar texto e imagem

4 Leia o trecho da carta de um soldado alemão, que participou da Batalha do Somme (1916), na França, e observe a fotografia. Devido à impossibilidade de sair de suas posições, era comum que os soldados tivessem que realizar atividades cotidianas, como dormir e se alimentar, dentro das trincheiras. Depois, responda às questões:

FONTE 1

> Estamos tão exaustos que dormimos, mesmo sob intenso barulho. A melhor coisa que poderia acontecer seria os ingleses avançarem e nos fazerem prisioneiros. Ninguém se importa conosco. Não somos revezados. Os aviões lançam projéteis sobre nós. Ninguém mais consegue pensar. As rações estão esgotadas — pão, conservas, biscoitos, tudo terminou! Não há uma única gota de água. É o próprio inferno!

ROBERTS, J. M. (org.). História do século XX. *In*: MARQUES, Adhemar Martins et al. *História contemporânea através de textos*. São Paulo: Contexto, 1994. p. 120.

FONTE 2

Soldados alemães escrevendo cartões-postais em trincheira, em 1914.

a) O texto e a imagem podem ser utilizados como fontes históricas? Por quê?

b) Identifique semelhanças e diferenças entre esses dois documentos.

CAPÍTULO 27

Crise de 1929 e Segunda Guerra

Durante a década de 1930, ocorreu uma grave crise econômica nos Estados Unidos que abalou várias regiões do mundo. Nesse mesmo período, regimes autoritários se estabeleceram em países como Itália, Alemanha e União Soviética. No final de 1939, iniciou-se a Segunda Guerra Mundial, um dos maiores conflitos armados da história.

Este capítulo favorece o desenvolvimento das habilidades:
EM13CHS101
EM13CHS102
EM13CHS103
EM13CHS104
EM13CHS105
EM13CHS106
EM13CHS201
EM13CHS202
EM13CHS204
EM13CHS401
EM13CHS503
EM13CHS504
EM13CHS604
EM13CHS605

Estados Unidos nos anos 1920

Durante a Primeira Guerra Mundial, a produção agrícola e industrial dos Estados Unidos cresceu vertiginosamente. Em 1920, os Estados Unidos respondiam por quase 50% da produção industrial do planeta e detinham metade de todo o ouro que circulava no mercado financeiro internacional, tornando-se a principal potência econômica do mundo.

Em virtude dessa prosperidade, a sociedade estadunidense vivia um clima de euforia consumista. Foi nessa época que se popularizou a ideia de que viver bem era sinônimo de consumir mais.

A prosperidade dos "anos vinte", porém, foi um tanto restrita, pois não foi usufruída por todos da mesma maneira. A maioria da população dos Estados Unidos realizava compras a prazo, obtendo empréstimos pelo crediário. Além disso, profundas desigualdades sociais afetavam, sobretudo, mulheres, negros e imigrantes.

Investigar

1. Você se considera uma pessoa consumista? Em sua opinião, "viver bem" está ligado a "consumir mais"?
2. Na sua opinião, atualmente, "ter a última novidade inventada pela indústria" traz prestígio social? Debata o assunto com os colegas dando exemplos.

Cultura norte-americana

Além do clima de prosperidade, nos anos 1920 houve transformações culturais importantes simbolizadas pela difusão do rádio, do cinema e pelo sucesso do *jazz*.

O **cinema** popularizou-se, conquistando o imaginário das pessoas. Hollywood tornou-se o principal centro cinematográfico do mundo. Artistas como a sueca Greta Garbo (1905-1990) e o britânico Charles Chaplin (1889-1977) tornaram-se mundialmente conhecidos.

Na música, o *jazz* ganhou notoriedade local e, aos poucos, atraiu admiradores pelo mundo. O *jazz* tem origem afro-americana e é considerado, até os dias atuais, uma das mais relevantes manifestações artísticas dos Estados Unidos.

Louis Armstrong (1901-1971), considerado um dos maiores instrumentistas da história do *jazz*.

LINHA DO TEMPO

1918 – Fim da Primeira Guerra Mundial.

1922 – Criação da União das Repúblicas Socialistas Soviéticas (URSS). O líder fascista Benito Mussolini assume o poder na Itália.

1933 – Adolf Hitler torna-se chanceler na Alemanha.

1942 – O Brasil entra na Segunda Guerra Mundial, ao lado dos Aliados.

1920 – Sucesso do *jazz* nos Estados Unidos, destacando-se Louis Armstrong, Duke Ellington e Count Basie.

1929 – Quebra da Bolsa de Valores de Nova York, com repercussões mundiais. A crise econômica mundial reflete-se no Brasil, provocando violenta queda nos preços do café.

1939 – Eclode a Segunda Guerra Mundial.

1945 – Os Estados Unidos lançam duas bombas atômicas sobre Hiroshima e Nagasaki, no Japão. Fim da Segunda Guerra Mundial.

Linha do tempo esquemática. O espaço entre as datas não é proporcional ao intervalo de tempo.

Grande Depressão

A crise econômica de 1929, conhecida como a Grande **Depressão**, distinguiu-se por sua amplitude, seus efeitos e sua longa duração (toda a década de 1930). Essa crise estava associada a uma série de condições como:

- **desigualdades econômicas** – enquanto a riqueza concentrava-se em alguns setores econômicos (sobretudo na produção de automóveis e na construção civil), a maioria dos trabalhadores recebia baixos salários;
- **superprodução econômica** – o ritmo da produção industrial e agrícola cresceu demasiadamente, ultrapassando o poder de compra dos mercados interno e externo. Esse descompasso (de mais oferta do que procura) gerou uma superprodução de mercadorias, para as quais não existiam compradores;
- **especulação no mercado de ações** – os investidores passaram a diversificar suas aplicações, comprando ações de empresas. Em 1929, a diferença entre o valor das ações e o valor efetivo das empresas ficou evidente e muitos investidores decidiram vender suas ações. No dia 29 de outubro de 1929, conhecido como "quinta-feira negra", ocorreu a queda vertiginosa do valor das ações negociadas na Bolsa de Valores de Nova York. O resultado foi a quebra da Bolsa, marco principal da crise econômica no país.

> **Depressão:** recessão econômica prolongada e de maior gravidade; crise econômica.

A crise afetou quase todos os setores da economia norte-americana. O PIB caiu aproximadamente 30% e, ao longo dos anos 1930, cerca de 5 mil bancos faliram. O desemprego aumentou, atingindo cerca de 15 milhões de pessoas. A agricultura foi atingida por intensa seca entre 1929 e 1932. Milhares de trabalhadores rurais migraram para as cidades. Nos centros urbanos, formaram-se favelas, e muitas pessoas circulavam pelas ruas, famintas e desempregadas.

Em contraste com os "anos felizes" da década anterior, os anos 1930 ficaram conhecidos como "tempos difíceis".

Repercussão internacional

O *crash* da Bolsa de Valores de Nova York abalou o mundo capitalista. Diante da crise, os Estados Unidos reduziram suas importações, o que gerou problemas econômicos para seus parceiros comerciais, como os países latino-americanos de economia agroexportadora.

Os cafeicultores do Brasil, que vendiam boa parte de sua safra para os Estados Unidos, perderam vendas em larga escala. Os estoques de café aumentaram, e milhões de sacas foram queimadas em uma tentativa desesperada de estabilizar os preços. Mas foi impossível conter o desastre que afetou a cafeicultura brasileira.

New Deal contra a crise

De início, o governo dos Estados Unidos seguiu a política liberal de **não intervenção na economia**. No entanto, durante o mandato do presidente Franklin Delano Roosevelt, o governo implementou um conjunto de medidas socioeconômicas chamado de *New Deal* (Novo Acordo). A ideia era superar a crise conciliando a **intervenção do Estado na economia** com o funcionamento da iniciativa privada.

Entre as principais medidas do *New Deal*, destacavam-se:

- concessão de empréstimos aos fazendeiros arruinados para que pagassem suas dívidas;
- realização de obras públicas com o objetivo de criar postos de trabalho;
- criação de um salário-desemprego para aliviar a situação de miséria dos desempregados;
- fixação de salários mínimos e limitação das jornadas de trabalho.

O *New Deal* não alcançou todo o sucesso esperado, mas conseguiu controlar relativamente a crise econômica e os violentos conflitos sociais que afligiam o país.

A partir de 1935, a economia dos Estados Unidos voltou a se fortalecer e, aos poucos, as consequências da crise foram superadas.

Totalitarismo

Após a Primeira Guerra Mundial, vários países da Europa também mergulharam em profunda crise econômica, política e social. Além da perda de familiares e de amigos, a maioria da população enfrentava desemprego, inflação e pobreza.

Diversos setores da sociedade não acreditavam que as democracias liberais pudessem resolver os problemas da época. Isso abriu caminho para o avanço de movimentos autoritários e antiliberais, que culminaram na ascensão de governos totalitários na Itália (fascismo) e na Alemanha (nazismo). Apesar das diferenças ideológicas, o stalinismo, regime político adotado na União Soviética, também foi um governo totalitário.

Características do totalitarismo

Totalitarismo é uma forma de organização do Estado na qual um **partido único** domina a administração pública, não admitindo críticos ou opositores. Instaura-se um Estado policial, que busca a submissão dos indivíduos por meio do controle de suas vidas públicas e privadas. Vejamos algumas das principais características do totalitarismo:

- **partido único** – partido político único, cuja organização administrativa se confunde com a do próprio Estado;
- **ultranacionalismo** – nacionalismo exagerado, no qual os interesses do Estado se sobrepõem aos interesses dos indivíduos;
- **belicismo** – valorização da guerra e militarização do Estado;
- **propaganda ideológica** – criação e uso intenso dos meios de comunicação de massa para divulgar a ideologia oficial e promover o culto à personalidade dos líderes do governo;
- **órgãos de repressão** – controle por vezes violento da sociedade por órgãos como a polícia política e censura das manifestações de oposição ao governo;
- **intervencionismo econômico** – direção e controle geral da economia pelo Estado.

Fascismo na Itália

Após a Primeira Guerra Mundial, a Itália enfrentou dificuldades econômicas e sociais. Problemas como a inflação e o desemprego afetavam operários e camponeses, agitando a sociedade.

Em 1921, o **Partido Nacional Fascista**, fundado por Benito Mussolini (1883-1945), destacou-se nas eleições. Em 1922, o rei Vítor Emmanoel III nomeou Mussolini primeiro-ministro, encarregando-o de formar um novo governo.

Inicialmente, Mussolini demonstrou certo respeito às instituições da monarquia parlamentar. No entanto, aos poucos, ele foi construindo as bases de um Estado autoritário, marcado pelo nacionalismo extremado.

Por meio de fraude e violência, os fascistas venceram as eleições de 1924. Um ano depois, Mussolini tornou-se o chefe supremo do Estado.

No poder, Mussolini aboliu as eleições e restringiu as liberdades individuais e coletivas, além de ter estimulado o crescimento industrial e a construção de obras públicas.

Com a crise de 1929, o governo de Mussolini aumentou a intervenção estatal na economia, incentivando principalmente os investimentos na indústria bélica. Além disso, naquele ano, o governo assinou o **Tratado de Latrão** com a Igreja católica, concedendo a criação do **Estado do Vaticano** e tornando o catolicismo a religião oficial da Itália. Em troca, a Igreja católica reconheceu a legitimidade do governo fascista.

> **Investigar**
> - Na sua opinião, o Estado é capaz de tornar seus cidadãos completamente submissos ao seu poder? Debata o assunto com os colegas.

Benito Mussolini em desfile militar em Aprília (Itália), em 1937.

Nazismo na Alemanha

Após a derrota na Primeira Guerra Mundial, os alemães atravessaram um período conturbado de miséria, desemprego e inflação. Além disso, tiveram de lidar com as humilhações impostas pelo Tratado de Versalhes.

Temendo a expansão do socialismo, considerável parcela da elite alemã passou a apoiar o Partido Nacional Socialista dos Trabalhadores Alemães, conhecido como Partido Nazista, liderado por Adolf Hitler (1889-1945).

Em 1923, os nazistas tentaram, sem sucesso, derrubar o governo. Em reação, as forças do governo prenderam Hitler. Enquanto estava preso, Hitler começou a escrever o livro *Mein Kampf* (**Minha luta**), no qual expôs as bases da doutrina nazista – um conjunto de ideias racistas, antissemitas, autoritárias e pseudocientíficas.

Com a crise de 1929, a economia alemã, que havia começado a se recuperar, entrou novamente em colapso. Os nazistas aproveitaram-se dessa situação para fazer duras críticas à ineficiência do governo, o que lhes rendeu a maior bancada do Parlamento (38% dos deputados) nas eleições de julho de 1932.

No ano seguinte, Hitler foi nomeado chanceler da Alemanha. Era o início do período da história alemã que ficou conhecido como **Terceiro Reich** (Império).

Em 1934, o chanceler Hitler assumiu também a presidência do país, tornando-se, então, o chefe supremo (*Führer*) da Alemanha.

> **! Dica**
> ZUSAK, Markus. *A menina que roubava livros.* Rio de Janeiro: Intrínseca, 2014.
> Ficção sobre uma jovem alemã que, diante da censura nazista, se arrisca a aprender a ler e a descobrir o mundo dos livros.

Ditadura de Hitler

Hitler impôs as ideias nazistas à sociedade alemã e oprimiu violentamente aqueles que considerava adversários do regime, sobretudo liberais, socialistas e judeus.

O uso da violência contra os adversários políticos do nazismo ficava a cargo principalmente da **Gestapo** (Polícia Secreta do Estado), que tinha poderes para prender, torturar e matar quem fosse desleal ao governo. A partir de 1934, a Gestapo ficou subordinada à SS (abreviação de "Esquadrão de Proteção"), comandada por **Heinrich Himmler**.

A propaganda oficial, conduzida por **Joseph Goebbels**, empregava métodos desonestos e sensacionalistas, seguindo o lema "uma mentira dita cem vezes torna-se verdade". Goebbels era o ministro responsável por cuidar dos meios de comunicação e das instituições educacionais.

O sistema escolar nazista foi intensamente marcado pelo militarismo, racismo e antissemitismo. Os professores alemães eram obrigados a aprender e a ensinar os princípios do nazismo e a prestar juramento de fidelidade ao *Führer*.

Além da escola, havia associações como a **Juventude Hitlerista**, que organizava entre os jovens alemães competições esportivas, reuniões políticas e exercícios de preparação para a guerra.

No plano econômico, o governo de Hitler dedicou-se à reabilitação do país, estimulando a agricultura e o crescimento da produção industrial, principalmente na área de armamentos. Desrespeitando as proibições do Tratado de Versalhes, o governo militarizou rapidamente o país.

> **Q Investigar**
> • Pensando na velocidade com que as informações falsas se propagam pela internet, debata com os colegas os significados atuais do lema: "Uma mentira dita cem vezes torna-se verdade".

Stalinismo na União Soviética

Após a morte de Lenin em 1924, Josef Stalin e Leon Trotsky disputaram a chefia do governo. Stalin era, desde 1922, secretário-geral do Partido Comunista Soviético. Trotsky foi um dos fundadores do órgão máximo do governo e do partido soviético.

Trotsky e seu grupo defendiam que a revolução socialista era parte da revolução da classe proletária que deveria ser ampliada para o mundo. Para Stalin e seu grupo, a revolução socialista deveria se consolidar primeiro na União Soviética.

Em 1925, a tese de Stalin saiu vitoriosa no XIV Congresso do Partido. Trotsky passou a ser perseguido e, em 1929, foi expulso da União Soviética. Em 1940, provavelmente a mando de Stalin, Trotsky foi assassinado no México.

A partir de 1928, em busca de uma rápida industrialização do país, Stalin levou adiante, em seu governo, a nacionalização e a execução dos **planos quinquenais**, adotando medidas como:

- desenvolvimento da indústria pesada, com a exploração de reservas de carvão, ferro e petróleo, produção de aço e ampliação da rede de energia elétrica;
- mecanização da agricultura e coletivização do campo (extinção forçada da propriedade privada da terra);
- promoção da educação pública, por meio do ensino obrigatório e gratuito;
- construção de moradias e de sistemas de transporte e de saúde para a população.

Cerca de uma década depois de se modernizar, a União Soviética havia se tornado uma grande potência mundial. Entretanto, Stalin, que havia se firmado no poder, passou a implantar, na União Soviética, uma das mais sangrentas ditaduras do século XX.

O caminho para a guerra

Após a Primeira Guerra, pelo menos três países estavam insatisfeitos com a conjuntura internacional: a Alemanha, a Itália e o Japão. O governo japonês, por exemplo, desejava tornar-se a principal potência na Ásia, afastando as pretensões imperialistas europeias e norte-americanas.

Esses três países adotaram **políticas expansionistas**; apesar disso, até 1939, as duas principais potências europeias, a Inglaterra e a França, assumiram uma **política de apaziguamento**, caracterizada por concessões territoriais feitas à Itália fascista e à Alemanha nazista visando evitar o conflito armado.

Expansão alemã

Hitler afirmava que o povo alemão tinha o direito de aumentar seu **espaço vital** e planejava a expansão territorial da Alemanha. Em 1938, anexou a Áustria e, logo depois, reivindicou a anexação da região dos **Sudetos**, que pertencia à Tchecoslováquia, mas era habitada por cerca de 3 milhões de alemães.

Para discutir essa reivindicação, foi realizada a **Conferência de Munique** (1938), na qual franceses e ingleses cederam às ambições nazistas e concordaram com a anexação dos Sudetos. Em março de 1939, os exércitos alemães **invadiram a Tchecoslováquia**.

Hitler firmou um pacto de cooperação militar com a Itália e, pouco depois, com o Japão. Formou-se, assim, o **Eixo Roma-Berlim-Tóquio**. Em agosto de 1939, os governos de Hitler e de Stalin assinaram um **pacto de não agressão** mútua (que durou pouco tempo).

> **Sudetos:** denominação de uma cadeia de montanhas que forma uma fronteira natural entre Alemanha, Polônia e República Tcheca, na divisão política atual da Europa. A região pertencia ao Império Austro-Húngaro até a Primeira Guerra Mundial. Com o desmembramento desse império, em 1919, passou a fazer parte da então recém-criada Tchecoslováquia.

A nova Lilliput, litografia colorida de Alois Derso e Emery Kelen, publicada na revista *Ken* em 1938. A caricatura representa Hitler e suas ambições em relação à Europa. O personagem sobre o dedo indicador de Hitler é, provavelmente, Mussolini.

Guerra-relâmpago

Em 1º de setembro de 1939, tropas alemãs **invadiram a Polônia**, sendo seguidas por tropas russas. Dois dias depois do ataque alemão à Polônia, os governos da Inglaterra e da França declararam guerra à Alemanha. Para diversos historiadores, esse é começo da Segunda Guerra Mundial.

Na invasão da Polônia e nas ocupações que se sucederam, as forças nazistas utilizaram uma tática militar chamada **guerra-relâmpago** (*Blitzkrieg*). Essa tática caracterizava-se pela rápida ofensiva dos veículos blindados (*Panzers*), apoiados pelos bombardeios da Luftwaffe (força aérea alemã), e a chegada, por último, das tropas de ocupação, que consolidavam a vitória nazista.

Invasão da França e ataques à Inglaterra

Os exércitos alemães conquistaram, até meados de 1940, Dinamarca, Holanda, Bélgica, Noruega e França. Em 14 de junho de 1940, os nazistas haviam ocupado Paris. Parte do território francês ficou diretamente sob controle nazista, enquanto na outra parte formou-se um governo que **colaborou** com os alemães.

A principal adversária da Alemanha nazista na Europa ocidental foi a Inglaterra. Desde maio de 1940, o governo britânico era chefiado por Winston Churchill (1874-1965), que liderou o país durante a guerra. Ao assumir o governo, Churchill declarou: "Só tenho a oferecer sangue, trabalho, suor e lágrimas. Temos perante nós longos anos de luta e sofrimento".

Depois de invadir a França, as tropas nazistas tentaram ocupar a Inglaterra, atravessando o canal da Mancha. Bombardeados violentamente dia e noite, os ingleses resistiam aos ataques nazistas.

No norte da África, entretanto, tropas alemãs e italianas obtiveram significativas vitórias sobre os ingleses, ameaçando a dominação britânica no Egito.

Mundialização do conflito

No dia 22 de junho de 1941, rompendo acordos anteriores, tropas alemãs invadiram a União Soviética. Os alemães – apoiados por húngaros, finlandeses e italianos – avançaram de modo fulminante sobre o território inimigo. Isso motivou a entrada da União Soviética na guerra.

No dia 7 de dezembro de 1941, os japoneses atacaram a base militar estadunidense de Pearl Harbor, no Havaí. No dia seguinte, o Congresso dos Estados Unidos aprovou a declaração de guerra contra o Japão.

Com a entrada das forças militares da União Soviética e dos Estados Unidos, a guerra ganhou proporções realmente mundiais. Foi só então que se formaram com maior clareza dois grandes blocos antagônicos: o grupo de países que apoiavam as **potências do Eixo** (Alemanha, Itália e Japão) e o grupo de países que apoiavam as chamadas **potências Aliadas** (Inglaterra, Estados Unidos e União Soviética, além de França e China). O Brasil também participou da guerra, nessa fase, ao lado dos Aliados.

Frente oriental

Na frente oriental, ocorreram batalhas terríveis envolvendo alemães e soviéticos. O governo nazista concentrou cerca de 65% de seu exército na região, assim como seus melhores equipamentos e suas tropas de elite.

Em setembro de 1942, o exército alemão entrou na cidade de Stalingrado (atual Volgogrado). No entanto, após meses de luta, o exército soviético iniciou uma grande contraofensiva. O resultado foi a rendição das tropas alemãs em fevereiro de 1943. Com a vitória soviética na Batalha de Stalingrado, acabava o **mito da invencibilidade alemã**.

Depois dos episódios de Stalingrado, os soviéticos tomaram a iniciativa dos ataques e foram conquistando, um a um, os territórios dos países antes controlados pelos nazistas.

Investigar

- Você já leu livros ou assistiu a filmes sobre a Segunda Guerra Mundial? Quais? Conte aos colegas o enredo das histórias que você conhece.

Dica

A lista de Schindler. Direção: Steven Spielberg. Estados Unidos: Universal Pictures, 1993. 195 min.

O filme conta a história do empresário alemão Oskar Schindler, que salvou a vida de milhares de judeus, ao mesmo tempo que recebia o apoio dos nazistas.

Observar o mapa

- Com base no mapa, que mostra as principais ofensivas da Segunda Guerra Mundial no Pacífico, identifique as ilhas, as regiões e os países que:
  a) pertenciam ao Império Japonês;
  b) eram protetorados do Japão;
  c) foram ocupados pelo Japão durante a Segunda Guerra.

Fonte: elaborado com base em ALBUQUERQUE, Manoel Maurício de *et al*. *Atlas histórico escolar*. 8. ed. Rio de Janeiro: MEC/Fename, 1986. p. 157.

Frente ocidental

Na frente ocidental, os Aliados organizaram uma série de operações militares para combater os nazistas. A partir de 1942, aviões ingleses e norte-americanos bombardearam sistematicamente cidades alemãs. No mesmo ano, o general inglês Montgomery iniciou uma contraofensiva, no norte da África, às tropas do general alemão Rommel, do Afrika Korps. Em 13 de maio de 1943, os exércitos de Rommel foram cercados e aproximadamente 252 mil soldados alemães e italianos acabaram se rendendo.

Em 6 de junho de 1944, conhecido como o **Dia D**, cerca de 156 mil soldados aliados desembarcaram nas praias da Normandia (noroeste da França) e iniciaram intenso ataque às tropas alemãs. Esse desembarque é considerado a maior invasão marítima da história.

Depois de controlar a Normandia, as tropas Aliadas avançaram para o interior do território francês até libertar Paris, em 25 de agosto de 1944. Vitoriosos, os Aliados seguiram em direção à fronteira com a Alemanha.

Observar o mapa

- Com base no mapa, identifique os países que:
  a) se mantiveram neutros durante todo o conflito;
  b) se aliaram ao Eixo;
  c) haviam sido invadidos pela Itália antes do início do conflito;
  d) foram invadidos pela Alemanha antes e durante o conflito.

Fonte: elaborado com base em *Atlas da história do mundo*. São Paulo: Folha de S.Paulo/Times Books, 1995. p. 268.

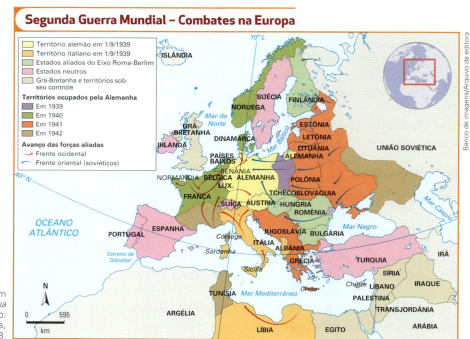

Rendição italiana

Em julho de 1943, as tropas Aliadas, lideradas por estadunidenses e ingleses, iniciaram a invasão da Itália. Diante da iminente derrota, o Conselho Fascista prendeu Mussolini, designando como seu sucessor o general Pietro Badoglio, que assinou um acordo de paz com os Aliados. No entanto, os nazistas resgataram Mussolini e ocuparam diversas cidades da Itália, incluindo Roma. Levado para o norte do país, Mussolini fundou a República Social Italiana, para manter sua autoridade e seu apoio aos alemães.

Os Aliados continuaram a ofensiva, reconquistando Roma em junho de 1944 e avançando até o norte do país. A **Força Expedicionária Brasileira (FEB)**, com um efetivo de mais de 25 mil homens, participou da luta contra o nazifascismo durante essa campanha.

Em uma operação organizada pelos próprios italianos, Mussolini foi preso novamente e executado em 29 de abril de 1945. A rendição final da Itália ocorreria apenas em 2 de maio de 1945.

Rendição alemã

Mesmo diante da esmagadora pressão dos adversários, o comando nazista, situado em Berlim, decidiu seguir na luta. Para isso, promoveu uma mobilização maciça da população alemã, incluindo crianças, mulheres e idosos.

Em 25 de abril de 1945, a cidade de Berlim estava totalmente cercada. Os soviéticos foram os primeiros a chegar à capital alemã, hasteando a bandeira da URSS no prédio do Parlamento alemão.

Para não serem capturados, Adolf Hitler, sua esposa, Eva Braun, e o ministro Joseph Goebbels decidiram se suicidar e pediram que seus corpos fossem cremados. No dia 8 de maio de 1945, deu-se a rendição incondicional da Alemanha. Essa data é considerada o **Dia da Vitória na Europa**.

Pessoas em uma longa fila aguardam transporte em um ponto de ônibus, cercadas pelas ruínas da Berlim pós-guerra. Fotografia de 1945.

Rendição japonesa

A Segunda Guerra Mundial não terminou com a rendição nazista na Europa. As batalhas prosseguiram na Ásia, onde o Japão lutava contra os Aliados. Em agosto de 1945, o governo dos Estados Unidos decidiu dar o golpe final.

Numa demonstração de seu poderio militar, o governo dos Estados Unidos ordenou a explosão de duas **bombas atômicas** em território japonês. A primeira em Hiroshima (6 de agosto) e a segunda em Nagasaki (9 de agosto).

Nas duas cidades, morreram instantaneamente cerca de 160 mil pessoas. Tempos depois, milhares de japoneses ainda sofriam com os efeitos da radiação nuclear daquelas bombas. A rendição incondicional japonesa ocorreu, finalmente, em 2 de setembro de 1945.

Pessoas marchando com lanternas em frente ao Memorial da Paz de Hiroshima (estrutura que resistiu ao impacto da bomba atômica) em homenagem às vítimas dos ataques, em Hiroshima (Japão), em 2019.

Breve balanço da guerra

Ao final do conflito, grande parte da Europa e algumas regiões da Ásia encontravam-se devastadas. A Segunda Guerra produziu danos em uma escala nunca antes registrada: cerca de 55 milhões de mortos e 35 milhões de feridos.

Segunda Guerra: estimativas de vítimas militares de alguns países	
País	Combatentes mortos (nº aproximado)
União Soviética	13,6 milhões
China	6,4 milhões
Alemanha	4 milhões
Japão	1,2 milhão
Inglaterra	400 mil
Itália	400 mil
Estados Unidos	300 mil

Fonte: KINDER, Hermann; HILGEMANN, Werner. *Atlas histórico mundial:* de la Revolución Francesa a nuestros días. Madri: Ediciones Istmo, 1982. p. 240.

Trecho preservado do muro do Gueto de Varsóvia, na Polônia, em 2018. Esse gueto era uma região isolada de Varsóvia, onde foram confinadas, pelo regime nazista, cerca de 380 mil pessoas da comunidade judaica.

Vítimas do nazismo

Ao longo da Segunda Guerra Mundial, os nazistas promoveram o **genocídio** contra judeus, eslavos, ciganos, comunistas, homossexuais, deficientes físicos e intelectuais, entre outros grupos. Eram pessoas de todas as idades, desde crianças até idosos.

Não há um número preciso de vítimas do nazismo. Calcula-se que cerca de 6 milhões de judeus tenham morrido em campos de extermínio ou em áreas sob ocupação nazista. Em relação aos outros grupos, esse número é de aproximadamente 4 milhões de pessoas.

Nos campos de concentração e de extermínio (como Auschwitz, Chelmno, Belzec, Sobibor e Treblinka), as vítimas do nazismo eram submetidas a trabalhos forçados e a tortura. Muitas delas foram mortas em câmaras de gás. Esse extermínio ficou conhecido como **Holocausto**.

Tribunal de Nuremberg

Entre 1945 e 1946, instalou-se na cidade alemã de Nuremberg um tribunal militar internacional, conhecido como Tribunal de Nuremberg, que julgou mais de 20 líderes nazistas. Os julgamentos foram conduzidos por juízes britânicos, estadunidenses, soviéticos e franceses. Dentre os líderes nazistas, onze foram condenados à morte por enforcamento, e somente três receberam absolvição.

Durante esses julgamentos o mundo tomou conhecimento dos horrores cometidos nesses recintos e soube da extensão do extermínio de pessoas perpetrado pelos nazistas.

Outras medidas contra a Alemanha

As potências Aliadas determinaram o pagamento de indenizações pelas nações do Eixo aos diversos países atingidos pela guerra, totalizando mais de 2 bilhões de dólares. A Alemanha teve seu território dividido e seus recursos materiais e econômicos passaram a ser controlados pelas quatro potências Aliadas.

Nos anos seguintes, uma nova ordem mundial começou a ser construída. Os Estados Unidos e a União Soviética se tornariam as nações mais poderosas do mundo, dando início a uma divisão ideológica internacional e à Guerra Fria.

Conexões — FILOSOFIA

Freud e a agressividade

Sigmund Freud nasceu na Áustria em 1856 e morreu na Inglaterra em 1939. Foi médico psiquiatra e ficou mundialmente conhecido como o criador da **psicanálise**. Suas teorias influenciaram a filosofia, a sociologia e as artes, sendo debatidas até aos diais atuais.

Freud tinha ascendência judaica e morou em Viena até 1938. Quando os nazistas anexaram a Áustria, Freud refugiou-se na Inglaterra com parte da sua família. Ele perdeu quatro irmãs nos campos de concentração nazistas.

Freud afirmava que temos instintos de vida (Eros), que se manifestam na autopreservação da existência. O teórico afirmava também que temos instintos de morte, que se manifestam na destrutividade voltada contra nós mesmos e contra os outros. O texto seguinte, escrito em 1930, reflete seu pensamento sobre a existência dos instintos de morte e de agressividade.

Pensador austríaco, Freud ficou conhecido como o fundador da psicanálise. Fotografia de 1926.

> Os homens não são criaturas gentis que desejam ser amadas e que, no máximo, podem defender-se quando atacadas; pelo contrário, são criaturas entre cujos dotes instintivos deve-se levar em conta uma poderosa quota de agressividade. Em resultado disso, o seu próximo é, para eles, não apenas um ajudante potencial ou um objeto sexual, mas também alguém que os tenta a satisfazer sobre ele a sua agressividade, a explorar sua capacidade de trabalho sem compensação, utilizá-lo sexualmente sem o seu consentimento, apoderar-se de suas posses, humilhá-lo, causar-lhe sofrimento, torturá-lo e matá-lo. *Homo homini lupus* (O homem é o lobo do homem). Quem, em face de toda sua experiência da vida e da história, terá coragem de discutir essa asserção [afirmação]?
>
> FREUD, S. O mal-estar na civilização. In: *Os pensadores*. São Paulo: Abril, 1978. p. 167.

1 Você concorda com a concepção de ser humano esboçada nesse texto? Converse com os colegas sobre o assunto.

2 Você acha que a maldade é uma característica que nasce com o ser humano ou que pode ser adquirida com as experiências de vida? Debata as respostas com os colegas.

Oficina de História

Analisar e refletir

1. A "superioridade racial" e a consequente eliminação de grupos étnicos são ideias que se manifestaram apenas no nazismo? Pesquise o significado da palavra genocídio. Haveria outros conflitos que guardam semelhança com processos de violência que possam ser chamados de genocídio? Justifique sua resposta.

2. Compare as táticas militares utilizadas na Primeira Guerra Mundial com a tática utilizada pelo exército de Hitler. Qual era a diferença básica entre elas?

3. Leia o texto, escrito pelo historiador Luis Ínigo Fernández.

> O lançamento de duas bombas atômicas sobre o Japão, aliado da Alemanha, em agosto de 1945, impressionou tanto ao mundo como a Robert E. Lewis, copiloto do Enola Gay, avião que lançou a primeira destas bombas, que se perguntou: "Meu Deus, o que nós fizemos?". Depois daquele dia, nada mais foi como antes.
>
> FERNÁNDEZ, Luis Ínigo. *La história de Ocidente*: contada con sencillez. Madri: Maeva Ediciones, 2008. p. 269 (trecho traduzido pelo autor).

   a) O governo de que país foi responsável pelo lançamento das bombas atômicas sobre o Japão? Há explicações para esse fato? Comente.
   b) Que tipo de resposta você daria à pergunta do piloto Robert Lewis, citada no texto? Debata em grupo.
   c) Atualmente, que países dispõem de arsenal nuclear? Há risco de uso dessas armas? Pesquise.
   d) Existem usos pacíficos da energia nuclear? Quais? Pesquise.

Interpretar texto e imagem

4. Durante a Segunda Guerra Mundial, uma jovem judia chamada Anne Frank (1929-1945) foi obrigada a esconder-se com a família na Holanda, em razão das perseguições do nazismo. No esconderijo, ela escreveu um diário no qual narrou o terror vivido pelos judeus.

   Em 1944, Anne Frank e sua família foram capturados. A jovem judia morreu pouco depois num campo de concentração na Alemanha. A seguir, leia um trecho de seu diário.

> Depois de maio de 1940 os bons tempos foram poucos e muito espaçados: primeiro veio a guerra, depois a capitulação, e em seguida a chegada dos alemães, e foi então que começaram os problemas para os judeus. Nossa liberdade foi seriamente restringida com uma série de decretos antissemitas: os judeus deveriam usar uma estrela amarela; os judeus eram proibidos de andar nos bondes; os judeus eram proibidos de andar de carro, mesmo que fossem carros deles; os judeus deveriam fazer suas compras entre três e cinco horas da tarde; os judeus só deveriam frequentar barbearias e salões de beleza de proprietários judeus; os judeus eram proibidos de sair às ruas entre oito da noite e seis da manhã; os judeus eram proibidos de comparecer a teatros, cinemas ou qualquer outra forma de diversão; [...] os judeus eram proibidos de visitar casas de cristãos; os judeus deveriam frequentar escolas judias etc. Você não podia fazer isso nem aquilo, mas a vida continuava. Jacque sempre me dizia: "Eu não ouso fazer mais nada, porque tenho medo de que não seja permitido".
>
> FRANK, Anne. *O diário de Anne Frank*. Rio de Janeiro: Record, 1997. p. 17-18.

   a) Comente o significado da frase: "Eu não ouso fazer mais nada, porque tenho medo de que não seja permitido".
   b) Com base no trecho do diário de Anne Frank e no conteúdo apresentado neste capítulo e no anterior, elabore uma redação com o seguinte tema: "O antissemitismo e o totalitarismo nas décadas de 1930 e 1940".

5. Interprete a imagem a seguir e responda as questões.

Caim ou Hitler no inferno, óleo sobre tela de George Grosz, de 1944.

   a) Observando a imagem, é possível inferir que o autor desta obra, George Grosz, era a favor do nazismo ou contra ele? Justifique.
   b) Em sua opinião, qual seria o significado do título da obra?

CIÊNCIAS HUMANAS E SOCIAIS APLICADAS

UNIDADE

República e autoritarismo

Durante a Primeira República, ocorreram diversas mudanças no Brasil. Houve a separação entre a Igreja e o Estado, a criação dos símbolos nacionais e o desenvolvimento da produção cafeeira. Além disso, houve uma série de revoltas, como Canudos, que denunciavam os inúmeros problemas sociais do país. Posteriormente, na Era Vargas, a sociedade urbana cresceu em relação às oligarquias tradicionais do campo, a indústria ampliou sua relevância econômica e o operariado urbano conquistou direitos trabalhistas.

Reprodução/Fundação Biblioteca Nacional, Rio de Janeiro, RJ.

Obras na Avenida Central no Rio de Janeiro (RJ), na década de 1910. Na Primeira República, o processo de urbanização da região foi intensificado, causando muitos impactos na dinâmica da cidade.

- Na sua opinião, quais são os principais desafios que a sociedade brasileira precisa enfrentar para transformar "esse país grande em um grande país"?

CAPÍTULO 28

República oligárquica

No final do século XIX, a República foi instaurada no Brasil. Entre outras medidas, os republicanos trocaram a bandeira do país, separaram a Igreja do Estado e fizeram uma nova Constituição.

Este capítulo favorece o desenvolvimento das habilidades:

EM13CHS101
EM13CHS102
EM13CHS103
EM13CHS104
EM13CHS105
EM13CHS106
EM13CHS201
EM13CHS202
EM13CHS302
EM13CHS304
EM13CHS401
EM13CHS402
EM13CHS403
EM13CHS404
EM13CHS501
EM13CHS503
EM13CHS504
EM13CHS601
EM13CHS602
EM13CHS606

❯ Proclamação da República

Em 15 de novembro de 1889, o marechal **Deodoro da Fonseca** liderou a proclamação da República no Brasil. Instituía-se, assim, um governo provisório (1889-1891) que contava com o apoio de militares, cafeicultores e profissionais liberais.

Logo após a proclamação da República, o governo provisório lançou um manifesto expondo seus principais objetivos: a defesa da ordem pública; a garantia da segurança e do direito dos proprietários; e o pagamento das dívidas externas contraídas pelo governo anterior.

Esse manifesto apresentava a República como uma "revolução nacional". Contudo, deixava claro a preocupação do governo em preservar as estruturas vigentes da sociedade. Não havia, por exemplo, o interesse em resolver problemas crônicos que afetavam a população na área da educação, da moradia e da saúde. Nem em desenvolver políticas sociais para a inclusão de negros, indígenas e mulheres na cidadania brasileira.

Primeiras providências

As principais providências adotadas pelo governo republicano foram:

- **instituição do federalismo** – as províncias imperiais tornaram-se estados-membros da federação. Com isso, teriam maior autonomia administrativa em relação ao governo federal, cuja sede recebeu o nome de Distrito Federal, situado no Rio de Janeiro;
- **separação entre Igreja e Estado** – foi extinto o regime do padroado, por meio do qual o Estado controlava a Igreja católica no país, e o catolicismo deixou de ser a religião oficial do Estado. Foram criados o registro civil de nascimento e o casamento civil.
- **criação de novos símbolos nacionais** – bandeira e hino nacional;
- **promulgação da lei da grande naturalização** – o decreto estabelecia que os estrangeiros residentes no Brasil se tornariam cidadãos brasileiros. Quem não quisesse ser naturalizado brasileiro deveria manifestar-se no órgão competente;
- **reforma financeira** – estímulo ao crescimento econômico, sobretudo do setor industrial;
- **convocação de uma Assembleia Constituinte** – essa assembleia deveria elaborar a primeira Constituição da República.

LINHA DO TEMPO

1889 – Fim do Império e proclamação da República, instalando-se um governo provisório.

1891 – É promulgada a primeira Constituição da República brasileira. Deodoro da Fonseca é eleito, pelo Congresso Nacional, o primeiro presidente brasileiro.

1892 – Explode a Primeira Revolta da Armada. Carta-manifesto dos 13 generais, exigindo a convocação de novas eleições presidenciais.

1893 – Explode a Segunda Revolta da Armada. Início da Revolução Federalista, no Rio Grande do Sul.

1894 – Tem início o governo de Prudente de Morais. Antônio Conselheiro começa a organizar o arraial de Canudos.

1897 – Marconi desenvolve o telégrafo sem fio. Destruição do arraial de Canudos por tropas federais.

1898 – Início do governo de Campos Sales e da montagem da política dos governadores.

1900 – O livro *A interpretação dos sonhos*, de Sigmund Freud, marca o início da Psicanálise (Áustria).

1902 – Euclides da Cunha publica *Os sertões*.

1903 – O Acre é incorporado ao Brasil, pelo Tratado de Petrópolis, pondo fim a disputas com a Bolívia.

1908 – Primeiro filme brasileiro: *Nhô Anastácio chegou de viagem*.

1910 – Criação do Serviço de Proteção ao Índio, patrocinado pelo marechal Rondon.

Linha do tempo esquemática. O espaço entre as datas não é proporcional ao intervalo de tempo.

Conexões — FILOSOFIA

Positivismo na República

Positivismo, como estudado no capítulo 26, é o nome da filosofia fundada por Auguste Comte (1789-1857), que tinha como fundamento a valorização das ciências positivas (Matemática, Física, Química, Biologia), o que levou a uma espécie de **culto à ciência**.

A influência positivista na República está presente, por exemplo, no lema da atual bandeira do Brasil, "Ordem e Progresso", expressão do próprio Comte.

O filósofo tinha entre seus objetivos pesquisar leis gerais que explicassem os fenômenos da natureza, combinando o raciocínio e a observação. Com base nessas leis gerais, acreditava ser possível atingir conhecimentos científicos capazes de impulsionar o **progresso da humanidade**. No entanto, esse progresso deveria caminhar com a ordem.

O positivismo contou com um número considerável de seguidores em diversos países ocidentais a partir da segunda metade do século XIX. No Brasil, teve importantes adeptos que influenciaram a proclamação da República. Entre eles, destaca-se o coronel Benjamim Constant, que idealizou a Bandeira Nacional e a enviou ao governo provisório da República. Coube ao pintor Décio Villares executar o desenho da Bandeira e ao filósofo Teixeira Mendes justificá-lo e explicá-lo publicamente.

Segundo a explicação de Mendes, a simbologia da nova bandeira uniria o passado ao presente. Conservaria do passado parcela da bandeira imperial, como o fundo verde e o losango amarelo, representando a natureza e a riqueza do país. A cruz que existia na Bandeira imperial também permaneceu, com a representação do Cruzeiro do Sul, que podia ser interpretada com simpatia pelo catolicismo, religião oficial da Monarquia.

Já o lema "Ordem e Progresso" atendia às demandas do presente, representadas pelo regime republicano. Mas, no fundo, a conciliação entre ordem e progresso tinha a intenção de garantir, em primeiro lugar, a estabilidade social (ordem) diante dos excessos e das ousadias das transformações da sociedade (progresso). Para os positivistas, a República deveria promover a confraternização dos vários setores da sociedade brasileira. O lema inscrito na Bandeira Nacional gerou polêmicas que, de algum modo, persistem até hoje.

- Você concorda ou não com o lema "ordem e progresso"? Argumente.

Bandeira republicana, criada por Décio Villares. Nesta bandeira, o brasão imperial foi substituído por um círculo azul com estrelas, cortado por uma faixa branca. As 21 estrelas equivaliam às 21 unidades da Federação na época (20 estados e o Distrito Federal). Na faixa branca, estava escrito "Ordem e Progresso", lema inspirado no positivismo de Auguste Comte.

Investigar
- Em que situações do seu cotidiano a bandeira nacional aparece?

Reforma financeira

Durante governo provisório, o ministro da Fazenda Rui Barbosa implementou uma reforma financeira que buscava estimular o crescimento econômico, sobretudo o do setor industrial. Muitos cafeicultores protestaram contra essa política econômica que concedia mais importância à indústria do que ao café.

Conhecida como **Encilhamento**, essa reforma começou a vigorar em janeiro de 1890 e gerou uma grave crise econômica, ligada basicamente a três fatores:

- **inflação** – os bancos emitiram muito mais dinheiro que o necessário. A circulação de quantidade de moeda superior à produção real da economia trouxe como resultado a <u>inflação</u>;
- **empresas-fantasmas** – o grande volume de dinheiro gerado pelas emissões bancárias e a falta de controle governamental possibilitaram a criação de empresas-fantasmas, que surgiram apenas para obter o crédito facilitado dos bancos. O dinheiro emitido não se convertia, em muitos casos, em produção;
- **especulação financeira** – a reforma estimulou uma excessiva especulação financeira, desviando os investimentos da área produtiva. Em busca de lucro fácil as pessoas compravam ações sem se preocupar com o que produziam as empresas.

Inflação: Em economia, pode ser entendido como a queda do valor do dinheiro, ou de seu poder de compra. Quando o governo emite muito dinheiro sem que a oferta de bens e serviços aumente, ocorre um desequilíbrio. Com mais dinheiro disponível e sem crescimento da produção e oferta de mercadorias, a moeda perde seu valor e os preços sobem de maneira generalizada.

A expressão "encilhamento" deriva do verbo encilhar, que significa arrear o cavalo, preparando-o para uma corrida. O uso do termo encilhamento tinha um sentido crítico, pois a reforma produziu um movimento tão grande na Bolsa de Valores do Rio de Janeiro que era semelhante a um hipódromo em dia de corrida: os investidores eram comparados a apostadores tentando a sorte no jogo.

Os resultados da reforma financeira foram tão desastrosos que fizeram com que o ministro Rui Barbosa se demitisse do cargo em janeiro de 1891.

Constituição da República

A primeira Constituição da República foi promulgada em 24 de fevereiro de 1891. Veja alguns de seus principais tópicos.

- **Governo e Estado** – o Brasil adotou a forma de governo republicana, com sistema presidencialista. O presidente da República tornou-se chefe de governo e de Estado, auxiliado por ministros. O Estado passou a ser federalista, ou seja, as antigas províncias do Império foram transformadas em estados-membros. Os estados ganharam autonomia para eleger seu presidente (cargo que hoje recebe o nome de governador) e seus deputados estaduais. Cada estado teria uma constituição própria, que, entretanto, não poderia contrariar as normas da Constituição federal. O governo republicano, o Estado federalista e o presidencialismo são mantidos até hoje no país.
- **Divisão dos poderes** – o Estado brasileiro passou a ter três poderes independentes: Executivo (exercido pelo presidente da República e pelos ministros de Estado), Legislativo (exercido pelo Congresso Nacional, composto da Câmara dos Deputados e do Senado Federal) e Judiciário (cujo órgão máximo era o Supremo Tribunal Federal). Essa divisão de poderes também vigora na atualidade.
- **Voto** – foi abolido o voto censitário, isto é, aquele condicionado a certos níveis de renda, e foi garantido o direito de votar aos brasileiros maiores de 21 anos, excetuando-se mulheres, analfabetos, mendigos, soldados e religiosos sujeitos à obediência eclesiástica. O voto era aberto (não secreto), o que obrigava os eleitores a revelar publicamente em que candidato votavam e permitia aos grandes fazendeiros pressioná-los na hora da votação.

O Congresso e a Constituição, caricatura de autoria de Pereira Neto, publicada na *Revista Ilustrada*. A ilustração é uma alegoria alusiva à eleição de Deodoro e Floriano em 1891.

Eleições e voto

Durante o Império, somente pequena parcela de brasileiros participava do processo eleitoral. Essa parcela reduziu-se ainda mais quando, em 1881, uma lei proibiu o voto dos analfabetos. Isso significou uma redução drástica dos eleitores, pois apenas 15% da população era alfabetizada.

Com a Constituição Republicana, o número absoluto de eleitores cresceu, mas não chegou a alcançar 10% da população do país. Tanto no Império como na Primeira República as mulheres e os pobres foram excluídos das eleições. No entanto, no decorrer do período republicano, esses segmentos excluídos passaram a lutar pelo direito de participar da política.

Ao longo do século XX, o voto tornou-se secreto, e as mulheres, os religiosos e os analfabetos, assim como os jovens maiores de 16 anos, adquiriram o direito de votar.

Investigar

- Em que momentos você é espectador(a) ou protagonista de sua história? Reflita e dê exemplos.

Primeiros presidentes

Depois de elaborar a Constituição de 1891, a Assembleia Constituinte foi transformada em Congresso Nacional. Coube a esse órgão eleger o primeiro presidente da República. Nessa eleição, Deodoro da Fonseca foi escolhido para ocupar o cargo de presidente e Floriano Peixoto para o de vice-presidente.

Deodoro da Fonseca venceu as eleições com o apoio de militares. Porém, sofria a oposição dos cafeicultores de São Paulo, pois, entre outros motivos, era considerado responsável pela crise econômica causada pelo Encilhamento. Sem apoio parlamentar suficiente, não conseguiu lidar com a oposição política e, em novembro de 1891, Deodoro decidiu fechar o Congresso e prender seus principais líderes, em ato de grave desrespeito à Constituição.

Em protesto contra seu autoritarismo, os trabalhadores da Estrada de Ferro Central do Brasil entraram em greve. Ao mesmo tempo, membros da Marinha – liderados pelo almirante Custódio José de Melo – ameaçaram bombardear o Rio de Janeiro com os navios de guerra ancorados no porto, no episódio que ficou conhecido como **Primeira Revolta da Armada**.

Diante de situação tão crítica, Deodoro renunciou à presidência em 23 de novembro de 1891. Seu cargo foi ocupado pelo vice-presidente, Floriano Peixoto.

Governo de Floriano Peixoto

Floriano Peixoto chegou ao poder apoiado pelas forças políticas de São Paulo e por influentes setores das Forças Armadas. Entre suas primeiras medidas destacou-se a reabertura do Congresso Nacional.

O novo governo estimulou a industrialização ao facilitar a importação de equipamentos industriais e conceder financiamento a empresários da indústria. Isso foi o bastante para provocar a antipatia dos fazendeiros tradicionais, defensores da "vocação agrícola" do país.

Além disso, o governo implementou uma reforma bancária que impedia os bancos particulares de emitir dinheiro. A emissão de moeda passou a ser responsabilidade exclusiva do governo federal, medida que lhe conferia maior controle sobre o dinheiro em circulação.

Para conquistar a simpatia das camadas urbanas (comerciários, profissionais liberais, funcionários públicos e o nascente operariado), Floriano baixou o preço da carne e dos aluguéis residenciais e aprovou uma lei que previa a construção de casas populares.

Como Floriano Peixoto tinha um perfil autoritário, logo surgiram críticas a seu governo. Em 31 de março de 1892, um grupo de treze generais enviou ao presidente uma carta-manifesto, exigindo a convocação de novas eleições. Alegavam que essa era a única maneira de restabelecer a tranquilidade interna da nação e o prestígio internacional do país. Ao receber a carta, Floriano puniu os militares, colocando-os na reserva das Forças Armadas.

A reação dura de Floriano à carta dos generais fez a oposição recuar por algum tempo. Em setembro de 1893, no entanto, o almirante Custódio José de Melo liderou a **Segunda Revolta da Armada**. Quinze navios da Marinha, ancorados na baía de Guanabara, ameaçavam bombardear o Rio de Janeiro caso o presidente não convocasse novas eleições. A artilharia naval trocou tiros contra fortes do Exército.

Nesse contexto, Floriano recebeu o apoio do Partido Republicano Paulista (representante dos cafeicultores de São Paulo) e utilizou suas tropas do Exército para conter a revolta. A Segunda Revolta da Armada foi sufocada em março de 1894.

Apesar dos conflitos e críticas, Floriano não cedeu às pressões e permaneceu no poder até o fim do mandato iniciado por Deodoro. Em virtude de sua maneira enérgica de enfrentar os adversários políticos, Floriano ficou conhecido como o "marechal de ferro".

> **Investigar**
> - A palavra **vocação** remete a uma aptidão ou habilidade natural para realizar certas atividades. Em sua opinião, é possível dizer que um país possui uma única vocação? Debata com os colegas.

Revolução Federalista

Em 1893, explodiu no Rio Grande do Sul a Revolução Federalista, um violento conflito entre dois grupos políticos locais: o Partido Republicano Rio-Grandense (PRR) e o Partido Federalista. O PRR defendia a forma de governo republicana e o sistema **presidencialista**. Os republicanos (apelidados de pica-paus) eram adeptos do positivismo e tinham o apoio político-militar de Floriano Peixoto.

O Partido Federalista apoiava a forma de governo republicana, mas defendia o **parlamentarismo**. Pretendia revogar a Constituição gaúcha, que naquela época permitia a reeleição indefinida do presidente do estado (atual governador). Juntamente com os rebeldes da Armada, no Rio de Janeiro, ameaçou atacar o estado de São Paulo, cuja elite política representava os cafeicultores e prestigiava o governo central.

O governo federal enviou tropas ao sul para combater os revoltosos. Em mais de dois anos de conflito, a Revolução Federalista causou a morte de aproximadamente 10 mil pessoas. Terminou somente em agosto de 1895, com a vitória dos pica-paus, durante o governo de Prudente de Morais, presidente eleito em 1º de março de 1894.

As oligarquias cafeeiras no poder

O período que vai de 1889 até 1930 foi chamado de vários nomes:

- **República da Espada** – para destacar que o país tinha sido governado, entre 1889 até 1894, pelos militares Deodoro e Floriano;
- **República dos Coronéis** – para enfatizar que, entre 1894 e 1930, grandes fazendeiros, conhecidos como coronéis influenciavam a política do Brasil;
- **República do Café com Leite** – para demonstrar que, de 1894 a 1930, políticos civis que tinham vinculação com as oligarquias agrárias, especialmente dos estados de São Paulo (grande produtor de café) e Minas Gerais (grande produtor de leite), haviam chegado ao poder.

Coronelismo

No início da República, a política foi marcada pela atuação de grandes proprietários rurais, que se tornaram chefes políticos das regiões onde estavam estabelecidos. Chamados de "coronéis", suas práticas de dominação ficaram conhecidas como **coronelismo**.

O poder dos coronéis ultrapassava os limites de suas propriedades rurais, chegando a alcançar as cidades. Diversos empregos e cargos estavam sujeitos à sua influência, fosse na prefeitura, na delegacia, na escola, na igreja, etc.

O **clientelismo** era uma das principais características do coronelismo. Em troca de favores, os coronéis exigiam que os eleitores votassem nos candidatos por eles indicados. Quem se negasse ficava sujeito à violência dos capangas que trabalhavam para os coronéis.

> **Cabresto:** conjunto de cintas de couro ou outro material colocado na cabeça de um animal para controlar sua marcha.

Voto de cabresto e fraudes

Durante as eleições, cumprindo ordens dos fazendeiros, os capangas procuravam controlar o voto de cada eleitor. Essa prática ficou conhecida como **voto de cabresto**, que significa um voto induzido, que não expressava a vontade do eleitor. Isso era possível porque o voto não era secreto, ou seja, o eleitor tinha de declarar abertamente em quem estava votando e, com isso, sofria a coerção dos capangas.

Charge sobre voto de cabresto na campanha eleitoral de 1928. O Partido Democrático formou-se a partir de uma dissidência do Partido Republicano Paulista.

Na época, não havia no país uma Justiça Eleitoral independente para averiguar possíveis irregularidades nas eleições. O que existia era uma Comissão Verificadora no Congresso Nacional, que atuava em sintonia com os interesses do grupo político dominante no momento e, portanto, poderia distorcer o resultado das urnas. A prática de impedir que o candidato da oposição assumisse o cargo para o qual fora eleito ficou conhecida como **degola**.

Os coronéis praticavam diversas fraudes para conseguir a vitória de seus candidatos nas eleições. Dentre elas, estavam a falsificação de documentos para que menores e analfabetos pudessem votar, a inscrição de pessoas falecidas como eleitoras, a violação de urnas e a adulteração das cédulas de votação.

Política dos governadores

Os primeiros presidentes civis da República foram Prudentes de Morais e Campos Sales, ambos fazendeiros e políticos paulistas.

Campos Sales foi um dos principais articuladores do sistema de alianças entre os governadores de estado e o governo federal. Era a chamada **política dos governadores**.

Esse sistema de alianças também se baseava em troca de favores. Os governadores de estado davam seu apoio ao governo federal, ajudando-o a eleger deputados federais e senadores favoráveis ao presidente, que, em retribuição, apoiava os governadores concedendo mais verbas a seus estados, além de empregos e favores para seus aliados e apadrinhados políticos. Com esses métodos, as oligarquias agrárias estiveram no poder durante a maior parte da Primeira República.

Os estados que lideraram essa política foram São Paulo e Minas Gerais. Fazendo coligações com os proprietários rurais dos demais estados, os políticos do Partido Republicano Paulista (PRP) e do Partido Republicano Mineiro (PRM) alternavam-se no poder. São Paulo e Minas Gerais tinham também a bancada mais numerosa na Câmara dos Deputados. Quase todos os presidentes da Primeira República foram eleitos com o apoio dos paulistas ligados ao PRP e dos mineiros ligados ao PRM.

Investigar

- Atualmente, o Brasil é formado por 26 Estados-membros mais o Distrito Federal. Que estados fazem fronteira com o seu? O que você sabe sobre a cultura, a economia e a política desses estados?

Caricatura de Kalixto publicada na revista *Fon-Fon* em 1907, satirizando o "eleitorado fantasma".

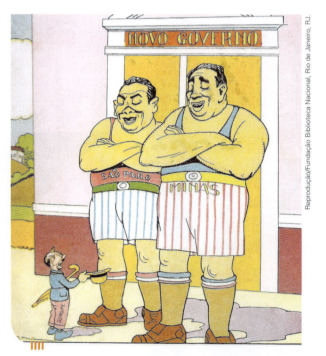

O direito das minorias..., charge de Alfredo Storni, publicada em 11 de setembro de 1926 na revista *Careta*. Nela, os estados de São Paulo e Minas Gerais são representados por dois gigantes que impedem a passagem de um pequeno homem identificado como o estado de Sergipe.

Vida econômica

Em linhas gerais, a economia do país tinha como base a produção de matérias-primas e gêneros tropicais destinados à exportação. A venda desses produtos estava sujeita às oscilações do mercado internacional.

Veja, na tabela a seguir, a participação dos principais produtos agrícolas nas exportações brasileiras no período de 1889 a 1933.

Principais produtos agrícolas e pastoris de exportação do Brasil (1889-1933)
Participação (em %) na receita das exportações

Período	Café	Açúcar	Cacau	Mate	Fumo	Algodão	Borracha	Couro e pele	Outros
1889-1897	67,6	6,6	1,5	1,1	1,2	2,9	11,8	2,4	4,9
1898-1910	52,7	1,9	2,7	2,7	2,8	2,1	25,7	4,2	5,2
1911-1913	61,7	0,3	2,3	3,1	1,9	2,1	20,0	4,2	4,4
1914-1918	47,4	3,9	4,2	3,4	2,8	1,4	12,0	7,5	17,4
1919-1923	58,8	4,7	3,3	2,4	2,6	3,4	3,0	5,3	16,5
1924-1929	72,5	0,4	3,3	2,9	2,0	1,9	2,8	4,5	9,7
1930-1933	69,1	0,6	3,5	3,0	1,8	1,4	0,8	4,3	15,5

Fonte: VILELA, Annibal Villanova; SUZIGAN, Wilson. *Política do governo e crescimento da economia brasileira, 1889-1945*. Rio de Janeiro: Ipea/Inpes, 1973. p. 70.

Café

O café representou, em média, mais de 50% do valor das exportações brasileiras durante a Primeira República. Com isso, o Brasil chegou a abastecer dois terços do mercado mundial de café.

Entusiasmados com os lucros e com o grande afluxo de mão de obra imigrante europeia, os cafeicultores brasileiros aumentaram suas plantações ultrapassando a capacidade de consumo do produto. Com a superprodução no início do século XX, os preços caíram e acumularam-se sobras de estoques sem mercado comprador.

Em busca de uma solução, em 1906, foi feito um acordo entre produtores e o governo, conhecido como **Convênio de Taubaté**. A proposta desse convênio era que o Estado compraria a produção de café que ultrapassasse a procura do mercado; o excedente seria estocado pelos poderes públicos estaduais para ser vendido quando os preços se normalizassem. Os recursos para comprar esse café viriam de empréstimos contraídos no exterior pelo próprio Estado, que também adotaria medidas para desestimular o surgimento de novas plantações.

As propostas do Convênio de Taubaté foram aceitas pelo governo federal, no mandato de Afonso Pena. Assim, o preço do produto não caiu, e os cafeicultores não tiveram prejuízos. No entanto, os estoques de café foram aumentando de maneira contínua, e nunca surgia uma boa oportunidade para vendê-los no mercado externo.

O prejuízo, portanto, deixou de ser um problema para os produtores de café e passou a ser uma questão da gestão pública. Alguns cafeicultores obtiveram lucros nesse período e os utilizaram para investir no setor industrial.

Carregadores abastecendo navio com café no porto de Santos, em 1895. O porto de Santos era o maior exportador de café do mundo.

Açúcar

O açúcar foi, durante o período colonial, o principal produto agrícola brasileiro de exportação. A partir de 1830, em virtude da ascensão da produção do café, o açúcar deixou de ocupar essa posição.

Além disso, a partir do século XX, a produção do açúcar de cana em Cuba e em Porto Rico – ex-colônias espanholas dominadas, então, pelos Estados Unidos – passou a ser negociada com tarifas preferenciais nos Estados Unidos, um dos principais compradores do produto. Desse modo, o açúcar produzido no Brasil foi sendo destinado, cada vez mais, ao mercado interno brasileiro.

Algodão

Durante o Primeiro Reinado, entre 1821 e 1830, o algodão chegou a ocupar o segundo lugar na pauta de exportações brasileiras. Mas, nas décadas seguintes, entrou em decadência devido à concorrência da produção algodoeira dos Estados Unidos. A produção estadunidense conquistou gradativamente o mercado internacional, sobretudo o europeu. Ao longo da Guerra de Secessão (1861-1865), porém, o norte dos Estados Unidos bloqueou as exportações algodoeiras do sul. Os produtores de algodão do Brasil aproveitaram essa situação para atender às necessidades das indústrias têxteis europeias. Assim, no Segundo Reinado, entre 1861 e 1870, o algodão voltou a ocupar o segundo lugar na pauta das exportações brasileiras.

Terminada essa década, o algodão brasileiro entrou em franco declínio no mercado externo. No início do século XX, sua produção passou a se destinar, progressivamente, às indústrias brasileiras de fiação e tecelagem, em expansão no país.

Borracha

Produzida com o látex extraído de seringueiras originárias da Amazônia, a borracha tornou-se, a partir de 1840, um produto de crescente procura nos países industrializados. Servia de matéria-prima para a fabricação de pneus, inicialmente de bicicletas e, depois, de automóveis.

Na Amazônia encontrava-se a maior reserva de seringueiras do mundo. Durante o ciclo da borracha, a região amazônica conheceu um súbito esplendor, que durou cerca de três décadas (1891-1918), ocupando o segundo lugar na pauta de exportações brasileiras.

Nesse contexto, em 1903, a região que correspondia ao atual **estado do Acre**, então pertencente à Bolívia, foi incorporada ao território brasileiro. Boa parte da população local era composta de brasileiros que viviam da atividade seringueira. Quando surgiram conflitos fronteiriços com as autoridades bolivianas, o governo brasileiro negociou a incorporação dessa área ao Brasil, mediante o pagamento de 2 milhões de libras esterlinas e a concessão de outros benefícios.

Com o tempo, porém, os problemas começaram a aparecer. A dificuldade de acesso pela mata nativa em busca de seringais elevava os custos da extração e, consequentemente, o preço do produto. Paralelamente, a produção brasileira tornou-se insuficiente para atender a demanda do mercado internacional.

Países europeus investiram no cultivo de seringais em algumas áreas de dominação colonial desenvolvendo um plantio especialmente planejado para o aproveitamento industrial que, em pouco tempo, alcançou produtividade bem superior à brasileira. A partir de 1920, a borracha brasileira praticamente perdeu seu lugar no mercado internacional.

Extração de látex de seringueira em Tarauacá (Acre) em 2017. A extração é feita por meio de incisões no tronco da árvore e recolhimento da seiva por meio de potes afixados nas extremidades inferiores dos cortes. Essa técnica de extração também era utilizada no século XIX.

Cacau

Cultivado no sul da Bahia, principalmente nos municípios de Itabuna e Ilhéus, o cacau brasileiro teve destino semelhante ao da borracha no mercado externo.

Durante toda a Primeira República, a produção brasileira de cacau cresceu, acompanhando o aumento do consumo de chocolates na Europa e nos Estados Unidos. Mas os ingleses decidiram investir na produção de cacau na região africana da Costa do Ouro (que hoje integra Gana) e, em pouco tempo, o produto dessa região conquistou os mercados internacionais. Com isso, a produção do cacau brasileiro entrou em declínio.

ᗞ Vida social

O período da Primeira República foi marcado, em termos gerais, pela grande imigração, principalmente europeia; pela criação de uma política de proteção aos indígenas por parte do governo federal; pelo avanço industrial no país e pelo surgimento do movimento operário.

Imigração

A imigração no Brasil alcançou seu auge durante a Primeira República, época em que, segundo estimativas, teriam entrado no país mais de **3,5 milhões de estrangeiros**. Seduzidos por incentivos e anúncios de prosperidade que o governo brasileiro divulgava no exterior, esses imigrantes vinham em busca de trabalho e melhores condições de vida.

Os italianos representaram aproximadamente 33% do total dos imigrantes que chegaram ao país, seguidos por portugueses (29%) e espanhóis (15%). Outros grupos percentualmente menores eram alemães, japoneses, sírio-libaneses, russos, lituanos e austríacos, entre outros.

São Paulo recebeu o maior número de imigrantes: cerca de 57% do total. Isso se explica, em parte, pela expansão da economia cafeeira (que abria milhares de postos de trabalho) e pela política do governo paulista de incentivo à imigração (propaganda no exterior e concessão de passagens e alojamentos).

A contínua vinda de estrangeiros contribuiu para mudar muitos aspectos da vida social no país, principalmente nas regiões Sudeste e Sul. Esse cenário favoreceu transformações culturais nos hábitos de alimentação, nas rotinas e técnicas de trabalho, nos valores estéticos, entre outros.

Imigrantes trabalhando em fazenda de café em Araraquara, interior de São Paulo, no começo do século XX.

Guilherme Gaensly/Acervo do Instituto Moreira Salles

Política indigenista

Ao longo da Primeira República, em várias regiões do país, ocorreram confrontos com grupos indígenas. Em São Paulo, por exemplo, os Kaingang tentaram bloquear o avanço da Estrada de Ferro Noroeste do Brasil; no Espírito Santo e em Minas Gerais, os Botocudo tentaram impedir a invasão de suas terras por colonos; em Santa Catarina e Paraná, os Xokleng lutaram contra a ocupação de suas terras por colonos italianos e alemães.

Em 20 de junho de 1910, foi criado o **Serviço de Proteção aos Índios (SPI)**, dirigido pelo militar Cândido Rondon. O governo federal assumia a tarefa de lutar contra o extermínio dos povos indígenas e "pacificar" os conflitos entre os indígenas e outros segmentos da sociedade nacional. Apesar do empenho de alguns funcionários, o SPI não teve apoio suficiente para impedir a exploração da mão de obra indígena e a invasão de suas terras. O SPI foi extinto em 1967, sendo substituído pela Fundação Nacional do Índio (Funai).

Cândido Rondon reunido com indígenas da etnia Pianacoti, na Guiana, em 1928. O militar permaneceu na chefia do SPI até o fim da Primeira República, em 1930, quando renunciou ao cargo. Nos anos finais de sua função, ele foi encarregado de averiguar as fronteiras entre o Brasil e os países vizinhos.

Avanço industrial e urbanização

Na Primeira República, a industrialização foi impulsionada, sobretudo, por investimentos dos cafeicultores. Em 1889, havia no Brasil pouco mais de 600 fábricas; em 1930, já existiam no país cerca de 13 mil indústrias, que empregavam 275 mil operários. Havia ainda 233 usinas de açúcar, nas quais trabalhavam 18 mil operários, e 231 salinas, que empregavam cerca de 5 mil trabalhadores.

Concentrando 31% das indústrias, o principal centro dessa industrialização era o estado de São Paulo, onde viviam importantes produtores de café, um grande número de ex-escravizados (e seus descendentes) e milhares de imigrantes. Também se destacaram pela concentração industrial: Rio Grande do Sul (13,3%), Rio de Janeiro (11,5%) e Minas Gerais (9,3%).

A indústria nacional desenvolveu-se procurando substituir os produtos importados, especialmente durante a Primeira Guerra Mundial, quando caíram as exportações europeias. Em 1928, a renda do setor industrial superou, pela primeira vez, a da agricultura.

Com o avanço da industrialização, produziu-se uma mudança importante na organização da sociedade. A partir desse momento, acentuou-se o processo de urbanização no país. Atualmente, cerca de 80% da população brasileira vive em áreas urbanas e sua distribuição pelos setores da economia é bastante diversificada.

Operários, óleo sobre tela de Tarsila do Amaral, de 1933. Nessa obra, podemos identificar características distintas em cada uma das figuras, o que indica diferentes origens étnicas. Apesar da igualdade social, pois são todos operários, não há um rosto igual a outro e muitos parecem fruto da miscigenação.

Trabalho nas fábricas

Com o crescimento industrial, operários e grupos médios urbanos passaram a exigir cada vez mais o direito de participar das decisões políticas e econômicas do país.

As condições de trabalho do operariado brasileiro durante a Primeira República eram bastante desfavoráveis. A jornada de trabalho, em geral, era de até 15 horas por dia, de segunda a sábado. Não havia salário mínimo, direito a férias, pagamento por horas extras, aviso prévio e indenização. Os operários ganhavam pouco, o que obrigava toda a família a trabalhar, incluindo as crianças.

As instalações das fábricas geralmente eram ruins, com pouco espaço, ambientes mal iluminados, quentes e sem ventilação. Não havia cuidado com a higiene nem com a segurança desses locais. Por isso, eram frequentes os acidentes de trabalho e a disseminação de doenças entre os operários.

Os inúmeros acidentes, os baixos salários e as longas jornadas sem descanso provocaram a mobilização dos operários, que se uniram para realizar protestos e reivindicações. Surgiram, então, várias formas de organização operária, entre elas os sindicatos, que assumiram a luta pela conquista de direitos trabalhistas e sociais.

Greve de 1917

Trabalhadores protestam no centro de São Paulo (SP) durante a greve geral de 1917.

O descontentamento dos operários com as condições de trabalho às quais estavam submetidos levou à organização da primeira **greve geral** da história do Brasil, em julho de 1917, em São Paulo. As manifestações dos operários, em passeatas pelas ruas, provocaram muitos conflitos com a polícia. Em um deles, em 9 de julho, o sapateiro José Martinez, de 21 anos de idade, morreu baleado. Esse episódio ampliou o movimento: a greve tornou-se geral, paralisando as fábricas da cidade de São Paulo e de outras regiões do país.

Estima-se que entre 50 mil e 70 mil trabalhadores tenham participado dessa greve, coordenada pelo Comitê de Defesa Proletária. Os operários exigiam, entre outras reivindicações, aumentos salariais, jornada de trabalho de oito horas, direito de associação e libertação dos grevistas presos.

Diante da extensão do movimento operário, governo e industriais resolveram negociar com os grevistas. Prometeram melhorar os salários, as condições de trabalho e assumiram o compromisso de não puni-los, caso todos voltassem a seus postos. As promessas e os compromissos, no entanto, não foram cumpridos à risca.

Partido Comunista e repressão policial

Em 1922, apoiado pelos líderes operários, foi fundado o **Partido Comunista do Brasil (PCB)**, inspirado pela vitória dos comunistas na Revolução Russa de 1917. O Partido Comunista foi considerado ilegal pelas autoridades judiciárias logo após sua fundação, mas continuou a existir clandestinamente. A luta operária também se manteve atuante.

Para as elites políticas e econômicas do país, as manifestações operárias não passavam de baderna. Assim, até o final desse período, os protestos dos trabalhadores não receberam a devida atenção da maioria dos empresários e dos políticos, que tratavam a questão por meio do uso da violência policial.

Investigar

- Na sua interpretação, quais são os principais problemas enfrentados atualmente pelos trabalhadores brasileiros? Debata o assunto com os colegas.

A luta pela autonomia feminina

No período colonial, grande parte das mulheres vivia submissa aos homens e não tinha autonomia para frequentar espaços públicos. Durante o Império, um número maior de mulheres passou a ser visto pelas ruas, embora fosse comum encontrá-las na companhia vigilante do pai ou do marido. Na República, as mulheres deram passos decisivos para conquistar seus diretos.

A força de trabalho feminina tornou-se mais requisitada nas fábricas, principalmente nos setores têxteis e no de alimentos. Apesar de exploradas, as mulheres operárias contribuíram na luta pela autonomia feminina. Mesmo recebendo salário inferior ao dos homens, trabalhavam nas fábricas e ajudavam a completar o reduzido orçamento familiar. Elas mostravam que podiam executar outros trabalhos além das então tradicionais profissões de enfermeira e professora.

De acordo com a historiadora Margareth Rago:

> Apesar do elevado número de trabalhadoras presentes nos primeiros estabelecimentos fabris brasileiros, não se deve supor que elas foram progressivamente substituindo os homens e conquistando o mercado de trabalho fabril. Ao contrário, as mulheres vão sendo progressivamente expulsas das fábricas, na medida em que avançam a industrialização e a incorporação da força de trabalho masculina. As barreiras enfrentadas pelas mulheres para participar do mundo dos negócios eram sempre muito grandes, independentemente da classe social a que pertencessem. Da variação salarial à intimidação física, da desqualificação intelectual ao assédio sexual, elas tiveram sempre de lutar contra inúmeros obstáculos para ingressar em um campo definido – pelos homens – como "naturalmente masculino".
>
> RAGO, Margareth. Trabalho feminino e sexualidade. *In*: DEL PRIORE, Mary (org.). *História das mulheres no Brasil*. São Paulo: Contexto, 1997. p. 581.

Outro fator que contribuiu para abalar o mito da inferioridade feminina foi o surgimento do cinema no Brasil, em 1907. Por meio de diversos filmes, as mulheres foram estimuladas a ter contato com um mundo fora dos limites do lar. Muitas personagens femininas eram reflexo de uma sociedade moderna e industrializada e mostravam-se psicologicamente fortes, determinadas e participativas.

O advento da República e suas mudanças institucionais fizeram nascer, também, a esperança na aprovação do voto feminino. Em 1920, Bertha Lutz fundou a Liga pela Emancipação Intelectual da Mulher para lutar pela igualdade de salários e pelo sufrágio feminino. No entanto, as mulheres só conquistaram o direito ao voto em meados da década de 1930.

Operárias da Tecelagem Mariangela, das Indústrias Reunidas F. Matarazzo, em São Paulo (SP), nos anos 1920.

Oficina de História

Analisar e refletir

1 Na definição do sociólogo brasileiro Florestan Fernandes (1920-1995), revolução é um termo que se refere a mudanças drásticas e profundas em uma sociedade. Uma mudança revolucionária é aquela que "mexe nas estruturas, que subverte a ordem social existente". Considerando essa definição, em grupo, debatam: a proclamação da República e o que ocorreu em seguida, durante o Governo Provisório, constituíram uma revolução nacional?

Em seguida, elaborem um quadro comparativo apontando semelhanças e diferenças entre o regime monárquico e a república nascente. Considerem aspectos como: trabalho e mão de obra; principais atividades econômicas; relação entre Igreja e Estado; participação popular nas decisões políticas; entre outros.

2 Ao analisar a reduzida participação da população brasileira na vida política durante a Primeira República, o escritor Lima Barreto (1881-1922) afirmou: "O Brasil não tem povo, tem público". Em grupos, debatam as questões:

a) Vocês consideram que essa afirmação pode ser aplicada aos dias atuais? Ou acham que os brasileiros deixaram de "assistir" para participar dos assuntos de interesse nacional?

b) Qual o envolvimento de vocês em relação a assuntos da vida coletiva? Explique.

3 A Revolução Federalista foi motivada, entre outros fatores, pelo projeto de autonomia de políticos gaúchos. Compare esse movimento com a Revolução Farroupilha e aponte semelhanças e diferenças entre as duas revoltas.

4 Leia o texto a seguir sobre república e responda às questões.

> [...] o termo República se contrapõe à monarquia. Nesta, o chefe do Estado tem acesso ao supremo poder por direito hereditário; naquela, o chefe do Estado é [...] eleito pelo povo [...].
>
> Com *res publica* [coisa pública], os romanos definiram a nova forma de organização do poder após a exclusão dos reis. Com efeito, *res publica* quer pôr em relevo a coisa pública, a coisa do povo, o bem comum, a comunidade, enquanto que, quem fala de monarquia [...] realça o princípio do governo (*archia*).
>
> MATTEUCCI, Nicola. República. *In*: BOBBIO, N. *et al.* (org.). *Dicionário de Política.* Vol. 2. Brasília: UnB/São Paulo: Imprensa Oficial. p. 1107.

a) Qual é a ideia principal do texto?

b) Busque na internet, em jornais e em revistas artigos que problematizem a questão do uso privado da coisa pública. Em seguida, discutam em classe as reportagens, buscando compreender como o cerne da República é respeitado ou desrespeitado nas situações explicitadas nos textos.

5 Em grupo, reflitam sobre o lema "Ordem e Progresso", da Bandeira Nacional.

a) Faça uma pesquisa e procure conhecer aspectos do positivismo de Auguste Comte. Relacione o positivismo com o lema da Bandeira Nacional.

b) Na sua interpretação, a maioria dos políticos e militares do início da República estava mais preocupada com a ordem ou com o progresso do país? Justifique.

6 Durante a Primeira República, as eleições foram marcadas por práticas como o voto de cabresto e o clientelismo. Cerca de um século depois, o que mudou e o que permaneceu no processo eleitoral brasileiro? Para responder a essa pergunta, formem grupos e sigam as orientações abaixo.

a) Pesquisem na internet, jornais e revistas informações sobre o funcionamento da Justiça Eleitoral e a realização de eleições no Brasil atual.

b) Debatam as questões a seguir:

- o voto de cabresto desapareceu totalmente do cenário eleitoral brasileiro?
- na cidade ou região onde vocês vivem, é possível perceber se ainda existe algum tipo de manipulação eleitoral?
- na cidade ou região onde vocês vivem, é possível perceber se ainda há clientelismo de pessoas, empresas e políticos que apoiam candidatos esperando receber favores depois da eleição?

- na percepção do grupo, a Justiça Eleitoral atua com imparcialidade para julgar e coibir tais práticas (clientelismo, voto de cabresto etc.)?
- há outras formas, atuais, de pôr "cabresto" nos eleitores?

c) Escrevam uma dissertação com as conclusões do grupo sobre o que mudou e o que permaneceu no processo eleitoral brasileiro. Procurem fundamentar o texto com elementos encontrados em sua pesquisa.

Interpretar texto e imagem

7 O escritor Mário Palmério (1916-1996) expressou em um texto de ficção literária as práticas dos coronéis em relação aos eleitores, principalmente no campo, e as artimanhas usadas por esses políticos para interferir nos resultados eleitorais. Mostrou, também, a distância que havia entre o mundo do trabalho rural e as eleições.

> João Soares estava com a razão: política só se ganha com muito dinheiro. A começar pelo alistamento, que é trabalhoso e caro: tem-se que ir atrás de eleitor por eleitor, convencê-los a se alistarem e ensinar tudo, até a copiar o requerimento. Cabo de enxada engrossa as mãos – [...] o laço de couro cru, machado e foice também. Caneta e lápis são ferramentas muito delicadas. A lida é outra: labuta pesada, de sol a sol, nos campos e nos currais [...]. Ler o quê? Escrever o quê? Mas agora é preciso: a eleição vem aí e o alistamento rende a estima do patrão, a gente vira pessoa.

PALMÉRIO, Mário. *Vila dos Confins*. Rio de Janeiro: José Olympio, 2003. p. 74-75.

a) De acordo com o texto, como eram encaradas as eleições no meio rural?
b) Na sua interpretação, o que significa a frase: "a gente vira pessoa"?

8 Analise a charge sobre as oligarquias regionais da Primeira República e, em seguida, responda às questões.

Charge de Alfredo Storni para a revista humorística *Careta*, de 1925.

a) O objeto central dessa charge é uma cadeira. O que ela está simbolizando?
b) Nessa charge, os estados brasileiros foram representados como pessoas. Que personagens estão ao lado da cadeira? O que isso significa? E que personagens querem alcançar a cadeira? Por quê?
c) A charge faz uma crítica à situação política do Brasil na Primeira República. Qual seria essa crítica?

CAPÍTULO 29

Revoltas na Primeira República

Nas primeiras décadas do século XX, milhões de brasileiros ainda viviam na miséria, sem perspectivas de mudanças sociais. Diante dessa realidade, muitas pessoas participaram de revoltas. Que aspirações sociais fomentaram esses movimentos?

Este capítulo favorece o desenvolvimento das habilidades:
EM13CHS101
EM13CHS102
EM13CHS103
EM13CHS104
EM13CHS105
EM13CHS106
EM13CHS503
EM13CHS504
EM13CHS606

◗ Messianismo: religiosidade e revolta sertaneja

A palavra **messianismo** deriva de **messias**, que significa "o enviado de Deus" ou "o salvador". Originalmente, o termo refere-se à crença da religião judaica na futura vinda do Messias, isto é, daquele que libertará o povo judeu dos sofrimentos, conduzindo-o à felicidade eterna. Com base nessa crença, os cristãos entendem que Jesus Cristo é o Messias, que já veio à Terra indicar o caminho da salvação eterna e voltará no dia do Juízo Final.

O termo "messianismo" passou a ser utilizado por historiadores, sociólogos e outros estudiosos para designar a crença de um grupo de pessoas em um líder político-religioso (o chamado líder messiânico), que seria capaz de conduzir determinada coletividade a uma nova era de justiça e felicidade. Geralmente, a crença messiânica desenvolve-se a partir da esperança de ter uma vida melhor, entre pessoas castigadas pelo sofrimento cotidiano, pela miséria e pelas injustiças sociais.

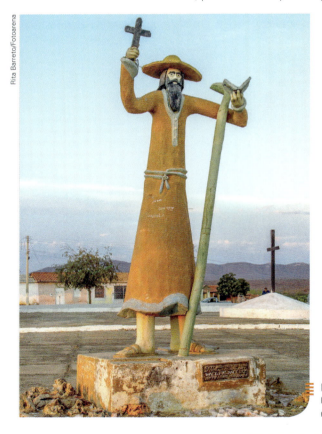

Na historiografia do Brasil, o termo messianismo costuma ser usado para denominar movimentos sociais nos quais milhares de sertanejos de áreas rurais pobres fundaram comunidades comandadas por um líder religioso. Atribuíam-se a esse líder dons como o de fazer milagres, realizar curas e profetizar acontecimentos.

Na Primeira República, os dois principais movimentos de caráter messiânico foram Canudos e Contestado, caracterizados pela religiosidade e pelo sentimento de revolta dos sertanejos.

Canudos (1893-1897)

Nas últimas décadas do século XIX, grande parte da população nordestina vivia de maneira miserável. A propriedade da terra concentrava-se nas mãos dos coronéis, as secas periódicas eram arrasadoras e a produção de açúcar diminuía.

Nesse contexto de opressão e desesperança, Antônio Vicente Mendes Maciel (cerca de 1828-1897), conhecido como **Antônio Conselheiro**, iniciou suas pregações político-religiosas. Ele discordava de algumas mudanças implementadas pela República e declarava-se, por exemplo, contra o casamento civil.

Monumento a Antônio Conselheiro (líder de Canudos) localizado em Canudos (BA). Foto de 2019.

LINHA DO TEMPO

1893 — Antônio Conselheiro começa a organizar o arraial de Canudos.

1897 — Destruição do arraial de Canudos por tropas federais.

1904 — Eclode a Revolta da Vacina, no Rio de Janeiro.

1910 — Ocorre a Revolta da Chibata, no Rio de Janeiro.

1912 — Início da Guerra do Contestado, que perdurou até 1916.

1922 — Ocorre a Revolta do Forte de Copacabana (Os 18 do Forte). Realiza-se a Semana de Arte Moderna em São Paulo.

1924 — Início da Coluna Prestes.

Linha do tempo esquemática. O espaço entre as datas não é proporcional ao intervalo de tempo.

A partir de 1870, as pregações de Antônio Conselheiro começaram a atrair um número crescente de adeptos. Um dos principais lemas de Conselheiro era: "A terra não tem dono, a terra é de todos".

Em 1893, aos 65 anos, Conselheiro chegou a uma propriedade rural abandonada no sertão baiano, situada às margens do rio Vaza-Barris. Nesse lugar, liderou a formação do povoado, ou arraial, de Belo Monte, depois chamado de Canudos.

Região de Canudos (1893-1897)

Fonte: elaborado com base em MARINS, Francisco. *A guerra de Canudos*. São Paulo: Ática, 1987. p. 31.

Observar o mapa
- Analise o mapa e responda:
a) Em que estado brasileiro se situava Canudos?
b) O que representa a área na cor amarela?
c) Que outras localidades foram influenciadas pelo movimento de Canudos?

Aos poucos, Canudos transformou-se em uma das localidades mais populosas da Bahia, reunindo entre 20 mil e 30 mil habitantes. Lá, viviam sertanejos sem-terra, vaqueiros, ex-escravizados, pequenos proprietários pobres, homens e mulheres perseguidos pelos coronéis ou pela polícia.

O povoado tinha normas próprias e adotava um sistema comunitário no qual as colheitas, os rebanhos e o fruto do trabalho eram repartidos. O excedente era vendido ou trocado com os povoados vizinhos. Não havia cobrança de tributos e eram proibidas a prostituição e a venda de bebidas alcoólicas. Assim, Canudos representava, de certa forma, uma alternativa de vida para os sertanejos que fugiam da miséria e da dominação dos coronéis.

Guerra de Canudos

Diversos setores da sociedade brasileira da época consideravam Canudos um reduto de fanáticos e monarquistas, e não um refúgio para os oprimidos pela miséria e pela violência. Para alguns membros da Igreja católica, Antônio Conselheiro e seus seguidores eram perigosos, porque desviavam os cristãos da "fé verdadeira". Para os proprietários rurais, as elites políticas e o governo, Canudos constituía uma ameaça tanto pela ocupação das terras quanto pela recusa do pagamento de impostos.

Em novembro de 1896, tropas de coronéis locais e do governo foram enviadas para acabar com o arraial, mas não conseguiram vencer as forças de Canudos. Depois desse primeiro ataque, ocorreram outros, que foram igualmente derrotados. Porém, em 5 de outubro de 1897, um poderoso exército de cerca de 7 mil homens destruiu Canudos. A população sertaneja morreu defendendo sua comunidade, em uma das mais trágicas lutas da história da República.

A Guerra de Canudos foi tema do livro *Os sertões*, do escritor e jornalista Euclides da Cunha. Publicado em 1902, o livro alcançou grande repercussão e logo se tornou um clássico.

! Dica
Guerra de Canudos. Direção: Sérgio Rezende. Brasil: Morena Filmes, 1997. 170 min.

Relata a trajetória de Antônio Conselheiro e seus seguidores, que se estabeleceram no arraial de Canudos e foram vistos como uma ameaça à República que acabara de nascer no Brasil.

Contestado (1912-1916)

Na divisa entre os estados do Paraná e de Santa Catarina ocorreu um movimento conhecido como Contestado. Nessa região, que era contestada (disputada) pelos dois estados, milhares de pessoas viviam em condições precárias, trabalhando para fazendeiros locais ou para empresas estadunidenses que extraíam madeira e construíam estradas de ferro.

Os problemas sociais e a disputa pela terra se agravaram quando uma dessas empresas, a *Brazil Railway*, passou a contratar, em troca de baixos salários, pessoas de outras localidades para construir a ferrovia que ligaria São Paulo ao Rio Grande do Sul.

Em 1910, as obras acabaram e cerca de 8 mil trabalhadores perderam o emprego. Sem condições de voltar para suas terras de origem, continuaram a viver na região, participando de invasões de terras ou se oferecendo como jagunços aos coronéis locais.

Guerra do Contestado

Na região do Contestado, havia uma tradição messiânica inaugurada por um monge chamado João Maria de Agostini. Após sua morte, outros monges messiânicos surgiriam para dar continuidade à tradição. O terceiro desses monges, um homem chamado **José Maria de Santo Agostinho**, reuniu mais de 20 mil sertanejos e fundou com eles alguns povoados que compunham a chamada Monarquia Celeste. Como em Canudos, a "monarquia" do Contestado tinha um governo próprio e normas igualitárias, não obedecendo às ordens das autoridades da República.

Os sertanejos do Contestado passaram a ser perseguidos pelos coronéis-fazendeiros e dirigentes das empresas estrangeiras estabelecidas na região, com o apoio de tropas do governo. O objetivo era destruir a organização comunitária e expulsar os sertanejos das terras que ocupavam.

Em novembro de 1912, José Maria foi morto em combate e "santificado" pelos moradores da região. Posteriormente, seus seguidores criaram novos núcleos da Monarquia Celeste, que foram aos poucos sendo destruídos por forças do Exército brasileiro. Os últimos núcleos caíram em 1916.

O monge José Maria ainda hoje é venerado por descendentes caboclos do sul do país, região onde ocorreu a Guerra do Contestado. Fotografia da década de 1910.

Cangaço

Na passagem do século XIX para o século XX, havia seca, fome, concentração de terras e injustiças sociais no Nordeste brasileiro. Nesse contexto, formaram-se grupos armados que praticavam assaltos e, muitas vezes, assassinatos. As pessoas que participavam desses grupos eram conhecidas como **cangaceiros**, e o modo de vida que levavam recebia o nome de **cangaço**. Esses grupos armados despertavam nas pessoas sentimentos contraditórios, que iam do medo à admiração.

Os principais grupos de cangaceiros foram liderados por Antônio Silvino (1875-1944) e por Virgulino Ferreira, mais conhecido como **Lampião** (cerca de 1897-1938).

Em 1938, durante o governo de Getúlio Vargas, a polícia massacrou o bando de Lampião e o cangaço praticamente desapareceu do Nordeste. No entanto, as histórias sobre o cangaço continuaram povoando o imaginário dos brasileiros. Foram produzidos cordéis, novelas, filmes, xilogravuras e livros com personagens inspirados em Lampião e sua companheira, Maria Gomes de Oliveira, conhecida como Maria Bonita.

Atualmente, o cangaço também é objeto de discussões entre pesquisadores. Para alguns estudiosos, foi simplesmente uma forma de banditismo e criminalidade. Para outros, constituiu uma forma legítima de contestação por meio das armas, pois representaria uma reação contra as injustiças sociais evidentes no Nordeste da época.

> **Investigar**
> - Você já tinha ouvido falar em Lampião e Maria Bonita? O que sabia sobre eles?

Lampião e Maria Bonita fotografados por Benjamin Abrahão, em 1936.

Revoltas no Rio de Janeiro

Nem todas as revoltas da Primeira República ocorreram no interior e no campo. Em cidades como o Rio de Janeiro, capital da República, também ocorreram diferentes movimentos sociais que contestavam a ordem social vigente. Entre esses movimentos, destacaram-se a Revolta da Vacina, a Revolta da Chibata e o Tenentismo.

Revolta da Vacina (1904)

No início do século XX, a população do Rio de Janeiro enfrentava problemas sociais (muita pobreza e alto índice de desemprego) e de saneamento (lixo amontoado nas ruas, proliferação de ratos e mosquitos transmissores de doenças). Milhares de pessoas morriam em epidemias de febre amarela, peste bubônica e varíola.

Ao mesmo tempo, os primeiros governos republicanos planejavam transformar o Rio de Janeiro na "capital do progresso", que mostrasse "o novo tempo" trazido pela República. Coube ao presidente Rodrigues Alves (1902-1906) a decisão de implementar esse projeto.

As obras de reforma e modernização do Rio de Janeiro incluíam o alargamento das principais ruas do centro, a construção da avenida Central (atual avenida Rio Branco), a ampliação da rede de água e esgotos e a remodelação do porto. Diversos cortiços e casebres localizados nos bairros centrais foram demolidos devido às obras. O governo não ofereceu novas moradias às pessoas desalojadas, que passaram a viver em barracos nos morros do centro ou no subúrbio. Esse conjunto de medidas gerou insatisfação entre a população mais pobre.

> **Investigar**
> - É possível evitar que melhorias urbanísticas se tornem sinônimo de exclusão social? Converse com os colegas sobre o assunto.

Avenida Central à direita, na cidade do Rio de Janeiro (RJ), com destaque para o Teatro Municipal (à esquerda), após a urbanização da cidade. Fotografia de Augusto Malta, de cerca de 1920.

Investigar

- Como são realizadas as campanhas de vacinação na região onde você mora? Que vacinas são oferecidas gratuitamente pelo Estado brasileiro? Pesquise.

Dica

SEVCENKO, Nicolau. *A Revolta da Vacina*. São Paulo: Unesp, 2018.

Apresenta uma interpretação do conflito ocorrido no Rio de Janeiro.

Campanha de vacinação

O governo federal concentrou grande parte das suas atenções e recursos na reforma e no combate às epidemias que ocorriam na capital. O médico sanitarista **Oswaldo Cruz** (1872-1917), diretor da Saúde Pública, convenceu o presidente a decretar a lei da vacinação obrigatória contra a varíola.

Naquela época, a população tinha poucas informações sobre os benefícios das vacinas e não houve um esforço para oferecer uma campanha de esclarecimento por parte das autoridades. Existiam dúvidas de como uma doença poderia ser evitada com a introdução do vírus no corpo da pessoa sadia. Para alguns, a obrigatoriedade da vacina feria a liberdade individual ou era considerada imoral ao ser aplicada em mulheres.

O descontentamento da população com a demolição dos cortiços, a impopularidade do governo e a obrigatoriedade da vacinação provocaram uma revolta popular no Rio de Janeiro, entre 10 e 15 de novembro de 1904. Políticos e militares de oposição quiseram aproveitar a revolta popular para derrubar Rodrigues Alves da presidência da República, mas não conseguiram. O governo sufocou a revolta usando tropas do corpo de bombeiros e da cavalaria. Cerca de 50 pessoas morreram e mais de 100 ficaram feridas. Centenas de participantes dos conflitos foram presos e deportados para o Acre.

Revolta da Chibata (1910)

Seis anos depois da Revolta da Vacina, em 22 de novembro de 1910, explodiu outra insurreição no Rio de Janeiro. Cerca de 2 mil membros da Marinha brasileira, liderados pelo marinheiro **João Cândido**, rebelaram-se contra os castigos físicos que recebiam nessa instituição, dando início ao episódio que ficou conhecido como Revolta da Chibata.

No início do século XX, a Marinha do Brasil ainda mantinha em seu código disciplinar algumas normas que remontavam aos séculos XVIII e XIX. Entre elas, estava a punição dos marinheiros, por faltas graves, com 25 chibatadas. A punição era aplicada na presença dos demais companheiros, obrigados a assistir ao açoite.

A indignação das tripulações dos navios crescia e a tolerância com os maus-tratos chegou ao limite depois que um marujo do encouraçado Minas Gerais recebeu uma punição de 250 chibatadas, quantidade dez vezes superior ao limite estabelecido.

Quando o encouraçado chegou à baía de Guanabara, a tripulação amotinou-se e tomou o comando do Minas Gerais. A ação foi seguida pelos marujos dos encouraçados São Paulo, Bahia e Deodoro.

As tripulações apontaram seus canhões em direção à cidade do Rio de Janeiro e enviaram um comunicado ao presidente da República, explicando as razões da revolta e fazendo exigências. Queriam mudanças no código de disciplina da Marinha (especificamente, acabar com as chibatadas). Além dos castigos físicos, os marinheiros reclamavam da má alimentação e dos soldos (salários) miseráveis que recebiam.

Reação do governo

Sob a mira dos canhões e após alguns disparos, o governo respondeu, depois de quatro dias de muita tensão, que atenderia a todas as exigências dos marujos. A Câmara dos Deputados aprovou um projeto que punha fim às chibatadas e **anistiava** os revoltosos.

Anistiar: perdoar.

Os marinheiros, confiando na palavra das autoridades, entregaram os navios aos comandantes. O governo, entretanto, não cumpriu tudo o que havia prometido: os castigos foram abolidos, mas alguns líderes da rebelião foram presos e vários marinheiros acabaram sendo expulsos da corporação militar.

Em reação, no dia 9 de dezembro, os marujos organizaram outra rebelião, mas dessa vez o governo estava preparado para reagir violentamente. Dezenas de revoltosos foram mortos e centenas foram presos e mandados para a Amazônia. Mais de mil foram expulsos da Marinha.

João Cândido foi preso em uma masmorra da ilha das Cobras, no Rio de Janeiro, sendo julgado e absolvido em 1912. Passou para a história como o Almirante Negro, que acabou com o castigo da chibatada na Marinha do Brasil.

Tenentismo (1922-1926)

Uma década depois da Revolta da Chibata, ainda crescia o descontentamento de diversas camadas sociais com o sistema oligárquico que dominava a política brasileira. Esse descontentamento era particularmente notado entre as populações dos grandes centros urbanos, que não estavam diretamente sujeitas às pressões dos coronéis.

O clima de revolta atingiu as Forças Armadas, difundindo-se, sobretudo, entre jovens oficiais, a maioria tenentes. Estes lideraram uma série de rebeliões, como parte de um movimento político-militar, que ficou conhecido como **tenentismo**.

O movimento tenentista pretendia conquistar o poder pela luta armada e promover reformas na Primeira República. Entre suas principais reivindicações, incluíam-se:

- a moralização da administração pública e o fim da corrupção eleitoral;
- o voto secreto e uma Justiça Eleitoral confiável;
- a defesa da economia nacional contra a exploração das empresas e do capital estrangeiro;
- a reforma da educação pública, para que o ensino fosse gratuito e obrigatório a todos os brasileiros.

A maioria das propostas do tenentismo contava com a simpatia de grande parte da classe média suburbana, dos produtores rurais que não pertenciam ao grupo que estava no poder e de alguns empresários da indústria.

Na interpretação do historiador Boris Fausto:

> [os] tenentes pretendiam dotar o país de um poder centralizado, com o objetivo de educar o povo e seguir uma política vagamente nacionalista. Tratava-se de reconstruir o Estado para construir a nação. Embora não chegassem nessa época a formular um programa antiliberal, os "tenentes" não acreditavam que o "liberalismo autêntico" fosse o caminho para a recuperação do país. Faziam restrições às eleições diretas, ao sufrágio universal, insinuando a crença em uma via autoritária para a reforma do Estado e da sociedade.
>
> FAUSTO, Boris. *História do Brasil*. São Paulo: Edusp, 1994. p. 314.

Coluna: na terminologia militar, tropas dispostas em formação compacta que se deslocam em direção a um objetivo estratégico de combate.

Fazem parte do movimento tenentista a Revolta do Forte de Copacabana, as Revoltas de 1924 e a **Coluna** Prestes. Nenhuma delas produziu efeitos imediatos na estrutura política brasileira, mas marcaram uma posição contra o poder e os privilégios das oligarquias.

Revolta do Forte de Copacabana (1922)

A primeira revolta tenentista teve início em 5 de julho de 1922, no Forte de Copacabana. Uma tropa com cerca de 300 homens tentou impedir a posse do presidente Artur Bernardes. Os rebeldes foram isolados e não tiveram condições para resistir. Mesmo diante da superioridade das forças governamentais, 17 tenentes e um civil saíram às ruas para um combate corpo a corpo com as tropas opositoras. Apenas dois revoltosos sobreviveram. Esse movimento ficou conhecido como **Revolta do Forte de Copacabana** ou Os Dezoito do Forte.

Fachada do Forte de Copacabana, na cidade do Rio de Janeiro (RJ), em 2018.

Revoltas de 1924

Dois anos depois da Revolta do Forte de Copacabana, ocorreram novas rebeliões tenentistas no Rio Grande do Sul e em São Paulo.

Em São Paulo, a revolta ocorreu em 5 de julho, e teve a participação de cerca de mil homens. Os revolucionários ocuparam locais estratégicos da cidade, travando diversas batalhas com as forças governamentais. O governo paulista viu-se obrigado a fugir da capital para uma localidade próxima, de onde pôde organizar melhor a reação contra os rebeldes. Recebeu reforços militares do Rio de Janeiro e preparou uma violenta contraofensiva.

Após mais de vinte dias no controle da cidade, os rebeldes perceberam que não teriam mais condições de resistir e decidiram abandoná-la. Formou-se, então, uma numerosa e bem armada tropa de rebeldes – a chamada Coluna Paulista, liderada pelo militar Miguel Costa. A tropa seguiu ao encontro de outra coluna militar tenentista liderada pelo capitão Luís Carlos Prestes, que partira do Rio Grande do Sul.

Coluna Prestes (1924-1926)

As forças tenentistas de São Paulo e do Rio Grande do Sul uniram-se em Foz do Iguaçu, no Paraná, e decidiram percorrer juntas o país, em busca de apoio popular para novas revoltas contra o governo. Sob a liderança de Miguel Costa e Luís Carlos Prestes, formou-se a chamada **Coluna Prestes** (nome pelo qual ficou mais conhecida entre os historiadores).

Entre 1924 e 1926, a Coluna Prestes percorreu 24 mil quilômetros, passando por 12 estados brasileiros. Foi perseguida sem descanso pelas forças do governo, mas sempre conseguiu escapar. Em 1926, porém, os homens que ainda permaneciam na coluna decidiram seguir para a Bolívia e desfazer as tropas.

A Coluna Prestes não conseguiu provocar revoltas capazes de ameaçar seriamente o governo, mas também não foi derrotada por ele, demonstrando que o poder na Primeira República não era inatacável. Luís Carlos Prestes voltou ao país posteriormente e tornou-se um dos principais líderes do Partido Comunista. Miguel Costa também retornou ao Brasil e aderiu, em 1935, à Aliança Nacional Libertadora (ANL), organização política anti-integralista.

> **Observar o mapa**
> - Com base no mapa, identifique:
> a) a cidade mais setentrional (ao norte) pela qual a Coluna passou;
> b) as duas regiões do país onde a Coluna realizou um percurso mais amplo e participou do maior número de batalhas;
> c) os lugares onde a Coluna iniciou e finalizou sua retirada.

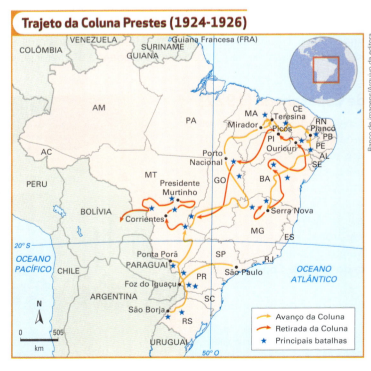

Fonte: elaborado com base em PRESTES, Anita L. *A Coluna Prestes*. São Paulo: Brasiliense/Secretaria de Estado da Cultura, 1990. p. 464; MEIRELES, Domingos. *As noites das grandes fogueiras:* uma história da Coluna Prestes. Rio de Janeiro: Record, 1995 (caderno de mapas); SOUZA, Jésus Barbosa de. *A Coluna Prestes*. São Paulo: Ática, 1997. p. 20-21.

Modernismo

O ano de 1922 foi marcado por importantes acontecimentos políticos, como a Revolta do Forte de Copacabana e a décima eleição presidencial do país. Além disso, na época, as cidades cresciam e se modernizavam.

Nesse contexto de transformações, surgiu o movimento modernista, que propunha a remodelação da arte brasileira, reagindo às formas tradicionais das artes plásticas e da literatura, dominadas pela influência europeia. Desejava-se mudar os padrões da arte brasileira (pintura, escultura, literatura) – considerados arcaicos – e reagir à invasão cultural estrangeira, que despersonalizava a expressão artística no Brasil.

Para os escritores Mário de Andrade e Oswald de Andrade, abrasileirar a arte não era provincianismo nem isolamento cultural. Eles defendiam o diálogo com o mundo, afirmando as singularidades nacionais dentro do contexto internacional.

Investigar

1. Você tem mais contato com produções artísticas nacionais ou estrangeiras? Por que você acha que isso acontece?
2. É possível conciliar a influência cultural estrangeira com a construção de uma identidade nacional? Debata com os colegas.

Semana de Arte Moderna

O movimento modernista teve como marco inicial a Semana de Arte Moderna, realizada no Teatro Municipal de São Paulo entre os dias 11 e 18 de fevereiro de 1922. O evento contou com recitais de poesia, exposições de pintura e escultura, festivais de música e conferências sobre arte.

Os nomes que mais se destacaram na Semana de Arte Moderna foram os dos escritores Mário de Andrade, Menotti del Picchia, Ronald de Carvalho e Oswald de Andrade; dos músicos Heitor Villa-Lobos e Ernani Braga; e dos artistas plásticos Emiliano Di Cavalcanti, Anita Malfatti, Tarsila do Amaral e Victor Brecheret.

Alguns dos organizadores da Semana de Arte Moderna de 1922 no Hotel Terminus, no centro de São Paulo (SP).

Antropofagia cultural

A cultura francesa dominava os meios artísticos e intelectuais brasileiros. Os modernistas de 1922 contestavam o comodismo cultural dessa produção transplantada da Europa. Para o escritor Mário de Andrade, a cultura popular deveria nascer enraizada à sua terra, como um aprofundamento do terreno nacional. Era um protesto contra o sentimento de inferioridade dos brasileiros em relação aos europeus.

Foi com base nessas ideias que nasceu o *Manifesto Antropofágico*, escrito por Oswald de Andrade e publicado em 1928 na *Revista de Antropofagia*. Ele propunha a deglutição (o aproveitamento de tudo o que fosse útil) da cultura europeia, que seria remodelada pelas entranhas (a realidade) da terra brasileira. Era "comer ou ser comido". Com esse espírito, nasceu o trocadilho com base na frase *To be or not to be, that is the question* ("Ser ou não ser, eis a questão"), de Shakespeare, que no Manifesto transformou-se em *Tupi or not tupi, that is the question*.

Dica

Modernismos no Brasil
http://www.mac.usp.br/mac/EXPOSIÇOES/2011/modernismos/index.htm

Página do Museu de Arte Contemporânea da Universidade de São Paulo (MAC-USP), apresenta biografias e obras de artistas modernistas brasileiros.

Oficina de História

Analisar e refletir

1 Leia o trecho da declaração de princípios da Coluna Prestes e reflita sobre semelhanças e diferenças entre a situação político-social brasileira da década de 1920 e a de hoje. Depois, responda ao que se pede.

> Somos contra: os impostos exorbitantes, a incompetência administrativa, a falta de justiça, a mentira do voto, o amordaçamento da imprensa, as perseguições políticas, o desrespeito à autonomia dos estados, a falta de legislação social, o estado de sítio.
>
> Somos a favor: do ensino primário gratuito, da instrução profissionalizante e técnica, da liberdade de pensamento, da unificação e autonomia da justiça, da reforma da lei eleitoral e do fisco, do voto secreto obrigatório, da liberdade sindical, do castigo aos defraudadores do patrimônio do povo e aos políticos corruptos, do auxílio estatal às forças econômicas.
>
> *In*: RIBEIRO, Darcy. *Aos trancos e barrancos*. Rio de Janeiro: Guanabara Dois, 1985. p. 527.

a) Que itens apontados no documento já foram, em certa medida, incorporados à atual democracia brasileira?

b) Em sua opinião, há itens propostos que você considera desejáveis, mas que ainda não foram cumpridos ou que o foram de maneira insatisfatória? Justifique.

2 Forme um grupo com seus colegas para realizar as tarefas propostas a seguir.

a) Discutam a questão: a que se deve a grande desigualdade econômica que existia no início da República brasileira e que ainda persiste no Brasil atual?

b) Escrevam um texto reunindo as explicações que vocês consideram melhores em termos históricos e socioeconômicos.

c) Elaborem um álbum fotográfico ou um videodocumentário mostrando contrastes socioeconômicos em sua região.

3 Considerando semelhanças e diferenças entre a realidade social do fim do século XIX e a dos tempos atuais, dê sua opinião sobre o lema que Antônio Conselheiro repetia a seus seguidores, "A terra não tem dono, a terra é de todos", relacionando-o com:

a) o problema da grande concentração de terras nas mãos de poucos no Brasil (cerca de 3% da população detém, aproximadamente, 43% das terras agrícolas disponíveis);

b) o grande movimento de trabalhadores rurais sem terra, conhecido como MST, que luta pela reforma agrária.

Interpretar texto e imagem

4 No texto, as historiadoras Margarida de Souza Neves e Alda Heizer falam sobre as reformas que, por um lado, transformaram o Rio de Janeiro na "capital do progresso", e, por outro, provocaram a continuidade da exclusão social. Leia-o com atenção.

> A avenida Central foi aberta em 1905. A varíola desapareceu da cidade com a vacinação em massa obrigatória. O cais do porto foi remodelado e reequipado. "O Rio civiliza-se", diziam então muitos, encantados com o cenário parisiense montado no centro da cidade [...]. Estava feita a reforma que transformara o Rio de Janeiro na capital do progresso [...].
>
> Por trás do cenário francês da avenida Central, estava o Brasil de verdade, onde pouca coisa mudara com a proclamação da República. Por trás da barulheira e da agitação com as obras de reformulação da capital estava a rotina de um país que substituíra o açúcar pelo café na pauta de exportação, que deixara de ter escravos para ter ex-escravos, imigrantes e trabalhadores nacionais trabalhando no pesado e onde os barões do império viraram ministros da República. Por trás do discurso do progresso estava a preocupação com a ordem, uma ordem que excluía muitos da cidadania plena e que hierarquizava a sociedade como um todo. [...]
>
> Nos sertões, outra forma de sonho de uma ordem diferente se esboçava: alguns, cansados da vida dura que levavam no campo, tentaram construir um mundo à parte, fora da ordem que os excluía, um espaço onde as normas e a disciplina fossem de outra natureza. Para construir essa outra sociedade, levavam o que possuíam: sua gente, sua religiosidade, certamente diversa da doutrina oficial da Igreja Católica, e sua fé na promessa de que a terra – ao menos aquela terra em que pisavam – seria, enfim, uma terra deles.
>
> NEVES, Margarida de Souza; HEIZER, Alda. *A ordem é o progresso*: o Brasil de 1870 a 1910. São Paulo: Atual, 1991. p. 65-67, 79-80.

De acordo com o texto, no Rio de Janeiro do início do século XX, "por trás do discurso do progresso estava a preocupação com a ordem". Responda:

a) Que ordem era essa? Qual era o motivo da preocupação com ela?
b) A que frase famosa em nosso país o trecho citado faz referência?

5 A canção O **mestre-sala** dos mares, dos compositores Aldir Blanc e João Bosco, tem como tema a Revolta da Chibata. Leia alguns trechos de sua letra.

O mestre-sala dos mares

Há muito tempo

Nas águas da Guanabara

O dragão do mar reapareceu

Na figura de um bravo feiticeiro

A quem a história não esqueceu

Conhecido como o navegante negro,

Tinha a dignidade de um mestre-sala [...]

Rubras cascatas,

Jorravam das costas dos santos

Entre cantos e chibatas

Inundando o coração

Do pessoal do porão

Que a exemplo do feiticeiro

Gritava então: [...]

Glória a todas as lutas inglórias

Que através da nossa história

Não esquecemos jamais

Salve o navegante negro

Que tem por monumento

As pedras pisadas do cais [...]

BOSCO, João; BLANC, Aldir. *O mestre-sala dos mares*.
© BMG Music Publishing Brasil, 1974.

Mestre-sala: aquele que conduz uma festa, um baile ou uma cerimônia; nas escolas de samba, figura de destaque que acompanha a porta-bandeira.

Estátua de João Cândido, líder da Revolta da Chibata, que se encontra na praça XV de Novembro, no Rio de Janeiro (RJ). Fotografia de 2016.

Com base na letra da canção e no episódio da Revolta da Chibata, explique o significado dos seguintes termos ou expressões poéticas:

a) bravo feiticeiro/navegante negro;
b) rubras cascatas;
c) pessoal do porão;
d) lutas inglórias.

6 Leia um trecho do poema "Morte e Vida Severina", de João Cabral de Mello Neto.

Essa cova em que estás,

com palmos medida,

é a conta menor

que tiraste em vida.

É de bom tamanho,

nem largo nem fundo,

é a parte que te cabe

deste latifúndio.

Não é cova grande,

é cova medida,

é a terra que querias

ver dividida.

Assiste ao enterro de um trabalhador de eito e ouve o que dizem do morto os amigos que o levaram ao cemitério. *In*: MELO NETO, João Cabral de. *Morte e vida severina*. Rio de Janeiro: Alfaguara, 2018. p. 108.

a) Interpretando esse trecho, escreva qual o conflito social retratado no poema.
b) Transcreva dois trechos do poema em que é possível identificar claramente esse conflito. Explique-os.

CAPÍTULO 30

Era Vargas

Getúlio Vargas governou o país por quinze anos, de 1930 a 1945. Depois, retornou ao poder em 1951, governando por mais três anos e meio. Provavelmente, Vargas tornou-se a figura política de maior expressão da nossa história republicana. Nacionalismo, populismo, autoritarismo, estatização, industrialização e trabalhismo são alguns dos temas relacionados à Era Vargas.

Este capítulo favorece o desenvolvimento das habilidades:

EM13CHS101
EM13CHS102
EM13CHS103
EM13CHS104
EM13CHS105
EM13CHS106
EM13CHS202
EM13CHS304
EM13CHS401
EM13CHS402
EM13CHS403
EM13CHS404
EM13CHS503
EM13CHS504
EM13CHS601
EM13CHS602
EM13CHS606

A república em crise

No Brasil, as vendas do café caíram mais de 35% em 1930. A principal causa da queda das exportações foi a crise econômica dos Estados Unidos.

A queda do valor das ações na Bolsa de Valores de Nova York, em outubro de 1929, levou empresas e bancos à falência nos Estados Unidos. Além disso, milhões de trabalhadores ficaram desempregados.

Com o desemprego, houve queda no consumo e, com a redução das vendas, os comerciantes dos Estados Unidos reduziram também as compras feitas no exterior, o que prejudicou a economia de várias nações que dependiam das importações daquele país. Foi o caso do Brasil, que deixou de vender milhões de sacas de café para os Estados Unidos. Esse desastre econômico levou muitos cafeicultores à falência.

Como a cafeicultura era o setor mais dinâmico da economia brasileira, a queda nas vendas do café afetou, além dos próprios produtores, os setores dos transportes e da indústria.

Em uma espécie de efeito cascata, o enfraquecimento econômico dos cafeicultores levou ao declínio de seu poder político. Assim, os pilares da Primeira República sofreram um abalo. Isso se manifestou nas eleições de 1930, com a disputa pela indicação do nome do próximo presidente.

Nessas eleições, as elites de Minas Gerais e de São Paulo não conseguiram chegar a um acordo político. Os líderes da situação em São Paulo apoiavam o candidato Júlio Prestes, do Partido Republicano Paulista (**PRP**), que era, então, presidente do estado. Já os políticos mineiros apoiavam Antônio Carlos Ribeiro de Andrada, presidente do estado de Minas Gerais, que era membro do Partido Republicano Mineiro (**PRM**).

Aliança Liberal

Com esse desacordo entre líderes paulistas (PRP) e mineiros (PRM), a "política do café com leite" estava rompida. Isso abriu uma brecha para a oposição conquistar espaço e formar alianças. Surgiu, então, a Aliança Liberal (AL), um agrupamento político que reunia líderes do Rio Grande do Sul, de Minas Gerais e da Paraíba.

Nas eleições presidenciais de 1930, a Aliança Liberal lançou o gaúcho **Getúlio Vargas** para presidente da República e o paraibano **João Pessoa** para vice-presidente. Esses dois candidatos passaram a ter o apoio de diferentes grupos sociais.

LINHA DO TEMPO

1930 — Estoura a Revolução de 1930, que forçou a deposição de Washington Luís, representando o fim da Primeira República.

1932 — Eclode a Revolução Constitucionalista, em São Paulo. Fundação do integralismo, que apresentava tendências nazifascistas.

1933 — Realizam-se eleições para a escolha dos membros da Assembleia Nacional Constituinte brasileira.

1934 — É promulgada a segunda Constituição da República brasileira. Forma-se um Governo Constitucional comandado por Getúlio Vargas.

1935 — Eclodem rebeliões militares em batalhões do Rio Grande do Norte, de Pernambuco e do Rio de Janeiro (Intentona Comunista).

1937 — Getúlio Vargas inicia um governo ditatorial conhecido como Estado Novo.

1941 — Fundação da Companhia Siderúrgica Nacional, marco do desenvolvimento industrial brasileiro.

1945 — As Forças Armadas obrigam Getúlio Vargas a renunciar.

Linha do tempo esquemática. O espaço entre as datas não é proporcional ao intervalo de tempo.

No meio político, Vargas conquistou apoio tanto de renovadores, que pretendiam acabar com o esquema tradicional da Primeira República, quanto de alguns conservadores, que pretendiam manter seu poder. Era o caso do presidente do estado de Minas Gerais, Antônio Carlos, que passou a apoiar a Aliança Liberal depois de romper com o governo de São Paulo.

A Aliança Liberal tinha um programa bem aceito por diversos setores da sociedade, como os militares ligados ao tenentismo e as classes médias urbanas. Entre os pontos principais do seu programa destacam-se:

- o incentivo à produção industrial;
- a instituição do voto secreto (para acabar com as fraudes eleitorais e com a pressão dos coronéis);
- a criação de leis trabalhistas, como a regulamentação do trabalho de adolescentes e de mulheres.

Bloco Operário Camponês

Nos anos 1930, outros setores da sociedade brasileira também manifestaram pretensões políticas. Foi o caso dos operários, que lutavam pela melhoria de suas condições de vida e de trabalho, e dos comunistas do Partido Comunista do Brasil (PCB), fundado em 1922, mas que em 1930 se encontrava na ilegalidade. Esses grupos contribuíram para a formação do Bloco Operário Camponês (BOC) cujas principais propostas eram:

- cobrança de impostos somente para os ricos;
- construção de habitações para os operários;
- extensão e obrigatoriedade do ensino primário, que hoje equivale aos Anos Iniciais do Ensino Fundamental;
- instituição do voto secreto e obrigatório, inclusive para as mulheres.

Nas eleições presidenciais de 1930, o BOC lançou a candidatura do operário **Minervino de Oliveira**, do Rio de Janeiro. Apesar de ter obtido votação inexpressiva, Minervino foi o primeiro operário a se candidatar à Presidência do Brasil.

Movimento de 1930

Júlio Prestes ganhou as eleições presidenciais realizadas em 1º de março de 1930. Seu principal adversário, Getúlio Vargas, da Aliança Liberal, foi derrotado na disputa eleitoral. No entanto, os líderes da Aliança Liberal (gaúchos, mineiros e paraibanos) não aceitaram o resultado da eleição. Afirmavam que a vitória de Júlio Prestes era uma fraude.

Segundo historiadores, é difícil saber qual dos dois lados praticou mais fraudes nessas eleições. O certo é que a oligarquia paulista foi mais eficiente nos métodos empregados e conseguiu eleger Júlio Prestes com quase 59% dos votos, enquanto Getúlio Vargas atingiu cerca de 40%.

De qualquer modo, o clima de revolta após as eleições de 1930 cresceu em várias regiões do país, envolvendo diversas camadas sociais, como operários, militares e profissionais liberais.

Atribui-se ao mineiro Antônio Carlos uma frase que simboliza a tensão existente na época: "Façamos a revolução, antes que o povo a faça". Não se sabe se ele disse exatamente isso. A frase, porém, revela a percepção de uma grave insatisfação popular e a oportunidade para uma reviravolta política.

Cartaz da campanha eleitoral de Júlio Prestes para as eleições à Presidência em 1930.

A revolta ganhou mais intensidade quando João Pessoa, candidato a vice-presidente pela Aliança Liberal, foi assassinado por motivos pessoais e políticos, em 26 de julho de 1930. Esse episódio contribuiu para a união e organização das oposições contra o governo que representava a República Velha.

Em 3 de outubro, teve início uma luta armada no estado do Rio Grande do Sul, que se espalhou por outros estados, como Minas Gerais, Paraíba e Pernambuco. O objetivo era impedir a posse de Júlio Prestes como presidente da República, o que ocorreria em 15 de novembro de 1930.

Reconhecendo o avanço da revolta, líderes militares do Rio de Janeiro aliaram-se aos revoltosos e depuseram o presidente Washington Luís, no dia 24 de outubro, e entregaram o poder ao líder Getúlio Vargas.

Getúlio Vargas no Palácio do Catete no Rio de Janeiro (RJ), em 1930.

❯ Getúlio no poder

No dia 3 de novembro de 1930, no Palácio do Catete, o poder foi oficialmente transferido a Getúlio Vargas, considerado o chefe do movimento de 1930, também chamado de **Revolução de 1930**. Assim terminava a Primeira República e tinha início uma nova etapa na história do Brasil.

Ao estudar essa história, podemos utilizar a seguinte periodização: Governo Provisório (1930-1934), Governo Constitucional (1934-1937) e Governo Ditatorial ou Estado Novo (1937-1945).

Governo Provisório

Ao chegar à Presidência da República, Getúlio Vargas tomou medidas como:
- a suspensão da Constituição republicana de 1891;
- o fechamento dos órgãos do Poder Legislativo (Congresso Nacional, Assembleias Legislativas e Câmaras Municipais);
- a indicação de **interventores** militares ligados ao tenentismo para chefiar os governos estaduais.

A designação de interventores estaduais pretendia desmontar a estrutura política da Primeira República, baseada no poder dos coronéis-fazendeiros. Os interventores não eliminaram a força dos grupos tradicionais, mas conseguiram reduzir seus poderes.

> **Interventor:** pessoa nomeada pelo chefe do Poder Executivo, ou por autoridades competentes, para assumir provisoriamente um governo.

Movimento constitucionalista (1932)

O governo Vargas era centralizador mas revelou-se preocupado com as questões sociais do país e interessado em defender as riquezas nacionais. Essas posturas não agradavam os grupos tradicionais, especialmente os de São Paulo, que desejavam a volta das práticas existentes na Primeira República e temiam as mudanças socioeconômicas apontadas por Vargas.

Para enfrentar o governo federal, os líderes do PRP formaram uma frente única com os do Partido Democrático (dissidentes do próprio PRP), que haviam apoiado a Revolução de 1930, mas estavam descontentes com a nomeação do interventor em São Paulo. Eles exigiam a nomeação de um interventor civil e paulista para o estado.

Cedendo a essas pressões, o presidente Vargas nomeou um civil e paulista, Pedro de Toledo, para a governar São Paulo. Mas isso não foi suficiente para silenciar a oposição paulista, que também exigia novas eleições e uma nova Constituição para o país. Como ainda controlavam o viciado sistema eleitoral da região, as classes dominantes paulistas acreditavam que, com novas eleições, poderiam retomar o antigo controle da República.

> **❗ Dica**
> **Museu da República**
> http://www.eravirtual.org/mrepublica_01_br/
> Passeio virtual pelo Museu da República, instalado no Palácio do Catete, no Rio de Janeiro, sede do Poder Executivo entre 1896 e 1960.

Luta armada

Em São Paulo, formou-se um movimento constitucionalista que alcançou as ruas e mobilizou boa parte da população. Em 23 de maio de 1932, quatro estudantes paulistas – Martins, Miragaia, Dráusio e Camargo – morreram em confronto com a polícia, numa manifestação pública contra o governo federal.

Com as letras iniciais dos nomes desses estudantes, formou-se a sigla MMDC, que se tornou um símbolo do movimento. No dia 9 de julho de 1932, teve início a chamada **Revolução** ou **Revolta Constitucionalista**, que mobilizou 30 mil pessoas armadas em São Paulo para lutar contra o governo Vargas.

As tropas paulistas eram formadas por soldados da polícia estadual (Força Pública) e grande contingente de voluntários. Muitas indústrias do estado contribuíram com a fabricação de armamentos, como granadas, máscaras contra gases, lança-chamas e uniformes. Diversas mulheres de São Paulo também participaram do movimento, na maior parte das vezes atendendo a feridos nas batalhas.

Ao entrar em confronto com o governo federal, os paulistas – que acreditavam que contariam com o apoio prometido de outros estados – ficaram isolados tendo a seu lado apenas as forças de Mato Grosso. Depois de três meses de combates, os rebeldes paulistas foram derrotados pelas tropas federais, que eram mais numerosas e bem equipadas.

Para não se indispor novamente com a elite de um estado que, embora derrotado militarmente, tinha grande poder socioeconômico, o governo federal convocou eleições para uma Assembleia Nacional Constituinte, que era a principal reivindicação formal do movimento de 1932.

Obelisco em frente ao parque do Ibirapuera, em São Paulo (SP), em 2018. Esse monumento, de autoria de Galileo Emendabili, é um mausoléu que guarda os corpos dos estudantes e dos ex-combatentes paulistas mortos durante o movimento de 1932.

Código eleitoral e voto feminino

O Governo Provisório de Vargas decretou o primeiro Código Eleitoral brasileiro, em fevereiro de 1932. Esse código criou a Justiça Eleitoral, instituiu o voto secreto e estabeleceu o voto feminino. Isso contribuiu para moralizar o sistema eleitoral vigente desde a República Velha.

A primeira vez em que as mulheres puderam votar no Brasil foi em maio de 1933, nas eleições para a Assembleia Constituinte. Antes disso, ocorreram alguns casos de participação política feminina, como o de Alzira Soriano que foi a primeira prefeita da América Latina, eleita em 1928 no município de Lajes, no Rio Grande do Norte.

Investigar

- Na sua interpretação, a emancipação feminina ainda encontra obstáculos na sociedade brasileira? Em quais setores principalmente?

Posse da prefeita Alzira Soriano, em Lajes (RN), em 1928. Ela foi pioneira na chefia de uma prefeitura, em um ambiente político dominado por homens.

◦ Governo Constitucional

Com a promulgação da segunda Constituição republicana do Brasil, em 16 de julho de 1934, teve início o período constitucional da Era Vargas. Dentre os artigos da Constituição de 1934, destacam-se aqueles que estabeleceram:

- **voto secreto** – a eleição dos candidatos aos poderes Executivo e Legislativo seria por voto secreto. Isso dificultaria a corrupção eleitoral que estava associada ao "voto de cabresto";
- **voto feminino** – o direito de voto foi estendido às mulheres, mas **não** aos analfabetos, mendigos, militares até o posto de sargento e pessoas judicialmente declaradas sem direitos políticos;
- **Justiça Eleitoral** – um ramo especializado do Poder Judiciário que zelaria pelas eleições;
- **direitos trabalhistas** – direitos fundamentais teriam de ser garantidos pelos empregadores, como salário mínimo, jornada de trabalho não superior a oito horas diárias, férias anuais remuneradas e indenização na demissão sem justa causa. O trabalho de menores de 14 anos foi proibido;
- **nacionalismo econômico** – as riquezas naturais do país, como jazidas minerais e quedas-d'água capazes de gerar energia, ficaram sob a proteção do Estado brasileiro.

A Constituição de 1934 estabelecia que o próximo presidente da República seria eleito de **forma indireta** pelos próprios membros da Assembleia Constituinte. Nessa eleição, Getúlio Vargas recebeu 175 votos iniciando seu mandato constitucional em 20 de julho de 1934.

Os indígenas na Constituição

A Constituição de 1934 foi a primeira a tratar dos direitos dos povos indígenas, assegurando-lhes o direito de **posse de seus territórios** e atribuindo à União a promoção da política indigenista com vista à sua incorporação à comunidade nacional.

As Constituições posteriores, de 1937 e de 1946, mantiveram esses mesmos pontos, porém a prática do respeito às terras indígenas continuou difícil e problemática, pois não existiam órgãos estatais eficazes para fazer valer essas decisões constitucionais.

Integralistas × aliancistas

Durante o Governo Constitucional, houve intensa agitação social e política no país, com destaque para dois grupos políticos de ideologias bem divergentes: os integralistas e os aliancistas.

Plínio Salgado e o integralismo

Em 1932, o escritor modernista Plínio Salgado liderou um Manifesto à Nação, expondo os princípios do **integralismo**. Fundava-se a **Ação Integralista Brasileira** (AIB), organização criada em 1934.

Influenciados pelo nazifascismo, os integralistas defendiam um nacionalismo extremado, a organização da sociedade de maneira hierárquica e um Estado poderoso dirigido pelo chefe da nação. O grupo também combatia o comunismo e o liberalismo.

Os integralistas adotaram como símbolo do movimento a letra grega sigma (Σ) e, como lema, as palavras "Deus, pátria e família". Vestiam uniforme com camisas verdes (sendo, por isso, conhecidos como camisas-verdes) e desfilavam pelas ruas gritando a saudação indígena *Anauê!* (que em tupi significa "Você é meu irmão!"). No entanto, caracterizavam-se por atitudes agressivas contra os adversários de outras organizações políticas.

A Ação Integralista Brasileira conquistou a simpatia de uma boa parcela de empresários, profissionais da classe média e militares em todo o país.

Cartaz de propaganda do integralismo de 1937. Atrás do personagem, há uma bandeira com o símbolo do movimento: a letra sigma do alfabeto grego.

Aliança Nacional Libertadora

Uma das principais frentes políticas que se opuseram ao integralismo foi a **Aliança Nacional Libertadora** (ANL). Fundada em março de 1935, os aliancistas reuniam grupos de várias tendências políticas, como socialistas, anarquistas e comunistas.

O Partido Comunista, que se organizava de forma clandestina desde o ano de sua fundação (1922), formava uma das principais correntes da ANL. Em abril de 1935, Luís Carlos Prestes, um líder comunista, foi eleito presidente de honra da ANL.

O programa da ANL incluía o combate ao capitalismo e ao liberalismo, a estatização das empresas estrangeiras, o não pagamento da dívida externa brasileira e a realização de uma reforma agrária para a distribuição de terras aos trabalhadores do campo. Seu lema era "Pão, terra e liberdade". A organização cresceu rapidamente, reunindo entre 70 mil e 100 mil membros.

O governo Vargas declarou a ANL ilegal em junho de 1935 e ordenou a prisão de seus líderes, sob a alegação de que tinham a intenção de promover um golpe de Estado e de abalar a ordem institucional do país.

Intentona Comunista (1935)

Diante da repressão governamental, os comunistas que participavam da Aliança Nacional Libertadora planejaram uma revolta militar contra o governo, conhecida como **Intentona** Comunista. Em novembro de 1935, promoveram rebeliões em batalhões das cidades de Natal, Recife e Rio de Janeiro. Mal organizadas, todas essas rebeliões foram sufocadas pelas forças governamentais.

Apesar do seu fracasso, a Intentona Comunista serviu de pretexto para a radicalização do governo. Em nome do "perigo comunista", foram presos sindicalistas, operários, militares e intelectuais, acusados de atividades **subversivas** contra o governo, como a ativista alemã Olga Benário (esposa de Luís Carlos Prestes) e o escritor Graciliano Ramos.

> **Intentona:** levante que não dá resultado, que fracassa.
> **Subversivo:** que pretende destruir ou transformar a ordem política, social e econômica estabelecida.

Cena do filme *Olga*, que conta a história de Olga Benário, militante presa durante a Intentona Comunista (1935). Na época, ela estava grávida e, mesmo assim, foi extraditada para a Alemanha, onde morreu em um campo de extermínio.

Conexões — FILOSOFIA E SOCIOLOGIA

Protagonismo feminino: Nise da Silveira

Nise da Silveira (1905-1999) foi uma importante médica brasileira. Nascida em Alagoas, entrou na Faculdade de Medicina da Bahia quando tinha 15 anos, sendo a única mulher em uma turma com 157 homens. Formou-se aos 21 anos com uma monografia sobre a criminalidade entre as mulheres baianas. Mais tarde, mudou-se para o Rio de Janeiro, onde trabalhou como psiquiatra em um hospital público.

Militante da Aliança Nacional Libertadora e da União Feminina do Brasil, Nise foi presa após a Intentona Comunista, acusada de possuir livros comunistas e professar ideias de "esquerda". Na prisão, ela conheceu Olga Benário Prestes e o escritor Graciliano Ramos, tornando-se personagem do livro *Memórias do Cárcere*. Posteriormente, Nise foi expulsa do Partido Comunista, pois suas ideias ousadas não se acomodavam aos esquemas doutrinários ditados pelos políticos comunistas.

Em 1944, com a anistia aos presos políticos, Nise retomou seu cargo de psiquiatra no hospital e desenvolveu um trabalho pioneiro no Brasil, tratando distúrbios psiquiátricos por meio da expressão artística e do contato com animais. Foi uma das primeiras psiquiatras brasileiras a aplicar a terapia desenvolvida pelo médico e psicólogo suíço Carl Gustav Jung (1875-1961). O trabalho de Nise recebeu o reconhecimento de Jung e lhe rendeu inúmeros prêmios, títulos e homenagens no Brasil e no exterior.

As atividades de Nise da Silveira deram origem a uma terapia ocupacional que fazia da expressão artística uma via de libertação da criatividade dos pacientes internados. As produções artísticas dos internos levaram à criação do Museu de Imagens do Inconsciente, em 1952, cujo acervo de imagens foi estudado e apresentado em vários locais do país.

Em 1956, Nise Silveira fundou a Casa das Palmeiras, uma instituição de acolhimento de pessoas com distúrbios mentais. As terapias utilizadas na Casa das Palmeiras representaram uma contribuição importante de Nise para atenuar, com ternura e amor, os métodos rígidos e impositivos aplicados aos doentes mentais daquela época.

- Histórias como a de Nise da Silveira inspiraram muitas mulheres a buscar profissões que, até então, eram exercidas predominantemente por homens. Você conhece a história de outras mulheres que devem ser lembradas? Quais? Por quê?

Nise da Silveira em sua casa no Rio de Janeiro (RJ), em 1995.

Governo Ditatorial

De acordo com as regras constitucionais, o mandato de Getúlio terminaria em 1938. Vargas, porém, não planejava deixar o poder.

Em fins de setembro de 1937, o serviço secreto do Exército noticiou a descoberta de um plano comunista, chamado de **Plano Cohen**, para acabar com o regime democrático no Brasil. Tratava-se de uma farsa, tramada pelo próprio governo com a ajuda dos integralistas. Em nome do combate ao "perigo comunista", foi decretado estado de guerra, e a polícia prendeu grande número de adversários do governo.

No dia 10 de novembro de 1937, Vargas ordenou o cerco militar ao Congresso Nacional, impôs o fechamento dos órgãos do Poder Legislativo e outorgou uma Constituição autoritária para o país – a Constituição de 1937.

Iniciava-se o período ditatorial da Era Vargas, conhecido como **Estado Novo**. Os partidos políticos foram extintos, e as eleições democráticas, suspensas. As greves e as manifestações contrárias ao governo estavam proibidas. Os estados perderam sua autonomia e as liberdades democráticas dos cidadãos foram suprimidas.

Imprensa e propaganda

Durante a ditadura do Estado Novo, o governo utilizou vários recursos de propaganda para conquistar a simpatia popular, uma estratégia que também era usada por ditadores europeus das décadas de 1930 e 1940, como Mussolini (Itália), Hitler (Alemanha) e Stalin (União Soviética).

Em 1939, foi criado o Departamento de Imprensa e Propaganda (DIP), encarregado de coordenar a propaganda oficial e censurar os meios de comunicação – como rádio, cinema, teatro e imprensa.

Getúlio Vargas em visita a um orfanato, em 1941. O Departamento de Imprensa e Propaganda (DIP) utilizava fotografias de Vargas com crianças para associá-lo a uma figura paternal.

O DIP era responsável pelo programa *Hora do Brasil*, transmitido em todas as rádios. Esse programa, que divulgava as realizações do governo, passou, aos poucos, a ser conhecido como "Hora da desliga" ou "O fala sozinho". O substituto atual do *Hora do Brasil* é o programa *A voz do Brasil*.

Além dos meios de comunicação, o governo instrumentalizou o **Ministério da Educação**. As escolas deveriam exaltar a imagem de Vargas e difundir a ideologia governista. Assim, faziam parte das atividades escolares as aulas de moral e civismo, os desfiles estudantis nas comemorações de datas cívicas e os livros didáticos que promoviam o culto à personalidade de Vargas.

Economia e trabalho

Na área econômica, o governo Vargas apresentou medidas consideradas intervencionistas, como políticas que buscavam estabilizar a cafeicultura, diversificar a produção agrícola e estimular o desenvolvimento industrial.

Agricultura

Em defesa da cafeicultura, o governo proibiu o plantio de novas mudas de café durante três anos e ordenou a queima de milhões de sacas estocadas em depósitos do governo. O objetivo era evitar uma nova superprodução cafeeira e recuperar o preço do produto no mercado. Com o tempo, a cafeicultura foi lentamente se reequilibrando e, a partir de 1939, o café voltou a alcançar bons preços no exterior.

Além dessas medidas, o governo incentivou o cultivo de outros produtos, como algodão, cana-de-açúcar, óleos vegetais e frutas tropicais. Nos anos finais da Segunda Guerra Mundial (1942-1945), produtos como o algodão e o café alcançaram, novamente, um bom desempenho nas exportações.

> **Investigar**
> 1. Que diferenças podemos perceber entre a educação na época de Getúlio Vargas e a educação nos dias atuais?
> 2. Em sua opinião, o que você gostaria de aprender em sua escola? Justifique sua resposta.

Avanços na industrialização

A política industrial adotada pelo governo pretendia **substituir artigos importados** por produtos fabricados no Brasil. De um lado, as taxas de importação aumentaram, elevando os preços dos produtos estrangeiros. De outro lado, os impostos sobre a indústria brasileira diminuíram, estimulando a produção interna e o consumo de bens nacionais.

Nessa época, o número de indústrias brasileiras dobrou (especialmente as de alimentos, tecidos, calçados, móveis), ao mesmo tempo que filiais de indústrias estrangeiras (voltadas para a produção química, farmacêutica, de eletrodomésticos, motores de veículos, pneus) foram instaladas no país.

Vista do interior da Fábrica Nacional de Motores, em Duque de Caxias (RJ), por volta de 1945. Essa empresa foi fundada como parte da política de substituição de importações.

Empresas estatais

Em virtude das dificuldades para a criação de **indústrias de base**, o governo passou a intervir na economia, fundando empresas estatais para atuar nos campos siderúrgico e de mineração.

Duas empresas são exemplos dos empreendimentos do Estado nesse setor:

- **Companhia Vale do Rio Doce** – fundada em 1942 para explorar o minério de ferro em Minas Gerais;
- **Companhia Siderúrgica Nacional (CSN)** – instalada a partir da construção da Usina de Volta Redonda, no Rio de Janeiro, em 1941. O aço fornecido por essa usina foi fundamental para a industrialização no país, pois era utilizado como matéria-prima em outros setores.

> **Indústria de base:** voltada para a produção de máquinas e equipamentos pesados, produtos químicos básicos, extração e transformação de minérios, entre outros.
>
> **Trabalhismo:** corrente política centrada nos direitos e no bem-estar dos trabalhadores e na valorização do trabalho.

Trabalhismo

O desenvolvimento de cidades como São Paulo e Rio de Janeiro atraía cada vez mais pessoas de outras regiões do Brasil. Milhares de migrantes, especialmente nordestinos, deixaram seus estados fugindo da miséria e da seca com o objetivo de encontrar empregos nos setores industrial, de construção civil e de serviços.

Com o aumento das indústrias ao longo da Era Vargas, cresceu também o número de operários e a importância desses trabalhadores como grupo social. Percebendo a força política do operariado urbano, o governo Vargas promoveu uma legislação social e trabalhista voltada para essa massa de trabalhadores, especialmente durante o Estado Novo. Assim surgiu o **trabalhismo** no Brasil.

Dentre as leis trabalhistas, destacam-se as que asseguravam ao operariado direitos como salário mínimo, férias remuneradas, jornada diária não superior a oito horas, proteção ao trabalho da mulher e do menor e estabilidade no emprego. Em 1º de maio de 1943, Vargas assinou um decreto-lei consolidando as **Leis do Trabalho** (CLT), que se tornou um importante marco na história do direito trabalhista no país.

Investigar

1. Você sabe como é uma carteira de trabalho? Que dados ela pede? Qual a sua finalidade? Todo trabalhador tem carteira de trabalho? Como podemos obter uma carteira de trabalho?
2. Qual é o valor do salário mínimo atual? Pesquise.

Populismo

A adoção de leis trabalhistas pelo governo seguia uma linha populista. Esse populismo buscava apoio de grupos sociais mais pobres com medidas que pareciam representar os interesses desses grupos.

Na propaganda política, Vargas se apresentava como "grande protetor" dos trabalhadores, uma espécie de "pai dos pobres". Seus discursos sempre começavam com a frase "Trabalhadores do Brasil". Na prática, várias ações de Vargas tinham uma dupla função: conquistar a simpatia dos trabalhadores e também exercer domínio sobre eles, controlando seus sindicatos.

Ao pregar a conciliação nacional entre trabalhadores e empresários, o governo Vargas colocava-se como uma espécie de juiz dos conflitos entre patrões e empregados. De um lado, reconhecia as necessidades dos trabalhadores e, por isso, fazia "concessões" ao operariado. De outro lado, utilizava essas "concessões" como meio de controlar os trabalhadores e impedir reivindicações mais radicais.

Brasil na Segunda Guerra

Em 1941, o governo brasileiro apoiou os Aliados na Segunda Guerra. Esse apoio se traduziu, por exemplo, no fornecimento de borracha e de minério de ferro às forças aliadas e na permissão para que os EUA instalassem bases na região Nordeste (Rio Grande do Norte). Em troca desse apoio, o Brasil obteve do governo dos EUA parte do financiamento para a construção da Usina Siderúrgica de Volta Redonda – obra significativa para a industrialização do país.

A Alemanha reagiu à cooperação do Brasil com os Aliados enviando submarinos que torpedearam e afundaram nove navios brasileiros. Em 31 de agosto de 1942, o governo brasileiro declarou guerra às potências do Eixo. Em 1944, partiram para lutar na Itália as primeiras tropas da **Força Expedicionária Brasileira** (FEB). Mais de 25 mil soldados foram enviados para participar de batalhas como as de Monte Castello, Castelnuovo, Collecchio, Montese e Fornovo.

Fim do Estado Novo

A guerra contra o nazifascismo serviu, de certo modo, para que os grupos liberais brasileiros combatessem o "fascismo interno", ou seja, o regime antidemocrático do Estado Novo.

Vargas antecipou-se aos seus adversários e liderou a abertura democrática. Em fevereiro de 1945, fixou prazo para a eleição presidencial e concedeu anistia aos condenados políticos, como o líder comunista Luís Carlos Prestes.

Renascia a vida partidária. Foram organizados diversos partidos políticos, como a União Democrática Nacional (UDN), o Partido Social Democrático (PSD), o Partido Trabalhista Brasileiro (PTB) e o Partido Social Progressista (PSP). Foi também legalizado o Partido Comunista do Brasil (PCB).

Queremismo, Lei Antitruste e renúncia de Vargas

Nas eleições presidenciais, marcadas para 2 de dezembro de 1945, concorreriam três candidatos: o general Eurico Gaspar Dutra (pelo PSD e PTB), que contava com o apoio de Vargas; o brigadeiro Eduardo Gomes (pela UDN); e o engenheiro Yedo Fiúza (pelo PCB).

Vargas fazia um jogo político ambíguo. Apoiava o general Dutra, mas também estimulava um movimento popular que pedia sua permanência no poder. Era o **queremismo**, apoiado por membros do PTB e do PCB. A palavra queremismo derivava dos gritos populares "Queremos Getúlio!".

Aproveitando esse momento de prestígio popular, em junho de 1945, o governo decretou a **Lei Antitruste**, que limitava a entrada de capital estrangeiro no Brasil, o que levou à reação dos representantes de empresas estrangeiras, especialmente dos EUA.

Setores da oposição, concentrados na UDN, temiam que Vargas impedisse as eleições presidenciais e continuasse no poder. Em 29 de outubro de 1945, tropas do Exército, lideradas pelos generais Góis Monteiro e Eurico Gaspar Dutra, obrigaram Vargas a renunciar. Era o fim do Estado Novo.

Getúlio Vargas retirou-se para sua estância, no Rio Grande do Sul e, com seu apoio político, Dutra venceu as eleições. Preservando seu prestígio, Vargas voltaria democraticamente ao poder em 1950.

Oficina de História

Analisar e refletir

1. Com base nesta fotografia e no que você estudou, responda: o período ditatorial da Era Vargas (Estado Novo) teve aspectos inspirados no fascismo? Explique.

Desfile em comemoração ao 1º de Maio no campo do Vasco da Gama, no Rio de Janeiro (RJ), em 1942.

2. Em 2017, uma reforma trabalhista mudou aspectos relevantes da CLT elaborada na Era Vargas. Alguns analistas defendem essa reforma, afirmando que as novas leis estão mais adequadas às relações de trabalho contemporâneas. Outros analistas criticam essa reforma, afirmando que ela prejudicou os direitos do trabalhador. Pesquise reportagens sobre o assunto e debata o tema com os colegas.

Interpretar texto e imagem

3. Compare a situação da saúde pública nos dias atuais com a situação desse setor na década de 1930, conforme ela é retratada no texto a seguir.

Segundo relatos da década de 1930, naquela época ninguém se preocupava com poluição ambiental, com os males do cigarro que, aliás, era considerado um hábito elegante, praticado pelos galãs do cinema americano. Também se falava pouco sobre os perigos da dependência química que levava ao abuso do álcool. Mas havia o medo de doenças infecciosas como a tuberculose, a sífilis, o sarampo. Era um tempo em que não existia vacinação pública contra essas doenças e os antibióticos não eram tão eficazes como os de hoje. Não se falava sequer na penicilina, que foi descoberta por Alexander Fleming, em 1928, mas somente se difundiu a partir da década de 1940.

Texto dos autores elaborado exclusivamente para esta obra.

a) Segundo o texto, o que preocupava a sociedade brasileira nos anos 1930? O que mudou em relação ao Brasil atual?

b) Na sua opinião, atualmente existem doenças que são mais temidas do que outras? Quais? Explique.

4. A imagem ao lado é uma reprodução de capa da *Cartilha para a juventude*, editada pelo DIP e tornada obrigatória nas escolas pelo Ministério da Educação. Analise a imagem e responda às questões.

a) Quem é o principal personagem da imagem? Como ele foi representado?

b) Que elemento da imagem simboliza a pátria brasileira?

c) Que mensagem essa imagem busca transmitir?

Cartilha para a juventude, de 1941.

CIÊNCIAS HUMANAS E SOCIAIS APLICADAS

Globalização e meio ambiente

UNIDADE

A partir de 1945, milhões de pessoas vivenciaram a tensão da Guerra Fria e os processos de independência na África, na Ásia e no Oriente Médio. Paralelamente, a globalização promoveu intenso fluxo econômico e cultural entre os povos. O consumo desordenado e a exploração predatória da natureza foram consequências desse processo. Diante dos impactos ambientais contemporâneos, cresce a consciência de que é necessário construir um mundo sustentável.

Turistas nadando em águas cristalinas no Abismo Anhumas, em Bonito (MS), em 2017. A cidade é um polo de ecoturismo visitado por pessoas de vários países do mundo. Seu patrimônio natural integra o Parque Nacional da Serra da Bodoquena, protegido pelo Ministério do Meio Ambiente.

1 Que condutas éticas ajudam a promover a conservação do meio ambiente e a qualidade de vida?

2 Quais desses valores e atitudes fazem parte do seu cotidiano?

CAPÍTULO 31

Guerra Fria e socialismo

Durante a segunda metade do século XX, ocorreu um enfrentamento político-ideológico entre potências capitalistas e socialistas que ficou conhecido como Guerra Fria. Após anos de conflitos e rivalidades, essa guerra terminou com o desmoronamento da União Soviética, em 1991.

Este capítulo favorece o desenvolvimento das habilidades:

EM13CHS101
EM13CHS102
EM13CHS103
EM13CHS104
EM13CHS105
EM13CHS106
EM13CHS201
EM13CHS202
EM13CHS204
EM13CHS401
EM13CHS403
EM13CHS501
EM13CHS503
EM13CHS504
EM13CHS603
EM13CHS604

Nova ordem mundial

No período do **pós-guerra**, ocorreram grandes transformações que alteraram o panorama político-econômico mundial. Esse novo cenário foi chamado de "nova ordem internacional".

Em julho de 1945, com a rendição oficial alemã, realizou-se na Alemanha a **Conferência de Potsdam**, em que os vencedores da Segunda Guerra dividiram o território alemão em quatro zonas de ocupação: francesa, britânica, estadunidense e soviética. Mais tarde, em 1949, o território da Alemanha foi dividido em dois países:

Fonte: elaborado com base em *Folha de S.Paulo*, 30 set. 2005. (Especial Reunificação alemã – 15 anos.)

- República Federal Alemã (RFA), ou Alemanha Ocidental, com capital em Bonn, sob a influência dos EUA;
- República Democrática Alemã (RDA), ou Alemanha Oriental, com capital em Berlim, sob a influência da União Soviética.

A cidade de Berlim, por sua vez, também foi dividida em duas partes: Berlim Ocidental (sob influência dos Estados Unidos) e Berlim Oriental (sob influência da União Soviética).

Muro de Berlim e reunificação das Alemanhas

Devido ao apoio financeiro dos Estados Unidos, a parte **ocidental** da cidade de Berlim foi rapidamente reconstruída, tornando-se um lugar atrativo para os alemães. Isso gerou um fluxo migratório para o lado ocidental. Para impedir essa migração, em agosto de 1961, o governo da Alemanha Oriental construiu uma imensa cerca, mais tarde substituída por um muro de concreto, isolando os dois lados de Berlim. O controle ao redor do muro era reforçado por torres de vigilância, alambrados e zonas minadas.

A partir de 1985, a Alemanha Oriental passou por reformas políticas liberalizantes. Em 9 de novembro de 1989 ocorreu a abertura das fronteiras entre as duas Alemanhas, o que levou à **queda do Muro de Berlim**, símbolo da separação entre os blocos capitalista e socialista. Com a queda do muro e a continuidade das reformas democráticas, as duas Alemanhas foram reunificadas em 3 de outubro de 1990.

LINHA DO TEMPO

1961
Construção do Muro de Berlim;
Início da Guerra do Vietnã, que se prolongaria até 1975;
Yuri Gagarin (URSS) foi o primeiro astronauta no espaço sideral.

1976
Crescimento da conscientização ecológica.

1985
Mikhail Gorbatchev assume o poder na URSS. Início da *perestroika* e da *glasnost*.

1986
Desastre com reator de energia nuclear em Chernobyl (Ucrânia).

1989
Queda do Muro de Berlim.

Linha do tempo esquemática. O espaço entre as datas não é proporcional ao intervalo de tempo.

Plano Marshall e recuperação europeia

Após a Segunda Guerra Mundial, a economia de diversos países da Europa estava devastada. Os líderes dos Estados Unidos e de outros países capitalistas temiam que as dificuldades econômicas dessas nações as conduzissem à busca de uma alternativa socialista.

Em 1947, o presidente dos Estados Unidos, Harry Truman, lançou o **Plano Marshall**, que destinou gigantescos recursos financeiros para a recuperação econômica da Europa ocidental. O Plano Marshall foi elaborado pelo general George Marshall, secretário de Estado do governo Truman, e fazia parte da **Doutrina Truman**, que pregava a defesa do capitalismo e o combate ao comunismo fornecendo a seus aliados suporte financeiro ou militar.

Com o objetivo de reativar as economias da Europa ocidental, cerca de 13 bilhões de dólares foram destinados principalmente à França, Inglaterra, Itália, Alemanha Ocidental, Holanda e Bélgica.

De modo geral, a partir de 1950, a economia mundial já estava praticamente recuperada dos danos causados pela Segunda Guerra.

Criação da ONU

A Organização das Nações Unidas (ONU) foi criada em junho de 1945. Representantes de 51 países, inclusive do Brasil, assinaram a **Carta das Nações Unidas**, que entrou em vigor no dia 24 de outubro de 1945 – data em que se comemora mundialmente o Dia das Nações Unidas. Os princípios básicos estabelecidos nessa Carta são:

- a manutenção da paz e da segurança internacionais;
- o desenvolvimento de relações amistosas entre as nações;
- o estímulo à cooperação entre os países na busca de soluções para problemas internacionais de caráter econômico, social, cultural e humanitário;
- a promoção do respeito aos direitos humanos.

A ONU foi criada com o objetivo de manter a paz entre as nações. Contudo, não é um fórum que representa a vontade política da maioria de seus países-membros. Isso se deve, entre outras razões, ao fato de um de seus principais órgãos, o Conselho de Segurança, ser controlado por apenas **cinco grandes potências**. Os representantes dessas nações detêm o poder de vetar decisões importantes sobre questões mundiais e, assim, impor seus interesses sobre os demais.

> **Investigar**
> - O governo brasileiro tem lutado nos fóruns internacionais pelo direito de integrar o Conselho de Segurança da ONU, como membro permanente. Quais são os membros permanentes do Conselho de Segurança da ONU? Pesquise.

Direitos humanos

Em 1948, a Assembleia Geral da ONU aprovou um importante documento em defesa dos direitos fundamentais dos seres humanos conhecido como **Declaração Universal dos Direitos Humanos**. A declaração serviu de base para outros documentos que tratam dos direitos humanos como, por exemplo, alguns artigos da Constituição Federal do Brasil.

Apesar de representar um avanço jurídico e humanitário, muitos preceitos dessa declaração não são cumpridos em vários países. Assim, cabe a todos os cidadãos e instituições fazer valer esses direitos fundamentais.

Assembleia Geral da Organização das Nações Unidas realizada no dia 28 de setembro de 2019 na sede da organização. O prédio que a sedia, na cidade de Nova York (Estados Unidos), foi projetado pelo arquiteto brasileiro Oscar Niemeyer.

Guerra Fria

Ao disputarem áreas de influência, União Soviética e Estados Unidos criaram um grave **clima de tensão** no mundo. Porém, como esses dois países não chegaram a se enfrentar diretamente, surgiu a expressão **Guerra Fria** para designar essas tensões.

Entre os principais alvos dos soviéticos e dos estadunidenses estavam os países da América Latina, da Ásia e da África.

Iniciada por volta de 1946, a Guerra Fria caracterizou-se como uma guerra de propaganda, na qual um lado acusava o outro de pretender dominar o mundo. Prevendo um eventual confronto militar direto entre Estados Unidos e União Soviética, que nunca ocorreu de fato, os blocos rivais (capitalista e socialista) aumentaram suas forças, com a formação de alianças militares supranacionais e a corrida armamentista.

Em 1949, sob a liderança estadunidense, formou-se uma aliança militar entre as forças dos Estados Unidos e da Europa ocidental, conhecida como **Organização do Tratado do Atlântico Norte (Otan)**. Os sucessivos governos dos Estados Unidos promoveram a instalação de armas nucleares na Europa ocidental, sob o controle da Otan. Com sede em Bruxelas, na Bélgica, a Otan conta, atualmente, com 29 países-membros.

Os países da Europa oriental, que pertenciam à área de influência da União Soviética, foram submetidas ao socialismo soviético, comandado por Stalin. Em 1955, os governos socialistas da Europa oriental também formaram uma aliança de ajuda militar mútua, o **Pacto de Varsóvia**, que funcionou por 36 anos e foi extinta em 1991.

Observar o mapa

- Identifique, no mapa, os países europeus que, durante a Guerra Fria:
a) pertenciam à esfera de influência dos Estados Unidos;
b) participavam da Otan;
c) pertenciam à esfera de influência da União Soviética;
d) participavam do Pacto de Varsóvia.

Fonte: elaborado com base em BARRACLOUGH, Geoffrey. *Atlas da história do mundo*. São Paulo: Folha de S.Paulo/Times Books, 1993. p. 270.

Corrida armamentista

A rivalidade da Guerra Fria levou à chamada corrida armamentista. Essa corrida estimulou o desenvolvimento de novas armas, inclusive as nucleares.

Os Estados Unidos foram pioneiros na produção de bombas atômicas, que destruíram Hiroshima e Nagasaki em 1945. Quatro anos depois, a União Soviética desenvolveu sua primeira bomba atômica. A partir dos anos 1950, ambos passaram a acumular arsenais nucleares, numa estratégia militar chamada de "equilíbrio pelo terror".

Na época, cresceu o medo de que eclodisse uma guerra nuclear, pois, caso as potências utilizassem todas as suas bombas, a vida na Terra seria extinta. Assim, surgiram diversos movimentos pacifistas em todo o mundo.

Corrida espacial

A corrida espacial também expressou a rivalidade técnico-científica entre Estados Unidos e União Soviética.

A União Soviética foi o primeiro país a lançar um satélite artificial ao espaço, o *Sputnik*, em 1957. Posteriormente, em 1961, o astronauta soviético Yuri Gagarin participou do primeiro voo espacial tripulado. Impressionado com a vista da Terra a partir do espaço, Gagarin disse: "A Terra é azul". Em 1969, os Estados Unidos enviaram o primeiro astronauta à Lua. Ao caminhar no solo lunar, Neil Armstrong disse: "Este é um pequeno passo para o homem, mas um grande salto para a humanidade".

Os conhecimentos adquiridos com a corrida espacial possibilitaram muitos avanços técnicos, como o desenvolvimento de satélites artificiais. Nos dias atuais, os satélites são usados, por exemplo, nas telecomunicações, na meteorologia e na observação militar.

Além disso, a rivalidade técnico-científica da Guerra Fria levou à criação da **internet**. Durante a década de 1960, a rede de transmissão por computadores teve uso restrito aos meios militares dos Estados Unidos. Atualmente, o uso da internet estendeu-se para amplos setores da sociedade, com a invenção de computadores pessoais, *tablets* e telefones celulares.

Investigar
1. A internet está presente no seu dia a dia? Em que situações?
2. A internet é um veículo que permite expor ideias e opiniões. Em sua opinião, é possível conciliar exposição e privacidade na internet? Debata o assunto com seus colegas.

Guerra da Coreia (1950-1953)

A Coreia é uma península do leste da Ásia, que permaneceu sob controle do Japão de 1910 até 1945. Após a Segunda Guerra, tropas dos Estados Unidos e da União Soviética ocuparam e dividiram a península coreana. Para dividi-la, utilizaram como referência o paralelo 38. Ao norte desse paralelo, a península ficou sob a influência soviética e, ao sul, ficou sob a influência norte-americana.

A divisão seria mantida até a realização de eleições gerais na região, quando, então, se deliberaria sobre a unificação do país. Entretanto, uma série de hostilidades impediu as eleições, culminando com a invasão da Coreia do Sul (capitalista) pela Coreia do Norte (socialista).

As duas Coreias

Fonte: elaborado com base em DUBY, Georges. *Atlas historique mondial*. Paris: Larousse, 2006. p. 197.

Investigar
- Conta-se que, quando perguntado sobre o tipo de arma que seria utilizado numa Terceira Guerra Mundial, o cientista Albert Einstein teria respondido que não sabia, mas supunha que no conflito subsequente as armas seriam paus e pedras. Interprete essa suposição de Einstein sobre uma eventual Quarta Guerra Mundial: por que nela as armas seriam paus e pedras?

Dica
Dr. Fantástico. Direção: Stanley Kubrick. Estados Unidos: Columbia Pictures Corporation/Park Circus, 1964. 95min.

Sátira da Guerra Fria, o filme conta a história de um general dos Estados Unidos que acredita estar havendo uma conspiração comunista e dá ordens para que a Rússia seja bombardeada por armas nucleares. Ao tomar conhecimento dessa ação militar, o governo dos Estados Unidos tenta impedir o início de uma Terceira Guerra Mundial.

Com a invasão, em 1950, teve início a Guerra da Coreia, na qual forças militares lideradas pelos Estados Unidos apoiaram os sul-coreanos, e tropas chinesas e soviéticas apoiaram os norte-coreanos.

A luta prosseguiu até 1953, ano em que foi negociado um cessar-fogo. Os governantes das duas Coreias, com o aval da ONU, restabeleceram o paralelo 38 como fronteira entre os dois países. Os combates da Guerra da Coreia deixaram um saldo de, aproximadamente, 2 milhões de mortos.

União Soviética

A Revolução Russa gerou as condições para a criação, pela primeira vez na história, de um Estado socialista: a União das Repúblicas Socialistas Soviéticas (URSS), fundada em 1922.

Com a morte de Lenin, em 1924, **Josef Stalin** passou a concentrar poder político, acumulando os postos de chefe do governo, comandante das Forças Armadas e secretário-geral do Partido Comunista soviético. Durante seu governo, Stalin implantou uma ditadura na União Soviética, prendendo e executando milhões de pessoas.

Nos campos social e econômico, houve significativo desenvolvimento do país. A taxa de analfabetismo, por exemplo, que era de 90% antes do socialismo, caiu para quase zero, na parte europeia da União Soviética, em apenas vinte anos.

Após a Segunda Guerra Mundial, o território soviético estava arrasado. Quase 2 mil cidades e vilas devastadas; 65 mil quilômetros de trilhos ferroviários destruídos; e cerca de 100 mil fazendas coletivas em ruínas. Cerca de 26 milhões de pessoas tinham morrido na guerra, e 25 milhões estavam desabrigadas.

O governo Stalin traçou metas para a recuperação e tomou atitudes centralizadoras para manter o povo mobilizado. Nos primeiros anos da década de 1950, os resultados da reconstrução já eram notáveis.

Economia de mercado e economia planificada

Uma das principais diferenças entre os países capitalistas e os socialistas é a forma como suas economias são organizadas: nos países capitalistas, predomina a economia de mercado; nos socialistas, a economia estatal planificada.

Na economia de mercado, a maior parte da produção econômica (de bens e de serviços) provém das empresas privadas. Em geral, o Estado interfere na atividade econômica somente visando regulamentar e atender setores como energia, segurança, educação e saúde.

Na economia estatal planificada, a produção econômica é dirigida pelo Estado. As fábricas, o comércio e os serviços são controlados por empresas estatais, e os trabalhadores são funcionários do Estado. A produção econômica do país é planejada por um órgão central do Estado, tendo em vista as necessidades sociais.

Entre esses dois sistemas há uma variedade de sistemas econômicos mistos que buscam harmonizar, em diversas proporções, o setor privado (livre-iniciativa) e o setor público (empresas estatais).

Era Kruschev (1953-1964)

Após a morte de Stalin, em 1953, Nikita Kruschev assumiu o governo soviético. Seu governo condenou a ditadura stalinista e abriu espaço para a liberalização política.

Em 1956, no XX Congresso do Partido Comunista da União Soviética, Kruschev denunciou os crimes de Stalin, sua rigidez doutrinária e a campanha de culto à sua personalidade (no que ficou conhecido como **Relatório Kruschev**). Essas denúncias tiveram repercussão internacional. Muitos líderes socialistas romperam com suas crenças stalinistas e adotaram novas posições políticas. Kruschev defendeu a necessidade de uma coexistência pacífica entre socialistas e capitalistas, pois, se houvesse uma guerra nuclear, países de ambos os sistemas sofreriam graves perdas.

A política de Kruschev provocou desentendimentos com os dirigentes da China comunista, que se mantinham fiéis às propostas e aos métodos stalinistas.

Fim da Guerra Fria

As mudanças promovidas pelo governo Kruschev não foram suficientes para romper a rigidez autoritária do comunismo soviético. Até 1985, os principais dirigentes da União Soviética – Brejnev (1964-1982), Andropov (1982-1984) e Tchernenko (1984-1985) – mantiveram o país submetido ao controle do Partido Comunista.

Na época, a falta de liberdade somou-se ao grave problema da estagnação econômica. Essa estagnação estava relacionada ao declínio das produções industrial, comercial e agrícola, ao aumento do desemprego em trabalhos qualificados, à falta de alimentos nas cidades, à queda na qualidade dos serviços públicos e ao crescimento da corrupção administrativa.

Em 1985, Mikhail Gorbatchev tornou-se um dos principais dirigentes da União Soviética. Seu governo iniciou um processo de reformas voltadas para a liberalização política chamada de **glasnost** (palavra russa que significa "transparência") e para uma reestruturação econômica chamada de **perestroika** (palavra russa que significa "reconstrução").

Gorbatchev encontrava-se no meio de um conflito: de um lado, os comunistas conservadores e autoritários se opunham ao avanço democrático; de outro, agiam os ultrarreformistas, ansiosos por mudanças rápidas e profundas.

Foi durante seu governo que ocorreram a queda do Muro de Berlim (1989), a unificação das duas Alemanhas (1990) e a independência de alguns países que compunham a URSS. Esses episódios foram apontados como eventos marcantes do fim da Guerra Fria.

Cerca de 1 milhão de pessoas celebrou a reunificação alemã na noite de 3 de outubro de 1990, com fogos de artifício e bandeiras, em frente ao Palácio do Reichstag, em Berlim.

Reconhecendo o enfraquecimento da União Soviética, Gorbatchev renunciou ao cargo de presidente em 25 de dezembro de 1991. Depois de 69 anos, a poderosa União Soviética chegou a seu final.

Europa oriental

Com o fim da União Soviética, os governos socialistas da Europa oriental foram caindo um a um: Polônia, Hungria, Romênia, Bulgária, Albânia, Tchecoslováquia (que, desmembrada, formou em janeiro de 1993 a República Tcheca e a Eslováquia), Iugoslávia (que deu origem a seis países: Sérvia, Croácia, Macedônia, Eslovênia, Montenegro e Bósnia-Herzegovina) e Alemanha Oriental (que se reunificou à Alemanha Ocidental, passando a ser conhecida apenas por Alemanha).

As sociedades do Leste Europeu lutaram pela democratização política e por uma economia mais aberta. Atualmente, deixando de seguir os dogmas comunistas, muitas dessas sociedades ainda lutam por resultados concretos na melhoria da sua qualidade de vida.

> **Dica**
>
> *A vida dos outros*. Direção: Florian Henckel von Donnersmarck. Alemanha: Wiedeman & Berg Filmproduktion GmbH, 2007. 137 min.
>
> Georg Dreyman, um importante dramaturgo da Alemanha Oriental, e sua namorada, a atriz Christa-Maria, são vigiados diariamente por um agente secreto do governo, que acaba se encantando pela vida do casal.

China: rumo ao socialismo de mercado

Durante o século XIX, a China foi alvo da expansão imperialista inglesa. Com o declínio da monarquia chinesa, surgiu um movimento liberal burguês, liderado por Sun Yat-sen, que derrubou a dinastia Manchu em 1911 e **proclamou a República**. Por volta de 1930, dois grupos políticos rivais disputavam o controle do país:

- de um lado, as forças capitalistas, comandadas pelo general Chiang Kai-shek, do Kuomintang (KMT, ou Partido Nacionalista);
- de outro, as forças comunistas, conduzidas por Mao Tsé-tung, do Partido Comunista Chinês (PCC), que se destacou como principal líder da Revolução Chinesa.

Os dois grupos enfrentaram-se em uma guerra civil, interrompida em 1937 devido ao ataque japonês à China. Na ocasião, comunistas e nacionalistas chineses firmaram uma aliança provisória que durou até o término da Segunda Guerra Mundial, em 1945.

Mao Tsé-tung discursando no 40º aniversário da Revolução Bolchevique (ou Revolução Vermelha), em Moscou, na então União Soviética, em 1957.

Duas Chinas

Reiniciadas as lutas, as tropas comunistas de Mao Tsé-tung obtiveram êxitos e em 1º de outubro de 1949 venceram definitivamente seus adversários internos, criando a **República Popular da China**. Apoiados pelo governo dos Estados Unidos, Chiang Kai-shek e seus seguidores fugiram para a ilha de Formosa. Ali fundaram a República da China, mais conhecida como **China Nacionalista**, ou **Taiwan**.

Chiang Kai-shek governou a China Nacionalista até sua morte em 1975. A população de Taiwan viveu sob **lei marcial** até 1987, e o Partido Nacionalista manteve-se no poder até 1991. Atualmente, Taiwan é considerado um dos "tigres asiáticos", estando entre as trinta maiores economias do mundo. O país mantém um alto padrão de desenvolvimento social, econômico e tecnológico.

Lei marcial: conjunto de leis militares que limitam a liberdade social com o fim de evitar desordens e insubordinações ao governo.

Comunismo chinês

Após a vitória, em 1949, os comunistas chineses, liderados por Mao Tsé-tung, estabeleceram laços de amizade e cooperação com o governo de Stalin. Depois da morte de Stalin, o governo chinês afastou-se da União Soviética por não aceitar as teses de Kruschev sobre a coexistência pacífica entre capitalismo e comunismo.

Na década de 1960, os chineses fabricaram sua primeira bomba atômica e passaram a disputar com a URSS a liderança ideológica internacional do movimento comunista.

Com a pretensão de transformar a China em grande potência industrial, Mao Tsé-tung lançou o programa conhecido como **Grande Salto para a Frente (1958-1960)**. Milhões de chineses foram obrigados a morar em comunidades rurais com até 20 mil famílias, onde seriam instalados hospitais, escolas, comércios e pequenas fábricas. Ao mesmo tempo, pretendia criar indústrias pesadas, como usinas siderúrgicas. Contudo, esse programa foi um imenso fracasso, provocando fome e morte para milhões de chineses.

Em 1971, o governo comunista chinês aproximou-se diplomaticamente do governo dos Estados Unidos e entrou para a ONU, tornando-se um dos cinco membros permanentes do Conselho de Segurança. As relações diplomáticas com os Estados Unidos seriam oficialmente restabelecidas em 1979.

Após a morte de Mao Tsé-tung, em 1976, os partidários do antigo líder foram afastados do poder político, e os novos dirigentes chineses, em especial Deng Xiaoping, estimularam a **modernização do país**. A China passou a promover um processo de abertura econômica para o mundo capitalista e, em 1982, promulgou uma nova Constituição.

Socialismo de mercado

Os últimos governos chineses adotaram o que alguns especialistas denominam **socialismo de mercado**: uma combinação de controle estatal dos meios de produção com certos mecanismos de mercado. Entretanto, os novos dirigentes pouco fizeram para criar instituições mais democráticas.

Na China, ainda existe uma política autoritária sob o governo do Partido Comunista, que reprime as manifestações populares e a livre expressão. Na atualidade, apesar dessa feição autoritária, alguns analistas percebem sinais de ampliação das liberdades pessoais em decorrência da abertura econômica conduzida pelo Partido Comunista.

Jovem desarmado diante de uma fileira de tanques de guerra na praça da Paz Celestial, em Pequim, China, em 1989. Nesse ano, houve uma série de manifestações pacíficas pela democracia no país, a maioria delas duramente reprimidas pelo exército, que matou milhares de manifestantes. O ocorrido ficou conhecido como Massacre da Praça da Paz Celestial.

Conexões — FILOSOFIA

Confucionismo

Confúcio é considerado um dos filósofos mais importantes da história chinesa. Ele viveu, provavelmente, entre 551 a.C. e 479 a.C.

Nascido na província de Lu, Confúcio não pertencia a uma família rica, mas sua inteligência e conduta despertaram a atenção de quem o conhecia.

Convidado para exercer cargos públicos, Confúcio logo se decepcionou com a política. Ele passou então a percorrer a China divulgando seus ensinamentos, que foram compilados por discípulos nos chamados Analectos (Diálogos de Confúcio).

A doutrina de Confúcio defendia uma conduta inspirada em princípios como o altruísmo, a cortesia, a fidelidade e a busca da sabedoria. O filósofo acreditava que a conduta honrada e firme do governante seria capaz de despertar nos governados o consenso necessário para uma convivência pacífica e próspera.

Desenvolvida há milênios, a filosofia oriental guarda até os dias atuais mensagens vigorosas e inspiradoras. A seguir, leia trechos da obra de Confúcio:

> Em seu olhar, procura ver com clareza;
> Em sua escuta, ouvir com profundidade;
> Em seu semblante, transmitir cordialidade;
> Em seus atos, agir com respeito;
> Em suas palavras, falar sinceramente;
> Em seu ofício, procura atitude cuidadosa e reverente;
> Em dúvida, procura o esclarecimento;
> Em momento de raiva, procura avaliar as consequências;
> Em face da conquista, procura o caminho correto.
>
> *Confucius: Bold-Faced Thoughts on Loyalty, Leadership, and Teamwork*. The Analectus, livro XVI, parte 10. Nova York: Sterling Publishing, 2010. Tradução do autor.

- No texto, Confúcio ensina nove condições para que as pessoas alcancem a excelência moral. Em sua opinião, a mensagem de Confúcio é válida para as sociedades contemporâneas? Justifique sua resposta.

Cuba: socialismo na América Latina

Cuba é uma ilha localizada no norte do mar do Caribe. Foi colônia espanhola durante aproximadamente quatro séculos e tornou-se um Estado independente em 1898, com a ajuda do governo dos Estados Unidos.

Em 1902, o Congresso cubano inseriu na nova Constituição do país a Emenda Platt, que concedia aos Estados Unidos o direito de intervir em Cuba sempre que seus interesses fossem ameaçados. Na prática, Cuba se tornou um **protetorado** dos Estados Unidos.

Na primeira metade do século XX, Cuba, que tem clima tropical e belas praias, passou a atrair turistas estrangeiros, razão pela qual foi construída uma infraestrutura ligada principalmente à vida noturna.

De 1933 a 1959, o político Fulgêncio Batista foi o "homem forte" de Cuba. Batista atuava diretamente na chefia do governo. Subserviente aos Estados Unidos, acumulou uma fortuna de maneira ilícita, utilizando métodos violentos contra seus inimigos. Nesse período, atividades como produção de açúcar, turismo e mineração continuaram atraindo para Cuba investimentos do governo dos Estados Unidos.

> **Protetorado:** no direito internacional, país que apresenta algumas características de Estado independente, mas subordina-se juridicamente, em diversos aspectos, ao governo de outra nação.

Revolução Cubana

Reagindo à subordinação de Cuba ao governo dos Estados Unidos, um grupo de guerrilheiros, comandado por Fidel Castro e Ernesto "Che" Guevara, começou a lutar contra o governo Batista, em 1956.

Ao longo de dois anos de combate, a guerrilha conquistou simpatia popular e derrubou Batista do poder, em janeiro de 1959. Após a vitória, a Revolução Cubana caminhou rumo ao socialismo. Entre suas principais medidas, destacou-se a reforma agrária, pela qual foi proibido o uso da terra por latifundiários cubanos e estrangeiros e foram confiscadas pelo Estado cubano as propriedades particulares, inclusive aquelas que pertenciam a cidadãos dos Estados Unidos.

Che Guevara (à esquerda) e Fidel Castro (à direita) em Havana (Cuba), na década de 1960.

Crise dos mísseis

Iniciaram-se conflitos entre o novo governo cubano e o governo dos Estados Unidos. Em 1961, uma força militar treinada pelos Estados Unidos, composta de mais de mil exilados cubanos, invadiu a **baía dos Porcos**, em Cuba, na tentativa de derrubar o governo socialista. Após três dias de combates, a força militar invasora foi derrotada.

Inconformado com o fracasso da invasão da baía dos Porcos, em 1962, o governo estadunidense conseguiu que Cuba fosse suspensa da Organização dos Estados Americanos (OEA). O governo estadunidense também impôs um **embargo econômico** aos cubanos.

Nesse contexto, foram fortalecidas as relações do Estado cubano com o governo da União Soviética, liderado por Kruschev. A aproximação desses países levou à decisão de instalar mísseis nucleares soviéticos na ilha de Cuba, como resposta à invasão da baía dos Porcos e à instalação de mísseis nucleares dos Estados Unidos na Turquia, em 1961.

O presidente dos Estados Unidos, John Kennedy, reagiu duramente à estratégia militar soviética, por considerá-la uma ameaça à segurança nacional do país. Numa mobilização de guerra, a Marinha dos Estados Unidos impôs um bloqueio naval à ilha de Cuba, impedindo a chegada das embarcações soviéticas.

Conhecido como a **crise dos mísseis**, esse foi um dos momentos mais tensos da Guerra Fria. Durante 13 dias, na iminência de uma guerra nuclear entre Estados Unidos e União Soviética, os governos das duas superpotências negociaram um acordo, que acabou determinando a retirada dos mísseis dos territórios cubano e turco, levando ao fim da crise.

Navio militar da Marinha dos Estados Unidos intercepta um navio da Marinha soviética próximo à Cuba para inspecionar se ele levava mísseis para o país, em 1962.

Cuba contemporânea

A Revolução Cubana instituiu o primeiro Estado socialista do continente americano e rompeu com a tradicional influência dos Estados Unidos sobre a região.

Inspirado no modelo soviético, Fidel Castro governou Cuba por 49 anos. Nesse período, Cuba permaneceu como uma ditadura do Partido Comunista, alheia a reformas democráticas.

O governo de Castro obteve êxitos importantes nos setores da educação e da saúde pública. Eliminou o analfabetismo e ampliou o atendimento médico-hospitalar. No campo econômico, porém, não houve diversificação da produção agrícola e o estímulo à industrialização não prosperou, de modo que a economia cubana continuou dependendo, principalmente, das exportações de açúcar e tabaco.

Com o fim da União Soviética, em 1991, a situação econômica de Cuba sofreu um abalo. Isso porque Cuba tinha a União Soviética como principal parceiro comercial. Cerca de 60% do açúcar produzido na ilha era comprado pelos soviéticos a preços geralmente mais altos do que os do mercado internacional. Os soviéticos também forneciam aos cubanos petróleo, veículos, máquinas, entre outros produtos, por baixos preços. Buscando alternativas, o governo cubano passou a investir na agroecologia, no turismo e nas relações comerciais com a China e países da América Latina.

Em 2008, aos 81 anos de idade, Fidel transferiu o poder a seu irmão Raúl Castro. Durante o governo de Raúl, o presidente dos Estados Unidos, Barack Obama, iniciou negociações com o governo de Cuba para colocar fim ao bloqueio econômico e para normalizar as relações diplomáticas entre os dois países. Em março de 2016, Obama realizou uma visita histórica a Cuba para ratificar a retomada das relações diplomáticas. Foi a primeira vez que um presidente estadunidense foi ao país em 88 anos.

Raúl Castro governou Cuba até 2018, ano em que a presidência do país foi transferida a Miguel Díaz-Canel.

Barack Obama e Raúl Castro, em visita histórica de um presidente estadunidense a Cuba, no Palácio da Revolução, em Havana, em 2016.

Oficina de História

Analisar e refletir

1. Analisando as relações internacionais entre Estados Unidos e União Soviética, entre 1945 e 1980, o sociólogo francês Raymond Aron referiu-se à "guerra improvável, paz impossível". Com base no que você estudou neste capítulo, explique o sentido dessa frase.

2. Em grupo, desenvolvam, de forma criativa, um cartaz sobre a Guerra Fria. Para isso, leiam as orientações abaixo.
   a) Selecionem imagens (fotografia, charge, pintura ou escultura) sobre a Guerra Fria e redijam legendas para elas.
   b) Criem um título para esse cartaz.
   c) Escrevam um pequeno texto: O que sobrou da Guerra Fria?

3. O fim da União Soviética levou ao desmembramento de um território que reunia várias repúblicas que orbitavam em torno da Rússia. Em grupo, pesquisem sobre a situação atual dessa região da Europa oriental e a existência de alguns conflitos separatistas.

4. Em relação à China atual, explique com suas palavras o significado da expressão "socialismo de mercado".

5. Em breve texto, explique a situação atual de Cuba levando em conta:
   - o regime político do país;
   - a situação socioeconômica atual.

Interpretar texto e imagem

6. Leia um trecho das memórias da escritora Zélia Gattai:

   Janeiro de 1956 — Explode a bomba

   O relatório apresentado por Nikita Kruschev, no XX Congresso da União Soviética, explodiu como uma bomba. Nosso pai, [...] o que pensava por nossas cabeças [...] o magnífico Stalin, nos havia enganado a todos. Existiam campos de concentração na União Soviética, sim! Prisioneiros na Sibéria! Antissemitismo, sim senhor! Os médicos judeus, acusados como traidores da pátria, não eram traidores coisa nenhuma! [...]

   Para Jorge [Amado] e para mim, que tínhamos vivido em país socialista e tido contato estreito com os soviéticos, a revelação de Kruschev nos chocou profundamente, apesar de que não nos apanhou totalmente desprevenidos. [...]

   Víamos coisas que nos pareciam erradas, levantávamos a suspeita, custávamos a aceitar as explicações mas acabávamos aceitando. [...]

   Tudo se embaralhava em minha cabeça, perdera a graça, o entusiasmo, entrei em conflito comigo mesma, devia continuar a ter esperanças, a confiar no futuro do socialismo? Precisava de um tempo para refletir, esperar o desenrolar dos acontecimentos para assentar a cabeça. [...]

   GATTAI, Zélia. *Chão de meninos*. Rio de Janeiro: Record, 1992. p. 75-76.

   a) Esse depoimento revela, com base em um ponto de vista pessoal, algo que foi explicado no capítulo. Qual seria esse tema?
   b) Em sua opinião, esse relato está relacionado ao declínio da União Soviética? Justifique sua resposta com ideias do texto.

7. Elabore uma charge inspirando-se nas fotografias a seguir e na frase: "Poder intenso, economia extensa".

Participantes reunidos no 19º Congresso do Partido Comunista, realizado em Pequim (China), em 2017.

Contêineres aguardam ser embarcados em navios no porto de Xangai (China), em 2019.

CAPÍTULO

32 Independências na África, na Ásia e no Oriente Médio

Na primeira metade do século XX, diversos países da África, da Ásia e do Oriente Médio estavam sob o domínio colonial de grandes potências. Entre o final da Segunda Guerra e o fim da década de 1970, a maior parte deles conquistou a independência. O que a independência significou para as populações desses países?

Este capítulo favorece o desenvolvimento das habilidades:

EM13CHS101
EM13CHS102
EM13CHS103
EM13CHS104
EM13CHS105
EM13CHS106
EM13CHS201
EM13CHS202
EM13CHS203
EM13CHS204
EM13CHS206
EM13CHS302
EM13CHS304
EM13CHS404
EM13CHS503
EM13CHS504
EM13CHS603
EM13CHS604
EM13CHS605

◗ Descolonização ou retomada

A partir da segunda metade do século XIX, vários países europeus buscaram conquistar territórios e formar impérios coloniais na África, na Ásia, no Oriente Médio e na Oceania. Esse processo foi chamado de **neocolonialismo**.

A dominação neocolonial afetou o desenvolvimento social, cultural e econômico das regiões colonizadas. Muitos territórios foram divididos de acordo com os interesses das potências europeias, criando-se "fronteiras arbitrárias". Povos que compartilhavam uma mesma cultura foram separados, enquanto outros povos, que tinham rivalidades históricas entre si, acabaram reunidos em um mesmo país.

No século XX, diversos países da África, da Ásia, do Oriente Médio e da Oceania conquistaram suas independências. Esse processo de emancipação pode ser chamado de **descolonização**. No entanto, alguns estudiosos acreditam que o termo descolonização esteja mais vinculado a uma visão do colonizador europeu. Assim, preferem utilizar as expressões **retomada**, **reanimação**, ou ainda, **luta pela emancipação nacional**. Com isso, desejam valorizar o protagonismo das sociedades que buscavam suas independências.

Processo de independência

Diversas condições contribuíram para a independência das colônias da África, da Ásia, do Oriente Médio e da Oceania. Entre elas:

- **movimentos emancipacionistas e nacionalistas** – grupos locais organizaram em seus países movimentos contra a dominação colonial;
- **crise econômica europeia** – potências europeias tiveram mais dificuldade em manter seu domínio colonial durante a crise econômica do pós-guerra;
- **consciência anticolonialista e anti-imperialista** – alguns europeus sentiam orgulho por seu país possuir impérios coloniais, mas depois da Segunda Guerra essa situação tornou-se constrangedora. Afinal, era contraditório lutar contra a opressão nazifascista e subjugar outros povos;
- **Guerra Fria** – Estados Unidos e União Soviética assumiram posições favoráveis à descolonização e procuraram apoiar os líderes dos grupos emancipacionistas;
- **criação da ONU** – seguindo os objetivos de "desenvolver relações amistosas entre as nações, baseadas no respeito ao princípio da igualdade de direitos e de autodeterminação dos povos", a ONU tornou-se um fórum internacional contra o colonialismo.

Investigar
- A denominação dada às coisas afeta a nossa maneira de interpretá-las? Discuta com seus colegas.

LINHA DO TEMPO

1945 – Fim da Segunda Guerra Mundial. Criação da Organização das Nações Unidas (ONU).

1948 – Criação do Estado de Israel.

1961 – Início da Guerra do Vietnã, que se prolongaria até 1975.

1967 – Guerra dos Seis Dias, entre Israel e Estados árabes.

1974 – A Revolução dos Cravos põe fim ao regime autoritário em Portugal.

1994 – Nelson Mandela torna-se o primeiro presidente negro da África do Sul, em 25 de maio.

2004 – Morre Yasser Arafat, presidente da Organização para a Libertação da Palestina (OLP). Em seu lugar, é eleito Mahmoud Abbas.

Linha do tempo esquemática. O espaço entre as datas não é proporcional ao intervalo de tempo.

Conferência de Bandung

Em abril de 1955, na Indonésia, foi realizada a Conferência Afro-Asiática de Bandung (cidade da Indonésia). Esse evento, convocado pelos líderes da Indonésia, da Índia, da Birmânia (atual Mianmar), do Ceilão (hoje Sri Lanka) e do Paquistão constituiu um marco importante na organização contra a dominação colonialista e o subdesenvolvimento.

Na conferência, representantes dos 29 países participantes firmaram um documento, anunciando os seguintes pontos:

- rejeição à divisão mundial nos blocos socialista e capitalista e defesa de uma política de não alinhamento automático com as superpotências;
- condenação do racismo e da corrida armamentista;
- proclamação do direito de **autodeterminação** dos povos, reprovando-se, portanto, o colonialismo e o neocolonialismo;
- afirmação de que a submissão imposta aos povos afro-asiáticos era uma negação dos direitos fundamentais do ser humano e um obstáculo à paz e à cooperação mundial.

Quando a Conferência de Bandung se realizou, 14 países asiáticos já tinham conseguido sua emancipação política, mas a maioria das nações africanas ainda estava submetida à dominação colonial. Nos anos seguintes, o processo de descolonização da África se acelerou. Até o ano de 1960, 23 países africanos já haviam conquistado a independência. Em 1980, outras 23 nações africanas e mais 12 países asiáticos e oceânicos alcançaram igual objetivo.

De modo geral, a independência política não significou a conquista imediata da paz e do bem-estar almejados. Frequentemente, os processos de independência desdobraram-se numa série de lutas internas, envolvendo movimentos rivais, que passaram a disputar o controle do poder nas diferentes regiões.

> **Dica**
> *Hotel Ruanda.*
> Direção: Terry George. África do Sul/Itália/Reino Unido: United Artists/Lions Gate Films, 2004. 121 min.
> Em meio à guerra civil em Ruanda, um gerente de hotel transforma o local em abrigo para mais de mil refugiados.

Independências na África

Antes da Segunda Guerra Mundial, quase todo o continente africano encontrava-se sob o domínio colonial de países europeus, sobretudo da Grã-Bretanha e da França.

Após a guerra os países africanos foram conquistando sua independência. A maior parte dos processos de independência desses países ocorreu entre 1956 e 1968. Na sequência, vamos conhecer os processos de independência da África do Sul, Argélia, República Democrática do Congo e Angola.

Fonte: elaborado com base em DUBY, Georges. *Atlas historique Larousse*. Paris: Larousse, 2006. p. 219.

> **Observar o mapa**
> - Identifique:
> a) uma ex-colônia portuguesa na África Ocidental e outra na África Oriental;
> b) a mais meridional ex-colônia inglesa na África;
> c) a mais setentrional ex-colônia francesa na África.

Independências na África

Independência	País	Antiga potência colonial	Independência	País	Antiga potência colonial
1951	Líbia	Itália	1961	Serra Leoa	Grã-Bretanha
1956	Sudão	Grã-Bretanha		Tanzânia	Grã-Bretanha
1956	Marrocos	França		Burundi	Bélgica
1956	Tunísia	França	1962	Ruanda	Bélgica
1957	Gana	Grã-Bretanha		Argélia	França
1958	Guiné	França		Uganda	Grã-Bretanha
1960	Camarões	França	1963	Quênia	Grã-Bretanha
1960	Togo	França	1964	Malawi	Grã-Bretanha
1960	Madagascar	França	1964	Zâmbia	Grã-Bretanha
1960	República Democrática do Congo	Bélgica	1965	Gâmbia	Grã-Bretanha
1960	Somália	Grã-Bretanha/Itália	1966	Botsuana	Grã-Bretanha
1960	Benin	França	1966	Lesoto	Grã-Bretanha
1960	Níger	França		Suazilândia	Grã-Bretanha
1960	Burkina Faso	França	1968	Guiné Equatorial	Espanha
1960	Costa do Marfim	França		Maurício	Grã-Bretanha
1960	Chade	França	1974	Guiné-Bissau	Portugal
1960	República Centro-Africana	França		Moçambique	Portugal
1960	Congo	França		Cabo Verde	Portugal
1960	Gabão	Grã-Bretanha	1975	Ilhas Comores	França
1960	Senegal	França		São Tomé e Príncipe	Portugal
1960	Mali	França		Angola	Portugal
1960	Nigéria	Grã-Bretanha	1977	Djibuti	França
1960	Mauritânia	França	1980	Zimbábue	Grã-Bretanha

Fonte: CIA World Factbook. Disponível em: <https://www.cia.gov/library/publications/the-world-factbook/>.
Acesso em: 20 abr. 2016.

África do Sul: colônia britânica

> **Dica**
> *Um grito de liberdade.* Direção: Richard Attenborough. Reino Unido/África do Sul: Marble Arch Productions, 1987. 157 min.
> O jornalista branco Donald Woods é um crítico do ativista negro Steve Biko. Porém, depois de conhecê-lo, Woods muda de opinião. Eles desenvolvem uma amizade que enfrenta as barreiras do *apartheid* na África do Sul.

A colonização da África do Sul teve início no século XVII, quando os holandeses fundaram a Cidade do Cabo. Durante o século XIX, os ingleses dominaram a região.

No início do século XX, a minoria branca de origem europeia passou a restringir os direitos da maioria negra. Em 1948, com a chegada do Partido Nacionalista ao poder, o regime racista da África do Sul foi oficializado. Durante esse regime, chamado de **apartheid**, foram elaboradas leis que, por exemplo, impediam os negros de participar da política e de morar nos mesmos bairros que os brancos. Outro exemplo foi a proibição do casamento entre negros e brancos.

A **segregação racial** estava presente em escolas, cinemas, meios de transporte e praias, onde havia placas indicando os lugares dos negros e os dos brancos. Caso essas leis não fossem cumpridas, eram aplicadas penas como multas, chicotadas, trabalho forçado e prisão.

O *apartheid* desencadeou inúmeras revoltas de grupos negros e provocou a indignação da opinião pública internacional, sobretudo, depois de massacres realizados contra a população negra como o **Massacre de Sharpeville** (1960) e o **Massacre do Soweto** (1970).

Entre as lideranças negras que lutaram contra a segregação racial, destacamos **Nelson Mandela** e **Bantu Steve Biko**. Por seu trabalho e sua luta Mandela ficou preso por 27 anos; Steve Biko foi torturado e executado pela polícia em 1977. Após sua morte, cerca de 600 organizações negras formaram a Frente Democrática Unida, que continuou a lutar pelo fim da segregação.

Em 1961, a África do Sul conquistou sua independência da Inglaterra, mas apenas em 1993 o Parlamento aprovou o projeto de Constituição que estabelecia a democracia e extinguia o *apartheid*.

Em 10 de maio de 1994, após a realização de eleições multiétnicas, Nelson Mandela foi eleito o primeiro presidente negro da África do Sul, pondo fim ao secular domínio político dos brancos naquele país. Em homenagem às suas lutas, Mandela ganhou o Prêmio Nobel da Paz (1993).

Nelson Mandela, no centro da fotografia, no dia de sua posse como presidente da África do Sul, em cerimônia na Cidade do Cabo, 1994. À direita, o ex-presidente Frederik de Klerk. Nesse dia, Mandela declarou: "Agora há perspectivas de um amanhã mais justo para o povo negro. Esta data é o alvorecer de nossa liberdade".

Argélia: colônia francesa

O governo francês procurou negociar formas pacíficas de ruptura com diversas colônias, como Camarões, Senegal, Madagascar, Costa do Marfim e Mauritânia. Houve, no entanto, intensa luta armada na Argélia, cuja população compõe-se, em sua maioria, por árabes.

A França colonizou a Argélia em meados do século XIX. Assim, uma minoria de franceses assumiu o poder no país, impondo aos argelinos precárias condições de vida. Contra a opressão francesa, os argelinos organizaram passeatas, greves e outros tipos de manifestações.

Em 1954, o movimento **Frente de Libertação Nacional** (FLN) retomou as lutas pela independência, e o governo francês reagiu com violência. Os confrontos provocaram a morte de cerca de 25 mil soldados franceses e de quase 1 milhão de pessoas ligadas à Frente de Libertação Nacional argelina.

Sete anos mais tarde o presidente francês Charles de Gaulle obteve, por meio de referendo popular, "carta branca" para negociar a paz na Argélia com a FLN, liderada por Ahmed Bem Bella. No ano seguinte, em 1962, a independência da Argélia foi reconhecida e Bem Bella tornou-se presidente do país.

> **Investigar**
> • Na sua opinião, o regime de segregação racial existente na África do Sul assemelha-se a outros regimes racistas? Pesquise e debata a questão.

Congo: colônia belga

No final do século XIX, a Bélgica colonizou o Congo. A partir desse momento, os belgas passaram a explorar os congoleses, promovendo racismo, trabalhos forçados e maus-tratos físicos. O governo belga proibiu os congoleses de estudar, limitando as atividades intelectuais da maioria da população.

Apesar das dificuldades, os congoleses conseguiram se organizar politicamente para conquistar sua autonomia. Na década de 1950, foi criada a **Aliança dos Bakongo**, liderada por Joseph Kasavubu, e fundado o **Movimento Nacional Congolês** (MNC), sob a liderança de Patrice Lumumba.

Após intensas lutas, o Congo conquistou a independência da Bélgica em 1960. Kasavubu tornou-se o presidente do país, e Lumumba assumiu o cargo de primeiro-ministro.

No entanto, Kasavubu afastou Lumumba do cargo de primeiro-ministro, num golpe de Estado. Para manter a unidade do país, Lumumba pediu auxílio às forças internacionais da ONU. Não obtendo apoio, recorreu à União Soviética, o que provocou a reação dos grupos ligados ao bloco capitalista. Lumumba foi assassinado em circunstâncias misteriosas, mas que apontaram para o envolvimento do governo belga.

Em 1961, o coronel Mobutu conseguiu impor-se como ditador, e o Congo passou a ser oficialmente denominado República do Zaire. Mobutu dirigiu o país até 1997, quando uma rebelião liderada por Laurent Kabila derrubou-o do poder.

Ao assumir o governo, Kabila mudou o nome do país mais uma vez, que passou a se chamar **República Democrática do Congo**. Kabila foi assassinado em 2001. Seu filho, Joseph Kabila, assumiu o governo e procurou conter os confrontos do país. A República Democrática do Congo ainda enfrenta inúmeras dificuldades socioeconômicas, figurando entre os países mais pobres do mundo, com base em índices como o PIB nominal e IDH.

Angola: colônia portuguesa

Portugal foi um dos últimos países europeus a reconhecer a independência de suas colônias na África (Moçambique, Guiné-Bissau e Angola). A resistência portuguesa à descolonização somente se desfez com a revolução portuguesa de 25 de abril de 1974, conhecida como **Revolução dos Cravos**, que pregava o estabelecimento da democracia em Portugal e o fim do colonialismo.

No caso de Angola, os portugueses dominaram a região do século XV até o século XX. Assim, a região sofreu com a exploração colonial por quase 500 anos.

Em Angola, os colonizadores formavam uma elite privilegiada que subjugava a população local, obrigada a trabalhar de forma análoga à escravidão. Diante disso, os angolanos reagiram e reivindicaram melhores condições de vida e respeito por sua cultura. No entanto, a maioria da população continuou a viver de forma precária.

Apesar das dificuldades impostas pelos portugueses, os angolanos conseguiram se organizar em diversos movimentos para lutar pela independência. Assim, foram criados o **Movimento Popular pela Libertação de Angola** (MPLA), apoiado pela URSS; a **Frente Nacional pela Libertação de Angola** (FNLA), financiada pelos EUA; e a **União Nacional para a Independência Total de Angola** (Unita), apoiada pela África do Sul. Esses movimentos eram rivais e disputavam o poder entre si.

Foi apenas em 1975, que os angolanos conquistaram sua independência. No entanto, após essa vitória, teve início uma violenta guerra civil no país que durou até 2002. Os conflitos pela independência e a guerra civil provocaram a morte de aproximadamente 1 milhão de pessoas. Nos dias atuais, o padrão de vida da maioria dos angolanos está entre os mais baixos do mundo. Isso se deve, em grande medida, ao fato de as riquezas do país estarem concentradas nas mãos de uma pequena parcela da população. As riquezas de Angola, que derivam principalmente da produção de petróleo, estão concentradas nas mãos de uma pequena parcela da população. O setor petrolífero representa 95% das exportações, mas emprega somente cerca de 1% dos angolanos.

> **Investigar**
> - É possível comparar os processos da colonização portuguesa no Brasil e na Angola? Busque informações sobre o assunto e debata os resultados com seus colegas.

Independências na Ásia

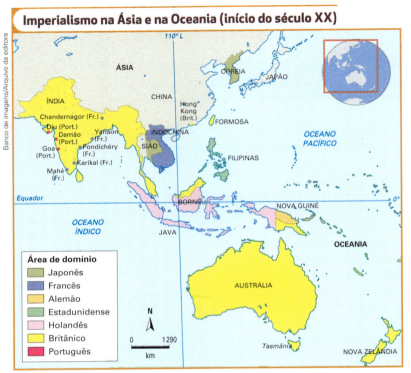

Fonte: elaborado com base em *Atlas da história do mundo*. São Paulo: Folha de S.Paulo/Times Books, 1995. p. 240-241.

Potências imperialistas europeias também conquistaram colônias na Ásia, que só se tornaram independentes na segunda metade do século XX. Alguns processos de emancipação nacional na Ásia foram marcantes, como o da Índia em relação à Grã-Bretanha. Em outros casos, como no Vietnã, o que se destacou não foi tanto a emancipação em si, mas a gravidade de seus desdobramentos, como a guerra que estourou logo após sua independência.

Observar o mapa
- Identifique os três maiores impérios coloniais na Ásia e na Oceania no início do século XX.

Independências na Ásia e no Oriente Médio

Independência	País	Antiga potência colonial	Independência	País	Antiga potência colonial
1943	Líbano	França	1954	Vietnã	França
1945	Coreia*	Japão	1957	Malásia	Grã-Bretanha
1946	Jordânia	Grã-Bretanha	1961	Kuwait	Grã-Bretanha
1946	Síria	França	1965	Cingapura	Grã-Bretanha
1946	Filipinas	Estados Unidos	1967	Iêmen	Grã-Bretanha
1947	Índia	Grã-Bretanha	1971	Catar	Grã-Bretanha
1947	Paquistão	Grã-Bretanha	1971	Emirados Árabes Unidos	Grã-Bretanha
1948	Mianmar	Grã-Bretanha	1971	Bahrein	Grã-Bretanha
1948	Sri Lanka	Grã-Bretanha	1978	Ilhas Salomão	Grã-Bretanha
1949	Laos	França	1978	Tuvalu	Grã-Bretanha
1949	Indonésia	Holanda	1979	Kiribati	Grã-Bretanha
1953	Camboja	França			

* Em 1948, divisão em Coreia do Norte (sob influência da URSS) e Coreia do Sul (sob influência dos EUA).
Fonte: *CIA World Factbook*. Disponível em: <https://www.cia.gov/library/publications/the-world-factbook/>. Acesso em: 20 abr. 2016.

Independência da Índia: colônia britânica

A Índia é um país, localizado no sul da Ásia, que possui uma rica cultura milenar. No século XVI, parte do seu território foi ocupada por países europeus, como Portugal e Holanda e, posteriormente, França e Inglaterra. Um dos marcos da conquista portuguesa da Índia ocorreu em 1510, quando o almirante Afonso de Albuquerque fundou a "Velha Goa", que se tornou capital e residência do vice-rei das Índias.

No século XVIII, a Índia começou a ser explorada pela Companhia Inglesa das Índias Orientais. Já no século XIX passou a integrar o Império Britânico, sendo considerada a "joia da Coroa", devido à grandeza de seu território, à riqueza de seus recursos naturais e à sua numerosa população. Apesar de ter conquistado a região, as autoridades britânicas enfrentaram a resistência das populações locais.

Desobediência civil

Durante a Primeira Guerra Mundial (1914-1918), representantes do governo britânico prometeram aos indianos que, se lutassem contra os alemães, receberiam em troca maior autonomia administrativa. Terminada a guerra, apesar de algumas concessões, o governo britânico manteve a dominação colonial, reprimindo violentamente as tentativas de emancipação da Índia, conduzidas principalmente pelo Partido do Congresso – criado em 1885 e, posteriormente, liderado por **Jawaharlal Nehru**.

As atividades em prol da autonomia da Índia também contaram com a participação de **Mahatma Gandhi**, que se transformaria no principal líder indiano opositor à dominação britânica. Gandhi pregou e praticou a **desobediência civil** contra as autoridades metropolitanas por meio do não pagamento de impostos e da rejeição aos produtos industriais da Grã-Bretanha. O propósito era debilitar o adversário sem utilizar a violência, sem derramar sangue.

Mahatma Gandhi praticou a estratégia da não violência ativa, considerando o princípio da não agressão como uma forma de mudar a sociedade. Ele liderou grandes protestos na Índia, entre 1920 e 1942, e foi preso algumas vezes por suas ações. Gandhi tinha uma vida despojada de bens materiais e acreditava que a vitória não deveria ser alcançada por meio do ódio.

Índia, Paquistão e Bangladesh

Havia na Índia outros grupos de oposição ao colonialismo britânico, como a Liga Muçulmana, fundada em 1905 e liderada por Muhammad Ali Jinnah. Seu objetivo era a criação de um Estado muçulmano, independente dos hindus ligados ao Partido do Congresso.

Os britânicos procuraram manipular ao máximo o conflito entre esses os grupos rivais para retardar o processo de emancipação da Índia, que ocorreu, finalmente, em 1947. Atendendo à exigência dos muçulmanos, o território indiano foi dividido em **República da Índia**, de maioria hindu, e **República do Paquistão** (Oriental e Ocidental), de maioria muçulmana. Posteriormente, em 1972, após violenta guerra, o Paquistão Oriental separou-se do Ocidental e passou a se chamar **Bangladesh**.

> **Investigar**
> - É possível relacionar a vida de Gandhi com a estratégia de não violência ativa? Justifique.

> **Dica**
> *Gandhi.*
> Direção: Richard Attenborough. Reino Unido/Índia: Goldcrest Films, 1982. 188 min.
> Indignado com a dominação britânica em seu país, o advogado indiano Mahatma Gandhi inicia um movimento pacífico pela independência da Índia.

Divisão da Índia (1947)

Fonte: elaborado com base em *Atlas da história do mundo*. São Paulo: Folha de S.Paulo/Times Books, 1995. p. 273.

Conexões — SOCIOLOGIA

Budismo

A civilização indiana é uma das mais antigas do mundo, e vários aspectos de sua tradicional cultura se mantêm até os dias atuais. É o caso do budismo, doutrina fundada por Sidarta Gautama no século VI a.C. Essa doutrina apresentava novas ideias sobre a condição humana e seu lugar no Universo.

Segundo a tradição budista, Sidarta Gautama era filho de um aristocrata e desfrutava de riqueza e respeito social. Contudo, Sidarta voltou sua atenção para as questões fundamentais do sofrimento humano e, ao completar 29 anos, decidiu sair pelo mundo em busca de um caminho para superar a dor e as contradições da vida.

Em sua busca, ele passou a meditar e a realizar práticas como o **ascetismo**. Aos 35 anos, meditando à sombra de uma figueira, na localidade de Gaya, Sidarta teria atingido a iluminação, tornando-se **Buda**.

> **Ascetismo:** prática da renúncia de prazeres e de conforto material.

A palavra Buda não é nome próprio, é um adjetivo. Em sânscrito, significa "iluminado", "desperto". A doutrina budista está baseada nas seguintes concepções:

- existe sofrimento na vida, como o sofrimento de adoecer, envelhecer, morrer, entre outros.
- a origem do sofrimento está nos desejos (apegos), que nos impedem de reconhecer as mudanças da realidade da vida.
- o fim do sofrimento só pode ser atingido com a extinção dos desejos, dos apegos, da ambição, da ansiedade.
- o caminho da libertação está expresso na chamada "senda óctupla", apontada pelos budistas como um caminho de oito etapas de transformação pessoal, envolvendo mudança de concepções e pensamentos, palavras e ações, vivências e esforços, reflexão e meditação profunda.

Para atingir o fim do sofrimento e renunciar aos desejos, seria necessário que os praticantes do budismo atingissem o nirvana, estado de completo equilíbrio emocional.

No século III a.C., a doutrina budista teve um momento de grande expressão na Índia, com a conversão do rei Asoka. Depois da morte de Asoka, seu reino fragmentou-se, e o budismo perdeu vigor no país. No entanto, espalhou-se por outros países, como China e Japão. Atualmente, calcula-se que o budismo tenha cerca de 470 milhões de seguidores no mundo.

1 Segundo o texto, o que significa a palavra Buda?

2 Em sua opinião, como é possível aliviar o sofrimento humano? Reflita.

Independência da Indochina: colônia francesa

A Indochina, região da Ásia dominada pela França desde 1860, foi ocupada pelos japoneses durante a Segunda Guerra Mundial. Após a derrota do Japão no conflito, o governo francês tentou recuperar seu domínio sobre a antiga colônia, mas teve de enfrentar a resistência dos movimentos nacionalistas que lutavam pela independência.

Deflagrou-se, então, a **Guerra da Indochina** (1946-1954), em que se destacou a liderança de Ho Chi Minh, do movimento de libertação *Vietminh*. A guerra terminou com um acordo internacional, celebrado em Genebra, pelo qual a península indochinesa foi dividida em três países independentes: Laos, Camboja e Vietnã.

Cartaz do Vietminh em comemoração à vitória na batalha de Dien Bien Phu, contra a França. Ocorrida entre março e maio de 1954, essa foi a última batalha da Guerra da Indochina. No cartaz, uma pomba da paz pousa sobre o ombro do soldado.

Guerra do Vietnã (1964-1975)

O acordo previa que o Vietnã ficaria dividido temporariamente em duas zonas: uma ao norte e outra ao sul.

- **República Democrática do Vietnã** – ao norte, com capital em **Hanói** e liderada por Ho Chi Minh, recebia o apoio dos governos do bloco socialista (China e União Soviética).
- **República do Vietnã** – ao sul, com sede em **Saigon** e liderada pelo general Ngô Dinh Diem, era apoiada pelo governo dos Estados Unidos.

Foi estabelecido que, em 1956, seriam realizadas eleições gerais no Vietnã para a unificação do país. O governo do Vietnã do Sul, no entanto, impediu a realização dessas eleições, adotando uma política de hostilidades contra o Vietnã do Norte.

Em 1960, formou-se, no Vietnã do Sul, a **Frente de Libertação Nacional** (FLN), de tendência socialista. A FLN se opunha ao governo instalado em Saigon e contava com o apoio dos governos do Vietnã do Norte e dos países do bloco socialista.

Para sustentar o governo de Saigon, o governo dos EUA decidiu intervir militarmente na região, em 1964. Teve início a **Guerra do Vietnã**, conflito que envolveu também o Laos e o Camboja e que costuma ser interpretado por alguns historiadores como um desdobramento da Guerra da Indochina.

A Guerra do Vietnã foi marcada pelo envolvimento direto de mais de 540 mil soldados estadunidenses na região. Dispondo de recursos precários, as forças da FLN e do Vietnã do Norte utilizavam táticas de guerrilha e foram, aos poucos, avançando sobre os adversários e prolongando o conflito.

A Guerra do Vietnã causava impactos na opinião pública dos EUA, que acompanhava pela imprensa as mortes dos soldados e as cenas de violência transmitidas pela televisão. Com isso, o governo estadunidense foi gradativamente retirando seus soldados do Vietnã e iniciando negociações de paz. Em 1973, realizou a retirada da última tropa, depois de firmar o Acordo de Paris.

Calcula-se que mais de 50 mil soldados dos Estados Unidos tenham morrido nessa guerra que abalou o orgulho nacional do país. Entre os vietnamitas, estima-se que de 1 milhão a 3 milhões de pessoas morreram.

Soldados da Frente de Libertação Nacional no Vietnã do Sul, em 1966.

Unificação do Vietnã

Após a retirada das forças militares estadunidenses, a guerra prolongou-se por mais algum tempo, com o avanço das forças socialistas do Vietnã do Norte, até a rendição total do exército sul-vietnamita, em 1975.

Assumindo o poder, os líderes da Frente de Libertação Nacional, junto com o governo do Vietnã do Norte, promoveram a unificação do país, sob o nome de *República Socialista do Vietnã*. Adotaram um regime político autoritário, seguindo o modelo stalinista. Atualmente, a economia do país está em transição para um "socialismo de mercado". Apesar dos problemas sociais, o país vem apresentando taxas de crescimento econômico.

Conflito árabe-israelense

O conflito árabe-israelense no Oriente Médio é um dos enfrentamentos regionais que marcaram o cenário internacional nas últimas décadas.

Para entendê-lo, é preciso recuar até o fim do século XIX, quando teve início o movimento sionista na Europa, sob a liderança do jornalista judeu austríaco Theodor Herzl. Os sionistas defendiam a ideia de reunir o povo judeu, disperso pelo mundo, em um Estado judaico independente. O local escolhido foi a Palestina, considerada a área de origem ancestral do povo judeu, os hebreus. No entanto, o território já era habitado por povos árabes.

Criação de Israel (1948)

Grupos de judeus europeus começaram a adquirir, desde então, terras na Palestina, fundando diversas colônias agrícolas. O objetivo era estabelecer o sonhado Estado judaico independente. Devido à perseguição nazista, milhares de judeus europeus migraram para a Palestina, aumentando a colonização judaica na região.

Com o fim da Segunda Guerra veio a constatação do massacre nazista de cerca de 6 milhões de judeus (um terço da população judaica no mundo). O impacto mundial desse genocídio contribuiu para que fosse aprovada, pela ONU, a criação de um Estado judaico na Palestina, em 29 de novembro de 1947.

Com base na decisão da ONU, o líder judeu David Ben Gurion proclamou a criação do **Estado de Israel**, em maio de 1948. A partir dessa data, milhares de judeus de todo o mundo migraram para Israel. Isso provocou conflitos com a população árabe que habitava a região havia muitas gerações e reivindicava a criação de um Estado palestino independente. Assim, teve início a longa série de conflitos entre árabes e israelenses.

Luta por um Estado palestino

A decisão da ONU, em 1947, também previa a fundação de um Estado árabe-palestino na região da Palestina. No entanto, o que se seguiu foi justamente o contrário. Lideranças de Israel, apoiadas por sucessivos governos dos Estados Unidos, aproveitaram-se de confrontos armados contra grupos palestinos para expandir o território israelense, expulsando os árabes da região. Banidos de seu território, milhares de palestinos espalharam-se pelos países árabes vizinhos e por outras nações, passando a reivindicar o direito a uma pátria.

As lutas entre árabes e israelenses tiveram momentos marcados pelo ódio extremista de organizações guerrilheiras palestinas, como foi o episódio do assassinato de atletas judeus nos Jogos Olímpicos de Munique, em 1972. Por sua vez, os israelenses também promoveram ações brutais contra a população palestina, como o massacre em campos de refugiados de Sabra e Chatila, no sul do Líbano, em 1982.

Em 1964, os palestinos fundaram a **Organização para a Libertação da Palestina** (OLP), que teve Yasser Arafat como um de seus principais líderes. A partir de 1974, ano em que foi à ONU como presidente da OLP, Arafat buscou apoio internacional para a formação de um Estado palestino.

Em 1993, tendo como mediador o então presidente dos EUA, Bill Clinton, Arafat e o primeiro-ministro israelense Yitzhak Rabin assinaram um primeiro acordo de paz, chamado Acordo de Oslo, que representou o início das negociações entre lideranças palestinas e israelenses. Entre as principais decisões desse acordo estava a criação da **Autoridade Nacional Palestina** (ANP), instituição estatal que governaria os territórios sob controle palestino: a Faixa de Gaza e a Cisjordânia.

Dois anos mais tarde, no entanto, em 4 de novembro de 1995, Yitzhak Rabin foi assassinado por um extremista judeu que se opunha às negociações de paz. Desde então, levantes palestinos, conhecidos como **Intifadas**, vêm sendo duramente combatidos pelos israelenses.

O processo de paz, marcado por avanços e retrocessos, permanece até dos dias atuais. Após a morte de Arafat, em 2004, Mahmoud Abbas foi eleito presidente da ANP.

Oficina de História

Analisar e refletir

1. No século XX, muitos países africanos e asiáticos conquistaram sua independência política. Pesquise sobre o tema e, em grupo, debatam as questões a seguir.
   a) A autonomia econômica acompanhou o processo de independência política?
   b) O que mudou na vida das populações desses países depois da independência? O que se manteve?

2. Selecione uma das sociedades estudadas neste capítulo (África do Sul, Argélia, Índia, Vietnã, Israel, Palestina, etc.). Em seguida, elabore um guia histórico do país escolhido, apresentando mapa, informações sobre os habitantes, idioma oficial, principais religiões, comidas típicas e expressões artísticas.

3. Amadou Hampâté Bâ é considerado um dos mais importantes escritores da África contemporânea. Ele nasceu no início do século XX em Bandiagara, no atual Mali.

   A seguir, leia trechos de um artigo sobre Hampâté Bâ e seu livro autobiográfico *Amkoullel, o Menino Fula*.

   > Na África, cada ancião que morre é uma biblioteca que se queima. A frase, do malinês Amadou Hampâté Bâ, expressa a importância da transmissão oral no continente. [...]
   >
   > "Desde a infância, éramos treinados a observar, olhar e escutar com tanta atenção que todo acontecimento se inscrevia em nossa memória como cera virgem", diz o etnólogo, filósofo e historiador em "Amkoullel, o Menino Fula".
   >
   > Um dos maiores pensadores da África no século 20, Hampâté Bâ integra a primeira geração do Mali com educação ocidental. Seu vínculo com a tradição oral do povo fula (nação de pastores nômades que conduz seu rebanho pela África savânica) o levou a buscar o reconhecimento da oralidade africana como fonte legítima de conhecimento histórico.
   > [...]
   >
   > FARAH, Paulo Daniel. Hampâté Bâ leva oralidade africana ao papel. *Folha de S.Paulo*, 16 set. 2003, Ilustrada. Disponível em: <http://www1.folha.uol.com.br/fsp/ilustrad/fq1609200312.htm>. Acesso em: 31 jan. 2020.

   a) Explique a frase "Na África, cada ancião que morre é uma biblioteca que se queima".
   b) A oralidade e a escrita convivem como veículos da cultura. Em grupo, pesquisem nas mídias alguns usos sociais da fala e da escrita.

Interpretar texto e imagem

4. Observe duas capas da revista *Life Magazine* – especializada em fotojornalismo – feitas durante a Guerra do Vietnã. Uma delas foi realizada em 1965 e, a outra, em 1966. Em seguida, responda às questões propostas.

   Capa da revista *Life Magazine* de julho de 1965, em que se lê: "Cada vez mais embrenhados na Guerra do Vietnã".

   Capa da revista *Life Magazine* de fevereiro de 1966, em que se lê: "A guerra continua".

   a) Descreva as imagens. Quem são os personagens fotografados? Como foram retratados?
   b) Na sua opinião, fotografias encontradas em reportagens podem ser consideradas "neutras"? Ou seja, podemos afirmar que elas não pretendem defender nenhuma ideia? Justifique sua resposta.

CAPÍTULO 33

Globalização e desigualdade

A partir da década de 1990, com o fim da Guerra Fria e a crise do socialismo autoritário, uma nova ordem mundial se estabeleceu. Nesse cenário, a globalização intensificou o fluxo de pessoas, informações, serviços e bens. No entanto, uma considerável parcela da humanidade permanece excluída: mais de 3,4 bilhões de pessoas vivem com menos de 5,5 dólares por dia. Como explicar as imensas desigualdades entre sociedades ricas e pobres?

Este capítulo favorece o desenvolvimento das habilidades:

EM13CHS101
EM13CHS102
EM13CHS103
EM13CHS104
EM13CHS105
EM13CHS106
EM13CHS201
EM13CHS202
EM13CHS203
EM13CHS204
EM13CHS205
EM13CHS301
EM13CHS303
EM13CHS304
EM13CHS305
EM13CHS306
EM13CHS401
EM13CHS402
EM13CHS403
EM13CHS404
EM13CHS501
EM13CHS502
EM13CHS503
EM13CHS504
EM13CHS604
EM13CHS605

● Globalização

Globalização é o nome atribuído ao processo de **interligação** econômica, social e cultural que envolve pessoas, governos e empresas. Para alguns estudiosos, esse processo começou com as Grandes Navegações europeias e se intensificou com as Revoluções Industriais, sobretudo com a chamada Terceira Revolução Industrial, marcada por inovações nos campos da informática, da robótica, da engenharia genética e das telecomunicações.

Nas últimas décadas do século XX, novas tecnologias como a internet promoveram uma circulação cada vez maior e mais rápida de informações, pessoas, bens e serviços. O capitalismo se expandiu, e políticas econômicas neoliberais conquistaram adeptos em diversos países.

No entanto, a globalização não trouxe apenas conquistas. Ela também está associada ao aumento das desigualdades sociais e à perda das identidades regionais. Além disso, o ambiente de intensa conectividade e de excesso de informação tem gerado, para milhões de pessoas, problemas como estresse, ansiedade, depressão, hiperatividade e dificuldade de atenção.

Investigar
- Você consegue filtrar as informações que acessa na internet? Como você seleciona os conteúdos importantes e confiáveis? Debata esse assunto com seus colegas.

Na fotografia, mulher utiliza computador enquanto cozinha em Katni (Índia), em 2019.

LINHA DO TEMPO

- **1991**: Criação do Mercosul, bloco econômico formado por: Brasil, Paraguai, Argentina, Uruguai e Venezuela.
- **1993**: Entra em vigor a União Europeia (UE); Criação do Nafta, acordo de livre-comércio entre os países da América do Norte (Estados Unidos, Canadá e México).
- **1994**: Criação do Mercado Comum da África oriental e austral.
- **2001**: Atentado terrorista contra as torres do World Trade Center, em Nova York (Estados Unidos).
- **2002**: Implantação do euro na União Europeia.
- **2008**: Crise econômica nos Estados Unidos.
- **2009**: Início do governo do presidente Barack Obama, nos Estados Unidos.
- **2012**: Barack Obama é reeleito presidente dos Estados Unidos.

Linha do tempo esquemática. O espaço entre as datas não é proporcional ao intervalo de tempo.

Novas tecnologias

A partir de meados do século XX, a conexão entre pessoas foi potencializada devido ao desenvolvimento tecnológico. Os meios de transporte (aviões, navios, carros e trens) se tornaram mais rápidos e eficientes e as telecomunicações atingiram um outro patamar com a invenção e o aperfeiçoamento da **internet**.

A internet provocou transformações profundas na vida das pessoas, alterando até mesmo a percepção que elas tinham do tempo e do espaço. Por meio dela, as notícias e informações são difundidas quase instantaneamente em várias regiões do planeta.

Todavia, esse tipo de acesso se espalha de forma desigual. Dados correspondentes a novembro de 2015 estimavam que 46,4% da população mundial utilizava a internet. Desse conjunto, eram usuários da rede 87,9% dos estadunidenses e canadenses e 73,5% dos europeus. Apenas 28,6% da população de todo o continente africano tinha acesso à rede. Essa **brecha digital** reflete a desigualdade entre diferentes grupos no mundo globalizado.

> **Brecha digital**: expressão usada para designar a diferença existente entre grupos sociais distintos no acesso às novas tecnologias da informação, como a internet, ou no domínio de outras ferramentas básicas de informática, como computadores e *softwares*.

Comércio internacional e fluxo financeiro

Nas últimas décadas, as trocas comerciais em todo o mundo multiplicaram-se. Em 1985, o valor das exportações de todos os países chegava a 1,9 trilhão de dólares. No ano 2000, esse total triplicou, chegando a 6,3 trilhões de dólares. Cerca de 10 anos depois, de acordo com dados da Organização Mundial do Comércio (OMC), o valor das exportações mundiais alcançou mais de 18 trilhões de dólares.

Outro aspecto econômico que reflete a globalização da economia é o aumento do fluxo financeiro internacional. Na atualidade, trilhões de dólares circulam diariamente entre bancos, bolsas de valores e mercados de investimentos de todo o mundo. É o chamado capital especulativo, que se diferencia do capital produtivo. Vejamos as principais diferenças entre eles:

- **capital especulativo** – dinheiro aplicado no mercado financeiro. Busca lucros financeiros geralmente de retorno rápido;
- **capital produtivo** – dinheiro aplicado em empresas dos mais diferentes setores da produção (agricultura, indústria, serviços). Apresenta maior capacidade de geração de empregos.

> **Investigar**
> 1. As pessoas do seu convívio têm acesso à internet? Comente.
> 2. Você já utilizou a internet para se comunicar com pessoas que estão em cidades ou países diferentes? Você se comunica com essas pessoas para bater papo, disputar jogos eletrônicos, trocar informações ou fazer pesquisas?

Produção mundializada

No mundo globalizado, empresas multinacionais ou transnacionais dominam a maior parte do comércio e da produção. Essas empresas atuam em vários países, dividindo o processo produtivo entre suas filiais. Assim, uma empresa de tecnologia pode, por exemplo, realizar a montagem de seus equipamentos na China, ter seu departamento de vendas na Índia e administrar seus negócios na Coreia do Sul. Ou, ainda, uma indústria automobilística pode projetar veículos no Japão e montá-los no Brasil, com peças fabricadas nos Estados Unidos.

As multinacionais estabelecem uma divisão de trabalho considerando as características mais vantajosas de cada país, visando principalmente a maximização de seus lucros: custo da mão de obra, qualificação profissional, carga tributária, existência de infraestrutura, incentivos fiscais, entre outras.

Operárias trabalham em fábrica têxtil em Rongjiang (China), em 2019. O país é escolhido como sede de fábricas de muitas multinacionais devido ao baixíssimo custo de mão de obra e à ausência de diversas garantias trabalhistas.

Blocos regionais

Uma das principais tendências econômicas das últimas décadas tem sido a formação de blocos regionais, cujo objetivo é reduzir as barreiras alfandegárias e facilitar as trocas comerciais e financeiras entre países. Observe, a seguir, alguns blocos de destaque:

- **Confederação Econômica da Ásia e do Pacífico** – criada em 1989, reúne 21 países banhados pelo oceano Pacífico. Entre esses países estão: Japão, Coreia do Sul, Cingapura, Austrália, Chile, Peru, México, Canadá e Estados Unidos;
- **Mercosul** – criado em 1991 na América do Sul. Bloco formado por Brasil, Paraguai, Argentina, Uruguai e Venezuela;
- **União Europeia** – criada em 1993, na Europa, utiliza uma moeda única, o euro. Abrange quase todos os países da Europa ocidental e boa parte dos da Europa oriental, totalizando 28 países-membros até 2015;
- **Nafta** – criado em 1994, na América do Norte. Abrange as economias dos Estados Unidos, do Canadá e do México;
- **Mercado Comum da África Oriental e Austral** – criado em 1994, reúne 19 países africanos. Entre os países que fazem parte do bloco, é possível citar: Líbia, Egito, Sudão, Eritreia, Etiópia e Quênia.

> **IDH:** o Índice de Desenvolvimento Humano, utilizado pela ONU, tem por objetivo avaliar o nível de bem-estar de uma sociedade, considerando três aspectos da população: saúde e longevidade (expectativa de vida), grau de conhecimento (escolaridade) e padrão econômico (PIB *per capita*). A escala do IDH varia de 0 a 1 e, quanto mais próximo de 1, melhor a qualidade de vida.

Concentração de riquezas

Atualmente, a riqueza produzida no mundo é muito superior à de épocas anteriores. No entanto, como observou o sociólogo alemão Heinz Sonntag, o processo de globalização da economia tem favorecido ainda mais a concentração de riquezas, ampliando a distância entre ricos e pobres, em termos nacionais e internacionais.

Enquanto um reduzido número de pessoas tem acesso a diversos bens de consumo, a maioria da população mundial está excluída dessa dinâmica e tem que conviver com a falta de saneamento básico, comida, educação, energia elétrica. Calcula-se que 80% da renda produzida no mundo concentra-se nas mãos de 15% da população do planeta, que vive, em sua maioria, nos países ricos.

Esse desnível socioeconômico entre países ricos e pobres é refletido, inclusive, no tempo médio de vida dos habitantes. Em 2013, de acordo com dados do Banco Mundial, no Japão, as pessoas viviam em média 83 anos. Já em Serra Leoa, um dos países mais pobres do continente africano, a expectativa média de vida era de 50 anos.

No final do século XX, tornou-se comum chamar de **Primeiro Mundo** os países ricos e de **Terceiro Mundo** os países pobres. Atualmente, essas nomenclaturas estão sendo substituídas por outras que classificam os países como desenvolvidos e em desenvolvimento.

Idosos participam de atividades físicas em Tóquio (Japão), em 2018, na celebração do Keiro no Hi, o Dia do Respeito ao Idoso, comemorado no país desde 1966. Até 2060, estima-se que a proporção de habitantes com 65 anos ou mais será de 40% da população japonesa.

Países desenvolvidos

O termo caracteriza um reduzido grupo de países, como Estados Unidos, Canadá, Japão, Austrália, Nova Zelândia, Alemanha, França, Inglaterra e outras nações da Europa ocidental. Esses países apresentam economias industrializadas, um grande desempenho científico e tecnológico e controlam aproximadamente 45% da produção econômica mundial.

Seus indicadores sociais são elevados, com um Índice de Desenvolvimento Humano (**IDH**) superior a 0,8. A qualidade de vida de suas populações pode ser observada a partir de fatores como: baixa mortalidade infantil, elevada expectativa de vida, alta escolaridade, ampla rede de saneamento básico e acesso a modernos meios de transporte e de comunicação.

Nos países desenvolvidos, predominam os regimes democráticos, com forte organização e atuação da sociedade civil na vida pública. De modo geral, constituem sociedades com menor desigualdade social, se comparadas com as dos países em desenvolvimento.

Países em desenvolvimento

A categoria se refere a um conjunto de países, em sua maioria localizados na África, Ásia, Europa oriental e América Latina. Essas nações possuem diferentes características sociais, políticas e econômicas, formando um grupo amplo e heterogêneo correspondente a cerca de 80% de todos os países do globo.

Apesar dessa diversidade, pode-se dizer de maneira geral que países em desenvolvimento possuem economias instáveis, com índices de industrialização baixos ou moderados, ou são países recentemente industrializados, e apresentam IDH abaixo de 0,799. Esses países também apresentam elevada concentração de renda. Quanto aos regimes políticos, suas instituições demonstram certa fragilidade, havendo, frequentemente, pouca participação da sociedade civil nas decisões públicas.

O termo "países em desenvolvimento" procura destacar o esforço de grande parte das nações para sair das condições de subdesenvolvimento. Entre os países que pertencem a essa categoria, destaca-se outra classificação, a dos países emergentes, que são nações que têm avançado nos processos de industrialização, diversificação produtiva e crescimento econômico, como México, Brasil, Indonésia e África do Sul.

Dentro do conjunto dos países emergentes, há alguns que, por seu tamanho territorial e disponibilidade de recursos, apresentam significativo potencial de crescimento econômico e exercem influência no equilíbrio da economia globalizada. É o caso do grupo formado por Brasil, Rússia, Índia e China, conhecido pela sigla formada com as iniciais de seus nomes (BRIC). Em 2011, a África do Sul passou a fazer parte do grupo, que adotou, por isso, a sigla BRICS (sendo o "S" a inicial do nome do país africano em inglês: *South Africa*). Esses países possuem características socioeconômicas semelhantes, mas com realidades distintas e muito específicas de cada nação.

Indústria automobilística em São Petersburgo (Rússia), em 2019. A economia dos países que compõem o BRICS tem apresentado o grande potencial de desenvolvimento dessas nações.

Desemprego e precarização do trabalho

Dois dos aspectos negativos da globalização são a precarização do trabalho e o aumento do desemprego. A precarização do trabalho é caracterizada, entre outras coisas, pela baixa remuneração a que são submetidos os empregados, pelas jornadas extenuantes e pelas condições insalubres. Já o desemprego pode ser classificado em dois tipos:

- **estrutural** – quando, por exemplo, os empregadores substituem a mão de obra de funcionários por máquinas automatizadas ou robôs;
- **conjuntural** – quando, por exemplo, empresas, em virtude de uma crise financeira, dispensam muitos trabalhadores para diminuir seus custos.

O aumento do desemprego (estrutural e conjuntural) vem pressionando a baixa dos salários e a supressão de vários direitos trabalhistas. Isso confirma uma tendência geral de queda no valor do trabalho.

Xenofobia e racismo

> **Xenofobia:** medo ou aversão ao que é estranho, incomum ou estrangeiro (seja pessoa ou coisa).

No final do século XX, ressurgiram fortes manifestações de **xenofobia** e de racismo, fenômenos que pareciam contidos desde a derrota do nazismo e da formação de governos democráticos na Europa ocidental.

Apesar de distintos, tanto a xenofobia quanto o racismo se baseiam na não aceitação do outro e na rejeição das diferenças pessoais e culturais. É comum, inclusive, que esses fenômenos ocorram de forma paralela. Muitas vezes essas manifestações são a expressão negativa de sentimentos nacionalistas, ou seja, partem daqueles que buscam exaltar a sua identidade rejeitando e desrespeitando a pluralidade da sociedade.

Os resultados são atitudes que vão desde o preconceito nas relações cotidianas até a violência brutal, como assassinatos e massacres. Para alguns estudiosos, o aumento da xenofobia e do racismo pode ser relacionado ao aumento do desemprego e da competitividade entre pessoas.

Com o desmonte dos Estados de bem-estar social na Europa (que será estudado neste capítulo), essa problemática tende a se acentuar. As populações – especialmente de jovens e de desempregados – tornam-se mais vulneráveis a explicações simplistas e discriminatórias (adotadas sobretudo por partidos de extrema direita), tais como responsabilizar os estrangeiros pelo desemprego, pela criminalidade e pela insegurança em seus países.

🔍 Investigar
- Na sua opinião, como é possível combater a xenofobia e o racismo?

Voluntária ensina alemão a refugiados em Guestrow (Alemanha), em 2016. Na última década, milhares de pessoas da África e do Oriente Médio têm migrado para a Europa. A maioria foge de conflitos internos em seus países, como é o caso dos sírios, que entre 2011 e 2015 solicitaram cerca de 900 mil pedidos de asilo a países europeus. Apesar das migrações terem gerado manifestações xenofóbicas, existem também iniciativas que acolhem os refugiados.

Preservação e crise ambiental

A preocupação com a preservação da natureza é um dos temas de maior relevância do mundo contemporâneo, pois a crise ambiental ameaça a sobrevivência da humanidade e das outras espécies do planeta.

Entre os principais problemas relacionados ao meio ambiente, é possível citar: desmatamento; escassez de recursos naturais (como a água potável); poluição do ar, das águas, da terra e do subsolo; aumento desenfreado do consumo e da produção de lixo; e aquecimento global (as temperaturas médias superficiais do planeta Terra vêm aumentando após a Revolução Industrial).

Os países desenvolvidos (suas populações, empresas e governos), sobretudo os Estados Unidos, são considerados os maiores responsáveis pela deterioração dos recursos do planeta. Com a ascensão das economias de países emergentes, como a China e a Índia, crescem os índices mundiais de produção e de consumo, o que contribui para o aumento do impacto ambiental.

Em dezembro de 2015, foi realizada na cidade de Paris, França, a 21ª Conferência do Clima (COP 21), com a participação de 195 países. Durante o encontro, foi aprovado um acordo com o objetivo de reduzir os níveis de aquecimento global. Esse acordo representa um marco na cooperação internacional sobre as questões ambientais. No entanto, suas propostas são consideradas contidas diante da gravidade dos problemas ambientais atuais.

> **! Dica**
> *Uma verdade inconveniente.* Direção: Davis Guggenheim. Estados Unidos: Participant Productions, 2006. 98 min. Documentário que analisa as causas e as consequências do aquecimento global e sugere soluções para a sociedade evitar uma catástrofe climática.

● Grandes potências

Atualmente, centros capitalistas ricos como Estados Unidos, União Europeia e Japão têm sido os principais beneficiários do processo de globalização.

Estados Unidos

No pós-guerra, os Estados Unidos consolidaram-se como superpotência capitalista. Investindo na reconstrução da Europa (Plano Marshall), do Japão e do sudeste da Ásia (Plano Colombo), o governo e os banqueiros estadunidenses converteram-se nos maiores credores mundiais e o dólar tornou-se a moeda padrão das transações internacionais.

Os Estados Unidos passaram a exercer enorme influência em organismos econômicos como o **Fundo Monetário Internacional** (FMI), criado em 1945, e a **Organização Mundial do Comércio** (OMC), criada em 1995.

Em 2013, a economia estadunidense correspondeu a cerca de 22,4% do PIB mundial, seguida pelas economias de China (12,3%), Japão (6,5%) e Alemanha (4,9%). Apesar desses índices, a riqueza econômica do país está distribuída de forma desigual entre sua população. No começo do século XXI, os 5% mais ricos da população dos Estados Unidos possuíam 22% da renda do país, enquanto os 40% mais pobres detinham 12%.

Política militarista

Os Estados Unidos também constituem a principal potência militar do planeta. A nação estadunidense foi a primeira a reunir condições para a fabricação da bomba atômica e, posteriormente, a que mais investiu na expansão da sofisticada tecnologia de armas nucleares.

Desenvolvendo, desde o pós-guerra, uma política internacional amparada em seu poderio militar, os sucessivos governos estadunidenses negociaram ou impuseram sua presença em várias regiões do mundo. Além de possuírem bases militares espalhadas pelo planeta, os Estados Unidos prestam assistência econômica e dão treinamento a exércitos de países com quem mantêm acordos de cooperação.

Depois do colapso da União Soviética, o poderio armamentista dos Estados Unidos transformou seus governos numa espécie de "polícia" do planeta, como ficou claro nas guerras ocorridas no Iraque, em 1991, e na Iugoslávia, em 1999.

Gastos militares por país (2014)

País	Orçamento em US$ bilhões	% do PIB
1º) EUA	610	3,5
2º) China*	216	2,0
3º) Rússia*	84,5	3,6
4º) Arábia Saudita	80,8	7,7
5º) França	62,3	2,5
6º) Reino Unido	60,5	2,4
7º) Índia	50,0	2,8
8º) Alemanha*	46,5	1,4
9º) Japão	45,8	1,0
10º) Coreia do Sul	36,7	2,5
11º) Brasil	31,7	1,5

* Estimativas.
Fonte: Sipri – Instituto Internacional de Pesquisa de Paz de Estocolmo. Disponível em: <https://www.sipri.org/databases/milex>. Acesso em: 7 fev. 2020.

Ações após 11 de setembro

Após os ataques terroristas de 11 de setembro de 2001 aos Estados Unidos, que deixaram um saldo de quase 3 mil mortos, o papel militar estadunidense se acentuou ainda mais.

O governo do presidente George W. Bush (2001-2009), em uma atitude de retaliação, liderou forças aliadas na invasão do Afeganistão em 2001 e do Iraque em 2003. Esses países foram considerados, pelas autoridades estadunidenses, vinculados aos terroristas que comandaram os ataques de 11 de setembro.

A partir de 2005, as autoridades dos Estados Unidos também passaram a pressionar os governos da Coreia do Norte e do Irã, sob a acusação de que tais nações desenvolvem programas com armas nucleares.

Em 2008, Barack Obama foi eleito presidente dos Estados Unidos. Na cerimônia de posse do seu mandato, o primeiro presidente negro dos Estados Unidos anunciou que pretendia coordenar uma política internacional capaz de preservar a segurança do país sem desviá-lo do império da lei e do respeito aos direitos humanos. Em 2012, Obama foi reeleito.

Crise estadunidense de 2007-2008

Os Estados Unidos passaram por uma grave crise econômica entre 2007 e 2008 iniciada pelo setor imobiliário. Até então, nesse país, as pessoas financiavam a compra de seus imóveis dando como garantia do financiamento os próprios imóveis.

Na tentativa de ampliar ainda mais os lucros, algumas instituições financeiras passaram a comercializar essas garantias (hipotecas) pelo valor original dos imóveis. No entanto, os imóveis foram desvalorizados em virtude da inadimplência de seus compradores originais, que deixaram de pagar os financiamentos contratados, devido ao desemprego que assolava o país.

A desvalorização das hipotecas (chamadas **subprimes**) trouxe grandes prejuízos às financeiras e aos bancos que investiam nessas empresas. A falência do banco de investimentos Lehman Brothers foi um marco da crise. Depois disso, outros bancos e outras instituições financeiras do país "quebraram".

O principal índice da Bolsa de Valores de Nova York acumulou perdas de cerca de 30% em 2008. Falência de empresas, desemprego e recessão foram o resultado dessa crise nos Estados Unidos, que atingiu, nos anos seguintes, economias da União Europeia e da Ásia, como Alemanha e Japão. Para combater a crise, o governo dos Estados Unidos elaborou um plano de ajuda às instituições financeiras, seguido por outras medidas de auxílio aos setores bancário, automobilístico e de habitação.

> **Subprimes:** o termo refere-se às hipotecas de alto risco concedidas aos clientes de baixa renda para a compra de um imóvel.

Em setembro de 2008, manifestantes nos arredores da Bolsa de Valores de Nova York protestavam enquanto o poder legislativo americano votava uma injeção de fundos de 700 bilhões para o mercado financeiro. No cartaz, lê-se: "Socorro financeiro para as pessoas, não para os bancos!".

União Europeia

A partir de 1945, países da Europa ocidental receberam ajuda financeira e militar do governo dos Estados Unidos para sua reconstrução econômica (Plano Marshall). Como estudado no capítulo 31, essa foi uma estratégia para promover o desenvolvimento capitalista nas sociedades europeias e evitar que elas se inclinassem para o socialismo.

Estado de bem-estar social

Após a Segunda Guerra, os partidos de esquerda (socialistas e comunistas) da Europa ocidental se fortaleceram e passaram a se orientar por uma concepção **social-democrata**. Essa concepção defendia que era possível corrigir as principais injustiças do capitalismo, sem desestruturar o sistema como um todo. A social-democracia existia desde o final do século XIX, porém ganhou mais apoio depois das denúncias sobre os crimes cometidos pelo regime stalinista.

A atuação dos partidos com orientação social-democrata contribuiu para a construção de uma agenda social vinculada às reivindicações dos trabalhadores. Trata-se do chamado **Estado de bem-estar social** (*Welfare State*, em inglês), isto é, o Estado entendido como agente promotor e defensor do bem-estar de seus cidadãos.

Diversos direitos passaram a ser instituídos, como garantia de renda mínima, de habitação e de transportes, salários mais elevados, auxílio aos desempregados, assistência médica gratuita, acesso à educação, entre outros.

Nas décadas de 1980 e 1990, no entanto, ocorreu a ascensão ao poder de partidos que pregavam o **neoliberalismo** em países como Inglaterra e França. Mais interessados em tornar suas economias competitivas no mercado mundial, trataram de liberalizar o Estado e a economia, revendo ou suprimindo muitos dos direitos conquistados durante décadas de reivindicações.

Integração europeia

Além da ajuda dos Estados Unidos e das políticas socioeconômicas implementadas por seus governos, os países da Europa ocidental também contaram com a progressiva superação de seus conflitos regionais para alcançar a recuperação econômica. Isso se deu, em grande parte, com a adoção de uma política de integração econômica e com a criação de organismos supranacionais.

A formação da União Europeia pode ser entendida no contexto da fragmentação da União Soviética e do fim da Guerra Fria, quando se acentuou a tendência de formação de polos macrorregionais com objetivos econômicos, e não mais ideológicos ou militares.

Assim, sob a orientação do neoliberalismo, os países da União Europeia buscaram ampliar a unificação econômica supranacional já existente, para tornar cada vez mais livres a circulação de capitais e as associações empresariais em toda a Europa. Faz parte desse processo de unificação a implantação, em 2001, do **euro** – que substituiu as moedas nacionais dos países-membros e tornou-se um novo padrão para o comércio mundial, competindo com o dólar.

A União Europeia é reconhecida atualmente, por vários analistas, como o estágio mais avançado do processo de formação de blocos econômicos no cenário da globalização.

Em 18 de julho de 1987, o então presidente estadunidense Ronald Reagan (1911-2004) e o secretário de Estado George Shultz assistem à primeira-ministra britânica Margaret Thatcher (1925-2013) ler um acordo, na área externa da Casa Branca, em Washington, Estados Unidos. Thatcher declarou que o mundo precisava, mais do que nunca, da liderança estadunidense.

> **Social-democracia:** corrente de pensamento político de esquerda que, a partir do final do século XIX, iniciou uma revisão de alguns conceitos marxistas, sendo por isso denominada revisionista. Os partidos social-democratas foram se distanciando do marxismo e se aproximando do liberalismo, ao defender o pleno desenvolvimento do capitalismo, mas com reformas que garantissem a distribuição de riquezas.
>
> **Neoliberalismo:** embora o termo tenha mais de um sentido, na atualidade refere-se à vertente do liberalismo econômico surgida nos Estados Unidos, com a chamada Escola de Chicago, que defendia liberdade do mercado e mínima intervenção estatal na economia. Alcançou grande repercussão a partir da década de 1970 nos governos de várias partes do mundo.

Nacionalismos

A União Europeia vem esbarrando, no entanto, em uma tendência que está na contramão de seu processo de integração: a explosão de diversos movimentos nacionalistas, com reivindicações autonomistas e independentistas. Entre esses movimentos podemos destacar grupos de regiões como a Catalunha, Galícia e País Basco (Espanha), Flandres, habitada pelos flamengos (Bélgica), Escócia e Irlanda do Norte (Reino Unido), Bretanha (França) e Chechênia (Rússia), entre outras.

Manifestantes com bandeiras da Catalunha mobilizam-se pela independência da região, em Barcelona (Espanha), em 2019.

Nas últimas décadas, a partir dos desmembramentos da União Soviética e da Iugoslávia, o mundo tem assistido à revitalização de antigas rivalidades entre grupos étnicos ou nações da região. Em alguns casos, a separação ocorreu de forma pacífica, como entre tchecos e eslovacos, que dividiram a antiga Tchecoslováquia para formar, em 1993, dois novos Estados: a República Tcheca e a Eslováquia. Na maioria das vezes, porém, as reivindicações das regiões separatistas têm sido negadas, resultando em situações conflituosas, muitas delas violentas, como foi o caso das repúblicas da ex-Iugoslávia.

Japão

Após a derrota na Segunda Guerra Mundial, a sociedade japonesa estava arrasada, devido à morte de milhares de pessoas e à destruição de cidades pelos bombardeios aéreos, como foi o caso de Hiroshima e Nagasaki, gravemente afetadas pelo lançamento de bombas atômicas. No plano econômico, a produção agrícola e industrial do país ficou arruinada, e o comércio exterior, paralisado.

Oficializada a rendição japonesa, as tropas estadunidenses ocuparam militarmente o país em nome das forças aliadas. Entre agosto de 1945 e abril de 1952, o governo dos Estados Unidos comandou, com grande investimento de capitais, a reconstrução socioeconômica do Japão. Esse processo foi dirigido pelo general estadunidense Douglas MacArthur.

Em 1946, uma nova Constituição estava sendo elaborada para o país. A nova Carta Magna japonesa estabeleceu um regime parlamentar de governo e impôs severas limitações ao papel do imperador japonês, obrigado a renunciar à tradicional crença da origem divina de seu poder.

O objetivo básico das reformas e da reconstrução japonesa era afastar a sociedade e a economia do Japão da influência do bloco socialista, que se expandia no continente asiático com a Revolução Chinesa comandada por Mao Tsé-tung. De inimigo, o Japão transformou-se no mais importante aliado dos Estados Unidos no continente asiático, um lugar seguro para as operações capitalistas na Ásia.

Milagre japonês

A partir dos anos de 1950, quando o general MacArthur deixou o Japão, a sociedade japonesa exibia uma face inteiramente nova. Nas três décadas seguintes, sua economia atingiu um espantoso ritmo de crescimento que a transformou numa das mais importantes e competitivas nações do mundo, destacando-se nos setores eletrônico, automobilístico e naval. Alguns analistas chamaram esse processo de "milagre japonês".

Além dos investimentos estadunidenses, o milagre econômico japonês foi produto principalmente da capacidade tecnológica, do elevado empenho educacional, da disciplina e da produtividade dos trabalhadores.

O Japão tornou-se o grande centro capitalista asiático, e ao seu redor passaram a girar outros países integrados pelos mesmos interesses econômicos: Coreia do Sul, Taiwan, Hong Kong, Cingapura, Tailândia e Filipinas.

Em 1968, a economia japonesa já alcançava a segunda posição no mundo, atrás apenas dos Estados Unidos, posição que manteve por anos. De acordo com dados do Banco Mundial, em 2014, o Japão detinha o terceiro maior PIB do mundo e, também, o 20º maior índice de desenvolvimento humano mundial (0,891).

Rompendo o isolamento que mantinham em relação ao mundo – característica de boa parte de sua história –, os empresários japoneses atualmente participam ativamente do comércio internacional, inundando os mercados mundiais com produtos de informática, eletrônicos e automóveis que conquistaram o Ocidente.

A outra face do "milagre japonês" tem sido, entretanto, a descaracterização das tradições culturais do país, que se adaptaram, em grande parte, ao estilo de vida europeu e estadunidense das sociedades industriais. A relativa estagnação econômica japonesa dos últimos anos, no entanto, tem levado analistas a proclamar o fim desse "milagre econômico".

Pessoas admirando a vista do distrito de Ginza, em Tóquio (Japão), em cerca de 1955. Ginza é um importante centro de moda e luxo que acolhe as mais importantes marcas mundiais.

Paradoxo japonês

Um dos aspectos mais interessantes da situação do Japão no mundo moderno consiste no relacionamento do país com os Estados Unidos.

Desde a rendição japonesa no final da Segunda Guerra, o país foi despojado de suas forças armadas e seu governo foi obrigado a estabelecer constitucionalmente sua renúncia à guerra para resolver disputas internacionais. A defesa do território japonês ficou a cargo das forças de ocupação estadunidenses. Na década de 1950, criaram-se no Japão as chamadas forças de autodefesa, sem *status* de forças armadas, que podem atuar somente em atividades de defesa e segurança, mas não de ataque.

No entanto, desde que o governo norte-coreano iniciou, em 1998, testes com mísseis de longo alcance no sudeste asiático, o governo japonês encontrou justificativa para reforçar sua tecnologia militar e fortalecer as forças de autodefesa. Também renasceram debates entre os políticos e a população sobre reduzir as limitações do exército japonês, definidas na chamada Constituição pacifista do Japão.

Mulher interage com robô segurança no Aeroporto de Narita (Japão), em 2020. A tecnologia japonesa tornou-se referência para todo o mundo.

Oficina de História

Analisar e refletir

1 O historiador africano Joseph Ki-Zerbo assim se referiu ao processo de globalização:

> Se você comparar o papel da África com o dos Estados Unidos, verá dois polos da situação na globalização: os globalizadores, que são os Estados Unidos, e os globalizados, que são os africanos.
>
> *Para quando a África?*: entrevista com René Holenstein/Joseph Ki-Zerbo. Rio de Janeiro: Pallas, 2006. p. 23.

Escreva um texto comentando a frase de Ki-Zerbo.

2 Leia o texto e faça o que se pede.

> O celular, ou mais precisamente o *smartphone*, [...] é um aparelho que mudou nossa capacidade de escrever [...]. Ele interliga milhões de pessoas instantaneamente por todo o planeta [...], e, onde quer que exista acesso à internet, expande os horizontes do conhecimento para muito além dos sonhos do Iluminismo. Nas sociedades avançadas, a vida sem o celular é quase inimaginável. [...]
>
> Um estudo recente sobre pescadores de sardinha do estado de Kerala, na Índia, mostrou as mudanças que podem ocorrer pelo acesso ao celular. Graças a ele, os pescadores passaram a ter informações sobre o tempo, que tornaram a pesca mais segura, e também informações sobre o mercado, que reduziram o desperdício e aumentaram os lucros em uma média de 8%.
>
> MACGREGOR, Neil. *A história do mundo em 100 objetos*. Rio de Janeiro: Intrínseca, 2013. p. 719, 720 e 722.

a) Os celulares alteraram o modo de vida das pessoas nos dias atuais? Em quais aspectos?

b) Em sua interpretação, os aparelhos celulares modificam nossa capacidade de escrever? Explique.

c) Para você, o celular é um bem de consumo supérfluo ou necessário?

d) O celular melhorou ou piorou a qualidade de vida das pessoas? Debata.

3 Vimos neste capítulo que o processo de globalização tem sido acompanhado pelo aumento da exclusão social, vinculada à pobreza. Em grupo, respondam às questões a seguir.

a) Quais são as formas de inclusão e de exclusão social, além da financeira?

b) Quem são os incluídos e os excluídos na sociedade em que vocês vivem?

c) Quais são as formas mais eficazes de se promover a inclusão social?

Interpretar texto e imagem

4 Ao final do século XX, o geógrafo brasileiro Milton Santos (1926-2001) fez observações contundentes a respeito da globalização. Segundo ele, esse processo acentuou os contrastes sociais por todo o mundo. Leia um trecho de suas análises e, a seguir, responda as questões:

> A fome deixa de ser um fato isolado ou ocasional e passa a ser um dado generalizado e permanente. Ela atinge 800 milhões de pessoas espalhadas por todos os continentes. Quando os progressos da medicina e da informação deviam autorizar uma redução substancial dos problemas de saúde, sabemos que 14 milhões de pessoas morrem todos os dias, antes do quinto ano de vida.
>
> Dois bilhões de pessoas sobrevivem sem água potável. [...] O fenômeno dos sem-teto, [...] na primeira metade do século XX, hoje é um fato banal, presente em todas as grandes cidades do mundo. O desemprego é algo tornado comum. [...] A pobreza também aumenta. No fim do século XX havia mais 600 milhões de pobres do que em 1960; e 1,4 bilhão de pessoas ganham menos de um dólar por dia. [...] O fato, porém, é que a pobreza, tanto quanto o desemprego, são considerados como algo "natural", inerente a seu próprio

processo. Junto ao desemprego e à pobreza absoluta, registre-se o empobrecimento relativo de camadas cada vez maiores graças à deterioração do valor do trabalho.

SANTOS, Milton. Por uma outra globalização: do pensamento único à consciência universal. Rio de Janeiro: Record, 2000. p. 59.

a) Que exemplos são apresentados no texto para demonstrar as desigualdades sociais do mundo contemporâneo?

b) O que significa transformar a pobreza e o desemprego em problemas "naturais"?

5 Exemplos de racismo e xenofobia podem ser encontrados em todos os continentes. Veja o que diz sobre o assunto o jornalista francês Gilles Lapouge.

[...] assinalemos [...] um motivo da volta da xenofobia: a crise econômica. Aí, sem dúvida, localizamos a raiz mais primitiva do racismo. Na origem, o comportamento de exclusão tem sua fonte no medo do outro. [...] A passagem para o racismo é automática: passa-se a detestar este outro que nos causa temor.

O imigrante, o outro, aquele que tem religião diferente, cujos cabelos são crespos, aquele que não come batatas, cuja pele é parda, passa subitamente a ser visto, quando a luta pela vida torna-se mais dura, como predador, o ladrão, aquele que vive em sua terra ou invade seu solo e rouba seu emprego [...].

LAPOUGE, Gilles. Ódio é um velho cúmplice da humanidade. In: O Estado de S. Paulo, 20 jun. 1993. Caderno Especial. p. 3.

De acordo com o texto, qual é a principal causa para o atual surto de racismo e xenofobia? Você concorda com essa explicação? Justifique.

6 Um exemplo marcante de conflitos étnicos nos Estados Unidos ocorreu na cidade de Los Angeles, em 1992. Leia a interpretação do historiador Sean Purdy para esse episódio.

Em março de 1991, um motorista negro, Rodney King, foi parado na estrada e brutalmente espancado pela polícia. Uma pessoa filmou o incidente, que acabou amplamente divulgado pela mídia. Os quatro policiais julgados pela violência foram absolvidos, um ano mais tarde, por um júri branco. A população pobre de Los Angeles explodiu em reação: por cinco noites seguidas, multidões enfurecidas queimaram prédios, saquearam lojas e lutaram contra a polícia. Cinquenta e oito pessoas morreram, 2,3 mil ficaram feridas, 9,5 mil foram presas, mais de mil prédios foram destruídos e 10 mil, danificados. Os danos financeiros somaram US$ 1 bilhão.

A rebelião em Los Angeles foi diferente de outros motins urbanos do século XX em três aspectos. Primeiro, a ira dos manifestantes foi alimentada não pelo racismo, mas também pelo profundo mal-estar econômico que tinha germinado há décadas na cidade. "Preste atenção ao que essas pessoas estão roubando" — comentou na ocasião a poetisa Meri Nana-Anna Danquah — "comida, fraldas, brinquedos". Segundo, as pessoas envolvidas na rebelião eram de origem diversa. De acordo com a polícia, de todos os presos, 30% eram negros; 37%, latino-americanos; 7%, brancos e 26%, "outra etnia ou desconhecida". Terceiro, além de atingir símbolos do poder público, os participantes direcionaram muito da sua fúria contra lojistas coreanos instalados nos bairros pobres negros e latino-americanos da cidade. Como o historiador Mike Davis concluiu, a sublevação de Los Angeles foi uma "revolta social híbrida" dos pobres multirraciais e um conflito interétnico, refletindo simultaneamente os novos rumos e os velhos enigmas da sociedade americana.

PURDY, Sean. McGlobalização e a nova direita: 1980-2000. In: KARNAL, Leandro et al. História dos Estados Unidos: das origens ao século XXI. São Paulo: Contexto, 2007. p. 266-267.

a) Que incidente pode ser considerado o estopim da rebelião de Los Angeles? Como esse incidente se tornou conhecido pela população?

b) O texto afirma que a rebelião em Los Angeles se deu não apenas devido à questão do racismo. Que outros aspectos são apresentados no texto para explicar a rebelião?

Projeto

Mobilização ambiental #Sextapelofuturo

Em 2018, uma jovem sueca de 16 anos chamada Greta Thunberg se sentou, por três semanas, em frente à sede do governo central de seu país, segurando um cartaz com a frase: "Greve escolar pelo clima". A atitude de Greta chamou a atenção de seus colegas e professores e, em pouco tempo, ganhou destaque na imprensa internacional. Greta ficou conhecida por seu ativismo ambiental e, desde então, vem protagonizando outras manifestações em prol da preservação do meio ambiente.

Objetivos

- Compreender a importância da questão ambiental nos dias atuais.
- Conhecer fatores causadores das mudanças climáticas, relacionando-os aos efeitos da globalização.
- Investigar medidas de contenção das mudanças climáticas.
- Pesquisar grupos, mobilizações e campanhas de defesa ambiental.
- Difundir informações positivas sobre a questão ambiental.

Em ação!

Milhares de estudantes foram sensibilizados pela mobilização iniciada por Greta Thunberg. Em todo o mundo, grupos de estudantes se organizaram e passaram a pesquisar e divulgar informações sobre as mudanças climáticas. Assim surgiu a *hashtag* #Fridayforfuture (#Sextapelofuturo). Na foto, Greta (ao centro) protesta com grupo de estudantes em Berlim (Alemanha), em 2019.

Uma grande mobilização global, denominada #Fridayforfuture (em português, #Sextapelofuturo), ocorreu na sexta-feira 15 de março de 2019. Seu objetivo central era divulgar dados científicos sobre as mudanças climáticas e promover atitudes que ajudem a manter o equilíbrio do meio ambiente, evitando que aconteçam tragédias climáticas. Nessa ocasião, cerca de 1,6 milhão de estudantes foram às ruas, em 1 700 cidades ao redor do mundo.

Uma mobilização ampla como a #Fridayforfuture é um instrumento eficiente para conscientizar as pessoas sobre a situação climática do planeta. Por isso, você e sua turma estão encarregados de produzir uma #Sextapelofuturo na sua escola.

ETAPA 1 — O que fazer

O primeiro passo é realizar uma reunião da turma, supervisionada pelo professor. Vocês definirão como será a mobilização e quais temas serão abordados. Nessa reunião devem ser discutidos os seguintes pontos:

Como, onde e quando deve ser a mobilização?

A mobilização pode ocorrer na própria escola durante uma sexta-feira. Façam cartazes e panfletos de conscientização sobre os problemas climáticos e os divulguem nas redes sociais. Para isso, vocês precisarão pesquisar informações sobre o tema. Nessa reunião, dividam a turma em três grandes grupos, que ficarão encarregados de: 1) produção dos cartazes; 2) elaboração do panfleto; 3) produção de conteúdo para redes sociais.

Pesquisa

Com a orientação do professor, dediquem-se ao estudo da questão climática, dos motivos do ativismo de Greta Thunberg e da mobilização #Fridayforfuture, para que vocês possam produzir e compartilhar informações.

ETAPA 2 **Organizando os grupos de trabalho**

Após a pesquisa, é hora de colocar em prática tudo que foi estudado. Em grupo, escolham um tipo de material para produzir antes da mobilização:

Cartazes

Procurem referências de cartazes. Eles já foram usados em diversos momentos da história, em mobilizações, como propaganda política, como recurso de comunicação entre o Estado e a sociedade civil, etc. Na sequência, façam uma lista com frases, palavras e imagens que possam sintetizar ideias e explicações sobre as questões ambientais e as mudanças climáticas na atualidade. Lembrem-se de que o conteúdo descrito nos cartazes deve ser expresso de modo conciso, para ser apreendido rapidamente pelo leitor.

Panfleto

Panfletos fazem com que ideias se propaguem rapidamente. Neles, pode-se inserir um pouco mais de informações do que em um cartaz, porém o texto não pode ser muito extenso e deve permitir uma leitura fluida. Pesquisem sobre o uso dos panfletos em diferentes períodos da história, identificando o contexto e as informações difundidas por esse recurso. Na sequência, estudem qual o melhor formato para o panfleto que vocês irão produzir, definindo, por exemplo, quantas páginas ou partes ele deverá ter. Por fim, selecionem os recursos visuais (fotos, ilustrações, gráficos, tabelas, entre outros) que complementarão o texto que vocês vão redigir.

Redes sociais

Uma das principais características das redes sociais digitais é a possibilidade de diferentes tipos de pessoas se comunicarem e compartilharem conhecimento de maneira horizontal e democrática, extrapolando também as fronteiras territoriais e geográficas. Antes de iniciarem as publicações de conteúdo é importante que vocês analisem com quem vocês gostariam de se comunicar e compartilhar conhecimentos sobre a questão ambiental e as mudanças climáticas. Assim que definirem o público, escolham qual a melhor plataforma para se comunicarem. Reflitam se terão condições para publicar em mais de uma rede social ou se é melhor focar em apenas uma. Em seguida, façam uma lista com temas, frases, fotos e vídeos sobre os problemas ambientais. Por fim, determinem a periodicidade com a qual vocês irão publicar os conteúdos. Lembrem-se de que as publicações deverão ser mais intensas durante o #Sextapelofuturo.

ETAPA 3 **Divulgação**

Para que o evento seja prestigiado por um público grande é importante que haja uma boa divulgação. Os grupos devem também contribuir para a divulgação da mobilização.

ETAPA 4 **Mobilização**

Além de compartilhar as informações pesquisadas, também é importante ouvir o que o público tem a dizer. Estejam atentos a possíveis perguntas e opiniões dos outros participantes da mobilização. O principal objetivo do #Sextapelofuturo é ser um espaço para que a turma possa alertar o maior número de pessoas sobre as questões ambientais e climáticas, além de fornecer informações sobre mudanças de hábitos de consumo.

Análise do projeto

Após a mobilização, reúnam-se com o professor para avaliar o trabalho desenvolvido. Primeiro, discutam se as atividades contribuíram para que vocês aprendessem mais sobre as questões ambientais e climáticas. Depois, reflitam se a mobilização também permitiu que outras pessoas aprendessem mais sobre o tema.

CIÊNCIAS HUMANAS E SOCIAIS APLICADAS

UNIDADE

12

Democracia e cidadania

A história mais recente do Brasil, de 1946 até os dias atuais, foi marcada por períodos democráticos, com exceção dos anos do regime militar, quando a democracia foi interrompida.
Atualmente, em meio à ascensão de governos autoritários em todo o mundo, são crescentes os ataques à democracia. No entanto, se a democracia está longe de ser perfeita, ainda é o melhor dos regimes já vivenciados. Por isso, vale a pena aprimorá-la tendo em vista a construção de uma sociedade mais livre e justa.

Pessoas se manifestam em defesa da democracia, na região central da cidade de São Paulo, SP. Fotografia de 2018.

- Por que é necessário defender o regime democrático?

CAPÍTULO 34

Experiência democrática

Após a derrota do nazismo na Segunda Guerra Mundial, os ideais democráticos se fortaleceram em grande parte do mundo. No Brasil, houve eleições gerais e a sociedade viveu um período de efervescência política e cultural. Quais foram os principais momentos desse período democrático?

Este capítulo favorece o desenvolvimento das habilidades:

EM13CHS101
EM13CHS102
EM13CHS103
EM13CHS104
EM13CHS105
EM13CHS106
EM13CHS201
EM13CHS304
EM13CHS401
EM13CHS402
EM13CHS403
EM13CHS404
EM13CHS503
EM13CHS504
EM13CHS601
EM13CHS602
EM13CHS606

Governo Dutra (1946-1950)

Em 1945, com o fim da ditadura do Estado Novo, ocorreram eleições por todo o Brasil, inclusive para presidente da República, por meio do voto secreto e direto.

O general Eurico Gaspar Dutra foi eleito presidente. Os cargos legislativos foram ocupados por deputados e senadores de diversos partidos: Partido Social Democrático (PSD), União Democrática Nacional (UDN), Partido Trabalhista Brasileiro (PTB) e Partido Comunista do Brasil (PCB).

Após as eleições, deputados federais e senadores se reuniram em Assembleia Constituinte para elaborar uma nova constituição de perfil mais liberal. Promulgada em 1946, alguns pontos da nova Constituição são:

- **democracia** – definia o país como uma República democrática, federalista e presidencialista. Os três poderes eram o Legislativo, o Executivo e o Judiciário, que passaram a funcionar com mais independência do que no período anterior. Foram garantidos os direitos de liberdade de pensamento, crença religiosa, expressão, locomoção e associação de classe, entre outros;
- **direito de voto** – estabelecia o direito de voto para os brasileiros de ambos os sexos, maiores de 18 anos. Continuavam sem direito ao voto os cabos, os soldados e os analfabetos, que, na época, representavam cerca de 50% da população brasileira;
- **direito trabalhista** – preservava a legislação trabalhista da Era Vargas e garantia o direito de greve. Para exercer esse direito, os trabalhadores dependiam de uma avaliação da Justiça.

Alinhamento com os Estados Unidos

O governo Dutra, influenciado pelo contexto da Guerra Fria, optou por um alinhamento com os Estados Unidos. Em 1947, rompeu as relações diplomáticas com a União Soviética.

Internamente, o governo Dutra conseguiu obter decisão do Supremo Tribunal Federal para suprimir o registro do Partido Comunista do Brasil. Postos na ilegalidade, todos os parlamentares eleitos por esse partido – entre eles Luís Carlos Prestes, que ocupava o cargo de senador – tiveram seus mandatos cassados, principalmente sob a acusação de receber dinheiro e orientação da União Soviética.

LINHA DO TEMPO

1946 – É promulgada a quarta Constituição da República brasileira. Início do governo Dutra.

1947 – O governo Dutra decreta a extinção do Partido Comunista.

1951 – Getúlio Vargas, por eleições populares, retorna à Presidência da República.

1953 – O governo Vargas cria a Petrobras.

1954 – Em 24 de agosto, Getúlio Vargas suicida-se.

1955 – Juscelino Kubitschek é eleito presidente da República.

1960 – Inauguração de Brasília, nova capital do Brasil, projetada por Oscar Niemeyer e Lúcio Costa. Jânio Quadros é eleito presidente da República.

1961 – Jânio Quadros renuncia à Presidência da República. O vice-presidente, João Goulart, assume o governo sob o sistema parlamentarista.

1963 – Um plebiscito revela a preferência dos brasileiros pela volta do presidencialismo.

1964 – Golpe militar derruba o presidente João Goulart. O marechal Castello Branco assume a Presidência da República.

Linha do tempo esquemática. O espaço entre as datas não é proporcional ao intervalo de tempo.

Desalinhamento com os trabalhadores

Os trabalhadores urbanos estavam insatisfeitos com os baixos salários. Mas o governo defendia que, para combater a inflação, não podia autorizar aumentos salariais. Em protesto, os trabalhadores organizaram greves. Alegando o combate ao comunismo, o governo Dutra agiu de modo autoritário: suspendeu o direito de greve, interveio em 143 sindicatos e determinou a prisão de vários líderes operários. Desse modo, a democratização não foi efetiva quanto a respeitar o direito dos trabalhadores.

Diretrizes econômicas

Inicialmente, o governo Dutra seguiu um modelo econômico liberal. Acreditava-se que, para estimular o desenvolvimento do Brasil e combater a inflação, era necessário abrir os mercados, autorizando a livre importação de bens. No entanto, esse modelo trouxe problemas.

A importação indiscriminada acabou consumindo praticamente todas as reservas financeiras do país. Assim, em apenas dois anos, quase 80% das reservas cambiais haviam sido gastas.

Além disso, líderes das entidades industriais brasileiras criticavam a liberação indiscriminada das importações, pois, na visão deles, o aumento das importações prejudicava a comercialização dos produtos nacionais.

Procurando reequilibrar as finanças do país, o governo adotou uma política de seleção das importações. Na prática, restringiu as importações de bens de consumo, como automóveis, geladeiras e aparelhos de rádio, e estimulou a importação de bens de produção, como equipamentos industriais e combustíveis.

As mudanças favoreceram a indústria nacional e o crescimento econômico. No entanto, o Brasil continuava apresentando graves problemas sociais.

Após aumento das tarifas de transporte, população incendeia um ônibus durante manifestação no viaduto do Chá, em São Paulo (SP), em 1947. Na época, o salário dos trabalhadores urbanos estava congelado.

❯ Governo Vargas (1951-1954)

Em 1951, Getúlio Vargas assumiu novamente a Presidência da República. Sua vitória nas eleições foi expressiva, com 48,7% dos votos. O segundo lugar ficou com o brigadeiro Eduardo Gomes, da UDN, com 29,7% dos votos. As oposições políticas ficaram indignadas com a derrota, revelando sua dificuldade em aceitar as regras da lógica democrática.

Nacionalismo e trabalhismo

Vargas enfatizou duas premissas de seu governo: o nacionalismo econômico e a política trabalhista. Afirmou que era "preciso atacar a exploração das forças internacionais" para que o país conquistasse sua "independência econômica". Essa postura nacionalista foi duramente combatida por dirigentes de empresas estrangeiras instaladas no Brasil e empresários brasileiros associados aos negócios internacionais.

Havia um grande debate público entre os **nacionalistas** (que apoiavam o governo) e os **internacionalistas** (que pretendiam estimular a abertura econômica do país ao capital estrangeiro). De forma pejorativa, os nacionalistas chamavam os internacionalistas de "entreguistas."

Debates políticos

Na época, os principais assuntos debatidos eram:
- **a campanha do petróleo** – os nacionalistas queriam que a extração do petróleo no Brasil fosse realizada por uma empresa estatal brasileira. Criaram, então, o *slogan* "O petróleo é nosso". Seus oponentes defendiam a exploração por grupos internacionais. A campanha teve um fim favorável aos nacionalistas, com a fundação, em 1953, da Petrobras, empresa estatal que obteve o monopólio da extração do petróleo no Brasil, responsabilizando-se, parcialmente, também pelo seu refino;
- **a Lei de Lucros Extraordinários** – proposta pelo governo em 1953, limitava em 8% a remessa para o exterior dos lucros das empresas estrangeiras instaladas no Brasil. A lei foi barrada no Congresso, devido a pressões de grupos internacionais.

Vargas defendia a retomada da política trabalhista, cujo objetivo seria a construção de uma "verdadeira democracia social e econômica", em que cada um tivesse, além dos direitos políticos, o direito de desfrutar o progresso que ajudava a construir.

Em 1954, Vargas autorizou aumento de 100% do salário mínimo, atendendo à proposta do ministro do Trabalho, João Goulart. Essa medida provocou enormes protestos entre os representantes do empresariado.

> **Investigar**
> 1. Qual é o valor do salário mínimo atual? Esse salário é suficiente para pagar as despesas básicas de uma pessoa?
> 2. Você sabe o valor das suas despesas mensais? Pense em itens como alimentação, moradia, vestuário, saúde, lazer, entre outros.

Suicídio de Vargas

A política de Vargas recebeu muitas críticas dos grupos empresariais contrários ao nacionalismo. Políticos da UDN e setores ligados ao capital estrangeiro começaram a conspirar para derrubar o presidente.

Carlos Lacerda, adversário de Vargas, era diretor do jornal *Tribuna da Imprensa* e comandava violentas críticas ao governo. Em 5 de agosto de 1954, Lacerda foi vítima de um atentado, ocorrido na rua Toneleros, em Copacabana, na cidade do Rio de Janeiro. Lacerda levou um tiro no pé e escapou com vida, mas o major da Aeronáutica Rubem Vaz, que o acompanhava, morreu nesse ataque.

As investigações do crime, conduzidas pela Aeronáutica, indicaram que o assassino do major cumpria ordens de Gregório Fortunato, chefe da guarda presidencial. Nos dias 22 e 23 de agosto, manifestações de oficiais militares exigiram a renúncia de Vargas, que se recusava a deixar o cargo. Isolado politicamente, Vargas escreveu, no dia seguinte, uma carta-testamento ao povo brasileiro e, em seguida, suicidou-se com um tiro no coração.

A morte trágica de Vargas provocou imensa comoção nacional. Carlos Lacerda fugiu temporariamente do país, temendo uma reação popular.

No período que ainda faltava para o término do mandato de Vargas (cerca de um ano e meio), a Presidência da República foi exercida pelo vice-presidente Café Filho, que depois se afastou sob a alegação de motivos de saúde. Em seguida, a chefia do governo foi assumida por Carlos Luz (presidente da Câmara dos Deputados) e por Nereu Ramos (presidente do Senado).

Governo Juscelino (1956-1961)

Em 3 de outubro de 1955, realizaram-se novas eleições presidenciais. Os candidatos da coligação PTB-PSD, partidos de origem getulista, venceram a disputa. Juscelino Kubitschek de Oliveira (conhecido como JK) elegeu-se presidente e João Goulart, vice-presidente.

Inconformados, os udenistas (membros do partido UDN) tentaram um novo golpe alegando que os candidatos vitoriosos recebiam apoio do "comunismo internacional". Alguns comandantes das Forças Armadas se uniram aos udenistas. No entanto, a maior parte dos militares ligados ao ministro da Guerra, general Henrique Teixeira Lott – de perfil **legalista** –, desmontou a conspiração da UDN e garantiu a posse de Juscelino, em 31 de janeiro de 1956.

Logo após a posse, a UDN preparou novo golpe com a ajuda de alguns oficiais da Aeronáutica. Outra vez o movimento foi contido, e o governo, Juscelino anistiou os envolvidos no golpe fracassado.

> **Legalista:** que respeita e cumpre o que está na lei.

Desenvolvimentismo da Era JK

Juscelino Kubitschek teve como marco de seu governo as políticas desenvolvimentistas. Entusiasta da modernidade e do progresso, adotou o lema de fazer o Brasil crescer "50 anos em 5".

Para tanto, lançou em 1956 um plano de desenvolvimento, também conhecido como **Plano de Metas**. Esse programa priorizava as obras de infraestrutura (energia, transporte) e o estímulo à industrialização. Entre as principais realizações de seu governo, podem ser citadas:

- **construção de usinas hidrelétricas** – foram construídas a hidrelétrica de Furnas (no rio Grande), que na época se tornou a maior do Brasil, e a de Três Marias (no rio São Francisco) – as duas no estado de Minas Gerais;

Juscelino Kubitschek apresenta o Plano de Metas em seu gabinete no Rio de Janeiro (RJ), em 1958.

- **implantação da indústria automobilística** – novas fábricas produziriam mais de 300 mil veículos por ano, com 90% das peças fabricadas no Brasil;
- **ampliação da extração de petróleo** – que cresceu mais de 150% no período;
- **construção de rodovias** – cerca de 20 mil quilômetros de rodovias foram construídos, entre elas a Belém-Brasília.

Construção de Brasília

O governo Juscelino destacou-se pela construção da nova capital do país, Brasília. Para Juscelino, a construção de Brasília era a obra-símbolo das mudanças modernizadoras que idealizava para o Brasil.

O plano urbanístico da cidade foi traçado por Lúcio Costa e os projetos de arquitetura foram concebidos por Oscar Niemeyer. Também contribuíram para a criação da cidade grandes figuras como Burle Marx, com jardim e praças, e Athos Bulcão, com painéis de azulejos.

A construção desse imenso projeto só foi possível graças ao trabalho de milhares de migrantes, os **candangos** – vindos principalmente do Nordeste e de Minas Gerais –, que se revezavam noite e dia para concluir as obras. Depois de três anos, Brasília foi inaugurada, em 21 de abril de 1960.

Em 1987, devido a sua importância arquitetônica, Brasília recebeu, pela Unesco, o título de Patrimônio Cultural da Humanidade.

Investigar

1. Qual é a história de fundação de sua cidade?
2. Quais características você aprecia em sua cidade? Quais aspectos você considera que precisam melhorar? Pense em exemplos como áreas verdes, espaços de cultura e lazer, estado de conservação das ruas, entre outros.

Vista aérea das obras na cidade de Brasília (DF), em 1962.

Modernização e desnacionalização

Apesar da política desenvolvimentista em alguns setores, o Plano de Metas também promoveu a internacionalização da economia. Grandes empresas multinacionais instalaram filiais no país e passaram a controlar importantes setores industriais, como os de eletrodomésticos, automóveis, tratores e produtos farmacêuticos.

Os nacionalistas diziam que a política de Juscelino tinha a vantagem de ser modernizadora para a indústria, mas o defeito de ser desnacionalizadora. Esse debate entre nacionalistas e internacionalistas (favoráveis à globalização), de certo modo, persiste até os dias atuais.

Além disso, a política desenvolvimentista do governo Juscelino trouxe custos sociais e econômicos, como:

- **aumento da dívida externa** – os empréstimos obtidos no exterior para a realização das obras aumentaram enormemente a dívida externa brasileira;

- **inflação e baixos salários** – indiretamente, os gastos com as grandes obras públicas também contribuíram para elevar a inflação, enquanto os salários permaneciam em um patamar baixo, sacrificando a qualidade de vida dos trabalhadores e aumentando a concentração de renda;

- **êxodo rural** – atraídos pelo desenvolvimento industrial, que se concentrava em São Paulo, Rio de Janeiro e Minas Gerais, milhões de brasileiros continuaram migrando do campo para as cidades. Em 1960, a população urbana já atingia cerca de 45% da população total do país.

Na tentativa de resolver os problemas de desemprego e pobreza absoluta – que ocasionavam o **êxodo das populações nordestinas** –, o governo federal criou, em 1959, a Superintendência do Desenvolvimento do Nordeste (Sudene). Ao longo dos anos, porém, esse órgão obteve poucos resultados efetivos e foi, inclusive, acusado de favorecer a corrupção política. A Sudene foi extinta em 2001.

Os anos dourados

O governo de Juscelino é frequentemente associado a grandes obras – como Brasília – e a um momento de prosperidade e otimismo que se refletiu nos hábitos de consumo e no modo de pensar, sobretudo das elites e da classe média. Esse período ficou conhecido, romanticamente, como "anos dourados".

Durante esses anos dourados, boa parte da população acompanhava os programas do rádio, que tinha uma programação diversificada, incluindo musicais, humorismo, esportes, novelas, orações e noticiários. Um dos destaques do rádio eram os programas de auditório com cantores-estrelas, como as irmãs Linda e Dircinha Batista, Marlene, Emilinha Borba, Ângela Maria, Nelson Gonçalves, Nora Ney e Jorge Goulart.

O rádio difundia informações e sonhos, acompanhando de perto o cotidiano das cidades. Por meio dele, a nova realidade das capitais era apresentada aos migrantes que vinham do campo e das pequenas cidades do interior.

As músicas mais populares dessa época eram as marchinhas e o samba-canção. A maioria dos cantores participava ativamente do carnaval e empenhava-se para que suas composições fizessem sucesso. Outros gêneros musicais também eram apreciados, como o chorinho, a valsa, o frevo e o baião.

No fim dos anos 1950, teve início o movimento musical conhecido como **Bossa Nova**. Na história da música brasileira, a bossa nova trouxe sofisticação, principalmente no campo da **harmonia**. Faziam parte desse movimento Vinicius de Moraes, Tom Jobim, Carlos Lyra, Luiz Bonfá, João Gilberto, etc. Uma das canções que se tornou símbolo da bossa nova foi "Garota de Ipanema", de Vinicius e Jobim.

Nesse período, a televisão dava seus primeiros passos, ganhando vigor a partir da década de 1960.

Investigar

1. É possível que o Brasil seja uma sociedade verdadeiramente democrática com os índices de concentração de renda que apresenta? Debata.
2. Que movimentos sociais atuais você conhece? O que eles reivindicam? Pesquise.

Harmonia: em música, técnica de construção de acordes.

Democracia liberal

Apesar da estabilidade política do país, o governo Juscelino não escapou de acusações de corrupção – por parte de seus opositores e de parcela da imprensa –, principalmente em relação às obras de construção de Brasília.

De modo geral, o governo garantiu as liberdades democráticas. As diversas correntes políticas manifestavam suas ideias, exceto o Partido Comunista, que seguia na ilegalidade.

Ao final do mandato de Juscelino Kubitschek, ocorreram eleições livres. Nessas eleições venceu Jânio Quadros, que soube explorar as denúncias de corrupção contra seu antecessor durante a campanha eleitoral.

Conexões — SOCIOLOGIA

Na trilha do futebol

O futebol é um dos esportes coletivos mais populares do mundo. Esse esporte, tão querido do povo brasileiro, tem origem inglesa e foi introduzido no Brasil pelo paulistano Charles Miller durante a Primeira República.

Entre 1894 e 1930, menos de 6% da população podia participar das eleições. Muitos brasileiros encontraram no samba, no carnaval, nas celebrações religiosas e no futebol um espaço para exercer seu protagonismo.

Inicialmente, o futebol tinha caráter elitista. A discriminação social e racial no esporte foi sendo combatida ao longo do século XX, quando atletas pobres e negros passaram a integrar os principais times do país e, também, a seleção brasileira.

Na Copa do Mundo de 1958, a seleção contava com craques como Pelé, Garrincha e Didi, que, enfrentando preconceitos, foram para a Suécia e trouxeram a taça para o Brasil. A vitória inédita contribuiu para melhorar a autoestima dos brasileiros e para aumentar o clima otimista dos "anos dourados".

Depois dessa vitória, a seleção brasileira conquistou mais quatro Copas do Mundo. Três delas tiveram a participação de Pelé, eleito o "atleta do século XX" por jornalistas de vários países e pela Federação Internacional de Futebol (Fifa).

Charles Miller, paulistano de ascendência inglesa, considerado responsável por trazer o futebol ao Brasil. Fotografia de 1905.

Atualmente o futebol feminino tem ganhado visibilidade. A seleção brasileira feminina tem motivos de sobra para comemorar. Marta, uma das integrantes do time, foi considerada a melhor jogadora de futebol do mundo seis vezes consecutivas.

O futebol não é apenas o esporte mais popular do Brasil, é também um dos elementos marcantes de identidade cultural do país.

- Na sua interpretação, quais as funções sociais do esporte? Pesquise e debate o tema.

Seleção brasileira de futebol na Copa do Mundo de 2019, que ocorreu na França.

Governo Jânio (1961)

Jânio da Silva Quadros venceu as eleições apoiado pela UDN e por outras forças antigetulistas. Com 48% da preferência do eleitorado, tomou posse em 31 de janeiro de 1961. A cerimônia foi realizada em Brasília, a nova capital do país.

Naquele período, o presidente eleito podia ser de uma **chapa** e o vice-presidente, de outra. João Goulart, do PTB, foi eleito para a Vice-Presidência. Mas Goulart era adversário de Jânio e considerado herdeiro político de Vargas.

Jânio chegou à Presidência da República coroando uma carreira política rápida e repleta de sucessos. Em São Paulo, foi vereador, deputado, prefeito da capital e governador do estado. Jânio tinha um estilo que foi considerado exibicionista, moralista e demagógico por alguns analistas. Conquistava os eleitores prometendo combater a corrupção e "varrer" a sujeira da administração pública. O símbolo de sua campanha era justamente uma vassoura.

Na presidência, Jânio Quadros se ocupava pessoalmente de assuntos corriqueiros. Por meio de bilhetinhos, escritos de próprio punho, dava ordens, como a proibição de lança-perfumes no carnaval, das brigas de galo e do uso de biquínis em desfiles de beleza.

Jânio Quadros era contrário ao comunismo, queria manter o país aberto ao capital estrangeiro e seguia a política econômica ditada pelo Fundo Monetário Internacional (FMI). No entanto, enviou ao Congresso uma **lei antitruste** e outra de regulamentação e restrição do envio de lucros para o exterior. Ao mesmo tempo, em plena Guerra Fria, Jânio defendia uma política externa independente, determinando o **reatamento** das relações diplomáticas do Brasil com a União Soviética e com a China comunista. Tal medida provocou violentas críticas dos partidários da UDN e dos representantes das empresas multinacionais. Outra medida de impacto tomada por Jânio foi condecorar, em 19 de agosto de 1961, o ministro da Economia de Cuba, **Ernesto "Che" Guevara**, com a principal comenda brasileira: a Ordem do Cruzeiro do Sul. A homenagem pública a um dos principais líderes da revolução socialista cubana deixou as elites capitalistas indignadas.

Oposição e renúncia

A UDN rompeu com o governo. Por meio de uma rede de televisão, o líder udenista Carlos Lacerda acusou Jânio de "abrir as portas do Brasil ao comunismo internacional".

Apesar do prestígio popular, Jânio ficou sem o apoio da UDN, dos grandes empresários e de boa parte da imprensa. Diante dessa situação, tomou uma decisão que surpreendeu o país: renunciou ao cargo de presidente da República, em 25 de agosto de 1961. Escreveu uma carta ao Congresso, na qual justificava sua atitude, dizendo que forças terríveis se levantavam contra ele, promovendo intrigas e difamações.

Segundo algumas interpretações, Jânio pretendia gerar uma mobilização popular e militar a seu favor, mas isso não ocorreu e o Congresso aceitou sua renúncia. Somente em 1985, Jânio retornou à política, quando se reelegeu prefeito de São Paulo.

> **Chapa:** lista oficial de candidatos que representa uma composição coordenada em determinada eleição.

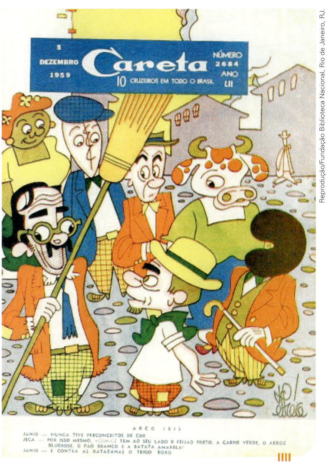

Capa da revista *Careta* de dezembro de 1959. A caricatura representa o candidato à Presidência Jânio Quadros (à esquerda) carregando uma vassoura, símbolo de sua campanha, representando o moralismo e o combate à corrupção.

> **Lei antitruste:** busca evitar a fusão de empresas de um mesmo ramo que tenham o propósito de eliminar a concorrência.

Sala de aula do Ensino Fundamental na aldeia Aiha, de etnia kalapalo, em Querência (MT), em 2018. No início da década de 2010 havia 68 professores, de 14 etnias, lecionando em 36 escolas localizadas nas aldeias e postos do Parque Indígena do Xingu, que é administrado pela Fundação Nacional do Índio (Funai), órgão do governo federal.

Sistema parlamentarista: o presidente da República exerce apenas a chefia de Estado, enquanto a chefia de governo cabe a um primeiro-ministro, indicado pelo Legislativo.

Parque Indígena do Xingu

Em 1961, durante o governo de Jânio Quadros, foi criado o Parque Indígena do Xingu (PIX), uma das mais bem-sucedidas reservas de conservação da diversidade cultural e ambiental do Brasil.

A criação do PIX está relacionada à Expedição Roncador-Xingu, organizada em 1943, no governo Vargas, com o objetivo de colonizar o interior do país. Durante a expedição e a ocupação das terras dos povos indígenas, pessoas como os irmãos Villas Bôas passaram a defender a criação do Parque.

O PIX demarcou um espaço para os povos indígenas que corriam risco de desaparecimento ou de desagregação social. No entanto, essas populações ficaram restritas a um território menor do que tradicionalmente habitavam.

Atualmente, a reserva tem cerca de 27 mil quilômetros quadrados, onde vivem cerca de 5 mil indígenas, que lutam para manter seu território protegido.

A posse de Goulart

Com a renúncia de Jânio Quadros, a Presidência da República deveria ser ocupada pelo vice-presidente, João Goulart (conhecido como Jango). Como ele estava em visita oficial à China comunista, o presidente da Câmara dos Deputados tomou posse do cargo, interinamente.

A renúncia de Jânio ia ao encontro dos interesses udenistas e dos demais grupos de oposição. Mas o mesmo não ocorria em relação à posse de Jango. Uma junta militar declarou veto ao vice-presidente, provocando a reação de diversos setores políticos. Formaram-se dois grupos políticos opostos:

- **grupo contrário à posse** – argumentava que João Goulart era um "perigoso comunista". Reunia comandantes militares, políticos udenistas e grandes empresários nacionais e estrangeiros;
- **grupo favorável à posse** – defendia o cumprimento da ordem constitucional. Incluía uma parcela dos líderes sindicalistas e trabalhadores, profissionais liberais e pequenos empresários. Uma Frente Legalista foi organizada para garantir a posse de Jango. A Frente era liderada pelo governador do Rio Grande do Sul, Leonel Brizola (cunhado de Jango), e apoiada pelo comandante do III Exército, o general Machado Lopes.

Solução parlamentarista

O confronto entre esses dois grupos parecia encaminhar o país a uma guerra civil. Para que isso não ocorresse, foi negociada uma solução política: o vice-presidente assumiria o poder, desde que aceitasse o **sistema parlamentarista**.

João Goulart assumiria a Presidência mas seus poderes estariam limitados e vigiados pelo Congresso Nacional. Goulart aceitou a condição e uma emenda constitucional, aprovada pelo Congresso em 30 de agosto de 1961, estabeleceu o parlamentarismo no Brasil.

Manifestação pública pela legalidade e posse de João Goulart em Porto Alegre (RS), em 1961. Governado por Leonel Brizola, o Rio Grande do Sul foi o principal centro de apoio à posse de Jango.

Governo Goulart (1961-1964)

João Goulart tomou posse em 7 de setembro de 1961 e Tancredo Neves, político do PSD mineiro, foi empossado como primeiro-ministro. A emenda constitucional que estabelecia o parlamentarismo previa a realização de um plebiscito para sua efetivação. Realizado em 6 de janeiro de 1963, a maioria da população votou pelo **restabelecimento do presidencialismo**.

Com mais poder para governar, João Goulart se empenharia em uma linha política nacionalista e reformista que lhe traria fortes adversários.

Plano Trienal

O governo João Goulart iniciou-se em um período de graves problemas econômicos e sociais. Em 1962, lançou o **Plano Trienal de Desenvolvimento Econômico e Social**, organizado por Celso Furtado, ministro do Planejamento.

O Plano Trienal visava fundamentalmente:

- promover melhor distribuição das riquezas nacionais, desapropriando os latifúndios improdutivos para defender interesses sociais;
- encampar as refinarias particulares de petróleo;
- reduzir a dívida externa brasileira;
- diminuir a inflação e manter o crescimento econômico sem sacrificar exclusivamente os trabalhadores.

A inflação e o custo de vida no país não paravam de subir. As despesas com as importações aumentavam e os preços das exportações caíam. Também diminuía o ritmo de crescimento da indústria, e os grandes empresários nacionais e estrangeiros reduziam os investimentos na produção, numa demonstração de desconfiança em relação às intenções políticas de Jango. Havia o temor de que o governo pudesse implantar o socialismo no Brasil – uma opção que parecia remota para a maioria dos estudiosos daquele período.

Polarização da sociedade

O governo Goulart foi marcado pela mobilização social e política de diversos setores da sociedade brasileira. Com o tempo, esses movimentos levaram a uma radicalização política e a uma polarização social.

De um lado, estavam movimentos formados por estudantes, operários, camponeses, que traziam reivindicações populares, tinham inspiração socialista e defendiam uma sociedade mais justa e igualitária.

Os estudantes eram ligados à União Nacional dos Estudantes (UNE) e à Juventude Universitária Católica (JUC); os operários eram ligados à Central Geral dos Trabalhadores (CGT); e os camponeses, às Ligas Camponesas, que se difundiam principalmente pelo Nordeste.

Do outro lado, atuavam associações como o Instituto Brasileiro de Ação Democrática (IBAD), fundado em 1959, e o Instituto de Pesquisa e Estudos Sociais (IPES), criado em 1961. Esses institutos opunham-se aos movimentos populares, que, segundo eles, estavam "contaminados" pelas ideologias comunistas.

Durante o governo João Goulart (1961-1964), os movimentos sociais de operários e de camponeses passaram a obter mais espaço. As Ligas Camponesas se organizavam na luta pela reforma agrária. Na fotografia, de 1970, camponeses concentram-se na praça Dantas Barreto, no Recife (PE), para ouvir discurso do PCB.

Reformas de base

Entre o fim de 1963 e o início de 1964, ficou evidente que o Plano Trienal não tinha alcançado os resultados esperados. As tensões sociais aumentavam no país, e em 13 de março de 1964 João Goulart fez um comício para mais de 300 mil pessoas diante da Estação Central do Brasil (área de grande afluência popular no centro da cidade do Rio de Janeiro).

Em seu discurso, ele expôs as dificuldades do país e a necessidade de realizar um conjunto de reformas chamadas de **reformas de base**. Entre elas, estavam:

- **a reforma agrária** – para facilitar o acesso à terra a milhões de lavradores que desejavam trabalhar e produzir no campo. Com melhores condições de vida e trabalho, o morador do campo poderia permanecer em seu local de origem em vez de se dirigir para as grandes cidades em busca de emprego;
- **a reforma urbana** – para socorrer milhões de pessoas que moravam em condições precárias nas cidades;
- **a reforma educacional** – para aumentar o número de escolas públicas, matricular todas as crianças brasileiras e combater o analfabetismo;
- **a reforma eleitoral** – para garantir aos analfabetos o direito de votar;
- **a reforma tributária** – para corrigir as desigualdades sociais na distribuição dos deveres tributários entre ricos e pobres, patrões e empregados.

Além das reformas de base, Jango procurou, pela Lei de Remessa de Lucros, limitar o envio de dólares das empresas multinacionais para o exterior, o que provocou uma forte reação dos empresários das multinacionais e de grupos políticos defensores da internacionalização econômica.

Ao lado de sua esposa, Maria Thereza Goulart, Jango discursa em defesa de seu governo em frente à Estação Central do Brasil, no Rio de Janeiro (RJ), em 13 de março de 1964.

Alguns setores populares favoráveis ao governo passaram a fazer manifestações em apoio às reformas de base. Paralelamente, as oposições organizaram seus protestos, como a Marcha da Família com Deus pela Liberdade – série de passeatas de senhoras católicas, autoridades civis, empresários e parte da classe média. As oposições insistiam que Jango estava levando o Brasil para o socialismo.

A agitação política e social intensificou-se com os grupos de esquerda e de direita radicalizando suas posições. Em Brasília, 600 sargentos do Exército e da Aeronáutica ocuparam a tiros suas guarnições, para exigir o direito de voto. A rebelião foi controlada, mas os oficiais militares responsabilizaram o governo pelo "clima de desordem" e indisciplina nas Forças Armadas.

Golpe militar

Em 31 de março de 1964, explodiu uma rebelião das Forças Armadas contra o governo João Goulart. O movimento militar teve início em Minas Gerais, apoiado pelo governador mineiro Magalhães Pinto. Rapidamente, os golpistas contaram com a adesão de unidades militares de São Paulo, do Rio Grande do Sul e do antigo estado da Guanabara (criado no lugar do antigo Distrito Federal, situado na cidade do Rio de Janeiro até a transferência da capital federal para Brasília, em 1960).

Sem condições de resistir ao movimento militar, o presidente João Goulart deixou Brasília em 1º de abril de 1964. Passou pelo Rio Grande do Sul e, em seguida, foi para o Uruguai como exilado político. Tinha início uma série de governos comandados por generais presidentes.

Oficina de História

Analisar e refletir

1. Durante certo período histórico, estudado neste capítulo, o governo brasileiro rompeu relações diplomáticas com os governos comunistas, mas depois as reatou. Explique em que contexto mundial esses dois episódios se deram.

2. Pesquise o que podemos entender pela palavra "populismo", em termos históricos. Depois, faça o que se pede.
    a) Dê exemplos de líderes considerados populistas no Brasil e no mundo atual.
    b) Selecione um desses líderes e procure uma imagem dele.
    c) Entreviste três pessoas propondo as seguintes perguntas: Você considera esse líder populista? Por quê? Em quais meios de comunicação você ouviu falar dessa pessoa? Quais seriam as intenções dos órgãos de comunicação ao utilizar a palavra "populista"?

3. Explique o contexto histórico do surgimento da campanha retratada na fotografia a seguir. Em seguida, responda: quais foram os resultados dessa campanha?

Integrantes do Centro Acadêmico XI de Agosto, da Faculdade de Direito do Largo de São Francisco, durante campanha do petróleo, em São Paulo, em 1947.

4. Durante o período democrático brasileiro (1946--1964), foram desenvolvidas diversas produções artísticas. Em grupos, sigam as orientações a seguir e realizem um seminário sobre uma dessas produções.
    a) Selecionem uma das obras a seguir.
        - *Auto da Compadecida* (1955), livro de Ariano Suassuna.
        - *Grande sertão: veredas* (1956), livro de João Guimarães Rosa.
        - *O pagador de promessas* (1962), filme dirigido por Anselmo Duarte.
        - *Rio 40°* (1955), filme dirigido por Nelson Pereira dos Santos.
        - "Chega de saudade" (1958), música de Vinicius de Moraes e Antônio Carlos Jobim.
        - "Asa-branca" (1947), música de Luiz Gonzaga e Humberto Teixeira.
    b) Pesquisem informações sobre o(s) autor(es) da obra escolhida. Que acontecimentos marcaram a trajetória profissional desse(s) artista(s)? Ele(s) era(m) engajado(s) em questões sociais ou políticas?
    c) Pesquisem informações sobre a obra. Que ideias ela divulgava? Qual foi sua repercussão na época em que foi lançada?
    d) Apresentem o seminário utilizando recursos como fotografias, vídeos, áudios e textos.

5. Setores da imprensa de oposição desempenharam papel importante, em certos momentos do período democrático de 1946 a 1964, nas estratégias para desestabilizar governos eleitos democraticamente. Isso ocorreu com Getúlio (que se suicidou), com JK (que teve dificuldades para assumir o poder), com Jânio (que renunciou) e com Jango (que teve de abandonar o cargo).
    a) Em sua opinião, como age, de modo geral, a grande mídia atualmente? Ela noticia de maneira imparcial os assuntos públicos? A imparcialidade é possível?
    b) Como devemos ler, ouvir ou assistir às mensagens da mídia? Pesquise e reflita sobre esse assunto. Depois, debata-o com seus colegas.

Interpretar texto e imagem

6. Leia trechos da carta-testamento de Getúlio Vargas, seu último manifesto, escrita em 24 de agosto de 1954. Depois, responda às questões.

> [...] Voltei ao Governo nos braços do povo. A campanha subterrânea dos grupos internacionais aliou-se à dos grupos nacionais revoltados contra o regime de garantia do trabalho. A lei de lucros extraordinários foi detida no Congresso. Contra a justiça da revisão do salário mínimo se desencadearam os ódios. [...] Não querem que o trabalhador seja livre. Não querem que o povo seja independente. [...]

[...] Se as aves de rapina querem o sangue de alguém, querem continuar sugando o povo brasileiro, eu ofereço em holocausto a minha vida. Escolho este meio de estar sempre convosco. [...] Meu sacrifício vos manterá unidos e meu nome será a vossa bandeira de luta. [...] E aos que pensam que me derrotaram respondo com a minha vitória. Era escravo do povo e hoje me liberto para a vida eterna. Mas esse povo de quem fui escravo não mais será escravo de ninguém. [...]

Lutei contra a espoliação do Brasil. Lutei contra a espoliação do povo. Tenho lutado de peito aberto. O ódio, as infâmias, a calúnia não abateram meu ânimo. Eu vos dei a minha vida. Agora vos ofereço a minha morte. Nada receio. Serenamente dou o primeiro passo no caminho da eternidade e saio da vida para entrar na história.

VARGAS, Getúlio. *Carta-testamento*. Disponível em: <https://www2.camara.leg.br/atividade-legislativa/plenario/discursos/escrevendohistoria/getulio-vargas/carta-testamento-de-getulio-vargas>. Acesso em: 4 fev. 2020.

a) O que Vargas quis dizer com a frase "Voltei ao Governo nos braços do povo"?
b) Segundo Vargas, que medida econômica desencadeou ódios ao beneficiar diretamente os trabalhadores?
c) A carta de Vargas demonstra **eloquência**. Que trecho da carta você escolheria para exemplificar essa eloquência? Se possível, consulte o texto integral da carta na internet para ampliar suas possibilidades de escolha.

> **Eloquência:** capacidade de falar, escrever ou gesticular com desenvoltura.

7 Nos anos 1950, boa parte das revistas femininas projetava um conceito de felicidade para a mulher diferente dos padrões atuais. Sobre o assunto, leia o texto a seguir.

A mulher ideal é carinhosa em casa e austera na rua. Como é preciso manter o casamento, a esposa que desconfia da infidelidade do marido precisa redobrar seu carinho e as provas de afeto. Absurdo? Para muitas leitoras que acompanhavam as revistas voltadas para o público feminino nas décadas de 1940, 50 e início dos anos 60, esses conselhos eram frequentes – o que não significa que esses padrões de conduta fossem seguidos por todas as mulheres.

"O conceito de felicidade mudou", observa a historiadora Carla Silvia Beozzo Bassanezi. [...] Há 30 ou 40 anos a realização de muitas mulheres dependia de um casamento bem-sucedido.

Atualmente, sua maior preocupação é com a realização pessoal, profissional, intelectual, afetiva e sexual. Veja alguns exemplos de "conselhos" divulgados pelas revistas femininas desse período:

- Não se deve irritar o homem com ciúmes e dúvidas. (*Jornal das Moças*, 1957)
- A mulher deve fazer o marido descansar nas horas vagas, nada de incomodá-lo com serviços domésticos. (*Jornal das Moças*, 1959)
- A esposa deve vestir-se depois de casada com a mesma elegância de solteira, pois é preciso lembrar-se de que a caça já foi feita, mas é preciso mantê-la bem presa. (*Jornal das Moças*, 1955)
- Se o seu marido fuma, não arrume brigas pelo simples fato de caírem cinzas no tapete. Tenha cinzeiros espalhados por toda a casa. (*Jornal das Moças*, 1957)
- O lugar da mulher é no lar, o trabalho fora de casa masculiniza. (*Revista Querida*, 1955).

LEAL, Glaucia. Estudo sobre revistas femininas mostra a evolução da mulher. In: *O Estado de S. Paulo*, 27 dez. 1993. p. 16.

Propaganda de liquidificador exibida na revista *O Cruzeiro*, em 1959. As atividades ligadas ao cuidado da casa e da rotina doméstica eram comumente relacionadas às mulheres.

a) Com base no texto, o que se conclui sobre o conceito de felicidade que se projetava para a mulher em meados do século XX? O que permite essa conclusão? Dê exemplos.
b) Entre os conselhos apresentados para as mulheres, qual chamou mais sua atenção? Por quê? Elabore um comentário crítico sobre esse conselho.
c) Que fatores, atualmente, podem ser relacionados à busca da felicidade pela mulher? Em sua opinião, o que causou essa mudança?

CAPÍTULO 35

Governos militares

Em 1964, as Forças Armadas assumiram o governo do Brasil afirmando que a intervenção seria de caráter provisório, sob a justificativa de restabelecer a ordem social, conter o avanço do comunismo, acabar com a corrupção e retomar o crescimento econômico do país. No entanto, eles ficaram no poder por 21 anos; a democracia foi interrompida e o país mergulhou no autoritarismo.

Este capítulo favorece o desenvolvimento das habilidades:
EM13CHS101
EM13CHS102
EM13CHS103
EM13CHS104
EM13CHS105
EM13CHS106
EM13CHS304
EM13CHS401
EM13CHS402
EM13CHS403
EM13CHS501
EM13CHS502
EM13CHS503
EM13CHS504
EM13CHS602
EM13CHS605
EM13CHS606

Autoritarismo

Durante os governos militares, a Presidência da República foi exercida por cinco generais: Castello Branco (1964-1967), Costa e Silva (1967-1969), Médici (1969-1974), Geisel (1974-1979) e Figueiredo (1979-1985). Esses governos contaram com o apoio de civis, que ocupavam grande parte dos cargos da burocracia estatal. Por isso e pelo caráter antidemocrático do regime, o período é conhecido como **ditadura militar** ou **ditadura civil-militar**.

Uma das características dos governos militares foi o **autoritarismo**. De acordo com o historiador Boris Fausto:

> As diferenças entre o regime representativo, vigente entre 1945 e 1964, e o regime militar são claras. Quem manda agora não são os políticos profissionais, nem o Congresso é uma instância decisória importante. Mandam a alta cúpula militar, os órgãos de informação e repressão, a burocracia técnica do Estado.
>
> FAUSTO, Boris. *História do Brasil*. São Paulo: Edusp; Fundação do Desenvolvimento Nacional, 1994. p. 513.

Por meio dos chamados **Atos Institucionais (AI)**, os governos militares restringiram as liberdades democráticas, impondo, por exemplo, censura aos meios de comunicação.

Além disso, muitos brasileiros que se opunham a esse regime foram perseguidos, exilados, torturados e até mortos pelos órgãos de repressão. Segundo a **Comissão Nacional da Verdade**, cerca de 50 mil pessoas tiveram a cidadania violada durante a ditadura.

Ato Institucional: conjunto de normas superiores, promulgadas pelo poder público federal, que se sobrepunham até mesmo à Constituição Federal.

Comissão Nacional da Verdade: criada em 2011 com o objetivo de apurar graves violações dos Direitos Humanos ocorridas entre 1946 e 1988.

Concentração de renda

Os governos militares não seguiam o modelo nacionalista reformista que marcou o último governo de Vargas e o de Goulart. Em seu lugar, foi adotado um modelo econômico baseado na aliança de três grandes grupos: a burocracia técnica estatal (militar e civil), os grandes empresários estrangeiros e os grandes empresários nacionais.

O modelo adotado conduziu à modernização da economia, mas também à concentração de renda entre as classes altas e médias e à marginalização da classe baixa.

Investigar
- Qual é a importância de existirem meios de comunicação livres de censura? Justifique.

LINHA DO TEMPO

1964 — Golpe militar derruba o presidente João Goulart. O marechal Castello Branco assume a Presidência.

1965 — Extinção dos partidos políticos e instituição do bipartidarismo (Arena e MDB).

1967 — É promulgada uma nova Constituição da República brasileira; criação da Fundação Nacional do Índio (Funai).

1968 — É editado o Ato Institucional n. 5 (AI-5).

1970 — O Brasil conquista o tricampeonato mundial de futebol; período de maior repressão da ditadura militar.

1972 — Primeira transmissão televisiva em cores no Brasil.

1973 — Período do "milagre brasileiro".

1979 — Início do governo de João Figueiredo e da abertura política.

Linha do tempo esquemática. O espaço entre as datas não é proporcional ao intervalo de tempo.

Governo Castello Branco

Em 9 de abril de 1964, foi decretado o **Ato Institucional n. 1** (AI-1), que atribuiu ao Executivo federal poderes para: cassar mandatos de parlamentares; suspender direitos políticos de qualquer cidadão; realizar modificações na Constituição; e decretar estado de sítio sem aprovação do Congresso.

O AI-1 também previa a eleição para presidente por meio da votação indireta do Congresso Nacional. Nessa eleição, foi escolhido o marechal Castello Branco, que comandou o país de 1964 a 1967. Alinhando-se a interesses capitalistas, seu governo procurou modernizar a economia e combater o comunismo. Isso agradou empresários brasileiros e estrangeiros, sobretudo dos Estados Unidos.

A política econômica de Castello Branco foi marcada pelo **Programa de Ação Econômica do Governo** (Paeg), que propunha, por exemplo, controlar a inflação mediante restrições ao crédito, redução dos salários e incentivo à entrada de capitais estrangeiros. Para atrair esses capitais, foi extinta a Lei de Remessa de Lucros (sancionada por Goulart), que limitava o envio de dinheiro pelas multinacionais para suas sedes no exterior.

Tal programa econômico atingiu seus objetivos, mas impôs sacrifícios, principalmente, à população mais pobre. Os trabalhadores perderam, por exemplo, o direito de estabilidade no emprego após 10 anos de serviço e em seu lugar foi instituído o **Fundo de Garantia por Tempo de Serviço** (FGTS). Além disso, o governo tomou medidas para impedir greves e protestos.

Na época, houve repressão policial contra várias entidades: foram fechados sindicatos de trabalhadores e associações de estudantes. Em 60 dias de governo militar, mais de 300 pessoas tiveram mandatos cassados e direitos políticos suspensos – entre elas três ex-presidentes da República: Juscelino, Jânio e Goulart. No plano externo, em maio de 1964, foram rompidas as relações diplomáticas com Cuba, o único país latino-americano socialista.

Escalada autoritária

O descontentamento popular refletiu-se nas eleições para governador em 1965, com vitórias significativas da oposição. Em resposta, o governo federal editou novas regras antidemocráticas.

- **Ato Institucional n. 2** (outubro de 1965) – conferia mais poderes ao presidente da República para cassar mandatos e direitos políticos. Estabelecia a eleição indireta para presidente e extinguia todos os partidos políticos existentes. Formaram-se, depois, apenas dois partidos: **Aliança Renovadora Nacional** (**Arena**), que apoiava o governo, e **Movimento Democrático Brasileiro** (**MDB**), que reunia políticos de oposição.
- **Ato Institucional n. 3** (fevereiro de 1966) – estabelecia o fim das eleições diretas para prefeitos das capitais e governadores. Os governadores passaram a ser indicados pelo presidente da República e submetidos à aprovação das assembleias legislativas. Os prefeitos seriam indicados pelos governadores.
- **Ato Institucional n. 4** (dezembro de 1966) – dava ao governo poderes para elaborar uma nova Constituição. Promulgada em janeiro de 1967, ela fortalecia o poder do presidente da República e enfraquecia o Legislativo e o Judiciário.
- **Lei de Segurança Nacional** (março de 1967) – instrumento jurídico que permitia enquadrar como inimigos da pátria aqueles que, muitas vezes, se opunham às diretrizes do governo.

Governo Costa e Silva

Ao final do governo Castello Branco, o alto comando militar escolheu para a Presidência o marechal Arthur da Costa e Silva, que governou de 1967 a 1969. Nesse período, apesar da repressão policial, aumentaram os protestos contra o regime. Estudantes saíam às ruas em passeata, operários organizavam greves contra o arrocho salarial, políticos de oposição faziam pronunciamentos criticando as arbitrariedades do regime.

Em 1968, no Rio de Janeiro, mais de 100 mil pessoas saíram às ruas para protestar contra o assassinato do estudante Edson Luís de Lima Souto, de 18 anos, morto pela polícia durante uma manifestação. A **Passeata dos Cem Mil**, como ficou conhecida, foi uma das maiores manifestações públicas contra o regime militar.

A Passeata dos Cem Mil reuniu artistas, intelectuais e estudantes que se manifestavam contra a repressão. Entre eles, Chico Buarque, Caetano Veloso e Gilberto Gil. Rio de Janeiro (RJ), junho de 1968.

Fechamento político: o AI-5

Em setembro de 1968, o deputado Márcio Moreira Alves, do MDB, fez um discurso veemente no Congresso Nacional contra o regime militar e propôs à população boicotar a parada militar de 7 de setembro.

Oficiais militares consideraram o discurso ofensivo à honra das Forças Armadas e exigiram que o deputado fosse processado. Devido à imunidade parlamentar, para processar Moreira Alves judicialmente, era necessária uma autorização da Câmara Federal. O ministro da Justiça solicitou tal autorização, mas o Congresso a negou.

A resistência dos parlamentares provocou uma reação enérgica do governo. Em dezembro de 1968, o governo decretou o **Ato Institucional n. 5** (AI-5), que se tornou um dos mais terríveis instrumentos normativos lançados pelo regime militar.

Utilizando o AI-5, o governo fechou o Congresso, censurou manifestações culturais, suspendeu o direito de *habeas corpus* e determinou a prisão de milhares de pessoas em todo o país – inclusive a de Carlos Lacerda, do marechal Lott e do ex-presidente Juscelino Kubitschek. Centenas de deputados federais e estaduais, vereadores e prefeitos tiveram seus mandatos cassados e quatro ministros do Supremo Tribunal Federal foram afastados.

Governo da Junta Militar

O presidente Costa e Silva confiou ao vice-presidente, Pedro Aleixo (advogado, não militar e contrário ao AI-5), a missão de elaborar o anteprojeto de uma nova Constituição que extinguiria o AI-5. A Carta estava praticamente concluída quando Costa e Silva se afastou da Presidência devido a problemas de saúde, vindo a falecer em dezembro de 1969.

Pedro Aleixo foi impedido de assumir a Presidência, pois os militares não queriam um civil no poder. Assim, durante dois meses (de 31 de agosto a 30 de outubro de 1969), o país foi governado por uma Junta Militar, composta pelos ministros do Exército, da Marinha e da Aeronáutica. Nesse período, foi aprovada uma Emenda Constitucional que concentrava mais poderes no Executivo federal. Em 22 de outubro de 1969, o Congresso foi reaberto e aprovou a indicação do general Emílio Garrastazu Médici para a Presidência da República.

Governo Médici

No governo Médici (1969-1974), o autoritarismo e a violência contra as oposições chegaram ao seu auge. Por isso, o período foi chamado de "**anos de chumbo**".

Nessa época, milhares de pessoas foram perseguidas, presas e torturadas por agentes do Estado. Com a censura aos veículos de comunicação, muitos brasileiros não sabiam o que acontecia na vida pública.

O governo militar escondia da população sua face cruel e investia em propagandas que divulgavam uma imagem de paz e prosperidade da nação. Um dos lemas dessa propaganda era: "**Brasil: ame-o ou deixe-o**", que trazia a ideia de que o amor ao país significava submissão ao governo.

Luta armada

Diante da repressão do governo, alguns grupos opositores viram a luta armada como o único enfrentamento possível. Houve grupos que assaltaram bancos, com o objetivo de obter dinheiro para financiar a luta política, e sequestraram diplomatas estrangeiros (como o embaixador norte-americano Charles Elbrick), para trocá-los por companheiros presos políticos. Nessa luta, pessoas contra e a favor do governo morreram, incluindo, até mesmo, quem não tinha nenhuma vinculação política.

Na época, dois líderes guerrilheiros foram mortos: o ex-deputado e comunista **Carlos Marighella** (da Ação Libertadora Nacional – ALN) e o ex-capitão do Exército **Carlos Lamarca** (da Vanguarda Popular Revolucionária – VPR). Além disso, a **Guerrilha do Araguaia**, no norte do país, liderada pelo Partido Comunista do Brasil, foi massacrada em 1972 por tropas do Exército.

> **Investigar**
> - Você conhece produções culturais que criticam e problematizam a sociedade e a política atual? Pense em músicas, livros, filmes, charges, etc.

> **Investigar**
> - Muitas das canções produzidas durante o período militar foram chamadas de músicas de protesto. Faça uma pesquisa sobre outras músicas que também expressavam o descontentamento de parte da população com o regime.

Luta cultural

Vários intelectuais, atores, professores, jornalistas, músicos, cineastas procuraram utilizar seu espaço de atuação para protestar contra o autoritarismo do governo militar. Entre as vozes da resistência podemos citar Geraldo Vandré, Chico Buarque e Caetano Veloso, que compuseram canções que muitas vezes tornaram-se símbolos de contestação ao regime.

"Milagre brasileiro"

A propaganda oficial do governo chamou o desenvolvimento econômico do período de "milagre brasileiro". Esse desenvolvimento era atribuído, em boa medida, à gestão do ministro da Fazenda, Antônio Delfim Netto. Entre os motivos do crescimento econômico estavam:
- aumento da produção industrial (com destaque para a indústria automobilística);
- investimentos na geração de energia elétrica;
- crescimento das exportações (bens manufaturados, veículos, entre outros);
- entrada de capital estrangeiro na forma de investimentos diretos e empréstimos.

Em contrapartida, houve arrocho salarial, contra o qual os trabalhadores e os sindicatos não podiam reagir. A concentração de renda se intensificou. O próprio presidente Médici teria admitido o lado desfavorável do "milagre brasileiro" ao afirmar: "A economia vai bem, mas o povo vai mal".

O "milagre" durou pouco. Em 1973, ocorreu a primeira crise do petróleo, que provocou uma alta vertiginosa nos preços desse produto. A economia mundial desestabilizou-se, e a brasileira sofreu o impacto.

A inflação começou a subir, e a dívida externa brasileira elevou-se de maneira assustadora. Teve início, então, uma longa e amarga crise econômica. Assim, o governo militar perdeu um de seus pilares de sustentação: o desenvolvimento da economia.

Não demorou para que as oposições políticas começassem a se reorganizar, exigindo a volta da democracia.

Governo Geisel

Após o mandato de Médici, o general Ernesto Geisel foi indicado para a Presidência da República e governou de 1974 a 1979. Geisel fazia parte de um grupo de militares favorável à devolução do poder aos civis. Porém, para ele, o processo deveria ser "gradual, lento e seguro". Com "seguro" o novo presidente queria dizer que não permitiria uma guinada "à esquerda" no sistema político.

No plano econômico, Geisel recebeu um país com as dificuldades do fim do "milagre": queda do PIB, aumento da inflação e enorme dívida externa. Para enfrentar a crise, procurou mudar alguns fundamentos da política econômica.

Pragmatismo externo

O governo mudou a política externa brasileira revendo o alinhamento automático com os Estados Unidos. Afinal, nem tudo que interessava àquele país também interessava ao Brasil. Assim, o governo Geisel, por meio do Itamaraty, intensificou as relações bilaterais com países africanos, asiáticos e europeus.

Em 1974, aproximou-se de nações árabes, como Arábia Saudita, Iraque, Líbia e Argélia, bem como de países da África subsaariana, como Angola, Moçambique e Guiné Equatorial, todos ricos em reservas de petróleo ou gás natural. Também restabeleceu relações diplomáticas com a China comunista e reconheceu a legitimidade da Organização para a Libertação da Palestina (OLP). Paralelamente, o governo Geisel selou acordos de cooperação comercial e estratégica com potências capitalistas, como Alemanha Ocidental e Japão. Essas mudanças foram chamadas, por alguns membros da diplomacia brasileira, de **pragmatismo responsável**.

Manchete do jornal *O Estado de S. Paulo* anuncia efeitos da crise do petróleo em 17 de novembro de 1973.

Economia interna

Quando Geisel assumiu a Presidência, o país estava em crise, apresentando queda do PIB, aumento da inflação e enorme dívida externa. Para enfrentar a crise, o governo Geisel buscou diminuir a dependência externa do país, desenvolvendo setores estratégicos da economia nacional.

Em 1974, lançou o **II Plano Nacional de Desenvolvimento – PND** (1975-1979), que previa o crescimento das indústrias de bens de produção, com ênfase no setor energético. O governo iniciou, então, a construção de grandes hidrelétricas, como as usinas de Tucuruí, no rio Tocantins, e Itaipu, no rio Paraná. Também procurou diversificar as matrizes energéticas do país, criando programas como:

- **Programa Nacional do Álcool (Pró-Álcool)** – criado em 14 de novembro de 1975, pretendia incentivar a produção de álcool no Brasil. Esperava-se que o produto a ser usado, em larga escala, como combustível veicular, pudesse substituir a gasolina (derivada do petróleo);
- **Programa Nuclear Brasileiro** – impulsionado em 1975, com a assinatura de um acordo com o governo da Alemanha Ocidental para a instalação de uma usina de enriquecimento de urânio, além de centrais termonucleares.

O plano de desenvolvimento do governo dependia de gastos bilionários que exigiam empréstimos externos. Em 1979, uma segunda crise do petróleo elevou o preço do produto a valores recordes. Naquela época, 80% do petróleo consumido no Brasil era importado. Um valor equivalente a quase metade da receita das exportações brasileiras passou a ser utilizado somente para pagar as importações de petróleo.

O governo ficou sem recursos para custear seus investimentos e saldar seus compromissos. Por isso, teve de fazer novos empréstimos no exterior, o que aumentou ainda mais a dívida externa brasileira.

Vaivém da abertura política

O governo Geisel iniciou o processo de abertura política do regime militar diminuindo a censura sobre os meios de comunicação e realizando, em 1974, eleições livres para senador, deputado e vereador. Nessas eleições, o MDB, único partido de oposição, alcançou uma vitória significativa sobre a Arena, o partido do governo. Isso assustou os militares da chamada "linha dura". Os militares ligados a essa linha e aos órgãos de repressão não tinham nenhuma simpatia pela abertura democrática.

Charge de Chico Caruso satirizando o confronto entre MDB e Arena – representados por seus presidentes, Ulysses Guimarães e Francelino Pereira – na década de 1970.

Debate e controle político

Em outubro de 1975, o jornalista **Vladimir Herzog** foi assassinado na cidade de São Paulo. O fato foi amplamente noticiado. Pouco tempo depois, em janeiro de 1976, morreu o operário **Manoel Fiel Filho**. Ambos haviam sido presos, torturados e mortos nas dependências do Destacamento de Operações de Informações – Centro de Operações de Defesa Interna (DOI-Codi), ligado ao II Exército.

As ações dos órgãos de repressão escandalizaram a opinião pública. Geisel reagiu afastando imediatamente o general comandante do II Exército. Em outubro de 1977, exonerou o ministro da Guerra, general Silvio Frota, que também pertencia à chamada "linha dura" do governo.

> **Dica**
> **Anistia Internacional**
> https://anistia.org.br/campanhas/
> *Site* com vídeos e textos de diversas campanhas voltadas para a defesa dos direitos humanos.

Repressão, acrílico sobre madeira de Claudio Tozzi, de 1968. Exemplo de arte realizada durante o regime da ditadura militar no Brasil.

Em face da derrota nas eleições de 1974, Geisel recuou no processo de abertura política. Assim, nas eleições municipais de 1976 e nas eleições estaduais e federais de 1978, decretou normas restritivas ao processo político-eleitoral, como a Lei Falcão e o Pacote de Abril.

A **Lei Falcão**, de junho de 1976 - batizada com o nome do ministro da Justiça, Armando Falcão –, limitava a propaganda eleitoral, no rádio e na televisão, à apresentação protocolar de um breve resumo das atividades políticas do candidato. Foi a forma encontrada pelo governo para impedir o debate político.

Com o **Pacote de Abril**, divulgado em abril de 1977, Geisel fechou o Congresso Nacional por duas semanas e decretou uma série de normas autoritárias. Entre outras medidas, determinava que um terço dos senadores fosse escolhido por eleições indiretas. Chamados pejorativamente de senadores biônicos, eles não foram eleitos pelo voto popular e sempre votavam a favor do governo.

Apesar dessas medidas, o MDB superou a Arena nas eleições de 1978 e quase se igualou ao partido governista na Câmara. Pressionado pelas oposições e problemas econômicos, Geisel fez seu último gesto na direção da abertura política: em outubro de 1978, revogou o AI-5 e os demais atos institucionais que marcaram a legislação ditatorial.

Governo Figueiredo: transição democrática

Para suceder Geisel foi indicado o general João Baptista de Oliveira Figueiredo, que governou de 1979 a 1985. Apoiado pela Arena, Figueiredo assumiu a Presidência prometendo dar continuidade à redemocratização do país. As críticas ao regime militar ecoavam por vários setores da sociedade, como sindicatos de trabalhadores, sacerdotes cristãos, associações artísticas e científicas, universidades, imprensa, grupos de empresários.

Durante o processo de abertura política, surgiu um novo sindicalismo, de perfil oposicionista em relação às diretrizes governamentais. Em 1979, em todo o Brasil, mais de 3 milhões de trabalhadores fizeram greve. Entre as paralisações destacaram-se as greves dos metalúrgicos de São Bernardo do Campo, na Grande São Paulo, sob a liderança de Luiz Inácio Lula da Silva, então presidente do Sindicato dos Metalúrgicos dessa cidade – região onde se concentravam grandes e médias indústrias metalúrgicas na época.

Lei da Anistia

O primeiro grande marco do processo de redemocratização foi a **Lei da Anistia** (1979), que resultou de um movimento impulsionado por vários segmentos da sociedade civil. Milhares de pessoas foram beneficiadas com a anistia:

- presos políticos foram liberados;
- brasileiros exilados em outros países puderam regressar ao Brasil;
- pessoas que tinham perdido seus direitos políticos tiveram sua cidadania reabilitada.

A Lei da Anistia também absolvia os militares acusados de praticar torturas ou cometer assassinatos. No entanto, a lei não foi irrestrita. Militares punidos por não terem se engajado no golpe e aqueles que haviam cometido atos considerados terroristas pelo regime militar não foram beneficiados.

Fim do bipartidarismo

Em novembro de 1979, o Congresso aprovou uma nova **Lei Orgânica dos Partidos**, que restabeleceu o pluripartidarismo. Os registros da Arena e do MDB foram cancelados e nos meses seguintes formaram-se seis novas legendas, que deveriam contar, obrigatoriamente, com a palavra partido em seu nome. Eram elas:

- **Partido Democrático Social (PDS)** – sucessor da Arena, reuniu a maioria de seus antigos integrantes e continuou apoiando o governo militar;

> **! Dica**
>
> *O ano em que meus pais saíram de férias.* Direção: Cao Hamburger. Brasil: Gullane Filmes; Caos Produções; Miravista; Globo Filmes, 2006. 105 min.
>
> Em 1970, Mauro tem 12 anos. Adora futebol e jogo de botão. Um dia, sua vida muda completamente, quando seus pais saem de férias de forma inesperada. Na verdade, os pais de Mauro foram obrigados a fugir da perseguição política e a deixá-lo com seu avô paterno.

- **Partido do Movimento Democrático Brasileiro (PMDB)** – sucessor do MDB, manteve boa parte de seus antigos membros;
- **Partido dos Trabalhadores (PT)** – fundado por líderes sindicais e intelectuais;
- **Partido Trabalhista Brasileiro (PTB)** – recriado por Ivete Vargas, sobrinha de Getúlio Vargas, após disputa na Justiça com Leonel Brizola pelo nome da legenda;
- **Partido Democrático Trabalhista (PDT)** – fundado sob a liderança de Leonel Brizola e com a reivindicação de ser o legítimo herdeiro do trabalhismo de Vargas;
- **Partido Popular (PP)** – formado por dissidentes da Arena, acabou rapidamente.

O governo também determinou o restabelecimento de eleições diretas para governador de estado, que deveriam ocorrer em 1982.

Crise econômica

Enquanto a abertura política avançava, o governo Figueiredo não foi capaz de equacionar sérios problemas econômicos, como:

- **inflação** – bateu recordes históricos, superando a cifra de 200% ao ano. Os mais prejudicados eram os trabalhadores, que tinham seus salários desvalorizados dia a dia com a elevação do custo de vida;
- **desemprego** – a falta de investimento no setor produtivo resultou numa redução do crescimento econômico. O aumento do desemprego chegou a níveis altíssimos em 1983, ocasionando até mesmo saques a lojas e supermercados;
- **dívida externa** – toda vez que o governo brasileiro obtinha empréstimos do Fundo Monetário Internacional (FMI), precisava se submeter às exigências dos banqueiros internacionais, que começaram a ditar regras de "ajustamento" da economia. Dependendo de novos empréstimos para saldar os já obtidos, o país passou a protagonizar uma escalada contínua de crescimento da dívida externa.

Eleições para governador

As eleições de 1982 ocorreram em meio ao agravamento da crise econômica e da insatisfação popular com o governo. O eleitorado manifestou seu descontentamento elegendo um grande número de candidatos da oposição nos estados mais populosos, onde os movimentos sociais eram bem organizados. Em 15 de março de 1983, depois de 18 anos de ditadura, novos governadores, eleitos pelo voto direto, assumiram a liderança dos estados brasileiros. Com força renovada, as oposições políticas passaram a exigir eleições diretas para presidente da República e a volta dos civis ao poder.

Um breve balanço

Veja, a seguir, um breve resumo da situação do país durante os governos militares. As conquistas modernizadoras desses 21 anos situaram-se principalmente nas áreas de infraestrutura (comunicações, energia, transportes). Porém, o campo social não apresentou avanços significativos. O problema da concentração de renda, a questão fundiária e a situação educacional permaneceram ou se agravaram.

Comunicações

O sistema de comunicações interno foi expandido e modernizado e integrou-se o Brasil ao sistema de comunicações internacionais.

Entre as empresas estatais criadas nesse período destacaram-se: a Empresa Brasileira de Correios e Telégrafos (ECT, mais conhecida por Correios), em 1969; a Telecomunicações do Brasil (Telebras), em 1972; a Empresa Brasileira de Telecomunicações (Embratel), criada em 1965 e transformada em subsidiária da Telebras em 1972.

Usina hidrelétrica de Itaipu, no rio Paraná (Paraná), construída entre 1975 e 1982. Fotografia de 2018.

Energia

A partir do governo Geisel, houve ênfase na produção de energia, destacando-se:
- aumento da produção nacional de petróleo;
- construção de grandes usinas hidrelétricas, como Itaipu e Tucuruí;
- criação do Pró-Álcool, para promover a substituição progressiva do petróleo importado pelo álcool nacional;
- compra de reatores nucleares para as usinas de Angra dos Reis, negociados com os Estados Unidos, em 1971 (Angra 1), e com a Alemanha, em 1975 (Angra 2 e Angra 3).

Transportes

Observou-se, de modo geral, durante as duas décadas de governos militares:
- crescimento da rede rodoviária, com a construção de estradas para integrar as diferentes regiões do país;
- modernização da indústria naval;
- desenvolvimento do setor aeronáutico, com destaque para a criação, em 1969, da Empresa Brasileira de Aeronáutica (Embraer), fabricante de aviões.

Concentração de renda e questão fundiária

Durante o regime militar, ocorreu um crescimento geral da economia (avaliado pelo PIB) que não melhorou as condições de vida da maioria da população. As desigualdades sociais continuaram castigando milhões de brasileiros.

O economista Delfim Netto (ministro da Fazenda dos governos militares), ao se referir à distribuição de renda no país, teria dito: "É preciso fazer o bolo crescer para depois dividi-lo". De certo modo, "o bolo" cresceu, mas foi dividido entre poucos, gerando uma elevada concentração de riquezas. Uma minoria de latifundiários, por exemplo, passou a controlar quase metade de todas as terras agrícolas disponíveis. Segundo o Ipea, em 1960, os 20% mais ricos do Brasil detinham cerca de 55% da renda do país. O último número subiu para cerca de 65% em 1983. Como agravante, parte considerável dos latifúndios brasileiros era (e ainda é) improdutiva.

Educação

Para enfrentar o problema do analfabetismo no Brasil, o governo militar criou, em 1967, o Movimento Brasileiro de Alfabetização (Mobral). Embora as taxas de alfabetização tenham aumentado, o projeto não conseguiu cumprir seus objetivos, e acabou extinto na década de 1980. As taxas de analfabetismo no país ainda são consideradas elevadas, em comparação com outros países do mundo, inclusive os latino-americanos. Segundo dados do IBGE, em 2014, a taxa de analfabetismo das pessoas de 15 anos ou mais de idade era cerca de 8,3%.

Os problemas gerais da educação pública brasileira persistiram. Milhões de crianças continuaram sem estudar por ter de trabalhar para ajudar no orçamento doméstico, pela longa distância entre suas casas e a escola ou simplesmente por desmotivação social. Avalia-se que houve queda na qualidade do ensino e na remuneração dos professores. Grande parte desses problemas perdura até nossos dias.

Oficina de História

Analisar e refletir

1 Quais comparações podem ser feitas entre o Estado Novo (1937-1945) e os governos militares (1964-1985)? Aponte semelhanças e diferenças entre os dois períodos autoritários.

2 Pesquise na Constituição Federal do Brasil (1988) se existem situações em que o estado de sítio pode ser decretado. Cite-as, se houver, e mencione o que ocorre com os cidadãos nesses casos.

3 Leia o trecho de uma canção composta por Chico Buarque durante os chamados "anos de chumbo" do regime militar. Por ter duplo sentido, ela foi censurada pelo governo. Em seguida, procure mostrar trechos da canção que criticam aqueles momentos da vida pública. Argumente.

> Hoje você é quem manda
> Falou, tá falado
> Não tem discussão
> A minha gente hoje anda
> Falando de lado
> E olhando pro chão, viu
> Você que inventou esse estado
> E inventou de inventar
> Toda a escuridão
> Você que inventou o pecado
> Esqueceu-se de inventar
> O perdão [...]

BUARQUE, Chico. *Apesar de você* (1970).
© Marola Edições Musicais.

4 Sobre o uso de fontes de energia como o álcool e a energia nuclear, implantado no Brasil durante o governo militar, faça o que se pede.
  a) Converse com professores de Geografia, Biologia, Física e Química. Informe-se sobre os prós e contras dessas fontes de energia.
  b) Faça uma pesquisa sobre os impactos ambientais que essas fontes de energia causam ou podem causar.
  c) Depois pesquise o que são matrizes energéticas sustentáveis para responder à questão: no mundo globalizado, a preservação do meio ambiente tem se tornado uma preocupação política central. Nesse contexto, qual é a importância da utilização de matrizes energéticas sustentáveis?

Interpretar texto e imagem

5 Interprete a charge de Ziraldo que faz uma sátira ao *slogan* "Brasil: ame-o ou deixe-o".

Charge do cartunista e jornalista Ziraldo sobre o *slogan* "Brasil: ame-o ou deixe-o", veiculado durante o governo Médici.

  a) Descreva a cena.
  b) Reflita sobre essas duas alternativas: amar ou deixar o país. Numa democracia, poderia haver outras escolhas para os cidadãos? Debata o tema com os colegas.

6 Leia alguns artigos da Declaração Universal dos Direitos Humanos, também assinada pelo Brasil.

Artigo I
Todos os seres humanos nascem livres e iguais em dignidade e direitos. São dotados de razão e consciência e devem agir em relação uns aos outros com espírito de fraternidade. [...]

Artigo III
Todo ser humano tem direito à vida, à liberdade e à segurança pessoal. [...]

Artigo V
Ninguém será submetido à tortura nem a tratamento ou castigo cruel, desumano ou degradante. [...]

Artigo IX
Ninguém será arbitrariamente preso, detido ou exilado.

ORGANIZAÇÃO DAS NAÇÕES UNIDAS (ONU). *Declaração Universal dos Direitos Humanos*. Disponível em: <https://nacoesunidas.org/wp-content/uploads/2018/10/DUDH.pdf>. Acesso em: 18 fev. 2020.

Na sua interpretação, esses artigos foram respeitados no Brasil durante a ditadura civil-militar? Justifique sua resposta.

CAPÍTULO 36

Brasil contemporâneo

Cidadania é a palavra-síntese que traduz os desejos dos brasileiros por uma vida mais digna. Cidadania é uma construção histórica e coletiva. Exige consciência do que fomos para transformar o que somos.

Este capítulo favorece o desenvolvimento das habilidades:

EM13CHS101
EM13CHS102
EM13CHS103
EM13CHS104
EM13CHS105
EM13CHS106
EM13CHS304
EM13CHS305
EM13CHS306
EM13CHS401
EM13CHS402
EM13CHS403
EM13CHS501
EM13CHS502
EM13CHS503
EM13CHS504
EM13CHS601
EM13CHS605
EM13CHS606

Campanha Diretas Já

A redemocratização brasileira deu-se gradualmente. Nos últimos anos do regime militar, a legislação autoritária foi suprimida e ocorreram eleições livres para as três instâncias legislativas (municipal, estadual e federal). Em 1982, ocorreu a primeira eleição direta, desde 1964, para o cargo de governador de estado.

Os avanços democráticos eram necessários, inclusive, para superar os fracassos econômicos do governo Figueiredo. Nesse período, a economia mergulhara em grave crise com elevadas taxas de inflação e um assombroso endividamento externo e interno.

Diversos setores da sociedade (partidos políticos, Igreja Católica, entidades científicas, estudantes, artistas, imprensa, sindicatos de trabalhadores, universidades, associações de empresários, entre outros) uniram-se, reivindicando eleições diretas para presidente da República. Mas, para que isso acontecesse, seria necessária a aprovação de uma emenda à Constituição vigente.

De janeiro a abril de 1984, a campanha pelas eleições diretas reuniu milhões de pessoas em diversas cidades do país. Esse movimento ficou conhecido pelo nome **Diretas Já**.

Na véspera da votação da emenda (proposta pelo deputado Dante de Oliveira), o governo decretou estado de emergência em Brasília. Forças policiais militares cercaram o Congresso. Os governistas alegavam que havia necessidade de proteger os parlamentares da "pressão popular".

No dia da votação, em 25 de abril de 1984, apesar da ampla mobilização da sociedade civil, a emenda Dante de Oliveira **não alcançou** os votos necessários para entrar em vigor. O principal grupo contrário às eleições diretas era liderado pelo deputado federal paulista Paulo Maluf, que acreditava poder eleger-se para a Presidência da República por meio das **eleições indiretas**.

Linha do tempo esquemática. O espaço entre as datas não é proporcional ao intervalo de tempo.

Eleição de Tancredo Neves

Assim, contrariada a vontade da maioria dos brasileiros, o processo de eleição por via indireta teve prosseguimento. Foram para o Colégio Eleitoral dois candidatos:

- **Paulo Maluf** – deputado e candidato oficial do Partido Democrático Social (PDS). O partido representava o governo, mas não contava com o apoio efetivo de todas as forças tradicionais que estavam no poder. Seu vice era o deputado Flávio Marcílio;
- **Tancredo Neves** – governador de Minas Gerais. O candidato era filiado ao Partido do Movimento Democrático Brasileiro (PMDB), mas concorria como candidato de uma aliança heterogênea de partidos políticos, chamada Aliança Democrática. Seu vice era o senador José Sarney, ex-PDS.

Em 15 de janeiro de 1985, o Colégio Eleitoral deu maioria de votos à chapa da Aliança Democrática, **elegendo Tancredo Neves como sucessor do general Figueiredo**. A escolha de Tancredo foi bem recebida pela população, despertando esperança de transformações democráticas.

Tancredo era um político conciliador. No mês posterior à sua eleição, visitou governantes de diversos países e, quando voltou, negociou e anunciou seu ministério. No entanto, atingido por grave enfermidade, foi internado na véspera da posse (14 de março) e não pôde assumir a Presidência. Submetido a várias cirurgias, faleceu em 21 de abril de 1985.

Jornal *Folha de S.Paulo*, de 15 de janeiro de 1985, anunciando o início da gestão de Tancredo Neves como presidente do Brasil após anos de ditadura militar no país.

Governo Sarney

José Sarney assumiu a Presidência da República em 15 de março de 1985 e, com a morte de Tancredo, tornou-se presidente por sucessão automática.

A posse de Sarney decepcionou boa parte das oposições políticas, pois, ao longo de sua carreira política, ele deu apoio – direto ou indireto – ao regime militar. Tentando superar essa imagem, Sarney prometeu honrar os compromissos de redemocratizar e lutar contra a crise econômica. Em maio de 1985, Sarney lançou várias medidas democráticas, como:

- eleições diretas, em dois turnos, para a Presidência da República e para as prefeituras das capitais e dos municípios;
- liberdade para a criação de novos partidos. Grupos políticos como o Partido Comunista Brasileiro (PCB) e o Partido Comunista do Brasil (PCdoB) foram legalizados;
- direito de voto para todos os cidadãos, incluindo os analfabetos.

Plano Cruzado

Em 28 de fevereiro de 1986, o governo tomou medidas de impacto para combater a inflação, o Plano Cruzado. Entre essas medidas, estavam:

- congelamento do preço das mercadorias;
- criação de uma nova moeda, o cruzado;
- fim da correção monetária;
- congelamento dos salários, que seriam reajustados automaticamente sempre que a inflação atingisse 20% (o chamado "gatilho salarial").

Ágio: valor adicional cobrado sobre um preço tabelado quando a procura pelo produto supera a oferta.
Moratória: dispositivo legal por meio do qual as autoridades de um Estado declaram a suspensão do pagamento de sua dívida externa.
Credor: pessoa ou instituição a quem se deve dinheiro.

O congelamento de preços foi, aos poucos, gerando graves problemas para produtores, comerciantes e para a população em geral. Diversos produtos sumiam do mercado e só reapareciam mediante o pagamento de **ágio**. Longas filas formavam-se para a compra das mercadorias essenciais.

O Plano Cruzado fracassou e, até o fim do governo Sarney, a crise econômica permaneceu com três problemas principais: inflação muito alta, enorme dívida externa e elevada dívida interna. Em janeiro de 1987, o governo decretou uma **moratória** – o país devia, então, 107 bilhões de dólares aos **credores** internacionais.

Constituição Federal de 1988

Durante o governo Sarney, foram convocadas eleições para eleger os membros da Assembleia Nacional Constituinte, encarregada de elaborar uma nova Constituição para o Brasil, destinada a consolidar a redemocratização. Após 20 meses de trabalho, foi promulgada a nova Constituição, em 5 de outubro de 1988.

Última sessão da Assembleia Nacional Constituinte, em 1988.

Alguns pontos fundamentais da Constituição Federal vigente até os dias atuais são:

- **igualdade jurídica** – todas as pessoas são iguais perante a lei, sem distinção de qualquer natureza. Homens e mulheres são iguais em direitos e deveres;
- **subordinação de todos à lei** – a liberdade de cada pessoa é limitada pelas normas jurídicas, e não pelo arbítrio de outra pessoa, por mais influente que seja;
- **liberdade de pensamento, de crença religiosa, de expressão intelectual, de locomoção, de associação** – é livre a manifestação do pensamento (sendo assegurado o direito de resposta); o exercício dos cultos religiosos; a expressão intelectual (artística, científica e de comunicação), independentemente de censura ou licença; a locomoção pelo território nacional em tempo de paz; o direito de reunião e de associação para fins lícitos;
- **liberdade da pessoa** – ninguém será preso senão em flagrante delito ou por ordem escrita fundamentada de autoridade judiciária competente (juízes, desembargadores, ministros de tribunais), exceto nos casos de transgressões ou crimes militares. A prisão de qualquer pessoa e o local para onde ela será levada devem ser comunicados imediatamente ao juiz competente e à família do preso ou à pessoa por ele indicada;
- **direitos sociais** – é garantido aos cidadãos, por exemplo, o direito à educação, saúde, segurança, previdência social, proteção da maternidade e da infância e assistência aos desamparados.

A Constituição Federal em vigor passou a conferir direitos aos cidadãos. No entanto, esses direitos somente se tornam realidade quando são efetivamente exercidos pelas pessoas. Dessa forma, a cidadania não deve ser vista como "um favor" do Estado à sociedade, pois ela é resultado de uma construção coletiva, que nasce das lutas e conquistas históricas dos grupos sociais.

Investigar
- Em sua opinião, como os jovens devem se preparar para votar nas eleições?

Os povos indígenas

A democratização do país abriu espaço para um amplo debate sobre as questões indígenas no Brasil contemporâneo.

A Constituição Federal consagrou um capítulo para os indígenas, referindo-se a eles como grupos autônomos, com direito sobre suas terras e de manter suas organizações sociais, suas línguas, seus costumes e suas tradições.

Governo Collor

Após quase 30 anos sem eleições diretas para presidente da República, os eleitores brasileiros voltaram a exercer esse direito nos dias 15 de novembro e 17 de dezembro de 1989. O vencedor desta eleição foi o ex-governador de Alagoas, Fernando Collor de Mello, tendo como vice Itamar Franco.

Manifestação pelos direitos indígenas, em Brasília (DF), 2019. Apesar da inclusão da questão indígena na Constituição Federal de 1988, ainda hoje os direitos dos povos originários continuam sendo violados.

Durante a campanha, Collor defendia a moralização do serviço público e o combate aos **marajás**. Propunha uma modernização da administração pública, inspirada no neoliberalismo, pretendendo, por exemplo, privatizar (vender para a iniciativa privada) empresas estatais; combater os monopólios e abrir o país à concorrência internacional e desburocratizar as regulamentações econômicas.

Plano Collor

No início do governo Collor, o país vivia um período de **hiperinflação**, que chegara a 2.751,34% ao ano. No dia seguinte à posse, Collor anunciou um plano bombástico que visava a estabilização econômica.

Entre outras medidas, o chamado Plano Collor bloqueou as contas e aplicações financeiras das pessoas, confiscando cerca de 80% do dinheiro que circulava no país (incluindo o das cadernetas de poupança) e extinguiu a moeda vigente, o cruzado, restabelecendo o cruzeiro. O impacto social do chamado Plano Collor foi imenso. Contudo, não demorou muito para que viessem as decepções. Após um controle inicial, a inflação voltou a crescer com a recessão da economia. Com isso, o governo foi perdendo a sua credibilidade.

Impeachment

Depois de dois anos do governo Collor, começaram a surgir na imprensa inúmeras denúncias de corrupção envolvendo a cúpula governamental e a própria família do presidente.

A gravidade das denúncias e sua grande repercussão na mídia levaram à instituição de uma Comissão Parlamentar de Inquérito (CPI), em maio de 1992, destinada a apurar as eventuais irregularidades.

Aos poucos, foram expostas ao público notícias de uma vasta rede de corrupção, sonegação fiscal e contas "fantasmas" do chamado "esquema PC". Tratava-se de uma série de negócios obscuros dirigidos por Paulo César Farias ou "PC Farias", amigo e ex-tesoureiro da campanha presidencial de Collor.

Ao final dos trabalhos, a CPI apresentou um relatório que incriminava o presidente. Estava aberto o caminho legal para o **impeachment**, aprovado pela Câmara Federal em 29 de setembro de 1992, o que levou ao afastamento de Collor da Presidência da República. Posteriormente, Collor foi julgado e condenado pelo Senado Federal.

Marajá: denominação pejorativa para o funcionário público ou de empresa pública que goza de salários e vantagens considerados exorbitantes em relação à maioria da população. O termo é uma alusão ao título dado aos antigos príncipes indianos.

Hiperinflação: inflação acentuada, com preços muito elevados ou fora de controle e forte desvalorização monetária.

Impeachment: palavra inglesa que significa "impedimento". Usada em sentido jurídico, é o processo que pune com o afastamento do cargo aquele que praticou delito grave no exercício das funções públicas.

> **Coalizão:** acordo ou aliança interpartidária para um fim comum.

Governo Itamar

Com a saída de Collor, Itamar Franco assumiu efetivamente o cargo de presidente da República, em 29 de dezembro de 1992. O novo governo recebeu uma penosa herança socioeconômica: a persistência da inflação; a altíssima concentração de renda; a recessão econômica e o desemprego. Para enfrentar esses desafios, Itamar formou um governo de **coalizão**.

Plano Real

No primeiro ano, o governo não conseguiu controlar a inflação, promovendo uma sucessiva troca de ministros da Fazenda. Na última substituição, Itamar nomeou Fernando Henrique Cardoso para o Ministério da Fazenda. Fernando Henrique coordenou um plano de estabilização da economia desenvolvido por uma equipe de especialistas. O principal objetivo era controlar a hiperinflação brasileira. No dia 1º de julho de 1994 passou a vigorar uma nova moeda no país, chamada **real**. Por isso, o plano ficou conhecido como **Plano Real**.

De modo geral, o Plano Real alcançou resultados positivos. A inflação caiu de quase 50% ao mês (em junho de 1994) para índices próximos a 6% ao mês (no fim de julho de 1994). No ano anterior, a inflação tinha alcançado mais de 2 000%. Em 1995, o índice inflacionário foi reduzido para 22,41%.

Os bons resultados econômicos impulsionaram a candidatura de Fernando Henrique à Presidência da República nas eleições de 1994.

Governo Fernando Henrique

Fernando Henrique Cardoso – também conhecido como FHC – venceu, no primeiro turno, as eleições de outubro de 1994, com quase 55% dos votos válidos. Inicialmente, seu mandato terminaria em 31 de dezembro de 1998; no entanto, em 1997, foi aprovada uma emenda constitucional permitindo a reeleição para presidente da República, governadores de estado e prefeitos.

Ao concorrer à reeleição FHC saiu vitorioso no primeiro turno e tornou-se o primeiro presidente brasileiro a exercer **dois mandatos consecutivos**. O segundo mandato de Fernando Henrique teve início em 1º de janeiro de 1999 e terminou em 31 de dezembro de 2002. Nas duas eleições, seu principal adversário foi Luiz Inácio Lula da Silva, do Partido dos Trabalhadores (PT).

Fernando Henrique Cardoso (à esquerda) e Itamar Franco (à direita), na cerimônia de posse de FHC como presidente da República, em 1995.

Gestão econômica

No plano econômico, o governo FHC dedicou-se ao combate à hiperinflação e deu prosseguimento ao Plano Real. Os resultados podem ser observados a partir dos seguintes indicadores:

- durante 5 anos (1988 a 1993), a taxa média da inflação brasileira havia sido de **1280,9% ao ano**;
- com o Plano Real, implantado em julho de 1994, até maio de 2000, a taxa média da inflação caiu para **11,4% ao ano** (com base no IPCA, apurado pelo Instituto Brasileiro de Geografia e Estatística – IBGE).

Outro aspecto marcante da gestão de FHC foi a reformulação da função econômica do Estado. Defendia-se a diminuição do Estado interventor na economia para um Estado regulador da produção econômica. Assim, o governo promoveu uma série de **privatizações de empresas públicas**, entre as quais destacam-se:

- sistema de telecomunicações (Sistema Telebras);
- geração e distribuição de energia elétrica (Eletrobras);
- mineração (Companhia Vale do Rio Doce);
- siderurgia (Usiminas, Cosipa, Companhia Siderúrgica Nacional);
- setor químico (Copene, Copesul).

Para supervisionar as áreas privatizadas, o governo criou agências reguladoras – entidades públicas independentes dos governos. São exemplos de agências reguladoras a Agência Nacional de Telecomunicações (Anatel), a Agência Nacional do Petróleo (ANP) e a Agência Nacional de Energia Elétrica (Aneel), entre outras.

> **Investigar**
> - De modo geral, você é contrário ou favorável à venda (privatização) de empresas do Estado? Pesquise o assunto.

Entre os principais argumentos a favor da privatização, estão:

- fortalecimento do Estado regulador em detrimento do Estado empresário. Retirando-se do setor empresarial, o Estado poderia cumprir melhor seu papel de provedor e executor de políticas sociais nas áreas de segurança, saúde, educação, entre outras;
- as privatizações atrairiam capital estrangeiro, modernizariam setores econômicos, expandiriam a cobertura dos serviços e dinamizariam a economia;
- o dinheiro arrecadado pelo governo com a venda das estatais seria usado para pagar parte da dívida do país (interna e externa).

O programa de privatizações se defrontou com a reprovação de diversos setores da sociedade que, por convicções nacionalistas, eram (e ainda são) contrários à desestatização. No entanto, as privatizações durante o governo FHC foram criticadas por outros motivos. Segundo diversos analistas, a venda do patrimônio público foi feita por preços baixos e o pagamento das dívidas interna e externa do país com os recursos arrecadados não alcançou o efeito esperado. O tema das privatizações permanece polêmico entre economistas e outros estudiosos.

Confronto entre manifestantes e policiais em frente à Bolsa de Valores do Rio de Janeiro, na manhã de 29 de julho de 1998. Nessa data, ocorreu o leilão de privatização da empresa de telecomunicações Telebras.

Lei de Responsabilidade Fiscal

Para aprimorar a gestão das finanças públicas, em 4 de maio de 2000, foi sancionada a **Lei de Responsabilidade Fiscal (LRF)**.

A LRF estabeleceu regras para o administrador público – no âmbito municipal, estadual e federal –, com o propósito de alcançar um equilíbrio entre receitas e despesas no orçamento público. Seu princípio fundamental consiste em proibir a criação de uma nova despesa (por mais de dois anos) nos orçamentos públicos sem a indicação de receita correspondente ou de redução equivalente de gastos previstos para cobri-la. Desse modo, não se pode gastar mais do que o arrecadado. O desrespeito à lei pode gerar graves punições, como a perda dos direitos políticos, o pagamento de pesadas multas e a prisão dos infratores.

Avanços sociais

Nesse período, houve avanços positivos em alguns setores sociais, como na educação e na saúde.

Redução do analfabetismo

Na educação, o Brasil praticamente alcançou a universalização do Ensino Fundamental, garantindo o acesso à escola para 97% das crianças do país com idade entre 7 e 14 anos.

Além disso, ocorreu uma queda na taxa de analfabetismo entre a população com mais de 10 anos de idade. Em 1990, a porcentagem de analfabetos no país era de cerca de 18,3%; em 2002, esse percentual caiu para 12,8%. A redução mais notável ocorreu entre os jovens de 15 a 19 anos, faixa etária em que a taxa baixou de 12% para 6%.

Apesar da redução do analfabetismo e de outros avanços quantitativos na educação, como o número de vagas nas escolas, resta ainda um imenso trabalho a ser desenvolvido para a melhoria da **qualidade dos ensinos público e privado no país**. A qualidade da educação brasileira continua uma questão atual, e demanda empenho do governo para que volte a ser prioridade da agenda pública.

Queda da mortalidade infantil

Na área de saúde ocorreu a expansão do atendimento médico-hospitalar e das campanhas públicas de vacinação. Esses esforços refletiram-se, por exemplo, na queda da taxa de mortalidade infantil: em 1994, essa taxa era de 36,5 mortos por mil nascidos vivos; em 2002, caiu para 27,8 mortos.

Expressando uma melhoria nas condições gerais de saúde, houve uma ampliação da **expectativa de vida**. Em 1980, o brasileiro vivia, em média, 60 anos; em 2002, a expectativa média de vida subiu para 71 anos.

Apesar desses avanços o Brasil ainda enfrenta sérios problemas na área de saúde pública. Na tabela ao lado, é possível comparar a taxa de mortalidade infantil e a expectativa de vida no Brasil com as de alguns países selecionados.

Fim da Era FHC

No último ano do governo FHC, cresceram o descontentamento popular e as críticas em razão de fatores como:

- crise de fornecimento de energia elétrica no país, gerando risco de "apagão", atribuída à falta de investimentos do governo em infraestrutura e às privatizações no setor energético;
- crescimento intenso das dívidas externa e interna do setor público, gerando desconfiança na capacidade do governo de honrar seus compromissos;
- retorno da pressão inflacionária, levando a certa desilusão com o Plano Real;
- elevadas taxas de desemprego, em torno de 11,5% da população economicamente ativa.

A insatisfação social converteu-se em anseio por mudanças políticas que, em grande medida, foram direcionadas para o candidato da oposição, Luiz Inácio Lula da Silva, nas eleições à Presidência da República em 2002.

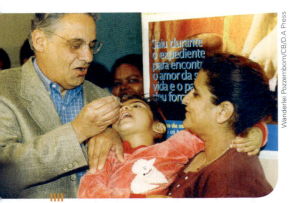

Presidente Fernando Henrique Cardoso vacinando criança durante campanha em Brasília (DF), 1997.

Mortalidade infantil e expectativa de vida (2020)

País	Mortalidade infantil (a cada 1000 nascidos vivos)	Expectativa de vida (anos)
Argentina	9	77,8
Brasil	15,9	74,7
Chile	6,2	79,4
Estados Unidos	5,3	80,3
França	3,2	82,2
Itália	3,2	82,5
Japão	1,9	86
México	10,7	76,7
Portugal	2,6	81,1
Venezuela	27,9	71

Fonte: CIA The World Factbook. Disponível em: <https://www.cia.gov/library/publications/resources/the-world-factbook/>. Acesso em: 5 fev. 2020.

Governo Lula

Depois de concorrer três vezes para a Presidência da República, Luiz Inácio Lula da Silva, candidato do PT, venceu as eleições em 2002. Pela primeira vez na história republicana, um líder político de origem popular (ex-operário e ex-líder sindical) chegava à Presidência. No segundo turno, Lula alcançou 61,3% dos votos válidos, derrotando José Serra, do PSDB.

Em 2006, ao final de seu mandato, Lula disputou nova eleição e foi reeleito no segundo turno, com pouco mais de 60% dos votos válidos. Seu adversário desta vez foi Geraldo Alckmin, também do PSDB.

Primeiro mandato (2003-2006)

Lula assumiu a Presidência em 1º de janeiro de 2003. Seu governo propunha-se a enfrentar problemas sociais antigos e profundos e preservar os fundamentos da economia do país. Neste sentido, o governo Lula procurou tranquilizar os mercados, ganhar a confiança de grandes empresários, manter a estabilidade da moeda e conter a pressão inflacionária.

De certo modo, a nova equipe econômica do governo adotou uma conduta semelhante à da gestão anterior, o que gerou críticas daqueles que esperavam ações mais ousadas. Essa estratégia trouxe bons resultados, como:

- controle da inflação;
- crescimento das exportações brasileiras;
- queda gradual nos índices de desemprego.

Entre 2003 e 2006, o PIB (a soma de todos os bens e serviços produzidos no país) cresceu num ritmo médio de 3,4% ao ano, uma taxa superior à do governo de FHC. Observe os dados da tabela ao lado.

O governo Lula sofreu denúncias de corrupção em seu primeiro mandato. Algumas delas foram investigadas pelos parlamentares, como a CPI dos Bingos e a CPI dos Correios. A acusação mais grave, porém, deu origem a um escândalo que ficou conhecido como "mensalão". Segundo essas acusações, desde 2003, o governo procurou reunir, no Congresso Nacional, o apoio de parlamentares que garantisse a aprovação das suas propostas legislativas. Para isso, promoveu alianças e acordos com membros de diversos partidos, como PL, PP, PTB, PMDB, etc. Tais alianças e acordos seriam sustentados por meio de propinas (pagamento mensal) destinadas a parlamentares em troca de apoio político ao governo.

Crescimento médio do PIB por período de governo

Governo	Período	Crescimento médio do PIB
Fernando Henrique	1999-2002	2,2%
Lula	2003-2006	3,5%

Fonte: IBGE. *Séries históricas*. Disponível em: <https://www.ibge.gov.br/estatisticas/economicas/contas-nacionais/9300-contas-nacionais-trimestrais.html?=&t=series-historicas&utm_source=landing&utm_medium=explica&utm_campaign=pib#evolucao-taxa>. Acesso em: 10 fev. 2020.

Por iniciativa da Procuradoria Geral da República, muitas dessas denúncias foram encaminhadas ao Supremo Tribunal Federal, que decidiu abrir processo contra os indiciados. Em 2012, o processo do "mensalão" foi finalmente julgado pelo STF e vários acusados foram condenados pela Corte Suprema, incluindo políticos de vários partidos e funcionários públicos.

Segundo mandato (2006-2010)

Apesar da quantidade de denúncias promovidas pela oposição e pela grande imprensa, Lula conseguiu reeleger-se em 2006. Alguns analistas entenderam essa vitória como uma demonstração de que a maior parte do eleitorado considerava Lula um político comprometido com as causas populares. Outros atribuíram a reeleição ao Bolsa Família, um programa de distribuição de renda que beneficiou cerca de 11 milhões de famílias pobres do país durante o primeiro mandato. Em meados de 2007, o programa foi ampliado, alcançando cerca de 25% da população do país.

No segundo mandato, a popularidade do presidente Lula continuou em alta, alcançando índices em torno de **80% de aprovação popular**.

Governo Dilma

Nas eleições de 2010, a candidata do PT, Dilma Rousseff, venceu as eleições e tomou posse em janeiro de 2011. Ela foi **a primeira mulher a assumir o cargo de presidente do Brasil**. Após 1964, Dilma participou da luta armada contra a ditadura militar. Por isso, foi presa e torturada pelos órgãos repressivos do governo.

O governo Dilma deu continuidade aos programas sociais do governo Lula, que envolviam a construção de moradias populares, a expansão da educação pública, a distribuição de renda, etc. Entre os resultados positivos, pode-se destacar:

- em 2004, cerca de 3,2% dos domicílios brasileiros não dispunham de iluminação elétrica; em 2014, esse número caiu para 0,3%.
- o analfabetismo, que era de 12,8% em 2002, caiu para 7,9% em 2013 entre pessoas com 10 anos ou mais de idade.
- o número de matrículas em cursos de graduação universitária subiu para mais de 7 milhões. Desse total, cerca de 55% dos matriculados eram mulheres.

> **Pobreza extrema:** para a FAO, são consideradas extremamente pobres as pessoas que vivem com renda inferior a um dólar por dia.

No ano de 2014, a Organização das Nações Unidas para a Alimentação e a Agricultura (FAO) divulgou que o Brasil havia reduzido a **pobreza extrema** para 1,7%. Em 2002, havia 19 milhões de pessoas subalimentadas no país. Esse número caiu para 3,4 milhões em 2013, contribuindo, para isso, programas como o Bolsa Família.

Presidente Dilma Rousseff discursa na Cúpula de Ação Climática da ONU, em Nova York (EUA), 2014.

Crise política e econômica

Em 2013, eclodiram protestos contra o aumento nas tarifas dos transportes públicos na cidade de São Paulo. Esses protestos se espalharam pelo país, chegando a reunir mais de 1 milhão de pessoas. Além da redução da tarifa, os manifestantes também protestavam contra a corrupção pública e os gastos com as obras da Copa do Mundo de 2014, realizada no Brasil.

Mesmo com a popularidade afetada, Dilma reelegeu-se em 2014 para um novo mandato como presidente da República. Porém, a partir de 2014, alguns indicadores econômicos, como o aumento do desemprego, da inflação, da dívida pública e a retração do PIB do país, mostravam a extensão da crise.

Segundo o IBGE, no início de 2016, a taxa de desemprego atingiu 10,9% da população economicamente ativa. Isso significa que havia mais de 11 milhões de pessoas sem trabalho no Brasil. A inflação acumulada em 2015 chegou a cerca de 10,7%, a maior taxa desde 2002, e o PIB teve queda de 3,8% em 2015, a maior desde 1996.

Segundo mandato (2014-2016)

No segundo mandato de Dilma, cresceu a insatisfação de vários setores com o governo. Várias frentes de oposição política queriam o *impeachment* de Dilma sob a acusação de crime de responsabilidade fiscal (abertura de créditos suplementares sem autorização do Congresso e tomada de "empréstimos" de bancos públicos).

Alegavam, também, omissão do governo Dilma em relação às irregularidades na Petrobras. Contando com ações da Polícia Federal, do Ministério Público Federal e da Justiça Federal, a **Operação Lava Jato** denunciou um imenso esquema de pagamento de propinas envolvendo diretores da Petrobras, empreiteiros do setor privado e políticos de diversos partidos. O escândalo foi apelidado de "petrolão".

Em abril de 2016, aceitando os argumentos de que a presidente havia cometido crime de responsabilidade fiscal, a maioria dos parlamentares da Câmara dos Deputados encaminhou o processo de *impeachment* ao Senado Federal. Em 12 de maio, a maioria dos senadores votou pelo afastamento de Dilma Rousseff da Presidência.

Governo Michel Temer

Temer governou o país de 31 de agosto de 2016 a 1º de janeiro de 2019. Em seu breve governo, implantou uma reforma trabalhista polêmica. Algumas das principais alterações promovidas por essa reforma trabalhista foram:

- fim da contribuição sindical obrigatória;
- férias desfrutadas em até três períodos, sendo que um deles não poderá ser inferior a 14 dias;
- homologação da rescisão do contrato de trabalho sem a presença obrigatória do sindicato.

Durante o seu governo, Michel Temer foi acusado várias vezes pelo Ministério Público Federal. Dois pedidos de *impeachment* foram encaminhados para afastá-lo da Presidência, mas foram recusados pelo Parlamento.

Governo Jair Bolsonaro

Jair Bolsonaro (capitão reformado do Exército) dedicou-se à carreira parlamentar por quase três décadas. Em 2018, lançou-se como candidato à Presidência da República, tendo como vice o general Hamilton Mourão. Bolsonaro tornou-se uma figura polêmica, que se apresenta como neoliberal na economia e conservador em termos de costumes.

Durante sua campanha eleitoral, ele foi atingido por um golpe de faca no abdômen, mas resistiu aos ferimentos. Venceu as eleições no segundo turno, com 55,13% dos votos válidos, contra o candidato Fernando Haddad, do Partido dos Trabalhadores. Bolsonaro assumiu a Presidência da República em 1º de janeiro de 2019.

No primeiro ano de seu mandato, conseguiu aprovar a **Reforma da Previdência** no Congresso Nacional. De acordo com autoridades econômicas do governo, o objetivo dessa Reforma era reduzir o déficit nas contas da Previdência Social, estimando que, em 10 anos, a União economizaria cerca de R$ 800 bilhões nesse setor. Ainda em 2019, o governo foi acusado de falta de agilidade para tomar decisões em relação aos incêndios que devastaram parte da Amazônia e ao derramamento de petróleo no litoral nordestino.

O segundo ano de seu mandato foi marcado por agitações políticas (como a exoneração de Sérgio Moro, Ministro da Justiça, e Luiz Henrique Mandetta, da Saúde) e pelas dificuldades sanitárias advindas da **pandemia de Covid-19**, que assolou o Brasil, causando milhares de mortes, elevando o desemprego e o déficit na economia.

Conquistas democráticas do país

Nos últimos 30 anos de democracia, houve várias conquistas da sociedade brasileira. Entre elas, é possível destacar:

- **Estatuto da Criança e do Adolescente (ECA)** – define como criança o menor de até 12 anos incompletos e como adolescente aquele com idade entre 12 e 18 anos. Assegura, por exemplo, o acesso à escola pública e gratuita próxima da residência e proíbe o trabalho a menores de 14 anos de idade, salvo na condição de aprendiz;
- **Estatuto do Idoso** – define como idosa a pessoa com idade igual ou maior do que 60 anos. Assegura, por exemplo, o atendimento preferencial imediato e individualizado e a gratuidade dos transportes coletivos públicos urbanos e semiurbanos aos maiores de 65 anos;
- **Estatuto da Igualdade Racial** – considera que a população negra é composta de pessoas que se autodeclaram pretas e pardas, conforme o quesito cor ou raça usado pelo IBGE, ou que adotam autodefinição análoga. Estabelece a liberdade de crença e o livre exercício aos cultos de origem africana e a obrigatoriedade do ensino da história africana e afro-brasileira nos estabelecimentos de Ensino Fundamental e de Ensino Médio, públicos e privados;
- **Lei da Ficha Limpa** – determina, entre outras coisas, a inelegibilidade, por oito anos, de políticos condenados em segunda instância por processo criminal, cassados ou que renunciaram para evitar a cassação.

> **Dica**
> *O contador de histórias.* Direção: Luiz Villaça. Brasil: Warner Bros, 2009. 100 min. Filme baseado na história de Roberto Carlos Ramos, deixado pela mãe em uma entidade assistencial do governo. Após ser considerado "irrecuperável", ele recebe a visita da pedagoga francesa Margherit Duvas. Aos poucos, os dois desenvolvem uma relação de amizade e confiança.

Conexões — SOCIOLOGIA E FILOSOFIA

Para superar a crise da democracia

Democracia (do grego *demo* = povo; *cracia* = poder) refere-se ao regime de governo em que o poder político tem como fundamento a vontade da maioria dos cidadãos. Nesse sentido, estabelece a Constituição Federal brasileira que "todo poder emana do povo, que o exerce por meio de representantes eleitos ou diretamente".

Além disso, a Constituição também afirma que "todos são iguais perante a lei". Esses são trechos importantes da Constituição porque garantem o Estado Democrático de Direito e estão vinculados a outros aspectos fundamentais, como o voto secreto e universal, a periodicidade das eleições, o pluripartidarismo político, a separação e autonomia dos poderes Executivo, Legislativo e Judiciário, a liberdade de pensamento e de expressão.

Entretanto, todos esses elementos jurídicos não garantem a existência de uma democracia plena na vida cotidiana do povo. Assim, por exemplo, milhares de brasileiros ainda não frequentam escolas de qualidade, não têm acesso a bons serviços de saúde, de moradia, de justiça e de segurança pública. Hoje em dia, muitas pessoas se sentem desiludidas com uma democracia que não traz benefícios reais para o povo e, talvez por isso, cedem aos discursos autoritários dos "salvadores da pátria".

De acordo com o sociólogo contemporâneo Yascha Mounk, há uma onda autoritária que ameaça demolir as democracias ocidentais, provocando graves riscos às liberdades públicas. Essa onda está associada a diversos sintomas: baixo crescimento econômico, desqualificação das notícias por meio de *fake news*, difusão de ideias extremistas, impaciência popular em busca de soluções imediatas, entre outros. Nesse contexto, as tecnologias digitais têm servido a líderes autoritários que "vendem" soluções fáceis e solapam as bases das democracias liberais.

> Não há dúvidas de que existem imensas tarefas para democratizarmos as relações sociais na vida prática. "Se há algo importante a se fazer em termos de consolidação democrática, é reforçar a organização da sociedade [...] para democratizar o poder".
>
> CARVALHO, José Murilo de. *Cidadania no Brasil*. Rio de Janeiro: Civilização Brasileira, 2001. p. 227.

Os novos desafios apontam para a necessidade urgente de respeito à democracia e de cobrança de atitudes éticas principalmente das autoridades públicas. É necessário recuperar a confiança no protagonismo dos cidadãos e nas ações que favoreçam a inclusão social. Não é possível transferir a "líderes messiânicos" a tarefa, de toda a sociedade, de propor opções concretas para a construção de um futuro melhor, livre e solidário.

No Brasil atual, uma das tarefas fundamentais consiste em reduzir os abismos das desigualdades sociais e erradicar a pobreza que aflige boa parte da população.

- Segundo José Murilo de Carvalho, é necessário "reforçar a organização da sociedade [...] para democratizar o poder". O que o autor quis dizer com essa frase?

O voto é um dos grandes símbolos da democracia no Brasil e, quando realizado de modo consciente, torna-se um importante recurso para a população cobrar atitudes éticas por parte dos representantes políticos. Na fotografia, idosa vota nas eleições de 2014, no Rio de Janeiro (RJ).

Oficina de História

Analisar e refletir

1 Em grupo, pesquisem as experiências de pessoas de sua comunidade durante épocas de hiperinflação, como foram os anos 1980. Depois, respondam às questões.

a) Como as pessoas se comportavam diante do aumento indiscriminado dos preços?
b) Quais diferenças podem ser apontadas com relação à situação econômica do país no começo do século XXI?

2 Quais direitos foram conquistados pelos cidadãos a partir do início da vigência da Constituição de 1988? Em grupo, entrevistem pessoas que viveram antes desse período para descobrir se elas sentiram as mudanças constitucionais no cotidiano. Em seguida, baseando-se nas entrevistas, escrevam um texto dissertativo sobre o assunto.

3 Evidências cotidianas mostram que a sociedade brasileira ainda é vítima de crimes de corrupção generalizada, que, às vezes, parecem tomar proporções endêmicas. Formem grupos e debatam esse tema a partir das questões propostas a seguir.

a) Que danos a corrupção causa para as pessoas e para o país? Como vocês explicam esse fenômeno?
b) Em geral, a maioria das pessoas associa a corrupção à conduta de políticos e grandes empresários, e poucas refletem sobre as pequenas corrupções do dia a dia. Em sua opinião, o que seriam essas pequenas corrupções do dia a dia?
c) O que vocês acreditam que precisa ser feito para combater a corrupção?

4 A partir da década de 1990, é possível observar no cenário cultural brasileiro uma revitalização do cinema nacional. Em grupo, pesquisem filmes produzidos no Brasil contemporâneo que façam parte dessa revitalização. Em seguida, montem uma mostra de cinema com os filmes pesquisados. Para isso, reúnam e organizem a ficha técnica, uma sinopse e uma imagem (do cartaz, por exemplo) de cada um dos filmes.

Cartaz do filme *Central do Brasil*, dirigido por Walter Salles, importante obra do cinema nacional que marca o período do Cinema da Retomada nos anos 1990, época em que houve grande incentivo à produção cultural no país. A obra rendeu à protagonista Fernanda Montenegro a indicação ao Oscar na categoria de melhor atriz.

Interpretar texto e imagem

5 Observe a imagem ao lado e responda às questões.

a) A corrupção política tem maculado vários governos ao longo da história brasileira. Em sua opinião, é possível fazer política em prol do bem comum e não para o interesse individual? Justifique sua resposta.
b) Quais atitudes podemos adotar em busca de uma sociedade mais justa e mais livre? Argumente.

Manifestantes em São Paulo (SP), durante a onda de protestos ocorrida em 2013 que ficou conhecida como Jornadas de Junho.

Perspectivas

O trabalho no século XXI

Com a Revolução Industrial, os trabalhadores passaram a se organizar (em sindicatos, por exemplo) para conquistar direitos e melhores condições de vida.

Ao longo do século XX, muitos países, entre eles o Brasil, estabeleceram sistemas de proteção social que visavam garantir condições básicas aos trabalhadores. Direitos como o salário mínimo, a limitação das jornadas de trabalho a 8 horas diárias, o repouso semanal, as férias, a licença-maternidade ou paternidade e a aposentadoria passaram a figurar entre os direitos assegurados por lei aos trabalhadores formais.

Em diversos países, as relações entre trabalhadores e empresas foram constituídas tendo o Estado como mediador, instituindo leis trabalhistas e fiscalizando o seu cumprimento. Foi o caso do Brasil, a partir dos anos 1930.

Esse modelo foi colocado à prova, especialmente pela perspectiva neoliberal, no fim do século XX e início do século XXI. O papel do Estado na economia foi questionado, enquanto as empresas, com o fim de assegurar seus lucros e diminuir os custos da produção, inclusive os da mão de obra, incentivaram a flexibilização e a desregulamentação das relações de trabalho.

A flexibilização e a desregulamentação das relações de trabalho – ou seja, a diminuição do controle das leis sobre elas – contribuíram para o enfraquecimento dos sistemas de proteção social. Muitos direitos assegurados passaram a ser questionados ou renegociados com a realização de reformas nas leis trabalhistas, como as ocorridas na França em 2016 e no Brasil em 2017.

Certas características do trabalho informal – que, realizado sem garantias e proteção social, responde por boa parte da ocupação no Brasil – passaram a ser aplicadas também a uma parte do trabalho formal. Entre elas, as jornadas de trabalho flexíveis orientadas em função da demanda e o trabalho temporário. Em algumas atividades, há também a tendência de transferir aos trabalhadores parte dos riscos e dos custos do trabalho, que outrora cabiam às empresas.

Essas características foram levadas ao máximo grau nas formas de trabalho do século XXI, em que a atividade é mediada por plataformas digitais. Nelas, o trabalhador deve estabelecer, em função das demandas, qual será, por exemplo, sua jornada e seu local de trabalho. Ao mesmo tempo, ele está subordinado à empresa que controla a forma de execução, a distribuição das tarefas, o valor pago por elas e detém parte dos lucros sobre a atividade.

O setor de serviços, com profissões como as de motorista, entregador, profissional de limpeza, médico e advogado, por exemplo, encontra-se suscetível a esse modelo.

O alto grau de instabilidade das novas formas de trabalho que têm se estabelecido em todo o mundo, e concorrem com outras formas, situadas historicamente, levam alguns a considerar que, no século XXI, o trabalho terá suas formas derivadas da chamada **gig economy**, ou seja, uma economia em que a subsistência se dá por meio de "bicos", trabalhos temporários ou mediados por plataformas digitais.

Motoristas de serviço de transporte por aplicativo protestam em frente à sede da companhia durante greve em Nova York, Estados Unidos, em fevereiro de 2016. Os motoristas em greve questionavam a diminuição de seus ganhos, diante da redução do percentual sobre as viagens destinado a eles. Quanto maior a quantidade de motoristas cadastrados em uma plataforma, menor o valor pago por viagem e, consequentemente, maior a quantidade de horas de trabalho necessárias para manter a remuneração, não existindo limite para a jornada.

Em ação

ETAPA 1 Leitura

O estudo das recentes transformações nas relações de trabalho é fundamental para a compreensão da configuração do mundo do trabalho contemporâneo.

Nos vídeos indicados *on-line* você vai conhecer:

- O percurso histórico da conquista de direitos do trabalho e do sistema de proteção social aos trabalhadores no Brasil ao longo do século XX.
- As transformações das relações de trabalho no Brasil, considerando a reforma trabalhista de 2017.
- Questões sociais e econômicas relacionadas ao sistema de proteção aos trabalhadores e à previdência social contemporânea.
- A noção de reestruturação das relações de trabalho, considerado o contexto histórico do início do século XXI, marcado por inovações tecnológicas.
- Os conceitos de flexibilização e de desregulamentação das relações de trabalho e a relação entre eles.

ETAPA 2 Pesquisa

As relações próprias do mundo do trabalho e a sua dinâmica estão em constante transformação. Conhecê-las pode contribuir para a realização de escolhas e para o planejamento de um Projeto de Vida.

1. Em grupo, selecione uma forma de trabalho e faça uma pesquisa sobre suas principais características. É possível pesquisar, por exemplo, sobre as relações de trabalho formais e informais; o trabalho no setor público e privado; o trabalho autônomo, liberal e regido pela CLT ou ainda sobre o trabalho mediado por plataformas e aplicativos.

2. Além das características e rotinas do tipo de trabalho escolhido, considere quais os critérios de saúde e segurança que essa forma de trabalho envolve. Existem limites para a jornada? Garantias em situações de risco, de doenças e de acidentes de trabalho? Possibilidade de planejar aposentadoria ou licenças médicas?

3. A partir do material pesquisado, que pode incluir artigos, entrevistas e outros materiais, o grupo poderá elaborar um vídeo ou apresentação oral.

ETAPA 3 Debate

Depois das apresentações dos grupos, debatam as seguintes questões:

1. Quais as principais diferenças entre as formas de trabalho estudadas?
2. Quais as principais vantagens e desvantagens de cada uma delas?
3. Como essas diferenças podem influenciar o planejamento de vida?

ETAPA 4 Pense nisso

Considere os conteúdos debatidos e, individualmente, faça um texto sobre como os as formas de trabalho no mundo contemporâneo se relacionam com as suas expectativas, experiências e Projeto de Vida.

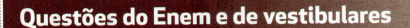

Questões do Enem e de vestibulares

Unidade 9 – Tecnologia e dominação

Capítulo 25: Nacionalismo e imperialismo

1 (Enem)

A formação dos Estados foi certamente distinta na Europa, na América Latina, na África e na Ásia. Os Estados atuais, em especial na América Latina – onde as instituições das populações locais existentes à época da conquista ou foram eliminadas, como no caso do México e do Peru, ou eram frágeis, como no caso do Brasil –, são o resultado, em geral, da evolução do transplante de instituições europeias feito pelas metrópoles para suas colônias. Na África, as colônias tiveram fronteiras arbitrariamente traçadas, separando etnias, idiomas e tradições, que, mais tarde, sobreviveram ao processo de descolonização, dando razão para conflitos que, muitas vezes, têm sua verdadeira origem em disputas pela exploração de recursos naturais. Na Ásia, a colonização europeia se fez de forma mais indireta e encontrou sistemas políticos e administrativos mais sofisticados, aos quais se superpôs. Hoje, aquelas formas anteriores de organização, ou pelo menos seu espírito, sobrevivem nas organizações políticas do Estado asiático.

GUIMARÃES, S. P. Nação, nacionalismo, Estado.
Estudos Avançados. São Paulo: Edusp, v. 22, n. 62, jan.-abr.
2008 (adaptado).

Relacionando as informações ao contexto histórico e geográfico por elas evocado, assinale a opção correta acerca do processo de formação socioeconômica dos continentes mencionados no texto.

a) Devido à falta de recursos naturais a serem explorados no Brasil, conflitos étnicos e culturais como os ocorridos na África estiveram ausentes no período da independência e formação do Estado brasileiro.

b) A maior distinção entre os processos histórico-formativos dos continentes citados é a que se estabelece entre colonizador e colonizado, ou seja, entre a Europa e os demais.

c) À época das conquistas, a América Latina, a África e a Ásia tinham sistemas políticos e administrativos muito mais sofisticados que aqueles que lhes foram impostos pelo colonizador.

d) Comparadas ao México e ao Peru, as instituições brasileiras, por terem sido eliminadas à época da conquista, sofreram mais influência dos modelos institucionais europeus.

e) O modelo histórico da formação do Estado asiático equipara-se ao brasileiro, pois em ambos se manteve o espírito das formas de organização anteriores à conquista.

2 (UFRJ)

Eu me recuso a aceitar que a águia crave suas garras em outras terras.

TWAIN, Mark. Patriotas e traidores. São Paulo: Fundação Perseu Abramo, 2003. p. 4.

Embora inicialmente favorável à Guerra Hispano-Americana, no trecho acima, escrito em 1900, o escritor norte-americano Mark Twain pôs seu olhar crítico sobre as ambições dos EUA no processo que se convencionou chamar Expansão Imperialista.

a) Explique um dos motivos que levaram os EUA a intervir em Cuba, acontecimento que ficou conhecido como a Guerra Hispano-Americana (1898).

b) Identifique uma característica da política externa norte-americana em relação à Europa entre 1898 e 1914.

3 (Fuvest-SP) "Fizemos a Itália, agora temos que fazer os italianos". "Ao invés da Prússia se fundir na Alemanha, a Alemanha se fundiu na Prússia". Estas frases, sobre as unificações italiana e alemã:

a) aludem às diferenças que as marcaram, pois, enquanto a alemã foi feita em benefício da Prússia, a italiana, como demonstra a escolha de Roma para capital, contemplou todas as regiões.

b) apontam para as suas semelhanças, isto é, para o caráter autoritário e incompleto de ambas, decorrentes do passado fascista, no caso italiano, e nazista, no alemão.

c) chamam a atenção para o caráter unilateral e autoritário das duas unificações, imposta pelo Piemonte, na Itália, e pela Prússia, na Alemanha.

d) escondem suas naturezas contrastantes, pois a alemã foi autoritária e aristocrática e a italiana foi democrática e popular.

e) tratam da unificação da Itália e da Alemanha, mas nada sugerem quanto ao caráter impositivo do processo liderado por Cavour, na Itália, e por Bismarck, na Alemanha.

4 (PUC-RJ) A respeito da expansão imperialista na Ásia e na África, na segunda metade do século XIX, é correto afirmar que:

a) Ela derivou da necessidade de substituir os mercados dos novos países americanos, uma vez que a constituição de Estados nacionais foi acompanhada de políticas protecionistas.
b) Ela foi motivada pela busca de novas fontes de matérias-primas e de novos mercados consumidores, fundamentais para a expansão capitalista dos países europeus.
c) Ela foi consequência direta da formação do Segundo Império Alemão e da ampliação de suas rivalidades em relação ao governo da França.
d) Ela atendeu primordialmente às necessidades da expansão demográfica em diversos países europeus, decorrente de políticas médicas preventivas e programas de saneamento básico.
e) Ela viabilizou a integração econômica mundial, favorecendo a circulação de riquezas, tecnologias e conhecimentos entre povos e regiões envolvidas.

Capítulo 26: Primeira Guerra e Revolução Russa

1 (UFG -GO) Leia os documentos a seguir.

Os camponeses partem para o front com incrível entusiasmo; e as classes superiores da sociedade, quer sejam liberais ou conservadoras, os aclamam, desejando-lhes boa sorte [...]. Habitualmente, os camponeses sentiam que não tinham nada a fazer a não ser beber; mas agora não é mais assim. É como se a guerra lhes desse uma razão para viver [...]. No ardor dos soldados russos se percebe o entusiasmo que agita o coração dos antigos mártires se lançando para a morte gloriosa.

LE BON, Gustave. 1916 apud JANOTTI, Maria de Lourdes. *A Primeira Guerra Mundial*. O confronto de imperialismos. São Paulo: Atual, 1992. p. 17.

Após um ano de massacre, o caráter imperialista da guerra cada vez mais se afirmou; essa é a prova de que suas causas encontram-se na política imperialista e colonial de todos os governos responsáveis pelo desencadeamento desta carnificina. [...] Hoje, mais do que nunca, devemos nos opor a essas pretensões anexionistas e lutar pelo fim desta guerra [...] que provocou misérias tão intensas entre os trabalhadores de todos os países.

CONFERÊNCIA DE ZIMMERWALD — 5 a 8 de setembro de 1915 apud JANOTTI, Maria de Lourdes. *A Primeira Guerra Mundial*. O confronto de imperialismos. São Paulo: Atual, 1992 (adaptado pela instituição).

No início da Primeira Guerra Mundial (1914-1918), estabeleceu-se, sobretudo na Europa, uma disputa de ideias em torno do envolvimento nesse conflito. Com base na leitura de cada um dos documentos, explique as posições assumidas sobre a participação na guerra.

2 (Unicamp -SP)

Alguns comunistas franceses encontravam conforto na ideia de que as atitudes de Stalin em relação aos opositores do regime político vigente na União Soviética eram tão justificadas pela necessidade quanto havia sido o Terror de 1793-1794, liderado por Robespierre. Talvez em outros países, onde a palavra Terror não sugerisse tão prontamente episódios de glória nacional e triunfo revolucionário, essa comparação entre Robespierre e Stalin não tenha sido feita.

HOBSBAWM, Eric. *Ecos da Marselhesa*: dois séculos reveem a Revolução Francesa. São Paulo: Companhia das Letras, 1996. p. 67-68. (Adaptado pela instituição.)

a) De acordo com o texto, o que permitiu aos comunistas a comparação entre os regimes de Robespierre e de Stalin?
b) Quais os princípios políticos que definiam o regime soviético?

Capítulo 27: Crise de 1929 e Segunda Guerra Mundial

1 (Enem) Os regimes totalitários da primeira metade do século XX apoiaram-se fortemente na mobilização da juventude em torno da defesa de ideias grandiosas para o futuro da nação. Nesses projetos, os jovens deveriam entender que só havia uma pessoa digna de ser amada e obedecida, que era o líder. Tais movimentos sociais juvenis contribuíram para a implantação e a sustentação do nazismo, na Alemanha, e do fascismo, na Itália, Espanha e Portugal.

A atuação desses movimentos juvenis caracterizava-se:

a) pelo sectarismo e pela forma violenta e radical com que enfrentavam os opositores ao regime.
b) pelas propostas de conscientização da população acerca dos seus direitos como cidadãos.
c) pela promoção de um modo de vida saudável, que mostrava os jovens como exemplos a seguir.
d) pelo diálogo, ao organizar debates que opunham jovens idealistas e velhas lideranças conservadoras.
e) pelos métodos políticos populistas e pela organização de comícios multitudinários.

2 (Enem)

Em discurso proferido em 17 de março de 1939, o primeiro-ministro inglês à época, Neville Chamberlain, sustentou sua posição política: "Não necessito defender minhas visitas à Alemanha no outono passado, que alternativa existia? Nada do que pudéssemos ter feito, nada do que a França pudesse ter feito, ou mesmo a Rússia, teria salvado a Tchecoslováquia da destruição. Mas eu também tinha outro propósito ao ir até Munique. Era o de prosseguir com a política por vezes chamada de 'apaziguamento europeu', e Hitler repetiu o que já havia dito, ou seja, que os Sudetos, região de população alemã na Tchecoslováquia, eram a sua última ambição territorial na Europa, e que não queria incluir na Alemanha outros povos que não os alemães".

Internet: <www.johndclare.net> (adaptado pela instituição).

Sabendo-se que o compromisso assumido por Hitler em 1938, mencionado no texto, foi rompido pelo líder alemão em 1939, infere-se que:

a) Hitler ambicionava o controle de mais territórios na Europa além da região dos Sudetos.
b) a aliança entre a Inglaterra, a França e a Rússia poderia ter salvado a Tchecoslováquia.
c) o rompimento desse compromisso inspirou a política de "apaziguamento europeu".
d) a política de Chamberlain de apaziguar o líder alemão era contrária à posição assumida pelas potências aliadas.
e) a forma que Chamberlain escolheu para lidar com o problema dos Sudetos deu origem à destruição da Tchecoslováquia.

3 (Cesgranrio -RJ) O Entreguerras (1918-1939) pode ser considerado, no seu conjunto, como um período de crises econômicas. Assinale a opção que expressa corretamente um problema relacionado às conjunturas desse período:

a) A rápida recuperação da produção europeia foi impulsionada pelos novos mercados abertos pela expansão colonial.
b) A crise alemã de 1924 representou um desdobramento da decadência da economia dos EUA, o principal centro econômico do mundo.
c) A crise de 1929, iniciada nos EUA, propagou-se rapidamente, pelos países capitalistas, cujas economias estavam em interdependência com a norte-americana.
d) Os desajustes da economia mundial tiveram como principal causa o abalo provocado pela Revolução Russa.
e) A reconversão foi caracterizada pela expansão da industrialização, em escala mundial, principalmente em economias periféricas.

Unidade 10 – República e autoritarismo

Capítulo 28: República oligárquica

1 (Enem) O artigo 402 do Código Penal Brasileiro de 1890 dizia:

Fazer nas ruas e praças públicas exercícios de agilidade e destreza corporal, conhecidos pela denominação de capoeiragem: andar em correrias, com armas ou instrumentos capazes de produzir uma lesão corporal, provocando tumulto ou desordens. Pena: Prisão de dois a seis meses.

SOARES, C. E. L. A *Negregada instituição*: os capoeiras no Rio de Janeiro: 1850-1890. Rio de Janeiro: Secretaria Municipal de Cultura, 1994 (adaptado pela instituição).

O artigo do primeiro Código Penal Republicano naturaliza medidas socialmente excludentes. Nesse contexto, tal regulamento expressava:

a) a manutenção de parte da legislação do Império com vistas ao controle da criminalidade urbana.
b) a defesa do retorno do cativeiro e escravidão pelos primeiros governos do período republicano.
c) o caráter disciplinador de uma sociedade industrializada, desejosa de um equilíbrio entre progresso e civilização.
d) a criminalização de práticas culturais e a persistência de valores que vinculavam certos grupos ao passado de escravidão.
e) o poder do regime escravista, que mantinha os negros como categoria social inferior, discriminada e segregada.

2 (Enem)

Completamente analfabeto, ou quase, sem assistência médica, não lendo jornais, nem revistas, nas quais se limita a ver as figuras, o trabalhador rural, a não ser em casos esporádicos, tem o patrão na conta de benfeitor. No plano político, ele luta com o "coronel" e pelo "coronel". Aí estão os votos de cabresto, que resultam, em grande parte, da nossa organização econômica rural.

LEAL, V. N. *Coronelismo, enxada e voto*. São Paulo: Alfa-Ômega, 1976. (adaptado pela instituição)

O coronelismo, fenômeno político da Primeira República (1889-1930), tinha como uma de suas principais características o controle do voto, o que limitava, portanto, o exercício da cidadania. Nesse período, esta prática estava vinculada a uma estrutura social:

a) igualitária, com um nível satisfatório de distribuição da renda.
b) estagnada, com uma relativa harmonia entre as classes.
c) tradicional, com a manutenção da escravidão nos engenhos como forma produtiva típica.
d) ditatorial, perturbada por um constante clima de opressão mantido pelo exército e polícia.
e) agrária, marcada pela concentração da terra e do poder político local e regional.

3 (Unesp -SP)

As grandes noites do teatro Amazonas chegavam ao fim. [...] Manaus despediu-se definitivamente do antigo esplendor no carnaval de 1915. No mesmo ano, o preço da borracha caiu verticalmente. Em 1916 já não houve carnaval. [...] [Manaus e Belém] começaram a entrar num marasmo típico dos centros urbanos que viveram um luxo artificial.

SOUZA, Márcio. *A Belle-Époque amazônica chega ao fim.*

Considerando o texto, responda:
a) Por que "o preço da borracha caiu verticalmente" a partir de 1915?
b) Por que a crise da economia da borracha produziu estagnação econômica na região amazônica, enquanto no sul do país a crise da economia cafeeira não levou a semelhante marasmo econômico? Apresente uma razão dessa diferença.

Capítulo 29: Revoltas na Primeira República

1 (PUC-RJ) Durante a Primeira República (1889--1930), houve, na sociedade brasileira, revoltas que, a despeito das diferenças, expressaram a insatisfação e a crítica de grupos populares quanto aos mecanismos de exclusão social e política e às estratégias de expansão dos interesses oligárquicos, então vigentes. Assinale a alternativa que identifica CORRETAMENTE revoltas dessa natureza:
a) Guerra de Canudos e Revolta da Vacina.
b) Revolta Federalista e Guerra do Contestado.
c) Revolta da Vacina e Revolta da Armada.
d) Revolta da Chibata e Revolta Federalista
e) Guerra do Contestado e Revolta da Armada.

2 (PUC-PR)

Assim, enquanto Prestes aderia ao comunismo – mostrando, ao mesmo tempo, que a vitória de Getúlio Vargas significaria a mera substituição de uns grupos oligárquicos por outros no poder, (...) os "tenentes se deixavam envolver pela campanha da Aliança Liberal...".

(Prestes, Anita Leocádia. "Uma epopeia brasileira - a Coluna Prestes", Editora Moderna, 1995, pág. 103)

Interpretando o texto e com ajuda de seus conhecimentos históricos, assinale a única alternativa correta:
a) Luiz Carlos Prestes, principal líder da "Coluna Prestes", pretendia derrubar o governo opressivo de Epitácio Pessoa.
b) a Aliança Liberal defendia a candidatura de Júlio Prestes, que governava São Paulo.
c) os Tenentes, expressão do movimento político do "Tenentismo", representavam a ideologia socialista e revolucionária.
d) os grupos oligárquicos substituídos representavam principalmente a cafeicultura.
e) A "Coluna Prestes" nunca foi completamente derrotada pelos legalistas, porque fazia a "guerra de posições", enquanto aqueles faziam a "guerra de movimento".

3 (Enem)

Charge capa da revista *O Malho*, de 1904.

A imagem representa as manifestações nas ruas da cidade do Rio de Janeiro, na primeira década do século XX, que integraram a Revolta da Vacina. Considerando o contexto político-social da época, essa revolta revela:
a) a insatisfação da população com os benefícios de uma modernização urbana autoritária.
b) a consciência da população pobre sobre a necessidade de vacinação para a erradicação das epidemias.
c) a garantia do processo democrático instaurado com a República, através da defesa da liberdade de expressão da população.
d) o planejamento do governo republicano na área de saúde, que abrangia a população em geral.
e) o apoio ao governo republicano pela atitude de vacinar toda a população em vez de privilegiar a elite.

Capítulo 30: Era Vargas

1 (UFPR) Criada em 1932, a Carteira de Trabalho foi durante décadas o principal documento para os brasileiros. Até 1980, a carteira ainda trazia inscrita a seguinte apresentação, assinada por Alexandre Marcondes Filho, ministro do Governo Vargas:

> A carteira de trabalho, pelos lançamentos que recebe, configura a história de uma vida. Quem examina logo verá se o portador é um temperamento aquietado ou versátil; se ama a profissão escolhida ou se ainda não encontrou a própria vocação; se andou de fábrica em fábrica como uma abelha, ou permaneceu no mesmo estabelecimento, subindo a escala profissional. Pode ser um padrão de honra. Pode ser uma advertência.

Associe o teor desse documento com o ideário político da época em que foi produzido.

2 (Enem)

> Bandeira do Brasil, és hoje a única. Hasteada a esta hora em todo o território nacional, única e só, não há lugar no coração do Brasil para outras flâmulas, outras bandeiras, outros símbolos. Os brasileiros se reuniram em torno do Brasil e decretaram desta vez com determinação de não consentir que a discórdia volte novamente a dividi-lo!

Discurso do Ministro da Justiça Francisco Campos na cerimônia da festa da bandeira, em novembro de 1937. Apud OLIVEN, G. R. *A parte e o todo*: a diversidade cultural do Brasil Nação. Petrópolis: Vozes, 1992.

O discurso proferido em uma celebração em que as bandeiras estaduais eram queimadas diante da bandeira nacional revela o pacto nacional proposto pelo Estado Novo, que se associa à

a) supressão das diferenças socioeconômicas entre as regiões do Brasil, priorizando as regiões estaduais carentes.
b) orientação do regime quanto ao reforço do federalismo, espelhando-se na experiência política norte-americana.
c) adoção de práticas políticas autoritárias, considerando a contenção dos interesses regionais dispersivos.
d) propagação de uma cultura política avessa aos ritos cívicos, cultivados pela cultura regional brasileira.
e) defesa da unidade do território nacional, ameaçado por movimentos separatistas contrários à política varguista.

3 (UEL -PR) Nas eleições presidenciais de 1930, a plataforma eleitoral da Aliança Liberal, encabeçada por Getúlio Vargas, prometia:

> [...] estabilidade, previdência social, proteção do trabalho das mulheres e menores, a instrução, a educação, a higiene, a alimentação e habitação, crédito, esporte e cultura para 'o proletariado urbano e rural' [...]. Estes termos [da plataforma] eram então – e seriam depois – o de reconhecer os direitos de participação social e política apenas como problema administrativo e legal do Estado, negando-lhes caráter político; [...] conceber o Estado como poder que 'acode' os fracos e desamparados, sendo a tutela, portanto, dever de justiça social. [...] Tudo aquilo que havia sido formulado pelo movimento operário em sua experiência no espaço capitalista de produção foi aspirado por este novo Estado, e nele foram sufocadas as formas de organização e combate até então levadas.

PAOLI, Maria Célia. *Trabalhadores e cidadania*. Experiência do mundo público na história do Brasil moderno. Estudos Avançados. São Paulo, n. 7. p. 50-51, set./dez. 1989.

Com base no texto e nos conhecimentos sobre o período getulista, é correto afirmar:

a) O governo de Getúlio Vargas ignorou as reivindicações trabalhistas feitas pelo movimento operário.
b) A superação da discriminação de classe resultou da concessão de todos os direitos demandados pelos operários.
c) A experiência política dos trabalhadores foi controlada por práticas autoritárias do Estado, embora tenham sido concedidos direitos trabalhistas aos operários.
d) O movimento operário encontrou no governo de Getúlio Vargas a expressão de um Estado comunista, voltado diretamente aos interesses dos trabalhadores.
e) A livre participação social e política dos operários no governo de Getúlio Vargas consolidou plenamente os direitos de cidadania.

Unidade 11 – Globalização e meio ambiente

Capítulo 31: Guerra Fria e socialismo

1 (Enem)

> Os 45 anos que vão do lançamento das bombas atômicas até o fim da União Soviética não foram um período homogêneo único na história do mundo. [...] dividem-se em duas metades, tendo como divisor de águas o início da década de 70. Apesar disso, a história deste período foi reunida

sob um padrão único pela situação internacional peculiar que o dominou até a queda da URSS.

HOBSBAWM, Eric. *Era dos extremos*. São Paulo: Companhia das Letras, 1996.

O período citado no texto e conhecido por "Guerra Fria" pode ser definido como aquele momento histórico em que houve:

a) corrida armamentista entre as potências imperialistas europeias ocasionando a Primeira Guerra Mundial.
b) domínio dos países socialistas do Sul do globo pelos países capitalistas do Norte.
c) choque ideológico entre a Alemanha Nazista/ União Soviética Stalinista, durante os anos 30.
d) disputa pela supremacia da economia mundial entre o Ocidente e as potências orientais, como a China e Japão.
e) constante confronto das duas superpotências que emergiam da Segunda Guerra Mundial.

2 (Uerj)

Muro de Berlim antes de novembro de 1989.

Muro de Berlim em novembro de 1989.

A derrubada do Muro de Berlim completou vinte anos em 2009. Construído em agosto de 1961, sua destruição é lembrada como marco do fim de uma época.

Indique o significado político da queda do Muro de Berlim para a Alemanha e o significado simbólico desse acontecimento para o contexto político internacional.

3 (Enem)

Os chineses não atrelam nenhuma condição para efetuar investimentos nos países africanos. Outro ponto interessante é a venda e compra de grandes somas de áreas, posteriormente cercadas. Por se tratar de países instáveis e com governos ainda não consolidados, teme-se que algumas nações da África tornem-se literalmente protetorados.

BRANCOLI, F. *China e os novos investimentos na África*: neocolonialismo ou mudanças na arquitetura global. Disponível em: <http://opiniaoenoticia.com.br>. Acesso em: 29 abr. 2010 (adaptado).

A presença econômica da China em vastas áreas do globo é uma realidade do século XXI. A partir do texto, como é possível caracterizar a relação econômica da China com o continente africano?

a) Pela presença de órgãos econômicos internacionais como o Fundo Monetário Internacional (FMI) e o Banco Mundial, que restringem os investimentos chineses, uma vez que estes não se preocupam com a preservação do meio ambiente.
b) Pela ação de ONGs (Organizações Não Governamentais) que limitam os investimentos estatais chineses, uma vez que estes se mostram desinteressados em relação aos problemas sociais africanos.
c) Pela aliança com os capitais e investimentos diretos realizados pelos países ocidentais, promovendo o crescimento econômico de algumas regiões desse continente.
d) Pela presença cada vez maior de investimentos diretos, o que pode representar uma ameaça à soberania dos países africanos ou manipulação das ações destes governos em favor dos grandes projetos.
e) Pela presença de um número cada vez maior de diplomatas, o que pode levar à formação de um Mercado Comum Sino-Africano, ameaçando os interesses ocidentais.

Capítulo 32: Independências na África, na Ásia e no Oriente Médio

1 (PUC-RJ) A Guerra do Vietnã é frequentemente representada no cinema norte-americano como um "trauma" para aquela sociedade: uma guerra em um país distante, na qual muitos jovens morreram e o país foi derrotado por uma força militar tecnologicamente muito inferior.

a) Relacione o envolvimento norte-americano na Guerra do Vietnã a, pelo menos, dois acontecimentos ocorridos no equilíbrio político da Ásia, após a Segunda Guerra Mundial.
b) Indique dois movimentos de resistência ao envolvimento norte-americano na Guerra do Vietnã, ocorridos nos EUA.

2 (Enem)

Em algumas línguas de Moçambique não existe a palavra "pobre". O indivíduo é pobre quando não tem parentes. A pobreza é a solidão, a ruptura das relações familiares que, na sociedade rural, servem de apoio à sobrevivência. Os consultores internacionais, especialistas em elaborar relatórios sobre a miséria, talvez não tenham em conta o impacto dramático da destruição dos laços familiares e das relações de entreajuda. Nações inteiras estão tornando-se "órfãs" e a mendicidade parece ser a única via de uma agonizante sobrevivência.

COUTO, M. *E se Obama fosse africano?* & outras intervenções. Portugal: Caminho, 2009 (adaptado).

Em uma leitura que extrapola a esfera econômica, o autor associa o acirramento da pobreza à

a) afirmação das origens ancestrais.
b) fragilização das redes de sociabilidade.
c) padronização das políticas educacionais.
d) fragmentação das propriedades agrícolas.
e) globalização das tecnologias de comunicação.

3 (Enem) Um professor apresentou os mapas a seguir numa aula sobre as implicações da formação das fronteiras no continente africano.

Com base na aula e na observação dos mapas, os alunos fizeram três afirmativas.

I. A brutal diferença entre as fronteiras políticas e as fronteiras étnicas no continente africano aponta para a artificialidade em uma divisão com objetivo de atender apenas aos interesses da maior potência capitalista na época da descolonização.

II. As fronteiras políticas jogaram a África em uma situação de constante tensão ao desprezar a diversidade étnica e cultural, acirrando conflitos entre tribos rivais.

III. As fronteiras artificiais criadas no contexto do colonialismo, após os processos de independência, fizeram da África um continente marcado por guerras civis, golpes de Estado e conflitos étnicos e religiosos.

É verdadeiro apenas o que se afirma em:

a) I.   b) II.   c) III.   d) I e II.   e) II e III.

Capítulo 33: Globalização e desigualdade

1 (Enem) Em dezembro de 1998, um dos assuntos mais veiculados nos jornais era o que tratava da moeda única europeia. Leia a notícia destacada a seguir.

O nascimento do Euro, a moeda única a ser adotada por onze países europeus a partir de 1º de janeiro, é possivelmente a mais importante realização deste continente que assistiu nos últimos dez anos à derrubada do Muro de Berlim, à reunificação das Alemanhas, à libertação dos países da Cortina de Ferro e ao fim da União Soviética. Enquanto todos esses eventos têm a ver com a desmontagem de estruturas do passado, o Euro é uma ousada aposta no futuro e uma prova da vitalidade da sociedade europeia. A "Euroland", região abrangida por Alemanha, Áustria, Bélgica, Espanha, Finlândia, França, Holanda, Irlanda, Itália, Luxemburgo e Portugal, tem um PIB (Produto Interno Bruto) equivalente a quase 80% do americano, 289 milhões de consumidores e responde por cerca de 20% do comércio internacional. Com este cacife, o Euro vai disputar com o dólar a condição de moeda hegemônica.

Gazeta Mercantil, 30/12/1998.

A matéria refere-se à "desmontagem das estruturas do passado", que pode ser entendida como:

a) o fim da Guerra Fria, período de inquietação mundial que dividiu o mundo em dois blocos ideológicos opostos.
b) a inserção de alguns países do Leste Europeu em organismos supranacionais, com o intuito de exercer o controle ideológico no mundo.
c) a crise do capitalismo, do liberalismo e da democracia levando à polarização ideológica da antiga URSS.
d) a confrontação dos modelos socialista e capitalista para deter o processo de unificação das duas Alemanhas.
e) a prosperidade das economias capitalistas e socialistas, com o consequente fim da Guerra Fria entre EUA e a URSS.

2 (Enem)

Saudado por centenas de militantes de movimentos sociais de quarenta países, o papa Francisco encerrou no dia 09/07/2015 o 2º Encontro Mundial dos Movimentos Populares, em Santa Cruz de La Sierra, na Bolívia. Segundo ele, a "globalização da esperança, que nasce dos povos e cresce entre os pobres, deve substituir esta globalização da exclusão e da indiferença".

Disponível em: http://cartamaior.com.br. Acesso em: 15 jul. 2015 (adaptado).

No texto há uma crítica ao seguinte aspecto do mundo globalizado:

a) Liberdade política.
b) Mobilidade humana.
c) Conectividade cultural.
d) Disparidade econômica.
e) Complementaridade comercial.

Unidade 12 – Democracia e cidadania

Capítulo 34: Experiência democrática

1 (Enem)

Não é difícil entender o que ocorreu no Brasil nos anos imediatamente anteriores ao golpe militar de 1964. A diminuição da oferta de empregos e a desvalorização dos salários, provocadas pela inflação, levaram a uma intensa mobilização política popular, marcada por sucessivas ondas grevistas de várias categorias profissionais, o que aprofundou as tensões sociais. "Dessa vez, as classes trabalhadoras se recusaram a pagar o pato pelas sobras" do modelo econômico juscelinista.

MENDONÇA, S. R. A industrialização brasileira. São Paulo: Moderna, 2002 (adaptado pela instituição).

Segundo o texto, os conflitos sociais ocorridos no início dos anos 1960 decorreram principalmente:

a) da manipulação política empreendida pelo governo João Goulart.
b) das contradições econômicas do modelo desenvolvimentista.
c) do poder político adquirido pelos sindicatos populistas.
d) da desmobilização das classes dominantes frente ao avanço das greves.
e) da recusa dos sindicatos em aceitar mudanças na legislação trabalhista.

2 (PUC-RJ)

Aqui estão os meus amigos trabalhadores, vencendo uma campanha de terror ideológico e sabotagem, cuidadosamente organizada para impedir ou perturbar a realização deste memorável encontro entre o povo e seu presidente, na presença das mais significativas organizações operárias e lideranças populares deste país. [...] O caminho das reformas é o caminho do progresso pela paz social. Reformar é solucionar pacificamente as contradições de uma ordem econômica e jurídica superada pelas realidades do tempo em que vivemos.

[...] Sei das reações que nos esperam, mas estou tranquilo, acima de tudo porque sei que o povo brasileiro já está amadurecido [...] e não faltará com seu apoio às medidas de sentido popular e nacionalista.

Discurso do presidente João Goulart no Comício da Central do Brasil, Rio de Janeiro, 13 de março de 1964.

O governo de João Goulart (1961-1964) demarcou um momento de mudanças na história brasileira contemporânea.

O discurso acima, pronunciado no polêmico Comício da Central do Brasil, apresenta algumas das ideias e propostas desse governante, alvos de intensa crítica por parte dos grupos de oposição. Tendo-o como referência:

a) Caracterize duas propostas do programa político de Goulart.
b) Identifique dois grupos opositores à implementação desse programa.

Capítulo 35: Governos militares

1 (Fuvest -SP)

No início de 1969, a situação política se modifica. A repressão endurece e leva à retração do movimento de massas. As primeiras greves, de Osasco e Contagem, têm seus dirigentes perseguidos e são suspensas. O movimento estudantil reflui. A oposição liberal está amordaçada pela censura à imprensa e pela cassação de mandatos.

Apolônio de Carvalho. Vale a pena sonhar. Rio de Janeiro: Rocco, 1997, p. 202.

O testemunho, dado por um participante da resistência à ditadura militar brasileira, sintetiza o panorama político dos últimos anos da década de 1960, marcados

a) pela adesão total dos grupos oposicionistas à luta armada e pela subordinação dos sindicatos e centrais operárias aos partidos de extrema esquerda.
b) pelo bipartidarismo implantado por meio do Ato Institucional nº 2, que eliminou toda forma de oposição institucional ao regime militar.
c) pela desmobilização do movimento estudantil, que foi bastante combativo nos anos imediatamente posteriores ao golpe de 64, mas depois passou a defender o regime.
d) pelo apoio da maioria das organizações da sociedade civil ao governo militar, empenhadas em combater a subversão e afastar, do Brasil, o perigo comunista.
e) pela decretação do Ato Institucional nº 5, que limitou drasticamente a liberdade de expressão e instituiu medidas que ampliaram a repressão aos opositores do regime.

2 (Enem) Os textos a seguir foram extraídos de duas crônicas publicadas no ano em que a seleção brasileira conquistou o tricampeonato mundial de futebol.

O General Médici falou em consistência moral. Sem isso, talvez a vitória nos escapasse, pois a disciplina consciente, livremente aceita, é vital na preparação espartana para o rude teste do campeonato. Os brasileiros portaram-se não apenas como técnicos ou profissionais, mas como brasileiros, como cidadãos deste grande país, cônscios de seu papel de representantes de seu povo. Foi a própria afirmação do valor do homem brasileiro, como salientou bem o presidente da República. Que o chefe do governo aproveite essa pausa, esse minuto de euforia e de efusão patriótica, para meditar sobre a situação do país. [...] A realidade do Brasil é a explosão patriótica do povo ante a vitória na Copa.

Danton Jobim. *Última Hora*, 23/6/1970.
(Adaptado pela instituição.)

O que explodiu mesmo foi a alma, foi a paixão do povo: uma explosão incomparável de alegria, de entusiasmo, de orgulho. [...] Debruçado em minha varanda de Ipanema, [um velho amigo] perguntava: – Será que algum terrorista se aproveitou do delírio coletivo para adiantar um plano seu qualquer, agindo com frieza e precisão? Será que, de outro lado, algum carrasco policial teve ânimo para voltar a torturar sua vítima logo que o alemão apitou o fim do jogo?

Rubem Braga. *Última Hora*, 25/6/1970. (Adaptado pela instituição.)

Avalie as seguintes afirmações a respeito dos dois textos e do período histórico em que foram escritos.

I. Para os dois autores, a conquista do tricampeonato mundial de futebol provocou uma explosão de alegria popular.
II. Os dois textos salientam o momento político que o país atravessava ao mesmo tempo em que conquistava o tricampeonato.
III. À época da conquista do tricampeonato mundial de futebol, o Brasil vivia sob regime militar, que, embora politicamente autoritário, não chegou a fazer uso de métodos violentos contra seus opositores.

É correto apenas o que se afirma em:
a) I.
b) II.
c) III.
d) I e II.
e) II e III.

3 (UFG -GO)

O período chamado Milagre brasileiro estendeu-se de 1969 a 1973, combinando o extraordinário crescimento econômico com taxas relativamente baixas de inflação. O PIB cresceu na média anual 11,2%, tendo seu pico em 1973, com uma variação de 13%. A inflação média anual não passou de 18%. Isso parecia de fato um milagre.

FAUSTO, Boris. *História do Brasil*. São Paulo: Edusp, 1995. p. 485.

O "milagre brasileiro" não foi igual para todos, tendo efeitos perversos para a maioria da população brasileira. Analise a relação entre o crescimento econômico e a distribuição de renda, no período mencionado.

Capítulo 36: Brasil contemporâneo

1 (Enem)

Não nos resta a menor dúvida de que a principal contribuição dos diferentes tipos de movimentos sociais brasileiros nos últimos vinte anos foi no plano da reconstrução do processo de democratização do país. E não se trata apenas da reconstrução do regime político, da retomada da democracia e do fim do regime militar. Trata-se da reconstrução ou construção de novos rumos para a cultura do país, do preenchimento de vazios na condução da luta pela redemocratização, constituindo-se como agentes interlocutores que dialogam diretamente com a população e com o Estado.

GOHN, M. G. M. *Os sem-terras*, ONGs e cidadania. São Paulo: Cortez, 2003. (Adaptado.)

No processo da redemocratização brasileira, os novos movimentos sociais contribuíram para:

a) diminuir a legitimidade dos novos partidos políticos então criados.
b) tornar a democracia um valor social que ultrapassa os momentos eleitorais.
c) difundir a democracia representativa como objetivo fundamental da luta política.
d) ampliar as disputas pela hegemonia das entidades de trabalhadores com os sindicatos.
e) fragmentar as lutas políticas dos diversos atores sociais frente ao Estado.

2 (Enem)

O frevo é uma forma de expressão musical, coreográfica e poética, enraizada no Recife e em Olinda, no estado de Pernambuco. O frevo é formado pela grande mescla de gêneros musicais, danças, capoeira e artesanato. É uma das mais ricas expressões da inventividade e capacidade de realização popular na cultura brasileira. Possui a capacidade de promover a criatividade humana e também o respeito à diversidade cultural. No ano de 2012, a Unesco proclamou o frevo como Patrimônio Imaterial da Humanidade.

PORTAL BRASIL. Disponível em: www.brasil.gov.br. Acesso em: 10 fev. 2013.

A característica da manifestação cultural descrita que justifica a sua condição de Patrimônio Imaterial da Humanidade é a

a) conversão dos festejos em produto da elite.
b) expressão de sentidos construídos coletivamente.
c) dominação ideológica de um grupo étnico sobre outros.
d) disseminação turística internacional dos eventos festivos.
e) identificação de simbologias presentes nos monumentos artísticos.

Gabarito

Capítulo 25: Nacionalismo e imperialismo

1. b.
2. a) Durante o século XIX, os Estados Unidos praticaram uma política externa de caráter imperialista, que visava acabar com a influência da Europa no continente americano. Dessa forma, intervieram em duas colônias espanholas, Cuba e Porto Rico, argumentando que intencionavam acabar com o colonialismo.

   b) Os governos estadunidenses desse período se esforçaram para intervir nas regiões americanas que sofriam influência europeia. Além de Cuba e Porto Rico, outro exemplo de interferência foi a construção do canal do Panamá, que resultou em um movimento separatista que deu origem a um novo país, o Panamá. O canal facilitou a navegação dos navios estadunidenses pelos oceanos Atlântico e Pacífico.

3. c.
4. b.

Capítulo 26: Primeira Guerra e Revolução Russa

1. No caso do primeiro documento, datado de 1916, expressa-se uma posição favorável à participação no conflito, em acordo com o princípio nacionalista. Para os nacionalistas, a guerra associava-se à defesa da pátria, o que exigia a unidade do povo para defender os interesses internos. Nesse sentido, atribuíram ao combate um caráter positivo e saneador, inclusive moral. No interior dessa atribuição, o soldado era visto como um herói e o entusiasmo articulava-se a um sentimento de dever para com a pátria que, por sua vez, preenchia de sentido a vida do combatente.

   No caso do segundo documento, datado de 1915, a posição é contrária à guerra, sendo a expressão de um princípio socialista. Mesmo considerando as tensões internas ao movimento e a existência de alguns socialistas que apoiavam a participação no conflito, a guerra é interpretada, neste documento, como um sintoma da disputa imperialista e como um entrave aos interesses dos trabalhadores.

2. a) A necessidade de endurecimento do governo revolucionário de Robespierre foi justificada como uma resposta às ações dos contrarrevolucionários, representados, no plano interno, por grupos políticos de oposição aos jacobinos e, no plano externo, por invasores estrangeiros temerosos do êxito da Revolução Francesa. Situação idêntica (inimigos internos e externos) teriam enfrentado os comunistas após o triunfo da Revolução de 1917.

   b) O regime político soviético baseava-se na atuação dos sovietes (conselhos de trabalhadores), definindo-se como uma democracia popular, sob a direção do Partido Comunista. Na prática, porém, estabeleceu-se uma ditadura de partido único que adquiriu feições de um Estado totalitário.

Capítulo 27: Crise de 1929 e Segunda Guerra Mundial

1. a.
2. a.
3. c.

Capítulo 28: República oligárquica

1. d.
2. e.
3. a) Até então, a borracha brasileira não possuía grandes concorrentes, porém, países como Inglaterra e Holanda passaram a investir no cultivo de seringais em suas colônias na Ásia. Como nessas regiões o cultivo era mais produtivo, em pouco tempo elas conquistaram o mercado internacional, desvalorizando a borracha brasileira.

   b) No sul do país uma parte do capital do café foi investida em indústrias. Portanto, a crise cafeeira não impactou tanto a região, já que ocorreu um sensível crescimento industrial no mesmo período.

Capítulo 29: Revoltas na Primeira República

1. a.
2. d.
3. a.

Capítulo 30: Era Vargas

1. No início dos anos 1930 estava em formação o modelo populista, caracterizado pelo fortalecimento do Estado e de sua ação sobre a vida socioeconômica do país. Uma das características desse modelo foi a importância dada à "política trabalhista", que concedia alguns direitos aos trabalhadores urbanos, ao mesmo tempo que os submetia a um intenso controle do governo. Essa característica evidencia-se no documento apresentado, que é um alerta ao empresariado e uma discreta ameaça ao trabalhador.

2. c.
3. c.

Capítulo 31: Guerra Fria e socialismo

1. e.
2. Significado político: para a Alemanha, a destruição do Muro de Berlim definiu o início do processo de sua reunificação política.

   Significado simbólico: no contexto político internacional, a queda do Muro de Berlim simbolizou o fim da Guerra Fria, do domínio soviético sobre a Europa do leste e, sobretudo, um marco do descrédito da via socialista como contraponto à via capitalista.

3. d.

Capítulo 32: Independências na África, na Ásia e no Oriente Médio

1. a) O governo dos Estados Unidos temia a expansão socialista pela região do Pacífico. Para explicar essa preocupação, é possível citar acontecimentos como a implementação do socialismo na China em 1949, a independência da Indochina, fragmentada em novos países, com um Vietnã dividido, e a Guerra da Coreia.

   b) O conflito no Vietnã causou indignação na sociedade dos Estados Unidos. O grande número de soldados mortos, a extrema violência e as imagens de destruição e morte mostradas pela imprensa estimularam movimentos de oposição, sobretudo entre jovens estudantes, religiosos liberais, movimento negro e grupos pacifistas. As manifestações dos *hippies* clamando por paz foram das mais expressivas da década de 1960.

2. b.
3. e.

Capítulo 33: Globalização e desigualdade

1. a.
2. d.

Capítulo 34: Experiência democrática

1. b.
2. a) É possível identificar: a defesa da implementação das reformas de base (agrária, administrativa, universitária, tributária); a aplicação de medidas econômicas de orientação nacionalista, como a lei de controle sobre a remessa de lucros e a criação da Eletrobrás; a decretação de anistia para marinheiros e sargentos envolvidos nas revoltas e sublevações então promovidas, em 1963 e 1964; a orientação trabalhista valorizadora da aproximação e do diálogo entre lideranças sindicais e o governo federal.

   b) Entre os grupos opositores ao governo João Goulart, é possível identificar: segmentos do alto escalão das Forças Armadas, com destaque para facções da cúpula dirigente do Exército; facções da burguesia industrial e comercial, contrárias às medidas de natureza nacionalista; lideranças político-partidárias contrárias ao trabalhismo, ao varguismo e ao nacionalismo, destacando-se grupos da UDN e do PSD; setores da classe média urbana descontentes com a escalada inflacionária.

Capítulo 35: Governos militares

1. e.
2. d.
3. No período abordado, além do crescimento do PIB, houve o aumento da concentração de renda no Brasil. Ou seja, o crescimento econômico do país concentrou-se, percentualmente, nas mãos de uma minoria. Os salários, por exemplo, permaneceram arrochados sem que os trabalhadores pudessem reagir, temendo a repressão política. O próprio presidente Médici teria admitido o lado desfavorável do milagre econômico, ao afirmar: "A economia vai bem, mas o povo vai mal".

Capítulo 36: Brasil contemporâneo

1. b.
2. b.

BNCC do Ensino Médio: habilidades de Ciências Humanas e Sociais Aplicadas

(EM13CHS101) Identificar, analisar e comparar diferentes fontes e narrativas expressas em diversas linguagens, com vistas à compreensão de ideias filosóficas e de processos e eventos históricos, geográficos, políticos, econômicos, sociais, ambientais e culturais.

(EM13CHS102) Identificar, analisar e discutir as circunstâncias históricas, geográficas, políticas, econômicas, sociais, ambientais e culturais de matrizes conceituais (etnocentrismo, racismo, evolução, modernidade, cooperativismo/desenvolvimento etc.), avaliando criticamente seu significado histórico e comparando-as a narrativas que contemplem outros agentes e discursos.

(EM13CHS103) Elaborar hipóteses, selecionar evidências e compor argumentos relativos a processos políticos, econômicos, sociais, ambientais, culturais e epistemológicos, com base na sistematização de dados e informações de diversas naturezas (expressões artísticas, textos filosóficos e sociológicos, documentos históricos e geográficos, gráficos, mapas, tabelas, tradições orais, entre outros).

(EM13CHS104) Analisar objetos e vestígios da cultura material e imaterial de modo a identificar conhecimentos, valores, crenças e práticas que caracterizam a identidade e a diversidade cultural de diferentes sociedades inseridas no tempo e no espaço.

(EM13CHS105) Identificar, contextualizar e criticar tipologias evolutivas (populações nômades e sedentárias, entre outras) e oposições dicotômicas (cidade/campo, cultura/natureza, civilizados/bárbaros, razão/emoção, material/virtual etc.), explicitando suas ambiguidades.

(EM13CHS106) Utilizar as linguagens cartográfica, gráfica e iconográfica, diferentes gêneros textuais e tecnologias digitais de informação e comunicação de forma crítica, significativa, reflexiva e ética nas diversas práticas sociais, incluindo as escolares, para se comunicar, acessar e difundir informações, produzir conhecimentos, resolver problemas e exercer protagonismo e autoria na vida pessoal e coletiva.

(EM13CHS201) Analisar e caracterizar as dinâmicas das populações, das mercadorias e do capital nos diversos continentes, com destaque para a mobilidade e a fixação de pessoas, grupos humanos e povos, em função de eventos naturais, políticos, econômicos, sociais, religiosos e culturais, de modo a compreender e posicionar-se criticamente em relação a esses processos e às possíveis relações entre eles.

(EM13CHS202) Analisar e avaliar os impactos das tecnologias na estruturação e nas dinâmicas de grupos, povos e sociedades contemporâneos (fluxos populacionais, financeiros, de mercadorias, de informações, de valores éticos e culturais etc.), bem como suas interferências nas decisões políticas, sociais, ambientais, econômicas e culturais.

(EM13CHS203) Comparar os significados de território, fronteiras e vazio (espacial, temporal e cultural) em diferentes sociedades, contextualizando e relativizando visões dualistas (civilização/barbárie, nomadismo/sedentarismo, esclarecimento/obscurantismo, cidade/campo, entre outras).

(EM13CHS204) Comparar e avaliar os processos de ocupação do espaço e a formação de territórios, territorialidades e fronteiras, identificando o papel de diferentes agentes (como grupos sociais e culturais, impérios, Estados Nacionais e organismos internacionais) e considerando os conflitos populacionais (internos e externos), a diversidade étnico-cultural e as características socioeconômicas, políticas e tecnológicas.

(EM13CHS205) Analisar a produção de diferentes territorialidades em suas dimensões culturais, econômicas, ambientais, políticas e sociais, no Brasil e no mundo contemporâneo, com destaque para as culturas juvenis.

(EM13CHS206) Analisar a ocupação humana e a produção do espaço em diferentes tempos, aplicando os princípios de localização, distribuição, ordem, extensão, conexão, arranjos, casualidade, entre outros que contribuem para o raciocínio geográfico.

(EM13CHS301) Problematizar hábitos e práticas individuais e coletivos de produção, reaproveitamento e descarte de resíduos em metrópoles, áreas urbanas e rurais, e comunidades com diferentes características socioeconômicas, e elaborar e/ou selecionar propostas de ação que promovam a sustentabilidade socioambiental, o combate à poluição sistêmica e o consumo responsável.

(EM13CHS302) Analisar e avaliar criticamente os impactos econômicos e socioambientais de cadeias produtivas ligadas à exploração de recursos naturais e às atividades agropecuárias em diferentes ambientes e escalas de análise, considerando o modo de vida das populações locais – entre elas as indígenas, quilombolas e demais comunidades tradicionais –, suas práticas agroextrativistas e o compromisso com a sustentabilidade.

(EM13CHS303) Debater e avaliar o papel da indústria cultural e das culturas de massa no estímulo ao consumismo, seus impactos econômicos e socioambientais, com vistas à percepção crítica das necessidades criadas pelo consumo e à adoção de hábitos sustentáveis.

(EM13CHS304) Analisar os impactos socioambientais decorrentes de práticas de instituições governamentais, de empresas e de indivíduos, discutindo as origens dessas práticas, selecionando, incorporando e promovendo aquelas que favoreçam a consciência e a ética socioambiental e o consumo responsável.

(EM13CHS305) Analisar e discutir o papel e as competências legais dos organismos nacionais e internacionais de regulação, controle e fiscalização ambiental e dos acordos internacionais para a promoção e a garantia de práticas ambientais sustentáveis.

(EM13CHS306) Contextualizar, comparar e avaliar os impactos de diferentes modelos socioeconômicos no uso dos recursos naturais e na promoção da sustentabilidade econômica e socioambiental do planeta (como a adoção dos sistemas da agrobiodiversidade e agroflorestal por diferentes comunidades, entre outros).

(EM13CHS401) Identificar e analisar as relações entre sujeitos, grupos, classes sociais e sociedades com culturas distintas diante das transformações técnicas, tecnológicas e informacionais e das novas formas de trabalho ao longo do tempo, em diferentes espaços (urbanos e rurais) e contextos.

(EM13CHS402) Analisar e comparar indicadores de emprego, trabalho e renda em diferentes espaços, escalas e tempos, associando-os a processos de estratificação e desigualdade socioeconômica.

(EM13CHS403) Caracterizar e analisar os impactos das transformações tecnológicas nas relações sociais e de trabalho próprias da contemporaneidade, promovendo ações voltadas à superação das desigualdades sociais, da opressão e da violação dos Direitos Humanos.

(EM13CHS404) Identificar e discutir os múltiplos aspectos do trabalho em diferentes circunstâncias e contextos históricos e/ou geográficos e seus efeitos sobre as gerações, em especial, os jovens, levando em consideração, na atualidade, as transformações técnicas, tecnológicas e informacionais.

(EM13CHS501) Analisar os fundamentos da ética em diferentes culturas, tempos e espaços, identificando processos que contribuem para a formação de sujeitos éticos que valorizem a liberdade, a cooperação, a autonomia, o empreendedorismo, a convivência democrática e a solidariedade.

(EM13CHS502) Analisar situações da vida cotidiana, estilos de vida, valores, condutas etc., desnaturalizando e problematizando formas de desigualdade, preconceito, intolerância e discriminação, e identificar ações que promovam os Direitos Humanos, a solidariedade e o respeito às diferenças e às liberdades individuais.

(EM13CHS503) Identificar diversas formas de violência (física, simbólica, psicológica etc.), suas principais vítimas, suas causas sociais, psicológicas e afetivas, seus significados e usos políticos, sociais e culturais, discutindo e avaliando mecanismos para combatê-las, com base em argumentos éticos.

(EM13CHS504) Analisar e avaliar os impasses ético-políticos decorrentes das transformações culturais, sociais, históricas, científicas e tecnológicas no mundo contemporâneo e seus desdobramentos nas atitudes e nos valores de indivíduos, grupos sociais, sociedades e culturas.

(EM13CHS601) Identificar e analisar as demandas e os protagonismos políticos, sociais e culturais dos povos indígenas e das populações afrodescendentes (incluindo as quilombolas) no Brasil contemporâneo considerando a história das Américas e o contexto de exclusão e inclusão precária desses grupos na ordem social e econômica atual, promovendo ações para a redução das desigualdades étnico-raciais no país.

(EM13CHS602) Identificar e caracterizar a presença do paternalismo, do autoritarismo e do populismo na política, na sociedade e nas culturas brasileira e latino-americana, em períodos ditatoriais e democráticos, relacionando-os com as formas de organização e de articulação das sociedades em defesa da autonomia, da liberdade, do diálogo e da promoção da democracia, da cidadania e dos direitos humanos na sociedade atual.

(EM13CHS603) Analisar a formação de diferentes países, povos e nações e de suas experiências políticas e de exercício da cidadania, aplicando conceitos políticos básicos (Estado, poder, formas, sistemas e regimes de governo, soberania etc.).

(EM13CHS604) Discutir o papel dos organismos internacionais no contexto mundial, com vistas à elaboração de uma visão crítica sobre seus limites e suas formas de atuação nos países, considerando os aspectos positivos e negativos dessa atuação para as populações locais.

(EM13CHS605) Analisar os princípios da declaração dos Direitos Humanos, recorrendo às noções de justiça, igualdade e fraternidade, identificar os progressos e entraves à concretização desses direitos nas diversas sociedades contemporâneas e promover ações concretas diante da desigualdade e das violações desses direitos em diferentes espaços de vivência, respeitando a identidade de cada grupo e de cada indivíduo.

(EM13CHS606) Analisar as características socioeconômicas da sociedade brasileira – com base na análise de documentos (dados, tabelas, mapas etc.) de diferentes fontes – e propor medidas para enfrentar os problemas identificados e construir uma sociedade mais próspera, justa e inclusiva, que valorize o protagonismo de seus cidadãos e promova o autoconhecimento, a autoestima, a autoconfiança e a empatia.

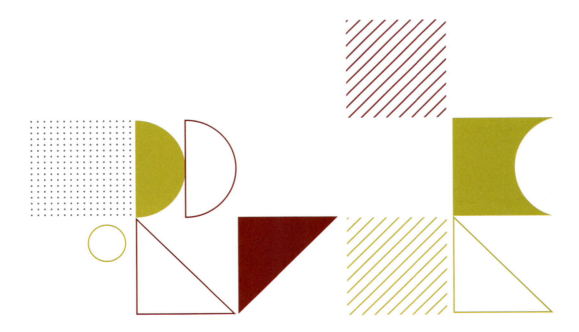

Bibliografia

ABDALA JR. *Canudos*: palavra de Deus, sonho da terra. São Paulo: Senac/Boitempo Editorial, 1997.

ABREU, Capistrano de. *Capítulos de história colonial*. Belo Horizonte/São Paulo: Itatiaia/Edusp, 1988.

AFONSO, Eduardo José. *O Contestado*. São Paulo: Ática, 1994.

ALVES, Castro. *Poesias completas*. São Paulo: Companhia Editora Nacional, 1966.

ALVES FILHO, Ivan. *Brasil, 500 anos em documentos*. Rio de Janeiro: Mauad, 1999.

ANTONIL, André João. *Cultura e opulência do Brasil*. Belo Horizonte: Itatiaia, 1997.

ARBEX JR., José. *A outra América*: apogeu, crise e decadência dos Estados Unidos. São Paulo: Moderna, 1998.

_____. *Revolução em três tempos*: URSS, Alemanha, China. São Paulo: Moderna, 1993.

ARISTÓTELES. *Política*. Brasília: UnB, 1985.

ARNS, Dom Paulo Evaristo. *Brasil: nunca mais* – um relato para a história. Petrópolis: Vozes, 1985.

BAKHTIN, Mikhail. *A cultura popular na Idade Média e no Renascimento*: o contexto de François Rabelais. São Paulo/Brasília: Hucitec/UnB, 1996.

BARBOSA, Alexandre de Freitas. *A independência dos países da América Latina*. São Paulo: Saraiva, 1997.

BARRACLOUGH, Geoffrey (Coord.). *Atlas da história do mundo*. São Paulo: Folha de S.Paulo/Times Books, 1985.

BASCHET, Jérôme. *A civilização feudal*. Do ano mil à colonização da América. São Paulo: Globo, 2006.

BELTRÃO, Cláudia. *O mundo bizantino*. São Paulo: FTD, 2000.

BENJAMIN, Roberto Emerson Câmara. *A África está em nós*: história e cultura. João Pessoa: Grafset, 2004.

BOBBIO, Norberto et al. *Dicionário de política*. Brasília: Editora da UnB, 1986.

_____. *Elogio da serenidade e outros escritos morais*. São Paulo: Editora da Unesp, 2002.

BONAVIDES, Paulo; VIEIRA, R. A. Amaral. *Textos políticos da história do Brasil*: da independência ao império. Fortaleza: Universidade Federal do Ceará, s/d.

BORDET, Marcel. *Síntese de história romana*. Lisboa: Edições Asa, 1995.

BOSCO, João; BLANC, Aldir. *O mestre-sala dos mares*. © 1974 by BMG Music Publishing Brasil.

BOXER, Charles. *A idade de ouro do Brasil*. Rio de Janeiro: Nova Fronteira, 2000.

BRAIDWOOD, Robert. *Homens pré-históricos*. Brasília: UnB, 1985.

BRAUDEL, Fernand. *Gramática das civilizações*. São Paulo: Martins Fontes, 1989.

BRAZIL, Érico Vital; SCHUMAHER, Schuma (Orgs.). *Dicionário mulheres do Brasil*: de 1500 até a atualidade. Rio de Janeiro: Zahar, 2000.

BRUIT, Héctor H. *O imperialismo*. São Paulo: Atual, 1999.

BRUNSCHWIG, Henri. *Mythes et réalités de l'impérialisme colonial français*. Paris: Colin, 1960.

BURKE, Peter. *O que é história cultural?* Rio de Janeiro: Zahar, 2005.

_____. *Uma história social do conhecimento*: de Gutenberg a Diderot. Rio de Janeiro: Zahar, 2003.

CAMBI, Franco. *História da pedagogia*. São Paulo: Editora da Unesp, 1999.

CARDOSO, Ciro Flamarion S. *Sociedades do Antigo Oriente Próximo*. São Paulo: Ática, 1990.

_____. *Antiguidade oriental*: política e religião. São Paulo: Contexto, 1990.

CARONE, Edgard. *A primeira república (1889-1930)*. São Paulo: Difel, 1976.

_____. *A quarta república (1945-1964)*. São Paulo: Difel, 1980.

CARR, Edward Hallet. *Que é História?* São Paulo: Paz e Terra, 1996.

CARVALHO, José Murilo de. *A construção da ordem*: a elite política imperial/*Teatro de sombras*: a política imperial. Rio de Janeiro: UFRJ/Relume-Dumará, 1996.

_____. *Cidadania no Brasil*: o longo caminho. Rio de Janeiro: Civilização Brasileira, 2001.

_____. *Os bestializados*: o Rio de Janeiro e a república que não foi. São Paulo: Companhia das Letras, 1987.

CHALLITA, Mansour. *O Alcorão*. Rio de Janeiro: Associação Internacional Cultural Gibran, s/d.

CHARDIN, Pierre Teilhard. *O fenômeno humano*. São Paulo: Cultrix, 1987.

CHILDE, V. Gordon. *A evolução cultural do homem*. Rio de Janeiro: Jorge Zahar, 1971.

CLARK, Kenneth. *Civilização*. São Paulo: Martins Fontes, 1980.

COGGIOLA, Osvaldo (Org.). *Escritos sobre a Comuna de Paris*. São Paulo: Xamã, 2002.

COLASANTI, Marina; SANT'ANNA, Affonso Romano de. *Agosto 1991*: estávamos em Moscou. São Paulo: Melhoramentos, 1992.

COLOMBO, Cristóvão. *Diários da descoberta da América*: as quatro viagens e o testamento. Porto Alegre: L&PM, 1999.

Constituição da República Federativa do Brasil. São Paulo: Saraiva, 1985.

COSTA, Emília Viotti da. *A abolição*. São Paulo: Editora da Unesp, 2010.

COTRIM, Gilberto. *Acorda Brasil*: o que você deve saber sobre a Constituição. São Paulo: Saraiva, 1999.

CUNHA, Euclides da. *Os sertões*. Rio de Janeiro: Paulo Azevedo, 1914.

DALLARI, Dalmo de Abreu. *Direitos humanos e cidadania*. São Paulo: Moderna, 1998.

_____. *Elementos da teoria geral do Estado*. São Paulo: Saraiva, 2005.

DAVATZ, Thomas. *Memórias de um colono no Brasil (1858)*. São Paulo: Livraria Martins/Edusp, 1972.

DAVIDOFF, Carlos. *Bandeirantismo*: verso e reverso. São Paulo: Brasiliense, 1982.

DEAN, Warren. *A ferro e fogo*: a história e a devastação da mata Atlântica brasileira. São Paulo: Companhia das Letras, 1996.

DECCA, Edgar de; MENEGUELLO, Cristina. *Fábrica e homens*: a Revolução Industrial e o cotidiano dos trabalhadores. São Paulo: Atual, 1999.

DELLA MIRANDOLA, Pico. *Discurso sobre la dignidad del hombre*. Buenos Aires: Longseller, 2003.

DELOUCHE, Frédéric (org.). *História da Europa*. Portugal: Minerva, 1992.

_____. *Dicionário temático do Ocidente medieval*. São Paulo: Edusc/Imprensa Oficial do Estado, 2002. v. 1.

DONGHI, Tulio Halperin. *História da América Latina*. São Paulo: Paz e Terra, 1976.

DORATIOTO, Francisco. *Maldita Guerra*: nova história da Guerra do Paraguai. São Paulo: Companhia das Letras, 2002.

D'ORBIGNY, Alcide. *Viagem pitoresca através do Brasil*. Belo Horizonte/São Paulo: Itatiaia/Edusp, 1976.

DUBY, Georges. *Ano 1000, ano 2000*: na pista dos nossos medos. São Paulo: Unesp, 1998.

_____. *As três ordens ou o imaginário do feudalismo*. Lisboa: Estampa, 1982.

ECO, Umberto. *Cinco escritos morais*. Rio de Janeiro: Record, 1988.

EHRENBURG, Ilya. *Memórias*. Rio de Janeiro: Civilização Brasileira, 1970.

Estatísticas históricas do Brasil. Rio de Janeiro: IBGE, 1987.

EURÍPEDES. *Ifigénia em Áulide*. Coimbra: Fund. Calouste Gulbenkian/Junta Nacional de Investigação Científica e Tecnológica, s/d.

EYMERICH, Nicolau. *Manual dos inquisidores*. Brasília: UnB/Rosa dos Tempos, 1993.

FALCON, Francisco J. C. *Despotismo esclarecido*. São Paulo: Ática, 1986.

FAUSTO, Boris (Org.). *História do Brasil*. São Paulo: Edusp, 1995.

_____. *História geral da civilização brasileira*. São Paulo: Difel, 1985. v. 9.

FERNÁNDEZ, Luis Ínigo. *La história de Ocidente*: contada con sencillez. Madri: Maeva Ediciones, 2008.

FERRO, Marc. *A manipulação da História no ensino e nos meios de comunicação*. São Paulo: Ibrasa, 1983.

_____. *História da Segunda Guerra Mundial*. São Paulo: Ática, 1995.

_____. *O século XX explicado aos meus filhos*. Rio de Janeiro: Agir, 2008.

FINLEY, Moses. *Democracia antiga e moderna*. Rio de Janeiro: Graal, 1988.

FLANDRIN, Jean-Louis; MONTARI, Massimo (Dir.). *História da alimentação*. São Paulo: Estação Liberdade, 1998.

FLORENZANO, Modesto. *As revoluções burguesas*. São Paulo: Brasiliense, 1982.

FORTES, Luiz R. Salinas. *O Iluminismo e os reis filósofos*. São Paulo: Brasiliense, 1982.

FRANÇA, Eduardo D'Oliveira. A teoria geral da História. In: *Revista de História*. São Paulo, USP, n. 7, 1951.

FRANCO JR., Hilário; ANDRADE FILHO, Ruy de Oliveira. *Atlas de História Geral*. São Paulo: Scipione, 1993.

FRANCO JR., Hilário; CHACON, Paulo Pan. *História econômica geral*. São Paulo: Atlas, 1995.

FRANCO JR., Hilário. *A Idade Média*: o nascimento do Ocidente. São Paulo: Brasiliense, 1999.

_____. *O feudalismo*. São Paulo: Moderna, 1999.

FRANK, Anne. *O diário de Anne Frank*. Rio de Janeiro: Record, 2000.

FREEDBERG, David. *O Brasil e os holandeses*. Rio de Janeiro: GMT Editores, 1999.

FRUGONI, Chiara. *Invenções da Idade Média*: óculos, livros, bancos e outras inovações geniais. Rio de Janeiro: Jorge Zahar, 2007.

FURTADO, Celso. *Formação econômica da América Latina*. Rio de Janeiro: Lia Editor, 1970.

GANSHOF, François-Louis. *O que é feudalismo?* Lisboa: Europa-América, 1976.

GARAU, Estela; RODGERS, Susana Brauner. *Occident y su legado*. Buenos Aires: Temas Grupo Editorial, 2005.

GARIN, Eugenio. *Ciência e vida civil no Renascimento italiano*. São Paulo: Editora da Unesp, 1996.

GATTAI, Zélia. *Chão de meninos*. Rio de Janeiro: Record, 1992.

GEERTZ, Clifford. *A interpretação das culturas*. Rio de Janeiro: LTC, 2011.

GUARINELLO, Norberto Luiz. *Os primeiros habitantes do Brasil*. São Paulo: Atual, 1994.

HADAS, Moses. *Roma imperial*. Rio de Janeiro: José Olympio, 1971.

HARARI, Yuval Noah. *Sapiens* – Uma breve história da humanidade. Porto Alegre: L&PM, 2017.

_____. *21 lições para o século XXI*. São Paulo: Companhia das Letras, 2018.

HETZEL, Bia et al. (Org.). *Pré-história brasileira*. Rio de Janeiro: Manati, 2007.

HOBSBAWM, Eric. *A era das revoluções*. Rio de Janeiro: Paz e Terra, 1982.

_____. *A era do capital (1848-1875)*. São Paulo: Paz e Terra, 1982.

_____. *Era dos extremos*: o breve século XX (1914-1991). São Paulo: Companhia das Letras, 1996.

_____. *Nações e nacionalismos desde 1780*. São Paulo: Paz e Terra, 1990.

_____. *O novo século*. São Paulo: Companhia das Letras, 2000.

_____. *Sobre História*. São Paulo: Companhia das Letras, 1998.

HOLLANDA, Sérgio Buarque de. *Caminhos e fronteiras*. São Paulo: Companhia das Letras, 1994.

_____. *O extremo oeste*. São Paulo: Brasiliense, 1986.

ISAAC, Jules; ALBA, André. *Tempos modernos*. São Paulo: Mestre Jou, 1968.

ISNENGHI, Mario. *História da Primeira Guerra Mundial*. São Paulo: Ática, 1995.

JACQ, Christian. *A sabedoria viva do Antigo Egito*. Rio de Janeiro: Bertrand Brasil, 1999.

JAGUARIBE, Hélio. *Um estudo crítico da história*. São Paulo: Paz e Terra, 2001. v. 1.

JANCSÓ, István; KANTOR, Iris (Orgs.). *Festa*: cultura e sociabilidade na América Portuguesa. v. 1. São Paulo: Hucitec/Editora da Universidade de São Paulo/Fapesp/Imprensa Oficial, 2001.

JANOTTI, Maria de Lourdes. *A Primeira Guerra Mundial*: o confronto do imperialismo. São Paulo: Atual, 1992.

KARNAL, Leandro. *Estados Unidos*: da colônia à independência. São Paulo: Contexto, 1999.

_____. *História dos Estados Unidos*: das origens ao século XXI. São Paulo: Contexto, 2007.

_____. *Teatro da fé*. Representação religiosa no Brasil e no México do século XVI. São Paulo: Hucitec, 1998.

KI-ZERBO, J. (Coord.). *História geral da África*. São Paulo: Ática/Unesco, 1982. v. 1.

_____. *Para quando a África?* Entrevista com René Holensteis. Rio de Janeiro: Pallas, 2006.

KOENING, Viviane. *Às margens do Nilo, os egípcios*. São Paulo: Augustus, 1990.

KONDER, Leandro. *Os sofrimentos do homem burguês*. São Paulo: Senac, 2000.

LARA, Silvia H. *Pátria amada esquartejada*. São Paulo: DPH/SMC, 1992.

LE COUTEUR, Penny; BURRESON, Jay. *Os botões de Napoleão*: as 17 moléculas que mudaram a história. Rio de Janeiro: Zahar, 2006.

LE GOFF, Jacques. *A civilização do Ocidente medieval*. Lisboa: Estampa, 1983. v. 2.

_____. *História e memória*. Campinas: Editora da Unicamp, 1996.

_____. *Por amor às cidades*. São Paulo: Editora da Unesp, 1988.

_____; TRUONG, Nicolas. *Uma história do corpo na Idade Média*. Rio de Janeiro: Civilização Brasileira, 2006.

_____. *Le Monde Actuel*. Paris: P.U.F., 1963.

_____. *Le Monde Diplomatique*. Paris: P.U.F., abril 2003.

LEAKEY, Richard. *A origem da espécie humana*. São Paulo: Melhoramentos, 1982.

LEITE, Bertília; WITER, Othon. *Fim de milênio*: uma história dos calendários, profecias e catástrofes cósmicas. Rio de Janeiro: Jorge Zahar, 1999.

LENHARO, Alcir. *Sacralização da política*. Campinas: Papirus/Unicamp, 1986.

LÉRY, Jean de. *Viagem à terra do Brasil*. Belo Horizonte/São Paulo: Itatiaia/Edusp, 1980.

LINHARES, Maria Yedda; SILVA, Francisco Carlos Teixeira da. *Terra prometida*: uma história da questão agrária no Brasil. Rio de Janeiro: Campus, 1999.

LOCKE, John, Segundo Tratado sobre Governo Civil. In: *Dois Tratados sobre o Governo*. São Paulo: Editora Abril, 1978.

LOCKHART, James; SHWARTZ, Stuart B. *A América Latina na época colonial*. Rio de Janeiro: Civilização Brasileira, 2010.

LOZÓN, Ignácio et al. *História*. Madri: Esla, 1992.

LUKACS, John. *O fim do século 20 e o fim da Era Moderna*. São Paulo: Best-Seller, 1993.

MACEDO, Carmen Cinira. *Imagem do eterno*: religiões no Brasil. São Paulo: Moderna, 1989.

MACHADO, Carlos Augusto Ribeiro. *Roma e seu império*. São Paulo: Saraiva, 2000.

MAESTRI FILHO, Mário. *O escravismo no Brasil*. São Paulo: Atual, 1994.

MAIER, Franz G. *Bizâncio*. México: Siglo Veintiuno, 1991.

MANTRAN, Robert. *Expansão muçulmana*: séculos VII-XI. São Paulo: Pioneira, 1977.

MARABINI, Jean. *A Rússia durante a Revolução de Outubro*. São Paulo: Companhia das Letras, 1990.

MARQUES, Maria Eduarda C. M. (Org.). *A Guerra do Paraguai*: 130 anos depois. Rio de Janeiro: Relume-Dumará, 1995.

MARTINS, M. L. P. *Poesia*: José de Anchieta S. J. São Paulo: Comissão IV Centenário de São Paulo/Museu Paulista, 1954.

MARX, Karl. *Para a crítica da economia política*. São Paulo: Abril Cultural, 1978.

_____; ENGELS, Friedrich. *Manifesto comunista*. São Paulo: Ched Editorial, 1980.

MELATTI, Júlio Cezar. *Índios do Brasil*. São Paulo/Brasília: Hucitec/UnB, 1993.

MESGRAVIS, Laima. *O Brasil nos primeiros séculos*. São Paulo: Contexto, 1989.

MICELI, Paulo. *O feudalismo*. São Paulo: Atual, 1998.

MIDDLETON, Haydn. *O cotidiano europeu no século XVI*. São Paulo: Melhoramentos, 1982.

MONTEFIORE, Simon Sebag. *Stalin*: a corte do czar vermelho. São Paulo: Companhia das Letras, 2006.

MONTESQUIEU, Charles S. *O espírito das leis*. São Paulo: Martins Fontes, 1996.

MOREL, Edmar. *A Revolta da Chibata*. Rio de Janeiro: Graal, 1979.

MOTA, Carlos Guilherme (Org.). *Brasil em perspectiva*. Rio de Janeiro: Bertrand Brasil, 1990.

_____. *História moderna e contemporânea*. São Paulo: Moderna, 1995.

_____ (Org.). *Viagem incompleta*. A experiência brasileira (1500-2000). Formação. São Paulo: Senac, 2000.

NABHAN, Neuza Neif. *Islamismo*: de Maomé a nossos dias. São Paulo: Ática, 1996.

NADEAU, Maurice. *História do surrealismo*. São Paulo: Perspectiva, 1985.

NASCIMENTO, Carlos Arthur. *O que é filosofia medieval?* São Paulo: Brasiliense, 1992.

NASCIMENTO, Elisa Larkin. *A matriz africana no mundo*. São Paulo: Selo Negro, 2008.

NEVES, Margarida de Souza; HEIZER, Alda. *A ordem é o progresso*: o Brasil de 1870 a 1910. São Paulo: Atual, 1991.

NOVAIS, Fernando A. (Org.). *História da vida privada no Brasil*. São Paulo: Companhia das Letras, 1997. v. 2.

_____. *Portugal e Brasil na crise do antigo sistema colonial (1777-1808)*. São Paulo: Hucitec, 1983.

_____. *Novos estudos Cebrap*. São Paulo, jul. 1988, n. 21.

OLIVEIRA, Francisco de. *A economia brasileira*: crítica à razão dualística. São Paulo: Brasiliense/Cebrap, 1976.

PALMÉRIO, Mário. *Vila dos Confins*. Rio de Janeiro: José Olympio, 1973.

PEDRERO-SÁNCHEZ, Maria Guadalupe. *História da Idade Média*: textos e testemunhas. São Paulo: Editora da Unesp, 2000.

PEDRO, Antonio. *A Segunda Guerra Mundial*. São Paulo: Atual, 1994.

PESAVENTO, Sandra Jatahy. *O tempo social*. São Paulo: Instituto de Estudos Avançados da USP, fev. 1951. (Coleção Documentos).

PESSOA, Fernando. *Obra poética*. Rio de Janeiro: José Aguilar, 1969.

PINSKY, Jaime. *As primeiras civilizações*. São Paulo: Atual, 1994.

_____ et al. *História da América através de textos*. São Paulo: Contexto, 2007.

PIZARRO, Ana (Org.). *América Latina*: palavra, literatura e cultura. São Paulo/Campinas: Memorial/Unicamp, 1993. v. 1.

PRADO, Antonio Arnoni (Org.). *Libertários no Brasil* – Memória, lutas, cultura. São Paulo: Brasiliense, s/d.

PRADO, Maria Ligia. *A formação das nações latino-americanas*. São Paulo: Atual, 1997.

PRADO JR., Caio. *Formação do Brasil contemporâneo*. São Paulo: Brasiliense, 1979.

_____. *História econômica do Brasil*. São Paulo: Brasiliense,

1985.

PREZIA, Benedito; HOORNAERT, Eduardo. *Esta terra tinha dono*. São Paulo: FTD, 1995.

PRIORE, Mary del (Org.). *História das mulheres no Brasil*. São Paulo: Contexto, 1997.

_____. *Religião e religiosidade no Brasil colonial*. São Paulo: Ática, 1997.

_____; VENÂNCIO, Renato P. *O livro de ouro da História do Brasil*. Rio de Janeiro: Ediouro, 2001.

QUESNEL, Alain. *O Egito*. São Paulo: Ática, 1988. (Coleção Mitos e Lendas).

REDE, Marcelo. *A Mesopotâmia*. São Paulo: Saraiva, 1997.

REED, John. *Os dez dias que abalaram o mundo*. São Paulo: Círculo do Livro, s/d.

REIS, João José. *Rebelião escrava no Brasil*: a história do levante dos malês (1835). São Paulo: Brasiliense, 1986.

_____; SILVA, Eduardo. *Negociação e conflito*. São Paulo: Companhia das Letras, 1996.

REIS FILHO, Daniel Aarão. *A aventura socialista no século XX*. São Paulo: Atual, 1999.

RÉMOND, René. *Introdução à história do nosso tempo*: do Antigo Regime aos nossos dias. Lisboa: Gradiva, 1994.

RIBEIRO, Darcy. *Aos trancos e barrancos*. Rio de Janeiro: Guanabara Dois, 1985.

_____. *O povo brasileiro*. São Paulo: Companhia das Letras, 1995.

RIBEIRO, Renato Janine. *A República*. São Paulo: Publifolha, 2005.

RICHARD, Lionel. *A República de Weimar (1919-1933)*. São Paulo: Companhia das Letras, 1988.

RODRIGUES, Jaime. *De costa a costa*: escravos, marinheiros e intermediários do tráfico negreiro de Angola ao Rio de Janeiro (1780-1860). São Paulo: Companhia das Letras, 2005.

Rousseau. São Paulo: Abril, 1978. (Coleção Os Pensadores).

SALVADOR, Frei Vicente do. *História do Brasil (1500-1627)*. São Paulo/Belo Horizonte: Edusp/Itatiaia, 1982.

SALVADORI, Maria Ângela B. *Cidade em tempos modernos*. São Paulo: Atual, 1995.

SANTOS, Milton. *Por uma outra globalização*: do pensamento único à consciência universal. Rio de Janeiro: Record, 2000.

SARAIVA, José Hermano. *História concisa de Portugal*. Lisboa: Publicações Europa-América, 1996.

SAUTEREAU, François; JACQUET, Fred. *Contos e lendas do nascimento de Roma*. São Paulo: Companhia das Letras, 2000.

SCHWARTZ, Stuart. *Segredos internos*: engenhos e escravos na sociedade colonial, 1550-1835. São Paulo: Companhia das Letras, 1988.

SEVCENKO, Nicolau. *O Renascimento*. São Paulo: Atual, 1994.

SHERRARD, Philip. *Bizâncio*. Rio de Janeiro: José Olympio, 1970.

SILVA, Alberto da Costa e. *A enxada e a lança*. A África antes dos portugueses. Rio de Janeiro: Nova Fronteira, 2006.

SILVA, Janice Theodoro da. *Descobrimentos e Renascimento*. São Paulo: Contexto, 1991.

SOBOUL, Albert. *A Revolução Francesa*. São Paulo: Difel, 1995.

SOUZA, Iara Lis C. *A independência do Brasil*. Rio de Janeiro: Zahar, 2000.

SOUZA, Laura de Mello e. *Desclassificados do ouro*. Rio de Janeiro: Graal, 1986.

_____ et al. *1680-1720*: o império deste mundo. São Paulo: Companhia das Letras, 2000.

_____ (Org.). *História da vida privada no Brasil*. São Paulo: Companhia das Letras, 1997. v. 1.

SOUZA, Marina de Mello e. *África e Brasil africano*. São Paulo: Ática, 2006.

_____. Subcomandante Marcos. *Relatos del Viejo Antonio*. Chiapas, México: Centro de Información y Análisis de Chiapas, 1998.

TODOROV, Tzvetan. *A conquista da América*. A questão do outro. São Paulo: Martins Fontes, 2010.

TRAGTENBERG, Maurício. *A Revolução Russa*. São Paulo: Atual, 1988.

TREVISAN, Cláudia. *Os chineses*. São Paulo: Contexto, 2009.

TUCÍDIDES. *História da Guerra do Peloponeso*. Brasília/São Paulo: UnB/Hucitec, 1986. Livro II.

TUSELL, Javier et al. *Historia del mundo contemporáneo*. Madri: Ediciones SM, 1997.

VAINFAS, Ronaldo (Dir.). *Dicionário do Brasil colonial*. Rio de Janeiro: Objetiva, 2000.

VERNANT, Jean-Pierre. *As origens do pensamento grego*. São Paulo: Difel, 1984.

_____. *O universo, os deuses, os homens*. São Paulo: Companhia das Letras, 2000.

VEYNE, Paul. *História da vida privada*. São Paulo: Companhia das Letras, 1990. v. 1.

VOLKOGONOV, Dmitri. *Stalin*: triunfo e tragédia. Rio de Janeiro: Nova Fronteira, 2004. v. 2.

WHITROW, G. J. *O tempo da História*. Rio de Janeiro: Jorge Zahar, 1997.

Jornais

Folha de S.Paulo, 26 jan. 1995; 19 jan. 1997; 16 jul. 2000; 23 set. 2001; 6 jan. 2002.

O Estado de S. Paulo, 5 jan. 1997; 21 nov. 1999; 13 dez. 2005.

The Times, Londres, 28 ago. 1993.

Revistas

Civilização Brasileira, n. 1, jul. 1978.

Revista de História, São Paulo, USP, n. 1, 1950; n. 7, 1951; n. 141, 1999.

Revista del CLAD, Caracas, Centro Latinoamericano de Administración para el Desarollo, out. 1998.

Trabalhadores, Campinas, Fundo de Assistência à Cultura, 1989.

Veja, São Paulo, Abril, 2 mar. 1994; 24 dez. 1997; 29 mar. 2000; 14 nov. 2001; 19 dez. 2001.

Ciências Humanas e Sociais Aplicadas

conecte
LIVE

GILBERTO COTRIM

Bacharel em História pela Faculdade de Filosofia, Letras e Ciências Humanas da Universidade de São Paulo (FFLCH-USP).

Licenciado em História pela Faculdade de Educação da Universidade de São Paulo (FEUSP).

Mestre em Educação, Arte e História da Cultura pela Universidade Presbiteriana Mackenzie (UPM-SP).

Professor de História na rede particular de ensino de São Paulo.

Advogado inscrito na OAB São Paulo.

GIORDANA COTRIM

Bacharela em História pela Pontifícia Universidade Católica de São Paulo (PUC-SP).

Licenciada em História pela Pontifícia Universidade Católica de São Paulo (PUC-SP).

Assessora pedagógica.

História

Caderno de Atividades
ATIVIDADES COMPLEMENTARES

Editora Saraiva

Presidência: Mario Ghio Júnior
Direção de soluções educacionais: Camila Montero Vaz Cardoso
Direção editorial: Lidiane Vivaldini Olo
Gerência editorial: Viviane Carpegiani
Gestão de área: Julio Cesar Augustus de Paula Santos
Edição: Cassia Yuka de Andrade Tamura, Daniele Dionizio e Lígia Torres Figueiredo
Planejamento e controle de produção: Flávio Matuguma (coord.), Felipe Nogueira, Juliana Batista e Anny Lima
Revisão: Kátia Scaff Marques (coord.), Brenda T. M. Morais, Claudia Virgilio, Daniela Lima, Malvina Tomáz e Ricardo Miyake
Arte: André Gomes Vitale (ger.), Catherine Saori Ishihara (coord.) e Veronica Onuki (edição de arte)
Diagramação: JS Design
Iconografia e tratamento de imagem: André Gomes Vitale (ger.), Denise Kremer e Claudia Bertolazzi (coord.), Monica de Souza (pesquisa iconográfica) e Fernanda Crevin (tratamento de imagens)
Licenciamento de conteúdos de terceiros: Roberta Bento (ger.), Jenis Oh (coord.), Liliane Rodrigues, Flávia Zambon e Raísa Maris Reina (analistas de licenciamento)
Cartografia: Eric Fuzii (coord.) e Robson Rosendo da Rocha
Design: Erik Taketa (coord.) e Adilson Casarotti (proj. gráfico e capa)
Foto de capa: Eugenio Marongiu/Shutterstock / Viacheslav Lopatin/Shutterstock / Thiago Santos/Shutterstock

Todos os direitos reservados por Somos Sistemas de Ensino S.A.
Avenida Paulista, 901, 6º andar – Bela Vista
São Paulo – SP – CEP 01310-200
http://www.somoseducacao.com.br

2022
Código da obra CL 801856
CAE 721914 (AL) / 721915 (PR)
1ª edição
7ª impressão
De acordo com a BNCC.

Impressão e acabamento: Bercrom Gráfica e Editora

Uma publicação

Conheça seu Caderno de Atividades

Este caderno foi elaborado especialmente para você, estudante do Ensino Médio, que deseja praticar o que aprendeu durante as aulas e se qualificar para as provas do Enem e de vestibulares.

O material foi estruturado para que você consiga utilizá-lo autonomamente, em seus estudos individuais além do horário escolar, ou sob orientação de seu professor, que poderá lhe sugerir atividades complementares às do livro.

Atividades

Atividades organizadas por capítulo, seguindo a estrutura do livro.

Em continuidade ao trabalho do livro, as atividades dão suporte ao desenvolvimento das habilidades da BNCC indicadas.

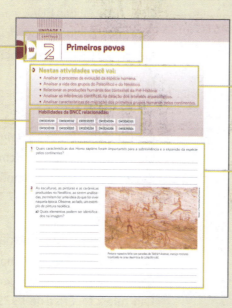

Aqui você encontra os objetivos de aprendizagem relacionados às atividades.

Os principais conceitos trabalhados no livro são retomados em atividades que permitem a aplicação dos conhecimentos aprendidos durante o Ensino Médio.

Flip!

Gire o seu livro e tenha acesso a uma seleção de questões do Enem e de vestibulares de todo o Brasil.

Respostas

Consulte as respostas das atividades no final do material.

plurall

No Plurall, você encontrará as resoluções em vídeo das questões propostas.

Sumário

Unidade 1

Escrita e memória 5
- **Capítulo 1** – História e reflexão 5
- **Capítulo 2** – Primeiros povos 8
- **Capítulo 3** – Mesopotâmia e Egito antigo 10

Unidade 2

Cultura e religião 13
- **Capítulo 4** – Grécia antiga 13
- **Capítulo 5** – Roma antiga 16
- **Capítulo 6** – Bizâncio e o mundo islâmico 19

Unidade 3

Cristandade e modernidade 22
- **Capítulo 7** – Europa feudal 22
- **Capítulo 8** – Mundo cristão 25
- **Capítulo 9** – Renascimentos e reformas 28

Unidade 4

Contatos e confrontos 31
- **Capítulo 10** – Povos africanos 31
- **Capítulo 11** – Povos da América 33
- **Capítulo 12** – Expansão marítima e conquista da América 36

Unidade 5

Colonialismo e escravidão 38
- **Capítulo 13** – Colonização do Brasil 38
- **Capítulo 14** – Sociedade açucareira 41
- **Capítulo 15** – Expansão territorial e mineração 43

Unidade 6

Súdito e cidadão 46
- **Capítulo 16** – Antigo Regime e Iluminismo 46
- **Capítulo 17** – Inglaterra e Revolução Industrial 49
- **Capítulo 18** – Revolução Francesa e Era Napoleônica 52

Unidade 7

Liberdade e independência 55
- **Capítulo 19** – Colonização e independência dos EUA 55
- **Capítulo 20** – Independências na América Latina 58
- **Capítulo 21** – Independência do Brasil 61

Unidade 8

Império e território 64
- **Capítulo 22** – Primeiro Reinado e Regências 62
- **Capítulo 23** – Segundo Reinado 67
- **Capítulo 24** – Crise do Império 70

Unidade 9

Tecnologia e dominação 73
- **Capítulo 25** – Nacionalismo e imperialismo 73
- **Capítulo 26** – Primeira Guerra e Revolução Russa 76
- **Capítulo 27** – Crise de 1929 e Segunda Guerra 79

Unidade 10

República e autoritarismo 82
- **Capítulo 28** – República oligárquica 82
- **Capítulo 29** – Revoltas na Primeira República 85
- **Capítulo 30** – Era Vargas 88

Unidade 11

Globalização e meio ambiente 91
- **Capítulo 31** – Guerra Fria e socialismo 91
- **Capítulo 32** – Independências na África, na Ásia e no Oriente Médio 93
- **Capítulo 33** – Globalização e desigualdade 96

Unidade 12

Democracia e cidadania 99
- **Capítulo 34** – Experiência democrática 99
- **Capítulo 35** – Governos militares 101
- **Capítulo 36** – Brasil contemporâneo 104

Respostas 106
Habilidades da BNCC 127

UNIDADE 1
CAPÍTULO 1

História e reflexão

Nestas atividades você vai:
- Analisar e interpretar diferentes fontes históricas.
- Relacionar as fontes aos seus contextos históricos.
- Discutir o papel da história na formação das sociedades.

Habilidades da BNCC relacionadas:

EM13CHS101   EM13CHS102   EM13CHS103   EM13CHS104   EM13CHS105   EM13CHS106

1 Ao pesquisar o tema da escravidão no Brasil colonial, um historiador pode utilizar diversos tipos de fontes históricas. A seguir, observe duas delas e faça o que se pede.

Uma senhora de algumas posses em sua casa, litografia de 1823, de Jean-Baptiste Debret, que retratou cenas da sociedade e das paisagens brasileiras na primeira metade do século XIX. Esse é um exemplo de fonte iconográfica.

Reprodução de recibo de compra e venda de escravo, datado de 15 de dezembro de 1858. Esse é um exemplo de fonte escrita.

a) Quais informações um historiador poderia extrair da pintura de Debret, ao utilizá-la como fonte histórica?

_____
_____
_____

b) Que relações podem ser estabelecidas entre a pintura de Debret e o recibo de compra e venda de escravos?

_____
_____
_____

2 Leia, no texto a seguir, a análise que o historiador Edward Hallet Carr faz sobre seu ofício:

> O historiador não é um escravo humilde nem um senhor tirânico de seus fatos. A relação entre o historiador e seus fatos é de igualdade e de reciprocidade. [...]
> O historiador começa com uma seleção provisória de fatos e uma interpretação, também provisória, a partir da qual a seleção foi feita – tanto pelos outros quanto por ele mesmo. Enquanto trabalha, tanto a interpretação e a seleção quanto a ordenação de fatos passam por mudanças sutis e talvez parcialmente inconscientes, através da ação recíproca de uma ou da outra. [...] O historiador e os fatos históricos são necessários um ao outro. O historiador sem seus fatos não tem raízes e é inútil; os fatos sem seu historiador são mortos e sem significado. Portanto, minha primeira resposta à pergunta "Que é História?" é que ela se constitui de um processo contínuo de interação entre o historiador e seus fatos, um diálogo interminável entre o presente e o passado.
>
> CARR, Edward Hallet. *Que é História?* São Paulo: Paz e Terra, 1996. p. 65.

Interprete a seguinte afirmação do autor: "O historiador e os fatos históricos são necessários um ao outro".

3 Leia, a seguir, o depoimento de Karaí Katu, um integrante da etnia guarani que vive na cidade de São Paulo.

> As pessoas olham a gente nas feiras, usando estas roupas e sapatos e olham como se não fôssemos mais guarani. Como se a gente tivesse perdido nossa cultura. Eles não percebem que, por dentro, a gente continua o mesmo guarani.
>
> Depoimento de Karaí Katu, da aldeia de Itatins, município de Itariri, São Paulo. Transcrito em 1994 pelo historiador e indigenista Paulo Humberto Porto Borges. Disponível em: <http://baraoemfoco.com.br/historia/projeto/povoguarani.html>. Acesso em: 22 maio 2020.

Atualmente, além das áreas rurais, as populações indígenas brasileiras estão presentes nas áreas urbanas dos grandes e pequenos municípios. Essas populações apresentam enorme diversidade cultural e muitas delas adotaram costumes dos brancos. Com base no depoimento de Karaí Katu, reflita e responda:

a) Como essa fonte pode ser classificada?

b) Quem é o depoente e qual é a data do depoimento?

c) As transformações culturais são compatíveis com a preservação das identidades sociais?

4 Os calendários apresentam um sistema temporal para a organização das atividades humanas, como as festas, o trabalho e as cerimônias religiosas. Observe, a seguir, a representação de um calendário medieval.

Ilustração de manuscrito francês do século XIV, do *Manual agrícola*, de Pietro de Crescenzi, que representa diversas atividades agrícolas, conforme o mês do ano.

a) Com base no calendário, quais atividades eram desenvolvidas ao longo do ano pelos camponeses? Descreva objetos e elementos que permitem essa interpretação. Depois, explique de que maneira os camponeses controlavam a passagem do tempo.

___

b) Com base em suas reflexões, comente a seguinte frase: "A maneira de contar a passagem do tempo se relaciona com o modo de vida de cada sociedade".

___

5 "Estudar história é uma maneira de adquirir consciência sobre a trajetória humana." Reflita sobre o significado dessa frase. Depois, apresente exemplos atuais que possam ser relacionados com esse assunto.

___

UNIDADE 1
CAPÍTULO 2

Primeiros povos

Nestas atividades você vai:

- Analisar o processo de evolução da espécie humana.
- Analisar a vida dos grupos do Paleolítico e do Neolítico.
- Relacionar as produções humanas aos contextos da Pré-História.
- Analisar as inferências científicas na datação dos artefatos arqueológicos.
- Analisar características da migração dos primeiros grupos humanos pelos continentes.

Habilidades da BNCC relacionadas:

| EM13CHS101 | EM13CHS102 | EM13CHS103 | EM13CHS104 | EM13CHS105 |
| EM13CHS106 | EM13CHS203 | EM13CHS204 | EM13CHS206 | EM13CHS404 |

1 Quais características dos *Homo sapiens* foram importantes para a sobrevivência e a expansão da espécie pelos continentes?

_____
_____
_____

2 As esculturas, as pinturas e as cerâmicas produzidas no Neolítico, ao serem analisadas, permitem ter uma ideia do que foi viver naquela época. Observe, ao lado, um exemplo de pintura neolítica.

Pintura rupestre feita nas paredes de Tadrart Acacus, maciço rochoso localizado na área desértica da Líbia (África).

  a) Quais elementos podem ser identificados na imagem?

_____
_____
_____
_____
_____
_____

b) Com base nesses elementos, o que podemos inferir sobre o cotidiano dos seres humanos no Neolítico?

_____
_____
_____

3 Que relações podem ser estabelecidas entre os modos de vida dos primeiros povoadores do território que hoje pertence ao Brasil com as culturas paleolíticas e neolíticas?

_____
_____
_____
_____

4 Uma das características do *Homo sapiens* era sua habilidade de se expressar. A partir da imagem e do texto a seguir, descreva uma imagem-símbolo da cultura atual da qual você faz parte.

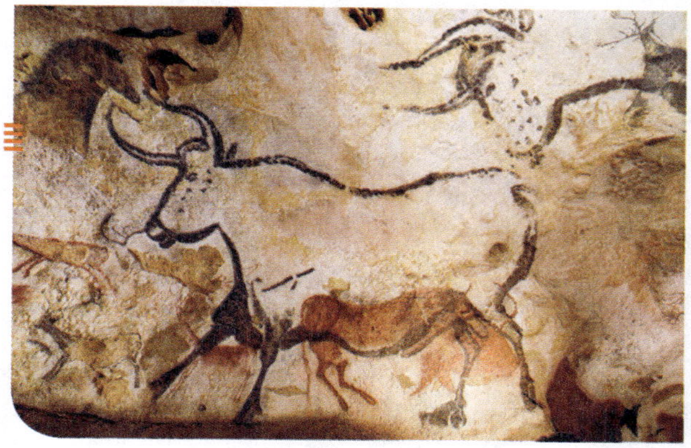

Pintura rupestre que representa um touro na caverna de Lascaux, no Vale Vézère (França). Por seu valor artístico e antropológico, os 147 sítios arqueológicos e as 25 cavernas dessa região são considerados Patrimônio da Humanidade pela Unesco desde 1979.

> A linguagem da arte é poderosa para as pessoas que a compreendem, e intrigante para quem não a compreende. O que sabemos é que aqui estava a mente moderna em funcionamento, gerando simbolismos e abstrações de um modo que somente o *Homo sapiens* é capaz de fazê-lo.
>
> LEAKEY, Richard. *A origem da espécie humana*. Rio de Janeiro: Rocco, 1995. p. 116.

_____
_____
_____
_____

5 O carbono 14 tem sido utilizado pelos cientistas a fim de saber a idade de fósseis antigos. Pesquise esse tema e resuma as principais informações sobre a importância da utilização do carbono 14 nos estudos históricos.

_____
_____
_____
_____

UNIDADE 1
CAPÍTULO 3
Mesopotâmia e Egito antigo

Nestas atividades você vai:

- Analisar as civilizações egípcia e mesopotâmica.
- Relacionar o poder real às manifestações religiosas.
- Interpretar manifestações culturais dos povos egípcios e mesopotâmicos.
- Discutir noções que caracterizam as sociedades egípcia e mesopotâmica como civilizações.

Habilidades da BNCC relacionadas:

EM13CHS101 EM13CHS103 EM13CHS104 EM13CHS105 EM13CHS106 EM13CHS203 EM13CHS204

---

1 Leia, a seguir, como o arqueólogo Robert Braidwood caracterizou a noção de civilização:

> Não vou tentar definir o que é a civilização; antes, direi o que a palavra me traz à mente. Para mim, civilização significa urbanização; o fato de haver cidades. Significa uma organização política formal, ou seja, que existam reis ou corpos de governo [...]. Significa a existência de leis formais, regras de conduta que o governo (se não o povo) considera necessárias. Provavelmente também significa [...] estradas, portos, canais de irrigação etc., além de algum tipo de exército ou força policial para protegê-los. Significa formas de arte bastante novas e diversificadas. Em geral, também significa que há um sistema de escrita. [...]
>
> Você pode sentir, com razão, que uma grande quantidade de **idiossincrasia** pessoal está envolvida nas várias caracterizações ou definições oferecidas à palavra civilização.
>
> BRAIDWOOD, Robert. *Homens pré-históricos*. 2. ed. Brasília, DF: UnB, 1988. p. 155-156.

Idiossincrasia: traço peculiar do comportamento de um grupo ou de uma pessoa.

a) As civilizações egípcia e mesopotâmica se enquadrariam na definição estipulada pelo autor do texto? Por quê?

_____
_____

b) Você concorda com a última frase do texto? Justifique sua resposta.

_____
_____
_____
_____
_____

2 Para o historiador Marcelo Rede, a origem divina atribuída ao poder real caracterizava a política na Mesopotâmia:

> [...] a monarquia e o rei eram os primeiros responsáveis por cuidar, no mundo terrestre, da ordem estabelecida pelos deuses; para essa tarefa, concentravam grandes poderes e impunham sua vontade à população. Mostrando o poder como vontade dos deuses, dificultava-se o seu questionamento por aqueles que sofriam com suas ações. Rebelar-se contra o poder do soberano significava rebelar-se contra os deuses.
>
> REDE, Marcelo. *A Mesopotâmia*. São Paulo: Saraiva, 1997. p. 36.

a) Segundo o autor, por que "rebelar-se contra o poder do soberano significava rebelar-se contra os deuses"?

b) A associação do rei aos deuses, na Mesopotâmia, demonstra a ampliação do poder real. Explique o papel dos templos e dos sacerdotes nessa associação.

c) Explique de que maneira essa associação fortalecia a submissão da população ao domínio do rei.

d) Você concorda com a ideia de que, quanto maior a submissão da população, maior o poder real?

3 O estandarte de Ur é uma representação sobre a prosperidade econômica e as relações de poder na Mesopotâmia. Ele foi encontrado na antiga cidade de Ur (no atual Iraque) e apresenta dois painéis. Em um dos painéis, há cenas relativas às guerras. Em outro, visto nesta imagem, o rei e a elite mesopotâmica fazem um banquete com a renda obtida pela cobrança de tributos. A figura do rei é representada em tamanho maior do que a dos demais personagens. Nas faixas inferiores, os súditos oferecem peixes, ovelhas, cabras e bois como tributos ao governo. Analise atentamente a imagem do estandarte e, depois, responda às perguntas.

Estandarte de Ur, produzido pelos sumérios entre 2600 a.C. e 2400 a.C.

a) Por que a figura do rei (faixa superior) é maior do que a dos outros personagens?

_____
_____

b) A partir das cenas representadas, o que podemos deduzir sobre as relações de poder na Mesopotâmia?

_____
_____

4 A existência e a importância dos escravos na Mesopotâmia e no Egito antigo geram debates entre os estudiosos. Leia, a seguir, um texto do historiador Ciro Flamarion Cardoso e responda à questão.

> No Egito e na Mesopotâmia houve escravos, mas, por um lado, nunca constituíram a base das relações de produção e, por outro, diferenciavam-se bastante daqueles do período greco-romano clássico: podiam casar-se com pessoas livres, ter bens, pagar impostos, testemunhar nos tribunais etc. De fato, as diferenças são tão grandes que certos autores [...] contestam que fossem verdadeiros escravos.
>
> CARDOSO, Ciro Flamarion S. *Sociedades do Antigo Oriente Próximo*. São Paulo: Ática, 1990. p. 79-80.

Por que a escravidão tal como ocorreu no Egito e na Mesopotâmia pode ser relativizada?

_____
_____
_____
_____
_____
_____

5 Leia, a seguir, o texto *Diálogo do homem com sua alma*, de autoria desconhecida, que apresenta a concepção de morte para os antigos egípcios. É possível identificar elementos dessa concepção em religiões contemporâneas? Explique, se possível com exemplos.

> A morte está hoje diante de mim como a cura depois de uma doença,
> Como a liberdade depois da prisão. [...]
> A morte está hoje diante de mim como o momento em que cessam as intempéries, como o momento em que se volta para casa depois de uma expedição,
> A morte está hoje diante de mim como um clarão no céu,
> Como a descoberta daquilo que se ignorava.
> A morte está hoje diante de mim como o momento em que um homem deseja rever seu lar depois de ter passado anos no cativeiro.
>
> In: JACQ, Christian. *A sabedoria viva do Antigo Egito*. Rio de Janeiro: Bertrand Brasil, 1999. p. 149-151.

_____
_____
_____
_____
_____
_____

UNIDADE 2
CAPÍTULO 4

Grécia antiga

⟩ Nestas atividades você vai:
- Analisar aspectos da sociedade grega.
- Interpretar manifestações culturais do povo grego.
- Diferenciar noções que caracterizam as sociedades ateniense e espartana.

Habilidades da BNCC relacionadas:

| EM13CHS101 | EM13CHS102 | EM13CHS103 | EM13CHS104 | EM13CHS105 | EM13CHS106 | EM13CHS203 |

1 Observe a reprodução de duas esculturas: uma grega e uma egípcia.

Vênus de Milo, estátua grega, esculpida em mármore, que representa Afrodite, a deusa do amor sexual e da beleza física (cerca de 130 a.C.).

Busto da rainha egípcia Nefertiti, esculpido em calcário e posteriormente colorido.

Que diferenças e semelhanças podem ser observadas entre essas obras:

a) quanto à temática?

___
___
___

b) quanto aos materiais utilizados?

___
___

c) quanto ao ideal de beleza?

___
___
___

2 Você já deve ter visto obras arquitetônicas que lembram o Partenon, edifício grego do século V a.C.

a) Que sensações ele desperta em você?

_____
_____
_____

b) Em sua opinião, haveria alguma relação entre as palavras **templo** e **contemplar**? Converse com os colegas e formulem hipóteses.

_____
_____
_____
_____

O Partenon, templo construído em Atenas (Grécia) entre 447 a.C. e 438 a.C. Fotografia de 2018.

3 Uma das características da sociedade grega era o uso de mão de obra escrava. De que maneira os gregos se relacionavam com a questão da escravidão?

_____
_____
_____
_____
_____

4 Homero foi um poeta grego que teria vivido no século VI a.C. e a quem se atribui a autoria de dois poemas épicos monumentais: a Ilíada e a Odisseia. Leia algumas informações sobre essas obras:

A Ilíada, poema de cerca de 15 mil versos, conta episódios da Guerra de Troia (em grego, Ilion). A causa dessa guerra foi o rapto de Helena (esposa do rei grego Menelau) por Páris, príncipe de Troia. Em represália ao rapto, os gregos atacaram os troianos.

A Odisseia, poema de cerca de 12 mil versos, conta as aventuras de Ulisses (em grego, Odisseu), rei lendário de Ítaca, marido de Penélope, em seu longo regresso à terra natal após a Guerra de Troia.

Muitos estudiosos afirmam que a Ilíada e a Odisseia não são obras de um único poeta, mas resultado da criação coletiva de vários poetas (os aedos), que por meio da tradição oral declamaram, criaram e recriaram essas narrativas.

a) Segundo estudiosos, somente por volta de 550 a.C., as obras atribuídas a Homero foram registradas por escrito. Como essas obras eram transmitidas até cerca de 550 a.C.?

_____
_____

b) De que maneira as obras atribuídas a Homero se relacionam com a história da Grécia antiga?

_____
_____
_____

5 O que chamamos de mitologia grega é um rico conjunto de narrativas sobre a vida dos deuses e heróis e seu envolvimento com os humanos. Esses mitos exerceram grande influência na arte e no pensamento dos povos ocidentais, como observado na imagem a seguir.

Fig. 462. Minotaur. Device of Gonzalvo Perez.

Minotauro, gravura de Gonzalvo Perez, 1883.

a) Que figura dessa obra de arte foi inspirada na mitologia grega? O que você sabe sobre esse personagem?

b) O termo **mito** teve diversos sentidos ao longo da história. No tempo presente, quais os sentidos que esse termo pode ter?

6 Esparta era a principal cidade que rivalizava com Atenas na influência da península Ática.

a) A que classe social pertenciam os soldados espartanos?

b) Tendo em vista que a sociedade espartana era profundamente militarizada e desigual, de que maneira essas características se traduziam na estrutura de poder?

UNIDADE 2
CAPÍTULO

5 Roma antiga

Nestas atividades você vai:

- Interpretar os mitos de fundação de Roma.
- Discutir a divisão social da Roma antiga.
- Analisar aspectos do Direito Romano.
- Relacionar os processos que culminaram na divisão do Império romano.

Habilidades da BNCC relacionadas:

EM13CHS101   EM13CHS102   EM13CHS103   EM13CHS104   EM13CHS105   EM13CHS203   EM13CHS404

---

1 Uma das versões lendárias da fundação de Roma foi relatada pelo poeta Virgílio (70-19 a.C.). Segundo esse relato: Roma foi fundada por dois irmãos gêmeos, Rômulo e Remo, netos do rei Numitor, da cidade de Alba Longa. O trono de Numitor fora **usurpado** por seu irmão Amúlio. De posse do trono, o usurpador ordenou que Rômulo e Remo, recém-nascidos, fossem colocados dentro de um cesto e lançados nas águas do rio Tibre. O cesto encalhou junto ao monte Palatino e foi encontrado por uma loba, que amamentou os gêmeos. Posteriormente, um pastor chamado Faustolo acolheu as crianças e cuidou delas.

Usurpar: assumir, obter ou fazer uso de algo sem direito.

Quando adultos, Rômulo e Remo reconquistaram o trono de Alba Longa para seu avô. Receberam, então, permissão para fundar Roma (em 753 a.C.) na região onde a loba os havia encontrado.

Com base na leitura do texto e da imagem, responda:

a) O texto faz referência a qual período histórico da Roma antiga?

_____
_____

b) Quais características da escultura dão a ideia de que não se trata de uma loba comum, e sim de uma guardiã dos pequenos irmãos? Formule hipóteses a esse respeito.

Estátua em bronze representando os gêmeos Rômulo e Remo sendo alimentados por uma loba. A figura da loba foi produzida entre os séculos V a.C. e IV a.C. e a representação dos irmãos foi acrescentada no século XV.

_____
_____
_____
_____
_____

2 A sociedade romana era formada pelos seguintes grupos sociais: patrícios, plebeus, clientes e escravos.

  a) Quais as diferenças entre as atividades realizadas por patrícios, plebeus e escravos?

  _____
  _____
  _____
  _____
  _____

  b) Na sua interpretação, que tipo de atividade era mais valorizada?

  _____
  _____
  _____
  _____

  c) Qual é a origem da população escrava durante a república romana?

  _____
  _____
  _____
  _____
  _____

3 Leia o texto a seguir, que traz uma citação do historiador romano Tácito (55-116).

> Penso realmente que [...] a paixão pelos gladiadores e cavalos [é] por assim dizer, concebida no ventre materno [...]. Na verdade, poucos são os que falam de outro assunto em suas casas, e ao entrar numa sala de aula, de que mais trata a conversa dos jovens a não ser de combates e corridas?
>
> TÁCITO. In: HADAS, Moses. *Roma imperial*. Rio de Janeiro: José Olympio, 1971. p. 178.

  a) Quem é o autor do documento e em que época ele viveu?

  _____

  b) Qual assunto é tratado no documento?

  _____

  c) Em uma associação com o período contemporâneo, quem são os "gladiadores e cavalos" da atualidade?

  _____
  _____
  _____
  _____
  _____

4 Em 395 d.C. ocorreu a divisão do Império Romano. Explique por que essa divisão pode ser considerada uma tentativa de frear a crise do Império.

_____
_____
_____
_____
_____
_____
_____

5 Leia um trecho do livro *Contos e lendas do nascimento de Roma* e responda:

> [...] Rômulo tinha outras ideias em mente. Ele sabia que uma grande parcela do povo [de Roma] era composta de escravos fugidos ou simplesmente de gente que trouxera consigo apenas sua coragem, nada mais. Outros eram ricos e respeitados na cidade de que provinham, onde haviam adquirido a experiência da vida pública. Eram os mais velhos, quase sempre, ou pelo menos já tinham filhos. Rômulo os chamou pais, ou patrícios, enquanto os mais modestos foram denominados plebeus.
>
> Aos patrícios, que estavam acostumados com as questões do direito ou do exercício do poder na sua cidade e que contavam com melhores condições materiais, ele confiou as principais funções, o sacerdócio, o exercício da justiça. Quanto aos outros, os mais pobres, não queria que se mantivessem nessa condição. Ofereceu-lhes então tarefas em que poderiam prosperar: a agricultura e outros ofícios que requeriam habilidade, talento.
>
> SAUTEREAU, François; JACQUET, Fred. *Contos e lendas do nascimento de Roma*. São Paulo: Companhia das Letras, 2000. p. 87-88.

a) Com base na leitura do trecho, quais grupos sociais fizeram parte do início de Roma?

_____
_____
_____

b) Segundo o trecho, por quais motivos a população de Roma foi dividida em patrícios e plebeus?

_____
_____
_____
_____

c) Outro grupo social presente na sociedade romana eram os clientes. Qual era seu *status* nessa sociedade?

_____
_____
_____
_____

Bizâncio e o mundo islâmico

Nestas atividades você vai:
- Analisar as características da sociedade bizantina.
- Relacionar os processos que culminaram na queda de Constantinopla.
- Contextualizar os eventos que fizeram parte da Idade Média no mundo oriental.
- Analisar as produções culturais do Império Bizantino em diferentes momentos históricos.
- Relacionar aspectos sociais e culturais da sociedade islâmica aos processos históricos do mundo medieval.

Habilidades da BNCC relacionadas:

EM13CHS101 EM13CHS102 EM13CHS103 EM13CHS104 EM13CHS105 EM13CHS106

EM13CHS203 EM13CHS204 EM13CHS401 EM13CHS404 EM13CHS603

1 Leia os acontecimentos a seguir a respeito da história do Império Bizantino e a ascensão do mundo islâmico e enumere-os em ordem cronológica.

( ) Governo de Justiniano, durante o qual o Império Bizantino atingiu sua máxima extensão territorial.

( ) Hégira, episódio no qual Maomé abandona a cidade de Meca e refugia-se em Yatrib, mais tarde chamada de Medina.

( ) Tomada de Constantinopla pelos turcos otomanos, evento considerado marco tradicional do fim da Idade Média.

( ) Grande Cisma do Oriente, que dividiu o mundo cristão entre Igreja Ortodoxa e Igreja Católica Apostólica Romana.

( ) Revolta de Nika, que começou no hipódromo, espalhou-se pelas ruas de Constantinopla e foi violentamente reprimida pelo governo.

2 A historiadora Angeliki Laiou, especialista em civilização bizantina, faz a seguinte análise quanto à conquista de Constantinopla, em 1453, pelos otomanos:

> O Estado bizantino foi dissolvido pela conquista otomana, em 1453. No entanto, a religião, a cultura, as formas artísticas e o poder econômico de certos grupos – por exemplo, os comerciantes – sobreviveram nos Bálcãs por muitos séculos, e na verdade alguns resíduos poderosos continuam existindo ainda hoje. Nem a civilização bizantina nem todas as estruturas sociais e econômicas desapareceram em 1453.
>
> LAIOU, Angeliki. Comentários sobre Bizâncio. In: JAGUARIBE, Hélio. *Um estudo crítico da História*. v. 1. São Paulo: Paz e Terra, 2001. p. 654.

a) Qual é a principal ideia da autora?

_____
_____
_____

b) O que permaneceu após o fim do Império Bizantino?

c) Cite uma das causas que levaram ao fim do Império Bizantino.

3 Observe as duas imagens a seguir. Compare-as e leia as legendas que as acompanham.

Alexander Zhivitsky/Shutterstock

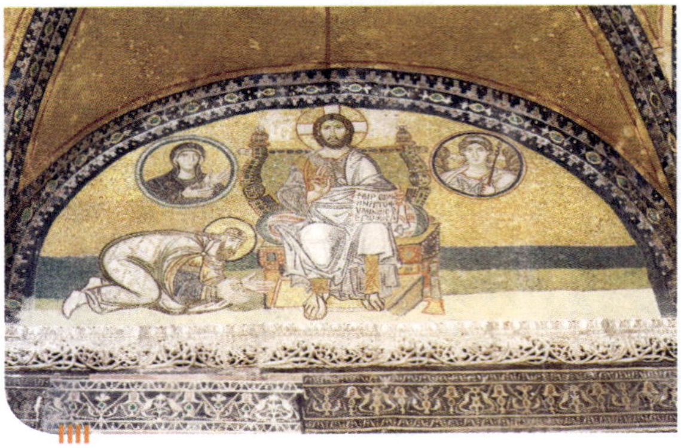

Esse mosaico pode ser visto na Basílica de Santa Sofia. Ao centro, está representado Jesus Cristo, tendo, à esquerda, a Virgem Maria e, à direita, o Arcanjo Gabriel. Também à esquerda, podemos identificar a figura de um imperador, que se supõe ser Leão VI (886-912).

Zzvet/Shutterstock

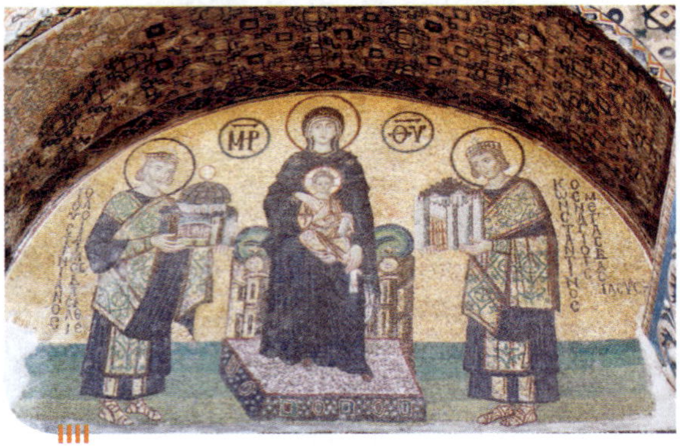

Nessa imagem, vemos outro mosaico da Basílica de Santa Sofia. Nele estão representados Maria e o Menino Jesus, ladeados pelos imperadores Justiniano e Constantino, que lhes apresentam, respectivamente, modelos da Basílica de Santa Sofia e da cidade de Constantinopla.

a) Identifique os personagens que ocupam o centro das duas imagens. O que há em comum entre eles?

b) Que semelhanças ou diferenças podem ser observadas nas representações dos imperadores?

c) Pesquise os principais feitos dos imperadores Constantino e Justiniano. Em seguida, responda: Com que intenção esses dois imperadores podem ter sido representados no mesmo mosaico?

d) As representações dos imperadores bizantinos eram coerentes com a forma de governo adotada no império? Por quê?

e) Considerando a importância do cristianismo no mundo bizantino, como se explica a ausência de representações de autoridades eclesiásticas nos mosaicos? Retome o capítulo para fundamentar sua hipótese.

4 Antes do islamismo, a escravidão era praticada entre os árabes, mas, segundo o historiador Robert Mantran:

> [...] o *Corão* tentou atenuá-la [a escravidão] concedendo um estatuto, decerto inferior, aos escravos que, todavia, podiam tornar-se muçulmanos. A emancipação foi regulamentada e os libertos (*mawali*) continuavam clientes de seu antigo senhor. Ao muçulmano era proibido escravizar outro muçulmano, o que contribuiu para reforçar a fraternidade entre os crentes.
>
> MANTRAN, Robert. *Expansão muçulmana*: séculos VII-XI. São Paulo: Pioneira, 1997. p. 74.

a) De acordo com o Corão, o que deve acontecer com a escravidão?

b) Explique a frase: "os libertos (*mawali*) continuavam clientes de seu antigo senhor".

c) De acordo com o texto, de que maneira o islamismo "contribuiu para reforçar a fraternidade entre os crentes"?

5 Os muçulmanos permaneceram na península Ibérica por quase oito séculos. Explique e dê exemplos da influência muçulmana na cultura portuguesa e como isso se refletiu na cultura brasileira.

UNIDADE 3
CAPÍTULO 7
Europa feudal

> **Nestas atividades você vai:**
> - Identificar os grupos que contribuíram para a feudalização da Europa.
> - Analisar o processo de cristianização dos povos germânicos.
> - Analisar os grupos sociais da Idade Média europeia.
> - Discutir as transformações no modo de vida na Idade Média.
> - Relacionar estruturas de poder entre senhores e servos.
>
> **Habilidades da BNCC relacionadas:**
>
> EM13CHS101 EM13CHS102 EM13CHS103 EM13CHS104 EM13CHS105 EM13CHS106 EM13CHS603

1 A imagem ao lado mostra uma réplica de um capacete saxão encontrado com os destroços de um navio afundado em Sutton Hoo, na Inglaterra. A peça é ornamentada com a representação de dois dragões que abraçavam a face e o topo do capacete. Levando em consideração o povo que produziu essa peça, o que esses dragões poderiam simbolizar?

_____
_____
_____
_____

Réplica de capacete de guerreiro em bronze, exemplo de arte anglo-saxônica do século VII.

2 Leia o texto abaixo, do historiador Jacques Le Goff.

> Os invasores vêm de todos os lados. Os mais perigosos chegam por mar, do norte e do sul. Do norte chegam os Escandinavos, que se costuma chamar simplesmente de "homens do norte", Normandos, ou ainda Vikings. Vêm antes de tudo para pilhar. Devastam o litoral, percorrem os rios, lançam-se sobre as ricas abadias e, por vezes, atacam as cidades [...]. Ao sul, o ataque é desferido pelos muçulmanos de Ifríqia, depois que a dinastia árabe dos Aglábidas tornou-se praticamente independente do Califado e desenvolveu uma frota naval [...]. Mesmo em terra, uma nova vaga invasora proveniente da Ásia, integrada pelos Húngaros, pareceu ameaçá-los por um momento.
>
> LE GOFF, Jacques. *A civilização do Ocidente medieval*. Tradução: José Rivair de Macedo. Bauru: Edusc, 2005. p. 46-47.

a) Quais as consequências dessas invasões para a Europa?

_____
_____
_____

b) De onde vinham as invasões e quem eram os invasores?

_____
_____
_____
_____
_____

3 Neste documento, escrito em 796, o imperador Carlos Magno e o papa Leão III firmaram certos acordos.

> Assim como fiz um pacto com o bem-aventurado predecessor [Adriano I] de vossa Santa Paternidade, desejo estabelecer com Vossa Santidade um pacto inviolável de fé e caridade [...]. O nosso dever é, com o auxílio da divina piedade, defender por toda a parte com as armas a Santa Igreja de Cristo, tanto das incursões dos pagãos como das devastações dos infiéis, e fortificá-la no exterior e no interior pela profissão da fé católica. É vosso dever, Santíssimo Padre, levantar as mãos para Deus, como Moisés, para auxiliar o nosso exército de maneira que, por vossa intercessão e pela vontade e graça de Deus, o povo cristão obtenha para sempre a vitória sobre os inimigos do Seu Santo nome, e o nome de Nosso Senhor Jesus Cristo seja glorificado em todo o mundo.
>
> MAGNO, Carlos. *Epistulae ad Leonem III Papam* apud PEDRERO-SÁNCHEZ, Maria Guadalupe. *História da Idade Média*: textos e testemunhas. São Paulo: Ed. Unesp, 2000. p. 69-70.

Qual acordo ou pacto o imperador Carlos Magno estabeleceu com o papa por meio desse documento? Explique utilizando trechos do documento.

_____
_____
_____
_____
_____
_____

4 O texto a seguir trata de uma construção muito comum a partir do século IX na Europa.

> Os primeiros castelos surgiram ente os séculos 9 e 10 e foram construídos com madeira e terra. Os mais eficazes tinham um muro de madeira cercando uma colina de terra, com um grande pátio no centro. Porém, os castelos só se tornaram eficazes quando passaram a ser feitos de pedra.
>
> SATO, Paula. Para que serviam os castelos? *Revista Nova Escola* [on-line], 1º maio 2009. Disponível em: https://novaescola.org.br/conteudo/2390/para-que-serviam-os-castelos. Acesso em: 15 abr. 2020.

Comente a relação entre a construção de castelos e as invasões à Europa nos séculos IX e X.

_____
_____
_____
_____
_____

5 Leia o poema escrito por Estêvão de Fougères, religioso francês que viveu no século XII. A obra descreve a função de cada ordem dentro do todo social do feudalismo.

> Os clérigos devem por todos orar
> Os cavaleiros sem demora
> Devem defender e honrar
> E os camponeses sofrer
> Cavaleiros e clero sem falha
> Vivem de quem trabalha
> Têm grande canseira e dor
> Pagam **primícias**, corveias, orações ou talha
> E cem coisas costumeiras
> E quanto mais pobre viver
> Mais mérito terá
> Das faltas que cometeu
> Se paga a todos o que deve
> Se cumpre com lealdade a sua fé
> Se suporta paciente o que lhe cabe:
> Angústias e sofrimento.
>
> FOUGÈRES, Estêvão de. In: DUBY, Georges. *As três ordens ou o imaginário do feudalismo*. Lisboa: Estampa, 1982. p. 309-311.

a) Segundo o texto, qual era a função social dos clérigos, dos cavaleiros e dos camponeses?

> Primícia: primeira colheita.

b) De acordo com a cultura medieval, o que justificava esse estado de coisas?

c) Apesar de destacar o sofrimento dos camponeses, podemos observar que o religioso De Fougères justifica, de modo fatalista, essa divisão da sociedade. Considerando semelhanças e diferenças, existem grandes divisões de trabalho nas sociedades contemporâneas?

6 Durante o feudalismo, muitas vezes os senhores quiseram instituir novas obrigações aos servos. Estes, por sua vez, reivindicavam uma existência mais digna. Há relatos sobre grandes rebeliões, como a que ocorreu na Normandia no século X, quando grupos de servos quiseram ocupar áreas de uma reserva senhorial.

a) A quais obrigações os camponeses estavam sujeitos durante a Idade Média?

b) De que maneira essas obrigações eram pagas aos senhores feudais?

UNIDADE 3
CAPÍTULO

Mundo cristão

Nestas atividades você vai:

- Identificar as transformações culturais ocorridas na Alta Idade Média.
- Relacionar o modo de vida medieval e a influência da Igreja.
- Analisar as disputas de poder entre cristãos e muçulmanos.
- Discutir as características presentes na sociedade feudal e burguesa-feudal.
- Relacionar as crises do século XIV ao surgimento das monarquias nacionais.

Habilidades da BNCC relacionadas:

| EM13CHS101 | EM13CHS102 | EM13CHS103 | EM13CHS104 | EM13CHS105 | EM13CHS106 | EM13CHS401 | EM13CHS404 |

1 Observe a imagem a seguir.

Representação de aula na Universidade de Bolonha, fundada em 1088, na Itália. Iluminura produzida no século XV.

Qual aspecto da cultura medieval é possível perceber na imagem?

_____
_____
_____

2 Leia o texto abaixo, do historiador francês Georges Duby, sobre as heresias da Idade Média.

> A Idade Média foi o momento de um fervilhar de heresias no interior de um sistema homogêneo, que era o cristianismo. A Igreja preocupou-se em destruir esses desvios, e com violência. [...] O que ocorria, sobretudo, eram movimentos de resistência ou de revolta com relação à instituição eclesiástica. E é nisso que as heresias, apresentadas sob um aspecto inteiramente negativo, constituem também um sinal da vitalidade daquela época, na qual fermentava, irreprimível, a liberdade de pensamento.
>
> DUBY, Georges. *Ano 1000, ano 2000*: na pista dos nossos medos. São Paulo: Ed. da Unesp, 1998. p. 133.

Explique o que Duby quis dizer quando associou as heresias a "um sinal de vitalidade daquela época, na qual fermentava, irreprimível, a liberdade de pensamento".

_____
_____
_____

3 Observe a imagem a seguir, produzida no século XIV.

Representação de batalha entre cristãos e muçulmanos, feita por Guilherme de Tiro, em 1337.

a) Descreva os personagens que estão se enfrentando, assinalando suas características.

_____
_____
_____

b) Esta cena pode ser a representação de uma batalha de uma Cruzada? Explique.

_____
_____
_____
_____

4 Leia o texto abaixo, em que o historiador Hilário Franco Jr. afirma que a sociedade feudo-burguesa se originou do interior da sociedade feudal. Depois, responda às questões.

> [...] a própria essência do feudalismo (sociedade fortemente estratificada, fechada, agrária, fragmentada politicamente) foi atingida. De dentro dela, e em concorrência com ela, desenvolvia-se um segmento urbano, mercantil, que buscava outros valores [...]. Assim, desta sociedade feudo-burguesa [...] emergiam as cidades, as universidades, a literatura laica, [...] as monarquias nacionais.
>
> FRANCO JR., Hilário. *A Idade Média*: o nascimento do Ocidente. São Paulo: Brasiliense, 1999. p. 14.

a) De acordo com o autor, quais são as características da sociedade feudal?

b) Segundo o texto, quais são as características da sociedade feudo-burguesa que se originou da sociedade feudal?

5 Os eventos ocorridos no século XIV alteraram significativamente as sociedades europeias.

a) Quais problemas sociais marcaram o período medieval conhecido pela crise do século XIV?

b) Qual foi a principal consequência política gerada pela crise do século XIV?

6 Em 11 de setembro de 2001, após ataques que mataram inúmeras pessoas e destruíram símbolos do poder estadunidense, em Nova York e Washington, o governo dos Estados Unidos desencadeou uma guerra contra o Afeganistão e o Iraque. O argumento era procurar Osama bin Laden, muçulmano apontado como responsável pelos ataques. O então presidente dos Estados Unidos, George W. Bush, referiu-se à guerra como "uma Cruzada do bem contra o mal". De que modo essa frase remete à época medieval?

UNIDADE 3
CAPÍTULO

Renascimentos e reformas

Nestas atividades você vai:

- Identificar as transformações culturais ocorridas no Renascimento.
- Identificar as características presentes nas obras do Renascimento.
- Analisar o processo de surgimento das religiões protestantes.
- Discutir o significado das teses propostas por Martinho Lutero.

Habilidades da BNCC relacionadas:

EM13CHS101   EM13CHS102   EM13CHS103   EM13CHS203   EM13CHS204   EM13CHS206   EM13CHS401   EM13CHS404

---

1 O pintor Sandro Botticelli inspirou-se na mitologia greco-romana para criar a obra abaixo.

A Primavera, têmpera sobre madeira, de Sandro Botticelli, de cerca de 1478.

a) Que elementos da pintura podem ser relacionados ao conceito de primavera?

_____

_____

b) Que características renascentistas podemos observar na obra?

_____

_____

2 A seguir, leia um soneto camoniano que fala das contradições (paradoxos) do amor:

> Amor é um fogo que arde sem se ver,
> é ferida que dói, e não se sente;
> é um contentamento descontente,
> é dor que desatina sem doer.
>
> É um não querer mais que bem querer;
> é um andar solitário entre a gente;
> é nunca contentar-se de contente;
> é um cuidar que ganha em se perder.
>
> É querer estar preso por vontade;
> é servir a quem vence, o vencedor;
> é ter com quem nos mata, lealdade.
>
> Mas como causar pode seu favor
> nos corações humanos amizade,
> se tão contrário a si é o mesmo Amor?
>
> CAMÕES, Luís Vaz de. *Sonetos*. Biblioteca Virtual do Estudante Brasileiro/Escola do Futuro da Universidade de São Paulo. Disponível em: <http://www.dominiopublico.gov.br/pesquisa/DetalheObraForm.do?select_action=&co_obra=1872>. Acesso em: 24 jul. 2020.

a) O que são ideias paradoxais? Cite um exemplo de paradoxo elaborado por Camões.

b) Crie uma frase poética inspirando-se nesse soneto de Camões.

3 Observe a pintura de Lucas Cranach e identifique os principais aspectos divergentes entre a doutrina luterana e a católica. De que maneira a imagem revela essa divergência?

A Igreja protestante e a Igreja católica, xilogravura de Lucas Cranach e Giovante, de cerca de 1545.

4 Observe as obras de arte a seguir. Qual delas expressa, de modo mais evidente, valores que podem ser relacionados ao Renascimento? Justifique sua resposta com exemplos.

Representação de São João Evangelista, do Evangeliário do Abade Wedricus, do século XII.

A dama que descobre os seios, óleo sobre tela de Jacopo Robusti Tintoretto feita em cerca de 1570.

_____
_____
_____
_____
_____

5 O texto abaixo foi extraído das *95 teses* de Lutero. Trata-se das teses 42 a 45. Leia com atenção.

> 42. Deve-se ensinar aos cristãos que não é pensamento do papa que a compra de indulgências possa, de alguma forma, ser comparada com as obras de misericórdia.
> 43. Deve-se ensinar aos cristãos que, dando ao pobre ou emprestando ao necessitado, procedem melhor do que se comprassem indulgências.
> 44. Ocorre que através da obra de amor cresce o amor e a pessoa se torna melhor, ao passo que com as indulgências ela não se torna melhor, mas apenas mais livre da pena.
> 45. Deve-se ensinar aos cristãos que quem vê um carente e o negligencia para gastar com indulgências obtém para si não as indulgências do papa, mas a ira de Deus.
>
> LUTERO, Martinho. *95 teses*. Disponível em: <https://www.luteranos.com.br/lutero/95_teses.html>. Acesso em: 19 mar. 2020.

Quais são os argumentos que Lutero usa, em cada uma das teses, para criticar a venda de indulgências?

_____
_____
_____
_____
_____

UNIDADE 4
CAPÍTULO 10
Povos africanos

Nestas atividades você vai:
- Analisar as características das sociedades africanas.
- Discutir a diversidade cultural das sociedades africanas.
- Analisar a importância das rotas comerciais para as sociedades africanas.
- Relacionar aspectos geográficos aos processos econômicos do continente africano.

Habilidades da BNCC relacionadas:

EM13CHS101	EM13CHS102	EM13CHS103	EM13CHS104	EM13CHS105
EM13CHS106	EM13CHS203	EM13CHS204	EM13CHS501	EM13CHS602

1 Leia o texto a seguir. O que pode explicar a rápida conversão dos egípcios ao islã?

> "O Egito – então província bizantina – foi a primeira região da África invadida pelos árabes. A conquista foi rápida, pois as guarnições bizantinas eram pouco numerosas e a população copta não opôs nenhuma resistência, apresentando ao contrário uma boa acolhida àqueles que vinham libertá-la do jugo bizantino. Numerosos foram, portanto, os coptas seduzidos pela mensagem, simples e clara, da nova religião concernente ao Deus único e ao seu profeta. Isso explica em parte a rápida propagação do islã nos primórdios da ocupação árabe [...].
>
> A islamização e arabização do Egito foram igualmente favorecidas pela contínua chegada de árabes beduínos da península e do Crescente fértil, os quais se estabeleceram como agricultores [...]. No século VII/XIII, dioceses inteiras passaram ao islã por falta de padres, durante a interminável querela entre candidatos rivais ao patriarcado de Alexandria que interditava qualquer nova ordenação".
>
> UNESCO. *História geral da África*, vol. III, p. 74. Disponível em: <https://unesdoc.unesco.org/ark:/48223/pf0000190251>. Acesso em: 21 mar. 2020.

_____
_____
_____
_____
_____
_____
_____

2 Em grupo, façam uma pesquisa para conhecer algumas personalidades africanas. Cada grupo deve pesquisar uma personalidade proveniente de um país do continente, e que seja especialista em uma área do conhecimento. Organizem uma apresentação sobre a biografia e uma breve explicação da relevância do trabalho da personalidade pesquisada.

3 Observe a imagem e responda ao que se pede a seguir.

a) Na sua interpretação, qual figura representa o rei? Justifique.

b) Com base nesse objeto, que hipóteses podemos levantar sobre a sociedade que o desenvolveu?

Album/Fotoarena/Museu Nacional, Lagos, Nigéria.

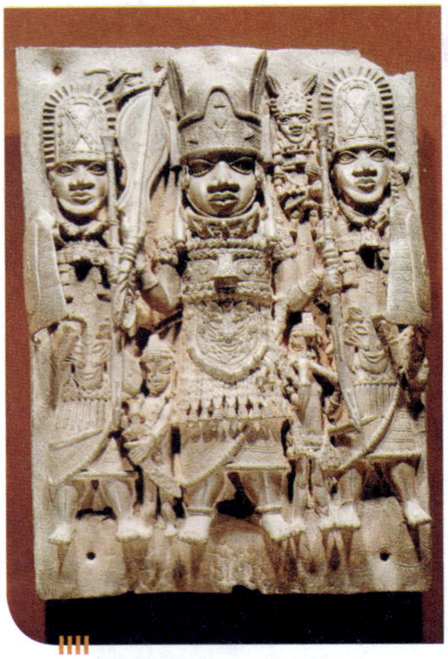

Escultura em metal produzida no século XVI. Representa um rei e guerreiros do Benin, atual país do continente africano.

4 Leia o texto a seguir e comente a afirmação: o deserto não é uma barreira, ele é um convite ao movimento.

> [...] A cidade de Sidjilmāsa, no Tafilālet, capital do Estado sufrita dos midraritas, eram um dos terminais de uma rota de caravanas que ligava a África do Norte ao antigo reino de Gana, "país do ouro" dos geógrafos árabes medievais. Ali passava uma via comercial em direção à cidade de Tāhert (atual Tiāret), capital do imamado ibadita dos rustúmidas, o qual se tornaria desde o reinado do primeiro imame, entre 160/776- 777 e 168/784- 785, um importante centro político e econômico. Este considerável mercado atraía não somente numerosos comerciantes norte-africanos, ibaditas ou não, mas igualmente empreendedores mercadores árabes de Kayrawān, Basra e Kāfa. [...]
>
> UNESCO. *História geral da África*, vol. III, p. 332. Disponível em: <https://unesdoc.unesco.org/ark:/48223/pf0000190251>. Acesso em: 21 mar. 2020.

5 Complete a tabela com as informações corretas.

	REINO DE GANA	REINO DO MALI	REINO DO CONGO
REGIÃO			
PERÍODO NO QUAL SE FORMOU			
PRINCIPAIS CIDADES			

UNIDADE 4
CAPÍTULO 11
Povos da América

Nestas atividades você vai:

- Analisar as características das sociedades pré-colombianas.
- Analisar a diversidade cultural das sociedades pré-colombianas.
- Interpretar documentos associados às culturas pré-colombianas.
- Discutir as relações culturais entre indígenas e não indígenas associadas aos primeiros contatos.

Habilidades da BNCC relacionadas:

EM13CHS101 EM13CHS102 EM13CHS103 EM13CHS104 EM13CHS105 EM13CHS106 EM13CHS203

1 O termo **civilização** pode ser utilizado nos estudos históricos para referir-se a uma forma própria de organização social. Observe as imagens a seguir e responda às questões.

Os códices eram livros produzidos pelos maias e astecas, antes da chegada dos espanhóis na América, e abordavam assuntos variados, como relatos históricos e de mitos e registros de Astronomia e Medicina. Na imagem, página do *Códice Florentino*, de 1540-1585.

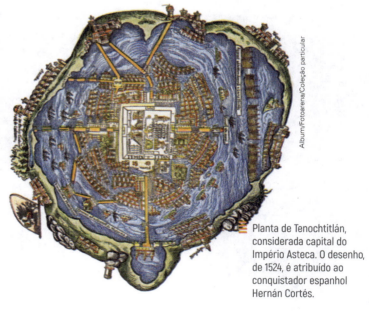

Planta de Tenochtitlán, considerada capital do Império Asteca. O desenho, de 1524, é atribuído ao conquistador espanhol Hernán Cortés.

a) Observe como as figuras humanas foram representadas no *Códice Florentino* e como os objetos foram dispostos em torno delas. Que relação parece haver entre os dois personagens retratados?

_____
_____
_____
_____

b) Descreva elementos e características marcantes da planta de Tenochtitlán. É possível identificar hierarquização entre as construções?

___

2 Leia um trecho do texto extraído do *Popol Vuh*, livro que conta a mitologia maia:

> [...] Ainda não existia nenhum homem, bicho, pássaro, peixe, caranguejo, árvore, pedra, gruta, desfiladeiro, prado ou floresta: só existia o céu. A face da terra não se manifestara, ainda. Sob todo o céu, só havia o mar liso. Não havia nada reunido. Tudo estava imóvel [...].
>
> Eles eram, por natureza, grandes sábios, grandes pensadores. E como já existia o céu, existia também u Qux Cah, o Coração do Céu, que assim se diz o nome do deus. E assim sua palavra chegou aqui, foi até Tepeu e Gucumatz, no escuro, na aurora. Falou com Tepeu e Gucumatz, e então eles passaram a confabular, a refletir, a pensar juntos, meditando. Depois, de acordo, juntaram suas palavras, seus pensamentos.
>
> [...] A terra se criou com sua palavra, apenas. Para a terra nascer, disseram apenas: Terra!, e a terra surgiu no mesmo instante. Assim como nuvem, como névoa, a terra foi surgindo, desdobrando-se, e então as montanhas despontaram da água, e num instante se tornaram grandes montanhas. E foi somente por sua natureza prodigiosa, por sua agudeza, que se deu forma a montanhas e vales – em cujo leito súbito irromperam florestas de ciprestes e pinheiros [...].
>
> *Popol Vuh*. Ubu Editora. Edição do Kindle.

a) Segundo o *Popol Vuh*, como a Terra foi criada?

___

b) Como são caracterizados os deuses?

___

3 O filósofo Aílton Krenak, na série documentário *Guerras do Brasil.doc*, afirma ao entrevistador: "Eu não sei por que você está me olhando com essa cara tão simpática. Nós estamos em guerra. O seu mundo e o meu mundo estão em guerra". Faça uma pesquisa sobre Aílton Krenak e elabore hipóteses para explicar sua afirmação.

4 Leia o texto abaixo, sobre a chegada de Hernán Cortés em Tenochtitlán, e explique a última frase do texto.

> O rei asteca Montezuma soube logo da aproximação dos deuses e tentou satisfazê-los com presentes. Ele temia a ira e enviou ouro. Mas a iniciativa estimulou ainda mais a cobiça em Cortés, decidido a entrar finalmente na metrópole asteca. Para chegar aos muros de Tenochtitlán, o conquistador espanhol batalhou palmo a palmo desde Vera Cruz, passando por Popocatepétl e Iztac-Cihuatl.
>
> A 8 de novembro de 1519, Cortés e seu exército alcançaram a cidade. Os homens tremiam de medo. Uma impressionante muralha protegia, por todos os lados, Tenochtitlán, construída em meio a um lago salgado. [...].
>
> Ereto, o rei asteca desceu do alto do muro de quatro metros e, ao pé da larga escada, ajoelhou-se. O poderoso asteca ajoelhou-se diante do deus que ele via em Cortés. Montezuma tinha respeito e temor diante dos forasteiros que haviam se infiltrado em seu território. E foram exatamente o medo e a crença de que Cortés e seus homens brancos eram deuses que significaram o fim de Montezuma e, com ele, do Império Asteca.
>
> DEUTSCHE WELLE. *1519: Cortés prende Montezuma, rei dos astecas*. Disponível em: <https://www.dw.com/pt-br/1519-cort%C3%A9s-prende-montezuma-rei-dos-astecas/a-326474>. Acesso em: 29 maio 2020.

5 Leia o texto a seguir. Depois, escreva um parágrafo relacionando os termos **estereótipo** e **indígena**.

> Há quem pense que os índios estejam constantemente vestidos de penas. Na verdade, os adornos de plumas não são usados cotidianamente, mas apenas em ocasiões especiais, tais como durante a realização de ritos. Nenhum índio sacrifica seus enfeites de penas, confeccionados com tanto cuidado, em atividades como caçadas ou trabalho na roça.
>
> MELATTI, Julio Cezar. *Índios do Brasil*. São Paulo: Hucitec/Brasília, DF: Editora da UnB, 1993. p. 224-225.

UNIDADE 4
CAPÍTULO 12
Expansão marítima e conquista da América

Nestas atividades você vai:
- Analisar os processos que possibilitaram as Grandes Navegações.
- Analisar o imaginário criado a partir das Grandes Navegações.
- Interpretar documentos associados ao período das Grandes Navegações.
- Discutir o impacto dos primeiros contatos entre indígenas e não indígenas no período das Grandes Navegações.

Habilidades da BNCC relacionadas:

EM13CHS101	EM13CHS102	EM13CHS104	EM13CHS105	EM13CHS106	EM13CHS201
EM13CHS203	EM13CHS204	EM13CHS104	EM13CHS206	EM13CHS503	EM13CHS603

1 Em 1515, o rei português dom Manuel I recebeu um presente inusitado: um rinoceronte indiano. Sobre esse assunto, leia o trecho a seguir.

> Em 1514, Albuquerque abordou o sultão de Gujarat para negociar o uso de uma ilha, acompanhando sua embaixada com lautos presentes. Em troca, o sultão respondeu com outras oferendas – incluindo um rinoceronte vivo. Albuquerque parece ter ficado um tanto perplexo com essa dádiva viva e [...] enviou o animal como um presente especial para o rei de Lisboa. [...]
>
> MACGREGOR, Neil. *A história do mundo em 100 objetos*. Rio de Janeiro: Intrínseca, 2003. p. 536-537.

De que maneira o evento citado no trecho pode ser relacionado à expansão marítima europeia?

___

___

___

___

2 O texto a seguir foi escrito por Tzvetan Todorov, filósofo e linguista nascido em Sófia, na Bulgária. Leia o texto e faça o que se pede:

> A história do globo é, claro, feita de conquistas e derrotas, de colonizações e descobertas dos outros; mas, como tentarei mostrar, é a conquista da América que anuncia e funda nossa identidade presente. Apesar de toda data que permite separar duas épocas ser arbitrária, nenhuma é mais indicada para marcar o início da era moderna do que o ano de 1492, ano em que Colombo atravessa o oceano Atlântico. [...] A partir desta data, o mundo está fechado (apesar de o universo tornar-se infinito). "O mundo é pequeno", declarará peremptoriamente o próprio Colombo [...]. Os homens descobriram a totalidade de que fazem parte. [...]
>
> TODOROV, Tzvetan. *A conquista da América*: a questão do outro. São Paulo: Martins Fontes, 2011. p. 7.

a) Por que Todorov afirma que, a partir de 1492, se deu o início da Era Moderna?

_____
_____
_____

b) Reflita sobre o seguinte trecho: "A partir desta data [1492], o mundo está fechado". Considerando o contexto da expansão europeia e da conquista da América, o que podemos entender por essa expressão?

_____
_____
_____

3 Observe a imagem e descreva como são representados os espanhóis e os ameríndios.

_____
_____
_____
_____
_____

Representação da expedição para conquista da cidade de Tenochtitlán por Hernán Cortés, do *Códice Azcatitlan*, século XVI.

4 Leia o trecho de uma carta do governador-geral do Brasil, Mem de Sá, relatando um confronto entre portugueses e tupiniquins, ocorrido em Ilhéus, por volta de 1560.

> Na noite em que entrei em Ilhéus fui a pé dar em uma aldeia que estava a 7 léguas da vila [...]. E a destruí e matei todos os que quiseram resistir e na vinda vim queimando e destruindo todas as aldeias que ficaram atrás. Porque o **gentio** se ajuntou e me veio seguindo ao longo da praia, lhes fiz algumas ciladas, onde os cerquei e os forcei a lançarem-se a nado ao mar [...].
> Mandei outros índios atrás deles, que os seguiram perto de 2 léguas e lá no mar **pelejaram** de maneira que nenhum tupinikim ficou vivo. E os trouxeram à terra e os puseram ao longo da praia em ordem [de forma] que tomavam os corpos [alinhados] perto de 1 légua.
>
> SÁ, Mem de. Carta ao rei de Portugal, de 31 de março de 1560. In: PREZIA, Benedito; HOORNAERT, Eduardo. *Esta terra tinha dono*. São Paulo: FTD, 1995. p. 75.

a) Destaque trechos no texto que se referem ao massacre comandado por Mem de Sá contra os tupiniquins.

b) No texto há a referência de uma tática utilizada pelos conquistadores para subjugar as populações nativas da América. Qual tática era essa?

Gentio: aquele que é considerado selvagem, não civilizado.
Pelejar: combater, lutar.

_____
_____
_____
_____

UNIDADE 5
CAPÍTULO

13 Colonização do Brasil

Nestas atividades você vai:

- Analisar as ações do colonizador sobre as populações indígenas.
- Discutir os impactos da aculturação indígena para essas sociedades no mundo atual.
- Analisar as disputas de poder entre colonizadores e as sociedades indígenas.

Habilidades da BNCC relacionadas:

EM13CHS101   EM13CHS102   EM13CHS103   EM13CHS104   EM13CHS105   EM13CHS106

1 Observe a imagem a seguir.

Detalhe do mapa *Terra Brasilis*, do Atlas Miller, de Lopo Homem, 1519. Nesse mapa, foi representada a exploração de pau-brasil.

a) Que personagens aparecem no mapa? Como eles foram representados?

_____
_____
_____
_____

b) Que instrumento é utilizado por um dos personagens? De que material ele é feito? Levante hipóteses.

_____
_____

c) Esse instrumento pode simbolizar o contato entre indígenas e portugueses? Explique.

2 Leia o texto do filósofo Benedito Prezia e do historiador Eduardo Hoornaert sobre a chamada Confederação dos Tamoios.

> Para combater a escravização dos indígenas, feita em grande escala pela família de João Ramalho que vivia no planalto de Piratininga, e como protesto contra as aldeias dos padres jesuítas, várias nações indígenas resolveram se unir.
> Assim, os tupinambás, parte dos tupiniquins, os carijós e os guayanás das regiões de São Paulo e Rio de Janeiro, com o apoio dos franceses, fizeram uma grande aliança de guerra [...].
> Com a expulsão dos franceses do Rio de Janeiro, a Confederação dos Tamuya foi enfraquecendo, pois já não tinha de quem receber armas de fogo. Os portugueses jogaram pesado, não só enviando de Portugal um grande reforço militar como também envolvendo os jesuítas nessa guerra violenta.
> A participação do padre Manuel da Nóbrega e do padre José de Anchieta foi decisiva para a vitória lusitana. Através deles aconteceu o Tratado de Paz de Iperoig, que na realidade tornou-se um tratado de morte para os tupinambás.
> O final da guerra foi desigual e violento. Três mil sobreviventes desta campanha militar foram levados para algumas aldeias dirigidas pelos jesuítas, no Rio de Janeiro e na Bahia.
>
> PREZIA, Benedito; HOORNAERT, Eduardo. *Esta terra tinha dono*. 4. ed. São Paulo: FTD, 1995. p. 81-82.

a) Em que contexto ocorreu a união de várias nações indígenas nas regiões de São Paulo e Rio de Janeiro?

b) Quais foram os motivos dessa união indígena?

3 A conquista do território indígena se fez à custa de guerras e destruições.
a) Essa situação de hostilidade aos indígenas tornou-se diferente no Brasil dos últimos tempos? Pesquise a extensão atual de terras indígenas em seu estado.

b) Com base em sua pesquisa e no conteúdo do capítulo, escreva um parágrafo sobre a relação entre os indígenas e o poder público na atualidade.

_____
_____
_____
_____
_____
_____
_____
_____

4 Muitas tradições brasileiras se formaram a partir da mistura das diversas culturas que por aqui viveram. Leia o texto sobre o Círio de Nazaré:

O Círio de Nazaré é uma celebração religiosa realizada há mais de dois séculos no Brasil. Trata-se de uma celebração católica criada em homenagem a Nossa Senhora de Nazaré. Em função de sua importância cultural, o Círio foi declarado Patrimônio Imaterial da Humanidade pela Unesco.

Ao longo do tempo, o Círio tornou-se uma tradição cultural ampla, mesclando aspectos religiosos, artísticos e alimentares. Assim, festas, feiras, apresentações artísticas e rituais alimentares foram sendo incorporados ao Círio. Dentre as apresentações destaca-se o arrastão do boi da pavulagem, cortejo que reúne pessoas em torno da brincadeira do bumba meu boi.

Além disso, dois pratos de origem indígena (a maniçoba e o pato no tucupi) são as comidas mais tradicionais do almoço do Círio. Em Belém do Pará, a procissão do Círio já chegou a reunir mais de 2 milhões de pessoas.

a) Por que é importante preservar o patrimônio histórico brasileiro? Comente.

_____
_____
_____
_____
_____

b) Quais culturas estão representadas no Círio de Nazaré?

_____
_____

5 No período colonial, a Igreja católica foi uma instituição que, além do campo especificamente religioso, exercia influência ampla na sociedade, na política e na cultura em geral. Atualmente no Brasil a Igreja católica e outras instituições religiosas exercem algum tipo de influência na política? Explique.

_____
_____
_____
_____
_____

UNIDADE 5
CAPÍTULO 14 — Sociedade açucareira

Nestas atividades você vai:

- Analisar as dinâmicas em um engenho de cana-de-açúcar.
- Relacionar o trabalho escravo à dinâmica do mundo colonial no Brasil.
- Analisar as formas de resistência dos povos africanos diante da escravidão.
- Analisar a percepção do colonizador sobre a natureza na colônia.
- Comparar modos de escravidão em diferentes contextos históricos.

Habilidades da BNCC relacionadas:

EM13CHS101   EM13CHS102   EM13CHS103   EM13CHS104   EM13CHS105   EM13CHS106

---

1 Observe a obra ao lado: ela retrata uma cena comum durante o Brasil colonial.

   a) Quem são os trabalhadores representados e qual atividade cada um deles exerce?

   _____
   _____
   _____

   b) O que se pode concluir a respeito da presença de animais na imagem?

   _____
   _____
   _____

Moagem de cana na Fazenda Cachoeira, óleo sobre tela de Benedito Calixto, elaborada em c. 1830 com base no desenho original de Hercules Florence (1880).

2 Interprete a frase a seguir e responda às questões: "Com a implantação da empresa açucareira no Brasil, a atividade extrativa (do pau-brasil) foi perdendo sua importância para aquela organização produtiva".

   a) Por que atualmente se diz que a extração do pau-brasil era uma atividade predatória?

   _____
   _____
   _____

   b) Por que se afirma que a empresa açucareira era uma organização produtiva?

   _____
   _____
   _____
   _____

3 O texto a seguir, escrito pelo historiador africano Joseph Ki-Zerbo, trata do impacto do tráfico negreiro na África. Reflita sobre o texto citado e encontre argumentos que demonstrem o que é afirmado nesse trecho.

> Mas como se pode conseguir não reconhecer que toda a espécie humana foi inferiorizada, humilhada, crucificada por esse tratamento? O tráfico foi o ponto de partida de uma desaceleração, um arrastamento, uma paragem da história africana. [...] Se ignorarmos o que se passou com o tráfico negreiro, não compreenderemos nada sobre a África.
>
> KI-ZERBO, Joseph. *Para quando a África? Entrevista com René Holensteis*. Rio de Janeiro: Pallas, 2006. p. 25.

4 *Historia naturalis brasiliae* (História natural do Brasil) é um livro escrito pelos holandeses Willen Piso, Georg Marcgraf e H. Gralitzio durante a ocupação do Nordeste brasileiro. A obra apresenta registros sobre a flora, a fauna e outros aspectos da natureza do Brasil, especialmente da faixa ocupada pela Companhia das Índias Ocidentais. Analise o frontispício do livro *Historia naturalis brasiliae*. Que imagens foram utilizadas para representar a natureza brasileira?

Frontispício do livro *Historia naturalis brasiliae*, de Willem Piso, Georg Marcgraf e H. Gralitzio, de 1648.

5 Quais eram as principais semelhanças e diferenças das condições de escravização na América portuguesa e na Antiguidade romana? Compare o trabalho, as funções sociais e as formas de resistência.

UNIDADE 5
CAPÍTULO 15 — Expansão territorial e mineração

⦿ Nestas atividades você vai:

- Relacionar as atividades econômicas aos processos de exploração do interior do país.
- Observar os limites do território brasileiro.
- Discutir as formas de trabalho nas regiões mineradoras.
- Analisar as relações sociais nas regiões mineradoras.
- Relacionar as produções artísticas ao período da colonização brasileira.

Habilidades da BNCC relacionadas:

EM13CHS101	EM13CHS102	EM13CHS103	EM13CHS104	EM13CHS105	EM13CHS106
EM13CHS201	EM13CHS203	EM13CHS204	EM13CHS206	EM13CHS302	EM13CHS304
EM13CHS306	EM13CHS401	EM13CHS404	EM13CHS503	EM13CHS601	EM13CHS606

1 Observe a imagem ao lado. Ela foi inspirada na história da expansão territorial da colônia.

A partida da monção, óleo sobre tela de Almeida Júnior, de 1897, feito com base em desenhos originais de Hercules Florence.

a) Descreva o que você observou na imagem: cenário, personagens, objetos, embarcações, etc.

_____
_____
_____
_____
_____

b) A imagem se insere em qual contexto da história do Brasil?

_____
_____
_____
_____
_____

c) Segundo intelectuais como Mário de Andrade, as obras de Almeida Júnior estão entre as primeiras expressões do caráter nacional na pintura brasileira. Em sua opinião, como poderíamos relacionar esse ponto de vista com a pintura *A partida da monção*?

_____
_____
_____
_____

2 A descoberta de ouro no século XVII, no interior da colônia, alterou o centro econômico do território brasileiro. Leia o texto e observe a imagem para responder às questões.

> A sede insaciável do ouro estimulou tantos a deixarem suas terras e a meterem-se por caminhos tão ásperos como são os das minas, que dificultosamente se poderá dar conta do número de pessoas que lá estão. [...]
>
> Cada ano vêm nas frotas quantidades de portugueses e de estrangeiros, para passarem às minas. Das cidades, vilas, recôncavos e sertão do Brasil vão brancos, pardos, pretos e muitos índios, de que os paulistas se servem. A mistura é de toda a condição de pessoas: homens e mulheres, moços e velhos, pobres e ricos, nobres e plebeus [...].
>
> ANTONIL, André João. *Cultura e opulência do Brasil*. Belo Horizonte: Itatiaia, 1997. p. 167.

Detalhe da obra *Lavagem do minério de ouro, proximidades da montanha de Itacolomi*, aquarela sobre papel, de 1835, de Johann Moritz Rugendas.

a) Como o jesuíta André João Antonil caracterizou a multidão que seguia para a região das minas?

_____
_____
_____
_____

b) Com base na imagem, como o trabalho na extração do ouro era realizado? Quem eram as pessoas que trabalhavam na mineração?

_____
_____
_____
_____

c) Nas regiões mineradoras havia apenas o trabalho na extração de ouro e diamantes? Explique.

_____
_____
_____
_____

3 Observe o mapa ao lado. Identifique quais áreas do atual território brasileiro não haviam sido ainda incorporadas pelos tratados de limites dos séculos XVIII e XIX.

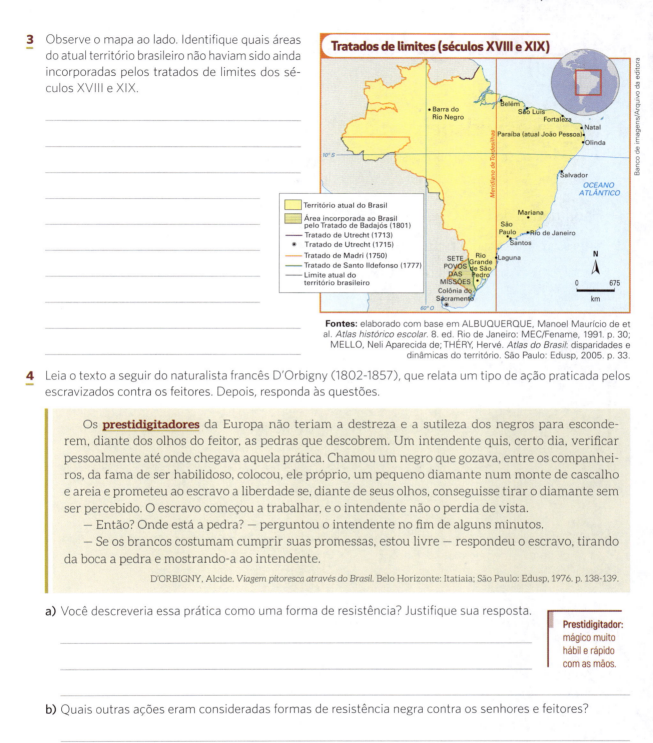

Fontes: elaborado com base em ALBUQUERQUE, Manoel Maurício de et al. *Atlas histórico escolar*. 8. ed. Rio de Janeiro: MEC/Fename, 1991. p. 30; MELLO, Neli Aparecida de; THÉRY, Hervé. *Atlas do Brasil*: disparidades e dinâmicas do território. São Paulo: Edusp, 2005. p. 33.

4 Leia o texto a seguir do naturalista francês D'Orbigny (1802-1857), que relata um tipo de ação praticada pelos escravizados contra os feitores. Depois, responda às questões.

> Os **prestidigitadores** da Europa não teriam a destreza e a sutileza dos negros para esconderem, diante dos olhos do feitor, as pedras que descobrem. Um intendente quis, certo dia, verificar pessoalmente até onde chegava aquela prática. Chamou um negro que gozava, entre os companheiros, da fama de ser habilidoso, colocou, ele próprio, um pequeno diamante num monte de cascalho e areia e prometeu ao escravo a liberdade se, diante de seus olhos, conseguisse tirar o diamante sem ser percebido. O escravo começou a trabalhar, e o intendente não o perdia de vista.
> — Então? Onde está a pedra? — perguntou o intendente no fim de alguns minutos.
> — Se os brancos costumam cumprir suas promessas, estou livre — respondeu o escravo, tirando da boca a pedra e mostrando-a ao intendente.
>
> D'ORBIGNY, Alcide. *Viagem pitoresca através do Brasil*. Belo Horizonte: Itatiaia; São Paulo: Edusp, 1976. p. 138-139.

a) Você descreveria essa prática como uma forma de resistência? Justifique sua resposta.

Prestidigitador: mágico muito hábil e rápido com as mãos.

b) Quais outras ações eram consideradas formas de resistência negra contra os senhores e feitores?

UNIDADE 6
CAPÍTULO

Antigo Regime e Iluminismo

> ## Nestas atividades você vai:
> - Analisar as teorias propostas no período iluminista.
> - Discutir o Iluminismo diante das ideias da Igreja católica.
>
> ### Habilidades da BNCC relacionadas:
>
> | EM13CHS101 | EM13CHS102 | EM13CHS103 | EM13CHS104 | EM13CHS105 |
> |---|---|---|---|---|
> | EM13CHS106 | EM13CHS203 | EM13CHS404 | EM13CHS501 | EM13CHS605 |

1 Em suas *Memórias*, o rei francês Luís XIV escreveu:

> Todo poder, toda autoridade estão nas mãos do rei e não pode haver outra no reino que aquela por ele estabelecida [...].
> A vontade de Deus é que todo aquele que nasceu súdito obedeça cegamente. [...] É somente à cabeça que compete deliberar e resolver, e todas as funções dos outros membros consistem apenas na execução das ordens que lhes são dadas.
>
> Luís XIV. Memórias. In: ISAAC, Jules; ALBA, André. *Tempos modernos*. São Paulo: Mestre Jou, 1968. p. 165.

a) Segundo o texto de Luís XIV, qual era a "fonte" da autoridade do rei?

_____

b) Luís XIV também compara a sociedade ao organismo humano. Nessa comparação, qual era o papel do rei e o dos demais membros da sociedade?

_____
_____
_____

2 Entre as derivações do racionalismo, difundiu-se nesse período o mecanicismo. Leia a seguir uma explicação sobre esse termo:

O universo assemelhava-se a uma imensa engrenagem formada de inúmeras peças. Nesse caso, a figura de Deus era concebida como o construtor dessa engrenagem universal. Nessa imensa engrenagem, os seres humanos, dotados de seu raciocínio, deveriam desenvolver o conhecimento racional e a ciência, e combater a fé cega, as crendices e as superstições. Tudo isso submetido à autoridade da razão.

a) Qual noção presente na ideia mecanicista estava ligada a tradições culturais da Idade Média?

_____
_____

b) Qual noção do mecanicismo é parte de novas tradições desenvolvidas a partir do Renascimento?

_____
_____

c) De que maneira o mecanicismo dialogava com a Igreja católica?

_____
_____
_____

3 Leia um trecho adaptado do livro *O espírito das leis* (1748), sobre a questão dos poderes.

> Quando os poderes Legislativo e Executivo ficam reunidos numa mesma pessoa ou instituição do Estado, a liberdade desaparece [...].
> Não haverá também liberdade se o poder Judiciário não estiver separado do Legislativo e do Executivo. Se o Judiciário se unisse ao Executivo, o juiz poderia ter a força de um opressor.
> E tudo estaria perdido se uma mesma pessoa – ou uma mesma instituição do Estado – exercesse os três poderes: o de fazer as leis, o de ordenar a sua execução e o de julgar os conflitos entre os cidadãos.
>
> MONTESQUIEU. *O espírito das leis*. São Paulo: Martins Fontes, 1996. p. 168.

Segundo o texto de Montesquieu:

a) Quais são os três poderes do Estado e qual é a função de cada um deles?

_____
_____
_____

b) Em que situações não há liberdade?

_____
_____
_____

4 Diderot é considerado, por muitos estudiosos, a principal figura da *Enciclopédia*. Declarava-se ateu e materialista, rompendo com a teologia e com a filosofia tradicionais. No texto seguinte, ele expressa esse materialismo.

> Se é que podemos acreditar que veremos quando não tivermos olhos; que ouviremos quando não tivermos mais ouvidos; que pensaremos quando não tivermos mais cabeça; que sentiremos quando não tivermos mais coração; que existiremos quando não estivermos em parte alguma; que seremos algo sem extensão e sem lugar [...].
> Ou seja, se é possível acreditar em tamanhos absurdos, então consinto em que há algo além da matéria.
> Tudo é matéria, [...] e a matéria é a essência do real.
>
> DIDEROT, Denis. In: FORTES, Luiz R. Salinas. *Op. cit.*, p. 56.

Uma das características da reflexão iluminista foi sua independência em relação à tradição religiosa. Como isso se expressa no texto de Diderot?

_____
_____
_____
_____
_____

5 Na época do Iluminismo, era frequente a elite organizar os chamados salões literários. Analise uma representação de um desses salões e faça o que se pede.

Leitura da tragédia "O órfão chinês" no salão de madame Geoffrin ou Uma tarde na casa de madame Geoffrin, óleo sobre tela, de 1755, de Anicet-Charles Lemonnier.

a) Em sua opinião, qual era a função dessas reuniões?

_____
_____
_____

b) Descreva detalhes dessa obra. Procure identificar os personagens, suas atitudes, vestimentas e alguns objetos que compõem o cenário representado.

_____
_____
_____
_____
_____

c) Quais eram as figuras em maior número nessas reuniões: homens ou mulheres? Por que isso acontecia?

_____
_____
_____
_____
_____

UNIDADE 6 · CAPÍTULO 17
Inglaterra e Revolução Industrial

Nestas atividades você vai:
- Analisar os processos que culminaram na Revolução Industrial.
- Analisar produções artísticas no contexto da Revolução Industrial.
- Discutir a dinâmica da cidade no período da Revolução Industrial.
- Relacionar novas invenções ao contexto da Revolução Industrial.

Habilidades da BNCC relacionadas:

EM13CHS101	EM13CHS102	EM13CHS103	EM13CHS104	EM13CHS105
EM13CHS106	EM13CHS201	EM13CHS204	EM13CHS206	EM13CHS404

1 Observe a imagem ao lado.

a) Identifique quais são as classes sociais representadas na imagem.

_____
_____
_____

b) Explique o que a imagem representa e de que forma ela está relacionada à Revolução Industrial.

_____
_____
_____
_____
_____

Cartaz de campanha sindical pela redução da jornada de trabalho para 8 horas, publicado em 1919 pela União Interdepartamental da Confederação Geral dos Trabalhadores da Região do Sena, na França.

2 Sobre a Revolução Inglesa, responda:

a) Por que a expressão "o rei reina, mas não governa" passou a caracterizar a monarquia na Inglaterra?

_____
_____
_____
_____

b) Faça uma pesquisa sobre o funcionamento da monarquia parlamentar inglesa atualmente. Depois, explique as principais diferenças em relação à monarquia parlamentar instaurada no século XVII.

_____
_____
_____
_____

3 Leia o texto sobre alguns dos problemas referentes às condições de vida nas grandes cidades na passagem do século XIX para o XX:

> [...] Com a predominância da população urbana [...], alguns dos problemas do tipo de vida existente nas grandes cidades passaram a exercer uma influência mais acentuada sobre o conjunto da população. [...]
>
> Georg Simmel [...] observou que os moradores das grandes cidades esbarram fisicamente uns nos outros e no entanto é raro que eles cheguem a se conhecer humanamente. [...]
>
> No começo do século XX, Louis Wirth notou que o morador da grande cidade se relaciona com grande número de pessoas, porém não pode aprofundar essas relações, o que lhe acarreta frustrações [...]
>
> No espaço da cidade passam a ser rudemente contrapostos [...] os polos da riqueza e da pobreza. [...]
>
> De um lado, ficam os excluídos: despreparados para a rude competição do mercado, angustiados pela premência das necessidades básicas insatisfeitas [...]. Do outro, os privilegiados, [...] empenhados em proteger suas vidas e seu patrimônio de perigos crescentes, encastelados atrás de grades e muralhas. [...]
>
> KONDER, Leandro. *Os sofrimentos do homem burguês*. São Paulo: Senac, 2000. p. 63-66.

a) Em sua opinião, algum dos aspectos apresentados no texto continuam a fazer parte do cotidiano de grandes cidades? Dê exemplos.

_____
_____
_____
_____
_____

b) As grandes cidades atuais estão divididas por abismos sociais que separam os "incluídos" dos "excluídos"? Explique sua resposta.

_____
_____
_____
_____
_____

4 Ao longo do século XIX, foram desenvolvidos diversos modelos de locomotivas que se tornaram um símbolo da Revolução Industrial. Esses novos veículos provocaram grandes mudanças na economia e no cotidiano das sociedades industrializadas. A partir dessa ideia, relacione as seguintes frases: "as locomotivas tornaram-se um símbolo da Revolução Industrial" e "o mundo ficou menor".

Gravura publicada no livro *Magasin Pittoresque*, em 1861, representando a locomotiva Rocket, palavra que significa "foguete" em inglês. O modelo foi o mais inovador e tecnológico das locomotivas a vapor em meados do século XIX, tornando-se referência por anos.

5 Observe a imagem que traz vários elementos da Revolução Industrial. Depois, escreva um parágrafo sobre as transformações que essa revolução trouxe à vida das pessoas na passagem do século XVIII para o XIX.

Prensa a vapor, telégrafo elétrico, locomotiva e barco a vapor: todos inventados no contexto da Revolução Industrial. Na parte inferior da imagem, de 1876, lê-se: "O progresso do século".

UNIDADE 6
CAPÍTULO 18
Revolução Francesa e Era Napoleônica

Nestas atividades você vai:
- Identificar os grupos que fizeram parte da Revolução Francesa.
- Relacionar as produções artísticas ao período da Revolução Francesa.
- Discutir as relações de poder nos momentos anteriores à Revolução Francesa.
- Analisar o processo que levou Napoleão Bonaparte ao poder.
- Analisar as dinâmicas políticas do período napoleônico.

Habilidades da BNCC relacionadas:

| EM13CHS101 | EM13CHS102 | EM13CHS103 | EM13CHS104 | EM13CHS105 | EM13CHS106 |
| EM13CHS201 | EM13CHS203 | EM13CHS204 | EM13CHS503 | EM13CHS601 | EM13CHS603 |

1 A Revolução Francesa esteve presente no imaginário popular por muito tempo. Observe ao lado um exemplo da representação desse evento. É possível identificar, nesta obra, a presença dos vários grupos sociais que atuaram na Revolução Francesa? Justifique.

A guarda nacional de Paris em armas em setembro de 1792, óleo sobre tela de Léon Cogniet, de 1836.

2 Quais motivos levaram Napoleão a decretar o Bloqueio Continental em 1806, e o que essa medida estabelecia?

3 *A morte de Marat* é uma obra do artista neoclássico Jacques-Louis David. O pintor reproduziu a cena na qual o líder jacobino Marat foi assassinado, durante o banho, por uma jovem girondina em 1793. Como o personagem foi representado? Descreva a obra.

A morte de Marat, óleo sobre tela de Jacques-Louis David, de 1793.

4 Leia o texto e responda à proposta que se segue.

> Qual foi a causa da derrocada do maior exército que Napoleão comandou? Por que seus soldados, vitoriosos em batalhas anteriores, malograram na campanha russa? [...] Por mais surpreendente que pareça, a desintegração do exército napoleônico pode ser atribuída a algo tão pequeno quanto um botão — um botão de estanho, para sermos exatos, do tipo que fechava todas as roupas no exército [...]. Quando a temperatura cai, o reluzente estanho metálico começa a se tornar friável e a se esboroar num pó cinza e não metálico — continua sendo estanho, mas com forma estrutural diferente. Teria acontecido isso com os botões de estanho do exército francês? [...] Estavam os homens de Napoleão, quando os botões de seus uniformes se desintegraram, tão debilitados e gélidos que não tinham mais condições de atuar como soldados? Será que, à falta de botões, passaram a ter de usar as mãos para prender e segurar as roupas, e não mais para carregar as armas? [...]
>
> [...] a teoria rende uma boa história, e os químicos gostam de citá-la como uma razão científica para a derrota de Napoleão.
>
> LE COUTEUR, Penny; BURRESON, Jay. *Os botões de Napoleão:* as 17 moléculas que mudaram a história. Rio de Janeiro: Zahar, 2006. p. 8.

Sabemos que, em História, os acontecimentos não se explicam por uma única causa. Tendo isso em mente, debata com os colegas: Em sua opinião, essa teoria a respeito da derrota do exército napoleônico é viável? Argumente utilizando-se do que aprendeu neste capítulo.

5 Observe a imagem:

A coroação de Napoleão, óleo sobre tela de Jacques-Louis David, de 1806-1807.

a) Identifique os principais personagens representados no quadro.

_____
_____

b) O autor do quadro, David, representou em seu quadro uma das cenas mais emblemáticas da história de Napoleão. O que teria chamado a atenção do pintor e dos súditos no quadro?

_____
_____
_____
_____

6 Forme um grupo com mais três colegas e escolha uma das frentes políticas da Revolução Francesa: jacobinos, planície e girondinos. Pesquisem quais eram suas principais características: as ideias defendidas, seus objetivos políticos, quem eram os membros e quais eram seus interesses. Anotem as informações que pesquisarem. Com o restante da turma, façam um debate defendendo as ideias do grupo pesquisado.

_____
_____
_____
_____
_____

UNIDADE 7
CAPÍTULO

Colonização e independência dos EUA

Nestas atividades você vai:

- Analisar os eventos que culminaram na independência dos Estados Unidos.
- Relacionar produções artísticas ao período da independência dos Estados Unidos.
- Discutir as relações de poder entre colonos americanos e a metrópole inglesa.

Habilidades da BNCC relacionadas:

EM13CHS101	EM13CHS102	EM13CHS103	EM13CHS104	EM13CHS105	EM13CHS106
EM13CHS201	EM13CHS203	EM13CHS204	EM13CHS206	EM13CHS502	EM13CHS603

1 Observe a imagem a seguir e responda às questões.

A chegada dos pais peregrinos, óleo sobre tela de Antonio Gisbert, de cerca de 1864.

a) Quais elementos da imagem sugerem que a cena representa o momento da chegada dessas pessoas a algum lugar?

_____
_____
_____
_____

b) Das causas apontadas como motivadoras da colonização inglesa na América do Norte, qual está evidenciada na imagem?

_____
_____
_____
_____
_____

2 Sobre o processo de independência dos Estados Unidos, explique:

a) Por que a Inglaterra decretou leis que aumentavam a arrecadação fiscal nas treze colônias?

_____
_____
_____
_____
_____
_____
_____

b) Explique a relação entre as leis decretadas nos Estados Unidos entre 1764 e 1774 e o processo de independência do país.

_____
_____
_____
_____
_____
_____
_____
_____
_____

3 Observe a imagem e responda às questões.

Destruição de chá no porto de Boston, litografia de Nathaniel Currier de 1846.

a) Com base no que você estudou no capítulo, descreva os aspectos que você considera mais importantes nessa imagem.

b) Em sua interpretação, as pessoas representadas no cais estavam apoiando ou criticando a revolta? Justifique.

c) A qual evento da história americana a imagem faz referência?

4 Quais eram as principais diferenças entre o processo de colonização do norte e do sul nas treze colônias?

5 Faça uma pesquisa sobre a Constituição dos Estados Unidos. Procure ler alguns de seus artigos. Com base em sua pesquisa, explique por que ela foi a primeira constituição elaborada de acordo com os princípios iluministas.

UNIDADE 7
CAPÍTULO 20
Independências na América Latina

Nestas atividades você vai:
- Identificar os grupos que fizeram parte das independências na América Latina.
- Relacionar a fragmentação do Império espanhol na América à divisão territorial moderna.
- Analisar as obras artísticas em face dos processos de independências latino-americanas.

Habilidades da BNCC relacionadas:

EM13CHS101 EM13CHS102 EM13CHS103 EM13CHS104 EM13CHS105 EM13CHS106

EM13CHS201 EM13CHS202 EM13CHS203 EM13CHS204 EM13CHS603

1 A Espanha decidiu por dividir a administração de seus territórios na América. Veja o mapa a seguir.
Com base no mapa, identifique os países atuais correspondentes:

a) ao Vice-Reino da Nova Espanha;

b) ao Vice-Reino da Nova Granada;

c) ao Vice-Reino do Rio da Prata;

d) à Capitania Geral da Guatemala.

Fontes: elaborado com base em ALBUQUERQUE, Manoel Maurício de et al. *Atlas histórico escolar*. 8. ed. Rio de Janeiro: MEC/Fename, 1986. p. 66-69; DUBY, G. *Atlas histórico mundial*. Madri: Debate, 1992. p. 285.

2 Observe a escultura *Mão*, do arquiteto Oscar Niemeyer (1907-2012). Depois, faça o que se pede:

a) Descreva a escultura, atentando a todos os detalhes. O que simboliza a forma em vermelho que se estende do meio da obra até o chão?

Lailson Leoncio/Futura Press

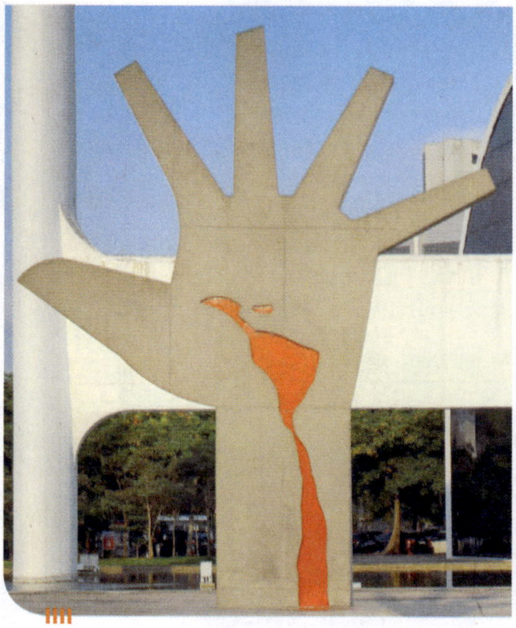

Mão, escultura de Oscar Niemeyer, localizada no Memorial da América Latina, em São Paulo (SP). Fotografia de 2019.

b) Segundo Niemeyer, "suor, sangue e pobreza marcaram a história desta América Latina tão desarticulada e oprimida. Agora urge reajustá-la num monobloco intocável, capaz de fazê-la independente e feliz". Quais relações podemos estabelecer entre essa frase e a escultura? Comente.

c) Inspirado nas imagens do capítulo, crie uma representação artística (desenho, música, escultura, montagem com fotografias, etc.) sobre a independência das colônias espanholas e do Haiti. Explique o conceito de sua representação.

3 Nesta alegoria popular de 1834, foi representado o padre Miguel Hidalgo, que liderou a primeira revolta mexicana contra o domínio espanhol. Na pintura, Hidalgo aparece coroando uma mulher e passando por cima de um homem. Qual personagem simbolizaria o México? E qual personagem representaria a Espanha? Justifique sua resposta utilizando elementos da imagem.

Alegoria à independência, de autoria desconhecida, óleo sobre tela, de 1834.

4 Leia o texto abaixo no qual o historiador Alexandre de Freitas Barbosa interpreta a fragmentação da América Latina após a independência das ex-colônias espanholas. Em seguida, sintetize as razões apontadas por Freitas Barbosa para a fragmentação da América Latina.

> A união da maioria dos novos países independentes da América Latina não aconteceu por dois motivos principais. Primeiro, porque a Inglaterra e os Estados Unidos, que disputavam o controle econômico da América Latina, não viam com bons olhos a união política dos países latino-americanos. No entender das potências, quanto mais fragmentada fosse a América Latina, mais difícil seria para ela enfrentar os interesses econômicos ingleses e norte-americanos. Segundo, porque os grandes proprietários de minas e terras (as elites nativas, agora nacionais) sentiam-se mais à vontade para controlar seus interesses econômicos numa América Latina fragmentada, composta de unidades políticas menores. Dessa forma, seria mais fácil para um produtor de cacau da Venezuela influenciar a política de sua região se tivesse apenas de negociar com os políticos venezuelanos, sem ter de "brigar" com proprietários de minas e terras de outras regiões.
>
> BARBOSA, Alexandre de Freitas. *A independência dos países da América Latina*. São Paulo: Saraiva, 1997. p. 32.

UNIDADE 7
CAPÍTULO 21
Independência do Brasil

Nestas atividades você vai:
- Identificar as revoltas coloniais e seus lugares de ocorrência.
- Analisar os processos internos de cada revolta colonial.
- Relacionar o movimento iluminista à Conjuração Mineira.
- Discutir o processo de transferência da corte portuguesa para o Brasil e suas implicações para o movimento de independência.

Habilidades da BNCC relacionadas:

EM13CHS101	EM13CHS102	EM13CHS103	EM13CHS104	EM13CHS105	EM13CHS106	EM13CHS201	EM13CHS302
EM13CHS304	EM13CHS306	EM13CHS401	EM13CHS404	EM13CHS503	EM13CHS601	EM13CHS606	

1 Faça uma breve pesquisa sobre as teorias defendidas pelos principais filósofos iluministas. Depois, leia o trecho a seguir e responda às questões.

> "O homem nasceu livre e em toda parte ele se encontra acorrentado. Desde que ninguém possui uma autoridade natural sobre seu semelhante, e desde que a força não produz nenhum direito, restam, portanto, as convenções como base de toda autoridade legítima entre os homens".
>
> ROUSSEAU, J. J. Sobre o contrato social. In: ROLLAND, R. (Org.). *O pensamento vivo de Rousseau.* São Paulo: Livraria Martins, 1975. p. 41.

a) Quais são os principais ideais contidos nesse trecho?

b) Relacione os ideais filosóficos do Iluminismo e a inspiração do movimento da Inconfidência Mineira.

2 Observe o mapa ao lado. Identifique quais capitais foram palco de revoltas apresentadas no mapa e que revoltas foram essas.

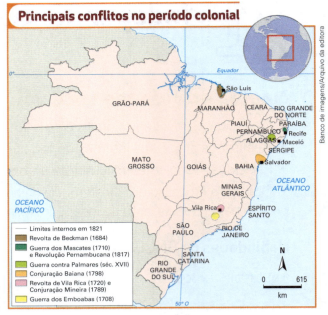

Fonte: elaborado com base em ALBUQUERQUE, Manoel M. de et al. *Atlas histórico escolar*. 3. ed. Rio de Janeiro: FAE, 1986. p. 23.

3 As diversas rebeliões que eclodiram pelo território brasileiro durante o período colonial tiveram causas particulares de seu contexto, mas também expressavam problemas comuns a todas as manifestações. Identifique quais eram esses problemas e reflita sobre as motivações dessas rebeliões.

4 Leia a reportagem. Em sua opinião, qual é o significado histórico das instituições culturais criadas pelo Império português no Brasil?

Museu Nacional, um projeto civilizatório que fracassou

A história do Museu Nacional é a história de um projeto civilizatório para o Brasil que fracassou. Embora a discussão sobre o que é "civilização" seja, hoje em dia, alvo de discussões, a ideia da família real portuguesa ao fugir para o Brasil era muito clara: trazer para os tórridos trópicos as boas maneiras, as artes e a cultura europeia. D. João VI, rei português, para além de todo um aparato político institucional, precisava também da criação de um aparato intelectual que tornasse legítima a Corte portuguesa trasladada para a América do Sul. Assim o Museu Nacional funcionou como uma das formas de validação do Império Português, agora em outras terras.

SÁ, Fábio Teixeira de; OLIVEIRA, Regiane. Museu Nacional, um projeto civilizatório que fracassou. *El País*, 3 set. 2018. Disponível em: <https://brasil.elpais.com/brasil/2018/09/04/opinion/1536019103_930470.html>. Acesso em: 19 mar. 2020.

5 Leia a reportagem e responda às questões:

> **Mudança da família real foi "projeto meticuloso"**
> *Para historiadores portugueses, dom João VI foi sábio e prudente ao decidir partir para o Rio.*
>
> A decisão de transferir a corte para o Brasil não só foi "prudente e acertada" como resultado de um projeto meticuloso e trabalhoso [...].
>
> A importância da colônia americana, segundo António Ventura, também contou para a decisão, especialmente pela pressão do Reino Unido, que tinha interesse em comercializar diretamente com o Brasil [...].
>
> De todo modo, a decisão "não foi tomada de última hora". "Uma viagem como aquela não poderia ser preparada em pouco tempo [...]."
>
> Outro fator a impulsionar a decisão de deixar Portugal, de acordo com o historiador, era a fraqueza conhecida do Exército português. [...] A transferência da corte, afinal, terminou sendo mais importante para o Brasil do que para Portugal, diz o historiador. "É o seu momento fundador. De 1808 a 1822, o Brasil é o centro da monarquia", afirma.
>
> "E são assim criadas as condições para a independência do país. Costumo dizer aos meus alunos que, em 1822, fazer a independência do Brasil era como colher um fruto maduro."
>
> *Folha de S.Paulo*, Caderno Mais! 25 nov. 2007. p. 7.

a) Qual é a ideia principal do texto?

_____
_____
_____
_____
_____
_____

b) O que significaria afirmar que "em 1822, fazer a independência do Brasil era como colher um fruto maduro"?

_____
_____
_____
_____
_____
_____

c) É possível afirmar que a independência do Brasil, em vez de ocasionar transformações sociais e econômicas, conservou a sociedade tal como era antes, de maneira que não houve grandes mudanças? Justifique.

_____
_____
_____
_____
_____
_____
_____

UNIDADE 8 — CAPÍTULO 22
Primeiro Reinado e Regências

Nestas atividades você vai:
- Identificar as revoltas do período regencial.
- Analisar a Constituição de 1824.
- Analisar as lutas de independência na Bahia e suas consequências para os escravizados.
- Discutir o ideário a respeito do indígena no Brasil.
- Discutir as revoltas negras diante do temor dos senhores de engenho.

Habilidades da BNCC relacionadas:

EM13CHS101	EM13CHS102	EM13CHS103	EM13CHS104	EM13CHS105	EM13CHS106
EM13CHS404	EM13CHS503	EM13CHS601	EM13CHS603	EM13CHS606	

---

1 No texto a seguir, a historiadora Emília Viotti da Costa procura mostrar a incongruência entre a lei estabelecida na Constituição e a realidade social da maioria da população. Depois, responda às questões.

> A Constituição de 1824 procurou garantir a liberdade individual e econômica e assegurar o pleno direito à propriedade.
>
> Para os homens que fizeram a independência, gente educada à moda europeia, representantes das categorias dominantes, o direito a propriedade, liberdade e segurança garantido pela Constituição era algo bem real. [...]
>
> A Constituição afirmava a liberdade e a igualdade de todos perante a lei, mas a maioria da população permanecia escrava. Garantia-se o direito de propriedade, mas, segundo algumas estimativas, 95% da população, quando não era escrava, compunha-se de "moradores" de fazendas, em terras alheias, que podiam ser mandados embora a qualquer hora. Aboliam-se as torturas, mas nas senzalas os instrumentos de castigo como o tronco, a gargalheira e o açoite continuavam sendo usados, e o senhor era o supremo juiz da vida e da morte de seus homens.
>
> A elite de intelectuais do império, porta-voz das categorias dominantes, criou um conjunto de ideias liberais que mascarava as contradições sociais do país e ignorava a distância entre a lei e a realidade.
>
> COSTA, Emília Viotti da. In: MOTA, Carlos Guilherme (Org.). *Brasil em perspectiva*. São Paulo: Difel, 1978. p. 123-124.

a) Quem se beneficiou com os direitos à propriedade, liberdade e segurança garantidos pela Constituição de 1824? Esses direitos foram estendidos à maioria da população? Justifique.

b) Em sua opinião, a distância entre a lei e a realidade social ainda existe no Brasil? Pesquise um artigo da atual Constituição brasileira e uma reportagem para justificar sua resposta.

_____
_____
_____
_____
_____

2 Veja o que o historiador Hendrik Kraay escreveu sobre as lutas pela independência ocorridas na Bahia e a participação dos escravos nos confrontos. Segundo o texto, qual era a esperança dos escravos que participaram das lutas pela independência do Brasil?

> [...] Em novembro, depois da batalha de Pirajá, Labatut mandou recrutar "pardos e pretos forros" para criar um batalhão de libertos. Também confiscou escravos pertencentes a portugueses ausentes (presumidos inimigos) para servirem nesse batalhão. [...]
>
> No dia 30 de julho [de 1823] veio a ordem da capital do Império: o governo baiano deveria tratar de conseguir a liberdade dos escravos-soldados. Os senhores que não se dispusessem a fazê-lo gratuitamente poderiam receber uma compensação. [...]
>
> A voz dos próprios escravos quase não aparece na vasta documentação sobre o recrutamento e a libertação pós-guerra. Mas eles certamente viam as lutas, e também a Independência, como meios para conquistar a liberdade. No serviço militar eles podiam melhorar sua condição de vida e pegar em armas, às vezes até mesmo contra seus proprietários.
>
> KRAAY, Hendrik. Livres como o país. In: *Revista de História da Biblioteca Nacional*, 9 out. 2012. Disponível em: <http://www.revistadehistoria.com.br/secao/capa/livres-como-o-pais>. Acesso em: 3 dez. 2015.

_____
_____
_____
_____

3 Observe a imagem. Aponte detalhes indicativos de que a figura retratada nesta obra é um membro da família real.

_____
_____
_____
_____
_____
_____

Dom Pedro II, menino, guache sobre papel de Armand Julien Pallière, de 1830.

4 A partir do século XIX, o indígena foi idealizado e transformado em símbolo da identidade brasileira. Segundo essa idealização, o indígena era um "bom selvagem", a quem era reservado o título de "verdadeiro brasileiro". Porém, na prática, os indígenas continuaram excluídos da sociedade brasileira. Em sua opinião, ainda existe uma idealização romântica acerca dos indígenas que vivem no Brasil? Debata o assunto com os colegas.

5 O uso da força militar para reprimir movimentos regionais foi comum também em outros períodos da história do Brasil, como na época colonial. De que maneira as forças imperiais lidaram com as revoltas do período regencial? Todas tiveram o mesmo desfecho?

6 A Revolta dos Malês provocou temor entre os senhores de escravos do Brasil. Leia, a seguir, um trecho do depoimento de Pedro, escravo de um médico inglês que vivia em Salvador. Com base na leitura do texto, identifique o que deve ter causado temor entre os senhores de escravos. Justifique.

> Às sete e meia da noite do dia 24 de janeiro saíra da casa de seu senhor e se dirigira para a Estrada da Graça. Em caminho, falou com Jaimes e Diogo, escravos do inglês José Mellors, os quais lhe convidaram para estar pronto para o folguedo de matar branco [...]. E dali se encaminhou para os Barris e em caminho já encontrara com Pedro e Miguel [...] e muitos outros [...].
>
> In: REIS, João José. *Rebelião escrava no Brasil*: a história do levante dos malês (1835). São Paulo: Brasiliense, 1986. p. 142.

UNIDADE 8 CAPÍTULO 23 — Segundo Reinado

Nestas atividades você vai:

- Analisar a situação do poder imperial no contexto das disputas políticas internas.
- Analisar as características da Revolta Praieira.
- Relacionar as transformações sociais em face da introdução da economia cafeeira.
- Discutir a situação dos primeiros imigrantes europeus no Brasil da segunda metade do século XIX.

Habilidades da BNCC relacionadas:

EM13CHS101   EM13CHS102   EM13CHS103   EM13CHS104   EM13CHS105   EM13CHS106   EM13CHS201   EM13CHS302

---

1 Analise a charge. Depois, faça o que se pede.

O rei se diverte, charge de Candido Aragonez de Faria para a revista *O Mequetrefe*, de 1878.

a) Identifique os personagens e o que cada um deles representa.

_____
_____
_____

b) Relacione essa charge à frase "não havia nada mais parecido com um saquarema do que um luzia no poder", explicando as relações partidárias no Segundo Reinado.

_____
_____
_____

2 A imagem a seguir retrata o momento no qual teria início o Segundo Reinado, comandado por dom Pedro II. O imperador manteve essa pintura enrolada em panos e guardada por muito tempo, mostrando seu desagrado com a imagem. Quais razões, visíveis na imagem, teriam levado dom Pedro II a desprezar a obra por ele mesmo encomendada? Formule hipóteses.

Sagração de D. Pedro II, óleo sobre tela de Manuel de Araújo Porto-Alegre, de cerca de 1840.

3 Leia o texto a seguir sobre a Revolta Praieira. Depois, responda às questões.

> Propor a expulsão de portugueses, ou ao menos excluí-los do comércio miúdo, eram propostas nativistas [...]. O nativismo nasceu nas Américas como um instrumento ideológico a serviço das elites crioulas, aglutinando em um nível ideal grupos sociais em condições distintas ou mesmo opostas. [...] Ao amalgamar brancos, negros e mestiços livres nascidos no Brasil num bloco só, em oposição aos portugueses, o nativismo encobria diferenças mais profundas de raça, classe e condição legal. Isso sem falar no abismo cultural que separava os negros livres e libertos [...] dos brancos das camadas dominantes.
>
> CARVALHO, Marcus J. M. de. Os nomes da Revolução Praieira: lideranças populares na Insurreição Praieira, Recife, 1848-1849. *Revista Brasileira de História*, v. 23, n. 45, São Paulo, jul. 2003. Disponível em: <http://ref.scielo.org/93t7c9>. Acesso em: 19 mar. 2020.

a) Por que a Revolta Praieira seria nativista?

b) O que estava por trás do nativismo? Como isso é percebido na Revolta Praieira?

4 Leia o trecho a seguir.

> Numa estimativa otimista, calcula-se que entre 25.000 km² e 30.000 km² de cobertura florestal primária de Mata Atlântica, nos estados do Rio de Janeiro, São Paulo e Minas Gerais tenham desaparecido para dar lugar ao cultivo de café e às ferrovias destinadas ao escoamento de sua produção.
>
> GOMES, Mauro L. *Ouro, posseiros e fazendas de café*. A ocupação e a degradação ambiental da região das Minas do Canta Gallo na província do Rio de Janeiro. Disponível em: <http://institucional.ufrrj.br/portalcpda/files/2018/09/2004.tese_.mauro_leao_gomes.pdf>. Acesso em: 19 mar. 2020.

a) A expansão da cafeicultura no Brasil no século XIX trouxe que impacto ambiental?

_____
_____
_____

b) De que maneira as populações indígenas também foram afetadas pela cafeicultura? Cite exemplos.

_____
_____
_____
_____

5 Escreva um parágrafo relacionando todos os termos a seguir:

cafeicultura – Lei Eusébio de Queirós – imigrantes – trabalho escravo – Segundo Reinado

_____
_____
_____
_____
_____

6 Leia a seguir o relato do suíço Thomas Davatz, que fez parte do grupo dos primeiros imigrantes europeus a vir ao Brasil no século XIX. Segundo o texto, quais eram as condições de vida dessa população?

> Os colonos abaixo assinados vêm, por meio desta, afirmar que sua situação está bem longe de ser tão excelente e vantajosa quanto o prometiam as notícias divulgadas aqui na Europa, que vivem sujeitos a arbitrariedades de toda ordem e que sua situação é antes de lamentar do que de causar inveja. Por isso decidiram firmemente fazer valer seus direitos [...]. Solicitando um inquérito que lance luz sobre toda a situação [...]. Esperam [...] que de parte dos senhores Vergueiro e Cia. sejam cumpridas todas as obrigações expressas nos contratos e também não sejam cometidos contra nenhum colono atos de violência, como sejam expulsão da fazenda, prisão etc.
>
> DAVATZ, Thomas. *Memórias de um colono no Brasil (1858)*. São Paulo: Livraria Martins/Edusp, 1972. p. 206.

_____
_____
_____

UNIDADE 8 CAPÍTULO 24

Crise do Império

Nestas atividades você vai:

- Discutir interpretações sobre a Guerra do Paraguai.
- Analisar o processo de emancipação dos afrodescendentes escravizados.
- Analisar a sociedade brasileira do final do século XIX a partir de obras artísticas.

Habilidades da BNCC relacionadas:

| EM13CHS101 | EM13CHS102 | EM13CHS103 | EM13CHS104 | EM13CHS105 | EM13CHS106 | EM13CHS201 | EM13CHS302 |

1. A obra apresentada a seguir é de autoria do pintor Almeida Júnior, que viveu na segunda metade do século XIX. Observando a cena, é possível dizer a que grupo social pertenciam essas pessoas? Elabore hipóteses.

Cena de família de Adolfo Augusto Pinto, óleo sobre tela de Almeida Júnior, de 1891.

_____
_____
_____
_____
_____
_____

2 Leia a reflexão do historiador Boris Fausto sobre as diferentes versões da Guerra do Paraguai. Com base no texto, quantas interpretações distintas para a Guerra do Paraguai você consegue identificar? Explique, com suas palavras, cada uma delas.

> Na década de 1960, surgiu entre os historiadores de esquerda, como o argentino León Pomer, uma nova versão. O conflito teria sido fomentado pelo imperialismo inglês [...].
>
> Essa interpretação está muito ligada às concepções correntes na esquerda latino-americana das décadas de 1960 e 1970. Pensava-se naqueles anos que os problemas do continente resultavam basicamente da exploração imperialista. A Guerra do Paraguai seria um exemplo a mais de como a América Latina, ao longo do tempo, tinha apenas trocado de dono, passando de mãos inglesas para norte-americanas.
>
> Nos últimos anos, a partir de historiadores como Francisco Doratioto e Ricardo Salles, surgiu uma nova explicação. Não se trata da última palavra no campo da História, mas de uma versão menos ideológica, mais coerente e bem apoiada em documentos. Ela concentra sua atenção nas relações entre os países envolvidos no conflito. Tem a vantagem de procurar entender cada um desses países a partir de sua fisionomia própria, sem negar a grande influência do capitalismo inglês na região. Chama a atenção, assim, para o processo de formação dos Estados nacionais da América Latina e da luta entre eles para assumir uma posição dominante no continente.
>
> FAUSTO, Boris. *História do Brasil*. São Paulo: Edusp, 2004. p. 208-209.

3 O pintor Pedro Américo (1843-1905) nasceu em Areia (PB), uma das primeiras cidades do Brasil a libertar os escravos, antes mesmo da Lei Áurea. A seguir, observe uma das obras do artista, criada na época da abolição, e responda às questões.

Libertação dos escravos, óleo sobre tela de Pedro Américo, de 1889.

a) A imagem representa a abolição da escravidão no Brasil como um processo que teve a participação ativa dos negros? Justifique.

_____
_____
_____

b) Qual é a visão do autor da obra sobre o processo de abolição no país?

_____
_____

4 O historiador José Murilo de Carvalho propôs algumas interpretações para o 13 de maio de 1888.

> Qual o sentido do 13 de maio? Há vários sentidos, dependendo da visão de quem analisa a data. Vejamos os três principais:
> - 13 de maio "libertação": a data é vista positivamente, como o momento da abolição da escravatura. É comemorada como doação de liberdade da monarquia, representada pela princesa Isabel, a "Redentora".
> - 13 de maio "enganação": a data é vista negativamente, pois a "abolição" legal da escravidão não aboliu efetivamente a opressão sobre o negro. Para substituir esse 13 de maio "enganação" constrói-se outra data histórica, o 20 de novembro, data provável da morte de Zumbi, que se busca comemorar como o Dia da Consciência Negra.
> - 13 de maio "crítico": a data é vista positivamente, mas sob novo enfoque. Não se valoriza a "dádiva" da monarquia abolindo a escravidão, mas sim a pressão do movimento popular (incluindo os próprios escravos) exigindo a extinção legal da escravidão. Em vez de doação real, a data é vista como conquista popular.
>
> CARVALHO, José Murilo de. In: *Folha de S.Paulo*, 13 maio 1988. p. B 8-9.

De acordo com a análise de José Murilo de Carvalho, explique o sentido do 13 de maio (a promulgação da Lei Áurea) visto:

a) como libertação;

_____
_____
_____
_____

b) como enganação;

_____
_____
_____
_____

c) de maneira crítica.

_____
_____
_____
_____

UNIDADE 9
CAPÍTULO 25
Nacionalismo e imperialismo

Nestas atividades você vai:
- Discutir o papel dos Estados na construção dos nacionalismos na Europa.
- Analisar os levantes na França em 1830 a partir do estudo de uma obra de arte.
- Discutir teorias políticas e a construção de críticas a elas ao longo da história.
- Analisar o processo de mudança da economia mundial na virada do século XIX.
- Comparar o processo de ocupação territorial nos Estados Unidos e no Brasil.

Habilidades da BNCC relacionadas:

EM13CHS101	EM13CHS102	EM13CHS103	EM13CHS104	EM13CHS105	EM13CHS106	EM13CHS201
EM13CHS202	EM13CHS203	EM13CHS204	EM13CHS206	EM13CHS302	EM13CHS304	EM13CHS306
EM13CHS401	EM13CHS404	EM13CHS503	EM13CHS602	EM13CHS603		

1 Para o historiador Eric Hobsbawm, o nacionalismo europeu do século XIX estaria ligado à presença dos poderes do Estado estreitando laços comuns entre os membros da sociedade, como pode ser observado no texto a seguir. Utilizando elementos do texto, explique como o Estado passou a participar mais ativamente da vida cotidiana das pessoas.

> Ao longo do século XIX, [...] uma família teria que viver em um lugar muito inacessível se um de seus membros não quisesse entrar em contato regular com o Estado nacional e seus agentes: através do carteiro, do policial ou do guarda, e oportunamente do professor; através dos homens que trabalhavam nas estradas de ferro, quando estas eram públicas; para não mencionar quartéis de soldados ou mesmo as bandas militares amplamente audíveis. Cada vez mais o Estado detinha informações sobre cada um dos [...] cidadãos através do instrumento representado por seus censos periódicos [...] (que só se tornaram comuns depois da metade do século XIX), através da educação primária teoricamente compulsória e através do serviço militar obrigatório [...]. Como nunca até então, o governo e os indivíduos e cidadãos estavam inevitavelmente ligados por laços diários. E as revoluções nos transportes e nas comunicações, verificadas no século XIX, estreitaram e rotinizaram os **liames** entre a autoridade central e os lugares mais remotos.
>
> HOBSBAWM, Eric. *Nações e nacionalismo desde 1780*. São Paulo: Paz e Terra, 1990. p. 102.

Liame: ligação, vínculo.

2 Tanto na Revolução de 1848 como na Comuna de Paris, o socialismo saiu derrotado, e seus seguidores foram duramente perseguidos ou mortos.

Reflita sobre as seguintes questões: Por que comunismo e socialismo têm sido criticados desde o seu aparecimento como teorias políticas? Quem são os grupos que apoiam as correntes políticas socialistas e comunistas e quem são os grupos que as criticam? Escreva suas conclusões e compartilhe-as com a turma.

_____
_____
_____
_____

3 A obra reproduzida a seguir, do artista Eugène Delacroix, é uma alegoria da Revolução de 1830. Descreva a imagem destacando aspectos como personagens, cenários, vestuários, etc., e tente interpretar o que cada símbolo significa na alegoria.

A liberdade guiando o povo, óleo sobre tela de Eugène Delacroix, de 1830.

_____
_____
_____
_____

4 Que semelhanças e diferenças podem ser apontadas entre o processo de industrialização ocorrido na segunda metade do século XVIII e aquele verificado no final do século XIX?

_____
_____
_____
_____
_____
_____

5 Leia, a seguir, algumas das ideias de Marx e Engels expostas no *Manifesto comunista*. Depois, responda às questões.

> A história de todas as sociedades que existiram até nossos dias tem sido a história das lutas de classes.
>
> Homem livre e escravo, patrício e plebeu, senhor e servo, mestre de corporação e oficial, numa palavra, opressores e oprimidos, em constante oposição, têm vivido numa guerra ininterrupta, ora franca, ora disfarçada; uma guerra que terminou, sempre, ou por transformação revolucionária da sociedade inteira ou pela destruição das suas classes em luta. [...]
>
> A sociedade burguesa moderna, que brotou das ruínas da sociedade feudal, não aboliu os antagonismos de classes. Não fez senão substituir velhas classes, velhas condições de opressão, velhas formas de luta por outras novas. [...] A sociedade divide-se cada vez mais em duas grandes classes opostas: a burguesia e o proletariado. [...]
>
> Todos os movimentos históricos têm sido, até hoje, movimentos de minorias ou em proveito de minorias. O movimento proletário é o movimento espontâneo da imensa maioria, em proveito da imensa maioria. [...]
>
> Proletários de todos os países, uni-vos.
>
> MARX, Karl; ENGELS, Friedrich. *Manifesto comunista*. São Paulo: Ched Editorial, 1980. p. 8, 9, 22 e 55.

a) Reflita com os colegas: Por quais motivos os autores afirmam que "A história de todas as sociedades que existiram até nossos dias tem sido a história das lutas de classes"?

b) Na sua interpretação, qual seria o principal objetivo desses trechos do *Manifesto*? Comente.

6 Estados Unidos e Brasil apresentaram um elemento em comum na história de sua expansão territorial: a ocupação de terras indígenas. Escreva um parágrafo comparando os processos de ocupação territorial nesses dois países.

UNIDADE 9
CAPÍTULO 26

Primeira Guerra e Revolução Russa

Nestas atividades você vai:

- Discutir a participação dos Estados Unidos na política internacional do início do século XX.
- Analisar os movimentos artísticos do início do século XX.
- Discutir o papel da mulher durante a Revolução Russa.
- Relacionar as disputas entre potências do século XIX à Primeira Guerra Mundial.
- Comparar movimentos revolucionários no mundo.

Habilidades da BNCC relacionadas:

EM13CHS101	EM13CHS102	EM13CHS103	EM13CHS104	EM13CHS105	EM13CHS106
EM13CHS201	EM13CHS204	EM13CHS206	EM13CHS401	EM13CHS403	EM13CHS404
EM13CHS503	EM13CHS504	EM13CHS603	EM13CHS604	EM13CHS605	

1 Os Estados Unidos destacaram-se como grande potência econômica após o fim da Primeira Guerra Mundial. Tendo isso em vista, faça o que se pede.

a) Pesquise em jornais, revistas e na internet notícias sobre a atuação do governo dos EUA no cenário internacional. Cite exemplos.

_____
_____
_____
_____

b) Na sociedade em que vive, como você percebe a influência tecnológica e cultural dos EUA? Você também percebe a influência cultural de algum outro país? Qual? Comente suas respostas.

_____
_____
_____
_____
_____

2 O movimento artístico dadaísta, surgido em Zurique em 1916, buscava escandalizar e provocar polêmicas com seus manifestos e publicações. Os artistas dadás criavam suas obras por meio de escolhas aleatórias, sem sentido preconcebido, criticando, dessa forma, a grande racionalidade da sociedade. O próprio termo **dadaísmo** foi escolhido aleatoriamente, encontrado por acaso em um dicionário de francês. Leia o texto a seguir e escreva um comentário relacionando o conteúdo deste capítulo a esse movimento artístico.

> [...] o próprio dadaísmo não se explica, se esquecemos que ele nasceu em plena guerra, em 1916, que se propagou como um rastilho de pólvora pela Alemanha vencida de 1918, para atingir finalmente a França exangue dos anos 1919-1920.
>
> No Armistício, a situação social e política da Europa é excepcional. Teoricamente há dois planos: o dos vencedores e o dos vencidos, mas os primeiros se encontram numa miséria um pouco menor do que os segundos. Penúria não apenas material, mas total, e já colocando, após quatro anos de matanças materiais e destruições de toda espécie, a questão da confiança no regime. Por que isto?
>
> [...] Um regime incapaz de disciplinar suas energias para outra coisa que não o enfraquecimento e a destruição do homem foi à falência.
>
> In: NADEAU, Maurice. *História do Surrealismo*. São Paulo: Perspectiva, 1985. p. 14-15.

3 Alguns conflitos nacionalistas atuais ou mais recentes têm origem na divisão política europeia após a Primeira Guerra Mundial. Explique essa afirmação e cite exemplos que a confirmem.

4 Observe a imagem ao lado e responda às questões.

a) Descreva a imagem. A partir dessa descrição, procure inferir qual seria o papel da mulher na sociedade russa durante a Revolução de 1917.

Operária do metrô com broca, óleo sobre tela, de 1937, de Aleksandr Samokhválov.

b) Esse papel era representativo das mulheres, na época, em outros países? Pesquise o tema e justifique sua resposta.

_____
_____
_____
_____

5 Durante a guerra civil que se seguiu à Revolução Russa, os governos de algumas potências capitalistas enviaram auxílio econômico e militar aos contrarrevolucionários para combater os bolcheviques.

a) Você considera que a intervenção estrangeira nos assuntos internos de uma nação afeta a soberania dela? Em quais situações? Por quê?

_____
_____
_____
_____
_____

b) Existem exemplos atuais ou recentes de tais intervenções? Quais? Faça uma pequena pesquisa sobre o assunto. Comente.

_____
_____
_____
_____
_____

6 Pesquise outros exemplos de levantes populares ou rebeliões e compare as semelhanças e diferenças com a Revolução Russa. Em seguida, preencha a tabela comparativa abaixo com três exemplos pesquisados.

LEVANTE/REBELIÃO	LOCAL	DATA	GRUPOS ENVOLVIDOS	MOTIVAÇÕES	FORMA DE ORGANIZAÇÃO

UNIDADE 9 CAPÍTULO 27
Crise de 1929 e Segunda Guerra

Nestas atividades você vai:
- Analisar a sociedade de consumo estadunidense.
- Discutir os processos que levaram à Primeira e Segunda Guerras Mundiais.
- Analisar as políticas desenvolvidas pelos governos totalitários surgidos no século XX.

Habilidades da BNCC relacionadas:

EM13CHS101	EM13CHS102	EM13CHS103	EM13CHS104	EM13CHS105	EM13CHS106	EM13CHS201
EM13CHS202	EM13CHS204	EM13CHS401	EM13CHS503	EM13CHS504	EM13CHS604	EM13CHS605

1 A propaganda que exaltava a euforia consumista do estilo de vida estadunidense dos anos 1920 começou a contrastar com a realidade vivida por grande parte da população do país depois da crise. Sobre esse assunto, observe a imagem ao lado.

a) Em que contexto histórico ela foi produzida?

_____
_____
_____
_____
_____

Fila de vítimas de enchente esperando por doações de comida e roupa diante de cartaz com os dizeres, em inglês: "O maior padrão de vida do mundo. Não há nada igual ao estilo de vida americano". Fotografia da década de 1930.

b) Em sua opinião, o que essa fotografia expressa ao focar uma fila de desabrigados com o cartaz ao fundo?

_____
_____
_____
_____

2 A filósofa Hannah Arendt (1906-1975) concluiu que as formas de extermínio utilizadas pelo regime nazista eram práticas cientificamente programadas e racionalizadas da violência. A partir dessa análise, reflita: Qual é a importância da ética na ciência?

_____
_____
_____
_____

3 Observe a ilustração do professor e oficial nazista Julius Streicher (1885-1946). Depois, faça o que se pede.

a) Descreva como foram representados na imagem os judeus e os não judeus.

_____
_____
_____

b) Identifique quais princípios da doutrina nazista estão sendo transmitidos aos jovens. Justifique.

_____
_____
_____
_____
_____

Na representação de 1938, alunos alemães divertem-se ao expulsar da escola um grupo de crianças judias e seu professor, caricaturados.

4 Leia o trecho de um pronunciamento de Winston Churchill, primeiro-ministro da Inglaterra na época da Segunda Guerra Mundial. Quais foram as relações históricas entre as duas guerras mundiais?

> Esta guerra, de fato, é uma continuação da anterior.
>
> Winston Churchill, trecho de seu pronunciamento no Parlamento inglês, 21 ago. 1941.

_____
_____
_____
_____

5 Estas imagens retratam cenas alusivas ao nazismo, fascismo e stalinismo.

Multidão saudando Hitler. Berchtesgaden (Alemanha), em 1935.

População saudando Mussolini em Roma (Itália), em 1934.

Cartaz de propaganda política com o título "Sob a liderança do grande Stalin", de B. Beresovski, 1951.

a) Descreva os elementos comuns que você percebe nas três cenas.

b) Compare o fascismo (Itália), o nazismo (Alemanha) e o stalinismo (URSS). Destaque semelhanças e diferenças entre esses regimes políticos.

6 Leia o texto. Por que o historiador Hobsbawm afirma que as potências vitoriosas de 1918 "fracassaram de forma mais espetacular" na busca de impedir outra guerra?

> Por fim, as potências vitoriosas [da guerra de 1914-1918] buscaram desesperadamente o tipo de acordo de paz que tornasse impossível outra guerra como a que acabara de devastar o mundo [...]. Fracassaram de forma mais espetacular. Vinte anos depois, o mundo estava de novo em guerra.
>
> HOBSBAWM, Eric. *Era dos extremos*: o breve século XX (1914-1991). São Paulo: Companhia das Letras, 2007. p. 39-40.

UNIDADE 10
CAPÍTULO 28
República oligárquica

Nestas atividades você vai:

- Analisar o processo que culminou na Proclamação da Primeira República no Brasil.
- Discutir a situação da mulher no início do século XX no Brasil.
- Analisar a emergência do operariado nas cidades brasileiras do início do século XX.
- Discutir as noções de anarquismo e anarquia no Brasil.

Habilidades da BNCC relacionadas:

EM13CHS101	EM13CHS102	EM13CHS103	EM13CHS104	EM13CHS105	EM13CHS106	EM13CHS201	EM13CHS202
EM13CHS204	EM13CHS302	EM13CHS304	EM13CHS401	EM13CHS402	EM13CHS403	EM13CHS404	EM13CHS501
EM13CHS502	EM13CHS503	EM13CHS504	EM13CHS601	EM13CHS602	EM13CHS606		

1 A proclamação da República ocorreu em 1889 depois de um golpe militar. Veja uma representação desse evento.

Alegoria à proclamação da República e à partida da família imperial, óleo sobre tela de autor anônimo, do século XIX. Nessa obra, Deodoro da Fonseca e outros líderes republicanos foram representados entregando a bandeira da República à Nação, simbolizada pela figura feminina.

a) Nessa imagem estão representados, simultaneamente, dois momentos marcantes da história brasileira. Que momentos são esses? Em sua opinião, qual deles recebeu maior destaque? Como isso fica evidenciado?

_____
_____

b) Descreva o grupo de pessoas que aparentemente não participa de nenhum dos núcleos de ação. Como você interpreta essa representação?

_____
_____
_____

2 O pensamento político anarquista considera o poder – isto é, o domínio de uma pessoa sobre outra – um mal em si. Os anarquistas rejeitavam, portanto, toda forma de opressão social sobre o indivíduo, defendendo a existência de uma sociedade que funcionaria pela cooperação e pela solidariedade entre as pessoas.

Nesse sentido, qual é a concepção fundamental do anarquismo e qual é sua relação com o movimento operário?

_____
_____
_____
_____

3 Observe o quadro e responda às questões.

a) O que os dados revelam sobre a educação brasileira na Primeira República?

b) A Constituição de 1891 não avançou em relação aos direitos políticos dos cidadãos brasileiros. Explique a frase, usando os dados da tabela.

População de 15 anos ou mais no Brasil (em milhares)

Ano	Analfabetos	Taxa de analfabetismo
1900	6.348	65,3%
1920	11.409	65%
2000	16.295	13,6%
2018	11.300	6,8%

IBGE. *Mapa do analfabetismo no Brasil*. Disponível em:<http://portal.inep.gov.br/informacao-da-publicacao/-/asset_publisher/6JYIsGMAMkW1/document/id/485756>. Acesso em: 19 mar. 2020.

c) O Brasil superou o problema apontado no quadro? Justifique.

_____
_____
_____

4 Leia um trecho de *A Plebe,* jornal operário anarquista que circulou em São Paulo entre 1917 e 1951, e explique sua importância para o movimento operário na Primeira República.

> Uma a uma as organizações operárias vão conquistando mais ou menos o que julgam de necessidade imediata para melhorar sua situação perante o patronato. Menos horas de trabalho, aumento de salários, higiene nas oficinas, equiparação do salário da mulher ao do homem [...]. Devemos, sem descanso, [...] continuar na grande luta reivindicadora do direito de viver [...].
>
> *A Plebe*, 5 jul. 1919. Disponível em: <https://bibdig.biblioteca.unesp.br/handle/10/7076>. Acesso em: 19 mar. 2020.

_____
_____
_____
_____

5 Observe a foto e, com base nela, levante hipóteses sobre os objetivos da política indigenista na Primeira República, relacionando-os à ideologia positivista que marcou o período.

Indígenas hasteiam a bandeira do Brasil no Posto Indígena do Capivara, na Amazônia, em 15 de novembro de 1930.

6 No Brasil, no começo do século XX, as mulheres lutaram para conquistar direitos iguais aos dos homens, como o de votar. Hoje essa situação se alterou? Por quê? As mulheres ainda sofrem com o machismo?

7 Sobre a Primeira República, identifique as afirmativas falsas e as corrija.

  a) Uma das características do coronelismo foi o clientelismo, prática de conceder favores ao eleitor em troca de apoio político.

  b) A política dos governadores foi um mecanismo criado por Deodoro da Fonseca para manter os militares no poder.

  c) O estabelecimento do voto secreto na Constituição de 1891 foi importante para combater o voto de cabresto e as fraudes eleitorais.

UNIDADE 10
CAPÍTULO 29
Revoltas na Primeira República

Nestas atividades você vai:
- Analisar movimentos sociais do início do século XX.
- Discutir escritos de Euclides da Cunha a respeito da Guerra de Canudos.
- Analisar as reivindicações dos participantes da Revolta da Chibata.
- Relacionar a figura de Lampião ao imaginário popular da época.
- Relacionar o processo de urbanização do Rio de Janeiro à Revolta da Vacina.

Habilidades da BNCC relacionadas:

EM13CHS101   EM13CHS102   EM13CHS103   EM13CHS104   EM13CHS105
EM13CHS106   EM13CHS503   EM13CHS504   EM13CHS606

1 Leia o documento que apresenta a mensagem dos marinheiros rebelados na chamada Revolta da Chibata, enviado ao presidente da República de então.

> Nós, marinheiros, cidadãos brasileiros e republicanos, não podendo mais suportar a escravidão na Marinha Brasileira, a falta de proteção que a Pátria nos dá [...].
> Achando-se todos os navios em nosso poder, tendo a seu bordo como prisioneiros todos os Oficiais, os quais têm sido os causadores de a Marinha Brasileira não ser grandiosa, porque durante vinte anos de república ainda não foi bastante para tratar-nos como cidadãos fardados em defesa da Pátria, mandamos esta honrada mensagem para que V. Excia. faça aos Marinheiros Brasileiros possuirmos os direitos sagrados que as leis da República nos facilitam, acabando com a desordem e nos dando outros gozos que venham engrandecer a Marinha Brasileira; bem assim como: retirar os oficiais incompetentes e indignos de servir a Nação Brasileira; reformar o Código Imoral e Vergonhoso que nos rege, a fim de que desapareçam a chibata, o bolo, e outros castigos semelhantes; aumentar o nosso soldo pelos últimos planos do ilustre Senador José Carlos de Carvalho; educar os marinheiros que não têm competência para vestir a orgulhosa farda; mandar pôr em vigor a tabela de serviço diário, que a acompanha.
>
> In: MOREL, Edmar. *A Revolta da Chibata*. Rio de Janeiro: Graal, 1979. p. 84-85.

a) Quais são as reivindicações dos marinheiros apresentadas no documento?

b) Aponte a forma como a república é tratada pelos marinheiros no documento.

2 A Guerra de Canudos foi tema do livro *Os sertões*, do escritor e jornalista Euclides da Cunha, publicado em 1902. Leia, a seguir, um trecho que narra a destruição do povoado.

> Canudos não se rendeu. Exemplo único em toda a história, resistiu até ao esgotamento completo. Expugnado palmo a palmo, na precisão integral do termo, caiu no dia 5, ao entardecer, quando caíram os seus últimos defensores, que todos morreram. Eram quatro apenas: um velho, dois homens feitos e uma criança, na frente dos quais rugiam raivosamente cinco mil soldados.
>
> CUNHA, Euclides da. *Os sertões*. Rio de Janeiro: Nova Aguilar, 2005. p. 441.

No texto a seguir, o ensaísta e professor de Teoria Literária Roberto Ventura (1957-2002) discute a interpretação de Euclides da Cunha acerca da Guerra de Canudos.

> Euclides da Cunha interpretou a Guerra de Canudos a partir de fontes orais, como os poemas populares e as profecias religiosas [...].
>
> Foi além da narração da guerra, ao construir uma teoria do Brasil cuja história seria movida pelo choque de etnias e culturas. [...]
>
> O conflito entre Canudos e a república resultou, para Euclides, do choque entre dois processos de mestiçagem: a litorânea e a sertaneja. O mestiço do sertão apresentaria vantagem sobre o mulato do litoral, devido ao isolamento histórico e à ausência de componentes africanos, que tornariam mais estável sua evolução racial e cultural.
>
> VENTURA, Roberto. Canudos como cidade ilustrada: Euclides da Cunha urbs monstruosa. In: ABDALA JR., Benjamin. *Canudos*: palavra de Deus, sonho da terra. São Paulo: Senac/Boitempo Editorial, 1997. p. 89-93.

a) Caracterize a maneira como Euclides da Cunha descreve a ação dos defensores de Canudos e das forças que os combatiam, na batalha final de Canudos.

b) Debata com os colegas: Por que atualmente não é mais possível concordar com as ideias de Euclides da Cunha a respeito das causas do conflito entre Canudos e a República?

3 Leia o cordel e responda: Como Lampião é descrito? Que memória popular sobre ele é transmitida nesse cordel?

> Mais de duzentos combates
> Lampião empreendeu
> peito a peito, em campo aberto
> e no dia que morreu
> foi em covarde emboscada
> que ele nem percebeu. [...]
> Lampião foi um valente
> como o foi também São Jorge
> mas como o Santo, não tinha
> consigo nenhum caborje
> Lampião também não tinha
> demo nenhum no alforje.
> Criou o homem o chicote
> infernalmente inclemente
> para corrigir o erro
> do sujeito intransigente,
> Lampião foi um chicote
> de Deus em forma de gente.
> Nunca se viu englobados
> num só vivente mortal
> tanta sede de grandeza,
> nunca sanha tão brutal,
> o sentimento selvagem
> bruto do bem e do mal.
>
> SILVA, Gonçalo Ferreira da. *Lampião, o capitão do cangaço*. Disponível em: <http://www.ablc.com.br/lampiao-o-capitao-do-cangaco>. Acesso em: 20 mar. 2020.

4 Observe a charge sobre a Revolta da Vacina e responda às questões.

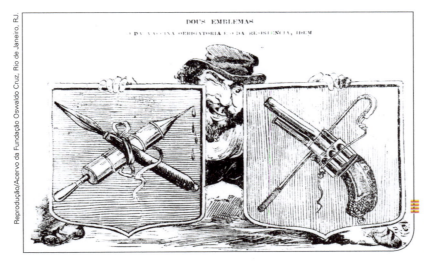

Charge sobre a Revolta da Vacina para a revista *O Malho*, 1904.

a) O que simboliza cada emblema mostrado na charge?

b) Qual desses emblemas foi escolhido pela população do Rio de Janeiro? Por quê?

UNIDADE 10
CAPÍTULO 30
Era Vargas

Nestas atividades você vai:
- Analisar as relações políticas do governo Vargas com diferentes setores da sociedade.
- Analisar medidas adotadas durante a gestão Vargas.
- Discutir as políticas indigenistas no período do governo Vargas.

Habilidades da BNCC relacionadas:

EM13CHS101	EM13CHS102	EM13CHS103	EM13CHS104	EM13CHS105	EM13CHS106
EM13CHS202	EM13CHS304	EM13CHS401	EM13CHS402	EM13CHS403	EM13CHS404
EM13CHS503	EM13CHS504	EM13CHS601	EM13CHS602	EM13CHS606	

1 A caricatura ao lado mostra Getúlio Vargas jogando peteca com o "Rio Grande", sendo observado por "Minas" e "S. Paulo". Observe que a peteca tem nome: "Constituinte". De acordo com o que você estudou, interprete a caricatura: Como Getúlio Vargas lidava com as pressões dos estados? Por que a peteca se chama "Constituinte"?

Caricatura de Alfredo Storni publicada na revista *Careta*, em 14 de maio de 1932.

2 Consulte a Consolidação das Leis do Trabalho (CLT), disponível no *site* da Presidência do Brasil, e identifique medidas adotadas em 1943 referentes aos seguintes itens:

a) Maternidade.

_____
_____
_____

b) Trabalho de menores de idade.

_____
_____
_____

3 Observe a charge e responda às questões.

a) A que "correntes" Vargas estaria relacionado? Justifique.

_____
_____
_____
_____
_____

b) Que prática do governo Vargas é satirizada na charge?

_____
_____
_____

Charge de Storni para a revista *Careta*, março de 1934.

c) Cite um exemplo dessa prática ocorrida no Estado Novo.

_____
_____
_____
_____
_____

4 Leia o texto e responda às questões.

> Chegando a época de dar começo a derrubada da mata para o serviço de roça de mandioca, milho, arroz e outros cereais, reuni os índios Urubus presente neste posto e lhes concitei por meios claros e brandos a darem o início a este serviço. [...] Com relação à índole dos nossos índios Urubus posso afirmar pelo que tenho observado que se os poderes competentes lhes proporcionarem os meios necessários para o aproveitamento de suas aptidões em breve serão úteis à sociedade, pois que os mesmos são inteligentes e muito dado ao trabalho, procurando imitar o civilizado. Parte dos índios Urubus residentes neste posto já se mantém vendendo farinha de suas roças, comprando os objetos de mais necessários para seu uso, pois já vão compreendendo que para adquirir os objetos de que tem necessidade é preciso que trabalhe.
>
> Relatório do Posto Indígena Felipe Camarão, 1939. In: SARAIVA, Márcia P. *Uma pedagogia para os índios*: a política indigenista de Getúlio no contexto do Estado Novo (1937-1945). p. 224. Disponível em: <https://periodicos.ufpa.br/index.php/revistamargens/article/view/2778/2909>. Acesso em: 23 mar. 2020.

a) Como os indígenas urubus foram descritos no documento? Trata-se de uma visão preconceituosa? Justifique sua resposta.

b) Qual aspecto da política indigenista é revelado no documento? Relacione-o à ideologia do Estado Novo.

5 Em dois momentos de seu governo, Getúlio Vargas decretou medidas de exceção, usando a justificativa de que estaria combatendo uma suposta ameaça comunista. Identifique esses dois momentos, explicando as suas diferenças e consequências.

UNIDADE 11 · CAPÍTULO 31
Guerra Fria e socialismo

Nestas atividades você vai:
- Analisar a estrutura da União Soviética a partir da noção de totalitarismo.
- Pesquisar a situação atual do conflito entre China e Taiwan.
- Discutir a Declaração Universal dos Direitos Humanos a partir da noção de privação de direitos.

Habilidades da BNCC relacionadas:

EM13CHS101	EM13CHS102	EM13CHS103	EM13CHS104	EM13CHS105	EM13CHS106	EM13CHS201	EM13CHS202
EM13CHS204	EM13CHS401	EM13CHS403	EM13CHS501	EM13CHS503	EM13CHS504	EM13CHS603	EM13CHS604

1 Leia alguns artigos da Declaração Universal dos Direitos Humanos, de 1948. Pesquise na internet, em jornais e em revistas situações em que os direitos transcritos não são cumpridos no Brasil ou em outro país. Depois, formule uma hipótese para responder à questão: Por que esses direitos não são respeitados?

> [...]
>
> **Artigo II**
> 1. Todo ser humano tem capacidade para gozar os direitos e as liberdades estabelecidos nesta Declaração, sem distinção de qualquer espécie, seja de raça, cor, sexo, idioma, religião, opinião política ou de outra natureza, origem nacional ou social, riqueza, nascimento, ou qualquer outra condição.
> [...]
>
> **Artigo XXI**
> [...]
> 2. Todo ser humano tem igual direito de acesso ao serviço público de seu país.
> [...]
>
> **Artigo XXVI**
> 1. Todo ser humano tem direito à instrução. A instrução será gratuita, pelo menos nos graus elementares e fundamentais. [...]
>
> Declaração Universal dos Direitos Humanos. Disponível em: <https://nacoesunidas.org/wp-content/uploads/2018/10/DUDH.pdf>. Acesso em: 16 fev. 2020.

2 O governo da República Popular da China considera Taiwan uma província rebelde e pleiteia – ao mesmo tempo que o governo de Taiwan – a condição de legítimo governante desse território. Quem tem ganhado esse "braço de ferro"? Pesquise e justifique.

_____
_____
_____
_____

3 Observe a charge ao lado. Relacionando ao que você estudou sobre a Guerra Fria, explique o humor da charge.

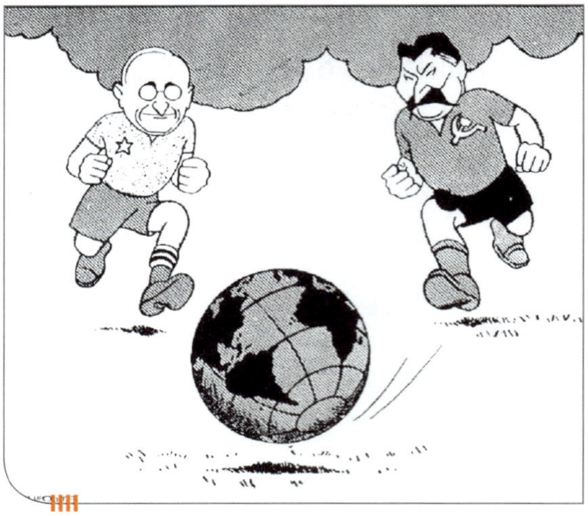

_____
_____
_____
_____
_____
_____
_____
_____

Charge feita pelo cartunista brasileiro Belmonte, em 1946. À esquerda, o presidente dos EUA Harry Truman e à direita, Stalin, líder da União Soviética.

4 Leia atentamente este texto.

> A partir do momento em que alguma organização institucional, política, sindical, religiosa ou de qualquer natureza afirma ser "a" portadora da verdade, as outras correntes estarão automaticamente excluídas. É o caminho para o totalitarismo.
>
> ARBEX JR., José. *Revolução em três tempos:* URSS, Alemanha, China. São Paulo: Moderna, 1993. p. 80-82.

a) A que se refere a crítica contida no texto?

_____
_____

b) A quais outras situações ou instituições do passado ou da atualidade é possível associar o texto?

_____
_____

c) O escritor francês André Gide disse: "Crê nos que buscam a verdade. Duvida dos que a encontraram". O que é possível entender dessa frase?

_____
_____
_____

UNIDADE 11
CAPÍTULO 32
Independências na África, na Ásia e no Oriente Médio

Nestas atividades você vai:

- Analisar o processo de descolonização da África.
- Relacionar o processo de descolonização da Ásia às políticas desenvolvidas por Mahatma Gandhi.
- Discutir sobre a Guerra do Vietnã e os efeitos para a população local.
- Explicar os principais pontos do conflito entre Israel e Palestina.

Habilidades da BNCC relacionadas:

EM13CHS101	EM13CHS102	EM13CHS103	EM13CHS104	EM13CHS105	EM13CHS106	EM13CHS201
EM13CHS202	EM13CHS203	EM13CHS204	EM13CHS206	EM13CHS302	EM13CHS304	EM13CHS404
EM13CHS501	EM13CHS502	EM13CHS503	EM13CHS504	EM13CHS603	EM13CHS604	EM13CHS605

1 O poema a seguir foi escrito pelo moçambicano José Craveirinha, que lutou contra o imperialismo português na África. Leia-o e depois responda às questões.

> Em meus lábios grossos fermenta
> a farinha do sarcasmo que coloniza minha
>   [Mãe África
> e meus ouvidos não levam ao coração seco
> misturado com o sal dos pensamentos
> a sintaxe anglo-latina de novas palavras.
>
> Amam-me com a única verdade dos seus
>   [evangelhos
> a mística das suas missangas e da sua pólvora
> a lógica das suas rajadas de metralhadora
> e enchem-me de sons que não sinto
> das canções das suas terras
> que não conheço. [...]
>
> E aprendo que os homens que inventaram
> A confortável cadeira eléctrica
> a técnica de Buchenwald e as bombas V2
> acenderam fogos de artifício nas pupilas
> de ex-meninos vivos de Varsóvia
> criaram Al Capone, Hollywood, Harlem
> a seita Ku-Klux Klan [...] e Sharpeville
> e emprenharam o pássaro que fez o choco
> sobre o ninho morno de Hiroshima e Nagasaki
> [...]
>
> África. In: CRAVEIRINHA, José. *Xigubo*. Maputo: AEMO, 1995. p. 10.
> Disponível em: <https://www.revistas.usp.br/viaatlantica/article/download/49725/53837/>. Acesso em: 10 jun. 2020.

a) Que aspecto do imperialismo na África é criticado nas duas primeiras estrofes?

b) De que forma a terceira estrofe ataca a ideia de civilização que marcou o imperialismo europeu na África?

_____
_____
_____
_____

2 Mahatma Gandhi usou a desobediência civil como estratégia de luta contra os colonizadores ingleses na Índia. Em que consistia a desobediência civil?

_____
_____
_____
_____

3 Leia o depoimento de Kim Phuc Phan Thi e responda às questões.

> Naquele dia 8 de junho de 1972, nós estávamos escondidos no templo. O Vietnã estava em guerra [...] Eu tinha 9 anos e não conseguia pensar em nada. Estava muito assustada. Eu me lembro de ver o avião se aproximando de nós. Depois, paralisada de medo, vi as bombas caírem e ouvi o estrondo. Vi o fogo a meu redor. Eu nunca tinha ouvido falar em napalm antes. Ele tem uma consistência pegajosa que adere à pele humana e a transforma em cinzas — queima a 1.200 graus Celsius. Eu saí apavorada pela estrada, correndo o mais rápido que podia. O fogo destruiu as roupas típicas que eu usava [...]. Passei 14 meses no hospital, tratando as queimaduras.
>
> Depoimento de Kim Phuc Phan Thi, 19 set. 2018. Disponível em: <https://epoca.globo.com/quarenta-seis-anos-depois-vietnamita-que-comoveu-mundo-quer-que-sua-foto-contribua-para-paz-23082469>. Acesso em: 24 mar. 2020.

a) A que conflito esse depoimento se refere? Complete a ficha a seguir com informações a respeito dele.

Conflito:	
Data	
Países envolvidos diretamente	
Motivos	
Resultados	

b) O uso de napalm contra civis é um crime de guerra. O que você pensa sobre o uso da ciência e da tecnologia para o desenvolvimento de armas químicas e de destruição em massa? Deveria haver um limite?

_____
_____
_____
_____
_____

4 Explique resumidamente os principais fatos do conflito histórico entre judeus e palestinos a partir da questão da disputa territorial.

_____
_____
_____
_____
_____
_____

5 Leia o texto e responda às questões.

> A negritude [...] nasce nas décadas de 1930 [...] em Paris, entre os estudantes negros da diáspora, especificamente das Antilhas francesas e da África colonizada. [...]
>
> Aimé Césaire, com Léopold Sedar Senghor, Léon Damas e outros, cria o termo negritude e o define como "consciência de ser negro, simples reconhecimento de um fato que implica aceitação – assumir sua negritude, sua história e sua cultura". [...]
>
> A negritude criticava a relação de dependência cultural que o colonizador tentava restabelecer e dava fundamento à luta para a reconquista da independência africana.
>
> MUNANGA, Kabengele. Pan-africanismo, negritude e Teatro Experimental do Negro. p. 114-116. Disponível em: <https://periodicos.ufsc.br/index.php/ilha/article/viewFile/2175-8034.2016v18n1p109/32733>. Acesso em: 24 mar. 2020.

a) O que foi a negritude?

_____
_____
_____
_____

b) Como a negritude pode ter contribuído para a eclosão dos movimentos de independência na África?

_____
_____
_____
_____

UNIDADE 11
CAPÍTULO 33

Globalização e desigualdade

Nestas atividades você vai:

- Discutir os meios pelos quais a globalização se faz presente na sociedade atual.
- Analisar as desigualdades promovidas pela globalização.
- Relacionar movimentos armados de luta social aos efeitos da globalização.
- Discutir as classificações das nações desenvolvidas e em desenvolvimento.
- Analisar a presença da xenofobia e do racismo nas sociedades contemporâneas.

Habilidades da BNCC relacionadas:

EM13CHS101	EM13CHS102	EM13CHS103	EM13CHS104	EM13CHS105	EM13CHS106	EM13CHS201
EM13CHS202	EM13CHS203	EM13CHS204	EM13CHS205	EM13CHS301	EM13CHS303	EM13CHS304
EM13CHS305	EM13CHS306	EM13CHS401	EM13CHS402	EM13CHS403	EM13CHS404	EM13CHS501
EM13CHS502	EM13CHS503	EM13CHS504	EM13CHS604	EM13CHS605		

1 Observe a charge abaixo. Qual é a situação criticada e como ela se relaciona com o conteúdo deste capítulo?

Charge de Arionauro.

2 Alguns autores têm apontado para o fenômeno dos aplicativos de entrega e de transporte como um processo de continuidade e atualização das formas de precarização do trabalho. Faça uma pesquisa sobre o tema e explique de que maneira esse fenômeno representa a precarização do trabalho no mundo globalizado.

_____

3 O Exército Zapatista de Libertação Nacional (EZLN) se apresenta como um movimento social que atua, desde 1994, em favor dos excluídos do capitalismo, principalmente os povos indígenas no estado de Chiapas, no México. Leia atentamente o trecho que trata da forma pela qual o movimento funciona:

> Diz o mito *tzotzil* que o ladino "roubou o livro".
> Engendrado pelo cruzamento de um índio e uma cachorra, o ladino resultou perverso e ao nascer arrebatou da comunidade a palavra escrita, o suporte simbólico do saber. Como resultado desse furto originário chama-se os índios de ignorantes e os ladinos se proclamam "homens de razão".
> Mas ao fim do milênio o mito adquire sua devida simetria simbólica quando outro ladino, agora justiceiro e narigudo [subcomandante Marcos] devolve "o livro" aos maias de Chiapas. Por sua mediação, desde o primeiro de janeiro de 1994 a palavra índia navega pela "rede" e outros "meios".
> Se o "livro" roubado simboliza uma possibilidade de diálogo mais além do intercâmbio oral comunitário, o "livro" de nossos dias é a internet, a televisão, o rádio, o vídeo, os periódicos; meios de comunicação massiva aos quais hoje está chegando a voz indígena potencializada pelo levante do Exército Zapatista de Libertação Nacional (EZLN) e traduzida pelo subcomandante Marcos, o ladino que ajudou a endireitar o torcido.
>
> Tradução livre. BARTRA, Armando. Mitos de la Aldea Global. In: *Subcomandante Marcos*. Relatos del Viejo Antonio. Chiapas, México: Centro de Información y Análisis de Chiapas, 1998. p. 6-7.

De que forma esse movimento social, o EZLN, se utiliza das possibilidades trazidas pela globalização a fim de fortalecer a sua luta? Você consegue pensar em outras formas de utilização dos recursos técnicos que temos atualmente a fim de criticar o próprio sistema no qual eles estão inseridos?

_____

4 Relacione os fatores sociais e econômicos que provocaram crise financeira nos EUA em 2008.

_____

5 Leia o trecho a seguir. De acordo com o que você estudou neste capítulo, quais características permitem identificar o Brasil como um país em desenvolvimento?

> Na última segunda-feira (10), o Departamento de Comércio dos Estados Unidos informou a retirada do Brasil da lista de países em desenvolvimento. Além dele, mais 18 países, como África do Sul, Índia e Colômbia, também foram removidos.
>
> Em nota oficial, o governo americano afirmou que a decisão não considerou indicadores de desenvolvimento social, como taxas de mortalidade infantil, analfabetismo e expectativa de vida, para mudar o status dos países. Mas, sim, "fatores econômicos, comerciais e outros, como o nível de desenvolvimento de um país e a participação de um país no comércio mundial".
>
> Ok. Mas o que isso significa na prática? Não existe uma definição única de países em desenvolvimento, e as classificações podem variar de acordo com a organização (ONU, FMI, Banco Mundial, por exemplo).
>
> MORALES, Juliana. O Brasil é um país em desenvolvimento? Quem define isso? *Guia do Estudante.* 11 fev. 2020. Disponível em: <https://guiadoestudante.abril.com.br/estudo/o-brasil-e-um-pais-em-desenvolvimento-quem-define-isso/>. Acesso em: 19 mar. 2020.

6 Pesquise sobre o aumento da xenofobia e/ou do racismo no mundo. Em seguida:

a) Indique um caso de ataque contra grupos minoritários motivado por questões xenófobas e/ou racistas.

b) Aponte quais elementos têm contribuído para esse aumento.

c) Pesquise e cite exemplos de ações da luta antirracista.

UNIDADE 12
CAPÍTULO 34 — Experiência democrática

Nestas atividades você vai:

- Reconhecer a política de Juscelino Kubitschek a partir de seu lema "50 anos em 5".
- Relacionar política e esporte.
- Analisar propostas políticas públicas voltadas para minorias.
- Discutir a demarcação de terras indígenas no Brasil.
- Analisar o retorno dos movimentos nacionalistas.

Habilidades da BNCC relacionadas:

EM13CHS101	EM13CHS102	EM13CHS103	EM13CHS104	EM13CHS105	EM13CHS106
EM13CHS201	EM13CHS304	EM13CHS401	EM13CHS402	EM13CHS403	EM13CHS404
EM13CHS503	EM13CHS504	EM13CHS601	EM13CHS602	EM13CHS603	EM13CHS606

1 Durante o governo de Juscelino Kubitschek, o Brasil experimentou um período desenvolvimentista voltado para a modernização do país. Tendo isso em mente, explique o lema "50 anos em 5" adotado pelo governo JK.

_____
_____
_____
_____

2 Com base no que você estudou neste capítulo, responda:

a) Qual a importância da criação do Parque Indígena do Xingu (PIX) em 1961?

_____
_____
_____
_____
_____
_____

b) Atualmente, quais são os principais impedimentos para a demarcação das terras indígenas no Brasil?

_____
_____
_____
_____
_____
_____

3 O futebol sempre esteve intimamente ligado à construção de uma identidade nacional brasileira. Leia atentamente o trecho a seguir e responda à questão.

> Dentro deste quadro cultural, onde o destino ocupa um lugar tão importante, pode-se entender a conquista do tricampeonato mundial de futebol, em 1970, como uma espécie de *vingança nacional*. [...] Simultaneamente com esse processo, veio uma redefinição do valor da "raça", sobretudo da "raça negra", como fundamentalmente positiva. [...] Pois se o negro, visto como inferior pelos racistas brasileiros, é o responsável pela derrota trágica de 1950, o super negro Pelé, com sua "arte" e sua "malandragem", é o responsável pela vitória do Brasil nos campeonatos mundiais subsequentes. Por outro lado, essa valorização da "raça" veio acompanhada de uma explosão carnavalesca todas as vezes que a equipe do Brasil vencia e chegava mais próxima do título. [...] Não se tratava mais de equipes de futebol, mas de sociedades cuja essência era medida pelo futebol.
>
> DAMATTA, Roberto. Futebol: ópio do povo x drama de justiça social. *Novos Estudos*. São Paulo, v. 1, n. 4, nov. 1982. p. 58. Disponível em:<https://www.ludopedio.com.br/biblioteca/futebol-opio-do-povo-x-drama-de-justica-social/>. Acesso em: 19 de mar. 2020.

Segundo o texto, de que maneira o racismo se manifestou na construção do futebol como símbolo de uma identidade nacional brasileira?

_____
_____
_____
_____
_____

4 A tirinha abaixo satiriza a "Marcha da Família com Deus pela Liberdade" relacionando-a aos movimentos nacionalistas atuais. Discorra sobre o contexto político e histórico a que a tirinha faz referência e explique seu significado.

Tirinha *Armandinho*, de Alexandre Beck.

_____
_____
_____
_____

UNIDADE 12
CAPÍTULO 35
Governos militares

Nestas atividades você vai:
- Reconhecer a censura como prática do Estado durante a ditadura.
- Relacionar o evento Passeata dos Cem Mil ao contexto do governo ditatorial.
- Discutir a questão da Comissão da Verdade.
- Analisar a produção artística do período da ditadura.

Habilidades da BNCC relacionadas:

EM13CHS101	EM13CHS102	EM13CHS103	EM13CHS104	EM13CHS105	EM13CHS106
EM13CHS304	EM13CHS401	EM13CHS402	EM13CHS403	EM13CHS501	EM13CHS502
EM13CHS503	EM13CHS504	EM13CHS602	EM13CHS605	EM13CHS606	

1 A Comissão Nacional da Verdade (CNV) procurou esclarecer as graves violações de direitos humanos ocorridas no Brasil entre 1946 e 1988, com especial atenção para o período da ditadura militar (1964-1985). Leia o artigo publicado no jornal *Folha de S.Paulo*, em 10 de dezembro de 2014, que anuncia a publicação do relatório final da CNV. Depois, responda às questões propostas.

> [...]
> No segundo volume, foram reunidos textos que enfocam as graves violações sob a perspectiva de sua incidência em diferentes segmentos sociais [...]. Também integram esse volume textos que tratam da resistência à ditadura militar, assim como da participação de civis no golpe de 1964 e no regime ditatorial, notadamente empresários.
>
> O terceiro volume, o mais extenso, de expressivo significado para a CNV, descreve a história de 434 mortos e desaparecidos políticos [...].
>
> É certo [...] que o rol de vítimas do terceiro volume não é definitivo e que as investigações seguintes certamente acarretarão a identificação de número maior de mortos e desaparecidos, especialmente entre as populações camponesa e indígena.
> [...]
> O trabalho conduzido permitiu à Comissão Nacional da Verdade concluir que as graves violações de direitos humanos ocorridas no período investigado, especialmente nos 21 anos da ditadura instaurada em 1964, foram resultado de uma ação generalizada e sistemática do Estado, configurando crimes contra a humanidade.
>
> Nessa conduta estatal, o protagonismo foi das Forças Armadas. [...] Em consideração ao resultado do trabalho da CNV e assim como já feito por outras instâncias do Estado, é imperativo que haja, por parte das Forças Armadas, o reconhecimento de sua responsabilidade institucional.
>
> Trata-se de gesto que abrirá caminho para a superação definitiva do passado, consolidando em base permanente o compromisso dos militares com o Estado democrático de Direito e reconciliando-os plenamente com a sociedade brasileira.
> [...]
>
> DIAS, José Carlos; CAVALCANTI FILHO, José Paulo; KEHL, Maria Rita; PINHEIRO, Paulo Sérgio; DALLARI, Pedro; CARDOSO, Rosa. Verdade, memória e reconciliação. *Folha de S.Paulo*, 10 dez. 2014. Disponível em: <http://www.cnv.gov.br/outros-destaques/576-verdade-e-reconciliacao-dentro-e-fora.html>. Acesso em: 24 fev. 2016.

a) O texto menciona a participação de civis no regime ditatorial brasileiro? Em que passagem?

_____
_____
_____

b) De acordo com o texto, por que as Forças Armadas devem reconhecer sua responsabilidade institucional em relação às violações de direitos humanos durante a ditadura?

_____
_____
_____

c) Segundo o texto, as investigações sobre o período estão encerradas?

_____
_____
_____

2 Durante os governos militares, artistas, escritores e jornalistas protestaram contra o cerceamento das liberdades democráticas ocorrido, por exemplo, por meio de severa censura aos meios de comunicação. Qual é o humor expresso na tira? Escreva um parágrafo relacionando o que está sendo representado na tira ao conteúdo estudado neste capítulo.

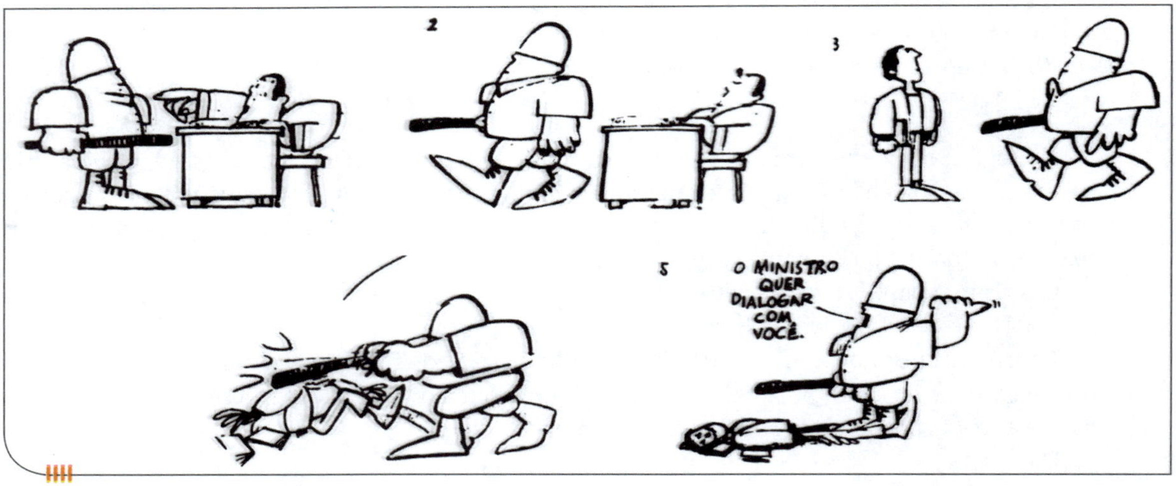

Charge de Ziraldo, publicada no jornal *Correio da Manhã*, em 1968.

_____
_____
_____
_____
_____
_____
_____

3 Os protestos e manifestações contra o regime militar se intensificaram ainda mais a partir de 1968 no Brasil. A Passeata dos Cem Mil, realizada na cidade do Rio de Janeiro, ficou conhecida como uma das maiores manifestações públicas contra a ditadura.

a) Cite ao menos um dos fatores que desencadearam essa passeata.

_____
_____
_____
_____
_____

b) Como o governo militar reagiu a essas manifestações?

_____
_____
_____
_____
_____

c) Quais foram os efeitos dessa reação na sociedade brasileira?

_____
_____
_____
_____
_____

4 A canção "O bêbado e a equilibrista", letra de Aldir Blanc e música de João Bosco, imortalizada na voz de Elis Regina, é reconhecida como o "hino da anistia", que marca o retorno dos brasileiros exilados durante o período da ditadura militar no Brasil. Faça uma pesquisa sobre a letra dessa canção e extraia as metáforas que fazem referência àquele momento histórico.

_____
_____
_____
_____
_____
_____
_____

UNIDADE 12
CAPÍTULO 36 — Brasil contemporâneo

Nestas atividades você vai:
- Discutir a participação popular nas eleições.
- Analisar o processo que levou à Campanha das "Diretas Já".
- Analisar a Constituição de 1988, conhecida como Constituição Cidadã.
- Discutir o processo político ocorrido desde as últimas décadas do século XX até o presente momento.

Habilidades da BNCC relacionadas:

EM13CHS101	EM13CHS102	EM13CHS103	EM13CHS104	EM13CHS105	EM13CHS106	EM13CHS304
EM13CHS305	EM13CHS306	EM13CHS401	EM13CHS402	EM13CHS403	EM13CHS501	EM13CHS502
EM13CHS503	EM13CHS504	EM13CHS601	EM13CHS605	EM13CHS606		

1 A campanha das "Diretas Já", ocorrida no Brasil entre 1983 e 1984, representou a reivindicação pelo retorno dos direitos políticos e das liberdades civis. Reflita com os colegas: Na opinião de vocês, podemos afirmar que a democracia brasileira se constituiu em meio a avanços e ameaças? Justifiquem suas respostas.

_____
_____
_____
_____
_____

2 Em 22 de setembro de 2018, a Constituição federal do Brasil, também conhecida como "Constituição Cidadã", completou 30 anos. Discuta com os colegas qual é a importância da Constituição federal brasileira e reflita sobre pelo menos dois de seus pontos fundamentais.

_____
_____
_____
_____
_____
_____
_____

3 Leia a reportagem e responda às questões:

> **Brasil registra alta de mortalidade infantil após décadas de queda**
>
> *País não registrava crescimento desde a década de 1990, informam dados do Ministério da Saúde. Crise econômica e zika explicariam alta na mortalidade.*
>
> A mortalidade infantil em 2016 interrompeu décadas de queda de mortes de bebês no Brasil, mostram dados do Ministério da Saúde. Pela 1ª vez desde 1990, o país apresentou alta na taxa: foram 14 mortes a cada mil nascidos em 2016; um aumento de 4,8% em relação a 2015, quando 13,3 mortes (a cada mil) foram registradas.
>
> Desde 1990, o país apresentava queda média anual de 4,9% na mortalidade. Nos anos 1980, segundo o IBGE (Instituto Brasileiro de Geografia e Estatística), o Brasil chegou a registrar 82,8 mortes por mil nascimentos. Em 1994, a taxa chegou a 37,2; e, em 2004, a 21,5.
>
> O Ministério da Saúde credita a alta mortalidade à emergência do vírus zika [...] e às mudanças socioeconômicas. Dados recentes, no entanto, mostraram que a vacinação em crianças, um importante fator para a redução da mortalidade, atingiu o menor nível em 16 anos.
>
> Brasil registra alta de mortalidade infantil após décadas de queda. *G1*, 16 jul. de 2018. Disponível em:<https://g1.globo.com/bemestar/noticia/brasil-registra-alta-de-mortalidade-infantil-apos-decadas-de-queda.ghtml>. Acesso em: 21 de mar. 2020.

a) A partir da leitura da reportagem, responda: Qual o significado das taxas de mortalidade infantil?

b) Em sua opinião, por que a vacinação em crianças atingiu o menor nível dos últimos anos? Para endossar sua resposta, faça uma breve pesquisa sobre o assunto.

4 Com base no que você estudou neste capítulo, relacione as principais medidas econômicas realizadas desde o governo Itamar Franco ao governo Lula.

Respostas

Capítulo 1 – História e reflexão

1 a) Ao analisar a obra *Uma senhora de algumas posses em sua casa* (fonte iconográfica), produzida pelo pintor francês Jean-Baptiste Debret, um historiador pode extrair informações sobre mobiliário, vestuário, relação senhor-escravo, etnias, ofícios, etc.

b) A pintura de Debret e o recibo de compra e venda de escravizados podem ser utilizados como fontes históricas. Os dois documentos referem-se ao período colonial brasileiro e trazem informações sobre a sociedade escravista brasileira no século XIX.

2 O autor do texto explica que, enquanto o fato ocorrido não for objeto da curiosidade do historiador, ele permanecerá oculto e "sem significado", ou seja, o fato histórico só tem relevância a partir do momento em que pessoas se debruçam sobre ele para buscar compreendê-lo por meio de um estudo analítico. Assim, é o historiador que dá vida e sentido aos fatos, ao mesmo tempo que sem eles o historiador não é capaz de produzir conhecimento histórico.

3 a) O depoimento pode ser classificado como fonte oral.

b) Um indígena da etnia guarani e o depoimento é de 1994.

c) Apesar de os grupos culturais passarem por transformações ao longo do tempo, por pressões internas ou externas, suas identidades podem ser preservadas por meio da manutenção de suas tradições e conhecimentos.

4 a) A imagem mostra que os camponeses desenvolviam atividades agrícolas e de criação de animais no campo ceifando, semeando, limpando o terreno, tratando dos animais, caçando, colhendo grãos, pisoteando as uvas, abatendo animais. Essa interpretação é possível pelos objetos e ferramentas representados, como: pás, cestos, ancinhos e alfanjes (foices), tosquiadeira, pau para bater o trigo e separá-lo do joio, haste para colheita de azeitonas, tanque para espremedura de uvas e peneira. Na Idade Média, os camponeses controlavam a passagem do tempo com base nas atividades a serem desenvolvidas em cada época do ano, por meio dos ciclos da natureza (estações do ano, períodos de chuva e estiagem, etc.) e dos eventos religiosos (festas e liturgias).

b) Resposta pessoal.

5 Resposta pessoal.

Capítulo 2 – Primeiros povos

1 Entre as respostas podem estar: a capacidade de expressão artística, a capacidade reflexiva, de linguagem falada e escrita, a capacidade de produção técnica. Além disso, a adaptabilidade alimentar permitiu viver em diferentes espaços.

2 a) É possível identificar figuras humanas e animais, além de lanças e possíveis utensílios.

b) É possível inferir que a caça fazia parte do cotidiano dos seres humanos desse período, pois os personagens portam lanças apontadas para os animais.

3 Os primeiros povos que se espalharam pelas terras que correspondem ao atual território brasileiro, supostamente entre 11 mil e 6 mil anos atrás, tinham uma cultura que corresponde à do Paleolítico: eram caçadores-coletores, não praticavam a agricultura e confeccionavam instrumentos de pedra e ossos de animais. Depois, já por volta de 4 mil anos atrás, passaram a apresentar algumas características associadas ao período Neolítico, entre elas a prática da agricultura, o desenvolvimento da cerâmica e a sedentarização. Contudo, esses grupos não desenvolveram a metalurgia.

4 Resposta pessoal.

5 A História é responsável pelo estudo das ações humanas ao longo do tempo, refletindo sobre os processos de permanências e transformações que possibilitaram as diversas trajetórias visíveis no tempo presente. Dessa forma, a utilização do carbono 14 nos estudos históricos permite concluir com mais precisão determinados eventos passados, a partir da análise científica das produções materiais humanas.

Capítulo 3 – Mesopotâmia e Egito antigo

1 a) De acordo com o autor do texto as civilizações egípcia e mesopotâmica são consideradas civilizações por apresentarem em suas sociedades elementos como cidades, estrutura legal, um governo e estruturas associadas às dinâmicas populacionais.

b) Resposta pessoal.

2 a) Porque o poder do monarca era considerado uma vontade dos deuses.

b) Os sacerdotes reforçavam a ideia de origem divina do poder dos reis, fortalecendo, assim, seu domínio político e religioso sobre a população. Os templos eram construídos em homenagem à divindade protetora da cidade, associada ao poder real.

c) Ao relacionar o poder real à figura de uma divindade e a seus mandamentos, a população entendia o domínio do rei como algo dado por forças superiores e espirituais; portanto, cada vez mais, se submetia às ordens reais.

d) Resposta pessoal.

3 a) A representação da figura real em tamanho maior que o dos outros personagens é uma forma simbólica de dizer que o rei está acima, é superior aos seus súditos e comandados.

b) A vida política da Mesopotâmia girava em torno do rei. A população buscava cumprir seus ordenamentos durante a paz e durante a guerra.

4 De acordo com o texto, a escravidão presente na Mesopotâmia e no Egito antigos pode ser relativizada porque, nessas sociedades, os escravos podiam se casar com pessoas livres, ter bens, pagar impostos, testemunhar nos tribunais, etc. E, também, nas duas regiões os escravos não constituíram a base das relações de produção. Ou seja, o escravo e a escravidão não movimentavam as relações de poder ou econômicas.

5 De acordo com o texto, a morte parece ser uma forma de libertação, como "a cura depois de uma doença", "a liberdade depois da prisão", "um clarão no céu" e "a descoberta daquilo que se ignorava". Em religiões contemporâneas, como o cristianismo, o islamismo e o judaísmo, a morte do corpo abre caminho para a salvação da alma. Nesse caso, a morte não representaria o fim da vida, mas o início da comunhão plena com Deus.

Capítulo 4 – Grécia antiga

1 a) Personagens femininas da cultura grega, Afrodite, e da cultura egípcia, Nefertiti.

b) Mármore na escultura grega; calcário na escultura egípcia.

c) Corpos esguios, formas delicadas, semblantes simples.

2 a) Resposta pessoal.

b) Resposta pessoal.

3 Na sociedade grega, os escravos eram, geralmente, prisioneiros de guerra ou filhos de escravos que já viviam na cidade. A quantidade de escravos era uma medida de riqueza. Os escravos urbanos estavam, geralmente, protegidos pelas leis atenienses contra abusos ou brutalidades, mas obedeciam à hierarquia social grega, na qual os escravos ocupavam um lugar inferior ao de seus senhores. Os escravos eram, portanto, subjugados.

4 a) Por meio da tradição oral, declamadas por poetas, resultando em uma recriação coletiva.

b) Essas obras de ficção literária mesclam mitos e aspectos históricos da formação da sociedade grega.

5 a) Trata-se do Minotauro, personagem da mitologia grega que guardava um labirinto. Minos pediu a Poseidon, o deus dos mares, que o ajudasse a tornar-se rei de Creta, pois o povo havia pedido um sinal de que Minos merecia o trono, e não seu irmão. Poseidon prometeu enviar um touro branco pelas águas do mar, mas em troca pediu que Minos o devolvesse, sacrificando-o e jogando-o novamente ao mar. Minos ficou tão deslumbrado com a beleza do touro que, após tornar-se rei, resolveu matar outro animal em seu lugar. A troca, no entanto, foi percebida, e o deus, enfurecido, fez com que a esposa de Minos, Pasífae, se apaixonasse pelo touro. Dessa paixão nasceu Minotauro, com corpo de homem e cabeça e cauda de touro. Com medo da criatura, o rei Minos ordenou a construção de um grande labirinto que se tornou a morada do Minotauro. A segunda parte do mito conta que o rei Minos, após ter um de seus filhos morto pelos atenienses, declarou guerra a Atenas. Vitorioso, exigiu que de tempos em tempos fossem enviados sete moços e sete moças atenienses para serem devorados pelo Minotauro. Teseu, filho do rei de Atenas, decidido a acabar com tal crueldade, ofereceu-se para o sacrifício. Com a ajuda de Ariadne, filha do rei Minos que se apaixona por Teseu, o Minotauro é morto.

b) O termo **mito** tem diversos sentidos. Na Grécia, os mitos contavam histórias de deuses, heróis e várias outras criaturas, muitas das quais formadas pela mistura entre seres humanos e animais. Mas o termo pode significar uma ideia falsa, como o "mito da superioridade racial dos germânicos"; uma crença exagerada no talento de alguém, algo como "Elvis Presley foi o maior mito do *rock* mundial"; ou algo não comprovado, como o mito da existência de marcianos.

6 a) À classe dos esparciatas que eram proprietários de terras e que tinham de ficar à disposição do exército e das funções públicas.

b) A sociedade espartana dividia-se em três categorias principais: os esparciatas (cidadãos espartanos), homens livres, proprietários das terras, que não podiam exercer o comércio e ficavam à disposição do exército ou dos negócios públicos; os periecos, também homens livres, que não tinham direitos políticos e se dedicavam principalmente ao comércio e ao artesanato; e os hilotas, que tinham obrigação de cultivar as terras dos esparciatas, das quais não podiam ser expulsos. Essa organização se traduzia numa estrutura de poder com o domínio político exclusivo dos esparciatas, os únicos com direitos políticos e a possibilidade de participar de funções públicas. Dessa maneira, aqueles que estão abaixo na escala social, os periecos e hilotas, estavam sempre submetidos às decisões da elite.

Capítulo 5 – Roma antiga

1. a) Período monárquico.
   b) Resposta pessoal.
2. a) Na Roma antiga, os patrícios formavam a elite da sociedade. Ocupavam, assim, os mais altos cargos públicos na religião, na justiça, na administração e no exército. Os plebeus formavam um grupo intermediário; em geral, dedicavam-se ao comércio, ao artesanato e à agricultura. Já os escravos eram obrigados a trabalhar em diversas atividades, como serviços domésticos, mineração, artesanato, etc.
   b) No contexto da sociedade romana, as atividades desempenhadas pelos patrícios eram as mais valorizadas.
   c) Com o fim da escravidão por dívidas e o início da expansão territorial, os escravos passaram a ser estrangeiros capturados em guerras.
3. a) Tácito (55-116).
   b) O texto trata do período do Império Romano conhecido como pão e circo, no qual a população era entretida com espetáculos diários, na tentativa de aliviar as tensões que ocorriam no período.
   c) Resposta pessoal.
4. A divisão do Império era uma tentativa de descentralizar a administração para controlar melhor as diferentes províncias, em um momento de progressivo declínio da autoridade central, e coibir possíveis disputas regionais que ocorriam, sobretudo na porção leste do Império.
5. a) Patrícios, plebeus e escravos.
   b) A divisão entre patrícios e plebeus se deu a partir das diferenças econômicas entre esses grupos e das noções legais que alguns deles possuíam. Ou seja, aqueles que possuíam dinheiro e eram respeitados na sociedade tornaram-se patrícios. Já aqueles que não possuíam nada ou eram escravos fugidos foram chamados de plebeus.
   c) População livre que prestava serviços pessoais aos patrícios em troca de auxílio econômico e proteção.

Capítulo 6 – Bizâncio e o mundo islâmico

1. (1-3-5-4-2).
2. a) A autora afirma que, apesar da conquista otomana em 1453, os traços da civilização bizantina não desapareceram – ainda há permanências do Império Bizantino até os dias de hoje.
   b) De acordo com a autora, o fim de um Estado não implica o fim de uma cultura, de um modo de ser. A civilização bizantina permaneceu. Sua religião, sua cultura, suas formas artísticas e o poder econômico de certos grupos sobreviveram nos Bálcãs por muitos séculos. Ainda hoje se encontram resíduos desse passado.
   c) Ataques de povos estrangeiros que minaram, ao longo do tempo, as bases do Estado bizantino.
3. a) No centro de ambas as representações observa-se a imagem de Jesus Cristo. Em um mosaico, ele é apresentado como um adulto; no outro, ele ainda é um menino, sentado no colo de sua mãe, Maria.
   b) Na primeira imagem, o imperador (possivelmente Leão VI) ajoelha-se aos pés de Jesus Cristo adulto. Na segunda, Justiniano e Constantino se mantêm de pé e parecem presentear o Menino Jesus. Em ambas as imagens, os imperadores possuem um círculo luminoso ao redor da cabeça (auréola), o que pode ser interpretado como símbolo de seu poder religioso.
   c) No governo do imperador Constantino (272 a 337 d.C.), a cidade de Bizâncio passou por uma remodelagem arquitetônica. Foram construídas estradas, casas, igrejas, muralhas, etc. Após o término das obras, a cidade ficou conhecida como Constantinopla. Por isso, segundo uma leitura da imagem, Constantino apresenta o modelo da cidade para o Menino Jesus como uma demonstração do trabalho realizado em seu governo. Já entre as realizações do governo do imperador Justiniano (527 a 565 d.C.) estão a elaboração do *Corpus juris civilis* e a construção da Basílica de Santa Sofia, que foi apresentada ao Menino Jesus na representação.

d) As representações possuem coerência com a forma de governo adotada no Império Bizantino, pois o Estado mantinha relações estreitas com a Igreja. Além disso, como a vivência religiosa no Império era intensa, os imperadores buscavam demonstrar seu poder através de representações. Os círculos ao redor da cabeça simbolizam virtude e prestígio.

e) A partir de Justiniano, os imperadores de Bizâncio se apresentavam como representantes de Deus, protetores da Igreja e dirigentes do Estado; então, apesar de haver sacerdotes responsáveis pela religião cristã dentro do Estado bizantino, os imperadores ainda eram considerados representantes máximos da fé. Assim, é difícil distinguir a autoridade política da eclesiástica no mundo bizantino, principalmente depois do Grande Cisma do Oriente em 1054. Então, nos mosaicos, Igreja e Estado estariam ambos representados na figura do imperador.

4 a) A religião islâmica buscou atenuar a escravidão concedendo um estatuto aos cativos.

b) Os *mawali* permaneceriam submetidos a seu antigo senhor, permaneciam "clientes", mas não eram mais sua propriedade. Não eram escravos.

c) Ao sugerir que muçulmanos não poderiam escravizar muçulmanos, possibilitando assim que muitos escravizados se convertessem ao islamismo.

5 A presença muçulmana na península Ibérica refletiu, por exemplo, na constituição do vocabulário da língua portuguesa. Segundo o linguista Mattoso Câmara Jr., o árabe vigorava ao lado da língua local, havendo um bilinguismo. Isso ocasionou um manancial permanente de empréstimos, e os portugueses foram incorporando as palavras do árabe ao seu vocabulário. Ocorre que, como *al* é o artigo definido no idioma árabe, nossos antepassados incorporaram essa partícula aos substantivos que escutavam, sem ter a noção de sua condição de artigo, como em "*a*-çúcar" e "*al*-godão". O mesmo não ocorreu em outras línguas que não tiveram o mesmo contato direto, como se pode observar no inglês *sugar* e *cotton*, no francês *sucre* e *coton*, ou no italiano *zucchero* e *cotone*. Possíveis exemplos: álgebra, sorvete, café, algarismo, arroz, quibe, alfaiate, etc.

Capítulo 7 – Europa feudal

1 Pouco se sabe sobre o significado exato dessas duas figuras. Alguns estudiosos apostam tratar-se de símbolos de coragem e força.

2 a) Os europeus voltaram-se para o interior de seu território, no processo de feudalização da sociedade.

b) As invasões vinham do norte, pelos *vikings*, do sul, pelos muçulmanos e do leste, pelos húngaros.

3 A partir desse documento e do que foi estudado no capítulo, podemos dizer que Carlos Magno e Leão III se aliaram para conquistar territórios e difundir o cristianismo pela Europa. O texto estabelece que o dever de Carlos Magno é "defender por toda a parte com as armas a Santa Igreja de Cristo, tanto das incursões dos pagãos como das devastações dos infiéis, e fortificá-la no exterior e no interior pela profissão da fé católica". E o dever do papa Leão III é "auxiliar o nosso exército de maneira que, por vossa intercessão e pela vontade e graça de Deus, o povo cristão obtenha para sempre a vitória sobre os inimigos do Seu Santo nome, o nome de Nosso Senhor Jesus Cristo seja glorificado em todo o mundo".

4 A partir das invasões magiares, *vikings* e muçulmanas, nos séculos IX e X, os senhores feudais sentiram a necessidade de criar estruturas fortificadas para proteger seus feudos; dessa maneira os castelos se tornaram uma importante construção nos domínios dos senhores feudais.

5 a) Os clérigos deveriam orar, os cavaleiros defender seus senhores e os camponeses sofrer por meio do trabalho incessante.

b) Os desígnios de Deus seriam responsáveis pelo sofrimento de certos grupos sociais.

c) Na sociedade atual existem divisões de trabalho, mas não mais justificadas por uma ordem divina e sim pela lógica do sistema econômico vigente.

6 a) Ao cumprimento da corveia, da talha e da banalidade.

b) As obrigações poderiam ser pagas com a entrega de parte da produção ou por meio do trabalho nas terras ou outras áreas das propriedades do senhor feudal.

Capítulo 8 – Mundo cristão

1 A imagem apresenta a sala de aula de uma universidade. Essa instituição foi fruto das políticas religiosas que buscavam promover uma educação, mesmo que controlada, para seus membros, e das ordens religiosas, desenvolvendo estudos nas áreas de Teologia, Artes, Astronomia e Direito.

2 Na Idade Média, a Igreja buscou controlar os cânones do pensamento, normatizando ideias e práticas materiais e espirituais. Dessa maneira, aqueles que pensavam diferente ou propunham ideias não normatizadas pela Igreja eram vistos como hereges e combatidos por seus pensamentos.

3 **a)** Os muçulmanos aparecem sobre cavalos lutando sem armaduras e vestem uma túnica simples e levam uma faixa na cabeça. Os cristãos, do lado direito, aparecem sobre cavalos, com armaduras, espadas retilíneas, elmos e escudos.

b) Sim. Durante os séculos XI e XII, cristãos da Europa se deslocaram em direção a Jerusalém, incentivados pelo papa, para lutar contra os infiéis, muçulmanos, pela conquista da Terra Santa.

4 **a)** Sociedade fortemente estratificada, fechada, agrária, fragmentada politicamente.

b) Sociedade urbana, voltada para a economia mercantil, aberta às ideias propiciadas pelas universidades e artes, e unida politicamente pelas monarquias nacionais.

5 **a)** Guerras entre as nobrezas senhoriais, insegurança e crises de abastecimento e de produção.

b) No campo político, a crise do século XIV, principalmente em decorrência da Guerra dos Cem Anos, permitiu o fortalecimento da autoridade real, abrindo caminho para a formação de monarquias centralizadas.

6 Na Idade Média, o termo **Cruzada** foi utilizado para designar os movimentos militares contra aqueles considerados infiéis, os muçulmanos, "inimigos da cristandade". Dessa maneira, os cristãos eram colocados como defensores da verdadeira religião e representantes do bem, nessas ações autorizadas pela Igreja católica. Por extensão, a palavra passou a designar um movimento de luta contra determinados males ou problemas sociais. Essa mesma ideia foi utilizada pelo ex-presidente dos EUA George W. Bush em sua campanha militar contra o Afeganistão e o Iraque.

Capítulo 9 – Renascimentos e reformas

1 **a)** Nos países de clima mais frio, é na primavera que as árvores ganham nova folhagem, cresce a grama e desabrocham as flores. Por isso, a primavera costuma ser associada à infância e à juventude. Na obra de Botticelli, podemos associar a primavera com as árvores frutificadas e a presença da ninfa Flora, que representa tudo o que frutifica.

b) A temática mitológica (as figuras são Vênus, ao centro, cercada pelas Três Graças, por Mercúrio e por Flora, entre outros personagens mitológicos); a exaltação da beleza dos corpos seminus; a exuberância da paisagem natural; a leveza e a harmonia dos gestos, etc.

2 **a)** Ideias paradoxais são aquelas que contrariam os princípios básicos que orientam o pensamento humano. No contexto do poema de Camões, ideias paradoxais são o mesmo que ideias contraditórias, com aparente falta de lógica. Um exemplo desse tipo de ideia no poema de Camões está em "é ferida que dói, e não se sente".

b) Resposta pessoal.

3 A doutrina luterana considerava a fé cristã, que tinha na Bíblia sua única fonte, o caminho para a salvação da alma. A doutrina católica admitia que as obras (incluindo a compra de indulgências) também eram necessárias para libertar o cristão dos pecados. Além disso, segundo a concepção luterana, o livre exame permitia aos fiéis o entendimento da Bíblia. Já na concepção católica, o entendimento do livro sagrado cristão era determinado pelas autoridades religiosas. A doutrina luterana também era contra o culto aos santos católicos, a adoração das imagens religiosas e a autoridade do papa, e só reconhecia validade bíblica para os sacramentos do batismo e da eucaristia. A imagem, de modo favorável ao luteranismo, representa a diferença entre o que o artista entendia ser a verdadeira religião de Cristo (à esquerda, onde Lutero está representado no púlpito) e o catolicismo (à direita). Na cena referente ao catolicismo, à direita, foi representada uma mesa onde o clero recolhe as doações dos fiéis em troca da salvação.

4 A imagem de Jacopo Robusti Tintoretto, pois expressa, de modo mais evidente, valores que podem ser relacionados ao Renascimento, como: a personagem humana, em oposição a uma figura de santo; a valorização da figura humana, que ocupa quase toda a tela; a ousadia e a naturalidade da exposição do corpo feminino, além do uso de técnicas de perspectiva e realismo.

5 Na tese 42: as obras de misericórdia não se comparam à compra das indulgências pelos cristãos. Na tese 43: Lutero afirma que dando ao pobre ou emprestando ao necessitado o cristão age melhor do que se comprar as indulgências. Na tese 44: a obra feita com amor faz crescer o amor e a pessoa se torna melhor, mas se compra indulgência não se torna melhor, apenas fica livre da pena. Na 45: se um cristão vê um necessitado e o negligencia para gastar seu dinheiro com as indulgências, não é o perdão que ganha, mas a ira de Deus.

Capítulo 10 – Povos africanos

1 A rápida conversão pode ser explicada pelos conflitos religiosos que aconteciam entre duas vertentes do catolicismo: a Igreja ortodoxa e a Igreja copta. Quando os árabes muçulmanos chegaram na região do Egito ofereceram certa tolerância aos costumes do povo local, o que fez com que a população se aproximasse deles. Aos poucos, a língua copta foi substituída pelo árabe porque houve uma mistura dos dois povos. A partir do século V, crises de corrupção contribuíram para que o clero copta perdesse a confiança da população. A partir do século VII muitas dioceses converteram-se em mesquitas.

2 Resposta pessoal.

3 a) Provavelmente, o rei é a figura central, por suas vestimentas e armas, que se diferenciam dos outros personagens representados.

b) A partir dessa escultura, é possível afirmar que a sociedade que a produziu dominava técnicas refinadas de metalurgia, em função do cuidado de tramas e formas, da boa definição dos desenhos e do estilo das linhas. Os elementos inseridos na obra indicam a existência de crenças próprias e de uma sociedade hierarquizada e guerreira.

4 O texto mostra como havia uma série de rotas comerciais que passavam pelo Saara ligando a África do norte com a África subsaariana, de leste a oeste. Ou seja, o deserto não intimidava o comércio, pelo contrário, era rota de muitas caravanas comerciais. Os comerciantes que atravessavam essa região faziam com que a cultura do norte chegasse a outras regiões, fosse o sul, o leste ou o oeste. Assim, as regiões passavam a ter contato com diferentes culturas.

5

	REINO DE GANA	REINO DO MALI	REINO DO CONGO
REGIÃO	África ocidental ao sul do Saara	Alto Níger	Região do Congo
PERÍODO NO QUAL SE FORMOU	A partir do século IV	A partir do século XIII	Segunda metade do século XIII
PRINCIPAIS CIDADES	Kumbi Saleh	Tumbuctu e Djenné	Mbanza

Capítulo 11 – Povos da América

1 a) Pelas vestimentas mais suntuosas, o personagem da esquerda parece ter posição hierárquica superior à do personagem da direita, que apresenta vestimentas simples e oferta algo ao primeiro. Provavelmente uma relação de submissão e servidão.

b) A cidade parece estar organizada em torno de um centro político, que é a construção no centro da imagem.

2 a) A Terra foi criada por ordem dos deuses, que disseram "Terra" e a Terra surgiu.

b) Eles são caracterizados como grandes sábios.

3 Aílton Krenak (1953) é filósofo e faz parte do povo krenak. Há anos atua como defensor dos direitos indígenas. Em 1988, durante a Constituinte, Krenak falou aos seus colegas deputados constituintes sobre o descaso com os índios pelos políticos brasileiros e enquanto isso pintava seu rosto com jenipapo preto. Sua performance ficou marcada na história do país. Krenak, no documentário, afirma que os povos originários estão em guerra contra os não indígenas até hoje porque historicamente as terras indígenas estão sendo suprimidas, bem como os direitos desses povos. Krenak também mostra que ainda existe um enorme esforço para a supressão das culturas e dos conhecimentos indígenas por parte do povo não indígena.

4 Os espanhóis se aproveitaram da crença dos astecas, que acreditavam que Cortés era Quetzalcoatl, um dos principais deuses astecas. Cortés soube usar essa crença a seu favor e agir politicamente, já que se aliou aos povos submetidos aos astecas, que eram obrigados a pagar impostos ao governo.

5 Resposta pessoal.

Capítulo 12 – Expansão marítima e conquista da América

1 Ao expandir os domínios sobre outras regiões do mundo, a expansão marítima europeia ampliou o contato e o conhecimento sobre novas culturas e povos. Dessa forma, o evento do rinoceronte é um exemplo dessa ampliação, ao possibilitar que o monarca português conhecesse um animal desconhecido para os europeus.

2 a) Pois a partir dessa data tinha-se o início de uma nova época na qual a Europa ampliava seu poder sobre lugares distantes nunca contatados.

b) Que a partir das conquistas e descobertas marítimas já não havia novos lugares a serem conhecidos pelos europeus, que adquiriram maior consciência do tamanho do planeta – o mundo está fechado, não falta mais nada a ser encontrado.

3 Os espanhóis estão em posição altiva e usam armaduras, escudos e armas de metal. Já os astecas aparecem submetidos, encurvados carregando objetos nas costas, o que sugere que estejam escravizados.

4 a) Para narrar o massacre que comandou contra os tupiniquins, Mem de Sá utilizou palavras como: "destruí", para referir-se à destruição de uma aldeia; "matei", para referir-se à morte dos indígenas que resistiram; "queimando", para referir-se à destruição de aldeias que encontrou; "ciladas", para referir-se às armadilhas que fez para os indígenas; "pelejaram", para referir-se aos indígenas que ele enviou para lutar com os tupiniquins, etc.

b) A tática utilizada pelos colonizadores que é possível identificar no trecho é o uso das rivalidades tribais como meio de dizimar ou submeter tribos consideradas arredias ao domínio europeu.

Capítulo 13 – Colonização do Brasil

1 a) Na imagem estão representadas figuras relacionadas a um grupo indígena. Eles estão representados a partir do senso comum elaborado pelos europeus, representados em sua maioria na atividade de exploração do pau-brasil.

b) Machado, feito, aparentemente, de ferro e madeira.

c) Os indígenas não conheciam a metalurgia, por isso seus instrumentos eram de pedra e madeira. O machado representado na imagem, aparentemente, é um instrumento adquirido por meio da metalurgia, simbolizando o contato entre portugueses e nativos da América.

2 a) No período de 1562 a 1567, várias nações indígenas (tupinambás, parte dos tupiniquins, carijós, entre outras) se uniram na chamada Confederação dos Tamoios (tamoio, em tupi, significa nativo, do lugar).

b) A união das nações indígenas ocorreu em uma guerra contra aqueles que as escravizavam e contra as aldeias jesuíticas. Essa união contou em princípio com o auxílio dos franceses.

3 a) A Constituição federal, a lei máxima do país, determina que os povos indígenas sejam respeitados pelo Estado. No entanto, ainda existe violência contra diversos povos nativos, motivada por interesses econômicos, como a exploração dos recursos naturais de suas terras.

b) Resposta pessoal.

4 a) Pois por meio deles é possível reconhecer e preservar a história do lugar e dos grupos que fizeram parte dela.

b) Portuguesa e indígena.

5 Sim, a religião é forte influenciadora do pensamento político na atualidade, sendo, inclusive, a principal bandeira de alguns partidos.

Capítulo 14 – Sociedade açucareira

1 a) Pela imagem é possível supor que se trata de trabalhadores africanos trazidos na condição de escravizados utilizados principalmente nas atividades de plantação e colheita da cana, além de funções na moagem desse produto.

b) Nas fazendas e engenhos, os animais serviam para auxiliar os trabalhadores no carregamento da cana, no transporte e na movimentação de certos equipamentos, como a moenda, além da finalidade alimentar.

2 a) A extração do pau-brasil foi uma atividade na qual os portugueses apenas exploraram a natureza de maneira predatória, sem qualquer política de manejo ou replantio.

b) A produção açucareira é considerada uma organização produtiva, porque é vista como uma atividade na qual há processos que envolvem diferentes cadeias produtivas, que vão desde o plantio da cana até a extração do açúcar.

3 A escravidão é um evento negativo no sentido humano e moral para todos aqueles que dele fazem parte, tanto o escravizado quanto aquele que escraviza. Esse evento histórico foi uma das causas que colocaram a África no estado que está atualmente.

4 A imagem da capa mostra uma entrada para um lugar onde parecem reinar a paz e a felicidade, com espécies vegetais de folhas, flores e frutos de diversos tipos. Não menos rica é a fauna, com animais exóticos e aves de colorações vivas. Na entrada há também dois nativos, um de cada sexo. Ao fundo, outras figuras parecem participar de um ritual.

5 Apesar da diferença de contexto e de época, as formas de trabalho eram semelhantes. Em ambos os casos, os escravizados ocupavam-se de todos os serviços: agrícola, doméstico, mineração, manufaturas, etc. Mas as formas de escravização eram bem diferentes. Em Roma, havia a escravidão por dívida (venda da própria pessoa ou de seus familiares para pagamento de dívidas) e, principalmente, pelo aprisionamento nas guerras; na América portuguesa, a escravidão foi decorrente, sobretudo, do tráfico da África para o Brasil, ou seja, com interesses marcadamente comerciais, de acordo com os quais o africano era visto como uma mercadoria que podia dar lucro. A resistência à submissão pode ser considerada outro aspecto comum. Nos dois lugares e em ambas as épocas, houve lutas de pessoas escravizadas pela liberdade: as guerras servis, em Roma, e os quilombos, na América portuguesa, são exemplos da revolta constante dos escravizados.

Capítulo 15 – Expansão territorial e mineração

1 a) Uma grande multidão de etnias variadas (indígenas, negros, europeus e mestiços) se encontra à margem de um rio puxando uma canoa com vários carregamentos, provavelmente mantimentos. Em sua maioria, são homens que carregam diversas embarcações. Todos estão vestidos com roupas simples. Essa era uma canoa das monções, utilizada em expedições fluviais.

b) Entre os séculos XVII e XVIII, os bandeirantes encontraram jazidas de ouro em lugares isolados e distantes do litoral. Nesse contexto, foram organizadas "bandeiras de comércio", denominadas monções, que tinham o objetivo de fornecer alimentos, roupas e outros produtos àquelas regiões.

c) A diversidade de personagens e a busca pelo registro mais preciso possível de uma época são elementos que poderiam ser citados para relacionar o ponto de vista dos intelectuais.

2 a) Segundo Antonil, as pessoas que iam em busca das minas eram de diversas origens – portugueses, estrangeiros e colonos – e de diversas condições e etnias, que tinham sede pelo ouro e aceitavam passar por qualquer dificuldade para ter acesso a essa riqueza.

b) O ouro era extraído nas margens dos rios. Esses espaços eram vendidos pela administração pública como lotes. Nos lotes, os grandes proprietários de escravizados colocavam a mão de obra cativa para fazer a coleta. Mas havia ainda pessoas mais humildes e sem escravizados que realizavam esse trabalho por conta própria. Podemos perceber poucos homens brancos com chapéu e roupas que cobrem todo o corpo, e homens negros com vestes bem mais humildes, em sua maioria um calção e sem camisa. Os homens brancos assumem a função de inspecionar o trabalho e a coleta do ouro realizada pelas pessoas escravizadas, que ficam com o serviço pesado com as pernas submersas na água, extraindo o ouro pela técnica da bateia.

c) Nas regiões mineradoras se formaram grandes centros urbanizados que continham uma diversidade de atividades para atender aqueles que iam em busca de ouro. Eram comerciantes, produtores de alimentos, profissionais liberais, entre outros.

3 Uma área que pode ser citada é a que corresponde ao atual estado do Acre, antes pertencente à Bolívia.

4 a) Sim, a prática adotada pelos escravizados nas minas pode ser considerada uma forma de resistência, pois, dessa forma, os negros escravizados agiam contra aqueles que representavam a escravidão, demonstrando que era possível burlar a vigilância e a repressão, e prejudicar os interesses econômicos dos senhores, em represália à exploração de seu trabalho. Outra possibilidade era a de guardar pequenas quantidades de ouro na intenção de conseguir comprar sua alforria.

b) Sabotagens da produção do açúcar, fugas, sincretismos religioso e cultural e até violência física.

Capítulo 16 – Antigo Regime e Iluminismo

1 a) A vontade divina era a fonte da autoridade do rei.

b) O rei é a cabeça, à qual compete deliberar e resolver; os demais membros da sociedade formam o corpo, que devia obedecer às ordens recebidas da cabeça e executá-las.

2 a) A ideia de que Deus é o criador de todas as coisas.

b) A noção de que as ciências devem ser utilizadas para superar o obscurantismo.

c) Colocando a figura de Deus como criadora e organizadora do mundo, dando a ela a importância primordial da vida humana.

3 a) O Judiciário, responsável por julgar diante das leis; o Legislativo, responsável por produzir as leis; e o Executivo, responsável ordenar a execução das leis.

b) Quando esses três poderes estivessem reunidos na figura de uma única pessoa, ou seja, quando não houvesse separação entre esses três poderes.

4 Expressa-se por meio do seu ceticismo que considera que apenas o real, constituído de matéria, é o que verdadeiramente existe. Tudo que seria além da matéria (ou seja, o espírito) estaria no campo dos absurdos.

5 a) Resposta pessoal.

b) Veem-se na reprodução várias pessoas reunidas em volta de duas figuras centrais, que estão sentadas à mesa. Uma delas folheia papéis e, provavelmente, promove a leitura deles. Apesar de algumas conversas paralelas, a maioria dos ouvintes está atenta. Os trajes revelam sua classe social: não se trata de pessoas humildes, pois usam roupas elegantes e acessórios extravagantes, como as perucas brancas, que eram um costume entre os nobres na época. Além disso, há muitas obras de arte penduradas nas paredes: são pinturas de paisagens, retratos e naturezas-mortas. Nota-se também o requinte da arquitetura e da decoração nos adornos dos batentes e nos detalhes do tapete e das cadeiras. Mais ou menos no centro do grupo, um busto do filósofo e escritor Voltaire. À direita do busto, é possível identificar o filósofo Rousseau, assim como o ator Lekaim, que faz a leitura.

c) A participação de homens era maior do que a de mulheres; contudo, o pequeno número de mulheres já era sinal de algumas mudanças. Essas reuniões eram uma forma de elas participarem da sociedade. A própria anfitriã e incentivadora do salão representado na imagem era uma mulher, madame Geoffrin, que conquistou muito respeito, inclusive por parte dos governantes.

Capítulo 17 – Inglaterra e Revolução Industrial

1 a) À esquerda estão os trabalhadores; à direita estão os burgueses.

b) A imagem representa a disputa histórica dos trabalhadores pelas 8 horas de jornada de trabalho. Isso fica evidente pela ação que acontece: a disputa entre trabalhadores e burgueses, que puxam, cada um para um lado, o ponteiro do relógio. A corda do lado dos burgueses está prestes a se romper, o que indica a provável vitória dos trabalhadores. O texto da imagem chama os trabalhadores a agir e lutar pelos seus direitos, pois só assim eles serão conquistados e respeitados. Essa luta sindical dos trabalhadores franceses é resultado das péssimas condições a que eram submetidos trabalhadores das fábricas em diversos países da Europa, com jornadas que duravam mais de 15 horas por dia em ambientes sujos e sem ventilação.

2 a) A expressão é usada para representar a limitação do poder do rei pelo Parlamento, decorrente do processo revolucionário inglês no século XVII, pois o monarca ficava submetido a consultar o Parlamento para tomar decisões, como criação de novos impostos ou de novas leis.

b) Apesar de continuar sendo uma monarquia parlamentar, houve muitas mudanças na política inglesa entre o século XVII e o XXI. Uma das principais é a importância das Câmaras no Parlamento: no século XVII a Câmara dos Lordes (representantes da alta nobreza) tinha mais poder do que a Câmara dos Comuns (baixa nobreza e representantes da população comum). Hoje a lógica se inverteu e a Câmara dos Comuns tem um peso muito maior no Parlamento, sendo a principal casa, onde as decisões são, de fato, tomadas. Outra mudança é em relação ao poder do rei ou da rainha. Os monarcas ingleses foram, ao longo do tempo, perdendo o papel político que tinham. Isso é evidente ao se comparar o papel político que o rei Jorge VI, pai da rainha Elizabeth II, teve enquanto foi vivo e o papel "figurativo" que Elizabeth II tem atualmente.

3 a) Resposta pessoal.

b) Na sociedade atual, os abismos sociais ainda estão presentes. Há aqueles que não possuem moradia ou renda, há aqueles sem acesso a rede de esgoto ou internet, entre outros.

4 Durante a Revolução Industrial, foram desenvolvidas diversas tecnologias, com destaque para os meios de transporte. Essas inovações contribuíram para diminuir o tempo de locomoção e facilitar a comunicação entre regiões distantes, passando a impressão de que "o mundo ficou menor".

5 O desejo de dinamizar as relações econômicas criou condições para o desenvolvimento de tecnologias que afetaram diretamente as relações sociais e a vida das pessoas. Locomotivas e barcos a vapor reduziram o tempo no deslocamento entre regiões, o telégrafo elétrico e a prensa a vapor dinamizaram a produção e disseminação de informações.

Capítulo 18 – Revolução Francesa e Era Napoleônica

1 Sim. Na cena é possível identificar uma multidão de pessoas de diferentes classes sociais. Há homens e mulheres, pessoas a cavalo, indivíduos uniformizados, gente com roupas simples: é possível supor que se trata de grupos militares e civis.

2 O Bloqueio Continental foi decretado com a finalidade de enfraquecer a Inglaterra. Napoleão proibiu todas as nações da parte continental da Europa de realizarem qualquer tipo de comércio com a Inglaterra, sua principal rival econômica e política. Os países que desrespeitassem a determinação seriam invadidos pelo poderoso exército napoleônico.

3 Na pintura, Marat foi representado como um mártir, que morreu em nome de um ideal. David desenhou os músculos e tendões de Marat com base em estudos de esculturas greco-romanas, incutindo beleza em um corpo sem vida. Seu semblante parece de paz, como se estivesse satisfeito por ter cumprido seu dever.

4 Resposta pessoal.

5 a) Ao centro está Napoleão segurando a coroa com a qual irá coroar sua esposa, Josefina, que está de joelhos à sua frente. Há também líderes religiosos, como o papa Pio VII, que aparece logo atrás de Napoleão.

b) David representou a coroação de Napoleão como imperador dos franceses, que teve lugar em 1804, na Catedral de Notre-Dame, o que já era uma inovação, pois costumava-se coroar os imperadores e reis na Catedral de Reims, onde ficavam guardados os óleos sagrados usados para ungir o monarca. O que mais chamou a atenção na coroação foi o fato de Napoleão ter coroado a si mesmo e sua esposa, o que caberia ao papa. Este ficou apenas assistindo e deu a bênção aos novos imperadores. Com esse gesto simbólico Napoleão deixava claro que não havia ninguém mais poderoso do que ele na Terra.

6 Resposta pessoal.

Capítulo 19 – Colonização e independência dos EUA

1 a) O navio ao fundo dá a ideia de chegada em terra firme. Além disso, os personagens estão posicionados com o corpo voltado para a terra firme, entre eles há uma pessoa como se agradecesse ter chegado. A embarcação é o navio Mayflower, que trouxe da Inglaterra os "pais peregrinos", um dos primeiros grupos povoadores da América do Norte. A imagem do navio, nebulosa, contrasta com as figuras representadas no primeiro plano. Tal oposição entre os dois planos dá a ideia de que as pessoas desembarcaram e o navio retornou ao lugar de origem. A nebulosidade pode sugerir que a embarcação agora faria parte apenas do passado daquelas pessoas.

b) Veem-se, nos gestos e olhares de agradecimento "ao céu", a devoção religiosa e a esperança de novos tempos. A Bíblia em uma das mãos e os braços levantados daquele que parece ser o líder do grupo; as roupas recatadas; a posição de joelhos; o ato de beijar a terra; os braços em cruz sobre o peito; as mãos unidas em oração são indícios suficientes para classificar o grupo como religioso. No Mayflower embarcaram cerca de cem colonos, dos quais um terço eram protestantes que estavam sendo perseguidos na Inglaterra por sua religião.

2 a) Ingleses e franceses lutaram pelo domínio das terras da América do Norte, na chamada Guerra dos Sete Anos. Apesar de vitoriosa, a Inglaterra se viu empobrecida por causa das despesas militares. Para restabelecer sua economia, decidiu criar novos impostos, pagos pelos colonos americanos.

b) Ao longo de dez anos a Inglaterra criou novos impostos para os colonos americanos, que, até aquele momento, ou não pagavam impostos ou pagavam pouco. Para cada nova lei que determinava a cobrança de um novo imposto, houve uma resistência da população colonial. Uma das revoltas mais marcantes aconteceu em 1773, depois da criação da Lei do Chá. Conta-se que na cidade de Boston colonos caracterizados como indígenas invadiram os navios da Companhia Inglesa das Índias Orientais, que passara a deter o monopólio da venda do chá na América, e jogaram todo o carregamento no mar. Esse episódio ficou conhecido como *Boston Tea Party* (festa do chá de Boston). Em resposta a isso, a Inglaterra publicou as Leis Intoleráveis, que autorizavam o governo colonial a punir severamente os colonos revoltados. Isso só fez com que a insatisfação dos colonos aumentasse. Organizados, eles se opuseram à Inglaterra, e, pouco tempo depois, declararam sua independência, o que deu início à Guerra de Independência.

3 a) Resposta pessoal.

b) Por não estarem em posição de luta ou prestes a atacar aqueles que estão no barco, é possível que as pessoas do cais estivessem apoiando o evento.

c) A revolta contra a Lei do Chá (1773), que concedia o monopólio de venda de chá nas colônias à Companhia Inglesa das Índias Orientais, retirando o livre-comércio que poderia ser promovido pelos habitantes do lugar. O intuito da lei era combater o contrabando do produto realizado pelos comerciantes das colônias.

4 No norte, a colonização foi feita de forma mais "branda". Como a região era fria e possuía um solo que ficava congelado, não era possível plantar. Assim, os colonos contaram com uma relativa liberdade em relação à Inglaterra. Desenvolveram, por isso, o chamado comércio triangular, envolvendo as Antilhas, a África e as colônias do sul. Já no sul, como o solo era fértil, a Inglaterra pôde desenvolver o sistema das *plantations*, grandes propriedades rurais (latifúndios) que contavam com a mão de obra escravizada. Produzia-se, principalmente, algodão, que servia de matéria-prima para as manufaturas de tecido na Inglaterra. Isso fez com que os proprietários das *plantations* tivessem uma relação muito mais próxima com a Inglaterra.

5 A Constituição dos Estados Unidos preza pela liberdade de expressão, pela liberdade religiosa, pelo Estado laico, pelo direito à propriedade, pelo direito ao julgamento por um júri e por juízes justos e imparciais, ou seja, ideias que se aproximam dos princípios iluministas.

Capítulo 20 – Independências na América Latina

1 a) México.

b) Colômbia e Equador.

c) Argentina, Bolívia, Paraguai e Uruguai.

d) Guatemala, Honduras, El Salvador, Nicarágua e Costa Rica.

2 a) A escultura representa o mapa da América Latina e o vermelho simboliza o sangue do povo latino-americano.

b) A escultura faz referência ao processo de colonização e independência que dizimou milhares de pessoas e deixou muitos outros na pobreza em consequência da exploração do colonizador europeu. A não divisão da representação do mapa simboliza a união dos povos da América Latina em uma história com experiências similares na luta contínua contra a exploração estrangeira.

c) Resposta pessoal.

3 A figura da mulher representaria o México (ainda dominado pela metrópole espanhola), sendo exaltada pelo padre Hidalgo e liberta pelo militar à direita. No chão, encontra-se o personagem que representaria a Espanha.

4 A união dos novos países não ocorreu, segundo a análise de Freitas Barbosa, devido à falta de interesse, no plano externo, da Inglaterra e dos Estados Unidos e, no plano interno, das elites locais. Para as duas potências, seria mais fácil impor seus interesses a uma América Latina fragmentada; para as elites nacionais, era mais conveniente manter o controle sobre "suas" regiões, sem ter de negociar com as elites de outros lugares.

Capítulo 21 – Independência do Brasil

1 a) Os ideais contidos nesse trecho podem ser compreendidos a partir das noções de liberdade e igualdade. O ideal de liberdade é expresso aqui como uma consciência coletiva que autoriza e orienta a criação de normas de condutas entre os homens. Para Rousseau, uma vez que o direito natural regido pela força não vigora mais acima da racionalidade, e os homens são concebidos em igualdade, resta o estabelecimento de entendimentos para a vida em sociedade, ou seja, um contrato social que determine as normas de conduta entre as pessoas.

b) Ao relacionar os ideais filosóficos do Iluminismo e a inspiração do movimento da Inconfidência Mineira é possível explorar a concepção de liberdade (especialmente, econômica e política) presente no cerne dos ideais dos filósofos iluministas. É fundamental apontar como esse pensamento inspirou tanto os interesses da emergente burguesia europeia entre os séculos XVII e XVIII, bem como os combates ao Antigo Regime e ao sistema colonial na América. Dessa forma, é possível relacionar as influências do Iluminismo nos ideais dos líderes da Inconfidência Mineira compreendendo como os objetivos desse movimento envolviam a busca pela autonomia política e econômica.

2 Revolta de Beckman, em São Luís (MA); Guerra dos Mascates e Revolução Pernambucana, em Recife (PE); Conjuração Baiana, em Salvador (BA); Revolta de Vila Rica e Conjuração Mineira, em Vila Rica (MG).

3 De maneira geral, as revoltas coloniais no Brasil tiveram como principal motivação o desejo de romper com a dominação portuguesa. Essa dominação se refletia tanto no controle administrativo exercido pela Coroa como nas altas cobranças de impostos atribuídas aos colonos. A insatisfação dos colonos (principalmente das elites locais) se manifestou por meio de rebeliões contra o governo português, as quais, embora tenham sido sufocadas, sinalizavam o crescente desencontro de interesses entre a colônia e a metrópole.

4 Resposta pessoal.

5 a) O texto apresenta a tese de que a vinda de dom João para o Brasil não foi uma fuga, mas, sim, um "projeto meticuloso".

b) No ano de 1822, segundo o historiador, já havia as condições necessárias na colônia para que ocorresse a independência. A transferência da família real teria sido um dos fatores desse amadurecimento.

c) Sim. A independência do Brasil não ocorreu de maneira violenta e com grande mobilização popular como nos territórios espanhóis na América. Com a independência no Brasil, não houve qualquer transformação social ou na estrutura político-administrativa do governo. As elites econômica e política apenas se alinharam às intenções de dom Pedro I.

Capítulo 22 – Primeiro Reinado e Regências

1 a) Quem realmente se beneficiou com os direitos foram os homens que fizeram a independência, representantes das classes dominantes. Já a maioria da população brasileira, após a independência, permaneceu escravizada, portanto, não gozava de liberdade. Aqueles que não eram escravizados, em sua maioria, homens e mulheres pobres, viviam e trabalhavam em fazendas, podiam ser mandados embora a qualquer hora e não tinham direito à propriedade. Apesar da abolição oficial da tortura, os castigos físicos continuaram a ser empregados nas senzalas, e o senhor, a ser o supremo juiz da vida e da morte de seus escravos, não havendo, portanto, qualquer segurança para eles.

b) Na atualidade, a distância entre lei e realidade ainda se mantém. Muitos cidadãos não têm seus direitos, que a Constituição lhes garante, cumpridos pelas autoridades públicas. Exemplos são o acesso a moradia, saúde e educação de qualidade e os abusos de poder e violência de aparelhos do Estado que colocam em risco a segurança à vida de parte da população.

2 Conquistar a liberdade diante da ordem imperial de 1826 que ordenava a libertação dos escravos soldados. Dessa maneira, a esperança que eles tinham é que seus senhores os disponibilizassem para compor as fileiras do exército contra os portugueses.

3 O brasão imperial no tambor ao lado do futuro imperador é o detalhe mais explícito a respeito da identidade do retratado. Ele está sentado no chão, provavelmente ao lado do trono real. As vestes também indicam sua origem nobre.

4 Resposta pessoal.

5 As revoltas do período regencial exigiram uma grande mobilização das forças militares imperiais. Porém, nem todas tiveram o mesmo desfecho. A maioria foi reprimida violentamente, tendo seus líderes sido presos, mortos ou deportados. As exceções foram a Revolução Farroupilha, cujos líderes buscaram entrar em acordo com as forças militares, e a Sabinada, cujo líder, Francisco Sabino, foi degredado para o Mato Grosso.

6 A parte do depoimento que deve ter causado maior temor entre os senhores de escravos é a que indica que os negros africanos estavam incitando seus pares "para o folguedo de matar branco", por revelar que se tratava de uma revolta que pretendia ir às últimas e mais graves consequências.

Capítulo 23 – Segundo Reinado

1 a) Na charge foram representados quatro personagens: no centro, em destaque, está dom Pedro II, que simboliza a estrutura de um carrossel, bem como o poder Moderador. Ele segura duas outras pessoas, que estão montadas em cavalos: a mulher representa o Partido Liberal, enquanto o homem, o Partido Conservador. Na base do carrossel está uma senhora mais idosa, que personifica a diplomacia. Ela é quem move dom Pedro II.

b) Ao representar dom Pedro II manipulando, por meio da diplomacia, os liberais e conservadores, a charge ironiza as disputas de poder entre os dois partidos, assim como o jogo político criado pelo imperador no qual os dois grupos se revezavam no poder. Já a frase "não havia nada mais parecido com um saquarema do que um luzia no poder" se refere ao fato de que liberais e conservadores, na prática, tinham os mesmos interesses: manter seus privilégios, a unidade territorial e as desigualdades sociais. Nesse sentido, a frase e a charge se complementam ao representar o jogo político estabelecido durante o Segundo Reinado, no qual dom Pedro II soube conciliar os interesses de conservadores e liberais.

2 A primeira razão para o imperador ter guardado a obra por muito tempo é que o foco de atenção escolhido pelo artista para aqueles que participam da cerimônia não é a sua figura. A única figura que observa o imperador é o arcebispo, que, de um degrau da escada, parece chamar-lhe a atenção para algo de errado que possa estar acontecendo. Dom Pedro II está ali, elegantemente vestido, diante do trono, com cetro e coroa. Porém, parece imperceptível aos numerosos convidados da cerimônia. Nem mesmo as pessoas mais próximas o observam. Além disso, a arquitetura representada na pintura ganhou mais destaque do que a solenidade em si: as colunas, os adornos e até o teto ocupam grande área da composição. Isso aconteceu provavelmente porque o pintor da obra foi também o arquiteto desse espaço, projetado especialmente para o evento.

3 a) Porque a Revolução Praieira reivindicou, entre outros aspectos, a nacionalização do comércio a retalho (a varejo) e a expulsão dos portugueses da província de Pernambuco, o que criava um sentimento de união entre os nativos (os "brasileiros") contra um inimigo comum: os portugueses, ou o domínio português na política e no comércio locais.

b) O nativismo aglutinou diferentes camadas sociais, muitas vezes com distintas reivindicações, em prol de um objetivo comum, encobrindo dessa forma questões mais urgentes relacionadas às desigualdades sociais, à exclusão social e ao racismo. A Revolta Praieira, apesar de contar com a participação das camadas populares, foi liderada pela elite liberal de Pernambuco e, portanto, as reivindicações estavam mais relacionadas ao poder político e aos privilégios desse grupo do que as questões sociais. Um exemplo disso é o fato de ela não ter questionado a escravidão.

4 a) A expansão das lavouras de café provocou a destruição de grandes extensões de floresta primária da Mata Atlântica.

b) O desenvolvimento da cultura cafeeira no século XIX, assim como outras atividades econômicas na história do Brasil, avançou muitas vezes sobre os territórios indígenas, alterando o modo de vida dessas populações e levando ao extermínio de muitas delas. O povo oti-xavante, que vivia no oeste paulista, por exemplo, teve seu modo de vida alterado com a expansão da criação de gado que abastecia as lavouras de café da região. Originalmente caçadores de animais selvagens, os Oti passaram a caçar gado e cavalo das novas fazendas, o que gerou conflitos com os proprietários rurais. No final do século XIX, os Oti foram praticamente exterminados. Esses conflitos relacionados às terras e às culturas indígenas também ocorreram no Vale do Paraíba fluminense, a exemplo dos embates entre fazendeiros e os povos puri e coroados. Houve uma pressão para que esses grupos assimilassem a cultura ocidental, alterando seu modo de viver, produzir e se relacionar com a natureza e seus recursos.

5 Resposta pessoal.

6 Thomas Davatz foi um imigrante suíço que veio a São Paulo no período da expansão do café. Em 1858, ele escreveu um relatório sobre a vida de seu grupo, em que denunciava as condições oferecidas pelos fazendeiros. Segundo Davatz, eles viviam sujeitos a arbitrariedades de toda ordem e sua situação era lamentável. Ao chegarem ao Brasil na segunda metade do século XIX encontravam uma realidade totalmente diferente do que era prometido a eles em sua terra natal. Por aqui sofriam todo tipo de preconceitos, podiam ser expulsos das fazendas, presos e não ter seus direitos garantidos como firmado nos contratos.

Capítulo 24 – Crise do império

1 Os quadros na parede, o piano e o violoncelo no canto direito da imagem, os móveis e outros elementos decorativos, como o tapete e a manta apoiada na cadeira, mostram que essa família desfrutava de uma série de confortos e também dedicava tempo aos estudos e à cultura erudita. Na cena, ninguém está posando e não há nenhum ar solene ou algo que indique origem nobre. Trata-se de uma família de classe média, em ascensão social, chefiada por um engenheiro. Adolfo Augusto Pinto foi o primeiro engenheiro civil formado pela Escola Politécnica do Rio de Janeiro. Participou da Companhia Paulista de Estradas de Ferro e elaborou o primeiro plano de urbanização da cidade de São Paulo.

2 A primeira interpretação, segundo o autor, está associada ao pensamento da esquerda das décadas de 1960-1970, o qual via a exploração imperialista como a causa de muitas guerras e mudanças de governo. A outra interpretação, sem viés ideológico, data da virada do século XX para o XXI, e propõe analisar as condições e interesses dos países envolvidos no conflito, destacando a luta entre eles para assumir uma posição dominante no continente, sem negar a grande influência do capitalismo inglês na região, mas excluindo a influência única da Inglaterra.

3 a) Não. A obra de Pedro Américo representa os negros em uma postura passiva, já que eles aparecem ajoelhados, com a cabeça baixa e suplicante.

b) De acordo com a imagem, a abolição deu-se de forma pacífica, pois o cenário é de comemoração.

4 a) Considera o acontecimento de maneira totalmente positiva, como iniciativa da monarquia, que teria dado real liberdade aos escravizados.

b) Pensa que o acontecimento foi exclusivamente uma medida legal, que não acabou de fato com a opressão sobre os negros.

c) Interpreta o acontecimento não como doação da monarquia, mas como uma conquista popular.

Capítulo 25 – Nacionalismo e imperialismo

1 O Estado nacional passou a criar dispositivos que tinham por objetivo controlar seus cidadãos, por meio de agentes, como carteiro, policial, professor, trabalhadores das estradas de ferro públicas, e da presença de quartéis ou bandas militares. Além disso, o Estado passou a ter acesso a informações sobre cada um dos cidadãos por meio de censos periódicos, educação primária compulsória (pelo menos teoricamente) e serviço militar obrigatório. Com o sistema de documentação e registro pessoal, os cidadãos também passaram a ter um contato mais direto com a máquina de administração e dominação, principalmente quando se deslocavam de um lugar para outro. Os cidadãos e os representantes do Estado também passaram a entrar em contato entre si em ocasiões emocionalmente intensas, quando havia alternativa civil para as celebrações eclesiásticas dos grandes ritos humanos. Por fim, a revolução nos transportes e nas comunicações estreitou e tornou rotineiras as ligações entre a autoridade central e lugares remotos.

2 Resposta pessoal.

3 No centro da pintura, há uma jovem que representa uma mulher do povo e o ideal de Liberdade. Essa jovem transformou-se em um dos símbolos da República Francesa. À direita, o garoto indica a presença de jovens na Revolução de 1830. A figura desse garoto teria inspirado a criação de Gavroche, personagem do livro *Os miseráveis*, escrito por Victor Hugo. Gavroche tornou-se símbolo da revolta juvenil contra a injustiça. Na parte inferior da pintura podemos observar várias pessoas feridas ou mortas. Na parte central da obra, foram representados cinco personagens. O primeiro, da esquerda para a direita, parece ser um operário e estar segurando uma espada. O segundo, o homem de cartola, parece ser um burguês e estar segurando uma arma de fogo. O terceiro, o homem de blusa azul, está se erguendo do chão e direciona seu olhar para a figura feminina, que é a personagem principal da obra. Com a mão direita, ela ergue a bandeira tricolor que surgiu durante a Revolução Francesa. Com a mão esquerda, segura uma arma de fogo. Os seios à mostra são um símbolo de liberdade, fazendo referência ao processo no qual o assunto do quadro está inserido.

4 Principais semelhanças: a presença da burguesia como classe dominante, acumuladora de capitais e controladora das atividades produtivas; a exploração do trabalho; a subordinação do Estado aos interesses burgueses. Principais diferenças: na segunda metade do século XVIII, predominava a indústria voltada para a produção de bens de consumo, sobretudo de tecidos, enquanto no século XIX essa produção era bem mais diversificada, incluindo a produção de máquinas; as matérias-primas e as fontes de energia também eram diferentes: algodão, lã e carvão, por exemplo, no primeiro momento, e ferro, petróleo e energia elétrica no segundo momento.

5 a) O trecho afirma que na história da humanidade há, sempre, a oposição entre opressores e oprimidos. Estes conseguem uma transformação revolucionária da sociedade ou a destruição das classes em luta. Ainda de acordo com o trecho, nos dias atuais, essa oposição se dá entre a classe burguesa e a classe proletária.

b) O trecho propõe a união da classe proletária de todos os países, para lutar por essa imensa maioria que é o proletariado (em comparação à burguesia).

6 Resposta pessoal.

Capítulo 26 – Primeira Guerra e Revolução Russa

1 a) e **b)** Resposta pessoal.

2 O movimento dadaísta surgiu da insatisfação com a conjuntura europeia da década de 1910. A Primeira Guerra Mundial, percebida como um acontecimento sem sentido, fortaleceu a tendência niilista dos artistas modernos, que percebiam uma decadência social no século que se iniciava (século XX). Nesse sentido, a crítica voraz à racionalidade moderna, realizada com atos artísticos baseados na aleatoriedade, fez do movimento dadaísta um grande agente das críticas à Primeira Guerra Mundial.

3 Alguns conflitos recentes foram gerados pela divisão política pós-Primeira Guerra Mundial e ainda não foram solucionados. Em alguns casos, ainda que os conflitos tenham sido politicamente definidos, diplomaticamente ainda restam divergências entre diferentes nações que ocupam um mesmo território. A Iugoslávia é um bom exemplo, pois foi criada após a Primeira Guerra Mundial e reuniu nacionalidades que entraram em conflito nos últimos anos, inclusive chegando a guerras sangrentas, como a guerra civil da Bósnia-Herzegovina (1992-1995) entre sérvios, croatas e bósnios.

4 a) A pintura mostra uma imagem quase monumental. Uma mulher forte, com ombros largos, segurando uma broca. Além da força, a representação da mulher transmite beleza e objetividade.

As cores quentes e a luminosidade da cena mostram o clima do trabalho. A Revolução Russa e o processo de industrialização exigiam toda mão de obra possível, inclusive a das mulheres. Essa necessidade gerou uma mudança radical nas condições de vida e nos direitos das mulheres, que passaram a tomar parte na Revolução e na vida pública, participando do processo de construção de uma nova sociedade, desempenhando diversas funções.

b) Apesar de em 1917 a revolução permitir a emancipação da mulher, tal situação não era comum em outros países onde o papel da mulher limitava-se, na maioria deles, às funções de dona de casa e mãe; muitas delas não podiam sequer sair de casa desacompanhadas. Em relação aos direitos civis, como o direito ao voto, é possível dizer que essa foi uma conquista que se deu ao longo do século XX.

5 a) e b) Resposta pessoal.

6 Resposta pessoal.

Capítulo 27 – Crise de 1929 e Segunda Guerra

1 a) A fotografia é do final da década de 1930, quando os efeitos da Grande Depressão ainda podiam ser sentidos.

b) Provavelmente, o fotógrafo quis expressar a ironia da situação: uma fila de pessoas na miséria econômica junto a um cartaz que enaltece o consumo e a vida próspera nos Estados Unidos. Ou seja, a imagem revela um descompasso entre a sociedade real e a sociedade de consumo, de modo que a propaganda do cartaz não reflete a situação real da população.

2 Resposta pessoal.

3 a) Os judeus são caricaturados com cabelos negros e nariz grande, enquanto os não judeus apresentam cabelos claros (ou mais claros) e traços suaves, revelando o viés étnico, racista.

b) A ideia de superioridade da raça ariana, o que supostamente daria o direito às crianças de humilhar os não arianos, e o antissemitismo, já que são judeus os que estão sendo expulsos da escola.

4 As duas guerras mundiais foram marcadas por sua extensão e pela violência dos conflitos, com o uso de armas sofisticadas e destruidoras. A Primeira Guerra contribuiu para a deflagração da Segunda Guerra de duas maneiras: o Tratado de Versalhes criou problemas para a recuperação econômica alemã, levando o país ao ressentimento, alimentando projetos de revanche; com a desorganização socioeconômica dos principais países depois da Primeira Guerra, os governos das democracias liberais e capitalistas se enfraqueceram, possibilitando o surgimento de ditaduras expansionistas que acabaram por formar blocos antagônicos que disputavam territórios, poder político e, principalmente, vantagens econômicas no mundo todo.

5 a) Nas três cenas é possível observar o culto à personalidade e a mobilização das massas em torno da figura do líder.

b) O fascismo, o nazismo e o stalinismo tinham em comum o fato de serem regimes totalitários, com o Estado interferindo em todas as esferas de poder (política, econômica e social), exigindo total submissão dos indivíduos. Nos três casos, o poder era centralizado nas mãos de líderes que, para mantê-lo, faziam uso de todos os meios de controle, desde a educação até a opressão policial e militar. Entre suas diferenças podem ser mencionadas a origem (o stalinismo originou-se de uma revolução que pregava princípios socialistas, mesmo que eles tenham sido desvirtuados, enquanto o nazismo e o fascismo ascenderam com o apoio das elites econômicas) e a finalidade socioeconômica (no stalinismo, a coletivização da propriedade e dos meios de produção; no fascismo e no nazismo, a proteção da propriedade privada e dos bens das elites).

6 Primeiro, porque ocorreu outra guerra, o que significa um fracasso total no que se pretendia. Segundo, porque as condições impostas pelo Tratado de Versalhes não apenas fracassaram em impedir o conflito, mas também acabaram sendo um dos fatores que causaram a Segunda Guerra, pelo ressentimento que geraram nos países derrotados, especialmente entre os alemães. Isso significa que foram inadequadas para o que pretendiam explicitamente.

Capítulo 28 – República oligárquica

1 a) Estão representados o início da República e o fim da Monarquia no Brasil. O destaque é dado à República, cuja cena aparece em primeiro plano. No lado esquerdo da imagem, estão as figuras que são – como é possível constatar pelos trajes – membros da elite brasileira, os únicos envolvidos na cena além dos militares. O marechal Deodoro da Fonseca é quem entrega a bandeira, acompanhado por outros militares e também por alguns líderes republicanos. É ele também que carrega o que parece ser a coroa do imperador deposto. Para receber a bandeira, vê-se uma mulher que tanto pode representar a "nação brasileira" como a República. Esses personagens seguram nas mãos um documento escrito da proclamação. No canto direito, ao fundo, o imperador deposto e sua família embarcam para a Europa. Observe que todos os personagens estão de costas para ele.

b) Na parte inferior direita da imagem, um grupo de negros e pessoas pobres observa e comenta, aparentemente, sem saber o que acontece. Isso sugere que a proclamação da República deu-se a partir da articulação entre elites e militares, sem nenhuma participação popular.

2 O anarquismo defende fundamentalmente a ausência de dominação de uma pessoa por outra e, por extensão, a dominação do Estado sobre os indivíduos e a sociedade. Portanto, os anarquistas eram também contrários à exploração dos trabalhadores pelos industriais, o que motivou sua participação no movimento operário. Nesse sentido, trata-se da concepção de uma sociedade que funcionaria pela solidariedade e cooperação entre as pessoas.

3 a) Os dados mostram que a maioria dos brasileiros, em 1900 e 1920, era analfabeta. Ou seja, podemos inferir que poucos cidadãos brasileiros tinham acesso à educação na Primeira República.

b) A Constituição de 1891, apesar de ter abolido o voto censitário, excluiu do direito de voto os analfabetos, além das mulheres, dos mendigos, dos soldados de baixa patente e dos religiosos sujeitos ao voto de obediência. Assim, a maioria da população brasileira foi automaticamente excluída das eleições, dado que a maioria era analfabeta, como mostra a tabela. O direito de voto, portanto, se manteve restrito às camadas mais ricas da sociedade.

c) Não. O analfabetismo no Brasil vem caindo expressivamente com o tempo, como mostra a tabela. Contudo, os dados mais recentes, de 2018, apontam que esse problema ainda persiste: 11,3 milhões de brasileiros com 15 anos ou mais ainda são analfabetos.

4 A imprensa operária, como o jornal *A Plebe*, foi importante não apenas para apresentar as reivindicações do movimento operário na Primeira República, mas também para convocar os trabalhadores a lutar por seus direitos. O trecho apresentado mostra justamente esses dois aspectos. Para além disso, a imprensa operária também foi importante para denunciar os abusos cometidos pelos patrões a seus empregados, bem como a repressão violenta às manifestações operárias. É interessante ressaltar que a greve geral de 1917 foi amplamente divulgada no jornal *A Plebe*, dado que seu editor-proprietário, Edgard Leuenroth, foi um dos líderes do movimento.

5 A fotografia mostra um grupo de crianças indígenas hasteando a bandeira nacional no dia em que se comemora a Proclamação da República no Brasil. Com base nesses elementos, pode-se inferir que um dos objetivos da política indigenista na Primeira República era incorporar os povos indígenas à sociedade brasileira, reconhecendo-os como formadores da nação brasileira. A bandeira que aparece na foto reforça esses aspectos, pois simboliza não apenas a pátria, mas também a república, que no Brasil nasceu sob a influência do positivismo. Entre os objetivos dessa ideologia, estavam a ordem social e a confraternização dos vários setores da sociedade brasileira. É importante lembrar que para atingir esses objetivos foi preciso pacificar as populações indígenas, e o SPI foi criado também com essa função. Assim, a política indigenista, ao tentar incorporar os povos indígenas à sociedade brasileira, ia ao encontro do positivismo.

6 Resposta pessoal.

7 Afirmativas falsas: b; c. Correções: b) A política dos governadores foi uma prática de troca de favores entre os governadores de estado e o governo federal. Nesse esquema, os governadores apoiavam os deputados federais e senadores indicados pelo presidente, enquanto este os apoiava com concessão de verbas e favores aos seus aliados políticos; c) A Constituição de 1891 não estabeleceu o voto secreto. Assim, o voto permaneceu aberto, o que obrigava os eleitores a revelar publicamente o seu candidato. Essa prática contribuiu para que os coronéis ameaçassem o eleitorado da região sob seu domínio, obrigando-o a votar em seu candidato, o que caracterizou o voto de cabresto. Além disso, era comum fraudar eleições, alterando as cédulas de votação, falsificando os documentos de analfabetos para que eles pudessem votar, etc.

Capítulo 29 – Revoltas na Primeira República

1 a) Durante a chamada Revolta da Chibata, os marinheiros reivindicavam o fim dos castigos com chibata e outros castigos e punições semelhantes. Além disso, eles desejavam o aumento do soldo, educação aos marinheiros possibilitando que pudessem subir nos graus da Marinha, a entrada em vigor da tabela de serviço diário e a retirada dos oficiais considerados incompetentes.

b) No documento, os marinheiros reivindicam seus direitos com base no poder e na ordem da República, afirmando que desejam ser tratados como "cidadãos fardados em defesa da Pátria".

2 a) Euclides da Cunha relata o heroísmo com que os conselheiristas defenderam seu sonho, resistindo até o esgotamento das energias, até a morte de quase todos, enquanto ironiza os 5 mil soldados que rugiam furiosamente diante de seus miseráveis e indefesos opositores, especialmente dos únicos quatro sobreviventes.

b) Euclides da Cunha se utiliza de ideais racistas a deterministas para justificar a origem e a ação de certos grupos sociais, como os republicanos, sobre os sertanejos de Canudos. A diferença de raças não é mais percebida como um alterador da realidade cultural e histórica no sentido de inferioridade ou superioridade de uma raça em relação a outra.

3 Nesse trecho, Lampião é descrito como um cangaceiro valente, brutal, inclemente e ambicioso, comparado a um santo guerreiro e visto como um justiceiro. São destacados atributos "bons" e "maus", porém sempre no sentido de exaltar sua grandiosidade. Assim, pode-se dizer que esse cordel apresenta uma memória popular romantizada de Lampião, que é muito reforçada no verso "Lampião foi um chicote de Deus em forma de gente", como se ele representasse a justiça divina e tivesse poder para punir aqueles que considerasse intransigentes.

4 a) O emblema da esquerda mostra uma seringa e uma caneta, que representam o decreto da vacina obrigatória contra a varíola no Rio de Janeiro. Já o segundo emblema mostra um revólver e uma espécie de vara, que simbolizam a reação violenta da população contra a medida do governo apresentada no emblema anterior.

b) O emblema da esquerda. A população se revoltou contra a vacina obrigatória devido a alguns fatores. Primeiro, a falta de informação e de campanhas de conscientização sobre esse novo método de prevenção. Segundo, os métodos violentos usados pelas brigadas de saúde, que invadiam as casas para vacinar as pessoas à força. Terceiro, a insatisfação da população com as reformas urbanas no Rio de Janeiro, que expulsaram muitos moradores que viviam em cortiços no centro da cidade. Tudo isso gerou um clima de medo e insegurança, que levou o povo a se revoltar.

Capítulo 30 – Era Vargas

1 Na caricatura, vê-se um Getúlio relaxado e com um sorriso irônico nos lábios, amortizando os golpes de peteca de maneira tranquila e despreocupada, sem sequer olhar diretamente para seu adversário nem para a plateia que o apoia. O fim da Revolução Constitucionalista de 1932 se deu com a promessa de que o governo federal iria propor uma Constituinte. Essa ação acalmou os ânimos dos estados descontentes, permitindo a Vargas que continuasse a gerir a República tranquilamente. Assim, a brincadeira de peteca parece ser uma alusão à maneira como estava tratando aqueles que o pressionavam para convocar a Assembleia Constituinte.

2 a) Em 1943, as empresas foram proibidas de demitir as mulheres grávidas. Também foi proibido que as grávidas trabalhassem seis semanas antes e seis semanas depois do parto, podendo esse período ser aumentado diante das condições de saúde do filho. Além disso, foi assegurado que as mulheres grávidas recebessem o salário integral no período de licença, calculado de acordo com a média dos seis últimos meses de trabalho. As grávidas também conquistaram o direito de decidir rescindir o contrato de trabalho, caso este fosse prejudicial à sua gestação. Em caso de aborto não criminoso, as mulheres também passaram a ter o direito de repouso remunerado de duas semanas.

b) Em 1943, permitiu-se o trabalho de menores entre 14 e 18 anos. Determinou-se que os responsáveis pelos menores deveriam afastá-los de empregos que diminuíssem o seu tempo de estudo e afetassem sua saúde física ou prejudicassem sua educação moral. Os empregadores de menores também foram obrigados a zelar pela segurança e pela saúde dos jovens, assim como a conceder-lhes tempo para estudar. Também se determinou que, nas empresas localizadas a 2 km de distância das escolas e com mais de 30 menores analfabetos, deveria ser mantido um local para a educação primária desses jovens. O trabalho noturno aos menores foi proibido e estabeleceu-se que eles deviam receber, pelo menos, metade do salário mínimo.

3 a) Vargas estava relacionado às oligarquias estaduais, tanto renovadoras quanto conservadoras, e às Forças Armadas. As oligarquias tinham o interesse de colocar fim ao domínio massivo dos paulistas na política, enquanto os militares, principalmente aqueles ligados ao tenentismo, pretendiam ter mais protagonismo político e acabar com as tradições da República Velha. Com esses objetivos, aquelas duas fortes correntes políticas ajudaram Vargas a chegar ao poder com a Revolução de 1930 e a se manter ali, inclusive com a implantação do Estado Novo.

b) A charge satiriza a habilidade de Vargas em fazer e desfazer alianças políticas conforme lhe convinha, manipulando diferentes grupos, que muitas vezes tinham demandas distintas, para conseguir concretizar seus projetos políticos e manter-se no poder.

c) Entre as manipulações políticas de Vargas durante o Estado Novo, podemos citar: a política trabalhista, populista e paternalista, na medida em que procurou controlar os sindicatos e a classe trabalhadora por meio de concessões para também atender aos interesses do empresariado; o fato de ter recebido apoio dos integralistas na implantação do Estado Novo e, depois, passar a persegui-los; a relação com Luís Carlos Prestes, que foi perseguido e preso em 1935, mas, no final do Estado Novo, Vargas aproximou-se dele com o movimento queremista (aliás, apoiou, ao mesmo tempo, a candidatura de Dutra e o queremismo); o apoio do governo ao bloco dos Aliados na Segunda Guerra, apesar de manter vínculos ideológicos com o nazifascismo e manter um governo ditatorial no Brasil; entre outros exemplos.

4 a) O documento afirma que os indígenas são pessoas que necessitam da tutela do Estado e que, ao aprender os valores e o modo de vida do mundo "civilizado", se tornarão úteis à sociedade e parte dela. Portanto, ao tratar os nativos como seres inferiores, o documento apresenta uma visão preconceituosa.

b) O aspecto da política indigenista apontado no documento é o trabalho e a disciplina como forma de educar os indígenas e integrá-los à nação brasileira como trabalhadores. Esse aspecto se relaciona diretamente à ideologia nacionalista do Estado Novo, que procurou valorizar e exaltar a figura do trabalhador, principalmente por meio de propagandas. Nesse sentido, a política indigenista tinha, entre outras tarefas, o objetivo de transformar os indígenas em pessoas economicamente ativas, que pudessem contribuir, como todos os outros trabalhadores, para o crescimento do Brasil.

5 Os dois momentos em que Vargas disse que estaria combatendo uma ameaça comunista foram em 1935, logo após a Intentona Comunista, e em 1937, com a divulgação do Plano Cohen. No primeiro caso, Vargas se apoiou em um acontecimento real, as rebeliões comunistas em Natal, Recife e Rio de Janeiro, que tinham o objetivo de derrubar o governo Vargas e implantar um governo popular e revolucionário no Brasil. Diante dessa ameaça, Vargas decretou estado de sítio e mandou prender sindicalistas, operários, militares e intelectuais acusados de subversão, recrudescendo a repressão aos opositores do governo. Já em 1937, Getúlio se baseou em uma história fictícia, criada por seu próprio governo: o Plano Cohen, que teria sido organizado por comunistas para acabar com o regime democrático do país. Com esse pretexto, Vargas decretou estado de guerra, fechou o Congresso Nacional e prendeu opositores, implantando, assim, o Estado Novo. Em ambos os casos, em 1935 e 1937, Vargas visava a um único objetivo: manter-se no poder.

Capítulo 31 – Guerra Fria e socialismo

1 Resposta pessoal.

2 A situação de ambas as Chinas ainda é controversa, mas quem tem ganhado, de certo modo, o braço de ferro entre elas é a China comunista, que conseguiu, a partir de 25 de outubro de 1971, data da Resolução 2 758 da Assembleia Geral das Nações Unidas, substituir Taiwan em todas as instâncias da ONU, inclusive no Conselho de Segurança.

3 Na charge, estão representados dois personagens associados aos Estados Unidos e à União Soviética, correndo atrás de um globo terrestre. A cena representaria as disputas entre capitalismo e comunismo por áreas de influência no mundo.

4 a) A crítica do texto está relacionada a um dos elementos que abre caminho ao totalitarismo, a defesa de uma verdade única representada por uma instituição ou grupo. Tanto na União Soviética como nos regimes socialistas em geral, o Partido Comunista (PC) monopolizou completamente a vida do país, gerando um sistema ultracentralizador e paternalista, que depositava nas mãos de um partido ou de um Estado o papel de porta-voz da "verdade" e condutor da vida.

b) É possível associar o texto a situações semelhantes, como o totalitarismo do nazismo ou do fascismo, das ditaduras na América Latina, de partidos políticos de diversas correntes, da Igreja católica, do islamismo, etc., instituições que se consideram as únicas portadoras da verdade, condenando, portanto, todos aqueles que delas discordam.

c) A frase do escritor francês faz alusão à ideia de que a verdade não é única, ela sempre estará associada a um ponto de vista ou a um elemento de referência. Dessa forma, é necessário analisar todos os pontos de vista, o que acaba por nos levar a múltiplas verdades.

Capítulo 32 – Independências na África, na Ásia e no Oriente Médio

1. a) As duas primeiras estrofes criticam a violência e a imposição da cultura europeia sobre a África e os africanos, principalmente no que diz respeito à língua, à religião, à música e à dança.

   b) Na terceira estrofe, o poeta ataca os imperialistas europeus, afirmando que eles criaram métodos violentos e desumanos para punir, armas de destruição em massa, grupos mafiosos e supremacistas, além de promoverem diversos massacres ao longo da história. Portanto, ele critica a hipocrisia dos europeus, o fato de que os valores que eles tanto difundiam como "civilizados", e que eram usados como uma justificativa para dominar os povos considerados por eles "inferiores e incivilizados" da África e da Ásia, na realidade, escondiam uma faceta cruel.

2. A desobediência civil consistia em uma forma de protesto pacífico, sem o uso da violência, contra o imperialismo britânico na Índia. Entre as estratégias, estavam o boicote aos produtos ingleses e o não pagamento dos impostos às autoridades metropolitanas.

3. a)

Guerra do Vietnã	
Data	1964 a 1975
Países envolvidos diretamente	Vietnã do Norte, Vietnã do Sul, Estados Unidos
Motivos	A resistência em realizar o plebiscito para a unificação do Vietnã. No Vietnã do Sul, iniciou uma guerra civil entre a FLN, apoiada pelo Vietnã do Norte e pela URSS, e o governo de Saigon, apoiado pelos norte-americanos. Os EUA intervieram na região em 1964, dando início à Guerra do Vietnã.
Resultados	Vitória dos vietcongues sobre as tropas americanas, reunificação do Vietnã sob um governo socialista, morte de mais de 50 mil soldados dos Estados Unidos e de cerca de 3 milhões de vietnamitas.

   b) Resposta pessoal.

4. Houve, de modo geral uma retração dos territórios palestinos desde a criação do Estado de Israel, em 1948, até a atualidade. A proposta de partilha do território apresentada pela ONU favoreceu os judeus, pois concedeu-lhes mais da metade do território original da Palestina. A partir de 1948, quando criou-se o Estado de Israel e os palestinos recusaram a partilha, o conflito na região tomou novas proporções, ampliando os confrontos entre judeus e árabes palestinos, bem como entre Israel e os países árabes que apoiavam a causa palestina. Nesse contexto, em vez de ser criado um Estado palestino soberano, os territórios ocupados pelos palestinos foram gradativamente sendo tomados pelos israelenses, obrigando muitos a se refugiarem em países vizinhos (a "diáspora palestina"). Em 1964, foi criada a Organização para a Libertação da Palestina – OLP, que deu impulso à luta pela criação de um Estado palestino. Alguns acordos de paz foram propostos, como o de Oslo, que definiu a criação da Autoridade Nacional Palestina e entregaria a ela o governo da Faixa de Gaza e da Cisjordânia, as quais deviam ser desocupadas pelos israelenses até 1999. Porém, novos conflitos estouraram devido a discordâncias sobre os acordos. Além disso, as disputas entre grupos palestinos pelo controle da ANP também geraram novas guerras. A Questão Palestina já deixou milhares de mortos de ambos os lados, e, até hoje, a paz na região é incerta.

5. a) A negritude foi um movimento criado por estudantes negros em Paris com o objetivo de valorizar a história e a cultura africanas e afrodescendentes, de modo a fazer com que os negros, no mundo todo, tomassem a consciência de serem negros e descobrissem uma identidade africana que, por séculos, foi reprimida pela colonização europeia e pelo racismo.

   b) Ao combater a dependência cultural dos negros em relação aos imperialistas europeus e reivindicar uma identidade negra, que deveria ser valorizada e reconhecida, a negritude pode ter despertado nos africanos uma consciência sobre sua condição de colonizados e, assim, contribuído para que eles se levantassem contra seu opressor em busca de sua independência política, econômica e cultural.

Capítulo 33 – Globalização e desigualdade

1. A charge aborda o tema das desigualdades proporcionadas pela globalização, principalmente as desigualdades político-econômicas entre o hemisfério

norte (rico) e o hemisfério sul (pobre). Uma das possíveis relações entre a charge e o capítulo é a crítica às diferentes faces da globalização e o problema da desigualdade social.

2 O fenômeno dos aplicativos de transporte e entregas está associado a um processo histórico mais amplo que engloba a adoção de políticas neoliberais, desregulamentação do mercado de trabalho e a flexibilização das leis laborais, ou seja, um contexto percebido em muitos países no qual as relações de emprego tendem a ser eliminadas, bem como as garantias e proteção vinculadas a elas, resultando, portanto, no aprofundamento da precarização do trabalho.

3 O EZLN utiliza-se de recursos de comunicação trazidos pela globalização (internet, televisão, etc.) a fim de divulgar sua luta, dando palavra àqueles que não são beneficiados pelo capitalismo. Eles globalizam o próprio movimento, universalizando sua causa para todos os excluídos do planeta. Isso faz com que o movimento possa ser reconhecido mundialmente e tenha adesões em todas as partes. Atualmente há diversas formas de manifestar a insatisfação com o sistema em que vivemos; podemos, por exemplo, utilizar os próprios recursos que fortalecem o capitalismo e são desenvolvidos em torno dele.

4 Com o aumento do desemprego nos EUA as pessoas não conseguiram pagar suas hipotecas, que eram negociadas no mercado financeiro (as chamadas *subprimes*). Com isso, essas ações passaram a ser desvalorizadas e houve um efeito cascata de falência de importantes instituições financeiras, bancos e empresas no país.

5 Dentre as características que permitem classificar o Brasil como um país em desenvolvimento o estudante pode indicar: industrialização tardia; passado colonial; desenvolvimento da economia a partir do fortalecimento dos setores primário e terciário; concentração de renda elevada; índice de desenvolvimento humano (IDH) marcado por profundas disparidades em áreas como educação e saúde, entre outros.

6 a) Exemplos: o ataque de brasileiros ao acampamento venezuelano em Pacaraima (Roraima, Brasil) em 2018; o atropelamento de manifestantes em ato contra supremacistas brancos em Charlottesville (Virginia, EUA) em 2017; atentado cometido por atirador contra mesquitas em Christchurch, na Nova Zelândia, em 2019.

b) Dentre os diversos fatores que têm contribuído para esse avanço é possível citar o avanço de grupos de extrema direita em todo o mundo; a disseminação de *fake news* incitando os discursos de ódio; crises econômicas; reação desordenada ao *establishment* político.

c) Em 2020, o assassinato de George Floyd, um homem negro, por um policial branco, na cidade de Minneapolis, nos Estados Unidos, revoltou a população. Uma onda de protestos se iniciou em várias cidades estadunidenses e se expandiu para demais países, levantando o debate da luta antirracista principalmente nas redes sociais, de modo a escancarar a necessidade urgente de repensar os privilégios brancos como promotores de um sistema excludente e de mecanismos de necropolítica do Estado.

Capítulo 34 – Experiência democrática

1 A expressão "50 anos em 5" foi o lema assumido pelo presidente Juscelino Kubitschek, que propunha 50 anos de progresso durante os 5 anos de seu governo. Esse ideal desenvolvimentista foi pautado no Plano de Metas, que visava alcançar rapidamente diversos objetivos econômicos e políticos do país, dentre os quais a construção de Brasília e a transferência da capital federal para o interior do Brasil destacavam-se como os mais ambiciosos.

2 a) O Parque Indígena do Xingu (PIX) foi um marco no avanço dos direitos das populações indígenas no Brasil. Criado na década de 1960, sob o ideal da preservação da cultura indígena, o PIX é composto de diversas etnias e abrange um território de grande biodiversidade, em uma região de transição ecológica, apresentando Savanas, Florestas, Cerrados, Campos, entre outros biomas. Além de ser uma reserva indígena, o PIX também é uma zona de proteção ambiental.

b) É necessário observar criticamente como os processos de demarcação das demais terras indígenas no Brasil esbarram atualmente nos interesses políticos e econômicos da expansão do agronegócio (principalmente a pecuária) para regiões tradicionalmente habitadas por povos indígenas, dificultando a demarcação e o reconhecimento legal dessas terras.

3 É importante explorar a contribuição do futebol brasileiro, especialmente da seleção brasileira, no processo de valorização da ideia de "raça" a partir do prestígio de jogadores negros. Essa valorização não apenas colaborou para a construção da imagem do Brasil como o "país do futebol" como também ajudou a reforçar a representação ideológica de um país racialmente harmônico cuja "união da nação" consistia na confluência das matrizes raciais que formaram a população brasileira (a saber, matriz indígena, branca, negra).

4 A tirinha se refere ao período em que o presidente João Goulart (Jango, 1961-1964) enfrentava grande rejeição entre os setores conservadores da sociedade brasileira, os quais se organizavam em diversos protestos, a exemplo da "Marcha da Família com Deus pela Liberdade". As reformas de base propostas por Jango contribuíram para a formação de um argumento de que o presidente estaria "levando o Brasil a um regime socialista". Na tirinha, o autor evoca esse contexto histórico para criar uma analogia com as manifestações e protestos ocorridos nos últimos anos no Brasil, que tiveram forte teor nacionalista e apelo religioso.

Capítulo 35 – Governos militares

1 a) "Também integram esse volume textos que tratam da resistência à ditadura militar, assim como da participação de civis no golpe de 1964 e no regime ditatorial, notadamente empresários."

b) Segundo o texto da Comissão Nacional da Verdade, o reconhecimento da responsabilidade institucional representa um gesto que abrirá caminho para a superação definitiva do passado, consolidando em base permanente o compromisso dos militares com o Estado Democrático de Direito e reconciliando-os plenamente com a sociedade brasileira.

c) As investigações sobre o período não estão encerradas devido à existência de muitos desaparecidos políticos que não tiveram seus casos solucionados.

2 Na época da ditadura civil-militar no Brasil, o governo possuía uma força especial que cuidava da censura de obras, textos, peças teatrais, músicas, etc. Aqueles que produziam algo que não estava de acordo com a censura eram chamados para depor sobre o que haviam criado, e explicar se era uma crítica ao governo ou defesa do comunismo. Em alguns momentos, o recurso da censura esteve associado à violência física e até à morte.

3 a) Foram fatores que desencadearam a passeata: a repressão exercida pelo governo militar e o assassinato do estudante Edson Luís de Lima Souto (18 anos), morto pela polícia durante uma manifestação.

b) Como reação, houve a instauração do AI-5 (Ato Institucional Nº 5). Com sua edição foi proibida qualquer atividade ou manifestação sobre assunto de natureza política.

c) As diferentes formas de repressão praticadas durante a ditadura deixaram marcas profundas na memória da sociedade brasileira, tais como a censura aos artistas e aos meios de comunicação, o cerceamento das liberdades políticas e as violações de direitos humanos.

4 É possível extrair da letra metáforas como o surgimento da ditadura militar, a tortura realizada por órgãos do governo militar, o anseio pelo retorno dos exilados políticos, o sofrimento das famílias que tiveram seus entes desaparecidos ou mortos, a repressão exercida sobre as liberdades individuais.

Capítulo 36 – Brasil contemporâneo

1 Resposta pessoal.

2 É necessário destacar a importância dos princípios de igualdade e das garantias estabelecidas pela Constituição federal, bem como a garantia da liberdade de pensamento, da liberdade religiosa, de locomoção, dos direitos sociais.

3 a) A taxa de mortalidade infantil é um indicador social fundamental para compreender o desenvolvimento de um país, uma região ou uma cidade. Precisa ser entendido de modo mais amplo, considerando sua importância como um sinalizador da qualidade dos serviços públicos de saúde, de infraestrutura, saneamento básico, educação, entre outros aspectos.

b) Resposta pessoal.

4 Governo Itamar Franco – criação do Plano Real e controle da inflação.
Governo Fernando Henrique Cardoso – consolidação do Plano Real; diminuição da taxa média da inflação; privatizações de empresas públicas.
Governo Lula – controle da inflação; aumento das exportações brasileiras; queda nos índices de desemprego; crescimento do PIB; criação e ampliação de programas sociais de distribuição de renda; expansão do poder de consumo da população.

BNCC do Ensino Médio: habilidades de Ciências Humanas e Sociais Aplicadas

(EM13CHS101) Identificar, analisar e comparar diferentes fontes e narrativas expressas em diversas linguagens, com vistas à compreensão de ideias filosóficas e de processos e eventos históricos, geográficos, políticos, econômicos, sociais, ambientais e culturais.

(EM13CHS102) Identificar, analisar e discutir as circunstâncias históricas, geográficas, políticas, econômicas, sociais, ambientais e culturais de matrizes conceituais (etnocentrismo, racismo, evolução, modernidade, cooperativismo/desenvolvimento etc.), avaliando criticamente seu significado histórico e comparando-as a narrativas que contemplem outros agentes e discursos.

(EM13CHS103) Elaborar hipóteses, selecionar evidências e compor argumentos relativos a processos políticos, econômicos, sociais, ambientais, culturais e epistemológicos, com base na sistematização de dados e informações de diversas naturezas (expressões artísticas, textos filosóficos e sociológicos, documentos históricos e geográficos, gráficos, mapas, tabelas, tradições orais, entre outros).

(EM13CHS104) Analisar objetos e vestígios da cultura material e imaterial de modo a identificar conhecimentos, valores, crenças e práticas que caracterizam a identidade e a diversidade cultural de diferentes sociedades inseridas no tempo e no espaço.

(EM13CHS105) Identificar, contextualizar e criticar tipologias evolutivas (populações nômades e sedentárias, entre outras) e oposições dicotômicas (cidade/campo, cultura/natureza, civilizados/bárbaros, razão/emoção, material/virtual etc.), explicitando suas ambiguidades.

(EM13CHS106) Utilizar as linguagens cartográfica, gráfica e iconográfica, diferentes gêneros textuais e tecnologias digitais de informação e comunicação de forma crítica, significativa, reflexiva e ética nas diversas práticas sociais, incluindo as escolares, para se comunicar, acessar e difundir informações, produzir conhecimentos, resolver problemas e exercer protagonismo e autoria na vida pessoal e coletiva.

(EM13CHS201) Analisar e caracterizar as dinâmicas das populações, das mercadorias e do capital nos diversos continentes, com destaque para a mobilidade e a fixação de pessoas, grupos humanos e povos, em função de eventos naturais, políticos, econômicos, sociais, religiosos e culturais, de modo a compreender e posicionar-se criticamente em relação a esses processos e às possíveis relações entre eles.

(EM13CHS202) Analisar e avaliar os impactos das tecnologias na estruturação e nas dinâmicas de grupos, povos e sociedades contemporâneos (fluxos populacionais, financeiros, de mercadorias, de informações, de valores éticos e culturais etc.), bem como suas interferências nas decisões políticas, sociais, ambientais, econômicas e culturais.

(EM13CHS203) Comparar os significados de território, fronteiras e vazio (espacial, temporal e cultural) em diferentes sociedades, contextualizando e relativizando visões dualistas (civilização/barbárie, nomadismo/sedentarismo, esclarecimento/obscurantismo, cidade/campo, entre outras).

(EM13CHS204) Comparar e avaliar os processos de ocupação do espaço e a formação de territórios, territorialidades e fronteiras, identificando o papel de diferentes agentes (como grupos sociais e culturais, impérios, Estados Nacionais e organismos internacionais) e considerando os conflitos populacionais (internos e externos), a diversidade étnico-cultural e as características socioeconômicas, políticas e tecnológicas.

(EM13CHS205) Analisar a produção de diferentes territorialidades em suas dimensões culturais, econômicas, ambientais, políticas e sociais, no Brasil e no mundo contemporâneo, com destaque para as culturas juvenis.

(EM13CHS206) Analisar a ocupação humana e a produção do espaço em diferentes tempos, aplicando os princípios de localização, distribuição, ordem, extensão, conexão, arranjos, casualidade, entre outros que contribuem para o raciocínio geográfico.

(EM13CHS301) Problematizar hábitos e práticas individuais e coletivos de produção, reaproveitamento e descarte de resíduos em metrópoles, áreas urbanas e rurais, e comunidades com diferentes características socioeconômicas, e elaborar e/ou selecionar propostas de ação que promovam a sustentabilidade socioambiental, o combate à poluição sistêmica e o consumo responsável.

(EM13CHS302) Analisar e avaliar criticamente os impactos econômicos e socioambientais de cadeias produtivas ligadas à exploração de recursos naturais e às atividades agropecuárias em diferentes ambientes e escalas de análise, considerando o modo de vida das populações locais – entre elas as indígenas, quilombolas e demais comunidades tradicionais –, suas práticas agroextrativistas e o compromisso com a sustentabilidade.

(EM13CHS303) Debater e avaliar o papel da indústria cultural e das culturas de massa no estímulo ao consumismo, seus impactos econômicos e socioambientais, com vistas à percepção crítica das necessidades criadas pelo consumo e à adoção de hábitos sustentáveis.

(EM13CHS304) Analisar os impactos socioambientais decorrentes de práticas de instituições governamentais, de empresas e de indivíduos, discutindo as origens dessas práticas, selecionando, incorporando e promovendo aquelas que favoreçam a consciência e a ética socioambiental e o consumo responsável.

(EM13CHS305) Analisar e discutir o papel e as competências legais dos organismos nacionais e internacionais de regulação, controle e fiscalização ambiental e dos acordos internacionais para a promoção e a garantia de práticas ambientais sustentáveis.

(EM13CHS306) Contextualizar, comparar e avaliar os impactos de diferentes modelos socioeconômicos no uso dos recursos naturais e na promoção da sustentabilidade econômica e socioambiental do planeta (como a adoção dos sistemas da agrobiodiversidade e agroflorestal por diferentes comunidades, entre outros).

(EM13CHS401) Identificar e analisar as relações entre sujeitos, grupos, classes sociais e sociedades com culturas distintas diante das transformações técnicas, tecnológicas e informacionais e das novas formas de trabalho ao longo do tempo, em diferentes espaços (urbanos e rurais) e contextos.

(EM13CHS402) Analisar e comparar indicadores de emprego, trabalho e renda em diferentes espaços, escalas e tempos, associando-os a processos de estratificação e desigualdade socioeconômica.

(EM13CHS403) Caracterizar e analisar os impactos das transformações tecnológicas nas relações sociais e de trabalho próprias da contemporaneidade, promovendo ações voltadas à superação das desigualdades sociais, da opressão e da violação dos Direitos Humanos.

(EM13CHS404) Identificar e discutir os múltiplos aspectos do trabalho em diferentes circunstâncias e contextos históricos e/ou geográficos e seus efeitos sobre as gerações, em especial, os jovens, levando em consideração, na atualidade, as transformações técnicas, tecnológicas e informacionais.

(EM13CHS501) Analisar os fundamentos da ética em diferentes culturas, tempos e espaços, identificando processos que contribuem para a formação de sujeitos éticos que valorizem a liberdade, a cooperação, a autonomia, o empreendedorismo, a convivência democrática e a solidariedade.

(EM13CHS502) Analisar situações da vida cotidiana, estilos de vida, valores, condutas etc., desnaturalizando e problematizando formas de desigualdade, preconceito, intolerância e discriminação, e identificar ações que promovam os Direitos Humanos, a solidariedade e o respeito às diferenças e às liberdades individuais.

(EM13CHS503) Identificar diversas formas de violência (física, simbólica, psicológica etc.), suas principais vítimas, suas causas sociais, psicológicas e afetivas, seus significados e usos políticos, sociais e culturais, discutindo e avaliando mecanismos para combatê-las, com base em argumentos éticos.

(EM13CHS504) Analisar e avaliar os impasses ético-políticos decorrentes das transformações culturais, sociais, históricas, científicas e tecnológicas no mundo contemporâneo e seus desdobramentos nas atitudes e nos valores de indivíduos, grupos sociais, sociedades e culturas.

(EM13CHS601) Identificar e analisar as demandas e os protagonismos políticos, sociais e culturais dos povos indígenas e das populações afrodescendentes (incluindo as quilombolas) no Brasil contemporâneo considerando a história das Américas e o contexto de exclusão e inclusão precária desses grupos na ordem social e econômica atual, promovendo ações para a redução das desigualdades étnico-raciais no país.

(EM13CHS602) Identificar e caracterizar a presença do paternalismo, do autoritarismo e do populismo na política, na sociedade e nas culturas brasileira e latino-americana, em períodos ditatoriais e democráticos, relacionando-os com as formas de organização e de articulação das sociedades em defesa da autonomia, da liberdade, do diálogo e da promoção da democracia, da cidadania e dos direitos humanos na sociedade atual.

(EM13CHS603) Analisar a formação de diferentes países, povos e nações e de suas experiências políticas e de exercício da cidadania, aplicando conceitos políticos básicos (Estado, poder, formas, sistemas e regimes de governo, soberania etc.).

(EM13CHS604) Discutir o papel dos organismos internacionais no contexto mundial, com vistas à elaboração de uma visão crítica sobre seus limites e suas formas de atuação nos países, considerando os aspectos positivos e negativos dessa atuação para as populações locais.

(EM13CHS605) Analisar os princípios da Declaração dos Direitos Humanos, recorrendo às noções de justiça, igualdade e fraternidade, identificar os progressos e entraves à concretização desses direitos nas diversas sociedades contemporâneas e promover ações concretas diante da desigualdade e das violações desses direitos em diferentes espaços de vivência, respeitando a identidade de cada grupo e de cada indivíduo.

(EM13CHS606) Analisar as características socioeconômicas da sociedade brasileira – com base na análise de documentos (dados, tabelas, mapas etc.) de diferentes fontes – e propor medidas para enfrentar os problemas identificados e construir uma sociedade mais próspera, justa e inclusiva, que valorize o protagonismo de seus cidadãos e promova o autoconhecimento, a autoestima, a autoconfiança e a empatia.

CIÊNCIAS HUMANAS E SOCIAIS APLICADAS

conecte
LIVE

GILBERTO COTRIM

Bacharel em História pela Faculdade de Filosofia, Letras e Ciências Humanas da Universidade de São Paulo (FFLCH-USP).
Licenciado em História pela Faculdade de Educação da Universidade de São Paulo (FEUSP).
Mestre em Educação, Arte e História da Cultura pela Universidade Presbiteriana Mackenzie (UPM-SP).
Professor de História na rede particular de ensino de São Paulo.
Advogado inscrito na OAB São Paulo.

GIORDANA COTRIM

Bacharela em História pela Pontifícia Universidade Católica de São Paulo (PUC-SP).
Licenciada em História pela Pontifícia Universidade Católica de São Paulo (PUC-SP).
Assessora pedagógica.

História

Caderno de Atividades
ENEM E VESTIBULARES

Editora Saraiva

Presidência: Mario Ghio Júnior
Direção de soluções educacionais: Camila Montero Vaz Cardoso
Direção editorial: Lidiane Vivaldini Olo
Gerência editorial: Viviane Carpegiani
Gestão de área: Julio Cesar Augustus de Paula Santos
Edição: Cassia Yuka de Andrade Tamura, Daniele Dionizio e Lígia Torres Figueiredo
Planejamento e controle de produção: Flávio Matuguma (coord.), Felipe Nogueira, Juliana Batista e Anny Lima
Revisão: Kátia Scaff Marques (coord.), Brenda T. M. Morais, Claudia Virgilio, Daniela Lima, Malvina Tomáz e Ricardo Miyake
Arte: André Gomes Vitale (ger.), Catherine Saori Ishihara (coord.) e Veronica Onuki (edição de arte)
Diagramação: JS Design
Iconografia e tratamento de imagem: André Gomes Vitale (ger.), Denise Kremer e Claudia Bertolazzi (coord.), Monica de Souza (pesquisa iconográfica) e Fernanda Crevin (tratamento de imagens)
Licenciamento de conteúdos de terceiros: Roberta Bento (ger.), Jenis Oh (coord.), Liliane Rodrigues, Flávia Zambon e Raísa Maris Reina (analistas de licenciamento)
Cartografia: Eric Fuzii (coord.) e Robson Rosendo da Rocha
Design: Erik Taketa (coord.) e Adilson Casarotti (proj. gráfico e capa)
Foto de capa: Eugenio Marongiu/Shutterstock/Viacheslav Lopatin/Shutterstock/Thiago Santos/Shutterstock

Todos os direitos reservados por Somos Sistemas de Ensino S.A.
Avenida Paulista, 901, 6º andar – Bela Vista
São Paulo – SP – CEP 01310-200
http://www.somoseducacao.com.br

2022
Código da obra CL 801856
CAE 721914 (AL) / 721915 (PR)
1ª edição
7ª impressão
De acordo com a BNCC.

Impressão e acabamento: Bercrom Gráfica e Editora

Uma publicação

Conheça seu Caderno de Atividades

Este caderno foi elaborado especialmente para você, estudante do Ensino Médio, que deseja praticar o que aprendeu durante as aulas e se qualificar para as provas do Enem e de vestibulares.

O material foi estruturado para que você consiga utilizá-lo autonomamente, em seus estudos individuais além do horário escolar, ou sob orientação de seu professor, que poderá lhe sugerir atividades complementares às do livro.

Flip!
Gire o seu livro e tenha acesso a atividades complementares especialmente elaboradas para este caderno.

Enem
Aqui você encontra questões selecionadas de diversas edições do Enem organizadas por temas estudados ao longo do Ensino Médio.

Vestibulares
Testes e questões dissertativas também organizados por temas vão auxiliar você na preparação para os vestibulares e exames das principais instituições do país.

Respostas
Consulte as respostas das questões propostas no final do material.

plurall
No Plurall, você encontrará as resoluções em vídeo das questões propostas.

Sumário

Enem 6
História 6
Cultura 6
Tempo 6
Origem do ser humano 7
Hipóteses migratórias 7
Pré-História 7
Arqueologia brasileira 8
Arte rupestre 8
Egito antigo 9
Formação da pólis 9
Atenas 10
Expansão territorial 10
Império Romano 10
Direito romano 10
Expansão islâmica 11
Mulheres na Idade Média 11
Cruzadas 11
Cultura medieval 11
Expansão e desenvolvimento do comércio 12
Desenvolvimento das cidades 12
Crise do século XIV 12
Renascença 13
Contrarreforma 13
África: um continente imenso 13
Pan-africanismo e a história da África 14
Diversidade étnica e cultural 14
Astecas 15
Incas 15
Navegações inglesas, francesas e holandesas 15
As faces da conquista 16
O processo de colonização 16
Invasão holandesa 17
Jesuítas: a fundação de aldeamentos 17
Administração das minas 18
Sociedade do ouro 18
Antigo Regime e Iluminismo 18
Revolução Industrial 19
Assembleia Nacional Constituinte 19
Revolução Francesa 20
Bloqueio Continental 20
Haiti 20
Independência do Brasil 21
Período regencial 21
Segundo Reinado 22
Lei Eusébio de Queirós 22
Conflitos internacionais 23
Fim da escravidão 23
Nacionalismo e imperialismo 24
Primeira Guerra Mundial 24
New Deal 25
Totalitarismo 25
República oligárquica 26
Revoltas na Primeira República 27
Estado Novo 27
Guerra Fria 28
Declaração Universal dos Direitos Humanos 29
Independência na África 29
Independência no Oriente Médio 30
Globalização 30
Experiência democrática 31
Governo Juscelino (1956-1961) 32
Governos militares 32
Campanha Diretas Já 33
Constituição de 1988 33

Sumário

Vestibulares 34	Antigo Regime e Iluminismo 53
História 34	Revolução Industrial 54
Tempo 34	Revolução Francesa 54
Origem do homem 35	Conflitos com a Inglaterra 56
Pré-História 35	Declaração de independência 56
Arqueologia brasileira 36	Haiti 57
Egito antigo 36	Independências na América espanhola 57
Mesopotâmia 37	Processo de independência do Brasil 58
Formação da pólis 37	Inconfidência Mineira 59
Atenas e Esparta 37	Primeiro Reinado e período regencial 59
Helenismo 38	Segundo Reinado 60
Roma antiga 39	Conflitos internacionais 60
Cisma do Oriente 40	Fim da escravidão 61
Origem do islamismo 41	Anarquismo 62
Cultura árabe 41	Capitalismo 63
Feudalismo 41	Primeira Guerra Mundial 63
Mulheres na Idade Média 42	Revolução Russa 64
Mouros na península Ibérica 42	Grande Depressão de 1929 65
Cultura medieval 43	Segunda Guerra Mundial 65
Crise do século XIV 43	República oligárquica 66
Renascença 44	Primeira República 67
Reforma protestante 44	Greve de 1917 68
Contrarreforma 45	Revoltas na Primeira República 68
África: um continente imenso 45	Estado Novo 69
Pan-africanismo e a história da África 45	Guerra Fria 70
Diversidade étnica e cultural 46	Independência na Ásia 71
Astecas 47	Independência na África 71
Incas 48	Grandes potências 72
Estados modernos 48	Governo Vargas (1951-1954) 73
Navegações 49	Governo Juscelino (1956-1961) 74
A conquista da América 49	Governos militares 74
Mercantilismo e colonialismo 50	Campanha Diretas Já 75
O processo de colonização 50	Governo Sarney 75
Açúcar no Brasil colonial 51	Governo Collor 75
Invasões holandesas 51	**Respostas** 76
A marcha do povoamento 51	**Enem** 76
Mineração no Brasil 52	**Vestibulares** 78
Crise da mineração 52	

Enem

História

1 A história não corresponde exatamente ao que foi realmente conservado na memória popular, mas àquilo que foi selecionado, escrito, descrito, popularizado e institucionalizado por quem estava encarregado de fazê-lo. Os historiadores, sejam quais forem seus objetivos, estão envolvidos nesse processo, uma vez que eles contribuem, conscientemente ou não, para a criação, demolição e reestruturação de imagens do passado que pertencem não só ao mundo da investigação especializada, mas também à esfera pública na qual o homem atua como ser político.

HOBSBAWM, E.; RANGER, T. *A invenção das tradições.*
Rio de Janeiro: Paz e Terra, 1984 (adaptado).

Uma vez que a neutralidade é inalcançável na atividade mencionada, é tarefa do profissional envolvido

a) criticar as ideias dominantes.
b) respeitar os interesses sociais.
c) defender os direitos das minorias.
d) explicitar as escolhas realizadas.
e) satisfazer os financiadores de pesquisas.

2 Texto I

Disponível em: http://portal.iphan.gov.br.
Acesso em: 6 abr. 2016.

Texto II

A eleição dos novos bens, ou melhor, de novas formas de se conceber a condição do patrimônio cultural nacional, também permite que diferentes grupos sociais, utilizando as leis do Estado e o apoio de especialistas, revejam as imagens e alegorias do seu passado, do que querem guardar e definir como próprio e identitário.

ABREU, M.; SOIHET, R.; GONTIJO, R. (Org.). *Cultura política e leituras do passado*: historiografia e ensino de história. Rio de Janeiro: Civilização Brasileira, 2007.

O texto chama a atenção para a importância da proteção de bens que, como aquele apresentado na imagem, se identificam com:

a) Artefatos sagrados.
b) Heranças materiais.
c) Objetos arqueológicos.
d) Peças comercializáveis.
e) Conhecimentos tradicionais.

Cultura

3 O cidadão norte-americano desperta num leito construído segundo padrão originário do Oriente Próximo, mas modificado na Europa Setentrional antes de ser transmitido à América. Sai debaixo de cobertas feitas de algodão cuja planta se tornou doméstica na Índia. No restaurante, toda uma série de elementos tomada de empréstimo o espera. O prato é feito de uma espécie de cerâmica inventada na China. A faca é de aço, liga feita pela primeira vez na Índia do Sul; o garfo é inventado na Itália medieval; a colher vem de um original romano. Lê notícias do dia impressas em caracteres inventados pelos antigos semitas, em material inventado na China e por um processo inventado na Alemanha.

LINTON, R. *O homem*: uma introdução à antropologia. São Paulo: Martins, 1959 (adaptado).

A situação descrita é um exemplo de como os costumes resultam da

a) assimilação de valores de povos exóticos.
b) experimentação de hábitos sociais variados.
c) recuperação de heranças da Antiguidade Clássica.
d) fusão de elementos de tradições culturais diferentes.
e) valorização de comportamento de grupos privilegiados.

Tempo

4 Calendário medieval, século XV.

Disponível em: www.ac-grenoble.fr. Acesso em: 10 maio 2012.

Os calendários são fontes históricas importantes, na medida que expressam a concepção de tempo das sociedades. Essas imagens compõem um calendário medieval (1460-1475) e cada uma delas representa um mês, de janeiro a dezembro. Com base na análise do calendário, apreende-se uma concepção de tempo

a) cíclica, marcada pelo mito arcaico do eterno retorno.
b) humanista, identificada pelo controle das horas de atividade por parte do trabalhador.
c) escatológica, associada a uma visão religiosa sobre o trabalho.
d) natural, expressa pelo trabalho realizado de acordo com as estações do ano.
e) romântica, definida por uma visão bucólica da sociedade.

Origem do ser humano

5 O assunto na aula de Biologia era a evolução do Homem. Foi apresentada aos alunos uma árvore filogenética, igual à mostrada na ilustração, que relacionava primatas atuais e seus ancestrais.

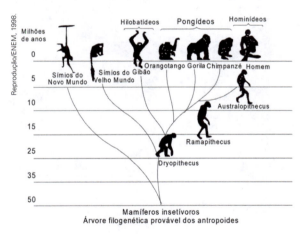

Árvore filogenética provável dos antropoides

Após observar o material fornecido pelo professor, os alunos emitiram várias opiniões, a saber:

I. os macacos antropoides (orangotango, gorila e chimpanzé e gibão) surgiram na Terra mais ou menos contemporaneamente ao Homem.

II. alguns homens primitivos, hoje extintos, descendem dos macacos antropoides.

III. na história evolutiva, os homens e os macacos antropoides tiveram um ancestral comum.

IV. não existe relação de parentesco genético entre macacos antropoides e homens.

Analisando a árvore filogenética, você pode concluir que:

a) todas as afirmativas estão corretas.
b) apenas as afirmativas I e III estão corretas.
c) apenas as afirmativas II e IV estão corretas.
d) apenas a afirmativa II está correta.
e) apenas a afirmativa IV está correta.

Hipóteses migratórias

6 Segundo a explicação mais difundida sobre o povoamento da América, grupos asiáticos teriam chegado a esse continente pelo Estreito de Bering, há 18 mil anos. A partir dessa região, localizada no extremo noroeste do continente americano, esses grupos e seus descendentes teriam migrado, pouco a pouco, para outras áreas, chegando até a porção sul do continente. Entretanto, por meio de estudos arqueológicos realizados no Parque Nacional da Serra da Capivara (Piauí), foram descobertos vestígios da presença humana que teriam até 50 mil anos de idade.

Validadas, as provas materiais encontradas pelos arqueólogos no Piauí

a) comprovam que grupos de origem africana cruzaram o oceano Atlântico até o Piauí há 18 mil anos.
b) confirmam que o homem surgiu primeiramente na América do Norte e, depois, povoou os outros continentes.
c) contestam a teoria de que o homem americano surgiu primeiro na América do Sul e, depois, cruzou o Estreito de Bering.
d) confirmam que grupos de origem asiática cruzaram o Estreito de Bering há 18 mil anos.
e) contestam a teoria de que o povoamento da América teria iniciado há 18 mil anos.

Pré-História

7 Os nossos ancestrais dedicavam-se à caça, à pesca e à coleta de frutas e vegetais, garantindo sua subsistência, porque ainda não conheciam as práticas de agricultura e pecuária. Uma vez esgotados os alimentos, viam-se obrigados a transferir o acampamento para outro lugar.

HALL, P. P. *Gestão ambiental*. São Paulo: Pearson, 2011 (adaptado).

O texto refere-se ao movimento migratório denominado

a) sedentarismo.
b) transumância.
c) êxodo rural.
d) nomadismo.
e) pendularismo.

Arqueologia brasileira

8 Uma pesquisa realizada por Carolina Levis, especialista em ecologia do Instituto Nacional de Pesquisas da Amazônia, e publicada na revista *Science*, demonstra que as espécies vegetais domesticadas pelas civilizações pré-colombianas são as mais dominantes. "A domesticação de plantas na floresta começou há mais de 8 000 anos. Primeiro eram selecionadas as plantas com características que poderiam ser úteis ao homem e em um segundo momento era feita a propagação dessas espécies. Começaram a cultivá-las em pátios e jardins, por meio de um processo quase intuitivo de seleção".

OLIVEIRA, J. *Indígenas foram os primeiros a alterar o ecossistema da Amazônia*. Disponível em: https://brasil.elpais.com. Acesso em: 11 dez. 2017 (adaptado).

O texto apresenta um novo olhar sobre a configuração da Floresta Amazônica por romper com a ideia de

a) primazia de saberes locais.
b) ausência de ação antrópica.
c) insuficiência de recursos naturais.
d) necessidade de manejo ambiental.
e) predominância de práticas agropecuárias.

Arte rupestre

9

Pintura rupestre da Toca do Pajaú – PI. Internet: <www.botocelli.com>.

A pintura rupestre acima, que é um patrimônio cultural brasileiro, expressa

a) o conflito entre os povos indígenas e os europeus durante o processo de colonização do Brasil.
b) a organização social e política de um povo indígena e a hierarquia entre seus membros.
c) aspectos da vida cotidiana de grupos que viveram durante a chamada pré-história do Brasil.
d) os rituais que envolvem sacrifícios de grandes dinossauros atualmente extintos.
e) a constante guerra entre diferentes grupos paleoíndios da América durante o período colonial.

10 Gravuras e pinturas são duas modalidades da prática gráfica rupestre, feitas com recursos técnicos diferentes. Existem vastas áreas nas quais há dominância de uma ou outra técnica no Brasil, o que não impede que ambas coexistam no mesmo espaço. Mas em todas as regiões há mãos, pés, antropomorfos e zoomorfos. Os grafismos realizados em blocos ou paredes foram gravados por meio de diversos recursos: picoteamento, entalhes e raspados.

DANTAS, M. *Antes*: história da pré-história. Brasília: CCBB, 2006.

Disponível em: http://www.scipione.com.br. Acesso em: 30 abr. 2009.

Nas figuras que representam a arte da pré-história brasileira e estão localizadas no sítio arqueológico da Serra da Capivara, estado do Piauí, e, com base no texto, identificam-se

a) imagens do cotidiano que sugerem caçadas, danças, manifestações rituais.
b) cenas nas quais prevalece o grafismo entalhado em superfícies previamente polidas.
c) aspectos recentes, cujo procedimento de datação indica o recuo das cronologias da prática pré-histórica.
d) situações ilusórias na reconstituição da pré-história, pois se localizam em ambientes degradados.
e) grafismos rupestres que comprovam que foram realizados por pessoas com sensibilidade estética.

Egito antigo

11 O Egito é visitado anualmente por milhões de turistas de todos os quadrantes do planeta, desejosos de ver com os próprios olhos a grandiosidade do poder esculpida em pedra há milênios: as pirâmides de Gizeh, as tumbas do Vale dos Reis e os numerosos templos construídos ao longo do Nilo.

O que hoje se transformou em atração turística era, no passado, interpretado de forma muito diferente, pois

a) significava, entre outros aspectos, o poder que os faraós tinham para escravizar grandes contingentes populacionais que trabalhavam nesses monumentos.
b) representava para as populações do alto Egito a possibilidade de migrar para o sul e encontrar trabalho nos canteiros faraônicos.
c) significava a solução para os problemas econômicos, uma vez que os faraós sacrificavam aos deuses suas riquezas, construindo templos.
d) representava a possibilidade de o faraó ordenar a sociedade, obrigando os desocupados a trabalharem em obras públicas, que engrandeceram o próprio Egito.
e) significava um peso para a população egípcia, que condenava o luxo faraônico e a religião baseada em crenças e superstições.

Formação da pólis

12 A soberania dos cidadãos dotados de plenos direitos era imprescindível para a existência da cidade-estado. Segundo os regimes políticos, a proporção desses cidadãos em relação à população total dos homens livres podia variar muito, sendo bastante pequena nas aristocracias e oligarquias e maior nas democracias.

CARDOSO, C. F. *A cidade-estado clássica*. São Paulo: Ática, 1985.

Nas cidades-estado da Antiguidade Clássica, a proporção de cidadãos descrita no texto é explicada pela adoção do seguinte critério para a participação política:

a) Controle da terra.
b) Liberdade de culto.
c) Igualdade de gênero.
d) Exclusão dos militares.
e) Exigência da alfabetização.

13 Se, pois, para as coisas que fazemos existe um fim que desejamos por ele mesmo e tudo o mais é desejado no interesse desse fim; evidentemente tal fim será o bem, ou antes, o sumo bem. Mas não terá o conhecimento, porventura, grande influência sobre essa vida? Se assim é, esforcemo-nos por determinar, ainda que em linhas gerais apenas, o que seja ele e de qual das ciências ou faculdades constitui o objeto. Ninguém duvidará de que o seu estudo pertença à arte mais prestigiosa e que mais verdadeiramente se pode chamar a arte mestra. Ora, a política mostra ser dessa natureza, pois é ela que determina quais as ciências que devem ser estudadas num Estado, quais são as que cada cidadão deve aprender, e até que ponto; e vemos que até as faculdades tidas em maior apreço, como a estratégia, a economia e a retórica, estão sujeitas a ela. Ora, como a política utiliza as demais ciências e, por outro lado, legisla sobre o que devemos e o que não devemos fazer, a finalidade dessa ciência deve abranger as das outras, de modo que essa finalidade será o bem humano.

ARISTÓTELES. Ética e Nicômaco. In: *Pensadores*. São Paulo: Nova Cultural, 1991 (adaptado).

Para Aristóteles, a relação entre o sumo bem e a organização da pólis pressupõe que

a) o bem dos indivíduos consiste em cada um perseguir seus interesses.
b) o sumo bem é dado pela fé de que os deuses são os portadores da verdade.
c) a política é a ciência que precede todas as demais na organização da cidade.
d) a educação visa formar a consciência de cada pessoa para agir corretamente.
e) a democracia protege as atividades políticas necessárias para o bem comum.

Atenas

14 Quando se trata de competência nas construções e nas artes, os atenienses acreditam que poucos sejam capazes de dar conselhos. Quando, ao contrário, se trata de uma deliberação política, toleram que qualquer um fale, de outro modo não existiria a cidade.

BOBBIO, N. *Teoria geral da política*. Rio de Janeiro: Elsevier, 2000 (adaptado).

De acordo com o texto, a atuação política dos cidadãos atenienses na Antiguidade Clássica tinha como característica fundamental o(a)

a) dedicação altruísta em ações coletivas.
b) participação direta em fóruns decisórios.
c) ativismo humanista em debates públicos.
d) discurso formalista em espaços acadêmicos.
e) representação igualitária em instâncias parlamentares.

Expansão territorial

15

Disponível em: www.metmuseum.org. Acesso em: 14 set. 2011.

A figura apresentada é de um mosaico, produzido por volta do ano 300 d.C., encontrado na cidade de Lod, atual Estado de Israel. Nela, encontram-se elementos que representam uma característica política dos romanos no período, indicada em:

a) Cruzadismo – conquista da terra santa.
b) Patriotismo – exaltação da cultura local.
c) Helenismo – apropriação da estética grega.
d) Imperialismo – selvageria dos povos dominados.
e) Expansionismo – diversidade dos territórios conquistados.

Império Romano

16 Pois quem seria tão inútil ou indolente a ponto de não desejar saber como e sob que espécie de constituição os romanos conseguiram em menos de cinquenta e três anos submeter quase todo o mundo habitado ao seu governo exclusivo – fato nunca antes ocorrido? Ou, em outras palavras, quem seria tão apaixonadamente devotado a outros espetáculos ou estudos a ponto de considerar qualquer outro objetivo mais importante que a aquisição desse conhecimento?

POLÍBIO. *História*. Brasília: Editora UnB, 1985.

A experiência a que se refere o historiador Políbio, nesse texto escrito no século II a.C., é a

a) ampliação do contingente de camponeses livres.
b) consolidação do poder das falanges hoplitas.
c) concretização do desígnio imperialista.
d) adoção do monoteísmo cristão.
e) libertação do domínio etrusco.

Direito romano

17 **TEXTO I**

Sólon é o primeiro nome grego que nos vem à mente quando terra e dívida são mencionadas juntas. Logo depois de 600 a.C., ele foi designado "legislador" em Atenas, com poderes sem precedentes, porque a exigência de redistribuição de terras e o cancelamento das dívidas não podiam continuar bloqueados pela oligarquia dos proprietários de terra por meio da força ou de pequenas concessões.

FINLEY, M. *Economia e sociedade na Grécia antiga*. São Paulo: WMF Martins Fontes, 2013 (adaptado).

TEXTO II

A "Lei das Doze Tábuas" se tornou um dos textos fundamentais do direito romano, uma das principais heranças romanas que chegaram até nós. A publicação dessas leis, por volta de 450 a.C., foi importante, pois o conhecimento das "regras do jogo" da vida em sociedade é um instrumento favorável ao homem comum e potencialmente limitador da hegemonia e arbítrio dos poderosos.

FUNARI, P. P. *Grécia e Roma*. São Paulo: Contexto, 2011 (adaptado).

O ponto de convergência entre as realidades sociopolíticas indicadas nos textos consiste na ideia de que a

a) discussão de preceitos formais estabeleceu a democracia.
b) invenção de códigos jurídicos desarticulou as aristocracias.
c) formulação de regulamentos oficiais instituiu as sociedades.
d) definição de princípios morais encerrou os conflitos de interesses.
e) criação de normas coletivas diminuiu as desigualdades de tratamento.

Expansão islâmica

18 Então disse: "Este é o local onde construirei. Tudo pode chegar aqui pelo Eufrates, o Tigre e uma rede de canais. Só um lugar como este sustentará o exército e a população geral". Assim ele traçou e destinou as verbas para a sua construção, e deitou o primeiro tijolo com sua própria mão, dizendo: "Em nome de Deus, e em louvor a Ele. Construí, e que Deus vos abençoe".

AL-TABARI, M. *Uma história dos povos árabes.*
São Paulo: Cia. das Letras, 1995 (adaptado).

A decisão do califa Al-Mansur (754-775) de construir Bagdá nesse local orientou-se pela

a) disponibilidade de rotas e terras férteis como base da dominação política.
b) proximidade de áreas populosas como afirmação da superioridade bélica.
c) submissão à hierarquia e à lei islâmica como controle do poder real.
d) fuga da península arábica como afastamento dos conflitos sucessórios.
e) ocupação de região fronteiriça como contenção do avanço mongol.

Mulheres na Idade Média

19 Sempre teceremos panos de seda
E nem por isso vestiremos melhor
Seremos sempre pobres e nuas
E teremos sempre fome e sede
Nunca seremos capazes de ganhar tanto
Que possamos ter melhor comida.

CHRÉTIEN DE TROYES. *Yvain ou le chevalier au lion* (1177-1181).
Apud MACEDO, J. R. A mulher na Idade Média. São Paulo:
Contexto, 1992 (adaptado).

O tema do trabalho feminino vem sendo abordado pelos estudos históricos mais recentes. Algumas fontes são importantes para essa abordagem, tal como o poema apresentado, que alude à

a) inserção das mulheres em atividades tradicionalmente masculinas.
b) ambição das mulheres em ocupar lugar preponderante na sociedade.
c) possibilidade de mobilidade social das mulheres na indústria têxtil medieval.
d) exploração das mulheres nas manufaturas têxteis no mundo urbano medieval.
e) servidão feminina como tipo de mão de obra vigente nas tecelagens europeias.

Cruzadas

20 A existência em Jerusalém de um hospital voltado para o alojamento e o cuidado dos peregrinos, assim como daqueles entre eles que estavam cansados ou doentes, fortaleceu o elo entre a obra de assistência e de caridade e a Terra Santa. Ao fazer, em 1113, do Hospital de Jerusalém um estabelecimento central da ordem, Pascoal II estimulava a filiação dos hospitalários do Ocidente a ele, sobretudo daqueles que estavam ligados à peregrinação na Terra Santa ou em outro lugar. A militarização do Hospital de Jerusalém não diminuiu a vocação caritativa primitiva, mas a fortaleceu.

DEMURGER, A. *Os Cavaleiros de Cristo.* Rio de Janeiro: Jorge
Zahar, 2002 (adaptado).

O acontecimento descrito vincula-se ao fenômeno ocidental do(a)

a) surgimento do monasticismo guerreiro, ocasionado pelas cruzadas.
b) descentralização do poder eclesiástico, produzida pelo feudalismo.
c) alastramento da peste bubônica, provocado pela expansão comercial.
d) afirmação da fraternidade mendicante, estimulada pela reforma espiritual.
e) criação das faculdades de medicina, promovida pelo renascimento urbano.

Cultura medieval

21 **TEXTO I**

É da maior utilidade saber falar de modo a persuadir e conter o arrebatamento dos espíritos desviados pela doçura da sua eloquência. Foi com este fim que me apliquei a formar uma biblioteca. Desde há muito tempo em Roma, em toda a Itália, na Germânia e na Bélgica, gastei muito dinheiro para pagar a copistas e livros, ajudado em cada província pela boa vontade e solicitude dos meus amigos.

GEBERTO DE AURILLAC. Lettres. Século X. Apud PEDRERO-SÁNCHEZ, M. G. *História da Idade Média:* texto e testemunhas. São Paulo: Unesp, 2000.

TEXTO II

Eu não sou doutor nem sequer sei do que trata esse livro; mas, como a gente tem que se acomodar às exigências da boa sociedade de Córdova, preciso ter uma biblioteca. Nas minhas prateleiras tenho um buraco exatamente do tamanho desse livro e como vejo que tem uma letra e encadernação muito bonitas, gostei dele e quis comprá-lo. Por outro lado, nem reparei no preço. Graças a Deus sobra-me dinheiro para essas coisas.

AL HADRAMI. Século X. Apud PEDRERO-SÁNCHEZ, M. G. *A Península Ibérica entre o Oriente e o Ocidente:* cristãos, judeus e muçulmanos. São Paulo: Atual, 2002.

Nesses textos do século X, percebem-se visões distintas sobre os livros e as bibliotecas em uma sociedade marcada pela

a) difusão da cultura favorecida pelas atividades urbanas.
b) laicização do saber, que era facilitada pela educação nobre.
c) ampliação da escolaridade realizada pelas corporações de ofício.
d) evolução da ciência que era provocada pelos intelectuais bizantinos.
e) publicização das escrituras, que era promovida pelos sábios religiosos.

Expansão e desenvolvimento do comércio

22 A cidade medieval é, antes de mais nada, uma sociedade da abundância, concentrada num pequeno espaço em meio a vastas regiões pouco povoadas. Em seguida, é um lugar de produção e de trocas, onde se articulam o artesanato e o comércio, sustentados por uma economia monetária. É também o centro de um sistema de valores particular, do qual emerge a prática laboriosa e criativa do trabalho, o gosto pelo negócio e pelo dinheiro, a inclinação para o luxo, o senso da beleza. É ainda um sistema de organização de um espaço fechado com muralhas, onde se penetra por portas e se caminha por ruas e praças e que é guarnecido por torres.

LE GOFF, J.; SCHMITT, J.-C. *Dicionário temático do Ocidente Medieval.* Bauru: Edusc, 2006.

No texto, o espaço descrito se caracteriza pela associação entre a ampliação das atividades urbanas e a

a) emancipação do poder hegemônico da realeza.
b) aceitação das práticas usurárias dos religiosos.
c) independência da produção alimentar dos campos.
d) superação do ordenamento corporativo dos ofícios.
e) permanência dos elementos arquitetônicos de proteção.

Desenvolvimento das cidades

23 No início foram as cidades. O intelectual da Idade Média – no Ocidente – nasceu com elas. Foi com o desenvolvimento urbano ligado às funções comercial e industrial – digamos modestamente artesanal – que ele apareceu, como um desses homens de ofício que se instalavam nas cidades nas quais se impôs a divisão do trabalho. Um homem cujo ofício é escrever ou ensinar, e de preferência as duas coisas a um só tempo, um homem que, profissionalmente, tem uma atividade de professor e erudito, um intelectual – esse homem só aparecerá com as cidades.

LE GOFF, J. *Os intelectuais na Idade Média.* Rio de Janeiro: José Olympio, 2010.

O surgimento da categoria mencionada no período em destaque no texto evidencia o(a)

a) apoio dado pela Igreja ao trabalho abstrato.
b) relação entre desenvolvimento urbano e divisão do trabalho.
c) importância organizacional das corporações de ofício.
d) progressiva expansão da educação escolar.
e) acúmulo de trabalho dos professores e eruditos.

Crise do século XIV

24 A casa de Deus, que acreditam una, está, portanto, dividida em três: uns oram, outros combatem, outros, enfim, trabalham. Essas três partes que coexistem não suportam ser separadas; os serviços prestados por uma são a condição das obras das outras duas; cada uma por sua vez encarrega-se de aliviar o conjunto... Assim a lei pode triunfar e o mundo gozar da paz.

ALDALBERON DE LAON. In: SPINOSA, F. *Antologia de textos históricos medievais*. Lisboa: Sá da Costa, 1981.

A ideologia apresentada por Aldalberon de Laon foi produzida durante a Idade Média. Um objetivo de tal ideologia e um processo que a ela se opôs estão indicados, respectivamente, em:

a) Justificativa a dominação estamental/revoltas camponesas.
b) Subverter a hierarquia social/centralização monárquica.
c) Impedir a igualdade jurídica/revoluções burguesas.
d) Controlar exploração econômica/unificação monetária.
e) Questionar a ordem divina/Reforma Católica.

Renascença

25 TEXTO I

O Heliocentrismo não é o "meu sistema", mas a Ordem de Deus.

COPÉRNICO, N. *As revoluções dos orbes celestes* [1543]. Lisboa: Fundação Calouste Gulbenkian, 1984.

TEXTO II

Não vejo nenhum motivo para que as ideias expostas neste livro (*A origem das espécies*) se choquem com as ideias religiosas.

DARWIN, C. *A origem das espécies* [1859]. São Paulo: Escala, 2009.

Os textos expressam a visão de dois pensadores – Copérnico e Darwin – sobre a questão religiosa e suas relações com a ciência, no contexto histórico de construção e consolidação da Modernidade. A comparação entre essas visões expressa, respectivamente:

a) Articulação entre ciência e fé – pensamento científico independente.
b) Poder secular acima do poder religioso – defesa dos dogmas católicos.
c) Ciência como área autônoma do saber – razão humana submetida à fé.
d) Moral católica acima da protestante – subordinação da ciência à religião.
e) Autonomia do pensamento religioso – fomento à fé por meio da ciência.

Contrarreforma

26 O cristianismo incorporou antigas práticas relativas ao fogo para criar uma festa sincrética. A igreja retomou a distância de seis meses entre os nascimentos de Jesus Cristo e João Batista e instituiu a data de comemoração a este último de tal maneira que as festas do solstício de verão europeu com suas tradicionais fogueiras se tornaram "fogueiras de São João". A festa do fogo e da luz no entanto não foi imediatamente associada a São João Batista. Na Baixa Idade Média, algumas práticas tradicionais da festa (como banhos, danças e cantos) foram perseguidas por monges e bispos. A partir do Concílio de Trento (1545-1563), a Igreja resolveu adotar celebrações em torno do fogo e associá-las à doutrina cristã.

CHIANCA, L. Devoção e diversão: expressões contemporâneas de festas e santos católicos. *Revista Anthropológicas*, n. 18, 2007 (adaptado).

Com o objetivo de se fortalecer, a instituição mencionada no texto adotou as práticas descritas, que consistem em

a) promoção de atos ecumênicos.
b) fomento de orientações bíblicas.
c) apropriação de cerimônias seculares.
d) retomada de ensinamentos apostólicos.
e) ressignificação de rituais fundamentalistas.

África: um continente imenso

27 A Inglaterra deve governar o mundo porque é a melhor; o poder deve ser usado; seus concorrentes imperiais não são dignos; suas colônias devem crescer, prosperar e continuar ligadas a ela. Somos dominantes, porque temos o poder (industrial, tecnológico, militar, moral), e elas não; elas são inferiores; nós, superiores, e assim por diante.

SAID, E. *Cultura e imperialismo*. São Paulo: Cia. das Letras, 1995 (adaptado).

O texto reproduz argumentos utilizados pelas potências europeias para dominação de regiões na África e na Ásia, a partir de 1870. Tais argumentos justificavam suas ações imperialistas, concebendo-as como parte de uma

a) cruzada religiosa.
b) catequese cristã.

c) missão civilizatória.
d) expansão comercial ultramarina.
e) política exterior multiculturalista.

Pan-africanismo e a história da África

28 Voz de sangue

Palpitam-me
os sons do batuque
e os ritmos melancólicos do blue.

Ó negro esfarrapado
do Harlem
ó dançarino de Chicago
ó negro servidor do South

Ó negro da África
negros de todo o mundo

Eu junto
ao vosso magnífico canto
a minha pobre voz
os meus humildes ritmos.

Eu vos acompanho
pelas emaranhadas áfricas
do nosso Rumo.

Eu vos sinto
negros de todo o mundo
eu vivo a nossa história
meus irmãos.

Disponível em: www.agostinhoneto.org.
Acesso em: 30 jun. 2015.

Nesse poema, o líder angolano Agostinho Neto, na década de 1940, evoca o pan-africanismo com o objetivo de

a) incitar a luta por políticas de ações afirmativas na América e na África.
b) reconhecer as desigualdades sociais entre os negros de Angola e dos Estados Unidos.
c) descrever o quadro de pobreza após os processos de independência no continente africano.
d) solicitar o engajamento dos negros estadunidenses na luta armada pela independência em Angola.
e) conclamar as populações negras de diferentes países a apoiar as lutas por igualdade e independência.

29 No império africano do Mali, no século XIV, Tombuctu foi centro de um comércio internacional onde tudo era negociado – sal, escravos, marfim etc. Havia também um grande comércio de livros de história, medicina, astronomia e matemática, além de grande concentração de estudantes. A importância cultural de Tombuctu pode ser percebida por meio de um velho provérbio: "O sal vem do norte, o ouro vem do sul, mas as palavras de Deus e os tesouros da sabedoria vêm de Tombuctu".

ASSUMPÇÃO, J. E. África: uma história a ser reescrita. In: MACEDO, J. R. (Org.). *Desvendando a história da África*. Porto Alegre: UFRGS, 2008 (adaptado).

Uma explicação para o dinamismo dessa cidade e sua importância histórica no período mencionado era o(a)

a) isolamento geográfico do Saara ocidental.
b) exploração intensiva de recursos naturais.
c) posição relativa nas redes de circulação.
d) tráfico transatlântico de mão de obra servil.
e) competição econômica dos reinos da região.

Diversidade étnica e cultural

30 Art. 231. São reconhecidos aos índios sua organização social, costumes, línguas, crenças e tradições, e os direitos originários sobre as terras que tradicionalmente ocupam, competindo à União demarcá-las, proteger e fazer respeitar todos os seus bens.

BRASIL. *Constituição da República Federativa do Brasil de 1988*. Disponível em: www.planalto.gov.br. Acesso em: 2 abr. 2017.

A persistência das reivindicações relativas à aplicação desse preceito normativo tem em vista a vinculação histórica fundamental entre

a) etnia e miscigenação racial.
b) sociedade e igualdade jurídica.
c) espaço e sobrevivência cultural.
d) progresso e educação ambiental.
e) bem-estar e modernização econômica.

31 O último refúgio da língua geral no Brasil

No coração da Floresta Amazônica é falada uma língua que participou intensamente da história da maior região do Brasil. Trata-se da língua geral, também conhecida como nheengatu ou tupi moderno. A língua geral foi ali mais falada que o próprio português, inclusive por não índios, até o ano de 1877. Alguns fatores contribuíram para o desaparecimento dessa língua de grande parte da Amazônia, como perseguições oficiais no século XVIII e a chegada maciça de falantes de português durante o ciclo da borracha, no século XIX. Língua-testemunho de um passado em que a Amazônia brasileira alargava seus territórios, a língua geral hoje é falada por mais de 6 mil pessoas, num território que se estende pelo Brasil, Venezuela e Colômbia. Em 2002, o município de São Gabriel da Cachoeira ficou conhecido por ter oficializado as três línguas indígenas mais usadas ali: o nheengatu, o baníua e o tucano. Foi a primeira vez que outras línguas, além do português, ascendiam à condição de línguas oficiais no Brasil. Embora a oficialização dessas línguas não tenha obtido todos os resultados esperados, redundou no ensino de nheengatu nas escolas municipais daquele município e em muitas escolas estaduais nele situadas. É fundamental que essa língua de tradição eminentemente oral tenha agora sua gramática estudada e que textos de diversas naturezas sejam escritos, justamente para enfrentar os novos tempos que chegaram.

NAVARRO, E. *Estudos Avançados*, n. 26, 2012 (adaptado).

O esforço de preservação do nheengatu, uma língua que sofre com o risco de extinção, significa o reconhecimento de que

a) as línguas de origem indígena têm seus próprios mecanismos de autoconservação.

b) a construção da cultura amazônica, ao longo dos anos, constituiu-se, em parte, pela expressão em línguas de origem indígena.

c) as ações políticas e pedagógicas implementadas até o momento são suficientes para a preservação da língua geral amazônica.

d) a diversidade do patrimônio cultural brasileiro, historicamente, tem se construído com base na unidade da língua portuguesa.

e) o Brasil precisa se diferenciar de países vizinhos, como Venezuela e Colômbia, por meio de um idioma comum na Amazônia brasileira.

Astecas

32 O canto triste dos conquistados: os últimos dias de Tenochtitlán

Nos caminhos jazem dardos quebrados;
os cabelos estão espalhados.
Destelhadas estão as casas,
Vermelhas estão as águas, os rios,
[como se alguém as tivesse tingido,
Nos escudos esteve nosso resguardo,
mas os escudos não detêm a desolação...

PINSKY, J. et al. *História da América através de textos*. São Paulo: Contexto, 2007 (fragmento).

O texto é um registro asteca, cujo sentido está relacionado ao(à)

a) tragédia causada pela destruição da cultura desse povo.

b) tentativa frustrada de resistência a um poder considerado superior.

c) extermínio das populações indígenas pelo Exército espanhol.

d) dissolução da memória sobre os feitos de seus antepassados.

e) profetização das consequências da colonização da América.

Incas

33 O Império Inca, que corresponde principalmente aos territórios da Bolívia e do Peru, chegou a englobar enorme contingente populacional. Cuzco, a cidade sagrada, era o centro administrativo, com uma sociedade fortemente estratificada e composta por imperadores, nobres, sacerdotes, funcionários do governo, artesãos, camponeses, escravos e soldados. A religião contava com vários deuses, e a base da economia era a agricultura, principalmente o cultivo da batata e do milho.

A principal característica da sociedade inca era

a) ditadura teocrática, que igualava a todos.

b) existência da igualdade social e da coletivização da terra.

c) estrutura social desigual compensada pela coletivização de todos os bens.

d) existência de mobilidade social, o que levou à composição da elite pelo mérito.

e) impossibilidade de se mudar de extrato social e a existência de uma aristocracia hereditária.

Navegações inglesas, francesas e holandesas

34 A ocasião fez o ladrão: Francis Drake travava sua guerra de pirataria contra a Espanha papista quando roubou as tropas de mulas que levavam o ouro do Peru para o Panamá. Graças à cumplicidade da rainha Elizabeth I, ele reincide e saqueia as costas do Chile e do Peru antes de regressar pelo Oceano Pacífico, e depois pelo Índico. Ora, em Ternate ele oferece sua proteção a um sultão revoltado com os portugueses; assim nasce o primeiro entreposto inglês ultramarino.

FERRO, M. História das colonizações. *Das colonizações às independências*. Séculos XIII a XX. São Paulo: Cia. das Letras, 1996.

A tática adotada pela Inglaterra do século XVI, conforme citada no texto, foi o meio encontrado para

a) restabelecer o crescimento da economia mercantil.
b) conquistar as riquezas dos territórios americanos.
c) legalizar a ocupação de possessões ibéricas.
d) ganhar a adesão das potências europeias.
e) fortalecer as rotas do comércio marítimo.

As faces da conquista

35 O encontro entre o Velho e o Novo Mundo, que a descoberta de Colombo tornou possível, é de um tipo muito particular: é uma guerra – ou a Conquista –, como se dizia então. E um mistério continua: o resultado do combate. Por que a vitória fulgurante, se os habitantes da América eram tão superiores em número aos adversários e lutaram no próprio solo? Se nos limitarmos à conquista do México – a mais espetacular, já que a civilização mexicana é a mais brilhante do mundo pré-colombiano – como explicar que Cortez, liderando centenas de homens, tenha conseguido tomar o reino de Montezuma, que dispunha de centenas de milhares de guerreiros?

TODOROV, T. *A conquista da América*. São Paulo: Martins Fontes, 1991 (adaptado).

No contexto da conquista, conforme análise apresentada no texto, uma estratégia para superar as disparidades levantadas foi

a) implantar as missões cristãs entre as comunidades submetidas.
b) utilizar a superioridade física dos mercenários africanos.
c) explorar as rivalidades existentes entre os povos nativos.
d) introduzir vetores para a disseminação de doenças epidêmicas.
e) comprar terras para o enfraquecimento das teocracias autóctones.

36 Na África, os europeus morriam como moscas; aqui eram os índios que morriam: agentes patogênicos da varíola, do sarampo, da coqueluche, da catapora, do tifo, da difteria, da gripe, da peste bubônica, e possivelmente da malária, provocaram no Novo Mundo o que Dobyns chamou de "um dos maiores cataclismos biológicos do mundo". No entanto, é importante enfatizar que a falta de imunidade, devido ao seu isolamento, não basta para explicar a mortandade, mesmo quando ela foi de origem patogênica.

CUNHA, M. C. *Índios no Brasil*: história, direitos e cidadania. São Paulo: Claro Enigma, 2012.

Uma ação empreendida pelos colonizadores que contribuiu para o desastre mencionado foi o(a)

a) desqualificação do trabalho das populações nativas.
b) abertura do mercado da colônia às outras nações.
c) interdição de Portugal aos saberes autóctones.
d) incentivo da metrópole à emigração feminina.
e) estímulo dos europeus às guerras intertribais.

O processo de colonização

37 Dali avistamos homens que andavam pela praia, obra de sete ou oito. Eram pardos, todos nus. Nas mãos traziam arcos com suas setas. Não fazem o menor caso de encobrir ou de mostrar suas vergonhas; e nisso têm tanta inocência como em mostrar o rosto. Ambos traziam os beiços de baixo furados e metidos neles seus ossos brancos e verdadeiros. Os cabelos seus são corredios.

CAMINHA, P. V. Carta. RIBEIRO, D. et al. *Viagem pela história do Brasil*: documentos. São Paulo: Companhia das Letras, 1997 (adaptado).

O texto é parte da famosa Carta de Pero Vaz de Caminha, documento fundamental para a formação da identidade brasileira. Tratando da relação que, desde esse primeiro contato, se estabeleceu entre portugueses e indígenas, esse trecho da carta revela a

a) preocupação em garantir a integridade do colonizador diante da resistência dos índios à ocupação da terra.
b) postura etnocêntrica do europeu diante das características físicas e práticas culturais do indígena.
c) orientação da política da Coroa Portuguesa quanto à utilização dos nativos como mão de obra para colonizar a nova terra.

d) oposição de interesses entre portugueses e índios, que dificultava o trabalho catequético e exigia amplos recursos para a defesa da posse da nova terra.

e) abundância da terra descoberta, o que possibilitou a sua incorporação aos interesses mercantis portugueses, por meio da exploração econômica dos índios.

38 Após as três primeiras décadas, marcadas pelo esforço de garantir a posse da nova terra, a colonização começou a tomar forma. A política da metrópole portuguesa consistirá no incentivo à empresa comercial com base em uns poucos produtos exportáveis em grande escala, assentada na grande propriedade. Essa diretriz deveria atender aos interesses de acumulação de riqueza na metrópole lusa, em mãos dos grandes comerciantes, da Coroa e de seus afilhados.

FAUSTO, B. História Concisa do Brasil.
São Paulo: Edusp, 2002 (adaptado).

Para concretizar as aspirações expansionistas e mercantis estabelecidas pela Coroa Portuguesa para a América, a estratégia lusa se constituiu em

a) disseminar o modelo de colonização já utilizado com sucesso pela Grã-Bretanha nas suas treze colônias na América do Norte.

b) apostar na agricultura tropical em grandes propriedades e no domínio da Colônia pelo monopólio comercial e pelo povoamento.

c) intensificar a pecuária como a principal cultura capaz de forçar a penetração do homem branco no interior do continente.

d) acelerar a desocupação da terra e transferi-la para mãos familiarizadas ao trabalho agrícola de culturas tropicais.

e) desestimular a escravização do indígena e incentivar sua integração na sociedade colonial por meio da atividade comercial.

39 Os escravos, obviamente, dispunham de poucos recursos políticos, mas não desconheciam o que se passava no mundo dos poderosos. Aproveitaram-se das divisões entre estes, selecionaram temas que lhes interessavam do ideário liberal e anticolonial, traduziram e emprestaram significados próprios às reformas operadas no escravismo brasileiro ao longo do século XIX.

REIS, J. J. Nos achamos em campo a tratar da liberdade: a resistência negra no Brasil oitocentista. In: MOTA, C. G. (Org.). Viagem incompleta: a experiência brasileira (1500-2000). São Paulo: Senac, 1999.

Ao longo do século XIX, os negros escravizados construíram variadas formas para resistir à escravidão no Brasil. A estratégia de luta citada no texto baseava-se no aproveitamento das

a) estruturas urbanas como ambiente para escapar do cativeiro.

b) dimensões territoriais como elemento para facilitar as fugas.

c) limitações políticas como pressão para o fim do escravismo.

d) contradições políticas como brecha para a conquista da liberdade.

e) ideologias originárias como artifício para resgatar as raízes africanas.

Invasão holandesa

40 A rebelião luso-brasileira em Pernambuco começou a ser urdida em 1644 e explodiu em 13 de junho de 1645, dia de Santo Antônio. Uma das primeiras medidas de João Fernandes foi decretar nulas as dívidas que os rebeldes tinham com os holandeses. Houve grande adesão da "nobreza da terra", entusiasmada com esta proclamação heroica.

VAINFAS, R. Guerra declarada e paz fingida na restauração portuguesa. Tempo, n. 27, 2009.

O desencadeamento dessa revolta na América portuguesa seiscentista foi o resultado do(a)

a) fraqueza bélica dos protestantes batavos.

b) comércio transatlântico da África ocidental.

c) auxílio financeiro dos negociantes flamengos.

d) diplomacia internacional dos Estados ibéricos.

e) interesse econômico dos senhores de engenho.

Jesuítas: a fundação de aldeamentos

41 O índio era o único elemento então disponível para ajudar o colonizador como agricultor, pescador, guia, conhecedor da natureza tropical e, para tudo isso, deveria ser tratado como gente, ter reconhecidas sua inocência e alma na medida do possível. A discussão religiosa e jurídica em torno dos limites da liberdade dos índios se confundiu com uma disputa entre jesuítas e colonos. Os padres se apresentavam como defensores da liberdade, enfrentando a cobiça desenfreada dos colonos.

CALDEIRA, J. A nação mercantilista. São Paulo: Editora 34, 1999 (adaptado).

Entre os séculos XVI e XVIII, os jesuítas buscaram a conversão dos indígenas ao catolicismo. Essa aproximação dos jesuítas em relação ao mundo indígena foi mediada pela

a) demarcação do território indígena.
b) manutenção da organização familiar.
c) valorização dos líderes religiosos indígenas.
d) preservação do costume das moradias coletivas.
e) comunicação pela língua geral baseada no tupi.

42 Quando Deus confundiu as línguas na torre de Babel, ponderou Filo Hebreu que todos ficaram mudos e surdos, porque, ainda que todos falassem e todos ouvissem, nenhum entendia o outro. Na antiga Babel, houve setenta e duas línguas; na Babel do rio das Amazonas, já se conhecem mais de cento e cinquenta. E assim, quando lá chegamos, todos nós somos mudos e todos eles, surdos. Vede agora quanto estudo e quanto trabalho serão necessários para que esses mudos falem e esses surdos ouçam.

VIEIRA, A. Sermões pregados no Brasil. In: RODRIGUES, J. H. *História viva*. São Paulo: Global, 1985 (adaptado).

No decorrer da colonização portuguesa na América, as tentativas de resolução do problema apontado pelo padre Antônio Vieira resultaram na

a) ampliação da violência nas guerras intertribais.
b) desistência da evangelização dos povos nativos.
c) indiferença dos jesuítas em relação à diversidade de línguas americanas.
d) pressão da Metrópole pelo abandono da catequese nas regiões americanas.
e) sistematização das línguas nativas numa estrutura gramatical facilitadora da catequese.

Administração das minas

43 É preciso ressaltar que, de todas as capitanias brasileiras, Minas era a mais urbanizada. Não havia ali hegemonia de um ou dois grandes centros. A região era repleta de vilas e arraiais, grandes e pequenos, em cujas ruas muita gente circulava.

PAIVA, E. F. *O ouro e as transformações na sociedade colonial*. São Paulo: Atual, 1998.

As regiões da América portuguesa tiveram distintas lógicas de ocupação. Uma explicação para a especificidade da região descrita no texto está identificada na

a) apropriação cultural diante das influências externas.
b) produção manufatureira diante do exclusivo comercial.
c) insubordinação religiosa diante da hierarquia eclesiástica.
d) fiscalização estatal diante das particularidades econômicas.
e) autonomia administrativa diante das instituições metropolitanas.

Sociedade do ouro

44 Quando a Corte chegou ao Rio de Janeiro, a Colônia tinha acabado de passar por uma explosão populacional. Em pouco mais de cem anos, o número de habitantes aumentara dez vezes.

GOMES, L. *1808: como uma rainha louca, um príncipe medroso e uma Corte corrupta enganaram Napoleão e mudaram a história de Portugal e do Brasil*. São Paulo: Planeta do Brasil, 2008 (adaptado).

A alteração demográfica destacada no período teve como causa a atividade

a) cafeeira, com a atração da imigração europeia.
b) industrial, com a intensificação do êxodo rural.
c) mineradora, com a ampliação do tráfico africano.
d) canavieira, com o aumento do apresamento indígena.
e) manufatureira, com a incorporação do trabalho assalariado.

Antigo Regime e Iluminismo

45 Os direitos civis, surgidos na luta contra o Absolutismo real, ao se inscreverem nas primeiras constituições modernas, aparecem como se fossem conquistas definitivas de toda a humanidade. Por isso, ainda hoje invocamos esses velhos "direitos naturais" nas batalhas contra os regimes autoritários que subsistem.

QUIRINO, C. G.; MONTES, M. L. *Constituições*. São Paulo: Ática, 1992 (adaptado).

O conjunto de direitos ao qual o texto se refere inclui

a) voto secreto e candidatura em eleições.
b) moradia digna e vagas em universidade.
c) previdência social e saúde de qualidade.
d) igualdade jurídica e liberdade de expressão.
e) filiação partidária e participação em sindicatos.

46 Na França, o rei Luís XIV teve sua imagem fabricada por um conjunto de estratégias que visavam sedimentar uma determinada noção de soberania.

Charge anônima. BURKE, P. *A fabricação do rei*. Rio de Janeiro: Zahar, 1994.

Neste sentido, a charge apresentada demonstra

a) a humanidade do rei, pois retrata um homem comum, sem os adornos próprios à vestimenta real.

b) a unidade entre o público e o privado, pois a figura do rei com a vestimenta real representa o público e sem a vestimenta real, o privado.

c) o vínculo entre monarquia e povo, pois leva ao conhecimento do público a figura de um rei despretensioso e distante do poder político.

d) o gosto estético refinado do rei, pois evidencia a elegância dos trajes reais em relação aos de outros membros da corte.

e) a importância da vestimenta para a constituição simbólica do rei, pois o corpo político adornado esconde os defeitos do corpo pessoal.

Revolução Industrial

47 Em virtude da importância dos grandes volumes de matérias-primas na indústria química – eram necessárias dez a doze toneladas de ingredientes para fabricar uma tonelada de soda –, a indústria teve uma localização bem definida quase que desde o início. Os três centros principais eram a área de Glasgow e as margens do Mersey e do Tyne.

LANDES, D. S. *Prometeu desacorrentado*: transformação tecnológica e desenvolvimento industrial na Europa ocidental, desde 1750 até a nossa época. Rio de Janeiro: Nova Fronteira, 1994.

A relação entre a localização das indústrias químicas e das matérias-primas nos primórdios da Revolução Industrial provocou a

a) busca pela isenção de impostos.

b) intensa qualificação de mão de obra.

c) diminuição da distância dos mercados consumidores.

d) concentração da produção em determinadas regiões do país.

e) necessidade do desenvolvimento de sistemas de comunicação.

48 A Inglaterra pedia lucros e recebia lucros. Tudo se transformava em lucro. As cidades tinham sua sujeira lucrativa, suas favelas lucrativas, sua fumaça lucrativa, sua desordem lucrativa, sua ignorância lucrativa, seu desespero lucrativo. As novas fábricas e os novos altos fornos eram como as Pirâmides, mostrando mais a escravização do homem que seu poder.

DEANE, P. *A Revolução Industrial*. Rio de Janeiro: Zahar, 1979 (adaptado).

Qual relação é estabelecida no texto entre os avanços tecnológicos ocorridos no contexto da Revolução Industrial Inglesa e as características das cidades industriais no início do século XIX?

a) A facilidade em se estabelecerem relações lucrativas transformava as cidades em espaços privilegiados para a livre iniciativa, característica da nova sociedade capitalista.

b) O desenvolvimento de métodos de planejamento urbano aumentava a eficiência do trabalho industrial.

c) A construção de núcleos urbanos integrados por meios de transporte facilitava o deslocamento dos trabalhadores das periferias até as fábricas.

d) A grandiosidade dos prédios onde se localizavam as fábricas revelava os avanços da engenharia e da arquitetura do período, transformando as cidades em locais de experimentação estética e artística.

e) O alto nível de exploração dos trabalhadores industriais ocasionava o surgimento de aglomerados urbanos marcados por péssimas condições de moradia, saúde e higiene.

Assembleia Nacional Constituinte

49 Fala-se muito nos dias de hoje em direitos do homem. Pois bem: foi no século XVIII – em 1789, precisamente – que uma Assembleia Constituinte produziu e proclamou em Paris a Declaração dos Direitos do Homem e do Cidadão. Essa Declaração se impôs como necessária para um grupo de revolucionários, por ter sido preparada por uma mudança no plano das ideias e das mentalidades: o Iluminismo.

FORTES, L. R. S. *O iluminismo e os reis filósofos*. São Paulo: Brasiliense, 1981 (adaptado).

Correlacionando temporalidades históricas, o texto apresenta uma concepção de pensamento que tem como uma de suas bases a

a) modernização da educação escolar.
b) atualização da disciplina moral cristã.
c) divulgação de costumes aristocráticos.
d) socialização do conhecimento científico.
e) universalização do princípio da igualdade civil.

Revolução Francesa

50 O movimento operário ofereceu uma nova resposta ao grito do homem miserável no princípio do século XIX. A resposta foi a consciência de classe e a ambição de classe. Os pobres então se organizavam em uma classe específica, a classe operária, diferente da classe dos patrões (ou capitalistas). A Revolução Francesa lhes deu confiança; a Revolução Industrial trouxe a necessidade da mobilização permanente.

HOBSBAWM, E. J. *A era das revoluções*. São Paulo: Paz e Terra, 1977.

No texto, analisa-se o impacto das Revoluções Francesa e Industrial para a organização da classe operária. Enquanto a "confiança" dada pela Revolução Francesa era originária do significado da vitória revolucionária sobre as classes dominantes, a "necessidade da mobilização permanente", trazida pela Revolução Industrial, decorria da compreensão de que

a) a competitividade do trabalho industrial exigia um permanente esforço de qualificação para o enfrentamento do desemprego.
b) a completa transformação da economia capitalista seria fundamental para a emancipação dos operários.
c) a introdução das máquinas no processo produtivo diminuía as possibilidades de ganho material para os operários.
d) o progresso tecnológico geraria a distribuição de riquezas para aqueles que estivessem adaptados aos novos tempos industriais.
e) a melhoria das condições de vida dos operários seria conquistada com as manifestações coletivas em favor dos direitos trabalhistas.

Bloqueio Continental

51 Em 2008 foram comemorados os 200 anos da mudança da família real portuguesa para o Brasil, onde foi instalada a sede do reino. Uma sequência de eventos importantes ocorreu no período 1808-1821, durante os 13 anos em que D. João VI e a família real portuguesa permaneceram no Brasil. Entre esses eventos, destacam-se os seguintes:

- Bahia – 1808: Parada do navio que trazia a família real portuguesa para o Brasil, sob a proteção da marinha britânica, fugindo de um possível ataque de Napoleão.
- Rio de Janeiro – 1808: desembarque da família real portuguesa na cidade onde residiriam durante sua permanência no Brasil.
- Salvador – 1810: D. João VI assina a carta régia de abertura dos portos ao comércio de todas as nações amigas, ato antecipadamente negociado com a Inglaterra em troca da escolta dada à esquadra portuguesa.
- Rio de Janeiro – 1816: D. João VI torna-se rei do Brasil e de Portugal, devido à morte de sua mãe, D. Maria I.
- Pernambuco – 1817: As tropas de D. João VI sufocam a revolução republicana.

GOMES. L. *1808: como uma rainha louca, um príncipe medroso e uma corte corrupta enganaram Napoleão e mudaram a história de Portugal e do Brasil*. São Paulo: Editora Planeta, 2007 (adaptado).

Uma das consequências desses eventos foi

a) a decadência do império britânico, em razão do contrabando de produtos ingleses através dos portos brasileiros.
b) o fim do comércio de escravos no Brasil, porque a Inglaterra decretara, em 1806, a proibição do tráfico de escravos em seus domínios.
c) a conquista da região do rio da Prata em represália à aliança entre a Espanha e a França de Napoleão.
d) a abertura de estradas, que permitiu o rompimento do isolamento que vigorava entre as províncias do país, o que dificultava a comunicação antes de 1808.
e) o grande desenvolvimento econômico de Portugal após a vinda de D. João VI para o Brasil, uma vez que cessaram as despesas de manutenção do rei e de sua família.

Haiti

52 No clima das ideias que se seguiram à revolta de São Domingos, o descobrimento de planos para um levante armado dos artífices mulatos na Bahia, no ano de 1798, teve impacto muito especial; esses planos demonstravam aquilo que os brancos conscientes tinham já começado a compreender: as ideias de igualdade social estavam a propagar-se numa sociedade em que só um terço da população era de brancos e iriam inevitavelmente ser interpretados em termos raciais.

MAXWELL, K. Condicionalismos da Independência do Brasil.
In: SILVA, M. N. (coord.). *O Império luso-brasileiro, 1750-1822*.
Lisboa: Estampa, 1966.

O temor do radicalismo da luta negra no Haiti e das propostas das lideranças populares da Conjuração Baiana (1798) levaram setores da elite colonial brasileira a novas posturas diante das reivindicações populares. No período da Independência, parte da elite participou ativamente do processo, no intuito de

a) instalar um partido nacional, sob sua liderança, garantindo participação controlada dos afro-brasileiros e inibindo novas rebeliões de negros.
b) atender aos clamores apresentados no movimento baiano, de modo a inviabilizar novas rebeliões, garantindo o controle da situação.
c) firmar alianças com as lideranças escravas, permitindo a promoção de mudanças exigidas pelo povo sem a profundidade proposta inicialmente.
d) impedir que o povo conferisse ao movimento um teor libertário, o que terminaria por prejudicar seus interesses e seu projeto de nação.
e) rebelar-se contra as representações metropolitanas, isolando politicamente o Príncipe Regente, instalando um governo conservador para controlar o povo.

Independência do Brasil

53 Essa medida, decretada pelo príncipe D. João de Bragança, praticamente eliminou o exclusivo metropolitano sobre o comércio da Colônia, desferindo um golpe mortal no Pacto Colonial luso, além de constituir o primeiro grande passo para a independência efetiva do Brasil. Trata-se da(o):

a) Abertura dos Portos Brasileiros às Nações Amigas.
b) Grito do Ipiranga.
c) Alvará de Liberdade Industrial.
d) Elevação do Brasil à categoria de Reino Unido a Portugal e Algarves.
e) Fundação do Banco do Brasil.

54 A transferência da corte trouxe para a América portuguesa a família real e o governo da Metrópole. Trouxe também, e sobretudo, boa parte do aparato administrativo português. Personalidades diversas e funcionários régios continuaram embarcando para o Brasil atrás da corte, dos seus empregos e dos seus parentes após o ano de 1808:

NOVAIS, F. A.; ALENCASTRO, L. F. de (Org.) *História da vida
privada no Brasil*. São Paulo: Cia. das Letras, 1997.

Os fatos apresentados se relacionam ao processo de independência da América portuguesa por terem:

a) incentivado o clamor popular por liberdade.
b) enfraquecido o pacto de dominação metropolitana.
c) motivado as revoltas escravas contra a elite colonial.
d) obtido apoio do grupo constitucionalista português.
e) provocado os movimentos separatistas das províncias.

55 A vinda da família real deslocou definitivamente o eixo da vida administrativa da Colônia para o Rio de Janeiro, mudando também a fisionomia da cidade. A presença da Corte implicava uma alteração do acanhado cenário urbano da Colônia, mas a marca do absolutismo acompanharia a alteração.

FAUSTO, B. *História do Brasil*. São Paulo: Edusp, 1995
(fragmento).

As transformações ocorridas na cidade do Rio de Janeiro em decorrência da presença da Corte estavam limitadas à superfície das estruturas sociais porque

a) a pujança do desenvolvimento comercial e industrial retirava da agricultura de exportação a posição de atividade econômica central na Colônia.
b) a expansão das atividades econômicas e o desenvolvimento de novos hábitos conviviam com a exploração do trabalho escravo.
c) a emergência das práticas liberais, com a abertura dos portos, impedia uma renovação política em prol da formação de uma sociedade menos desigual.
d) a integração das elites políticas regionais, sob a liderança do Rio de Janeiro, ensejava a formação de um projeto político separatista de cunho republicano.
e) a dinamização da economia urbana retardava o letramento de mulatos e imigrantes, importante para as necessidades do trabalho na cidade.

Período regencial

56 Uns viam na abdicação uma verdadeira revolução, sonhando com um governo de conteúdo republicano; outros exigiam o respeito à Constituição, esperando alcançar, assim, a consolidação da Monarquia. Para alguns, somente uma Monarquia centralizada seria capaz de preservar a integridade territorial do Brasil; outros permaneciam ardorosos defensores de uma organização federativa, à semelhança da jovem República norte-americana. Havia aqueles que imaginavam que somente um Poder Executivo forte seria capaz de garantir e preservar a ordem vigente; assim como havia os que eram favoráveis à atribuição de amplas prerrogativas à Câmara dos Deputados, por entenderem que somente ali estariam representados os interesses das diversas províncias e regiões do Império.

MATTOS, I. R.; GONÇALVES, M. A. *O Império da boa sociedade*: a consolidação do Estado imperial brasileiro. São Paulo: Atual, 1991 (adaptado).

O cenário descrito revela a seguinte característica política do período regencial:

a) instalação do regime parlamentar.
b) realização de consultas populares.
c) indefinição das bases institucionais.
d) limitação das instâncias legislativas.
e) radicalização das disputas eleitorais.

57 A Regência iria enfrentar uma série de rebeliões nas províncias, marcadas pela reação das elites locais contra o centralismo monárquico levado a efeito pelos interesses dos setores ligados ao café da Corte, como a Cabanagem, no Pará, a Balaiada, no Maranhão, e a Sabinada, na Bahia. Mas, de todas elas, a Revolução Farroupilha era aquela que mais preocuparia, não só pela sua longa duração como pela sua situação fronteiriça da província do Rio Grande, tradicionalmente a garantidora dos limites e dos interesses antes lusitanos e agora nacionais do Prata.

PESAVENTO, S. J. Farrapos com a faca na bota. In: FIGUEIREDO, L. *História do Brasil para ocupados*. Rio de Janeiro: Casa da Palavra, 2013.

A característica regional que levou uma das revoltas citadas a ser mais preocupante para o governo central era a

a) autonomia bélica local.
b) coesão ideológica radical.
c) liderança política situacionista.
d) produção econômica exportadora.
e) localização geográfica estratégica.

Segundo Reinado

58 O Instituto Histórico e Geográfico Brasileiro (IHGB) reuniu historiadores, romancistas, poetas, administradores públicos e políticos em torno da investigação a respeito do caráter brasileiro. Em certo sentido, a estrutura dessa instituição, pelo menos como projeto, reproduzia o modelo centralizador imperial. Assim, enquanto na Corte localizava-se a sede, nas províncias deveria haver os respectivos institutos regionais. Estes, por sua vez, enviariam documentos e relatos regionais para a capital.

DEL PRIORE, M.; VENÂNCIO, R. *Uma breve história do Brasil*. São Paulo: Planeta do Brasil, 2010 (adaptado).

De acordo com o texto, durante o reinado de D. Pedro II, o referido instituto objetivava

a) construir uma narrativa de nação.
b) debater as desigualdades sociais.
c) combater as injustiças coloniais.
d) defender a retórica do abolicionismo.
e) evidenciar uma diversidade étnica.

59 As camadas dirigentes paulistas na segunda metade do século XIX recorriam à história e à figura dos bandeirantes. Para os paulistas, desde o início da colonização, os habitantes de Piratininga (antigo nome de São Paulo) tinham sido responsáveis pela ampliação do território nacional, enriquecendo a metrópole portuguesa com o ouro e expandindo suas possessões. Graças à integração territorial que promoveram, os bandeirantes eram tidos ainda como fundadores da unidade nacional. Representavam a lealdade à província de São Paulo e ao Brasil.

ABUD, K. M. Paulistas, uni-vos! *Revista de História da Biblioteca Nacional*, n. 34, 1 jul. 2008 (adaptado).

No período da história nacional analisado, a estratégia descrita tinha como objetivo

a) promover o pioneirismo industrial pela substituição de importações.
b) questionar o governo regencial após a descentralização administrativa.
c) recuperar a hegemonia perdida com o fim da política do café com leite.
d) aumentar a participação política em função da expansão cafeeira.
e) legitimar o movimento abolicionista durante a crise do escravismo.

Lei Eusébio de Queirós

60 A cessação do tráfico lançou sobre a escravidão uma sentença definitiva. Mais cedo ou mais tarde estaria extinta, tanto mais quanto os índices de natalidade entre os escravos eram extremamente baixos e os de mortalidade, elevados. Era necessário melhorar as condições de vida da escravaria existente e, ao mesmo tempo, pensar numa outra solução para o problema da mão de obra.

COSTA, E. V. *Da Monarquia à República*: momentos decisivos. São Paulo: Unesp, 2010.

Em 1850, a Lei Eusébio de Queirós determinou a extinção do tráfico transatlântico de cativos e colocou em evidência o problema da falta de mão de obra para a lavoura. Para os cafeicultores paulistas, a medida que representou uma solução efetiva desse problema foi o(a)

a) valorização dos trabalhadores nacionais livres.
b) busca por novas fontes fornecedoras de cativos.
c) desenvolvimento de uma economia urbano-industrial.
d) incentivo à imigração europeia.
e) escravização das populações indígenas.

Conflitos internacionais

61

De volta do Paraguai

Cheio de glória, coberto de louros, depois de ter derramado seu sangue em defesa da pátria e libertado um povo da escravidão, o voluntário volta ao seu país natal para ver sua mãe amarrada a um tronco horrível de realidade!...

AGOSTINI, A. A vida fluminense, ano 3, n. 128 , 11 jun. 1870. In: LEMOS, R. (Org.) *Uma história do Brasil através da caricatura (1840-2001)*. Rio de Janeiro: Letras & Expressões, 2001 (adaptado).

Na charge, identifica-se uma contradição no retorno de parte dos "Voluntários da Pátria" que lutaram na Guerra do Paraguai (1864-1870), evidenciada na

a) negação da cidadania aos familiares cativos.
b) concessão de alforrias aos militares escravos.
c) perseguição dos escravistas aos soldados negros.
d) punição dos feitores aos recrutados compulsoriamente.
e) suspensão das indenizações aos proprietários prejudicados.

Fim da escravidão

62 A poetisa Emília Freitas subiu a um palanque, nervosa, pedindo desculpas por não possuir títulos nem conhecimentos, mas orgulhosa ofereceu a sua pena que "sem ser hábil, é, em compensação, guiada pelo poder da vontade". Maria Tomásia pronunciava orações que levantavam os ouvintes. A escritora Francisca Clotilde arrebatava, declamando seus poemas. Aquelas "angélicas senhoras", "heroínas da caridade", levantavam dinheiro para comprar liberdades e usavam de seu entusiasmo a fim de convencer os donos de escravos a fazerem alforrias gratuitamente.

MIRANDA, A. Disponível em: www.opovoonline.com.br. Acesso em: 10 jun. 2015.

As práticas culturais narradas remetem, historicamente, ao movimento

a) feminista.
b) sufragista.
c) socialista.
d) republicano.
e) abolicionista.

63

Fotografia de Augusto Gomes Leal e da ama de leite Mônica, cartão de visita de 1860.

KOUTSOUKOS, S. S. M. *Amas mercenárias: o discurso dos doutores em medicina e os retratos de amas – Brasil, segunda metade do século XIX*. História, Ciência, Saúde – Manguinhos, 2009. Disponível em: <http://dx.doi.org>. Acesso em: 8 maio 2013.

A fotografia, datada de 1860, é um indício da cultura escravista no Brasil, ao expressar

a) ambiguidade do trabalho doméstico exercido pela ama de leite, desenvolvendo uma relação de proximidade e subordinação em relação aos senhores.
b) integração dos escravos aos valores das classes médias, cultivando a família como pilar da sociedade imperial.
c) melhoria das condições de vida dos escravos observada pela roupa luxuosa, associando o trabalho doméstico a privilégios para os cativos.
d) esfera da vida privada, centralizando a figura feminina para afirmar o trabalho da mulher na educação letrada dos infantes.
e) distinção étnica entre senhores e escravos, demarcando a convivência entre estratos sociais como meio para superar a mestiçagem.

Nacionalismo e imperialismo

64 A conquista pelos ingleses de grandes áreas da Índia deu o impulso inicial à produção e venda organizada de ópio. A Companhia das Índias Orientais obteve o monopólio da compra do ópio indiano e depois vendeu licenças para mercadores selecionados, conhecidos como "mercadores nativos". Depois de vender ópio na China, esses mercadores depositavam a prata que recebiam por ele com agentes da companhia em Cantão, em troca de cartas de crédito; a Companhia, por sua vez, usava a prata para comprar chá, porcelana e outros artigos que seriam vendidos na Inglaterra.

SPENCE, J. *Em busca da China moderna*. São Paulo: Companhia das Letras, 1996 (adaptado).

A análise das trocas comerciais citadas permite interpretar as relações de poder que foram estabelecidas. A partir desse pressuposto, o processo sócio-histórico identificado no texto é

a) a expansão político-econômica de países do Oriente, iniciada nas últimas décadas do século XX.
b) a consolidação do cenário político entreguerras, na primeira metade do século XX.
c) o colonialismo europeu, que marcou a expansão europeia no século XV.
d) o imperialismo, cujo ápice ocorreu na segunda metade do século XIX.
e) as libertações nacionais, ocorridas na segunda metade do século XX.

65 O conceito de função social da cidade incorpora a organização do espaço físico como fruto da regulação social, isto é, a cidade deve contemplar todos os seus moradores e não somente aqueles que estão no mercado formal da produção capitalista da cidade. A tradição dos códigos de edificação, uso e ocupação do solo no Brasil sempre partiram do pressuposto de que a cidade não tem divisões entre os incluídos e os excluídos socialmente.

QUINTO JR., L. P. Nova legislação urbana e os velhos fantasmas. *Estudos Avançados (USP)*, n. 47, 2003 (adaptado).

Uma política governamental que contribui para viabilizar a função social da cidade, nos moldes indicados no texto, é a

a) qualificação de serviços públicos em bairros periféricos.
b) implantação de centros comerciais em eixos rodoviários.
c) proibição de construções residenciais em regiões íngremes.
d) disseminação de equipamentos culturais em locais turísticos.
e) desregulamentação do setor imobiliário em áreas favelizadas.

Primeira Guerra Mundial

66 Mas a Primeira Guerra Mundial foi seguida por um tipo de colapso verdadeiramente mundial, sentido pelo menos em todos os lugares em que homens e mulheres se envolviam ou faziam uso de transações impessoais de mercado. Na verdade, mesmo os orgulhosos EUA, longe de serem um porto seguro das convulsões de continentes menos afortunados, se tornaram o epicentro deste que foi o maior terremoto global medido na escala Richter dos historiadores econômicos – a Grande Depressão do entreguerras.

HOBSBAWM, E. J. *Era dos extremos*: o breve século XX (1914-1991). São Paulo: Cia. das Letras, 1995.

A Grande Depressão econômica que se abateu nos EUA e se alastrou pelo mundo capitalista deveu-se ao(à)

a) produção industrial norte-americana, ocasionada por uma falsa perspectiva de crescimento econômico pós-Primeira Guerra Mundial.
b) vitória alemã na Primeira Grande Guerra e, consequentemente, sua capacidade de competição econômica com os empresários norte-americanos.

c) desencadeamento da Revolução Russa de 1917 e a formação de um novo bloco econômico, capaz de competir com a economia capitalista.

d) Guerra Fria, que caracterizou o período de entreguerras, provocando insegurança e crises econômicas no mundo.

e) tomada de medidas econômicas pelo presidente norte-americano Roosevelt, conhecidas como *New Deal*, que levaram à crise econômica no mundo.

67 Três décadas – de 1884 a 1914 – separam o século XIX – que terminou com a corrida dos países europeus para a África e com o surgimento dos movimentos de unificação nacional na Europa – do século XX, que começou com a Primeira Guerra Mundial. É o período do Imperialismo, da quietude estagnante na Europa e dos acontecimentos empolgantes na Ásia e na África.

ARENDT, H. *As origens do totalitarismo*.
São Paulo: Cia. das Letras, 2012.

O processo histórico citado contribuiu para a eclosão da Primeira Grande Guerra na medida em que

a) difundiu as teorias socialistas.
b) acirrou as disputas territoriais.
c) superou as crises econômicas.
d) multiplicou os conflitos religiosos.
e) conteve os sentimentos xenófobos.

New Deal

68 O *New Deal* visa restabelecer o equilíbrio entre o custo de produção e o preço, entre a cidade e o campo, entre os preços agrícolas e os preços industriais, reativar o mercado interno – o único que é importante –, pelo controle de preços e da produção, pela revalorização dos salários e do poder aquisitivo das massas, isto é, dos lavradores e operários, e pela regulamentação das condições de emprego.

CROUZET, M. Os Estados perante a crise. In: *História geral das civilizações*. São Paulo: Difel, 1977 (adaptado).

Tendo como referência os condicionantes históricos do entreguerras, as medidas governamentais descritas objetivavam

a) flexibilizar as regras do mercado financeiro.
b) fortalecer o sistema de tributação regressiva.
c) introduzir os dispositivos de contenção creditícia.
d) racionalizar os custos da automação industrial mediante negociação sindical.
e) recompor os mecanismos de acumulação econômica por meio da intervenção estatal.

Totalitarismo

69 Essa atmosfera de loucura e irrealidade, criada pela aparente ausência de propósitos, é a verdadeira cortina de ferro que esconde dos olhos do mundo todas as formas de campos de concentração. Vistos de fora, os campos e o que neles acontece só podem ser descritos com imagens extraterrenas, como se a vida fosse neles separada das finalidades deste mundo. Mais que o arame farpado, é a irrealidade dos detentos que ele confina que provoca uma crueldade tão incrível que termina levando à aceitação do extermínio como solução perfeitamente normal.

ARENDT, H. *Origens do totalitarismo*. São Paulo: Cia. das Letras, 1989 (adaptado).

A partir da análise da autora, no encontro das temporalidades históricas, evidencia-se uma crítica à naturalização do(a)

a) ideário nacional, que legitima as desigualdades sociais.
b) alienação ideológica, que justifica as ações individuais.
c) cosmologia religiosa, que sustenta as tradições hierárquicas.
d) segregação humana, que fundamenta os projetos biopolíticos.
e) enquadramento cultural, que favorece os comportamentos punitivos.

70 Em 1935, o governo brasileiro começou a negar vistos a judeus. Posteriormente, durante o Estado Novo, uma circular secreta proibiu a concessão de vistos a "pessoas de origem semita", inclusive turistas e negociantes, o que causou uma queda de 75% da imigração judaica ao longo daquele ano. Entretanto, mesmo com as imposições da lei, muitos judeus continuaram entrando ilegalmente no país durante a guerra e as ameaças de deportação em massa nunca foram concretizadas, apesar da extradição de alguns indivíduos por sua militância política.

GRIMBERG, K. Nova língua interior: 500 anos de história dos judeus no Brasil. In: *IBGE. Brasil*: 500 anos de povoamento. Rio de Janeiro: IBGE, 2000 (adaptado).

Uma razão para a adoção da política de imigração mencionada no texto foi o(a)

a) receio do controle sionista sobre a economia nacional.
b) reserva de postos de trabalho para a mão de obra local.
c) oposição do clero católico à expansão de novas religiões.
d) apoio da diplomacia varguista às opiniões dos líderes árabes.
e) simpatia de membros da burocracia pelo projeto totalitário alemão.

71

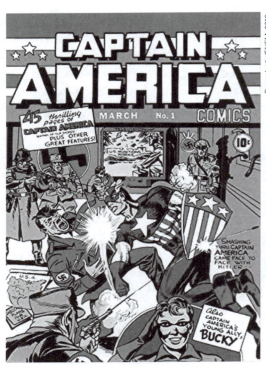

(Disponível em: <http://quadro-a-quadro.blog.br. Acesso em: 27 jan. 2012).

Com sua entrada no universo dos gibis, o Capitão chegaria para apaziguar a agonia, o autoritarismo militar e combater a tirania. Claro que, em tempos de guerra, um gibi de um herói com uma bandeira americana no peito aplicando um sopapo no Führer só poderia ganhar destaque, e o sucesso não demoraria muito a chegar.

COSTA, C. *Capitão América, o primeiro vingador*: crítica. Disponível em: www.revistastart.com.br. Acesso em: 27 jan. 2012 (adaptado).

A capa da primeira edição norte-americana da revista do Capitão América demonstra sua associação com a participação dos Estados Unidos na luta contra

a) a Tríplice Aliança, na Primeira Guerra Mundial.
b) os regimes totalitários, na Segunda Guerra Mundial.
c) o poder soviético, durante a Guerra Fria.
d) o movimento comunista, na Guerra do Vietnã.
e) o terrorismo internacional, após 11 de setembro de 2001.

República oligárquica

72 O marco inicial das discussões parlamentares em torno do direito do voto feminino são os debates que antecederam a Constituição de 1824, que não trazia qualquer impedimento ao exercício dos direitos políticos por mulheres, mas, por outro lado, também não era explícita quanto à possibilidade desse exercício. Foi somente em 1932, dois anos antes de estabelecido o voto aos 18 anos, que as mulheres obtiveram o direito de votar, o que veio a se concretizar no ano seguinte. Isso ocorreu a partir da aprovação do Código Eleitoral de 1932.

Disponível em: http://tse.jusbrasil.com.br. Acesso em: 14 maio 2018.

Um dos fatores que contribuíram para a efetivação da medida mencionada no texto foi a

a) superação da cultura patriarcal.
b) influência de igrejas protestantes.
c) pressão do governo revolucionário.
d) fragilidade das oligarquias regionais.
e) campanha de extensão da cidadania.

73 Art. 90. As nomeações dos deputados e senadores para a Assembleia Geral, e dos membros dos Conselhos Gerais das províncias, serão feitas por eleições, elegendo a massa dos cidadãos ativos em assembleias paroquiais, os eleitores de província, e estes, os representantes da nação e província.

Art. 92. São excluídos de votar nas assembleias paroquiais:

I. Os menores de vinte e cinco anos, nos quais se não compreendem os casados, os oficiais militares, que forem maiores de vinte e um anos, os bacharéis formados e os clérigos de ordens sacras.

II. Os filhos de famílias, que estiverem na companhia de seus pais, salvo se servirem a ofícios públicos.

III. Os criados de servir, em cuja classe não entram os guarda-livros, e primeiros caixeiros das casas de comércio, os criados da Casa Imperial, que não forem de galão branco, e os administradores das fazendas rurais e fábricas.

IV. Os religiosos e quaisquer que vivam em comunidade claustral.

V. Os que não tiverem de renda líquida anual cem mil réis por bens de raiz, indústria, comércio, ou emprego.

BRASIL. Constituição de 1824. Disponível em: www.planalto.gov.br. Acesso em: 4 abr. 2015 (adaptado).

De acordo com os artigos do dispositivo legal apresentado, o sistema eleitoral instituído no início do Império é marcado pelo(a)

a) representação popular e sigilo individual.
b) voto indireto e perfil censitário.
c) liberdade pública e abertura política.
d) ética partidária e supervisão estatal.
e) caráter liberal e sistema parlamentar.

Revoltas na Primeira República

74 O coronelismo era fruto de alteração na relação de forças entre os proprietários rurais e o governo, e significava o fortalecimento do poder do Estado antes que o predomínio do coronel. Nessa concepção, o coronelismo é, então, um sistema político nacional, com base em barganhas entre o governo e os coronéis. O coronel tem o controle dos cargos públicos, desde o delegado de polícia até a professora primária. O coronel hipoteca seu apoio ao governo, sobretudo na forma de voto.

CARVALHO, J. M. *Pontos e bordados*: escritos de história política. Belo Horizonte: Editora UFMG, 1998 (adaptado).

No contexto da Primeira República no Brasil, as relações políticas descritas baseavam-se na

a) coação das milícias locais.
b) estagnação da dinâmica urbana.
c) valorização do proselitismo partidário.
d) disseminação de práticas clientelistas.
e) centralização de decisões administrativas.

75 A Revolta da Vacina (1904) mostrou claramente o aspecto defensivo, desorganizado, fragmentado da ação popular. Não se negava o Estado, não se reivindicava participação nas decisões políticas; defendiam-se valores e direitos considerados acima da intervenção do Estado.

CARVALHO, J. M. *Os bestializados*: o Rio de Janeiro e a República que não foi. São Paulo: Cia. das Letras, 1987 (adaptado).

A mobilização analisada representou um alerta, na medida em que a ação popular questionava

a) a alta de preços.
b) a política clientelista.
c) as reformas urbanas.
d) o arbítrio governamental.
e) as práticas eleitorais.

76 Os seus líderes terminaram presos e assassinados. A "marujada" rebelde foi inteiramente expulsa da esquadra. Num sentido histórico, porém, eles foram vitoriosos. A "chibata" e outros castigos físicos infamantes nunca mais foram oficialmente utilizados; a partir de então, os marinheiros – agora respeitados – teriam suas condições de vida melhoradas significativamente. Sem dúvida fizeram avançar a História.

MAESTRI, M. *1910*: a revolta dos marinheiros – uma saga negra. São Paulo: Global, 1982.

A eclosão desse conflito foi resultado da tensão acumulada na Marinha do Brasil pelo(a)

a) engajamento de civis analfabetos após a emergência de guerras externas.
b) insatisfação de militares positivistas após a consolidação da política dos governadores.
c) rebaixamento de comandantes veteranos após a repressão a insurreições milenaristas.
d) sublevação das classes populares do campo após a instituição do alistamento obrigatório.
e) manutenção da mentalidade escravocrata da oficialidade após a queda do regime imperialista.

Estado Novo

77 Estão aí, como se sabe, dois candidatos à presidência, os senhores Eduardo Gomes e Eurico Dutra, e um terceiro, o senhor Getúlio Vargas, que deve ser candidato de algum grupo político oculto, mas é também o candidato popular. Porque há dois "queremos": o "queremos" dos que querem ver se continuam nas posições e o "queremos" popular... Afinal, o que é que o senhor Getúlio Vargas é? É fascista? É comunista? É ateu? É cristão? Quer sair? Quer ficar? O povo, entretanto, parece que gosta dele por isso mesmo, porque ele é "à moda da casa".

A Democracia. 16 set. 1945. Apud GOMES, A. C.; D'ARAUJO, M. C. *Getulismo e trabalhismo*. São Paulo: Ática, 1989.

O movimento político mencionado no texto caracterizou-se por

a) reclamar a participação das agremiações partidárias.

b) apoiar a permanência da ditadura estadonovista.

c) demandar a confirmação dos direitos trabalhistas.

d) reivindicar a transição constitucional sob influência do governante.

e) resgatar a representatividade dos sindicatos sob controle social.

78

Disponível em: http://cpdoc.fgv.br. Acesso em: 6 dez. 2017.

Essa imagem foi impressa em cartilha escolar durante a vigência do Estado Novo com o intuito de

a) destacar a sabedoria inata do líder governamental.

b) atender a necessidade familiar de obediência infantil.

c) promover o desenvolvimento consistente das atitudes solidárias.

d) conquistar a aprovação política por meio do apelo carismático.

e) estimular o interesse acadêmico por meio de exercícios intelectuais.

79 Durante o Estado Novo, os encarregados da propaganda procuraram aperfeiçoar-se na arte da empolgação e envolvimento das "multidões" através das mensagens políticas. Nesse tipo de discurso, o significado das palavras importa pouco, pois, como declarou Goebbels, "não falamos para dizer alguma coisa, mas para obter determinado efeito".

CAPELATO, M. H. Propaganda política e controle dos meios de comunicação. In: PANDOLFI, D. (Org.). *Repensando o Estado Novo*. Rio de Janeiro: FGV, 1999.

O controle sobre os meios de comunicação foi uma marca do Estado Novo, sendo fundamental à propaganda política, na medida em que visava

a) conquistar o apoio popular na legitimação do novo governo.

b) ampliar o envolvimento das multidões nas decisões políticas.

c) aumentar a oferta de informações públicas para a sociedade civil.

d) estender a participação democrática dos meios de comunicação no Brasil.

e) alargar o entendimento da população sobre as intenções do novo governo.

Guerra Fria

80 Os soviéticos tinham chegado a Cuba muito cedo na década de 1960, esgueirando-se pela fresta aberta pela imediata hostilidade norte-americana em relação ao processo social revolucionário. Durante três décadas os soviéticos mantiveram sua presença em Cuba com bases e ajuda militar, mas, sobretudo, com todo o apoio econômico que, como saberíamos anos mais tarde, mantinha o país à tona, embora nos deixasse em dívida com os irmãos soviéticos – e depois com seus herdeiros russos – por cifras que chegavam a US$ 32 bilhões. Ou seja, o que era oferecido em nome da solidariedade socialista tinha um preço definido.

PADURA, L. Cuba e os russos. *Folha de S.Paulo*, 19 jul. 2014 (Adaptado).

O texto indica que durante a Guerra Fria as relações internas em um mesmo bloco foram marcadas pelo(a)

a) busca da neutralidade política.

b) estímulo à competição comercial.

c) subordinação à potência hegemônica.

d) elasticidade das fronteiras geográficas.

e) compartilhamento de pesquisas científicas.

81 A primeira Guerra do Golfo, genuinamente apoiada pelas Nações Unidas e pela comunidade internacional, assim como a reação imediata ao Onze de Setembro, demonstravam a força da posição dos Estados Unidos na era pós-soviética.

HOBSBAWM, E. *Globalização, democracia e terrorismo*. São Paulo: Cia. das Letras, 2007.

Um aspecto que explica a força dos Estados Unidos, apontada pelo texto, reside no(a)

a) poder de suas bases militares espalhadas ao redor do mundo.
b) alinhamento geopolítico da Rússia em relação aos EUA.
c) política de expansionismo territorial exercida sobre Cuba.
d) aliança estratégica com países produtores de petróleo, como Kuwait e Irã.
e) incorporação da China à Organização do Tratado do Atlântico Norte (Otan).

Declaração Universal dos Direitos Humanos

82 Após a Declaração Universal dos Direitos Humanos pela ONU, em 1948, a Unesco publicou estudos de cientistas de todo o mundo que desqualificaram as doutrinas racistas e demonstraram a unidade do gênero humano. Desde então, a maioria dos próprios cientistas europeus passou a reconhecer o caráter discriminatório da pretensa superioridade racial do homem branco e a condenar as aberrações cometidas em seu nome.

SILVEIRA, R. Os selvagens e a massa: papel do racismo científico na montagem da hegemonia ocidental. *Afro-Ásia*, n. 23, 1999 (adaptado).

A posição assumida pela Unesco, a partir de 1948, foi motivada por acontecimentos então recentes, dentre os quais se destacava o(a)

a) ataque feito pelos japoneses à base militar americana de Pearl Harbor.
b) desencadeamento da Guerra Fria e de novas rivalidades entre nações.
c) morte de milhões de soldados nos combates da Segunda Guerra Mundial.
d) execução de judeus e eslavos presos em guetos e campos de concentração nazistas.
e) lançamento de bombas atômicas em Hiroshima e Nagasaki pelas forças norte-americanas.

83 A Declaração Universal dos Direitos Humanos, adotada e proclamada pela Assembleia Geral da ONU na Resolução 217-A, de 10 de dezembro de 1948, foi um acontecimento histórico de grande relevância. Ao afirmar, pela primeira vez em escala planetária, o papel dos direitos humanos na convivência coletiva, pode ser considerada um evento inaugural de uma nova concepção de vida internacional.

LAFER, C. Declaração Universal dos Direitos Humanos (1948). In: MAGNOLI, D. (Org.). *História da paz*. São Paulo: Contexto, 2008.

A declaração citada no texto introduziu uma nova concepção nas relações internacionais ao possibilitar a

a) superação da soberania estatal.
b) defesa dos grupos vulneráveis.
c) redução da truculência belicista.
d) impunidade dos atos criminosos.
e) inibição dos choques civilizacionais.

Independência na África

84

Disponível em: www.imageforum-diffusion.afp.com. Acesso em: 6 jan. 2016

O regime do Apartheid adotado de 1948 a 1994 na África do Sul fundamentava-se em ações estatais de segregacionismo racial. Na imagem, fuzileiros navais fazem valer a "lei do passe" que regulamentava o(a)

a) concentração fundiária, impedindo os negros de tomar posse legítima do uso da terra.
b) boicote econômico, proibindo os negros de consumir produtos ingleses sem resistência armada.
c) sincretismo religioso, vetando os ritos sagrados dos negros nas cerimônias oficiais do Estado.
d) controle sobre a movimentação, desautorizando os negros a transitar em determinadas áreas das cidades.
e) exclusão do mercado de trabalho, negando à população negra o acesso aos bens de consumo.

Independência no Oriente Médio

85 Palestinos se agruparam em frente a aparelhos de televisão e telas montadas ao ar livre em Ramalah, na Cisjordânia, para acompanhar o voto da resolução que pedia o reconhecimento da chamada Palestina como um Estado observador não membro da Organização das Nações Unidas (ONU). O objetivo era esperar pelo nascimento, ao menos formal, de um Estado palestino. Depois da aprovação da resolução, centenas de pessoas foram à praça da cidade com bandeiras palestinas, soltaram fogos de artifício, fizeram buzinaços e dançaram pelas ruas. Aprovada com 138 votos dos 193 da Assembleia-Geral, a resolução eleva o *status* do Estado palestino perante a organização.

Palestinos comemoram elevação de status na ONU com bandeiras e fogos. Disponível em: http://folha.com. Acesso em: 4 dez. 2012 (adaptado).

A mencionada resolução da ONU referendou o(a)

a) delimitação institucional das fronteiras territoriais.
b) aumento da qualidade de vida da população local.
c) implementação do tratado de paz com os israelenses.
d) apoio da comunidade internacional à demanda nacional.
e) equiparação da condição política com a dos demais países.

86 A situação demográfica de Israel é muito particular. Desde 1967, a esquerda sionista afirma que Israel deveria se desfazer rapidamente da Cisjordânia e da Faixa de Gaza, argumentando a partir de uma lógica demográfica aparentemente inexorável. Devido à taxa de nascimento árabe ser muito mais elevada, a anexação dos territórios palestinos, formal ou informal, acarretaria dentro de uma ou duas gerações uma maioria árabe "entre o rio e o mar".

DEMANT, P. Israel: a crise próxima. *História*, n. 2, jul.-dez. 2014.

A preocupação apresentada no texto revela um aspecto da condução política desse Estado identificado ao(à)

a) abdicação da interferência militar em conflito local.
b) busca da preeminência étnica sobre o espaço nacional.
c) admissão da participação proativa em blocos regionais.
d) rompimento com os interesses geopolíticos das potências globais.
e) compromisso com as resoluções emanadas dos organismos internacionais.

Globalização

87 TEXTO I

As fronteiras, ao mesmo tempo que se separam, unem e articulam, por elas passando discursos de legitimação da ordem social tanto quanto do conflito.

CUNHA, L. Terras lusitanas e gentes dos brasis: a nação e o seu retrato literário. *Revista Ciências Sociais*, n. 2, 2009.

TEXTO II

As últimas barreiras ao livre movimento do dinheiro e das mercadorias e informação que rendem dinheiro andam de mãos dadas com a pressão para cavar novos fossos e erigir novas muralhas que barrem o movimento daqueles que em consequência perdem, física ou espiritualmente, suas raízes.

BAUMAN, Z. *Globalização*: as consequências humanas. Rio de Janeiro: Jorge Zahar, 1999.

A ressignificação contemporânea da ideia de fronteira compreende a

a) liberação da circulação de pessoas.
b) preponderância dos limites naturais.
c) supressão dos obstáculos aduaneiros.
d) desvalorização da noção de nacionalismo.
e) seletividade dos mecanismos segregadores.

88 TEXTO I

Mais de 50 mil refugiados entraram no território húngaro apenas no primeiro semestre de 2015. Budapeste lançou os "trabalhos preparatórios" para a construção de um muro de quatro metros de altura e 175 km ao longo de sua fronteira com a Sérvia, informou o ministro húngaro das Relações Exteriores. "Uma resposta comum da União Europeia a este desafio da imigração é muito demorada, e a Hungria não pode esperar. Temos que agir", justificou o ministro.

Disponível em: www.portugues.rfi.fr. Acesso em: 19 jun. 2015 (adaptado).

TEXTO II

O Alto Comissariado das Nações Unidas para Refugiados (ACNUR) critica as manifestações de xenofobia adotadas pelo governo da Hungria.

O país foi invadido por cartazes nos quais o chefe do executivo insta os imigrantes a respeitarem as leis e a não "roubarem" os empregos dos húngaros. Para o ACNUR, a medida é surpreendente, pois a xenofobia costuma ser instigada por pequenos grupos radicais e não pelo próprio governo do país.

Disponível em: http://pt.euronews.com. Acesso em: 19 jun. 2015 (adaptado).

O posicionamento governamental citado nos textos é criticado pelo ACNUR por ser considerado um caminho para o(a)

a) alteração do regime político.
b) fragilização da supremacia nacional.
c) expansão dos domínios geográficos.
d) cerceamento da liberdade de expressão.
e) fortalecimento das práticas de discriminação.

89 Uma fábrica na qual os operários fossem, efetiva e integralmente, simples peças de máquinas executando cegamente as ordens da direção pararia em quinze minutos. O capitalismo só pode funcionar com a contribuição constante da atividade propriamente humana de seus subjugados que, ao mesmo tempo, tenta reduzir e desumanizar o mais possível.

CASTORIADIS, C. A instituição imaginária da sociedade. Rio de Janeiro: Paz e Terra, 1982.

O texto destaca, além da dinâmica material do capitalismo, a importância da dimensão simbólica da sociedade, que consiste em

a) elaborar significações e valores no mundo para dotá-lo de um sentido que transcende a concretude da vida.
b) estabelecer relações lúdicas entre a vida e a realidade sem a pretensão de transformar o mundo dos homens.
c) atuar sobre a vivência real e modificá-la para estabelecer relações interpessoais baseadas no interesse mútuo.
d) criar discursos destinados a exercer o convencimento sobre audiências, independentemente das posições defendidas.
e) defender a caridade como realização pessoal, por meio de práticas assistenciais, na defesa dos menos favorecidos.

Experiência democrática

90 O conceito de democracia, no pensamento de Habermas, é construído a partir de uma dimensão procedimental, calcada no discurso e na deliberação. A legitimidade democrática exige que o processo de tomada de decisões políticas ocorra a partir de uma ampla discussão pública, para somente então decidir. Assim, o caráter deliberativo corresponde a um processo coletivo de ponderação e análise, permeado pelo discurso, que antecede a decisão.

VITALE, D. Jürgen Habermas, modernidade e democracia deliberativa. Cadernos do CRH (UFBA), v. 19, 2006 (adaptado).

O conceito de democracia proposto por Jürgen Habermas pode favorecer processos de inclusão social. De acordo com o texto, é uma condição para que isso aconteça o(a)

a) participação direta periódica do cidadão.
b) debate livre e racional entre cidadãos e Estado.
c) interlocução entre os poderes governamentais.
d) eleição de lideranças políticas com mandatos temporários.
e) controle do poder político por cidadãos mais esclarecidos.

91 A democracia que eles pretendem é a democracia dos privilégios, a democracia da intolerância e do ódio. A democracia que eles querem é para liquidar com a Petrobras, é a democracia dos monopólios, nacionais e internacionais, a democracia que pudesse lutar contra o povo. Ainda ontem eu afirmava que a democracia jamais poderia ser ameaçada pelo povo, quando o povo livremente vem para as praças – as praças que são do povo. Para as ruas – que são do povo.

Disponível em: www.revistadehistoria.com.br/secao/artigos/discurso-de-joao-goulart-no-comicio-da-central. Acesso em: 29 out. 2015.

Em um momento de radicalização política, a retórica no discurso do presidente João Goulart, proferido no comício da Central do Brasil, buscava justificar a necessidade de

a) conter a abertura econômica para conseguir a adesão das elites.
b) impedir a ingerência externa para garantir a conservação de direitos.
c) regulamentar os meios de comunicação para coibir os partidos de oposição.
d) aprovar os projetos reformistas para atender a mobilização de setores trabalhistas.
e) incrementar o processo de desestatização para diminuir a pressão da opinião pública.

Governo Juscelino (1956-1961)

92 Tratava-se agora de construir um ritmo novo. Para tanto, era necessário convocar todas as forças vivas da Nação, todos os homens que, com vontade de trabalhar e confiança no futuro, pudessem erguer, num tempo novo, um novo Tempo. E, à grande convocação que conclamava o povo para a gigantesca tarefa, começaram a chegar de todos os cantos da imensa pátria os trabalhadores: os homens simples e quietos, com pés de raiz, rostos de couro e mãos de pedra, e no calcanho, em carro de boi, em lombo de burro, em paus de arara, por todas as formas possíveis e imagináveis, em sua mudez cheia de esperança, muitas vezes deixando para trás mulheres e filhos a aguardar suas promessas de melhores dias; foram chegando de tantos povoados, tantas cidades cujos nomes pareciam cantar saudades aos seus ouvidos, dentro dos antigos ritmos da imensa pátria... Terra de sol, Terra de luz... Brasil! Brasil! Brasília!

MORAES, V.; JOBIM, A. C. *Brasília, sinfonia da alvorada*. III – A chegada dos candangos. Disponível em: www.viniciusdemoraes.com.br. Acesso em: 14 ago. 2012 (adaptado).

No texto, a narrativa produzida sobre a construção de Brasília articula os elementos políticos e socioeconômicos indicados, respectivamente, em

a) apelo simbólico e migração inter-regional.
b) organização sindical e expansão do capital.
c) segurança territorial e estabilidade financeira.
d) consenso partidário e modernização rodoviária.
e) perspectiva democrática e eficácia dos transportes.

Governos militares

93

ZIRALDO. 20 anos de prontidão. In: LEMOS, R. (Org.). Uma história do Brasil através da caricatura (1840-2001). Rio de Janeiro: Letras & Expressões, 2001.

No período de 1964 a 1985, a estratégia do Regime Militar abordada na charge foi caracterizada pela

a) priorização da segurança nacional.
b) captação de financiamentos estrangeiros.
c) execução de cortes nos gastos públicos.
d) nacionalização de empresas multinacionais.
e) promoção de políticas de distribuição de renda.

94 No período anterior ao golpe militar de 1964, os documentos episcopais indicavam para os bispos que o desenvolvimento econômico, e claramente o desenvolvimento capitalista, orientando-se no sentido da justa distribuição da riqueza, resolveria o problema da miséria rural e, consequentemente, suprimiria a possibilidade do proselitismo e da expansão comunista entre os camponeses. Foi nesse sentido que o golpe de Estado, de 31 de março de 1964, foi acolhido pela Igreja.

MARTINS, J. S. *A política do Brasil:* lúmpen e místico. São Paulo: Contexto, 2011 (adaptado).

Em que pesem as divergências no interior do clero após a instalação da ditadura civil-militar, o posicionamento mencionado no texto fundamentou-se no entendimento da hierarquia católica de que o(a)

a) luta de classes é estimulada pelo livre mercado.
b) poder oligárquico é limitado pela ação do exército.
c) doutrina cristã é beneficiada pelo atraso no interior.
d) espaço político é dominado pelo interesse empresarial.
e) manipulação ideológica é favorecida pela privação material.

95 Podem me prender
Podem me bater
Podem até deixar-me sem comer
Que eu não mudo de opinião.
Aqui do morro eu não saio não
Aqui do morro eu não saio não.

Se não tem água
Eu furo um poço

Se não tem carne
Eu compro um osso e ponho na sopa
E deixa andar, deixa andar...

Falem de mim
Quem quiser falar
Aqui eu não pago aluguel

Se eu morrer amanhã seu doutor,
Estou pertinho do céu

Zé Ketti. *Opinião*. Disponível em: http://www.mpbnet.com.br.
Acesso em: 28 abr. 2010.

Essa música fez parte de um importante espetáculo teatral que estreou no ano de 1964, no Rio de Janeiro. O papel exercido pela Música Popular Brasileira (MPB) nesse contexto, evidenciado pela letra de música citada, foi o de

a) entretenimento para os grupos intelectuais.
b) valorização do progresso econômico do país.
c) crítica à passividade dos setores populares.
d) denúncia da situação social e política do país.
e) mobilização dos setores que apoiavam a Ditadura Militar.

Campanha Diretas Já

96 No Brasil, na complexidade de seu território, com muitas diferenças regionais, ocorreu um fato marcante o cenário político nacional, capaz de mobilizar e aglutinar todos os segmentos da sociedade. Esse fato, relacionado ao processo de redemocratização, foi o movimento por eleições diretas, que ficou conhecido como "Diretas Já". Esse processo representava, na época, os anseios de uma sociedade marcada por anos de regime militar.

O movimento mencionado foi desencadeado

a) pela mobilização suprapartidária oriunda da região Sul do Brasil.
b) pelos trabalhadores sem-terra do Nordeste, com base nos movimentos sociais oriundos do campo.
c) de acordo com os arranjos sociais e as lutas de classe dos trabalhadores vinculados ao setor petroleiro.
d) a partir da articulação dos movimentos sociais e sindicais com base sólida na região Sudeste do país.
e) pela união de diferentes segmentos sociais liderados pelos sindicatos da região Centro-Oeste.

97 Batizado por Tancredo Neves de "Nova República", o período que marca o reencontro do Brasil com os governos civis e a democracia ainda não completou seu quinto ano e já viveu dias de grande comoção. Começou com a tragédia de Tancredo, seguiu pela euforia do Plano Cruzado, conheceu as depressões da inflação e das ameaças da hiperinflação e desembocou na movimentação que antecede as primeiras eleições diretas para presidente em 29 anos.

O álbum dos presidentes: a história vista pelo JB.
Jornal do Brasil, 15 nov. 1989.

O período descrito apresenta continuidades e rupturas em relação à conjuntura histórica anterior. Uma dessas continuidades consistiu na

a) representação do legislativo com a fórmula do bipartidarismo.
b) detenção de lideranças populares por crimes de subversão.
c) presença de políticos com trajetórias no regime autoritário.
d) prorrogação das restrições advindas dos atos institucionais.
e) estabilidade da economia com o congelamento anual de preços.

Constituição de 1988

98 "Art. 231. São reconhecidos aos índios sua organização social, costumes, línguas, crenças e tradições, e os direitos originários sobre as terras que tradicionalmente ocupam, competindo à União demarcá-las, proteger e fazer respeitar todos os seus bens."

BRASIL. *Constituição da República Federativa do Brasil de 1988*.
Disponível em: www.planalto.gov.br. Acesso em: 27 abr. 2017.

A persistência das reivindicações relativas à aplicação desse preceito normativo tem em vista a vinculação histórica fundamental entre

a) etnia e miscigenação racial.
b) sociedade e igualdade jurídica.
c) espaço e sobrevivência cultural.
d) progresso e educação ambiental.
e) bem-estar e modernização econômica.

Vestibulares

História

1 (UFRGS) Leia as declarações a respeito do incêndio que destruiu o Museu Nacional em setembro de 2018.

> O material que estava ali servia de base para pesquisas do nosso povo e de muitos outros povos nativos do Brasil. Era uma forma de ter reconhecida nossa cultura e afirmar nossa existência. Sem eles, é como se fôssemos extintos novamente. [...] É mais uma destruição para a nossa cultura. Temos a destruição das nossas línguas, dos nossos costumes, das nossas terras e até mesmo dos nossos indivíduos. Então, esse incêndio no Museu Nacional parece parte da mesma agressão. É o que a gente sente (Daniel Tutushamum Puri, historiador e mestre em Educação pela USP). Isso é a morte da memória dos povos originários, uma negligência com o nosso patrimônio. A memória de todas as línguas da América Latina estava aqui, tínhamos registros sonoros e escritos de povos que já não existem. Estamos vendo a cultura indígena sendo apagada. Uma perda irreparável (Urutau Guajajara, mestre em Linguística e Língua Indígena pela UFRJ).

ZARUR, Camila. É como se fôssemos extintos novamente. *Revista Piauí*. Disponível em:<https://piaui.folha.uol.com.br/e-como-se-fossemos-extintos-novamente/#>. Acesso em: 10 set. 2018.

Com relação à importância do Museu Nacional para a história e memória indígenas no Brasil, assinale com V (verdadeiro) ou F (falso) as afirmações abaixo.

( ) A destruição das coleções que representavam diversas formas culturais de grupos indígenas significou a primeira forma de extinção desses grupos que habitavam o território americano desde antes da chegada de europeus.

( ) O Museu abrigava o acervo do Centro de Documentação de Línguas Indígenas (CELIN), onde se encontravam referências linguísticas, cantos e materiais sonoros de diversos grupos indígenas, muitos deles caracterizados pelo predomínio da cultura oral em relação à escrita.

( ) A preservação da documentação, dos objetos e dos diversos registros fotográficos ali existentes era voltada exclusivamente para a visitação pública, como forma de mostrar o caráter pacífico e harmonioso das relações entre indígenas e não indígenas desde o século XVI.

( ) O resguardo do patrimônio material e da memória dos povos originários da América, feito pela instituição, servia como forma de reconhecimento da relevância social das culturas indígenas e como afirmação de grupos que foram sendo marginalizados ao longo da história brasileira.

A sequência correta de preenchimento dos parênteses, de cima para baixo, é

a) F – V – F – V.   b) V – V – F – F.   c) V – F – V – F.   d) F – F – V – F.   e) F – V – V – V.

Tempo

2 (Udesc) A História, segundo o historiador Marc Bloch, pode ser definida como a ciência do homem no tempo. Quando estudada em instituições escolares, ela é, comumente, dividida em: Idade Antiga, Idade Medieval, Idade Moderna e Idade Contemporânea.

Sobre este modelo de organização do tempo histórico em períodos ou idades, analise as proposições.

I. O modelo acima foi instituído na Grécia durante o século IV a.C. por Aristóteles que, na época, assumia as funções de tutor de Alexandre da Macedônia.

II. A adoção deste modelo demonstra o forte vínculo existente entre os programas escolares de história e a tradição europeia, na medida em que as idades são organizadas a partir de processos ocorridos majoritariamente no Continente Europeu.

III. O modelo citado foi desenvolvido e institucionalizado em 1837, pelo Instituto Histórico Geográfico Brasileiro, e refere-se, exclusivamente, aos processos ocorridos a partir do Descobrimento do Brasil, em 1500.

Assinale a alternativa correta.

a) Somente a afirmativa I é verdadeira.
b) Somente a afirmativa III é verdadeira.
c) Somente as afirmativas I e II são verdadeiras.
d) Somente as afirmativas II e III são verdadeiras.
e) Somente a afirmativa II é verdadeira.

Origem do homem

3 (Uece) No que tange aos primeiros ancestrais dos seres humanos, os hominídeos, considere as seguintes afirmações:

I. O *Homo erectus* utilizou instrumentos de pedra e o fogo.
II. O *Homo neanderthalensis* deu origem ao homem moderno.
III. O *Homo habilis* viveu no princípio do Pleistoceno inferior.

É correto o que se afirma em

a) I, II e III.
b) I e II apenas.
c) II e III apenas.
d) I e III apenas.

Pré-História

4 (UFRR) Assinale a alternativa que corresponde às características do homem no Paleolítico:

a) praticava a agricultura e o comércio nos pequenos núcleos urbanos.
b) desenvolvia grandes sistemas de irrigação e drenagens, com complexas construções em formas de pirâmides.
c) trabalhava na metalúrgica, em especial, na fabricação de armas de guerra e instrumentos agrícolas.
d) vivia de atividades como a caça e coleta de frutos silvestres, habitando em regiões de savanas e utilizando acampamentos provisórios.
e) abandonou a caça e a coleta, tornando-se sedentário no desenvolvimento de práticas agrícolas e do pastoreio.

5 (Centro Paula Souza/Etec-SP)

Uma fornalha de 300 mil anos descoberta em uma caverna paleolítica de Israel levou os cientistas a concluir que esta se trata da mais antiga descoberta que aponta para o controle do fogo por parte do homem. O uso do fogo é um dos fatores que contribuíram para a evolução de nossos ancestrais pré-históricos. Apesar de o fogo ser usado pelo homem há cerca de 1 milhão de anos, a aprendizagem sobre como acendê-lo e controlá-lo para uso doméstico só aconteceu muito depois.

<https://tinyurl.com/yal2ab2b>. Acesso em: 10.04.2018. Adaptado.

Assinale a alternativa que explica, corretamente, por que o uso do fogo é considerado um dos fatores que contribuíram para o desenvolvimento dos homens pré-históricos.

a) O controle do fogo e a descoberta da pólvora possibilitaram o desenvolvimento de armas de precisão e longo alcance utilizadas nas guerras entre grupos humanos rivais.
b) O fogo era utilizado como arma de caça e fonte de calor, além de permitir o cozimento dos alimentos e, posteriormente, a fundição de metais.
c) Durante o período da pré-história, o fogo foi utilizado como energia para impulsionar os motores de máquinas simples, principalmente de uso agrícola.
d) Para produzir e controlar o fogo, os grupos pré-históricos foram obrigados a se estabelecer em áreas próximas às fogueiras, deixando o nomadismo e iniciando o processo de sedentarização.
e) A descoberta do fogo permitiu o desenvolvimento de atividades culturais, como o Teatro, que eram realizadas em volta da fogueira e desenvolveram-se rapidamente no período pré-histórico.

Arqueologia brasileira

6 (Unesp-SP) Luzia, com cerca de 12 500 anos, é o fóssil humano mais antigo encontrado no território do atual Brasil. A imagem 1 mostra a reconstituição virtual de sua cabeça, realizada em 1999.

A imagem 2 mostra a reconstituição virtual de sua cabeça realizada em 2018, após estudos mais recentes.

Imagem 1

Imagem 2

(https://oglobo.globo.com)

a) Defina o que é um fóssil. O que significa "cultura material"?

_____
_____
_____
_____
_____

b) Considerando as imagens, cite uma informação que foi obtida pelos pesquisadores a partir do estudo do fóssil de Luzia. Mencione uma limitação desse tipo de estudo.

_____
_____
_____
_____
_____
_____

Egito antigo

7 (FAI-SP) O Reino Antigo Egípcio (2686–2160 a.C.), que teve a sua capital na cidade de Mênfis, é o período quando se pôde observar o ápice da ideologia faraônica.
Sobre esse período, considere as seguintes afirmativas:

I. Havia independência das províncias em relação ao poder central do faraó.

II. O faraó era considerado o representante humano dos deuses e também uma divindade encarnada.

III. Os escribas eram os principais encarregados de lidar com os negócios burocráticos.

IV. O território egípcio foi invadido pelo exército romano sob comando de Júlio César.

Está correto o que se afirma em:

a) I e II, apenas.   b) II e III, apenas.   c) III e IV, apenas.   d) I e III, apenas.   e) II e IV, apenas.

Mesopotâmia

8 (Fuvest-SP)

Ao primeiro brilho da alvorada chegou do horizonte uma nuvem negra, que era conduzida [pelo] senhor da tempestade (...). Surgiram então os deuses do abismo; Nergal destruiu as barragens que represavam as águas do inferno; Ninurta, o deus da guerra, pôs abaixo os diques (...). Por seis dias e seis noites os ventos sopraram; enxurradas, inundações e torrentes assolaram o mundo; a tempestade e o dilúvio explodiam em fúria como dois exércitos em guerra. Na alvorada do sétimo dia o temporal (...) amainou (...) o dilúvio serenou (...) toda a humanidade havia virado argila (...). Na montanha de Nisir o barco ficou preso (...). Na alvorada do sétimo dia eu soltei uma pomba e deixei que se fosse. Ela voou para longe, mas, não encontrando um lugar para pousar, retornou. Então soltei um corvo. A ave viu que as águas haviam abaixado; ela comeu, (...) grasnou e não mais voltou para o barco. Eu então abri todas as portas e janelas, expondo a nave aos quatro ventos. Preparei um sacrifício e derramei vinho sobre o topo da montanha em oferenda aos deuses (...).

A Epopeia de Gilgamesh. São Paulo: Martins Fontes, 2001.

Com base no texto, registrado aproximadamente no século VII a.C. e que se refere a um antigo mito da Mesopotâmia, bem como em seus conhecimentos, é possível dizer que a sociedade descrita era

a) mercantil, pacífica, politeísta e centralizada.
b) agrária, militarizada, monoteísta e democrática.
c) manufatureira, naval, monoteísta e federalizada.
d) mercantil, guerreira, monoteísta e federalizada.
e) agrária, guerreira, politeísta e centralizada.

Formação da pólis

9 (Unicamp-SP)

Os gregos sentiram paixão pelo humano, por suas capacidades, por sua energia construtiva. Por isso, inventaram a pólis: a comunidade cidadã em cujo espaço artificial, antropocêntrico, não governa a necessidade da natureza, nem a vontade dos deuses, mas a liberdade dos homens, isto é, sua capacidade de raciocinar, de discutir, de escolher e de destituir dirigentes, de criar problemas e propor soluções. O nome pelo qual hoje conhecemos essa invenção grega, a mais revolucionária, politicamente falando, que já se produziu na história humana, é democracia.

(Adaptado de Fernando Savater, *Política para meu filho.* São Paulo: Martins Fontes, 1996, p. 77.)

Assinale a alternativa correta, considerando o texto acima e seus conhecimentos sobre a Grécia Antiga.

a) Para os gregos, a cidade era o espaço do exercício da liberdade dos homens e da tirania dos deuses.
b) Os gregos inventaram a democracia, que tinha então o mesmo funcionamento do sistema político vigente atualmente no Brasil.
c) Para os gregos, a liberdade dos homens era exercida na pólis e estava relacionada à capacidade de invenção da política.
d) A democracia foi uma invenção grega que criou problemas em função do excesso de liberdade dos homens.

Atenas e Esparta

10 (FGV-SP) Leia o texto.
Aos 7 anos: deixava sua família para iniciar a educação militar.
Aos 20: era admitido num grupo de outros guerreiros; a participação era obrigatória.
Aos 30: ganhava poder de voto na *Apela*, assembleia militar que indicava o conselho dos anciãos.
A partir dos 60: se fosse um membro da aristocracia, podia ser indicado para o conselho de anciãos, a *Gerúsia*.

(Flavio Campos e Regina Claro, *Oficina de História.*)

As informações fazem referência a um

a) meteco ateniense.
b) nobre troiano.
c) cidadão espartano.
d) escriba egípcio.
e) tribuno romano.

11 (UFJF-MG) Observe os quadrinhos abaixo:

(Gilmar – quadrinhos.)

O quadrinho do cartunista Gilmar, publicado em 2010, expõe uma crítica contemporânea ao que se apresentou como "democracia" na Atenas da antiguidade clássica. Das alternativas abaixo, qual expressa de modo consistente tal crítica?

a) A apatia da população, que não tinha o hábito de participar das decisões tomadas nas assembleias dirigidas pelos cidadãos.

b) A contradição envolvendo um ideal democrático e a exclusão real da participação política de sujeitos considerados "não cidadãos".

c) A equivalência entre a forma democrática ateniense e a que é utilizada atualmente na sociedade brasileira desde a Constituição de 1988.

d) A necessidade de se constituir, na sociedade grega da antiguidade, uma forma de democracia representativa, na qual cada eleitor escolhia seus representantes.

e) O favorecimento sistemático de representantes de partidos políticos que nem sempre representavam a maioria da população.

Helenismo

12 (Fatec-SP) A figura mostra uma tapeçaria funerária produzida no Egito, durante o chamado Período Helenístico, retratando um homem vestido como grego, posicionado entre dois deuses egípcios, Osíris e Anúbis. Assinale a alternativa que explica, corretamente, a fusão das culturas grega e egípcia representada na tapeçaria.

Tapeçaria funerária, linho, 1,75 m x 1,25 m. Sacara, Egito, séc. I a.C. Aegyptisches Museum, Berlim. Apud DOMINGUES, Joelza Ester. *História em documento. Imagem e texto*. 6. 2ª ed. São Paulo: FTD, 2013. Original colorido.

a) As sucessivas incursões militares empreendidas pela rainha Cleópatra VI nos territórios gregos proporcionaram o contato dos egípcios com a arte e a filosofia helenística, cuja concepção estética influenciou a produção dos artesãos do Baixo Egito.

b) Educado por Aristóteles, o faraó Menés, responsável pela unificação dos reinos do Baixo e do Alto Egito, tornou-se grande admirador da arte e da filosofia gregas, e foi o responsável pela difusão da cultura helenística em seu império.

c) A política expansionista de Alexandre, o Grande, promoveu o contato dos gregos com outros povos da Europa, da Ásia e da África, e originou a cultura helenística, caracterizada pela miscigenação de diversos elementos culturais.

d) Os egípcios tomaram contato com a cultura helenística por meio do comércio com os povos visigodo, ostrogodo, viking e alano que, partindo do norte da Europa, navegavam até o Nilo levando produtos de diferentes procedências.

e) Resultado da união política da Grécia e do Egito, por meio do casamento de Alexandre, o Grande, com Cleópatra VI, a cultura helenística foi imposta, muitas vezes à força, a todos os súditos do novo império.

Roma antiga

13 (UERR) Filmes como *Ben-Hur*, *Cleópatra*, *Gladiador* ou *O Declínio do Império Romano* oferecem representações ficcionais sobre a grandeza do império romano e as relações com as províncias e os povos vizinhos. Assinale a única afirmação incorreta sobre o mundo romano antigo.

a) A plebe travou intensas lutas internas para obter direitos civis e políticos no período republicano, como o fim da escravidão por dívidas, a criação de um magistrado que os representasse (o tribuno da plebe), a possibilidade de plebeus casarem-se com patrícios e a publicação de leis escritas, reduzindo o arbítrio da aristocracia.

b) Durante a República Romana, sob o predomínio do Senado, as campanhas militares promoveram a aquisição de vastas terras agrícolas, formando latifúndios com mão de obra escrava e levando muitos camponeses à ruína, o que desencadeou as lutas pela reforma agrária.

c) O período da monarquia romana, encerrado em 509 a.C., correspondeu à era da expansão máxima de Roma. O período republicano que se seguiu representou o encerramento das conquistas territoriais.

d) As guerras civis e conflitos sociais da fase final da república resultaram na fórmula política do principado de Otávio Augusto, que manteve instituições e magistraturas da república (como o Senado, os cônsules etc.), mas acumulou poderes civis e militares nas mãos de uma única pessoa.

e) No século IV, gradualmente, de Constantino a Teodósio, o cristianismo se impôs sobre o paganismo e outros cultos presentes no império.

14 (UFPR) Leia o trecho abaixo, escrito por Agostinho de Hipona (354-430) em 410, sobre a devastação de Roma:
Não, irmãos, não nego o que ocorreu em Roma. Coisas horríveis nos são anunciadas: devastação, incêndios, rapinas, mortes e tormentos de homens. É verdade. Ouvimos muitos relatos, gememos e muito choramos por tudo isso, não podemos consolar-nos ante tantas desgraças que se abateram sobre a cidade.

(Santo Agostinho. Sermão sobre a devastação de Roma. Tradução de Jean Lauand. Disponível em: <http://www.hottopos.com/mp5/agostinho1.htm#_ftn2>. Acesso em 11 de agosto de 2018.)

Considerando os conhecimentos sobre a história do Império Romano (27 a.C.–476 d.C.) e as informações do trecho acima, assinale a alternativa que situa o contexto histórico em que ocorreram os problemas relatados sobre Roma e a sua consequência para o Império, entre os séculos IV e V.

a) Trata-se do contexto das invasões dos povos visigodos, sendo uma das causas do final do Império Romano do Oriente.

b) Trata-se do contexto dos saques de povos vândalos, sendo uma das causas do final do Sacro Império Romano-Germânico.

c) Trata-se do contexto das pilhagens de povos ostrogodos, sendo uma das causas do final do Império Bizantino.

d) Trata-se do contexto das incorporações de povos vikings, sendo uma das causas do final do Sacro Império Romano do Oriente.

e) Trata-se do contexto das invasões de povos bárbaros, sendo uma das causas do final do Império Romano do Ocidente.

15 (Acafe-SC) Roma antiga legou muitos aspectos culturais ao mundo ocidental atual. Os romanos antigos chegaram a ter um dos grandes impérios do mundo europeu. Acerca de Roma antiga e suas características históricas, todas as alternativas estão corretas, EXCETO a alternativa:

a) A primeira reforma agrária da história aconteceu em Roma, com os irmãos Graco. Teve sucesso e contou com o apoio dos patrícios e com grande distribuição de terras para a plebe.

b) O aumento do número de escravos, o aumento das propriedades dos patrícios e o grande fluxo de riquezas para Roma foram consequências das conquistas militares romanas.

c) A partir do século III, o Império Romano começou a vivenciar um período de crise. Entre as causas desta crise podem-se citar: queda da produção de alimentos, desorganização do Exército e queda da arrecadação de impostos.

d) O cristianismo viveu duas fases distintas no mundo romano: inicialmente foi alvo de intensas perseguições e, posteriormente, no século IV tornou-se a religião oficial do Estado romano.

Cisma do Oriente

16 (Acafe-SC) Em 1054, o Cisma do Oriente serviu para acentuar o distanciamento já existente entre Constantinopla e a Igreja da Europa Ocidental. Uma das principais consequências do Cisma do Oriente foi:

a) a criação do termo "cristãos novos" para designar a população do Império Bizantino que tinha se desfiliado da Igreja Romana.

b) a Convocação das Cruzadas para invadir e conquistar o reino de Jerusalém e a formação de um Exército no Império Bizantino para apoiar os cruzados que se dirigiam para a Terra Santa.

c) o início das Guerras Religiosas, que vai determinar o surgimento da Reforma Protestante e acentuar as divisões internas do cristianismo europeu.

d) o surgimento da Igreja Ortodoxa, ligada ao Patriarcado de Constantinopla, e a Igreja Católica Apostólica Romana, dirigida pelo Papa.

Origem do islamismo

17 (Fuvest-SP)

Um grande manto de florestas e várzeas cortado por clareiras cultivadas, mais ou menos férteis, tal é o aspecto da Cristandade – algo diferente do Oriente muçulmano, mundo de oásis em meio a desertos. Num local a madeira é rara e as árvores indicam a civilização, noutro a madeira é abundante e sinaliza a barbárie. A religião, que no Oriente nasceu ao abrigo das palmeiras, cresceu no Ocidente em detrimento das árvores, refúgio dos gênios pagãos que monges, santos e missionários abatem impiedosamente.

J. Le Goff. *A civilização do ocidente medieval.* Bauru: Edusc, 2005. Adaptado.

Acerca das características da Cristandade e do Islã no período medieval, pode-se afirmar que

a) o cristianismo se desenvolveu a partir do mundo rural, enquanto a religião muçulmana teve como base inicial as cidades e os povoados da península arábica.

b) a concentração humana assemelhava-se nas clareiras e nos oásis, que se constituíam como células econômicas, sociais e culturais, tanto da Cristandade quanto do Islã.

c) a Cristandade é considerada o negativo do Islã, pela ausência de cidades, circuitos mercantis e transações monetárias, que abundavam nas formações sociais islâmicas.

d) o clero cristão, defensor do monoteísmo estrito, combateu as práticas pagãs muçulmanas, arraigadas nas florestas e nas regiões desérticas da Cristandade ocidental.

e) a expansão econômica islâmica caracterizou-se pela ampliação das fronteiras de cultivo, em detrimento das florestas, em um movimento inverso àquele verificado no Ocidente medieval.

Cultura árabe

18 (UFPR) Um dos exemplos de cultura produzida durante o período do império islâmico foi o "Cânone de Medicina", escrito pelo médico e filósofo muçulmano Avicena entre 1012 e 1015. Esta obra sintetizou elementos da literatura médica siríaca, helenística e bizantina, e foi muito empregada por sábios ocidentais até o século XVII. Sobre o império islâmico no período do século VII a XV, considerando o exemplo da obra de Avicena, é correto afirmar:

a) O império islâmico permitiu uma grande circulação de culturas da Europa até a China, devido a sua relativa tolerância religiosa e a seu incentivo à assimilação e transmissão de conhecimentos dos diferentes povos conquistados, como atesta a obra de Avicena.

b) O império islâmico permitiu grande circulação cultural por se expandir lentamente durante sua existência, ao ritmo da conversão e assimilação dos povos e das culturas da Europa à Ásia, devido à estratégia de não violência e de tolerância religiosa pregada pelo Corão, e presente na obra de Avicena.

c) O império islâmico permitiu uma grande circulação de culturas da Europa à China devido à sua rápida expansão em menos de um século com o apoio de exércitos cristãos, o que explica a presença de obras como a de Avicena em território europeu cristão.

d) Durante seu apogeu, o império islâmico restringiu a circulação de obras europeias cristãs em territórios muçulmanos e impôs a adoção de obras científicas islâmicas, como a de Avicena, ao povos não islâmicos.

e) O império islâmico, durante seu apogeu, incentivou a busca pelo conhecimento científico nos territórios conquistados, como atesta a obra de Avicena, mas não logrou sucesso na Europa ocidental, devido ao bloqueio religioso estabelecido pela Igreja Católica.

Feudalismo

19 (UFRGS) Assinale com V (verdadeiro) ou F (falso) as afirmações abaixo, sobre o período da chamada Idade Média.

( ) A prática da vassalagem foi incorporada pelo império carolíngio e definiu uma das características principais do feudalismo.

( ) Os servos, de origem camponesa, eram submetidos aos vilões, indivíduos residentes nas cidades, para quem era devido o tributo conhecido como corveia.

( ) O chamado "movimento das cruzadas" articulou interesses religiosos da Igreja com motivações econômicas da nobreza feudal, na busca de riquezas e conquistas de territórios.

( ) O desenvolvimento dos núcleos urbanos e das práticas comerciais acarretou transformações nas formas da educação, com o aparecimento das primeiras universidades voltadas para a formação de profissionais em áreas como medicina e direito.

A sequência correta de preenchimento dos parênteses, de cima para baixo, é

a) V – V – F – F.   b) V – F – V – V.   c) V – F – V – F.   d) F – F – V – V.   e) F – V – F – V.

Mulheres na Idade Média

20 (Fuvest-SP)

Os comentadores do texto sagrado (...) reconhecem a submissão da mulher ao homem como um dos momentos da divisão hierárquica que regula as relações entre Deus, Cristo e a humanidade, encontrando ainda a origem e o fundamento divino daquela submissão na cena primária da criação de Adão e Eva e no seu destino antes e depois da queda.

CASAGRANDE, C. A mulher sob custódia. In: *História das Mulheres*. Lisboa: Afrontamento, 1993, v. 2, p. 122-123.

O excerto refere-se à apreensão de determinadas passagens bíblicas pela cristandade medieval, especificamente em relação à condição das mulheres na sociedade feudal. A esse respeito, é correto afirmar:

a) As mulheres originárias da nobreza podiam ingressar nos conventos e ministrar os sacramentos como os homens de mesma condição social.

b) A culpabilização das mulheres pela expulsão do Paraíso Terrestre servia de justificativa para sua subordinação social aos homens.

c) As mulheres medievais eram impedidas do exercício das atividades políticas, ao contrário do que acontecera no mundo greco-romano.

d) As mulheres medievais eram iletradas e tinham o acesso à cultura e às artes proibido, devido à sua condição social e natural.

e) A submissão das mulheres medievais aos homens esteve desvinculada de normatizações acerca da sexualidade.

Mouros na península Ibérica

21 (Vunesp-SP) As invasões e dominação de vastas regiões pelos árabes na Península Ibérica provocaram transformações importantes para portugueses e espanhóis, que os diferenciaram do restante da Europa medieval. As influências dos árabes, na região, relacionaram-se a:

a) Acordos comerciais entre cristãos e mouros, a fim de favorecer a utilização das rotas de navegação marítima em torno dos continentes africano e asiático, para obter produtos e especiarias.

b) Conflitos entre cristãos e muçulmanos, que facilitaram a centralização da monarquia da Espanha e Portugal, sem necessitar do apoio da burguesia para efetivar as grandes navegações oceânicas.

c) Difusão das ideias que ocasionaram a criação da Companhia de Jesus, responsável pela catequese nas terras americanas e africanas conquistadas através das grandes navegações.

d) Acordos entre cristãos e muçulmanos, para facilitar a disseminação das ideias e ciências romanas, fundamentais, para o crescimento comercial e das artes náuticas.

e) Contribuições para a cultura científica, possibilitando ampliação de conhecimentos, principalmente na matemática e astronomia, que permitiram criações de técnicas marítimas para o desenvolvimento das navegações oceânicas.

Cultura medieval

22 (UFRR) Leia o texto a seguir, sobre o funcionamento das escolas medievais:

Eu vejo uma reunião de estudantes; seu número é grande, há de todas as idades; há crianças, adolescentes, moços e velhos [...]. Seus estudos são diferentes; uns exercitam sua língua inculta a pronunciar novas palavras e a produzir sons que lhes são insólitos. Outros aprendem, em seguida, ouvindo as inflexões dos termos, sua composição e sua derivação [...]. Outros trabalham com um estilete em tábuas revestidas com cera. Outros traçam com mão sábia, sobre membranas, diversas figuras de cores diferentes [...] Outros, a tanger uma corda esticada sobre um pedaço de madeira, tirando dela melodias variadas. Outros, explicando certas figuras de geometria. Outros, com o auxílio de certos instrumentos, o curso e a posição dos astros e a revolução dos céus. Outros tratando da natureza das plantas, da constituição dos homens, das propriedades e virtudes de todas as coisas.

(SAINT-VICTOR, Hugues. De vanitate mundi. In: PINSKY, Jaime. *100 textos de história antiga*. São Paulo: Contexto, 1989, p. 125.)

Com base no texto e sobre o acesso às escolas e universidades medievais na Europa Ocidental, podemos concluir que:

a) As escolas e universidades no período medieval na Europa Ocidental ofereciam oportunidades de estudar para todos, contudo, estavam voltadas inicialmente para o mundo rural;

b) As escolas eram frequentadas principalmente pelos filhos de servos, enquanto estes desenvolviam as atividades nos campos;

c) Os servos participavam das escolas como possibilidade de aprender e desenvolver novas tecnologias na época;

d) As escolas e universidades no período medieval eram fortemente influenciadas pela tradição cristã, e o acesso era restrito a determinados grupos sociais;

e) A educação medieval na Europa Ocidental ocupou o lugar dos mosteiros no processo de ensino, rompendo totalmente com o ensino religioso cristão e possibilitando o acesso de todos.

Crise do século XIV

23 (UFJF-MG) Leia com atenção o texto a seguir sobre o fim do período medieval.

... o final do milênio medieval costuma ser visto sob a forma de uma crise profunda e generalizada. Brutal, a mortalidade provocada pelo bacilo da peste espalha-se rápida e maciçamente. Os doentes sucumbem em alguns dias, sem remédio nem alívio possíveis. No dizer das testemunhas, toda organização social, até os laços familiares, foi violentamente perturbada por isso.

BASCHET, J. *A civilização feudal*: do ano mil à colonização da América. São Paulo: Globo, 2006, p. 247-248. Adaptado.

Acerca da chamada "Crise do século XIV", assinale a alternativa CORRETA:

a) a expansão agrícola que precedeu a crise do século XIV foi realizada às custas de arroteamentos, o que contribuiu para minimizar o impacto ambiental e conter o processo inflacionário.

b) a diminuição da produtividade levou a uma maior exploração da mão de obra camponesa. Nesse momento a teoria das três ordens foi responsável pela aceitação do aumento da tributação, evitando, assim, as revoltas camponesas.

c) os deslocamentos de camponeses que fugiam para as cidades ajudaram na eliminação da epidemia nas zonas rurais, já que a peste apenas atingia as populações mais pobres e desnutridas.

d) tentando fazer frente à crise do século XIV, a Igreja transferiu sua sede de Roma para Avignon, na França. Essa medida contribuiu para manter a unidade da cristandade, a autonomia e o caráter universalista da Igreja.

e) nesse contexto, a fome e as epidemias contribuíram para o processo de desintegração do feudalismo e o fortalecimento do poder dos reis, que aos poucos foram tomando para si a autoridade administrativa e militar até então em mãos senhoriais.

Renascença

24 (Unesp-SP)

[Leonardo da Vinci] viu que "a água corrente detém em si um número infinito de movimentos".
Um "número infinito"? Para Leonardo, não se trata apenas de uma figura de linguagem. Ao falar da variedade infinita da natureza e sobretudo de fenômenos como as correntes de água, ele estava fazendo uma distinção baseada na preferência por sistemas analógicos sobre os digitais. Em um sistema analógico, há gradações infinitas, o que se aplica à maioria das coisas que fascinavam Leonardo: sombras de *sfumato*, cores, movimento, ondas, a passagem do tempo, a dinâmica dos fluidos.

(Walter Isaacson. *Leonardo da Vinci*, 2017.)

A partir da explicação do texto sobre Leonardo da Vinci, pode-se afirmar que

a) o princípio cristão da vida eterna orientou o pensamento renascentista.

b) o materialismo pré-socrático foi a principal sustentação teórica do Renascimento.

c) os experimentos da Antiguidade oriental basearam a ciência renascentista.

d) as concepções artísticas medievais fundamentaram a arte renascentista.

e) a observação da pluralidade da natureza foi um dos fundamentos do Renascimento.

25 (IFMT) As esculturas *Pietá* e *Davi*, assim como afresco, presentes no teto da Capela Sistina, no Vaticano, são exemplos irrefutáveis da genialidade de Michelangelo Buonarroti. Artista renascentista, desde muito cedo nutriu uma devoção por Florença, cidade de seus ancestrais e berço da Renascença.

Sobre o Renascimento Cultural, é correto afirmar que

a) foi um grande movimento de mudanças culturais, que atingiu as camadas urbanas da Europa Ocidental entre os séculos XIV e XVI, caracterizado pela retomada dos valores da cultura greco-romana, e significou uma nova arte, novas formas de se ver, pensar e representar o mundo e o homem.

b) foi um movimento com forte conteúdo anárquico que utilizava objetos comuns do cotidiano de uma nova forma e dentro de um contexto artístico de ruptura com as formas das artes tradicionais.

c) ocorreu em várias regiões da Europa, Ásia e várias regiões da América. Começou na Itália e expandiu-se para a França, Alemanha, Inglaterra, Espanha, Índia e EUA.

d) os artistas renascentistas tinham uma atitude negativa diante do mundo – não acreditavam no progresso e na capacidade humana e viam a natureza de uma forma sombria e tentavam captá-la em suas obras de arte.

e) foi um movimento cultural de vanguarda, surgiu na Alemanha, nos primórdios do século XIV e XVI, por artistas que estavam mais interessados na interiorização da criação artística do que na sua exteriorização, projetando na obra de arte uma reflexão individual, subjetividade.

Reforma protestante

26 (Uece) Numere os ideais das reformas religiosas que ocorreram no decorrer do século XVI, apresentados abaixo, de acordo com os seguintes representantes dos movimentos reformistas:

1. Luteranos;   2. Calvinistas;   3. Anabatistas;   4. Contrarreformistas.

( ) Defendiam a liberdade de consciência em matéria de fé.

( ) Defendiam a justificação pela graça e as obras.

( ) Acreditavam que apenas a fé na promessa divina era eficaz para a salvação.

( ) Acreditavam que, na predestinação divina, havia eleitos e condenados.

A sequência correta, de cima para baixo, é:

a) 2, 3, 1, 4.   b) 3, 4, 1, 2.   c) 1, 2, 4, 3.   d) 4, 1, 2, 3.

Contrarreforma

27 (Udesc) Na obra *O queijo e os vermes*, o historiador Carlo Ginzburg conta a história de Domenico Scandella, vulgo Menocchio, um moleiro do norte da Itália que, no século XVI, foi considerado herege pela Igreja por afirmar que a origem do mundo estava na putrefação. Ao analisar o processo inquisitorial que trata do caso, Ginzburg chama a atenção para as peculiares opiniões de Menocchio sobre os dogmas da igreja e para suas críticas ao seu poder excessivo: a igreja chegou a controlar um terço das terras cultiváveis da Europa. Para o autor, dois grandes eventos históricos tornaram possível um caso como o de Menocchio: a invenção da imprensa e a Reforma.

Com base nas informações e nos estudos sobre a Idade Moderna europeia, analise as proposições.

I. A Reforma Protestante contribuiu para a uniformização das práticas e dos significados religiosos no século XVI.

II. O desenvolvimento da imprensa contribuiu para que pessoas comuns tivessem acesso a informações antes controladas pela Igreja Católica.

III. A venda de indulgências pela Igreja Católica foi um dos motivos que levou o monge Martinho Lutero a escrever suas 95 teses, criticando vários pontos da doutrina católica.

IV. Uma das medidas da Contrarreforma foi o retorno da Inquisição, que tinha como objetivo reprimir aqueles que não estavam seguindo a doutrina católica.

V. A censura exercida pela Igreja Católica Apostólica Romana foi determinante para a expansão do protestantismo na Itália e na Península Ibérica.

Assinale a alternativa correta.

a) Somente as afirmativas II, III e IV são verdadeiras.
b) Somente as afirmativas I, III e IV são verdadeiras.
c) Somente a afirmativa IV é verdadeira.
d) Somente a afirmativa I é verdadeira.
e) Todas as afirmativas são verdadeiras.

África: um continente imenso

28 (Uece) A parte da África localizada ao sul do equador foi habitada por povos cuja língua falada pertencia a um tronco linguístico com dezenas de famílias e cerca de 470 línguas, as quais atualmente são faladas por aproximadamente 100 milhões de pessoas em territórios como o Congo, Angola e Moçambique. Por extensão, os povos que falam essas línguas são chamados de

a) mbanza longos.   b) malineses.   c) bantos.   d) congoleses.

Pan-africanismo e a história da África

29 (Fuvest-SP) A imagem a seguir refere-se às principais rotas de comércio da África do Norte e Ocidental, no século XV.

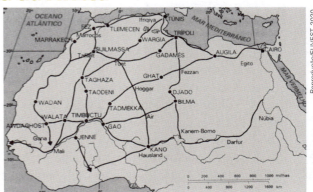

Eric Wolf, *A Europa e os Povos sem História* (trad.). São Paulo: Edusp, 2005.

Em relação às rotas comerciais representadas no mapa, é correto afirmar que elas

a) indicam que a melhoria das condições ambientais do Saara permitiu a construção de estradas pelo deserto.
b) foram construídas pelo poder islâmico do Cairo, que promoveu a unificação de toda a África do Norte.
c) mostram a decadência econômica do comércio do Saara oriental, em razão da crise do Império Egípcio.
d) atingem a região ao sudoeste do Saara, local de origem do ouro que chegava aos portos do Mediterrâneo.
e) representam o poder do Império de Songai, cuja capital era Timbuctu, que unificou todo o território entre o Atlântico e o mar Vermelho.

30 (Uece) Escreva V ou F conforme seja verdadeiro ou falso o que se afirma a seguir sobre o Mali:

( ) Há abundante documentação escrita sobre o Império Mali.

( ) Há poucos vestígios arqueológicos da civilização Mali.

( ) Os relatos do viajante Ibn Battuta registram o Império Mali.

( ) Os griots são fontes orais e ajudam a conhecer melhor a história Mali.

A sequência correta, de cima para baixo, é:

a) V, F, F, V.
b) V, F, V, F.
c) F, V, F, F.
d) F, V, V, V.

Diversidade étnica e cultural

31 (Uece) No que diz respeito às civilizações pré-colombianas que habitavam o continente americano antes da chegada de Cristóvão Colombo em 1492 e suas respectivas localizações e desenvolvimento cultural, relacione as duas colunas abaixo, numerando a Coluna II de acordo com a Coluna I.

Coluna I	Coluna II
1. Astecas	( ) Peru – cerâmica policromada
2. Incas	( ) México – códices escritos em cortiça
3. Maias	( ) Cordilheira dos Andes – cidade fortificada
4. Nazca	( ) México, Guatemala, Belize – sistema de escrita

A sequência correta, de cima para baixo, é:

a) 4, 1, 2, 3.   b) 2, 3, 4, 1.   c) 1, 2, 3, 4.   d) 4, 3, 2, 1.

32 (UEM-PR)

Antes da chegada dos portugueses ao Brasil já existiam vários grupos indígenas habitando em nosso território. Diante dessa variedade os índios brasileiros foram classificados segundo as línguas distintas, que são: Tupi, macro-jê, aruak e karib. [...] Os grupos indígenas de língua tupi eram as tribos tamoio, guarani, tupiniquim, tabajara etc. [...] essas tribos se encontravam, principalmente, na parte litorânea brasileira. Estes foram os primeiros índios a terem contato com os portugueses que aqui chegaram. [...] Macro-jê raramente eram encontrados no litoral. Com exceção de algumas tribos na serra do mar, eles eram encontrados principalmente no planalto central. Nesse contexto, destacavam-se as tribos ou grupos: timbira, aimoré, goitacaz, carijó, carajá, bororó e botocudo. [...] Karib: grupos indígenas que habitavam a região que hoje compreende os estados do Amapá e Roraima, chamada também de baixo amazonas.

As principais tribos são os atroari e vaimiri. [...] Aruak: suas principais tribos eram aruã, pareci, cunibó, guaná e terena. Estavam situados em algumas regiões da Amazônia e na ilha de Marajó.

(MUNDO EDUCAÇÃO, 2017)

Considerando os povos indígenas existentes no território brasileiro, assinale a alternativa que não corresponde a uma etnia encontrada no espaço geográfico brasileiro.

a) Kaingang   b) Pataxó   c) Tamoio   d) Guarani Ñhandewa   e) Cherokee

Astecas

33 (Unesp-SP)

Outra prática comum aos povos mesoamericanos foi a construção de cidades. [...] As cidades mesoamericanas também serviam para dar identidade grupal aos seus habitantes, ou seja, as pessoas se reconheciam como pertencentes a tal cidade e não como "indígena", termo que começou a ser utilizado pelos espanhóis para referir-se aos milhares de grupos que se [...] autodenominavam mexicas, cholutecas, tlaxcaltecas, dependendo da cidade que habitavam.

(Eduardo Natalino dos Santos. *Cidades pré-hispânicas do México e da América Central*, 2004.)

As cidades existentes na América Central e no México no período pré-colombiano

a) foram objeto de disputa entre lideranças indígenas e conquistadores espanhóis, pois eram situadas em áreas próximas ao litoral.

b) eram centros comerciais, políticos e religiosos que contribuíam para a caracterização e diferenciação dos habitantes da região.

c) eram espaços dedicados essencialmente a cultos religiosos monoteístas, que asseguravam a unificação identitária dos povos da região.

d) eram as capitais de grandes unidades políticas e sociais, e seus governantes buscavam a homogeneização dos povos indígenas da região.

e) foram conservadas quase integralmente até os dias de hoje, graças às preocupações preservacionistas dos colonizadores espanhóis.

34 (UFT-TO)

Fonte: Códice Mendonza, México, 1540.

A imagem mostra um trecho do Códice Mendonza, produzido em 1540 por escribas mexicanos, de acordo com a técnica de escrita pictográfica tradicional. Ele ajuda a conhecer a cultura escrita asteca e os códices mexicanos do período pré-colonial.

Os códices astecas abarcavam:

a) domínios diversos da experiência social, como crônicas de guerra, o repertório de prodígios, acidentes climáticos, cartografia etc.

b) domínio restrito ao campo artístico, como espaço de expressão de narrativas literárias, poesia de louvor aos reis e literatura romântica etc.

c) domínio restrito ao campo religioso, como mitos de fundação, "biografia" dos deuses, ensinamentos sagrados e profecias, horóscopo etc.

d) domínio teórico ligado ao Calmecac como mostra o fato de que apenas os homens que o frequentavam podiam conhecer o seu conteúdo.

Incas

35 (UFU-MG)

"No momento de sua descoberta, a América apresentava uma grande heterogeneidade etnográfica. A escala civilizatória era muito variada desde as sociedades organizadas política e economicamente com um forte e bem estruturado aparelho estatal até as tribos de pescadores."

BRUIT, H. H. *Bartolomé de Las Casas e a Simulação dos Vencidos*: Ensaio sobre a conquista hispânica da América. Campinas-SP: Editora Unicamp, 1995, p. 42.

Há um consenso de que dentre as sociedades pré-colombianas de maior avanço estavam maias, astecas e incas. Sobre as características socioculturais dos incas, é correto afirmar que

a) cultuavam o Deus Uizlopochtli, os bairros eram administrados pelos calpullec, seus rituais religiosos envolviam sacrifícios, a religião era politeísta e astral.

b) falavam o idioma quéchua, não possuíam escrita, seus maiores templos eram dedicados ao Deus Inti, os representantes do poder estatal eram os curacas.

c) possuíam grande conhecimento sobre astronomia, utilizavam escrita hieroglífica, tinham como supremo sacerdote Ahaucan e, como chefe supremo, Halach Uinic.

d) eram o grupo mais religioso, prisioneiros e condenados eram chamados de tlatlacotin, tinham sistema de numeração com base 20 e conheciam o número zero.

Estados modernos

36 (UEL-PR) A organização do mundo medieval, concebida como harmônica, foi rompida no decorrer dos séculos X ao XV por um complexo processo histórico constituído por transformações e criações que mudaram a Europa Ocidental.

Em relação à criação das monarquias ibéricas nesse contexto, considere as afirmativas a seguir.

I. A nobreza portuguesa lutou de forma unificada contra o reino de Castela pela independência de Portugal, apoiando-se no retorno do Rei Dom Sebastião I.

II. A reconquista da região ibérica, no século XIII, teve início com o Papa Urbano VII ao conceder o reino de Navarra a Dom Afonso Henrique.

III. A reconquista espanhola equilibrou-se em uma centralização política, mas sem atingir uma unificação cultural pelas diversas identidades de seus habitantes.

IV. Em Portugal, a Revolução de Avis, composta majoritariamente pelas camadas burguesas, fortaleceu a unificação política do reino.

Assinale a alternativa correta.

a) Somente as afirmativas I e II são corretas.

b) Somente as afirmativas I e IV são corretas.

c) Somente as afirmativas III e IV são corretas.

d) Somente as afirmativas I, II e III são corretas.

e) Somente as afirmativas II, III e IV são corretas.

Navegações

37 (UFRGS) Assinale com V (verdadeiro) ou F (falso) as afirmações abaixo, sobre a expansão de Portugal e a formação do império ultramarino entre os séculos XV e XVIII.

( ) O principal resultado da dinâmica expansionista de Portugal foi a homogeneização de todas as regiões que compunham o território imperial, tornando-as plenamente dependentes da metrópole e desprovidas de autonomia política e econômica.

( ) A formação do Império português, iniciada no contexto do Renascimento europeu, deu-se a partir da constituição de um ideário predominantemente clássico, que rompeu com as tradições medievais de governo.

( ) O reino de Portugal, do ponto de vista econômico, estava amplamente ligado ao comércio atlântico, tendo como uma das principais fontes de renda as receitas obtidas pelo tráfico ultramarino.

( ) A Igreja Católica, marcada pela dependência em relação à Coroa por meio do padroado régio, desempenhou um importante papel unificador do Império ao longo da expansão territorial portuguesa.

A sequência correta de preenchimento dos parênteses, de cima para baixo, é

a) V – V – F – V.   b) V – F – V – F.   c) F – V – F – V.   d) F – V – V – F.   e) F – F – V – V.

A conquista da América

38 (Fuvest-SP) A imagem representa a morte de Atahualpa, o último imperador inca, em 1533, após a conquista espanhola comandada por Francisco Pizarro.

Luis Montero. *Os funerais do inca Acathualpa*. Óleo sobre tela, 1865-1867.

Analise as quatro afirmações seguintes, a respeito da empresa e da conquista colonial espanhola no Peru e da representação presente na imagem.

I. A conquista foi favorecida pelo conflito interno entre os dois irmãos incas, Atahualpa e Huáscar, aproveitado pelas forças espanholas lideradas por Francisco Pizarro.

II. A produção agrícola das plantations escravistas constituiu-se na base econômica do vice-reinado do Peru, controlado pelos espanhóis.

III. Do lado esquerdo da pintura, há uma movimentação conflituosa, na qual as mulheres incas são contidas por guardas espanhóis, contrastando com a expressão ordenada e solene do lado direito, composto por religiosos e autoridades espanholas em torno do corpo do imperador inca.

IV. A pintura revela o resgate de elementos históricos importante para a construção do ideário nacionalista no século XIX, no processo pós-independência e de formação do Estado nacional peruano, mas retrata os personagens indígenas com trajes e feições europeus.

Estão corretas apenas as afirmações

a) I, II e III. b) II, III e IV. c) I, III e IV. d) I e II. e) III e IV.

Mercantilismo e colonialismo

39 (UPE)

O exercício do mercantilismo pressupõe a existência de um Estado forte, capaz de planejar aspectos importantes da economia e de realizar, posteriormente, a prática dessa planificação.

POMER, Leon. *O surgimento das nações*. São Paulo: Atual, 1987, p. 28.

No contexto descrito pelo texto, o poder do Estado Moderno estaria ligado à

a) capacidade tributária da sociedade.
b) possibilidade de exercício da guerra.
c) amplitude da utilização de mão de obra escrava.
d) habilidade de mediação de conflitos internacionais.
e) quantidade de transações no comércio intercontinental.

40 (Unitins-TO) Desde o século XV até o século XVIII, as ideias e as práticas mercantilistas foram aplicadas por quase todas as potências europeias da Idade Moderna, independentemente da forma como cada uma delas as visualizavam.

São significados e práticas do mercantilismo:

I. identificação do nível de riqueza de acordo com o montante de metal nobre existente em cada nação;
II. estímulos das importações por parte das metrópoles;
III. geração de lucros pelo processo de circulação de mercadorias;
IV. política protecionista – tarifária em primeiro lugar;
V. as colônias das metrópoles poderiam manter relações comerciais com qualquer outra metrópole europeia.

Pode-se afirmar que somente

a) I, III e IV estão corretos.
b) I, II e III estão corretos.
c) II, III e IV estão corretos.
d) II, IV e V estão corretos.
e) III, IV e V estão corretos.

O processo de colonização

41 (UEFS-BA)

O "coração" econômico da época, Veneza, tem cada vez mais dificuldades em assegurar a competitividade de seus produtos. Em 1504, os navios venezianos já quase não encontram pimenta em Alexandria. As especiarias desta proveniência se revelam muito mais caras do que as que são encaminhadas da Índia portuguesa: a pimenta embarcada pelos portugueses em Calicute é quarenta vezes menos onerosa do que a que transita por Alexandria.

(Jacques Attali. *1492*, 1991. Adaptado.)

O início da colonização efetiva do Brasil por Portugal, historicamente condicionado pelos fatos referidos pelo excerto,

a) teve início assim que os navegadores chegaram às novas terras.
b) projetou a hegemonia portuguesa no comércio atlântico.
c) enriqueceu a Metrópole com a descoberta de metais preciosos.
d) atardou-se devido aos lucros auferidos com o comércio oriental.
e) foi financiado pelos lucros gerados pelo comércio de especiarias.

Açúcar no Brasil colonial

42 (UFT) Durante o século XVI, na América Portuguesa, além da agricultura voltada para os engenhos, produziam-se cereais e criavam-se animais para a manutenção dos colonos. No decorrer desse século, os colonos integraram-se cada vez mais ao processo mercantil interno, produzindo rapadura, plantando algodão, feijão, milho e criando gado, entre outros.

Nesse contexto, é CORRETO afirmar que essa integração se deu:

a) em decorrência da necessidade do abastecimento do mercado externo, em detrimento das exportações.

b) a fim de evitar crises alimentares, que poderiam comprometer o projeto colonizador.

c) em razão da crise que se abateu sobre os engenhos brasileiros quando o preço do açúcar caiu um terço.

d) em razão das facilidades em conseguir mão de obra assalariada, a base econômica da sociedade açucareira.

43 (UEA)

Há meio século, os escravos fugiam com frequência. Eram muitos, e nem todos gostavam da escravidão. Sucedia ocasionalmente apanharem pancada, e nem todos gostavam de apanhar pancada. Grande parte era apenas repreendida; havia alguém de casa que servia de padrinho, e o mesmo dono não era mau; além disso, o sentimento da propriedade moderava a ação, porque dinheiro também dói.

(Apud Ítalo Moriconi (org). *Os cem melhores contos brasileiros do século*, 2000.)

Nesse trecho, o narrador menciona uma questão relevante acerca da escravidão no Brasil, que diz respeito ao fato de que

a) os negros haviam se acomodado na condição de escravos e viam como vantagem o fato de terem protetores brancos.

b) tinha se estabelecido uma ordem social em que, por ser a principal força de trabalho, o escravo recebia vários benefícios.

c) os escravos eram vistos como mera mercadoria, ainda que houvesse diferenças no tratamento dispensado a eles.

d) existiam leis que garantiam a proteção da integridade física dos escravos, o que coibia repressões violentas.

e) os negros, à exceção daqueles que fugiam com frequência, viviam em condições análogas às dos brancos.

Invasões holandesas

44 (Fuvest-SP) As tentativas holandesas de conquista dos territórios portugueses na América tinham por objetivo central

a) a apropriação do complexo açucareiro escravista do Atlântico Sul, então monopolizado pelos portugueses.

b) a formação de núcleos de povoamento para absorverem a crescente população protestante dos Países Baixos.

c) a exploração das minas de ouro recém-descobertas no interior, somente acessíveis pelo controle de portos no Atlântico.

d) a ocupação de áreas até então pouco exploradas pelos portugueses, como o Maranhão e o Vale Amazônico.

e) a criação de uma base para a ocupação definitiva das áreas de mineração da América espanhola.

A marcha do povoamento

45 (Uece) A História do Brasil colonial apresenta o movimento de entradas, bandeiras e monções como um importante fator para o processo de ocupação das áreas do interior da colônia, uma vez que a ocupação originada da atividade canavieira se limitava, naqueles tempos, aos espaços próximos ao litoral.

Atente ao que se diz a seguir sobre essas expedições, e assinale com V o que for verdadeiro e com F o que for falso.

( ) Enquanto as bandeiras eram financiadas exclusivamente pela coroa portuguesa, as entradas eram expedições fluviais privadas que usavam os rios nordestinos.

( ) Os bandeirantes foram importantes personagens na destruição dos quilombos, pois uma das modalidades de bandeirantismo foi a do sertanismo de contrato.

( ) As monções, expedições fluviais que adentravam ao interior da colônia, foram muito importantes na colonização dessa região, partindo do rio Tietê que nasce em São Paulo.

( ) As bandeiras, expedições oficiais de apresamento de indígenas, não tiveram importância na prospecção de metais preciosos como o ouro, que se deu somente através das entradas.

A sequência correta, de cima para baixo, é:

a) F, F, V, V.   b) F, V, V, F.   c) V, F, F, V.   d) V, V, F, F.

Mineração no Brasil

46 (Fuvest-SP) A respeito dos espaços econômicos do açúcar e do ouro no Brasil colonial, é correto afirmar:

a) A pecuária no sertão nordestino surgiu em resposta às demandas de transporte da economia mineradora.
b) A produção açucareira estimulou a formação de uma rede urbana mais ampla do que a atividade aurífera.
c) O custo relativo do frete dos metais preciosos viabilizou a interiorização da colonização portuguesa.
d) A mão de obra escrava indígena foi mais empregada na exploração do ouro do que na produção de açúcar.
e) Ambas as atividades produziram efeitos similares sobre a formação de um mercado interno colonial.

Crise da mineração

47 (PUC-RS) INSTRUÇÃO: Para responder à questão, associe as revoltas coloniais (coluna A) às suas características essenciais (coluna B).

Coluna A
1. Revolta dos Beckman
2. Guerra dos Emboabas
3. Guerra dos Mascates
4. Revolta de Vila Rica
5. Inconfidência Mineira

Coluna B

( ) Transcorrido em Pernambuco, entre 1709 e 1710, o movimento caracterizou-se pela oposição entre os comerciantes de Recife contra os senhores de engenho de Olinda, tendo como base a tentativa dos mercadores recifenses em conseguir maior autonomia política e cobrar as dívidas dos produtores de açúcar olindenses.

( ) Deflagrada no Maranhão, em 1684, a revolta teve como base o descontentamento com a proibição da escravidão indígena, decretada pela Coroa Portuguesa, a pedido da Companhia de Jesus, medida que prejudicou a extração das "drogas do sertão" pelos colonos europeus.

( ) Ocorrido em Minas Gerais, em 1720, sob a liderança de Filipe dos Santos, o levante teve como causa a oposição ao sistema de taxação da Coroa Portuguesa, que resolveu estabelecer 4 Casas de Fundição na região mineradora, como forma de cobrar o quinto (imposto de vinte por cento) sobre o ouro.

( ) Sucedido em Minas Gerais, no ano de 1708, o conflito opôs os paulistas (bandeirantes), primeiros aventureiros a descobrir e ocupar a zona da mineração, contra os "forasteiros", ou seja, ou grupos que chegaram depois na região, originários do reino ou de outras capitanias.

A numeração correta na coluna B, de cima para baixo, é

a) 3 - 1 - 4 - 2   b) 1 - 2 - 3 - 5   c) 3 - 4 - 1 - 2   d) 2 - 3 - 4 - 5   e) 3 - 4 - 5 - 2

Antigo Regime e Iluminismo

48 (Uerj)

Tudo que está escrito nas Sagradas Escrituras é verdade? De fato, cada uma das religiões diz: "Minha fé é a certa, e aqueles que creem em outra fé creem na falsidade e são inimigos de Deus". Assim como minha fé me parece verdadeira, outro considera verdadeira sua própria fé; mas a verdade é uma só.

Marido e mulher estão em pé de igualdade no casamento. Não podemos sair e comprar um homem como se fosse um animal.

Todos os homens são iguais na presença de Deus; e todos são inteligentes, pois são suas criaturas; ele não destinou um povo à vida, outro à morte, um à misericórdia e outro ao julgamento. Nossa razão nos ensina que esse tipo de discriminação não pode existir.

Adaptado de HERBJORNSRUD, Dag. "Os africanos que propuseram ideias iluministas antes de Locke e Kant". *Folha de S.Paulo*, 24/12/2017.

As proposições acima foram escritas por Zera Yacob (1599-1692), pensador etíope que desenvolveu suas ideias antes de europeus associados ao Iluminismo. Identifique dois ideais das proposições do pensador africano presentes, também, no pensamento iluminista. Em seguida, ainda com base nas citações, apresente um aspecto que diferencia Yacob da maior parte dos pensadores iluministas europeus.

49 (USF-SP)

Conhecido como o século das Luzes ou do Iluminismo, o século XVIII foi marcado por um movimento do pensamento europeu (ocorrido mais especificamente na segunda metade do século XVIII) que abrangeu o pensamento filosófico e gerou uma grande revolução nas artes (principalmente na literatura), nas ciências, nos costumes, na teoria política e na doutrina jurídica. O Iluminismo também se distinguiu pela centralidade da ciência e da racionalidade crítica no questionamento filosófico.

Disponível em: https://www.maxwell.vrac.puc-rio.br/15543/15543_3.pdf. Acesso em: 12/09/2017.

Tomando como base o contexto abordado, podemos afirmar corretamente que

a) o liberalismo econômico deu ênfase à economia mercantilista, na qual o Estado seria responsável pela regulamentação de preços e mercados para evitar abusos que prejudicariam a população.

b) a Escola Fisiocrata sustentou a ideia de que existem leis naturais regendo a sociedade, mas que poderiam ser alteradas pelo bem da humanidade, e, além disso, defendeu que a indústria e o comércio seriam responsáveis pela riqueza de uma nação.

c) as ideias defendidas por John Locke, na obra *O contrato social*, afirmam que o soberano deve conduzir o Estado de forma democrática, de acordo com a vontade do povo.

d) o Despotismo Esclarecido, ligado à associação entre as ideias das luzes e o poder absolutista dos reis, foi aplicado com ênfase em todos os Estados europeus no início do século XVIII, resultando no nascimento de dezenas de monarquias parlamentaristas.

e) o Iluminismo combateu o mercantilismo, o tradicionalismo religioso herdado da Idade Média e a divisão da sociedade em estamentos.

Revolução Industrial

50 (UEM-PR) A Sociedade Capitalista teve em sua gênese a Revolução Industrial na Inglaterra a partir de meados do século XVIII, com grande impulso no século XIX. Sobre o assunto, assinale o que for correto.

01. A industrialização promoveu o desenvolvimento de duas classes sociais distintas: os proprietários (burguesia) e os assalariados. Ambas tinham como espaço comum a fábrica, mas havia entre elas um abismo de desigualdades sociais e de diferenças culturais.

02. As condições de trabalho e de vida provocaram revolta e manifestações de descontentamento dos trabalhadores desde o começo da Revolução Industrial.

04. O fascismo, corrente ideológica surgida entre os operários do século XIX, propunha um governo autoritário e militarizado como forma de impor a ordem social.

08. Uma corrente ideológica importante foi o Liberalismo, que, em suas origens, pregava a plena realização da liberdade de mercado, o Estado de Direito e a divisão dos poderes entre o Executivo, o Legislativo e o Judiciário.

16. O Liberalismo econômico afirmava que a única forma de se alcançar o bem-estar geral de uma sociedade era assegurar aos indivíduos e às empresas plena liberdade de iniciativa. A intervenção do Estado deveria ser limitada ao mínimo indispensável.

51 (Uepg-PR) Em "Um conto de Natal", um dos grandes clássicos da literatura mundial, o inglês Charles Dickens narra a história de Ebenezer Scrooge, avarento e solitário homem de negócios londrino que conduz sua vida com base no individualismo, na busca pelo lucro e sem qualquer preocupação com as demandas sociais da Inglaterra do século XIX. Em uma noite de natal, Scrooge é visitado pelo fantasma de um antigo parceiro comercial que o aconselha a fazer uma análise de suas escolhas pessoais. O texto de Dickens é, na verdade, uma crítica ao modelo social produzido pela Revolução Industrial em curso desde o século XVIII. A respeito desse tema, assinale o que for correto.

01 A oferta de empregos gerados pela industrialização produziu um deslocamento de contingentes humanos do campo para o meio urbano, na Inglaterra do século XIX.

02 Pensadores de diversas tendências escreveram sobre a Revolução Industrial, suas possibilidades e desdobramentos. Entres eles figuram Adam Smith, Karl Marx, David Ricardo e Saint-Simon.

04 Ned Ludd foi um dos operários que liderou o movimento que ficou conhecido como Ludismo e que propunha a quebra das máquinas das fábricas pelos trabalhadores como forma de demonstrar descontentamento contra a exploração dos operários pelos industriais.

08 No cinema, "Tempos Modernos", estrelado por Charles Chaplin e, na literatura, "Os Miseráveis", escrito por Victor Hugo, são obras que produzem uma crítica aos efeitos sociais decorrentes do avanço da industrialização nos séculos XIX e XX.

Revolução Francesa

52 (UFSC)

Texto 1

Nesse contexto, entendo que "barbárie" signifique duas coisas. Primeiro, ruptura de regras e comportamento moral pelos quais todas as sociedades controlam as relações entre seus membros e, em menor extensão, entre seus membros e os de outras sociedades.

Em segundo lugar, ou seja, mais especificamente, a reversão do que poderíamos chamar de projeto do Iluminismo do século XVIII, a saber, o estabelecimento de um sistema universal de tais regras e normas de comportamento moral, corporificado nas instituições dos Estados e dedicado ao progresso racional da humanidade: à Vida, Liberdade e Busca da Felicidade, à Igualdade, Liberdade e Fraternidade ou seja lá o que for. [...]

Entretanto, o que torna as coisas piores, o que sem dúvida as tornará piores no futuro, é o constante desmantelamento das defesas que a civilização do Iluminismo havia erigido contra a barbárie, e que tentei esboçar nesta palestra. O pior é que passamos a nos habituar ao desumano. Aprendemos a tolerar o intolerável.

HOBSBAWM, Eric. Barbárie: manual do usuário. In: HOBSBAWM, Eric. *Sobre história*.
São Paulo: Companhia das Letras, 1998. p. 268, 269, 279.

Texto 2

[...] desenvolvemos um conjunto de quatro sinais de alerta que podem nos ajudar a reconhecer um autoritário. Nós devemos nos preocupar quando políticos: 1) rejeitam, em palavras ou em ações, as regras democráticas do jogo; 2) negam a legitimidade de oponentes; 3) toleram e encorajam a violência; e 4) dão indicações de disposição para restringir liberdades civis de oponentes, inclusive a mídia.

LEVITSKY, Steven; ZIBLATT, Daniel. *Como as democracias morrem*. Rio de Janeiro: Jorge Zahar, 2018. p. 32.

Com base nos textos acima e nos conhecimentos de História, é correto afirmar que:

01. de acordo com o Texto 1, os filósofos iluministas padeciam de contradições; criticavam aqueles que se opunham às monarquias absolutistas e defendiam restrições às liberdades individuais, entretanto alardeavam que suas ideias eram inéditas e iluminadas.

02. os Textos 1 e 2 concordam ao afirmar que os conceitos de igualdade e de democracia fortaleceram-se progressivamente até estarem plenamente consolidados nos dias atuais.

04. o uso do Estado para perseguir opositores e censurar opiniões divergentes é característico da França pré-revolucionária; após a Revolução Francesa, os políticos dos países ocidentais não mais adotaram comportamentos como os descritos no Texto 2.

08. tanto o autor do Texto 1 quanto os autores do Texto 2 demonstram preocupação com o avanço de práticas autoritárias nas democracias modernas, colocando em risco alguns postulados da democracia.

16. inspirada por ideais iluministas, a Revolução Francesa teve fases e projetos políticos distintos: durante a República Jacobina, houve ações voltadas aos interesses das classes populares, como facilitar a aquisição de terras para o pequeno produtor e tabelar gêneros de primeira necessidade; já a "Reação Termidoriana" foi marcada pela aliança entre a alta burguesia francesa e o exército de modo a impedir tanto o retorno dos jacobinos quanto o do Antigo Regime.

32. o Congresso de Viena, de 1815, buscava restaurar o poder das dinastias após a derrota de Napoleão e suplantar as ideias liberais engendradas pela Revolução Francesa.

64. os autores do Texto 2, ao descreverem as características de um político autoritário, referem-se a Napoleão Bonaparte, conhecido como o primeiro imperador populista da Europa.

53 (UFJF-MG) Leia as informações abaixo e, em seguida, responda ao que se pede:

No século XVIII, o secretário do filósofo Voltaire contava uma história surpreendente: Madame de Châtelet, uma nobre francesa, não hesitava em se despir na frente de seus criados, pois, em suas palavras, "não considerava ser um fato comprovado que os camareiros fossem homens". Os direitos humanos só podiam fazer sentido quando os camareiros fossem também vistos como homens.

(Texto adaptado. HUNT, L. *A invenção dos Direitos Humanos:* uma história. São Paulo: Cia. das Letras, 2009. p. 78.)

Pouco tempo depois, em 1789, no contexto da Revolução Francesa, publicou-se a Declaração Universal de Direitos dos Homens e dos Cidadãos, que afirmava: "Os homens nascem e permanecem livres e iguais em direitos. As distinções sociais só podem ser baseadas na utilidade comum."

a) Qual a mudança com relação à ideia de direitos dos homens ocorrida entre o contexto em que viveu a Madame de Châtelet e a Revolução Francesa?

_____
_____
_____
_____
_____

b) Cite e analise UM impacto desta mudança para a história do mundo ocidental no século XIX.

_____
_____
_____
_____
_____
_____
_____

Conflitos com a Inglaterra

54 (EsPCEx-SP/Aman-RJ) A partir de 1764, o governo inglês adotou medidas que aumentaram a arrecadação fiscal e restringiram a autonomia das 13 colônias norte-americanas. Nas alternativas abaixo, assinale a medida que provocou o protesto dos representantes da 13 colônias que realizaram o Primeiro Congresso da Filadélfia.

a) Leis Intoleráveis.
b) Lei do Chá.
c) Lei dos Alojamentos.
d) Lei do Selo.
e) Lei do Açúcar.

55 (UFU-MG) De acordo com Bernard Baylin, em seu livro *As Origens Ideológicas da Revolução Americana*, depois da promulgação da Lei do Selo, os colonos americanos começaram a pensar que havia uma conspiração inglesa para cercear as liberdades na América do Norte. E essa crença transformou o sentido da luta dos colonos e acelerou o movimento de oposição, que posteriormente acabou levando à independência e à criação dos Estados Unidos da América.

Em relação à Lei do Selo, é correto afirmar que

a) essa lei foi aprovada pelo Parlamento Inglês em 1765, estabelecendo que todos os documentos em circulação na colônia americana deveriam receber selos provenientes de toda a Europa e, somente com esses, sua circulação estaria legalizada.

b) essa lei durou vários anos, mas, devido às ações dos representantes dos colonos americanos no parlamento inglês, tal taxa foi cancelada sob forte protesto de parlamentares representantes dos interesses comerciais da metrópole.

c) o rei inglês justificava essa lei argumentando que o tesouro inglês havia se esgotado com a Guerra dos Sete Anos, e que também era dever dos colonos pagar as dívidas, contraídas também a favor dos interesses deles.

d) essa lei taxava também artigos de consumo, como o chá, o vidro, o papel e outros. Por causar a elevação de preços desses artigos, a Lei do Selo provocou inúmeros confrontos, considerado um dos fatores que conduziu ao processo de independência dos Estados Unidos da América.

Declaração de independência

56 (Unesp-SP)

Todos os homens são criados iguais, dotados pelo Criador de certos direitos inalienáveis, entre os quais figuram a vida, a liberdade e a busca da felicidade. Para assegurar esses direitos, entre os homens se instituem governos, que derivam seus justos poderes do consentimento dos governados. Sempre que uma forma de governo se dispõe a destruir essas finalidades, cabe ao povo o direito de alterá-la ou aboli-la, e instituir um novo governo, assentando seu fundamento sobre tais princípios e organizando seus poderes de tal forma que a ele pareça ter maior probabilidade de alcançar-lhe a segurança e a felicidade.

(Declaração de Independência dos Estados Unidos (1776). In: Harold Syrett (org.). *Documentos históricos dos Estados Unidos*, 1988.)

O documento expõe o vínculo da luta pela independência das treze colônias com os princípios

a) liberais, que defendem a necessidade de impor regras rígidas de protecionismo fiscal.

b) mercantilistas, que determinam os interesses de expansão do comércio externo.

c) iluministas, que enfatizam os direitos de cidadania e de rebelião contra governos tirânicos.

d) luteranos, que obrigam as mulheres e os homens a lutar pela própria salvação.

e) católicos, que justificam a ação humana apenas em função da vontade e do direito divinos.

Haiti

57 (PUC-RJ) Sobre a revolução de independência do Haiti, em 1804, e suas repercussões, assinale a alternativa incorreta:

a) O movimento vitorioso em 1804 resultou na única revolta de escravos bem-sucedida da História – até então uma inédita conquista nas Américas – e no estabelecimento de um Estado independente no Haiti.

b) Apesar de o Haiti ser a mais importante colônia francesa da época, a França manteve-se afastada do processo de independência, iniciado em 1791, por estar mergulhada no movimento revolucionário em seu território com repercussões na Europa.

c) A base da economia haitiana era o açúcar, mas também eram produzidos café, algodão e índigo; e essa estrutura econômica era sustentada pelo trabalho de escravos que movimentavam um dos maiores mercados para o tráfico negreiro europeu.

d) O movimento, que começou como uma revolta de escravos, se converteu em uma guerra civil – de mulatos contra brancos e de plantadores contra as autoridades metropolitanas – e em uma guerra internacional com a participação de Espanha, Inglaterra e França.

e) Os proprietários de escravos de todo o mundo atlântico – dos Estados Unidos, do Caribe, da América espanhola e do Brasil – sentiram-se profundamente ameaçados e amedrontados, receosos de que o exemplo haitiano fosse seguido.

Independências na América espanhola

58 (Unicamp-SP) Leia atentamente o trecho da carta escrita em 1830 por Simón Bolívar ao General J. J. Flores. A partir da leitura e de seus conhecimentos, responda às questões.

Meu querido General: V. Ex.ª sabe que governei durante vinte anos e deles tirei apenas pouco resultados certos: 1º) a América é ingovernável para nós; 2º) aquele que serve a uma revolução ara no mar; 3º) a única coisa que se pode fazer na América é emigrar; 4º) este país cairá infalivelmente em mãos da multidão desenfreada, para depois passar a pequenos tiranos quase imperceptíveis, de todas as cores e raças; 5º) devorados por todos os crimes e extintos pela ferocidade, os europeus não se dignarão a nos conquistar; 6º) se uma parte do mundo voltasse ao caos primitivo, este seria o último período da América.

(Adaptado de Simón Bolívar, *Escritos políticos*. Campinas, SP: Editora da Unicamp, 1992, p. 32.)

a) Identifique dois aspectos políticos do processo de independência da América espanhola.

b) Explique como o texto contradiz o projeto político inicial de Bolívar para a América.

_____
_____
_____
_____
_____
_____
_____

Processo de independência do Brasil

59 (UPM-SP)

"(...). Conquistar a emancipação definitiva e real da nação, ampliar o significado dos princípios constitucionais foi tarefa delegada aos pósteres".

COSTA, Emília Viotti da. *Da monarquia à república:* momentos decisivos. São Paulo: Livraria Editora Ciências Humanas, 1979. p. 50.

A análise acima, da historiadora Emília Viotti da Costa, refere-se à proclamação da independência do Brasil, em 7 de setembro de 1822. A análise da autora, a respeito do fato histórico, aponta que

a) apesar de os integrantes da elite nacional terem alcançado seu objetivo: o de romper com os estatutos do plano colonial, no que diz respeito às restrições à liberdade de comércio e à conquista da autonomia administrativa, a estrutura social do país, porém, não foi alterada.

b) a independência do Brasil foi um fato isolado, no contexto americano de luta pela emancipação das metrópoles. Isso se deu porque era a única colônia de língua portuguesa, e porque adotava, como regime de trabalho, a escravidão africana.

c) caberia, às futuras gerações de brasileiros, o esforço no sentido de impor seus valores para Portugal, rompendo, definitivamente, os impasses econômicos impostos à Colônia pela metrópole portuguesa desde o início da colonização.

d) apesar de alguns setores da elite nacional possuírem interesses semelhantes à burguesia mercantil lusitana e, portanto, afastando-se do processo emancipatório nacional, com a eminente vinda de tropas portuguesas para o país, passaram a apoiar a ideia de independência.

e) assim como Portugal passava por um processo de reestruturação, após a Revolução Liberal do Porto; no Brasil, esse movimento emancipatório apenas havia começado e só fora concluído, com a subida antecipada ao trono, de D. Pedro II, em 1840.

60 (Fac. Pequeno Príncipe-PR) Na interpretação mais conhecida sobre a História do Brasil, a data de 7 de setembro de 1822 representou um marco, pois, nesse dia, D. Pedro proclamou oficialmente a separação da Colônia da metrópole portuguesa.

Sobre o processo de Independência do Brasil, assinale a alternativa CORRETA.

a) As relações entre a Coroa portuguesa e o Brasil melhoraram quando Dom João VI, de Portugal, apoiado pela Corte portuguesa, assinou um decreto concedendo o título de Regente do Brasil a seu filho Dom Pedro. Entretanto, aproveitando-se da autoridade que lhe foi concedida, no dia 7 de setembro de 1822, Dom Pedro rompeu politicamente com Portugal e proclamou a Independência do Brasil.

b) A Independência brasileira foi um processo liderado, em grande parte, pelos setores sociais que mais se beneficiavam com a ruptura dos laços coloniais: os grandes proprietários de terra e os grandes comerciantes, pois a separação tinha como objetivo preservar a liberdade de comércio e a autonomia administrativa. A maioria da população permaneceu na situação anterior à proclamação da Independência.

c) Após o processo de Independência, a economia brasileira tornou-se competitiva no mercado internacional, pois devido ao apoio econômico inglês o Brasil começou a desenvolver a atividade industrial, o que era proibido pelo governo metropolitano.

d) A mudança mais significativa após a Independência do Brasil ocorreu no âmbito econômico-social, pois com o desenvolvimento econômico surgiram novas classes sociais urbanas ligadas ao processo industrial.

e) A Inglaterra, interessada em manter os benefícios comerciais garantidos pelos tratados de comércio e navegação de 1810, foi a primeira nação a reconhecer a Independência do Brasil.

Inconfidência Mineira

61 (Uece) Leia atentamente o seguinte excerto:

"O papel de herói da Inconfidência Mineira cabe ainda a Tiradentes porque ele foi o inconfidente que recebeu a pena maior: a morte na forca, uma vez que o próprio réu, durante a devassa, assumiu para si toda a culpa. Sabe-se, no entanto, que sua morte se deve também em grande parte à acusação dos demais inconfidentes, bem como a sua condição social: pertencente à camada média da sociedade mineira, sem importantes ligações de família, sem ilustração nem boas maneiras".

Cândida Vilares Gancho & Vera Vilhena de Toledo. *Inconfidência Mineira*. São Paulo, Editora Ática, Série Princípios, 1991. p. 45.

Sobre a Inconfidência Mineira, ocorrida em Vila Rica no período da mineração aurífera, é correto afirmar que

a) representou o exemplo de revolta popular contra a dominação colonial portuguesa no Brasil, uma vez que, oriunda das camadas mais humildes de Minas Gerais, inclusive escravos, chegou a contagiar indivíduos pertencentes às mais altas posições sociais.

b) foi uma representação dos interesses de grupo da elite local, intelectuais, religiosos, militares fazendeiros, em livrarem-se do controle e dos impostos cobrados pela coroa portuguesa na região, mas não havia consenso em relação à libertação dos escravos.

c) marcou o início do processo de independência do Brasil, baseado na luta armada do povo contra as forças leais a Portugal, e em defesa dos ideais liberais e republicanos, como o fim da escravidão, direito ao voto universal masculino e governo presidencialista.

d) apesar de bem-sucedida, com a proclamação da independência de Minas Gerais, teve pouco impacto na história do Brasil, uma vez que seus objetivos extremamente populares não foram bem aceitos pelas elites econômicas de outras regiões da colônia.

Primeiro Reinado e período regencial

62 (UEPG-PR) O Império brasileiro teve início em 1822 e perdurou até 1889, quando foi proclamada a República. Foi no decorrer desse período histórico que se formou o Estado Nacional Brasileiro. A respeito desse tema, assinale o que for correto.

01 A Constituição de 1824 garantiu amplos poderes ao Imperador e vigorou durante todo o período imperial.

02 Entre o I e o II Império, o Brasil foi governado por regências. Isso ocorreu por conta da menoridade de Pedro II, herdeiro do trono brasileiro.

04 A Guerra do Paraguai, a Revolução Farroupilha e a Revolta da Vacina figuram entre os conflitos políticos e sociais mais intensos registrados durante o Império brasileiro.

08 O abolicionismo ganhou força nas décadas finais do século XIX e o fim da escravidão pode ser considerado como um dos motivos de enfraquecimento do Império.

63 (USF-SP)

A carta de despedida de D. Pedro I é um dos documentos que assinalam o triunfo do Partido Brasileiro sobre o Partido Português e a passagem do Primeiro Reinado ao Período Regencial. Em 1834, foi promulgado um Ato Adicional à Constituição, que tentava conciliar os interesses das facções políticas. Esse período conturbado de nossa história, caracterizado por lutas entre restauradores, exaltados e moderados, assim como pelas rebeliões provinciais que colocaram em risco a integridade territorial e política do país, encerrou-se em 1840, com o golpe da maioridade e o início do Segundo Reinado.

COSTA, Luís César Amad & MELLO, Leonel Itaussu de Almeida. *História do Brasil*.
São Paulo: Scipione, 2007, p. 169. (Adaptado.)

Ao ler o texto, percebemos que surge, após o Primeiro Reinado, uma nova fase para a história política brasileira. Durante essa fase ou período,

a) ocorreu a manutenção do Conselho de Estado, órgão que assessorava o imperador no exercício do Poder Moderador.

b) a Revolução Farroupilha, que apresentava caráter separatista e republicano, foi motivada pelo descontentamento com a política tributária aplicada à província, entre outros fatores.

c) o Golpe da Maioridade, desfechado pelo Partido Conservador, trouxe harmonia política às próximas quatro décadas, evitando confrontos ideológicos entre os partidos da época.

d) o Brasil experimentou pela primeira vez o sistema parlamentarista, que ficou conhecido como "parlamentarismo às avessas", visto que o Primeiro-Ministro tinha poderes reduzidos.

e) foi marcado por grandes conflitos externos, como foi o caso da Guerra do Paraguai, que, ao seu final, elevou o prestígio do exército brasileiro no contexto da política nacional.

64 (Fac. Albert Einstein-SP) Durante o período Regencial (1831-1840) ocorreram no Brasil várias rebeliões provinciais, expressões, ao mesmo tempo, das lutas das elites pelo poder local e por maior autonomia das províncias, e da marginalização das camadas populares, empobrecidas e excluídas da participação política. A revolta que, ocorrida no Maranhão, contou também com a participação de escravos foragidos foi:

a) Farroupilha.
b) Cabanagem.
c) Sabinada.
d) Balaiada.

Segundo Reinado

65 (UFRGS) A Revolução Praieira foi um movimento que arregimentou oligarcas e setores empobrecidos da população pernambucana contra o Império do Brasil. Ao divulgarem o "Manifesto ao Mundo", os rebeldes exigiam, entre outras demandas, o voto livre e universal, a independência dos poderes constituídos, o fim do Poder Moderador e o monopólio de brasileiros no comércio varejista.
Em relação aos seus ideais, é correto afirmar que os rebeldes

a) foram inspirados pela Revolução Francesa, eram favoráveis à centralização política no poder executivo e partidários da presença portuguesa na economia.

b) foram influenciados pela "Primavera dos Povos" de 1848, eram liberais e possuíam um componente antilusitano.

c) eram adeptos das teorias socialistas, incentivando a luta de classes e a administração centrada no poder do imperador.

d) lutavam contra o predomínio das oligarquias regionais, preconizavam a "revolução dos pobres" e a independência da região Nordeste.

e) defendiam o fim do Império, o retorno à condição colonial e o incentivo ao comércio interno.

Conflitos internacionais

66 (Fuvest-SP) Observe as imagens das duas charges de Angelo Agostini publicadas no periódico *Vida Fluminense*. Ambas oferecem representações sobre a Guerra do Paraguai, que causaram forte impacto na opinião pública. A imagem I retrata Solano López como o "Nero do século XIX"; a imagem II figura um soldado brasileiro que retorna dos campos de batalha.

12/06/1869 — 11/06/1870

Sobre as imagens, é correto afirmar, respectivamente:

a) atribui um caráter redentor ao chefe da tropa paraguaia; fixa o assombro do soldado brasileiro ao constatar a persistência da opressão escravista.

b) denuncia os efeitos da guerra entre a população brasileira; ilustra a manutenção da violência entre a população cativa.

c) reconhece os méritos militares do general López; denota a incongruência entre o recrutamento de negros libertos e a manutenção da escravidão.

d) personifica o culpado pelo morticínio do povo paraguaio; estimula o debate sobre o fim do trabalho escravo no Brasil.

e) fixa atributos de barbárie ao ditador Solano López; sublinha a incompatibilidade entre o Exército e o exercício da cidadania.

Fim da escravidão

67 (UPE)

A compositora e maestrina Chiquinha Gonzaga (1847-1935) destaca-se na história da cultura brasileira pelo seu pioneirismo. Enfrentou, com coragem, a opressora sociedade patriarcal e criou uma profissão inédita para a mulher, causando escândalo em seu tempo. Atuando no rico ambiente musical do Rio de Janeiro do Segundo Reinado, no qual imperavam polcas, tangos e valsas, Chiquinha Gonzaga não hesitou em incorporar ao seu piano toda a diversidade que encontrou sem preconceitos. Assim, terminou por produzir uma obra fundamental para a formação da música brasileira.

Fonte: http://chiquinhagonzaga.com/wp/biografia/Adaptado.

A obra artística dessa importante personagem da história e cultura brasileira se destaca por

a) promover apologia ao regime imperial.

b) denunciar o preconceito e defender a abolição dos escravos.

c) valorizar os costumes ingleses e franceses nas composições artísticas.

d) apoiar a expansão do império brasileiro na guerra da tríplice fronteira.

e) difundir a cultura erudita, portando-se contra as manifestações populares.

68 (UCPel-RS) Analisando o conjunto de Leis abolicionistas no Brasil Império (Lei Eusébio de Queiros, Lei do Ventre Livre, Lei do Sexagenário), é correto afirmar que

a) as normas estabelecidas pelas leis abolicionistas enfrentaram resistência junto à elite política e econômica do país, pois não visavam indenizar os proprietários que eram obrigados a libertar seus escravos.

b) as referidas leis resultaram de pressões externas e internas que contribuíram para acelerar o processo abolicionista, tornando o país pioneiro no combate ao escravismo e contribuindo para a redução das diferenças sociais.

c) as medidas tomadas pelo Império visavam adaptar gradativamente o trabalhador egresso do escravismo, não apenas ao sistema capitalista de produção, como, também, à sociedade de homens e mulheres livres.

d) as leis representam a mentalidade da elite do II Reinado, que acreditava no fim natural da escravidão na medida em que se proibiu a importação de escravos e os nascidos no país após a lei de 1871 seriam livres.

e) as discussões acerca da adaptação do país à mão de obra livre levaram a intensos debates e enfrentamentos entre os dois partidos que sustentavam a monarquia, aprofundando ainda mais suas diferenças ideológicas.

Anarquismo

69 (UFJF-MG) Leia a charge e o texto abaixo:

(Disponível em: <http://twixar.me/zMG3>. Acesso em: 09 out. 2018.)

Todos esses capitalistas, exploradores dos pobres, sanguessugas do povo. Ninguém reclama, ninguém protesta e eles fazendo dos humildes gato e sapato. Aumentam os preços de tudo quando querem, sem o mínimo respeito, sem a mínima consideração. Uns atrevidos soltos nas ganâncias. Uns atrevidões [...] Aqueles que estudam o passado acabam se deparando com duas conclusões contraditórias. A primeira é que o passado era muito diferente do presente. A segunda é que ele era muito parecido [...]. Por isso, quando me perguntavam sobre como era minha família, eu dizia: são anarquistas, anarquistas graças a Deus.

(GATTAI, Zélia. *Anarquistas, graças a Deus*, São Paulo: Record, 1979.)

Sobre o anarquismo é CORRETO afirmar que:

a) Os anarquistas condenavam a não violência como meio de ação, angariando, assim, o apoio da burguesia industrial.

b) O anarquismo era um movimento de base rural, que propunha a manutenção dos padrões sociais vigentes.

c) Os anarquistas defendiam uma educação libertária e a necessidade de eliminar intervenção estatal e representação política.

d) Seus teóricos defendiam a intervenção do Estado na economia e contavam com o apoio do clero e da burguesia.

e) Sua força de organização foram os partidos políticos que lutavam para a tomada do controle administrativo do estado.

Capitalismo

70 (UFU-MG)

"O capitalismo é uma religião de mero culto, sem dogma. O capitalismo desenvolveu-se no Ocidente como um parasita no cristianismo – não apenas no calvinismo, mas também como deve ser mostrado, nas várias correntes cristãs ortodoxas – de tal maneira que, no final, a história do cristianismo é essencialmente a de seu parasita, o capitalismo".

BENJAMIN, Walter. O capitalismo como religião. Adaptado de uma conferência de Michael Löwy na USP no dia 29 de setembro. Trad. GONÇALVES L. R. M. In: *Folha de S.Paulo*, Caderno Mais, domingo, 18 de setembro de 2005.

Segundo Walter Benjamin, o capitalismo não representa apenas, como propõe Max Weber, uma forma de secularização da fé protestante, mas também seria ele próprio uma espécie de culto religioso, que se desenvolve de modo parasitário a partir do cristianismo e acaba por substituí-lo.

De acordo com os posicionamentos acima, o capitalismo apresenta as seguintes características, exceto,

a) ser uma religião cultual, a mais extremada e absoluta já existente, na qual o dinheiro se torna objeto de um culto similar ao dos santos das religiões tradicionais.

b) ser um culto permanente, realizado diariamente, tanto nas bolsas de valores quanto no trabalho mecânico nas fábricas. Esse culto gera angústia tanto naqueles que observam a subida ou a descida das cotações das ações quanto naqueles que trabalham em péssimas condições.

c) ser um culto capitalista, não destinado à expiação de uma culpa embora gerador de mais culpa. Ser uma "culpa" dos humanos por seu endividamento constante com o capital e não ser esperança de expiação permitida ao pobre, permanentemente endividado.

d) ser uma religião cultual na qual o Deus-Mercado concede a todos e da mesma forma igualdade de condições e de oportunidades ao acesso aos bens de consumo. Ele premia seus fiéis com felicidade e com êxtase permanente frente à compra e ao endividamento.

Primeira Guerra Mundial

71 (UFPR) Considere o cartaz produzido durante a Primeira Guerra Mundial (1914-1918), lançado em 1918 nos Estados Unidos pela Associação Cristã de Moças (Y.W.C.A.). No cartaz está escrito: "Para cada soldado, uma mulher trabalhadora – Apoie nossa segunda linha de defesa (Y.W.C.A.) – Campanha para o Trabalho Unido da Guerra".

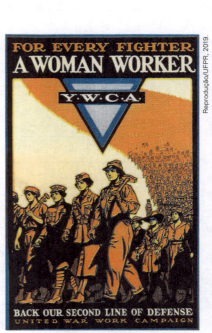

Considerando esse documento, os conhecimentos sobre a Primeira Guerra Mundial e sobre a condição das mulheres no mundo do trabalho na virada do século XIX para o século XX, identifique como verdadeiras (V) ou falsas (F) as seguintes afirmativas:

( ) A Primeira Guerra Mundial foi marcada por uso limitado de propaganda, dirigindo-se a setores específicos das sociedades em guerra para mobilizar seu apoio.

( ) Após o término da guerra, as mulheres que ocuparam os postos de trabalho foram incentivadas a deixá-los para que retomassem seus papéis de mãe e esposa.

( ) O cartaz demonstra uma realidade vivida pelos Estados Unidos, enquanto os demais países da Tríplice Entente não incentivaram o trabalho feminino.

( ) O trabalho feminino em indústrias e setor de serviços já era uma realidade conhecida antes da Primeira Guerra, em decorrência da Revolução Industrial.

Assinale a alternativa que apresenta a sequência correta, de cima para baixo.

a) F – F – V – V.　　b) V – V – F – F.　　c) F – V – F – V.　　d) V – V – V – F.　　e) V – F – V – V.

Revolução Russa

72 (UFJF-MG) Neste ano de 2017, a Revolução Russa completa 100 anos. Leia os textos abaixo e, em seguida, responda às questões propostas:

TEXTO 1

"A história do Breve Século XX não pode ser entendida sem a Revolução Russa e seus efeitos diretos e indiretos"

(HOBSBAWM, Eric. *A Era dos Extremos*. São Paulo: Companhia das Letras, 1995, p. 89.)

TEXTO 2

"Pouco depois da unificação de Berlim [1989], todos os monumentos dedicados a recordar a memória de Lênin desapareceram da cidade, incluindo um busto esculpido em mármore que decorava a entrada principal da suntuosa Embaixada russa na avenida Unter den Linden".

Fonte: "Berlim proíbe desenterrar Lênin". https://goo.gl/waW1qT

TEXTO 3

"Há um novo apelo pela União Soviética. Pelo culto a Stálin. Metade dos jovens de dezenove a trinta anos consideram Stálin 'um grande político'. (...) Tudo que é soviético está de novo na moda. Na televisão, dezenas de programas, e na internet dezenas de sites de nostalgia 'soviética'".

(ALEKSIÉVICTH, Svetlana. *O fim do homem soviético*. São Paulo: Companhia das Letras, 2016, p. 29.) [livro originalmente publicado em 2013]

a) Cite e analise UM dos efeitos globais da Revolução Russa de 1917 no século XX.

b) Comparando-se os fragmentos de textos 2 e 3, identifique UMA diferença envolvendo os modos de se interpretar a Revolução Russa ao longo dos séculos XX e XXI.

73 (UFPR) Considere o seguinte texto:

[...] as reuniões de Trotsky no Circo Moderno representam apenas uma das múltiplas faces da massa. Há uma foto perturbadora do 1º de Maio em Moscou, na futura Praça Vermelha, em frente ao Kremlin. Numa espécie de cruzamento cronológico, a multidão revolucionária – uma mistura de tropas, soldados a cavalo, passeatas operárias – adquire um perfil familiar, o da coreografia tradicional do socialismo real. Somente a ausência de tanques, de uma tribuna de apparatchiks [o alto escalão do PC] e de grandes retratos de Lenin e Stalin pendurados nas fachadas dos edifícios nos lembra que tudo isso ainda está por vir. O czarismo celebrou sua glória nesse mesmo lugar. A revolução apropria-se dele, muda seu significado, mas a geometria das passeatas que o permeiam revela de súbito a imagem do futuro e, ao mesmo tempo, a força de um atavismo histórico que inegavelmente insere o ano de 1917, contra a sua vontade, num longo período [...].

(LÖWY, Michel. *Revoluções*. São Paulo: Boitempo, 2009, p. 158.)

Com relação à Revolução Russa de 1917 e seus desdobramentos políticos na construção da URSS e em outras nações, identifique como verdadeiras (V) ou falsas (F) as seguintes afirmativas:

( ) A recepção do acontecimento da Revolução Russa no Brasil foi amplamente favorável. Vários periódicos brasileiros de grande circulação lançaram notas em apoio à Revolução Bolchevique, criando assim uma prolífica imprensa engajada.

( ) O ano de 1917 dá início a um processo que transformou o mundo, sendo chamado por um importante analista de "utopia concreta". Entretanto, os períodos que se seguem na construção do socialismo histórico apresentaram um universo militarizado e autoritário, que, por fim, revelou uma longa e trágica história de abusos e violências.

( ) Embora o fim da URSS tenha ocorrido após os eventos que vão de 1989, com a queda do muro de Berlim, até dezembro de 1991, com o golpe de estado que derrubou Gorbatchev, a URSS teve outro momento de grande abalo por volta de 1956, quando vieram a público os crimes de estado do período de Stalin.

( ) O período em que Stalin esteve no controle da URSS foi de abertura política, graças à intercessão de Trotsky, que estabeleceu uma rede de contatos em todo o mundo, incluindo figuras como o muralista Diego Rivera e a pintora Frida Kahlo.

Assinale a alternativa que apresenta a sequência correta, de cima para baixo:

a) V – F – F – V.   b) F – V – V – F.   c) F – F – V – V.   d) V – V – F – V.   e) F – F – V – F.

Grande Depressão de 1929

74 (PUC-RS) Inicialmente favorecida pelas condições internacionais do pós-Primeira Guerra, a economia dos Estados Unidos conheceu um período de forte expansão e euforia nos anos 1920. Todavia, ao final dessa década, o país seria um dos focos da crise mundial de 1929 e da Grande Depressão que a seguiu. Um dos motivos dessa violenta reversão de expectativas foi

a) a falência das principais medidas estabilizadoras do *New Deal*.
b) a política antitruste determinada pela Sociedade das Nações.
c) a perda de mercados devido à descolonização afro-asiática.
d) a superprodução no setor primário dos Estados Unidos.
e) o crescimento da dívida norte-americana em relação às principais potências europeias.

Segunda Guerra Mundial

75 (UEPG-PR) Regime que chegou ao poder em 1933, quando Adolf Hitler foi escolhido como chanceler da Alemanha, o nazismo marcou o século XX por seus atos e princípios, pela II Guerra Mundial e pelas consequências desta ao longo da segunda metade nos Novecentos. A respeito desse tema, assinale o que for correto.

01 A concepção de que a guerra é uma forma legítima de promoção do desenvolvimento nacional, o preconceito étnico-racial contra minorias, o antissemitismo (ódio aos judeus) e o nacionalismo exacerbado são alguns dos princípios contidos na ideologia nazista desde sua origem.

02 O nazismo ganhou força após a I Guerra Mundial. As deliberações do Tratado de Versalhes, a crise econômica profunda e baixa autoestima do povo alemão naquele momento foram absorvidos pelo discurso ultranacionalista contido na ideologia nazista.

04 A década de 1920 foi o momento em que os nazistas ganharam força na Alemanha. Organizados em grupos militares, uniformizados, realizavam passeatas e manifestações, nas quais juravam obediência ao chefe do partido e atacavam com palavras de ordem os adversários políticos.

08 Na origem, o nazismo se inspirou no Partido Comunista Soviético. Apesar da ruptura ocorrida na II Guerra, foram os princípios do comunismo que serviram de base aos nazistas germânicos.

16 "Mein Kampf" ("Minha Luta"), livro de autor desconhecido que defendia a superioridade racial ariana diante de todas as outras existentes no mundo, foi a leitura que inspirou Adolf Hitler no seu projeto de limpeza étnica e racial promovida a partir de sua chegada ao poder.

76 (UPM-SP)

"Os eleitores alemães jamais deram aos nazistas uma maioria no voto popular, como algumas vezes ainda é afirmado [...] Os nazistas de fato chegaram a ser o maior partido do Reichstag alemão nas eleições parlamentares de 31 de julho de 1932, com 37,2% dos votos. Mais tarde, caíram para 33,1%, nas eleições parlamentares de 6 de novembro de 1932. Nas eleições de 6 de março de 1933, com Hitler já como chanceler e o Partido Nazista no comando da totalidade dos recursos do Estado alemão, seus resultados foram significativos, mas ainda insuficientes, 43,9%. Mais que um em cada dois alemães votaram contra os candidatos nazistas, naquela eleição, desafiando a intimidação das Brigadas de Assalto. O Partido Fascista italiano conseguiu 35 cadeiras num total de 535, na única eleição parlamentar livre da qual chegou a participar, em 15 de maio de 1921."

(Paxton, Robert. *A Anatomia do Fascismo*. São Paulo: Paz e Terra, 2007; p. 164-165.)

Sobre a ascensão dos fascistas e nazistas ao poder na Itália e Alemanha, podemos afirmar que

a) tanto Mussolini como Hitler foram convidados a assumir o cargo de chefe de governo por um chefe de Estado no exercício de suas funções oficiais. Nos dois casos, fica evidente o interesse das alas conservadoras em fortalecer a extrema direita para impedir o avanço das esquerdas.

b) a ascensão de Mussolini ao poder foi diferente da ascensão de Hitler. O primeiro, a partir da Marcha sobre Roma, aplica um golpe violento derrubando o rei Victor Emanuel III. O segundo é convidado pelo presidente Hindenburg a assumir o cargo de chanceler alemão.

c) Mussolini assume o poder convidado pelo rei Victor Emanuel III após a manifestação fascista conhecida como Marcha sobre Roma. Hitler torna-se chanceler após um bem-sucedido Golpe de Estado, derrubando o presidente Hindenburg e toda a cúpula política alemã.

d) tanto Mussolini como Hitler ascende ao poder pela via golpista. Mussolini após uma demonstração de poder com milhares de fascistas em Roma. Hitler após uma grande marcha que tem início em Munique (Putsch da Cervejaria) e é finalizada com a ocupação do Reichstag e sua nomeação como chanceler alemão.

e) o rei italiano Victor Emanuel III e o presidente alemão Hindenburg convidaram, respectivamente, Mussolini e Hitler para assumirem os cargos de chefe de governo. A motivação principal era alçar ao poder as lideranças da esquerda para que fosse possível combater com mais eficácia o avanço da extrema direita italiana e alemã.

República oligárquica

77 (UEMG) Com o fim do governo de Floriano Peixoto, em 1894, o Brasil passou a ser governado por uma Oligarquia. Durante a República Oligárquica, o Partido Republicano Mineiro (PRM) e o Partido Republicano Paulista (PRP) indicavam e sustentavam o presidente de acordo com seus interesses, afora algumas exceções.

Sobre essas exceções, relacione a COLUNA I que apresenta o nome do presidente com a descrição de sua atuação da COLUNA II.

COLUNA I

1. Afonso Pena (1906–1909).

2. Nilo Peçanha (1909–1910).

3. Venceslau Brás (1914–1918).

4. Artur Bernardes (1922–1926).

5. Washington Luís (1926–1930).

COLUNA II

( ) Último presidente da oligarquia, fluminense, conhecido como "paulista de Macaé", seu lema foi "governar é abrir estradas".

( ) Esse mineiro sucedeu Hermes da Fonseca, restabelecendo a política do "café com leite", seu governo foi marcado por uma grande guerra.

( ) O governo desse mineiro foi marcado pela oposição dos militares de baixa patente, o que o levou a decretar estado de sítio inúmeras vezes.

( ) Presidente mineiro que pôs em prática a política de valorização do café estabelecida no Convênio de Taubaté. Não concluiu seu governo devido à morte súbita.

( ) Afiliado ao Partido Republicano Fluminense, assumiu a presidência após disputa acirrada entre candidato gaúcho e baiano.

Assinale a alternativa que apresenta a sequência correta.

a) 5 - 3 - 4 - 1 - 2.   b) 3 - 2 - 1 - 4 - 5.   c) 4 - 1 - 5 - 2 - 3.   d) 2 - 4 - 3 - 5 - 1.

Primeira República

78 (UEPG-PR) O período que vai de 1889 a 1930 é chamado pelos historiadores de República Velha ou Primeira República e possui características bastante peculiares nos campos social, político e cultural. A respeito desse tema, assinale o que for correto.

01 O Manifesto Nhengaçu e o Manifesto Antropofágico foram publicados pelos modernistas da década de 1920 e expressam a busca de intelectuais por uma identidade brasileira.

02 Líder da chamada Coluna Prestes, movimento que tinha por objetivo derrubar o presidente da República, o militar Luis Carlos Prestes converteu-se ao comunismo após o fim da Coluna.

04 O Convênio de Taubaté, assinado pelos presidentes de São Paulo, Minas Gerais e Rio de Janeiro, adotou medidas protecionistas favoráveis aos cafeicultores brasileiros do início do século XX.

08 Inspirado na reforma parisiense, realizada pelo Barão Haussmann em meados do século XIX, Pereira Passos, prefeito do Rio de Janeiro, promoveu uma grande intervenção urbana naquela cidade.

79 (Uece) Durante o período da República Velha no Brasil (1889-1930), uma prática que garantia os resultados eleitorais favoráveis aos candidatos que contavam com o apoio dos governantes era conhecida como

a) Comissão de Verificação de Poderes, que garantia a eleição dos candidatos apoiados pela política dos governadores, através da "degola" dos políticos opositores.

b) Embargo de Candidatura, processo movido nos Tribunais Regionais Eleitorais que impedia a inscrição de chapas formadas por adversários políticos do governo.

c) Voto de Cabresto, que era o domínio do voto dos operários e trabalhadores urbanos em geral através do controle das forças sindicais pelo Estado.

d) Bipartidarismo, sistema que admitia apenas a existência de dois partidos políticos, um representante do governo, a ARENA, e outro a oposição permitida, o MDB.

Greve de 1917

80 (UFPR) Considere a seguinte imagem:

(Fotografia P&B. Domingo de julho de 1917. Operários em frente à Sociedade Protetora dos Operários. Acervo Casa da Memória, Curitiba.)

Sobre a questão operária e a Greve Geral de 1917, mostrada na imagem, assinale a alternativa correta.

a) O operariado brasileiro era composto majoritariamente por homens maiores de 21 anos, uma vez que o trabalho infantil e o feminino haviam sido abolidos após os conflitos da Revolta da Vacina.

b) As greves gerais no Brasil tiveram relativa aderência popular, uma vez que o povo brasileiro primava por manter a ordem e evitar o que os governantes chamavam de "excessos".

c) Durante a Primeira República, a frase "a questão social é um caso de polícia" tornou-se um mote da ação do governo; afinal, ela resumia a preocupação das elites políticas com o descaso com que eram tratados os trabalhadores.

d) Existem diversos debates na História que discutem as tendências políticas dos participantes e, principalmente, das lideranças da greve de 1917, mas é comum defini-la como uma greve de tendências anarcossindicais.

e) A participação do Partido Comunista brasileiro foi fundamental na articulação dos trabalhadores no ano de 1917. Sem essa instituição, não seria possível organizar um movimento em nível nacional.

Revoltas na Primeira República

81 (Uece) Relacione, corretamente, os movimentos sociais da Primeira República com suas respectivas descrições, numerando os parênteses abaixo de acordo com a seguinte indicação:

1. Cangaço   **2.** Canudos   **3.** Contestado   **4.** Revolta da Chibata

( ) Ocorrido no sertão da Bahia, sob liderança de um beato cearense, a comunidade por ele organizada foi destruída após ser atacada pela quarta expedição militar que contava com cerca de 7 mil soldados.

( ) Iniciado no século XIX, esse movimento que durou até a década de 1940 era formado por homens armados que agiam principalmente no nordeste brasileiro; alguns grupos atuavam sob mando dos poderosos e outros eram independentes.

( ) Rebelião dos marinheiros, em sua maioria negros e mestiços, contra os castigos corporais a que eram submetidos pelos oficiais, também reivindicavam melhores salários e folgas semanais.

( ) Movimento liderado por beatos, ocorrido na região Sul do Brasil, e que teve como pano de fundo a disputa por território entre dois estados, o interesse de grandes companhias e o fanatismo religioso.

A sequência correta, de cima para baixo, é:

a) 2, 1, 4, 3.   b) 3, 1, 2, 4.   c) 1, 3, 4, 2.   d) 4, 3, 1, 2.

82 (UEPG-PR) Os dois maiores conflitos rurais da Primeira República, as Guerras de Canudos e do Contestado possuem várias semelhanças. Combatidas durante pelo governo republicano, ambas acabaram com um saldo trágico: a morte de aproximadamente 10 mil brasileiros. A respeito desse tema, assinale o que for correto.

01 Chamados de jagunços pelo escritor Euclides da Cunha, os seguidores de Antonio Conselheiro eram majoritariamente negros, mestiços, indígenas. Despossuídos, atingidos pela seca e submetidos ao poder do latifúndio e do coronelismo, viam no Conselheiro uma figura capaz de oferecer uma realidade melhor daquela a que estavam sujeitos.

02 Belo Monte, o maior dos arraiais em que se concentravam os sertanejos de Canudos, foi duramente atacado pelo Exército republicano. Em um desses ataques tombou morto Antonio Conselheiro. Mesmo assim, a resistência continuou até, praticamente, a morte de todos os habitantes do lugar.

04 No caso do Contestado, além da existência de um forte clamor religioso, é preciso considerar que a região era palco de uma disputa política entre Paraná e Santa Catarina e de que havia interesses econômicos por conta da existência de uma valiosa floresta de araucária nativa.

08 A Lumber Company, madeireira ligada ao mesmo grupo que construiu a Estrada de Ferro São Paulo-Rio Grande, era uma das maiores interessadas na expulsão dos camponeses da região do Contestado. O objetivo da madeireira era agilizar ao máximo o corte e o embarque da madeira existente na região.

16 Figuras do catolicismo popular como os beatos, os monges, as virgens e os conselheiros eram comuns no interior do Brasil desde o período colonial. Tanto em Canudos quanto no Contestado é possível encontrar tais personagens atuando de modo destacado nos conflitos.

Estado Novo

83 (UEPG-PR) A respeito do Estado Novo (1937-1945), momento de autoritarismo na chamada Era Vargas, assinale o que for correto.

01 Entre os atos políticos mais duros do Estado Novo está a prisão do líder comunista Luis Carlos Prestes e de sua companheira Olga Benário. Alemã de origem judaica, Olga foi extraditada e morreu num campo de concentração nazista.

02 Durante o Estado Novo, foram registrados casos de prisões políticas e de queima de livros em diversos estados brasileiros. A justificativa era o combate às pessoas e publicações que eram classificadas como subversivas e antipatriotas.

04 Apesar do rígido controle estatal sobre o movimento operário, o Estado Novo permitiu a existência de diversos sindicatos para uma mesma categoria profissional. No entanto, todos deveriam estar filiados (ou registrados) ao Ministério do Trabalho.

08 Assim como a Constituição de 1937 teve inspiração na "Carta del Lavoro", de Benito Mussolini, a expressão "Estado Novo" foi utilizada, inicialmente, pelo ditador português Oliveira Salazar e empregada por Vargas para caracterizar um novo ciclo político brasileiro.

16 Mesmo ideologicamente alinhado ao nazifascismo, o Estado Novo varguista declarou guerra aos países do eixo após submarinos alemães afundarem navios brasileiros em águas territoriais nacionais, na costa do nordeste.

84 (UPM-MG) Em 1935, Luiz Carlos Prestes, líder da Aliança Nacional Libertadora (ANL), publica o manifesto abaixo.

"A todo povo do Brasil!
Aos aliancistas de todo o Brasil! 5 de julho de 1922 e 5 de julho de 1924. Troam os canhões de Copacabana. Tombam os heróis companheiros de Siqueira Campos! Levantam-se, com Joaquim Távora, os soldados de São Paulo e, durante 20 dias é a cidade operária barbaramente bombardeada pelos generais a serviço de Bernardes! Depois... a retirada. A luta heroica nos sertões do Paraná! Os levantes do Rio Grande do Sul! A marcha da coluna pelo interior de todo o país, despertando a população dos mais ínvios sertões, para a luta contra os tiranos, que vão vendendo o Brasil ao capital estrangeiro.

Quanta energia! Quanta bravura!

Mas as lutas continuam, porque a vitória ainda não foi alcançada e o lutador heroico é incapaz de ficar a meio do caminho, porque o objetivo a atingir é a libertação nacional do Brasil, a sua unificação nacional e o seu progresso e o bem-estar e a liberdade de seu povo, e o lutador persistente e heroico é esse mesmo povo, que do Amazonas ao Rio Grande do Sul, que do litoral às fronteiras da Bolívia, está unificado mais pelo sofrimento, pela miséria e pela humilhação em que vegeta do que uma unidade nacional impossível nas condições semicoloniais e semifeudais de hoje! (...). Somos herdeiros das melhores tradições revolucionárias de nosso povo e é recordando a memória de nossos heróis que marchamos para a luta e para a vitória!"

www.marxists.org/portugues/prestes/1935/07/05.htm – acessado em 11/04/2019

É correto afirmar que o manifesto acima

a) está inserido nas lutas políticas dos anos de 1930, herdeiras dos movimentos tenentistas, de forte tendência comunista, como a Coluna Prestes e a Intentona Comunista de 1935, que tinha como objetivo a tomada violenta do poder.

b) conclama o povo brasileiro a uma revolução de caráter socialista. Para isso recorre à história do movimento tenentista, do qual Luiz Carlos Prestes foi o maior expoente, e à evidente tradição revolucionária dos tenentes brasileiros.

c) exalta os movimentos tenentistas dos anos de 1920 (Revolta do Forte de Copacabana, Revolução Paulista e Coluna Prestes-Miguel Costa) buscando um passado revolucionário para os movimentos que se opunham ao Estado Novo.

d) foi um chamado à população brasileira para, junto a aliancistas, derrubarem o governo de Artur Bernardes e apoiarem, tal qual o movimento tenentista, uma transformação da política brasileira, que seria liderada por Getúlio Vargas.

e) retoma os 3 grandes movimentos tenentistas (Revolta dos 18 do Forte, Revolta Paulista e Coluna Prestes), identificando-os como revolucionários e predecessores de um movimento ainda maior que estaria por vir, liderado pela ANL.

Guerra Fria

85 (UFSC) Em agosto de 1961, foi construído o Muro de Berlim, que se tornou um símbolo da Guerra Fria e do mundo bipolarizado. Em 9 de novembro de 1989, após uma série de problemas, especialmente de natureza econômica e política no bloco soviético, o muro foi derrubado.

Em relação ao Muro de Berlim e seu contexto histórico, é correto afirmar que:

01 a sua construção foi uma decisão tomada pelos Aliados logo após o término da Segunda Guerra Mundial, visto que em torno de 3,5 milhões de alemães haviam fugido de Berlim Oriental para o lado ocidental.

02 a bipolaridade capitalismo *versus* socialismo marcou o quadro geopolítico internacional após a Segunda Guerra Mundial, e o Muro de Berlim não apenas dividiu a cidade como se tornou o ícone da divisão ideológica de dois blocos políticos antagônicos.

04 a população da parte oriental de Berlim, sob a influência soviética, não conseguia ter acesso a bens de consumo e alimentos costumeiros da parte ocidental, sob influência britânica, francesa e norte-americana.

08 a queda do muro em 9 de novembro de 1989 foi uma evidência de que a economia neoliberal, praticada na Europa naquele momento, passava por profunda crise e precisava incorporar os milhões de possíveis novos consumidores ao mercado.

16 o final da Guerra Fria, simbolizado pela queda do Muro de Berlim, trouxe significativas mudanças políticas e econômicas ao cenário internacional, como o surgimento de novos países e a intensificação de uma economia globalizada.

32 as disputas inerentes à Guerra Fria fizeram com que tanto o lado ocidental quanto o lado oriental de Berlim se desenvolvessem igualmente em termos de infraestrutura, o que facilitou a reunificação e garantiu a homogeneidade arquitetônica da cidade.

64 a queda do Muro de Berlim e a reunificação da Alemanha possibilitaram uma Nova Ordem Internacional, marcada pela unidade de outros territórios, especialmente nos Bálcãs.

86 (UFRGS) Observe a figura abaixo.

Disponível em: <https://aulazen.com/historia/corrida-espacial-contexto-historico-e-principais-fatos/>. Acesso em: 10 set. 2018.

Assinale com V (verdadeiro) ou F (falso) as afirmações abaixo, referentes à chamada "Corrida Espacial" do período da Guerra Fria entre Estados Unidos e União Soviética.

( ) A União Soviética foi o primeiro dos dois países a lançar um satélite artificial ao espaço, o Sputnik I, em outubro de 1957.

( ) Ambos os países, entre 1972 e 1975, participaram de uma missão espacial conjunta, o Projeto Apollo-Soyuz, que resultou em um voo orbital combinado em 1975.

( ) Os Estados Unidos foram o primeiro dos dois países a enviar um voo tripulado ao espaço, em 1961, sendo seguido pela União Soviética somente dois anos depois.

( ) Os soviéticos, em 1970, conseguiram enviar um voo tripulado à Lua, liderado por Yuri Gagarin, logo após a chegada dos norte-americanos ao satélite.

A sequência correta de preenchimento dos parênteses, de cima para baixo, é

a) V – F – V – F. b) F – F – V – V. c) V – F – F – V. d) V – V – F – F. e) F – V – V – F.

Independência na Ásia

87 (UEG-GO) Leia a frase a seguir. "Olho por olho e o mundo acabará cego". A frase icônica é coerente com os conceitos éticos do

a) judaísmo antigo, segundo os preceitos estabelecidos por Moisés, no Pentateuco.

b) antissemitismo da Alemanha nazista, divulgado no livro *Mein Kampf*, de Adolf Hitler.

c) direito consuetudinário da antiga Babilônia, registrado no famoso Código de Hamurabi.

d) código moral vigente no Regime Absolutista, legitimado na obra *O príncipe*, de Maquiavel.

e) princípio da não violência, formulado por Mahatma Gandhi, na luta pela independência indiana.

Independência na África

88 (UEM-PR) Sobre o regime de segregação racial estabelecido no século XX, na África do Sul, assinale o que for correto.

01 O regime segregacionista foi estabelecido por uma minoria constituída de descendentes de holandeses e de ingleses que colonizaram a região e se estabeleceram no País.

02 O Apartheid negava direitos civis aos negros e impedia que eles fossem proprietários de terras.

04 Na década de 1950, o Congresso Nacional Africano (CNA), entidade fundada no início do século XX, radicalizou sua luta contra o regime de segregação racial, conclamando os negros à desobediência civil.

08 Após a Segunda Guerra Mundial, os nacionalistas sul-africanos iniciaram uma luta armada, organizados na Frente de Libertação Nacional (FLN). Holanda e Inglaterra, países de origem de uma minoria branca que dominava a África do Sul, enviaram tropas para combatê-los.

16 Na década de 1980, iniciou-se um novo tipo de luta contra o Apartheid, a Intifada. Armados apenas com pedras, os negros passaram a reagir ao regime segregacionista.

89 (Unioeste-PR) Analise a afirmação abaixo:

> Definir a diferença entre partes avançadas e atrasadas, desenvolvidas e não desenvolvidas do mundo, é um exercício complexo e frustrante, pois tais classificações são por natureza estáticas e simples, e a realidade que deveria se adequar a elas não era nenhuma das duas coisas.
>
> HOBSBAWM, E. J. *A Era dos Impérios*. Rio de Janeiro: Paz e Terra, 1988, p. 46.

A menção do autor se remete às justificativas, muitas vezes apontadas, sobre a ocupação imperialista na África e Ásia nos séculos XIX e XX. Sua indicação sugere certa complexidade a esse processo. Portanto, permite que façamos as seguintes afirmações, EXCETO:

a) O apartheid na África do Sul foi uma proposta de superação da segregação e a supremacia holandesa e inglesa. Após 70 anos do início dessa prática, a população sul-africana se tornou exemplo mundial na construção de um país após domínios estrangeiros.

b) A experiência do Timor Leste é significativa para observarmos a dificuldade de garantir a autonomia de uma nação. Pois essa região permaneceu como território português até meados da década de 1970 e, após isso, os timorenses lutaram contra o domínio da Indonésia até início do séc. XXI, dizimando grande parte da população.

c) A morte de Gandhi, há 70 anos – após a independência e perda de territórios indianos na constituição de outros países – é expressão da luta estabelecida pela independência e, também, os limites dessa conquista.

d) A Guerra Fria impulsionou determinadas ações para a independência, as quais foram promovidas tanto pelos Estados Unidos quanto pela União Soviética. Entretanto, a Conferência de Bandung, em meados do séc. XX, procurava garantir o não alinhamento e preservar interesses das nações afro-asiáticas.

e) A tensão vivenciada frente ao grande número de civis mortos e os abusos cometidos tanto na ocupação estrangeira quanto no processo de independência causaram imensos problemas para a reestruturação dessas nações, uma vez que todos eles estenderam esses conflitos às guerras civis estabelecidas posteriormente.

Grandes potências

90 (UEL-PR) Leia o trecho do discurso de George Bush, a seguir, após os ataques às "Torres Gêmeas", em 11 de setembro de 2001.

> Não esquecerei a ferida causada a este país ou aqueles que a infligiram. Não recuarei, não repousarei, não vacilarei na manutenção dessa batalha pela liberdade e segurança do povo dos Estados Unidos. O curso do conflito ainda não é conhecido, mas seu desfecho é certo. Liberdade e medo, justiça e crueldade sempre estiveram em guerra, e sabemos que Deus não é neutro entre eles.
>
> (Disponível em: https://noticias.terra.com.br/mundo/estados-unidos/confira-na-integra-o-discurso-de-bush-apos-os-ataques-de-119,50fb27721cfea310VgnCLD200000bbcceb0aRCRD.html. Acesso em: 20 jul. 2016.)

Com base nesse trecho e nos conhecimentos a respeito da história contemporânea, cite e analise uma das decisões tomadas pelo governo norte-americano em decorrência dos atentados às torres do World Trade Center, em 11 de setembro de 2001.

91 (UFU-MG)

A 11 de setembro ruíam as torres gêmeas em Nova Iorque. Depois disso foi ruindo outro edifício perante uma certa ingenuidade: a ideia de uma democracia acima de suspeita, de uma América tolerante, de uma nação que pode inspirar a humanidade.

O Iraque revelou a impotência daquele que é hoje a grande única potência.

COUTO, Mia. *Pensatempos*. Lisboa: Caminho, 2005, p. 41-44. (Adaptado.)

Os desdobramentos geopolíticos dos atentados de 11 de setembro geraram profundas incertezas sobre a ordem mundial. Sobre esse cenário:

a) Caracterize dois aspectos da política exterior norte-americana após o 11 de setembro que justificam as preocupações do escritor Mia Couto quanto ao futuro da democracia.

b) Discuta a relação entre a política exterior dos países ocidentais, no pós-11 de setembro, com a intensificação dos ataques de grupos radicais islâmicos, como o Estado Islâmico.

Governo Vargas (1951-1954)

92 (Espcex-SP/Aman-RJ) Entre 1945 e 1964, existiam no Brasil dois projetos de Nação que disputavam a atenção dos eleitores, o nacional-estatismo, liderado por Getulio Vargas, e o liberalismo conservador, liderado por Carlos Lacerda. Avalie as informações listadas a seguir:

I. O Estado devia intervir na economia.
II. Abertura total às empresas e aos capitais estrangeiros.
III. O Brasil deveria alinhar-se com os EUA incondicionalmente.
IV. Criação de empresas estatais em áreas estratégicas.

As alternativas que apresentam propostas do liberalismo conservador são:

a) I e II.   b) I e III.   c) II e III.   d) II e IV.   e) III e IV.

Governo Juscelino (1956-1961)

93 (Unesp-SP)

A construção de Brasília pode ser considerada a principal meta do Plano de Metas [...]. Para alguns analistas, a nova capital seria o elemento propulsor de um projeto de identidade nacional comprometido com a modernidade, cuja face mais visível seria a arquitetura modernista de Oscar Niemeyer e Lúcio Costa. Ao mesmo tempo, no entanto, a interiorização da capital faria parte de um antigo projeto de organização espacial do território brasileiro, que visava ampliar as fronteiras econômicas rumo ao Oeste e alavancar a expansão capitalista nacional.

Marly Motta. Um presidente bossa-nova. In: Luciano Figueiredo (Org.). *História do Brasil para ocupados*, 2013.

O texto expõe dois significados da construção de Brasília durante o governo de Juscelino Kubitschek. Esses dois significados relacionam-se, pois

a) Denotam o esforço de construção de um espaço geográfico brasileiro com o intuito de assegurar o equilíbrio econômico e político entre as várias regiões do país.

b) Demonstram o nacionalismo xenófobo do governo Kubitschek e sua disposição de isolar o Brasil dos demais países do continente americano.

c) Revelam a importância da redefinição do espaço territorial para a implantação de um projeto de restrições à entrada de capitais e investimentos estrangeiros.

d) Explicam a postura antiliberal do governo Kubitschek e sua intenção de implantar um regime de igualdade social no país.

e) Indicam o surgimento de uma expressão arquitetônica original e baseada no modelo de edificação predominante entre os primeiros habitantes do atual Brasil.

Governos militares

94 (Uece) Há 50 anos, em 13 de dezembro de 1968, o regime militar, então sob governo do general Costa e Silva, baixou o Ato Institucional nº 5. O AI-5, como ficou conhecido, vigorou por 10 anos, até dezembro de 1978, sendo a expressão mais clara da ditadura militar, e resultou

a) na cassação de deputados, prefeitos e vereadores de oposição ao governo e na decretação de recesso do Congresso Federal, como demonstração de intolerância dos militares em um momento de grande polarização ideológica.

b) na intervenção do Congresso Federal, contudo ficaram preservados a autonomia dos estados e municípios, o direito à livre expressão e a plena garantia do direito ao *habeas corpus*.

c) no aumento da popularidade do regime militar e na ampliação das garantias constitucionais e dos direitos individuais e sociais, que não foram alterados em nenhum aspecto com a publicação do AI-5.

d) na criação de um sistema político único, baseado no bipartidarismo, em que havia apenas o partido do governo, a Aliança Renovadora Nacional, ou Arena, e o Movimento Democrático Brasileiro, ou MDB, que era a oposição permitida.

95 (UFRGS) Considere as seguintes afirmações sobre o fim da ditadura civil-militar brasileira, nos anos 1980.

I. Entre as principais consequências da ditadura estão os altos índices de inflação, de endividamento externo e de concentração de renda.

II. Com o sucesso da política social elaborada pelo governo Sarney, houve um processo de apaziguamento dos conflitos rurais, que marcou a chamada "paz no campo".

III. Com a função de elaborar uma nova Constituição para o país, a Assembleia Nacional Constituinte foi formada por cidadãos que ocupavam mandatos legislativos.

Quais estão corretas?

a) Apenas I.
b) Apenas II.
c) Apenas III.
d) Apenas I e II.
e) I, II e III.

Campanha Diretas Já

96 (Uece) Atente para o que diz Bóris Fausto a respeito do movimento das Diretas Já:

"Daí para frente, o movimento pelas diretas foi além das organizações partidárias, convertendo-se em uma quase unanimidade nacional. Milhões de pessoas encheram as ruas de São Paulo e do Rio de Janeiro, com um entusiasmo raramente visto no país. A campanha das "diretas já" expressava ao mesmo tempo a vitalidade da manifestação popular e a dificuldade dos partidos de exprimir reivindicações [...]"

FAUSTO, Bóris. *História do Brasil*. São Paulo: Edusp, 1995. p. 509.

Considerando o excerto acima e o que se sabe sobre esse movimento, é correto afirmar que

a) apesar do grande envolvimento popular, de artistas e esportistas e do apoio de lideranças políticas de partidos de oposição, o movimento foi derrotado no Congresso pela maioria do PDS, ligado ao governo militar.

b) o fracasso do movimento em conseguir eleições para presidente da república se deu pela não participação dos partidos políticos naquele momento histórico.

c) o sucesso da campanha das Diretas Já resultou na eleição direta do presidente Tancredo Neves, que venceu, em segundo turno, o candidato dos militares, Paulo Maluf, do PDS, partido que se originou da Arena.

d) o movimento das Diretas Já não logrou êxito devido à falta de apoio da sociedade civil e sobretudo dos movimentos sociais e dos artistas, que preferiram silenciar em vez de ir às ruas pedir por eleições diretas.

Governo Sarney

97 (Acafe-SC) O governo de José Sarney (1985-1989) foi marcado por mudanças na economia, nas eleições e principalmente pela promulgação de uma nova Constituição para o país, em 1988.

Acerca deste governo, todas as afirmativas estão corretas, exceto a:

a) Foi instituído um plano econômico, o Plano Cruzado, destacando-se o congelamento de preços.

b) O Partido Comunista do Brasil continuou na ilegalidade e seu funcionamento ocorreu somente na presidência de Fernando Collor.

c) Um fato de repercussão internacional em seu governo foi o assassinato do sindicalista e ativista ambiental Chico Mendes, evidenciando o conflito de terras no Brasil.

d) Apesar do congelamento de preços, muitos produtos só podiam ser adquiridos com o pagamento de uma taxa adicional sobre seu preço, o ágio, que aos poucos desestabilizou a economia do país.

Governo Collor

98 (Acafe-SC) Fernando Collor de Mello, eleito presidente da República por voto direto em 1989, foi o primeiro presidente republicano que sofreu um *impeachment* (impedimento) na história política do Brasil. Nesse contexto é correto afirmar, exceto:

a) Fernando Collor foi acusado de crime de responsabilidade devido ao esquema de corrupção montado por Paulo Cesar Farias, seu tesoureiro durante a campanha à presidência.

b) Na CPI (Comissão Parlamentar de Inquérito) que foi instaurada na Câmara dos Deputados pesavam sobre o presidente, entre outras acusações, tráfico de influências no governo e movimentar milhões de dólares nos paraísos fiscais.

c) Apesar do processo de impedimento que determinou seu afastamento da presidência da república, Fernando Collor não teve seus direitos políticos cassados e nas eleições seguintes foi eleito senador pelo estado de Alagoas.

d) No julgamento que aconteceu no Senado, Collor também foi cassado, antes, porém, sem resultado, foram forjados documentos para sugerir que o dinheiro em questão vinha de um empréstimo de campanha feito no Uruguai.

Respostas

Enem

História
1. D
2. E

Cultura
3. D

Tempo
4. A

Origem do ser humano
5. B

Hipóteses migratórias
6. E

Pré-História
7. D

Arqueologia brasileira
8. B

Arte rupestre
9. C
10. A

Egito antigo
11. A

Formação da pólis
12. A
13. C

Atenas
14. B

Expansão territorial
15. E

Império Romano
16. C

Direito romano
17. E

Expansão islâmica
18. A

Mulheres na Idade Média
19. D

Cruzadas
20. A

Cultura medieval
21. A

Expansão e desenvolvimento do comércio
22. E

Desenvolvimento das cidades
23. B

Crise do século XIV
24. A

Renascença
25. A

Contrarreforma
26. C

África: um continente imenso
27. C

Pan-africanismo e a história da África
28. E
29. C

Diversidade étnica e cultural
30. C
31. B

Astecas
32. C

Incas
33. E

Navegações inglesas, francesas e holandesas
34. B

As faces da conquista
35. C
36. E

O processo de colonização
37. B
38. B
39. D

Invasão holandesa
40. E

Jesuítas: a fundação de aldeamentos
41. E
42. E

Administração das minas
43. D

Sociedade do ouro
44. C

Antigo Regime e Iluminismo
45. D
46. E

Revolução Industrial
47 D
48 E

Assembleia Nacional Constituinte
49 E

Revolução Francesa
50 B

Bloqueio Continental
51 C

Haiti
52 D

Independência do Brasil
53 A
54 B
55 B

Período regencial
56 C
57 E

Segundo Reinado
58 A
59 D

Lei Eusébio de Queirós
60 D

Conflitos internacionais
61 A

Fim da escravidão
62 E
63 A

Nacionalismo e imperialismo
64 D
65 A

Primeira Guerra Mundial
66 A
67 B

New Deal
68 E

Totalitarismo
69 D
70 E
71 B

República oligárquica
72 E
73 B

Revoltas na Primeira República
74 D
75 D
76 E

Estado Novo
77 D
78 D
79 A

Guerra Fria
80 C
81 A

Declaração Universal dos Direitos Humanos
82 D
83 B

Independência na África
84 D

Independência no Oriente Médio
85 D
86 B

Globalização
87 E
88 E
89 A

Experiência democrática
90 B
91 D

Governo Juscelino (1956-1961)
92 A

Governos militares
93 B
94 E
95 D

Campanha Diretas Já
96 D
97 C

Constituição de 1988
98 C

Vestibulares

História
1. A

Tempo
2. E

Origem do homem
3. D

Pré-História
4. D
5. B

Arqueologia brasileira
6. a) Fósseis são vestígios de seres vivos preservados em diversos tipos de materiais, como rochas. Cultura material é o conjunto de elementos tocáveis produzidos ou modificados pelo ser humano que caracterizam determinado povo em um período histórico.

   b) Ao analisar o fóssil de Luzia em 2018, os pesquisadores concluíram que, diferentemente do que se havia imaginado em 1999, ele não possuía traços negroides, mas sim uma ancestralidade com grupos de traços ameríndios. Contudo, a falta de maiores vestígios dificulta chegar a resultados mais precisos quanto à aparência exata dos grupos humanos extintos e de certos elementos culturais de povos do passado.

Egito antigo
7. B

Mesopotâmia
8. E

Formação da pólis
9. C

Atenas e Esparta
10. C
11. B

Helenismo
12. C

Roma antiga
13. C
14. E
15. A

Cisma do Oriente
16. D

Origem do islamismo
17. B

Cultura árabe
18. A

Feudalismo
19. B

Mulheres na Idade Média
20. B

Mouros na península Ibérica
21. E

Cultura medieval
22. D

Crise do século XIV
23. E

Renascença
24. E
25. A

Reforma protestante
26. B

Contrarreforma
27. A

África: um continente imenso
28. C

Pan-africanismo e a história da África
29. D
30. D

Diversidade étnica e cultural
31. A
32. E

Astecas
33. B
34. A

Incas
35. B

Estados modernos
36. C

Navegações
37. E

A conquista da América
38. C

Mercantilismo e colonialismo
39. A
40. B

O processo de colonização
41. D

Açúcar no Brasil colonial
42. B
43. C

Invasões holandesas
44 A

A marcha do povoamento
45 B

Mineração no Brasil
46 C

Crise da mineração
47 A

Antigo Regime e Iluminismo
48 Alguns ideais presentes também no Iluminismo: primazia da razão; condenação da escravidão; reprovação da discriminação; defesa do secularismo; defesa do princípio da igualdade. Um aspecto que diferencia Yacob dos demais pensadores iluministas: igualdade entre homens e mulheres no casamento.

49 C

Revolução Industrial
50 01 + 02 + 08 + 16 = 27
51 01 + 02 + 04 + 08 = 15

Revolução Francesa
52 08 + 16 + 32 = 56

53 a) Antes do Iluminismo, imperava o Antigo Regime com privilégios para o clero e a nobreza, uma sociedade estamental com baixíssima mobilidade social. Com o desenvolvimento do ideário iluminista na segunda metade do século XVIII, surgiram ideias de igualdade civil e jurídica e que todos os seres humanos nascem e permanecem livres e iguais em direitos.

b) Ao longo do século XIX ocorreram diversas lutas e mobilizações em busca de direitos políticos, sociais e civis, uma vez que "todos são iguais perante a lei".

Conflitos com a Inglaterra
54 A
55 C

Declaração de independência
56 C

Haiti
57 B

Independências na América espanhola
58 a) Podem ser citados como aspectos políticos do processo de independência da América Espanhola a fragmentação do território colonial e a formação de diversos Estados independentes com a adoção da forma de governo republicana.

b) Simón Bolívar defendia a unidade latino-americana que seria conquistada por meio da "Confederação dos Andes", mas seu projeto encontrou resistência das elites *criollas* e foi frustrado pelas diferenças regionais, em decorrência da rivalidade representada pelos interesses das elites locais.

Processo de independência do Brasil
59 A
60 B

Inconfidência Mineira
61 B

Primeiro Reinado e período regencial
62 01 + 02 + 08 = 11

63 B
64 D

Segundo Reinado
65 B

Conflitos internacionais
66 D

Fim da escravidão
67 B
68 D

Anarquismo
69 C

Capitalismo
70 D

Primeira Guerra Mundial
71 C

Revolução Russa
72 a) A Revolução Russa de 1917 contribuiu para propagar as ideias socialistas para o mundo gerando inúmeros conflitos sociais e políticos; daí o historiador inglês Eric Hobsbawm afirmar ser impossível entender o breve século XX desvinculado da Revolução Russa.

b) Há uma relação dialética entre passado, presente e futuro. Os seres humanos do presente estão mergulhados em interesses diversos e constroem narrativas ancoradas em elementos do passado. Sendo assim, há disputas de memória sobre o passado com a valorização ou desvalorização de personagens históricos.

73 B

Grande Depressão de 1929

74 D

Segunda Guerra Mundial

75 01 + 02 + 08 = 11

76 A

República oligárquica

77 A

Primeira República

78 01 + 02 + 04 + 08 = 15

79 A

Greve de 1917

80 D

Revoltas na Primeira República

81 A

82 01 + 02 + 04 + 08 + 16 = 31

Estado Novo

83 02 + 08 = 10

84 E

Guerra Fria

85 02 + 04 + 16 = 22

86 D

Independência na Ásia

87 E

Independência na África

88 01 + 02 + 04 = 07

89 A

Grandes potências

90 Pode-se citar o aumento da segurança nacional (Doutrina Bush), a invasão do Afeganistão e a Guerra do Iraque, como ações que fizeram parte da chamada Guerra ao Terror, política bélica voltada ao combate ao terrorismo implantada pelos Estados Unidos a todos os países que representassem uma ameaça em potencial.

91 a) (Ufu – Gabarito Oficial Preliminar – DIRPS Processo Seletivo 2016-2) Dentre os aspectos da política exterior norte-americana pós-11 de setembro que justificam as preocupações do escritor Mia Couto quanto ao futuro da democracia, podemos citar a adoção de uma política unilateral de combate contínuo ao terrorismo, sem se submeter às possíveis deliberações dos organismos internacionais, como o conselho de segurança da ONU, por exemplo; o aumento da vigilância e espionagem interna, incidindo sobre os próprios cidadãos norte-americanos, e internacional, atingindo inclusive países e governos aliados; a adoção de uma política de guerra preventiva, por meio da qual os EUA buscam depor regimes estrangeiros, sobretudo no Oriente Médio, que são descritos como suposta ameaça à segurança nacional dos Estados Unidos.

b) (Ufu – Gabarito Oficial Preliminar – DIRPS Processo Seletivo 2016-2) Os Estados Unidos e seus aliados, pós-11 de setembro, intensificaram uma política exterior de intervenções e invasões em países do norte da África e Oriente Médio sob a justificativa de combate ao terrorismo, provocando a desestruturação econômica, política, social e cultural. As invasões no Afeganistão e Iraque, a perseguição, captura ou morte de alegados terroristas e suas lideranças e a queda de governos locais provocaram grande instabilidade na região, com o realinhamento de grupos radicais e a intensificação de ações desses grupos, não só na região, como também em vários países da Europa. As ações desses grupos são por eles justificadas como reações a essa política exterior dos Estados Unidos e seus aliados, o que teria gerado sentimentos contrários ao chamado "mundo ocidental". Considere, também, o discurso "ocidental" sobre essa política resvalar para a identificação entre islâmicos/islamismo e terrorismo.

Governo Vargas (1951-1954)

92 C

Governo Juscelino (1956-1961)

93 A

Governos militares

94 A

95 A

Campanha Diretas Já

96 A

Governo Sarney

97 B

Governo Collor

98 C